최신판

운전직 · 시설관리직 · 방호직 · 조리직

공무원 사회

단원별 최신기출문제집

하종화 편저

신아사

목차
CONTENTS

PART 01

정치와 법

목차
CONTENTS

PART 02

사회 · 문화

PART 03

경제

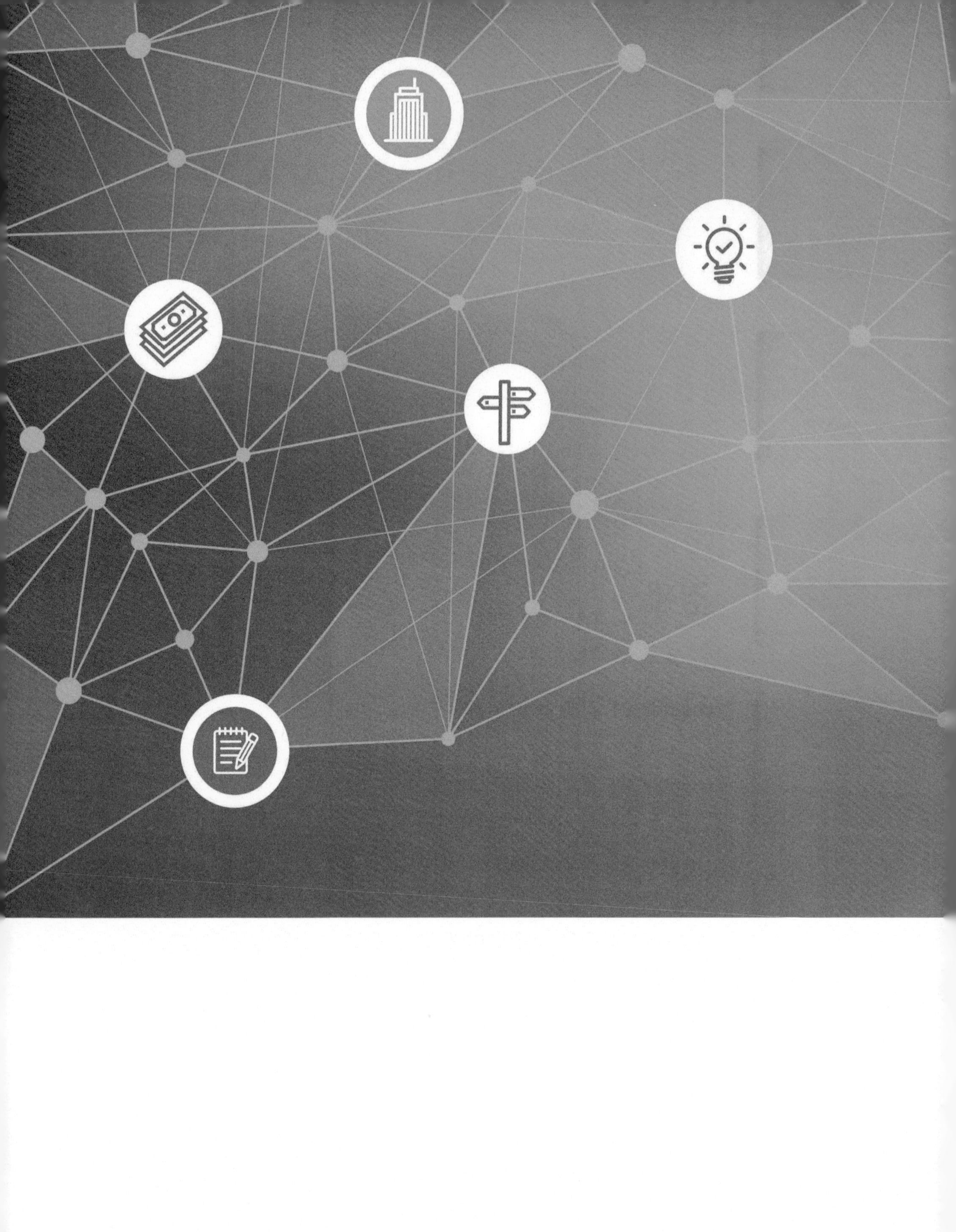

공무원사회

단원별 최신기출문제집

PART

01

정치와 법

CHAPTER 01

민주정치와 현대시민 생활

정치의 의미와 기능

01 다음은 정치의 의미에 대한 대화 내용이다. 甲과 乙의 관점에 대한 적절한 설명만을 〈보기〉에서 모두 고른 것은? 2020 경찰직 2차

> 甲 난 사회적 희소가치 배분을 둘러싼 권력 현상은 국가 수준에서 형성되기 때문에 갈등을 해결하고 질서를 유지하는 국가의 활동을 정치로 보아야 한다고 생각해.
> 乙 내 생각으로는 국가뿐만 아니라 개인 또는 집단의 일상생활 영역에서 사회 구성원들 간의 다양한 이해관계나 갈등을 합리적으로 조정하고 해결해 가는 과정 자체를 정치라고 봐.

보기

㉠ 甲의 관점은 국가 형성 이전의 정치 현상을 설명하는 데 적합하다.
㉡ 乙의 관점은 다원화된 현대 사회의 정치 현상을 설명하는 데 적합하다.
㉢ 甲과 乙의 관점 모두 정부가 정책을 수립하고 국정을 관리하는 활동을 정치로 본다.
㉣ 甲의 관점은 乙의 관점과는 달리 다양한 갈등의 해결을 정치로 본다.
㉤ 乙의 관점은 개인 간, 사회 집단 간 의사 결정 과정을 설명하기에 적합하다.

① ㉠, ㉡, ㉣ ② ㉡, ㉢, ㉣
③ ㉡, ㉢, ㉤ ④ ㉠, ㉣, ㉤

해설 甲은 국가 현상설, 乙은 집단 현상설이다.
㉡ 집단 현상설은 여러 집단에서 이루어지는 갈등 해결 과정을 정치라고 보기 때문에 다원화된 현대 사회의 정치 현상을 설명하는 데 적합하다.
㉢ 국가 현상설과 집단 현상설은 모두 국가 기관의 활동을 모두 정치라고 보므로 정부가 정책을 수립하고 국정을 관리하는 활동을 정치로 보는 것은 공통적이다.
㉤ 집단 현상설은 개인 간, 사회 집단 간 의사 결정 과정을 설명하기에 적합하다.

오답피하기
㉠ 국가 현상설은 정치를 국가만의 고유한 현상이라고 보므로 국가 형성 이전의 정치 현상을 설명할 수 없다는 한계가 있다.
㉣ 다양한 갈등의 해결을 정치로 보는 것은 집단 현상설이다.

정답 ③

02 다음에서 갑과 을이 정치를 보는 관점에 대한 설명으로 옳은 것만을 〈보기〉에서 있는 대로 고른 것은? 예상문제

> 갑 환경 보전을 위해 시민 단체에 가입한다거나, 학교에서 직접 선거로 학생회를 구성하는 활동 등이 정치야.
> 을 국회의원 선거에 출마하거나 남북한 정상 회담을 여는 활동 등을 정치라고 하는 거지.

보기

ㄱ. 갑은 정치권력과 국가 권력을 동일시한다.
ㄴ. 갑은 국가도 다른 사회 집단과 같은 존재라고 본다.
ㄷ. 을은 사회 집단이 존재하는 모든 곳에 정치 현상이 존재한다고 본다.
ㄹ. 을은 사회 질서 유지를 위한 물리적 강제력은 국가가 독점한다는 입장이다.

① ㄱ, ㄷ
② ㄴ, ㄹ
③ ㄷ, ㄹ
④ ㄱ, ㄴ, ㄹ

해설 갑은 집단 현상설, 을은 국가 현상설에 대한 내용이다.
ㄴ. 집단 현상설에서는 국가도 다른 사회 집단과 같은 존재로 본다.
ㄹ. 국가 현상설에서는 국가가 물리적 강제력을 가지는 유일한 집단으로 보기 때문에 정치를 국가만의 고유한 현상이라고 본다.

오답피하기
ㄱ. 정치권력과 국가 권력을 동일시하는 것은 국가현상설이다.
ㄷ. 사회 집단이 존재하는 모든 곳에 정치 현상이 존재한다고 보는 것은 집단 현상설이다.

정답 ②

03 (가), (나)는 정치를 보는 관점이다. 이에 대한 옳은 설명을 〈보기〉에서 고른 것은? 예상문제

(가) 정치권력을 획득하고 유지하며 행사하는 것은 국가의 고유한 기능이다. 정치는 물리적 강제력을 독점한 국가가 사회적 갈등을 해결하고 질서를 유지하는 과정에서 나타나는 현상이다.
(나) 다양한 집단에서 나타나는 이해관계의 대립과 갈등을 조정하고 해결해 가는 과정이 정치이다. 정치는 국가를 포함한 모든 사회집단에서 권력을 형성하고 배분하고 행사하는 것과 관련된 현상이다.

보기

ㄱ. (가)는 (나)보다 정치를 넓은 의미로 이해한다.
ㄴ. (가)는 (나)보다 공동의 문제를 해결하는 과정에 참여하는 주체가 다양하다고 본다.
ㄷ. (나)는 (가)와 달리 아파트 쓰레기 처리 문제를 해결하기 위해 주민 회의를 하는 것을 정치라고 본다.
ㄹ. (가), (나)는 모두 국무 회의에서 주요 정책을 심의하는 것을 정치라고 본다.

① ㄱ, ㄴ ② ㄱ, ㄷ
③ ㄴ, ㄷ ④ ㄷ, ㄹ

해설 정치를 보는 관점 중 (가)는 국가 현상설, (나)는 집단 현상설이다.
ㄷ. 집단 현상설은 모든 사회 집단에서 나타나는 이해관계의 대립과 갈등의 조정 및 해결과 관련된 권력 작용을 정치 현상으로 간주하므로 주민 회의를 하는 것도 정치라고 본다.
ㄹ. 집단 현상설은 국가 현상을 포함하여 사회 집단 모두에서 나타나는 현상을 정치로 보기 때문에 국가 고유의 활동인 국무 회의에서 주요 정책을 심의하는 것도 정치라고 본다.

오답피하기
ㄱ. 집단 현상설은 국가뿐만 아니라 모든 사회 집단에서 나타나는 이해관계의 대립과 갈등의 조정 및 해결과 관련된 권력 작용을 정치로 보므로 국가 현상설보다 정치를 넓은 의미로 이해한다.
ㄴ. 집단 현상설이 국가 현상설보다 정치 과정에 참여하는 주체가 다양하다고 본다.

정답 ④

04 정치의 의미와 관련한 갑, 을의 입장에 대한 설명으로 옳은 것은? 예상문제

갑 정치는 정치권력을 획득 · 유지 · 행사하는 국가의 고유한 활동입니다.
을 국가뿐만 아니라 다양한 사회 집단에서 이해관계의 대립과 갈등을 조정하고 해결하는 활동도 정치입니다.

① 을은 갑과 달리 국회가 조세의 종목과 세율을 법률로 정하는 것은 정치가 아니라고 본다.
② 갑과 달리 을의 관점은 국가 형성 이전의 정치 현상을 설명하기 힘들다.
③ 갑, 을 모두 의회의 입법 활동을 정치로 본다.
④ 갑의 관점은 을의 관점과 달리 다양한 집단을 정치의 주체로 본다.

해설 갑은 좁은 의미의 정치, 을은 넓은 의미의 정치에 관한 설명이다.
③ 넓은 의미의 정치에는 좁은 의미의 정치가 포함되므로 갑, 을 모두 국가 고유의 활동인 의회의 입법 활동을 정치로 본다.

오답피하기
① 넓은 의미의 정치에는 좁은 의미의 정치가 포함되므로 국가기관의 활동 역시 넓은 의미의 정치에 포함된다.
② 국가 형성 이전의 정치 현상을 설명하기 어려운 것은 좁은 의미의 정치이다.
④ 다양한 집단을 정치의 주체라고 보는 것은 을의 관점이다.

정답 ③

05 **〈보기〉는 정치를 바라보는 갑(甲), 을(乙)의 관점에 대한 주장이다. 이에 대한 설명으로 가장 옳은 것은?**

2021 서울시(경력직)

보기

갑(甲) 정치는 정치 권력을 획득, 유지, 행사하는 국가의 고유한 활동이라고 생각합니다.

을(乙) 직장이나 가족 등에서 이해관계의 대립이나 갈등을 조정하고 해결하는 과정이 정치라고 생각합니다.

① 갑(甲)의 관점은 국가 형성 이전의 정치 현상을 설명할 수 없다.

② 을(乙)의 관점은 정치를 국가 특유의 현상이라고 본다.

③ 갑(甲)에 비해 을(乙)의 관점은 다원화된 현대 사회의 정치 현상을 설명하기에 적합하지 않다.

④ 갑(甲)과 달리 을(乙)의 관점은 정치 활동이 소수의 통치 엘리트들에 의해서만 이루어진다고 본다.

출제 단원 및 영역 정치와 법 1단원 정치를 바라보는 관점

해설 갑은 국가 현상설, 을은 집단 현상설이다.

① 국가 현상설은 정치란 국가나 정치인의 고유한 활동이라고 보므로 국가 형성 이전의 정치 현상을 설명할 수 없다는 한계가 있다.

오답피하기

② 정치를 국가 특유의 현상이라고 보는 것은 국가 현상설이다.

③ 집단 현상설은 다원화된 현대 사회의 정치 현상을 설명하기에 적합하다.

④ 정치 활동이 소수의 통치 엘리트들에 의해서만 이루어진다고 보는 것은 국가 현상설이다.

정답 ①

06 **다음 질문에 대한 (가)와 (나)의 답변은 정치적 의미를 이해하는 다른 방식을 나타낸다. 이에 대한 설명으로 옳은 것은?**

2021 국가직

질문	(가)	(나)
쓰레기 분리수거 문제로 갈등을 겪고 있는 아파트 입주민들의 회의를 정치 현상으로 보는가?	예	아니요

① (가)는 다원화된 현대 사회의 정치 현상을 설명하기 어렵다.

② (가)는 공공시설 설치 지역 선정을 둘러싼 지방자치단체 간의 갈등을 정치 현상으로 본다.

③ (나)는 가족 간 유산 상속을 둘러싼 갈등을 정치 현상으로 본다.

④ (나)는 국회의원의 입법 활동을 정치 현상으로 보지 않는다.

출제 단원 및 영역 정치와 법 1단원 정치의 의미

해설 국가 기관이 아닌 아파트 입주민들의 회의를 정치로 보는 것은 넓은 의미의 정치이므로 (가)는 넓은 의미(=집단 현상설), (나)는 좁은 의미(=국가 현상설)의 정치이다. 국가기관의 갈등 해결 과정에 대해서는 좁은 의미와 넓은 의미의 정치 모두에서 정치로 본다.

② 공공시설 설치 지역 선정을 둘러싼 지방자치단체 간의 갈등을 정치 현상으로 보는 것은 (가)와 (나)의 공통점이다.

오답피하기

① 넓은 의미의 정치는 다원화된 현대 사회의 정치 현상을 설명하기에 적합하다.

③ 가족 간 유산 상속을 둘러싼 갈등을 정치 현상으로 보는 것은 (가)이다.

④ (가)와 (나)는 모두 국회의원의 입법 활동을 정치 현상으로 본다.

정답 ②

법의 이념

01 밑줄 친 ㉠~㉢에 대한 옳은 설명만을 〈보기〉에서 모두 고르면? 2021 국회직

라드부르흐는 법이념을 ㉠ 정의, ㉡ 합목적성, ㉢ 법적 안정성의 3가지로 설명하는데, 오늘날 보통 거론되는 것은 정의와 법적 안정성이다. 법적 안정성은 법의 현존을 보장하고, 정의는 법의 가치로움을 보장한다. 물론 이들은 대립하기만 하는 것은 아니다.

보기

ㄱ. ㉠은 평균적 정의와 배분적 정의로 구분되며, '자유'를 본질적 내용으로 한다.
ㄴ. ㉡은 법이 해당 시대나 국가가 지향하는 목적에 부합하는 것을 말한다.
ㄷ. ㉢의 적용 사례로 공소시효, 취득시효를 들 수 있다.
ㄹ. ㉠은 법실증주의, ㉢은 자연법론과 개념적으로 연결된다.

① ㄱ, ㄴ ② ㄱ, ㄷ
③ ㄴ, ㄷ ④ ㄴ, ㄹ
⑤ ㄷ, ㄹ

출제 단원 및 영역 정치와 법 1단원 법의 이념

해설 개정된 교과 과정에서 전 직렬을 통틀어 처음으로 출제되는 문제이다. 앞으로도 출제될 수 있는 주제이므로 잘 정리해야 한다.

ㄴ. 합목적성이란 법이 해당 시대나 국가가 추구하는 목적에 부합하는 것을 말한다. 가령 시민 혁명 직후에는 자유의 이념이 현대에는 복지 국가 이념에 부합하는 내용을 담고 있다면 합목적성에 맞는 법을 제정한 것이 된다.
ㄷ. 공소시효와 취득시효는 진정한 권리 여부와 무관하게 법적 안정성을 위하는 제도로서 법적 안정성을 추구하는 제도이다.

오답피하기

ㄱ. 정의는 평균적 정의와 배분적 정의로 구분되는 것은 맞지만, '자유'가 아닌 '평등'을 본질적 내용으로 한다. 합리적 차별 없이 동일하게 대우하는 것을 평균적 정의, 합리적 차별을 인정하는 것을 배분적 정의라고 한다.
ㄹ. ㉠은 자연법론, ㉢은 법실증주의와 개념적으로 연결된다. 자연법은 보편 타당한 정의를 중시하지만, 법실증주의는 법의 내용과 무관하게 법에 규정되면 정당성이 인정되므로 법적 안정성을 중시한다.

정답 ③

02 "같은 것은 같게, 다른 것은 다르게"라는 주장이 담고 있는 '배분적 정의'를 적절히 표현한 사례만을 〈보기〉에서 고른 것은? 2014 지방직

보기

ㄱ. 기술팀에서 신제품개발에 성공하자, 모든 부서의 직원들에게 특별 상여금을 균등하게 지급하였다.
ㄴ. 고속도로 휴게소의 남녀 화장실 총면적을 동일하게 하였다.
ㄷ. 우리 정부가 올림픽 금메달 수상자에게 주는 포상금은 올림픽 동메달 수상자에게 주는 포상금보다 많았다.
ㄹ. 학교와 도서관 등 공공 기관에 장애인 전용 주차 공간을 마련하였다.

① ㄱ, ㄴ
② ㄱ, ㄹ
③ ㄴ, ㄷ
④ ㄷ, ㄹ

해설

- **배분적 정의**는 선천적·후천적인 차이를 인정하여 합리적인 차별을 인정하는 것이며, 이는 상대적·실질적·비례적 평등을 추구한다.

ㄷ. 금메달 수여자에게 동메달 수여자보다 많은 포상금을 주는 것은 합리적인 이유가 있는 차별로서 배분적 정의에 해당한다.
ㄹ. 사회적인 약자인 장애인에게 장애인 전용 주차 공간을 마련해 주는 것은 합리적인 이유가 있는 차별로서 배분적 정의에 해당한다.

오답피하기

ㄱ. 기술팀에서 신제품을 개발하였음에도 불구하고 모든 부서의 직원에게 특별 상여금을 균등하게 지급하는 것은 합리적인 차별을 인정하지 않고 모든 것을 균등하게 대우하는 평균적 정의에 해당한다.
ㄴ. 남녀 화장실의 총면적을 동일하게 하는 것은 남녀의 신체적·생리적 차이를 고려하지 않고 균등하게 대우하는 것으로 평균적 정의에 해당한다.

정답 ④

민주주의의 의미와 발전 과정

01 민주주의의 의미와 관련하여 다음의 갑, 을에 대한 설명으로 옳지 않은 것은? 예상문제

> 갑 아무리 사장님이라도 독불장군처럼 자기 생각을 강요하는 것은 옳지 않아. 자기 생각과 다른 부하 직원의 의견도 존중해 줘야지. 이럴 때 보면 우리 사장님은 너무 비민주적이야.
> 을 국민 대다수가 반대하는 정책을 억지로 추진할 필요는 없잖아? 다수의 뜻에 따라 국정을 운영하는 것이 민주주의인데, 정부의 이번 행태를 보면 이를 간과한 것 같아.

① 갑은 민주주의를 민주적 생활 원리로 이해하고 있다.
② 갑은 민주 시민이라면 타인을 배려해야 한다고 보고 있다.
③ 을은 민주주의가 자치의 의미를 지닌다고 보고 있다.
④ 을은 민주주의를 정치 형태가 아닌 이념으로 이해하고 있다.

해설 갑은 생활양식으로서의 민주주의, 을은 정치형태로서의 민주주의를 설명하고 있다.
④ 을은 정치형태로서의 민주주의를 나타내고 있다.

오답피하기
①, ②, ③ 모두 옳은 내용이다.

정답 ④

02 다음 글에 나타난 아테네 민주정치에 대한 설명으로 옳은 것은? 2015 국가직

> 민주정치의 기원은 고대 그리스의 아테네에서 찾아볼 수 있다. 아테네 민주정치의 중심이었던 민회는 법을 제정하고, 국가의 주요 정책을 심의하고 의결했다. 또한 아테네에서는 공직자 선출을 위해 추첨제, 윤번제 등의 제도를 시행하였다.

① 민회는 추첨제로 선출된 시민들의 대표로 구성하였다.
② 민회는 정당정치와 의회정치를 매개로 의사결정기능을 수행하였다.
③ 추첨제는 전문성보다 공직 담당 기회의 평등을 중시하는 방식이다.
④ 추첨제는 전쟁 관련 직책이나 재판정의 배심원 선출에는 활용되지 않았다.

해설 민주주의의 기원이라고 할 수 있는 고대 그리스 아테네의 민주정치의 특징은 꼼꼼히 정리해두어야 한다.
③ 추첨제를 통하여 시민이면 누구나 공직을 담당할 수 있는 기회를 보장받았으며, 이는 전문성보다는 공직 담당 기회의 평등을 중시하는 방식이라고 할 수 있다.

오답피하기
① 고대 아테네의 민회는 시민이면 누구나 참여할 수 있는 최고 의사 결정 기관으로서 시민이 직접 참여하여 의사를 결정한 기구이며, 시민들의 대표로 구성된 것은 아니다. 고대 아테네는 직접 민주주의 방식을 취했다.
② 고대 아테네는 모든 시민들이 참여하여 직접 의사 결정을 한 직접 민주제였다. 따라서 민회가 정당정치와 의회정치를 매개로 의사결정기능을 수행했다는 것은 간접 민주제에 해당하므로 타당하지 않다.
④ 고대 아테네에서는 행정관이나 재판관, 배심원의 경우 추첨제로 선출되었으나, 전쟁 관련 직책의 경우에는 전문적인 능력이 중시되므로 선거에 의해서 선출되었다.

정답 ③

03 그림의 A~C에 대한 설명으로 옳은 것은? (단, A~C는 각각 고대 아테네 민주 정치, 근대 민주 정치, 현대 민주 정치 중 하나이다.) 예상문제

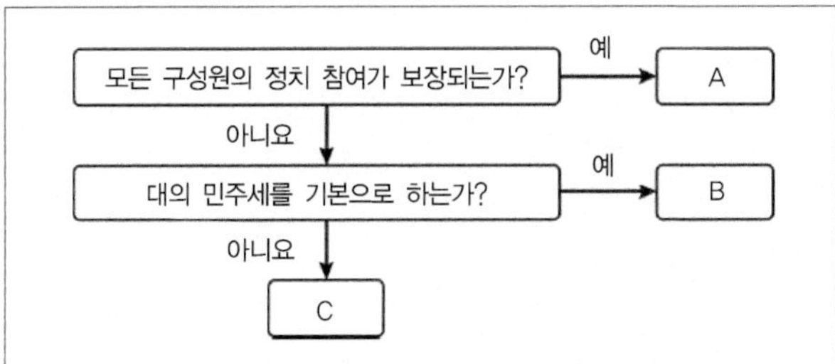

① 입헌주의 사상은 A에서 등장하였다.
② 보통 선거는 B에서 보편적으로 실시되었다.
③ C에서는 공직 담당자를 추첨이나 윤번제 등으로 충원하였다.
④ C와 달리 B에서는 중우 정치의 폐단이 나타났다.

해설 A는 현대, B는 근대, C는 고대 아테네 민주 정치이다.
③ 고대 아테네에서는 추첨이나 윤번제 등을 통해 공직 담당자를 충원하였다.

오답피하기
① 입헌주의 사상은 근대 이후 등장하였다.
② 보통선거가 보편적으로 실시된 것은 20세기 현대에서부터이다.
④ 중우 정치의 폐단이 나타난 것은 직접 민주제를 실시하던 고대 아테네 민주정치이다.

정답 ③

04 그림의 (가)~(다)에 대한 설명으로 옳은 것은? (단, (가)~(다)는 고대 아테네 민주정치, 근대 민주정치, 현대 민주정치 중 하나이다) 2020 국가직

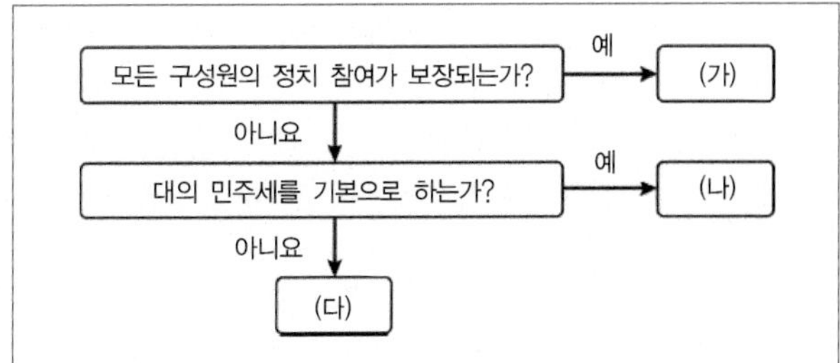

① (가)는 시민이 직접 국가를 운영하는 정치형태이다.
② (나)의 사상적 배경은 계몽사상과 사회계약설이다.
③ (가), (나)의 공통점은 보통 선거 제도를 확립한 것이다.
④ (가), (다)의 공통점은 여성의 정치 참여가 제도화된 것이다.

출제 단원 및 영역 법과정치 1단원 민주주의의 발전

해설

	정치 참여 범위 변화
고대	자유인인 성년 남자 (여자, 노예, 외국인 제외)
근대	재산이 많은 성년 남자 (여자, 노동자 제외)
현대	(일정한 연령에 도달한 모든 성인 남녀)

우선 모든 구성원의 정치 참여가 보장되는 (가)는 현대 민주정치이고, 대의 민주제를 기본으로 하지 않는 (다)는 고대 아테네 민주정치이다. 그리고 나머지 (나)는 근대 민주정치이다.
② 중세 사회의 신분제 사회가 동요되고 시민 혁명의 사장적 배경이 된 것은 계몽사상, 사회계약설, 천부인권사상이다. 이를 통해 근대 사회가 수립되고, 근대 사회를 지탱하는 사상적 배경이 되었다.

오답피하기
① 시민이 직접 국가를 운영하는 정치형태는 (다)이다.
③ 근대 사회는 재산이 많은 성년 남자만 정치에 참여할 수 있었고, 그로 인하여 보통선거제가 실시되지 못하였다. 이후 차티스트 운동과 여성 참정권 운동을 통하여 선거권이 확대되었고, 20세기에 와서 보통선거 제도가 확립되었다.
④ 근대 사회에서는 여성에게 정치 참여가 보장되지 못하고 현대에 와서 여성의 정치 참여가 제도화되었다.

정답 ②

05 다음 자료에 대한 설명으로 옳지 않은 것은?

예상문제

> 민주 정치는 아테네의 민주 정치 이후 17~18세기 시민 혁명을 거쳐 오늘날과 같은 형태로 발전해 왔다. 아테네에서는 (A)을/를 설치하여 전쟁, 외교, 과세, 선출 등 대부분의 공적 업무를 결정하였다. 근대 ㉠시민 혁명 과정에서 사회의 주도권을 새롭게 장악한 시민 계급은 전제와 억압으로부터의 해방, 즉 자유 이념을 주창하였다. 특히 1789년 프랑스 혁명은 인간은 태어나면서부터 자유롭고 평등한 권리를 가진다는 천부 인권 사상을 내세웠다. 오늘날의 민주 정치는 대의 민주제를 기본으로 한다. 하지만 ㉡의회주의의 위기 등으로 인하여 대의 민주제에 대한 우려가 커지면서, 이를 보완하기 위해 직접 민주제의 요소인 (B)이/가 가미되었다.

① A에는 여자, 노예, 외국인이 참여할 수 없었다.
② B에는 국민 투표, 국민 발안, 국민 소환이 포함된다.
③ ㉠ 직후 자유주의의 확산과 보통 선거 제도의 도입이 이루어졌다.
④ ㉡은 행정 국가화 현상으로 인해 더욱 심화되고 있다.

해설
A는 민회, B는 직접 민주제 요소가 들어간다.
③ 시민 혁명으로 자유주의는 확산되었으나 보통 선거는 이루어지지 않았다. 시민 혁명 당시에도 노동자, 농민, 여자는 참정권이 제한되었다.

정답 ③

06 甲과 乙은 평등에 대한 관점을 밝힌 것으로 〈보기〉 중 적절한 것은 모두 몇 개인가? (단, 甲과 乙은 '실질적·상대적 평등', '형식적·절대적 평등' 중 각각 하나이다.)

2015 경찰직 3차

> 甲 실력으로 평가해야 할 입시에서 최근 대학들이 농촌 지역 출신이나 저소득층, 다문화 가정 및 다자녀 가정 학생들에게 특례를 인정한 것은 평등의 이념에 어긋나는 것이라고 생각해.
> 乙 난, 그렇게 생각하지 않아. 대학들의 그러한 입시 정책이 오히려 평등 이념에 맞는다고 생각해. 본인의 행위나 의지와 상관없이 불리한 상황에 놓인 사람들에게 혜택을 주어야 해.

보기

㉠ 甲: 헌법에서 말하는 평등의 의미와 가장 일치한다.
㉡ 甲: 참정권, 청구권과 같은 정치적 권리가 속한다.
㉢ 甲: 제도의 남용은 실질적 불평등을 가져올 수 있다.
㉣ 乙: 롤스(Rawls)보다 노직(Nozick) 사상에 가깝다.
㉤ 乙: 병역의 의무, 가중 처벌 제도가 속한다.
㉥ 乙: 제도의 남용은 역차별 심화를 가져올 수 있다.

① 3개　② 4개
③ 5개　④ 6개

해설 신분, 성, 나이 등에 관계없이 누구에게나 균등한 기회를 부여하는 것을 형식적 평등이라고 하고, 개개인의 차이와 능력에 따른 합리적인 차별을 인정하는 것을 실질적 평등이라고 한다. 갑은 농촌 출신이나 저소득층에 특례를 인정하는 것을 평등의 이념에 어긋난다고 했으므로 합리적인 차별을 인정 않는 점에서 형식적 평등, 을은 그러한 특례가 오히려 평등의 이념에 부합한다고 하고 있으므로 실질적 평등의 입장이다.
㉡ 참정권과 청구권과 같은 정치적인 권리는 형식적 평등이 적용된다. 가령 선거권은 누구나 1인 1표이다.
㉢ 합리적인 차별을 인정하여 사회적 약자를 배려할 경우 제도적 남용으로 인해 실질적 불평등을 가져올 수 있다고 보는 것은 형식적 평등을 주장하는 갑의 입장으로 볼 수 있다.
㉤ 병역의 의무나 가중 처벌 제도는 합리적인 이유가 있는 차별로서 실질적 평등에 어긋나는 것이 아니다.
㉥ 실질적 평등의 적용으로 사회적 약자를 배려하다가 그것이 남용된다면 오히려 역차별을 가져올 수 있다.

오답피하기
㉠ 헌법에서 말하는 평등의 의미는 실질적 평등을 의미하고 헌법재판소 역시 이를 언급하였다.
㉣ '롤스'는 '사회 경제적 불평등은 차등의 원칙과 기회 균등의 원칙을 충족할 때에만 정당화된다'고 주장하고, '노직'은 '개인이 타고난 재능을 통해 획득한 것들에 대해서 배타적인 소유권을 인정해야 한다'고 했으므로 노직은 형식적 평등에 가깝다고 볼 수 있다. 배타적인 소유권을 인정하는 것은 소유권의 절대성을 인정하는 것으로 근대민법의 원리에 속하고 공익과 사회적 약자를 고려하여 등장한 것이 소유권의 공공성이다.

정답 ②

07 다음은 시대별 민주 정치의 특징을 나타낸 것이다. 이에 대한 옳은 설명을 〈보기〉에서 모두 고른 것은? (단, (가)~(다)는 고대 아테네 민주 정치, 근대 민주 정치, 현대 민주 정치 중 서로 다른 하나이다.) 2019 경찰직 2차

구분	특 징
(가)	시민들은 최고 의결 기구인 민회에 모여 공동체의 문제에 대해 토론하고 법률 제정, 과세, 외교 등 국가의 중요 사안을 직접 결정하였다.
(나)	보통선거로 뽑힌 대표자가 정치를 담당하는 형태는 시민의 의사를 정확히 반영하기 어렵다는 점을 보완하기 위해 직접 민주주의의 요소인 □□□□ 등을 도입하였다.
(다)	자유와 평등의 이념이 확산되고 시민의 범위가 확대됨에 따라 선거를 통해 대의 기구인 의회를 구성하였다. 그러나 재산 등에 따른 참정권 제한은 있었다.

보기

ㄱ. (가)는 사회계약설에 영향을 받았다.
ㄴ. (나)의 □□□□는 국민투표나 국민소환이 해당된다.
ㄷ. (다)는 공동체와 개인의 삶을 동일시하였다.
ㄹ. (가)와 (다)는 모두 여성의 참정권을 제한하였다.

① ㄱ, ㄴ ② ㄴ, ㄷ
③ ㄴ, ㄹ ④ ㄷ, ㄹ

해설 (가)는 시민들이 국가의 중요 사안을 직접 결정하였다고 하였으므로 직접민주주의를 채택한 고대 아테네 민주 정치이고, (나)는 대의 민주주의의 한계를 보완하기 위해 직접 민주주의의 요소를 도입하여 혼합 민주주의의를 채택하고 있으므로 현대 민주 정치이다. (다)는 재산 등에 따라 참정권의 제한이 있다고 하였으므로 성년 남자 중 부르주아만 정치에 참여할 수 있었던 근대 민주 정치이다.

ㄴ. 국민투표와 국민소환은 직접 민주제 요소이므로 적절한 지문이다. 다만 우리나라에서는 국민투표는 실시하고 있으나, 국민소환은 실시하고 있지 않다.

ㄹ. 고대 그리스 아네테에서는 성년 남자만 정치에 참여할 수 있었고, 근대 민주 정치에서는 성년 남자 중 브루주아만 정치에 참여할 수 있었으므로 (가)와 (다)는 모두 여성의 참정권을 제한하였다.

오답피하기

ㄱ. 사회계약설은 시민혁명의 사상적 배경이 된 것으로 고대 아테네 보다 훨씬 뒤에 등장한 것이다.

ㄷ. 시민혁명을 계기도 등장한 근대 사회는 개인주의와 자유주의를 중시하였으며, 공동체와 개인의 삶을 동일시 하지 않았다.

정답 ③

08 다음 표는 시대별 민주 정치의 일반적인 특징을 나타낸 것이다. (가)~(다)에 대한 설명으로 옳은 것은? (단. (가)~(다)는 각각 고대 아테네, 근대, 현대 민주 정치 중 하나이다.) 2017 지방직

질문	답변		
	(가)	(나)	(다)
보통선거권이 보장되는가?	아니요	아니요	예
대의제를 바탕으로 정치가 이루어지는가?	예	아니요	예

① (가)에서는 공직자를 추첨이나 윤번제 등으로 충원하였다.
② (나)에서는 입헌주의와 직접 민주주의가 시행되었다.
③ 영국의 차티스트 운동은 (나)에서 (가)로 발전하는데 기여하였다.
④ (다)에서는 (가)에서와 달리 여성의 참정권을 인정하였다.

해설 고대 민주정치는 제한적 민주정치이면서 직접민주정치였고, 근대의 민주정치는 제한적 민주정치이면서 간접민주정치였다. 반면, 현대의 민주정치는 대체적으로 대중민주주의를 구현하는 간접민주정치를 채택하고 직접 민주제 요소를 도입하기도 한다. 보통선거권이 보장된 것은 현대에 이르러서이므로 (다)는 현대 민주 정치가 되고, 대의제를 바탕으로 하지 않은 것은 고대 아테네이므로 (나)는 고대 아테네이다. 따라서 나머지 하나인 (가)는 근대 민주 정치에 해당한다.

④ 여성의 참정권은 현대 민주정치제도 하에서 보장되었으므로 옳은 지문이다.

오답피하기

① 공직자를 추첨이나 윤번제 등으로 충원한 것은 고대 그리스의 아테네이다.

② 고대 민주정치 제도 하에서는 입헌주의가 나타나지 않는다. 입헌주의는 근대에 이르러서야 등장하고 현대에 와서 확립되었다고 볼 수 있다.

③ 영국의 차티스트 운동은 노동자들의 참정권 확대 운동으로 이를 통해 근대의 민주정치가 현대의 민주정치로 옮겨 오는데 기여하였다.

정답 ④

09 그림은 민주주의 의미의 확대 과정을 시대별로 단순화한 것이다. (가)의 사례만을 〈보기〉에서 모두 고른 것은? 2010 교육청

(가)	현대
사회 구성 원리	근대
정치 형태	고대

보기

ㄱ. 비판을 허용하지 않는 사회는 비민주적인 사회야.
ㄴ. 신분에 따른 차별의 철폐가 민주주의의 출발점이야.
ㄷ. 민주주의는 자기의 유한성을 자각하고 타인을 인정할 때 발전하지.
ㄹ. 치자(治者)와 피치자(被治者)의 일치가 진정한 민주주의라고 할 수 있어.

① ㄱ, ㄴ ② ㄱ, ㄷ
③ ㄴ, ㄹ ④ ㄴ, ㄷ, ㄹ
⑤ ㄴ, ㄷ, ㄹ

해설 사안은 민주주의의 의미의 확대 과정을 고대 → 근대 → 현대에 따라 나타낸 것이다. 고대는 정치형태로서의 민주주의를 나타내고 근대는 사회구성원리로서의 민주주의, 현대는 생활 양식으로서의 민주주의라고 할 수 있다.

고대 (정치형태)	다수에 의한 지배로서 치자와 피치자가 동일한 민주주의
근대 (사회 구성 원리)	시민들이 자발적으로 계약을 맺어 사회를 구성함
현대 (생활 양식)	타인에 대한 배려, 대화와 타협 등으로 사회적 갈등을 민주적으로 해결한다는 원리

ㄱ. 비판과 타협 등을 중요시 하는 것은 생활양식으로서의 민주주의이다. 따라서 이러한 관점에서는 비판을 허용하지 않는 사회는 비민주적인 사회라고 할 수 있다.
ㄷ. 생활양식으로서의 민주주의는 사회적 갈등 해결을 위해 타인과의 존재를 인정하고 타협과 관용 등으로 문제를 원만하게 해결하는 것이다. 따라서 자기의 유한성을 자각하고 타인을 인정할 때 비로서 민주주의가 발전한다고 할 수 있다.

오답피하기

ㄴ. 신분에 따른 차별 철폐는 근대의 사회 구성 원리로서의 민주주의와 관련이 있다. 중세의 신분제 사회에서 벗어나 시민들은 신분제를 철폐하고 자유와 평등을 강조하면서 자발적인 사회 계약을 통해 민주주의가 이루어졌다고 생각하였다.
ㄹ. 치자(治者)와 피치자(被治者)가 일치하는 것은 정치 형태로서의 민주주의에 해당한다.

정답 ②

10 고대 아테네 페리클레스의 연설문 중 밑줄 친 ㉠, ㉡에 나타난 민주주의의 이념을 바르게 짝지은 것은? 2014 경찰직 2차

> 우리의 정치형태가 민주정치라고 불리는 이유는 ㉠ 권력이 소수의 사람이 아닌 모든 시민의 손에 있기 때문입니다. … (중략) … ㉡ 어떤 사람에게 공직을 맡길 때는 특정한 출신 신분이 아니라 그가 가진 재능을 고려합니다.

	㉠	㉡
①	권력분립	자유
②	권력분립	평등
③	국민주권	자유
④	국민주권	평등

해설 민주주의의 이념과 원리 등에 대한 내용을 잘 숙지하고 있어야 하는 문제이다.
④ 권력이 소수가 아닌 모든 시민의 손에 있다는 것은 국가 의사를 결정하는 주권이 국민에게 있다는 원리인 국민 주권에 해당하며, 공직을 맡길 때에 특정한 출신 신분이 아닌 재능을 고려한다는 점에서 합리적인 이유 없이 차별을 하지 않는다는 의미인 평등에 해당한다.

정답 ④

11 **심의민주주의(deliberative democracy)에 대한 설명으로 옳지 않은 것은?** 2015 사회복지직

① 대의민주주의의 한계를 극복하기 위해 제시되었다.
② 정책결정과정에서 다수결의 원리를 지키기 위해 고안된 것이다.
③ 시민이 참여하는 토론과 협의를 통한 정책결정과정이 중요하다고 본다.
④ 이 제도를 실현하는 데는 시간과 비용 측면에서 어려움이 있다.

해설 심의민주주의는 이해충돌의 결말을 힘의 비교(다수결의 원칙 등)를 통하여 결정된다는 것이 아니라 모두 안건 토의를 거쳐 그 속에서 서로의 선호를 이해하고 절충할 점은 절충함으로써 이해의 조정을 도모하고자 하는 것이다. 즉 심의민주주의는 모두 안건 토의를 거치는 것 자체를 목적화한 것이라고도 할 수 있다.
② 정책결정과정에서 다수결의 원리를 맹신하면 집단 간의 힘의 차이에 따라 정책이 결정될 수 밖에 없으며, 이에 대해서 소수집단은 결과에 승복하지 않을 수 있다. **심의 민주주의는** 이러한 폐단을 없애기 위해 다수결의 원리를 지키려는 것이 아니라 다수결이 아닌 모든 안건을 토의를 거치거나 다수결에 앞서서 충분한 토의를 함으로서 이해의 조정을 도모하려는 것이다.

오답피하기
① 심의민주주의는 다수결의 원리 등의 대의 민주주의의 한계를 극복하기 위한 것으로 볼 수 있다.
③ 시민이 참여하는 토론과 협의를 통한 정책결정과정이 중요하다고 보는 것이 심의민주주의이다.
④ 다수결의 원리에 따라 신속하게 정책을 결정하는 것보다 모든 안건을 토의를 거친다면 아무래도 시간과 비용 측면에서는 어려움이 따를 것이다.

정답 ②

12 **다음은 평등에 대해 설명한 것이다. 이것을 고려하여 헌법상 기본권 내용과 조항이 옳은 것은?** 2017 경찰직 2차

> 평등은 형식적 평등과 실질적 평등이 있다. 형식적 평등은 개인에게 주어진 선천적·후천적 차이를 고려하지 않고 동등하게 대우하는 것이고, 실질적 평등은 상황이나 여건에 따라 적절하게 차이를 고려하는 것이다.

① 모든 국민은 출신지를 고려하여 거주·이전의 자유를 가진다(제14조).
② 모든 국민은 흥미와 적성에 따라 직업 선택의 자유를 가진다(제15조).
③ 모든 국민의 재산권은 보장된다. 그 내용과 한계는 법률로 정한다(제23조 제1항).
④ 모든 국민은 균등하게 교육을 받을 권리를 가진다(제31조 제1항).

해설 지문은 형식적 평등과 실질적 평등을 소개하고 있다. 출제자의 의도가 명확한 것은 아니지만 이러한 두 가지 평등을 모두 고려한 헌법상 기본권의 내용을 찾는 문제라고 할 수 있다.
③ 모든 국민의 재산권은 원칙적으로 보장되지만 그 내용과 한계를 법률로 정할 수 있다고 함으로써 소유권도 절대적으로 보장되어야 하지만 재산권의 행사도 공공복리에 적합해야 한다는 합리적인 이유가 있다면 제한이 가능하다는 것을 나타내는 규정이다. 이는 차이를 고려하지 않고 동등하게 대우하는 형식적 평등과 합리적인 차별은 가능하다고 보는 실질적 평등을 함께 규정한 것이라고 할 수 있다.

오답피하기
① 출신지를 고려하는 것은 합리적 차별이 아니라 부당한 차별이 된다.
② 흥미와 적성에 따라 직업 선택의 자유를 가진다고 하였으므로 이는 합리적인 차별의 근거로 보기에는 부적합하다. 흥미와 적성이라는 것만으로 기본권 제한의 법률유보 조항인 헌법 제 37조 제2항의 사유인 '공공복리', '안전보장', '질서유지' 정도에 이르지 않게 때문이다.
④ 우리 헌법 제31조 제1항의 '능력에 따라 균등하게 교육을 받은 권리를 가진다.'라는 규정과 달리 '균등하게'라는 표현은 실질적 평등을 지향하는 우리 헌법과 달리 형식적 평등만을 지향하는 것이다.

정답 ③

13 다음 글에 나타난 시기의 민주주의에 대한 설명으로 옳은 것은?

2021 국회직

핵심적 주권 기구인 민회는 전체 시민으로 구성된다. 과세, 도편 추방, 대외 업무 등과 같은 주요 의제들이 민회에서 처리되었다. 이 외에도 공적 결정의 효율성을 높이기 위해 500인 평의회, 50인 위원회 등이 별도로 조직되었다.

① 노동자의 참정권 확대 운동이 일어났다.
② 계몽 사상과 천부 인권 사상을 배경으로 한다.
③ 여성이나 노예를 시민에서 배제하였다는 한계가 있다.
④ 중세 봉건 제도의 모순을 극복하고 등장한 직접 민주 정치에 해당한다.
⑤ 일정 연령 이상의 국민 모두에게 선거권을 부여하는 보통 선거 제도가 확립되었다.

출제 단원 및 영역 정치와 법 1단원 민주주의의 발전

해설 제시문은 고대 그리스 아테네의 민주 정치 모습이다.
③ 고대 그리스 아테네의 경우 시민의 자격을 성인 남성으로 제한하고 있어서 여성이나 노예를 시민에서 배제하였다는 한계가 있다.

오답피하기
① 노동자의 참정권 확대 운동이 일어난 것은 시민 혁명 이후인 19세기 때 활발하게 나타났다.
② 계몽 사상과 천부 인권 사상을 배경으로 한 것은 시민 혁명이다.
④ 직접 민주 정치는 맞지만, 고대 그리스 아테네는 중세 봉건 시대 이전의 사회이다.
⑤ 일정 연령 이상의 국민 모두에게 선거권을 부여하는 보통 선거 제도가 확립된 것은 20세기 이후이다.

정답 ③

14 밑줄 친 ㉠~㉣에 대한 설명으로 옳은 것은?

2019 소방직

민주 정치의 뿌리는 고대 그리스 도시 국가 아테네에서 찾을 수 있다. 아테네에서는 ㉠ 모든 시민이 정치에 참여하여 공적인 문제를 토론하고 공직을 나누어 맡았다. 아테네에서는 ㉡ 민회를 열어 국가의 법을 제정하고, 주요 정책을 심의하여 결정하였다. 아테네에서 잠시 나타났던 민주 정치는 이후 중세를 지나 17~18세기에 들어와서야 ㉢ 시민 혁명을 통해 부활하였다. 시민 혁명을 통해 인간의 존엄성 및 자유와 평등의 이념이 널리 퍼졌고, 국민 주권에 기반을 둔 대의제가 출현하였다. 그러나 ㉣ 일정한 한계도 있었다.

① ㉠은 모든 사회 구성원을 의미한다.
② ㉡은 오늘날의 행정부와 유사하다.
③ ㉢의 사상적 배경에는 사회 계약설이 있다.
④ ㉣은 법에 따라 통치가 이루어지지 못했다는 점이다.

해설
③ 시민 혁명의 사상적 배경이 된 것은 천부 인권 사상, 사회 계약설, 계몽사상이 있다.

오답피하기
① 고대 그리스 아테네의 경우 시민의 자격에는 성년 남자만 포함되었고, 여자, 노예, 외국인은 제외되었으므로 모든 사회 구성원이 시민이었던 것은 아니다.
② 고대 그리스 아테네의 민회는 정책을 결정한다는 점에서 오늘날 국회와 유사하고 평의회는 의사 결정된 정책을 집행한다는 점에서 오늘날 행정부와 유사하다.
④ 법치주의와 같은 민주주의 원리는 시민 혁명 이후 근대 사회에서 등장하였다. 다만 이때의 법치주의란 법에 의한 통치를 중시하고 법의 내용과 목적은 고려하지 않아 합법적 독재의 도구로 사용되기 하였다. 시민 혁명 직후 나타난 한계로는 보통 선거제가 확립되지 못한 것과 실질적 평등을 구현하지 못한 것을 들 수 있다.

정답 ③

민주주의의 원리

01 국가의 구성요소인 주권에 대한 설명으로 옳은 것만을 모두 고르면? 2020 지방직 · 서울시

ㄱ. 일반 사회 집단도 소유할 수 있다.
ㄴ. 국가 원수로서 대통령만이 갖는 권한이다.
ㄷ. 민주주의 국가에서는 그 소재가 국민에게 있다.
ㄹ. 주권은 대내적으로 최고성, 대외적으로 독립성을 갖는다.

① ㄱ, ㄴ
② ㄱ, ㄹ
③ ㄴ, ㄷ
④ ㄷ, ㄹ

해설
ㄷ. 오늘날 민주주의 국가에서는 국민에게 주권이 있다고 보며, 우리나라도 헌법 제1조에서 국민에게 주권이 있음을 천명하고 있다.
ㄹ. 주권이란 국가의 의사를 최종적으로 결정하는 권력으로, 대내적으로는 최고의 절대적 힘을 가지고, 대외적으로는 자주적 독립성을 가진다.

오답피하기
ㄱ. 주권의 소재는 과거 중세 시대에서는 군주에게 있다고 보았으며, 근대 이후에는 국민에게 있다고 확립되었다. 군주 주권론과 국민 주권론 사이에 과도기적으로 국가 주권설이 주창되기도 하였으나 이는 군주 주권론에서 국민 주권론으로 이양하는 과도기적 이론에 지나지 않다. 따라서 일반 사회 집단이 주권을 소유한다고 할 수는 없다.
ㄴ. 주권은 대통령만이 갖는 권한이 아니라 모든 국민이 갖는 권한이다.

정답 ④

02 다음에서 공통적으로 강조하는 민주 정치의 원리에 대한 설명으로 가장 옳지 않은 것은? 2016 해양경찰

- 민주주의의 최상의 학교이며 민주주의 성공의 보증서라는 명제를 입증해 준다.
- 자유의 보장을 위한 장치이고 납세자의 의사 표현 수단이며 정치의 훈련장이다.
- 민주주의의 싹으로서 지역 사회의 주민들이 각종 지역 문제를 스스로 결정하고 실행하는 풀뿌리 민주주의이다.

① 주민의 정치 참여 기회를 확대하고자 한다.
② 국가 정책 집행의 효율성과 통일성을 제고한다.
③ 중앙 집권으로 인한 권력 남용을 억제하고자 한다.
④ 권력의 수직적 분립을 통해 국민의 자유와 권리를 보장하고자 한다.

해설 민주주의의 최상의 학교이고, 각종 지역 문제를 스스로 결정하고 실행하는 풀뿌리 민주주의라는 말에서 제시문은 '지방자치의 원리'에 관한 설명임을 알 수 있다.
② 지방자치의 원리는 중앙정부와의 권력을 분립함으로써 권력을 남용을 막고 지역 주민 스스로 지역 문제를 해결한다는 점에서 국민주권의 실현이라고 할 수 있다. 지방자치에 의해 권력을 분립함으로써 행정의 효율성과 통일성을 제고하기 보다는 효율성과 통일성을 희생해서라도 권력의 남용을 막기 위한 제도이다.

오답피하기
① 지역 사무를 지역 주민 스스로 결정하게 함으로써 주민의 정치 참여 기회를 확대할 수 있다.
③, ④ 지방자치는 중앙정부와 수직적으로 권력을 분립한 것으로써 권력의 남용을 막고 국민의 자유와 권리를 보장하기 위한 것이다.

정답 ②

03 다음 자료에 대한 설명으로 옳지 않은 것은?

예상 문제

우리나라는 권력기관 간의 상호견제와 균형을 통한 권력 분립을 추구하고 있으며, 통치기구에 대한 국민의 민주적 통제를 보장하고 있다. 그림은 이를 나타낸 것이며 A ~ C는 각각 입법부, 행정부, 사법부 중의 하나이다.

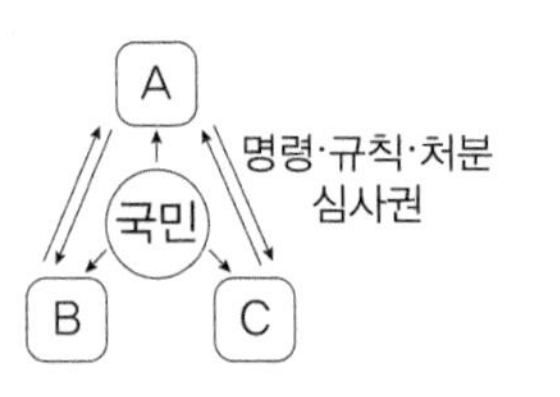

① A의 수장에 대한 임명은 B의 동의를 얻어야 한다.
② B는 탄핵 소추권을 행사하여 A, C를 견제할 수 있다.
③ C의 수장은 A의 구성원에 대한 임면권을 가진다.
④ 국민 참여 재판 제도는 국민이 A를 통제하는 수단이다.

해설 A는 사법부, B는 입법부, C는 행정부이다.
③ 행정부의 수반인 대통령은 대법원장과 대법관에 대한 임명권을 가지지만 일반 법관은 대법관회의의 동의를 얻어 대법원장이 임명한다. 법관은 금고 이상의 형의 선고에 의하지 않고서는 파면되지 않는다.

정답 ③

04 다음에서 제시한 민주주의의 원리와 관련 깊은 내용을 〈보기〉에서 고른 것은?

경찰직 1차 2014

국가 권력을 여러 기관에 분산시켜 서로 견제와 균형을 이루게 한다.

보기

㉠ 헌법을 통해 국가의 권력을 제한하고 법에 따라 권한을 행사하게 한다.
㉡ 권력의 남용을 막고 국민의 자유와 권리를 보장하려는 목적을 갖는다.
㉢ 법을 만드는 입법부, 집행하는 행정부, 적용하는 사법부로 나누어 운영한다.
㉣ 권력의 정당성이 국민의 뜻에 있으며 국민이 스스로를 다스리고 다스림을 받는다.

① ㉠, ㉡
② ㉠, ㉢
③ ㉡, ㉢
④ ㉢, ㉣

해설 사안은 민주주의의 원리 중 권력분립에 대한 설명이다. 권력분립의 원리란 국가 작용을 담당하는 권력 기관을 상호 분리 독립시켜 국민의 자유와 권리를 보장하고자 하는 통치 원리를 말한다.
ㄴ, ㄷ 권력분립에 대한 옳은 설명이다.

오답피하기
ㄱ. 입헌주의에 대한 설명이다. 입헌주의란 국가 권력이나 정부가 국가의 최고법인 헌법에 따라 구성되고 형성되는 것을 의미한다.
ㄹ. 국민주권주의에 대한 설명이다. 국민주권주의란 주권이 국민으로부터 나오고, 국민의 뜻에 따라 행사된다는 것으로 국가의 의사를 최종적으로 결정할 수 있는 권한이 국민에게 있다는 것을 의미한다.

정답 ③

05 몽테스키외가 강조하는 민주 정치의 원리에 대한 설명으로 옳지 않은 것은? 예상문제

몽테스키외는 "법을 만들고, 공적 결정을 집행하고, 개인 간 분쟁사태를 판단하는 세 가지 권력을 한곳에서 행사한다면 모든 사람은 자유를 잃을 것"이라고 말했다.

① 대통령제 정부 형태의 성립에 많은 영향을 주었다.
② 중앙 집권으로 인한 권력 남용을 억제하고자 한다.
③ 국민의 자유와 권리를 보장하고자 한다.
④ 국가 정책 집행의 효율성과 통일성을 제고하려 한다.

해설 몽테스키외는 3권 분립론을 주장한 학자이다. 따라서 제시문에 나타난 민주주의의 원리는 권력 분립의 원리이다.
④ 권력 분립으로 인하여 오히려 국가 정책의 효율성과 통일성은 저해될 수 있다.

오답피하기
① 몽테스키외의 3권 분립론은 미국의 대통령제에 영향을 주었다.
②, ③ 권력 분립의 원리는 권력의 남용을 막고 국민의 자유와 권리는 보장하기 위한 것이다.

정답 ④

06 〈보기〉에 제시된 헌법 조항에 나타난 민주 정치의 기본 원리에 해당하지 않는 것은?
2019 서울시 공개 및 경력 1회

보기

제1조 ②대한민국의 주권은 국민에게 있고, 모든 권력은 국민으로부터 나온다.
제40조 입법권은 국회에 속한다.
제41조 ①국회는 국민의 보통・평등・직접・비밀 선거에 의하여 선출된 국회의원으로 구성한다.
제66조 ④행정권은 대통령을 수반으로 하는 정부에 속한다.
제101조 ①사법권은 법관으로 구성된 법원에 속한다.

① 국민주권의 원리
② 대의제의 원리
③ 권력분립의 원리
④ 지방 자치의 원리

출제 단원 및 영역 법과정치 1단원 민주주의의 기본원리

해설
④ 위의 헌법 조문에서 지방 자치의 원리는 나타나지 않는다. 지방 자치의 원리와 관련되는 헌법 조문은 다음과 같다.

제117조 ① 지방자치단체는 주민의 복리에 관한 사무를 처리하고 재산을 관리하며, 법령의 범위 안에서 자치에 관한 규정을 제정할 수 있다.
② 지방자치단체의 종류는 법률로 정한다.
제118조 ① 지방자치단체에 의회를 둔다.
② 지방의회의 조직・권한・의원선거와 지방자치단체의 장의 선임방법 기타 지방자치단체의 조직과 운영에 관한 사항은 법률로 정한다.

오답피하기
① 헌법 제1조를 통하여 국민주권의 원리를 천명하고 있음을 알 수 있다.
② 헌법 제40조와 제41조를 통하여 대의제의 원리를 타나내고 있다.
③ 헌법 제 40조와 제41조, 제66조와 제 101조를 통하여 국가 작용을 담당하는 권력 기관을 상호 분리 독립시켜 권력분립의 원리를 나타내고 있다.

정답 ④

07 다음에서 설명하고 있는 민주 정치의 원리로 가장 적절한 것은? 2014 해양경찰

> 자유보장을 위한 하나의 정치기술로써 고안된 것이며, 적극적으로 국가 활동의 능률을 증진시키기 위한 분업적 원리가 아니라 소극적으로 국가권력의 남용을 방지하기 위한 소극적 원리이다.

① 대의제 원리
② 입헌주의의 원리
③ 권력분립의 원리
④ 국민주권의 원리

해설
권력분립이란 국가권력을 나누어 그러한 권력을 서로 다른 기관에 분담시켜 권력을 견제·균형토록 함으로써 국민의 자유와 권리를 보장하기 위한 것이다. 즉, 국가 활동의 능률을 증진시키기 위해서는 한 기관에 권력을 집중하는 것이 좋지만, 권력의 남용을 방지하기 위한 소극적 원리이다.

정답 ③

08 매키버(R. M. MacIver)가 제시한 '참된 민주주의'의 평가 기준에 해당하지 않는 것은? 2014 지방직

① 정부의 정책에 반대하더라도 신체의 안전을 보장받는가?
② 정부 정책에 반대하는 조직을 자유롭게 결성할 수 있는가?
③ 선거를 통해 집권당을 교체할 수 있는가?
④ 대통령을 국민의 손으로 직접 뽑을 수 있는 제도적 장치가 마련되어 있는가?

해설 매키버(R. M. MacIver)의 참된 민주주의
매키버(R. M. MacIver)는 민주주주의라는 이름을 쓰고 있는 정치권력이 항상 참된 민주주의를 추구하는 것은 아니라고 보았다. 즉, 거짓 민주주의도 있다는 것이다. 이에 대해 참된 민주주의와 거짓민주주의를 판별하는 기준을 제시하였는데, 아래의 질문들에 대해서 모두 "예"라는 답을 할 수 있는 사회가 바로 "참된 민주주주의"라고 하였다.
① 정부 정책에 반대하더라도 신체의 안전을 보장받는가?
② 정부 정책에 반대하는 조직을 자유롭게 결성할 수 있는가?
③ 집권당에 대해 자유롭게 반대투표를 할 수 있는가?
④ 선거를 통해 집권당을 교체할 수 있는가?
⑤ 헌법에서 선거기간 및 조건에 대해 규정하고 있는가?

정답 ④

민주주의의 유형

01 다음 A와 B 유형의 국민 투표제에 대한 설명으로 옳은 것은? 2016 경찰직 1차

> 국민 투표는 직접 민주제의 대표적인 방식으로 크게 A와 B로 구분된다. A는 헌법상 제도화된 국민 투표로서 헌법 개정안이나 국가의 중요한 사항을 국민의 표결에 부쳐 결정하는 것을 의미한다. B는 헌법상 제도화되어 있지는 않지만 통치권의 정당성 내지는 통치자의 신임 여부를 국민 투표로 결정하는 것을 의미하는 것으로 영토 변경이나 병합 등의 특정한 정치적 사건에서 나타날 수 있다.

① A는 신임 투표제로, B는 국민 표결제로 부르기도 한다.
② B는 A보다 형식적 법치주의에 악용될 소지가 더 많다.
③ 국론 분열의 중대 사안에 대해서는 B를 필수적으로 거치도록 되어 있다.
④ B는 효과적인 직접 민주주의 제도로 각광받고 있어 점차 많아지는 추세이다.

해설 국민투표

- 국민투표는 헌법상으로 제도화된 국가의 중요사항을 결정하는 **레퍼랜덤(referendum)**과 영토의 변경이나 병합, 집권자에 대한 신임 여부를 묻는 **플레비시이트(plebiscite)**가 있다.
- 우리나라 대통령의 중요 정책에 대한 국민투표 부의권은 **레퍼렌덤**에 속하며, 히틀러의 총통 위임에 대한 국민 투표는 **플레비시이트**에 해당한다.
- **헌법재판소는 국민투표를 실시하면서 자신의 신임을 묻는 방식으로 실시하거나 정책과 연계하여 신임을 묻는 형식은 모두 우리 헌법상 인정되지 않는 플레비시이트라고 하여 허용되지 않는다고 판시**한 바 있다.

정답 ②

02 다음 중 우리나라에서 시행하고 있는 직접 민주정치 제도는? 2014 국가직

① 주민 발안제
② 국민 발안제
③ 국회의원에 대한 국민 소환제
④ 대통령에 대한 국민 소환제

해설

- 우리나라는 국민발안과 국민소환을 인정하지 않으나 국민투표(헌법에서 규정)와 주민발안(조례 제정개폐청구권), 주민투표와 주민소환(모두 법률에서 규정)은 시행하고 있음. (cf. 국민발안은 제2차 헌법 개정 시부터 제5차 까지 헌법에서 인정했음. 우리나라에서는 단 한 번도 국민소환은 인정된 적이 없음.)

① 지방자치법 제15조의 조례 제정과 개폐 청구권은 주민발안으로 볼 수 있다. 따라서 주민 발안제는 현재 우리나라에서 시행되고 있는 직접 민주정치 제도이다.

오답피하기

② 국민 발안제는 한 때 시행된 적은 있었으나 현재는 시행되고 있지 않다.
③, ④ 국민 소환제는 우리나라에서 단 한 번도 시행된 적이 없다.

정답 ①

03 〈보기〉의 (가)와 (나)는 민주정치의 참여방식이다. 이에 대한 설명으로 가장 옳지 않은 것은? 2019 서울시

보기

(가) 주권자인 국민은 선거를 통해 그들이 선출한 대표에게 국가 의사 및 정책의 결정권을 전적으로 위임한다.

(나) 대의제하에서는 국민의 다양한 의사를 정치과정에 투입하는 데 한계가 있다. 그러므로 국민투표, 국민발안, 국민 소환 제도를 도입하여 대의제를 보완한다.

① (가)의 정치방식은 민주주의에 부합하지 않는다.

② (나)는 (가)에 비해 정책결정의 정당성이 증진될 수 있다.

③ (가)는 모든 국민이 국가의 의사결정에 참여하는 것은 비현실적이라고 생각한다.

④ (나)의 정치방식은 시민의 정치적 무관심을 극복하려고 한다.

출제 단원 및 영역 법과정치 1단원 민주정치의 참여 방식

해설 (가)는 간접 민주 정치, (나)는 혼합 민주 정치이다.

① 간접 민주주의는 국가의 규모와 기능 확대, 사회의 복합성 · 다양성 · 전문성의 심화로 모든 국민의 직접 참여가 어려워져서 등장한 것으로서 민주주의에 부합하지 않는 것은 아니다. 영토가 크고 인구가 많아짐에 따라 불가피하게 나타난 것이다.

오답피하기

② 혼합 민주주의는 직접민주제 요소를 도입함으로써 국민의 직접 참여가 가능해졌다. 이를 통해 정책결정의 정당성이 증진될 수 있다.

③ 국가의 규모와 기능 확대, 사회의 복합성 · 다양성 · 전문성의 심화로 모든 국민의 직접 참여가 어려워짐에 따라 모든 국민이 국가의 의사결정에 참여하는 것은 비현실적이라고 생각하여 대의 민주주의가 등장하였다.

④ 정치적 무관심은 간접 민주정치의 한계로 지적되고, 이를 극복하기 위한 하나의 방법이 직접 민주제적 요소를 도입하는 것이다.

정답 ①

04 우리나라에 도입된 직접 민주제적 요소에 대한 설명으로 옳은 것은? 2019 국가직

① 국민의 대표 기관인 국회가 제정한 법률에 기초하여 국가권력이 행사된다.

② 국민이 대통령이나 국회의원을 임기만료 전이라도 투표로 해임할 수 있다.

③ 대통령은 필요하다고 인정할 때에는 외교 · 국방 · 통일 기타 국가안위에 관한 중요 정책을 국민투표에 부의할 수 있다.

④ 국회의원 선거권자 과반수의 찬성으로 법률 제 · 개정안을 발의할 수 있다.

출제 단원 및 영역 법과정치 1단원 직접 민주제적 요소

해설 직접 민주제란 공동체의 정치적 의사를 토론을 통해 시민이 직접 결정하는 것을 말한다. 국가의 규모와 기능 확대, 사회의 복합성 · 다양성 · 전문성의 심화로 모든 국민의 직접 참여가 어려워 간접 민주제를 일반적으로 도입하고 있다. 그러나 간접 민주제의 한계로 인하여 국민투표, 국민발안, 국민소환이라는 직접 민주제적 요소를 도입하여 보완하기도 한다. 그러나 이 중 현재 우리나라에 도입된 직접 민주제적 요소는 국민투표뿐이다.

③ 중요 정책에 대한 대통령의 국민투표 부의권에 관한 내용으로 이는 국민투표에 해당하고 국민투표는 우리나라에 도입된 직접 민주제적 요소이다.

오답피하기

① 국민의 대표 기관인 국회가 제정한 법률에 기초하여 국가 권력이 행사되는 것은 대의제 원리를 나타낸 것으로 이는 간접 민주제의 모습이다.

② 국민이 대통령이나 국회의원을 임기만료 전이라도 투표로 해임할 수 있는 것은 국민소환에 해당하고, 국민소환은 우리나라에서 한 번도 시행된 적이 없는 직접 민주제적 요소이다.

④ 국회의원 선거권자 과반수의 찬성으로 법률 제 · 개정안을 발의할 수 있다는 것은 국민이 직접 법률안을 발의한다는 것으로 이는 국민발안에 해당하고, 국민발안은 제2차 헌법개정시부터 제5차까지 헌법에서 인정했었으나 현재 우리나라에서는 시행되고 있지 않다.

정답 ③

05 (가), (나)는 민주 정치의 참여 방식이다. 이에 대한 설명으로 옳지 않은 것은? 2015 수능 변형

> (가) 민주 정치에서 주권자인 국민은 선거를 통한 대표 기관 구성권을 보유하고, 그들이 선출한 대표에게 국가 의사 및 정책의 결정권을 전적으로 위임한다.
> (나) 대의제하에서는 국민의 다양한 의사를 정치 과정에 투입하는 데 한계가 있다. 그러므로 국민 투표, 국민 발안, 국민 소환 제도를 도입하여 대의제를 보완한다.

① (가)는 국민이 직접 모든 국가 의사를 결정하는 것이 비현실적이라고 본다.
② (나)는 간접 민주제에 직접 민주제의 요소를 가미한 것이다.
③ (가), (나) 모두 국민 주권을 바탕으로 한다.
④ (나)보다 (가)에서 특정 사안에 대해 국민이 직접 결정할 수 있는 권한이 확대된다.

해설 (가)는 순수한 대의제 민주 정치, (나)는 혼합형 민주 정치 방식이다.
④ 직접민주제적 요소를 통하여 특정 사안에 대해 국민이 직접 결정할 수 있는 권한이 확대된다.

오답피하기
③ 순수한 간접 민주 정치 참여 방식이든, 직접 민주제 요소를 가미한 참여 방식이든 모두 국민 주권을 바탕으로 한다.

정답 ④

06 다음은 민주 정치에 대한 두 사람의 견해이다. 이에 대한 설명으로 옳은 것은? 2017 하반기 지방직

> 갑 만일 국민들이 정치에 무관심하면 국민 의사와 관계없는 정책이 채택된다. 대의 민주제의 이러한 문제점을 보완하기 위해 국민투표, 국민발안, 국민소환 등의 제도를 도입해야 한다.
> 을 국민의 정치 참여가 민주 정치 발전에 항상 기여하는 것은 아니다. 의사 결정 과정에서 말솜씨가 뛰어난 소수에 의해 다수가 생각 없이 설득 당하는 사례가 발생할 수 있다.

① 갑은 직접 민주제 도입에 반대하고 있다.
② 갑은 소수 엘리트에 의한 정치가 바람직하다고 주장할 것이다.
③ 을은 고대 아테네의 도편추방제 방식을 추천할 것이다.
④ 을은 중우 정치의 가능성을 지적하고 있다.

해설 갑은 간접 민주제의 문제점을 지적하며 직접 민주제의 도입의 필요성을 주장하며, 을은 직접 민주제가 가지고 있는 문제점을 지적하고 있다.
④ 을은 중우 정치의 가능성을 지적하고 있다. 중우정치는 직접 민주제의 한계가 될 수 있다.

오답피하기
① 갑은 간접 민주제의 문제점을 지적하며 직접 민주제 도입에 찬성하고 있다.
② 중우 정치의 폐단을 지적하는 을이 소수 엘리트에 의한 정치가 바람직하다고 주장할 것이다.
③ 도편추방제는 국민소환제와 유사한 제도로써 직접 민주제의 폐단을 지적하는 을의 입장에서는 도편추방제의 방식을 추천하지는 않을 것이다.

정답 ④

근대 정치 사상/사회 계약설

01 사회계약론에 대한 설명으로 옳지 않은 것은?

2019 국가직

① 사회계약론은 국가권력의 원천을 국민의 동의에 두고 있다.

② 홉스는 자연 상태를 '만인에 대한 만인의 투쟁' 상태로 보았고, 로크는 자연 상태를 평화롭지만 불안정한 상태로 보았다.

③ 홉스는 인간의 본성이 본래 악하다고 보았고, 루소는 인간의 본성이 본래 선하다고 보았다.

④ 홉스는 사람들이 무정부 상태에서 스스로를 지키기 위해 지배자에게 자연권을 모두 양도했다고 주장하였고, 루소는 사람들이 국가를 만들기 위해 지배자와의 계약을 통해 주권을 양도했다고 주장하였다.

출제 단원 및 영역 법과정치 1단원 사회 계약설

해설 사회 계약설이란 개인의 자연권 보장을 위해 국가와의 계약을 통해 국가를 구성한다는 것을 의미한다. 대표적인 사회계약론자로는 홉스, 로크, 루소가 있다.

④ 홉스는 자연권을 지배자에게 전부 양도했다고 보는 반면, 루소는 인민의 의사는 대표될 수 없다고 하여 자연권의 양도를 인정하지 않았다. 즉, 설문에서 전단의 설명은 맞지만, 후단의 설명이 틀렸다.

오답피하기

① 사회 계약론자들은 모두 국가 성립이 구성원들의 자발적 동의에 기초한다고 보며, 국가권력의 원천은 국민의 동의에 두고있다고 할 수 있다.

② 사회 계약론자들은 모두 자연 상태를 불완전하다고 보는데, 홉스의 경우 만안의 만인에 대한 투쟁 상태로, 로크는 평화롭지만 불완전한 평화상태로 보고 있다.

③ 인간의 본성에 대하여 홉스는 성악설, 루소는 성선설을 주장한다.

구 분	홉 스	로 크	루 소
인간 본성론	성악설	백지설	성선설
자연 상태	만인의 만인에 투쟁 상태(항상 전쟁)	불완전한 평화상태 – 자연법을 위반한 사람들 때문에 갈등, 전쟁 발생(종종 전쟁)	평화로운 상태 – 고립된 상태에서는 자유로움, 집단이 만들어 지면 쇠사슬에 묶임. 자연상태는 자유롭고 평화롭지만 사유재산제(사적소유)로 인해 불평등이 조성
자연법	인정	인정	인정
계약방식	전부 양도, 포기설	일부(부분) 양도설	양도 불가설
주권이론	군주 주권론	국민 주권론 (간접 민주주의)	국민 주권론 (직접 민주주의)
저항권	인정하지 않음	인정함 (강하게 주장)	–
국가형태	절대 군주국	입헌 군주국	민주 공화국
특 징	자신의 보존을 위해 무엇이든 할 수 있는 권리를 자연법이 부여	자연 상태의 권리를 두 개로 나눔 → 생명, 자유, 재산은 양도 불가능, 제재의 권리는 양도 가능	일반 의지에 바탕을 두고 국가를 구성 → 국가에 복종하는 것이 자신에게 복종하는 것과 동일함

정답 ④

02 다음은 시민 혁명 과정의 주요 문서의 일부이다. 이에 대한 설명으로 옳은 것을 〈보기〉에서 모두 고른 것은?

2018 경찰직 2차

(가) 제1조 국왕은 의회의 동의를 받지 않고 왕권으로 법의 효력을 정지하거나 법의 집행을 정지할 수 있는 권력이 있다는 주장은 위법이다.
제5조 국왕에게 청원을 하는 것은 국민의 권리이니, [⋯]
제8조 의회에서의 선거는 자유롭게 이루어져야 한다.

(나) 우리는 다음과 같은 진리를 당연한 것으로 받아들인다. [⋯] 이 권리를 확보하기 위하여 인류는 정부를 조직하였으며, 정부의 정당한 권력은 국민의 동의로부터 유래한다. 어떠한 형태의 정부라도 이러한 목적을 파괴할 때에는 자신의 안전과 행복을 가장 잘 이룩할 수 있는 새로운 정부를 조직하는 것이 국민의 권리이다.

(다) 제1조 인간은 자유롭고 평등하게 태어나서 생활할 권리를 가진다.
제3조 모든 주권의 근원은 국민에게만 있다. 어떤 단체나 어떤 개인도 명백히 국민에게서 유래하지 않는 권력을 행사할 수 없다.
제6조 모든 시민은 직접 또는 대표자를 통해서 법 제정에 참여할 권리를 가진다. [⋯]

보기

㉠ (가)는 전제 군주제에서 입헌 군주제로 발전하는 데 기여하였다.

㉡ (나)는 입헌 군주제 정부를 조직할 수 있는 근거가 되었다.

㉢ (다)는 국민 주권의 원리를 강조하고 있다.

㉣ (가), (나), (다)에 의해 보통선거와 직접선거가 도입되었다.

① ㉠, ㉢ ② ㉠, ㉣
③ ㉡, ㉢ ④ ㉢, ㉣

해설 (가)는 영국의 권리장전, (나)는 미국의 독립 선언서, (다)는 프랑스 인권 선언문이다.

㉠ 영국은 권리장전을 통해 전제 군주제 국가에서 입헌 군주제 국가로 거듭났다.

㉢ 미국 독립 선언서 제 3조를 통해 국민 주권의 원리를 강조하고 있음을 확인할 수 있다.

오답피하기

㉡ 미국의 독립선언서는 민주 공화국의 탄생 근거가 되었다.

㉣ 시민혁명 직후 보통선거의 원칙이 확립되지 못하였다. 차티스트 운동과 여성 참정권 운동 등을 통해 20세기에 이르러서야 보통선거 제도가 확립되었다.

정답 ①

03 다음은 국가 성립에 대한 근대 사상가의 이론이다. 이에 대한 설명으로 옳은 것은? 2015 수능 변형

> 자연 상태는 자유롭고 평화롭지만, 옳고 그름을 구별하는 법이 없고, 다툼을 해결해 주는 재판관도 없으며, 법을 집행할 수 있는 합법적인 권력도 없다. 따라서 개인들이 스스로 옳다고 판단하고 행동하는 자연 상태는 불안정하다. 이러한 자연 상태의 불안정성을 극복하기 위해 개인들은 계약을 통해 국가를 형성한다.

① 국가 성립 후 입법권, 사법권, 행정권이 상호 분립되어야 한다고 보았다.
② 사회 계약 후 국가 목적의 실현을 위해 개인들의 모든 권리는 포기되어야 한다고 역설하였다.
③ 국가를 개인들의 생명, 자유, 자산을 안정적으로 보호하기 위하여 사회 계약 이전에 성립된 제도로 간주하였다.
④ 자연 상태에서 개인들의 자율적인 행위가 낳는 한계를 지적하며 국가 성립의 필요성을 역설하였다.

해설
④ 로크의 사회 계약론에 따르면 개인들의 자율적 행위가 낳는 한계, 즉 재산권 보호(property: 생명, 자유, 자산)를 불안정하게 만드는 한계를 지적하며 사회 계약을 통한 국가 성립의 필요성을 주장했다.

오답피하기
① 로크는 입법권과 집행권의 이권 분립론을 주장했다.
② 개인들이 모든 권리를 포기해야 하는 것은 아니다. 홉스의 경우 모든 권리를 포기해야 한다고 주장하였다.
③ 국가는 사회 계약을 통해 만들어지는 것이다.

정답 ④

04 가)~(다) 사건에 관한 설명으로 옳은 것만을 〈보기〉에서 모두 고르면? 2014 국가직

> (가) 1688년 왕권 신수설과 로마 카톨릭을 신봉하는 제임스 2세의 전제 정치에 반대하며 일어난 혁명이다.
> (나) 1776년 영국의 식민지였던 북아메리카 13개 주의 대표들이 독립을 선포한 사건이다.
> (다) 1789년 루이 16세의 전제 정치를 타도하고, 앙시앵레짐(구체제)의 모순을 극복하기 위하여 시민 계급이 주도한 혁명이다.

보기
ㄱ. (가)의 성공으로 의회는 권리청원을 제출하여 왕의 승인을 받았다.
ㄴ. (나)에는 자연권 사상보다 실정권 사상이 더 많은 영향을 미쳤다.
ㄷ. (나) 이후 근대 최초의 민주 공화제가 실시되었다.
ㄹ. (다) 직후 천부 인권 사상에 바탕을 둔 '프랑스 인권 선언'이 채택되었다.

① ㄱ, ㄴ
② ㄱ, ㄷ
③ ㄴ, ㄹ
④ ㄷ, ㄹ

해설 (가)는 **영국의 명예혁명**으로 이로 인하여 권리장전을 만들어 입헌주의 원리의 기틀을 마련했다. (나)는 **미국의 독립혁명**으로 그 결과 민주공화정이 실시되었다. (다)는 **프랑스의 대혁명**으로 그 결과 절대왕정이 타도되고 근대 사회가 성립되었다.
ㄷ. 미국의 독립혁명으로 최초의 민구 공화제가 실시되었다. 이는 왕(군주)이 존재하지 않았던 미국의 역사적 배경과 맥을 같이 한다.
ㄹ. 프랑스 대혁명 이후 인권선언이 채택되었다.

오답피하기
ㄱ. 권리청원이 아닌 권리장전을 제출하였고, 권리청원을 제출하여 왕의 승인을 받은 것은 청교도 혁명이다.
ㄴ. 미국의 독립혁명은 천부 인권사상에 영향을 받은 것으로 이는 자연법이다. 시민혁명의 사상적 배경은 천부인권설, 계몽사상, 사회계약설을 들 수 있다.

정답 ④

05 다음 문서에 대한 설명으로 옳은 것은? 2017 국가직

> • 국왕은 의회의 동의를 받지 않고 왕권으로 법의 효력을 정지하거나 법의 집행을 정지할 수 있는 권력이 있다는 주장은 위법이다.
> • 국왕에게 청원을 하는 것은 국민의 권리이므로 청원을 했다고 해서 구금하거나 박해를 가하는 것은 위법이다.
> • 의원 선거는 자유롭게 이루어져야 한다.

① 프랑스 인권선언의 영향을 받았다.
② 봉건제의 모순을 극복하고 신분제 타파의 계기가 되었다.
③ 전제 군주제에서 입헌 준주제로 변화하는 기틀을 마련하였다.
④ 보통 선거와 평등 선거의 원칙을 제시하였다.

해설 사안은 권리장전의 내용이다.
③ 권리장전의 승인을 통해 의회 중심의 입헌주의 정치의 기반이 마련되었고, 그 결과 전제 군주제 국가에서 입헌 군주제 국가로 거듭나게 되었다.

오답피하기
① 권리장전은 프랑스 인권선언보다 이전의 문서이다.
② 봉건제의 모순을 극복하고 신분제 타파의 계기가 된 것은 프랑스 혁명과 관계 있다.
④ 권리장전이 보통 선거와 평등 선거의 원칙을 제시한 것은 아니고, 시민혁명 직후에도 보통 선거와 평등 선거의 원칙이 바로 확립된 것은 아니다.

정답 ③

06 루소(J. J. Rousseau)의 사회계약론에 해당하는 것은? 2014 사회복지직

① 국가 이전의 상태는 '만인의 만인에 대한 투쟁' 상황이다.
② 시민적 자유는 국가로부터 간섭받지 않을 때 얻는 것이다.
③ 국가 수립 이후 입법부가 법률 제정권과 재판권을 행사한다.
④ 일반 의지에 의해 형성된 국가는 개인이나 집단의 특수 의지를 초월하는 보편적 가치를 지닌다.

해설 루소(J. J. Rousseau)는 성선설의 입장에서 개인은 선한 존재이며, 자유로운 존재로 보았다. 그러나 자연 상태의 선하고 자유로운 존재였던 개인은 집단이 만들어지면 쇠사슬에 묶여 있는 상태가 되기 때문에 개인은 서로 결합하여 자유와 평등을 보장하기 위한 사회계약을 맺어 국가를 건설해야 한다고 주장하였다. 또한 루소는 일반 의지에 바탕을 두고 국가를 구성해야 개인의 권리가 실현될 수 있다고 보았다.
④ 루소는 일반의지를 단순한 개별 의지의 총합을 넘어선 공공의 이익을 지향하는 의지로서 개인이나 집단의 특수 의지를 초월하는 보편적인 가치를 지닌 것으로 보았다.

오답피하기
① 홉스의 주장이다.
② 시민적 자유는 사회계약 성립 이후에 시민 상태에서 누리는 자유로서 국가로부터 간섭받지 않는 자유권을 주장한 학자는 로크이다. 로크의 경우 인간은 자연권을 국가에게 양도한 후에 국가에 복종하고 국가가 제정한 입법을 준수함으로써 시민적 자유를 획득할 수 있다고 설명한다.
③ 루소는 의회에 대하여 부정적으로 보아 직접 민주주의를 주장하였다.

정답 ④

07 (가)와 (나)는 국가 성립 과정에 대한 이론의 일부이다. 이에 대한 설명으로 옳은 것은? 2015 국가직

> (가) 인간의 자연상태는 '만인의 만인에 대한 투쟁' 상태였다. 따라서 개인은 안전과 질서를 보장받기 위해 모든 권리를 국가에 양도하였다.
> (나) 인간은 자연상태에서 질서 있고 평화로운 상태였다. 그러나 생명과 자유, 그리고 재산에 관한 권리를 더욱 확고하게 보장받기 위해 국가를 구성하였다.

① (가)의 관점은 인간의 본성에 관한 성선설에 기초하고 있다.
② (가)는 (나)보다 민주주의 국가에 부합하는 이론이다.
③ (가)는 로크가, (나)는 홉스가 주장한 사회계약설이다.
④ (나)는 시민혁명의 정당성을 부여한 이론이다.

해설 (가)는 홉스의 사회계약설이고, (나)는 로크의 사회계약설에 대한 설명이다.
④ 로크의 경우 모든 자연권을 국가에 양도하는 것은 아니고 저항권은 시민들이 그대로 보유하고 국가권력에 대한 저항권 행사가 가능하다고 주장하였다. 그 결과 시민혁명의 정당성을 부여할 수 있었다.

오답피하기
① 홉스는 인간의 본성에 대해 성악설을 주장하였다.
② 홉스의 경우 전제 군주론을 옹호했고, 로크의 경우 입헌 군주제와 대의제를 옹호했으므로 민주주의 국가에 부합하는 이론은 홉스가 아닌 로크의 사회계약설이다.
③ (가)는 홉스, (나)는 로크가 주장한 사회계약설이다.

정답 ④

08 (가)~(다)의 근대 정치사상에 대한 설명으로 옳은 것은? 2019 지방직

> (가) 자연 상태에서 인간은 자연적 권리를 무제한적으로 행사함으로써 끝없이 서로 투쟁하고, 그 결과 항상 죽음의 공포 속에 살아간다. 이러한 상태를 벗어나기 위해 개인들은 권리를 양도하는 계약을 맺어 국가를 세우게 된다.
> (나) 인간은 자연 상태에서는 자유롭게 태어났으나 사회 속에서 자유를 갖지 못하고 구속받는다. 자연 상태와 같이 자유로우려면 사회 계약을 통해 일반 의지를 형성하고 국가를 만들어야 한다.
> (다) 자연 상태는 평화로우나 일부 탐욕스러운 사람들에 의해 권리의 보장이 불안정한 상태이다. 국가는 이러한 불안정한 상태를 예방하고 자유와 평등을 안전하게 보장하기 위해 사회 구성원의 계약을 통해 만들어진 것이다.

① (가)에서는 절대군주제의 폐지를 주장한다.
② (나)에서는 개인의 직접적인 정치 참여를 옹호한다.
③ (다)에서는 자연권을 침해한 정부에 대한 저항권을 부정한다.
④ (가), (다)에서는 국민주권론을 주장한다.

출제 단원 및 영역 법과정치 1단원 사회계약론

해설 (가)는 홉스, (나)는 루소, (다) 로크의 사상이다.
② 루소는 인민의 의사는 대표될 수 없다고 하면서 일반의지에 따른 직접민주주의를 옹호하였다.

오답피하기
① 홉스는 절대 군주제를 옹호하였다.
③ 로크는 저항권과 같은 자연권은 양도의 대상이 되지 않는다고 하면서 사회계약을 위반하는 경우 저항권을 행사할 수 있다고 한다.
④ 국민주권론을 주장하는 학자는 로크와 루소이고, 홉스는 군주주권론을 주장한다.

정답 ②

09 〈보기〉와 같은 글을 쓴 근대 사상가에 대한 설명으로 가장 옳은 것은? 2019 서울시

보기

인간은 자연 상태에서는 자유롭고 행복하고 선량하지만, 스스로 만든 사회 제도나 문화에 의해 억압당하는 불행한 삶을 살고 있다. …… 다른 사람과 더불어 살면서 자신의 신체와 재산을 지키고 자신에게만 복종하는, 마치 자연 상태와 같이 자유로우려면 사회 계약을 통해 국가를 만들어야 한다. …… 국가는 국민의 자유의사로 만들어진다. 주권자인 국민의 ㉠ 에 의해 형성된 국가는 특수한 개인이나 집단의 의지를 초월하는 보편적 가치를 지닌다.

–인간 불평등 기원론中–

① ㉠에는 '보통선거'가 적절하다.
② 프랑스 혁명의 영향을 받은 사상가이다.
③ 자연 상태를 '만인에 대한 만인의 투쟁'으로 보았다.
④ 국가는 개인의 자유로운 계약으로 형성된다고 보았다.

출제 단원 및 영역 법과정치 1단원 사회계약설

해설 보기의 사회계약 사상가는 루소이다. 루소는 개인적인 자유와 공공의 이익을 동시에 생각할 수 있는 시민이 계약을 맺어 '일반의지'를 가지는 국가를 확립하고, '일반 의지'가 정한 법률에 의해 정치를 실시해야 한다고 주장한다. 국가가 가지는 '일반의지'는 다수의 의지가 아니라 국가 고유의 실천 의지로 개별의지의 총합을 넘어선 국가에 의한 공공의 이익을 지향하는 의지이다.

④ 홉스, 로크, 루소와 같은 사회 계약론자들 모두는 자연 상태를 불완전하게 보고 있으며, 이러한 불완전한 자연 상태에 대하여 자신들의 생명 등을 지키기 위해 자발적인 동의에 기초하여 사회계약을 맺었다고 주장한다. 따라서 루소도 국가를 개인의 자유로운 계약으로 형성된다고 본다.

오답피하기

① 일반의지가 들어간다. 루소는 인민의 의사는 대표될 수 없다고 하여 직접 민주정을 주장하였다. 따라서 대의제를 위한 보통선거제는 적절한 단어가 될 수 없다.
② 천부인권사상, 계몽사상, 사회계약설은 프랑스 혁명에 영향을 주었다. 즉 프랑스 혁명에 영향을 받은 것이 아니라 사회계약설이 프랑스 혁명에 영향을 준 사상적 배경이 된다.
③ 자연 상태를 만인의 만인에 대한 투쟁으로 본 것은 홉스이다.

정답 ④

10 다음에서 설명하고 있는 정치사상과 가장 관련이 있는 것은? 2014 지방직

- 인간은 이성의 힘으로 편견과 오류를 극복하고 사회적 모순과 부조리를 바로잡을 수 있다.
- 이 사상은 인간의 독립성과 자율성 등을 강조하여, 군주제 아래의 불평등한 사회 구조를 개혁하여야 한다는 사회의식을 사회 구성원들에게 심어 주었다.

① 근대 초기 국가에 의한 적극적 자유를 강조하는 이념의 기반이 되었다.
② 근대 시민 혁명의 사상적 기원이 되었다.
③ 군주의 권위에 구성원이 절대적으로 복종하게 하였다.
④ 정치를 국가의 근본적인 활동으로 인식하게 하는 계기를 제공하였다.

해설 제시문은 **계몽사상**에 대한 설명이다. 계몽사상은 인간은 이성을 가진 존재이며, 신이 아닌 인간의 이성에 의해 의식이 형성되어야 한다는 것으로 프랑스 혁명의 사상적 배경이 되었다.

② 계몽사상, 천부인권사상, 사회계약설은 근대 시민 혁명의 사상적 기반이 되었다.

오답피하기

① 근대 초기에는 국가로부터의 자유, 즉 소극적인 자유로서 자유권이 강조되었으며, 현대에 와서 국가에 의한 적극적인 자유, 즉 사회권이 강조되었다.
③ 계몽사상을 통해 절대 군주제에 대한 비판이 가능하게 되었으며, 계몽사상은 절대 군주제를 벗어나게 하는데 큰 역할을 하였다.
④ 정치를 국가의 근본적인 활동으로 인식하는 것을 **국가 현상설**인데, 이는 계몽사상과는 관계가 없다.

정답 ②

11 갑과 을은 대표적인 근대 정치 사상가이다. 이들에 대한 설명으로 옳은 것은? 2015 교육행정

> 갑 자연 상태에서 인간은 자기 보존을 위해 만인에 대한 만인의 투쟁 상태에 있다. 이러한 투쟁 상태로부터 안전과 질서를 확보하기 위해 계약을 통해 국가를 만든다.
> 을 자연 상태는 자유롭고 평화롭지만, 옳고 그름을 구별하는 법, 재판관, 합법적인 권력이 없어서 개인의 사유 재산을 보전하기 어렵다. 이러한 불완전한 자연 상태를 극복하기 위해 개인들은 계약을 통해 국가를 형성한다.

① 갑은 군주 주권론의 철학적인 근거를 제시하다.
② 갑은 국가가 일반 의지에 의해 형성되었음을 강조하다.
③ 을은 삼권 분립 체제를 통해 민주주의를 구현하려 하다.
④ 갑과 을은 국가를 수단이 아닌 목적으로 보았다.

해설 '만인에 대한 만인의 투쟁 상태'라는 표현을 통해 갑은 홉스임을 알 수 있다. '자연상태에서는 실정법과 재판관, 합법적인 권력이 없어서 재산을 보전 받지 못한다.'는 표현을 통해서 을은 로크임을 알 수 있다.
① 홉스는 기존의 군주 주권론을 뒷받침하던 왕권신수설을 대신하여 사회계약설을 통해 군주 주권론의 철학적 근거를 제시하였다. 즉, 사회계약론자이면서 절대군주제를 옹호하였다.

오답피하기
② 일반의지를 강조한 학자는 루소이다. 루소는 일반의지라는 공익을 지향하는 의지로 인민이 스스로 다스릴 것을 주장하였다.
③ 로크는 입권권의 우위를 둔 2권 분립론을 주장하였으며, 3권 분립론은 몽테스키외가 주장하였다.
④ 홉스와 로크는 모두 자연권을 보장하기 위해 국가와 자발적인 동의에 기초한 사회계약을 맺었고 이를 통해 국가가 성립되었다고 주장한다. 즉, 이들에게 국가는 목적이 아닌 수단적 존재이다.

정답 ①

12 (가), (나)의 정치사상에 대한 설명으로 옳은 것은? 2013 국가직

> (가) 국가는 자연과 자유를 지키고자 하는 인간의 의지가 모여 성립된 것이다. 주권은 국민에게 속하며, 양도하거나 대표될 수 없다. 국민들의 공통된 의지가 일반의지이고 이를 실행하는 것이 주권이기 때문에, 주권의 행사는 곧 공동 이익의 확보 과정이고 자유의 실현 과정이다.
> (나) 입법부는 단지 어떤 특정 목적을 위해 행동하는 파생적 권력에 불과하므로 이 입법부가 그에 주어진 신탁에 역행할 때, 그 입법부를 없애거나 변경할 수 있는 최고 권력은 아직 국민에게 있다. 목적에 명백히 무시되거나 위반되면 그 신탁은 반드시 철회되어야만 하고 이때 국민들은 최선이라고 판단되는 곳으로 그들의 신탁을 새로이 옮겨서 부여할 수 있다.

① (가)는 간접민주정치를 해야 한다고 보았다.
② (가)는 자연상태의 인간은 죽음과 공포에 시달린다고 보았다.
③ (나)는 정치권력을 입법권과 사법권으로 분립해야 한다고 보았다.
④ (나)는 자연상태가 자유롭고 평화롭지만 옳고 그름을 구별하는 법이 없다고 보았다.

해설 (가)의 경우 국민들의 공통된 의지를 일반의지라고 하며, 이를 강조한 것으로 보아 '루소'이고, (나)의 경우 입법부가 신탁에 역행할 때 그 입법부를 없애거나 변경할 수 있는 최고 권력이 국민에게 있다고 한 점으로 보아 '로크'의 정치 사상이다.
④ 로크는 자연상태는 평화롭지만 불완전한 상태에 있다고 한다. 즉 옳고 그름을 구별하는 실정법이 없기 때문에 자연 상태가 완전히 평화롭지는 않다고 한다.

오답피하기
① 루소는 국민들의 의사는 대신할 수 없다고 보아 간접 민주정치를 비판하고 직접 민주정치를 주장한다.
② 자연 상태의 인간은 죽음과 공포에 시달린다고 보는 것은 홉스의 주장이다.
③ 로크는 정치권력을 입법권과 집행권으로 구분해야 한다는 2권 분립론을 주장했다. 사법부에 대해서는 별도의 언급이 없었다.

정답 ④

13 다음은 사회계약설을 설명한 것으로 가장 적절하지 않은 것은? 2015 경찰직 3차

① 홉스, 로크, 루소는 국가 권력의 원천을 국민의 동의에 두고, 국민과 정부의 계약에 의해 국가 권력이 구성된다고 한다.
② 홉스는 인간의 심성을 성악설로 보았기 때문에 정부가 없는 자연 상태를 만인에 대한 만인의 투쟁이라 한다.
③ 로크는 자연 상태를 자유롭고 평등하지만 불안정한 상태로 보았기 때문에 사회 구성원들이 계약을 통해 국가를 구성한다고 한다.
④ 루소는 국가란 시민들의 일반의지를 실현하는 기구이며 일반의지는 개별적인 선과 이익을 추구하는 의지라 한다.

해설 모든 인간은 천부의 권리를 가지는데, 자연 상태에서는 이러한 자유와 권리의 보장이 확실하지 않으므로 계약을 맺어 국가를 구성하고 자신들의 권리를 국가에 위임하였다는 견해를 사회 계약설이라고 하며 사회계약설을 주장한 대표적 사상가로는 홉스, 로크, 루소가 있다.
④ 루소는 국가를 시민들의 일반의지를 실현하는 기구로 본 것은 맞으나 일반의지는 개별적인 선과 이익을 추구하는 것이 아니라 공공의 선과 의지로 보았다.

오답피하기
① 홉스, 로크, 루소는 대표적인 사회계약론자로서 국가 권력의 원천을 국민의 동의에 두고 국민과 정부가 계약에 의해 국가 권력이 구성되었다고 보는 것은 공통적이다.
② 홉스는 인간의 본성을 악하다고 보아 자연상태에서는 '만인의 만인에 대한 투쟁'의 상태가 된다고 보았다.
③ 로코는 자연 상태를 자유롭고 평화롭다고 보았지만 불완전한 상태로 보았다. 그래서 그러한 불완전한 상태를 더욱 확실하게 보장하기 위해서 계약을 통해 국가를 구성해야 한다고 보았다.

정답 ④

14 다음과 같은 주장을 한 근대 사회 계약론자에 대한 설명으로 옳은 것은? 2017 국가직 생활안전

> 외적의 침입과 사람 상호 간의 침해로부터 사람들을 방어할 수 있는, 그리하여 사람이 자신의 노력과 지상의 산물로 스스로를 먹여 살리며 만족스럽게 살 수 있는 공통된 권력을 설립하는 유일한 방도는 사람들의 모든 권력과 힘을 한 인물 또는 한 합의체에 부여함으로써 모두의 의지를 하나로 결집시키는 것이다.

① 죽음에 대한 공포가 국가 성립의 동기라고 본다.
② 일반의지에 기초하여 국가를 운영해야 한다고 주장한다.
③ 개인의 자연권은 국가 성립으로 인해 부여된다고 강조한다.
④ 국가 권력을 입법권과 집행권으로 분리해야 한다고 주장한다.

해설 제시문에서 '사람 상호 간의 침해', '권력과 힘을 한 인물 또는 한 합의체에 부여' 등에서 홉스의 입장을 확인할 수 있다. 이는 인간의 이기적 본성을 주장하는 성악설과 관련된 것이고, 권력을 한 인물 또는 한 합의체에 부여한다는 것은 절대 군주제를 옹호하는 입장이기 때문이다. 다만, 마지막 줄의 모두의 의지를 하나로 결집시키는 것과 관련하여 루소의 주장이 아님을 유의해야 한다.
① 만인에 대한 만인의 투쟁 상태에서는 전쟁과 죽음의 공포가 지속되므로 인간은 이를 극복하고 안전을 보호받기 위해서 군주에게 일체의 권력을 전면 양도하고, 절대 군주에게 절대 복종해야 한다고 주장한다.

오답피하기
② 루소의 주장이다.
③ 모든 사회 계약론자들은 자연권을 국가 성립 이전에 부여받은 천부인권으로 본다는 점에서 공통적이다.
④ 2권 분립론에 관한 것으로 로크의 주장이다.

정답 ①

15 (가), (나)의 정치사상에 대한 설명으로 옳은 것은?

2013 국가직

> (가) 국가는 자연과 자유를 지키고자 하는 인간의 의지가 모여 성립된 것이다. 주권은 국민에게 속하며, 양도하거나 대표될 수 없다. 국민들의 공통된 의지가 일반의지이고 이를 실행하는 것이 주권이기 때문에, 주권의 행사는 곧 공동 이익의 확보 과정이고 자유의 실현 과정이다.
>
> (나) 입법부는 단지 어떤 특정 목적을 위해 행동하는 파생적 권력에 불과하므로 이 입법부가 그에 주어진 신탁에 역행할 때, 그 입법부를 없애거나 변경할 수 있는 최고 권력은 아직 국민에게 있다. 목적에 명백히 무시되거나 위반되면 그 신탁은 반드시 철회되어야만 하고 이때 국민들은 최선이라고 판단되는 곳으로 그들의 신탁을 새로이 옮겨서 부여할 수 있다.

① (가)는 간접민주정치를 해야 한다고 보았다.
② (가)는 자연상태의 인간은 죽음과 공포에 시달린다고 보았다.
③ (나)는 정치권력을 입법권과 사법권으로 분립해야 한다고 보았다.
④ (나)는 자연상태가 자유롭고 평화롭지만 옳고 그름을 구별하는 법이 없다고 보았다.

해설 (가)의 경우 국민들의 공통된 의지를 일반의지라고 하며, 이를 강조한 것으로 보아 '루소'이고, (나)의 경우 입법부가 신탁에 역행할 때 그 입법부를 없애거나 변경할 수 있는 최고 권력이 국민에게 있다고 한 점으로 보아 '로크'의 정치사상이다.
④ 로크는 자연상태는 평화롭지만 불완전한 상태에 있다고 한다. 즉 옳고 그름을 구별하는 실정법이 없기 때문에 완벽하게 자연상태가 완전히 평화롭지는 않다고 한다.

오답피하기
① 루소는 국민들의 의사는 대신할 수 없다고 보아 간접 민주정치를 비판하고 직접 민주정치를 주장한다.
② 자연 상태의 인간은 죽음과 공포에 시달린다고 보는 것은 홉스의 주장이다.
③ 로크는 정치권력을 입법권과 집행권으로 구분해야 한다는 2권 분립론을 주장했다. 사법부에 대해서는 별도의 언급이 없었다.

정답 ④

16 다음은 근대 정치사상가 갑과 을의 주장이다. 이들의 견해에 대한 진술로 옳은 것은?

2018 국가직

> 갑 인간은 자유롭게 태어났지만 어디에서나 쇠사슬에 얽매여 있다. 따라서 인간은 자유와 평등을 제도적으로 보장받기 위하여 계약을 통해 일반의지에 입각한 국가를 구성한다.
>
> 을 자연상태에서 인간은 만인에 대한 만인의 투쟁으로 인하여 야수적이며 단명하는 삶을 영위한다. 이러한 상태에서 벗어나기 위하여 인간은 자신의 권리를 양도하는 계약을 맺고 국가를 수립한다.

① 갑: 일반의지는 소수의 이익을 대변한다.
② 갑: 이상적인 정치형태는 입헌군주정이다.
③ 을: 국가는 수단이 아니라 목적이다.
④ 을: 정치권력의 정당성은 구성원의 동의에 근거한다.

해설
• 인간은 자유롭게 태어났지만 어디에서나 쇠사슬에 얽매어 있다는 표현과 일반의지에 입각한 국가 구성이라는 표현에서 갑은 루소의 주장임을 알 수 있다. 루소는 인민의 일반의지에 입각한 직접민주주의 정부 형태를 주장한다.
• 을은 자연상태를 만안의 만인에 대한 투쟁상태로 보고 있으므로 홉스의 주장이다. 홉스는 정부가 없는 자연상태를 '만인에 대한 만인의 투쟁'상태로 보고 이러한 자연상태에서 인간은 자신의 생명을 보존할 수 없고 이러한 공포심이 인민으로 하여금 계약을 통해 국가를 구성하게끔 한다고 주장한다.
④ 홉스는 비록 절대군주제를 옹호하긴 하지만 사회계약설을 주장한 학자로 국가 권력의 근거는 인민들의 자발적인 동의에 기초한 계약에 있다고 본다.

오답피하기
① 일반의지는 인민 다수의 의지로 이것은 단순히 개인 의지의 합이 아니라 국민 전체의 이익을 의미한다.
② 입헌 군주정을 이상적인 정부형태로 보는 사상가는 로크이다. 루소는 직접민주주의, 홉스는 절대군주제를 이상적인 정치형태로 보았다.
③ 사회계약설에서 국가는 자연 상태의 권리를 보장받기 위해 인민들 간의 계약으로 성립한 것이다. 따라서 국가는 목적이 아니라 수단적 존재에 불과하다. 이는 모든 사회계약론자들의 공통적인 시각이다.

정답 ④

17 다음은 근대 정치사상가 갑과 을의 주장이다. 이들의 견해에 대한 진술로 옳은 것은? 2018 국가직 변형

> 갑 인간은 자유롭게 태어났지만 어디에서나 쇠사슬에 얽매여 있다. 따라서 인간은 자유와 평등을 제도적으로 보장받기 위하여 계약을 통해 일반의지에 입각한 국가를 구성한다.
> 을 자연상태에서 인간은 만인에 대한 만인의 투쟁으로 인하여 야수적이며 단명하는 삶을 영위한다. 이러한 상태에서 벗어나기 위하여 인간은 자신의 권리를 양도하는 계약을 맺고 국가를 수립한다.

① 갑: 국민주권주의를 주장하였으며, 대의제를 옹호하였다.
② 갑: 이상적인 정치형태는 입헌군주정이다.
③ 을: 인간의 본성을 이기적인 존재로 보았으며, 왕권신수설을 옹호하였다.
④ 을: 그의 저서로 리바이어던이 있으며, 절대군주정을 옹호하였다.

해설 갑은 루소, 을은 홉스이다.
④ 리바이어던은 홉스의 저서이고, 홉스는 사회 계약론자이지만 절대군주정을 옹호하였다.

오답피하기
① 루소는 국민주주의를 주장하였지만, 국민의 의사는 대표될 수 없다고 하며, 직접 민주제를 옹호하였다.
② 루소의 이상적인 정치형태는 민주공화정이다.
③ 홉스는 인간의 본성을 이기적인 존재로 보았으며, 왕권신수설을 주장한 것이 아니라 사회 계약론자이다.

정답 ④

18 다음은 대표적인 근대 정치 사상가들의 주장을 정리한 것이다. 갑~병에 대한 설명으로 옳은 것은? 2017 지방직

> 갑 인간은 자연 상태에서는 자유롭고 평등하며 타인에 대한 연민을 지니고 있지만, 사유재산제로 인해 경제적·정치적 불평등이 조성되었다.
> 을 자연 상태에서 사적 소유권을 항상적으로 확보하기 어렵기 때문에 개인들은 사회계약에 동의하고 정부를 구성하였다. 하지만 정부가 계약을 제대로 수행하지 못하는 경우 개인들은 정부를 다시 구성할 수 있다.
> 병 개인들은 자신들이 갖는 자연권을 제3의 주권자에게 양도하면, 그에게 절대 복종하여야 한다.

① 개인들이 국가에 권리를 양도한 정도는 병이 가장 크다.
② 갑과 을은 군주제의 필요성을 강조하였다.
③ 을과 병은 개인들이 자연 상태에서 평화롭다고 인식하였다.
④ 갑, 을, 병 모두 국민주권론을 주장하였다.

해설 자연상태에서 인간은 자유롭고 평등하지만 사유재산제로 불평등이 조성되었다고 하였으므로 갑은 루소이고, 을은 계약 불이행 시 정부를 다시 구성할 수 있다는 저항권을 주장하고 있으므로 로크이다. 병은 제3자에게 주권을 전부 양도하고 전부 복종할 것을 주장하므로 홉스가 여기에 해당한다.
① 루소는 자연권의 양도 불가, 로크는 일부 양도,, 홉스는 전부 양도를 주장하였으므로 개인들이 국가에 권리를 양도한 정도는 홉스가 가장 크다.

오답피하기
② 루소는 민주공화정, 로크는 입헌 군주제, 홉스는 절대 군주제를 주장하였으므로 군주제의 필요성을 강조한 학자는 로크(을)과 홉스(병)이다.
③ 로크는 자연상태에서 불완전하기는 하지만 평화로운 상태라고 보는 반면, 홉스는 자연 상태를 '만인에 대한 만인의 투쟁'상태로 보고 이러한 자연상태에서 인간은 자신의 생명을 보존할 수 없다고 본다.
④ 로크와 루소는 국민주권론을 주장하였지만, 홉스는 군주주권론을 주장하였다.

정답 ①

19 다음 甲~丙은 대표적인 근대 정치 사상가이다. 이들의 주장에 대한 설명으로 가장 적절하지 않은 것은? (단, 홉스, 로크, 루소 중 각각 하나이다.) 2017 경찰직 2차

> 甲 인간의 본성은 본래부터 선하다. 그리고 자연 상태는 자유롭고 평등한 상태이지만, 사적 소유로 인해 불평등이 조성되었다.
> 乙 인간의 본성은 본래부터 백지와 같다. 그리고 자연 상태는 옳고 그름을 판단해 주는 재판관이 없고, 법을 집행하는 합법적인 권력도 없어서 잠재적으로 불안정한 상태이다.
> 丙 인간의 본성은 본래부터 악하다. 그리고 자연 상태는 '만인에 대한 만인의 투쟁' 상태인 무정부 상태이다.

① 甲은 일반의지를 통하여 공공의 선과 이익을 추구하였다.
② 乙은 국가 권력의 2권 분립과 저항권을 주장하였다.
③ 丙은 사회 계약의 동기는 개인의 자기 보존이라고 주장하였다.
④ 甲, 乙, 丙 모두 국가는 수단이 아니라 목적이라는 입장을 취하고 있다.

해설 갑은 루소, 을은 로크, 병은 홉스에 해당한다.
④ 사회계약설에서 국가는 자연 상태의 권리를 보장받기 위해 인민들 간의 계약으로 성립한 것이다. 따라서 국가는 목적이 아니라 수단적 존재에 불과하다. 이는 모든 사회계약론자들의 공통적인 시각이다.

오답피하기
①, ②, ③은 모두 옳은 설명이다.

정답 ④

20 ㉠과 ㉡은 국가 성립 과정에 대한 이론의 일부이다. 다음 중 이에 대한 설명으로 가장 옳은 것은? 2021 해경 2차

> ㉠ 인간의 자연 상태는 '만인의 만인에 대한 투쟁' 상태였다. 따라서 개인은 안전과 질서를 보장받기 위해 모든 권리를 국가에 양도하였다.
> ㉡ 인간은 자연 상태에서 질서 있고 평화로운 상태였다. 그러나 생명과 자유, 그리고 재산에 관한 권리를 더욱 확고하게 보장받기 위해 국가를 구성하였다.

① ㉠은 루소가, ㉡은 홉스가 주장한 사회 계약설이다.
② ㉠은 시민 혁명의 정당성을 부여한 이론이다.
③ ㉡의 관점은 인간은 본래 악한 존재라고 보고 있다.
④ ㉡은 ㉠보다 민주주의 국가에 부합하는 이론이다.

출제 단원 및 영역 정치와 법 1단원 사회 계약설

해설 ㉠은 홉스, ㉡은 로크의 사상이다.
④ 로크는 국민주권론, 홉스는 군주주권론을 주장하므로 로크가 홉스보다 민주주의 국가에 부합하는 이론이다.

오답피하기
① ㉠은 홉스가, ㉡은 로크가 주장한 사회 계약설이다.
② 시민 혁명의 정당성을 부여한 이론은 로크의 사상이다.
③ 홉스의 인간관은 성악설이므로 ㉠의 관점은 인간은 본래 악한 존재라고 보고 있다.

정답 ④

21 다음 갑, 을, 병은 홉스, 로크, 루소 중 한 명에 관한 설명에 해당한다. 가장 적절하지 않은 것은?

2021 경찰직 2차

> 갑 인간의 본성은 본래부터 악하며, 자연 상태에서 인간은 '만인에 대한 만인의 투쟁' 상태이다.
> 을 인간의 본성은 본래부터 선하며, 자연 상태는 자유롭고 평등하며 평화로운 상태이다.
> 병 인간의 본성은 백지와 같고, 자연 상태는 옳고 그름을 판단해 주는 재판관이 없으며, 법을 집행하는 합법적인 권력도 없어서 잠재적으로 불안정한 상태이다.

① 갑은 국가에 이양된 권리는 개인이 되돌려 받을 수 없다고 하였다.
② 을은 국가는 국민들의 계약에 의해 만들어지므로 계약에 따라 주권을 양도할 수 있다고 하였다.
③ 병은 국가가 개인들의 자유와 권리를 부당하게 침해하는 경우 부당한 권력에 대항할 수 있는 국민들의 저항권을 인정하였다.
④ 갑, 을, 병은 국가권력의 원천을 국민의 동의에 두고, 국민과 정부의 계약에 의해서 국가권력이 구성된다고 하였다.

출제 단원 및 영역 정치와 법 1단원

해설 갑은 홉스, 을은 루소, 병은 로크이다.
② 루소는 인민의 의사는 대표될 수 없다고 하며, 주권을 양도할 수 없다고 하였다.

오답피하기
① 홉스는 자연권을 군주에게 전부 양도하고 이에 대하여 계약을 파기하거나 할 수 없고 복종을 강조하였다.
③ 로크는 저항권에 대해 사회 계약 시 양도하지 않고 인민들이 보유하고 있으므로 사회 계약 위배 시 저항권을 행사할 수 있다고 보았다.
④ 사회 계약론자들은 모두 시민들의 자발적인 동의에 기초하여 사회 계약을 맺었고 국가 권력은 이미 존재하는 것이 아니라 사회 계약에 의해 구성된다고 보았다.

정답 ②

22 〈보기〉의 근대 사회 계약론자 갑(甲), 을(乙)에 대한 설명으로 가장 옳은 것은?

2020 서울시(보훈청)

> 보기
>
> 갑(甲) 자연 상태는 강제할 수 있는 선악의 기준이 전혀 없는 상태이다. 따라서 자연 상태는 일종의 전쟁 상태이고, 인간이 자기 보존을 위해 자연권을 갖고 있다고 해도 오히려 생명의 위험에 처하는 상태가 발생한다. 그러므로 인간은 계약을 맺어 자연권을 포기하고 각 사람이 가지는 힘을 모아 좀 더 큰 집단적 힘을 가지는 정치 사회를 만든다.
> 을(乙) 사람들이 계약에 따라 사회를 이룩한 것은 자연 상태에 대한 절망에서가 아니라 불편함 때문이다. 즉 자연 상태에서는 누구나 자연법의 집행권을 갖고 있으므로 자기 소유물을 지키는 데 불안을 느끼게 된다. 따라서 계약의 절차를 밟아 통치자를 세우는 데 동의하고, 또 통치자에게 자연권을 위임하는 동시에 자연권의 보호를 맡긴다. 통치자와 국민의 관계는 동의와 신탁 위에서만 성립한다.

① 갑(甲)은 국가가 사회 계약을 위반한다면 국민은 국가를 부정할 권리를 가진다고 본다.
② 을(乙)은 국가 권력은 위임 목적에 맞게 행사되도록 분립되어야 한다고 본다.
③ 갑(甲)과 달리 을(乙)은 일반의지에 의한 통치를 강조한다.
④ 갑(甲), 을(乙) 모두 국가를 수단이 아닌 목적으로 간주한다.

해설 갑은 홉스, 을은 로크이다.
② 로크는 사회계약론자이자, 2권 분립론을 주장한 학자이다. 따라서 로크는 국가 권력은 위임 목적에 맞게 행사되도록 분립되어야 한다고 주장하였다.

오답피하기
① 홉스는 저항권을 부정하였고, 로크는 저항권을 인정하였으므로 로크의 견해이다.
③ 일반의지에 의한 통치를 강조한 학자는 루소이다.
④ 홉스, 로크, 루소와 같은 사회계약론자들은 모두 국가를 목적이 아니라 국민의 자연권을 잘 보존하기 위해 설립된 수단으로 간주한다.

정답 ②

법치주의

01 법치주의에 대한 설명 중 가장 적절하지 않은 것은? 2015 경찰직 2차

① 모든 권력은 법에서 나오고 법에 따라 행사되어야 함을 의미한다.
② 통치자를 비롯한 모든 사람이 법에 종속된다는 의미에서 '법에 의한 지배 (rule by law)'라고 볼 수 있다.
③ 실질적 법치주의는 형식적인 합법성보다는 법의 내용이 실질적인 정당성을 확보해야 함을 강조한다.
④ 법치주의를 소극적으로 정의했던 형식적 법치주의는 때론 의회 다수당의 횡포를 견제하지 못하고 오히려 통치권을 강화하는 수단이 되기도 하였다.

해설 형식적 법치주의와 실질적 법치주의는 반드시 정리하고 구별해야 한다.

	형식적 법치주의	실질적 법치주의
의미	법적절차에 따라 법이 제정되면 법치주의의 충족 but 법의 목적이나 내용은 문제 삼지 않음 (형식)	법적 절차에 따라 법이 제정되어야 하는 것 뿐만 아니라 그 내용 또한 인간의 존엄, 자유, 평등 등에 구속되어야 함 (형식+내용)
사례	절대왕정시대, 춘추전국시대의 법가사상, 히틀러의 수권법, 권위주의 국가 등	오늘날 민주주의 국가
내용	법에 의한 지배 (rule by law)	법의 지배 (rule of law)
	통치의 합법성 강조	통치의 정당성 강조
	독재의 수단으로 악용될 가능성 크다.(법을 합법적인 도구로 악용) 인권 침해 인간의 존엄성 파기 우려	헌법에 위반되는 법률을 무효로 할 수 있는 근거 마련

② 통치자를 비롯한 모든 사람이 법에 종속된다는 의미는 실질적 법치주의에 해당한다. 따라서 법에 의한 지배 (rule by law)가 아니라 법의 지배 (rule of law)라고 볼 수 있다.

오답피하기
① 법치주의의 의미이다.
③ 실질적 법치주의는 형식적인 합법성 보다는 법의 내용이 정당성을 가져야 한다는 것을 강조한다고 볼 수 있다.
④ 그 결과 독재의 수단으로 악용되었다. 히틀러의 수권법 등이 대표적인 형식적 법치주의의 사례이다.

정답 ②

02 A, B에 대한 설명으로 옳은 것은? 2016 교육행정

> 교사: 법치주의의 한 유형인 A에 대해 설명해 볼까요?
> 학생: 역사적으로 전체주의 정치체제나 독재정치를 정당화하는 도구로 작용하여 오히려 국민의 자유와 권리를 제한하는 방향으로 남용되기도 했습니다.
> 교사: 법치주의의 또 다른 유형인 B에 대해서도 설명해 볼까요?
> 학생: A에 대한 반성으로 나타난 B는 국가의 모든 통치행위가 인간의 존엄과 평등, 정의의 실현에 구속되어야 한다는 이념을 강조하고 있습니다.

① A는 법의 내용과 목적이 법치주의의 이념과 정의의 이념에 부합해야 함을 강조한다.
② A를 실현하기 위하여 우리나라를 비롯한 대부분의 민주주의 국가에서 위헌법률심사제를 채택하고 있다.
③ B는 국가권력이 국민의 자유와 권리를 제한하더라도 자유와 권리의 본질적인 내용은 침해할 수 없도록 한다.
④ B는 의회가 적법 절차에 따라 제정한 법에 의한 통치가 이루어질 경우 법의 목적이나 내용은 문제 삼지 않는다.

해설 A는 역사적으로 전체주의 정치체제나 독재정치를 정당화하는 도구로 작용하여 오히려 국민의 자유와 권리를 제한하는 방향으로 남용되기도 했다고 했으므로 적법한 절차와 형식을 갖추었다면 그 법의 목적과 내용은 문제 삼지 않는 형식적 법치주의에 해당하고, B는 A에 대한 반성으로 국가의 모든 통치행위가 인간의 존엄과 평등, 정의의 실현에 구속되어야 한다는 이념을 강조하고 있다고 하였으므로 이는 법의 절차와 형식이 적법해야 할 뿐만 아니라 목적과 내용까지도 헌법적 가치에 부합해야 한다는 실질적 법치주의에 해당한다.
③ 국민의 모든 자유와 권리는 절대적으로 보장받을 수 있는 것은 아니고, 일정한 경우에 제한될 수 있다. 국가권력이 국민의 자유와 권리를 제한하더라도 자유와 권리의 본질적인 내용은 침해할 수 없도록 하는데, 아무리 법률에 따라 적법하게 국민의 자유와 권리를 제한한다고 하더라도 그 내용이 헌법적 가치에 부합하지 않는다면 이러한 법률로써는 국민의 자유와 권리를 제한할 수 없다. 이는 법의 목적과 내용이 헌법적 가치에 부합해야 한다는 실질적 법치주의와 관계된다.

오답피하기
① 법의 내용과 목적이 법치주의의 이념과 정의의 이념에 부합해야 함을 강조하는 것은 B이다.
② 위헌법률심사제는 법률의 목적과 내용이 헌법에 부합하지 않을 때 위헌 법률로 선언하고 이를 무효화하는 것으로 실질적 법치주의를 실현하기 위한 것이다.
④ 의회가 적법 절차에 따라 제정한 법에 의한 통치가 이루어질 경우 법의 목적이나 내용은 문제 삼지 않는 것은 형식적 법치주의의 내용이다.

정답 ③

03 다음 법치주의를 보는 갑, 을의 관점에 대한 설명으로 옳은 것은? 2018 소방직

갑 국민의 대표 기관인 의회에서 형식적인 절차를 거쳐 제정된 실정법이라면, 법의 내용과 목적의 타당성 여부와 상관없이 그 법에 따른 권력 행사는 당연히 구속력을 가집니다.
을 의회에서 심의되고 결정된 법이라도 인간의 존엄성과 가치를 존중하는 헌법 이념에 비추어서 목적과 내용이 정의에 부합할 때에만 구속력을 갖게 됩니다.

① 갑의 관점은 국민의 자유와 권리 보장보다 통치의 합법성을 중시한다.
② 을의 관점은 절차적 정당성과 관계없이 실질적 정당성만 확보되면 법의 효력을 인정한다.
③ 갑과 달리 을의 관점은 국가가 국민의 기본권을 제한하거나 의무를 부과할 때 법에 근거를 두어야 한다고 본다.
④ 을과 달리 갑의 관점은 통치자를 제외한 모든 사람이 법에 구속되어야 한다고 본다.

해설 갑은 형식적 법치주의, 을은 실질적 법치주의이다.
① 형식적 법치주의에서는 법의 절차를 준수하면 그 내용과 목적의 타당성 여부와 상관없이 법치주의를 준수한 것으로 보므로 국민의 자유와 권리 보장보다 통치의 합법성을 중시한다.

오답피하기
② 실질적 법치주의에서는 절차적 정당성 뿐만 아니라 실질적 정당성까지 확보되어야 법의 효력을 인정한다.
③ 국가가 국민의 기본권을 제한하거나 의무를 부과할 때 법에 근거를 두어야 한다고 보는 것은 형식적 법치주의와 실질적 법치주의의 공통점이다.
④ 형식적 법치주의는 법을 통치자의 의사를 실현하는 도구로 보는 반면, 실질적 법치주의는 통치자를 포함한 모든 사람이 법에 구속되어야 한다고 본다. 따라서 형식적 법치주의를 '법에 의한 지배', 실질적 법치주의를 '법의 지배'라고 표현하기도 한다.

정답 ①

04 그림에 나타난 갑, 을의 관점에 대한 설명으로 옳은 것은? 기출 유사

갑 법치주의는 정해진 절차에 의해 의회에서 만들어진 법에 근거하여 권력이 행사되는 것을 의미해.
을 너의 주장에는 한계가 있어 인간의 존엄성 보장이나 정의 실현을 내용으로 하는 법에 근거한 지배가 법치주의의 핵심이다.

① 갑은 통치의 합법성보다는 정당성을 더 강조할 것이다.
② 을은 '법에 의한 지배' 보다 '법의 지배'를 더 강조할 것이다.
③ 을보다 갑이 입헌주의의 실현을 더 강조할 것이다.
④ 갑과 달리 을은 "악법도 법이다."라는 주장에 동의할 것이다.

해설 갑은 형식적 법치주의, 을은 실질적 법치주의를 주장하고 있다.
② 실질적 법치주의는 '법의 지배'로 표현되고 있다.

오답피하기
① 갑은 통치의 합법성을 강조한다.
③ 입헌주의는 법률의 내용이 헌법에 어긋나지 않아야 하므로 실질적 법치주의에서 입헌주의를 더 강조한다.
④ 형식적 법치주의는 법의 내용과 목적을 묻지 않으므로 악법도 법으로 인정할 수 있다.

정답 ②

05 다음은 수업 시간에 학생이 필기한 내용이다. A, B에 대한 옳은 설명을 〈보기〉에서 고른 것은? 예상 문제

법치주의의 유형

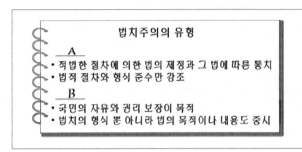

A
- 적법한 절차에 의한 법의 제정과 그 법에 따른 통치
- 법적 절차와 형식 준수만 강조

B
- 국민의 자유와 권리 보장이 목적
- 법치의 형식 뿐 아니라 법의 목적이나 내용도 중시

보기

ㄱ. A는 '법의 지배'가 아니라 '법에 의한 지배'가 될 수 있다.
ㄴ. B는 통치의 정당성을 중시한다.
ㄷ. A는 B와 달리 통치의 합법성을 강조한다.
ㄹ. A는 B보다 헌법 재판의 의의를 강조할 것이다

① ㄱ, ㄴ ② ㄱ, ㄷ
③ ㄴ, ㄷ ④ ㄴ, ㄹ

해설

ㄱ. 통치의 합법성만 강조하는 형식적 법치주의는 '법에 의한 지배'에 불과하다.
ㄴ. 합법성과 더불어 통치의 정당성을 중시하는 실질적 법치주의는 '법의 지배'를 의미한다.

오답피하기

ㄷ. A와 B는 모두 통치의 합법성을 강조한다. 다만 실질적 법치주의의 경우 통치의 정당성을 더욱 강조할 뿐이다.
ㄹ. 법률의 내용이 헌법에 위반되지 않아야 한다는 헌법재판은 실질적 법치주의에서 강조할 것이다.

정답 ①

06 (가), (나)에 대한 설명으로 옳은 것은? 2015 수능 변형

·학습 주제: 법치주의에 대한 이해
·학습 내용: 법치주의의 유형
(가): 법적 절차와 형식 준수만 강조
(나): 법적 절차와 형식 준수뿐만 아니라 내용도 중시

① (가)는'법의 지배'로, (나)는'법에 의한 지배'로 이해된다.
② (가)는 법의 실질적 정당성을, (나)는 법의 형식적 합법성을 중시한다.
③ (가)와 달리 (나)는 독재자의 통치권을 강화하는 수단으로 사용되기도 한다.
④ (가), (나) 모두 국가 권력의 자의적 행사를 방지하기 위한 원리이다.

해설 (가)는 형식적 법치주의, (나)는 실질적 법치주의를 표현하고 있다.

④ <u>형식적 법치주의, 실질적 법치주의는 모두 국가 권력의 자의적 행사를 방지하기 위한 원리라는 점에서 공통점이 있다.</u>

오답피하기

① 형식적 법치주의는 '법에 의한 지배', 실질적 법치주의는 '법의 지배'로 이해된다.
② 순서가 바뀌었다.
③ 독재자의 통치권을 강화하는 수단으로 사용되기도 하는 것은 형식적 법치주의이다.

정답 ④

07 밑줄 친 '새로운 의미의 법치주의'에 대한 설명으로 옳은 것은?

2017 교육행정

> 제2차 세계 대전을 통하여 법률 만능주의의 병폐를 경험한 후 기존의 법치주의에 대한 비판으로 새로운 의미의 법치주의가 대두되었다. 이는 인간의 존엄성 존중, 실질적 평등과 같은 정의의 실현을 내용으로 하는 법에 근거한 통치 원리를 강조한다.

① '사람에 의한 지배'와 상통한다.
② 통치의 합법성 여부는 고려하지 않는다.
③ 법의 내용과 절차의 정당성을 모두 요구한다.
④ 독재 정치를 정당화하는 수단으로 악용될 우려가 있다.

해설 제2차 세계 대전을 통하여 법률 만능주의의 병폐를 경험한 후 기존의 법치주의에 대한 비판으로 등장한 새로운 법치주의는 '실질적 법치주의'이다.

③ 실질적 법치주의는 법의 형식과 절차가 정당해야할 뿐만 아니라 그 목적과 내용도 정의와 같은 보편적 가치에 부합해야 하므로 법의 내용과 절차의 정당성을 모두 요구된다.

오답피하기

①, ④ 형식적 법치주의는 형식과 절차만 강조하고 그 내용과 목적은 문제 삼지 않고 통치의 지배수단으로 이용하였으므로 '사람에 의한 지배'와 상통한다. 이에 의해 독재 정치를 정당화하는 수단으로 악용될 우려가 있다.

② 실질적 법치주의는 통치의 정당성을 강조하지만, 통치의 합법성도 당연히 고려한다.

정답 ③

08 〈보기〉의 법치주의의 유형 A, B에 대한 설명으로 가장 옳은 것은?

2020 서울시(보훈청)

> 보기
>
> A는 국가 작용이 그 내용에 상관 없이 의회가 합법적인 절차를 거쳐 제정한 법률에 근거하기만 하면 된다고 본다. 명목상 법률에 근거하였기 때문에 법치주의를 준수한 것으로 보아 법을 통치자의 의사를 실현하는 단순한 도구로 전락시킬 위험성을 안고 있다.
> B는 자연법, 정의의 원칙, 이성과 기본적 인권에 반하지 않는 요소를 강조하며 법적 형식을 온전히 갖추었을 뿐만 아니라 내용적으로도 정당한 법률에 따라 공권력이 행사되는 것이 진정한 법치주의라고 본다.

① A는 법의 제정 절차보다 목적을 더 중시한다.
② B는 A와 달리 통치의 합법성만을 강조한다.
③ B와 달리 A는 기본권 제한 시 법률적 근거를 필수 요소로 본다.
④ B의 실현 수단으로 위헌 법률 심판 제도가 있다.

해설 A는 형식적 법치주의, B는 실질적 법치주의를 나타낸다.

④ 위헌 법률 심판 제도는 법률의 내용이 헌법에 위반될 경우 무효를 선언하는 제도이므로 실질적 법치주의의 실현 수단이 된다.

오답피하기

① 형식적 법치주의는 법의 제정 절차와 법적 근거에 따른 집행을 중시하며, 법의 목적이나 내용은 문제 삼지 않는다.

② 형식적 법치주의가 통치의 합법성만을 강조한다.

③ 기본권 제한 시 법률적 근거를 필수 요소로 보는 것은 형식적 법치주의와 실질적 법치주의의 공통점이다.

정답 ④

09 **다음은 법치주의에 관한 갑과 을의 주장이다. 이에 대한 설명으로 옳지 않은 것은?** 2017 국가직 생활안전

> 갑 절차적 형식에 따라 법이 제정되고 법적 형식에 따라 통치가 이루어지기만 하면 된다.
> 을 법이 합법적 절차에 따라 만들어진 것이라 하더라도 그 목적과 내용이 인간의 존엄성, 실질적 평등과 같은 정의에 부합해야 한다.

① 갑은 법치주의를 '법에 의한 지배'로 이해한다.
② 을은 법의 정당성을 강조한다.
③ 을은 "악법도 법이다."라고 주장한다.
④ 갑과 을 모두 통치의 합법성을 중시한다.

해설 갑은 형식적 법치주의이고, 을은 실질적 법치주의에 해당한다.
③ '악법도 법이다'는 법 만능주의적 사고이며, 법의 목적과 내용을 문제 삼지 않는 형식적 법치주의와 관련된다.

오답피하기
① 형식적 법치주의는 '법에 의한 지배', 실질적 법치주의는 '법의 지배'로 이해된다.
② 실질적 법치주의에서는 법의 형식과 절차뿐만 아니라 그 목적과 내용도 강조하므로 법의 정당성을 강조한다.
④ 형식적 법치주의와 실질적 법치주의는 둘 다 통치의 합법성을 중시하는 공통점이 있다.

정답 ③

10 **밑줄 친 ㉠~㉢에 대한 옳은 설명만을 〈보기〉에서 모두 고르면?** 2021 국회직

> 법치주의를 통치의 중요한 수단이 되는 법에 의한 지배라는 의미로 쓴다면 이 세상에 ㉠ <u>법치주의</u>가 아닌 나라는 없다. 전체주의 국가나 독재 정부, 군주 국가 등도 법치주의 국가라고 할 수 있다. 그러나 자유 민주주의 국가 헌법의 바탕이 되고 있는 ㉡ <u>법치주의</u>는 다음과 같은 요소로 이루어져 있다. 첫째로 법치주의에서 말하는 법은 무엇보다도 자연법, 정의 등을 포함하는 이성에 기초한 법, 특히 기본적 인권에 기초한 법을 의미한다. 둘째로 법치주의에서 말하는 법이란 일반인이 아니라 국가 권력 기관을 향하고 있다. 그리하여 법치주의 국가의 법은 법을 집행하거나 적용하는 기관뿐만 아니라 ㉢ <u>법을 제정하는 기관도 구속</u>한다.

보기
ㄱ. ㉠은 형식적 법치주의, ㉡은 실질적 법치주의에 해당한다.
ㄴ. ㉢에 해당하는 제도로는 헌법재판소의 위헌 법률 심사제가 있다.
ㄷ. ㉠과 달리 ㉡은 통치의 합법성을 강조한다.
ㄹ. ㉡과 달리 ㉠은 인간의 존엄성과 평등을 강조한다.

① ㄱ, ㄴ ② ㄱ, ㄷ
③ ㄴ, ㄷ ④ ㄴ, ㄹ
⑤ ㄷ, ㄹ

출제 단원 및 영역 정치와 법 1단원 법치주의

해설
ㄱ. 법에 의한 지배는 법의 내용을 문제 삼지 않고 법을 지배의 도구로 사용한다는 점에서 형식적 법치주의라고 할 수 있고, 자연법과 정의를 포함한 개념의 법치주의는 법의 목적과 내용도 정의에 부합해야 한다는 실질적 법치주의를 의미한다.
ㄴ. 실질적 법치주의에서는 법의 내용이 상위법인 헌법에 위반하는 경우 이를 위헌으로 할 수 있다. 실질적 법치주의는 '법의 지배'로 표현할 수 있는데, 이는 통치자를 비롯한 모든 사람과 국가 기관이 법에 종속됨을 의미한다.

오답피하기
ㄷ. 법적 절차에 따라 법이 제정되고 지배를 해야한다는 통치의 합법성은 형식적 법치주의와 실질적 법치주의 모두에서 강조한다.
ㄹ. 인간의 존엄성과 평등을 강조하는 것은 실질적 법치주의이고, 형식적 법치주의는 법의 내용은 문제 삼지 않는다.

정답 ①

01 헌법의 의의와 기본 원리

헌법의 의미와 기능

01 헌법에 대한 설명 중 가장 적절하지 않은 것은?
2018 경찰직 1차

① 우리나라 헌법은 복지 국가, 문화 국가, 세계 평화를 지향하고 있다.
② 우리나라 헌법이 채택하고 있는 국민주권의 원리는 권력 행사의 한계와 정책 결정의 방향을 제시한다.
③ 헌법은 국가 건설의 토대가 되기 때문에 객관적이어야 하고 이념성을 지녀서는 안 된다.
④ 헌법에 규정된 자유민주적 기본 질서는 자유와 평등의 정신에 바탕을 둔 법치주의 통치 질서를 의미한다.

해설 ③ 헌법은 규범성 뿐만 아니라 정치성을 나타내고 있는 법이다. 헌법은 정치 투쟁의 산물로서 일정한 정치적 이념과 가치질서를 내용으로 한다. 예를 들어 근대시민국가의 헌법은 시민계급의 자유의 보장을 핵심으로 하는 시민적 자유주의를, 현대사회국가의 헌법은 법치주의와 사회국가의 원리를 핵심으로 하는 사회적 법치주의를, 사회주의국가의 헌법은 생산수단의 공유화를 핵심으로 하는 사회주의를 그 특유의 이념 내지 가치질서로 하고 있다. 즉, 헌법은 강한 정치색을 띠고 있는 것으로 객관성을 요구하지 않고 공동체의 이념성을 지닐 수 밖에 없다.

정답 ③

헌법의 기본 원리

01 다음 제도에서 실현하고자 하는 헌법의 기본 원리로 옳은 것은?
2014 경찰직 2차

근로자의 최저 임금의 보장 · 저소득층의 기초 생활 보장

① 국민주권주의
② 자유민주주의
③ 복지국가의 원리
④ 문화국가의 원리

해설 헌법의 기본원리

구분	내용
국민 주권주의	국가 의사를 결정하는 주권이 국민에게 있다는 원리
자유 민주주의	개인의 자유와 권리를 중시하는 자유주의와 국민적 합의를 중시하는 민주주의가 결합된 원리
복지 국가의 원리	국가가 국민 전체의 복지 증진 뿐만 아니라 건강하고 문화적인 최저 생활을 보장해주어 인간다운 생활을 보장하는 원리
문화 국가의 원리	국가가 문화에 대한 지원과 보호를 통하여 사회 문화발전을 도모한다는 원리
국제 평화의 원리	국제 협조와 국제 평화의 지향을 이념으로 하며, 국제 질서를 존중을 위해 노력한다는 원리
평화 통일 지향의 원리	자유 민주적 기본 질서에 입각하여 평화 통일을 추구한다는 원리

③ 근로자의 최저 임금의 보장이나 저소득층의 기초 생활 보장은 복지 국가의 원리를 실현하기 위한 제도이다.

정답 ③

02 **우리나라 헌법의 기본원리 중 국제평화주의에 대한 설명으로 옳지 않은 것은?** 2019 지방직

① 국민은 항구적인 세계평화와 인류공영에 이바지한다.
② 대한민국은 국제평화의 유지에 노력하고 일체의 전쟁을 부인한다.
③ 외국인은 국제법과 조약이 정하는 바에 의하여 그 지위가 보장된다.
④ 헌법에 의하여 체결·공포된 조약과 일반적으로 승인된 국제법규는 국내법과 같은 효력을 가진다.

출제 단원 및 영역 법과정치 3단원 헌법의 기본원리

해설
② 일체의 전쟁을 부인하는 것이 아니라 침략적 전쟁을 부인한다. 따라서 자위적 전쟁은 가능하다.

오답피하기
①, ③, ④ 헌법 조문의 내용으로 모두 옳은 내용이다.

> 전문 … 항구적인 세계평화와 인류공영에 이바지함 …
> 제5조 ① 대한민국은 국제평화의 유지에 노력하고 침략적 전쟁을 부인한다.
> ② 국군은 국가의 안전보장과 국토방위의 신성한 의무를 수행함을 사명으로 하며, 그 정치적 중립성은 준수된다.
> 제6조 ① 헌법에 의하여 체결·공포된 조약과 일반적으로 승인된 국제법규는 국내법과 같은 효력을 가진다.
> ② 외국인은 국제법과 조약이 정하는 바에 의하여 그 지위가 보장된다.

정답 ②

03 **다음 〈보기〉는 생활 속에서 헌법의 기본 원리를 실현한 사례이다. 이에 대한 헌법 조항으로 가장 적절한 것은?** 2020 경찰직 2차

> 보기
>
> 2007년 헌법재판소는 주민등록이 되어 있지 않다는 이유로 재외 국민의 선거권을 제한하는 것은 헌법 정신에 위배된다는 헌법불합치 결정을 내렸다. 이에 따라 대한민국 국적을 가진 만 19세 이상 재외 국민은 2012년 국회의원 선거 때부터 선거권을 행사할 수 있었다.

① 모든 국민은 인간다운 생활을 할 권리를 가진다.(헌법 제34조 제1항)
② 외국인은 국제법과 조약이 정하는 바에 의하여 그 지위가 보장된다.(헌법 제6조 제2항)
③ 대한민국 주권은 국민에게 있고, 모든 권력은 국민으로부터 나온다.(헌법 제1조 제2항)
④ 대한민국은 통일을 지향하며, 자유민주적 기본질서에 입각한 평화적 통일 정책을 수립하고 이를 추진한다. (헌법 제4조)

해설 재외 국민에게 선거권을 부여하지 않은 것에 대하여 헌법불합치 결정을 하고 재외 국민에게도 선거권을 부여한 것은 국민 주권 주의를 실현하기 위한 것이다.
③ 국민 주권 주의와 관련된 헌법 조문이다.

오답피하기
① 복지 국가 원리와 관련된 헌법 조문이다.
② 국제 평화주의와 관련된 헌법 조문이다.
④ 평화 통일 지향의 원리와 관련된 헌법 조문이다.

정답 ③

04 (가) ~ (다)는 우리나라 헌법의 기본 원리이다. 다음 〈보기〉 중 옳은 설명은 모두 몇 개인가? 2021 해경 2차

헌법의 기본원리	관련 헌법 내용
(가)	……자율과 조화를 바탕으로 자유민주적 기본 질서를 더욱 확고히 하여……
(나)	대한민국의 주권은 국민에게 있고 모든 권력은 국민으로부터 나온다.
(다)	……밖으로는 항구적인 세계 평화와 인류 공영에 이바지함으로써……

보기

㉠ (가)의 실현을 위해 정당 설립의 자유 및 복수 정당제가 인정된다.
㉡ (나)의 실현을 위해 일정한 요건을 갖춘 재외국민에게 대통령 선거권을 인정하고 있다.
㉢ (다)의 실현을 위해 일체의 대외적 전쟁은 허용되지 않는다.
㉣ (가)의 실현을 위해 사법권의 독립을 보장하고 있다.

① 1개
② 2개
③ 3개
④ 4개

출제 단원 및 영역 정치와 법 1단원 헌법의 기본원리

해설 옳은 것은 ㉠, ㉡, ㉣ 3개이다.
(가)는 자유 민주주의, (나)는 국민 주권주의, (다)는 국제 평화주의이다.
㉠ 정당 설립의 자유 및 복수 정당제는 자유 민주주의의 실현 방안이다.
㉡ 선거권은 국민주권주의의 실현 방안으로서 재외국민에게 대통령 선거권을 인정하는 것도 이에 해당한다.
㉣ 헌법 재판소는 자유 민주주의의 실현 방안으로 여러 내용을 제시하였는데, 그 중 사법권의 독립 역시 포함된다.

오답피하기
㉢ 국제 평화주의의 실현을 위해 일체의 대외적 전쟁은 허용되지 않는 것이 아니라 침략적 전쟁을 부인하며, 자위적 전쟁은 용인된다.

정답 ③

05 다음 헌법 내용에 공통적으로 나타난 우리 헌법의 기본 원리를 실현하기 위한 방안으로 적절한 것을 〈보기〉에서 있는 대로 고른 것은? 2015 경찰직 2차

전문 … 안으로는 국민 생활의 균등한 향상을 기하고 …
제34조 ① 모든 국민은 인간다운 생활을 할 권리를 가진다.
② 국가는 사회 보장·사회 복지의 증진에 노력할 의무를 진다.
제119조 ② 국가는 균형 있는 국민 경제의 성장 및 안정과 적정한 소득의 분배를 유지하고, … 경제에 관한 규제와 조정을 할 수 있다.

보기

㉠ 국민투표　㉡ 공공부조 제도
㉢ 최저 임금제 실시　㉣ 복수정당제
㉤ 법치주의

① ㉠
② ㉡, ㉢
③ ㉠, ㉣, ㉤
④ ㉡, ㉢, ㉣, ㉤

해설 위의 헌법내용은 우리 헌법의 기본원리 중 복지국가 원리에 대한 것들이다.
ㄴ, ㄷ 공공부조 제도와 최저 임금제는 복지 국가 원리 실현을 위한 제도들이다.

오답피하기
ㄱ. 국민 투표는 국민 주권 주의를 실현하기 위한 수단이다.
ㄹ. 복수정당제는 국민 주권 주의와 자유 민주주의의 실현 수단이다.
ㅁ. 법치주의는 자유 민주주의 원리의 실현 수단이다.

정답 ②

06 우리 헌법상의 국제 평화주의와 국제법에 대한 설명으로 옳지 않은 것은? 2014 국가직

① 국회는 주권의 제약에 관한 조약의 체결·비준에 대한 동의권을 가진다.
② 국제연합은 침략에 대한 정의를 세계 인권 선언을 통하여 천명하고 있으며, 세계 인권 선언은 법적 규범력을 가진다는 것이 헌법 재판소의 판례이다.
③ 국제 평화주의는 모든 국가들이 국제적인 협조와 국제 평화의 지향을 이념으로 삼고 이에 따라 국제 질서를 존중하는 원리를 말한다.
④ 우리 헌법 제5조 제1항은 "대한민국은 국제 평화의 유지에 노력하고 침략적 전쟁을 부인한다."라고 규정함으로써, 국제 평화주의를 지향하고 있으나, 자위권 행사까지 부인하는 것은 아니다.

해설 헌법 제6조 '헌법에 의하여 체결·공포된 조약과 일반적으로 승인된 국제법규는 국내법과 같은 효력을 가진다.'라는 조문은 반드시 숙지하고 있어야 한다. 모든 조약이 국회의 동의 대상이 되는 것은 아니지만 헌법 제60조에 명시한 조약의 경우 체결·비준에 관하여 국회의 동의를 반드시 얻어야 한다. 이 때 그러한 조약은 국내에서 법률과 같은 효력을 가진다.
② 국제연합의 세계 인권선언은 법적 구속력이 없다는 것이 헌법재판소의 판례이다.

오답피하기
① 주권의 제약에 관한 조약은 헌법 제60조에 따르면 체결·비준에 관하여 국회의 동의를 요한다고 명시하고 있다.
③ 국제 평화주의 원리에 대한 설명으로 옳은 지문이다.
④ 우리 헌법에서는 침략적 전쟁은 부인하지만, 방어적(자위적) 전쟁까지 부인하는 것은 아니다.

정답 ②

07 다음은 우리나라 헌법의 일부분이다. 이에 나타난 헌법 원리에 대한 설명으로 적절하지 않은 것은? 2016 경찰직 1차

> 헌법 전문 자율과 조화를 바탕으로 자유 민주적 기본 질서를 더욱 확고히 하여 …
> 헌법 제8조 제2항 정당은 그 목적·조직과 활동이 민주적이어야 하며 …
> 제4항 정당의 목적이나 활동이 민주적 기본 질서에 위배될 때에는 … 해산한다.

① 개인의 자유 존중을 근본 가치로 삼아 국가 권력의 간섭을 최소화한다는 정치 원리이다.
② 국가 권력 분립의 근거가 된다.
③ 개인보다 국가를 우선시한다.
④ 권력 창출의 정당성을 국민 합의에 기초하고 있다.

해설 제시된 헌법 조문에는 '자유 민주적 기본질서를 더욱 확고히 하여', '민주적', '민주적 기본질서' 등이 나와있는데, 이를 통해 자유 민주주의 원리에 관한 내용임을 알 수 있다. 자유 민주주의는 자유주의와 민주주의가 혼합된 의미이다.
③ 자유 민주주의에서는 개인의 자유를 중시하므로 개인보다 국가를 우선시한다고 할 수 없다.

오답피하기
① 자유주의에 대한 내용으로 자유 민주주의에 대한 설명이라고 할 수 있다.
② 자유민주주의의 내용으로 권력분립의 원리도 포함된다. 우리 헌법재판소에서도 권력분립의 원리를 자유 민주주의의 내용으로 보고 있다.
④ 권력 창출의 정당성을 국민 합의에 기초하고 있다는 것은 민주주의에 대한 설명으로 이는 자유 민주주의의 내용이라고 할 수 있다.

정답 ③

08 다음의 헌법 규정에서 강조되는 헌법의 기본 원리에 대해 옳은 설명만을 〈보기〉에서 모두 고른 것은?

2021년 소방직

> 제34조 ③국가는 여자의 복지와 권익의 향상을 위하여 노력하여야 한다.
> 제34조 ④국가는 노인과 청소년의 복지향상을 위한 정책을 실시할 의무를 진다.
> 제119조 ②국가는 균형있는 국민경제의 성장 및 안정과 적정한 소득의 분배를 유지하고, 시장의 지배와 경제력의 남용을 방지하며, 경제주체간의 조화를 통한 경제의 민주화를 위하여 경제에 관한 규제와 조정을 할 수 있다.

보기

ㄱ. 근대 입헌주의 헌법에서부터 강조되었다.
ㄴ. 공정한 선거 제도를 실시해 달성될 수 있다.
ㄷ. 모든 국민의 인간다운 생활을 보장하기 위한 원리이다.
ㄹ. 자본주의의 발달과 더불어 발생한 여러 가지 문제점을 해결하기 위한 필요성에서 등장하였다.

① ㄱ, ㄴ　　② ㄱ, ㄷ
③ ㄴ, ㄹ　　④ ㄷ, ㄹ

출제 단원 및 영역 정치와 법 1단원 헌법의 기본 원리

해설 위의 헌법 규정은 복지국가 원리와 관계된다.
ㄷ. 복지 국가 원리는 사회권 보장을 위한 것으로 모든 국민의 인간다운 생활을 보장하기 위한 원리이다.
ㄹ. 복지 국가 원리는 자본주의의 발달과 더불어 발생한 여러 가지 문제점을 해결하기 위한 필요성에서 등장하여 국가의 적극적인 개입을 강조한다.

오답피하기
ㄱ. 복지 국가 원리는 근대 입헌주의 헌법에서는 나타나지 않았고 현대 복지 국가 헌법에서부터 강조되었다.
ㄴ. 공정한 선거 제도를 실시해 달성될 수 있는 것은 국민주권주의 원리이다. 복지 국가 원리는 사회 보험, 공공부조, 최저 임금제 실시 등을 통해 달성할 수 있다.

정답 ④

09 다음 헌법 조문이 공통적으로 추구하는 헌법의 기본 원리에 대한 설명으로 옳지 않은 것은?

2021 지방직

> 제34조 ① 모든 국민은 인간다운 생활을 할 권리를 가진다.
> 제119조 ② 국가는 균형있는 국민경제의 성장 및 안정과 적정한 소득의 분배를 유지하고, 시장의 지배와 경제력의 남용을 방지하며, 경제주체간의 조화를 통한 경제의 민주화를 위하여 경제에 관한 규제와 조정을 할 수 있다.

① 권력분립과 적법절차 원리에 의해 실현된다.
② 근로자에 대한 적정임금보장과 관련 있다.
③ 자유와 평등의 실질적 보장을 추구한다.
④ 공공 부조, 사회 보험 제도와 관련 있다.

출제 단원 및 영역 정치와 법 1단원 헌법의 기본원리

해설 인간다운 생활의 보장과 정부의 경제에 관한 규제와 조정은 모두 국가의 적극적인 개입을 통한 복지국가 원리 실현을 위한 것이다.
① 자유 민주주의 원리의 실현을 위한 것이다.

오답피하기
②, ③, ④ 적정임금보장, 실질적 자유와 평등 보장, 공공부조와 사회 보험 제도는 모두 복지국가 원리를 실현하기 위한 것이다.

정답 ①

02 기본권의 보장과 제한

기본권의 종류

01 (가), (나)의 기본권 유형에 해당하는 권리를 바르게 짝지은 것은? 2016 교육행정

(가) 주권자인 국민이 국가기관의 형성과 국가의 의사 형성 과정에 참여하는 권리로서, 국민의 국정 참여에 의하여 비로소 실현되는 '국가에로의 권리'를 의미한다.
(나) 침해된 기본권을 구제해 줄 것을 국가에 대해 요구할 수 있는 권리로서, 기본권이 실효성을 가지기 위해 요구되는 '기본권 보장을 위한 권리'를 의미한다.

	(가)	(나)
①	공무담임권	범죄피해자구조청구권
②	재판청구권	국민투표권
③	집회・결사의 자유	선거권
④	근로의 권리	국가배상청구권

해설 (가)는 주권자인 국민이 국가기관의 형성과 국가의 의사 형성 과정에 참여하는 권리라고 하였으므로 '참정권'에 해당한다. 반면, (나)는 침해된 기본권을 구제해 줄 것을 국가에 대해 요구할 수 있는 권리로서, '기본권 보장을 위한 권리'라고 하였으므로 '청구권'에 해당한다.

참정권	선거권, 피선거권, 국민투표권, 공무담임권
청구권	청원권, 재판청구권, 국가배상 청구권, 형사보상 청구권, 범죄피해자구조 청구권
사회권	근로권, 근로 3권, 환경권, 보건권, 교육권 등

① 공무담임권은 참정권, 범죄피해자구조청구권은 청구권에 해당한다.

오답피하기
② 재판청구권은 청구권, 국민투표권은 참정권에 해당한다.
③ 집회・결사의 자유는 자유권, 선거권은 참정권에 해당한다.
④ 근로의 권리는 사회권, 국가배상청구권은 청구권에 해당한다.

정답 ①

02 다음 글에서 (㉠)에 해당하는 헌법의 기본권으로 가장 적절한 것은? 2020 경찰직 2차

과거 우리나라에서 사랑은 반드시 상대방의 성(性)과 본(本)을 확인하고 나서 해야 하는 것처럼 여겨졌다. 동성동본이면 합법적인 결혼을 할 수 없었기 때문이다. 오랫동안 지속해 온 관행이자 「민법」에도 규정되었던 동성동본 혼인 금지는 1997년 헌법재판소에서 헌법에 합치되지 않는 것으로 결정되었고, 2005년 「민법」이 개정되어 이제는 동성동본 혼인이 문제가 되지 않게 되었다. 헌법재판소는 헌법에서 규정하고 있는 (㉠)에 '혼인의 자유와 혼인할 상대방을 결정할 수 있는 자유'까지 포함되는 것으로 보았다. 따라서 동성동본 간의 혼인을 금지하는 「민법」 규정은 국민의 (㉠)을 침해했다고 판단하여 위와 같은 결정을 내렸던 것이다. 헌법재판소에서는 (㉠)에 '일반적 행동 자유권', '개성의 자유로운 발현권' '자기 결정권' 등이 포함된 것으로 본다.

① 행복 추구권
② 평등권
③ 자유권
④ 사회권

해설 ① 행복 추구권은 국민이 인간으로 행복을 추구할 수 있는 권리로서 헌법에 열거된 개별적 기본권뿐만 아니라 헌법에 열거되지 않은 개별적 기본권까지 포함하는 포괄적 권리이다. 행복 추구권의 내용으로는 일반적 행동 자유권, 성적 자기 결정권, 위험한 스포츠를 즐길 권리, 생활 스타일의 자기 결정권 등이 있다.

정답 ①

03 기본권에 대한 설명 중 가장 적절한 것은?

2018 경찰직 1차

① 평등권이란 선천적·후천적 차이를 인정하는 상대적·비례적 평등을 보장받을 권리이다.
② 자유권은 가장 역사가 오래된 기본권으로, 국가에 대해 구체적인 것을 요구하는 적극적 성격의 권리이다.
③ 참정권은 다른 기본권과는 달리 국가 의사 결정에 참여할 수는 있지만 국가 기관의 구성에는 참여할 수 없는 수단적 권리이다.
④ 사회권은 사회 내에서 인간의 존엄을 지키기 위해 최소한의 생활 유지에 필요한 조건을 요구할 수 있는 소극적 권리이다.

해설

① 평등권이란 선천적·후천적 차이를 인정하는 상대적·비례적 평등을 말한다. 즉 합리적인 차별을 인정한다. 헌법재판소도 이와 같은 판시를 하였다.

오답피하기

② 자유권은 역사가 가장 오래된 기본권으로 국가의 부작위를 요청하는 소극적 성격의 권리이다.
③ 참정권은 국가 의사 결정 뿐만 아니라 국가 기관의 구성에도 참여할 수 있게 하는 권리이다. 선거권을 행사함으로써 우리의 대표자(대통령, 국회의원)를 뽑는 것을 생각해보면 알 수 있다. 또한 수단적 권리는 청구권이다.
④ 사회권은 인간의 존엄을 지키기 위해 최소한의 생활 유지에 필요한 조건을 요구할 수 있는 적극적 권리이다.

정답 ①

04 사회적 기본권에 대한 설명으로 옳지 않은 것은? (다툼이 있는 경우 판례에 의함)

2014 지방직

① 근로 3권은 단결권, 단체교섭권, 단체 행동권을 말한다.
② 사회 복지의 실현이 현대 국가에서 중요한 과제가 되면서 사회적 기본권이 강조되고 있다.
③ 교육을 받을 권리는 국민이 국가에 대하여 직접 특정한 교육 제도나 교육 과정을 요구할 수 있는 권리이다.
④ 인간다운 생활을 할 권리는 국가가 재정 형편 등 여러 가지 상황들을 종합적으로 감안하여 법률을 통하여 구체화할 때에 비로소 인정되는 법률적 권리이다.

해설 사회적 기본권이란 현대 복지 국가의 이념의 등장과 함께 중시된 기본권으로 최소한 인간다운 생활을 보장받기 위하여 국가에 대하여 적극적으로 요구할 수 있는 권리이다. 사회적 기본권의 종류로는 인간다운 생활을 할 권리, 교육권, 근로권, 환경권, 보건권 등이 있다.

③ **교육을 받을 권리**란 모든 국민은 능력에 따라 균등하게 교육을 받을 권리를 의미하며, 특정한 교육제도나 교육과정을 요구할 수 있는 권리까지 포함하는 것은 아니다.(판례)

오답피하기

① 근로 3권에는 노동조합을 결성하고 자유롭게 가입할 수 있는 권리인 단결권, 사용자와 단체로 교섭할 수 있는 권리인 단체교섭권, 그리고 쟁의행위를 할 수 있는 단체행동권이 있으며, 우리나라 헌법 제33조에도 '근로자는 근로조건의 향상을 위하여 자주적인 단결권, 단체교섭권, 단체행동권을 가진다'라고 규정하고 있다.
② 현대복기 국가 이념의 등장으로 사회적 기본권이 중시되었다.
④ 사회권은 급부의 실현대상이나 방법, 수준 등에 관해 입법자나 정부에 의한 구체화가 필요하고 국가의 경제적 여건이나 재정 능력에 따라 실현여부와 정도가 결정되는 특징이 있다.

정답 ③

05 〈보기〉의 (가)~(다) 제도가 공통적으로 보장하고자 하는 기본권에 대한 설명으로 가장 옳은 것은?

2019 서울시 공개 및 경력 1회

보기

(가) 생계 곤란 가구에 최저 생계비 지원
(나) 집행유예 중인 자에게도 선거권 부여
(다) 선거구 간 인구 편차를 2 : 1까지로 제한

① 다른 기본권 보장을 위한 수단적 권리이다.
② 인간다운 생활을 보장하기 위한 기본권이다.
③ 가장 고전적인 권리로서 방어적 성격의 권리이다.
④ 신분, 성별, 재산 등의 이유로 차별받지 않을 권리이다.

출제 단원 및 영역 법과정치 3단원 기본권의 보장

해설 생계 곤란 가구에 최저 생계비 지원하는 것은 사회권에도 해당하지만, 실질적 평등을 실현해주는 것이기도 하다. 또한 집행유예 중인 자에게도 선거권을 부여하는 것은 보통선거의 원칙을 실현하는 것으로 보통선거는 일반적 평등원리가 선거에서 구체화된 경우라 할 수 있다.
선거구 간 인구 편차를 2 : 1까지로 제한하는 것은 투표가치의 평등을 실현하는 것이다. 따라서 위의 제도가 공통적으로 실현하고자 하는 기본권은 평등권이다.
④ 신분, 성별, 재산 등의 이유로 차별받지 않을 권리는 평등권에 해당한다.

오답피하기
① 다른 기본권 보장을 위한 수단적 권리는 청구권이다.
② 인간다운 생활을 보장하기 위한 기본권은 사회권이다.
③ 가장 고전적인 권리로서 방어적 성격의 권리는 자유권이다.

정답 ④

06 다음 기본권 (가)에 대한 설명으로 가장 적절한 것은?

2019 경찰직 2차

기본권은 일반적으로 인간의 존엄과 가치 및 행복 추구권, 평등권, 자유권, 참정권, 청구권, 사회권으로 분류될 수 있다. 그 중 (가)는 기본권이 침해되었을 때 이를 구제하기 위한 수단적 권리로, '기본권 보장을 위한 기본권'으로서의 성격을 가진다.

① 인간의 존엄을 유지하기 위해 최소한의 생활 유지에 필요한 조건을 요구할 수 있는 법적 근거가 된다.
② 실정법이 없더라도 자연법적으로 인정된다.
③ 가장 오래된 역사를 가진 기본권으로 소극적이고 방어적인 권리이다.
④ 타인의 범죄 행위로 인하여 생명·신체에 대한 피해를 받은 국민은 법률이 정한 바에 의하여 국가로부터 구조를 받을 수 있다.

해설 기본권이 침해되었을 때 이를 구제하기 위한 수단적 권리이자 '기본권 보장을 위한 기본권'은 청구권이다.
④ 범죄피해자구조청구권에 관한 설명으로 청구권에 해당한다. 청구권의 종류로는 청원권, 재판청구권, 국가배상청구권, 형사보상청구권, 범죄피해자구조청구권이 있다.

오답피하기
① 최소한의 생활 유지에 필요한 조건을 요구할 수 있는 권리는 사회권이다.
② 인간의 존엄과 가치 및 행복 추구권, 평등권, 자유권은 자연권에 해당하지만, 참정권, 청구권, 사회권은 실정법에 의해 규정되어야 인정되는 실정법상의 권리이다.
③ 가장 오래된 역사를 가진 기본권으로 소극적이고 방어적인 권리는 자유권이다.

정답 ④

07 (가)~(다)에 제시된 기본권에 대한 설명으로 옳은 것은? 2019 지방직

(가) 모든 국민은 직업선택의 자유를 가진다.
(나) 모든 국민은 법률이 정하는 바에 의하여 공무담임권을 가진다.
(다) 모든 국민은 법률이 정하는 바에 의하여 국가기관에 문서로 청원할 권리를 가진다.

① (가)는 국가의 적극적인 개입을 통해 실현되는 권리이다.
② (나)는 현대 복지국가 헌법에서 비로소 등장한 권리이다.
③ (다)는 다른 기본권을 보장하기 위한 수단적 권리이다.
④ (가)~(다)는 어떠한 경우에도 법률로써 제한할 수 없다.

출제 단원 및 영역 법과정치 3단원 기본권

해설 (가)는 자유권, (나)는 참정권, (다)는 청구권에 해당한다.
③ 청원권은 청구권에 해당하고, 청구권은 다른 기본권을 보장하기 위한 수단적・절차적 권리이다.

오답피하기
① 자유권은 소극적 권리이므로 국가의 적극적인 개입이 필요없다.
② 현대 복지국가 헌법에서 비로소 등장한 권리는 사회권이다. 참정권은 19세기에 활발한 참정권 확대 운동이 펼쳐져서 점차 확장되다가 20세기에 와서 확립되었을 뿐이다.
④ 헌법학에서는 양심형성의 자유나 신앙의 자유 등을 절대적인 기본권으로 보는 견해도 있으나 우리 헌법의 명문상으로 절대적 기본권을 인정하기 어렵고, 자유권, 참정권, 청구권 역시 일정한 요건 하에서는 법률로써 제한 가능하다.

헌법 제37조 ② 국민의 모든 자유와 권리는 국가안전보장・질서유지 또는 공공복리를 위하여 필요한 경우에 한하여 법률로써 제한할 수 있으며, 제한하는 경우에도 자유와 권리의 본질적인 내용을 침해할 수 없다.

정답 ③

08 다음의 표는 기본권 유형을 A~C로 구분한 것이다. 이에 대한 설명으로 가장 적절하지 않은 것은? (단, A~C는 각각 자유권, 참정권, 사회권 중 하나이다.) 2020 경찰직 1차

구분 \ 기본권	A	B	C
국가의 존재를 전제로 하는 권리	아니오	예	예
국민이 국가에 인간다운 생활의 보장을 요구	아니오	아니오	예

① A는 역사가 가장 오래된 기본권 유형으로 소극적・방어적 권리이다.
② B는 다른 기본권을 보장하기 위한 수단적・절차적 권리이다.
③ C는 복지 국가 실현과 밀접한 연관이 있는 적극적 권리이다.
④ 헌법에 열거되지 아니한 이유로 경시되어서는 안 될 권리는 A이다.

출제 단원 및 영역 법과정치 3단원 기본권의 유형

해설 국가의 존재를 전제로 하지 않는 권리인 A는 자유권이고, 인간다운 생활의 보장을 요구할 수 있는 권리인 C는 사회권이다. 따라서 나머지 B는 참정권이 된다.
② 다른 기본권을 보장하기 위한 수단적・절차적 권리는 청구권이다.

오답피하기
① 자유권은 근대 시민 혁명 직후 나타난 권리로서 역사가 가장 오래된 기본권이다. 또한 국가의 개입을 전제로 하지 않는 소극적인 권리이고, 국가와의 투쟁을 통해 이룩한 방어적 권리이다.
③ 사회권은 복지 국가 실현과 밀접한 연관이 있는 권리로서 국가의 적극적인 개입이 요구되는 권리이다.
④ 자유권은 자연법상의 권리로서 헌법에 열거되지 아니한 이유로 경시되어서는 안 될 권리이다.

정답 ②

09 다음은 기본권 발달의 역사에 관한 표이다. (라) 시기 이후에 발달하기 시작한 사회적 기본권에 해당하는 우리나라 현행 헌법 조항은? 2013 국가직

대헌장 (영국, 1215)	(가)	권리장전 (영국, 1680)	(나)	인권선언 (프랑스, 1789)	(다)	바이마르 헌법 (독일, 1919)	(라) →

① 모든 국민은 고문을 받지 아니하며, 형사상 자기에게 불리한 진술을 강요당하지 아니한다. (제12조 제2항)
② 모든 국민은 종교의 자유를 가진다. (제20조 제1항)
③ 언론・출판에 대한 허가나 검열과 집회・결사에 대한 허가는 인정되지 아니한다. (제21조 제2항)
④ 모든 국민은 건강하고 쾌적한 환경에서 생활할 권리를 가지며 국가와 국민은 환경보전을 위하여 노력하여야 한다. (제35조 제1항)

해설 바이바르 헌법에서 세계 최초로 사회권을 규정했다. (라)는 1919년 이후로서 현대적 기본권에 해당한다. 따라서 (라) 사회권적 기권이라고 할 수 있다. 사회권은 최소한의 인간다운 생활을 보장받기 위해 국가에 대하여 요구할 있는 권리를 말하며, 현대 복지 국가의 이념 등장과 함께 중시된 기본권이다.
④ 환경권은 사회적 기본권에 속한다. 사회적 기본권에는 인간다운 생활을 할 권리, 교육권, 근로권, 환경권, 보건권 등이 있다.

오답피하기
① 신체의 자유에 대한 것으로 자유권에 해당한다.
② 종교의 자유는 자유권에 해당한다.
③ 언론・출판・집회・결사의 자유는 자유권에 해당한다.

정답 ④

10 다음은 어떤 기본권에 대한 설명이다. 이에 대한 옳은 설명을 〈보기〉에서 고른 것은? 2016 경찰직 1차

> 타인의 범죄 행위로 말미암아 생명을 잃거나 신체상의 피해를 입은 국민이나 그 유족이 가해자로부터 충분한 피해보상을 받지 못한 경우에 국가에 대하여 일정한 보상을 청구할 수 있는 권리이다. 이를 인정하는 이유는 국가가 범죄로부터 국민을 보호할 의무를 다하지 못하였다는 점과 그 범죄 피해자들에 대한 최소한의 구제가 필요하다는 데 있다.

보기
㉠ 소극적이고 방어적인 특성이 있다.
㉡ 명예회복에 필요한 조치도 함께 요청할 수 있는 권리이다.
㉢ 실체적 권리를 실현하는 적극적 권리이다.
㉣ 다른 기본권이 그 자체가 목적인 것과는 달리 이 기본권은 수단적 권리이다.

① ㉠, ㉡　　② ㉠, ㉣
③ ㉡, ㉢　　④ ㉢, ㉣

해설 제시문에 나타난 기본권은 '범죄피해자구조 청구권'이다. 이는 청구권에 해당한다.
ㄷ, ㄹ. 청구권은 다른 기본권의 보장을 위한 수단적 권리이고 적극적 권리, 열거적 권리, 실정법적 권리, 국민적 권리의 성격을 가지고 있다.

오답피하기
ㄱ. 소극적이고 방어적인 특성이 있는 권리는 자유권이다.
ㄴ. 명예회복에 필요한 조치도 함께 요청할 수 있는 권리는 구금이나 형의 집행 후 무죄 판결을 받은 경우 즉, 신체의 자유가 침해된 경우 요청할 수 있는 권리로써 범죄피해자구조 청구권과는 관계 없다. 이는 형사보상 및 명예회복에 관한 법률에 나와있는 무죄 재판서 게재 청구권이다.

> 제30조(무죄재판서 게재 청구) 무죄재판을 받아 확정된 사건(이하 "무죄재판사건"이라 한다)의 피고인은 무죄재판이 확정된 때부터 3년 이내에 확정된 무죄재판사건의 재판서(이하 "무죄재판서"라 한다)를 법무부 인터넷 홈페이지에 게재하도록 해당 사건을 기소한 검사가 소속된 지방검찰청(지방검찰청 지청을 포함한다)에 청구할 수 있다.

정답 ④

11 헌법이 보장하는 신체의 자유에 대한 내용에 해당되지 않는 것은? 2013 지방직

① 모든 국민은 형사상 자기에게 불리한 진술을 강요당하지 않는다.

② 누구든지 체포 또는 구속을 당한 때에는 적부의 심사를 법원에 청구할 권리를 가진다.

③ 타인의 범죄 행위로 인해 생명·신체에 대한 피해를 받은 국민은 법률이 정하는 바에 의하여 국가로부터 구조를 받을 수 있다.

④ 정식 재판에 있어서 피고인의 자백이 피고인에게 불리한 유일한 증거일 때에는 이를 유죄의 증거로 삼거나 이를 이유로 처벌할 수 없다.

해설 신체의 자유와 관련된 기본권은 자유권이다. 특히 자유권과 관련해서 신체의 자유와 재산권의 보장 등을 주의해야 한다.
③ 범죄피해자 구조 청구권은 청구권적 기본권에 해당한다.

오답피하기

①, ②, ④ 진술거부권, 구속적부심사 청구권, 피고인의 자백의 증거능력 제한은 모두 신체의 자유 보장과 관련되고 이는 자유권적 기본권에 해당한다.

정답 ③

12 다음 〈보기〉에 제시된 기본권에 대한 설명으로 가장 옳은 것은? 2021 해경 2차

보기

㉠ 직업 선택의 자유
㉡ 교육을 받을 권리
㉢ 재판 청구권

① ㉠은 국가의 적극적인 개입을 통해 실현되는 권리, 즉 국가에 의한 자유를 말한다.

② ㉡은 20세기 이후 등장한 현대적 권리로 종류로는 환경권, 근로 3권, 인간다운 생활을 할 권리 등이 있다.

③ ㉢은 국가에 특정한 행위를 적극적으로 요구하는 권리로 국가의 의사 결정 과정에 직접 참여하거나 국가 기관을 구성함으로써 권리를 실현한다.

④ ㉠~㉢은 어떠한 경우에도 법률로써 제한할 수 없다.

출제 단원 및 영역 정치와 법 1단원 기본권

해설 ㉠은 자유권, ㉡은 사회권, ㉢은 청구권에 해당한다.
② 사회권에 대한 설명으로 옳은 지문이다.

오답피하기

① 자유권은 국가의 간섭을 배제하는 소극적 권리이다. 그리고 자유권은 국가로부터의 자유를 말한다. 선지의 내용은 사회권에 대한 설명이다.

③ 국가에 특정한 행위를 적극적으로 요구하는 권리로 국가의 의사 결정 과정에 직접 참여하거나 국가 기관을 구성함으로써 권리를 실현하는 것은 참정권에 대한 설명이다.

④ ㉠~㉢은 모두 일정한 요건 하에서 법률로써 제한할 수 있다. 헌법 제37조 제2항에서 국민의 모든 자유와 권리는 엄격한 요건 하에서 법률로써 제한할 수 있다고 규정하고 있다.

정답 ②

13 (가), (나)에 들어갈 기본권에 대한 설명으로 가장 옳은 것은? 2015 해양경찰

> OO시 주택 재개발 지역 인근 주민들은 아파트 신축 공사로 인해 지나친 소음과 미세 먼지 등이 발생하여 피해를 입었다고 주장하였다. 이에 주민들은 (가)에 속하는 환경권이 침해되었다고 주장하며 시공사를 상대로 손해배상 청구소송을 제기하는 (나)를 행사하였다.

① (가)는 복지국가와 관련해서 등장한 권리이다.
② (나)는 다른 기본권 보장의 전제조건이 되는 권리이다.
③ (가)는 (나)와 달리 국가의 의사결정에 참여할 수 있는 권리이다.
④ (가)와 (나) 모두 국가 권력의 간섭을 받지 않을 소극적 성격의 권리이다.

해설 환경권은 사회권에 속하므로 (가)는 사회권이고, 손해배상 청구소송은 재판청구권으로 (나)는 청구권에 해당한다.
① 사회권은 복지국가와 관련해서 등장한 현대적 권리이다.

오답피하기
② 청구권은 다른 기본권 보장을 위한 수단적·절차적 권리이고, 다른 기본권 보장의 전제조건이 되는 기본권은 평등권이다.
③ 국가의 의사결정에 참여할 수 있는 권리는 참청권이다.
④ 청구권과 사회권은 모두 국가의 적극적인 행위를 요구하는 적극적 권리이다. 소극적 성격의 권리는 자유권이다.

정답 ①

14 다음 (가)~(라)의 헌법 조항이 추구하는 기본권에 대한 설명으로 가장 옳은 것은? (단, 기본권은 자유권, 평등권, 참정권, 청구권, 사회권 중 하나이다.) 2014 해양경찰

> (가) 모든 국민은 통신의 비밀을 침해받지 아니한다.
> (나) 국가는 여자의 복지와 권익의 향상을 위하여 노력하여야 한다.
> (다) 모든 국민은 법률이 정하는 바에 의하여 공무담임권을 가진다.
> (라) 모든 국민은 헌법과 법률이 정한 법관에 의하여 법률에 의한 재판을 받을 권리를 가진다.

① (가)는 헌법에 열거된 것만 보장되는 열거적 권리이다.
② (나)는 국민들의 최소한의 인간다운 생활의 보장을 국가에 요구하는 권리이다.
③ (다)는 다른 기본권을 보장하기 위한 수단적 권리이다.
④ (라)는 사회 생활에서 합리적인 이유없이 불평등한 대우를 받지 않을 권리이다.

해설 (가)는 통신의 자유에 관한 내용으로 자유권적 기본권 해당한다. (나)는 여자의 복지와 권익의 향상을 위하여 국가의 노력을 요구하므로 이는 사회적 기본권에 해당한다. (다)는 참정권 중 공무담임권에 해당한다. (라)는 재판 청구권에 해당하는 내용으로 청구권적 기본권에 해당한다.
② 사회적 기본권은 국민의 최소한의 인간다운 생활을 보장하기 위해 국가가 적극적으로 개입하는 것으로 국민은 국가에 대하여 최소한의 인간다운 생활을 요구할 수 있는 권리이다.

오답피하기
① 자유권적 기본권은 헌법에 열거되지 않더라도 당연히 인정되는 초국가적·초헌법적인 자연법상의 권리이다.
③ 다른 기본권을 보장하기 위한 수단적 권리는 청구권적 기본권이다.
④ 사회 생활에서 합리적인 이유없이 불평등한 대우를 받지 않을 권리는 평등권에 대한 내용이다.

정답 ②

15 밑줄 친 ㉠, ㉡에 대한 설명으로 옳은 것은?

2017 국가직

자유는 소극적 자유와 적극적 자유로 나뉜다. 소극적 자유는 국가 권력으로부터 구속이나 강제를 받지 않는 '국가로부터의 자유'를 의미한다. 이와 달리 적극적 자유는 국가 운영에 참여할 수 있는 ㉠ '국가에의 자유'와 인간다운 삶을 누릴 자유인 ㉡ '국가에 의한 자유'로 구분된다.

① ㉠에는 환경권과 보건권이 포함된다.
② 우리 헌법에 규정된 국민의 공무 담임권은 ㉠을 보장하기 위한 것이다.
③ ㉡은 역사가 가장 오래된 핵심적 권리이다.
④ 자본주의가 발달한 현대 사회에서는 ㉡의 필요성이 점차 줄어들고 있다.

해설 ㉠은 참정권이고 ㉡은 사회권이다.
② 공무담임권은 참정권을 보장하기 위한 기본권이다. 그 외 참정권을 보장하기 위한 것으로 선거권, 피선거권, 국민투표권 등이 있다.

오답피하기
① 환경권과 보건권은 사회권의 내용이다.
③ 역사가 가장 오래된 핵심적 기본권은 자유권이다.
④ 자본주의가 발달한 현대사회에서는 오히려 사회권의 필요성이 점차 늘어나고 있다.

정답 ②

16 다음 글에서 국가인권위원회가 언급한 기본권에 관한 설명으로 옳은 것은?

2015 지방직

국가인권위원회는 정부가 제출한 법안 중 개인정보보호법 제정안 가운데 CCTV 등 영상정보 처리기기에 관한 규정이 국민의 사생활 침해를 유발할 우려가 있으므로 이를 예방할 규정을 만들어야 한다고 주장하였다. 국가인권위원회는 "불특정 다수가 사용하는 목욕탕, 화장실, 탈의실 등 개인의 사생활을 현저히 침해할 우려가 있는 장소에는 CCTV와 같은 영상기기를 설치하여 운영하지 못하도록 해야 한다."라며, "구금 및 보호시설에 한해 필요 최소한의 범위 내에만 설치를 허용해야 한다."라고 주장하였다.

– ○○신문, 0000년 00월 00일 –

① 소극적이고 방어적 성격의 기본권이다.
② 현대 사회에 등장한 적극적인 기본권이다.
③ 기본권 보장을 위한 수단적 기본권의 성격을 갖는다.
④ 국민이 국가의 정치과정에 적극적으로 참여할 수 있는 권리이다.

해설 국가 인권위원회에서 언급한 기본권은 '사생활의 비밀과 자유'에 해당하는데, 이는 자유권에 해당한다.

자유권
① 의미: 개인이 자신의 자유로운 영역에서 국가 권력 등에 의한 간섭이나 침해를 받지 않을 권리
② 역사적 배경: 절대 왕정 시대의 억압에서 벗어나기 위한 시민 혁명을 통해 보장
③ 성격: 천부 인권적 권리(헌법에 열거되지 않아도 인정되는 권리), 소극적·방어적 성격의 권리, 역사가 가장 오래된 핵심적·본질적 권리, 포괄적 권리, 민주주의 기본 이념의 하나
④ 내용: 신체의 자유, 언론·출판·집회·결사의 자유, 학문과 예술의 자유, 직업의 자유, 거주·이전의 자유, 양심의 자유, 사생활의 비밀과 자유, 재산권 보장,
⑤ 신체의 자유 보장을 위한 헌법 규정: 죄형 법정주의, 적법절차의 원리, 고문 금지, 묵비권, 영장 제도, 신체의 자유 제한 시 이유 고지 및 가족에게 고지할 의무, 변호인의 조력을 받을 권리, 형사 피고인의 무죄추정의 원칙, 구속적부 심사제 등

① 자유권은 국가로부터의 간섭을 배제할 수 있는 권리로서 소극적이고 방어적 성격의 기본권이다.

오답피하기
② 현대 사회에 등장한 적극적인 기본권은 사회권이다.
③ 기본권 보장을 위한 수단적 기본권의 성격을 갖는 것은 청구권이다.
④ 국민이 국가의 정치과정에 적극적으로 참여할 수 있는 권리는 참정권에 해당한다.

정답 ①

17 다음 연표를 보고 영국의 민주정치 발전 과정에 대해 가장 적절하게 추론한 것은? 2014 경찰직 2차

연도	선거권 확대 과정	유권자 비율
1832	부르주아 남성	4.5%
1838	차티스트 운동(1838~1848)	·
1867	도시 노동자, 소시민	9%
1884	광산 노동자, 농민	19%
1897	여성 참정권 협회의 국민동맹 결성	·
1928	21세 이상 모든 남성과 여성	62%

① 차티스트 운동 직후 모든 노동자에 선거권이 부여되었다.
② 1832-1884년에는 신분과 재산이 아니라 성별에 의해 선거권을 부여하였다.
③ 여성의 참정권 운동의 영향으로 1928년 남녀가 동등하게 참여하는 평등선거가 확립되었다.
④ 많은 노동자, 여성 등의 노력과 참여로 선거권이 점차 확대되었다.

해설 위의 표는 영국의 민주정치 발전 과정으로 참정권 확대 과정을 보여주고 있다.
④ 시민 혁명의 결과 모든 시민들이 참정권을 획득한 것이 아니라 부르주아 남성에게만 참정권이 부여되었다. 그러나 노동자, 농민, 여성 등의 노력으로 선거권이 점차 확대되어 20세기에 들어서야 21세 이상의 모든 남녀에게 선거권이 부여되었다.

오답피하기
① 차티스트 운동 이후에도 상당한 시간이 걸려서 모든 노동자에게 선거권이 부여되었다.
② 1832-1884년에는 재산과 성별에 의한 차등으로 선거권이 제한되었다. 즉 재산에 의해서도 선거권이 부여되었으므로 틀린 지문이다.
③ 여성이 남자와 차별받지 않고 선거권을 획득하게 된 것은 평등선거의 원칙이 아니라 보통선거의 확립과 관계 된다.

정답 ④

18 〈보기 1〉의 (가), (나)에 대한 옳은 설명을 〈보기 2〉에서 모두 고른 것은? 2018 서울시

보기1

기본권	관련 헌법 조항
(가)	제33조 ① 근로자는 근로 조건의 향상을 위하여 자주적인 단결권·단체 교섭권 및 단체 행동권을 가진다.
(나)	제30조 타인의 범죄 행위로 인하여 생명·신체에 대한 피해를 받은 국민은 법률이 정하는 바에 의하여 국가로부터 구조를 받을 수 있다.

보기2

ㄱ. (가)는 인간다운 생활을 보장하기 위한 사회권이다.
ㄴ. (나)는 기본권 보장을 위한 기본권이다.
ㄷ. (나)는 (가)와 달리 수단적이고 절차적 권리라는 성격을 가진다.
ㄹ. (가), (나) 모두 근대 시민 혁명 직후 확립된 권리이다

① ㄱ, ㄴ ② ㄷ, ㄹ
③ ㄱ, ㄴ, ㄷ ④ ㄴ, ㄷ, ㄹ

해설 (가)의 경우 근로 3권으로 이는 근로자의 인간다운 생활을 보장하기 위한 사회권에 해당한다. 반면, (나)의 경우 범죄피해자구조 청구권으로 청구권에 해당한다.
• 청구권과 사회권의 내용과 종류에 대한 이해가 필요하다.
ㄱ. 국민의 인간다운 생활을 보장하기 위해 현대에 등장한 것이 사회권이고, 여기에는 근로 3권, 환경권, 교육권, 보건권 등이 있다.
ㄴ. 청구권은 청구권 그 자체를 보장하기 위한 것이 아니라 다른 기본권 보장을 위한 수단적 권리이다. 가령, 자신의 자유권을 침해당한 경우 재판권적 청구권을 통하여 자신의 자유를 회복할 수 있는 것이다.
ㄷ. 청구권은 다른 기본권 보장을 위한 수단적·절차적 권리이다.

오답피하기
ㄹ. 근대 시민 혁명 직후 확립된 기본권은 자유권이라 볼 수 있다. (17~18C), 이후 청구권(19C), 사회권(20C)로 점차 확대·발전되었다.

정답 ③

19 다음에 제시된 헌법상 권리의 공통된 속성으로 가장 적절한 것은? 2014 서울시

제26조 ① 모든 국민은 법률이 정하는 바에 의하여 국가기관에 문서로 청원할 권리를 가진다.
제30조 타인의 범죄 행위로 인하여 생명·신체에 대한 피해를 받은 국민은 법률이 정하는 바에 의하여 국가로부터 구조를 받을 수 있다.

① 국가에 일정한 행위를 요구하는 수단적 권리이다.
② 부당한 명령이나 강제를 거부할 수 있는 권리이다.
③ 가장 오래된 역사를 가진 기본권으로, 소극적이며 포괄적인 권리이다.
④ 최소한의 생활 보장을 국가에 요구할 수 있는 권리이다.
⑤ 시민이 능동적으로 정치 과정에 참여할 수 있는 권리이다.

해설 헌법 제 26조①항의 경우 청원권이고, 헌법 제30조는 범죄피해자 구조 청구권으로 둘 다 청구권적 기본권에 해당한다.
① 청구권의 가장 큰 특징은 그 자체가 목적이 아니라 다른 기본권 보장을 위한 수단적 권리라는 점이다.

오답피하기
② 부당한 명령이나 강제를 거부한다는 것은 자유권에 대한 설명이다. 자유권을 국가로부터의 자유라고도 한다.
③ 가장 오래된 고전적 기본권은 자유권이며, 소극적이며 포괄적인 권리에 대한 설명 역시 자유권에 대한 것이다.
④ 최소한의 생활 보장을 국가에 대해 요구할 수 있는 권리를 사회권이라고 한다.
⑤ 시민이 능동적으로 정치 과정에 참여할 수 있는 권리를 참정권이라고 한다.

정답 ①

20 다음 헌법 조항에 나타난 기본권 (가), (나)에 대한 설명으로 옳은 것은? 2014 경찰직 1차

(가) 모든 국민은 근로의 권리를 가진다. 국가는 사회적·경제적 방법으로 근로자의 고용의 증진과 적정 임금의 보장에 노력하여야 하며, 법률이 정하는 바에 의하여 최저 임금제를 시행하여야 한다.
(나) 타인의 범죄 행위로 인하여 생명·신체에 대한 피해를 받은 국민은 법률이 정하는 바에 의하여 국가로부터 구조를 받을 수 있다.

① (가) – 현대 복지 국가 형성의 바탕이 되는 기본권이다.
② (가) – 다른 기본권의 보장을 위한 수단적 성격을 가진 권리이다.
③ (나) – 국가 권력으로부터 간섭받지 않을 권리이다.
④ (나) – 정부의 정책 결정에 참여할 수 있는 권리이다.

해설 (가)는 근로권으로서 사회권에 해당하고, (나)는 범죄피해자구조 청구권으로서 청구권에 해당한다. 사회권은 최소한의 인간다운 생활을 보장받기 위해 국가에 대하여 요구할 있는 권리로서 현대 복지 국가의 이념 등장과 함께 중시된 기본권이다. 청구권은 기본권이 침해되었을 때 이를 구제받기 위하여 인정되는 권리이다.
① 현대 복지 국가 형성의 바탕이 되는 기본권은 사회권으로 맞는 설명이다.

오답피하기
② 다른 기본권 보장을 위한 수단적 성격을 가진 기본권은 청구권이다.
③ 국가 권력으로부터 간섭받지 않을 권리는 자유권에 해당한다.
④ 정부의 정책 결정에 참여할 수 있는 권리는 참정권에 해당한다.

정답 ①

21 다음 사례에서 침해당한 기본권으로 옳은 것은?

2014 경찰직 2차

- A학생은 성적이 평균 80점이 안 된다는 이유로 학생회장 선거에 출마할 자격을 얻지 못했다.
- B는 영어 점수와 각종 자격증을 취득하고 최우수 성적으로 졸업하여 ○○대기업에 입사지원서를 제출했지만, 지방대학 졸업자라는 이유로 서류 전형에서 탈락하였다.

① 자유권
② 평등권
③ 참정권
④ 사회권

해설 사안의 경우 합리적인 이유 없이 A와 B는 모두 차별받고 있다. 따라서 평등권 침해의 사례이다.

자유권	개인이 자신의 자유로운 영역에서 국가 권력 등에 의한 간섭이나 침해를 받지 않을 권리
평등권	합리적인 이유 없이 불평등한 대우를 받지 않을 것과 정의의 관점에서 평등한 대우를 요구할 수 있는 권리
참정권	국민이 주권자로서 국가의 정치 과정에 적극적으로 참여할 수 있는 권리
사회권	최소한의 인간다운 생활을 보장받기 위해 국가에 대하여 요구할 있는 권리. 현대 복지 국가의 이념 등장과 함께 중시된 기본권.

② A가 학생회장에 선거에 출마할 수 없다는 이유와 B가 지방대학 졸업자라는 이유로 회사 서류 전형에서 탈락한 것은 합리적인 이유가 없다. 따라서 평등권이 침해당한 사례이다.

정답 ②

22 다음 헌법조항에서 공통으로 나타나는 기본권에 대한 설명으로 옳지 않은 것은?

2015 국가직

제31조 ① 모든 국민은 능력에 따라 균등하게 교육을 받을 권리를 가진다.
제32조 ① 모든 국민은 근로의 권리를 가진다. 국가는 사회적・경제적 방법으로 근로자의 고용의 증진과 적정임금의 보장에 노력하여야 하며, 법률이 정하는 바에 의하여 최저임금제를 시행하여야 한다.
제34조 ① 모든 국민은 인간다운 생활을 할 권리를 가진다.
② 국가는 사회보장・사회복지의 증진에 노력할 의무를 진다.
제35조 ① 모든 국민은 건강하고 쾌적한 환경에서 생활할 권리를 가지며, 국가와 국민은 환경보전을 위하여 노력하여야 한다.

① 복지국가・사회국가 원리에 기초하고 있다.
② 주로 국회의 입법권 행사에 의해 실현되는 권리이다.
③ 원칙적으로 국민만이 누리는 권리이나, 기본권의 성질에 따라서는 외국인에게도 보장된다.
④ 국가권력으로부터의 침해를 배제하는 소극적・방어적 성격의 권리이다.

해설 균등하게 교육 받을 권리, 근로권, 인간다운 생활을 할 권리, 환경권 등은 모두 사회권에 해당한다.
④ 국가권력으로부터의 침해를 배제하는 소극적・방어적 성격의 권리는 자유권에 대한 설명이다. 사회권은 국가의 적극적인 급부로 인해 실현되는 적극적인 권리이다.

오답피하기
① 사회권은 복지국가・사회국가 원리에 기초하여 국민의 인간다운 생활을 보장하기 위한 기본권이다.
② 사회권은 헌법 규정만으로는 구체적인 권리성이 도출되지 않는 추상적인 권리이고, 입법에 의해서 구체화되고 실현될 수 있는 권리이다.
③ 사회권은 국민의 인간다운 생활을 보장하기 위한 권리이고, 국가의 재정 능력에 좌우되는 것이므로 원칙적으로 국민만이 누리는 권리이다. 다만 기본권의 성질상 외국인이 누릴 수 있는 경우도 있다. 가령, 근로기준법상의 근로권은 외국인 노동자에게도 적용된다고 판시한 것이 대법원의 입장이다.

정답 ④

23 다음 기본권에 관한 설명 중 가장 적절하지 않은 것은?

2021 경찰직 2차

① 자유권은 개인의 자유로운 생활에 대하여 국가의 간섭이나 침해를 배제하는 소극적 권리로서 그 대표적인 예에는 신체의 자유가 있다.

② 평등권은 모든 인간을 원칙적으로 평등하게 대우할 것과 국가로부터 차별적 대우를 받지 아니하도록 요구할 수 있는 권리로서 그 대표적인 예에는 교육의 기회균등이 있다.

③ 참정권은 주권자인 국민이 국가 기관의 형성과 국가의 정치적 의사 형성 과정에 참여할 수 있는 능동적 권리로서 그 대표적인 예에는 국민투표권이 있다.

④ 청구권은 국민이 국가에 대하여 적극적으로 특정한 행위를 요구하거나 침해당한 기본권의 구제를 청구할 수 있는 실체적 권리로서 그 대표적인 예에는 재판청구권이 있다.

출제 단원 및 영역 정치와 법 1단원

해설 이 문제는 선지를 꼼꼼히 보아야 하며, 다시 한번 점검해야 정리해 둘 필요가 있다.

④ 청구권은 국민이 국가에 대하여 적극적으로 특정한 행위를 요구하거나 침해당한 기본권의 구제를 청구할 수 있는 절차적 권리이다. 재판청구권이 청구권인 것은 맞다.

오답피하기

①, ②, ③ 각 기본권에 대한 옳은 설명이다.

정답 ④

24 〈보기〉의 밑줄 친 「헌법」상 기본권 A~C에 대한 설명으로 가장 옳은 것은? (단, A~C는 각각 자유권, 사회권, 청구권 중 하나이다.)

2020 서울시(보훈청)

보기

갑(甲)은 과거 시민단체에서 인권 운동가로 활동했는데, 국가기관이 갑(甲)의 인적사항, 가족사항, 정당 및 사회 활동, 대인접촉 관계, 집회 또는 시위 참가 활동 내역 등을 수집하였다는 것을 알게 되어 A를 침해한다고 보았다. 그리하여 갑(甲)은 B를 바탕으로 국가를 상대로 소송을 제기하였고, 대법원은 국가의 책임을 인정하였다. 지친 심신을 회복하기 위해 도시 근교로 이사를 갔지만 주변 공장으로 인한 환경 공해와 자동차 행상들의 확성기 사용으로 인한 소음 공해가 매우 심각하다고 느껴 C 역시 침해 받고 있다.

① A는 소극적・열거적 성격의 권리이다.

② B는 국가에 특정 행위를 요구할 수 있는 절차적 권리이다.

③ C는 민주주의 이념 중 하나로 다른 기본권 보장의 전제 조건이 되는 기본권이다.

④ A는 B와 C의 보장과 실현을 위한 수단적 성격의 권리이다.

해설 사생활의 비밀과 자유와 관계되는 A는 자유권, B는 재판청구권으로서 청구권, C는 환경권으로 사회권에 해당한다.

② 청구권은 국가에 특정 행위를 요구할 수 있는 적극적 권리이며, 다른 기본권 보장을 위한 절차적 권리이다.

오답피하기

① 자유권은 소극적 권리는 맞지만, 헌법에 규정이 없더라도 인정되는 포괄적 권리이다.

③ 민주주의 이념에는 인감의 존엄성 존중과 자유, 평등이 있다. 민주주의 이념 중 하나로 다른 기본권 보장의 전제 조건이 되는 기본권은 평등권이다.

④ 다른 기본권 보장과 실현을 위한 수단적 성격의 권리는 청구권이다.

정답 ②

25 다음 헌법상 기본권의 특징으로 옳은 것은?

2021 지방직

> 제31조 ① 모든 국민은 능력에 따라 균등하게 교육을 받을 권리를 가진다.
> 제32조 ① 모든 국민은 근로의 권리를 가진다.
> 제35조 ① 모든 국민은 건강하고 쾌적한 환경에서 생활할 권리를 가지며, 국가와 국민은 환경보전을 위하여 노력하여야 한다.

① 국가의 적극적 개입을 정당화한다.
② 헌법에 열거되지 않아도 보장되는 포괄적 권리이다.
③ 다른 모든 기본권을 보장하는 데 전제가 된다.
④ 다른 기본권 보장을 위한 기본권으로 수단적 권리이다.

해설 교육권, 근로권, 환경권은 모두 사회권의 내용이다.
① 사회권은 국가로 하여금 적극적 급부를 할 것을 요하는 권리이므로 국가의 적극적 개입이 필수적이자 정당화된다.

오답피하기
② 사회권은 헌법에 열거된 권리만을 보장하므로 열거적 권리이다.
③ 다른 기본권 보장의 전제가 되는 기본권은 평등권이다.
④ 다른 기본권 보장을 위한 수단적 권리는 청구권이다.

정답 ①

26 다음 헌법 조항과 가장 관련이 있는 기본권에 대한 설명으로 옳은 것은?

2020 소방직

> 제31조 ① 모든 국민은 능력에 따라 균등하게 교육을 받을 권리를 가진다.
> 제34조 ④ 국가는 노인과 청소년의 복지 향상을 위한 정책을 실시할 의무를 진다.
> 제36조 ② 국가는 모성의 보호를 위하여 노력하여야 한다.

① 침해당한 기본권을 구제받기 위한 수단적 권리이다.
② 국민 주권의 원리를 실현하기 위한 능동적 권리이다.
③ 인간다운 생활을 보장받기 위한 적극적 권리이다.
④ 국가 권력이 행사되지 않음으로써 보장되는 소극적 권리이다.

해설 교육권, 복지, 모성의 보호 등은 모두 사회권에 해당한다.
③ 사회권은 인간다운 생활을 보장받기 위해 국가의 적극적인 행위를 요구할 수 있는 적극적 권리이다.

오답피하기
① 침해당한 기본권을 구제받기 위한 수단적 권리는 청구권이다.
② 국민 주권의 원리를 실현하기 위한 능동적 권리는 참정권이다. 참정권은 국가의 정치 과정에 적극적으로 참여하는 능동적 권리이다.
④ 국가 권력이 행사되지 않음으로써 보장되는 소극적 권리는 자유권이다. 자유권은 국가 권력의 간섭이나 침해를 배제함으로써 실현할 수 있는 소극적 권리이다.

정답 ③

기본권의 제한

01 헌법상 기본권에 대한 설명으로 옳지 않은 것은?

2019 국가직

① 국민의 기본권을 제한하는 경우에도 기본권의 본질적인 내용을 침해할 수 없다.

② 과잉금지의 원칙에서 수단의 적합성을 충족하지 못하더라도 침해의 최소성과 법익의 균형성을 충족한 국가작용은 합헌적인 국가작용이다.

③ 국민의 자유와 권리는 헌법에 열거되지 아니한 이유로 경시되지 아니한다.

④ 참정권은 국정에 참여할 수 있는 능동적 권리로 선거권, 공무담임권 등이 이에 속한다.

출제 단원 및 영역 법과정치 3단원 기본권의 제한

해설 국민의 기본권은 무한정 인정되고 보호되는 것이 아니라 엄격한 요건 하에서 그 제한이 가능한데, 우리 헌법 제37조 제2항에서 이를 규정하고 있다.

헌법 제 37조 ① 국민의 자유와 권리는 헌법에 열거되지 아니한 이유로 경시되지 아니한다. ② 국민의 모든 자유와 권리는 국가안전보장·질서유지 또는 공공복리를 위하여 필요한 경우에 한하여 법률로써 제한할 수 있으며, 제한하는 경우에도 자유와 권리의 본질적인 내용을 침해할 수 없다.

② 헌법 제37조 제2항에 따르면 '국민의 기본권은 필요한 경우 법률에 의해 제한할 수 있다'라고 규정하고 있는데, 여기서 '필요한 경우'가 무엇인지에 대하여 우리 헌법 재판소에서는 비례의 원칙과 동일한 의미로 '과잉 금지 원칙'이라는 용어를 혼용하고 있다. 원래 비례의 원칙은 독일의 판례에서 나온 것이지만 우리 헌법재판소 역시 이를 수용하여 광범위하게 적용해오고 있다. 비례의 원칙은 ① 목적의 정당성, ② 방법의 적절성, ③ 피해의 최소성, ④ 법익의 균형성으로 구성되며, 이 네 가지를 모두 충족할 때 기본권 제한은 합헌으로 인정되게 되는 것이다.(이는 2017 수능에서 다루었던 지문이다.)

오답피하기

① 본질적 내용의 침해 금지는 기본권 제한의 내용상 한계이다. 즉, 기본권을 제한해야 할 필요성이 아무리 크다고 하더라도 기본권의 본질적인 내용을 침해하는 기본권 제한 입법은 허용되지 않는다.

③ 헌법 제 37조 제1항의 내용이다.

④ 참정권은 능동적, 적극적 권리로서, 선거권, 공무담임권, 국민투표권 등이 이에 속한다.

정답 ②

02 헌법 조항 (가), (나)에 대해 옳은 설명만을 〈보기〉에서 모두 고른 것은?

2021년 소방직

(가) 국민의 자유와 권리는 헌법에 열거되지 아니한 이유로 경시되지 아니한다. (제37조 제1항) (나) 국민의 모든 자유와 권리는 국가안전보장·질서 유지 또는 공공복리를 위하여 필요한 경우에 한하여 ㉠ 법률로써 제한할 수 있으며, 제한하는 경우에도 자유와 권리의 본질적인 내용을 침해할 수 없다.(제37조 제2항)

보기
ㄱ. (가)는 사회권에 적용된다. ㄴ. (나)에서 과잉 금지의 원칙을 찾을 수 있다. ㄷ. (가)는 (나)와 달리 자연법 사상을 담고 있다. ㄹ. ㉠은 명령이나 규칙 등 법률의 하위법으로 기본권을 제한할 수 없다는 의미이다.

① ㄱ, ㄷ

② ㄱ, ㄹ

③ ㄴ, ㄷ

④ ㄴ, ㄹ

출제 단원 및 영역 정치와 법 1단원 기본권의 제한

해설

ㄴ. '필요한 경우에 한하여'라는 표현은 과잉 금지의 원칙을 표현한 것으로 기본권을 제한할 때 지켜야 하는 원칙을 표현한 것이다.

ㄹ. 기본권을 제한하기 위해서는 국민의 대표 기관인 국회에서 제정한 법률에 의하여 한다는 의미이다. 따라서 법률적 근거 없이 명령이나 규칙 등 법률의 하위법으로 기본권을 제한할 수 없다는 의미이다.

오답피하기

ㄱ. (가)는 기본권이 명문의 규정이 없어도 보장해주겠다는 의미로 이는 자연법상의 권리도 보호 대상이 됨을 의미한다. 따라서 사회권처럼 명문의 규정이 있는 경우에만 보호의 대상이 되는 기본권은 (가)가 적용되는 것은 아니다.

ㄷ. (가)와 (나) 모두 자연법 사상을 담고 있다. 따라서 명문의 규정이 없는 기본권의 경우에도 헌법 제37조 제2항에서 규정한 엄격한 요건 하에서만 제한할 수 있다.

정답 ④

03 다음 〈사례〉에 대한 설명으로 옳은 것만을 〈보기〉에서 모두 고른 것은? (다툼이 있는 경우 판례에 의함) [기본권 충돌 사례 문제 – 개정된 고교 과정에서 빠짐]

2015 사회복지직

사례

○○시는 길거리와 공원, 광장 등에서 흡연을 금지하는 '○○시 간접흡연 피해방지 조례'를 제정하였다. 이에 따라 ○○시의 길거리와 공원, 광장 및 시청과 구청 등 공공장소에서는 흡연을 할 수 없게 되었다. ○○시 주민인 갑은 흡연자로서 ○○시의 조례가 자신의 권리를 침해한다고 주장하였고, 을은 혐연자로서 ○○시의 조례가 자신의 권리를 보호한다고 생각하였다.

보기

ㄱ. 갑과 을의 기본권이 충돌하고 있다.
ㄴ. 갑의 흡연권과 을의 혐연권은 모두 헌법상 보장되는 기본권에 해당한다.
ㄷ. 갑은 흡연권 보장을 위하여 헌법소원을 청구할 수 있다.

① ㄱ, ㄴ　　② ㄱ, ㄷ
③ ㄴ, ㄷ　　④ ㄱ, ㄴ, ㄷ

해설 기본권의 충돌이란 서로 대립하는 복수의 기본권의 주체가 상충하는 기본권을 실현하기 위해 국가에 대하여 그 효력을 주장하는 것을 말하며, 이를 해결하기 위한 방법으로 법익형량의 원칙이나 규범조화적 해석의 방법 등이 있다.

ㄱ. 갑은 흡연권, 을은 혐연권을 주장하며 복수의 기본권 주체가 상충하는 기본권을 실현하기 위해 국가에 대하여 그 효력을 주장하고 있으므로 '기본권의 충돌'에 해당한다.

ㄴ. 흡연권은 사생활의 자유와 행복추구권에서 파생되는 기본권이고 혐연권은 사생활의 자유와 행복추구권, 생명권 등에서 파생되는 기본권이다. 이에 대해 흡연권은 사생활의 자유를 실질적 핵으로 하는 것이고 혐연권은 사생활의 자유뿐만 아니라 생명권까지 연결되는 것이므로 혐연권이 흡연권보다 상위의 기본권이고 위계질서가 있는 기본권끼리 충돌하는 경우에는 상위기본권우선의 원칙에 따라 하위기본권이 제한될 수 있으므로, 흡연권은 혐연권을 침해하지 않는 한에서 인정되어야 한다는 것이 헌법재판소의 판례이다.

ㄷ. ○○시는 길거리와 공원, 광장 등에서 흡연을 금지하는 '○○시 간접흡연 피해방지 조례'를 제정하였고 이러한 공권력의 행사에 의하여 갑의 기본권인 흡연권이 침해되었음을 이유로 갑은 헌법소원을 제기할 수 있다. 실제로 흡연권 침해를 이유로 헌법소원을 제기하여 위의 결정처럼 판시되었다.

정답 ④

CHAPTER 02

민주 국가와 정부

01 정부 형태

정부 형태

01 다음의 국가들은 전형적인 대통령제와 의원내각제를 각각 채택하고 있다. 이에 대한 설명으로 옳지 않은 것은? 2018 국가직 생활안전

> 갑국 국민의 직접선거로 선출된 행정부 수반인 A가 행정부 각료를 임명하였다.
> 을국 B가 수반으로 있는 내각이 의회의 불신임 의결로 총사퇴하였다.

① A는 국가원수로서의 지위를 가진다.
② B는 의회에서 통과된 법률안에 대한 거부권이 있다.
③ 갑국과 달리 을국의 의회 의원은 내각의 각료를 겸할 수 있다.
④ 갑국의 정부 형태는 권력 분립형이고 을국은 권력 융합형이다.

해설 갑국은 행정부 수반이 국민의 직접 선거에 의해 선출된다고 하였으므로 대통령제이고, 을국은 내각이 의회의 불신임 의결로 총사퇴하였다고 하였으므로 의원내각제제에 해당한다.
② 법률안 거부권은 대통령제적 요소이고, 의원내각제에서는 행정부 수반에게 법률안에 대한 거부권이 인정되지 않는다.

오답피하기
① 대통령제에서 A는 행정부 수반과 국가원수로서의 지위를 겸한다.
③ 의회의원의 내각의 각료 겸직은 의원내각제적 요소이다.
④ 대통령제는 견제와 균형의 원리에 충실한 권력 분립형 정부 형태이고, 의원내각제는 의회에서 선출된 내각을 중심으로 국정이 운영되며 행정부와 입법부가 긴밀한 협조를 하는 권력 융합형 정부 형태이다.

정답 ②

02 프랑스식 이원집정부제에 대한 설명으로 적절한 것을 있는 대로 고른 것은? 2015 경찰직 2차

> ㉠ 대통령은 국가 원수의 지위를 부여 받지만 그 권한은 주로 국방 및 외교와 같은 대외적인 영역에 집중된다.
> ㉡ 서로 다른 이념을 가진 정당이 연립하는 '동거정부'가 탄생할 수 있다.
> ㉢ 국가 비상시에는 대통령과 총리 간에 권력의 우선순위를 다투는 현상이 발생한다.
> ㉣ 대통령과 총리는 모두 의회에서 선출된다.

① ㉠, ㉡
② ㉠, ㉡, ㉢
③ ㉠, ㉡, ㉣
④ 없음

해설 프랑스의 이원집정부제는 집행부가 대통령과 내각의 두 기구로 구성되고 대통령과 내각이 각기 집행에 관한 실질적 권한을 나누어 가지는 정부 형태. 대통령제와 의원 내각제가 절충된 제3의 정부형태이다.
㉠ 평상시에는 대통령이 외교·국방 등을 담당하고 총리는 내정에 관한 행정권을 책임지며, 전시에는 대통령이 모든 행정권을 행사한다.
㉡ 대통령은 의회의 동의를 거쳐야 총리를 임명할 수 있으므로 여소야대(與小野大) 현상이 발생하면 동거 정부가 만들어지기도 하며 이렇게 대통령과 총리의 소속 정당이 다른 경우 대통령과 총리의 대립으로 정치적 파국 가능성 있다.

오답피하기
㉢ 국가 비상시에는 대통령이 모든 행정권을 행사하며 국가 긴급권을 행사한다. 즉, 비상시에는 대통령이 총리보다 우월한 지위에 있다고 볼 수 있다.
㉣ 대통령은 국민에 의해 직접 선출되고, 총리의 경우 의회에서 선출된다.

정답 ①

03 자료의 갑국에 대한 옳은 설명을 〈보기〉에서 고른 것은? 예상 문제

전형적인 정부 형태 중 하나를 채택하고 있는 갑국은 최근 (가), (나) 선거를 동시에 실시하였고, 그 결과는 다음과 같다.

1. (가) 선거 결과 B당 후보가 당선
2. (나) 선거 결과 정당별 의석수(석)
   (갑국의 총의석수는 300석임)

행정부
입법부
(가) 선거
국 민
E당 20
D당 50
A당 100
C당 55
B당 75

〈보기〉

ㄱ. 두 개 이상의 정당이 연립 정부를 구성해야 한다.
ㄴ. A당과 C당이 공조하여 내각 불신임권을 행사할 수 있다.
ㄷ. 행정부 수반은 거부권 행사를 통해 입법부를 견제할 수 있다.
ㄹ. 행정부와 입법부의 대립으로 국정 처리의 능률성이 저해될 수 있다.

① ㄱ, ㄴ　② ㄱ, ㄷ
③ ㄴ, ㄷ　④ ㄷ, ㄹ

해설

ㄷ. 갑국은 대통령제를 채택하고 있다. 대통령제에서 행정부 수반은 법률안 거부권을 갖는다.
ㄹ. 갑국에서는 여소야대가 나타났다. 여소야대가 나타나면 행정부와 입법부의 대립으로 국정 처리의 능률성이 저해될 수 있다.

오답피하기

ㄱ. 대통령제는 별도로 대통령 선거를 하므로 의석의 분포와 상관없이 행정부 수반을 선거에 의해 선출한다. 연립 정부를 구성하는 것은 의원 내각제이다.
ㄴ. 불신임권은 의원내각제에서 인정되는 것이다.

정답 ④

04 그림은 전형적인 정부 형태 A와 B를 (가), (나)의 질문에 따라 구분한 것이다. 이에 대한 옳은 설명을 〈보기〉에서 고른 것은? 예상 문제

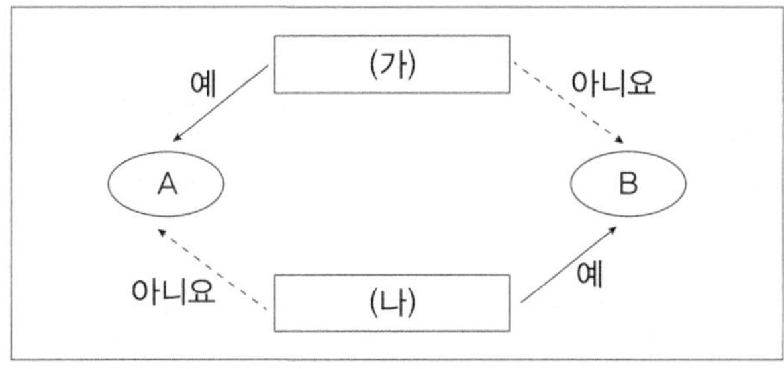

〈보기〉

ㄱ. (가)가 '내각은 의회 신임에 의존하는가?'이면 A는 B보다 권력분립의 원리에 더 충실하다.
ㄴ. (나)가 '의원직과 각료직의 겸직이 허용되는가?'이면 B는 A보다 정치적 책임에 둔감하고 독재화될 우려가 크다.
ㄷ. A가 의원 내각제 정부 형태라면 (가)는 '내각이 의회를 해산할 수 있는가?'가 될 수 있다.
ㄹ. B가 대통령제 정부 형태라면 (나)는 '행정부 수반의 임기가 보장되는가?'가 될 수 있다.

① ㄱ, ㄴ　② ㄱ, ㄷ
③ ㄴ, ㄷ　④ ㄷ, ㄹ

해설

ㄷ. 의원내각제에서는 내각이 의회를 해산할 수 있다.
ㄹ. 대통령제의 경우 행정부 수반의 임기가 보장되어 강력한 정책을 집행할 수 있으며, 정국이 안정된다.

오답피하기

ㄱ. (가)가 '내각은 의회 신임에 의존하는가?'이면 A는 의원 내각제가 되고, 권력 분립의 원리에 충실한 것은 대통령제이다.
ㄴ. (나)가 '의원직과 각료직의 겸직이 허용되는가?'이면 B는 의원내각제이고, 정치적 책임에 둔감하고 독재화될 우려가 큰 것은 대통령제이다.

정답 ④

05 그림은 전형적인 정부 형태를 채택하고 있는 갑국, 을국의 정부 형태를 나타낸 것이다. 이에 대한 설명으로 옳은 것은? 예상 문제

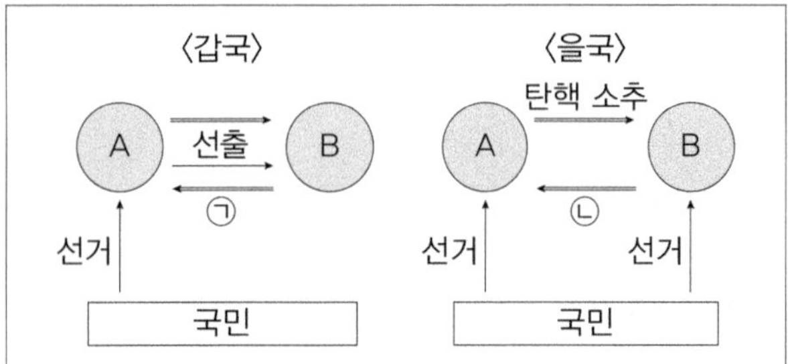

① 법률안 거부권은 ㉠에 해당한다.
② 의회 해산권은 ㉡에 해당한다.
③ 을국의 B는 A에 법률안을 제출할 수 있다.
④ 을국의 B는 갑국의 B와 달리 임기가 보장된다.

해설 갑국은 의원 내각제, 을국은 대통령제 정부 형태를 채택하고 있다.
④ 대통령제의 행정 수반은 임기가 보장되나, 의원 내각제의 총리는 의회의 불신임으로 인해 임기가 보장되지 않을 수 있다.

오답피하기
① 법률안 거부권은 대통령제에서 인정되는 것이므로 ㉡에 해당한다.
② 의회해산권은 ㉠에 해당한다.
③ 대통령제에서 정부는 법안을 제출하지 못한다.

정답 ④

06 다음 대화의 밑줄 친 부분에 들어갈 답변으로 옳지 않은 것은? 2015 지방직

> 갑 우리나라는 전형적인 대통령제에 해당되지 않니?
> 을 반드시 그렇지는 않아. 우리나라 정부 형태에는 의원내각제적 요소가 포함되어 있어.
> 갑 그럼 어떤 요소가 있니?
> 을 ______________________________

① 정부는 법률안을 제출할 수 있어.
② 국회는 내각 불신임권을 행사할 수 있어.
③ 국회의원이 국무위원을 겸직할 수 있어.
④ 국회가 국무총리와 국무위원에 대해 해임 건의를 할 수 있어.

해설 우리나라는 대통령제를 기반으로 하면서도 미국의 순수 대통령제와는 달리 의원내각제덕 요소도 많이 포함하고 있다.

> 우리나라의 의원내각제적 요소
> • 국무총리와 국무회의를 두고 있음
> • 행정부가 법률안을 제출할 수 있음
> • 국회의원이 국무위원을 겸직할 수 있음
> • 국회가 국무총리와 국무위원에 대한 해임 건의를 할 수 있음
> • 대통령이 임시 국회 소집을 요구할 수 있음.
> 〈주의〉 의원내각제적 요소가 아닌 것 – 법률안 거부권, 법률안 공포권, 탄핵심판제도

② 국회의 내각 불신임권은 의원내각제적 요소이기는 하지만 우리나라에서는 채택되지 않았다.

오답피하기
①, ③, ④ 정부의 법률안 제출권, 국회의원의 국무위원 겸직 허용, 국회의 국무위원 해임 건의권 등은 우리나라에서 채택하고 있는 의원내각제적 요소이다.

정답 ②

07 밑줄 친 ㉠에 해당하는 내용으로 옳은 것만을 〈보기〉에서 모두 고른 것은? 2016 교육행정

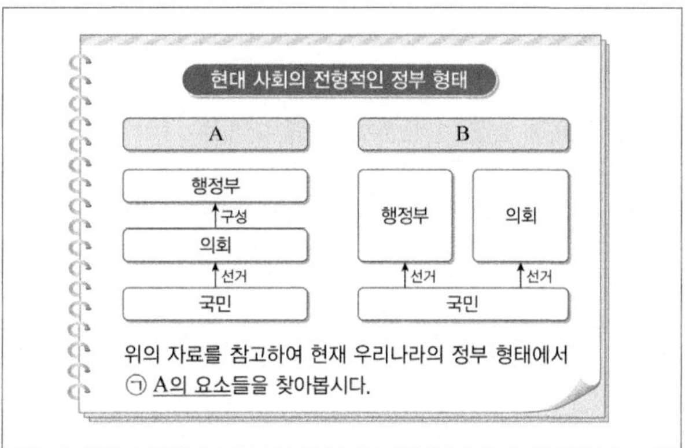

보기

ㄱ. 대통령의 법률안 거부권
ㄴ. 국회의원의 국무위원 겸직
ㄷ. 국회의 대통령에 대한 탄핵 소추권
ㄹ. 국회의 국무총리 및 국무위원 해임 건의권

① ㄱ, ㄴ ② ㄴ, ㄹ
③ ㄱ, ㄷ, ㄹ ④ ㄴ, ㄷ, ㄹ

해설 A는 국민의 선거로 의회가 구성되고 의회에서 내각을 구성하므로 의원 내각제이고, B는 국민의 선거를 통하여 직접 행정부의 수반과 의회를 구성하므로 대통령제이다. 우리나라는 대통령제는 기본으로 하면서 의원내각제 요소를 가미하고 있다.
ㄴ, ㄹ. 국회의원의 국무위원 겸직과 국회의 국무총리 및 국무위원 해임 건의권은 의원 내각제적 요소이지만 우리나라에서는 모두 시행하고 있는 것들이다.

오답피하기
ㄱ, ㄷ. 대통령의 법률안 거부권과 국회의 대통령에 대한 탄핵 소추권은 대통령제적 요소이다.

정답 ②

08 전형적인 정부 형태에 대한 내용을 옳지 않은 것은? 2013 지방직

① 행정부에 대한 입법부의 견제 수단은 대통령제의 경우 대통령의 행정부 인사에 대한 거부권이고, 의원 내각제의 경우 내각 불신임권이다.
② 의원 내각제에서 행정부의 수반과 각료는 의회 의원을 겸직할 수 있기 때문에 입법권과 행정권이 서로 융합되어 있다.
③ 대통령제에서 행정부의 수반은 법률안 제안권은 없지만, 법률안 거부권을 행사함으로써 입법부를 견제할 수 있다.
④ 의원 내각제는 입법부 의원의 임기가 법으로 정해져 있지 않다는 점에서 대통령제와 차이를 보인다.

해설 전형적인 정부형태로는 대통령제와 의원내각제가 있다.
④ 의원내각제의 경우에도 대통령제와 마찬가지로 임기가 법으로 정해져 있다. 그러나 내각불신임과 의회해산을 통해서 총선거를 다시하게 되므로 실제로는 그 임기가 보장되지는 않는다.

오답피하기
① 대통령제에서 의회는 대통령의 행정부 인사에 대해서 동의를 해주지 않으므로 견제할 수 있고, 의원 내각제의 경우 내각 불신임권을 행사하여 정부를 견제할 수 있다.
② 의원내각제는 의원과 각료를 겸직할 수 있어서 권력 융합적 정부형태라고 한다.
③ 행정부의 법률안 제안권은 의원내각제적 요소이다. 그러나 대통령의 법률안 거부원은 대통령제적 요소이다. 대통령제를 기본으로 하면서 의원내각제적 요소를 가미하고 있는 우리나라는 행정부의 법률안 제안권과 대통령의 법률안 거부권을 모두 보장하고 있다.

정답 ④

09 다음 그림은 전형적인 두 가지 정부 형태인 A, B를 나타낸 것이다. A와 B의 일반적인 특징에 대한 설명으로 가장 적절하지 않은 것은? 2018 경찰직 1차

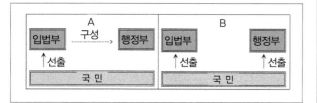

A	B
입법부 --구성--> 행정부 ↑선출 국 민	입법부 행정부 ↑선출 ↑선출 국 민

① A의 정부 형태는 입법부와 행정부가 하나로 융합된 일원적 정부형태이다.
② A의 정부 형태에서 의원은 각료를 겸직할 수 있다.
③ B의 정부 형태에서 행정부 수반은 의회를 해산하여 다수파의 횡포를 견제할 수 있다.
④ B의 정부 형태에서 행정부 수반은 법률안 거부권을 갖는다.

해설 국민이 입법부(의회)를 구성하고 의회에서 선출된 행정부 수반인 수상이 내각을 구성하는 (가)는 의원 내각제에 해당하고, 행정부 수반인 대통령과 국회의원이 모두 국민에 의해 선출되는 (나)는 대통령제의 정부형태임을 알 수 있다.
③ 대통령제에서 행정부 수반인 대통령은 의회해산권이 없다. 대통령제에서 다수파의 횡포는 대통령이 법률안 거부권을 행사함으로써 할 수 있다.

오답피하기
① 의원 내각제는 국민이 의회 의원을 선출하고 의회 다수당을 중심으로 수상을 선출하고 그 수상을 중심으로 행정부를 구성하므로 입법부와 행정부가 융합된 정부 형태이다.
② 의회 의원이 내각의 각료를 겸직할 수 있는 것은 의원내각제의 특징이다.
④ 법률안 거부권은 대통령제적 요소이며, 이는 의회 다수당의 횡포를 견제하고 졸속입법을 방지할 수 있다.

정답 ③

10 다음 표는 전형적인 정부 형태를 분류한 것이다. 이에 대한 설명으로 가장 적절하지 않은 것은? 2017 경찰직 2차

甲국	乙국
국민에 의해 선출된 행정부 수반이 정치 권력의 정당성을 부여받아 실권을 갖고 행정부를 구성한다.	의회 내 다수당이 내각을 구성하고 의회에서 선출된 행정부 수반이 정치적 실권을 장악한다.

① 甲국은 乙국과는 달리 행정부가 의회 해산권을 갖는다.
② 甲국은 乙국과는 달리 행정부 수반의 임기가 보장되어 정책의 계속성 확보가 용이하다.
③ 乙국은 甲국과는 달리 권력의 분리보다 융합에 중점을 두고 있다.
④ 乙국은 甲국과는 달리 의회가 내각에 대하여 불신임을 결의할 수 있다.

해설 甲국은 국민에 의해 행정부 수반이 선출된다고 하였으므로 '대통령제'의 정부 형태이고, 乙은 의회 다수당이 내각을 구성하고 의회에서 선출된 행정부 수반이 정치적 실권을 장악한다고 하였으므로 '의워 내각제'의 정부형태이다.
① 행정부의 의회 해산권은 대통령제와 달리 의원내각제에서만 인정되는 것이다.

오답피하기
② 의원내각제의 총리(수상)의 경우 임기는 있으나 그 보장은 되지 않으나, 대통령제의 행정부 수반인 대통령의 임기는 보장되므로 정책의 계속성의 확보가 용이하다.
③ 대통령제는 견제와 균형의 원리에 충실한 권력 분립의 원리에 중점을 두지만, 의원 내각제는 권력 융합된 정부 형태이다.
④ 대통령제와 달리 의원 내각제에서는 의회가 내각에 대하여 불신임을 결의할 수 있다.

정답 ①

11 다음 ㉠, ㉡ 정부 형태의 일반적인 특징에 대한 설명으로 바르지 못한 것은? 2014 서울시

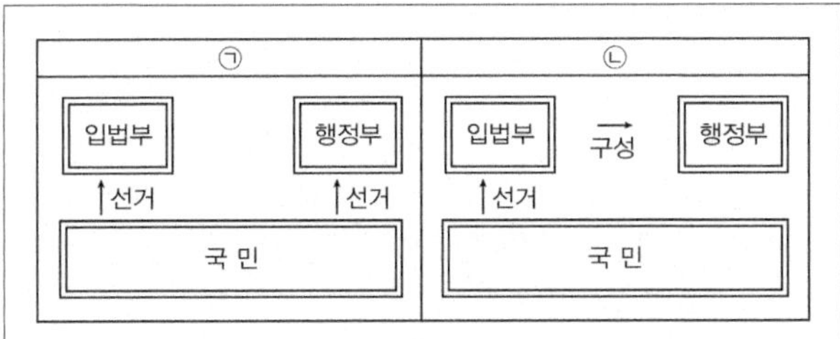

① ㉠과 ㉡의 모두에서 사법권의 독립이 철저하게 보장된다.
② ㉠에서 대통령은 의회가 제출한 법률안에 대해 거부권을 행사할 수 있다.
③ ㉡에서 의원이 내각을 겸할 수는 있지만, 내각은 법률안 제출권이 없다.
④ ㉠에서 의회는 대통령이 임명할 행정부 인사에 대한 동의, 거부 또는 탄핵 소추권을 가진다.
⑤ ㉡에서 의회는 내각에 대해서 불신임권을 행사할 수 있기 때문에 내각은 의회의 요구에 민감하다.

해설 ㉠은 국민의 선거에 의해 입법부와 행정부가 구성되므로 대통령제이고, ㉡은 국민의 국회의원 선거에 의해서 구성된 의회에 의해서 행정부가 구성되므로 의원내각제이다.
③ 의원내각제에서는 대통령제와는 달리 의원의 경우 각료를 겸직할 수 있으며, 내각에게 법률안 제출권이 인정된다.

오답피하기
① 대통령제와 의원내각제 모두 사법권의 독립은 철저하게 보장되고 있다. 이는 공통적인 것이다.
② 대통령제에서는 대통령이 의회 다수당의 견제를 위해 법률안 거부권을 행사할 수 있고, 이는 대통령제의 특징이다.
④ 대통령제에서는 의회의 경우 정부에 대한 견제수단으로 대통령이 임명할 행정부 인사에 대한 동의권과 탄핵소추권을 가진다.
⑤ 의원내각제는 의회가 내각 불신임권을 행사할 수 있기 때문에 내각은 의회의 요구에 민감할 수 밖에 없다.

정답 ③

12 다음은 영국과 미국의 정부 형태를 도식화한 것이다. (가)에 비해 (나)가 갖는 특징으로 옳은 것만을 〈보기〉에서 모두 고른 것은? 2014 사회복지직

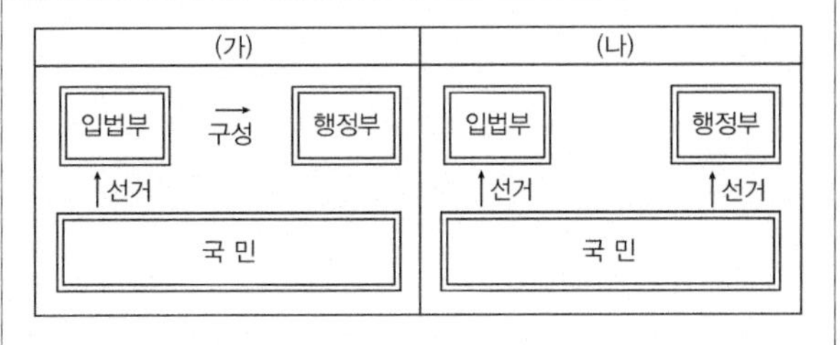

보기

ㄱ. 입법부와 행정부가 제도적으로 결합되어 있다.
ㄴ. 행정부는 의회를 해산하여 의회 다수파를 견제할 수 있다.
ㄷ. 입법부는 행정부 수반이 거부한 법률안을 재의결할 수 있다.
ㄹ. 행정부 수반은 탄핵 등 특별한 경우를 제외하면 임기가 보장된다.

① ㄱ, ㄴ　② ㄱ, ㄹ
③ ㄴ, ㄷ　④ ㄷ, ㄹ

해설 (가)는 의원내각제, (나)는 대통령제이다.
ㄷ. 대통령의 법률안 거부권은 대통령제적 요소이며, 의회다수파를 정부가 견제할 수 있는 수단이다. 행정부 수반이 거부한 법률안에 대해서는 의회는 재의결할 수 있으며, 재의결된 법률안은 확정되며 행정부 수반이 더 이상 거부할 수 없다.
ㄹ. 대통령은 탄핵 등의 특별한 경우를 제외하고는 임기가 보장되므로 의원내각제에 비해 정국이 안정될 수 있다.

오답피하기
ㄱ. 입법부와 행정부가 제도적으로 결합되어 있는 정부형태는 의원내각제이다.
ㄴ. 행정부가 의회를 해산할 수 있는 정부형태는 의원내각제이다.

정답 ④

13 다음 A와 B는 전형적인 대통령 중심제와 의원 내각제이다. (가)와 (나)에 들어갈 내용으로 적절한 것은? 2014 지방직

정부형태 / 구 분	A	B
장 점	대통령 임기의 보장으로 정책이 지속되고 정국이 안정될 수 있음	(가)
단 점	(나)	의회와 행정부를 장악한 다수당의 횡포가 나타날 수 있음

① (가) 의회 다수파의 내각 구성으로 의회와 내각 간 협조 용이
(나) 의회와 행정부 간 대립 시 해결 곤란
② (가) 정치적 책임과 국민적 요구에 민감
(나) 군소 정당 난립 시 정국이 불안해질 가능성 있음
③ (가) 법률안 거부권 행사로 의회 다수파의 횡포 견제 가능
(나) 대통령에게 권한이 집중되어 독재 정치 출현의 우려가 있음
④ (가) 정치적 책임과 국민적 요구에 민감
(나) 의회와 행정부 간 대립 시 해결 용이

해설 A는 대통령제, B는 의원내각제이다. 대통령제와 의원내각제의 특징 비교에 대한 정확한 숙지가 필요하다.
① 의원내각제는 의회 다수파의 내각 구성으로 의회와 내각 간 협조가 용이하다는 장점이 있고, 대통령제의 경우 의회와 행정부 간에 대립이 발생하면 그것을 해결한 기관이 없다는 단점이 있다.

오답피하기
② 의원내각제의 경우 의회해산과 내각불신임권 등으로 정치적 책임과 국민적 요구에 민감하다는 장점이 있으나, 군소 정당 난립 시 정국이 불안정해진다는 단점이 있다.
③ 법률안 거부권 행사로 의회 다수파의 횡포를 견제할 수 있는 것은 대통령제의 장점이고, 대통령에게 권한이 집중되어 독재 정치 출현의 우려가 있는 것은 대통령제의 단점이다.
④ 의원내각제의 경우 의회해산과 내각불신임권 등으로 정치적 책임과 국민적 요구에 민감하다는 장점이 있다. 또한, 의회와 행정부 간 대립 시 해결이 용이한 것은 의원내각제의 장점이다.

정답 ①

14 〈보기〉의 (가), (나)에 대한 설명으로 가장 옳은 것은? (단, (가), (나)는 전형적인 대통령제와 의원내각제 중 하나인 정부 형태이다.) 2018 서울시

보기

모든 국가에는 대외적으로 국가를 대표하는 사람이 있다. 그런데 정부 형태에 따라 국가를 대표하는 사람에게 상징적인 권위만을 부여하기도 하고, 실질적인 통치권을 함께 부여하기도 한다. 현대 정부 형태에서 전형적인 정부 형태인 (가)는 이 두 가지가 한 사람에게 집중되어 있으나, (나)는 그렇지 않다.

① (가)는 로크의 2권 분립을 바탕으로 한다.
② (가)에서 행정부 수반의 임기는 예외적이고 특별한 경우를 제외하면 엄격하게 보장된다.
③ (나)에서 행정부 수반은 의회에 대해 정치적 책임을 지지 않는다.
④ 영국과 일본은 (가), 대한민국과 미국은 (나)를 채택하고 있다.

해설 (가)의 경우 상징적인 권한과 실질적인 통치권을 모두 부여하였다고 하였으므로 대통령제에 해당하고, (나)의 경우 상징적인 권한만을 부여한다고 하였으므로 의원내각제에 해당한다. 전자의 경우 대한민국과 미국을 생각해보면 대통령이 국가 원수이자 행정부 수반으로서의 지위를 동시에 지니고 있음을 통해 확인할 수 있으며, 후자의 경우 영국이나 일본에서 실질적인 통치권을 행사하는 총리와 상징적원 권위만을 부여받은 국왕이 별도로 존재함을 통해 확인할 수 있다.
② 대통령제의 특징 중의 하나는 탄핵 등의 예외적인 경우를 제외하고는 행정부 수반의 임기가 엄격하게 보장된다는 것이다. 이를 통해 임기 동안 안정적인 국정 수행을 가능하다는 장점이 있지만, 국민의 요구에 부응하지 못할 수도 있다는 문제점이 있다.

오답피하기
① 로크의 2권 분립론은 의회 우위의 영국 의원내각제에 영향을 준 것이고, 몽테스키외의 3권 분립론은 견제와 균형을 중시하는 대통령제에 영향을 준 사상이다..
③ 국민에 대하여 정치적 책임을 지는 대통령제와 달리 행정부 수반이 의회에서 선출되는 의원내각제에서는 의회에 대하여 정치적 책임을 진다.
④ 영국과 일본은 의원내각제, 대한민국과 미국은 대통령제를 채택하고 있다.

정답 ②

15 갑과 을의 대화에서 을이 자신의 주장을 뒷받침하기 위해 제시할 수 있는 내용은? 2013 국가직

갑 현재 우리나라 정부 형태는 미국식 대통령제에 가까워. 을 그렇기는 하지만, 의원 내각제 요소도 가미되어 있어.

① 독립적인 헌법재판기관으로 헌법재판소가 있다.
② 의회가 고위공직자에 대한 탄핵소추권을 갖고 있다.
③ 행정부의 최고 심의기관으로 국무회의를 두고 있다.
④ 대통령이 의회에서 이송된 법률안에 대한 거부권을 갖고 있다.

해설 우리나라는 대통령제를 기본으로 하면서 의원내각제적 요소를 도입한 정부형태를 취한다. 우리 나라에서 채택하고 있는 의원내각제적 요소를 잘 파악하고 있어야 한다.

우리나라의 의원 내각제적 요소 • 국무총리와 국무회의를 두고 있음 • 행정부가 법률안을 제출할 수 있음 • 국회의원이 국무위원을 겸직할 수 있음 • 국회가 국무총리와 국무위원에 대한 해임 건의를 할 수 있음 • 대통령이 임시 국회 소집을 요구할 수 있음. 〈주의〉 의원내각제적 요소가 아닌 것 – 법률안 거부권, 법률안 공포권, 탄핵심판제도

③ 국무총리나 국무회의는 의원내각제적 요소이다.

오답피하기

① 헌법재판소의 설치는 대통령제나 의원내각제 모두에 존재하므로 정부 형태의 구분과는 관련이 없다고 할 수 있다.
② 탄핵 소추권은 대통령제적 요소이다.
④ 대통령의 법률안 거부권은 대통령제적 요소이다.

정답 ③

16 다음 글에 나타난 정부 형태 A, B에 대한 설명으로 옳은 것은? (단, A와 B는 각각 전형적인 대통령제와 의원 내각제 중 하나이다) 2021 국회직

A에서는 B와 달리 행정부 수반이 국민의 선거로 직접 선출된다는 특징을 가진다. 이처럼 A와 B는 ㉠ 차이점을 가지지만, ㉡ 공통점을 가지기도 한다.

① A에서 국가 원수와 행정부 수반은 이원화되어 있다.
② B에서 내각은 내각 불신임권을 통해 의회를 견제할 수 있다.
③ A는 B와 달리 신속하고 효율적으로 국정을 운영할 수 있다.
④ ㉠에 'B의 내각은 의회 해산권을 가진다.'가 들어갈 수 있다.
⑤ ㉡에 'A와 B의 행정부 수반은 법률안 거부권을 가진다.'가 들어갈 수 있다.

출제 단원 및 영역 정치와 법 2단원 정부 형태

해설 A는 대통령제, B는 의원 내각제이다.

④ 대통령제는 내각이 의회 해산권을 가지지 않지만, 의원 내각제는 가지므로 두 정부 형태의 차이점으로 볼 수 있다.

오답피하기

① 국가 원수와 행정부 수반은 이원화되어 있는 정부 형태는 의원 내각제이다.
② 의원 내각제에서 내각은 내각 불신임권이 아니라 의회 해산권을 통해 의회를 견제할 수 있다. 즉, 내각은 의회 해산권, 의회는 내각 불신임권을 통해 서로 견제한다.
③ 신속하고 효율적으로 국정을 운영할 수 있는 정부 형태는 의원 내각제이다. 입법부와 행정부의 긴밀한 협조로 신속하고 능률적인 국정 처리가 가능하기 때문이다.
⑤ 행정부 수반의 법률안 거부권은 대통령제적 요소이다.

정답 ④

17 〈보기 1〉에 나타난 전형적인 정부 형태에 대한 옳은 설명을 〈보기 2〉에서 모두 고른 것은?

2020 서울시(보훈청)

보기1

법률안의 제출은 의회 의원만이 할 수 있다. 행정부가 반드시 필요한 법률이 있다고 하더라도 행정부는 법률안을 제출할 수 없기 때문에 보통 여당 의원들을 통하여 법률안을 의회에 제출한다. 다만, 행정부의 수반은 의회에서 가결된 법률안에 대해서 거부권을 행사할 수 있다.

보기2

ㄱ. 견제와 균형의 원리에 충실하다.
ㄴ. 내각은 의회에 대해 연대 책임을 진다.
ㄷ. 대통령과 의회 의원의 선거가 각각 실시된다.
ㄹ. 국가 원수와 행정부 수반이 이원화되어 있다.

① ㄱ, ㄷ ② ㄴ, ㄷ
③ ㄴ, ㄹ ④ ㄷ, ㄹ

해설 〈보기 1〉의 정부 형태는 대통령제이다.
ㄱ. 대통령제는 몽테스키외의 3권 분립론을 전제로 견제와 균형의 원리에 충실한 정부 형태이다.
ㄷ. 대통령제의 경우 대통령과 의회 의원의 선거가 각각 실시된다.

오답피하기
ㄴ, ㄹ. 의원 내각제에 해당한다.

정답 ①

18 그림 (가), (나)는 전형적인 정부 형태를 나타낸 것이다. 이에 대한 설명으로 옳은 것은? (단, (가), (나)는 각각 대통령제와 의원 내각제 중 하나이다.)

2020 소방직

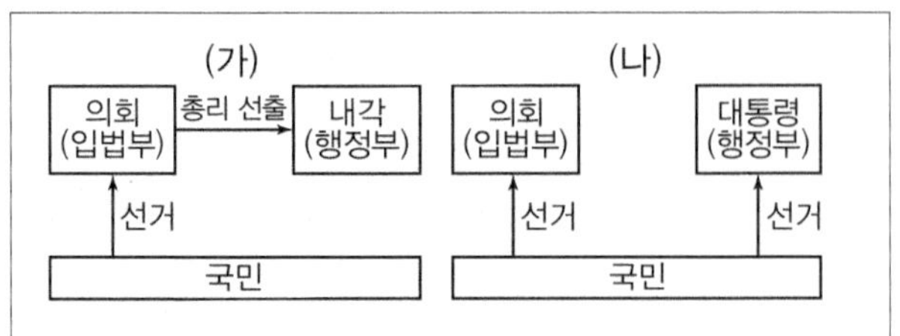

① (가)와 달리 (나)에서는 여소야대 현상이 나타날 수 없다.
② (나)와 달리 (가)에서는 행정부 수반이 법률안 거부권을 가진다.
③ (나)의 대통령과 달리 (가)의 내각은 법률안 제출권을 가진다.
④ (가), (나) 모두 행정부가 의회 해산권을 가진다.

해설 (가)는 의원 내각제, (나)는 대통령제이다.
③ 의원 내각제에서는 내각이 법률안 제출권을 가지지만, 대통령제에서 대통령을 포함한 정부에는 법률안 제출권이 없다.

오답피하기
① 여소야대가 나타날 수 없는 것은 (가)이다. 대통령제는 의원 선거를 대통령 선거와 별도로 하기 때문에 여대야소와 여소야대가 모두 나타날 수 있다.
② 행정부 수반이 법률안 거부권을 가지는 것은 대통령제이다.
④ 행정부의 의회 해산권은 의원 내각제에서만 인정된다.

정답 ③

우리나라 정부 형태의 특징

01 다음 헌법 조항들을 통해 알 수 있는 우리나라 정부 형태의 특징으로 가장 적절한 것은? 2016 경찰직 2차

> 제52조 국회의원과 정부는 법률안을 제출할 수 있다.
> 제53조 ② 법률안에 이의가 있을 때에는 대통령은 제1항의 기간 내에 이의서를 붙여 국회로 환부하고, 그 재의를 요구할 수 있다. 국회의 폐회 중에도 또한 같다.
> 제61조 ① 국회는 국정을 감사하거나 특정한 사안에 대하여 조사할 수 있으며, 이에 필요한 서류의 제출 또는 증인의 출석과 증언이나 의견의 진술을 요구할 수 있다.
> 제63조 ① 국회는 국무총리 또는 국무 위원의 해임을 대통령에게 건의할 수 있다.
> 제67조 ① 대통령은 국민의 보통·평등·직접·비밀선거에 의하여 선출된다.
> 제86조 ① 국무총리는 국회의 동의를 얻어 대통령이 임명한다.

① 전형적 대통령제를 채택하고 있다.
② 대통령제를 근간으로 하지만 내각제적 요소를 가미하고 있다.
③ 행정권이 행정부와 의회에 분산되어 있다.
④ 국무총리가 국정 운영의 실질적 권한을 가지고 있다.

해설 ② 대통령제적 요소인 조문 – 헌법 제53조(법률안 거부권), 제 67조(대통령 선거)
의원내각제적 요소인 조문 – 제 52조(정부의 법률안 제출권), 제 63조(국무총리 및 국무 위원의 해임 건의권), 제 86조(국무총리 제도)
국정감사권은 한국 헌법에 특유한 것이며, 국정조사권은 의원내각제적 국가인 영국에서 기원하였고 일본에서도 실시하고 있다. 미연방헌법에서는 국정조사권에 관한 명문의 규정은 없으나 학설과 판례를 통하여 보조적 권한으로 인정되어왔다.
이를 통해 우리나라의 정부 형태는 대통령제를 근간으로 하면서 내각제적 요소를 가미하고 있음을 알 수 있다.

정답 ②

02 우리나라 대통령제에서 나타나는 의원내각제의 특징으로 볼 수 없는 것은? 2018 국가직 변형

① 행정부 최고의 심의기관으로 국무회의를 두고 있다.
② 정부는 법률안을 제출할 수 있다.
③ 대통령이 직무 집행을 함에 있어서 헌법이나 법류에 위배한 경우에는 탄핵소추될 수 있다.
④ 국회가 국무위원에 대한 해임을 건의할 수 있다.

해설 ③ 대통령의 법률안 거부권, 법률안 공포권, 탄핵 심판은 대통령제적 요소이다.

정답 ③

03 다음 甲과 乙의 대화에서 乙이 자신의 주장을 뒷받침하기 위해 제시할 수 있는 가장 적합한 내용은? 2016 해양경찰

> 甲 현재 우리나라 정부 형태는 미국식 대통령제에 가까워.
> 乙 그렇기는 하지만, 의원내각제 요소도 가미되어 있어.

① 독립적인 헌법재판기관으로 헌법재판소가 있다.
② 의회가 고위공직자에 대한 탄핵소추권을 갖고 있다.
③ 행정부의 최고 심의기관으로 국무회의를 두고 있다.
④ 대통령이 의회에서 이송된 법률안에 대한 거부권을 갖고 있다.

해설 ③ 국무회의 제도는 의원내각제적 요소로서 우리나라에서 인정하고 있다.

오답피하기
① 헌법재판기관의 여부는 정부형태와 관련이 없다.
②, ④ 탄핵소추권과 대통령의 법률안 거부권은 대통령제적 요소이다.

정답 ③

04 우리나라 대통령제에서 나타나는 의원내각제적 요소에 대한 설명으로 가장 적절하지 않은 것은?

2020 경찰직 1차

① 국회는 대통령 및 국무위원 등에 대하여 탄핵소추를 의결할 수 있다.
② 국회는 국무총리 또는 국무위원의 해임을 대통령에게 건의할 수 있다.
③ 국회의 임시회는 대통령 또는 국회 재적의원 4분의 1 이상의 요구에 의하여 집회된다.
④ 국무총리는 대통령을 보좌하며, 행정에 관하여 대통령의 명을 받아 행정 각부를 통할한다.

출제 단원 및 영역 법과정치 2단원 정부형태

해설
① 탄핵소추는 미국에서도 인정되는 대통령제적 요소이다.

대통령제적 요소인 것
법률안 공포권, 법률안 거부권, 탄핵소추권

오답피하기
②, ③, ④ 모두 우리나라에서 인정하고 있는 의원 내각제적 요소이다.

우리나라에서 나타나는 의원내각제적 요소인 것
• 국무총리와 국무회의를 두고 있음 • 행정부)가법률안을 제출할 수 있음 • 국회의원이 국무위원을 겸직할 수 있음 • 국회가 국무총리와 국무위원에 대한 해임 건의를 할 수 있음 • 국무충리와 국무 위원 등의 국회 출석 발언권) 있음 • 대통령의 국회 출석 및 의사 표시권이 있음. • 대통령이 임시 국회 소집을 요구할 수 있음.

의원 내각제적 요소를 규정하고 있는 헌법 조항
제47조 ① 국회의 임시회는 대통령 또는 국회 재적의원 4분의 1 이상의 요구에 의하여 집회된다. 제52조 국회의원과 정부는 법률안을 제출할 수 있다. 제63조 ① 국회는 국무총리 또는 국무 위원의 해임을 대통령에게 건의할 수 있다. 제86조 ② 국무총리는 대통령을 보좌하며, 행정에 관하여 대통령의 명을 받아 행정 각부를 통할한다. 제88조 ① 국무회의는 정부의 권한에 속하는 중요한 정책을 심의한다.

정답 ①

05 우리나라 대통령제에서 나타나는 의원내각제의 특징으로 볼 수 없는 것은?

2018 국가직

① 행정 각부를 관장하는 국무총리를 두고 있다.
② 국회의원은 국무위원을 겸직할 수 있다.
③ 대통령은 국회에서 의결된 법률안의 공포를 거부할 수 있다.
④ 국회가 국무위원에 대한 해임을 건의할 수 있다.

해설 ③ 법률안 거부권은 대통령제적 요소이다.

오답피하기
①, ②, ④ 국무총리제, 국회의원의 국무위원 겸직, 해임 건의권은 모두 의원 내각제적 요소이다.

정답 ③

06 밑줄 친 '의원내각제적 요소'에 해당하는 것을 <보기>에서 고른 것은? 2021 지방직

> 일반적인 대통령제는 입법부, 사법부, 그리고 행정부 간의 뚜렷한 권력 분립에 기초하고 있다. 반면에 우리나라의 대통령제는 의원내각제적 요소와 함께 대통령의 권한을 강화한 권력 집중형 정치제도의 성격을 지닌다. 흔히 이를 한국형 대통령제라고도 부른다.

보기

ㄱ. 행정부는 법률안을 제출할 수 있다.
ㄴ. 대통령은 국회에 대하여 책임을 지지 않는다.
ㄷ. 국회는 국무총리 또는 국무위원의 해임을 건의할 수 있다.
ㄹ. 대통령은 국회에서 제출한 법률안에 대하여 거부권을 행사할 수 있다.

① ㄱ, ㄴ
② ㄱ, ㄷ
③ ㄴ, ㄹ
④ ㄷ, ㄹ

해설
ㄱ. 행정부가 법률안을 제출할 수 있는 것은 의원 내각제적 요소이다.
ㄷ. 탄핵 소추권은 대통령제적 요소, 해임 건의권은 의원 내각제적 요소이다. 또한 국무총리 역시 의원 내각제적 요소이다.

오답피하기
ㄴ. 대통령제에서는 대통령과 국회는 상호 독립적이므로 대통령은 국회에 대하여 책임을 지지 않는다.
ㄹ. 법률안 거부권은 대통령제적 요소이다.

정답 ②

헌법 개정사(우리나라 정부형태의 변경)

01 우리나라의 헌법 개정에 따른 정부 형태의 변화에 대한 설명으로 옳은 것은? 2014 국가직

① 1952년 1차 개헌에 의하여 대통령 직선제가 대통령 간선제로 전환되었다.
② 1962년 5차 개헌에 의하여 대통령 직선제가 채택되었다.
③ 1972년 7차 개헌에 의하여 대통령 3선이 처음으로 허용되었다.
④ 1987년 9차 개헌에 의하여 대통령 단임제로 개정되었고, 선거인단에 의한 간선제가 채택되었다.

해설 ② 1962년 5차 개헌 때 의원내각제에서 대통령 직선제가 채택되었다.

오답피하기
① 1952년 1차 개헌에 의하여 대통령 간선제에서 직선제로 전환되었다.
③ 1954년 2차 개헌 때에는 초대 대통령에 한해 3선 제한을 철폐하였고, 1969년 6차 개헌 때에는 대통령의 3선이 허용되었다.
④ 1987년 9차 개헌 때 대통령 직선제와 5년 단임제가 채택되었다. 이전의 8차 개헌 때에는 7년 단임제였지만 대통령 선거인단에 의한 간선제였다.

정답 ②

02 다음 (가)와 (나)는 우리나라 민주 정치 발전의 중요한 사건이다. 다음의 사건과 그에 따른 결과를 가장 적절하게 연결한 것은? 2018 경찰직 2차

(가) 자유당 정권이 이기붕을 부통령으로 당선시키기 위해 폭력배 동원, 투표권 강탈, 관권 개입 등 투표뿐만 아니라 개표를 조작하는 등의 행위를 하자, 이에 반발하여 부정 선거 무효와 재선거를 주장하며 학생들이 중심이 되어 일으킨 사건이다.
(나) 정부가 대통령 간선제를 규정한 기존의 헌법을 고수하겠다는 발표를 하자, 학생과 시민들은 대통령 직선제와 민주화를 위한 헌법 개정을 요구하면서 시위를 벌였다. 이에 집권층은 6·29 민주화 선언을 통하여 시민들의 요구를 수용하였다.

	(가)	(나)
①	제2공화국 출범	5년 단임 대통령 직선제
②	제3공화국 출범	4년 단임 대통령 간선제
③	제2공화국 출범	4년 중임 대통령 직선제
④	제3공화국 출범	5년 단임 대통령 직선제

해설 (가)는 3.15 부정선거에 대항하여 발생한 1960년 4.19 혁명에 대한 내용이고, (나)는 1967년 6월 항쟁에 대한 내용이다.
① 4.19 혁명 결과 이승만 정권은 무너지고 의원내각제를 정부 형태로 하는 제3차 개헌(1960년)이 이루어지고 제2공화국이 출범하게 된다. 또한 제8차 개헌 하에서 7년 단임제의 간선제로 뽑던 대통령 선거를 6월 항쟁에서 주장하던 직선제를 그 당시 집권당이 받아 들여 제9차 개헌이 이루어지고 그 결과 5년 단임의 대통령 직선제가 실시된다.

정답 ①

03 다음은 우리나라 헌법의 주요 개정 내용이다. ㉠~㉣ 개헌에 대한 설명으로 옳지 않은 것은? 2016 경찰직 1차

㉠ 초대 대통령에 한해 중임 제한 철폐
㉡ 대통령 국회 간선제 도입, 민의원과 참의원으로 국회 구성
㉢ 통일 주체 국민회의를 신설하여 대통령 간선제 시행
㉣ 대통령 직선제와 5년 단임제 도입

① ㉠은 건국헌법으로 초대 대통령의 장기 집권을 위한 근거가 되었다.
② ㉡으로 대통령은 국가의 원수로서 국가를 대표하는 권한만을 가졌다.
③ ㉢으로 입법부보다 대통령의 권한이 강화되는 신대통령제가 구축되었다.
④ ㉣은 ㉡보다 입법부와 행정부 간 권력 분립의 원리에 충실하다.

해설

㉠ 초대 대통령에 한해 중임 제한 철폐 – 2차 개헌 (1954)
㉡ 대통령 국회 간선제 도입, 민의원과 참의원으로 국회 구성 – 3, 4차 개헌 (1960)
㉢ 통일 주체 국민회의를 신설하여 대통령 간선제 시행 – 7차 개헌 (1972)
㉣ 대통령 직선제와 5년 단임제 도입 – 9차 개헌 (1987)

① ㉠은 건국 헌법이 아니라 2차 개헌의 내용이다. 초대 대통령에 한해 중임 제한이 철폐됨으로써 장기 집권을 위한 근거가 마련되었다.

오답피하기
② ㉡에 의해 우리나라는 의원 내각제를 받아들였고, 대통령(윤보선)은 국가의 원수로서 국가를 대표하는 권한만을 가졌고, 총리(장면)가 실질적인 행정권을 행사했다.
③ 통일 주체 국민회의를 신설하여 대통령 간선제를 시행한 것은 7차 개헌 헌법으로 유신헌법이라고도 한다. 신대통령제란 대통령이 입법부와 사법부보다 절대적으로 우월한 지위에 있어 어떠한 국가기관도 대통령의 헌법규정상 또는 사실상의 권력독점에 대항하거나 그 권력행사를 견제할 수 없는 정부형태이다. 실제로 유신헌법에서는 통일주체국민회의에서 국회의원의 1/3을 선출하였고, 국정감사권을 폐지하였으며, 대법원장을 비롯한 모든 법관을 대통령이 임명, 보직, 파면이 가능했다.
④ 입법부와 행정부 간 권력 분립의 원리에 충실한 정부형태는 의원 내각제(㉡)보다 대통령제(㉣)이다.

정답 ①

02 국가 기관

국회

01 대통령의 임명행위 중 국회의 동의가 필요한 것은?

2015 국가직

① 대법관 임명
② 법무부장관 임명
③ 국가정보원장 임명
④ 대법원장이 지명한 헌법재판관 임명

해설 대통령의 막강한 권한 행사에 대한 견제 수단으로 일정한 행위에 대해 국회의 동의를 얻도록 헌법에서 규정하고 있다. 이러한 국회의 동의는 대통령의 견제 수단이자 절차적 정당성과 민주적 정당성을 강화한다는 의미가 되기도 한다.

국회의 동의를 얻어 대통령이 임명하는 공무원(국/대/대/헌/감)
국무총리
대법원장
대법관
헌법재판소장
감사원장
〈주의〉 헌법재판관, 중앙선거관리위원장, 행정각부의 장관은 국회의 동의를 얻어 대통령이 임명하는 기관 X

① 대법관은 대법원장의 제청으로 국회의 동의를 얻어 대통령이 임명한다. (헌법 제 104조 제 2항) 대법원장 뿐만 아니라 대법관도 국회의 동의 사항이다.

오답피하기

② 행정각부의 장관은 국무총리의 제청으로 대통령이 임명한다(헌법 제94조)고만 되어 있을 뿐 국회의 동의 사항은 아니다. 다만 행정각부의 장은 국회 인사 청문회를 거치며, 인사청문회에 대한 국회의 견해는 구속력이 없다.
③ 국가 정보원장도 국회 인사청문회의 대상이기는 하지만 국회의 동의를 요하지는 않는다.
④ 대법원장이 지명하는 헌법재판관은 대통령이 임명하고 국회 인사청문회를 거치기는 하지만 국회의 동의를 요하는 것은 아니다.

정답 ①

02 국회 인사청문회의 청문대상 공직이 <u>아닌</u> 것은?

2020 지방직·서울시

① 대법원장
② 감사원 감사위원
③ 국무총리
④ 대법관

해설 헌법 시험에서나 나올만한 문제이지만, 국회의 임명 동의를 요하는 국가 기관을 알고 있다면 어렵지 않게 풀 수 있는 문제이다.
② 감사원장과 달리 감사위원은 인사청문회의 대상이 아니다. 감사위원은 감사원장의 제청으로 대통령이 임명한다.

인사 청문회 대상
(1) 인사청문특별위원회 대상 - 대법원장/헌법재판소장/국무총리/감사원장/대법관 - 국회에서 선출하는 헌법재판소 재판관 - 국회에서 선출하는 중앙선거관리위원회 위원
(2) 소관 상임 위원회의 인사청문회 대상 - 대통령이 임명하는 헌법재판소 재판관·중앙선거관리위원회 위원 - 국무위원·방송통신위원회 위원장/국가정보원장·공정거래위원회 위원장/금융위원회 위원장/국가인권위원회 위원장/국세청장/검찰총장/경찰청장/합동참모의장/한국은행 총재/특별감찰관·한국방송공사 사장 - 대법원장이 지명하는 헌법재판소 재판관/중앙선거관리위원회 위원

국회의 동의를 얻어 대통령이 임명하는 공무원(국/대/대/헌/감)
국무총리
대법원장
대법관
헌법재판소장
감사원장

오답피하기

①, ③, ④ 모두 인사청문 특별위원회에서 실시하는 인사 청문회의 대상이고, 국회의 임명 동의를 받아서 대통령이 임명하는 국가 기관이다.

정답 ②

03 다음 (가), (나)의 내용과 국회의 기능이 각각 옳게 짝지어진 것은? 2015 국가직

(가) ○○년 ○월 ○일 국회에서는 국무총리 임명동의안을 통과시켰다.
(나) ○○년 ○월 국회 대정부질문은 6일 정치, 10일 외교·통일·안보, 11일 경제, 12일 교육·사회·문화 등 분야별로 진행된다.

	(가)	(나)
①	국가 기관 구성 기능	국정 감시 통제 기능
②	국정 감시 통제 기능	입법 기능
③	입법 기능	재정 기능
④	재정 기능	국가 기관 구성 기능

해설 국회의 권한에 대한 내용을 정리할 필요가 있다.

기 능	권 한
입법에 관한 권한	헌법 개정안 제출·의결권, 법률안 제정·개정권, 조약의 체결 비준에 관한 동의권, 국회 규칙 제정권
국가 기관 구성에 관한 권한	국무총리·대법원장·감사원장·대법관·헌법재판소장 임명 동의권, 헌법재판관(3인), 중앙선거관리 위원회 위원(3인) 선출권
재정에 관한 권한	예산안 심의·확정권, 예산 결산 심사권, 국채모집과 예산 외의 국가 부담이 될 계약 체결에 대한 동의권, 예비비 설치 동의권 및 그 지출에 관한 승인권
국정 감시 및 통제에 관한 권한	국정감사 및 조사권, 국무총리 및 국무위원에 대한 국회 출석 요구 및 질의권, 대통령의 각종 권한 행사에 대한 동의 및 승인권, 국무총리 및 국무위원에 대한 해임 건의권, 탄핵 소추권(탄핵 심판권 X), 계엄 해제 요구권

① 국무총리 임명 동의안은 국가 기관 구성에 관한 권한에 해당하며, 국회 대정부 질문은 국정 감시 및 통제에 관한 권한에 해당한다.

정답 ①

04 국회의 권한에 대한 설명으로 옳은 것은? 2020 국가직

① 국회는 헌법 또는 법률에 특별한 규정이 없는 한 재적의원 3분의 1 이상의 출석과 출석의원 과반수의 찬성으로 의결한다.
② 국회는 국가 기관 구성과 관련하여 헌법재판소장 임명권 및 중앙선거관리위원회 위원장 선출권을 가진다.
③ 국회는 정부의 동의 없이 정부가 제출한 지출예산 각 항의 금액을 증가하거나 새 비목을 설치할 수 있다.
④ 국회는 국정을 감사하거나 특정한 국정사안에 대하여 조사할 수 있으며, 이에 필요한 서류의 제출 또는 증인의 출석과 증언이나 의견의 진술을 요구할 수 있다.

출제 단원 및 영역 법과정치 3단원 국회의 권한

해설 ④ 현재 우리나라에서는 정기적으로 국정 전반에 대하여 감사하는 국정감사와 특정사안에 대하여 필요할 때 실시하는 국정조사가 모두 인정된다.

헌법 제61조 ①국회는 국정을 감사하거나 특정한 국정사안에 대하여 조사할 수 있으며, 이에 필요한 서류의 제출 또는 증인의 출석과 증언이나 의견의 진술을 요구할 수 있다.

오답피하기

① 일반의결정족수는 재직의원 과반수 출석과 출석의원 과반수의 찬성을 요한다.

헌법 제49조 국회는 헌법 또는 법률에 특별한 규정이 없는 한 재적의원 과반수의 출석과 출석의원 과반수의 찬성으로 의결한다. 가부동수인 때에는 부결된 것으로 본다.

② 헌법재판소장은 헌법 재판관 중에서 국회의 동의를 얻어 대통령이 임명하고, 중앙선거관리위원회 위원장은 위원 중에서 호선(互選)한다.

헌법 제111조 ④**헌법재판소의 장**은 국회의 동의를 얻어 재판관중에서 대통령이 임명한다.
제114조 ②중앙선거관리위원회는 대통령이 임명하는 3인, 국회에서 선출하는 3인과 대법원장이 지명하는 3인의 위원으로 구성한다. **위원장**은 위원중에서 호선한다.

③ 국회는 예산에 대해서 삭감하거나 폐지할 수 있는 소극적 수정권을 가지는 것이 원칙이고, 예산을 증액하거나 새 비목을 설치하기 위해서는 정부의 동의를 얻어야 한다.

헌법 제57조 국회는 정부의 동의없이 정부가 제출한 지출예산 각항의 금액을 증가하거나 새 비목을 설치할 수 없다.

정답 ④

05 우리나라 국회에 대한 설명으로 옳지 않은 것은?

2015 사회복지직

① 국회의원의 수는 법률로 정하되, 200인 이상으로 한다.

② 국회는 대통령의 일반사면에 대한 동의권을 갖지만, 특별사면에 대하여는 동의권을 갖지 않는다.

③ 국회는 의사결정의 효율화를 위하여 위원회제도와 교섭단체 제도를 두고 있다.

④ 국회의 임시회는 대통령의 요구로 집회되지 않지만, 국회 재적의원 4분의 1 이상의 요구로는 집회된다.

해설 국회의 권한과 관련하여 헌법 조문을 꼼꼼히 정리해 둘 필요가 있다.

④ 국회의 임시회는 국회 재적의원 4분의 1이상의 요구나 대통령의 요구로 집회될 수 있다.

> 헌법 제 47조 ① 국회의 정기회는 법률이 정하는 바에 의하여 매년 1회 집회되며, 국회의 임시회는 대통령 또는 국회재적의원 4분의 1 이상의 요구에 의하여 집회된다.

오답피하기

① 헌법에서는 명문으로 국회의원의 수를 200인 이상으로 정하고 있으며, 법률에서 300인으로 정하고 있어서 현재 대한민국 국회의원의 수는 300명(지역구 253석, 비례대표 47석)이다. 국회의원의 수를 100명으로 줄이기 위해서는 법률의 개정만으로는 위헌이 되므로, 반드시 헌법을 개정해야 한다.

> 헌법 제 41조 ① 국회는 국민의 보통・평등・직접・비밀선거에 의하여 선출된 국회의원으로 구성한다.
> ② 국회의원의 수는 법률로 정하되, 200인 이상으로 한다.
> ③ 국회의원의 선거구와 비례대표제 기타 선거에 관한 사항은 법률로 정한다.

② 일반사면이라 함은 범죄의 종류를 지정하여 이에 해당하는 모든 범죄인에 대해서 형의 선고의 효과를 전부 소멸시키거나 또는 형의 선고를 받지 아니한 자에 대한 공소권을 소멸시키는 것이다. 이에 대하여 특별사면은 이미 형의 선고를 받은 특정인에 대하여 형의 집행을 면제하여 주는 것을 말한다. 즉 일반 사면은 범죄의 종류를 지정하여 하는 것임에 반하여, 특별 사면은 특정인에 대하여 사면하는 것이다. 일반사면을 하려면 국무회의의 심의를 거쳐 국회의 동의를 얻어야 한다.

> 헌법 제79조 ① 대통령은 법률이 정하는 바에 의하여 사면・감형 또는 복권을 명할 수 있다.
> ② 일반사면을 명하려면 국회의 동의를 얻어야 한다.
> ③ 사면・감형 및 복권에 관한 사항은 법률로 정한다.

③ 위원회 제도를 통해 국회 의사결정의 효율화와 전문성을 높일 수 있으며, 교섭단체 제도를 통해 국회 의사결정의 효율화를 꾀할 수 있다. 다만, 교섭단체의 경우 국회의 전문화와는 관련은 없다.

정답 ④

06 밑줄 친 ㉠~㉤에 대한 설명으로 옳은 것은?

2021 국회직

> 우리나라 국회는 ㉠ 국회의원으로 구성되며, 국회의 회의는 ㉡ 정기회와 임시회로 구분된다. 국회의 주요 기관으로는 의장, ㉢ 부의장, 각종 위원회, ㉣ 교섭단체 등이 있다. 또한 국회는 ㉤ 입법에 관한 권한, 국정 통제에 관한 권한 등을 가진다.

① ㉠의 임기는 4년 단임제에 해당한다.

② ㉡은 매년 1회 집회되며, 100일을 초과할 수 없다.

③ ㉢은 2인이며, 그 임기는 4년이다.

④ ㉣은 국회의원 10인 이상으로 구성된다.

⑤ ㉤의 예로 국정 조사권, 국무위원 해임 건의권을 들 수 있다.

출제 단원 및 영역 정치와 법 3단원 국회

해설

② 정기회는 매년 정기적으로 1회 열리며, 헌법 규정 상 100일을 초과할 수 없다.

> 헌법 제47조 ① 국회의 정기회는 법률이 정하는 바에 의하여 매년 1회 집회되며, 국회의 임시회는 대통령 또는 국회재적의원 4분의 1 이상의 요구에 의하여 집회된다.
> ② 정기회의 회기는 100일을, 임시회의 회기는 30일을 초과할 수 없다.

오답피하기

① 국회의원의 임기는 4년이고 중임 제한이 없다.

③ 국회 부의장은 2인으로 하며, 임기는 2년이다.

④ 교섭단체는 20인 이상의 의원으로 구성된다.

⑤ 국정 조사권, 국무위원 해임 건의권은 국정 통제에 관한 권한이다. 입법에 관한 권한으로 헌법 개정안 제출・의결권, 법률안 제정・개정권, 조약의 체결 비준에 관한 동의권, 국회 규칙 제정권을 들 수 있다.

정답 ②

07 우리나라 국회에 대한 설명으로 옳은 것은?

2021 국가직

① 국회는 의장 1인과 부의장 2인을 선출하고, 그 임기는 4년이다.

② 20인 이상의 소속 의원을 가진 정당만이 하나의 교섭단체를 구성할 수 있다.

③ 국회는 헌법개정안이 공고된 날로부터 60일 이내에 의결하여야 하며, 국회의 의결은 재적의원 3분의 2 이상의 찬성을 얻어야 한다.

④ 국회 회의의 원칙에 따라 한 회기 중에 의결되지 못한 법률안이나 의안은 다음 회기에 다시 심의하지 못한다.

해설

③ 헌법 개정 절차로서 옳은 내용이다.

오답피하기

① 국회는 의장 1인과 부의장 2인을 선출하는 것은 맞지만, 국회 의장과 부의장의 임기는 2년이다.

② 20인 미만의 소속 의원을 가진 정당도 서로 연합하여 하나의 교섭단체를 구성할 수 있다. 최근 평화 민주당과 민주 정의당이 하나의 교섭단체를 구성한 적이 있다.

④ 우리나라는 회기계속의 원칙을 채택하고 있기 때문에 국회 회의의 원칙에 따라 한 회기 중에 의결되지 못한 법률안이나 의안은 폐기되지 않고 다음 회기에 다시 심의할 수 있다.

정답 ③

헌법의 개정 / 법률의 제·개정

01 법률의 제정 및 개정 과정에 관한 설명으로 옳지 않은 것은?

2017 국가직

① 법률안 제출은 정부도 할 수 있다.

② 헌법 또는 법률에 특별한 규정이 없는 한 법률안은 국회 재적의원 과반수의 출석과 출석의원 과반수의 찬성으로 의결된다.

③ 국회에서 의결된 법률안에 이의가 있을 때, 대통령은 법률안이 정부로 이송된 날부터 15일 이내에 환부거부할 수 있다.

④ 환부거부된 법률안이 국회에서 재의결된 경우 대통령이 공포하는 즉시 법률로서 확정된다.

해설

④ 환부거부된 법률안을 국회에서 재의결하는 경우에는 대통령의 공포 시에 법률로서 확정되는 것이 아니라 재의결시에 법률로서 확정된다.

정답 ④

02 〈보기〉는 헌법 개정 절차이다. 밑줄 친 ㉠~㉣에 대한 설명으로 가장 옳은 것은? 2019 서울시

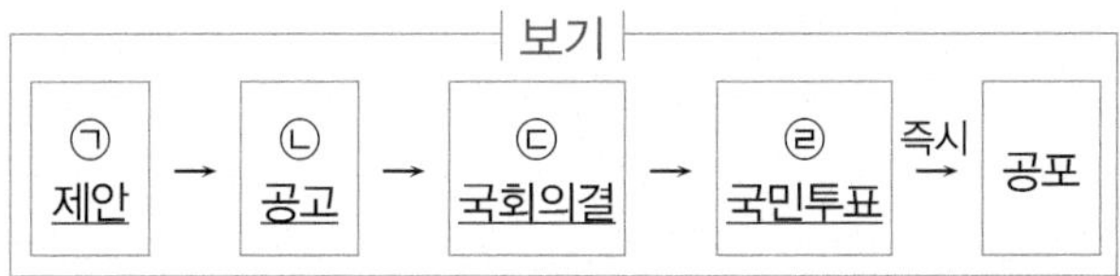

① 국회에서 ㉠을 하기 위해서는 국회재적의원 과반수의 찬성을 얻고, 국무회의 심의를 거쳐야 한다.
② ㉡은 20일 이상의 기간 동안 국회의장이 한다.
③ ㉢은 헌법개정안이 공고된 날로부터 90일 이내에 이루어져야 하며, 국회재적의원 2/3 이상의 찬성을 얻어야 한다.
④ ㉣은 헌법개정안을 국회가 의결한 후 30일 이내에 이루어져야 하며, 국회의원선거권자 과반수의 투표와 투표자 과반수의 찬성을 얻으면 헌법개정안은 확정된다.

출제 단원 및 영역 법과정치 3단원 헌법개정절차

해설 ④ 헌법개정안에 대하여 국회의 의결을 거친 후 30일 이내에 국민투표가 이루어져야 하며, 국민투표를 통하여 헌법 개정안이 확정된다.

> 제128조 ① 헌법개정은 국회재적의원 과반수 또는 대통령의 발의로 제안된다.
> ② 대통령의 임기연장 또는 중임변경을 위한 헌법개정은 그 헌법개정 제안 당시의 대통령에 대하여는 효력이 없다.
> 제129조 제안된 헌법개정안은 대통령이 20일 이상의 기간 이를 공고하여야 한다.
> 제130조 ① 국회는 헌법개정안이 공고된 날로부터 60일 이내에 의결하여야 하며, 국회의 의결은 재적의원 3분의 2 이상의 찬성을 얻어야 한다.
> ② 헌법개정안은 국회가 의결한 후 30일 이내에 국민투표에 붙여 국회의원선거권자 과반수의 투표와 투표자 과반수의 찬성을 얻어야 한다.
> ③ 헌법개정안이 제2항의 찬성을 얻은 때에는 헌법개정은 확정되며, 대통령은 즉시 이를 공포하여야 한다.

오답피하기
① 대통령의 발의로 헌법개정안을 제안할 경우 국무회의 심의대상이 되며, 국회에서 제안할 경우에는 국무회의 심의 대상이 아니다.
② 헌법개정안은 대통령이 20일 이상 공고한다.
③ 국회의결은 헌법이 공고된 날로부터 60일 이내에 이루어져야하며, 국회의 의결은 재적의원 3분의 2 이상의 찬성을 얻어야 한다.

정답 ④

03 다음 그림은 우리나라 예산의 편성 및 집행 절차를 나타낸 순서도이다. 이에 대한 설명으로 옳지 않은 것은? 2014 서울시

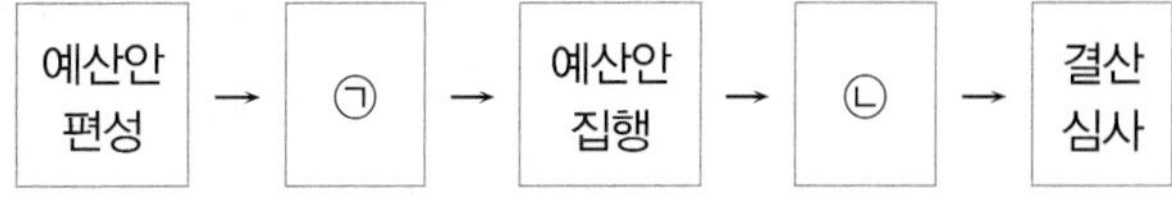

① 예산안의 편성은 정부가 한다.
② ㉠은 국회에서, ㉡은 감사원에서 행한다.
③ ㉠은 예산안을 심의·의결하여 확정하는 단계이다.
④ 예산은 회계 연도가 시작되면 국회에서 ㉠을 행한다.
⑤ 1월1일~12월31일까지 1년 단위로 예산을 편성한다.

해설 예산안의 편성은 정부의 고유한 권한이고, 예산안의 심의 의결은 국회에서 한다. 그리고 예산안을 집행한 후 그 결산은 감사원이 하며, 그러한 감사원의 결산에 대한 심사는 국회에서 예산안의 심의 절차와 동일하게 한다. 따라서 ㉠의 경우 예산안을 심의 의결하는 곳으로 '국회'가 되며, ㉡의 경우 예산안을 결산하는 곳으로 '감사원'이 된다.
④ 예산안은 정부가 회계연도 개시 90일 전까지 국회에 제출해야 하고 회계연도 개시 30일 전까지 국회에서 심의 의결해야 한다.

오답피하기
① 예산안 편성권은 정부에 있다.
② ㉠의 경우 예산안을 심의 의결하는 곳으로 '국회'가 되며, ㉡의 경우 예산안을 결산하는 곳으로 '감사원'이 된다.
③ 국회는 예산안을 심의·의결하여 확정하는 곳이다.
⑤ 예산안에 대한 회계연도는 매년 1월1일에 시작하여 12월 31일에 종료하고 1년 단위로 편성한다.

정답 ④

04 **법률의 제정 및 개정 과정에 관한 설명으로 가장 적절하지 않은 것은?** 2019 경찰직 1차

① 정부, 국회 상임 위원회는 법률안을 제출할 수 있다.
② 국회에서 의결된 법률안에 대해 이의가 있을 때, 대통령은 법률안이 정부로 이송된 날부터 20일 이내에 국회로 다시 환부하는 형식으로 법률안 거부권을 행사(환부거부)할 수 있다.
③ 법률안은 헌법 또는 법률에 특별한 규정이 없는 한 국회 재적 의원 과반수의 출석과 출석의원 과반수의 찬성으로 의결된다. 가부동수인 때에는 부결된 것으로 본다.
④ 대통령의 재의 요구가 있을 때에는 국회는 재의에 붙이고, 재적의원 과반수의 출석과 출석의원 3분의 2 이상의 찬성으로 전과 같은 의결을 하면 그 법률안은 법률로서 확정된다.

출제 단원 및 영역 법과정치 3단원 법률의 제정 및 개정 절차

해설

② 20일이 아니라 15일 이내에 환부거부 할 수 있다. 국회에서 의결된 법률안에 대해 이의가 있을 때, 대통령은 법률안이 정부로 이송된 날부터 15일 이내에 국회로 다시 환부하는 형식으로 법률안 거부권을 행사(환부거부)할 수 있다.

정답 ②

05 **〈보기〉의 밑줄 친 ①~④ 중 가장 옳은 것은?** 2019 서울시 공개 및 경력 1회

보기

발표 학생: 오늘 제가 발표할 내용은 법률 개정 절차입니다. 우리나라는 ①<u>국회재적의원 과반수 또는 대통령이 법률안을 발의할 수 있습니다.</u> ② <u>발의된 법률안은 소관 상임위원회에서 검토한 후 국회의장에게 제출되고, 국회의장이 문제가 있는지 검토 후 법제 사법위원회에서 자구, 체계 등을 심사하도록 합니다.</u> 법제 사법 위원회의 심사를 거친 법률안은 본회의에 상정되어 ③ <u>재적의원 과반수가 출석하고, 출석의원 과반수가 찬성하면 의결됩니다.</u> 의결된 법률안은 정부로 이송되어 ④ <u>대통령이 이의서를 붙여 거부할 수 있으며, 거부된 법률안은 이의서를 반영하여 수정하고 재상정됩니다.</u>

출제 단원 및 영역 법과정치 3단원 법률의 제・개정 절차

해설

헌법 제52조 국회의원과 정부는 법률안을 제출할 수 있다.
제53조 ① 국회에서 의결된 법률안은 정부에 이송되어 15일 이내에 대통령이 공포한다.
② 법률안에 이의가 있을 때에는 대통령은 제1항의 기간내에 이의서를 붙여 국회로 환부하고, 그 재의를 요구할 수 있다. 국회의 폐회 중에도 또한 같다.
③ 대통령은 법률안의 일부에 대하여 또는 법률안을 수정하여 재의를 요구할 수 없다.
④ 재의의 요구가 있을 때에는 국회는 재의에 붙이고, 재적의원과반수의 출석과 출석의원 3분의 2 이상의 찬성으로 전과 같은 의결을 하면 그 법률안은 법률로서 확정된다.
⑤ 대통령이 제1항의 기간 내에 공포나 재의의 요구를 하지 아니한 때에도 그 법률안은 법률로서 확정된다.
⑥ 대통령은 제4항과 제5항의 규정에 의하여 확정된 법률을 지체없이 공포하여야 한다.
제5항에 의하여 법률이 확정된 후 또는 제4항에 의한 확정법률이 정부에 이송된 후 5일 이내에 대통령이 공포하지 아니할 때에는 국회의장이 이를 공포한다.
⑦ 법률은 특별한 규정이 없는 한 공포한 날로부터 20일을 경과함으로써 효력을 발생한다.

③ 법률안을 의결하기 위해서는 재적의원 과반수가 출석하고, 출석의원 과반수의 찬성이 필요하다.

오답피하기

① 법률안의 발의는 국회의원 10인 이상 또는 대통령이 할 수 있다. 국회의원 재적 과반수를 요하는 것은 헌법 개정안의 발의 정족수이다.
② 발의된 법률안은 국회의장이 소관 상임위원회에 회부하고 소관 상임위원회에서 검토한 후 법제 사법위원회에서 자구, 체계 등을 심사를 거친 뒤 본회의로 상정된다.
④ 국회에서 의결되어 정부로 이송된 법률안은 대통령이 이의서를 붙여 거부할 수 있다. 이 때 거부된 법률안은 이의서를 반영하여 수정하는 것이 아니라 국회에서 재의결 과정을 거쳐 확정된다. <u>대통령은 국회에서 의결된 법률안에 대해서 일부 거부나 수정 재의를 할 수 없다.</u>

정답 ③

06 그림은 우리나라 국회의 입법 과정을 나타낸 것이다. 밑줄친 ㉠~㉣에 대한 옳은 설명만을 〈보기〉에서 있는 대로 고른 것은? 예상 문제

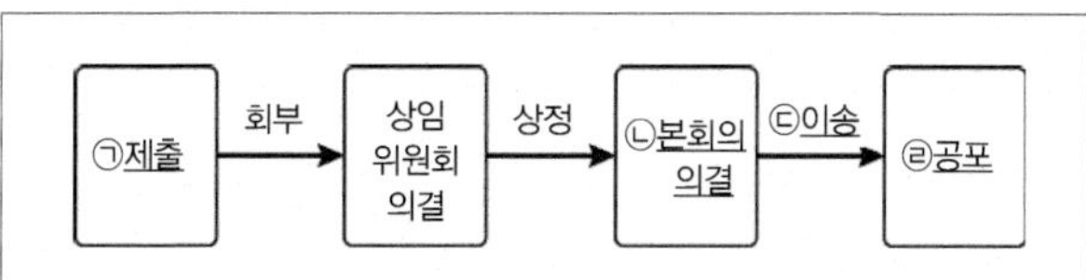

보기

ㄱ. 국회의원뿐 아니라 정부도 ㉠을 할 수 있다.
ㄴ. ㉡을 위해서는 재적 의원 과반수의 찬성이 필요하다.
ㄷ. ㉢이 이루어지면 해당 법률안은 확정된다.
ㄹ. ㉣을 할 수 있는 권한은 대통령에게 있다.

① ㄱ, ㄷ ② ㄱ, ㄹ
③ ㄴ, ㄷ ④ ㄱ, ㄴ, ㄹ

해설

ㄱ. 국회의원뿐만 아니라 정부도 법률안을 제출할 수 있다.
ㄹ. 법률안 공포권은 대통령에게 있다.

오답피하기

ㄴ. ㉡을 위해서는 재적 과반수의 출석과 출석 과반수의 찬성이 필요하다.
ㄷ. 대통령이 공포해야 법률안이 확정된다. 대통령이 법률안을 거부할 수 있기 때문에 정부로 이송하는 것만으로 법률안이 확정되는 것은 아니다.

정답 ②

07 ㉠과 ㉡에 대한 설명으로 옳은 것은? 2020 지방직·서울시

- 국회의원 A는 ㉠「도로교통법」 일부 개정 법률안을 대표 발의하려고 한다.
- 정부는 ㉡「형의 집행 및 수용자의 처우에 관한 법률」 일부 개정 법률안을 국회에 제출하려고 한다.

① ㉠의 발의자는 국회의원 5인 이상이어야 한다.
② ㉠이 가결되어 정부에 이송되면 대통령은 15일 이내에 국회로 환부하여 재의를 요구할 수 있다.
③ 정부는 ㉡을 국회에 제출하기 전에 국회 상임위원회의 심의를 거쳐야 한다.
④ ㉡은 국회의원 임기 만료의 경우를 제외하고는 회기 중에 의결되지 못하면 폐기된다.

해설 첫번 째 사안은 국회의원이 발의한 법률안이고, 두번 째 사안은 정부가 발의한 법률안이다. 정부가 발의한 법률안의 경우 국무회의 심의를 거치도록 규정하고 있다.
② 국회에서 가결된 법률안은 정부에 이송되고, 대통령은 15일 이내에 공포하거나 재의를 요구할 수 있다. 우리나라는 대통령에게 법률안에 대해 환부 거부권을 인정하고 있다.

오답피하기

① 국회의원이 법률안을 발의하기 위해서는 10인 이상이어야 한다.
③ 상임위원회는 발의된 법률안을 본회의에 상정하기 전에 전문적으로 심의하기 위한 곳이고, 정부가 법률안을 발의하기 위해서는 국무회의 심의를 거쳐야 한다.
④ 회기계속의 원칙에 대한 설명이다. 회기계속의 원칙이란 국회 또는 지방의회에 제출된 법률안 등의 의안이 회기 중에 의결되지 않더라도 그 의안을 폐기하지 않고 다음 회기에 인계하여 계속 심의할 수 있다는 원칙을 말한다. 단, 국회의원 또는 지방의회의원의 임기가 만료된 경우에는 적용되지 아니한다.

헌법 제51조 국회에 제출된 법률안 기타의 의안은 회기 중에 의결되지 못한 이유로 폐기되지 아니한다. 다만, 국회의원의 임기가 만료된 때에는 그러하지 아니하다.

정답 ②

08 국회의원의 법률안 발의를 활성화하기 위한 방안으로 적절하지 않은 것은? 2014 사회복지직

① 직능 대표제 강화
② 국회 입법 조사처 기능 제고
③ 일사부재의 원칙의 폐지
④ 국회의원 입법 활동 지원

해설 최근 행정부의 비대화에 비하여 국회의 기능은 상대적으로 축소되었다. 특히 다양하고 전문적인 법률안에 대해서는 입법부는 정부에서 제안한 법률을 심사하고 의결하는 통과입법부로서의 역할을 하고 있는 경우가 많다. **국회의 입법 기능을 강화시키기 위한 방안**에는 의원의 전문성 강화, 국회 입법 조사처의 기능 제고, 직능 대표제의 강화, 전문가를 국회의원 보좌관으로 등용, 국회 사무처의 전문성 제고 등이 있다.

③ **일사부재의 원칙**이란 국회의 한 회기 중에 그 안건이 부결되면 동일한 회기 내에는 동일 안건을 발의 또는 제출하지 못하는 것을 말하는데, 이는 소수파의 의사 진행을 막아서 회의의 효율적인 진행을 하기 위함을 목적으로 한다.

정답 ③

09 다음 표는 갑국의 법률 발의안 가결률과 여당 의석률을 시기별로 나타낸 것이다. 이에 대한 분석으로 옳은 것을 〈보기〉에서 모두 고른 것은? (단, 가결률은 소수점 이하 생략, (가결수/발의수)×100=가결률) 2015 서울시

시기(국회) \ 항목	정부 제출 발의안		국회 제출 발의안		여당 (의석률(%))
	발의수	가결률(%)	발의수	가결률(%)	
19대	13,985	42	9,542	46	44
20대	16,542	39	10,867	51	46
21대	18,252	58	12,479	54	52

보기

㉠ 여당의 의석률이 높아질수록 정부 제출 발의안의 가결률이 높아진다.
㉡ 20대에서는 국회 제출 발의안 가결수보다 정부 제출 발의안 가결수가 많다.
㉢ 갑국은 전형적인 의원내각제 정부형태로 총리의 의회 해산권을 인정할 것이다.
㉣ 여대야소인 경우가 여소야대인 경우보다 정부 제출 발의안에 대한 가결률이 더 높다.

① ㉠, ㉡　② ㉠, ㉡
③ ㉡, ㉢　④ ㉡, ㉣

해설 사회문화 파트에서 자주 나오는 표 분석 유형이다. 우선 여당 의석률을 통해 여대야소인지 여소야대인지 판단하고 정부 제출 발의안의 가결률이 나왔으므로 전형적인 대통령제가 아님을 알 수 있다. 또한 단순히 가결률을 가지고 가결된 법안의 수를 판단해서는 안되고 모집단도 고려해야 한다는 것 주의해야 한다.

ㄴ. 20대 정부 제출 발의안 가결수는 16,543×39/100=6,451개이고, 국회 제출 발의안 가결수는 10,867×51/100=5,542개이다. 따라서 정부 제출 발의안의 가결수가 더 많다. 가결률만 단순히 비교해서는 안 된다.

ㄹ. 19대와 20대는 여당의 의석률이 과반수가 안되므로 여소야대이고, 21대는 여당의 의석률이 과반수가 넘었으므로 여대야소이다. 여대야소였던 21대때 정부 제출 발의안의 가결률은 58%이고, 여소야대였던 19대와 20대의 정부 제출 발의안의 가결률은 각각 42%, 39%이므로 여대야소인 경우가 여소야대인 경우보다 정부 제출 발의안에 대한 가결률이 더 높다고 말할 수 있다.

오답피하기

ㄱ. 19대에서 21대를 지나면서 여당의 의석률은 높아졌지만(44% → 46% → 52%) 정부 제출 발의안의 가결률이 높아진 것은 아니다.(42% → 39% → 58%)

ㄷ. 의원내각제의 경우 의회 다수당이 내각을 구성하므로 단독으로 과반수가 되든 연립하여 내각을 구성하든 의원내각제에서는 여소야대가 나올 수가 없다. 따라서 甲국가는 의원내각제 요소를 가미한 대통령제라고 할 수 있다.

정답 ④

10 **다음은 우리나라 현행 헌법 개정 절차에 대한 사례이다. 밑줄 친 ㉠~㉣ 중 헌법 규정에 부합하지 않는 것은? (단, 국회의원 총수는 299인이고, 국회의원 선거권자 총수는 3천만 명이다.)** 2018 국가직 생활안전

> 4년 중임의 대통령제를 골자로 한 헌법개정안을 A당(115인)과 B당(46인) 소속 ㉠국회의원 161인이 발의하였다. 이에 대통령 갑은 제안된 ㉡헌법개정안을 25일 동안 공고하였다. 그 후 국회에서 A당과 B당을 중심으로 하여 ㉢국회의원 213인의 찬성으로 헌법개정안은 의결되었다. 국회가 의결한 헌법개정안에 대해 ㉣국민투표에서 2천 5백만 명이 투표하고, 1천 1백만 명의 찬성을 얻어 헌법개정이 확정되었다.

① ㉠ ② ㉡
③ ㉢ ④ ㉣

해설
④ 우리나라의 헌법 개정 국민투표의 경우 국회의원 선거권자의 과반수 투표와 투표자의 과반수 찬성으로 헌법 개정이 확정된다. 제시문에서 3천 만 명 중 2천 5백만 명이 투표하였으므로 투표율 조건은 충족되었지만, 투표자 2천 5백만 명 중 1천 1백만 명의 찬성했다고 했으므로 이는 과반수 획득에 실패한 것이므로 헌법 개정이 확정된 것이 아니라 부결된 것이다.

오답피하기
① 헌법 개정안 발의는 재적 국회의원 과반수인데, 제시문에서 국회의원 총수 299명 중 161인 발의하였다고 하였으므로 헌법 규정에 부합한다.
② 대통령은 헌법 개정안을 20일 이상 공고하여야 하는데 제시문에서는 25일 동안 헌법개정안을 공고했다고 했으므로 헌법 규정에 부합한다.
③ 헌법 개정안은 국회에서 재적 의원의 3분의 2 이상이 찬성해야 가결되는데, 제시문에서 299명 중 213명이 헌법개정에 찬성했으므로 헌법 규정에 부합한다.

정답 ④

11 **다음은 우리나라 헌법 개정 절차이다. (가)~(마)에 대한 설명으로 옳은 것은?** 2018 소방직

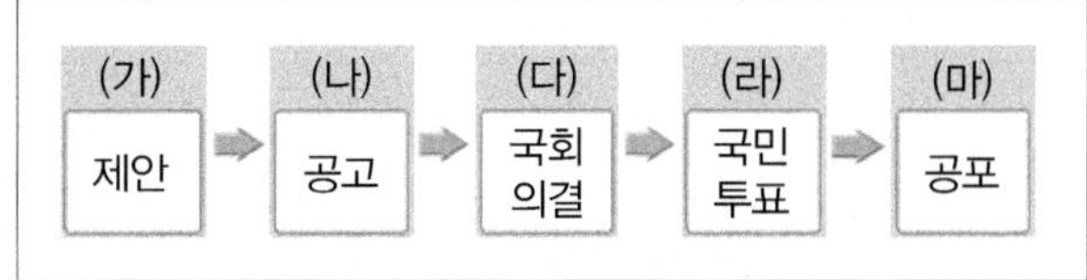

① (가)는 대통령이 할 수 있다.
② (나), (마)의 시행 주체는 국회이다.
③ (다)는 국회 재적 의원 과반수의 찬성이 있어야 한다.
④ (라)는 국회 의원 선거권자 과반수의 투표와 투표자 2/3의 찬성이 필요하다.

해설
① 헌법은 대통령 또는 국회 재적 의원 과반수의 의결로 제안할 수 있다.

오답피하기
② 헌법 개정안의 공고는 대통령이 20일 이상하여야 하고, 헌법 개정안이 국민 투표를 거쳐 확정되면 대통령이 공포한다.
③ 헌법 개정안을 국회에서 의결하기 위해서는 국회 재적 의원 2/3 이상의 찬성이 있어야 한다.
④ 헌법 개정안의 국민 투표는 국회 의원 선거권자 과반수의 투표와 투표자 과반수의 찬성이 필요하다.

정답 ①

12 「학교 폭력 예방 및 대책에 관한 법률」이라는 법률 제정 및 개정 절차이다. 이에 대한 설명으로 가장 적절하지 않은 것은? 2015 경찰직 3차

	구분	내용
①	법률안 발의	2011년 6월 국회의원 ○○○ 외 12명이 법률안을 제안함.
②	위원회 심사	2011년 12월 특별위원회(외교통일위원회)에 회부, 제출자의 제안 설명과 찬반 토론을 거쳐 원안을 가결함.
		… (중략) …
③	본회의의 상정 및 가결	2011년 12월 국회 재적 의원 과반수 출석과 출석 의원 과반수 찬성으로 원안을 가결함.
④	공포	국회에서 의결된 법률안은 정부로 이송되어 15일 이내에 대통령이 공포함.

해설 법률의 제정 및 개정 절차는 중요하므로 꼼꼼히 숙지해야 한다.

(1) 법률안 제안(제출)
1) 법률안은 10인 이상의 국회의원이나 정부(대통령), 국회 상임위원회가 제안할 수 있습니다.
2) 법률안이 제출되면 국회의장은 이를 소관 위원회에 회부하여 심사하게 합니다.

(2) 심의 및 의결
1) 소관 상임 위원회에서 전문적인 심의 및 의결
2) 본회의로 가기 전에 법제 사법 위원회에서 체계와 자구(字句) 심사

(3) 본회의 심의, 의결
1) 본회의 회부되면 질의와 토론 후
2) 본회의에서 재적 의원 과반수의 출석과, 출석 의원 과반수의 찬성이 있으면 의결됨

(4) 정부 이송 및 공포
1) 국회에서 의결된 법률안은 정부에 이송되어 15일 이내에 대통령이 공포
2) 대통령이 법률안에 이의가 있을 때에는 15일 이내에 이의서를 붙여 국회에 환부함으로써 재의를 요구할 수 있음
3) 이때 수정재의는 요구할 수 없으며, 15일 이내에 공포하지 않을 경우 법률안은 확정됨
4) 대통령이 법률안을 공포하면 일반적으로 20일 후 효력이 발생함

② 법률안이 발의 되면 국회의장은 소관 상임위원회에 안건 심사를 위해 회부한다. 사안의 경우 '학교 폭력 예방 및 대책에 관한 법률'이므로 이는 법무부나 교육부가 주무 소관이므로 이에 대응하는 상임위원회는 법사위원회나 교육과학기술위원회 등에 회부해야지 외교통일위원회는 법률안과 무관한 부서이므로 적절치 않다.

오답피하기

① 법률안은 국회의원 10인 이상이 발의할 수 있으므로 적절하다.
③ 국회 의결정족수는 재적 의원 과반수 출석과 출석 의원 과반수 찬성이다.
④ 본회의에서 의결된 법률안이 대통령에게 이송되면 대통령은 15일 이내에 공포하거나 법률안 거부권을 행사해야 한다.

정답 ②

13 다음 그림은 우리나라 국회의 입법 절차를 나타낸 것이다. ㉠부터 ㉣까지의 설명 중 가장 적절하지 않은 것은? 2018 경찰직 2차

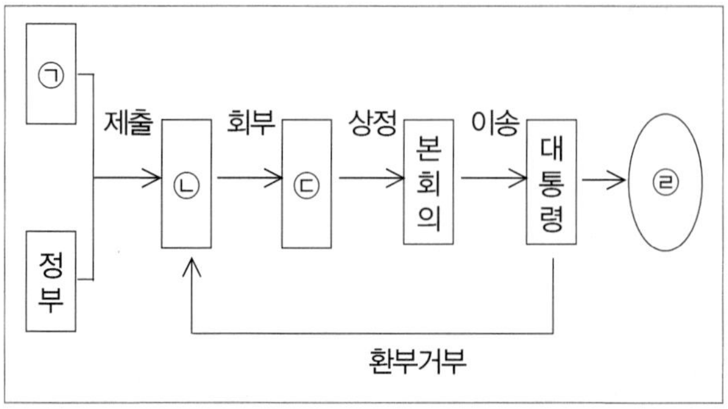

㉠ / 정부	제출 →	㉡	회부 →	㉢	상정 →	본회의	이송 →	대통령	→	㉣

환부거부 (대통령 → ㉡)

① ㉠은 10인 이상이 발의하여 법률안을 제출할 수 있다.
② ㉡은 ㉢에 의해 임명되며, 법률안을 공포하지는 않는다.
③ ㉢은 국회의 효율적인 의사진행에 필요하다.
④ ㉣은 원칙적으로 정부에 이송된 지 15일 이내에 이루어져야 한다.

해설 입법절차와 관련하여 ㉠은 국회의원 10인 이상, 상임위원회(특별위원회), ㉡은 국회의장, ㉢은 상임위원회, ㉣은 공포가 들어간다.

② 국회의장은 상임위원회에서 임명되는 것이 아니라 국회 본회의에서 국회재적의원 과반수의 찬성으로 선출된다. 또한 국회에서 재의결된 법률안을 대통령이 5일 안에 공포하지 않을 경우에는 예외적으로 법률안을 공포할 수 있다.

오답피하기

① 국회의원이 법률안을 발의하기 위해서는 10인 이상이 필요하다.
③ 상임위원회는 전문적인 의원으로 하여금 효율적인 안건 처리를 하기 위한 것이다.
④ 국회에서 의결된 법률안은 원칙적으로 대통령이 15일 안에 공포하거나 거부권을 행사해야 한다.

정답 ②

14 다음은 헌법 개정 절차이다. (가) ~ (라)에 대한 설명으로 옳지 않은 것은? 2021 지방직

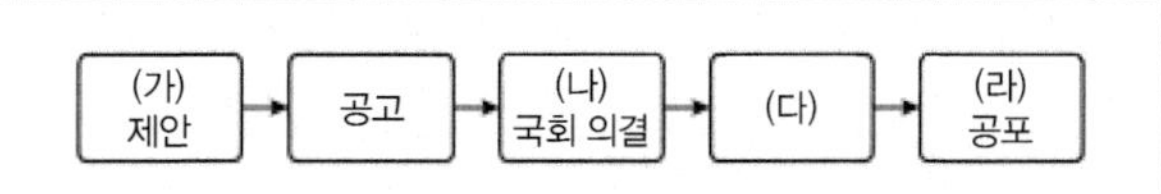

① (가)는 대통령 또는 헌법재판소의 발의로 이루어진다.
② (나)는 제안된 헌법개정안에 대해 국회 재적 의원 3분의 2이상의 찬성을 얻어야 한다.
③ (다)는 국민투표에 해당한다.
④ (라)는 (다)에서 헌법 개정이 확정되면 대통령이 즉시 하여야 한다.

출제 단원 및 영역 정치와 법 2단원 헌법 개정 절차

해설

① 헌법 개정의 제안은 대통령 또는 국회 재적 의원 과반수의 찬성으로 할 수 있다. 다만 대통령이 제안할 때에는 국무회의의 심의를 거쳐야 한다.

오답피하기

② 헌법 개정안을 국회에서 의결하기 위해서는 국회 재적 의원 3분의 2이상의 찬성을 얻어야 한다.
③ 국회 의결을 거친 헌법 개정안은 국민투표를 통해 확정된다.
④ 국민투표를 통해 헌법 개정이 확정되면 대통령은 이를 즉시 (라)는 (다)에서 헌법 개정이 확정되면 대통령이 즉시 공포하여야 한다.

정답 ①

대통령/행정부

01 대통령과 행정부에 관한 설명으로 옳지 않은 것은? 2017 국가직

① 대통령이 일반사면을 명하려면 국회의 동의를 얻어야 한다.
② 행정각부의 장은 국무위원 중에서 국회의장의 제청으로 대통령이 임명한다.
③ 국무회의는 대통령, 국무총리 및 15인 이상 30인 이하의 국무위원으로 구성된다.
④ 감사원은 세입・세출의 결산을 매년 검사하여 대통령과 차년도 국회에 그 결과를 보고하여야 한다.

해설

② 행정각부의 장은 국무위원 중에서 국무총리의 제청으로 대통령이 임명한다.

헌법 제94조 행정각부의 장은 국무위원 중에서 국무총리의 제청으로 대통령이 임명한다.

오답피하기

① 헌법 제79조 ② 일반사면을 명하려면 국회의 동의를 얻어야 한다.
③ 헌법 제88조 ② 국무회의는 대통령・국무총리와 15인 이상 30인 이하의 국무위원으로 구성한다.
④ 헌법 제99조 감사원은 세입・세출의 결산을 매년 검사하여 대통령과 차년도국회에 그 결과를 보고하여야 한다.

정답 ②

02 헌법상의 국가 기관 A, B에 대한 설명으로 옳은 것은?

2020 국가직

> A 정부의 권한에 속하는 중요한 정책을 심의하는 행정부 내 최고 심의 기관의 의장
> B 국가의 세입·세출의 결산, 국가 및 법률이 정한 단체의 회계검사와 행정기관 및 공무원의 직무에 관한 감찰 등을 담당하는 기관

① A는 국무총리의 제청으로 대통령이 임명한다.
② A는 국민의 직접 선거로 선출되며, 임기는 5년이다.
③ B는 권한 쟁의 심판을 담당한다.
④ B는 사법부 소속의 독립성을 갖는 헌법 기관이다.

출제 단원 및 영역 법과정치 3단원 헌법상 국가 기관

해설 정부의 권한에 속하는 중요한 정책을 심의하는 행정부 내 최고 심의 기관은 국무회의이고 국무회의의 의장은 대통령이다. 국가의 세입·세출의 결산, 국가 및 법률이 정한 단체의 회계검사와 행정기관 및 공무원의 직무에 관한 감찰 등을 담당하는 기관은 감사원이다. 따라서 <u>A는 대통령, B는 감사원</u>이다.
② 우리나라에서 대통령은 국민의 직접 선거로 선출되며 5년 단임제를 채택하고 있다.

오답피하기
① 국무총리의 제청으로 대통령이 임명하는 것은 국무위원이다.
③ 권한 쟁의 심판을 담당하는 기관은 헌법 재판소이다.
④ 감사원은 대통령 직속의 기관으로 행정부 소속 기관이다. 다만 직무상으로는 독립된 기관이므로 대통령의 간섭을 받지 않는다.

정답 ②

03 헌법에서 명시한 대통령의 지위와 권한에 대한 내용으로 가장 적절하지 <u>않은</u> 것은?

2018 경찰직 1차

① 행정권은 대통령을 수반으로 하는 정부에 속한다.
② 대통령은 필요하다고 인정할 때에는 외교·국방·통일 기타 국가 안위에 관한 중요 정책을 국민투표에 붙일 수 있다.
③ 대통령은 법률에서 구체적으로 범위를 정하여 위임받은 사항과 법률을 집행하기 위하여 필요한 사항에 관하여 대통령령을 발할 수 있다.
④ 국가원로자문회의의 의장은 대통령이 된다. 다만, 대통령이 없을 때에는 국무총리가 지명한다.

해설
④ **국가원로자문회의의 의장**은 대통령이 아니라 <u>직전 대통령</u>이 되고, 직전 대통령이 없을 때에는 <u>대통령이 지명</u>한다라고 헌법에 규정되어 있다.

> 헌법 제90조 ① 국정의 중요한 사항에 관한 대통령의 자문에 응하기 위하여 국가 원로로 구성되는 국가원로자문회의를 둘 수 있다.
> 헌법 제90조 ② 국가원로자문회의의 의장은 직전대통령이 되고 직전대통령이 없을 때에는 대통령이 지명한다.

오답피하기
① 헌법 제66조 ④항에 규정되어 있다.

> 헌법 제66조 ④ 행정권은 대통령을 수반으로 하는 정부에 속한다.

② 대통령의 중요정책에 대한 국민투표 부의권을 인정하고 있다.

> 헌법 제72조 대통령은 필요하다고 인정할 때에는 외교·국방·통일 기타 국가안위에 관한 중요정책을 국민투표에 붙일 수 있다.

③ 대통령의 대통령령 발포권을 인정하고 있다.

> 헌법 제75조 대통령은 법률에서 구체적으로 범위를 정하여 위임받은 사항과 법률을 집행하기 위하여 필요한 사항에 관하여 대통령령을 발할 수 있다.

정답 ④

04 ㉠~㉣에 해당하는 헌법 기관에 대한 설명으로 옳지 않은 것은? 2016 교육행정

- (㉠)은/는 행정부의 최고 책임자로서 행정부를 지휘·감독 한다.
- (㉡)은/는 행정 각부를 통할하여 국정 전반을 총괄함으로써 국정 운영을 보좌하는 기능을 한다.
- (㉢)은/는 행정부 최고의 심의 기관으로 의장·부의장과 15인 이상 30인 이하의 국무위원으로 구성된다.
- (㉣)은/는 행정 각부의 소관 사무를 집행하거나 부령을 발할 수 있다.

① ㉠은 국가 원수로서 외국에 대하여 국가를 대표한다.
② ㉡은 ㉢의 의장으로서 주요 정책에 관한 심의를 주재한다.
③ 국정의 기본 계획은 ㉢의 심의를 거쳐야 한다.
④ ㉣은 ㉡의 제청을 받아 대통령이 임명한다.

해설 괄호 안에 들어갈 헌법 기관은 ㉠은 대통령, ㉡은 국무총리, ㉢은 국무회의, ㉣은 행정각부의 장이다.
② 국무총리는 국무회의의 부의장이고, 국무회의의 의장인 대통령이 주요 정책에 관한 심의를 주재한다.

오답피하기
① 대통령은 국가원수로서의 지위와 행정부 수반으로서의 지위를 동시에 가진다. 따라서 국가 원수로서 외국에 대하여 국가를 대표한다.
③ 국무회의에서는 행정부의 권한에 속하는 중요 정책을 심의하고 헌법 제 89조 제1호에서도 국정의 기본 계획과 정부의 일반 정책을 심의하도록 규정하고 있다.
④ 행정각부의 장은 국무위원 중에서 국무총리의 제청으로 대통령이 임명하도록 우리 헌법 제 95조에서 규정하고 있다.

정답 ②

법원/헌법재판소

01 사법절차에 관한 설명으로 옳은 것은? 2017 국가직

① 국회의원의 당선효력에 관한 소송은 단심제가 적용되지만 도지사의 경우 2심제가 적용된다.
② 행정소송은 행정심판이 1심의 역할을 하므로 2심제가 적용된다.
③ 특허법원의 판결에 대한 상고를 제외한 각급 법원의 모든 상고는 대법원이 심판한다.
④ 각급 법원은 명령·규칙이 법률에 위반되는 여부가 재판의 전제가 된 경우 심사권을 갖지만 최종심사권은 대법원에 있다.

해설
④ 각급 법원은 명령·규칙이 법률에 위반하는 여부가 재판의 전제가 되는 경우에는 심사권을 갖는다. 다만 대법원에서 최종심사권을 갖는다.

헌법 제107조 ② 명령·규칙 또는 처분이 헌법이나 법률에 위반되는 여부가 재판의 전제가 된 경우에는 대법원은 이를 최종적으로 심사할 권한을 가진다.

오답피하기
① 국회의원의 당선소송과 도지사의 당선소송은 모두 단심제가 적용된다.
② 행정소송은 3심제가 적용된다. 행정심판은 1심이 아니라 전심절차에 불과하다. 따라서 행정소송은 행정(일반)법원 → 고등법원 → 대법원으로 3심제가 적용된다.
③ 특허법원의 판결에 대한 상고도 대법원에서 담당한다. 즉, 모든 사건의 상고심은 대법원이 담당한다.

정답 ④

02 〈보기〉에서 (가)~(다)에 들어갈 제도를 순서대로 바르게 나열한 것은? 2018 서울 경력직(유공자)

보기

우리나라는 하급 법원의 판결에 불복하는 사람이 상급 법원에 다시 재판을 청구할 수 있도록 하는 상소 제도를 마련하고 있다. 이때 1심 법원의 판결에 불복하여 2심 재판을 청구하는 것을 (가)라고 하고, 2심 법원의 판결에 불복하여 대법원에 재판을 청구하는 것을 (나)라고 한다. 또한 1심 법원의 결정이나 명령에 불복하여 지방법원 또는 고등법원에 (다)를 할 수 있다.

	(가)	(나)	(다)
①	항고	항소	상고
②	항고	상고	항소
③	항소	상고	항고
④	항소	항고	상고

해설

- 항소: 1심 **판결**에 불목하여 2심 재판을 청구 하는 것
- 상고: 2심 **판결**에 불복하여 대법원에 3심 재판을 청구하는 것
- 항고: 법원의 판결이 아닌 **결정**과 **명령**에 대하여 2심을 청구하는 것
- 재항고: 법원의 판결이 아닌 **결정**과 **명령**에 대하여 대법원에 3심을 청구하는 것

③ 위의 내용대로 판결의 경우 1심에 불복하여 2심 재판을 청구하는 것은 항소라고 하고, 2심 판결에 불복하여 3심 재판을 청구하는 것을 상고한다. 또한 법원의 판결이 아닌 결정과 명령에 대하여 2심을 청구하는 것을 항고라고 한다.

정답 ③

03 다음 글에 나타난 제도에 대한 설명으로 가장 적절하지 않은 것은? 2016 해양 경찰

제 1심 판결의 사실 인정이나 법률 판단에 대하여 불복하는 당사자는 판결문을 송달받은 날로부터 2주일 이내에 항소할 수 있다 제 2심 재판에서 당사자는 제 1심 재판에서 하지 않은 주장과 증거를 더 제출할 수 있으며 제 2심 재판 절차도 제 1심 재판 절차와 거의 같다. 제 2심 판결의 법률 판단에 대하여 불복하는 당사자는 판결문을 송달받은 날로부터 2주일 이내에 최종심인 대법원에 상고할 수 있다.

① 법관의 오판 가능성과 관련 있다.
② 재판의 공정성을 확보하기 위한 것이다.
③ 선거 재판은 단심제를 따르는 경우도 있다.
④ 사법부의 위상을 강화하고 재판의 독립성을 확보한다.

해설 제시문의 내용은 심급 제도에 따른 상소제도에 관한 설명이다. 다만 2주일 이내에 상소를 할 수 있다는 것으로 보아 민사소송에서의 상소 제도를 나타낸 것이다.

④ 상소제도는 법관의 오판 가능성을 인정하여 하급 법원의 판결 등에 불복하여 상급 법원에 다시 재판을 청구할 수 있도록 하는 제도로써 사법부의 위상을 강화하기 보다는 공정한 재판을 위한 제도이다. 또한 재판의 독립성을 위해서는 법원과 법관의 독립이 필요한 것이지 상소 제도와 관련되는 것은 아니다.

오답피하기

①, ② 상소제도는 법관의 오판 가능성을 인정하여 하급 법원의 판결에 불복하기 위한 제도로 재판의 공정성을 확보하기 위한 것이다.

③ 단심으로 하는 선거 재판에는 (국/대/광비/광단) 국회의원 선거, 대통령 선거, 광역의회 비례대표의원 선거, 광역단체장 선거가 있다.

정답 ④

04 위헌법률심판 제청에 대한 설명으로 옳은 것은?

2014 사회복지직

① 법률이 헌법에 위반되는지의 여부가 재판의 전제가 된 경우에 당해 사건을 담당하는 법원이 헌법 재판소에 위헌법률심판의 제청을 하려면 당사자의 신청이 있어야 한다.

② 당해 사건의 당사자는 법원에 위헌법률심판 제청 신청을 하지 않고 직접 헌법재판소에 위헌법률심판을 청구할 수 있다.

③ 당해 사건의 법원이 당사자의 위헌법률심판 제청 신청을 기각하면 당사자는 헌법재판소에 헌법소원 심판을 청구할 수 있다.

④ 당해 사건의 법원이 당사자의 위헌법률심판 제청 신청을 기각하면 당사자는 법원의 기각 결정에 대해 항고할 수 있다.

해설 위헌 법률 심판 제청권자는 각급 법원이다. 재판 당사자는 소송 계속 중에 재판의 전제가 되는 법률에 대하여 위헌 법률 심판을 법원에 신청할 수 있으며, 법원을 그것을 받아들여 위헌 법률 심판을 헌법재판소에 제청할 수 있으며, 기각할 수도 있다. 이 경우 위헌 법률 심판을 신청한 당사자는 그 기각 결정서를 가지고 헌법 재판소에 직접 위헌 심사형 헌법소원을 청구할 수 있다. 위헌법률심판 제청 신청이 기각된 경우 그러한 법원의 결정에 대해서는 항고할 수 없다. 법원이 위헌 법률 심판을 제청하면 진행하던 재판은 헌법재판소의 결정이 나올 때까지 정지되나, 위헌 심사형 헌법소원을 청구한 경우 재판은 정지되지 않는다.

③ 당해 사건의 법원의 당사자(재판 당사자)는 소송 계속 중 위헌 법률 심판 제청을 법원에 신청하였으나 기각된 경우에는 그 기각 결정서를 가지고 헌법재판소에 (위헌 심사형) 헌법소원을 청구할 수 있다.

오답피하기

① 위헌 법률 심판의 제청은 재판 당사자의 신청을 법원이 받아들여서 할 수도 있고, 법관이 직권으로도 할 수 있다.

② 위헌 법률 심판의 제청권자는 각급 법원이고, 재판의 당사자는 위헌 법률 심판의 제청권이 없다.

④ 위헌 법률 심판 제청의 신청에 대한 기각 결정에 대해서는 법원에 항고할 수 없다. 이 경우 헌법재판소에 위헌 심사형 헌법소원을 제기할 수 있다.

정답 ③

05 위헌법률심판 제청에 대한 설명으로 가장 적절한 것은?

2019 경찰직 1차

① 재판의 당사자는 직접 위헌법률심판을 제기할 수 있다.

② 소송의 당사자의 신청이 없더라도 법원은 직권으로 위헌법률심판을 제청할 수 있다.

③ 당해 사건의 법원이 당사자의 위헌법률심판 제청 신청을 기각하면 당사자는 법원의 기각 결정에 대해 항고할 수 있다.

④ 당해 사건의 법원이 당사자의 위헌법률심판 제청 신청을 기각하면 당사자는 헌법재판소에 헌법소원 심판을 청구할 수 없다.

출제 단원 및 영역 법과정치 3단원 헌법재판소의 권한

해설

② 법원의 위헌법률심판 제청은 재판당사자의 신청에 의해서도 할 수 있지만, 재판당사자의 신청이 없더라도 법원의 직권에 의해서도 할 수 있다.

오답피하기

① 위헌법률심판의 제청은 법원만이 할 수 있으므로 재판의 당사자는 직접 위헌법률심판을 제기할 수 없고, 법원에 위헌법률심판 제청을 신청할 수 있을 뿐이다.

③, ④ 당해 사건의 법원이 당사자의 위헌법률심판 제청 신청을 기각하면 당사자는 법원의 기각 결정에 대해 항고할 수 없으며, 위헌심사형 헌법소원을 제기할 수 있을 뿐이다.

정답 ②

06 다음 자료에 관한 설명으로 옳은 것은? 2019 지방직

위헌법률심판제청신청서

사 건 2019고합◎◎◎

신청인 홍길동

신청 취지

"○○법 제△△조 제△항의 위헌 여부에 관한 심판을 제청한다."라는 결정을 구합니다.

이 유

1. 재판의 전제성

–생략–

2. 위헌이라 해석되는 이유

–생략–

3. 결론

그러므로, 신청취지와 같이 결정하여 주시기 바랍니다.

2019. ×. ××.

신청인 홍길동(인)

□□지방법원 제21형사부 귀중

① 이 신청을 받은 기관에서 위헌법률심판을 한다.

② 이 신청이 기각될 경우 홍길동은 헌법재판소에 위헌심사형 헌법소원심판을 제기할 수 있다.

③ 이 신청을 받은 기관의 위헌법률심판제청에 의해 ○○법 제△△조 제△항은 잠정적으로 효력을 상실한다.

④ 홍길동은 권리구제형 헌법소원을 거친 후에 이 신청서를 제출해야 한다.

출제 단원 및 영역 법과정치 3단원 위헌법률심판

해설 위의 자료는 위헌법률심판제청신청서로 재판당사자가 법원에 신청하는 것이다. 이를 법원이 받아들여 위헌법률심판 제청을 하게 되면 헌법재판소의 결정이 있을 때까지 재판절차는 중지된다. 그러나 법원이 이를 기각 결정하면 재판당사자는 항고할 수 없으며, 헌법재판소에 위헌심사형 헌법소원을 제기할 수 있다.

② 옳은 내용이다.

오답피하기

① 이 신청을 받은 기관(법원)에서는 위헌법률심판 제청을 할 수 있으며, 위헌법률심판은 헌법재판소에서 담당한다.

③ 위헌법률심판제청에 의해 법률 조문의 효력이 잠정적으로 상실하는 것이 아니라 헌법재판소에서 7인 이상의 출석과 6인 이상의 위헌 결정으로 효력을 상실한다.

④ 권리구제형 헌법소원을 거친 것과 관계없이 재판 당사자인 홍길동은 재판의 전제성이 있는 법률에 대하여 위헌법률심판제청을 신청할 수 있다.

정답 ②

07 다음 (가), (나)에 대한 가장 옳은 설명을 〈보기〉에서 고른 것은? 2015 해양경찰

(가) 대통령 선거에 출마 예정인 갑은 대통령 선거에서 기탁금 5억 원을 규정한 공직선거법에 대해 헌법소원심판을 청구하였다.

(나) 학교 근처에서 납골당을 짓지 못하도록 한 학교 보건법에 대해 법원이 위헌법률심판을 제청하였다.

보기

ㄱ. (가)는 개인, (나)는 국가 기관과 개인이 심판 청구의 주체이다.

ㄴ. (가), (나)는 공통적으로 헌법 해석을 둘러싼 법적 분쟁을 다투고 있다.

ㄷ. (가), (나)의 심판을 담당하는 기관은 명령·규칙 심사권도 가지고 있다.

ㄹ. (가), (나)에서 헌법재판관 6인 이상이 찬성하면 해당 법률 조항은 효력을 상실한다.

① ㄱ, ㄴ ② ㄱ, ㄷ

③ ㄴ, ㄷ ④ ㄴ, ㄹ

해설

ㄴ. 헌법소원과 위헌법률심판은 모두 헌법 해석을 둘러싼 법적 분쟁을 다투고 있다. 왜냐하면 헌법소원은 공권력의 행사·불행사로 인하여 기본권을 침해당한 개인이 제기한 것으로써 헌법해석을 전제로 기본권 침해여부를 판단하는 것이고, 위헌법률심판은 법률이 헌법에 위반되는지 여부를 판단하는 것이기 때문에 헌법 해석을 둘러싼 법적 분쟁에 해당하기 때문이다.

ㄹ. 헌법소원의 인용과 위헌법률심판에서의 위헌 결정은 모두 7인 이상의 출석과 6인 이상의 찬성을 요하므로 사안의 경우 6인 이상의 찬성이 있는 경우 해당 법률 조항은 효력을 상실한다.

오답피하기

ㄱ. 헌법소원은 기본권을 침해당한 개인이 제기하고, 위헌법률심판은 재판을 담당하는 법원만이 청구할 수 있을 뿐이다. 재판 당사자인 개인의 경우 위헌법률 심판을 제청해줄 것을 법원에 신청할 수 있을 뿐이며, 이러한 신청에 대하여 기각된 경우 위헌심사형 헌법소원을 제기할 수 있다.

ㄷ. (가)와 (나)를 심판하는 기관은 헌법재판소이고, 명령·규칙 심사권은 법원에 있다.

정답 ④

08 다음 중 헌법 소원 심판을 청구할 수 있는 사례로 가장 적절한 것은? 2014 서울시

① 친구에게 빌려준 돈을 변제 기일이 지나도록 받지 못한 경우
② 교도소의 서신 검열로 수형자가 통신의 자유를 침해받은 경우
③ 간판이 떨어져 차량이 파손되었으나 간판 주인이 배상을 거부한 경우
④ 배우자의 부정행위로 갈등이 심화되어 부부가 이혼하기로 합의한 경우
⑤ 층간 소음 문제로 다투다가 상대방으로부터 폭행을 당해 상해를 입은 경우

해설 헌법소원이란 공권력의 행사 또는 불행사로 인하여 현재 자신의 기본권이 직접 침해당한 자가 기본권의 구제를 위하여 헌법재판소에 청구하는 것을 말한다. 특히 헌법소원의 대상이 되는 것은 국가 공권력의 행사 또는 불행사로 인하여 기본권이 현재 직접 침해당한 경우이므로 이를 잘 살펴봐야 한다. 또한 다른 구제수단이 있는 경우에는 바로 헌법 소원을 청구할 수 없고 그러한 구제절차를 모두 거친 후에야 헌법소원의 청구가 가능하다.
② 교도소장의 서신 검열은 공권력의 행사에 해당하고 그로 인하여 수형자의 통신의 자유라는 기본권이 침해당했으므로 헌법소원의 대상이 된다.

오답피하기
① 친구에게 빌려 준 돈을 받기 위해서는 민사소송을 통해 구제받을 수 있다. 개인 간에 발생하는 채무불이행의 경우 민사소송의 대상이 된다.
③ 간판 주인의 경우 공작물의 점유자이고 간판이 떨어진 것은 공권력의 행사가 아니므로 헌법소원의 대상이 아니고 민사소송으로 구제받을 수 있다.
④ 부부간의 이혼하기로 합의하는 것은 협의이혼에 대한 것으로 이는 가정법원에서 이혼의사 확인서를 받을 수 있다.
⑤ 폭행을 당해 상해를 입은 경우 고소를 통해 형사 소송으로 다툴 수 있고 그 치료비나 정신적 위자료는 민사소송으로 다툴 수 있다.

정답 ②

09 〈보기〉의 헌법재판소의 권한에 대한 설명으로 가장 옳은 것은? 2019 서울시 공개 및 경력 1회

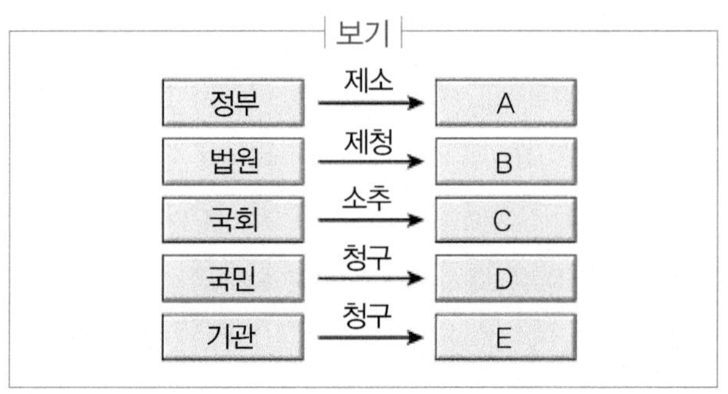

① D의 경우는 권리구제형 헌법소원과 위헌 심사형 헌법소원이 있다.
② C의 결정의 효력은 당사자를 공직으로부터 파면하며, 민형사상의 모든 책임이 면제된다.
③ A, B에 해당하는 사건의 경우 헌법 재판관 6명 이상의 출석과 5명 이상의 찬성이 있어야 한다.
④ E에 해당하는 것은 위헌 정당 해산 심판이다.

출제 단원 및 영역 법과정치 3단원 헌법재판소의 권한

해설

권한	청구권자	요건	의결 정족수	효력
위헌 법률 심판	각급 법원의 제청	법률의 위헌 여부가 재판의 전제가 된 때	6인 이상의 찬성	원칙 – 위헌결정이 있은 날로부터 효력 상실 예외 – 형벌 등의 경우 소급효인정, 단, 해당 법률 또는 법률 조항에 합헌으로 결정한 사건이 있는 경우에는 그 결정이 있는 날의 다음날로 소급하여 효력을 상실함
탄핵 심판	국회의 소추	공무원이 그 직무집행을 행함에 있어서 헌법이나 법률을 위배하고 국회에서 탄핵소추 의결을 한 경우	6인 이상의 찬성	공직에서 파면(민·형사상 책임이 면제되는 것은 아님)
정당 해산 심판	정부의 제소	정당의 목적이나 활동이 민주적 기본질서에 위배되었을 때	6인 이상의 찬성	위헌 정당의 해산 소속 정당의원의 경우 의원직상실(명문규정 없어 논란은 有)
권한 쟁의 심판	기관의 제소	국가 기관이나 지방자치 단체 상호간에 권한의 존부 및 내용에 다툼이 생겼을 때	7인 이상 출석 + 출석 과반수	권한 침해의 결정만이 아니라 모든 권한쟁의심판결정이 기속력을 가짐
헌법 소원 심판	국민의 청구	공권력의 행사·불행사로 말미암아 국민이 자신의 기본권이 침해되었을 때	6인 이상의 찬성	기본권 침해에 대한 구제

A는 위헌정당 해산 심판, B는 위헌법률 심판, C는 탄핵 심판, D는 헌법소원, E는 권한쟁의 심판이 된다.
① 헌법소원의 경우 국민이 청구권자이고, 헌법소원에서는 권리구제형 헌법소원과 위헌 심사형 헌법소원이 있다.

오답피하기
② 탄핵 결정으로 당사자는 공직으로부터 파면되며, 이 때 민·형사상의 책임이 면제되는 것은 아니다.
③ 권한쟁의 심판을 제외하고 헌법재판소의 심판은 헌법재판관 7인 이상의 출석과 6인 이상의 찬성이 있어야 한다.
④ E는 기관이 청구한다고 되어 있으므로 권한쟁의 심판이다.

정답 ①

10 다음 사례에 대한 설명으로 옳은 것은? 2020 국가직

- 법원은 □□법 일부 조항이 기본권 침해의 소지가 크다며 A에 (㉠)을 제청하였다.
- △△법 위반으로 기소된 갑은 1심 재판 중 해당 법 조항에 대해 법원에 (㉡)을 신청한 후, 기각되자 A에 (㉢)을 청구하였다.

① A의 종국심리에 관여한 재판관 과반수가 찬성하면 해당 법률조항은 위헌으로 결정된다.
② 법원이 ㉠을 제청하기 위해서는 소송 당사자의 제청 신청이 있어야 한다.
③ 갑이 법원에 신청한 ㉡은 위헌법률심판 제청이다.
④ ㉠은 위헌법률심판이고, ㉢은 권한쟁의심판이다.

출제 단원 및 영역 법과정치 3단원 위헌 법률 심판

해설 법원이 법률 조항에 대하여 기본권 침해의 소지가 크다고 A에 제청한 것은 위헌 법률 심판이다. 따라서 A는 헌법 재판소, ㉠은 위헌 법률 심판이다.
재판 계속 중 재판 당사자인 갑은 재판에 적용되는 법 조항에 대해 법원에 위헌 법률 심판 제청을 신청하고 이에 기각되자 헌법 재판소에 위헌 심사형 헌법소원을 청구할 수 있다. 따라서 ㉡은 위헌 법률 심판 제청이고, ㉢은 위헌 심사형 헌법소원이다.
③ 재판 당사자인 갑은 헌법 재판소에 직접 위헌 법률 심판 제청을 할 수 없고, 법원에 위헌 법률 심판 제청 신청을 할 수 있을 뿐이다. 따라서 갑이 법원에 신청한 ㉡은 위헌법률심판 제청이다.

오답피하기
① 헌법 재판소에서 해당 법률을 위헌으로 선고하기 위해서는 재판관 7인 이상의 출석과 6인 이상의 찬성을 요한다.
② 위헌 법률 심판 제청권은 법원의 고유한 권한인데, 이 때 법원은 소송 당사자의 신청을 받거나 직권으로도 할 수 있다.
④ ㉠은 위헌 법률 심판이고, ㉢은 위헌 심사형 헌법소원이다.

정답 ③

11 헌법재판소에 대한 설명으로 옳지 않은 것은? 2018 국가직

① 헌법재판소는 법관의 자격을 가진 9인의 재판관으로 구성하며, 재판관은 대통령이 임명한다.
② 명령·규칙 또는 처분이 헌법이나 법률에 위반되는 여부가 재판의 전제가 된 경우에는 헌법재판소는 이를 최종적으로 심사할 권한을 가진다.
③ 탄핵소추의 의결을 받은 사람은 헌법재판소의 심판이 있을 때까지 그 권한 행사가 정지된다.
④ 헌법재판소에서 법률의 위헌결정, 탄핵의 결정, 정당해산의 결정 또는 헌법소원에 관한 인용결정을 할 때에는 재판관 6인 이상의 찬성이 있어야 한다.

해설 ② 법률이 아닌 명령·규칙 또는 처분이 헌법이나 법률에 위반되는 여부가 재판의 전제가 된 경우에는 헌법재판소가 아니라 대법원이 최종적으로 심사할 권한을 가진다.

헌법 제107조 ① 법률이 헌법에 위반되는 여부가 재판의 전제가 된 경우에는 법원은 헌법재판소에 제청하여 그 심판에 의하여 재판한다.
② 명령·규칙 또는 처분이 헌법이나 법률에 위반되는 여부가 재판의 전제가 된 경우에는 대법원은 이를 최종적으로 심사할 권한을 가진다.

오답피하기
① 헌법재판관은 대통령, 국회, 대법원장이 각각 3인씩 지명이나 선출 등을 하지만 헌법재판관 9인은 모두 대통령이 임명한다.

헌법 제111조 ②헌법재판소는 법관의 자격을 가진 9인의 재판관으로 구성하며, 재판관은 대통령이 임명한다.

③ 탄핵소추의 의결을 받은 사람은 헌법재판소의 심판이 있을 때까지 그 권한 행사가 정지된다. 우리나라에서 故노무현 대통령이나 박근혜 대통령이 국회에서 탄핵소추를 받았을 때 국무총리가 헌법재판소의 심판이 있을 때까지 권한대행을 했던 것을 기억하면 된다.

헌법재판소법 제50조(권한 행사의 정지) 탄핵소추의 의결을 받은 사람은 헌법재판소의 심판이 있을 때까지 그 권한 행사가 정지된다.

④ 헌법재판소의 심판에서 권한쟁의 심판을 제외한 나머지 심판(법률의 위헌 결정, 정당 해산 결정, 탄핵 결정, 인용 결정)의 경우 7인 이상의 출석에 6인 이상의 찬성이 있어야 한다.

정답 ②

12 다음 표는 헌법재판소의 심판 종류 및 해당 심판의 청구권자를 분류한 것이다. (가)~(라)의 심판에 대한 설명으로 가장 적절하지 않은 것은? (단, 권한 쟁의 심판은 (가)~(라)에 해당하지 않는다.)

2017 경찰직 2차

청구권자 / 심판 종류	국회	정부	법원	국민
(가)	○			
(나)		○		
(다)			○	
(라)				○

① (가)의 대상은 대통령도 포함되나, 결과에 따라 민사상 또는 형사상 책임이 면제된다.
② (나)의 경우는 민주적 기본 질서에 위배되는 정당이 제소된다.
③ (다)는 재판의 전제가 되었을 때 제청된다.
④ (라)는 권리 구제형과 위헌 심사형으로 구분된다.

해설 헌법재판소의 심판 종류와 각 심판의 제소권자를 잘 정리해둘 필요가 있다. (가)는 국회에 제소권이 있다고 했으므로 탄핵심판이다. (나)는 정부에 제소권이 있는 것으로 위헌정당해산 심판이다. (다)는 법원에 제청권이 있는 것으로 위헌법률 심판이다. (라)는 국민에게 청구권이 있는 것으로 헌법소원심판이 된다.

① 탄핵심판의 대상에는 대통령을 포함하여 고위직 공무원들이다. 탄핵심판의 결과 그 직에서 파면된다. 그러나 민사상 또는 형사상 책임이 면제되는 것은 아니다.

> 헌법 제65조 ①대통령·국무총리·국무위원·행정각부의 장·헌법재판소 재판관·법관·중앙선거관리위원회 위원·감사원장·감사위원 기타 법률이 정한 공무원이 그 직무집행에 있어서 헌법이나 법률을 위배한 때에는 국회는 탄핵의 소추를 의결할 수 있다.
> ②제1항의 탄핵소추는 국회재적의원 3분의 1 이상의 발의가 있어야 하며, 그 의결은 국회재적의원 과반수의 찬성이 있어야 한다. 다만, 대통령에 대한 탄핵소추는 국회재적의원 과반수의 발의와 국회재적의원 3분의 2 이상의 찬성이 있어야 한다.
> ③탄핵소추의 의결을 받은 자는 탄핵심판이 있을 때까지 그 권한행사가 정지된다.
> ④탄핵결정은 공직으로부터 파면함에 그친다. <u>그러나, 이에 의하여 민사상이나 형사상의 책임이 면제되지는 아니한다.</u>

오답피하기

② 위헌정당해산의 대상이 되는 정당은 민주적 기본질서에 위배되는 정당이다.

> 헌법 제 8조 ④ <u>정당의 목적이나 활동이 민주적 기본질서에 위배될 때</u>에는 정부는 헌법재판소에 그 해산을 제소할 수 있고, 정당은 헌법재판소의 심판에 의하여 해산된다

③ 위헌법률 심판의 대상이 되는 법률은 재판의 전제성이 있는 때이다.

> 헌법 제107조 ① 법률이 헌법에 위반되는 여부가 <u>재판의 전제가 된 경우</u>에는 법원은 헌법재판소에 제청하여 그 심판에 의하여 재판한다

④ 헌법소원에는 권리구제형 헌법소원과 위헌심사형 헌법소원으로 구분된다.

정답 ①

13 다음 〈보기〉 중 위헌법률심판 제청에 대한 설명으로 옳지 않은 것은 모두 몇 개인가?

2021 해경 2차

> 보기
> ㉠ 당해 사건의 당사자는 법원에 위헌법률심판 제청 신청을 하지 않고 직접 헌법재판소에 위헌법률심판을 청구할 수 있다.
> ㉡ 당해 사건의 법원이 당사자의 위헌법률심판 제청 신청을 기각하면 당사자는 헌법재판소에 헌법소원 심판을 청구할 수 있다.
> ㉢ 법률이 헌법에 위반되는지 여부가 재판의 전제가 된 경우에 당해 사건을 담당하는 법원이 헌법재판소에 위헌법률심판의 제청을 하려면 당사자의 신청이 있어야 한다.
> ㉣ 당해 사건의 법원이 당사자의 위헌법률심판 제청 신청을 기각하면 당사자는 법원의 기각 결정에 대해 항고할 수 있다.

① 1개 ② 2개
③ 3개 ④ 4개

출제 단원 및 영역 정치와 법 3단원 위헌법률심판

해설 옳지 않은 것은 ㉠, ㉢, ㉣ 3개이다.

㉠ 당해 사건의 당사자는 법원에 위헌법률심판 제청 신청을 하지 않고 직접 헌법재판소에 위헌법률심판을 청구할 수는 없다. 위헌심사형 헌법소원의 경우 위헌법률 심판 제청 신청의 기각 결정문이 있어야 한다.
㉢ 위헌법률심판의 제청은 재판 당사자의 신청이 없더라도 법원이 직권으로도 할 수 있다.
㉣ 위헌법률심판 제청 신청의 기각 결정에 대하여 항고할 수는 없고 헌법재판소에 위헌심사형 헌법소원을 청구할 수 있을 뿐이다.

오답피하기

㉡ 당해 사건의 법원이 당사자의 위헌법률심판 제청 신청을 기각하면 당사자는 헌법재판소에 헌법소원 심판을 청구할 수 있는데, 이를 위헌심사형 헌법소원이라고 한다.

정답 ③

14 〈보기 1〉의 헌법재판소의 권한 (가)~(다)에 대한 옳은 설명을 〈보기 2〉에서 모두 고른 것은? 2018 서울시

보기1

구분	청구 요건
(가)	공권력의 행사나 불행사로 국민의 기본권이 침해되었을 때
(나)	법률이 헌법에 위반되는지의 여부가 재판의 전제가 될 때
(다)	정당의 목적이나 활동이 민주적 기본 질서에 위배될 때

보기2

ㄱ. (가)는 헌법소원심판, (나)는 위헌법률심판, (다)는 정당해산 심판이다.
ㄴ. (나)의 제청 주체는 해당 법률을 재판에 적용할지 판단하는 법원이다.
ㄷ. (다)의 심판 결과에 불복할 경우 대법원에 상고할 수 있다.
ㄹ. (다)는 국회가 본회의의 의결을 거쳐 제소한다.

① ㄱ, ㄴ　② ㄱ, ㄷ
③ ㄱ, ㄴ, ㄷ　④ ㄴ, ㄷ, ㄹ

해설
• 헌법재판소의 권한에 관한 내용이다. 헌법재판소는 헌법과 법률에 의하여 위헌법률 심판, 권한쟁의 심판, 탄핵심판, 위헌정당해산 심판, 헌법소원(권리 구제형/위헌 심사형)의 권한이 있다.
• (가)의 경우는 권리 구제형 헌법소원이고, (나)는 위헌법률 심판, (다)는 위헌정당 해산 심판에 관한 내용이다.
ㄱ. 옳은 내용이다.
ㄴ. 위헌 법률 심판의 제청권자는 각급 법원이다. 재판의 당사자의 경우 위헌 법률 심판을 제청을 신청할 수 있을 뿐이고, 위헌법률 심판 제청의 신청에 대해 각급 법원이 이를 받아줘서 제청할 수도 있으며, 별도의 신청이 없더라도 직권에 의해서도 위헌법률 심판 제청이 가능하다.

오답피하기
ㄷ. 헌법재판소와 대법원은 각기 다른 목적을 가진 최종적인 구제기관이다. 따라서 헌법재판소의 결정에 대해서 대법원에 상고할 수는 없다. 또한 대법원의 결정에 대해서도 원칙적으로 헌법재판소에 헌법소원 등을 제기할 수도 없다.
ㄹ. 위헌 정당 해산 심판 청구의 경우 정부가 제소권자(법무부 장관이 청구권자)가 된다. 탄핵 심판의 경우 의회의 의결을 거쳐 국회 법제사법위원장이 청구권자가 되는 것과 구별해야 한다.

정답 ①

15 다음 사례에서 A가 취할 수 있는 조치는? 2013 국가직

B검사는 사기혐의로 체포된 피의자 C의 수사과정이 적법했는지와 구속사유를 심사하기 위해 사법경찰관인 A에게 피의자 C를 검사실로 데려오라고 두 차례에 걸쳐 직무상 명령을 하였으나, A는 정당한 사유 없이 이를 이행하지 아니하였다. 이에 B검사는 A를 사법경찰관으로서의 직무를 유기함과 동시에 인권옹호에 관한 검사의 명령을 준수하지 아니한 이유로 기소하였다. 이에 A는 이 사건의 심판대상 법률 조항인 '형법 제139조의 인권옹호직무방해죄 규정'이 명확하지 않고 과잉금지나 비례의 원칙에 위반한다며 위헌법률심판제청을 신청하였으나 법원이 위 신청을 기각하였다.

① 헌법소원심판
② 위헌법률심판
③ 위헌정당해산심판
④ 권한쟁의심판

해설 ① A는 심판 대상 법률 조항이 헌법에 위반된다고 위헌법률 심판 제청을 신청하였지만 법원에서 기각결정을 받았다. 이 경우 법원의 결정에 대해서 상소할 수는 없고 헌법 재판소에 그 기각 결정문을 가지고 **위헌 심사형 헌법소원**을 청구해야 한다.

정답 ①

16 다음은 A가 가진 권한에 관한 기사이다. 그 밖에 A의 권한으로 옳은 것은? 2015 지방직

> A는 진 모 씨 등이 "전국의 모든 PC방을 금연구역으로 지정한 국민건강증진법 제9조 제4항 제23호가 평등권, 행복추구권을 침해했다."며 제기한 헌법소원에 대해 만장일치로 합헌 결정했다.
>
> – ○○일보, 0000년 00월 00일 –

① 행정소송
② 형사재판
③ 선거재판
④ 권한쟁의심판

해설
④ 제시문의 경우 A는 진모씨 등이 청구한 헌법소원에 대하여 합헌 결정을 했으므로 헌법재판소에 해당한다. 헌법재판소는 위헌법률심판, 탄핵심판, 정당 해산 심판, 권한 쟁의 심판, 헌법소원 심판을 담당한다.

오답피하기
①, ②, ③ 행정소송과 형사재판 선거재판은 법원의 권한에 해당한다.

정답 ④

17 〈보기〉의 ㉠과 ㉡에 대한 설명으로 가장 옳은 것은? (단, A와 B는 우리나라의 국가기관이다.) 2021 서울시(경력직)

> 보기
>
> 상속권과 관련된 소송을 제기한 갑(甲)은 해당 민법 규정이 법률에 어긋난다며 A에 ㉠위헌 법률 심판 제청을 신청하였으나 기각 결정이 내려졌다. 이에 갑(甲)은 B에 ㉡헌법 소원 심판을 청구하였다.

① A는 갑(甲)의 신청 없이 ㉠을 할 수 있다.
② 갑(甲)은 소송 중이 아니라도 ㉠을 신청할 수 있다.
③ 갑(甲)이 청구한 ㉡은 권리 구제형 헌법 소원 심판이다.
④ A, B 모두 국민으로부터 직접 민주적 정당성을 부여받는다.

출제 단원 및 영역 정치와 법 2단원 헌법 재판소

해설 재판 당사자인 갑이 A에 위헌 법률 심판 제청을 신청하였으므로 A는 위헌 법률 심판 제청권이 있는 법원이다. B는 헌법 소원 심판을 담당하는 기관이므로 헌법 재판소이다.
① 위헌 법률 심판 제청은 재판 당사자의 신청 없이도 법원이 직권으로도 할 수 있다.

오답피하기
② 재판 당사자만이 법원에 위헌 법률 심판 제청을 할 수 있다. 위헌법률 심판은 재판의 전제성을 요건으로 하기 때문이다.
③ 사안에서 갑이 위헌 법률 심판 제청을 신청하였으나 기각 결정을 받고 이에 헌법 소원을 제기하였다고 하였으므로 이는 위헌심사형 헌법소원이다.
④ 법원과 헌법 재판소의 구성원은 국민의 직접 선거로 선출된 것이 아니라 국민의 대표 기관인 국회와 대통령으로부터 그 권한을 부여받은 것이므로 국민으로부터 간접적으로 민주적 정당성을 부여받은 것이라고 할 수 있다.

정답 ①

18 다음 헌법재판소 재판관에 관한 설명 중 적절한 것은 모두 몇 개인가? 2021 경찰직 2차

㉠ 9인의 재판관은 법관의 자격을 가져야 한다.
㉡ 인사청문회를 통해 검증의 과정을 거쳐야 한다.
㉢ 임기는 6년으로 하며, 중임할 수 없다.
㉣ 3인은 국회, 3인은 대법원장, 3인은 대통령이 임명한다.

① 1개　② 2개
③ 3개　④ 4개

출제 단원 및 영역　정치와 법 2단원 헌법 재판소

해설

㉠ 헌법 제111조 ② 헌법재판소는 법관의 자격을 가진 9인의 재판관으로 구성하며, 재판관은 대통령이 임명한다.

㉡ 헌법 재판관은 9인은 모두 인사청문회의 대상이 된다. 국회에서 선출하는 헌법 재판관은 인사청문특별위원회의 인사 청문 대상이 되고, 대통령과 대법원장이 지명하는 헌법 재판관은 소관 상임위원회에서의 인사 청문 대상이 된다.

인사청문특별위원회
– 청문회 이후 국회 표결을 필수적으로 거쳐야 함
• 대법원장
• 헌법재판소장
• 국무총리
• 감사원장
• 대법관
• 국회에서 선출하는 헌법재판소 재판관
• 국회에서 선출하는 중앙선거관리위원회 위원

인사청문회
– 청문회 이후 국회 표결이 필요 없으며, 이들 공직후보자들은 국회 소관 상임위원회가 진행하는 청문회에 참석하고 상임위원회는 후에 후보자 관련 공직 적격 여부에 대한 보고서를 만들지만, 대통령은 이를 법적으로 지켜야 할 의무는 없음.
• 대통령이 지명하는 헌법재판소 재판관, 중앙선거관리위원회 위원
• 국무위원, 방송통신위원회 위원장, 국가정보원장, 공정거래위원회 위원장, 금융위원회 위원장, 국가인권위원회 위원장, 국세청장, 검찰총장, 경찰청장, 합동참모의장, 한국은행 총재, 특별감찰관, 한국방송공사 사장
• 대법원장이 지명하는 헌법재판소 재판관, 중앙선거관리위원회 위원

오답피하기

㉢ 헌법 제112조 ① 헌법재판소 재판관의 임기는 6년으로 하며, 법률이 정하는 바에 의하여 연임할 수 있다.

㉣ 중앙선거관리위원과 달리 헌법 재판관 9인 모두 대통령이 임명한다.

정답 ②

19 〈보기〉의 밑줄 친 ㉠과 관련하여 우리 헌법에서 규정하고 있는 제도는? 2020 서울시(보훈청)

보기

헌법은 법 위의 법이다. 헌법의 목적은 법을 만들고 실행하는 정치가나 관료들이 자신들에게 주어진 권한을 남용하거나 기본 원칙들을 위반하는 것을 막는 것이다. 그러므로 ㉠의회에서 어떤 특정한 법안을 통과시킬 때는 그 법안이 헌법이 정한 테두리를 벗어나지 않는지를 먼저 확인하여야 한다. 또한 정부가 함부로 헌법을 바꾸지 못하도록 여러 가지 제도적 장치들을 마련해 놓고 있다. 헌법은 정권이 바뀔 때마다 제정되는 것이 아니며, 가장 기본적이고 신성한 영역으로 간주되어야 한다.

① 탄핵 심판
② 권한 쟁의 심판
③ 위헌 법률 심판
④ 위헌 정당 해산 심판

해설

③ 위헌 법률 심판은 법률의 내용이 상위법인 헌법에 위반되는지 여부를 헌법 재판소에서 심판하는 것이다. 헌법 재판관 7인 이상의 출석과 6인 이상의 찬성으로 위헌을 선고하게 되면 당해 법률은 그때부터 효력을 잃게 된다.

정답 ③

20 다음 사례에 대한 법적 판단으로 옳지 않은 것은?

2019 소방직

> 갑은 ○○법 △△조 위반 혐의로 기소되었다. 갑은 ○○법 △△조가 자신의 기본권을 침해한다고 판단하여 재판이 진행되던 중 법원에 (A)을/를 신청하였다. 하지만 법원은 이를 기각하였고, 갑은 이에 대해 ○○법 △△조의 위헌 여부를 묻기 위해 헌법 재판소에 직접 (B)을/를 청구하였다. 헌법 재판소는 ○○법 △△조가 갑의 기본권을 침해한다고 판단하여 위헌으로 결정하였다.

① 당사자의 신청이 없어도 법원의 직권으로 A를 신청할 수 있다.
② B는 위헌 심사형 헌법 소원이다.
③ 법원의 판결에 대해서도 원칙적으로 B를 청구할 수 있다.
④ 헌법 재판소의 결정으로 해당 법률 조항은 즉시 효력이 상실된다.

해설 A는 위헌 법률 심판, B는 위헌 심사형 헌법 소원이다.
③ 독일과 달리 우리나라에서는 원칙적으로 법원의 재판에 대해서 헌법소원을 인정하지 않는다. 따라서 원칙적으로 법원의 판결에 대해서 위헌심사형 헌법소원을 청구할 수 없다. 다만, 헌법재판소에 위헌 선고한 법률을 적용하여 한 재판에 대해서는 헌법소원을 제기할 수 있다.

오답피하기
① 위헌 법률 심판은 당사자의 신청이 없더라도 법원이 직권으로도 제청할 수 있다.
② 위헌 법률 심판 제청 신청을 기각 당한 갑이 직접 헌법 재판소에 청구하는 것이므로 이는 위헌 심사형 헌법 소원이다.
④ 헌법 재판소의 위헌 결정이 있게 되면 해당 법률 조항은 그때부터 즉시 장래를 향하여 효력을 상실한다. 다만 형벌의 경우 소급하여 즉시 효력이 상실된다.

정답 ③

국가기관 종합 문제

01 밑줄 친 ㉠~㉢에 대한 법적 판단으로 옳은 것을 〈보기〉에서 고른 것은?

2016 교육행정

> 국회의장으로부터 정기국회 본회의 의사 진행을 위임받은 국회부의장은 본회의를 개의하고, 2011년도 예산안을 상정하였다. 심사 보고를 맡은 예산결산특별위원장은 예산안의 제안 설명과 심사 결과는 단말기에 게재되어 있는 것을 참고하라고 하며 심사 보고를 마쳤다. 그 후 국회부의장은 예산안에 대한 표결을 실시하여 가결되었음을 선포하였다. 이에 대해 국회의원 A는 본회의에서 국회부의장이 질의·토론 없이 표결을 실시하여 가결을 선포한 행위는 ㉠국회의원의 권한을 침해한 것이라고 주장하며, 국회의장을 상대로 헌법재판소에 ㉡심판을 청구하였으며, 헌법재판소는 이에 대해 심리하여 ㉢결정을 내렸다.

보기
ㄱ. ㉠은 예산안을 심의·확정 하는 권한이다.
ㄴ. ㉡은 권리구제형 헌법소원 심판이다.
ㄷ. ㉢에서 기각 결정이 내려질 경우에 2011년도 예산안은 유효하다.
ㄹ. ㉢에서 인용 결정을 내리기 위해서는 재판관 6인 이상의 찬성이 필요하다.

① ㄱ, ㄷ　　② ㄱ, ㄹ
③ ㄴ, ㄷ　　④ ㄴ, ㄹ

해설
ㄱ. 국회의원 A는 본회의에서 국회부의장이 질의·토론 없이 표결을 실시하여 가결을 선포한 행위에 대하여 자신의 국회의원의 권한이 침해되었다고 주장하는데, 이는 국회 구성원으로서의 예산안을 심의·확정 하는 권한을 침해당한 것이다.
ㄷ. 기각 결정이란 청구인의 주장을 받아들이지 않는다는 의미이다. 따라서 기각 결정이 내려질 경우에는 국회의원 A의 주장을 받아들이지 않고 국회의장이 국회의원 A의 권한을 침해하지 않았다는 의미로 내린 결정으로 2011년도 예산안은 유효하다는 것을 의미한다.

오답피하기
ㄴ. 위의 사례의 경우 국회의원 A는 국민으로서의 자신의 기본권이 침해당한 경우 제기할 수 있는 권리구제형 헌법소원을 제기한 것이 아니라 국회의원이라는 국가기관으로서의 권한이 국회의장이라는 국가기관에 의해 침해당했음을 주장하는 것으로 이는 '권한쟁의 심판'에 해당한다.
ㄹ. 헌법재판소의 다른 결정(헌법소원의 인용 결정, 법률의 위헌 결정 등)과 달리 권한쟁의 심판의 경우에는 7인 이상의 출석과 출석 재판관의 과반수의 찬성이 있으면 인용이든 기각이든 결정을 내릴 수 있다.

정답 ①

02 다음 글에 대한 설명으로 옳은 것은? 2013 지방직

> 군법무관 임용 등에 관한 법률 제6조에서는 군법무관의 보수는 법관 및 검사의 예에 준하여 대통령령으로 정한다고 규정하고 있음에도 불구하고, 행정부는 이에 관한 대통령령을 제정하지 않고 있었다. 이로 인해 갑(甲)은 자신의 재산권이 침해되었다고 주장하며, 헌법 소원을 청구하였다. 이에 대해 헌법재판소는 행정부의 입법 부작위가 갑(甲)의 기본권을 침해하여 헌법에 위배된다는 결정을 내렸다.

① 위 헌법 재판소의 결정으로 인해 군법무관의 임용 등에 관한 법률 제6조의 효력은 상실된다.
② 입법 부작위에 대한 헌법 소원 심판 청구에 있어서도 재판의 전제성 요건이 충족되어야 한다.
③ 이러한 사안에서 헌법 재판소 재판관 7인 이상의 출석과 재판관 과반수의 찬성으로 헌법 소원 심판은 인용 결정한다.
④ 국회가 위임한 특정한 사항에 대하여 행정부가 정당한 이유 없이 이를 이행하지 않았으므로 권력 분립의 원칙과 법치 국가의 원칙에 위배된다.

해설 위의 글은 법률에서 군법무관의 보수에 관한 사항을 대통령령에 위임하였음에도 불구하고 대통령령이 제정되지 않고 있음을 이유로 권리 구제형 헌법소원을 제기하여 인용 결정을 받은 사안이다. 특히 여기서는 입법 부작위 역시 공권력의 불행사로서 헌법 소원의 대상이 되었음을 보여주고 있다는 점과 이렇게 의회에서 법률에서 위임한 사항을 행정부에서 정당한 이유 없이 이를 이행하지 않은 것은 권력분립의 원칙과 법치주의에 위반되었다고 판시한 점을 명심해야 한다.
④ 국민의 대표기관인 의회에서 제정한 법률에서 하위법으로 위임한 사항에 대해서 행정부는 이를 따라야 할 의무가 있다. 그럼에도 불구하고 국회가 위임한 특정한 사항에 대하여 행정부가 정당한 이유 없이 이를 이행하지 않은 것은 권력 분립의 원칙과 법치 국가의 원칙에 위배된다.

오답피하기
① 군법무관의 임용 등에 관한 법률 제6조 자체의 위헌이 문제되는 것이 아니라 정당한 위임 입법에도 불구하고 행정부가 대통령령을 제정하지 않은 부작위가 문제된 사안이다.
② 재판의 전제성은 위헌심사형 헌법 소원에서 필요한 것이고, 권리 구제형 헌법소원은 재판의 전제성 요건은 불필요하다.
③ 헌법소원의 의결 정족수는 재판관 7인 이상의 출석과 6인 이상이 인용 결정을 하는 경우이고, 헌법 재판소 재판관 7인 이상의 출석과 재판관 과반수의 찬성을 요하는 것은 권한쟁의 심판이다.

정답 ④

03 우리나라 국가기관 간의 견제에 대한 설명으로 옳지 않은 것은? 2019 지방직

① 대통령은 국회에서 의결된 법률안에 대해 재의를 요구할 수 있다.
② 재의 요구된 법률안은 국회가 재적의원 과반수의 출석과 출석의원 3분의 2 이상의 찬성으로 의결하면 법률로서 확정된다.
③ 대통령이 일반사면을 명하려면 국회의 동의를 얻어야 한다.
④ 국회는 대통령에 대한 탄핵 심판권을 가진다.

출제 단원 및 영역 법과정치 3단원 국가기관의 견제 수단

해설
④ 대통령에 대하여 국회는 탄핵소추권을 가지고, 헌법재판소가 탄핵심판권을 가진다.

오답피하기
① 대통령은 재의 요구권(법률안 거부권)을 통하여 국회 다수당의 횡포를 견제할 수 있다.
② 재의 요구된 법률안이 국회에서 재의결된 경우에는 확정되므로 이에 대하여 대통령이 다시 재의를 요구할 수는 없다.
③ 헌법에서 특별사면과 달리 일반사면에 대하여 국회의 동의를 얻도록 규정하고 있다. (헌법 제79조 제2항)

정답 ④

04 다음에서 행정의 능률성이나 효율성을 위한 제도가 아닌 것은? 2018 국가직 변형

ㄱ. 국회에서의 원내 교섭단체의 인정
ㄴ. 국회 상임위원회
ㄷ. 권력 분립 제도
ㄹ. 주민소환제도

① ㄱ, ㄴ ② ㄱ, ㄹ
③ ㄴ, ㄷ ④ ㄷ, ㄹ

해설
ㄷ. 권력분립 제도는 권력의 남용을 막아 국민의 생명과 기본권을 보장하기 위한 제도이지 권력 집중이 오히려 행정의 능률성을 높인다.
ㄹ. 주민소환제도로 인하여 행정의 능률성과 효율성이 떨어지는 단점이 있다.

오답피하기
ㄱ, ㄴ 교섭단체와 국회 상임위원회는 국회의 효율적인 진행을 위한 제도로써 소수자를 보호하는 제도는 아니다.

정답 ④

05 다음에서 권력분산 효과를 기대할 수 있는 정치제도의 변화만을 모두 고른 것은? 2018 국가직

ㄱ. 단원제에서 양원제로 의회제도를 바꾸었다.
ㄴ. 중앙정부에서 지방정부로 인사권과 예산편성권을 이양하였다.
ㄷ. 소수대표제에서 다수대표제로 대표결정방식을 바꾸었다.
ㄹ. 행정부로부터 중앙은행의 정책결정 권한을 독립시켰다.

① ㄱ, ㄴ, ㄷ ② ㄱ, ㄴ, ㄹ
③ ㄱ, ㄷ, ㄹ ④ ㄴ, ㄷ, ㄹ

해설
ㄱ. 단원제에서 양원제로 바뀌면 의회의 권력이 분산되는 효과를 가져올 수 있다.
ㄴ. 중앙정부에서 지방정부로 인사권과 예산편성권을 이양하면 수직적 권력분립의 실현으로서 권력 분산의 효과를 기대할 수 있다.
ㄹ. 행벙부로부터 중앙은행의 정책결정 권한을 독립시킴으로써 행정부에 집중되어 있던 권력을 분산 시키는 효과를 기대할 수 있다.

오답피하기
ㄷ. 소수대표제에서 다수대표제로 바꾸는 것은 오히려 거대 정당에게 유리한 대표 결정 방식으로 오히려 거대 정당에게 권력이 집중될 수 있다.

정답 ②

06 다음 중 옳게 설명한 것은? 2014 서울시

① 국정 감사는 비공개로 한다.
② 국무총리는 조약 체결 및 비준 권한을 가진다.
③ 교섭 단체는 국회의 효율적인 의사 진행을 위한 기구이다.
④ 법률안 의결은 재적 의원 과반수의 찬성이 필요하다.
⑤ 예산안 처리에 대해 대통령은 거부권을 행사할 수 있다.

해설 국가 기관의 기능에 대한 설명이다. 각 기관에 대한 기능과 특징 등을 잘 정리해 둘 필요가 있다.
③ 교섭 단체는 국호의 의사 결정을 효율적을 하기 위해 20인 이상의 의원으로 구성된 기구로서 소수자 보호와는 거리가 먼 제도이다.

오답피하기
① 국정감사는 공개를 원칙으로 한다.
② 조약의 체결 및 비준 권한을 가지는 기관은 대통령이다.
④ 법률안의 의결은 재적 의원 과반수의 출석과 출석 의원 과반수의 찬성으로 한다.
⑤ 예산안 처리에 대해서는 대통령에게 거부권이 없다. 법률안에 대해서는 대통령에게 거부권이 있다. 또한 법률안은 대통령의 공포가 효력요건이지만 예산안은 본회의 의결로서 효력을 가진다.

정답 ③

07 다음 신문 기사와 관련된 내용으로 옳지 않은 것은? 2014 국가직

> ○○ 신문 ○○○○년 ○○월 ○○일
>
> OO 법원은 갑이 “A기업의 세무 조사 결과를 공개하라.”라며 국세청장을 상대로 제기한 행정 소송에서 원고 패소 판결을 내렸다. 재판부는 “세무 조사 결과에는 인격·신분·재산 등과 같은 개인의 사생활의 비밀이 포함되어 있으므로, 세무조사 결과를 공개할 경우에는 사생활의 비밀 침해라는 결과를 초래하게 된다.”라고 판시했다. 또한 재판부는 “일반적으로 기본권의 보호법익 중 국민의 알 권리보다 생명권·인격권이 우선한다고 보고, 이 사례에서도 개인의 사생활의 비밀과 자유가 더 우선적으로 보호된다.”라고 판시했다.

① 알 권리는 헌법에 명시적으로 규정된 기본권으로서 법률에 의하여 제한될 수 있는 권리이다.
② 사생활의 비밀과 자유는 국가에 의하여 침해되어서는 안 되고 개인에 의하여 침해되어서도 안 된다.
③ 갑은 OO 법원의 재판에 대하여 헌법 소원을 청구할 수 없다.
④ 행정 소송은 3심제가 적용된다.

해설 사안의 법원 판결은 기업의 사생활의 자유를 원고 측이 주장한 알 권리보다 더 우선적으로 보호되어야 하는 것으로 보고 있다.
① 우리 헌법에서 알 권리에 대해서는 명시적으로 규정하고 있지 않으나 국민의 당연한 기본권으로 헌법재판소에서는 인정하고 있다. 다만 그 법적 근거에 대해서는, 헌법재판소는 표현의 자유 등에서 찾고 있다.

오답피하기
② 사생활의 비밀과 자유는 개인이나 국가에 의해서 침해되어서는 안 되는 기본권이다.
③ 법원의 재판에 대해서는 헌법소원을 제기할 수 없다.
④ 행정소송의 경우 행정법원(1심)–고등법원(2심)–대법원(3심)으로 3심제가 적용된다.

정답 ①

08 다음 사례에서 여직원이 권리를 구제받기 위해 취한 방법에 해당되는 것은? 2014 경찰직 2차

> △△회사는 여직원에게 근무복으로 치마만 입도록 규정하고 있다. 남자 상사는 치마를 입지 않은 여직원을 야단치거나 인사에 불이익을 주기도 하였다. 이에 여직원이 국가인권위원회에 문제를 해결해 달라고 요청하였다.

① 진정　　② 고소
③ 재판　　④ 행정심판

해설 지문의 개념을 숙지할 필요가 있다.

진정	국민이 개인적으로 또는 집단적으로 공공 기관에 대하여 유리한 조치를 위해줄 것 요청해주는 행위
고소	범죄 피해자 또는 피해자와 일정한 관계에 있는 자가 수사 기관에 범죄 사실을 신고하여 법적인 처리를 구하는 해위
재판	문제가 되는 사안에 대하여 헌법과 법률에서 정하는 법관에 의하여 공정하고 신속한 판단을 받는 것
행정심판	행정청의 위법·부당한 처분 그밖에 공권력의 행사·불행사 등으로 인해 권리를 침해받은 국민이 법원이 아닌 행정기관에 제기하는 제도

① 국가인권위원회에 문제를 해결해달라고 요청하는 것은 진정에 해당한다.

오답피하기

② 고소는 범죄사실에 대하여 수사기관에 대하여 신고하는 것이므로 국가인권위원회에 문제를 해결해달라고 요청하는 것은 고소가 아니다.
③ 재판은 법원에 청구하는 것이다.
④ 행정심판의 행정청의 위법·부당한 처분 등을 대상으로 하는데, 사안의 경우 회사에서 일어난 문제이므로 행정심판의 대상이 되지 않는다.

정답 ①

09 현행 헌법에 명시적으로 규정하고 있는 기관을 모두 고른 것은? 2021 경찰직 2차

> ㉠ 감사원　　㉡ 금융감독원
> ㉢ 국무회의　　㉣ 경찰청

① ㉠, ㉡　　② ㉠, ㉢
③ ㉠, ㉣　　④ ㉡, ㉢

출제 단원 및 영역 정치와 법 2단원 국가기관

해설

㉠ 헌법 제97조 국가의 세입·세출의 결산, 국가 및 법률이 정한 단체의 회계검사와 행정기관 및 공무원의 직무에 관한 감찰을 하기 위하여 대통령 소속하에 감사원을 둔다.
㉢ 헌법 제88조 ① 국무회의는 정부의 권한에 속하는 중요한 정책을 심의한다.

오답피하기

㉡, ㉣ 금융감독원과 경찰청은 헌법에서 명시적으로 규정하고 있지 않다.

정답 ②

10 밑줄 친 ㉠~㉣은 우리나라의 헌법 기관이다. 이에 대한 옳은 설명을 〈보기〉에서 고른 것은? 2020 소방직

오늘의 주요 뉴스

- ㉠ 대법관 후보자 임명 동의안 ㉡ 국회 통과
- ㉢ 헌법 재판소, '○○법' 위헌 여부 오늘 결정
- ㉣ 대통령, 특별 사면 검토

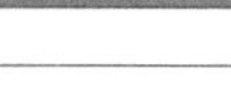

보기

ㄱ. ㉠은 상고 및 재항고 사건을 담당한다.
ㄴ. ㉡은 명령 · 규칙 또는 처분의 위법성에 대한 최종 심사권을 가진다.
ㄷ. ㉢의 재판관은 ㉣이 임명한다.
ㄹ. ㉣은 국정 감사나 국정 조사를 통해 ㉡을 통제한다.

① ㄱ, ㄴ　② ㄱ, ㄷ
③ ㄴ, ㄹ　④ ㄷ, ㄹ

해설

ㄱ. 대법관은 상고 및 재항고 사건을 담당한다. 대법원에서 상고심과 재항고심을 담당하기 때문이다.
ㄷ. 9인의 헌법 재판관은 모두 대통령이 임명한다.

오답피하기

ㄴ. 명령 · 규칙 또는 처분의 위법성에 대한 최종 심사권은 대법원에 있다.
ㄹ. 국정 감사나 국정 조사는 국회가 정부를 견제하는 수단이고, 대통령은 법률안 거부권을 통해 국회를 견제한다.

정답 ②

03 지방자치의 의의와 과제

지방자치

01 다음 제도의 정치적 효과로 옳지 않은 것은? 2013 국가직

주민들이 지방 자치 단체장의 처분이나 지방 의회 의원의 의결 등과 관련하여 문제점이 있다고 판단할 경우, 단체장이나 지방 의원을 통제할 수 있는 제도이다. 일정한 절차를 거쳐 해당 당사자에게 소명 기회를 주고, 주민 투표를 통해 임기 중인 단체장이나 지방 의원을 교체할 수도 있다.

① 참여 민주주의의 정착과 활성화를 촉진한다.
② 지방자치의 효율성과 안정성을 향상시킨다.
③ 단체장이나 지방 의원의 재량권을 견제하는 효과가 있다.
④ 단체장이나 지방 의원의 주민에 대한 정치적 책임감을 제고할 수 있다.

해설 사안의 경우 지방 자치 단체장이나 지방의회 의원에 대해서 주민 투표를 통해 임기 중에도 교체할 수 있다고 하므로 이는 '주민소환'에 해당한다. 우리나라는 국민 소환제는 건국 이래 단 한번도 실시된 적이 없지만 주민 소환제는 현재 법률에 규정하고 시행하고 있다.
② 주민소환제의 경우 임기 중에 대표자를 교체할 수도 있기 때문에 어떤 정책의 지속성을 유지하기 어렵고 또한 지방 자치의 안정성을 해할 수도 있다.

오답피하기

① 주민소환제는 직접 민주주의의 요소로서 주민들의 참여를 독려하고 지방자치의 활성화를 촉진한다.
③, ④ 주민소환제는 지방자치 단체장의 처분이나 지방의회 의원의 의결 등이 문제가 있다고 판단될 경우 그들을 임기 중에 교체할 수 있는 제도이므로 단체장이나 지방 의원의 재량을 견제하는 효과가 있으며, 이러한 파면을 면하기 위해서 그들은 정치적 책임감을 가질 것이다.

정답 ②

02 현행법상 지방자치단체 주민의 지방 자치 참여에 대한 설명으로 옳지 않은 것은? 2020 국가직

① 주민은 법령으로 정하는 바에 따라 지방자치단체의 장 및 지방의회의원(비례대표 지방의회의원은 제외함)을 소환할 수 있다.
② 19세 이상의 주민은 지방자치단체와 그 장의 권한에 속하는 사무의 처리가 법령에 위반된다고 인정되면 「지방자치법」이 정하는 바에 따라 감사를 청구할 수 있다.
③ 국민인 주민은 법령으로 정하는 바에 따라 그 지방자치단체에서 실시하는 지방의회의원과 지방자치단체의 장의 선거에 참여할 수 있다.
④ 주민은 지방의회의 의결이 월권이거나 법령에 위반되거나 공익을 현저히 해친다고 인정되면 그 의결사항에 대해 재의를 요구할 수 있다.

출제 단원 및 영역 법과정치 2단원 지방자치제도

해설
④ 조례 공포권과 재의 요구권은 지방자치 단체장의 권한이다.

> 지방자치법 제107조(지방의회의 의결에 대한 재의요구와 제소) ① 지방자치단체의 장은 지방의회의 의결이 월권이거나 법령에 위반되거나 공익을 현저히 해친다고 인정되면 그 의결사항을 이송받은 날부터 20일 이내에 이유를 붙여 재의를 요구할 수 있다.

오답피하기
① 비례대표 지방의회 의원은 제외하고 광역·기초 지방의회 의원과 광역·기초 단체장은 모두 주민소환의 대상이 된다.

> 지방자치법 제20조(주민소환) ① 주민은 그 지방자치단체의 장 및 지방의회의원(비례대표 지방의회의원은 제외한다)을 소환할 권리를 가진다.
> ② 주민소환의 투표 청구권자·청구요건·절차 및 효력 등에 관하여는 따로 법률로 정한다.

② 지방선거의 경우 만 18세 이상인 것과 달리 주민투표나 감사 청구는 현재에도 만 19세 이상임을 유의한다.

> 지방자치법 제16조(주민의 감사청구) ① 지방자치단체의 19세 이상의 주민은 시·도는 500명, 제175조에 따른 인구 50만 이상 대도시는 300명, 그 밖의 시·군 및 자치구는 200명을 넘지 아니하는 범위에서 그 지방자치단체의 조례로 정하는 19세 이상의 주민 수 이상의 연서(連署)로, 시·도에서는 주무부장관에게, 시·군 및 자치구에서는 시·도지사에게 그 지방자치단체와 그 장의 권한에 속하는 사무의 처리가 법령에 위반되거나 공익을 현저히 해친다고 인정되면 감사를 청구할 수 있다.

③ 지역 주민은 법령에 정하는 바에 의하여 지방선거권이 인정된다. 단, 국회의원·대통령 선거와 마찬가지로 2020년부터 만 18세 이상에게 선거권이 부여된다.

> 공직선거법 제15조(선거권) ② 18세 이상으로서 제37조제1항에 따른 선거인명부작성기준일 현재 다음 각 호의 어느 하나에 해당하는 사람은 그 구역에서 선거하는 지방자치단체의 의회의원 및 장의 선거권이 있다.

정답 ④

03 우리나라의 지방자치제도에 대한 설명으로 옳은 것은? 2020 지방직·서울시

① 지역 주민들은 조례 제정 및 개폐 청구권을 가진다.
② 기초의회는 비례대표 의원 없이 지역구 의원만으로 구성된다.
③ 지방자치단체장은 지방자치단체의 예산을 심의·확정하고, 결산을 승인한다.
④ 교육자치를 위해 광역자치단체와 기초자치단체에 각각 교육감을 두고 있다.

해설
① 우리나라는 직접 민주제 요소로서 주민 발안권을 인정하고 있으며, 이는 법률 등에서 조례 제정 및 개폐 청구권으로 표현되고 있다. 일정 수 이상의 연서로 19세 이상의 지역 주민은 조례 제정및 개폐에 대한 제청권을 지방자치단체에 제출한다. 단 주의할 것은 지역 주민에게 조례 제정 및 개폐 청구권이 인정되는 것이 직접 조례 제정 및 개폐를 하는 것은 아니다. 이는 지방의회의 권한이다.

오답피하기
② 기초의회와 광역의회는 모두 지역구 의원과 비례대표 의원으로 구성된다. 다만, 지역구 의원의 경우 광역 의회 의원은 소선거구제를 채택하였고, 기초 의회 의원의 경우 중·대선거구제를 채택하고 있다.
③ 예산의 심의·확정하는 것은 지방 의회의 권한이고, 지방자치단체장은 이를 집행할 권한을 가진다. 국회가 예산의 심의·확정하고 정부가 이를 집행하는 것에 대응한다.
④ 현재 우리나라에서는 광역단체에만 교육감 선거를 통해 교육감을 선출하고, 기초단체에서는 교육감 선거를 하지 않는다. 기초단체에는 별도의 교육장을 통해 교육 사무를 집행하게 한다.

정답 ①

04 지방 자치 제도에 대한 설명 중 옳은 것만을 모두 고른 것? 2013 지방직

ㄱ. 성남시 분당구와 김해시는 기초 지방 자치 단체이다.
ㄴ. 주민 소환의 대상에는 비례 대표 지방의회 의원이 포함된다.
ㄷ. 일정한 수의, 주민은 직접 조례의 제정 및 개폐를 청구할 수 있다.
ㄹ. 제주 특별 자치도와 세종 특별 자치시는 모두 광역 지방 자치 단체에 속한다.
ㅁ. 지방 자치 제도는 헌법에 의해 보장받고 있다.

① ㄱ, ㄴ, ㄷ
② ㄱ, ㄹ, ㅁ
③ ㄴ, ㄷ, ㄹ
④ ㄷ, ㄹ, ㅁ

해설
• 지방자치제도와 관련하여 주의할 것은 자치구이다. 자치구는 특별시와 광역시의 구역 내의 구(區)를 자치단위로 하는 기초 단체로 서울시 강남구, 대구시 수성구 등이 있다. 그러나 구청장의 선거는 특별시, 광역시에만 해당하고, 그렇지 않은 구(區)의 경우에는 기초 자치 단체장이 임명한다.
• 지방자치 제도는 우리나라 헌법에서 보장하고 그 구체적인 내용은 법률에서 규정하고 있다. 특히 지역 주민들에게는 주민투표권, 주민소환권, 조례개폐청구권 등이 법률적인 권리로서 인정되고 있다.

ㄷ. 조례 개폐 청구권은 주민발안권에 해당하는 것으로서 법률에서 보장하고 있다.
ㄹ. 광역 자치 단체는 특별시, 광역시, 특별 자치시, 도, 특별 자치도 등으로 구성되므로 제주도는 특별 자치도이고 세종시는 특별 자치시에 해당하고 모두 광역 자치 단체이다.
ㅁ. 우리나라 헌법 제 117조와 제118조에서 지방자치제도를 보장하고 있다. 다만 그 구체적인 내용은 법률에서 정한다.

오답피하기
ㄱ. 성남시는 기초자치 단체이지만 분당구는 기초자치 단체가 아니다. 구(區)가 기초자치 단체가 되려면 특별시와 광역시의 구역 내의 구(區)를 자치단위로 하는 기초 단체여야 한다. 분당구청장은 성남시장이 임명하는 것이지 선거에 의해 선출되는 자가 아니다.
ㄴ. 지방 자치법 제20조 ① 주민은 그 지방 자치 단체의 장 및 지방 의회 의원(비례 대표지방 의회 의원은 제외한다.)을 소환할 권리를 가진다.

정답 ④

05 (가), (나)에 대한 설명으로 옳지 않은 것은? 2021 지방직

(가) 이것은 지방자치단체의 예산 편성 권한을 주민과 공유하여 공공 서비스나 행정 활동에 대한 주민의 다양한 의견을 예산에 반영하는 것이다.
(나) 이것은 지방자치단체와 그 장의 권한에 속하는 사무의 처리가 법령에 위반되거나 공익을 현저히 해친다고 인정되면 일정 수 이상의 주민이 연대 서명하여 직접 감사를 청구하는 것이다.

① (가)는 재정 운영의 투명성과 재원 배분의 공정성을 높인다.
② (나)가 이루어지면 지방자치단체장의 권한이 정지된다.
③ (가)와 (나) 모두 지방자치 활성화에 기여한다.
④ (가)와 (나) 모두 지방자치단체의 민주적인 의사 결정을 강화한다.

해설 (가)는 주민 참여 예산제도이고 (나)는 주민 감사 청구 제도이다.
② 지방자치단체장의 권한이 정지되는 것은 주민소환제도이다. 주민 감사 청구로 인하여 지방자치단체장의 권한이 정지되는 것은 아니다.

오답피하기
① 주민 참여 예산 제도를 통하여 지방재정에 운영의 투명성, 공정성, 및 재정민주주의를 제고할 수 있다.
③, ④ 두 제도 모두 지방자치 활성화에 기여하고, 주민의 적극적인 참여로 인한 견제를 통해 지방자치단체의 민주적인 의사 결정을 강화한다.

정답 ②

CHAPTER 03

정치과정과 참여

01 정치 과정과 시민의 정치 참여

이스턴의 정책 결정 모델

01 다음 그림은 데이비드 이스턴(D. Easton)의 주장을 토대로 현대 정치 과정을 도식화한 것이다. 이에 대한 설명으로 옳은 것만을 〈보기〉에서 모두 고르면? 국가직 2014

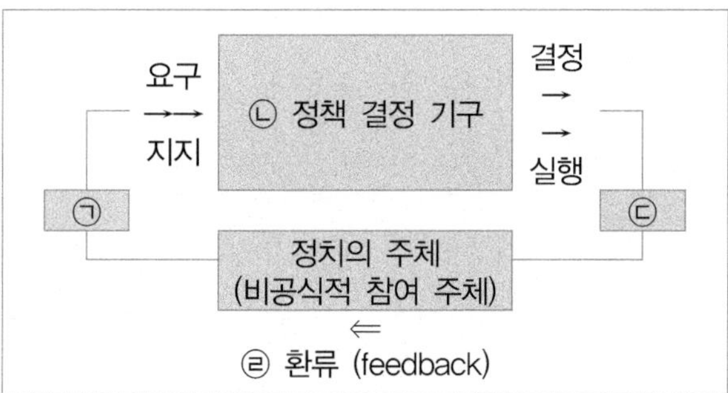

보기

ㄱ. 시민의 입법 청원 운동은 ㉠에 해당된다.
ㄴ. ㉡에서는 입법부보다 행정부의 역할과 권한이 강화되어 왔다.
ㄷ. ㉢에서는 이익 집단이 중요한 역할을 한다.
ㄹ. ㉠과 ㉣은 민주주의 체제보다 권위주의 체제에서 활발해진다.

① ㄱ, ㄴ ② ㄱ, ㄹ
③ ㄴ, ㄷ ④ ㄷ, ㄹ

해설 ㉠은 투입, ㉢은 산출에 해당하며, ㉡의 정책 결정 기구에는 입법부, 행정부, 사법부 등 국가 기관에 해당하고 ㉣의 환류에 의해 정책 결정 기구에서 내린 결정과 집행의 평가하고 투입 하게 된다.
ㄱ. 시민의 입법 청원 운동은 투입에 해당한다.
ㄴ. 현대 사회는 복지국가를 추구함에 따라 행정 국가화 현상이 발생하여 행정부의 역할과 권한이 강화되고 있다.

오답피하기
ㄷ. 이익집단은 ㉠의 투입에서 중요한 역할을 하며, ㉢의 산출은 입법부, 행정부, 사법부 등 국가 기관이 중요한 역할을 한다.
ㄹ. 권위주의 체제에서는 산출이 투입과 환류보다 활발하다.

정답 ①

02 (가), (나)에 대한 설명으로 옳은 것은? 2020 국가직

정치 과정은 사회의 다양한 요구가 표출되는 (가), 정책 결정 기구가 정책을 수립하고 집행하는 (나), 산출된 정책에 대한 사회의 평가가 재투입되는 환류 과정을 의미한다.

① 정부가 국회에 법률안을 제출하는 것은 (가)에 해당한다.
② 정당이 공직 선거에 후보자를 공천하는 것은 (나)에 해당한다.
③ (가)가 (나)에 잘 반영될수록 시민들의 정치적 효능감이 높아진다.
④ 향리형 정치문화가 지배적인 사회에서는 (나)보다 (가)가 활성화된다.

출제 단원 및 영역 법과정치 1단원 정책 결정 모형

해설 (가)는 투입, (나)는 산출이 들어간다.
③ 시민들의 다양한 요구들이 정책에 잘 반영될 때 시민들의 정치적 효능감은 높아진다. 정치적 효능감은 자신의 정치적 행동이 실제 정치에 영향을 미치고 있다는 믿음을 말하기 때문이다.

오답피하기
① 정부가 국회에 법률안을 제출하는 것은 정책 결정 기구가 정책을 수립하는 행위에 해당하므로 산출에 해당한다.
② 정당이 공직 선거에 후보자를 선출하는 것은 투입에 해당한다. 정당은 정책 결정 기구가 아닌 정치의 주체에 해당한다.
④ 향리형 정치문화의 경우 전통적 국가에서 주로 나타나는 정치문화이다. 향리형 정치문화의 경우 투입과 산출이 모두 활성화되는 것은 아니다. 참여형 정치문화가 지배적인 사회에서 투입이 산출보다 활성화된다. 반면, 권위적 국가에서는 투입보다 산출이 활성화된다.

정답 ③

03 밑줄 친 ㉠~㉣에 대한 옳은 설명을 〈보기〉에서 고른 것은? 예상 문제

> '체계 이론'은 인류 보편적 가치와 목적을 실현하는 정치체제를 '민주주의'로 규정하고, 그 과정을 다음과 같이 정의한다. 시민은 ㉠ 국가에 그들이 원하는 것을 요구하며, ㉡ 정부는 시민들이 요구한 것을 ㉢ 정책으로 만들어 집행함으로써 시민을 위한 정치를 한다. 또한 산출이 투입으로 서로 연계되는 과정을 ㉣ 피드백이라고 한다.

보기

ㄱ. 시민은 자발적으로 단체를 조직하여 ㉠을 하기도 한다.
ㄴ. ㉡에 권한이 집중될수록 정치적 효율성과 정당성이 제고된다.
ㄷ. 선거는 ㉠과 ㉣의 기능을 모두 수행한다.
ㄹ. 권위주의 국가에서는 ㉢보다 ㉠을 중시한다.

① ㄱ, ㄴ
② ㄱ, ㄷ
③ ㄴ, ㄷ
④ ㄴ, ㄹ

해설 ㉠은 투입, ㉡은 정책 결정 기구, ㉢은 산출, ㉣은 환류를 의미한다.

오답피하기
ㄴ. 정부에 권한이 집중되면 정치적 효율성은 제고되나, 자의적인 권력행사로 정당성이 훼손될 수 있다.
ㄹ. 권위주의 국가에서는 투입보다 산출을 중시한다.

정답 ②

04 다음은 이스턴의 정책 결정 모형이다. (가)~(라)에 대한 설명으로 옳은 것은? 2013 서울시

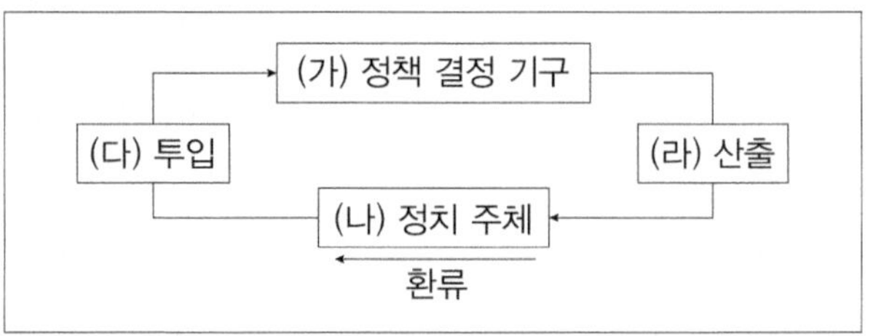

① (가)에서 현대 정부의 역할은 감소하고 있다.
② 현대 사회에서 (나)는 국회이다.
③ 여론 조사 결과를 바탕으로 기존의 정책을 수정하는 것은 (다)에 해당한다.
④ 사치품에 대한 특별 소비세를 폐지하기로 결정한 것은 (라)에 해당한다.
⑤ 이익집단, 정당, 선거 등을 통한 여론 수렴은 (라)의 과정 에서 이루어진다.

해설
④ 사치품에 대한 특별 소비세를 폐지하기로 결정한 것은 정책 결정 기구(국가 기관)에 의한 산출에 해당한다.

오답피하기
① (가)에서 현대 정부의 역할은 커지고 있고, 반면 입법부(국회)의 역할은 상대적으로 감소하고 있다.
② 국회는 국가 기관으로 (가)에 해당한다.
③ 여론 조사를 바탕으로 기존의 정책을 수정하는 것은 산출에 해당한다.
⑤ 이익집단, 정당, 선거 등을 통한 여론 수렴은 정치 주체에 의한 투입에 해당한다.

정답 ④

02 선거와 선거 제도

선거 원칙 및 선거 제도

01 다음 대화에서 갑의 주장이 위반한 민주 선거의 원칙은? 2014 지방직

> 갑 모두에게 투표권을 주더라도, 투표권을 동일하게 주는 것은 옳지 않아.
> 을 왜 옳지 않아?
> 갑 사람들이 내는 세금으로 국가가 운영되는 것이니, 세금을 더 많이 내는 사람에게는 더 큰 권리를 줘야 해. 따라서 세금을 내는 것과 비례해서 투표권의 수를 다르게 주어야 한다고 봐.
> 을 하지만 그것은 민주 선거의 원칙에 어긋나는 거야.

① 보통 선거
② 평등 선거
③ 비밀 선거
④ 직접 선거

해설 갑은 세금을 내는 것과 비례해서 투표권의 수를 다르게 부여하자는 주장을 하고 있는데, 이것은 표의 가치의 등가성 (1인 1표 원칙)에 반하므로 이는 평등선거 원칙에 위배된다.
② 1인 1표제라는 투표 수의 평등 원칙에 반하므로 평등 선거 원칙에 위배된다.

오답피하기
① 보통 선거는 누구나 일정한 연령에 도달하면 선거를 할 수 있다는 선거 원칙이다.
③ 비밀 선거는 투표자의 투표 내용을 타인이 알 수 없게 하는 것을 말한다.
④ 직접 선거는 선거권자가 직접 대표자를 선출하는 것을 말한다.

정답 ②

02 다음 글의 밑줄 친 부분을 후보자에게 요구하는 이유로 가장 적절한 것은? 2018 국가직 생활안전

> 갑과 을은 대통령 선거에 후보로 등록하기 위해 「공직선거법」에 의거하여 <u>후보자 기탁금인 3억 원을 중앙선거관리위원회에 납부하였다.</u> 선거 결과, 당선된 갑은 기탁금 전액을 돌려받았지만, 을은 유효투표총수의 14%를 득표하여 50%만 돌려받았다.

① 사전선거운동 방지
② 선거 관리를 위한 재원 확보
③ 유권자의 정치적 선택권 확대
④ 후보자의 난립으로 인한 혼란 방지

해설
④ 후보자에게 기탁금을 납부하도록 하는 것은 후보자의 난립으로 인한 선거의 혼란을 방지하기 위해서이다.

오답피하기
① 사전선거운동을 방지하기 위해서 선거운동 기간을 법적으로 정하고 있다.
② 선거공영제를 채택하고 있는 우리나라는 기탁금 제도가 선거관리를 위한 재원 확보적인 목적에서 시행되고 있는 것은 아니다. 일정 득표율 이상이면 기탁금을 반환하고 있는 것에서도 알 수 있다.
③ 기탁금을 요구함으로써 다양한 후보자의 등록이 어려워 유권자의 정치적 선택권은 오히려 축소된다.

정답 ④

03 다음 (가)와 관련된 설명으로 적절한 것만을 〈보기〉에서 모두 고르면? 2018 지방직

(가)는 미국의 메사추세츠주 주지사였던 게리(E.Gerry)가 자기가 속한 공화당의 후보들에게 선거구를 획정한 결과를 나타낸다. 그 모습이 그리스 신화에 나오는 도롱뇽(Salamander)과 비슷하다고 하여 유래하였다.

보기

ㄱ. (가)는 공정한 선거를 위해 불가피하다.
ㄴ. 우리나라의 경우 대통령 선거보다 국회의원 선거에서 (가)가 나타날 가능성이 높다.
ㄷ. 우리나라의 경우 지역구 국회의원 선거보다 비례대표 국회의원 선거에서 (가)가 나타날 가능성이 높다.
ㄹ. 정치권으로부터 독립적인 선거구 획정위원회를 제도화하면 (가)를 방지하는 데 도움이 된다.

① ㄱ, ㄴ
② ㄱ, ㄷ
③ ㄴ, ㄷ
④ ㄴ, ㄹ

해설 (가)는 자의적인 선거구 획정에 대한 것으로 이를 게리맨더링이라고 한다.
ㄴ. 우리나라의 대통령 선거는 전국을 단위로 1개의 선거구로 하여 1명을 당선시키므로 선거구의 획정이 필요하지 않다. 반면, 국회의원 선거는 소선거구제를 채택하고 있는 만큼 게리맨더링이 나타날 가능성이 있다.
ㄹ. 정치권의 영향을 받지 않는 선거구 획정위원회를 제도화한다면 게리멘더링을 방지하는데 도움이 된다. 우리나라도 독립 기관으로서 선거구 획정위원회를 중앙선거관리 위원회에 두고 있다.

오답피하기
ㄱ. 공정한 선거를 위해서는 오히려 게리맨더링을 방지해야 한다.
ㄷ. 우리나라 비례대표 국회의원 선거는 전국을 하나의 단위로 하므로 선거구 획정이 불필요하다. 따라서 게리맨더링이 나타날 가능성이 없다.

정답 ④

04 다음 설명에 해당하는 것은? 2019 국가직

- 국가나 지방자치단체가 선거비용의 일부를 부담한다.
- 후보자들에게 균등한 선거운동의 기회를 보장한다.
- 선거운동의 과열을 방지함으로써 선거가 공정하게 치러질 수 있도록 한다.
- 국가가 비용을 지나치게 많이 부담할 경우 후보가 난립할 수도 있다.

① 선거 공영제
② 중・대선거구제
③ 보통 선거제
④ 선거구 법정주의

출제 단원 및 영역 법과정치 2단원 공정한 선거를 위한 제도

해설 선거 공영제는 선거 운동을 국가나 지방 자치 단체가 관리하여 선거 운동의 기회를 균등하게 보장하고, 선거 비용의 국가 부담을 통해 재력이 없는 유능한 후보자의 당선 기회를 보장하는 제도이다. 이는 선거구 법정주의와 함께 선거의 공정성을 확보하기 위한 제도이다.
① 국가나 지방자치단체가 선거비용의 일부를 부담하고, 후보자들에게 균등한 선거운동의 기회를 보장하는 등의 내용은 모두 선거 공영제에 대한 설명이다.

오답피하기
② 중・대선거구제란 선거구의 크기가 크고 두 명 이상의 대표자를 선출하는 선거구를 말한다.
③ 보통선거제란 일정한 연령에 도달하면 성별・학력・재산・인종・종교 등에 따른 제한 없이 선거권을 부여하는 것을 말한다.
④ 선거구 법정주의는 게리맨더링을 극복하기 위해서 등장한 제도로서, 선거구를 국민의 대표기관인 의회에서 법률로 정하는 것을 말한다.

정답 ①

05 **선거제도에 대한 다음의 설명 중 적절한 것을 있는 대로 고른 것은?** 2015 경찰직 2차

㉠ 소선거구제는 다당제를 촉진하는 효과가 있다.
㉡ 군소 정당 후보자가 당선될 가능성이 높은 것은 소선거구제다.
㉢ 중·대선거구제는 선거 관리가 용이하며, 유권자와 대표자 간의 친밀도가 높아진다.
㉣ 중·대선거구제의 단점은 사표를 많이 발생시킨다는 것이다.
㉤ 다수 대표제는 일반적으로 소선거구제와 결합한다.

① ㉠, ㉡, ㉣ ② ㉠, ㉢, ㉣, ㉤
③ ㉡, ㉢ ④ ㉤

해설 소선구제와 중·대선거구제의 의미와 특징 그리고 장·단점은 꼼꼼히 정리해야 한다.
㉤ 다수 대표제는 최다 득표자만이 대표가 되는 것이고, 소선거구제는 1인의 대표를 뽑는 선거구이므로 대표제는 일반적으로 소선거구제와 결합한다.

오답피하기
㉠ 소선거구제는 기존 거대 정당에 유리하므로 양당제를 촉진한다.
㉡ 중·대선거구제에서는 군소 정당의 후보자가 당선될 가능성이 더 높다. 최다 득표가 아니라도 당선이 가능하기 때문이다.
㉢ 소선구제는 선거구의 범위가 작아 선거 관리가 용이하며, 입후보자도 적어서 유권자와 대표자간의 친밀도가 더 높다.
㉣ 소선거구제에서는 1명만을 당선자로 결정하기 때문에 당선자가 아닌 다른 후보자에게 표를 행사한 경우가 중·대선거구제보다 많다. 즉 소선거구제에서 사표 발생이 많다.

정답 ④

06 **<보기 1>의 A, B 선거구제의 특징에 대한 설명 중 옳은 것을 <보기 2>에서 모두 고르면?** 2019 서울시

보기1

구분	A	B
내용	한 선거구에서 1명의 대표자를 선출	한 선거구에서 2명 이상의 대표자를 선출

보기2

ㄱ. A 방식에 비해 B 방식에서 국민의 다양한 의사가 선거에 반영된다.
ㄴ. 일반적으로 A 방식에 비해 B 방식에서 사표(死票)가 많이 발생한다.
ㄷ. B 방식보다 A 방식이 양당제를 촉진하는 경향이 있다.
ㄹ. B 방식이 A 방식에 비해 선거 비용이 적게 든다.

① ㄱ, ㄴ ② ㄱ, ㄷ
③ ㄴ, ㄹ ④ ㄷ, ㄹ

출제 단원 및 영역 법과정치 2단원 소선거구제, 중·대선거구제

해설 A는 소선거구제, B는 중·대선거구제이다.
ㄱ. 중·대선거구제는 소선거구제에 비하여 소수당에게 유리한 선거구 이므로 다양한 정당이 정계 진출의 가능성이 높다. 그 결과 국민의 다양한 의사가 선거에 반영될 수 있다.
ㄷ. 소선거구제는 거대 정당에 유리하여 양당제를 촉진하고 정국이 안정될 가능성이 상대적으로 더 높다.

오답피하기
ㄴ. 사표(死票)는 소선거구제에서 더 많이 발생한다.
ㄹ. 소선거구제에서 선거 비용이 적게 들고, 관리가 용이하다.

정답 ②

07 **선거구 제도의 유형 A와 B에 대한 설명으로 가장 적절한 것은?** 2020 경찰직 1차

구분 \ 선거구 제도	A	B
다수 대표제와 결합 여부	아니오	예
사표의 발생 정도	적음	많음

① A는 B보다 후보자 입장에서 선거 비용이 적게 든다.
② A는 B보다 후보자 난립 가능성이 낮다.
③ B는 A보다 신진 인사의 정계 진출이 불리하다.
④ B는 A보다 군소 정당에 유리하다.

출제 단원 및 영역 법과정치 2단원 선거구제

해설 다수 대표제와 결합하고 사표의 발생 정도가 큰 B는 소선거구제이고, 그 반대인 A는 중·대선거구제이다.
③ 소선거구제는 최다 득표자 1인을 당선으로 하므로 기성 정치인과 거대 정당에 유리한 선거구제이다. 사람들은 자신의 표가 사표가 될 것을 꺼려하므로 신진 인사나 소수 정당의 후보자에 대한 투표를 거리기 때문이다. 따라서 소선거구제는 신진 인사의 정계 진출에 불리하다.

오답피하기
① 중·대선거구제는 선거구가 크므로 후보자 입장에서 소선거구제보다 선거 비용이 많이 든다.
② 최다 득표자가 아니어도 당선이 될 수 있는 중·대선거구제에서는 후보자의 난립 가능성이 높다.
④ 소선거구제는 다수 대표제와 결합하므로 거대 정당에게 유리하고 이로 인하여 양당제를 촉진하여 정국이 안정될 가능성이 높다.

정답 ③

08 다음 갑국의 선거제도에 대한 설명으로 옳은 것은?

2019 국가직

> 국회는 지역구 국회의원 300명과 비례대표 국회의원 100명으로 구성된다. 국회의원 선거에서 19세 이상의 남・여 국민은 누구나 선거권을 가진다. 피선거권자는 정당 공천 여부와 관계없이 지역 선거구에 출마할 수 있다. 유권자는 지역구 국회의원 후보자에게만 투표하며, 한 표라도 많이 얻은 최고 득표자가 당선된다. 비례대표 의석은 지역구 선거에서 표출된 유권자의 의사를 그대로 정당에 대한 지지 의사로 의제하여 배분하며, 각 정당이 사전에 선거관리위원회에 제출한 비례대표 국회의원 후보자 명부의 순번으로 당선자를 결정한다.

① 지역구 국회의원 선거방식은 소선거구제이며, 군소 정당 후보에게 유리하다.

② 자신의 지지정당이 후보를 공천하지 않아 어쩔 수 없이 무소속 후보자에게 투표한 사람의 경우 비례대표 국회의원의 선출에 기여하지 못한다는 점은 보통 선거 원칙에 위배된다.

③ 지역구 국회의원 선거방식은 소수 대표제이며, 선거 운영 방식이 다수 대표제보다 복잡하고 선거비용도 많이 든다.

④ 유권자가 지역구 후보자나 그 후보자가 속한 정당 어느 일방만을 지지할 경우 후보자 개인이나 정당 중 어느 기준으로 투표하더라도 유권자의 선택권이 제한되는 측면이 있다.

출제 단원 및 영역 법과정치 2단원 선거제도

해설 제시문에서 지역구에서 최고 득표자가 당선된다고 하였으므로 갑국의 지역구 선거는 소선거구제 다수대표제를 채택하고 있다는 것을 알 수 있다. 또한 비례대표제의 의석 배분은 지역구 선거에서 표출된 유권자의 의사를 그대로 정당에 대한 지지 의사로 의제하여 배분한다고 하였으므로 이는 과거 우리나라 국회의원 선거에서 채택하였던 1인 1표제 방식을 도입하고 있음을 알 수 있다. 마지막으로 각 정당이 사전에 선거관리위원회에 제출한 비례대표 국회의원 후보자 명부의 순번으로 당선자를 결정한다고 하였으므로 고정 정당 명부식 비례대표제를 채택하고 있음을 알 수 있다.

④ 1인 1표제 하에서는 유권자가 지역구 후보자나 그 후보자가 속한 정당 어느 일방만을 지지할 경우 후보자 개인이나 정당 중 어느 기준으로 투표하더라도 유권자의 선택권이 제한되는 측면이 있어 직접 선거 원칙에 위배된다고 헌법재판소는 판시하였다.

> **[참조] 우리나라의 1인 2표 정당 명부식 비례 대표제**
> 우리나라에서는 6대 국회의원 선거 때부터 비례 대표제를 도입하였다. 그런데 오랫동안 유권자가 정당이 아닌 후보자에게만 투표를 하는 '1인 1표제'를 실시하면서 후보에 대한 투표를 소속 정당에 대한 지지 투표로 해석해, 지역구 의석수나 득표율을 토대로 비례 대표 의석을 배분해 왔다. 그러나 2001년 7월 헌법재판소가 "1인 1표 제도를 통한 비례 대표 국회의원 의석 배분 방식이 위헌"이라는 결정(직접선거, 평등선거 원칙 위배)을 내렸고, 이에 따라 국회가 2002년 3월 선거법을 개정하면서 유권자가 후보자 개인에게만 투표하던 것을 자신이 지지하는 정당에도 따로 투표할 수 있도록 '1인 2표 정당 명부 제도'를 도입했다. 지역구 후보자와 정당에게 각각 1표씩을 투표하는 이 제도는 후보에 대한 지지와 정당에 대한 지지를 구분함으로써 후보 개인의 인지도가 낮은 소수 정당의 의석 확보 가능성을 높였다. 현재 우리나라 비례 대표 국회의원 선거에서는 군소 정당의 난립을 방지하기 위해 유효 투표 총수의 3% 이상을 득표하였거나 지역구 국회의원 총 선거에서 5석 이상을 차지한 정당에게만(이를 '봉쇄조항'이라고 한다.) 득표 비율에 따라 비례 대표 국회의원 의석을 배분하고 있다.

오답피하기

① 갑국의 지역구 국회의원 선거방식은 소선거구제이며, 소선거구제의 경우 최다 득표자 1인 만을 당선시키므로 거대 정당 후보자에게 유리하고 군소정당 후보에게는 불리하다.

② 자신의 지지정당이 후보를 공천하지 않아 어쩔 수 없이 무소속 후보자에게 투표한 사람의 경우 비례대표 국회의원의 선출에 기여하지 못하므로 이는 지역구 후보자의 선거에만 투표를 한 것이 되어 1표의 가치를 지닌다. 이와 달리 정당 소속 후보자에게 투표한 사람은 지역구 후보자에 대한 투표뿐만 아니라 비례대표 선거에도 선거권을 행사한 것이 되어 2표를 행사하게 된 셈이다. 따라서 무소속 후보자에게 투표한 사람은 평등선거 원칙에 위배되는 결과가 되고 이에 대해 헌법재판소에서도 동일한 판시를 하였다.

③ 지역구 국회의원 선거방식은 소선거구제이고 최다 득표 1인만이 당선되므로 다수 대표제와 연결된다. 다수대표제는 소수대표제보다 간단하고 선거비용이 적게 든다.

정답 ④

09 교사의 질문에 대한 학생 발표 내용으로 옳은 것은?

2016 교육행정

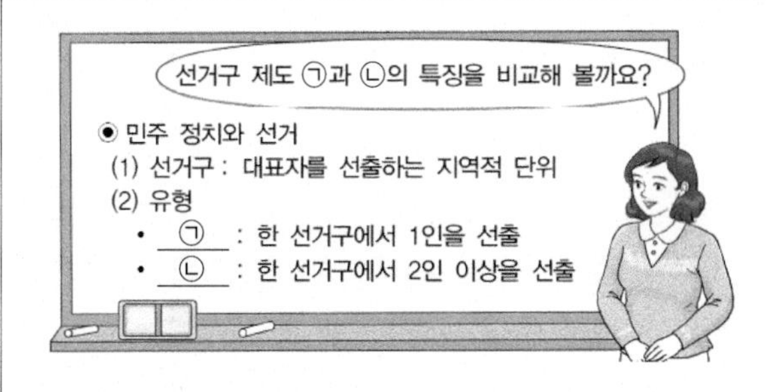

① 갑: ㉠보다 ㉡에서 사표의 발생 가능성이 높아요.
② 을: ㉠보다 ㉡에서 정치 신인의 의회 진출이 유리해요.
③ 병: ㉡보다 ㉠에서 국민의 다양한 의사가 반영될 가능성이 높아요.
④ 정: ㉡보다 ㉠에서 군소 정당 난립으로 정국이 불안정해질 가능성이 높아요.

해설 한 선거구에서 1인을 선출하는 것은 소선거구제이고, 한 선거구에서 2인 이상을 선출하는 것은 중·대선거구제이다.
② 소선거구제는 한 선거구에서 최다 득표 1인만이 당선되므로 유력한 기성 정치인에게 유리하다. 그러나 중·대선거구제는 최다 득표자가 아니라도 당선될 수 있으므로 정치 신인의 당선 가능성이 소선거구제보다는 더 높다.

오답피하기
① 소선거구제는 한 선거구에서 최다 득표 1인만이 당선되므로 당선자가 아닌 다른 후보자에게 투표한 표는 모두 사표가 된다. 따라서 소선거구제가 중·대선거구제 보다 사표의 발생 가능성이 더 높다.
③ 국민의 다양한 의사가 반영될 가능성이 높은 것은 소수 정당의 의회 진출이 용이한 중·대선거구제이다.
④ 소수 정당의 의회 진출이 용이한 중·대선거구제에서 군소 정당 난립으로 정국이 불안정해질 가능성이 높다.

정답 ②

10 다음 헌법재판소 결정에 대한 설명으로 옳은 것은?

2018 국가직

> 헌법재판소는 "최대 선거구와 최소 선거구 간의 인구편차가 3대 1에 달하는 것은 위헌"이라며 현행 「공직선거법」상 선거구 별 인구편차를 2대 1 수준으로 조정하라는 헌법불일치 결정을 통해 유권자 한 명당 갖고 있는 투표권의 가치가 거주지역마다 다른 지금의 현실이 국민주권주의에 어긋난다는 원칙론을 재확인했다. 헌재는 2001년 결정을 통해서도 "조만간 선거구 별 인구편차를 2 대 1로 더 줄여야 한다."고 국회에 주문한 바 있다.

① 국회의원선거에서 직접선거의 원칙을 강화하고자 하였다.
② 선거구획정에서 인구 대표성보다 지역 대표성을 더 중시하였다.
③ 최대 선거구 유권자의 표 가치가 과소대표 되었다고 인식하였다.
④ 행정부가 시행령을 제정하여 선거구를 재확정할 것을 요구하였다.

해설 사안의 경우 지역구 국회의원의 선거구 간의 인구편차를 1:2를 넘지 않도록 할 것을 주문하고 있는데, 이는 표의 등가성과 관련된다.
③ 인구가 1만 명이 지역과 3만 명인 지역에서 유권자 1인의 표의 가치는 3만 명인 지역의 유권자 1표(1/3만)는 1만 명인 지역 유권자의 1표(1/1만) 가치의 1/3이 되기 때문에 과소대표되는 것이다.

오답피하기
① 최대 선거구와 최소 선거구의 인구편차를 줄이는 헌재의 결정은 표의 등가성을 실현시키기 위한 것으로써 이는 평등선거의 원칙을 강화하기 위한 결정이다.
② 지역 대표성을 중시한다면 지역 단위별로 대표를 선출할 수 있어야 한다. 그러나 헌재는 지역 단위별 대표를 선출할 것을 권하는 것이 아니라 인구비례를 선거구 획정의 중요한 기준으로 삼았다. 이는 지역 대표성보다는 인구 대표성을 고려한 결정이다.
④ 헌법재판소는 선거구 편차를 2 대 1로 줄여야 할 것을 국회에 주문한 것으로 이는 선거구를 행정부가 아니라 입법부에서 법으로 정하도록 요구하고 있다. 우리나라는 선거구 법정주의를 채택하고 있기 때문이다.

정답 ③

11 **갑국의 의회 선거제도에 대한 분석 및 추론으로 가장 적절한 것은?** 2018 교육행정

> 갑국 의회의 정원은 100명이다. 이 중 50명은 인구와 산업 등의 기준으로 획정한 50개의 지역구에서 선출한다. 나머지 50명에 대해서는 전국을 하나의 선거구로 하여 각 정당이 획득한 득표율에 비례하여 당선자를 결정한다. 즉 갑국 유권자는 1인당 2표를 행사하는데, 1표는 지역구에 출마한 후보자에게, 나머지 1표는 전국 단위 선거에 후보자 명부를 제출한 정당에 투표하는 것이다. 한편, 선거구 평균 면적은 도시 지역이 농어촌 지역보다 작지만 선거구 평균 인구수는 도시 지역이 농어촌 지역보다 약 3배 많다.

① 지역구 선거에서 표의 등가성이 보장되고 있다.
② 전국 단위 정당투표에서보다 지역구 선거에서 사표가 발생할 가능성이 크다.
③ 지역구 선거보다 전국 단위 정당투표를 통한 대표 선출방식이 군소정당에 불리하다.
④ 전국 단위 정당투표 선출 의원 수를 늘린다면 의석 획득 정당 수가 현재보다 줄어들 가능성이 크다.

해설 갑국은 지역구 선거구 50개에서 50명의 지역구 의원을 선출하므로 다수대표제–소선구제를 채택하고 있으며, 나머지 50명은 정당명부식 비례대표를 채택하고 있음을 알 수 있다.
② 정당의 득표율에 따라 의석을 배분하는 비례대표제의 경우 사표 발생이 작다. 반면 다수대표제–소선거구제의 경우 당선자 1인의 표 이외에는 모두 사표가 되므로 사표 발생 가능성이 높다.

오답피하기
① 갑국의 도시와 농어촌의 선거구 평균 인구수 편차가 3배가 넘는다. 이는 헌법재판소가 제시한 기준인 1:2를 넘는 것으로 표의 등가성이 훼손되어 평등 선거 원칙에 위배될 것이다.
③ 다수대표제–소선거구제를 통한 지역구 선거보다 정당명부식 비례대표가 군소 정당에게 더 유리하다.
④ 정당명부식 비례대표의 선출 의원 수를 늘린다면 군소 정당에게 유리하므로 의석을 획득한 정당의 수가 현재보다 늘어날 가능성이 크다.

정답 ②

12 **다음 신문 기사를 통해 추론할 수 있는 밑줄 친 (가)부터 (라)까지에 대한 설명으로 옳은 것을 〈보기〉에서 모두 고른 것은? (단, A국가의 정부 형태는 전형적인 대통령제 또는 의원 내각제 중 하나이다.)** 2018 경찰직 2차

> ○○ 신문
>
> □□년 □월 □일
>
> **甲당의 '연정 구성은 성공할 것인가' 과연 진실은?**
>
> (가) A국가는 총선을 시행하여 총 의석수 300석 중에서 (나) '甲'당이 30석이 감소한 130석을 차지하고 '乙'당이 95석, '丙'당이 75석을 차지했다. 기존 의회에서 선출된 (다) 총리는 별다른 언급을 하지는 않았다. 하지만 그의 측근으로 알려진 (라) 외교부 장관이 적극적으로 '丙'당과 연정을 추진하고 있다. 연정 파트너인 '丙'당은 이에 대해 적극적인 의사를 표명하고 있지 않아 그 귀추가 주목된다.

보기

㉠ (가)는 국가 정책의 계속성 유지와 의회 다수파의 횡포 견제에 유리하다.
㉡ (나)는 현재 과반수 의석을 차지하지 못해 헝 의회(Hung Parliament)를 구성하고 있다.
㉢ (다)는 의회에 대해 정치적 책임을 지며 내각을 구성할 수 있다.
㉣ (라)는 각료로서의 지위뿐만 아니라 의원으로서의 지위도 함께 가질 수 있다.

① ㉠, ㉡　② ㉡, ㉢
③ ㉠, ㉢, ㉣　④ ㉡, ㉢, ㉣

해설 A 국가는 총리가 의회에서 선출되었다고 하였으므로 '의원 내각제'의 정부 형태를 가진다.
㉡ A국가의 총 의석수는 300석이지만 甲당이 130석을 차지하고 나머지 정당은 이보다 적다. 즉, 이는 과반수를 차지한 정당이 없는 것으로 헝 의회를 구성하고 있다. 헝 의회란 과반의석을 차지하는 정당이 없는 의회를 말한다.
㉢ 의원 내각제 하에서 총리는 의회에 대해 정치적 책임을 지며 내각을 구성할 수 있는 권한이 있다.
㉣ 외교부 장관은 행정 각료로서 의원 내각제에서는 행정 각료와 의회 의원의 겸직이 가능하다.

오답피하기
㉠ 국가 정책의 계속성 유지와 의회 다수파의 횡포 견제에 유리한 정부 형태는 대통령제이다. 대통령제에서는 임기의 보장으로 정책의 계속성을 유지할 수 있고, 법률안 거부권으로 의회 다수당의 횡포를 견제할 수 있기 때문이다. 반면, 의원 내각제 하에서는 행정부 수반의 임기가 보장되지 않으므로 국가 정책의 계속성을 유지하기 어렵고 의회 다수당의 횡포를 견제할 별다른 방법이 없다.

정답 ④

13 다음은 신문 기사 제목을 나열한 것이다. 다음의 주장들이 실현될 경우 기대되는 효과로 가장 적절한 것은? 2018 지방직

- '실질적 투표권 달라'며 투표시간 연장을 요구하는 서명 운동 벌여
- 정당 설립 요건 완화해야
- 투표율을 높이기 위해서 사전 투표 제도 도입해야

① 직접민주주의가 활성화될 것이다.
② 대표자의 권한이 강화될 것이다.
③ 시민의 정치적 의사 반영 기회가 확대될 것이다.
④ 법 제정 과정에서의 신속성이 제고될 것이다.

해설

③ 실질적 투표권을 위한 투표시간 연장, 정당 설립 요건 완화, 사전 투표율의 도입은 모두 시민의 정치적 의사 반영 기회를 확대할 수 있는 제도들이다. 투표 시간의 연장과 사전투표의 도입으로 인해 시민들의 선거 참여 기회가 확대될 것이고, 정당 설립 요건을 완화함으로써 다양한 정치적 의사를 가진 정당들이 생겨남에 따라 다양한 시민의 의사를 반영해 줄 수 있을 것이다.

오답피하기

① 직접 민주주의는 시민들이 직접 정책의 의사결정에 참여하는 것이므로 선거 기회의 확대나 정당 설립의 완화는 직접 민주주의의 활성화와는 관계가 없고 오히려 간접 민주주의의 활성화와 관계가 있다.
② 시민들이 정치 과정에 참여하고 자신들의 의사를 반영할 수 있는 기회가 늘어남에 따라 대표자를 견제·감시할 수 있게 되어 오히려 대표자의 권한은 약해질 것이다.
④ 제시문의 내용과 법 제정 과정에서의 신속성의 제고와는 관련이 없다. 오히려 다양한 시민들의 의사가 전해짐에 따라 법 제정의 과정이 오히려 지연될 수 있을 것이다.

정답 ③

14 다음 (가), (나)에서 위배되고 있는 민주 선거의 원칙을 가장 바르게 연결한 것은? 2014 해양경찰

(가) 갑국은 유권자의 재산에 따라 투표권을 달리 부여하였다. 예를 들어 고소득자는 1인당 5표를, 저소득자는 1표를 행사할 권리를 부여하였다.
(나) 을국은 선거구간의 인구 편차가 커 어떤 선거구에서는 유권자 5만명이 대표 1명을 선출하지만, 다른 선거구는 유권자 30만명이 대표 1명을 선출하였다.

	(가)	(나)
①	평등선거	보통선거
②	보통선거	평등선거
③	평등선거	평등선거
④	보통선거	직접선거

해설

(가) 재산에 따라 투표권의 수에 차등을 두므로 이는 평등선거의 원칙에 위배된다.
(나) 을국에서 어떤 선거구에서 유권자는 1/5만의 가치를 지니고, 다른 선거구에서는 1/30만의 가치를 지니므로 이는 동일한 을국 국민임에도 불구하고 투표의 가치가 6배나 차이가 난다. 따라서 이는 평등선거의 원칙에 위배된다.

정답 ③

15 다음은 갑국과 을국의 의회 의원 선거 결과이다. 정당별 의석률에 따라 나타날 수 있는 정치적 상황에 대한 설명으로 적절하지 않은 것은? (단, 갑국, 을국 모두 전형적인 의원 내각제를 채택하고 있다.) 2018 소방직

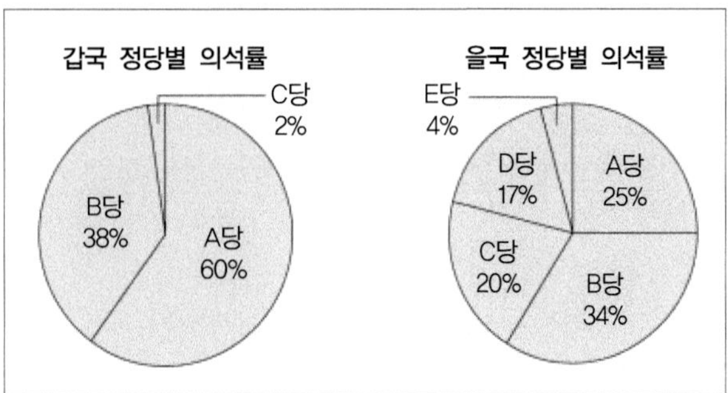

① 갑국의 정당 제도는 을국에 비해 정치적 책임 소재가 명확하다.
② 을국의 정당 제도는 갑국에 비해 정당 간 대립 시 중재가 용이하다.
③ 갑국의 정당 제도는 을국에 비해 정국이 불안정해질 수 있다는 우려가 있다.
④ 갑국의 정당 제도는 을국에 비해 다수당의 횡포로 소수의 이익이 무시될 수 있다.

해설 갑국은 A당과 B당의 양당제가 형성되었으며, A당이 과반수 의석을 차지하여 A당만의 단독 정부 구성이 가능하다. 반면, 을국은 다당제가 형성되었으며, 어느 정당 단독으로는 정부를 구성할 수 없고 연립 내각이 형성될 것이다.
③ 양당제의 경우 군소 정당의 난립이 없기 때문에 다당제보다 정국이 안정될 수 있다.

오답피하기
① 양당제는 정치적 책임 소재가 명확하다. 과반수 의석을 차지한 정당 단독으로 법안을 통과하고 이에 대한 책임의 소재를 물을 수 있기 때문이다.
② 다당제는 정당 간 대립 시 중재가 용이하다. 제 3, 4 정당이 어느 정도 영향력을 행사할 수 있으므로 이러한 정당의 중재가 가능하기 때문이다.
④ 갑국의 경우 A당이 과반수 의석을 자지하였으므로 다수당의 횡포로 소수의 이익이 무시될 수 있다.

정답 ③

16 갑국과 을국의 선거 제도의 일반적 특징에 대한 설명으로 옳지 않은 것은? 2021년 소방직

> 갑국 의회 의원 선거에서 국민은 2표씩 행사한다. 1표는 100개 지역구에서 의원 100명을 선출하기 위해 행사하며, 다른 1표는 정당에 투표하여 그 득표율에 따라 비례 대표 의원 50명을 선출한다. 올해 갑국의 의회 의원 선거 결과 여소 야대가 되었다.
> 을국 의회 의원 선거에서 국민은 1표를 행사한다. 의회 의원은 지역구 의원과 비례 대표 의원으로 나뉘고, 지역구 의원은 200명이며 100개 지역구에서 동일한 수의 의원을 선출한다. 비례 대표 의원은 지역구 의원 선거에서 얻은 정당 의석수에 비례하여 100석을 배분한다. 올해 을국의 의회 의원 선거에서는 의석 점유율 60%를 차지한 정당이 나왔으며, 의회에서 이 정당 소속의 총리가 선출되었다.

① 갑국의 지역 선거구제는 을국에 비해 유권자가 후보자를 파악하기가 쉽다.
② 갑국의 비례 대표 의원 배분 방식은 을국에 비해 직접 선거의 원칙에 충실하다.
③ 갑국과 을국은 모두 지역구 선거에서 결선 투표제 방식을 채택하고 있다.
④ 을국의 지역 선거구제는 한 선거구 내에서 투표 가치의 차등 문제가 발생할 수 있다.

출제 단원 및 영역 정치와 법 2단원 선거 제도

해설 갑국은 1인 2표제이고, 지역구는 소선거구제이며, 여소야대가 나타난 것으로 보아 대통령제의 정부 형태를 채택하고 있다. 을국은 1인 1표제이고, 지역구는 중・대선거구제이며, 과반수 의석을 차지한 정당에서 총리가 선출된 것으로 보아 의원내각제 정부 형태를 채택하고 있다.
③ 결선 투표제란 과반수를 획득한 최다 득표자가 없을 1차 선거의 1, 2위를 상대로 2차 선거(결선)를 해서 과반수를 획득한 한 명을 선출하는 방식이다. 갑국의 경우 최다 득표자 1인이 당선되는데, 여기에 결선 투표제 방식을 적용하는지, 아니면 상대 다수 대표제로 뽑는지에 대한 설명이 없어 알 수 없다. 또한 을국의 경우 100개의 지역구에서 200명의 지역구 의원이 선출되므로 중・대선거제를 채택하였다. 중・대선거구제에서는 2인 이상이 당선되는 것으로 결선 투표제와 같은 절대 다수 대표제 방식을 채택할 수 없다.

오답피하기
① 유권자가 후보자를 파악하기 쉬운 것은 선거구가 작고, 후보자가 적은 소선거구제이다.
② 1인 2표제의 비례 대표 의원 배분 방식은 비례 대표를 유권자가 별도의 선거에 의해 뽑으므로 1인 1표제에 비하여 직접 선거의 원칙에 충실하다.
④ 중・대선거구제는 당선자간의 득표율의 차이로 인하여 선거구 내에서 투표 가치의 차등 문제가 발생할 수 있다.

정답 ③

17 〈보기〉는 갑(甲)국의 현행 선거법과 선거법 개정안의 일부이다. 현행 선거법과 비교하여 개정안에 대한 설명으로 가장 옳은 것은? (단, 지역구 의원 총수는 200명으로 변동이 없다.) 2021 서울시(경력직)

보기	
현행	제21조 하나의 의회 의원 지역 선거구에서 선출할 의회 의원의 정수는 1인으로 한다.
개정안	제21조 하나의 의회 의원 지역 선거구에서 선출할 의회 의원의 정수는 2~4인으로 한다.

① 총 선거구 수가 증가한다.
② 사표가 과다하게 발생할 수 있다.
③ 다양한 국민의 의사를 의회 구성에 반영할 수 있다.
④ 다수당의 출현 가능성이 커져 정국 안정에 유리하다.

출제 단원 및 영역 정치와 법 3단원 선거 제도

해설 현행 선거제도는 소선거구제이고,개정안에서는 중・대선거구제를 나타낸다.
③ 중・대선거구제 하에서는 소선거구제에 비하여 다양한 정당이 의회에 진출하는 것이 일반적이므로 다양한 국민의 의사를 의회 구성에 반영할 수 있다.

오답피하기
① 중・대선거구제로 변경되면 선거구의 크기가 커지게 되므로 오히려 총 선거구 수는 감소한다.
② 중・대선거구제로 변경되면 사표의 발생은 소선거구제에 비하여 감소한다.
④ 다수당의 출현 가능성이 커져 정국 안정에 유리한 것은 거대 정당에 유리하여 양당제를 촉진하는 소선거구제에 대한 설명이다.

정답 ③

18 다음 평등선거의 원칙에 관한 설명 중 가장 적절하지 않은 것은? 2021 경찰직 2차

① 차등선거에 대비되는 선거 원칙이다.
② 모든 유권자가 동등한 가치를 지닌 1표를 행사한다.
③ 인구편차를 감안하여 선거구를 조정하는 노력이 필요하다.
④ 사회적 신분 인종 재산 등에 따라 선거 참여가 제한되어서는 안 된다.

출제 단원 및 영역 정치와 법 3단원 선거의 원칙

해설
④ 사회적 신분 인종 재산 등에 따라 선거 참여가 제한되어서는 안 된다는 것은 보통 선거 원칙에 대한 설명이다.

오답피하기
① 보통 선거에 대비되는 것은 제한 선거이고, 평등 선거에 대비되는 것은 차등 선거이다.
②, ③ 투표 수의 평등 뿐만 아니라 투표 가치의 평등도 포함하므로 인구편차를 감안하여 선거구를 조정하는 노력이 필요하다.

정답 ④

19 다음은 갑국의 선거구제 변화를 나타낸 것이다. 이러한 변화의 결과에 대한 옳은 추론만을 〈보기〉에서 모두 고르면? 2021 국가직

<전>

A	B	C
D	E	F
G	H	I

→

<후>

a_1	a_2	b_1	b_2	c_1	c_2
a_3	a_4	b_3	b_4	c_3	c_4
d_1	d_2	e_1	e_2	f_1	f_2
d_3	d_4	e_3	e_4	f_3	f_4
g_1	g_2	h_1	h_2	i_1	i_2
g_3	g_4	h_3	h_4	i_3	i_4

※ 갑국은 시기별 하나의 선거구제를 채택하고 있으며, 지역구만 존재한다. 또한 선거구제 변화 전후의 총의원수는 36명으로 같다.

보기

ㄱ. 유권자와 대표 간 유대 관계 형성이 어려워진다.
ㄴ. 군소 정당의 난립으로 정국이 불안해질 수 있다.
ㄷ. 유권자가 후보자에 대한 상세한 정보를 얻기 유리하다.
ㄹ. 사표 발생 증가로 정당 득표율과 의석률의 격차가 커진다.

① ㄱ, ㄴ ② ㄱ, ㄷ
③ ㄴ, ㄹ ④ ㄷ, ㄹ

출제 단원 및 영역 정치와 법 2단원 선거구제

해설 9개의 선거구에서 36명의 지역구 의원을 선출한 경우는 중・대선거구제이지만, 이후 36개의 선거구에서 36명의 지역구 의원을 선출하였으므로 소선거구제로 변화한 것이다. 따라서 소선구제의 특징을 찾으면 되는 문제이다.

ㄷ, ㄹ. 소선거제의 특징이다. 소선거구제의 경우 입후보자가 적기 때문에 유권자가 후보자에 대한 상세한 정보를 얻기 유리하고, 사표의 발생이 많아 정당 득표율과 의석률의 격차가 크게 나타난다.

오답피하기

ㄱ, ㄴ. 중・대선거구제의 특징에 대한 설명이다. 중・대선거구제는 선거구가 크기 때문에 유권자와 대표 간 유대 관계 형성이 어렵고, 소수 정당의 의회 진출로 군소 정당이 난립하여 정국이 불안해질 수 있다.

정답 ④

20 〈보기〉의 ㉠에 해당하는 민주 선거의 원칙에 대한 설명으로 가장 옳은 것은? 2020 서울시(보훈청)

보기

헌법재판소에서는 기존의 3대1을 기준으로 삼았던 국회의원 선거구 인구 편차에 대해 헌법 불합치 결정을 내렸다. 헌법재판소는 이러한 인구 편차 허용이 (㉠)에 위배된다고 보았다.

① 모든 유권자의 투표가 동등한 가치를 가져야 한다는 원칙
② 유권자가 자유 의지에 의해 투표해야 한다는 원칙
③ 유권자가 대리인을 통하지 않고 본인이 직접 투표해야 한다는 원칙
④ 일정 나이 이상의 국민이라면 누구에게나 선거권을 부여해야 한다는 원칙

해설 선거구 간 인구 편차가 클 경우 표의 등가성이 문제되어 평등 선거 원칙에 위배되게 된다. 따라서 ㉠은 평등 선거 원칙이다.

① 평등 선거 원칙에 대한 설명이다.

오답피하기

② 자유 선거 원칙에 대한 설명이다.
③ 직접 선거 원칙에 대한 설명이다.
④ 보통 선거 원칙에 대한 설명이다.

정답 ①

21 (가) ~ (다)에 들어갈 민주 선거의 원칙을 바르게 연결한 것은? 2021 지방직

- 2014년 헌법재판소는 당시 3대 1 기준이었던 국회의원 선거구 인구 편차가 (가) 원칙에 어긋난다는 이유로 헌법불합치 결정을 내렸다. 국회의원 선거구를 획정할 때 선거구 중 '인구수가 최대인 선거구'와 '인구수가 최소인 선거구'의 인구 차이가 2배를 넘지 않기를 권고했다.
- 「공직선거법」이 제정되기 전 시행되었던 1인 1표제는 정당에 대해서 투표하는 절차가 따로 존재하지 않았으며 각 정당의 지역구 후보자가 얻은 득표율을 기반으로 정당에게 배분할 비례대표 의석을 결정하는 제도였다. 이에 관하여 헌법재판소는 1인 1표제에서는 정당 명부에 대한 투표가 따로 없어 유권자가 비례 대표 의원에 대한 직접적인 결정권을 갖지 못하므로 (나) 원칙에 어긋나며, 또한 유권자가 지역구에서 무소속 후보자에 투표하는 경우 그 투표는 무소속 후보자의 선출에만 기여할 뿐 비례 대표 의원의 선출에는 전혀 기여하지 못하기 때문에 (다) 원칙에 어긋난다고 위헌 결정을 내렸다. 이에 따라 2004년 「공직선거법」이 개정되면서 1인 1표제는 유권자가 지역구 의원과 정당에게 각각 1표씩 행사하는 1인 2표제로 변경되었다.

	(가)	(나)	(다)
①	평등 선거	평등 선거	보통 선거
②	보통 선거	직접 선거	평등 선거
③	평등 선거	직접 선거	평등 선거
④	보통 선거	평등 선거	직접 선거

해설
(가) 선거구 간 인구 편차로 인한 투표 가치의 차등은 평등 선거 원칙과 관계된다.
(나) 유권자가 비례 대표 의원에 대한 직접적인 결정권을 갖지 못하는 것은 직접 선거 원칙에 위배된다.
(다) 정당 후보자에게 투표한 경우에는 2표의 가치가 있는 것과 달리 무소속 후보자에게 투표한 유권자의 표의 가치는 1표의 가치밖에 가지지 못하므로 이는 평등 선거 원칙에 위배된다.

정답 ③

22 다음은 갑국 의회의 의원 선거 방식이다. 이에 대한 설명으로 옳은 것은? 2021 지방직

- 의원 정수 300명(지역구 의원 200명과 비례 대표 의원 100명
- ㉠지역구 의원 선거구는 200개 지역구로 구성됨. 각 지역구에서 가장 표를 많이 얻은 후보자를 해당 선거구의 당선자로 결정함.
- ㉡비례 대표 의원 전국을 하나의 선거구로 함. 각 정당이 얻은 정당 득표율에 따라 할당된 정당별 비례 대표 의원 수를 각 정당은 미리 작성한 비례 대표 후보자 명부의 순위에 기반을 두어 확정함

① ㉠ 선거는 절대다수 대표제를 채택하고 있다.
② ㉡ 선출 방식은 한 선거구 내에서 당선자 간 투표 가치의 차등 문제를 발생시킬 가능성이 크다.
③ ㉠ 선출 방식은 ㉡ 선출 방식보다 정당의 득표율과 의석률 간의 차이를 적게 발생시킨다.
④ ㉡ 선출 방식은 ㉠ 선출 방식보다 의원 의석 배분에 국민의 의사를 더 충실히 반영할 수 있다.

해설 갑국의 경우 지역구 의원은 소선거구제/다수 대표제를 채택하였고, 비례 대표 의원은 고정 정당 명부식을 채택하였다.
④ 비례 대표 의원은 정당의 득표율에 따라 의석을 배분하므로 표의 등가성이 잘 실현될 수 있으며, 득표율과 의석률의 괴리가 큰 소선거구제보다 의원 의석 배분에 국민의 의사를 더 충실히 반영할 수 있다.

오답피하기
① ㉠ 선거에서 표를 가장 많이 얻은 자가 당선된다고 하였고 과반수를 요한다는 말은 없기 때문에 상대다수 대표제를 채택하고 있다고 볼 수 있다.
② 한 선거구 내에서 당선자 간 투표 가치의 차등 문제를 발생시킬 가능성이 큰 것은 중·대선거구제이다.
③ 소선거구제는 정당의 득표율과 의석률 간의 차이가 크게 나타날 수 있지만 비례 대표제는 표의 등가성이 실현되어 그 차이가 작다.

정답 ④

선거 관련 표 분석 문제

01 〈보기〉는 우리나라 △△도 □□군 지방의회 지역구 의원 선거 결과이다. 이에 대한 분석으로 가장 옳지 않은 것은? 2018 서울시

보기

선거구	후보자별 득표율			
△△도 의회 의원 선거 제1선거구	A당 정○○ 7.9%	B당 신○○ 39.5%	C당 이○○ 12.3%	D당 김○○ [당선] 40.3%

질문	후보자별 득표율				
□□군 의회 의원 선거 가선거구	A당 최○○ [당선] 45.4%	A당 박○○ 15.0%	B당 안○○ [당선] 20.0%	B당 표○○ 12.1%	C당 조○○ 7.3%

① 광역의회 의원 선거는 단순 다수 대표제를 채택하였다.
② 가선거구에서는 각 정당의 총 득표율에 따라서 당선자가 결정되었다.
③ 제1선거구에 적용된 선거구제는 정당별 득표율과 의석률의 불일치가 심하다는 문제점이 있다.
④ 가선거구에 적용된 대표 결정 방식은 당선자 간 득표율의 차이로 동일 선거구 내에서 투표 가치의 차등 문제가 발생할 수 있다.

해설
- △△도는 광역 지방 자치 단체에 해당하고, 최고 득표자만이 당선되었으므로 다수대표제-소선거구제를 채택하고 있음을 알 수 있다.
- □□군은 기초 자치 단체에 해당하며, 동일한 정당에서 둘 이상의 후보자를 내었으며, 2명의 당선자가 나온 것으로 보아 소수대표제-중선거구제를 채택하고 있음을 알 수 있다.

② 가선거구에서 개인의 득표율에 따라 최다 득표를 한 2명의 당선자가 결정되었으므로 이는 소수대표제-중선거구에 해당하고, 정당의 득표율에 따라 당선자가 결정된 것은 아니다.

오답피하기
① 광역 의회 의원 선거에서 최다 득표자 1인이 당선되었으므로 다수대표제를 채택하였다고 볼 수 있으며, 또한 당선인의 득표율이 과반수가 아닌 40.3%임을 본다면 이는 절대 다수 대표제가 아닌 상대 다수 대표제를 채택하였다고 볼 수 있다.
③ 1선거구에서는 최다 득표자 1인 만이 당선자로 결정되었으므로 소선거구제에 해당하며, 이는 득표율과 의석률의 불일치가 심하다는 문제점이 있다. 높은 득표율에도 불구하고 차점자를 많이 배출한 정당이나 근소한 차이로 당선자를 많이 배출한 정당을 생각해보면 알 수 있을 것이다.
④ 가선거구는 2인의 당선자자가 나왔으므로 중선거구제에 해당하고 이는 당선자 간에도 득표율의 차이로 인해 동일 선거구 내에서 투표 가치의 차등 문제가 발생할 수 있다. 사안에서도 같은 당선자임에도 불구하고 A당의 최OO은 45.4%, B당의 안OO은 20.2%로 당선되었으므로 투표에 기여한 표의 가치는 2배 이상의 차이가 난다.

정답 ②

02 A국의 국회의원 선거 결과에 대한 분석으로 옳은 것은? 2014 사회복지직

A국의 정당	지역 대표		비례 대표	
	득표율(%)	의석수(명)	득표율(%)	의석수(명)
X 정당	50	121	60	30
Y 정당	30	39	32	16
Z 정당	10	19	8	4
무소속	10	21	0	0
합계	100	200	100	50

① X정당은 득표율에 비해 과대 대표되고 있다.
② 1인 2표이기 때문에 평등 선거 원칙에 위배된다.
③ A국이 대통령제 국가라면, X 정당이 행정부를 구성한다.
④ A국이 의원 내각제 국가라면, 복수 정당의 연립 정부가 구성된다.

해설 A국의 국회의원은 지역구 의원과 비례대표 의원으로 구성되며, 유권자는 지역구 의원과 비례대표 의원의 득표율을 고려했을 때, 따로 투표권을 행사하는 '1인 2표제'를 채택하고 있음을 알 수 있다. 또한 무소속 의원에게는 비례대표 의원을 배분하지 않는다는 점에서 정당 명부식 비례대표제를 채택하고 있음을 알 수 있다. 다만, 선거구와 거기에 따른 당선자를 알 수 없으므로 소선거구제인지 중・대선거구인지는 위의 표를 통해서는 알 수 없다.

① X정당은 지역대표 선거에서 득표율은 50%에 거쳤으나 당선자는 121명으로 60%를 넘고 있으므로 과대대표 되었다. 비례대표의 경우 득표율과 의석률은 일치하므로 과대 대표 되었다고 할 수 없지만, 지역구와 합쳐 생각해 보면 X정당은 과대대표 되었다.

오답피하기
② 1인 1표제의 경우 오히려 무소속 후보자에게 투표한 경우 비례대표 당선에는 전혀 기여하지 못하게 되므로 정당 후보자에게 투표한 사람에 비해 차별을 받게 되므로 평등선거에 위배된다고 헌법재판소에서 판시했고, 그 결과 '1인 2표제'로 바뀌었다.
③ 대통령제의 경우 대통령과 의원 선거는 별도로 진행되므로 의회 다수당에서 반드시 대통령이 당선된다고 할 수 없다.
④ A국이 의원 내각제 국가라면 전체 의석 중 과반수를 차지한 X 정당만으로 단독 정부 구성이 가능하다.

정답 ①

03 **다음은 2010년 우리나라 어느 선거구의 기초의원선거 개표 결과이다. 이 표에 나타난 선거구제에 대한 설명으로 옳은 것은?** 2015 사회복지직

선거인 수	투표수	결과	당선	당선	3등	4등	5등
		후보자	송○○	김○○	김○○	나○○	박○○
39,899	22,375	득표수	6,451	5,383	4,810	3,099	1,348
		득표율(%)	28.83	24.06	21.50	13.85	6.02

※ 6등 이하는 생략함

① 정당에 대한 투표율과 의석비율이 일치하도록 만든 제도이다.
② 국회의원선거도 동일한 선거구제를 운용하고 있다.
③ 광역의원선거보다 사표(死票)가 줄어든다.
④ 절대다수 대표제와 연결된 선거구제이다.

해설 한 선거구에서 2명의 당선자가 있으므로 기초의원 선거는 중선거구제를 채택하고 있음을 알 수 있다.
③ 광역의원선거의 경우 소선거구제-다수대표제를 채택하고 있으므로 최다 득표자 1인의 표를 제외하고 다른 후보자에게 투표한 것은 모두 당선에 기여하지 못한 사표(死票)가 된다. 반면 위의 기초의원 선거의 경우 최다득표자 뿐만 아니라 2위도 당선되므로 광역의원선거보다 사표(死票)가 줄었다고 할 수 있다.

오답피하기
① 정당에 대한 투표율과 의석비율이 일치하도록 만든 제도는 비례대표제이며, 위의 선거는 지역구 선거이다.
② 국회의원선거는 소선구제를 운용하므로 위의 선거구제와 동일하게 운용하고 있지 않다.
④ 위의 기초의원 선거구제는 중선거구제로서 중선거구제는 최다 득표자가 아니래도 당선될 수 있으므로 소수 대표제와 연결된다. 또한 소수대표제 중 가장 많이 표를 얻은 후보자 2명이 당선되고 득표율은 상관이 없으므로 상대 소수 대표제라고 할 수 있다. 따라서 절대 다수 대표제와 연결되는 것은 아니다.

정답 ③

04 **다음은 (가) 국가와 (나) 국가의 의원 선거 결과를 나타낸 것이다. (가) 국가와 (나) 국가의 선거제도에 대한 설명으로 옳은 것만을 〈보기〉에서 모두 고른 것은?** 2013 국가직

(가) 국가

정당	정당 득표율	의석 수
A당	40%	60
B당	30%	40
C당	20%	0
D당	10%	0
전체	100%	100

(나) 국가

정당	정당 득표율	의석 수
A당	40%	40
B당	30%	30
C당	20%	20
D당	10%	10
전체	100%	100

(가) 국가의 선거구는 100개이고, 각 선거구 최다득표자가 의석 차지
(나) 국가의 각 정당 의석수는 정당 득표율에 비례하여 배분

보기

ㄱ. (가) 국가에 비해 (나) 국가에서 표의 등가성이 높은 경향을 보인다.
ㄴ. (가) 국가에 비해 (나) 국가에서 합의제 민주주의가 나타날 가능성이 높다.
ㄷ. (나) 국가의 선거제도는 우리나라의 현행 국회의원 선거제도보다 소수당의 의석확보 가능성이 낮다.
ㄹ. 비록 의석수는 다르지만, 우리나라는 현재 (가) 국가의 제도와 (나) 국가의 제도를 혼합하여 기초의원을 선출하고 있다.

① ㄱ, ㄴ　② ㄱ, ㄹ
③ ㄴ, ㄷ　④ ㄷ, ㄹ

해설 (가) 국가의 선거구는 100개인데, 의석수가 100개이므로 1개의 선거구에서 1명의 대표자를 선출하는 다수대표제-소선구제이며, (나) 국가는 각 정당의 의석수가 정당 득표율에 비례하여 배분한다고 되어 있으므로 비례대표제를 채택하였음을 알 수 있다.
ㄱ. (가) 국가는 다수대표제-소선구제를 채택함으로서 당선자에 기여하지 못한 사표 발생의 가능성이 높다. 또한 선거구간의 인구편차로 인하여 표의 등가성이 낮을 가능성도 존재한다. 그러나 (나) 국가가 채택한 비례대표제는 국민의 의사가 정확하게 반영되어 당선자를 결정하며 전국을 하나의 선거구로 하므로 (가)에 비해 표의 등가성이 높은 경향을 보여 준다.
ㄴ. (가) 국가는 A당이 과반수를 차지했으므로 A당 중심으로 정국이 운영될 수 있으나 (나) 국가는 과반수를 차지한 정당이 없기 때문에 과반수 획득을 위해 정당끼리 연합 내지 협의에 의한 정치를 전개할 가능성이 높다. 따라서 합의제 민주주의가 나타날 가능성이 (나) 국가가 더 높다.

오답피하기
ㄷ. (나) 국가는 비례대표제를 채택한 국가로서 현재 우리나라의 현행 국회의원 선거제도인 다수대표제-소선구거보다 소수당의 의석확보 가능성이 더 크다.
ㄹ. 우리나라의 지방의회 기초의원의 경우 소수대표제-중선거구제를 채택하고 있다. 따라서 (가)국가의 다수대표제-소선거구를 채택한 것은 아니다.

정답 ①

05 다음 표는 1인 2표제를 시행하고 있는 A국의 의원 선거 결과이다. A국의 선거 및 정당 제도에 대한 일반적인 추론으로 옳은 것은? (단, 지역구는 단순 다수 대표제에 의해, 비례 대표는 정당의 총 득표수에 비례해서 당선자가 결정된다.) 2017 지방직

구분	지역구		비례 대표	
전국	선거구 수	의원 정수	선거구 수	의원 정수
	500	500	1	50

① 지역구 의원은 결선 투표로 선출된다.
② 다당제보다 양당제의 가능성이 더 높다.
③ 정당별 총 의석수가 정당 득표율만으로 결정된다.
④ 지역구 선거에서는 현직 의원보다 정치 신인의 당선 가능성이 더 높다.

해설
② A국의 경우 지역구 선거의 선거구는 500개이고 의원 정수 역수 500명이므로 이는 한 선거구에서 최다 득표를 한 1인을 선출하는 소선거제를 운영하고 있음을 알 수 있다. 이는 소선구제·다수대표제로써 거대 정당에게 유리한 선거구제이며, 양당제의 가능성이 더 높다.

오답피하기
① 설문에서 A국의 지역구는 단순 다수 대표제에 의해 당선자를 결정한다고 하였으므로 결선 투표를 실시하고 있지 않다. 단순 다수 대표제는 득표율에 관계없이 최다 득표자 1인을 당선자로 결정하는 방식이고, 결선 투표제란 1차 투표에서 과반수 득표자가 나오지 않는 경우 1차 투표 1위와 2위를 대상으로 2차 투표를 실시하여 과반수 득표자를 결정하는 방식이다.
③ A국은 총 550석 중 지역구 의석 500석, 비례대표 의석 50석으로 구성되어 있다. 즉 정당 득표율로 결정되는 의석수는 50석에 불과하다.
④ A국의 의원 선거는 다수대표제·소선거구제를 채택하고 있으므로 상대적으로 정치 신인 보다는 유력 정치인이나 현직 의원들에게 유리하다.

정답 ②

06 다음은 갑국의 2017년 국회의원 선거의 결과이다. 이에 대한 설명으로 옳지 않은 것은? 2018 국가직

〈지역구 당선자 수 및 정당 득표율〉

정당	지역구 당선자 수(명)	정당 득표율(%)
A	98	43
B	42	32
C	24	15
D	36	10

보기
- A, B, C, D 소속 후보들만 국회의원 선거에 참가하였다.
- 1인 2표제를 통하여 지역구 의원 200명과 비례대표 의원 100명을 선출하였다.
- 지역구별로 최소 2명에서 최대 4명까지 득표가 많은 순으로 당선자를 확정하였다.
- 정당 득표율에 비례하여 비례대표 의석을 배분하였으며, 정당 득표율은 소수점 첫째 자리에서 반올림하여 산정하였다.

① 2017년 갑국의 지역구 국회의원선거 선거구제는 2014년 우리나라 지역구 기초의회선거 선거구제와 동일하다.
② 2017년 갑국의 지역구 국회의원선거 선거구제는 2016년 우리나라 지역구 국회의원선거 선거구제에 비해 군소정당이 의석을 확보하는 데 더 유리하다.
③ 2017년 갑국의 국회의원선거에서 A~D 중 어느 정당도 과반수 의석을 자지하지 못하였다.
④ 2017년 갑국의 국회의원선거에서 B와 D의 지역구 의석 점유율 합은 B와 D의 정당 득표율 합보다 더 크다.

해설 ④ 갑국의 국회의원 선거에서 B와 D의 지역구 의석 점유율의 합은 39%(=78/200)이고, B와 D의 정당 득표율의 합은 42%(=32 + 10)이므로 B와 D 정당의 의석 점유율의 합이 정당 득표율의 합보다 더 작다.

오답피하기
① 2017년 갑국의 지역구 국회의원 선거구는 지역구별로 최소 2명에서 최대 4명까지 당선자를 결정하므로 이는 중선거구제이다. 현행 우리나라 지역구 기초의원 선거구에서도 2인 이상 4인 이하의 당선자를 결정하는 중선거구제를 채택하고 있다.
② 2017년 갑국의 지역구 국회의원 선거구는 중선거구제이고 2016년 우리나라 지역구 국회의원 선거의 선거구제는 소선거구제이므로 군소정당이 의석을 확보하는 데 더 유리하다.
③ 위의 표에서 A 정당이 지역구 당선자 수도 가장 많고 정당의 득표율도 가장 높다. 그러나 지역구도 지역구 의원 200명 중 과반수에 미치지 못하는 98석에 머무르고 있고, 비례대표 의원을 결정하는 정당 득표율도 45%로 과반수에 미치지 못하므로 A 정당의 의석수는 과반수에 미치지 못하게 된다. 최대 의석을 차지한 A 정당이 과반수를 차지하지 못한 만큼 다른 정당도 과반수 의석에 미치지 못함은 당연하다.

정답 ④

07 다음 갑국의 국회의원 선거 결과에 대한 추론으로 가장 적절한 것은? (단, 총 의석수는 300석으로 지역구는 254개 선거구에서 254석, 비례대표는 46석이다.)

2018 지방직

(단위: %)

정당	지역구 선거		비례대표 선거		총의석률
	득표율	의석률	득표율	의석률	
A	43.3	51.6	42.8	45.7	50.7
B	37.9	42.9	36.5	39.1	42.3
C	6.0	2.8	10.3	10.9	4.0
D	2.2	1.6	3.2	4.3	2.0
무소속	9.4	1.2	0	0	1.0

① 비례대표 선거에는 정당명부식 비례대표제가 채택되었을 것이다.
② 지역구 선거에는 다수당에 유리한 소수대표제가 적용되었을 것이다.
③ 지역구 선거에서 A당과 B당 후보자를 선택한 유권자의 표 중 사표는 없었을 것이다.
④ 지역구 선거에서 C당과 D당 후부에 투표한 유권자의 의사가 과대 대표되었을 것이다.

해설 ① 갑국의 비례대표 선거의 경우 각 정당의 득표율에 따라 비례대표 의석이 배분되고 있으며, 무소속 의원들에 대하여는 비례대표 선거의 투표가 허용되지 않고 의석도 할당되지 않는다는 것을 통해 각 정당이 비례대표 후보의 명부를 작성하고 정당의 득표율에 따라 의석을 배분하는 정당명부식 비례대표제가 채택되었음을 알 수 있다.

오답피하기
② 갑국의 지역구는 254개, 당선자 수도 254명이므로 한 선거구에서 1명의 당선자가 결정되는 다수 대표제가 실시되었음을 알 수 있다.
③ A당과 B당의 경우 비례대표 선거에서는 득표율에 비하여 의석률이 더 높다. 그러나 지역구 선거에서 A당과 B당의 후보자를 선택한 유권자의 표도 사표가 있다. 왜냐하면 갑국의 지역구 선거에서 C당, D당, 무소속 의원도 당선되었기 때문에 이들이 당선된 지역구에서 A당과 B당 후보에게 투표한 경우에는 사표가 되었기 때문이다.
④ 지역구 선거에서 C당은 득표율 6.0%지만 의석률은 2.8%이고, D당은 득표율 2.2%이지만 의석률은 1.6%이다. 따라서 두 정당은 득표율에 비하여 의석률이 낮아 유권자의 의사가 과소대표되었다.

정답 ①

08 <보기>의 자료는 갑(甲)국의 t기와 t+1기의 선거 결과를 나타낸 것이다. 이에 대한 분석 및 추론으로 가장 옳은 것은? (단, 갑국은 전형적인 대통령제 국가이다.)

2019 서울시

보기

구분	t기	t+1기
A당	40%	60%
B당	32%	37%
C당	25%	2%
기타	3%	1%

※ 두 시기 모두 행정부 수반은 A당 소속임

① t기에 비해 t+1기에는 다수당의 횡포가 감소할 것이다.
② t+1기와 달리 t기에는 연립 정부가 구성되었을 것이다.
③ t기에 비해 t+1기에는 행정부 수반의 법적 권한이 많아졌을 것이다.
④ t+1기에 비해 t기에는 국민의 다양한 의견이 국정에 반영될 가능성이 클 것이다.

출제 단원 및 영역 법과정치 2단원 정부형태와 선거 결과 표 분석

해설 A 정당에서 대통령이 배출되었으므로 t기는 여소야대, t+1기는 여대야소의 현상이 나타났다.
④ t기에서는 과반수 의석을 차지한 정당이 없고 유력한 정당이 3개가 나타났으므로 양당제의 경우보다 국민의 다양한 의견이 국정에 반영될 가능성이 크다.

오답피하기
① t+1기는 대통령 소속의 정당이 과반수를 차지한 경우이므로 다수당의 횡포 위험성이 더 커졌다. 대통령제에서 국회 다수당의 횡포를 저지하기 위한 법률안 거부권의 실효성이 떨어지기 때문이다.
② 대통령제에서는 행정부 수반인 대통령을 의원 선거와 별도로 선거에 의하여 선출되므로 연립 정부는 나타나지 않는다. 연립 정부는 의원내각제에서 과반수 의석을 차지한 정당이 없을 때 주로 나타난다.
③ 대통제에서 대통령은 의회의 구성과 관계없이 독립적으로 법적 권한이 보장되므로 t+1에 t기보다 행정부 수반의 법적 권한이 많아졌다고 볼 수 없다.

정답 ④

09 표는 우리나라 19대 국회의원 선거 결과이다. 이에 대한 옳은 분석을 〈보기〉에서 고른 것은? 예상 문제

(단위: %)

정당	지역구 선거		비례대표 선거		총의석률
	득표율	의석률	득표율	의석률	
A당	43.3	51.6	42.8	46.3	50.7
B당	37.9	43.1	36.6	38.9	42.3
C당	6.0	2.8	10.3	11.1	4.3
D당	2.2	1.2	3.2	3.7	1.7
무소속	9.4	1.2	0	0	1.0

※ 19대 국회의 총의석수는 300석이다.

보기

ㄱ. A당 소속 국회의원만으로도 개헌안을 의결할 수 있다.
ㄴ. C당 소속 국회의원만으로도 법률안을 발의할 수 있다.
ㄷ. 지역구 선거에서 A당과 B당 후보자를 선택한 유권자의 표 중 사표는 없다.
ㄹ. 지역구 선거에서 C당과 D당 후보에 투표한 유권자의 의사가 과소 대표되었다.

① ㄱ, ㄴ ② ㄱ, ㄷ
③ ㄴ, ㄷ ④ ㄴ, ㄹ

해설
ㄴ. 국회의원 10명 이상이면 법률안을 발의할 수 있다. C당의 총의석률이 4.3%이므로 300×4.3/100=12명이 넘게된다. 따라서 C당 소속 국회의원만으로도 법률안을 발의할 수 있다.
ㄹ. 지역구 선거에서 C당과 D당은 득표율보다 의석률이 더 낮다. 이를 통해 지역구 선거에서 C당과 D당 후보에 투표한 유권자의 의사가 과소 대표되었음을 알 수 있다.

오답피하기
ㄱ. 개헌안을 의결하기 위해서는 재적 2/3이상의 찬성이 필요한데, 총의석수가 300석이므로 200석 이상을 확보했을 경우에만 A당 소속 국회의원만으로 개헌안을 의결할 수 있다. 그러나 A당의 총의석률은 50.7%로 152석 정도이다.
ㄷ. 지역구 선거에서 A당과 B당 후보자가 모두 당선된 것은 아니므로 A당과 B당 후보자를 선택한 유권자의 표 중 사표는 있다.

정답 ④

10 다음은 갑국의 의회 선거 결과이다. 이에 대한 분석 및 추론으로 옳은 것은? 예상 문제

구분	A당	B당	C당	D당	E당	F당
지역구 득표율(%)	34	9	25	30	2	100
지역구 의석수(석)	34	17	55	40	4	150

※ 갑국의 의회는 지역구 의원으로만 구성되며, 선거구는 150개이다.
※ 비례 대표제로 전환할 경우 지역구 득표율에 비례하여 의석을 배분하며, 정당별 지역구 득표율은 변함이 없다.

① 전국적 인물의 당선이 용이한 선거구 제도를 채택하고 있다.
② A당은 지역구 득표율과 지역구 의석률이 일치한다.
③ 현행 선거 제도를 비례 대표제로 전환할 경우, B당을 제외한 모든 정당이 유리해진다.
④ D당에 비해 E당에 투표한 유권자들의 의사가 과대 대표되었다.

해설 ④ 지역구 득표율과 지역구 의석률을 비교하면 A, D당은 과소 대표, B, C, E당은 과대 대표되었다.

오답피하기
① 갑국은 지역구 의석수와 선거구가 150개로 일치하므로 소선거구제이다.
② A당의 지역구 의석률은 22.7%이다.
③ 비례 대표제로 전환할 경우 B, C, E당은 불리해진다.

정답 ④

11 그림은 우리나라 △△도 □□군 주민 갑이 사는 지역의 2014년 지방의회 지역구 의원 선거 결과이다. 이에 대한 옳은 분석만을 〈보기〉에서 있는 대로 고른 것은? 2018 서울시 유사

선거구	후보자별 득표율			
△△도 의회 의원 선거 제1선거구	(당선) A당 박○○ 38.9 %	B당 김○○ 38.5 %	C당 주○○ 13.4 %	무소속 강○○ 9.2 %

선거구	후보자별 득표율				
□□군 의회 의원 선거 가선거구	(당선) A당 이○○ 39.3 %	A당 김○○ 11.0 %	(당선) B당 박○○ 23.2 %	B당 구○○ 12.1 %	(당선) C당 민○○ 14.4 %

〈보기〉
ㄱ. 제1선거구가 가선거구보다 사표 비율이 더 높다.
ㄴ. 광역의회 의원 선거는 단순 다수 대표제를 채택하였다.
ㄷ. 가선거구에서는 각 정당의 총득표율에 따라 당선자가 결정되었다.
ㄹ. 기초의회 의원 선거보다 광역의회 의원 선거에서 소수 정당의 의회 진출 가능성이 더 높다.

① ㄱ, ㄴ ② ㄱ, ㄹ
③ ㄴ, ㄷ ④ ㄱ, ㄴ, ㄷ

해설
ㄱ. 제1선거구의 사표 비율은 61.1%이고, 가선거구의 사표 비율은 23.1%이다.
ㄴ. 광역의회 의원 선거는 득표율에 관계없이 최다 득표자 1인이 당선되었으므로 단순 다수 대표제를 채택하였다는 것을 알 수 있다.

오답피하기
ㄷ. 정당의 득표율에 관계없이 후보자 개인의 득표 수에 따라 당선되었다.
ㄹ. 우리나라는 광역의회 의원 선거에서는 소선거구제, 기초의회 의원 선거에서는 중선거구제를 채택하고 있다. 중선거구제에서 소수 정당의 의회 진출 가능성이 더 높다.

정답 ①

12 다음 표는 의원내각제를 채택하고 있는 A국의 의회 의원 총선거 결과이다. 이에 대한 설명으로 가장 옳은 것은? 2015 해양경찰

(단위: 석)

구분	갑당	을당	병당	정당	무소속	계
2012년	37	30	25	8	0	100
2016년	55	39	2	1	3	100

① 2016년 A국은 비례대표제만을 통해 의원을 선출하였다.
② 2012년보다 2016년이 소수 의견의 반영 가능성이 낮다.
③ 여소야대가 나타날 가능성은 2016년이 2012년보다 더 높다.
④ 연립정부가 구성될 가능성은 2012년보다 2016년이 더 높다.

해설
② 2012년의 경우 과반 의석을 차지한 정당이 없지만, 2016년의 경우 갑당이 과반 의석을 차지하였으므로 갑당은 단독으로 내각을 구성하고, 갑당이 독단적으로 의사 결정할 가능성이 높아지게 된다. 반면 소수 정당의 의견은 반영될 가능성이 낮아지게 된다.

오답피하기
① 2016년의 경우에는 무소속 후보자도 3석을 차지하였으므로 이는 비례대표제만을 통해 의원을 선출한 것이 아니라 지역구 선거에 의해 당선되었음을 의미한다.
③ 의원내각제의 경우 한 정당이 과반 의석을 차지하든, 과반 의석을 차지한 정당이 나오지 않든 간에 정당 간의 연합으로 내각을 구성한다. 이 때 내각을 구성한 정당은 모두 여당이 되므로 **의원내각제의 경우 여소야대가 나올 가능성은 없다.** 따라서 2012년과 2016년 모두 여소야대가 나오지 않는다.
④ 연립정부가 구성될 가능성은 과반 의석을 차지한 정당이 없는 2012년이 2016년보다 더 높다.

정답 ②

13 아래 표는 최근 갑국의 의회의원 선거 결과이다. 갑국이 채택하고 있는 선거제도에 대한 설명으로 가장 옳지 않은 것은? 2014 해양경찰

구분	지역구의석수	비례대표의석수	정당 득표득표율(%)
A당	35	26	50
B당	35	15	28
C당	2	9	16
D당	20	0	4
기타	8	0	2

※ 지역구 수는 100개임

① 비례대표는 정당 투표를 통해 선출한다.
② 지역구 의원은 소수대표제로 선출한다.
③ 소수당의 의회 진출을 제한하는 조건이 있다.
④ 후보자의 선거 비용이 적게 들어가는 선거구 제도이다.

해설 지역구 수와 지역구 의석수가 100개로써 동일하므로 갑국의 지역구 선거는 소선거구제를 채택하고 있다. 비례대표는 정당의 득표율에 따라 배분을 하되, 일정 득표율을 얻지 못하면 비례대표 의석을 배분하지 않음을 알 수 있다.
② 갑국의 지역구 의원 선거는 소선거구제를 채택하고 있으므로 지역구 의원은 다수대표제로 선출한다.

오답피하기
① 정당득표율과 비례대표 의석률이 비슷한 것으로 보아 비례대표는 정당 투표를 통해 선출됨을 알 수 있다.
③ 총 비례대표 의석이 80개이고, D당의 경우 정당 득표율이 4%임에도 불구하고 D당의 비례대표 의석이 배분되지 않은 것으로 보아 비례대표 의석을 배분하는 기준을 설정하고 있다는 것을 추론할 수 있다. 이를 봉쇄조항이라고 하고 군소 정당의 난립을 방지하기 위한 것이다.
④ 소선거구제는 중·대선거구제에 비해 선거구가 작기 때문에 선거비용이 적게 들어간다.

정답 ②

14 다음 갑국의 국회 의원 선거 결과에 대한 추론으로 가장 옳지 않은 것은? (단, 총 의석수는 300석으로 지역구는 254개 선거구에서 254석, 비례 대표는 46석이다.) 2021 해경 2차

(단위: %)

정당	지역구 선거		비례 대표 선거		총 의석률
	득표율	의석률	득표율	의석률	
A	43.3	51.6	42.8	45.7	50.7
B	37.9	42.9	36.5	39.1	42.3
C	6.0	2.8	10.3	10.9	4.0
D	2.2	1.6	3.2	4.3	2.0
무소속	9.4	1.2	0	0	1.0

① 비례 대표 선거에는 정당 명부식 비례 대표제가 채택되었을 것이다.
② 지역구 선거에는 다수 대표제가 적용되었을 것이다.
③ 지역구 선거에서 A당과 B당 후보자를 선택한 유권자의 표 중 사표는 없었을 것이다.
④ 지역구 선거에서 C당과 D당 후보에 투표한 유권자의 의사가 과소 대표되었을 것이다.

출제 단원 및 영역 정치와 법 3단원 선거 제도

해설 갑국은 지역구 선거구 254개에서 254석을 선출하므로 한 선거구 당 한 명의 당선자가 결정하는 소선거구제를 채택하였고, 비례대표의 경우 무소속의 득표율이 0%임을 통하여 정당명부식 비례대표제를 채택하였음을 추론할 수 있다.
③ A당과 B당은 득표율보다 의석률이 더 높아 과대대표 되었지만 지역구 선거에서 A당과 B당 후보자를 선택한 유권자의 표 중 사표는 존재한다. A당과 B당 후보자 중 선거에서 낙선한 사람이 있을 것이고, 이러한 후보자를 지지한 표는 사표가 된다.

오답피하기
① 앞선 설명에서처럼 비례 대표 선거에는 정당 명부식 비례 대표제가 채택되었을 것이다.
② 지역구 선거는 소선거구제이므로 최다 득표자 1인이 당선되는 다수 대표제가 적용되었을 것이다.
④ 지역구 선거에서 C당과 D당은 득표율보다 의석률이 낮기 때문에 C당과 D당의 후보에 투표한 유권자의 의사는 과소 대표되었다.

정답 ③

15 자료에 대한 설명으로 옳은 것은? 2019 소방직

갑국의 의회는 지역구 의원과 비례 대표 의원으로 구성되어 있으며, 총 의석 수는 260석이다. 지역구 수는 200개이며, 유권자는 지역구 후보와 정당에 각각 투표를 하는데, 비례 대표 의원은 각 정당이 얻은 득표율에 비례하여 의석을 배분한다. 표는 최근 치러진 갑국의 의회 의원 선거 결과이다. (단, 갑국에는 A~D 정당 이외에 다른 정당은 존재하지 않는다.)

정당	지역구 선거		정당 득표율(%)
	의석 수(석)	득표율(%)	
A	99	44	45
B	70	29	25
C	14	17	20
D	17	10	10

① 과반 의석을 차지한 정당이 존재한다.
② 지역구 선거에서 B당은 유권자의 의사가 과대 대표되었다.
③ D당은 지역구 의석 수와 비례 대표 의석 수가 일치한다.
④ 갑국의 지역구 선거구제는 선거구 내 당선자 간 표의 등가성 문제가 발생할 수 있다.

해설 비례 대표 의석수는 비례 대표 총의석수에서 정당 득표율에 따라 배분하고 이를 정리하면 다음과 같다.

정당	지역구 의석수	비례 대표 의석수	총 의석수
A	99	27	126
B	70	15	85
C	14	12	26
D	17	6	23
합계	200	60	260

② 지역구 선거에서 B당은 의석률이 35%이고, 지역구 득표율은 29%이므로 득표율보다 의석 점유율이 더 높다. 따라서 유권자의 의사가 과대 대표되었다.

오답피하기
① 제1당인 A당의 총 의석수가 126석이므로 총 260석에서 과반 의석을 차지하지 못하여 과반 의석을 차지한 정당이 존재하지 않는다.
③ D당은 지역구 의석수가 17석이고, 비례 대표 의석수는 6석이다.
④ 갑국의 지역구 선거는 200개 선거구에서 200석의 의석이 결정되므로 한 선거구에서 한 명의 당선자가 결정되는 소선거구제이다. 따라서 갑국은 선거구 간 인구 편차로 인한 표의 등가성 문제는 나타날 수 있지만 선거구 내 당선자 간 표의 등가성 문제는 발생할 수 없다. 선거구 내 당선자 간 표의 등가성 문제가 발생할 수 있는 것은 중·대선거구제이다.

정답 ②

우리나라의 선거 제도

01 우리나라의 공정한 선거를 위한 제도에 대한 설명으로 가장 적절하지 않은 것은? 2018 경찰직 1차

① 특정 정당이나 인물이 유리하도록 선거구가 정해지는 것을 방지하기 위해 선거구는 법률로 정한다.
② 선거 과정을 국가 기관이 관리하고 선거 비용의 일부를 국가 또는 지방자치단체에서 부담한다.
③ 선거와 국민투표의 공정한 관리 및 정당에 관한 사무를 처리하기 위해 헌법상 독립기관으로 선거 관리 위원회를 두고 있다.
④ 선거 관리와 선거 운동에 대한 감시와 단속을 편리하게 하기 위해 소선거구제를 적용하는 것을 원칙으로 한다.

해설
④ 소선거구제는 중·대선거구제에 비하여 선거 관리와 선거 운동에 대한 감시와 단속을 편리하게 할 수 있다는 장점은 있지만 공정한 선거를 위한 제도라고 할 수 없다.

오답피하기
① 선거구 법정주의를 통해 자의적인 선거구 획정을 방지할 수 있다.
② 선거 공영제를 통해 자력이 부족한 유능한 정치인도 선거에 출마할 수 있게 되어 후보자간 선거 운동의 기회 균등을 통해 선거의 공정성을 확보하는데 도움이 된다.
③ 헌법상 독립 기관으로 선거 관리 위원회를 두어 선거의 공정한 관리를 담당하게 한다.

정답 ④

02 우리나라의 선거제도에 대한 설명으로 옳은 것은?

2015 서울시

① 서초구의 지방의회 의원 선거는 소수 대표제 방식으로 진행된다.
② 대통령 선거, 국회의원 선거, 지방자치단체의 장 선거 등 대부분의 선거는 대선거구제를 채택하고 있다.
③ 서울시의 지방의회 의원 선거에서는 1인 1표제와 정당 명부식 비례대표제를 병행하고 있다.
④ 모든 선거의 선출직 공무원의 임기는 동일하게 4년이다.

해설
① 서초구의 지방의회 의원 선거는 기초 지방의회 의원 선거로서 소수 대표제-중선거구제를 실시하고 있다.

오답피하기
② 대통령 선거, 국회의원 선거, 지방자치단체의 장 선거 등 대부분의 선거는 소선거구제를 채택하고 있다. 우리나라는 기초 지방의원 선거에서 중선거구제를 시행하고 있을 뿐, 대선거구제를 시행하고 있는 선거는 없다.
③ 서울시의 지방의회 의원 선거는 1인 2표제와 정당 명부식 비례대표제를 병행하고 있다.
④ 대통령의 임기는 5년이다. 그 외 국회의원, 지방자치 단체장, 지방의회 의원, 교육감의 임기는 4년이다.

정답 ①

03 우리나라 선거 제도에 대한 설명으로 옳지 않은 것은?

2013 지방직

① 대통령 후보자가 1인일 경우에는 그 득표수가 선거권자 총수의 3분의 1 이상에 달해야 당선인으로 결정된다.
② 대통령 선거에서 정당 추천을 받거나 무소속으로 후보자 등록을 신청하려는 자는 5억 원을 기탁해야 한다.
③ 정당이 비례 대표 국회의원 선거에 후보자를 추천하는 경우에는 그 후보자 중 100분의 50 이상을 여성으로 추천해야 한다.
④ 국회의원과 겸직이 허용되지 않는 공무원이 지역구 국회의원 선거에 입후보하기 위해서는 선거일 전 90일까지 그 직을 그만두어야 한다.

해설
② 공직 선거법 제 56조에 따르면 대통령 입후보자의 기탁금은 3억 원으로 명시하고 있다. (과거 5억 원의 경우 헌법불합치 결정 선고를 받고 3억 원으로 개정됨.)

오답피하기
① 공직선거법 제187조 ①항 대통령 후보자가 1인일 경우에는 그 득표수가 선거권자 총수의 3분의 1 이상에 달해야 당선인으로 결정된다.
③ 공직 선거법 제47조 ③항 정당이 비례 대표 국회의원 선거에 후보자를 추천하는 경우에는 그 후보자 중 100분의 50 이상을 여성으로 추천해야 한다.
④ 공직 선거법 제53조 ①항 국회의원과 겸직이 허용되지 않는 공무원이 지역구 국회의원 선거에 입후보하기 위해서는 선거일 전 90일까지 그 직을 그만두어야 한다.

모두 조문 내용을 구체적으로 물어봤다. 따로 공직 선거법 등을 찾아볼 필요는 없으나 기출이나 문제집 등을 통하여 보완하면 기본서에 정리해두는 것이 필요하다.

정답 ②

04 다음은 우리나라 국회의원 선출 방식이다. 이에 대한 설명으로 옳지 않은 것은? 2015 국가직

> 우리나라는 제19대 국회의원선거에서 지역구국회의원 246석을 1인 소선거구 단순다수제로, 비례대표국회의원 54석을 정당명부식 비례제로 선출하였다. 또한 유권자는 지역구국회의원 선출을 위한 1표와 비례대표국회의원 선출을 위한 1표를 각각 행사하였다.

① 정당은 지역구 후보와 비례대표 후보에 동일한 사람을 중복하여 공천할 수 없다.
② 비례대표국회의원은 권역별로 선출하고 있기 때문에 지역대표성이 강하다.
③ 소선거구 단순다수제를 채택하고 있는 지역구국회의원 선거에서 사표가 많이 발생한다.
④ 우리나라는 다수대표제와 비례대표제를 상호 연계하지 않고 독립적으로 결합한 병립식을 취하고 있다.

해설 우리나라의 경우 기초의원 선거를 제외하고는 소선거구제-단순 다수 대표제의 방식을 채택하고 있고, 비례대표제로 보완하고 있다. 특히 현행 비례대표제는 전국 단위로 실시하고 있으며, 고정명부식 정당투표제를 채택하고 있다. 또한 1인 2표제를 통해 다수대표제와 비례대표제를 상호 연계하지 않고 독립적으로 결합한 병립식을 취하고 있다.
② 우리나라 비례대표의 경우 권역별이 아닌 전국 단위의 비례대표제를 채택하고 있다. 그 결과 지역대표성이 강하다고 할 수는 없다.

오답피하기
① 정당은 지역구 후보와 비례대표 후보에 동일한 사람을 중복하여 공천할 수 없고 각각 공천할 수 있을 뿐이다.
③ 소선거구 단순다수제의 경우 최다 득표자 1인만 당선되고, 1인의 득표율은 상관없으므로 사표가 많이 발생한다.
④ 우리나라의 경우 1인 1표제가 직접선거와 평등선거에 위반된다는 헌법재판소의 판시 이래 1인 2표제를 채택하여 다수대표제와 비례대표제를 상호 연계하지 않고 독립적으로 결합한 병립식을 취하고 있다.

정답 ②

05 우리나라 선거제도에 대한 설명으로 옳지 않은 것은? 2015 사회복지직 변형

① 헌법에 선거공영제를 명시적으로 규정하고 있다.
② 국회의원선거구는 법률로 정해야 하고, 이를 중립적으로 획정하기 위해 국회에 선거구 획정위원회를 두고 있다.
③ 국회의원선거에서는 소선거구 다수대표제 이외에 소수 의견을 존중하기 위해 정당 명부식 비례대표제를 병행하여 1인 2표제를 시행하고 있다.
④ 18세 이상의 국민에게 대통령 및 국회의원의 선거권을 부여하여 보통선거 제도를 보장하고 있다.

해설 과거 국회에 선거구 획정위원회를 두었던 것을 2015년 7.15에 중앙선거관리위원회 산하에 선거구 획정위원회를 독립기관으로 설치하였음을 주의해야 한다.
② 국회의원선거구는 법률로 정해야 하는 것은 맞지만 이를 획정하기 위해 중앙선거관리위원회에 선거구 획정위원회를 두고 있다. 즉, 여전히 국회의원 선거구는 법률로 정하므로 국회에서 정하고, 선거구 획정위원회는 중앙선거관리위원회에 둔다.)

오답피하기
① 헌법 제 116조 ②항에 '선거에 관한 경비는 법률이 정하는 경우를 제외하고는 정당 또는 후보자에게 부담시킬 수 없다.'라고 선거 공영제를 명시적으로 규정하고 있다.
③ 1인 2표제의 경우 1표는 지역구 후보에게 투표하고, 다른 1표는 지지하는 소수 정당에 투표함으로써 정당의 득표율에 따라 당선자를 결정하는 비례대표제를 통해 소수 정당이 원내에 진출할 수 있는 가능성을 높일 수 있으며, 이는 소수 의견 존중이라고 할 수 있다.
④ 2020년에 개정된 공직 선거법 제 15조 ①항에서는 '18세 이상의 국민은 대통령 및 국회의원의 선거권이 있다.'라고 규정하고 있으므로 우리나라는 18세 이상의 국민에게 대통령 및 국회의원의 선거권을 부여하여 보통선거 제도를 보장하고 있다고 할 수 있다. 다만 모든 18세 이상의 국민이 선거권이 있는 것은 아니고 수형자 등 일정한 경우에는 선거권의 제한이 있음을 주의해야 한다.

정답 ②

06 우리나라에 거주하고 있는 외국인의 참정권에 대한 설명으로 옳은 것은? 2013 지방직

① 정당에 가입할 수 있다.
② 정치 자금을 기부할 수 있다.
③ 주민 투표 자격을 제한적으로 인정받고 있다.
④ 지방 의회 의원의 피선거권을 제한적으로 인정받고 있다.

해설 국내 거주 외국인의 참정권과 관련하여 여러 법률에 규정하고 있으므로 이 문제를 통하여 정리해 둘 필요가 있다.
③ 주민투표법 제 5조 출입국 관리 관계 법령에 따라 대한민국에 계속 거주할 수 있는 자격을 갖춘 외국인으로서 지방 자치 단체의 조례로 정한 사람은 주민 투표에 참여할 수 있다.

오답피하기
① 정당법 제 22조 ②항 대한민국 국민이 아닌 자는 당원이 될 수 없다.
② 정치 자금법 제31조 외국인, 국내・외의 법인 또는 단체는 정치 자금을 기부할 수 없다.
④ 공직 선거법 제 19조 외국인은 지방 의회 의원의 피선거권이 없다.

정답 ③

07 우리나라는 17대 국회의원 선거에서부터 비례 대표 선출 방식을 1인 1표제에서 1인 2표제로 바꾸었다. 그 취지로 가장 적절한 것은? 2014 국가직

① 군소 정당의 난립을 방지한다.
② 정당의 민주적 운영을 제고한다.
③ 직접 선거 원칙에 더욱 충실할 수 있다.
④ 유권자가 비례 대표 명부에서 후보자를 직접 선택할 수 있다.

해설
③ 지역구 후보자에게 투표한 것을 그 지역구 후보자가 속한 정당의 비례 대표자에게 투표한 것으로 의제하는 것은 직접선거의 원칙에 위배되므로 헌법 재판소는 직접선거 원칙의 위배로 '1인 1표제'에 대해서 위헌 선고를 내렸다.

오답피하기
①, ②, ③ 1인 2표제로 바뀐 것과 군소 정당 난립의 방지나 정당의 민주화와는 관계가 없으며, 여전히 우리나라는 고정 명부식 비례대표제를 택하고 있으므로 유권자가 비례 대표 명부에서 후보자를 직접 선택할 수는 없다.

정답 ③

08 다음은 우리나라의 선거 제도를 나타낸 것이다. ㉠~㉥에 대한 설명으로 옳은 것은? 2015 해양경찰

구분	대통령	국회의원	광역단체장	기초지방의원
선출방식	㉠	다수대표제 + 비례대표제	다수대표제	㉡ + 비례대표제
임기	5년	㉢	㉣	4년
연임여부	㉤	가능	㉥	가능

① ㉠에 들어갈 용어는 소수대표제이다.
② 일반적으로 ㉡은 ㉠에 비해 사표가 많이 발생하는 방식이다.
③ ㉢과 ㉣은 모두 4년으로 동일하다.
④ ㉤과 ㉥은 모두 '불가능'이다.

해설 ㉠은 다수대표제, ㉡은 소수대표제, ㉢은 4년, ㉣은 4년, ㉤은 불가능, ㉥은 연속 3기에 한하여 가능이 들어간다.
③ 국회의원과 광역 단체장의 임기는 4년으로 동일하다.

오답피하기
① 대통령 선거는 상대다수대표제이다.
② 기초지방의원은 소수대표제에 의하는데, 소수대표제는 다수대표제에 비하여 사표의 발생이 적다.
④ 대통령의 임기는 5년으로 하며, 중임할 수 없지만(헌법 제70조), 지방자치단체의 장의 임기는 4년으로 하며, 지방자치단체의 장의 계속 재임은 3기에 한한다.(지방자치법 제95조)

정답 ③

09 우리나라의 현행 국회의원 선거에 대한 설명으로 옳지 않은 것은? 2019 지방직

① 공정한 선거 실시를 위해 선거구 법정주의를 채택하고 있다.
② 원양어선 선원 등을 대상으로 한 선상(船上)투표 제도를 시행하고 있다.
③ 비례대표 의석은 각 정당의 득표율에 따라 배분한다.
④ 유효투표수의 과반수를 얻어야 당선되는 절대다수대표제를 채택하고 있다.

출제 단원 및 영역 법과정치 2단원 우리나라의 선거제도

해설

④ 현행 국회의원 선거는 과반수 여부와 관계없이 최다 득표자 1인이 당선되는 상대다수대표제를 채택하고 있다.

오답피하기

①, ②, ③ 선거구 법정주의, 재외국민의 투표, 정당의 득표율에 따른 비례대표 배분은 모두 현행 국회의원 선거에서 실시되고 있는 것들이다. 공직선거법 제158조의 3에서 선상투표를 규정하고 있다.

정답 ④

03 다양한 정치 주체와 시민의 참여

정당 제도

01 우리나라의 정당 제도에 대한 설명으로 옳지 않은 것은? 2017 지방직

① 정당의 설립은 자유이고 복수 정당제는 헌법에서도 보장된다.
② 정당은 법률이 정하는 바에 의하여 그 운영에 필요한 자금을 국가로부터 보조받을 수 있다.
③ 정당의 목적이나 활동이 민주적 기본 질서에 위배될 때에는 국회는 헌법재판소에 정당의 해산을 제소할 수 있다.
④ 정당은 공직 선거에 참여하거나 여론을 형성하고 주도하는 등 국민의 정치적 의사 형성에 참여할 수 있다.

해설

③ 헌법재판소에 위헌 정당 해산의 제소는 국회가 아니라 정부가 한다.

오답피하기

① 헌법 제 8조 ① 정당의 설립은 자유이며, 복수정당제는 보장된다.
② 헌법 제 8조 ③ 정당은 법률이 정하는 바에 의하여 국가의 보호를 받으며, 국가는 법률이 정하는 바에 의하여 정당운영에 필요한 자금을 보조할 수 있다.
④ 정당의 기능으로 옳은 설명이다.

정답 ③

02 다음은 복수 정당제의 두 유형 ㉠, ㉡을 상대적으로 비교한 것이다. 이에 대한 설명으로 옳은 것은?

2016 경찰직 1차

	㉠	㉡
정국 안정의 실현 가능성	낮음	높음
다양한 의견의 반영 가능성	높음	낮음

① ㉠은 주로 의원내각제에서 나타난다.
② ㉠은 독일, 일본, 노르웨이 등에서 주로 나타난다.
③ ㉡보다 ㉠에서 정책에 대한 책임 소재가 명확할 가능성이 높다.
④ ㉡이 나타나고 있는 국가는 ㉠이 나타나는 국가에 비해 여야 간 정권 교체가 더 용이하다.

해설 복수정당제의 두 유형이라고 하였으므로 양당제와 다당제를 염두해 두고 표를 살펴보면, ㉠은 다당제, ㉡은 양당제에 해당한다.
② 독일, 일본 노르웨이는 다당제의 대표적인 국가이다. 반면, 미국과 영국은 양당제의 대표적 국가이다.

오답피하기
① 양당제와 다당제는 국민의 뜻에 따라 의회에 진출한 정당 의석의 분포이므로 정부 형태와는 관계 없다. 실제로 의원내각제를 채택하고 있는 영국에서는 양당제가, 독일과 일본에서는 다당제가 나타나고 있다.
③ 양당제에서 정책에 대한 책임 소재가 더 명확하다. 왜냐하면 양당제 하에서는 과반수를 넘긴 정당에 책임을 물을 수 있으나, 다당제의 경우 정책에 대해 정당 간의 연합으로 그 책임 소재가 불분명해질 수 있기 때문이다.
④ 다소 논란이 있을 수도 있는 문제일 듯 하기도 하지만, 결론적으로 양당제 보다는 다당제 하에서 정권 교체가 쉽게 이루어진다고 할 수 있다. 양당제의 경우 과반수 의석을 차지한 정당이 존재할 가능성이 높기 때문에 거대 정당에 의해 정권 교체가 쉽지 않은 반면 다당제에 경우 원내 과반 의석을 차지하지 못한 여러 정당(야당)이 연립하여 한 명의 대통령 후보를 내세움으로 정권을 교체할 수 있고, 의원 내각제 하에서도 소수 정당끼리 연립해서 총리를 선출할 수 있으므로 상대적으로 다당제가 양당제보다 정권 교체가 쉽다고 볼 수 있다.

정답 ②

03 다음 중 미국과 영국이 실시하고 있는 정당제도에 대한 설명으로 옳은 것은?

2013 서울시

① 경쟁할 수 있는 정당이 세 개 이상 존재하는 정당제도이다.
② 다양한 민의를 반영할 수 있는 장점을 지니고 있다.
③ 군소 정당의 난립으로 정국이 불안정하게 될 가능성이 높다.
④ 정치적 책임 소재가 명확하며, 유권자의 정당 선택이 용이하다는 장점이 있다.
⑤ 다수당의 횡포를 방지하고 소수의 이익을 대변할 수 있는 정당제도이다.

해설 미국과 영국이 실시하고 있는 정당제도는 양당제이다. 미국은 공화당과 민주당이, 영국은 보수당과 노동당이 양당 체제를 이룩하고 있다.
④ 양당제의 경우 정치적 책임 소재가 명확하고 유력한 정당이 2개 밖에 없으므로 유권자의 정당 선택이 용이하다.

오답피하기
①, ②, ③, ⑤는 모두 다당제에 관한 설명이다.

정답 ④

04 **양당제와 다당제의 일반적인 특징에 대한 비교 설명으로 옳은 것만을 모두 고른 것은?** 2017 국가직

ㄱ. 양당제는 다당제보다 소수집단의 의사가 더 잘 반영된다.
ㄴ. 양당제는 다당제보다 강력한 정책 추진이 가능하다.
ㄷ. 다당제는 양당제보다 다수당의 횡포 가능성이 높다.
ㄹ. 다당제는 양당제보다 정치적 책임소재가 불분명해질 수 있다.

① ㄱ, ㄷ ② ㄱ, ㄹ
③ ㄴ, ㄷ ④ ㄴ, ㄹ

해설 양당제와 다당제의 특징과 장점, 단점은 정확하게 비교·정리해야 한다.
ㄴ. 양당제의 경우 과반수 의석을 차지한 정당이 있을 가능성이 높으므로 다당제보다 강력한 정책의 추진이 가능하다.
ㄹ. 다당제는 과반수 정당을 차지한 정당이 있을 가능성이 적어 여러 정당이 연립하여 정책을 통과시키는 경우가 많기 때문에 양당제보다 정치적 책임소재가 불분명해질 수 있다.

오답피하기
ㄱ. 양당제는 유력 정당이 2개이지만, 다당제의 경우 유력 정당이 3개 이상이 되므로 다양한 민의를 반영할 수 있는 정당이 많다. 그 결과 소수 집단의 의사도 더 잘 반영될 수 있다.
ㄷ. 과반수의 의석을 차지할 가능성이 높은 양당제 하에서 다수당의 횡포 가능성이 높다.

정답 ④

05 **그림에서 A, B는 민주 국가의 서로 다른 정당 제도를 나타낸 것이다. A, B의 일반적 특성으로 옳은 것만을 〈보기〉에서 모두 고르면?** 2021 국회직

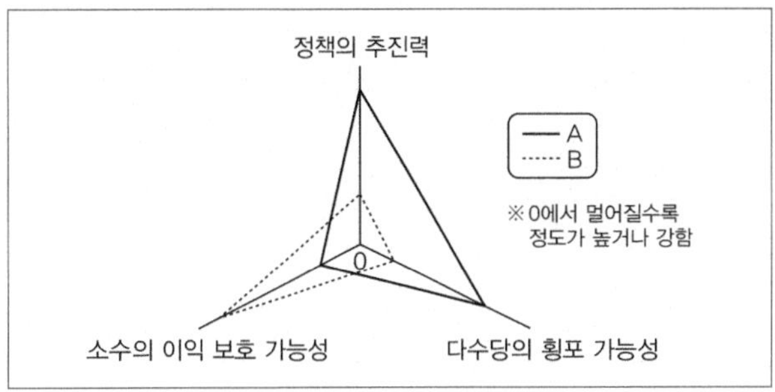

보기
ㄱ. A: 유권자의 정당 선택 범위가 넓다.
ㄴ. A: 정당 간 대립 시 중재가 곤란하다.
ㄷ. B: 다양한 민의 반영이 곤란하다.
ㄹ. B: 정치적 책임 소재가 불분명하다.

① ㄱ, ㄴ ② ㄱ, ㄷ
③ ㄴ, ㄷ ④ ㄴ, ㄹ
⑤ ㄷ, ㄹ

출제 단원 및 영역 정치와 법 3단원 정당 제도

해설 A는 과반수 의석의 확보로 정책의 추진력이 높지만 다수당의 횡포 가능성이 나타날 수 있는 양당제이고, B는 소수의 이익 보호 가능성이 높은 다당제이다.
ㄴ. 양당제의 경우 거대 정당 간 대립 시 이를 중재할 제 3의 정당이 없거나 그 영향력이 약하다.
ㄹ. 다당제의 경우 법안 통과의 경우 여러 정당의 협조가 필요로 하기 때문에 양당제에 비하여 정치적 책임 소재가 불분명하다.

오답피하기
ㄱ. 양당제는 유권자의 정당 선택 범위가 좁고, 다당제는 선택 범위가 넓다.
ㄷ. 다당제는 여러 정당이 의회에 진출하기 때문에 다양한 민의가 반영될 수 있다는 점이 장점이다.

정답 ④

정치 참여 주체

01 〈보기〉는 전형적인 정치 참여 집단을 구분한 것이다. 이에 대한 설명으로 가장 옳은 것은? (단, A~C는 각각 정당, 이익 집단, 시민 단체 중 하나이다.) 2018 서울시

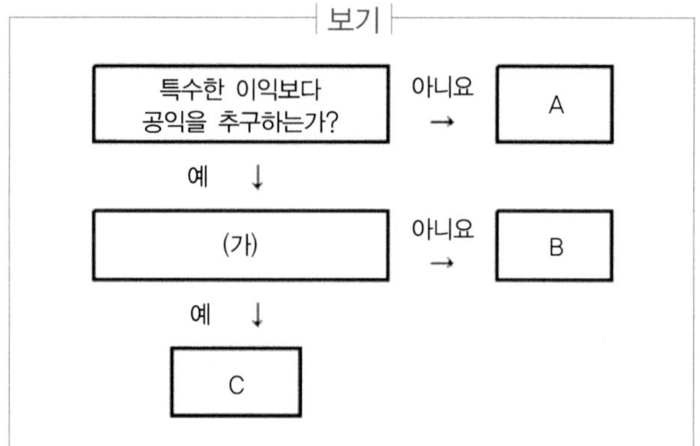

① A는 시민 단체이다.
② (가)에는 '대표적인 사례로 노동조합을 들 수 있는가'가 들어갈 수 있다.
③ (가)에 '자신들의 행위에 대해 정치적 책임을 지는가'가 들어가면, C는 정부와 의회를 매개하는 역할을 한다.
④ B, C와 달리 A는 다양한 사회 문제를 해결하기 위해 자발적으로 결성된 집단이다.

해설 특수한 이익을 추구하는 집단은 이익 집단(A)이다. 반면 B와 C는 공익을 추구하는 정당이나 시민 단체가 들어갈 수 있다.

	정당	이익단체	시민단체
공통점	i) 비공식적 참여 주체 ii) 여론 형성과 조직 기능 iii) 참여자들에게 정치 사회화 담당 iv) 정책 결정에 영향력 행사 v) 정부의 견제와 비판 기능		
등장 배경	의회민주주의 발전과 보통선거제도의 확립	지역대표제와 정당정치의 한계	대의정치의 한계
목표	정권 획득·유지	자기 집단의 특수이익 실현	공공선의 실현, 공공의 이익 추구
정치적 책임	진다	지지 않음	지지 않음
특징	i) 정치적 충원 기능, 정치지도자 훈련 ii) 의회 정치의 운영 기능 iii) 매개적(중개적) 기능	i) 특수한 분야의 특수한 이익 추구 ii) 사회 전체의 보편적 이익과 충돌할 우려 있음 iii) 로비활동으로 인한 부정부패 가능성 있음	i) 비영리성 ii) 비권력성-정치권력을 추구하지 않는다는 점에서 정당과 구분됨 iii) 비정부성-정부의 통제나 간섭을 받지 않는 비정부기구임(NGO)

③ (가)에 '자신들의 행위에 대해 정치적 책임을 지는가'에 대해서 긍정의 답을 하게 되는 것은 정당이다. 정당은 정치적인 책임을 지는 집단으로 정부와 의회를 매개하는 역할을 하게 된다.

오답피하기
① A는 자신들의 특수한 이익을 추구하는 집단으로 이익집단이 들어가게 된다.
② 노동조합은 이익 집단에 해당하므로 공익을 추구하기 보다는 자신들의 특수한 이익을 추구하는 집단이므로 (가)에 들어가기에는 부적절하다.
④ 다양한 사회 문제를 위해 자발적으로 결성된 집단은 '시민 단체'이다. A에는 이익 집단이 들어가야 하므로 옳지 않은 지문이다.

정답 ③

02 다음 〈보기〉와 같은 단체에 대한 설명으로 옳지 않은 것은? 2014 서울시

보기

사회의 여러 가지 문제를 해결하기 위하여 민간이 중심이 되어 만든 비정부 조직, 영리를 목적으로 활동하지 않는 비영리 단체로, 환경 운동이나 인권 보호 운동, 부패 방지 운동을 위해 적극적으로 활동하는 단체를 말한다. 다수의 시민을 의해 활동하는 단체이다.

① 집단의 가입과 탈퇴가 비교적 자유롭다.
② 사회가 다원화되면서 그 수가 점점 증가하고 있다.
③ 공익을 추구하고 정부의 정책 결정에 영향력을 행사한다.
④ 특정 목표를 달성하기 위해 구성된 조직으로 2차 집단에 해당한다.
⑤ 비공식 조직으로 구성원들에게 만족감을 제공하며, 구성원 간의 친밀도가 높다.

해설 보기에서 설명하고 있는 단체는 비영리 단체로, 환경 운동이나 인권 보호 운동 등 공익을 목적으로 활동하고 있으므로 시민단체에 해당한다. 공식 조직이란 특정한 목표를 달성하려는 목표가 뚜렷하고 구성원의 지위와 역할이 명백하여 전문화되어 있으며, 내부규범으로 인하여 구성원의 행동도 제한한다는 특징이 있다. 반면 비공식 조직은 공동의 관심이나 취미를 가진 공식 조직 내의 구성원들이 자연발생적으로 만든 조직을 말하고 회사 내의 동호회나 동창회 등이 대표적이다. 또한 시민단체, 정당, 이익집단의 경우 각각의 특징 등을 잘 비교해야 한다.
⑤ 시민단체는 공식 조직이다. 또한 구성원들에게 만족감을 제공하며 친밀도가 높은 것은 비공식 조직에 대한 설명이다.

오답피하기
① 시민단체는 자발적 결사체로서 집단의 가입과 탈퇴가 자유로워 누구나 가입할 수 있으며 탈퇴 역시 자유로운 편이다.
② 자발적 결사체의 경우 사회가 복잡·다원화되면서 그 필요성이 증대되고 있으며 그 수 또한 점점 증가하고 있다.
③ 시민단체는 이익단체가 구성원들의 사익을 추구하는 것과 달리 공익을 추구하는 대표적인 단체이고, 정당이나 이익단체와 마찬가지로 정책 결정에 영향력을 행사한다.
④ 시민단체는 사회 문제 해결과 공익 추구라는 목적으로 구성된 자발적 결사체이므로 구성원들 사이에 간접적인 접촉이 주를 이루고 인간 관계가 부분적이고 수단적인 2차 집단에 해당한다.

정답 ⑤

03 다음 그림의 A~C는 정치 참여 주체이다. 이에 대한 옳은 설명을 〈보기〉에서 고른 것은? (단, A~C는 각각 시민 단체, 이익 집단, 정당 중 하나에 해당한다.) 2014 경찰직 1차

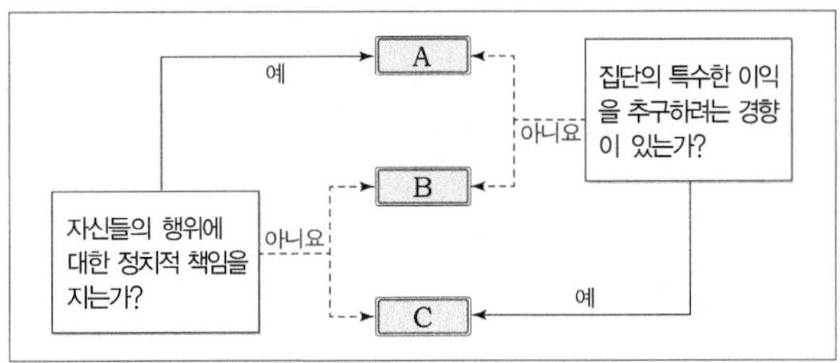

보기

㉠ A는 시민 단체이다.
㉡ B는 C와 달리 자기 집단의 배타적인 이익을 추구한다.
㉢ B, C는 대의 정치의 한계를 보완하는 기능을 수행한다.
㉣ A~C 모두 정부의 정책 결정 과정에 영향력을 행사한다.

① ㉠, ㉡ ② ㉠, ㉣
③ ㉡, ㉢ ④ ㉢, ㉣

해설 정치적 책임을 지면서 사익을 추구하지 않는 집단은 정당에 해당하고, 정치적 책임을 지지 않으면서 사익을 추구하지 않는 집단은 시민단체에 해당한다. 그리고 정치적 책임을 지지 않으면서 특수 이익을 추구하는 집단은 이익 집단에 해당한다. 따라서 A는 정당, B는 시민단체, C는 이익집단이다.
ㄷ. 시민단체와 이익집단은 대의 정치의 한계를 보완하는 공통점이 있다.
ㄹ. 정당과 시민단체, 이익집단 모두 정부의 정책 결정 과정에 영향력을 행사한다는 공통점이 있다.

오답피하기
ㄱ. A는 정당에 해당한다.
ㄴ. 자기 집단의 배타적인 이익을 추구하는 집단은 이익집단에 해당한다.

정답 ④

04 **그림은 (가), (나)를 기준으로 정치 참여 집단 A ~ C를 분류한 것이다. 이에 대한 설명으로 옳은 것은? (단, A ~ C는 각각 정당, 이익 집단, 시민 단체 중 하나이다.)** 2018 서울시 유사

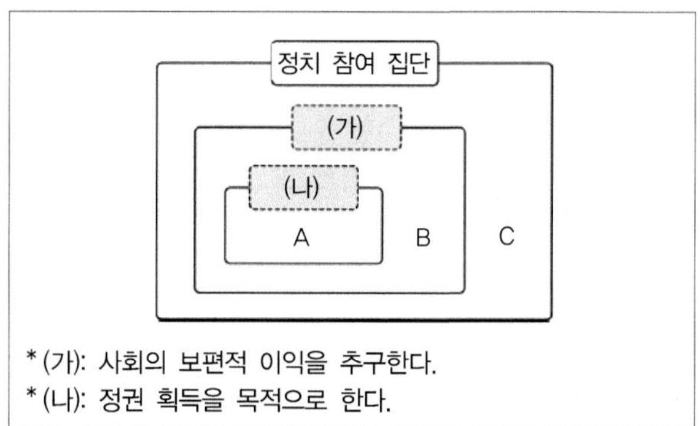

* (가): 사회의 보편적 이익을 추구한다.
* (나): 정권 획득을 목적으로 한다.

① A는 주요한 정책 결정 기구이다.
② B는 의회와 정부를 매개한다.
③ B, C 모두 정부에 대한 감시와 비판 기능을 수행한다.
④ A와 B는 C와 달리 대의 정치의 한계를 보완한다.

해설 A는 정당, B는 시민 단체, C는 이익 집단이다.
③ 시민 단체와 이익 집단 모두 정부에 대한 감시와 비판 기능을 수행한다.

오답피하기
① 정책 결정기구는 국가기관을 말하는데, 정당은 국가기관이 아니다.
② 의회와 정부를 매개하는 것은 정당이다.
④ 시민단체와 이익단체는 모두 대의정치의 한계를 보완한다.

정답 ③

05 **(가), (나)에 해당하는 내용을 바르게 짝지은 것은?** 2016 교육행정

(가)은/는 (나)을/를 목적으로 하며 그 조직과 활동이 민주적이어야 한다. 또한 책임 있는 정치적 의견이나 정책을 제시하고 공직 선거에 후보를 추천할 수 있으며, 정부와 의회를 매개하는 정치적 기능을 수행한다.

	(가)	(나)
①	정당	정권 획득
②	언론	여론 수렴
③	시민단체	공익 추구
④	이익집단	특수 이익 추구

해설
① 공직 선거에 후보자를 추천하고 의회와 정부를 매개하는 역할을 하는 것은 정당이다. 정당은 정권 획득을 목적으로 하는 조직이다.

오답피하기
②, ③, ④ 언론이 여론 수렴을 목적으로 하고, 시민단체가 공익 추구를 목적으로 하고, 이익집단이 특수 이익을 추구하는 것은 맞지만 위의 제시문의 내용과는 부합하지 않는다.

정답 ①

06 다음 자료에 대한 분석으로 옳은 것은? (단, A~C는 정당, 이익집단, 시민단체 중 하나이다.) 2018 지방직

질문 \ 정치참여집단	A	B	C
공익(公益)실현을 추구합니까?	㉠	예	㉡
(가)	예	㉢	아니요

① (가)에는 '정치 사회화 기능을 합니까'가 들어갈 수 있다.

② ㉠이 '아니요'라면 (가)에는 '정권 획득을 목적으로 합니까?'가 들어갈 수 있다.

③ (가)에 '선거에 후보자를 공천합니까?'가 들어간다면 ㉡은 '아니요'이다.

④ ㉢이 '예'라면 (가)에는 '정치 과정에 영향력을 행사합니까?'가 들어갈 수 있다.

해설

③ 선거에 후보자를 공천하는 것은 정당이므로 A가 '정당'이 되고, '공익 실현을 추구하는가?'라는 질문에 B가 '예'라고 대답했으므로 B는 '시민단체'가 된다. 따라서 C는 이익 집단이 되고 이익 집단은 특수한 이익을 추구하는 집단으로 공익 실현을 추구하지 않으므로 '아니요'라는 대답이 들어가게 된다.

오답피하기

① 정치사회화란 개인이 그 사회의 정치에 대한 태도와 견해를 배워 나가는 과정으로 사회화의 한 부분이라고 할 수 있다. 정치사회화 기능은 정당과 이익집단, 시민단체 모두에서 나타나는 것이므로 (가)에는 적절하지 않은 질문이다.

② ㉠이 '아니요'라면 A는 특수한 이익을 추구하는 집단인 '이익단체'가 될 것이고, '정권 획득을 목적으로 합니까?'라는 질문에 대하여 '아니요'라고 되어야 하므로 적절치 않다.

④ 정당과 이익집단, 시민단체는 모두 비공식적 정책결정의 참여자로서 정치 과정에 영향력을 행사한다는 공통점이 있다. 따라서 ㉢이 '예'라고 한다고 하더라도 (가)에서 '정치 과정에 영향력을 행사합니까?'라는 질문에 대해 C의 경우에 '아니요'라고 대답하고 있으므로 적절치 않게 된다.

정답 ③

07 다음 A~C에 대한 설명으로 옳은 것은? (단, A~C는 각각 이익 집단, 시민 단체, 정당 중 하나이다.) 2018 소방직

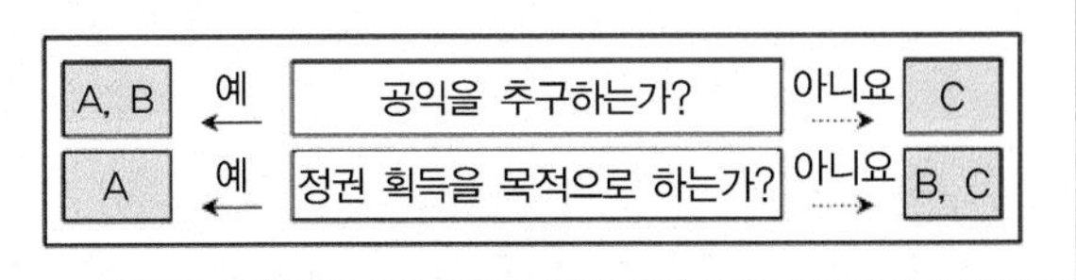

① A는 공통의 목표나 이해관계가 있는 사람들이 자신들의 이익을 실현하기 위해 만든 단체이다.

② C는 정부의 한계를 보완하고 공공 문제를 해결하기 위해 시민이 자발적으로 만든 단체이다.

③ A, B, C는 모두 정치 과정에 영향력을 행사한다.

④ B는 자신의 활동에 대해 정치적 책임을 진다는 점에서 A, C와 구별된다.

해설 공익을 추구하지 않는 C는 이익 집단이고, 정권 획득을 목적으로 하는 A는 정당이므로 B는 시민 단체이다.

③ 정당, 시민단체, 이익집단은 모두 정치 과정에 영향력을 행사하는 비공식적 정치의 주체이다.

오답피하기

① 공통의 목표나 이해관계가 있는 사람들이 자신들의 이익을 실현하기 위해 만든 단체는 이익 집단이다.

② 정부의 한계를 보완하고 공공 문제를 해결하기 위해 시민이 자발적으로 만든 단체는 시민 단체이다.

④ 자신의 활동에 대해 정치적 책임을 지는 것은 정당이다.

정답 ③

08 다음 표는 A, B 두 정치 참여 집단의 공통점과 차이점을 정리한 것이다. 이에 대한 설명으로 적절하지 않은 것만을 〈보기〉에서 모두 고른 것은? 2020 경찰직 2차

구분		A	B
공통점		여론을 형성하고 정치 과정에 영향력 행사	
차이점	목적	자기 집단의 특정 이익 실현	정권 획득
	관심분야	특정 분야에서 특정 이익 추구	광범위한 분야에 걸쳐 공익 추구

보기

㉠ A의 등장 배경으로 이익의 다원화, 지역 대표성의 한계 등이 있다.
㉡ 우리나라에서 B의 목적이나 활동이 민주적 기본질서에 위배될 때에는 국회가 헌법재판소에 해산을 제소할 수 있다.
㉢ A는 이해관계와 관련된 영역에서는 정치적 책임을 진다.
㉣ B는 정부와 의회를 연결함으로써 양자 간의 매개 역할을 담당한다.
㉤ A의 역기능 현상으로 핌피(PIMPY), 바나나(BANANA) 등이 있다.

① ㉠, ㉢　　② ㉡, ㉢
③ ㉡, ㉣　　④ ㉣, ㉤

해설 A는 이익 집단, B는 정당이다.
㉡ 위헌 정당의 해산 심판의 제소는 국회가 아니라 정부의 권한이다.
㉢ 이익 집단의 관심 영역은 이해 관계 있는 곳에 두는 것은 맞지만 정치적 책임을 지는 것은 정당이다.

오답피하기
㉠ 이익 집단의 등장 배경으로 이익의 다원화, 지역 대표성의 한계, 정당 정치의 한계 등이 있다.
㉣ 정당은 정부와 의회를 연결함으로써 양자 간의 매개 역할을 담당하는데, 이를 정부의 중개적(매개적) 기능이라고 한다.
㉤ 이익 집단이 특수 이익을 과도하게 추구할 경우 사회 전체의 보편적 이익과 충돌하여 공익 훼손, 집단이기주의, 님비, 핌피 현상, 바나나 현상이 나타나기도 한다.

① 님비(NIMBY): "Not In Back Yard"를 줄인 말로, 주민 거주 지역에 혐오시설(쓰레기 소각장, 화장장 등)이 들어오는 것을 거부하는 집단 이기주의
② 핌피(PIMFY): "Please In My Front Yard"를 줄인 말로, 주민 거주 지역에 선호 시설(공공시설 등)이 들어오도록 경쟁적으로 노력하는 집단 이기주의
③ 바나나(BANANA): "Build Absolutely Nothing Anywhere Near Anybody"를 줄인 말로, 각종 유해 시설을 자기 지역권 내에는 절대 설치하지 못하게 하는 지역 이기주주의

정답 ②

09 다음은 정치 참여 집단에 대한 설명이다. 이에 대한 설명으로 옳은 것은? 2014 서울시

① 이익 집단은 의회와 정부를 매개한다.
② 시민 단체는 선거에 후보자를 배출한다.
③ 시민 단체와 달리 정당은 정치 사회화 기능을 가진다.
④ 이익 집단과 시민 단체는 모두 비영리성을 특징으로 한다.
⑤ 정당은 자신의 행위에 정치적 책임을 진다.

해설 정치 참여 집단에는 정당, 이익단체, 시민단체 등이 있는데 이들의 특성을 잘 비교해야 한다. 이것들은 모두 자발적 결사체이며 비공식적 정치 참여 주체로서 정치 사회화 기능을 하고 여론을 형성하여 조직화하여 정부정책에 영향력을 행사하기도 하고 정부를 견제, 비판하는 기능을 한다는 점에서 공통적이다.
⑤ 정당은 이익집단이나 시민단체와 달리 정치적 책임을 진다.

오답피하기
① 의회와 정부를 매개하는 것은 정당이다.
② 선거에 후보자를 배출하는 것은 정당이다.
③ 정치 사회화 기능은 정당, 이익단체, 시민단체 모두에게 있다.
④ 시민단체는 영리를 추구하지 않지만, 이익단체는 영리를 추구하는 집단이다.

정답 ⑤

10 **〈보기〉 표의 A~C는 정치참여집단이다. 이에 대한 설명으로 가장 옳은 것은? (단, A~C는 시민단체, 이익집단, 정당 중 하나이다.)** 2019 서울시

보기

질문 내용	A	B	C
정치적 책임을 지는가?	예	아니오	아니오
공익을 사익보다 우선시하는가?	예	예	아니오
(가)	예	예	예

① A는 정권 획득을 목표로 하며 B, C와 달리 사회 구성원에 대한 정치 사회화 기능을 수행한다.
② B는 A와 달리 자발적으로 결성된 집단으로, 정치과정에서 투입 기능을 한다.
③ C는 B와 달리 대의제의 한계를 보완하기 위해 등장한 집단이다.
④ (가)에는 '정책 결정 과정에 영향력을 행사하는가?'가 들어갈 수 있다.

출제 단원 및 영역 법과정치 2단원 정치참여 집단

해설 정치적 책임을 지는 A는 정당, 사익을 우선시 하는 C는 이익집단, 나머지 B는 시민단체가 된다.
④ 정책 결정 과정에 영향력을 행사하는 것은 위의 정치 참여 집단 모두에 공통되는 것이다.

정당, 이익집단, 시민단체의 공통점
① 비공식적 참여 주체 → 투입(환류) 기능
② 여론 형성과 조직 기능
③ 참여자들에게 정치 사회화 담당
④ 정책 결정에 영향력 행사(대의제 한계 보완)
⑤ 정부의 견제와 비판 기능
⑥ 집단적 정치 참여 방법

오답피하기
① 정당은 정권획득을 목표로 하는 것이 맞지만, 정치 사회화 기능은 A, B, C 모두의 공통적인 특징이다.
② 정당과 시민단체는 모두 자발적으로 결성된 집단이다. 정치과정에서 투입 기능을 하는 것은 공통적이다.
③ 대의제의 한계를 보완하는 것은 B와 C의 공통적인 특징이다.

정답 ④

11 **그림의 (가)~(다)에 대한 설명으로 옳지 않은 것은? (단, (가)~(다)는 각각 정당, 시민단체, 이익집단 중 하나이다)** 2020 지방직·서울시

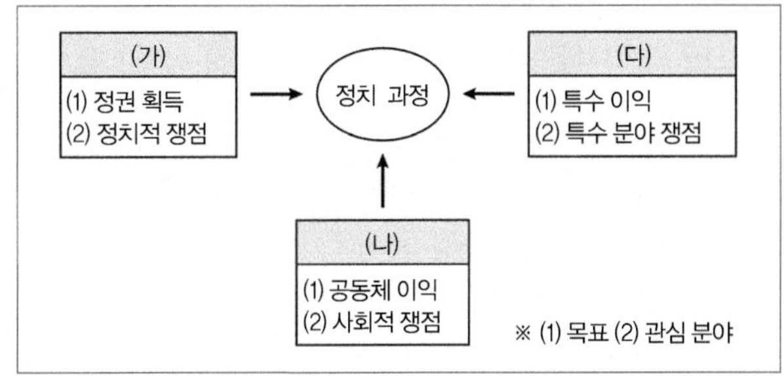

① (가)는 정치적 충원과 여론 형성 및 조직화 기능을 수행한다.
② (나)는 시민들에 의해 자발적으로 구성되는 집단이다.
③ (다)는 사회 전체의 보편적 이익과 충돌하는 활동을 할 우려가 있다.
④ (가)와 (다)는 정치적 책임을 진다는 공통점이 있다.

해설 (가)는 정당, (나)는 시민단체, (다)는 이익집단에 해당한다.
④ 정치적 책임을 지는 것은 정당에 한한다. 시민단체는 정치적 책임을 지지 않는다.

정치적 책임: 정치 지도자가 자신의 언행과 관계되는 정치적 결과에 대하여 지는 책임
쉽게 말하면 자기를 뽑아준 곳에 정치적 책임을 진다고 보면 됨. ⇒ 대통령제에서 대통령과 국회의원은 국민에게, 의원내각제에서 총리는 의회에 대하여 정치적 책임을 짐.

오답피하기
① 정당은 정치 지도자 육성, 선거에 후보자 추천, 대표 배출을 통해 정치적 충원 기능을 하고, 여론을 수렴하고 형성하여 정부에 전달함으로써 여론의 형성과 조직화 기능을 한다.
② 정당, 시민단체, 이익집단은 모두 시민들에 의해 자발적으로 구성되는 집단들이다.
③ 이익집단이 특수 이익을 과도하게 추구할 경우 사회 전체의 보편적 이익과 충돌하여 공익을 훼손하고, 집단이기주의에 빠질 수 있다.

정답 ④

12 〈보기〉의 정치 참여 집단 A, B에 대한 설명으로 가장 옳지 않은 것은? 2021 서울시(경력직)

보기

현대 민주 정치의 중요한 정치 행위자로 A와 B가 있다. A는 그들의 이익을 정치 현장에서 실현시키기 위해 B를 매개체로 이용하고, B도 정치권력의 획득을 위한 지지 기반을 넓히기 위해 A와 밀접한 상호 관계를 맺는다. B는 A로부터 정책 쟁점에 대한 전문적 지식과 견해를 획득하고, 다원적 사회에 분산돼 경쟁 관계에 있는 여러 A는 B와 연계해 자신들에게 유리한 정책을 형성하도록 정부에 압력을 행사한다.

① B는 의회와 정부를 매개한다.
② A는 집단의 특수 이익을 실현하고자 한다.
③ B는 A와 달리 자신의 활동에 대해 정치적 책임을 진다.
④ A는 B와 달리 정치 사회화를 담당한다.

출제 단원 및 영역 정치와 법 3단원 정치 참여 집단

해설

A는 그들의 이익을 추구한다고 하였으므로 이익 집단, B는 정치권력의 획득을 목적으로 한다고 하였으므로 정당이다.
④ 정치 사회화란 개인이 그 사회의 정치에 대한 태도와 견해를 배워 나가는 과정으로 사회화의 한 부분을 말한다. 이익 집단과 정당은 모두 정치 사회화를 담당한다.

오답피하기

① 정당은 의회와 정부를 매개하는 기능을 한다.
② 이익 집단은 구성원들의 이익을 추구하므로 집단의 특수 이익을 실현하고자 한다.
③ 이익 집단과 달리 정당은 정치적 책임을 진다.

정답 ④

13 다음은 복수 정당제 유형 (가)와 (나)의 일반적 특성을 비교한 것이다. 이에 대한 설명으로 옳은 것은? 2021 국가직

질문	(가)	(나)
국정 운영의 책임 소재가 명확한가?	아니요	예
다양한 의견을 반영하기에 유리한가?	예	아니요

① (가)이면서 의원내각제를 채택한 국가의 경우 연립 정부가 구성되는 일이 흔히 발생한다.
② (가)에서는 정당 간 대립이 발생할 때 중재가 비교적 어렵다.
③ (나)인 국가에는 2개의 정당만 존재한다.
④ (나)가 (가)보다 민주적이다.

출제 단원 및 영역 정치와 법 2단원 복수 정당제

해설 (가)는 다당제, (나)는 일당제이다.
① 의원내각제에서 다당제가 나타날 경우 과반수 의석을 차지하는 정당이 존재하지 않아 연립 정부가 구성되는 일이 흔히 발생한다.

오답피하기

② 다당제의 경우 제 3의 정당이 영향력을 크게 발휘할 수 있기 때문에 정당 간 대립이 발생할 때 중재가 비교적 용이하다. 반면 양당제의 경우 제 3의 정당의 영향력이 작기 때문에 중재가 비교적 어렵다.
③ 양당제는 2개의 정당만 존재한다는 것이 아니라 정당이 여러 개 있지만 실제 정권 획득 경쟁을 벌이는 정당이 2개인 유형을 말한다.
④ 양당제와 다당제는 선거에 따른 의석의 분포가 그렇게 나타났다는 것이며, 모두 복수정당제의 유형으로 민주적인 정당 제도로서 어느 것이 민주적이라고 할 수 없다. 이는 각 나라의 역사나 사회·경제적인 배경에 따라 나타날 수 있기 때문이다. 반면 일당제는 비민주적인 정당제이다.

정답 ①

14 **〈보기〉에서 이익 집단의 순기능으로 옳은 것을 모두 고른 것은?** 2020 서울시(보훈청)

보기

ㄱ. 정부에 대한 감시와 비판이 가능함
ㄴ. 특수 이익이 사회 전체의 보편적 이익과 충돌할 우려가 있음
ㄷ. 국민의 다양한 정치적 의사 표출이 가능함
ㄹ. 정치권력과 결탁한 부정부패 발생 가능성이 있음

① ㄱ, ㄴ ② ㄱ, ㄷ
③ ㄴ, ㄷ ④ ㄷ, ㄹ

해설
ㄱ, ㄷ. 이익집단을 통하여 정부에 대한 감시와 비판이 가능하고, 국민의 다양한 정치적 의사 표출이 가능한데, 이는 이익 집단의 순기능이다.

오답피하기
ㄴ, ㄹ 이는 이익집단의 역기능에 대한 설명이다.

정답 ②

15 **표는 정치 참여 집단 (가)~(다)를 비교한 것이다. 이에 대한 일반적인 설명으로 옳은 것은? (단, (가)~(다)는 각각 시민단체, 이익집단, 정당 중 하나이다.)** 2020 소방직

구분	(가)	(나)	(다)
공익 추구를 우선시하는가?	아니요	예	예
정권 획득을 목표로 하는가?	㉠	㉡	예

① (가)는 집단 활동의 결과에 대해 정치적 책임을 진다.
② 자발성과 영리성은 (나)의 특징이다.
③ (다)는 정책을 결정하고 집행한다.
④ ㉠, ㉡에는 모두 '아니요'가 들어간다.

해설 (다)는 정권획득을 목표로 하므로 정당이다. (나)는 공익을 우선시하므로 시민 단체이고, (가)는 공익 추구를 우선시 하지 않는다고 하였으므로 이익 단체이다.
④ 정권 획득을 목표로 하는 것은 정당만이 해당하고 이익 단체와 시민 단체는 정권 획득을 목표로 하지 않으므로 ㉠, ㉡에는 모두 '아니요'가 들어간다.

오답피하기
① 집단 활동의 결과에 대해 정치적 책임을 지는 것은 정당이다.
② 자발성과 영리성은 이익 단체의 특징이고, 시민 단체는 자발성은 가지지만 비영리적인 단체이다.
③ 정책을 결정하고 집행하는 것은 정책 결정 기구, 즉 국가 기관이다. 정당은 비공식적 정치의 주체이지, 정책 결정 기구가 아니다. 즉 정당은 정책을 결정하고 집행하는데 영향력을 행사할 뿐, 직접 정책을 결정하고 집행하는 것은 아니다.

정답 ④

여론 분포/정치 문화[참조만]

01 (가)와 (나) 여론 분포의 유형에 대한 비교 설명으로 옳지 않은 것은? 2015 지방직

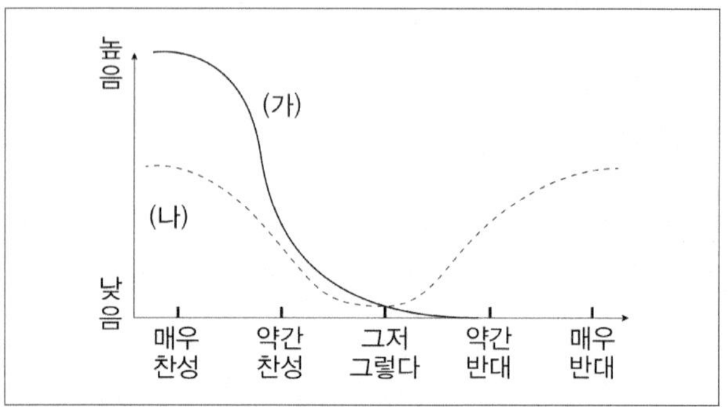

① (가)는 (나)보다 국민적 합의가 이루어져 지배적인 여론이 형성된다.
② (가)는 (나)보다 대다수가 공통된 의견을 갖고 있어 정책 추진이 원만하게 이루어질 가능성이 높다.
③ (나)는 (가)보다 찬성과 반대의 의견이 균형을 이루어 정책 결정이 신속히 이루어진다.
④ (나)는 (가)보다 국민적 일체감이 형성되기 어렵고 사회 갈등이 증가할 수 있다.

해설 여론의 분포는 '합의형'과 '분산형'으로 구분할 수 있다.

여론의 분포 유형
- 분산형: 특정 문제에 대해 찬성과 반대 또는 양극단의 의견비율이 높아 심한 의견 대립이 나타나는 경우 → 국민적 일체감이 형성되기 어렵고, 사회적 갈등이 증가하여 불안정해질 가능성이 높다.
- 합의형: 특정 문제에 대해 다수의 견해가 동질적이어서 지배적인 여론이 형성된 경우 → 국민적 합의가 이루어져 지배적 여론이 형성된 경우로, 정책 추진이 원만하게 이루어지며, 사회가 안정될 가능성이 높다.

- (가)는 '매우 찬성' 쪽으로 지배적 여론이 형성되었으므로 '합의형'에 해당하고, (나)는 '매우찬성'과 '매우반대'의 의견비율이 높아 심한 의견 대립이 나타나는 경우로 '분산형'에 해당한다.

③ (나)는 여론이 분열되어 있는 경우로서 찬성이나 반대의 의견으로 여론을 모으기 위해서는 반대 측 의견을 가진 사람들을 설득하는 과정에서 많은 시간이 소요된다. 따라서 분산형의 경우 정책을 결정함에 있어서 신속성이 떨어진다.

오답피하기
① (가)의 합의형의 경우 국론이 일치된 경우로서 국민적 합의가 이루어져 지배적인 여론이 형성된다.
② (가)는 합의형 중 '매우 찬성'에 국론이 일치된 경우로서 대다수가 공통된 의견을 갖고 있어 정책 추진이 원만하게 이루어질 가능성이 높다. 합의형이라고 항상 정책 추진이 원만하게 이루어지는 것은 아니고 사안처럼 '매우 찬성'의 비율이 높은 합의형인 경우 정책 추진이 원만하게 이루어지고, '매우 반대'의 지배적 여론이 형성되었다면 이는 오히려 분산형 보다 정책 추진이 더 어려울 수도 잇다.
④ 분산형의 경우 국민적 일체감이 형성되기 어렵고, 사회적 갈등이 증가하여 불안정해질 가능성이 높다.

정답 ③

02 알몬드(Gabriel Almond)와 버바(Sidney Verba)의 정치문화에 대한 설명으로 옳은 것은? 2015 사회복지직

① 향리형 혹은 신민형 정치문화에서는 시민들이 정책 결정과정에 참여하려는 의지가 약하다.
② 향리형 정치문화에서는 시민들이 지역뿐만 아니라, 지역을 초월한 국가의 정치체제를 인식할 수 있다.
③ 신민형 정치문화에서는 시민들이 정부의 권위에 쉽게 복종하지 않는 새로운 유형의 민주적 정치문화가 나타난다.
④ 참여형 정치문화에서는 시민들이 정치과정의 투입에 활발하게 참여하지만, 정치적 대상에 대한 비판과 지지가 불분명한 경우가 많다.

해설 정치적 정향에 따른 분류

구분	내용
향리형	• 정치 역할이 미분화된 전동 사회에 주로 나타남 • 정치 공동체에 대한 명확한 인식을 갖고 있지 못함
신민형	• 중앙 집권적인 권위주의 사회에서 주로 나타남 • 정치 공동체에 대한 인식은 하고 있으나 참여에 소극적임
참여형	• 민주주의 사회에서 주로 나타남 • 정치 공동체에 대해 명화하게 인식하며, 정치 과정에 적극적으로 참여함

① 향리형의 경우 정치 공동체에 대한 인식 뿐만 아니라 참여도 하지 못하지만 신민형 정치문화에서는 시민들이 정치 공동체에 대한 인식은 하고 있으나 그 참여에는 소극적이다. 즉 향리형과 신민형 모두 정치적 의사 결정의 참여에는 소극적이다.

오답피하기
② 향리형 정치문화는 정치 역할이 미분화된 전통 사회에 주로 나타나는 것으로 정치 공동체에 대한 명확한 인식을 갖고 있지 못하기 때문에 시민들이 지역뿐만 아니라, 지역을 초월한 국가의 정치체제를 인식할 수 없다.
③ 신민형 정치문화는 주로 중앙 집권적인 권위주의 사회에서 나타난다. 시민들이 정부의 권위에 쉽게 복종하지 않는 새로운 유형의 민주적 정치문화가 나타나는 것은 참여형 정치문화이다.
④ 참여형 정치문화에서는 시민들이 정치과정의 투입에 활발하게 참여하며, 정치적 대상에 대한 비판과 지지 역시 분명한 경우가 많다.

정답 ①

03 그림은 A 정책과 B 정책에 대한 여론 분포를 나타낸 것이다. 이에 대한 옳은 분석 및 추론을 〈보기〉에서 고른 것은? 2015 지방직 유사

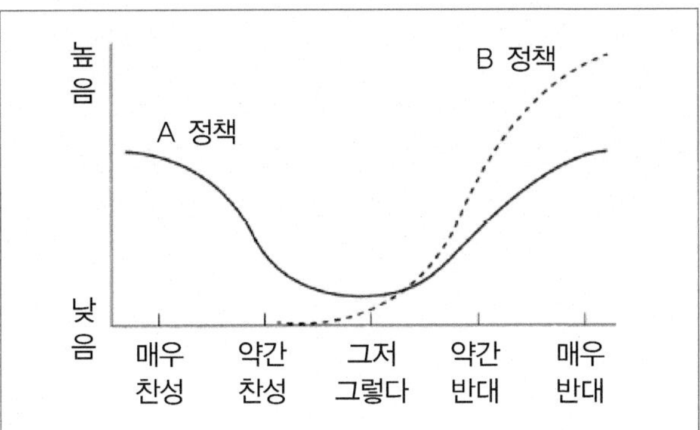

보기

ㄱ. A 정책은 분산형 여론 분포를 보이고 있다.
ㄴ. 정부는 B 정책 추진에 어려움을 겪을 것이다.
ㄷ. 사회적 갈등이 많을수록 A 정책보다 B 정책과 같은 여론 분포를 보인다.
ㄹ. 만일 선거를 앞두고 있다면, 여당은 A 정책보다 B 정책을 지지할 것이다.

① ㄱ, ㄴ ② ㄱ, ㄷ
③ ㄴ, ㄷ ④ ㄴ, ㄹ
⑤ ㄷ, ㄹ

해설
ㄱ. A 정책은 분산형 여론 분포를, B 정책은 합의형 여론 분포를 보이고 있다.
ㄴ. 대다수의 국민들이 B 정책을 반대하고 있다. 따라서 정부가 B 정책을 추진하기는 어려울 것이다.

오답피하기
ㄷ. 사회적 갈등이 많을수록 분산형의 여론 분포를 보인다.
ㄹ. 선거를 앞두고 다수가 반대하는 정책을 여당이 지지하지는 않을 것이다.

정답 ①

04 그림은 ㉠~㉢의 세 가지 정치 문화 유형의 배합 정도에 따라 알몬드(Q. Almond)가 구분한 두 가지 모델이다. 각 정치 문화 유형에 대한 설명으로 옳은 것은? 2013 지방직

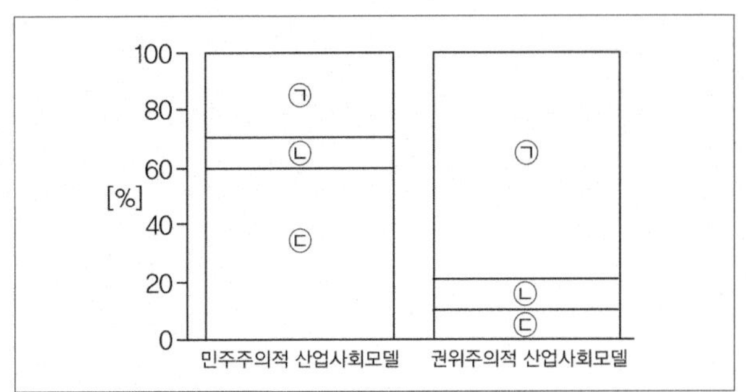

① ㉠은 정책 형성 과정에 대해서는 소극적이나, 정책 집행 과정에는 적극적으로 반응하는 정치 문화 유형이다.
② ㉡은 정치적 자아에 대한 자각은 이루어졌으나, 정치적 역할은 미분화된 사회에서 나타난다.
③ ㉢의 시민들은 자신들이 속해 있는 정치 공동체에 대해 명확한 인식을 가지고 있지 않다.
④ ㉠과 ㉡은 모두 국가의 역할에 대한 인식이 낮은 정치 문화 유형이라는 점에서 ㉢과 차이를 보인다.

해설 정치 문화의 유형으로는 향리형, 신민형, 참여형으로 나눌 수 있다. 민주주의적 산업 사회 모델에서 가장 큰 비중을 차지하는 것은 참여형이므로 ㉢은 참여형이 된다. 권위주의적 산업 사회 모델에서 가장 큰 비중을 차지하는 것은 신민형이므로 ㉠이 신민형이 된다. 결국 ㉡은 향리형이 된다고 볼 수 있다.
① 신민형은 정책 형성 과정에 대해서는 소극적이나, 정책 집행 과정에서는 적극적으로 반응하는 정치 문화 유형이다.

오답피하기
② 향리형은 아직 정치적 자아에 대한 자각이 이루어지지 않았다.
③ 정치 공동체에 대해 명확한 인식을 가지고 있지 않은 것은 향리형이며, 참여형은 정치 공동체에 대한 명확한 인식을 가지고 있다.
④ 국가의 역할에 대해 인식이 낮은 것은 향리형에만 해당하고, 신민형의 경우 국가의 역할에 대한 인식은 존재한다.

정답 ①

CHAPTER 04

개인생활과 법

근대 민법의 기본 원리와 수정 원리

01 민법의 기본원리인 (가)~(다)에 대한 설명으로 옳은 것만을 〈보기〉에서 모두 고른 것은? 2020 지방직 · 서울시

구분	관련 내용
(가)	개인의 재산권은 공공복리에 적합하도록 행사되어야 한다.
(나)	개인은 자유로운 의사에 기초하여 타인과 법률관계를 형성할 수 있다.
(다)	가해자는 직접적인 고의나 과실이 없는 경우에도 일정한 요건에 따라 손해 배상 책임을 질 수 있다.

보기

ㄱ. (가)는 개인 소유의 재산에 대해 사적 지배를 인정하지 않는다.
ㄴ. (나)에 의해 사회적 이익에 반하거나 불공정한 계약은 법적 효력이 없다.
ㄷ. (다)는 제조물 책임에 대해서 적용되는 원칙이다.
ㄹ. (가)와 (다)는 개인이나 기업의 사회적 책임을 강조한다.

① ㄱ, ㄴ ② ㄱ, ㄷ
③ ㄴ, ㄹ ④ ㄷ, ㄹ

해설 (가)는 소유권의 공공복리의 원칙, (나)는 계약자유의 원칙, (다)는 무과실책임의 원칙에 해당한다.

ㄷ. 제조물 책임법에서 피해자는 제조업자의 고의나 과실을 입증하지 않아도 손해배상을 청구할 수 있으므로 이는 무과실 책임의 원칙이 적용된다.
ㄹ. (가)와 (다)는 모두 근대 민법의 수정 원칙으로 이는 경제적 약자를 보호하고, 개인이나 기업의 사회저 책임을 강조하기 위해 도입한 것이다.

오답피하기

ㄱ. 근대 민법의 수정 원리가 등장하였더라도 여전히 근대 민법의 자유 원리를 기본원리로 한다. 따라서 소유권의 공공복리의 원칙은 소유권의 사적 지배를 부정하는 것이 아니라 이를 수정·보완한 것이다.
ㄴ. 사회적 이익에 반하거나 불공정한 계약은 법적 효력이 없는 것은 계약 공정의 원칙에 해당한다.

정답 ④

02 근대 민법의 기본원리에 대한 설명 중 가장 적절하지 않은 것은? 2018 경찰직 1차

① 과실 책임의 원칙은 무과실 책임으로 보완된다.
② 자유 계약의 원칙은 계약 공정의 원칙으로 보완된다.
③ 사적 자치의 원칙은 공적 이익 우선의 원칙으로 보완된다.
④ 사유 재산권 존중의 원칙은 소유권 공공의 원칙으로 보완된다.

해설

③ 사적 자치의 원칙은 계약 공정의 원칙으로 보완된다.

정답 ③

03 자본주의 사회의 문제를 해결하기 위해 현대 민법에서 수정된 원칙에 대한 설명으로 적절하지 않은 것은? 2014 경찰직 2차

① 법률관계의 성립은 개인의 자유로운 의사에 맡겨둔다.
② 계약은 사회 질서와 공공의 이익에 위배되어서는 아니된다.
③ 개인의 재산권은 보호하지만 공공복리 차원에서 제한될 수 있다.
④ 타인에 손해를 입힌 경우 과실이 없어도 관리·감독의 책임을 질 수 있다.

해설 근대 민법의 기본원리와 수정원리

근대 민법의 기본원리	수정원리
사유재산존중의 원칙 (소유권절대의 원칙)	소유권 공공복리의 원칙
계약자유의 원칙 (사적 자치의 원칙)	계약 공정의 원칙
과실책임의 원칙 (자기 책임의 원칙)	무과실 책임의 원칙

① 법률관계의 성립을 개인의 자유로운 의사에 맡겨두는 것은 계약자유의 원칙으로서 근대 민법의 기본원리에 해당한다.

정답 ①

04 근대 민법의 원리와 그 수정·보완 내용에 대한 설명으로 옳은 것은? 2021 국회직

〈근대 민법의 3대 원리〉		〈수정·보완된 민법의 원리〉
A	→	소유권 공공복리의 원칙
B	→	계약 공정의 원칙
과실 책임의 원칙	→	C

① A는 개인 소유 재산에 대해 국가나 다른 개인이 함부로 간섭하거나 제한하지 못하도록 하는 원칙이다.
② B에 따라 사회 질서에 반하거나 공공의 이익을 침해하는 계약은 법적 효력이 인정되지 않는다.
③ C에 따라「제조물 책임법」상 손해배상책임 성립에는 가해자의 고의가 요구된다.
④ 오늘날 권리의 사회성과 공공성 보장을 위해 근대 민법의 3대 원리는 폐기되었다.
⑤ 수정·보완된 민법 원리가 등장하게 된 배경으로 자유주의와 개인주의의 확대를 들 수 있다.

출제 단원 및 영역 정치와 법 4단원 근대 민법의 기본 원리와 수정 원리

해설 A는 소유권 절대의 원칙, B는 계약 자유의 원칙, C는 무과실 책임의 원칙이다.
① 소유권 절대의 원칙은 개인의 사유 재산에 대한 절대적 지배권을 인정하여 국가나 타인이 함부로 간섭하거나 제한하지 못하도록 하는 원칙이다.

오답피하기
② 사회 질서에 반하거나 공공의 이익을 침해하는 계약은 법적 효력이 인정되지 않도록 하는 것은 계약 자유의 원칙의 수정 원칙인 계약 공정의 원칙이다.
③ 무과실 책임의 원칙에 따라 「제조물 책임법」상 손해배상책임 성립에는 가해자의 고의가 요구되지 않는다.
④ 오늘날 권리의 사회성과 공공성 보장을 위해 근대 민법의 3대 원리는 수정·보완된 것이지 폐기된 것은 아니다.
⑤ 자유주의와 개인주의의 확대는 근대 민법의 기본 원리의 등장 배경이고, 수정·보완된 민법 원리가 등장하게 된 배경은 근대 민법의 기본 원리가 경제적 강자가 대다수의 가지지 못한 자를 지배하거나 자신의 책임을 회피하는 수단으로 악용되었기 때문이다.

정답 ①

05 사례에 적용된 근대 민법의 수정 원칙에 대해 옳은 설명만을 〈보기〉에서 모두 고른 것은? 2021년 소방직

공항 근처에 땅을 소유한 갑은 40층짜리 주상 복합 건물을 신축하려고 하였으나 20층짜리 건물을 지을 수밖에 없었다. 항공기 이착륙에 문제가 있을 수 있어 고도 제한을 적용받았기 때문이다.

보기

ㄱ. 소유권은 공공복리에 적합하도록 행사해야 한다는 원칙이다.
ㄴ. '사유 재산권 존중의 원칙'을 수정・보완한 것이다.
ㄷ. 개인 간 자유로운 계약 체결은 원칙적으로 불가능하다.
ㄹ. 개인의 소유권은 공공의 이익을 위해서라면 경우에 따라 제한될 수 있는 절대적 권리임을 의미한다.

① ㄱ, ㄴ ② ㄱ, ㄷ
③ ㄴ, ㄹ ④ ㄷ, ㄹ

출제 단원 및 영역 정치와 법 4단원 근대 민법의 수정 원칙

해설 갑은 자신 소유의 땅에 대하여 재산권 행사게 제한되고 있으므로 이는 '소유권 공공복리의 원칙'에 대한 설명이다.
ㄱ, ㄴ. 소유권 공공복리의 원칙은 소유권은 무제한적으로 행사할 수 있는 것이 아니라 공공복리에 적합하도록 행사해야 한다는 원칙이며, '사유 재산권 존중의 원칙'을 수정・보완한 것이다.

오답피하기
ㄷ. 계약 공정의 원칙을 적용하더라도 개인 간 자유로운 계약 체결은 원칙적으로 인정하고 계약의 내용이 사회 질서에 반하거나 불공정한 경우 무효로 한다는 것이다.
ㄹ. 소유권 공공복리의 원칙이란 개인의 소유권은 공공의 이익을 위해서라면 경우에 따라 제한될 수 있는 상대적 권리임을 의미한다. 절대적 권리를 인정하는 것은 소유권 절대의 원칙이다.

정답 ①

06 〈보기〉에 대한 설명으로 가장 옳은 것은? (단, A~D는 각각 서로 다른 민법의 원칙에 해당한다.) 2021 서울시(경력직)

보기

- A는 ㉠ 계약 공정의 원칙으로 수정되었다.
- ㉡ 자기 책임의 원칙은 B로 수정되었다.
- C는 D로 수정・보완되었다.

① ㉠은 경제적 약자에게 일방적으로 불리한 내용의 계약 체결을 방지한다.
② ㉡에 따라 과실이 없을 때에도 일정한 상황에서 관계된 자가 책임을 질 수 있다.
③ C는 소유권은 공공복리에 적합하도록 행사해야 한다는 원칙이다.
④ D는 C와 달리 개인 소유의 재산에 대한 사적 지배를 인정한다.

출제 단원 및 영역 정치와 법 4단원 근대 민법의 수정 원리

해설 A는 계약 자유의 원칙, B는 무과실 책임의 원칙, C는 소유권 절대의 원칙, D는 소유권 공공복리의 원칙이다.
① 계약 공정의 원칙에 따르면 계약의 내용이 사회질서에 반해서는 안 되고 공정해야 하며 이를 위반한 계약은 무효로 한다. 따라서 계약 공정의 원칙은 경제적 약자에게 일방적으로 불리한 내용의 계약 체결을 방지하는 역할을 한다.

오답피하기
② 과실이 없을 때에도 일정한 상황에서 관계된 자가 책임을 질 수 있는 것은 자기 책임의 원칙이 아니라 무과실 책임이다.
③ 소유권은 공공복리에 적합하도록 행사해야 한다는 원칙은 D이다.
④ D와 C는 모두 개인 소유의 재산에 대한 사적 지배를 인정한다. 소유권 공공복리의 원칙으로 수정되었다고 하더라도 기존의 소유권 절대의 원칙이 폐기된 것은 아니다.

정답 ①

07 다음 (가)~(다)는 근대 민법의 3대 원칙에 대한 설명이다. 이에 대해 옳은 설명을 〈보기〉에서 고른 것은?

2016 경찰직 1차

(가) 개인은 자율적인 판단에 기초하여 법률관계를 형성해 나갈 수 있다.
(나) 자신의 고의나 과실에 따른 행위로 타인에게 손해를 끼친 경우에만 책임을 진다.
(다) 개인이 소유하는 재산에 대해 국가나 다른 개인은 이를 함부로 간섭하거나 침해할 수 없다.

보기

㉠ (가)는 현대 사회에서 계약 자유의 원칙으로 수정되었다.
㉡ (나)의 원칙은 무과실 책임의 원칙이라는 예외를 인정하게 되었다.
㉢ (가)와 (다)의 원칙은 다수의 경제적 약자들을 지배하는 수단으로 악용되기도 하였다.
㉣ 근대 민법의 원칙이었던 (가), (나), (다)는 현대 자본주의의 문제점을 경험하면서 모두 폐기되고 각각 새로운 원칙으로 대체되었다.

① ㉠, ㉡　　② ㉡, ㉢
③ ㉡, ㉣　　④ ㉢, ㉣

해설 (가)는 계약자유의 원칙(사적자치의 원칙), (나)는 과실책임의 원칙, (다)는 소유권 절대의 원칙이다.

ㄴ. 과실책임주의만을 고수하다 보면 피해자가 과실을 입증하기 곤란하여 적절한 구제가 되지 못하는 경우가 많다. 따라서 근대 민법의 기본원리인 과실책임주의에서 수정하여 무과실 책임주의라는 예외를 인정하게 되었다. 대표적인 무과실 책임주의는 민법상 공작물 소유자 책임, 제조물 책임, 환경정책 기본법 상의 책임 등이 있다.
ㄷ. 계약자유의 원칙과 소유권 절대의 원칙은 경제적 강자가 약자를 지배하거나 유리한 계약을 강제하는 수단으로 악용되기도 하였다.

오답피하기

ㄱ. 계약자유의 원칙은 현대 사회에서 계약공정의 원칙으로 수정되었다.
ㄹ. 근대 민법의 기본원칙이었던 (가), (나), (다)는 폐기되고 각각 새로운 원칙으로 대체된 것이 아니라 수정·보완된 것이다. 오늘날에도 (가), (나), (다)는 기본적인 원칙으로 적용되고 있다.

정답 ②

08 다음 조문에서 드러난 공통의 법원칙에 대한 설명으로 가장 적절한 것은?

2015 사회복지직

환경정책기본법 제44조
① 환경오염 또는 환경훼손으로 피해가 발생한 경우에는 해당 환경오염 또는 환경훼손의 원인자가 그 피해를 배상하여야 한다.
② 환경오염 또는 환경훼손의 원인자가 둘 이상인 경우에 어느 원인자에 의하여 제1항에 따른 피해가 발생한 것인지를 알 수 없을 때에는 각 원인자가 연대하여 배상하여야 한다.
제조물책임법 제3조
① 제조업자는 제조물의 결함으로 생명·신체 또는 재산에 손해(그 제조물에 대하여만 발생한 손해는 제외한다)를 입은 자에게 그 손해를 배상하여야 한다.
② 〈생략〉

① 개인은 자신이 소유하는 재산에 대해 절대적인 지배권을 갖는다.
② 사회질서에 반하는 계약이나 매우 공정성을 잃은 계약은 효력을 인정할 수 없다.
③ 고의나 과실이 없어도 타인에게 손해를 줄 수 있으므로 무과실책임을 물을 수 있다.
④ 개인의 권리와 의무는 자율적인 의사에 의하여 취득되거나 상실되므로 그 내용에는 제한이 없다.

해설 근대 민법의 기본원칙인 과실 책임의 원칙을 수정하여 **무과실 책임의 원칙**이 등장하였다. 이를 통해 피해자를 두텁게 보호할 수 있다.

무과실 책임의 원칙이란 과실이 없는 경우에도 일정한 상황에서는 관계되는 자에게 책임을 물을 수 있다는 것을 의미
ex) 어느 공장에서 폐수를 흘려보냈는데 강 하류에 있는 양식장이 피해를 입은 경우 공장에게 책임을 인정하는 경우
관련조문
i) 민법 제758조 ①항 ①공작물의 설치 또는 보존의 하자로 인하여 타인에게 손해를 가한 때에는 공작물점유자가 손해를 배상할 책임이 있다. 그러나 점유자가 손해의 방지에 필요한 주의를 해태하지 아니한 때에는 그 소유자가 손해를 배상할 책임이 있다.
ii) 제조물책임법 제4조 ②항 손해배상 책임을 지는 자가 제조물을 공급한 후에 그 제조물에 결함이 존재하는 사실을 알거나 알 수 있었음에도 그 결함으로 인한 손해의 발생을 방지하기 위한 적절한 조치를 하지 아니한 경우에는 면책을 주장할 수 없다.
iii) 환경 정책 기본법 제 44조 ① 환경오염 또는 환경훼손으로 피해가 발생한 경우에는 해당 환경오염 또는 환경훼손의 원인자가 그 피해를 배상하여야 한다. ② 환경오염 또는 환경훼손의 원인자가 둘 이상인 경우에 어느 원인자에 의하여 제1항에 따른 피해가 발생한 것인지를 알 수 없을 때에는 각 원인자가 연대하여 배상하여야 한다.

③ 환경정책기본법이나 제조물 책임법은 고의나 과실이 없어도 타인의 손해를 배상해주어야 하는 무과실책임의 원칙이 적용된다.

오답피하기

① 소유권 절대의 원칙에 대한 내용이다.
② 계약 공정의 원칙에 대한 내용이다.
④ 사적자치의 원칙(계약자유의 원칙)에 대한 내용이다.

정답 ③

민법의 능력 제도

01 다음 중 법과 관련된 능력에 대해 바르게 설명한 사람은? 2013 서울시

① 갑: "법인은 자연인과 달리 행위 능력을 제한하지."
② 을: "권리 능력은 자연인에게만 인정되는 능력이야."
③ 병: "의사 무능력자의 법률 행위는 법적 효과가 없어."
④ 정: "권리 능력을 가진 자는 누구나 의사 능력이 있어."
⑤ 무: "행위 능력이 없는 미성년자의 권리는 보장되지 않아."

해설
③ 의사무능력자의 행위는 무효이다. 따라서 법적 효과가 없다.

오답피하기
① 법인은 권리능력은 있으나 행위능력은 없다. 행위능력은 단독으로 유효하게 법률행위를 할 수 있는 능력을 말하므로 자연인에게 문제되며, 법인에게는 제한되는 행위능력이 없다.
② 권리능력은 자연인 뿐만 아니라 법인에게도 있다.
④ 권리능력은 살아있는 동안 가지는 것으로 유아나 젖먹이, 만취자 등은 권리능력은 있으나 의사능력은 없다. 따라서 권리능력을 가진 자는 누구나 의사능력이 있다고 할 수는 없다.
⑤ 행위능력 없는 자라도 살아있는 인간이면 누구나 권리능력을 가지고 있어 그 권리는 보장된다.

정답 ③

02 민법상 법률 행위에 대한 설명으로 옳지 않은 것은? 2013 지방직

① 미성년자는 독자적으로 유효한 법률 행위를 할 수 없음이 원칙이다.
② 젖먹이, 만취자와 같은 의사 무능력자의 법률 행위는 무효이다.
③ 당연 무효인 법률 행위는 처음부터 효과가 발생하지 않는다.
④ 취소할 수 있는 법률 행위는 특정인이 취소할 때까지는 유효하고, 그 이후부터 장래를 향하여 효력을 상실한다.

해설 민법상 숙지해야한 능력으로서 권리능력, 의사능력, 행위능력, 책임능력 등이 있으므로 개념과 효과 등을 잘 숙지해야 한다.

권리능력	권리와 의무의 주체가 될 수 있는 자격이나 지위
의사능력	자신이 하는 행위의 의미나 결과를 판단할 수 있는 능력
행위능력	단독으로 유효하게 법률행위를 할 수 있는 능력
책임능력	가해자가 그 행위의 결과를 변식할 수 있는 능력이 있어야 함.

④ 취소는 무효와는 다르게 아직 취소권을 행사하기 전까지는 유효한 법률행위가 된다. 다만 취소권을 행사한 경우 법률행위가 성립한 당시로 소급하여 무효가 된다. 장래에 향하여 효력이 상실되는 것은 철회라고 한다.

오답피하기
① 미성년자는 제한능력자로서 단독으로 유효한 법률행위를 할 수 없고, 법정대리인의 동의나 대리를 요한다.
② 젖먹이, 만취자는 자신이 하는 행위의 의미나 결과를 판단할 수 없는 의사무능력자로서 이들의 행위는 무효가 된다.
③ 당연 무효인 법률행위는 법률행위가 이루어진 시점에서 무효가 되며, 처음부터 효과가 발생하지 않는다.

정답 ④

03 다음 글의 ㉠과 관련된 내용으로 옳은 것은?

2016 국가직

「민법」상 태아는 원칙적으로 (㉠)이/가 없지만 불법행위로 인한 손해배상의 청구, 상속 등과 같은 경우 태아의 (㉠)을/를 인정하고 있다.

① 미성년자는 (㉠)이/가 있다.
② 자연인만 (㉠)을/를 가질 수 있다.
③ 출생신고를 마쳐야만 (㉠)을/를 취득할 수 있다.
④ 제한능력자 제도는 (㉠)이/가 없는 사람을 보호하기 위한 제도이다.

해설 민법상 권리능력은 자연인의 경우 살아있는 경우에만 인정되는 것이 원칙이다. 따라서 태아에게는 권리능력이 인정되지 않는다. 그러나 예외적으로 태아라 할지라도 불법행위로 인한 손해배상의 청구나 상속 등의 경우에는 권리능력이 인정된다. 따라서, ㉠은 '권리능력'이다.
① 권리능력은 살아있는 사람이면 누구나 가지므로 미성년자는 권리능력이 있다.

오답피하기
② 권리능력은 자연인 뿐만 아니라 법인에게도 인정된다.
③ 권리능력은 태아가 출생하는 순간(민법상 전부노출설) 가지는 것으로 출생신고 여부와는 관계없이 인정된다.
④ 제한능력자 제도는 행위능력이 없는 사람을 보호하기 위한 제도이다.

정답 ①

02 재산관계와 법

계약의 이해와 미성년자의 계약

01 미성년자가 법정대리인의 동의 없이 단독으로 할 수 있는 법률행위에 관한 내용으로 가장 적절하지 <u>않은</u> 것은?

2019 경찰직 1차

① 단순히 권리만을 얻거나 의무만을 면하는 행위는 미성년자에게 이익만을 주기 때문에 미성년자가 단독으로 할 수 있다.
② 미성년자가 법정대리인으로부터 허락을 얻은 '특정한' 영업에 관하여는 성년자와 동일한 행위 능력이 인정된다.
③ 미성년자라도 만 16세 이상이 된 자는 단독으로 유언할 수 있다.
④ 임금의 청구는 법정 대리인의 동의 없이도 미성년자가 단독으로 할 수 있다.

출제 단원 및 영역 법과정치 4단원 미성년자의 법률행위

해설
③ 우리 민법상 단독으로 유언이 가능한 나이는 만 17세 이상이다.

제1061조(유언적령) 만17세에 달하지 못한 자는 유언을 하지 못한다.

오답피하기
①, ②, ④ 단순히 권리만을 얻거나 의무만을 면하는 행위, 법정대리인이 영업에 관하여 허락한 경우 영업 활동관 관련한 행위, 임금 청구는 모두 미성년자가 단독으로 유효하게 할 수 있다.

제5조(미성년자의 능력) ①미성년자가 법률행위를 함에는 법정대리인의 동의를 얻어야 한다. 그러나 권리만을 얻거나 의무만을 면하는 행위는 그러하지 아니하다. 제8조(영업의 허락) ①미성년자가 법정대리인으로부터 허락을 얻은 특정한 영업에 관하여는 성년자와 동일한 행위능력이 있다.

정답 ③

02 다음 사례에 대한 법적 판단으로 가장 옳은 것은?

2016 해양경찰

> A 컴퓨터 대리점은 100만 원의 최신형 노트북을 80만 원에 판매한다는 광고지를 배포하였고 이를 본 만 18세 甲은 좋은 기회라 생각하여 컴퓨터 대리점에서 6개월 할부로 노트북을 구입하였다 그 다음 날 甲의 부모는 이 사실을 甲과 함께 컴퓨터 대리점을 방문하였다

① 이 계약은 확정적으로 유효하다.
② 甲이 이 계약을 취소하려면 A 컴퓨터 대리점에 위약금을 주어야 한다.
③ 甲은 부모의 동의 없이 이 계약을 취소할 수 있다.
④ 甲이 이미 부모의 동의를 얻어 혼인하였더라도 이 계약은 무효가 된다.

출제 단원 및 영역 법과정치 4단원 미성년자의 법률행위

해설

③ 미성년자가 법정 대리인의 동의를 얻지 않고 단독으로 한 법률행위에 대해서는 법정대리인의 동의를 얻을 필요없이 미성년자 단독으로 취소가 가능하다.

오답피하기

① 법정대리인의 동의 없이 미성년자가 단독으로 한 법률행위(계약)은 일단 유효하게 효력이 발생하지만 미성년자나 법정대리인이 취소할 수 있으므로 확정적으로 유효한 것은 아니다. 다만, 미성년자의 법정대리인이 추인을 한다면 확정적으로 유효하게 된다.
② 우리 민법에서는 미성년자 측이 계약을 취소할 경우 현존이익 그대로 반환하면 족하다고 규정하고 있으므로 별도의 위약금을 줄 필요는 없다.
④ 갑은 만 18세로서 법정대리인의 동의를 얻어 유효한 혼인을 할 수 있는 연령이다. 따라서 갑이 이미 부모의 동의를 얻어 혼인을 하였다면 성년의제되어 사법상의 행위는 단독으로 유효하게 할 수 있게 된다.

정답 ③

03 다음 사례에서 甲에 관련된 설명으로 옳은 것은?

2017 국가직

> 장래 희망이 대통령인 甲은 현재 만 18세이다. 甲은 양가 부모의 동의를 얻어 동갑내기와 결혼하고 혼인신고를 하였으나 결혼 6개월 만에 이혼하였다. 이혼한 甲은 결혼할 때 甲의 부모가 甲 명의로 사준 주택에 살면서 乙이 운영하는 편의점에서 아르바이트를 하며 지내고 있다. 甲은 지난달에 길에서 어깨를 부딪친 행인을 폭행하여 재판을 받을 처지에 있다. 甲은 급히 합의금을 마련하려고 甲의 부모의 동의 없이 甲 명의의 주택을 처분하려고 한다.

① 甲은 차기 대통령선거에서 피선거권을 가질 수 있다.
② 甲은 乙에게 독자적으로 임금을 청구할 수 있다.
③ 甲은 형사미성년자이기 때문에 가정법원 소년부에서 재판을 받을 수 있다.
④ 甲이 甲의 부모의 동의 없이 甲 명의의 주택을 처분한다면 甲의 부모는 이를 취소할 수 있다.

해설 사안에서 甲은 만 18세이지만 부모의 동의를 얻어 유효한 혼인을 하였으며 혼인신고까지 하였으나 6개월만에 이혼하였다. 甲은 아직 미성년자이지만 혼인으로 인하여 성년의제되었으며, 비록 이혼을 했다고 하더라도 성년의제의 효과는 소멸하지 않는다고 보는 것이 통설이다.

② 미성년자가 근로계약을 맺을 때에는 법정대리인의 동의를 요하지만, 임금은 독자적으로 청구할 수 있다.

오답피하기

① 성년의제 되더라도 공법상의 권리에 대해서는 성년으로 의제되지 않는다. 따라서 甲은 대통령선거에서 피선거권을 가질 수 없다. 우리나라는 만 40세 이상이 되어야 대통령에 출마할 수 있는 피선거권이 인정된다.
③ 형사미성년자는 만 14세 미만이므로 甲은 형사미성년자가 아니다.
④ 성년의제된 경우 사법상의 법률행위는 미성년자라도 독자적으로 유효하게 할 수 있다. 따라서 甲이 부모의 동의 없이 甲 명의의 주택을 처분하였다고 하더라도 甲의 부모는 이를 취소할 수 없다.

정답 ②

04 연령기준과 관련된 법 규정으로 옳지 않은 것은?

2020 지방직 · 서울시

① 「민법」은 '만 18세가 된 사람은 혼인할 수 있다'고 규정하고 있다.

② 헌법은 '대통령으로 선거될 수 있는 자는 선거일 현재 25세에 달하여야 한다'고 규정하고 있다.

③ 「민법」은 '사람은 19세로 성년에 이르게 된다'고 규정하고 있다.

④ 「공직선거법」은 '18세 이상의 국민은 대통령 및 국회의원의 선거권이 있다'고 규정하고 있다.

해설

② 대통령 선거의 피선거권은 만 40세 이상, 국회의원의 피선거권은 만 25세 이상, 대통령과 국회의원 선거의 선거권은 만 18세 이상이다. 이 중에서 대통령 선거의 피선거권만 우리 헌법에서 규정하고 있다. 이 외에는 공직 선거법에서 규정하고 있다. 특히 대통령의 경우 헌법에서는 만 40세 이상 규정만 있지만, 공직선거법에서는 만 40세 이상 + 국내거주 5년 이상의 요건을 요한다.

> 헌법 제60조 ④ 대통령으로 선거될 수 있는 자는 국회의원의 피선거권이 있고 선거일 현재 40세에 달하여야 한다.

> 공직선거법 제16조(피선거권) ① 선거일 현재 5년 이상 국내에 거주하고 있는 40세 이상의 국민은 대통령의 피선거권이 있다. 이 경우 공무로 외국에 파견된 기간과 국내에 주소를 두고 일정기간 외국에 체류한 기간은 국내거주기간으로 본다.
> ② 25세 이상의 국민은 국회의원의 피선거권이 있다.

오답피하기

① 우리 민법에서는 남녀 모두 만 18세부터 혼인할 수 있다고 보고, 만 18세가 부모의 동의를 얻어 혼인한 경우 성년의제 되어 사법행위에 대해서는 단독으로 할 수 있다.

> 민법 제807조(혼인적령) 만 18세가 된 사람은 혼인할 수 있다.

③ 우리나라는 성년을 만 19세 이상으로 규정하고 있다.

> 민법 제4조(성년) 사람은 19세로 성년에 이르게 된다.

④ 2020년 바뀐 규정으로 21대 국회의원 선거에서부터 적용되었다. 즉, 과거 만 19세 이상에 부여한 선거권이 만 18세 이상으로 하향 조정되었다.

> 공직선거법 제15조(선거권) ① 18세 이상의 국민은 대통령 및 국회의원의 선거권이 있다.〈개정 2020. 1. 14.〉

정답 ②

05 다음은 「민법」상의 제한 능력자 중 하나를 나타낸 것이다. 갑의 법률행위에 대한 설명으로 옳은 것은?

2017 지방직

원칙적으로 법정대리인의 동의 없이 단독으로 법률행위를 할 수 있습니까?	⇒ 아니요	갑
「민법」상의 제한 능력자 인정에 법원의 심판을 필요로 합니까?	⇒ 아니요	

① 갑이 단독으로 한 행위는 처음부터 무효이다.

② 갑이 속임수로써 법정대리인의 동의가 있었던 것처럼 꾸면서 계약을 한 때에는, 법정대리인이 그 계약을 취소할 수 있다.

③ 권리만 얻는 행위는 갑이 법정대리인의 동의 없이 단독으로 할 수 있지만, 의무만 면하는 행위는 할 수 없다.

④ 갑이 단독으로 거래한 상대방은 갑의 법정대리인에게 그 거래행위를 추인할 것인지 여부의 확답을 촉구할 권리가 있다.

해설 원칙적으로 법정대리인의 동의 없이 단독으로 법률행위를 할 수 없으며, 제한 능력 인정에 법원의 심판을 필요로 하지 않는다고 하였으므로 갑은 미성년자가 된다.

④ 갑이 단독으로 거래한 상대방은 추인할 것인지의 여부를 물을 수 있는데, 이 때 추인의 상대방은 법정대리인이거나 행위능력자이어야 한다. 따라서 갑의 법정대리인에게 거래행위의 추인 여부를 묻는 것은 적절하다.

오답피하기

① 미성년자인 갑이 단독을 한 행위는 처음부터 무효가 아니라 취소의 대상이 된다.

② 미성년자와 거래한 상대방을 보호하기 위해서 우리 민법은 미성년자가 속임수를 써서 거래한 경우 미성년자 측의 취소권을 배제하고 있다. 따라서 갑이 속임수로써 법정대리인의 동의가 있었던 것처럼 꾸며서 거래한 경우라면 법정대리인이 취소할 수 없다.

> 민법 제17조(제한능력자의 속임수) ① 제한능력자가 속임수로써 자기를 능력자로 믿게 한 경우에는 그 행위를 취소할 수 없다.

③ 미성년자는 권리만을 얻거나, 의무만을 면하는 행위에 대해서는 단독으로 할 수 있다.

> 민법 제5조(미성년자의 능력) ① 미성년자가 법률행위를 함에는 법정대리인의 동의를 얻어야 한다. 그러나 권리만을 얻거나 의무만을 면하는 행위는 그러하지 아니하다

정답 ④

06 다음 사례에 대한 법적 판단으로 가장 적절한 것은?

2015 경찰직 3차

> 만 18세인 甲은 설문 조사에 응해 달라는 판촉사원의 권유에 따라 승합차에 탔다가 수입 화장품을 할부로 구매하기로 계약을 맺었다. 甲은 화장품을 사용해 보니 자신에게 잘 맞지 않는 것 같고 금액도 부담스러워 반품을 요청하였다. 하지만 업체 측은 포장을 뜯고 사용했기 때문에 취소할 수 없다고 하였다.

① 甲의 계약은 취소권 행사 여부와 관계없이 처음부터 무효이다.
② 甲은 이미 포장을 뜯고 사용하였기 때문에 계약을 취소할 수 없다.
③ 甲이 주민등록증을 위조하여 계약했다 하더라도 법정대리인은 계약을 취소할 수 있다.
④ 甲이 법정대리인의 동의를 얻지 않고 단독으로 계약했다면 甲 또는 甲의 법정대리인은 취소 할 수 있다.

해설 미성년자는 제한능력자이므로 단독으로 유효한 법률행위를 할 수 없고, 법정대리인의 동의나 대리에 의해서 유효한 법률행위를 할 수 있다. 만약 미성년자가 단독으로 동의를 얻지 않고 법률행위를 하였다면 미성년자 본인이나 법정대리인이 이를 취소할 수 있다.

④ 법정대리인의 동의를 얻지 않고 단독으로 미성년자가 계약을 했다면 미성년자 본인이나 법정대리인이 이를 취소할 수 있다.

오답피하기

① 미성년자가 단독으로 한 계약은 취소할 수 있는 행위이지 처음부터 무효인 것은 아니다. 미성년자측에서 취소권을 행사한다면 계약 성립일로 소급하여 무효가 될 뿐이다.
② 미성년자는 계약을 취소할 때 취소권 행사 당시의 현존 이익을 한도로 반환하면 되므로 포장을 이미 뜯고 사용했더라도 취소권 행사 당시의 상태로 반환하면 된다.
③ 미성년자가 사술을 쓴 경우 취소권이 제한되는데, 주민등록증을 위조하였다면 이는 사술에 해당하고 미성년자 측은 취소할 수 없다.

정답 ④

07 다음은 판결문의 일부이다. 밑줄 친 '이 사건'에 해당하는 경우로 옳은 것은?

2021 지방직

> <u>이 사건</u>의 경우, 갑이 을에게 백만 원을 빌려주면서 맺은 계약은 무효이다.

① 갑은 을에게 속아서 돈을 빌려 주었다.
② 갑과 을은 계약서를 쓰지 않고 구두로 계약하였다.
③ 미성년자 갑이 부모의 허락 없이 친구인 을에게 돈을 빌려 주었다.
④ 갑은 약속기일 내에 채무를 변제하지 않으면 을의 손목을 자르기로 하였다.

출제 단원 및 영역 정치와 법 4단원 계약의 성립

해설

④ 약속기일 내에 채무를 변제하지 않으면 을의 손목을 자르기로 한 계약은 선량한 풍속과 사회질서에 위반되는 계약으로 무효가 된다.

오답피하기

① 사기에 의한 계약은 취소의 대상은 되지만, 무효는 아니다.
② 계약의 성립은 당사자의 청약과 승낙의 의사 합치로 되는 것이고, 계약서는 계약의 성립과 무관하다. 따라서 구두로 계약을 하는 것은 유효하다.
③ 미성년자가 법정대리인의 동의없이 한 계약은 취소의 대상이 될 뿐 무효가 아니다.

정답 ④

불법행위와 손해배상

01 불법 행위에 대한 설명 중 가장 적절한 것은?

2018 경찰직 1차

① 불법 행위는 고의나 과실로 인한 위법 행위로 타인에게 물질적, 신체적 손해를 입힌 가해자의 행위만을 말한다.

② 불법 행위의 조건에는 고의나 과실, 책임 능력, 위법성, 손해 발생, 가해 행위와 손해 사이의 인과 관계가 있다.

③ 친구의 개를 데리고 산책을 하는 도중 그 개가 사람을 물었을 경우 개 주인이 특수 불법 행위를 저지른 것이다.

④ 약속 시간까지 배달을 하지 않아 손해를 끼친 경우는 금전이 관련되지 않았기 때문에 채무 불이행에 해당하지 않는다.

해설

② 불법행위가 성립하기 위한 요건으로 고의나 과실, 책임 능력, 위법성, 손해발생, 가해 행위와 손해 사이의 인과 관계 등을 들 수 있다.

오답피하기

① 물질적, 신체적 손해 뿐만 아니라 정신적 손해를 입힌 경우에도 불법행위가 성립한다.

③ 우리 민법상 동물의 점유자에 대한 특수 불법 행위 책임을 인정하고 있다. 따라서 개 주인이 아니라 개를 데리고 산책한 사람이 특수 불법 행위 책임을 저지른 것이다.

④ 약속된 시간에 배달하는 것도 계약의 중요한 내용이 되고 이를 지키지 않아 손해를 끼쳤다면 이는 채무불이행에 의한 손해배상의 대상이 된다.

정답 ②

02 다음 사례에서 A에게 사용자 배상 책임이 있는지를 판단하기 위해 먼저 또는 우선적으로 확인해야 할 사항이 아닌 것은?

2014 서울시

A가 운영하는 음식점에 고용되어 있는 만 20세의 B가 손님 C와 말다툼을 하다가, B가 C를 폭행하여 상해를 입혔다.

① B의 행위가 사회의 법질서에 위배되는가?

② B의 행위가 A의 감독 중에 발생한 것인가?

③ B의 행위가 고의 또는 과실에 의한 것인가?

④ B는 C가 입은 피해를 배상할 능력이 있는가?

⑤ B의 행위로 C에게 일정한 손해가 발생했는가?

해설 사안의 경우 A의 사용자 책임이 문제되는 사안으로 피용자인 B의 불법행위책임이 성립됨을 전제로 사용자 책임이 논의될 수 있다.

④ 사용자 책임이 인정되기 위해서는 피용자의 불법행위가 전제되어야 하므로 피용자 B의 불법행위책임의 성립요건을 충족시켜야 하는데, '배상할 능력이 있는가'라는 것은 불법행위책임의 성립과는 관련이 없다.

오답피하기

① B의 행위가 사회의 법질서에 위배되는가라는 것은 위법성의 문제로서 불법행위 책임의 성립요건이 된다.

② B의 행위가 A의 감독 중에 발생한 것인가라는 것은 A의 선임 감독상의 주의의무 위반과 관련되는 것으로 B의 행위가 불법행위 책임의 성립요건이 인정되더라도 A가 선임 감독상의 주의의무를 해태하지 않았다면 면책될 수 있으므로 이 역시 사용자 배상 책임을 위해 확인해야 할 사안이다.

③ 피용자 B의 고의 또는 과실이 있어야 일반 불법행위 책임이 성립된다.

⑤ 손해 발생 역시 일반 불법행위 책임의 성립 요건이 된다.

정답 ④

03 임신 중인 A는 B가 운전하는 자동차에 치어 심하게 다쳤으며, 이 사고로 A의 태아가 유산되었다. 이에 대한 법적 판단으로 옳지 않은 것은? 2014 사회복지직

① A는 B에게 손해배상을 청구할 수 있다.
② A가 청구할 수 있는 손해배상의 범위에 정신적 피해는 포함되지 않는다.
③ 민법상 출생의 시기는 전부 노출설(완전 노출설)이 판례의 입장이다.
④ 민법상 태아는 불법행위에 기한 손해배상의 청구권에 관하여는 이미 출생한 것으로 본다.

해설 B가 임신 중인 A를 자동차로 치어 A의 태아가 유산된 경우, 우선 A는 자신의 상해에 대하여 B에 대하여 불법행위 책임을 청구할 수 있으며, 또한 A의 태아의 사망에 대한 손해배상도 청구할 수 있다. 다만, 태아가 임신 중에 사망한 경우에는 태아 자신은 권리능력을 획득한 적이 없으므로 태아 자신의 손해배상 청구권은 인정되지 않는다.
② 손해배상 책임에는 재산상 피해와 정신적 피해가 모두 포함되므로, 정신적 피해에 대한 손해배상도 청구할 수 있다.

오답피하기
① A는 B에 대하여 자신의 상해에 대한 것과 배 속의 아이를 잃은 것에 대한 손해배상을 청구할 수 있다.
③ 민법상 출생의 시기에 관하여 전부 노출설(완전 노출설)을 취하고, 형법상 출생의 시기에 관하여는 진통설을 취한다.
④ 원칙적으로 태아는 권리 능력을 가지고 있지 않지만 예외적으로 유증의 대상이 될 수 있으며, 불법행위에 기한 손해배상을 청구권이 있고, 상속의 대상이 될 수 있다. 또한 인지의 상대방이 될 수 있다. (유/불/상/인)

정답 ②

04 민법 상 불법행위에 대한 설명으로 옳지 않은 것은? 2015 국가직

① 고의나 과실로 인한 위법행위로 타인에게 손해를 입힌 행위를 불법행위라 한다.
② 손해배상책임에 대해서 과실책임주의가 원칙이다.
③ 불법행위를 한 행위자에게 징벌적 손해배상을 부과하는 것이 원칙이다.
④ 손해배상책임이 성립하기 위해서는 가해행위와 손해발생 사이에 상당인과관계가 존재하여야 한다.

해설 타인에게 고의나 과실로 손해를 입힌 가해자의 행위에 대해 가해자는 피해자에게 손해를 배상할 책임을 지게 되는데, 이를 민법 상 불법행위라고 하고 이는 민법 제 750조 "고의 또는 과실로 인한 위법행위로 타인에게 손해를 가한 자는 그 손해를 배상할 책임이 있다"라고 규정하고 있다.
③ 우리 민법상 불법행위에 대한 손해배상은 손해를 끼친 피해에 상응하는 액수만을 보상하게 하는 전보적 손해배상을 원칙으로 한다. 징벌적 손해배상이란 가해자가 피해자에게 악의를 품고 비난 받아 마땅한 무분별한 불법행위를 한 경우, 민사재판에서 가해자에게 징벌을 가할 목적으로 부과하는 손해배상으로, 실제 손해액을 훨씬 넘어선 많은 액수를 부과하는 제도이다. 즉 가해자의 비도덕적・반사회적인 행위에 대하여 일반적 손해배상을 넘어선 제재를 가함으로써 형벌적 성격을 띠고 있다고 볼 수 있다. 이것은 전보적 손해배상 만으로는 예방적 효과가 충분하지 않기 때문에 고액의 배상을 치르게 함으로써 장래에 가해자가 똑같은 불법행위를 반복하지 못하도록 막는 동시에 다른 사람 또는 기업 및 단체가 유사한 부당행위를 저지르지 않도록 하기 위한 예방적 목적이 있다.

오답피하기
① 고의나 과실로 인한 위법행위로 타인에게 손해를 입힌 행위를 불법행위라 하며, 이는 민법 제750조에 규정되어 있다.
② 우리 민법상 타인에게 고의나 과실이라는 귀책사유로 손해를 입힌 경우에 손해를 배상할 책임을 부과하고 있으므로, 이는 과실책임주의를 원칙으로 하고 있음을 규정하고 있는 것이다.
④ 가해행위와 결과 사이에 인과관계가 존재해야 하는데, 이 경우 판례와 통설은 가해행위와 결과 사이에 상당인관관계에 있는 경우에만 불법행위책임이 성립하고 이에 대해 손해배상을 해야 한다는 입장이다.

정답 ③

05 민법상 불법행위와 관련된 사례에 대한 설명으로 옳지 않은 것은? (다툼이 있는 경우 판례에 의함)

2014 지방직

① A의 식당에서 종업원으로 일하는 B가 공원에 놀러 갔다가 다른 사람과 시비가 붙어 그를 다치게 한 경우, A는 손해배상 책임을 지지 않는다.

② 술을 마시고 길을 가던 행인 B가 A 소유의 여관 건물의 배수관 보호벽 위에 올라가 여관 내부를 엿보려다가 보호벽이 무너져 사망한 경우, A는 손해배상 책임을 진다.

③ B가 해외여행을 떠나면서 맡겨 놓은 B의 애완견을 보관하던 동물병원장 A는 그 애완견이 다른 손님을 물어 상처를 입힌 경우, 애완견의 보관에 상당한 주의를 게을리 했다면 손해배상 책임을 진다.

④ 산재 사고로 양손이 절단되어 병원에 실려 온 환자를 의사 A와 B가 수술하다가 의사의 과실에 의하여 의료 사고가 발생하였으나 누구의 과실에 의한 것인지가 불명확한 경우, A와 B는 연대하여 손해배상 책임을 진다.

해설 일반불법행위 책임의 성립 요건과 각 특수불법행위 책임의 성립 요건을 숙지할 필요가 있다.

② B의 경우 A소유의 여관의 내부를 엿보려고 하다가 사망한 경우로서 이는 B 자신의 불법행위에 기인한 것이기 때문에 A는 공작물 소유자로서 책임을 지는 경우가 아니다.

오답피하기

① 사용자 책임을 지기 위해서는 피용자의 불법행위가 업무 행위와 관련한 것이어야 한다. 사안의 경우에는 B가 식당일과 무관하게 일어난 불법행위이므로 A는 사용자 책임을 지지 않는다.

③ 동물의 점유자의 경우 자신이 주의의무를 다했다면 책임을 면한다. 또한 동물의 점유자와 동물의 소유자가 다른 경우에는 동물의 점유자가 책임을 지게 된다.

④ 여러 사람의 과실로 손해가 발생했지만 누구의 과실인지 불분명한 경우에는 가담자 모두가 연대하여 공동불법행위 책임을 지게 된다.

정답 ②

06 다음 사례에 대한 법적 판단으로 옳은 것은?

2018 지방직

학교에서 계속 최상위권을 유지하고 있는 고등학생 갑(만 17세)은 학교가 끝나면 무면허로 아버지의 승용차를 운전하는 일탈 행위를 즐기고 있었다. 그러다 결국 집 근처 길가에 정차된 을과 병의 승용차를 파손시켰다. 갑의 부모는 작은 가게를 운영하느라 갑의 일탈 행위를 전혀 몰랐으므로 자신들은 어떠한 법적 책임도 없다고 주장하고 있다.

① 갑은 형사미성년자이므로 형벌을 부과받지 않는다.

② 갑은 을과 병에 대한 채무불이행에 근거한 손해배상 책임을 진다.

③ 갑은 특별한 사정이 없는 한 책임능력이 있다고 판단되므로 을과 병에 대한 손해배상책임이 있다.

④ 갑이 손해배상책임이 있다면 갑의 부모도 갑의 행위에 대한 감독 의무를 게을리한 것으로 간주된다.

해설

③ 민법상 불법행위 책임이 성립하기 위해서는 책임 능력이 요구되는데, 책임능력의 기준에 관해서는 민법에 명확한 규정이 없고, 판례에 의하면 보통 만 12세 이하에 대해서는 책임 능력을 부정하고 만 14세 이상에 대해서는 책임 능력이 있다고 판시하고 있다. 따라서 사안의 경우 갑은 만 17세의 고등학생이므로 책임 능력이 인정되고 다른 일반 불법행위 책임의 요건도 충족하므로 갑은 특별한 사정이 없는 한 을과 병에 대한 손해배상 책임이 있다.

오답피하기

① 형사 미성년자는 만 14세 미만이므로 갑은 형사 미성년자가 아니다. 따라서 갑은 손괴죄에 대한 형벌을 부과받을 수 있다.

② 갑은 을과 병에 대해 계약을 맺은 적이 없기 때문에 계약관계가 존재하지 않는다. 따라서 사안의 경우 채무불이행에 근거한 손해배상책임은 인정되지 않고 일반 불법행위에 대한 손해배상책임이 문제될 뿐이다.

④ 갑이 손해배상 책임이 있다고 하더라도 갑의 부모도 갑의 행위에 대해 감독의무를 게을리 한 것으로 간주되는 것은 아니다. 이 때 피해자가 감독자로서 감독 의무를 제대로 하지 않았음을 입증해야 하고 이를 입증하지 못한 경우에는 갑의 부모는 면책된다. 즉 이 때 책임의 근거는 민법 제750조의 일반불법행위책임이 적용된다. 미성년자가 책임능력이 있기 때문에 책임능력 없는 자의 감독자 책임 규정을 적용할 수 없다. 즉 민법 제752조의 감독자 책임은 책임능력 없는 자의 감독자에 대한 책임을 묻는 것으로 이 때에는 감독자가 스스로 감독의무를 다했음을 입증해야 하는 것으로 양자를 잘 구별해야 한다.

정답 ③

07 다음 사례에서 법원의 판결 이유에 대한 분석으로 가장 옳은 것은? 2015 해양경찰

> 미성년자인 갑은 을이 운영하는 당구장에서 당구 게임 중 게임에서 패하자, 당구장 기물을 파괴하여 큰 손해를 입혔다. 이에 을은 갑의 아버지인 병에게 손해배상을 청구하는 소송을 제기하였다. 법원은 병에게 갑에 대한 감독자 책임을 물어 특수 불법행위 책임을 지도록 판결하였다.

① 병은 갑의 사용자에 해당한다.
② 법원은 갑이 책임 능력이 없다고 보았다.
③ 을은 갑의 불법행위에 따른 손해를 증명할 필요가 없다.
④ 병은 갑에 대한 감독자로서의 의무를 다했음을 입증하였다.

해설

② 법원이 병에게 갑에 대한 감독자 책임을 인정한 것은 갑의 책임 능력이 없다고 보았기 때문이다. 우리 민법에서 규정하고 있는 감독자 책임은 책임능력 없는 감독자 책임만을 규정하고 있으며, 책임능력 있는 미성년자의 경우 감독자에 대해서는 판례가 일반불법행위책임으로 구성한다.

오답피하기

① 병은 갑의 아버지이므로 사용자가 아니라 감독자에 해당한다.
③ 갑은 을에 대하여 일반불법행위 책임이 문제되므로 을은 일반불법행위 책임의 성립요건을 입증해야 한다. 다만, 감독자 책임과 관련하여 본인의 감독 의무 다했음을 입증하는 해야 하는 것은 감독자이다. 일반불법행위책임의 경우 피해자가 입증책임을 부담함을 유의한다.
④ 법원이 병에 대하여 특수 불법행위 책임을 인정하였다는 것은 병은 갑에 대한 감독자로서의 의무를 다하지 못했음을 나타낸다.

정답 ②

08 「민법」상 특수 불법 행위에 대한 설명으로 가장 적절하지 않은 것은? 2020 경찰직 1차

① 미성년자가 타인에게 손해를 가한 경우에 그 행위의 책임을 변식할 지능이 없는 때에는 배상의 책임이 없고, 그를 감독할 법정의무가 있는 자가 그 손해를 배상할 책임이 있다. 다만, 감독의무를 게을리하지 아니한 경우에는 그러하지 아니하다.
② 타인을 사용하여 어느 사무에 종사하게 한 자는 피용자가 그 사무집행에 관하여 제삼자에게 가한 손해를 배상할 책임이 있다. 그러나 사용자가 피용자의 선임 및 그 사무감독에 상당한 주의를 한 때 또는 상당한 주의를 하여도 손해가 있을 경우에는 그러하지 아니하다.
③ 동물의 점유자는 그 동물이 타인에게 가한 손해를 배상할 책임이 있다. 그러나 동물의 종류와 성질에 따라 그 보관에 상당한 주의를 해태하지 아니한 때에는 그러하지 아니하다.
④ 공작물의 설치 또는 보존의 하자로 인하여 타인에게 손해를 가한 때에는 공작물점유자가 손해를 배상할 책임이 있다. 이 때 점유자가 손해의 방지에 필요한 주의를 해태하지 아니한 때에도 그 공작물의 소유자에게는 손해배상을 청구할 수 없다.

출제 단원 및 영역 법과정치 4단원 특수 불법행위

해설

④ 공작물 점유자가 손해의 방지에 필요한 주의를 해태하지 아니한 경우에는 그 공작물의 소유자에게 손해배상을 청구할 수 있다. 이 경우 공작물 소유자는 무과실 책임을 지므로 자신의 과실 없음을 입증하더라도 손해배상 책임을 진다.

> 제758조(공작물등의 점유자, 소유자의 책임) ①공작물의 설치 또는 보존의 하자로 인하여 타인에게 손해를 가한 때에는 공작물점유자가 손해를 배상할 책임이 있다. 그러나 점유자가 손해의 방지에 필요한 주의를 해태하지 아니한 때에는 그 소유자가 손해를 배상할 책임이 있다.

오답피하기

①, ②, ③ 모두 특수 불법행위의 조문 내용으로 옳은 내용이다.

> • 제753조(미성년자의 책임능력) 미성년자가 타인에게 손해를 가한 경우에 그 행위의 책임을 변식할 지능이 없는 때에는 배상의 책임이 없다.
> • 제754조(심신상실자의 책임능력) 심신상실 중에 타인에게 손해를 가한 자는 배상의 책임이 없다. 그러나 고의 또는 과실로 인하여 심신상실을 초래한 때에는 그러하지 아니하다.
> • 제755조(감독자의 책임) ① 다른 자에게 손해를 가한 사람이 제753조 또는 제754조에 따라 책임이 없는 경우에는 그를 감독할 법정의무가 있는 자가 그 손해를 배상할 책임이 있다. 다만, 감독의무를 게을리하지 아니한 경우에는 그러하지 아니하다.

- 제756조(사용자의 배상책임) ①타인을 사용하여 어느 사무에 종사하게 한 자는 피용자가 그 사무집행에 관하여 제삼자에게 가한 손해를 배상할 책임이 있다. 그러나 사용자가 피용자의 선임 및 그 사무감독에 상당한 주의를 한 때 또는 상당한 주의를 하여도 손해가 있을 경우에는 그러하지 아니하다.
- 제759조(동물의 점유자의 책임) ①동물의 점유자는 그 동물이 타인에게 가한 손해를 배상할 책임이 있다. 그러나 동물의 종류와 성질에 따라 그 보관에 상당한 주의를 해태하지 아니한 때에는 그러하지 아니하다.

정답 ④

09 다음 사례에 대한 법적 판단으로 옳은 것은?

2020 소방직

- 갑(만 42세) 소유의 건물을 임차하여 그곳에서 영업하던 을(만 33세)의 가게 간판이 떨어져 그 아래를 지나가던 사람이 크게 다쳤다.
- 병(만 27세)은 정(만 51세)이 운영하는 피자 가게의 배달 사원이다. 병이 오토바이를 타고 피자 배달을 하던 중 무(만 22세)는 병의 오토바이에 치여 병원에서 4주간 치료를 받았다.

① 갑은 특수 불법 행위, 을은 일반 불법 행위에 대한 손해 배상의 책임을 진다.

② 을이 손해 방지를 위하여 필요한 주의를 다하였음을 증명하면 책임이 면제될 수 있다.

③ 병이 사고에 고의가 없음을 입증하면 손해 배상의 책임이 면제된다.

④ 병의 무에 대한 일반 불법 행위가 인정되는 경우, 무는 정에게 손해 배상을 청구할 수 없다.

해설

② 갑은 공작물 소유자이고, 을은 공작물 점유자이다. 공작물 점유자는 공작물 책임과 관련하여 자신의 주의의무를 다했음을 입증하면 면책될 수 있으므로 을이 손해 방지를 위하여 필요한 주의를 다하였음을 증명하면 책임이 면제될 수 있다.

오답피하기

① 갑은 공작물 소유자이므로 2차적 책임자가 되고, 을은 공작물 점유자이므로 1차적 책임자이다. 1차적 책임자인 을이 책임을 면하면 갑은 무과실 책임으로 책임을 지게 되는 것이지, 갑은 특수 불법 행위, 을은 일반 불법 행위에 대한 손해 배상의 책임을 지는 것은 아니다.
③ 병이 사고에 고의가 없음을 입증하더라도 과실이 있다면 손해배상 책임을 진다. 불법행위 책임은 고의 뿐만 아니라 과실의 경우에도 인정되기 때문이다.
④ 병의 무에 대한 일반불법 행위가 인정되는 경우, 이는 업무와 관련된 불법행위이므로 사용자인 정은 사용자 배상 책임을 질 수 있다. 따라서 무는 병과 정 모두에 대하여 손해배상을 청구할 수 있다. 이 때 병과 정은 연대 채무를 진다.

정답 ②

민사 분쟁 절차[참고만]

01 다음 사례의 민사소송 절차에 대한 설명으로 옳지 않은 것은?

2017 국가직 생활안전

갑은 을로부터 2억 원을 빌려 갔으나 약정일에 갚지 않았다. 이에 을은 A법원에 소장을 제출하였다.

① 갑은 피고, 을은 원고가 된다.

② 갑이 답변서를 제출하지 않을 경우, A법원은 판결을 선고할 수 없다.

③ 을은 증거 제출 절차에서 차용증이나 내용증명 우편을 유용한 증거 서류로 제출할 수 있다.

④ 을은 A법원의 판결이 확정되기 전에 갑이 재산을 처분하지 못하도록 가압류 신청을 할 수 있다.

해설

② 원고의 주장에 대해 피고는 반박을 위한 주장을 담은 답변서를 제출해야 하는 것이 원칙이다. 다만, 답변서를 제출하지 않았다고 하여 판결을 선고할 수 없는 것은 아니고, 원고의 주장을 그대로 인정하는 등 피고에게 불리한 판결을 선고할 수 있다.

오답피하기

① 민사소송에서 소를 제기한 자가 원고이고 소의 상대방이 피고이다. 사안의 경우 을이 A법원에 소를 제출했으므로 원고가 되고, 갑은 채무자로서 소의 상대방으로 피고가 된다.
③ 차용증이나 내용증명 우편은 유용한 증거 자료가 된다.
④ 보통 원고는 민사소송을 제기하기 전에 가압류 신청을 하여 재산을 처분하지 않도록 한다.

정답 ②

02 다음 사례에서 A가 취할 수 있는 해결 방안으로 옳지 않은 것은? 2015 지방직

A는 B에게 1년 후 돈을 받기로 하고 5천만 원을 빌려주었다. 그러나 B는 돈을 갚기로 한 날짜가 지났음에도 갚지 않고 있다. 이에 화가 난 A는 빌려간 돈 전액을 갚을 것을 B에게 재촉하였으나 B는 차일피일 미루고만 있다.

① 소액사건심판을 통해 해결한다.
② 민사조정을 신청한다.
③ 내용증명우편을 B에게 발송한다.
④ 민사소송을 제기하면서 가압류를 신청한다.

해설 변제 기간이 지나 빌려간 돈 전액을 갚을 것을 재촉하였으나 채무자 B가 차일피일 미루고 있는 경우로서 채권자 A는 간편한 민사 분쟁 해결 절차로서 내용 증명우편이나 소액 사건 심판, 민사 조정 심판 그리고 정식 소송 등을 생각해 볼 수 있다. 다만 소액 사건 심판의 경우 일정한 요건이 요구되므로 이러한 요건에 부합하는지 검토할 필요가 있다.
① 소액사건 심판은 3천만 원 이하의 금액을 목적으로 하는 사건에 대해서는 정식 소송에 비해 신속하고 간편한 절차로 진행하는 재판 제도로서 대여금이나 물품대금 등이 3천만 원 이하인 소액 사건인 경우에 한하여 이용할 수 있다. 그러나 사안의 경우 소송 목적의 대상이 되는 대여금은 5,000만 원이므로 소액사건 심판을 이용할 수 없다.

오답피하기
② 민사 조정은 소송을 하기 앞서 법관이나 조정위원회에서 타협안을 제시하고 당사자들에게 그것을 수락하도록 권고하는 절차로서 정식소송에 비해 감정을 상하지 않고 원만·신속하게 분쟁을 해결할 수 있다는 장점이 있다. 사안의 경우 소송을 하기 앞서 채권자 A는 민사 조정을 신청할 수 있다.
③ 내용증명우편은 발송인이 언제, 누구에게, 어떤 내용의 문서를 발송했다는 사실을 우체국에서 공적으로 증명해주는 특수한 우편제도로서 발송인의 입장을 정확하게 수취인에게 전달할 수 있으며, 추후 법정에서 중요한 증거자료로 활용 가능하며, 상대방에게 공식적인 해결 절차에 들어갔음을 알려주어 반응을 이끌어내는 효과를 기대할 수 있다. 따라서 채권자 A는 채무자인 B를 상대로 내용 증명 우편을 발송하면 추후 분쟁에서 유력한 증거자료로 활용되며, 이것은 이행 청구로서 소멸시효 중단의 효력도 가진다.
④ 비록 채권자 A가 소송에서 이기더라도 채무자 B에게 재산이 없거나, 혹은 고의로 재산을 빼돌린다면 채권자 A는 자신의 대여금을 받지 못할 수 있으므로 가압류를 통해 채무자 B가 임의로 자신의 재산을 처분하지 못하게 할 수 있다. 따라서 채권자 A는 민사소송의 제기와 함께 가압류를 신청하여 채무자 B의 재산을 확보할 수 있다.

정답 ①

03 민사 분쟁의 간편한 해결절차에 관한 설명으로 가장 적절하지 않은 것은? 2019 경찰직 1차

① 내용증명우편제도: 내용 증명 발송 사실만으로 문서에 기재된 대로 법률 관계의 존재가 인정되는 것은 아니다.
② 민사조정제도: 민사 분쟁 사건에서 국가의 조정기관(조정담당판사 등)이 당사자 쌍방의 주장을 절충하여 화해의 성립을 꾀하는 민사조정법에 의한 제도이다.
③ 소액사건 심판제도: 소송 목적의 값(소송가액)이 2,000만 원 이하인 금전 등의 지급을 목적으로 하는 제1심의 소액사건에 한하여 소송절차를 적은 비용으로 쉽고 빠르게 진행할 수 있도록 마련한 민사소송 절차이다.
④ 변호사 대리 원칙의 예외 인정: 소액사건 심판에서는 변호사가 아니어도 당사자의 배우자·직계혈족·형제자매는 법원의 허가 없이 소송 대리인이 될 수 있다.

출제 단원 및 영역 법과정치 4단원 민사 분쟁의 간편한 절차

해설
③ 소액 사건 심판제도의 가액 기준이 과거 2,000만 원 이하에서 3,000만 원 이하로 변경되었다. 따라서 소액사건 심판제도는 소송 목적의 값(소송가액)이 3,000만 원 이하인 금전 등의 지급을 목적으로 하는 제1심의 소액사건에 한하여 소송절차를 적은 비용으로 쉽고 빠르게 진행할 수 있도록 마련한 민사 소송 절차이다.

오답피하기
④ 소액사건 심판법의 규정 내용이다.

(소송대리에 관한 특칙) ①당사자의 배우자·직계혈족 또는 형제자매는 법원의 허가없이 소송대리인이 될 수 있다.

정답 ③

04 다음에서 민사분쟁 해결제도에 대한 설명으로 옳은 것만을 모두 고르면? 2018 지방직

> ㄱ. 내용증명우편에는 우편에 기재된 내용 그대로 사실 관계가 법적으로 확정되는 효력이 있다.
> ㄴ. 민사조정제도는 민사소송을 제기하기 위한 전심절차로서 반드시 거쳐야 한다.
> ㄷ. 대한법률구조공단은 법률구조사업을 효율적으로 추진하기 위해 설립된 공공기관이다.
> ㄹ. 소액사건 심판제도는 제소한 때의 소송목적의 값이 3,000만 원을 초과하지 아니하는 금전 기타 대체물이나 유가증권의 일정한 수량의 지급을 목적으로 하는 간편하고 신속한 심판절차이다.

① ㄱ, ㄴ　② ㄱ, ㄷ
③ ㄴ, ㄹ　④ ㄷ, ㄹ

해설
ㄷ. 대한법률구조공단은 비영리 법인으로서 법률구조를 효율적으로 수행하기 위해서 설립된 공공기관이다.
ㄹ. 소액사건 심판제도는 소송 목적의 값이 3,000만 원(과거 2,0000만 원이었으나 2017년부터 증액됨)을 초과하지 아니하는 소액에 대한 간편하고 신속한 심판절차이다.

오답피하기
ㄱ. 내용증평 우편은 어떠한 내용의 문서가 언제 발송하였다는 것을 공적인 기관인 우체국이 증명해주는 제도로서 우편에 기재된 내용이 그대로 법적으로 확정되는 것은 아니다. 다만, 재판상 중요한 증거자료로 쓰일 수는 있다. 즉, 내용증명의 내용은 재판에서 가려지는 사안이지 내용증명 우편을 이용했다고 그대로 확정되는 것은 아니다.
ㄴ. 민사조정제도는 국가 기관이 당사자의 분쟁에 개입하여 분쟁을 신속하게 끝낼 수 있는 제도로써 이는 강제절차가 아니다. 즉, 재판당사자가 민사소송 전에 반드시 거쳐야 하는 전심절차도 아니고 설령 민사조정 제도를 거쳤다고 하더라도 조정안을 수락할 의무도 없다.

정답 ④

03 가족 관계와 법

혼인과 이혼

01 사실혼에 관한 내용으로 가장 적절하지 않은 것은? 2019 경찰직 1차

① 주관적 요건으로서의 혼인 의사 합치와 객관적 요건으로서의 부부공동생활 실체라는 두 가지 요건을 갖추어야 한다.
② 「공무원연금법」에서는 재직 당시 사실혼 배우자에게 연금 수급권을 인정하고 있다.
③ 사실혼 배우자 및 그 혈족 등과 법적 친족 관계가 발생하지 않는다.
④ 사실혼 부부 사이의 자녀가 아버지의 인지(認知)를 받지 못해도 아버지로부터 상속받는다.

출제 단원 및 영역　법과정치 4단원 사실혼

해설
④ 사실혼 부부 사이의 자녀와 아버지 사이에는 친자 관계가 형성되지 않고, 인지에 의해 출생시로 소급하여 친자관계가 인정된다. 따라서 아버지의 인지(認知)를 받지 못한다면 그 자녀는 아버지로부터 상속을 받지 못한다.

오답피하기
① 사실혼이란 당사자가 모두 혼인의 의사(주관적 요건)를 가지고 혼인 생활의 실체(객관적 요건)를 가지고 있지만 혼인의 형식적 요건인 혼인 신고가 결여된 경우로서 이는 혼인의 의사가 없는 단순한 동거와는 구별된다.
② 공무원 연금법에 따르면 사실혼 배우자에 대해서도 배우자로 인정하여 연금 수급권을 인정하고 있다.(공무원 연금법 제3조)
③ 사실혼의 경우 신고를 전제로 인정되는 효력은 인정되지 않기 때문에 사실혼 배우자 및 그 혈족 등과 법적 친족 관계가 발생하지 않는다.

정답 ④

02 다음 중 사실혼과 법률혼 모두에서 인정되는 것은?

예상 문제

ㄱ. 배우자 간의 동거·부양·협조·정조의 의무 발생
ㄴ. 일상 가사 대리권
ㄷ. 이혼 절차
ㄹ. 부부간의 상속권
ㅁ. 인척 관계 발생
ㅂ. 재산 분할 청구권

① ㄱ, ㄴ, ㄹ　② ㄱ, ㄴ, ㅂ
③ ㄴ, ㄷ, ㅁ　④ ㄷ, ㄹ, ㅁ

해설

ㄱ, ㄴ, ㅂ. 법률혼과 사실혼 모두 배우자 간의 동거·부양·협조·정조의 의무가 발생하고, 일상 가사 대리권이 인정되고, 재산 분할 청구권은 인정된다.

오답피하기

ㄷ. 이혼 절차는 법률혼에서만 인정되며, 사실혼에서는 별도의 이혼 절차가 필요 없다.
ㄹ, ㅁ. 부부간의 상속권, 인척 관계 발생은 법률혼에서만 인정된다.

정답 ②

03 다음 상황에 관한 설명으로 옳지 않은 것은?

2019 지방직

갑(남)과 을(여)이 혼인을 하고 두 명의 자녀를 낳아 살던 중, 갑이 다른 여성과 부정한 관계를 맺고 을의 부모에게 심히 부당한 대우를 하였다. 을이 이혼을 요구하였으나 갑이 거부하였다. 갑과 을은 재판을 거쳐 이혼하였다.

① 이혼숙려기간은 재판상 이혼에 적용되지 않는다.
② 갑은 결혼 생활 중 공동으로 마련한 재산에 대해 분할을 청구할 수 없다.
③ 을은 갑에 대해 손해배상을 청구할 수 있다.
④ 자녀를 직접 양육하지 않게 된 일방은 특별한 사정이 없는 한 면접교섭권을 가진다.

출제 단원 및 영역　법과정치 4단원 재판상 이혼

해설 ② 유책배우자의 경우 재판상 이혼청구는 할 수 없으나, 재산분할 청구는 가능하다. 따라서 혼인 파탄의 책임이 있는 갑의 경우에도 공동으로 마련한 재산에 대해 분할을 청구할 수 있다.

오답피하기

① 이혼숙려기간은 협의이혼에만 적용되고, 재판상 이혼에는 적용되지 않는다.
③ 을은 혼인의 파탄의 책임이 있는 갑에 대하여 재산상·정신적 손해배상을 청구할 수 있다.
④ 이혼의 효과로 자녀를 직접 양육하지 않는 일방에 대하여 면접교섭권을 인정한다.

정답 ②

04 밑줄 친 ㉠, ㉡에 대한 설명으로 옳은 것은?

2020 국가직

갑과 을은 법률상의 부부이다. 혼인 생활을 유지하던 중 갑은 을의 심각한 부정행위를 알게 되어 을에게 ㉠협의상 이혼을 요구하였다. 하지만 을은 이를 거절하였고, 이에 갑은 가정법원에 ㉡재판상 이혼을 청구하였다.

① ㉠의 효력은 법원에서 이혼 의사 확인을 받은 즉시 발생한다.
② ㉠과 달리 ㉡에서만 을은 갑에게 재산 분할을 청구할 수 있다.
③ ㉠, ㉡ 모두 법원을 거쳐야만 혼인 관계를 해소할 수 있다.
④ ㉡은 법률로 정한 이혼의 사유나 원인을 필요로 하지 아니한다.

출제 단원 및 영역　법과정치 4단원 이혼의 유형

해설

③ 협의 이혼의 경우 이혼의사 확인서를 법원에서 발급받아야 하고, 재판상 이혼의 경우 법원에서 이혼 판결을 받아야 하므로 두 이혼 모두 법원을 거쳐야만 혼인 관계를 해소할 수 있다.

오답피하기

① 협의 이혼의 경우 법원에서 이혼 의사 확인서를 발급받아 이를 관할 주민 센터나 구청 등에 신고함으로써 이혼의 효력이 발생한다. 반면 재판상 이혼의 경우 이혼 판결이 확정될 때 이혼의 효력이 발생한다.
② 협의 이혼과 재판상 이혼 모두 당사자에게 재산 분할 청구권이 인정된다. 또한 유책 배우자의 경우에도 재판상 이혼은 허용되지 않지만(판례), 재판 분할 청구권은 인정된다.
④ 법률로 정한 이혼의 사유나 원인을 필요로 하는 것은 재판상 이혼의 경우이고, 협의 이혼의 경우에는 별도의 이혼 사유가 필요하지 않다.

정답 ③

05 「민법」상 유효한 법률혼이 되기 위한 요건에 대한 설명으로 옳은 것을 〈보기〉에서 모두 고른 것은?

2020 서울시(보훈청)

보기

ㄱ. 다른 사람과 이미 혼인이 되어 있는 중혼이어도 상관없다.
ㄴ. 혼인 당사자 모두 만 19세 이상이어야만 혼인 신고를 할 수 있다.
ㄷ. 혼인 당사자들은 자유로운 의사에 기초하여 혼인에 대해 합의해야 한다.
ㄹ. 혼인 당사자들은 법률에서 제한하고 있는 혼인할 수 없는 친족 관계가 아니어야 한다.

① ㄱ, ㄴ　② ㄴ, ㄷ
③ ㄴ, ㄹ　④ ㄷ, ㄹ

해설

ㄷ. 혼인도 일종의 계약이므로 혼인 당사자들의 자유로운 의사의 합치가 있어야 한다. 따라서 일방의 혼인 신고가 있는 경우 그 혼인은 무효가 된다.

> 민법 815조(혼인의 무효) 혼인은 다음 각 호의 어느 하나의 경우에는 무효로 한다.
> 1. 당사자 간에 혼인의 합의가 없는 때

ㄹ. 우리 민법에서는 8촌 이내의 혈족과는 혼인할 수 없다고 규정하고 있어 혼인 당사자들은 법률에서 제한하고 있는 혼인할 수 없는 친족 관계가 아니어야 한다.

> 민법 제809조(근친혼 등의 금지) ① 8촌 이내의 혈족(친양자의 입양 전의 혈족을 포함한다) 사이에서는 혼인하지 못한다.
> ② 6촌 이내의 혈족의 배우자, 배우자의 6촌 이내의 혈족, 배우자의 4촌 이내의 혈족의 배우자인 인척이거나 이러한 인척이었던 자 사이에서는 혼인하지 못한다.
> ③ 6촌 이내의 양부모계(養父母系)의 혈족이었던 자와 4촌 이내의 양부모계의 인척이었던 자 사이에서는 혼인하지 못한다.

오답피하기

ㄱ. 우리나라는 일부일처제를 인정하고 중혼은 허용하지 않는다. 중혼의 경우 혼인 취소사유가 된다.

> 민법 제810조(중혼의 금지) 배우자 있는 자는 다시 혼인하지 못한다.

ㄴ. 혼인 적령은 만 18세 이상이다. 다만 만 18세의 경우에는 부모의 동의가 필요하다.

> 민법 제807조(혼인적령) 만 18세가 된 사람은 혼인할 수 있다.

정답 ④

06 〈보기〉의 밑줄 친 ㉠~㉣ 중 혼인의 효력에 대한 설명으로 가장 옳지 않은 것은?

2020 서울시(보훈청)

보기

혼인한 부부는 원칙적으로 함께 살며 서로 부양하고 협조해야 할 법률상의 의무를 진다. 「민법」은 혼인하였더라도 ㉠부부가 각자의 재산을 따로 소유·관리·처분하는 부부 별산제를 원칙으로 한다. ㉡혼인 중 부부가 협력하여 취득한 재산은 명의가 어느 쪽으로 되어 있는지에 따라 부부 각자의 재산으로 본다. 부부는 공동생활에 필요한 비용을 함께 부담해야 하므로 이를 위하여 ㉢일상의 가사에 대해 상대방을 대리할 수 있다. ㉣일상의 가사에 대해 부부 중 어느 한쪽이 지는 채무는 별도의 의사 표시가 없는 한 부부에게 연대 책임이 있다.

① ㉠　② ㉡
③ ㉢　④ ㉣

해설

② 혼인 중 부부가 협력하여 취득한 재산은 명의가 어느 쪽으로 되어 있는지 관계없이 부부 공동의 재산으로 추정한다. 법률적 의미에서 추정의 경우 반대 사실을 입증하면 그러한 추정은 뒤집어지지만, 간주의 경우에는 단순 사실의 입증으로는 부족하고 재판 등을 통해 엄격한 절차를 거쳐서만 뒤집을 수 있다. '~본다.', '~간주한다.', '~의제한다.'라고 규정하고 있는 경우 간주 규정으로 이해하면 된다.

오답피하기

① 우리나라는 부부별산제를 채택하고 있으므로 혼인을 하더라도 공동 재산이 되는 것은 아니다.
③, ④ 혼인을 하면 일상가사에 대해서는 별도의 대리권을 수여한 바가 없더라도 서로를 대리할 수 있다. 이 때 일상가사에 대한 채무는 부부가 연대하여 책임을 지므로 부부 일방에 대해서 채무 전액을 청구할 수 있다.

정답 ②

부모와 자녀의 관계

01 다음 중 친권의 내용에 대한 설명으로 옳지 않은 것은? 예상 문제

① 친권이란 부모가 자녀에 대하여 가지는 신분·재산상의 권리와 의무로서 미성년과 성년 여부는 불문한다.
② 친권은 부모가 공동으로 행사하는 것이 원칙이다.
③ 부모가 친권을 남용한 경우에는 친권이 상실될 수 있다.
④ 일반양자와 친양자 모두 친권은 양부모가 가지며, 친부모의 친권은 소멸한다.

해설

① 친권이란 부모가 미성년인 자녀에 대하여 가지는 여러 가지 신분·재산상의 권리와 의무를 말한다. 미성년인 자가 성년이 되면 친권은 소멸한다.

오답피하기

②, ③, ④ 모두 옳은 내용이다. 특히 일반양자의 경우에도 친권은 양부모에게 속하고 친부모의 친권은 소멸하지만, 친부모에 대한 상속권이 소멸하는 것은 아님을 유의한다.

정답 ①

유언과 상속

01 민법이 규정한 유언에 대한 내용으로 가장 적절하지 않은 것은? 2018 경찰직 1차

① 유언의 방식은 자필증서, 녹음, 공정증서, 비밀증서와 구수증서의 5종으로 한다.
② 녹음에 의한 유언은 유언자가 유언의 취지, 그 성명과 연월일을 구술하고 이에 참여한 증인이 유언의 정확함과 그 성명을 구술하여야 한다.
③ 유언으로 이익을 받을 사람, 그 배우자와 직계혈족도 유언의 증인이 될 수 있다.
④ 만 17세에 달하지 못한 자는 유언을 하지 못한다.

출제 단원 및 영역 법과정치 4단원 유언

해설

③ 유언으로 이익을 받을 사람, 그 배우자와 직계혈족도 유언의 증인이 될 수 없다고 민법에 규정되어 있다.

> 민법 제1072조(증인의 결격사유) ① 다음 각 호의 어느 하나에 해당하는 사람은 유언에 참여하는 증인이 되지 못한다.
> 1. 미성년자
> 2. 피성년후견인과 피한정후견인
> 3. 유언으로 이익을 받을 사람, 그의 배우자와 직계혈족
> ② 공정증서에 의한 유언에는 「공증인법」에 따른 결격자는 증인이 되지 못한다.

오답피하기

① 민법에서 정하고 있는 유언의 종류는 5가지이고, 각 유언의 종류에 맞는 형식과 절차에 따르지 않는 경우에는 유언자의 의사에 합치하더라도 그 유언을 무효로 한다. (요식행위) 또한, 유언의 종류 5가지는 자/녹/공/비/구 5가지로 정리하면 된다.
② 녹음에 의한 유언은 유언자가 유언의 취지, 그 성명과 연월일을 구술하고 이에 참여한 증인이 유언의 정확함과 그 성명을 구술하여야 한다.(민법 제1067조).
④ 민법 제1061조에서는 만17세에 달하지 못한 자는 유언을 하지 못한다라고 규정하여 유언이 가능한 나이는 만 17세 이상이다.

정답 ③

02 「민법」상 유언에 대한 설명으로 가장 적절하지 않은 것은? 2020 경찰직 1차

① 유언은 「민법」에서 정한 방식에 의하지 아니하면 효력이 발생하지 아니한다.

② 공정증서에 의한 유언은 유언자가 증인 1인이 참여한 공증인의 면전에서 유언의 취지를 구수하고 공증인이 이를 필기 낭독하여 유언자가 그 정확성을 승인한 후 유언자와 공증인이 서명 또는 기명날인해야 한다.

③ 비밀증서에 의한 유언은 유언자가 필자의 성명을 기입한 증서를 엄봉날인하고 이를 2인 이상의 증인의 면전에 제출하여 자기의 유언서임을 표시한 후 그 봉서표면에 제출연월일을 기재하고 유언자와 증인이 각자 서명 또는 기명날인하여야 한다.

④ 녹음에 의한 유언은 유언자가 유언의 취지, 그 성명과 연월일을 구술하고 이에 참여한 증인이 유언의 정확함과 그 성명을 구술하여야 한다.

출제 단원 및 영역 법과정치 4단원 유언의 방식

해설

유언은 민법이 정한 방식과 절차에 의하지 아니하면 유언자의 진의가 담겨져 있더라도 그 유언은 무효가 된다. 즉, 유언은 엄격한 요식행위이다. 민법에서 정하고 있는 유언은 다섯 가지이고, 각각의 방식에 따른 증인의 숫자는 두문자를 활용해서 기억하면 된다. (자/녹/공/비/구 - 0/1/2/2+/2+)

② 공정증서에 의한 유언의 경우 증인 2인이 필요하다.

> 제1068조(공정증서에 의한 유언) 공정증서에 의한 유언은 유언자가 증인 2인이 참여한 공증인의 면전에서 유언의 취지를 구수하고 공증인이 이를 필기낭독하여 유언자와 증인이 그 정확함을 승인한 후 각자 서명 또는 기명날인하여야 한다.

오답피하기

①, ③, ④ 모두 유언과 관련된 민법의 조문의 내용으로서 옳은 내용이다.

- 제1060조(유언의 요식성) 유언은 본법의 정한 방식에 의하지 아니하면 효력이 생하지 아니한다.
- 제1065조(유언의 보통방식) 유언의 방식은 자필증서, 녹음, 공정증서, 비밀증서와 구수증서의 5종으로 한다.
- 제1066조(자필증서에 의한 유언) ①자필증서에 의한 유언은 유언자가 그 전문과 연월일, 주소, 성명을 자서하고 날인하여야 한다.
  ②전항의 증서에 문자의 삽입, 삭제 또는 변경을 함에는 유언자가 이를 자서하고 날인하여야 한다.
- 제1067조(녹음에 의한 유언) 녹음에 의한 유언은 유언자가 유언의 취지, 그 성명과 연월일을 구술하고 이에 참여한 증인이 유언의 정확함과 그 성명을 구술하여야 한다.
- 제1068조(공정증서에 의한 유언) 공정증서에 의한 유언은 유언자가 증인 2인이 참여한 공증인의 면전에서 유언의 취지를 구수하고 공증인이 이를 필기낭독하여 유언자와 증인이 그 정확함을 승인한 후 각자 서명 또는 기명날인하여야 한다.
- 제1069조(비밀증서에 의한 유언) ①비밀증서에 의한 유언은 유언자가 필자의 성명을 기입한 증서를 엄봉날인하고 이를 2인 이상의 증인의 면전에 제출하여 자기의 유언서임을 표시한 후 그 봉서표면에 제출연월일을 기재하고 유언자와 증인이 각자 서명 또는 기명날인하여야 한다.
  ②전항의 방식에 의한 유언봉서는 그 표면에 기재된 날로부터 5일내에 공증인 또는 법원서기에게 제출하여 그 봉인상에 확정일자인을 받아야 한다.
- 제1070조(구수증서에 의한 유언) ①구수증서에 의한 유언은 질병 기타 급박한 사유로 인하여 전4조의 방식에 의할 수 없는 경우에 유언자가 2인 이상의 증인의 참여로 그 1인에게 유언의 취지를 구수하고 그 구수를 받은 자가 이를 필기낭독하여 유언자의 증인이 그 정확함을 승인한 후 각자 서명 또는 기명날인하여야 한다.
  ②전항의 방식에 의한 유언은 그 증인 또는 이해관계인이 급박한 사유의 종료한 날로부터 7일내에 법원에 그 검인을 신청하여야 한다.
  ③제1063조제2항의 규정은 구수증서에 의한 유언에 적용하지 아니한다.
- 제1071조(비밀증서에 의한 유언의 전환) 비밀증서에 의한 유언이 그 방식에 흠결이 있는 경우에 그 증서가 자필증서의 방식에 적합한 때에는 자필증서에 의한 유언으로 본다.

정답 ②

03 〈보기〉의 사례에 대한 법적 판단으로 가장 옳은 것은?

2019 서울시

보기

갑(甲)과 을(乙)은 결혼한 후 아이가 생기지 않자, 병(丙)이 홀로 키우던 자녀 A와 B 중에서 A를 적법한 절차를 거쳐 친양자로 입양하였다. 이후 A를 키우던 중 갑과 을은 불화로 재판상 이혼을 하였고, 미성년 자녀인 A에 대한 양육권은 갑이 갖기로 하였다. 1년 뒤, 갑은 교통사고로 3억 원의 재산과 1억 원의 빚을 남기고 사망하였다.

① 갑과 을은 이혼할 때, 이혼 숙려 기간을 거쳤을 것이다.
② A가 받을 수 있는 갑의 상속액은 8천만 원이다.
③ 병이 사망한 경우, 병의 법정 상속인은 B이다.
④ A는 갑과 을의 가족 관계 등록부에 양자로 기재된다.

출제 단원 및 영역 법과정치4단원 친양자, 이혼, 상속 사례

해설 친양자 제도에 따르면 자(子)와 친생부모와의 관계는 단절되어 상속권도 인정되지 않는다.

③ 병의 친자였던 A를 적법한 절차를 거쳐 갑과 을의 친양자로 입양하였으므로 A는 병의 상속 재산에 대하여 상속권이 없다. 따라서 병이 사망한 경우 상속 1순위인 B가 단독 상속하게 된다.

오답피하기

① 이혼 숙려 기간은 협의이혼의 경우 거쳐야 하는 것이다.(1개월, 3개월) 재판상 이혼의 경우 이혼 숙려 기간이 필요없다.
② 갑과 을은 재판상 이혼을 하였으므로 상속권이 인정되지 않는다. 따라서 갑의 2억 원의 상속 재산에 대해서는 친양자인 A가 단독으로 상속받게 된다.
④ 친양자 입양은 양자의 성과 본까지 변경해 법률상 완전한 친생자관계를 형성하는 것으로 친양자 입양 신고가 있으면 기존의 친양자의 가족 관계 등록부는 폐쇄하고 새로운 가족관계 등록부에 재작성하며, 친생부모의 가족관계 등록부에도 친양자는 나타나지 않는다. 다만 친양자입양관계 증명서에 친생부모, 양부모 또는 친양자의 성명, 성별, 본 등이 기재된다. 그러나 이러한 증명서는 친양자가 성년이 되어 신청하는 등 극히 예외적인 경우에만 발급이 가능하다.

정답 ③

04 다음 사례에 대해 가장 옳지 않은 것은?

2016 해양경찰

甲과 乙은 2005년 성격 차이로 인하여 이혼하였고, 자녀 A, B의 양육자는 甲으로 정하였다 그런데 2011년 1월 甲이 A를 태우고, 승용차를 운전하여 여행을 떠났다가 교통사고를 당하여 두 사람 모두 사망하였다. 위 사람들 외에 甲, 乙, A, B의 다른 친족은 없고, 甲과 A는 유언을 하지 않았다.

① 甲과 A는 동일한 위난으로 사망하였으므로 동시에 사망한 것으로 간주된다.
② 甲과 A의 사망 순서를 알 수 없는 경우에는 甲의 재산은 전부 B에게 상속된다.
③ A가 甲보다 먼저 사망한 사실이 증명된 경우 甲의 재산은 전부 B에게 상속된다.
④ 甲이 A보다 먼저 사망한 사실이 증명된 경우 甲의 재산은 A와 B에게 1:1의 비율로 상속되고, 그 중 A의 상속분은 다시 乙에게 상속된다.

출제 단원 및 영역 법과정치 4단원 상속

해설

① 우리 민법에서는 동일한 위난으로 사망한 경우 동시에 사망한 것으로 '추정'한다라고 규정하고 있다. 추정은 반증을 통해 즉, 반대의 증거를 통해 효과를 번복할 수 있지만, 간주의 경우에는 법원의 별도의 판단을 필요로 하는 본증을 통해 효과를 번복할 수 있다.

민법 제30조(동시사망) 2인 이상이 동일한 위난으로 사망한 경우에는 동시에 사망한 것으로 추정한다.

오답피하기

② 甲과 A의 사망 순서를 알 수 없는 경우에는 동시사망으로 추정하고 甲과 A 사이에는 상속이 이루어지지 않는다. 따라서 甲의 재산에 대하여 乙은 이혼을 했기 때문에 상속권이 없고 A는 동시사망으로 상속이 이루어지지 않으므로 甲의 재산은 전부 B에게 상속된다.
③ A가 甲보다 먼저 사망한 사실이 증명된 경우 A에게는 배우자나 직계비속이 없으므로 대습상속은 일어나지 않고, 甲의 재산은 전부 B에게 상속된다.
④ 甲이 A보다 먼저 사망한 사실이 증명된 경우 甲의 재산은 A와 B에게 1 : 1의 비율로 상속되고 이후 A의 사망으로 A의 재산은 그의 직계존속인 乙에게 다시 상속된다.

정답 ①

05 다음 사례에 대한 법적 판단으로 가장 옳지 않은 것은?

2015 해양경찰

> 갑과 을은 혼인한 지 1년이 지나서 아들 A를 낳았다. 이후 아이가 더 생기지 않자, 친구인 병의 딸 B를 적법한 절차를 거쳐 양자로 입양하였다. 이후 갑은 을의 방탕한 생활을 견디다 못해 을과 심하게 다투었고, 결국 미성년 아들 A는 갑이, 미성년 딸 B는 을이 양육하기로 하고, 두 사람은 이혼에 합의하였다.

① 병이 사망할 경우 B는 법적 상속인이 된다.
② B는 갑과 을이 혼인 중 출생자로 인정한다.
③ 이혼 후 갑은 B를 만날 수 있는 면접교섭권을 가진다.
④ 갑과 을의 이혼은 법원의 이혼 확인 시에 효력이 발생한다.

출제 단원 및 영역 법과정치 4단원 상속

해설

④ 두 사람이 이혼에 합의하였으므로 이는 협의이혼에 해당한다. 협의이혼의 경우 이혼의사 확인서를 관할 주민센터 등에 제출하여 신고한 때 이혼의 효력이 발생한다.

오답피하기

① 친양자라는 말이 없으므로 B는 일반 입양된 자이다. 따라서 B의 경우에는 친생부모와 양부모 모두에게서 상속을 받을 수 있으므로 친생부모 병이 사망할 경우 B는 상속인이 된다.
② 양자의 경우 입양한 때로부터 양부모의 혼인 중의 출생자로 본다.
③ 면접교섭권이란 이혼 시 자녀를 양육하지 않는 부모 중 일방이 자녀와 접촉하고 면접할 수 있는 권리이다. 갑은 직접 B를 양육하지 않으므로 B에 대한 면접교섭권이 인정된다.

정답 ④

06 갑의 재산을 상속받을 수 없는 사람은?

2014 경찰직 1차

> 갑은 갑자기 뇌출혈로 쓰러져 의식 불명 상태에 있다가, 한마디 유언도 남기지 못한 채 사망하였다. 유족으로는 어머니, 아내, 결혼한 딸, 미혼의 두 아들이 있다. 그가 남긴 재산은 살고 있는 집을 포함하여 약 8억 7천만 원 정도로 추정된다.

① 어머니
② 아내
③ 결혼한 딸
④ 미혼의 두 아들

해설 갑이 사망한 경우 유언이 없다면 법정 상속에 의해서 상속이 이루어진다. 이 때 상속 1순위자와 배우자가 공동 상속하게 되고, 상속 2순위자는 1순위자가 있는 경우에는 상속을 받을 수 없다.

상속 순위	내용
상속 순위	• 법정 순위에 따르며, 선순위의 상속인이 있는 경우에는 후순위의 상속인은 상속을 받을 수 없음 • 1순위: 피상속인의 직계비속 • 2순위: 피상속인의 직계존속 • 3순위: 피상속인의 형제자매 • 4순위: 피상속인의 4촌 이내의 방계혈족 • 배우자의 경우 직계비속이나 직계존속이 있으면 그들과 공동으로 상속받으며, 직계비속이나 직계존속이 없으면 단독으로 상속 받음.

① 사안의 경우 상속 1순위자인 직계비속인 딸과 아들들이 있으므로 어머니는 상속을 받을 수 없다. 어머니는 직계존속으로 상속 순위에 있어서 2순위기 때문이다. 또한 상속에 있어서 아들인지 딸인지, 기혼인지 미혼인지 등에 관계없이 균등 상속을 받게 된다.

정답 ①

07 다음 사례에서 갑의 재산에 대한 상속인과 상속액으로 옳은 것은?

2013 서울시

갑은 아내 A, 딸 B, 노모(老母) C와 함께 살고 있었다. 그러던 어느 날, 갑은 교통사고를 당하여 유언 없이 전 재산 7억 원을 남기고 사망하였다.

① A: 3.5억 원, B: 3.5억 원
② A: 4.2억 원, B: 2.8억 원
③ A: 4.2억 원, C: 2.8억 원
④ A: 3억 원, B: 2억 원, C: 2억 원
⑤ A: 3억 원, B: 3억 원, C: 1억 원

해설 갑이 교통사고를 당하여 유언 없이 전 재산 7억 원을 남기고 사망한 경우 법정 상속에 따른다. 상속 제1순위인 딸 B와 공동상속인 아내 A가 있으므로 상속 제2순위인 노모 C는 법정 상속을 받을 수 없다. 아내의 경우 상속분에 5할을 가산하므로 B : A = 1 : 1.5가 되며, 아내(A)은 7억 원 × (3/5) = 4.2억 원이 되며, 딸(B)은 7억 원 × (2/5) = 2.8억 원이 된다.

정답 ②

08 다음 사례의 경우 A 재산의 상속에 대한 설명 중 가장 적절한 것은?

2018 경찰직 1차

- A는 전처와 사별한 후 여성 B와 재혼하여 혼인 신고는 하지 않고 동거하였다.
- A는 자녀 없이 어머니 C, 남동생 D와 함께 한 집에서 같이 살고 있었다.
- A는 어느 날 갑자기 유언을 남기지 못하고, 심장마비로 사망하였다.
- A가 남겨 놓은 재산은 총 2억 원이었다.

① B가 단독 상속하며, 상속액은 2억 원 전액이다.
② C가 단독 상속하며, 상속액은 2억 원 전액이다.
③ B, C, D가 공동으로 균등 분할하여 상속한다.
④ C, D가 공동으로 상속하며, 상속액은 각 1억 원이다.

출제 단원 및 영역 법과정치 4단원 유언과 상속

② A는 B와 재혼을 하였지만 혼인신고 없이 동거한 것에 그쳤으므로 사실혼에 불과하다. A는 유언을 남기지 않고 사망하였으므로 민법이 정한 상속 순위에 따라 상속이 이루어진다. A에게는 상속 1순위인 직계비속이 없으므로 상속 2순위인 직계존속인 어머니 C가 단독으로 2억 원 전액을 상속받게 된다. 이 때 B는 사실혼인 배우자이므로 상속인이 되지 못한다.

정답 ②

09 다음 사례에서 민법에 따라 乙과 丙이 받을 법정 상속분으로 옳은 것은? 2017 경찰직 2차

> 甲과 乙은 법률상 부부로서 혼인 중에 낳은 딸 丙이 있다. 丙은 3년 전에 결혼하였고, 아들 丁이 있다. 甲이 해외로 출장을 가던 중에 비행기가 추락하여 사망하였다. 유언장이 없는 상황에서 甲은 채무 없이 동산과 부동산을 합하여 30억 원의 재산을 남겼다.

	乙	丙
①	24억 원	6억 원
②	20억 원	10억 원
③	18억 원	12억 원
④	15억 원	15억 원

해설 갑은 유언장 없이 30억 원의 재산을 남기고 사망하였으므로 법정 상속에 따라 상속이 이루어진다. 상속 제1순위인 딸(丙)이 한 명과 배우자(乙)가 공동상속 한다. 이 때 손자(丁)는 직계비속이긴 하지만 丁의 어머니가 있으므로 상속의 대상이 되지 않는다. 따라서 배우자 乙은 30억 원 × (3/5) = 18억 원, 딸 丙은 30억 원 × (2/5) = 12억 원을 상속받게 된다.

정답 ③

10 갑의 사망 이후에 상속인들이 받게 될 법적 상속에 대한 설명으로 옳지 못한 것은? 2014 서울시

> 갑은 갑자기 심장마비로 쓰러져 유언도 남기지 못한 채 사망하였다. 유족으로는 갑의 배우자, 노모와 출가한 두 딸, 미혼의 아들이 있다. 그가 남긴 재산은 살고 있는 집, 부동산을 포함하여 9억 원으로 추정된다.

① 법적 상속 제1순위는 아들과 딸이다.
② 배우자는 아들, 딸과 공동 상속을 받는다.
③ 배우자는 아들, 딸의 상속분에 5할을 가산한다.
④ 출가한 두 딸은 각각 2억 원의 상속을 받을 수 있다.
⑤ 노모는 며느리와 같은 비율로 3억 원을 상속받게 된다.

해설 갑은 유언도 없이 사명하였으므로 법정상속에 의하여 상속이 이루어진다. 사례의 경우 제1순위 상속인인 직계비속이 있는 경우이므로 갑의 배우자와 자녀들이 공동상속하게 된다.
⑤ 노모는 직계존속으로 제2순위 상속인이므로 제1순위 상속인이 있는 경우 상속받지 못한다.

오답피하기
① 법정상속 1순위는 직계비속으로 아들과 딸은 직계비속에 해당한다. 또한 이 경우 피상속인의 배우자는 제1순위 상속인과 공동상속하게 된다.
② 배우자는 직계 비속과 공동 상속을 받게 된다.
③ 배우자는 직계 비속의 상속분에 5할을 가산한다.
④ 9억 원의 재산에 대하여 자녀 3명과 배우자가 있으므로 1 : 1 : 1 : 1.5의 비율로 9억 원을 가지게 되므로 자녀들은 2억씩, 배우자는 3억 원을 상속으로 받을 수 있게 된다.

정답 ⑤

11 다음 사례에서 A 씨의 아내가 받는 상속액은?

2013 국가직

A 씨는 아내, 딸 1명, 아들 1명을 둔 가정의 가장이다. 딸과 아들은 모두 미혼이며, 자녀가 없는 상태이다. 어느 날 교통사고로 A 씨는 현장에서 사망하였고, 같이 타고 있던 아들은 병원으로 옮겨져 치료를 받다가 사망하였다. 유언장은 없는 상태였고, A 씨가 남겨 놓은 재산을 계산해 보니 2억 1,000만 원이었다.

① 6,000만 원
② 7,000만 원
③ 9,000만 원
④ 1억 5,000만 원

해설 상속인과 상속 순위 등은 사례를 통해 연습하는 것이 효과적이다.

③ A가 사망한 경우 그의 유족으로 아내와 아들 1명, 딸 1명이 있으며 유언이 없기 때문에 법정 상속에 의해 A의 재산을 처리할 수 밖에 없다. 아들과 딸은 구별없이 균분 상속을 받고 상속 제1순위이다. 배우자는 상속 제1순위자와 같은 순위에서 5할을 가산한 금액을 상속을 받을 수 있다. 그 결과 아들 : 딸 : 아내 = 1 : 1 : 1.5의 비율로 상속 재산 2억 1,000만 원에 대해서 상속받는다. 따라서 아내는 2억 1,000만 원×3/7=9,000만 원을 상속받게 된다. 그러나 아들은 이후 사망했고 아들은 미혼이며 자녀가 없으므로 아들에 대한 재산은 그의 어머니이자 A의 아내가 단독으로 상속 받게 된다. 아들의 상속 몫은 2억 1,000만 원×2/7=6,000만 원이므로 결국 아내는 자신의 남편으로부터 9,000만 원, 아들로부터 6,000만 원 총 1억 5,000만 원을 상속받게 된다.

정답 ③

12 상속법과 관련된 다음 사례에 대한 법적 판단으로 가장 적절한 것은?

2016 경찰직 2차

불치병에 걸린 甲은 두 명의 증인과 공증인이 참석한 자리에서 잔여 재산 10억 원 전액을 전처에게 남긴다는 유언을 하고, 공증인이 이를 필기·낭독하였다. 甲과 증인들은 그 정확함을 승인한 후 각자 이름을 쓰고 도장을 찍었다. 甲은 그로부터 수일 후 사망하였다.
현재 甲과 일정한 신분관계에 있는 가족으로는 재혼한 아내인 乙(丙의 친 생모), 丙(甲의 친 양자), 丁(甲의 어머니)이 있다.

① 甲의 유언이 유효하다면 丙이 甲의 전처에게 청구할 수 있는 유류분이 乙이 청구할 수 있는 유류분보다 적다.
② 甲의 유언이 유효하다면 丁은 甲의 전처에게 유류분을 청구할 수 있다.
③ 甲의 유언이 무효라면 丁과 乙은 같은 비율로 상속받을 수 있다.
④ 甲의 유언이 무효라면 丙은 3억 원을 상속받을 수 있다.

해설 甲은 전처에게 10억 원 전액을 남긴다는 유언을 남기고 사망했다. 전처의 경우에는 상속권이 없고 재혼한 아내 乙과 친양자 丙이 있으므로 甲의 어머니 丁은 상속인이 아니다.

① 甲의 유언이 유효하다면 乙은 자신의 상속분(10억 원×3/5 = 6억 원)의 1/2에 해당하는 금액(3억 원)을 전처에게 유류분으로 청구할 수 있고, 丙 역시 자신의 상속분(10억 원×2/5 = 4억 원)의 1/2에 해당하는 금액(2억 원)을 전처에게 유류분으로 청구할 수 있다. 따라서 丙이 청구할 수 있는 유류분이 乙의 청구할 수 있는 유류분보다 더 적다.

오답피하기

② 丁은 상속인이 아니기 때문에 甲의 유언이 유효하다고 하더라도 유류분을 청구할 수 없다. 유류분 제도는 상속인을 보호하기 위한 제도이기 때문이다.

③, ④ 甲의 유언이 무효라면 법정상속이 이루어진다. 乙은 앞에서 살펴본 것처럼 6억 원의 법정상속을 받을 수 있지만 丁은 제2순위 상속인으로서 제1순위 상속인이 있기 때문에 상속인이 될 수 없다. 또한 丙은 법정 상속분으로 4억 원을 상속받을 수 있다.

정답 ①

13 다음 사례에서 갑의 재산에 대한 상속인과 상속액으로 가장 옳은 것은? 2021 해경 2차

사례

갑은 아내 A, 딸 B, 노모(老母) C와 함께 살고 있었다. 그러던 어느 날 갑은 교통사고를 당하여 유언 없이 재산 14억 원을 남기고 사망하였다.

① A: 7억 원, B: 7억 원
② A: 7억 원, B: 5억 원, C: 2억 원
③ A: 8.4억 원, B: 5.6억 원
④ A: 8.4억 원, C: 5.6억 원

출제 단원 및 영역 정치와 법 4단원 상속

해설

③ 갑이 유언없이 사망하였으므로 갑의 재산은 상속 1순위인 딸 B와 공동 상속인인 아내 A가 상속받게 된다. 다만 배우자는 상속분에 5할을 가산한다. 따라서 A는 14억 원×3/5=8.4억이 되고, B는 14억 원×2/5=5.6억 원이 된다.

정답 ③

14 다음 사례에 대한 법적 판단으로 옳지 않은 것은? 2021 국가직

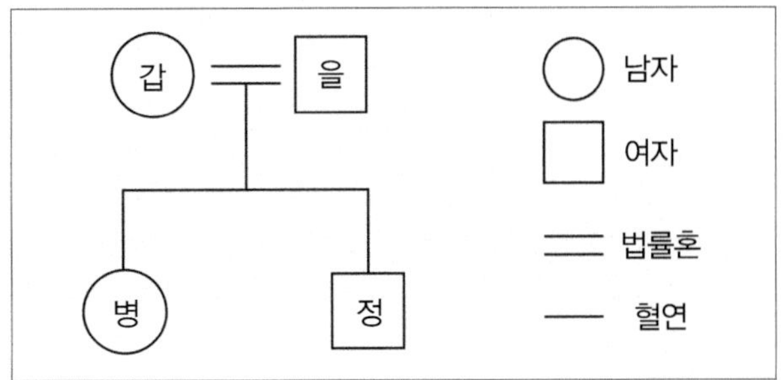

갑과 을은 혼인 신고 후 자녀 병과 정을 낳고 살고 있었다. 어느 날 갑과 병이 큰 교통사고를 당하여 시차를 두고 두 사람 모두 사망하였다. 사망 당시 갑과 병의 전 재산을 각각 14억 원이었으며, 별도의 유언은 없었다.

① 갑이 먼저 사망한 경우 정은 갑 사망 시 갑의 재산 중 4억 원을 상속받는다.
② 병이 먼저 사망한 경우 을은 병 사망 시 병의 재산 중 7억 원을 상속받는다.
③ 갑이 먼저 사망하고 나서 병이 나중에 사망한 경우 을은 최종적으로 24억 원을 상속받는다.
④ 병이 먼저 사망하고 나서 갑이 나중에 사망한 경우 정은 최종적으로 10억 5천만 원을 상속받는다.

출제 단원 및 영역 정치와 법 4단원 상속

해설

④ 병이 먼저 사망할 경우 병의 상속 재산에 대하여 갑과 을은 1:1로 상속받으므로 갑이 7억 원을 상속 받게 되고, 이후 갑이 사망하였을 때 상속인은 을과 정이 된다. 이후 갑이 사망한 경우 갑의 기존재산 14억 원과 병으로부터 받은 7억 원인 21억 원이 상속 재산이 되고, 이에 대하여 을과 정이 1.5:1로 상속받으므로 정은 21억 원×2/5인 8억 4천만 원을 최종적으로 상속받는다.

오답피하기

① 갑이 먼저 사망한 경우 갑의 재산은 을, 병, 정이 1.5:1:1로 상속받으므로 정은 갑의 재산 14억 원 중 2/7인 4억 원을 상속받는다.
② 병이 먼저 사망한 경우 병의 재산은 갑과 을이 우선 1:1로 상속받으므로 을은 병의 재산 14억 원 중 1/2인 7억 원을 상속받는다.
③ 갑이 먼저 사망하면 갑의 재산 14억 원에 대하여 을은 3/7, 병은 2/7를 받으므로 병은 갑의 상속 재산에 대하여 4억 원을 상속받고 이후 병이 사망하였으므로 병의 기존 재산 14억 원과 갑으로부터 받은 상속 재산 4억 원은 모두 을에게 상속된다. 따라서 을은 갑의 사망 시 받는 6억 원과 병으로부터 받는 18억 원을 받아서 최종적으로 24억 원을 상속받는다.

정답 ④

15 밑줄 친 ㉠~㉤에 대한 설명으로 옳은 것은?

2019 소방직

> 갑은 을과 혼인 신고를 하지 않고 함께 살다가 아들 A를 낳았다. 5년 후 갑과 을은 종교 문제로 심하게 다툰 후에 ㉠ 헤어졌다. 갑은 A를 데리고 살다가 작년에 병과 ㉡ 결혼식을 올리고 ㉢ 혼인 신고까지 마쳤다. 병은 ㉣ A를 친양자로 입양하였고, 이후 갑과 병 사이에는 딸 B가 태어났다. 갑은 최근 재산 7억 원을 남기고 교통사로 ㉤ 유언 없이 사망하였다.

① ㉠을 위해 갑과 을은 이혼 숙려 기간을 거쳤을 것이다.
② ㉡은 혼인의 형식적 요건, ㉢은 혼인의 실질적 요건이다.
③ ㉣에 의해 A는 갑과 병의 혼인 외 출생자로 인정된다.
④ ㉤으로 인해 A, B는 갑의 재산 중 각각 2억 원씩 상속받는다.

해설

④ 갑은 A를 친양자로 입양하였고, B라는 혼인 중에 출생한 자녀가 있으며, 혼인 신고를 한 배우자 병이 있으므로 A와 B가 각각 2억 원, 병이 3억 원의 재산을 상속받게 된다.

오답피하기

① 갑과 을은 혼인 신고를 하지 않았으므로 별도의 이혼 절차를 거칠 필요가 없다.
② 혼인이 성립하기 위해서는 실질적 요건 중 주관적 요건으로 혼인의 의사의 합치와 객관적 요건으로 혼인 생활의 실체가 형성되어야 하고, 형식적 요건으로 혼인 신고가 있어야 한다. 결혼식은 혼인의 성립 요건과 무관하다.
③ 친양자 입양을 할 경우 A는 갑과 병의 혼인 중의 출생자로 인정된다.

정답 ④

16 다음 사례에 대한 법적 판단으로 옳은 내용을 〈보기〉에서 고른 것은?

2020 소방직

> 갑은 불치병으로 사망하였다. 갑의 유가족으로는 ㉠ 법률혼 관계인 배우자 을, 갑과 을 사이에서 출생한 자녀 병(만 18세)과 정(만 15세), 아버지 무가 있다. 갑이 남긴 재산은 7억 원이며 채무는 없다. 갑은 자신의 전 재산을 ○○단체에 기부한다는 ㉡ 유언을 남겼다.

보기

ㄱ. 갑의 사망으로 병은 행위 능력이 생긴다.
ㄴ. 갑과 을의 ㉠으로 인하여 을과 무 사이에 인척 관계가 형성되었다.
ㄷ. ㉡의 법적 효력이 있다면, 을은 자신의 법정 상속분을 전혀 보장받지 못한다.
ㄹ. ㉡의 법적 효력이 없다면, 병과 정의 법정 상속분 합계는 4억 원이다.

① ㄱ, ㄴ　② ㄱ, ㄷ
③ ㄴ, ㄹ　④ ㄷ, ㄹ

해설

ㄴ. 갑과 을이 법률혼을 맺게 되면 혼인으로 인한 인척 관계가 형성되는데, 이로 인해 을과 무는 시아버지와 며느리라는 인척 관계가 형성되었다.
ㄹ. 유언의 법적 효력이 없다면, 법정 상속이 이루어진다. 병과 정은 각각 상속 재산의 2/7을 상속받게 되어 병과 정의 법정 상속분의 합계는 4억 원이다.

오답피하기

ㄱ. 미성년자인 병은 만 19가 되어야 행위 능력이 생기는 것이지, 갑의 사망으로 병의 행위 능력이 생기는 것은 아니다.
ㄷ. 유언의 법적 효력이 있다면, 우선 유언에 따라 OO단체에 전 재산이 기부가 되지만 정당한 상속인인 을은 자신의 유류분 반환 청구권을 행사하여 상속분을 일정 부분(상속분의 1/2)을 보장받을 수 있다.

정답 ③

CHAPTER 05

사회생활과 법

01 형법의 이해

형법과 죄형법정주의

01 다음 판례의 내용과 관계있는 죄형법정주의의 파생 원칙은? 2013 국가직

> 구 의료법 제21조 제1항은 "의료인은 각각 진료기록부 또는 간호기록부를 비치하여 그 의료행위에 관한 사항과 소견을 상세히 기록하고 서명하여야 한다."라고 규정하고 있고, 구 의료법 제69조는 제21조 제1항의 규정에 위반한 자는 300만 원 이하의 벌금형에 처하도록 규정하고 있다. 교통사고로 입원한 환자에 대하여 진료기록부에 물리치료 횟수 및 약품과 주사투여 횟수를 실제 시행횟수보다 과대 기재하는 등 허위의 진료기록부를 작성한 행위가 진료 기록부를 비치하지 아니하였거나 진료기록부에 그 의료행위에 관한 사항과 소견을 상세히 기록하고 서명하지 아니한 것이라고 볼 수는 없다는 이유로 무죄라고 판단한 원심의 조치는 옳다. 문헌상 '상세히 기록하여야 한다.'라고만 규정하고 있을 뿐 '허위로 작성하여서는 아니 된다.' 라거나 '허위 사항을 기재하여서는 아니 된다.'라고 규정하고 있지 않기 때문이다.
>
> – 대법원 2005. 11. 24. 선고 2002도4758 판결 –

① 관습형법 금지의 원칙 ② 소급입법 금지의 원칙
③ 유추해석 금지의 원칙 ④ 명확성의 원칙

해설 위의 판례는 허위의 진료기록부를 작성한 행위에 대하여 소송 진행 중이고, 이에 대한 직접적인 처벌 규정이 없는 경우 진료기록부를 기록·서명하지 않은 경우 처벌하는 규정을 적용하는 것은 **유추해석 금지의 원칙에 반한다**고 본 판례이다.

> 구 의료법 제21조 제1항은 "의료인은 각각 진료기록부 또는 간호기록부를 비치하여 그 의료행위에 관한 사항과 소견을 상세히 기록하고 서명하여야 한다."라고 규정하고 있고, 구 의료법 제69조는 제21조 제1항의 규정에 위반한 자는 300만 원 이하의 벌금형에 처하도록 규정하고 있다. 교통사고로 입원한 환자에 대하여 진료기록부에 물리치료 횟수 및 약품과 주사투여 횟수를 실제 시행횟수보다 과대 기재하는 등 허위의 진료기록부를 작성한 행위가 진료 기록부를 비치하지 아니하였거나 진료기록부에 그 의료행위에 관한 사항과 소견을 상세히 기록하고 서명하지 아니한 것이라고 볼 수는 없다는 이유로 무죄라고 판단한 원심의 조치는 옳다. 문헌상 '상세히 기록하여야 한다.' 라고만 규정하고 있을 뿐 '허위로 작성하여서는 아니 된다.' 라거나 '허위 사항을 기재하여서는 아니 된다.'라고 규정하고 있지 않기 때문이다.
>
> – 대법원 2005. 11. 24. 선고 2002도4758 판결 –

정답 ③

02 ㉠에 들어갈 죄형 법정주의의 내용으로 옳은 것은? 예상 문제

> 헌법재판소는 상습 절도죄로 두 번 이상 실형을 선고받고 집행이 끝나거나 면제된 후 3년 이내에 다시 상습 절도죄를 범한 자에게 형을 단기의 2배까지 가중한다고 규정한 특정 범죄 가중 처벌법 조항은 위헌이라고 결정했다. 헌법재판소는 가중 처벌 형량에 대해서 "법정형의 단기가 '특가법에 정한 형'의 단기 2배인지, '형법에 정한 형'의 단기의 2배인지 판단하기 곤란하다."라며 ㉠에 어긋난다고 보았다.

① 적정성의 원칙
② 명확성의 원칙
③ 유추 해석 금지의 원칙
④ 관습 형법 금지의 원칙

출제 단원 및 영역 법과정치 5단원 죄형법정주의

해설 헌법재판소는 법정형의 단기가 특정 범죄 가중 처벌법에서 정한 형의 단기인지 형법에서 정한 형의 단기인지 판단하기 곤란하다고 보았는데, 이는 어떤 행위가 범죄가 되고 그 범죄에 대하여 어떤 처벌을 할 것인가가 미리 성문의 법률에 명확하게 규정되어야 한다는 죄형 법정주의에 어긋나기 때문이다.

② 제시문에서 헌법재판소는 형벌 부과의 기준이 되는 '단기'의 의미가 명확하지 않다고 판단하고 있다. 이는 죄형 법정주의의 내용 중 명확성의 원칙과 관련이 있다. 명확성의 원칙이란 어떤 행위가 범죄이며 각각의 범죄에 대해 어떤 형벌이 부과되는 지가 명확하여 누구나 알 수 있어야 한다는 것이다.

오답피하기

① 적정성의 원칙은 범죄와 형벌 간에 적정한 균형이 이루어져야 한다는 것이다.

③ 유추 해석 금지의 원칙은 어떤 사항에 대하여 직접 규정한 법규가 없을 때 그와 비슷한 사항에 대하여 규정한 법률을 적용함으로써 피고인에게 불리하게 형벌을 부과하거나 가중하지 못한다는 것이다.

④ 관습 형법 금지의 원칙은 관습법은 성문으로 제정된 법이 아니어서 그 내용과 범위가 명백하지 아니하므로 범죄와 형벌은 미리 성문법에 규정되어 있어야 한다는 것이다.

정답 ②

03 죄형법정주의의 구체적 내용에 대한 설명으로 가장 적절하지 않은 것은? 2019 경찰직 1차

① 관습형법 금지의 원칙: 범죄와 형벌은 문서로 된 법률에 의하여 규정되어야 한다.
② 유추해석 허용의 원칙: 어떤 사항을 직접 규정한 법률 규정이 없을 때 법관이 그와 비슷한 사항을 규정한 법률 규정을 적용하여 형벌을 부과하거나 형을 가중하는 것을 허용한다.
③ 형법 효력 불소급의 원칙(형벌 불소급의 원칙): 범죄의 성립과 처벌은 행위 시의 법률에 의한다.
④ 적정성의 원칙: 범죄와 형벌 사이에 적정한 균형을 이루어야 한다.

출제 단원 및 영역 법과정치 5단원 죄형법정주의

해설 죄형법정주의의 내용으로 유추해석 금지의 원칙이 있으며, 유추해석 금지의 원칙이란 어떠한 행위에 적용할 법 규정이 없을 경우 이와 유사한 성질의 법규정을 가져와 적용해서는 안 된다는 것으로 이러한 유추해석은 법관에 의한 법 창조를 의미한다.

정답 ②

04 다음 글의 괄호 안에 들어갈 말로 옳은 것은? 2019 국가직

> 병역법 제2조제1항제5호는 산업 기능 요원 편입 관련 부정행위로 인한 병역법 위반죄, 종사의무 위반으로 인한 병역법 위반죄 및 신상 이동 통보 불이행으로 인한 병역법 위반죄 등의 범행 주체인 '고용주'를 '근로기준법 의 적용을 받는 공·사 기업체나 공·사 단체의 장으로서 병역의무자를 고용하고 있는 자'로 규정하고 있다. 여기서 '사기업체의 장'이란 일반적으로 그와 같은 사기업체를 대외적으로 대표할 수 있는 대표이사를 의미한다고 봄이 상당하다. 그러므로 사기업체의 대표이사가 아닌 실제 경영자를 이 조항에서 규정한 '고용주'에 해당하는 것으로 해석하는 것은 죄형법정주의의 내용 중 하나인 (　　　　)원칙에 어긋나 허용될 수 없다.

① 유추 해석 금지　② 적정성
③ 관습 형법 금지　④ 소급효 금지

출제 단원 및 영역 법과정치 5단원 죄형법정주의

해설 유추해석 금지의 원칙이란 어떠한 행위에 적용할 법 규정이 없을 경우 이와 유사한 성질의 법규정을 가져와 적용해서는 안 된다는 것으로 유추해석은 법관에 의한 법 창조를 의미한다.
① 사기업체의 대표이사가 아닌 실제 경영자를 '고용주'에 해당하는 것으로 해석하는 것은 유사한 성질의 법규정을 가져와 적용한 것으로 유추 해석 금지의 원칙에 위배된다.

> 병역법 제2조 제1항 제5호는 산업기능요원 편입 관련 부정행위로 인한 병역법위반죄, 종사의무 위반으로 인한 병역법위반죄 및 신상이동통보불이행으로 인한 병역법위반죄 등의 범행주체인 '고용주'를 "병역의무자를 고용하는 근로기준법의 적용을 받는 공·사기업체나 공·사단체의 장을 말한다"고 규정하고 있는바, 여기서 '사기업체의 장'이라 함은 일반적으로 그와 같은 사기업체를 대외적으로 대표할 수 있는 대표이사를 의미한다고 봄이 상당하므로, 사기업체의 대표이사가 아닌 실제 경영자를 병역법 제2조 제1항 제5호에서 규정한 '고용주'에 해당하는 것으로 해석하는 것은 형벌법규를 피고인에게 불리한 방향으로 지나치게 유추하거나 확장해석하는 것으로서 죄형법정주의의 원칙에 어긋나 허용될 수 없다
> 대법 2009. 12. 10. 선고 2008도119

오답피하기
② 적정성의 원칙이란 범죄와 형벌의 내용이 적정해야 하고 범죄와 형벌간의 균형이 이루어져야 한다는 것을 의미한다.
③ 관습 형법 금지의 원칙이란 법률로 정하지 않은 범죄와 형벌은 인정하지 않는다는 것을 의미한다.
④ 소급효 금지의 원칙이란 행위 당시 범죄로 규정하지 않은 행위는 추후에 범죄로 규정하여 처벌할 수 없음을 의미한다.

정답 ①

05 밑줄 친 ㉠과 같은 법적 판단의 근거로 가장 적절한 것은?

2016 교육행정

> A는 건축법 위반으로 항소심에서 징역 2년 형을 선고받고 대법원에 상고하였다. 이에 대해 대법원은 "이 사건에 대한 법률 규정은 관계법령의 구체적인 범위 내지 그 범위를 한정할 수 있는 기준 등에 관하여 아무런 규정도 하지 아니한 채 막연하게 …(중략)… 구성요건으로 규정하고 있는 바, 이는 범죄의 요건에 관한 사항에 관하여 위임을 받은 법규의 범위를 구체적으로 제한하지 아니한 것으로서 ㉠헌법상의 원리인 죄형법정주의에 위배된다."라고 판결하였다.

① 범죄 행위와 형벌 간에는 적정한 비례 관계가 유지되어야 한다.
② 행위 시에는 범죄로 규정하지 않았던 행위에 대해, 나중에 범죄로 규정하여 처벌할 수 없다.
③ 형벌법규에 명시되어 있지 않은 행위에 대해, 유사한 행위에 대한 규정을 유추하여 적용해서는 안 된다.
④ 무엇이 범죄에 해당하며 그 범죄에 어떤 형벌이 부과되는지 명확하게 규정하여 누구나 알 수 있게 해야 한다.

해설 위의 판결에서 "이 사건에 대한 법률 규정은 관계법령의 구체적인 범위 내지 그 범위를 한정할 수 있는 기준 등에 관하여 아무런 규정도 하지 아니한 채 막연하게 구성요건을 규정하고 있으며, 위임의 범위를 구체적으로 제한하지 아니한 것으로 판단하고 있으므로 이는 죄형법정주의 중 명확성의 원칙에 위배되는 것으로 판단한 것이다.
④ 명확성의 원칙에 대한 설명이다.

오답피하기
① 적정성의 원칙에 대한 설명이다.
② 소급 입법 금지의 원칙에 대한 설명이다.
③ 유추해석 금지의 원칙에 대한 설명이다.

정답 ④

06 죄형법정주의의 구체적 내용에 대한 설명으로 옳지 않은 것은?

2015 사회복지직

① 법관이 적용할 수 있는 형벌에 관한 법에는 성문의 법률뿐만 아니라 관습법과 같은 불문의 법률도 포함된다.
② 형벌법규는 그것이 시행된 이후에 이루어진 행위에 대해서만 적용되고, 시행 이전의 행위까지 거슬러 올라가서 적용될 수 없다.
③ 어떤 행위가 형법에 의하여 금지되어 처벌되는 범죄인지, 그리고 그에 따른 형벌이 어떠한지 명확하게 정해 놓음으로써 누구나 쉽게 알 수 있어야 한다.
④ 형벌법규에 처벌의 대상으로 명시되어 있지 않은 행위라면, 아무리 그 행위가 범죄와 유사한 성질을 갖고 있더라도 유추하여 적용해서는 아니 된다.

해설 죄형법정주의란 어떤 행위가 범죄가 되고 그 범죄에 대하여 어떠한 형벌을 가할 것인지를 미리 국회에서 제정한 법률로 정해야 한다는 근대 형법의 기본원리를 말하며, 죄형법정주의의 내용을 정리하면 다음과 같다.

구분	내용
관습형법 금지의 원칙	• 법률로 정하지 않은 범죄와 형벌은 인정하지 않음 • 관습이나 불문법은 적용해서는 안됨 • but 범죄자에게 유리한 관습법은 적용 가능
소급입법금지의 원칙 (형벌불소급의 원칙)	• 행위 당시 범죄로 규정하지 않은 행위는 추후에 범죄로 규정하여 처벌할 수 없음 • but 범죄 후 법률의 변경에 의하여 그 행위가 범죄를 구성하지 않거나 형이 구법보다 가벼울 때에는 소급 적용이 가능
명확성의 원칙	• 무엇이 범죄이고 각 범죄에 대하여 어떠한 형벌이 부과될 것인지 누구나 알 수 있도록 명확하게 규정되어야 함
유추해석 금지의 원칙	• 어떠한 행위에 적용할 법 규정이 없을 경우 이와 유사한 성질의 법규정을 가져와 적용해서는 안 됨. • 유추해석은 법관의 의한 법 창조의 의미 • but 범죄자에게 유리한 유추해석은 가능
적정성의 원칙	• 범죄와 형벌의 내용이 적정해야 함 • 범죄와 형벌간의 균형이 이루어져야 함

① 법관이 적용할 수 있는 형벌에 관한 법에는 성문의 법률만을 의미하며, 관습법과 같은 불문의 법률은 포함되지 않는다. 이것을 관습형법 금지의 원칙이라고 한다. 다만, 범죄자에게 유리한 관습법은 적용이 가능하다.

오답피하기
② 소급입법 금지의 원칙(형벌불소급의 원칙)에 대한 설명이다.
③ 명확성의 원칙에 대한 설명이다.
④ 유추해석 금지의 원칙에 대한 설명이다.

정답 ①

07 다음 밑줄 친 부분에 대한 설명으로 옳은 것을 〈보기〉에서 모두 고르면? 2015 서울시

> 일반적으로 가해자의 행위에 ㉠ 고의 또는 과실이 있고, 손해가 발생하였으며, 행위와 손해 사이에 인과관계가 있는 위법한 행위에 대하여 ㉡ 책임능력이 있는 자에 한하여 불법행위가 성립한다. 손해가 발생한 경우 ㉢ 재산적, 정신적으로 배상을 해야 하지만 예외적으로 ㉣ 다른 사람이 저지른 행위에 대해서도 책임을 져야 하는 경우가 있다.

보기

㉠ 형법에서는 원칙적으로 고의가 있는 경우에는 처벌하고 과실범은 예외적으로 규정이 있는 경우에만 처벌한다.
㉡ 민법상 책임능력은 의사능력을 책임 측면에서 설명하는 개념으로 일반적으로 의사능력보다 약간 높은 정신능력으로 판단하고 있다.
㉢ 민법에서는 재산적 손해 뿐만 아니라 정신적 손해가 있는 경우에도 손해배상의 책임이 있으며 금전배상을 원칙으로 하고 있다.
㉣ 특수 불법행위의 유형으로 공동 불법행위 책임, 고용관계의 경우 사용자의 책임, 미성년자의 감독자 책임 등이 해당한다.

① ㉠, ㉡ ② ㉠, ㉡, ㉢
③ ㉠, ㉢, ㉣ ④ ㉢, ㉣

해설 민사상 불법행위책임의 요건과 관련한 전반적인 이해가 필요하다. 원칙적으로 과실책임주의에 의하여 자신이 직접 행한 사안에 대해서는 책임을 부담하지만 예외적으로 다른 사람이 저지른 행위에 대해서도 책임을 져야 하는 경우도 있다. 이를 특수 불법행위책임이라고 한다.

ㄱ. 형법은 원칙적으로 고의범만 처벌하며, 과실범의 경우 예외적으로 처벌 규정이 있는 경우에만 처벌한다. 따라서 과실범 처벌규정이 없는 폭행죄의 경우 과실 폭행죄는 성립할 수 없다.
ㄴ. 민법상 책임능력은 의사능력을 책임의 측면에서 설명하는 개념이다. 그 결과 행위 당시의 정신적인 능력을 대상으로 하고 개별적인 사안마다 다르게 판단될 수 있다. 다만 의사능력은 보통 10세 이하의 어린이를 의사무능력자도 보는데 반하여 책임능력은 12세 이하를 책임무능력자 12세부터 14까지는 개별사안에서 다르게 판단하고 14세 이상의 경우 책임능력이 있는 것으로 법원에서 판단하는 것으로 보아 민법상 책임능력은 의사능력보다 약간 높은 정신능력으로 판단하고 있다고 할 수 있다.
ㄷ. 민법상 손해는 재산적 손해 뿐만 아니라 정신적 손해도 모두 포함되고 보통 모두 청구할 수 있다. 또한 금전배상이 원칙이다.

오답피하기

ㄹ. 공동불법행위 책임, 사용자 책임은 특수 불법행위 책임에 해당하지만 미성년자의 감독자 책임의 경우에는 책임능력의 유무에 따라서 두가지의 경우로 나뉜다. 책임능력이 없는 미성년자의 감독자의 경우 특수 불법행위 책임에 해당하지만 책임능력이 있는 미성년자의 감독자는 일반불법행위책임으로 묻는다는 것이 판례이다.

정답 ②

08 다음 법률 조항에서 법해석을 필요로 하지 않는 것은? 2015 국가직

> 폭행 또는 협박으로 사람을 강간한 자는 3년 이상의 유기징역에 처한다.

① 폭행 ② 협박
③ 강간 ④ 유기징역

해설 법률조항을 가급적 구체적으로 서술하면 좋겠지만 현실적으로 모든 내용을 구체적으로 서술하는 것은 불가능하다. 이 경우 법해석을 필요로 하는데, 특히 구성요건과 관련하여 법해석이 필요한 경우가 많다.

④ 유기징역이라는 것은 형벌에 대한 내용으로 별도의 법해석이 필요한 부분이 아니다. 유기징역이라는 것은 기간이 정해져 있으며 노역을 부가하는 자유형의 일종으로 명확한 규정이기 때문이다.

오답피하기

①, ②, ③ 폭행, 협박, 강간이라는 용어의 정확한 의미와 범위에 대한 해석이 필요하다. 이를 바탕으로 피고인의 행위가 여기에 부합하는지 판단할 수 있다.

정답 ④

09 **「형법」상 죄형 법정주의를 실현하는 구체적인 원칙과 그에 대한 설명으로 가장 옳지 않은 것은?**

2020 서울시(보훈청)

① 관습 형법 금지의 원칙-불문법인 관습법을 근거로는 처벌할 수 없다.
② 유추 해석 금지의 원칙 – 범죄 행위가 형법에 명확히 규정되어 있지 않은 때에 유사한 규정을 적용해서는 안 된다.
③ 명확성의 원칙 – 무엇이 범죄이고 그 범죄에 어떤 형벌이 부과되는지 법률에 명확히 기재되어 있어야 한다.
④ 소급효 금지의 원칙-범죄 행위 당시 그 처벌 규정이 법률에 없었으나 범죄 행위 이후에 그 처벌 규정이 법률에 제정되었다면 반드시 소급하여 처벌해야 한다.

해설

④ 소급효 금지의 원칙이란 범죄 행위 당시 그 처벌 규정이 법률에 없었으나 범죄 행위 이후에 그 처벌 규정이 법률에 제정되었더라도 이를 소급하여 처벌할 수 없다는 것이다.

오답피하기

①, ②, ③ 모두 옳은 내용이다.

정답 ④

범죄의 성립과 형벌

01 **다음 〈사례〉에 대한 법적 판단으로 옳은 것만을 〈보기〉에서 모두 고르면?**

2021 국가직

사례

- 14세인 갑은 배고픔을 참지 못하고 빵집에서 빵을 훔쳤다.
- 을은 빚을 갚지 않고 해외로 도망가는 채무자를 공항에서 강제로 붙잡았다.
- 병은 갑자기 나타나 달려드는 맹견을 피하기 위해 대문이 열린 남의 집으로 들어갔다.
- 정은 친구의 가방에서 돈을 훔쳤는데 친구는 그 사실을 알지 못했다.

보기

ㄱ. 갑은 책임능력이 없다.
ㄴ. 을의 행위는 자구행위에 해당하여 위법성이 조각될 수 있다.
ㄷ. 병의 행위는 긴급피난에 해당하여 위법성이 조각될 수 있다.
ㄹ. 정의 행위는 절도죄의 구성요건에 해당하지 않는다.

① ㄱ, ㄴ　　② ㄱ, ㄹ
③ ㄴ, ㄷ　　④ ㄷ, ㄹ

출제 단원 및 영역　정치와 법 5단원 범죄의 성립

해설

ㄴ. 을의 행위는 법적인 절차에 의하여 권리보전이 불가능하거나 현저히 곤란한 경우로서 자구행위이며, 이는 위법성 조각 사유에 해당한다.
ㄷ. 남의 집에 무단으로 들어가는 것은 주거침입죄의 구성요건 해당성은 있으나 긴급피난으로 위법성이 조각된다.

오답피하기

ㄱ. 우리 형법은 만 14세 미만자에 대하여 책임능력이 없는 것으로 규정하고 있다. 갑은 만 14세이므로 책임능력이 있다. 별도의 언급이 없으면 법률이나 시험 문제에서는 '만' 나이라고 생각해야 한다.
ㄹ. 정의 행위는 절도죄가 성립한다. 따라서 정의 행위는 절도죄의 구성요건에 해당한다.

정답 ③

02 「형법」상 위법성 조각사유에 해당하지 않는 것은?

2017 국가직 생활안전

① 법령에 의한 행위 또는 업무로 인한 행위 기타 사회 상규에 위배되지 아니하는 행위
② 자기 또는 타인의 법익에 대한 현재의 위난을 피하기 위한 상당한 이유가 있는 행위
③ 법정절차에 의하여 청구권을 보전하기 불능한 경우에 그 청구권의 실행불능 또는 현저한 실행곤란을 피하기 위한 상당한 이유가 있는 행위
④ 저항할 수 없는 폭력이나 자기 또는 친족의 생명, 신체에 대한 위해를 방어할 방법이 없는 협박에 의하여 강요된 행위

해설
④ 강요된 행위로서 책임 조각사유이다.

오답피하기
①은 정당행위, ②는 긴급피난, ③은 자구행위로써 모두 위법성 조각사유에 해당한다.

정답 ④

03 「형법」상 위법성 조각 사유에 관한 내용으로 가장 적절하지 않은 것은?

2019 경찰직 1차

① 저항할 수 없는 폭력에 의하여 강요된 행위, 형사 미성년자
② 자기 또는 타인의 법익에 대한 현재의 부당한 침해를 방위하기 위한 행위로 상당한 이유가 있는 경우
③ 법령에 의한 행위 또는 업무로 인한 행위, 기타 사회 상규에 위배되지 아니하는 행위
④ 자기 또는 타인의 법익에 대한 현재의 위난을 피하기 위한 행위로 상당한 이유가 있는 경우

출제 단원 및 영역 법과정치 5단원 위법성 조각 사유

해설
① 저항할 수 없는 폭력에 의하여 강요된 행위와 형사 미성년자의 경우 책임이 조각되는 사유이다.

정답 ①

04 다음 사례에서 (가), (나)에 해당하는 위법성 조각 사유로 옳은 것은?

2018 소방직

- 갑은 친구 을과 말다툼을 벌이다 을이 술병으로 때리자 주먹으로 을의 얼굴 부위를 수차례 때려 중상해를 입힌 혐의로 불구속 기소되었다. 갑은 을의 부당한 침해를 방위하기 위한 행위라고 주장하였다. 그러나 ○○법원은 (가) 을/를 인정하지 않았다.
- 병은 자신의 마을로 축사 신축 공사를 위한 레미콘 차량이 진입하려 하자, 자신 소유의 자동차를 세워 놓아 공사장 진입을 가로막은 혐의로 기소되었다. △△ 법원은 병의 행위가 정당한 동기와 목적에 의한 것이었다 하더라도 공사의 진행을 방해하는 등 방법이나 수단이 적절하지 못하여 사회 상규에 위배되므로 (나) 을/를 인정하지 않았다.

	(가)	(나)
①	긴급피난	정당행위
②	정당방위	긴급피난
③	정당방위	자구행위
④	정당방위	정당행위

해설
④ 정당방위란 자기 또는 타인에 대해 현재 부당한 침해를 방위하기 위한 상당한 이유가 있는 행위를 말한다. 갑은 을의 부당한 침해를 방위하기 위한 행위라고 주장하였으나 받아들여지지 않았으므로 법원은 정당방위를 인정하지 않은 것이라고 할 수 있다. 정당행위란 법령에 의한 행위 또는 업무로 행한 행위, 기타 사회상규에 반하지 아니하는 행위를 말한다. 사회상규에 위배된다고 법원은 판시하였으므로 이는 정당행위를 인정하지 않은 것이다.

정답 ④

05 보안처분에 대한 설명으로 가장 적절하지 않은 것은?

2019 경찰직 1차

① 보호관찰: 죄를 지었던 사람이 재범을 저지르는 것을 막기 위해 수용 시설 밖에서 사회생활을 지도·감독하는 처분이다.

② 치료감호: 심신장애 상태, 마약류나 알코올 등의 약물 중독 상태, 정신성적(精神性的) 장애가 있는 상태 등에서 범죄 행위를 한 사람을 치료시설에 격리 수용하는 처분이다.

③ 보호처분: 「소년법」에서는 소년범에 대한 보호관찰, 소년원송치 처분 등을 규정하고 있으며, 소년의 보호처분은 그 소년의 장래 신상에 어떠한 영향도 미치지 아니한다.

④ 수강명령: 범죄인으로 하여금 일정기간 무보수로 봉사활동을 명하는 것이다. 수강명령은 집행유예기간 내에 이를 집행한다.

출제 단원 및 영역 법과정치 5단원 보안처분

해설

④ 범죄인으로 하여금 일정기간 무보수로 봉사활동을 명하는 것은 사회봉사명령이다. 사회봉사명령은 집행유예기간 내에 이를 집행한다.

> 형법 제62조의2(보호관찰, 사회봉사·수강명령) ①형의 집행을 유예하는 경우에는 보호관찰을 받을 것을 명하거나 사회봉사 또는 수강을 명할 수 있다.
> ②제1항의 규정에 의한 보호관찰의 기간은 집행을 유예한 기간으로 한다. 다만, 법원은 유예기간의 범위내에서 보호관찰기간을 정할 수 있다.
> ③사회봉사명령 또는 수강명령은 집행유예기간내에 이를 집행한다.

정답 ④

06 ㉠, ㉡에 대한 설명으로 옳지 않은 것은?

2015 서울시

> ㉠ 실형을 선고하면서 일정기간 그 형의 집행을 유예하였다가, 그 기간에 다른 범행이 없으면 형의 선고를 실효시켜 실형을 집행하지 않는 제도이다.
> ㉡ 형의 선고 자체를 미루어 두었다가 일정 기간 무사히 경과하면 면소(免訴)된 것으로 간주하는 제도이다.

① ㉠에는 사회봉사 명령이나 수강 명령이 함께 내려질 수 있다.

② ㉡은 범죄 사실이 있는 경우에 내려진다.

③ ㉠의 기간은 1년 이상 5년 이하이며, ㉠의 선고를 받은 자가 그 기간 중에 금고 이상의 형의 선고를 받아 그 판결이 확정된 때에는 ㉠은 선고의 효력을 잃는다.

④ ㉡은 가벼운 범죄에 대하여 형의 선고 자체를 미루고 1년이 지나면 형의 선고가 없었던 것으로 간주하는 것을 의미한다.

해설 (가)는 집행유예이고, (나)는 선고유예에 대한 설명이다.

④ 선고유예는 형의 선고유예를 받은 날로부터 2년이 경과하면 면소된 것으로 간주한다.

> • 제59조(선고유예의 요건) ① 1년 이하의 징역이나 금고, 자격정지 또는 벌금의 형을 선고할 경우에 제51조의 사항(양형의 조건)을 참작하여 개전의 정상이 현저한 때에는 그 선고를 유예할 수 있다. 단, 자격정지 이상의 형을 받은 전과가 있는 자에 대하여는 예외로 한다.
> • 제60조(선고유예의 효과) 형의 선고유예를 받은 날로부터 2년을 경과한 때에는 면소된 것으로 간주한다

오답피하기

① 집행유예를 선고할 때 사회봉사 명령이나 수강 명령이 함께 내려질 수 있다.

> 제62조의2(보호관찰, 사회봉사·수강명령) ① 형의 집행을 유예하는 경우에는 보호관찰을 받을 것을 명하거나 사회봉사 또는 수강을 명할 수 있다.

② 선고유예 역시 유죄 선고의 하나이다. 따라서 선고유예도 범죄사실이 있는 경우에만 내려지고, 범죄 사실이 없다면 무죄판결을 해야 한다.

③ 집행유예의 기간은 1년에서 5년 이하이며, 집행유예의 선고를 받은 자가 그 기간 중에 고의로 범한 죄로 금고 이상의 형을 선고받아 그 판결이 확정된 때에는 집행유예의 선고는 효력을 잃게 되고 유예한 형을 집행한다.

> • 제62조(집행유예의 요건) ① 3년 이하의 징역 또는 금고의 형을 선고할 경우에 제51조의 사항을 참작하여 그 정상에 참작할 만한 사유가 있는 때에는 1년 이상 5년 이하의 기간 형의 집행을 유예할 수 있다. 다만, 금고 이상의 형을 선고한 판결이 확정된 때부터 그 집행을 종료하거나 면제된 후 3년까지의 기간에 범한 죄에 대하여 형을 선고하는 경우에는 그러하지 아니하다.
> 〈개정 2005.7.29.〉
> • 제63조(집행유예의 실효) 집행유예의 선고를 받은 자가 유예기간 중 고의로 범한 죄로 금고 이상의 실형을 선고받아 그 판결이 확정된 때에는 집행유예의 선고는 효력을 잃는다

정답 ④

07 형사 제재의 유형 (가), (나)에 대한 설명으로 옳지 않은 것은? (단, (가), (나)는 각각 형벌, 보안 처분 중 하나이다.) 2019 6월 모의 변형

구분	의미
(가)	범죄 행위를 한 자에게 공권력을 행사하여 책임을 전제로 부과하는 처벌
(나)	범죄 행위를 한 자의 재범 위험성을 막기 하여 행하는 개선 및 교육 처분

① 자격 상실과 과료는 (가)의 종류에 해당한다.
② (나)의 종류로는 치료 감호와 보호 관찰을 들 수 있다.
③ (가)는 (나)와 달리 범죄 예방을 목적으로 하지 않는다.
④ (가), (나)는 모두 법률과 적법한 절차에 의하지 않고는 부과될 수 없다.

해설 (가)는 형벌, (나)는 보안 처분이다.
③ 형벌과 보안 처분 모두 범죄 예방을 목적으로 한다.

오답피하기
① 형벌의 종류는 사형, 징역 금고, 구류, 자격 상실, 자격 정지, 벌금, 과료, 몰수가 있다.
② 보안 처분에는 보호 관찰이나 치료 감호가 대표적이다.
④ 형벌과 보안 처분 모두 적법 절차의 원리가 적용된다.

정답 ③

08 다음 사례에 대한 법적 판단으로 옳지 않은 것은? (다툼이 있는 경우 판례에 의함) 2014 지방직

- A는 자신 소유의 자동차에 불을 질러 공공의 위험을 발생시켰다.
- 권투 선수인 B 시합 중 상대방 선수인 갑을 때려 큰 부상을 입혔다.
- 음주 운전으로 운전면허가 일시 정지된 의사 C는 응급환자에게 가기 위하여 자동차를 운전하였다.
- D는 초등학교 2학년인 아들의 절도 습관을 없애기 위하여 회초리로 몇 차례 체벌을 하였다.

① A의 행위는 피해자의 승낙에 해당하므로 위법성이 조각된다.
② 갑이 권투 시합의 결과 사망한 경우에도 B의 행위는 위법성이 조각된다.
③ C가 택시를 타고 갈 수 있었음에도 불구하고, 스스로 자동차를 운전했다면 C의 행위는 위법성이 조각되지 않는다.
④ D의 체벌이 아들의 건전한 육성을 위하여 필요한 범위 내에서 상당한 방법으로 행사되었다면 법령에 의한 행위로서 D의 행위는 위법성이 조각된다.

해설 위법성 조각 사유에 관한 내용들이다. 위법성 조각 사유란 먼저 구성요건에 해당하는 행위가 있다고 하더라도 우리 형법상 인정되는 위법성 조각 사유의 각 요건에 해당한다면 위법성이 조각되어 범죄가 성립되지 않는 것을 말한다.
① A의 경우 자신의 소유인 자동차에 불을 질렀기 때문에 자동차의 손괴죄에 대한 부분은 구성요건 해당성 조차 없다. 손괴죄는 타인의 물건을 대상으로 하기 때문이다. 그러나 불을 질러 공공의 위험을 발생시킨 부분은 방화죄에 해당하고 이는 사회적 법익을 보호하는 것을 목적으로 하므로 비록 피해자의 승낙에 기인한 것이라고 하더라도 위법성이 조각되지 않고 방화죄가 성립한다.

오답피하기
② 권투시합에서 부상을 입히거나 부상에 기인하여 사망한 경우 정당한 스포츠 규칙에 따른 것이라면 업무 내지 사회상규에 반하지 않는 행위로서의 정당행위에 해당되어 위법성이 조각된다.
③ 운전면허가 정지된 상태에서 응급환자에게 가기 위해 운전하는 행위는 긴급피난으로서 위법성이 조각될 수 있다. 그러나 택시를 타고 갈 수 있음에도 스스로 운전을 한 경우라면 이는 비교형량에 의하여 위법성이 조각되지 않는다. 특히 긴급피난의 경우 비교형량을 엄격하게 적용하며 충분히 다른 적법한 행위를 할 수 있음에도 위법한 행위를 하였다면 긴급피난이 성립하지 않게 된다.
④ 체벌이 교육의 목적상 상당한 방법으로 가해진 것이라면 법령 내지 사회상규에 반하지 않는 행위로서 정당행위에 해당하고 위법성이 조각된다. 다만, 대법원은 아무리 교육의 목적상 이루어진 체벌이라고 하더라도 폭행의 정도를 넘어 상해에 이르렀다면 위법성이 조각되지 않고 상해죄에 해당한다고 판시한 바 있다.

정답 ①

09 **다음 사례에 대한 설명으로 옳은 것은?**

2014 지방직 유사

(가) 법률로 정해 놓은 범죄 행위에 해당한다.
(나) 행위자의 위법행위에 대해 형사 책임을 물을 수 있다.
(다) 위법이라는 가치 판단이 가능하다.
(라) 예외적으로 위법성이 없어지는 경우이다.

① (가) – 친구의 핸드폰이 자기 것인 줄 알고 집으로 가져 왔다.
② (나) – 명절에 온 가족이 모여 화투놀이를 하여 번 돈으로 치킨을 주문하였다.
③ (다) – 만 9세의 아이가 옆집 아이의 팔을 깨물었다.
④ (라) – 아이를 유괴한 협박범에 의해 회사 출입구의 비밀번호 번호를 알려주었다.

해설
③ 만 9세의 아이가 옆집 아이의 팔을 깨물었던 것은 구성요건에 해당하고 위법성이 있으나 책임이 조각되는 경우이다.

오답피하기
① 친구의 핸드폰이 자기 것인 줄 알고 집으로 가져 온 것은 과실 절도이나 형법에서는 과실절도에 대해서는 범죄로 규정하고 있지 않으므로 구성요건 해당성이 없는 행위이다.
② 명절에 온 가족이 모여 화투놀이를 하여 번 돈으로 치킨을 주문한 행위는 사회상규에 반하지 않는 행위로서 이는 정당행위에 해당하여 위법성이 조각되어 무죄이다.
④ 아이를 유괴한 협박범에 의해 회사 출입구의 비밀번호 번호를 알려준 행위는 강요된 행위로서 책임이 조각된다. 구성요건 해당성과 위법성은 인정되지만 책임이 조각되어 범죄가 성립하지 않는 경우이다.

정답 ③

10 **다음 〈그림〉은 범죄 성립의 3요소를 나타낸다. 〈그림〉 (A)~(D)와 〈보기〉 (가)~(라)가 적절하게 연결되지 않은 것은?**

2020 경찰직 2차

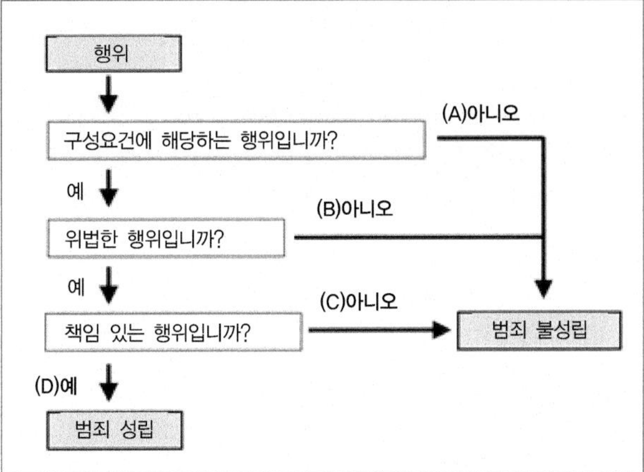

보기

(가) 12세인 甲은 학원에서 다른 사람의 우산을 실수로 가져왔다.
(나) 乙은 아들의 생명을 해치겠다는 협박을 받고 불가피하게 회사의 주요 기밀문서를 상대 회사에 넘겼다.
(다) 눈 내리는 새벽, 과속으로 운전하던 丙은 술에 취해 횡단보도를 건너던 사람을 치어 다치게 했다.
(라) 길에 서 있던 丁은 자신에게 돌진하는 브레이크 풀린 자동차를 피하려고 인근 휴대폰 매장으로 뛰어 들어가다 진열된 고가의 핸드폰을 파손했다.

① (가)–(A)　　② (나)–(C)
③ (다)–(D)　　④ (라)–(C)

해설 (A)는 구성요건 해당성 조차 없는 행위, (B)는 위법성 조각 사유, (C)는 책임 조각 사유, (D)는 범죄가 성립하는 경우이다.
④ (라)는 긴급 피난에 해당하여 위법성이 조각된다. 따라서 (라)는 (B)에 해당한다.

오답피하기
① (가)는 과실의 타인의 물건을 가져온 것으로 구성요건 해당성조차 없는 경우이다. 우리 형법에서는 과실 절도를 처벌하지 않는다.
② (나)는 강요된 행위로서 책임이 조각된다.
③ (다)는 과실치상죄가 성립하는 경우이다.

정답 ④

11 **다음 사례에 제시된 A, B, C, D의 행위에 대한 법적 판단으로 옳은 것은? (A, B, C, D 모두 14세 이상이며, 심신 장애는 없다.)** 2014 사회복지직

- A는 칼을 들고 위협하는 강도를 야구 방망이로 때려 기절시켰다.
- 의사 B는 응급실에 실려 온 교통사고 환자의 상태를 살펴보고 수술을 하기 위해 옷을 찢었다.
- C는 자신이 운영하는 호텔에서 숙박비를 지불하지 않고 도주하는 손님을 붙잡아서 숙박비를 받아냈다.
- D는 동해안 어로 한계선 부근에서 고기잡이를 하다가 북한 경비정에 피랍되어, 시키는 대로 하지 않으면 죽이겠다는 북한의 협박에 견디지 못해 대한민국을 비난하는 공개 기자 회견을 하였다.

① A의 행위는 책임이 조각되어 범죄에 해당하지 아니한다.
② B의 행위는 위법성이 조각되어 범죄에 해당하지 아니한다.
③ C의 행위는 책임이 조각되어 범죄에 해당하지 아니한다.
④ D의 행위는 위법성이 조각되어 범죄에 해당하지 아니한다.

12 **(가)~(라)에 해당하는 사례로 옳지 않은 것은?** 2014 경찰직 1차

(가) 법률로 정해 놓은 범죄 행위에 해당한다.
(나) 행위자의 위법 행위에 대해 형사 책임을 물을 수 있다.
(다) 위법이라는 가치 판단이 가능하다.
(라) 예외적으로 위법성이 없어지는 경우이다.

① (가) – 만취 상태에 있던 갑이 을을 때려 전치 8주의 상처를 입혔다.
② (나) – 만 9세의 학생이 불을 질러 자신의 학교 건물의 일부를 태웠다.
③ (다) – 현금인출기 위에 놓여 있던 타인의 가방을 허락 없이 가져갔다.
④ (라) – 행인을 치지 않기 위해 차가 가게로 돌진하여 물건이 파손되었다.

해설 범죄가 성립하기 위해서는 구성요건해당성이 있어야 하며, 위법성과 책임도 인정되어야 한다. 사안의 경우 모두 만 14세 이상으로서 형사 미성년자가 아니고 D를 제외하고는 그 밖의 책임 조각 사유도 보이지 않는다. 다만 A의 야구방망이로 기절시킨 행위는 상해죄의 구성요건에 해당하고, B의 수술행위로 상해죄의 구성요건에 해당하며, C의 도주하는 손님의 붙잡아 숙박비를 받은 행위는 체포죄의 구성요건에 해당한다. D의 대한민국 비난하는 기자 회견은 국가보안법 위반행위의 구성요건에 해당한다. 다만 A의 경우 정당방위로서, B의 경우 피해자의 승낙 내지 정당행위로서, C의 경우에는 자구행위로서 위법성이 조각된다. D의 경우에는 위법성 조각 사유는 없으나 강요된 행위로서 책임이 조각되어 범죄가 성립하지 아니한다. A, B, C, D는 모두 구성요건 해당하는 행위를 하였으나 범죄가 성립하지 아니한다는 점에서는 공통적이다.
② B의 행위는 피해자의 승낙 내지는 정당행위로서 위법성이 조각되어 범죄가 성립하지 아니한다.

오답피하기
① A의 경우 정당방위로서 위법성이 조각되는 사안이다.
③ C의 경우 자구행위로서 위법성이 조각되는 사안이다.
④ D는 강요된 행위로서 책임이 조각되는 사안이다.

정답 ②

해설 법률로 정해놓은 범죄 행위의 유형을 구성요건이라고 하므로 (가)는 구성요건 해당성이다. 위법행위를 한 행위자에 대하여 사회적으로 비난받을 만한 가치를 책임이라고 하므로 (나)는 책임이다. 범죄의 구성요건에 해당하는 행위가 사회 전체 법질서에 반하여 부정적이라는 행위의 판단이 내려진 경우를 위법성이라고 하므로 (다)는 위법성이다. 예외적으로 위법성이 조각되는 것을 위법성 조각사유라고 하므로 (라)는 위법성 조각사유에 해당 한다.
② 형사 미성년자는 만 14세 미만으로 책임이 조각된다. 9세는 형사 미성년자(14세 미만)이므로 책임 조각사유가 된다. 따라서 위법행위에 대해 형사 책임을 물을 수 없다.

오답피하기
① 만취 상태에 있던 갑이 을을 때려 전치 8주의 상처를 입힌 것은 상해죄의 구성요건에 해당한다. 다만, 심신상실로 인하여 책임이 조각되어 무죄가 될 수 있다.
③ 현금인출기 위에 놓여 있던 타인의 가방을 허락 없이 가져간 행위는 사회 전체 법질서에 반하는 부정적 판단을 내릴 수 있으므로 위법성이 있다.
④ 행인을 치지 않기 위해 차가 가게로 돌진하여 물건이 파손된 경우 손괴행위에 대해서는 긴급피난에 의한 위법성이 조각된다.

정답 ②

13 **다음 甲의 사례에 관련된 구체적인 위법성 조각 사유로 볼 수 있는 것은?** 2017 국가직

> 현행 범인으로서의 요건을 갖추었다고 인정되지 않는 상황에서 경찰관이 동행을 거부하는 자를 강제연행하는 것은 적법한 공무집행으로 볼 수 없다. 甲은 그러한 이유에서 경찰관의 강제 연행에 저항하다가 경찰관에게 상해를 가했으나 위법성이 조각되어 범죄 성립이 인정되지 않았다.

① 피해자의 승낙 ② 긴급피난
③ 자구행위 ④ 정당방위

해설
④ 위법한 경찰관의 강제 연행에 대하여 상해를 가한 것은 정당방위로써 위법성이 조각된다.

정답 ④

14 **다음 (가)부터 (라)까지 범죄가 성립하지 않는 사유를 가장 적절하게 연결한 것은?** 2018 경찰직 2차

> (가) 강도가 침입하여 흉기를 휘두르자 자신의 생명을 지키기 위해 강도의 팔을 가격하였다.
> (나) 갑자기 자기에게 달려들어 공격하는 다른 사람 소유의 맹견을 몽둥이로 때려 부상을 입혔다.
> (다) 앞집의 화재가 발생하여 주인의 용인 아래 불을 끄기 위해 문을 부수고 들어갔다.
> (라) 자신의 귀금속을 가지고 있는 절도범을 우연히 만나 그를 붙잡았다.

	(가)	(나)	(다)	(라)
①	정당방위	정당행위	책임조각	자구행위
②	정당방위	긴급피난	피해자의 승낙	자구행위
③	정당행위	자구행위	책임조각	정당방위
④	정당행위	긴급피난	피해자의 승낙	정당방위

해설
② (가)는 불법한 침해에 대하여 자신의 생명을 지키기 위한 것으로 '정당방위', (나)는 다른 사람 소유의 맹견을 부상 입힌 경우는 '긴급피난', (다)는 주인의 용인 아래 불을 끄기 위해 문을 부수고 들어간 것이므로 '피해자의 승낙', (라)는 절도범을 우연히 만나 그를 붙잡은 것으로 과거 침해 행위에 대하여 자신의 청구권을 보전하기 위한 것으로 '자구행위'에 해당한다.

정답 ②

15 다음 사례에 대한 법적 판단으로 옳은 것은?

2018 지방직

> 갑은 ㅇㅇ전자회사에서 근무하는 40대 회사원으로 두 아들이 있으며, 현재 회사 내 신기술 연구에 참여하고 있다. 그런데 얼마 전 경쟁업체 직원 을이 현재 연구 중인 ㅇㅇ전자회사 신기술 관련 정보를 빼내어 자신에게 알려주지 않으면 두 아들을 살해하겠다고 협박했다. 갑이 이에 응하지 않자 을은 초등학생인 갑의 차남 병을 유인하여 데리고 있으며 언제든지 병에게 위해를 가할 수 있다는 메세지를 전달했다. 병의 생명에 대한 을의 위해를 방어할 방법이 없자 갑은 당해 신기술 관련 정보를 을에게 알려주었다.

① 갑의 행위는 위법성이 인정되므로 범죄가 성립된다.
② 갑의 행위는 구성요건에 해당하지만 책임이 조각된다.
③ 갑의 행위는 정당행위에 해당하여 책임이 없다.
④ 갑의 행위는 구성요건에 해당하지만 위법성이 인정되지 않는다.

✔해설
② 갑은 신기술 관련 정보를 을에게 알려주었으로 정보 누설에 대한 범죄와 관련하여 구성요건에는 해당하고 위법하다. 그러나 자신의 아들을 위해한다는 협작에 의해 행한 행위로서 '강요된 행위'에 해당하고 이는 책임이 조각사유이다. 따라서 갑의 행위는 책임이 조각되어 범죄가 성립하지 않는다.

정답 ②

16 다음의 범죄 성립요건에 대한 설명으로 옳지 않은 것은?

2017 지방직

> 범죄의 성립 요건에는 A, B, C가 있다. 우선, A를 충족하는지 여부를 검토한 후 B가 조각되는지를 확인한다. 만약, B가 조각되지 않으면 마지막 단계로서 C가 조각되는지를 확인하고, C가 조각되지 않을 경우에 범죄가 성립한다.

① A는 구성 요건 해당성, B는 위법성, C는 책임이다.
② A를 충족하면 B가 있다고 추정된다.
③ 경찰관이 영장 없이 현행범을 체포하는 행위는 B가 조각된다.
④ 강요된 행위와 정당행위는 모두 C가 조각되어 범죄가 성립되지 않는다.

✔해설 A는 구성요건 해당성, B는 위법성, C는 책임이다.
④ 강요된 행위는 C(책임)가 조각되어 범죄가 성립되지 않는 경우이지만, 정당행위는 B(위법성)가 조각되어 범죄가 성립되지 않는 경우이다.

정답 ④

17 그림은 범죄의 성립요건을 도식화한 것이다. 이에 대한 설명으로 옳은 것은? 2021 국회직

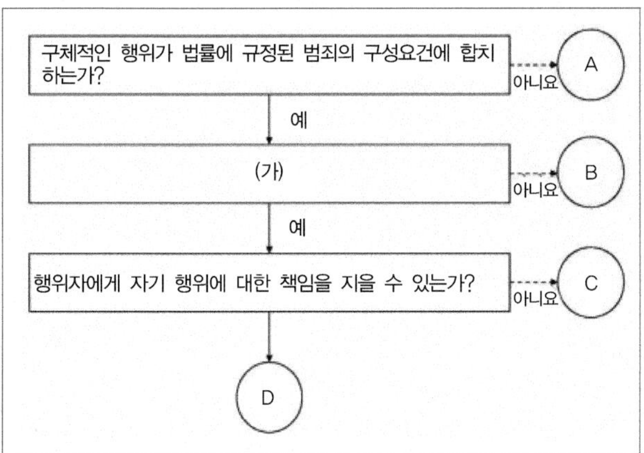

① '사람을 살해한 자에게 살인죄를 적용한 경우'는 A에 해당한다.
② 법령에 의한 행위로 사인(私人)이 현행범인을 체포한 경우, 자구행위이므로 B에 해당한다.
③ 친족의 생명・신체에 대한 위해를 방어할 방법이 없는 협박에 의하여 강요된 행위는 C에 해당한다.
④ 14세 미만인 형사 미성년자의 행위는 D에 해당한다.
⑤ (가)는 범죄의 구성요건에 해당하는 '행위'보다 '행위자'에 대한 가치 판단에 중점을 둔다.

출제 단원 및 영역 정치와 법 4단원 범죄의 성립 요건

해설 A는 구성요건 해당성 조차 없는 행위, B는 위법성 조각 사유, C는 책임 조각 사유, D는 범죄가 성립하는 경우이다. 또한 (가)는 위법성에 대한 서술이 들어가야 한다.
③ 강요된 행위는 책임 조각 사유로서 C에 해당한다.

오답피하기
① '사람을 살해한 자에게 살인죄를 적용한 경우'는 범죄가 성립하는 경우로서 D에 해당한다.
② 법령에 의한 행위로 사인(私人)이 현행범인을 체포한 경우, 이는 자구행위가 아니라 정당행위이므로 B에 해당한다.
④ 14세 미만인 형사 미성년자의 행위는 책임이 조각되므로 C에 해당한다.
⑤ 위법성은 범죄의 구성요건에 해당하는 행위가 사회 전체 법질서에 반하여 부정적 이라는 행위의 판단이 내려진 경우로서 행위에 대한 가치 판단에 중점을 두고, 책임은 위법행위를 한 행위자에 대하여 사회적으로 비난받을 만한 책임이 있어야 한다는 점에서 '행위'보다 '행위자'에 대한 가치 판단에 중점을 둔다.

정답 ③

18 법률 조항 (가), (나)에 대해 옳은 설명만을 〈보기〉에서 모두 고른 것은? 2021년 소방직

(가) 형법 제21조 ①자기 또는 타인의 법익에 대한 현재의 부당한 침해를 방위하기 위한 행위는 상당한 이유가 있는 때에는 벌하지 아니한다.
(나) 형법 제23조 ①법정절차에 의하여 청구권을 보전하기 불능한 경우에 그 청구권의 실행불능 또는 현저한 실행곤란을 피하기 위한 행위는 상당한 이유가 있는 때에는 벌하지 아니한다.

보기
ㄱ. (가)의 사유가 인정되지 않으면 반드시 범죄가 성립된다.
ㄴ. (나)는 채권자가 해외로 도피하려는 채무자를 공항에서 붙잡은 경우에 적용할 수 있다.
ㄷ. (가), (나)는 모두 위법성을 조각하는 사유를 규정하고 있다.
ㄹ. (가), (나)는 모두 범죄의 성립 요건에서 범죄자에 대한 비난 가능성을 언급하고 있다.

① ㄱ, ㄴ ② ㄱ, ㄷ
③ ㄴ, ㄷ ④ ㄴ, ㄹ

출제 단원 및 영역 정치와 법 5단원 범죄의 성립

해설 (가)는 정당방위, (나)는 자구행위에 대한 형법 조문이다.
ㄴ. 채권자가 해외로 도피하려는 채무자를 공항에서 붙잡은 경우는 법정절차에 의하여 청구권의 실현이 곤란한 경우로서 자구행위에 해당한다.
ㄷ. 정당방위와 자구행위는 모두 위법성 조각 사유이다.

오답피하기
ㄱ. 정당방위가 인정되지 않더라도 다른 위법성 조각 사유나 책임 조각 사유에 의해서도 범죄는 성립하지 않고, 또한 범죄가 성립하지 않더라도 유죄의 증거가 없으면 범죄 성립을 인정할 수 없다.
ㄹ. 범죄자에 대한 비난 가능성은 범죄 성립 요건 중 '책임'에 대한 설명이다. (가)와 (나)는 모두 위법성 조각 사유이다.

정답 ③

19 〈보기〉는 형벌의 종류를 정리한 표이다. ㉠~㉣에 대한 설명으로 옳지 않은 것은? 2021 서울시(경력직)

보기

종류	예
(㉠)	사형
(㉡)	징역, (㉢), 구류
명예형	(㉣), 자격 정지
재산형	벌금, 과료, 몰수

① ㉠은 생명형이다.
② ㉡은 범죄자의 신체의 자유를 박탈하거나 제한하는 형벌을 의미한다.
③ ㉢은 정역을 부과하지 않는다는 점에서 구류와 구분된다.
④ ㉣에 의해 공무원이 되는 자격, 선거권과 피선거권 등이 박탈된다.

출제 단원 및 영역 정치와 법 5단원 형벌 제도

해설 ㉠은 생명형, ㉡은 자유형, ㉢은 금고, ㉣은 자격 상실이 들어간다.
③ 정역(노역)을 부과하는 징역과 달리 금고와 구류는 정역을 부과하지 않는다는 점에서는 동일하다.

오답피하기
①, ②, ④ 모두 옳은 설명이다.

정답 ③

20 다음 (가) ~ (다)에 대한 설명으로 옳지 않은 것은? (단, (가) ~ (다)는 각각 구성 요건 해당성, 위법성, 책임 중 하나이다.) 2021 지방직

- 갑이 행한 행위가 범죄의 성립 요건에 충족하는지에 대한 판단을 위해 먼저 (가)를 검토해야 한다.
- (가)를 충족할 경우 (나)를 따져본 후 (다)의 충족 여부까지 검토하여 형사상 범죄의 성립 요건이 충족된다고 할 수 있다.

① (가)는 갑의 행위가 법률에서 금지하고 있는 행위에 해당해야 한다는 내용이다.
② 갑의 행위가 피해자의 승낙에 해당하는 사유가 있다면 (나)에서 범죄 불성립으로 판단될 수 있다.
③ (가), (나) 모두에서 갑의 행위에 대한 사회적 비난 가능성을 물을 수 있다.
④ 갑이 농아자(청각 및 언어장애인)이고 그 행위가 (가), (나)를 충족하는 경우 (다)는 조각되지 않고 형을 감경한다.

출제 단원 및 영역 정치와 법 5단원 범죄의 성립

해설 (가)는 구성요건 해당성, (나)는 위법성, (다)는 책임이 된다.
③ 사회적 비난 가능성이라는 것은 책임에 대한 설명이다. 즉 책임=비난 가능성이라고 생각하면 된다. 책임 조각 사유가 있다는 것은 그 사람에 대하여 비난할 수 없다는 의미이다.

오답피하기
① 구성요건 해당성이 있다는 것은 법률에서 규정하고 있는 금지된 행위를 하였다는 것을 의미한다.
② 피해자의 승낙은 위법성 조각 사유로서 이에 해당하면 범죄가 성립하지 않는다.
④ 우리 형법에서 농아자의 행위에 대하여 책임 감경 사유로 인정하고 있다. 따라서 농아자의 행위는 책임이 조각되지 않고 범죄가 성립한다. 다만 형을 감경할 뿐이다.

정답 ③

21 〈보기〉는 우리나라 형벌과 그에 대한 예를 나타낸 것이다. (가)~(라)에 들어갈 용어를 순서대로 바르게 나열한 것은? 2018 서울시(유공자)

보기

(가) 사형　　(나) 징역, 금고, 구류
(다) 자격 상실　　(라) 벌금, 과료

	(가)	(나)	(다)	(라)
①	생명형	자유형	명예형	재산형
②	생명형	명예형	자유형	재산형
③	자유형	생명형	재산형	명예형
④	자유형	명예형	재산형	생명형

출제 단원 및 영역 정치와 법 5단원 형벌

해설

① 사형은 생명형, 징역과 금고, 구류는 자유형, 자격 상실은 명예형, 벌금과 과료는 재산형이다.

정답 ①

02 형사 절차의 이해

형사 절차

01 다음 그림은 형사 소송 절차를 도식화한 것이다. A~D에 대한 옳은 설명을 〈보기〉에서 고른 것은? 2014 경찰직 1차

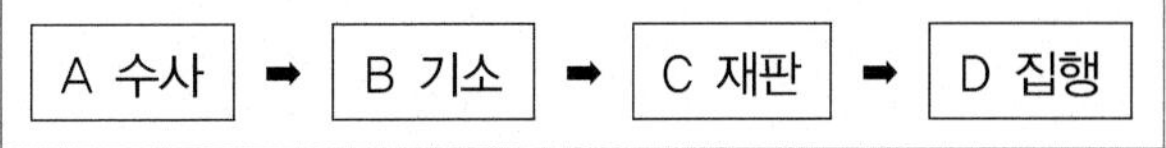

보기

㉠ A는 구속 수사가 원칙이다.
㉡ B는 검사와 판사가 할 수 있다.
㉢ C에서의 판결은 반드시 공개해야 한다.
㉣ D는 검사가 지휘한다.

① ㉠, ㉡　　② ㉡, ㉢
③ ㉡, ㉣　　④ ㉢, ㉣

해설 수사의 원칙상 불구속 수사가 원칙이며 예외적으로 구속을 할 수 있다 다만 구속 수사를 하기 위해서는 법관이 발부한 구속 영장이 필요하다. 구속의 요건은 ⅰ)범죄의 증거가 명백한 경우 ⅱ)도주의 우려가 있는 경우 ⅲ)증거인멸의 우려가 있는 경우이다.

ㄷ. 재판의 과정은 일정한 경우 비공개로 할 수 있지만 판결은 공개해야 한다.
헌법 제 109조 재판의 심리와 판결은 공개한다. 다만, 심리는 국가의 안전보장 또는 안녕질서를 방해하거나 선량한 풍속을 해할 염려가 있을 때에는 법원의 결정으로 공개하지 아니할 수 있다.

ㄹ. 법원의 판결에 의해 선고된 형은 검사의 지휘에 따라 집행된다.

오답피하기

ㄱ. 불구속 수사가 원칙이다.
ㄴ. 기소는 검사의 고유 권한이다. 이를 기소독점주의라고 한다.

정답 ④

02 다음 사례에 대한 설명으로 옳은 것을 〈보기〉에서 모두 고른 것은?

2018 국가직

단독주택 밀집지역에 사는 갑은 자신의 집 앞에 주차한 을과 주차 문제로 다루다가 감정이 격해져 을을 폭행하였다. 갑의 폭행으로 을은 전치 6주의 상해를 입었다.

보기

ㄱ. 갑과 을이 폭행에 대한 민사상 손해배상에 합의하면 갑의 형사책임이 면제된다.
ㄴ. 을은 폭행의 피해자이므로 형사재판의 원고가 될 수 있다.
ㄷ. 을은 갑에게 손해배상을 요구하는 민사소송을 제기할 수 있다.
ㄹ. 갑은 유죄의 판결이 확정될 때까지는 무죄로 추정된다.

① ㄱ, ㄴ　② ㄱ, ㄷ
③ ㄴ, ㄷ　④ ㄷ, ㄹ

해설

ㄷ. 피해자 을은 가해자 갑에 대한 형사책임과 별도로 민사상 손해배상도 요구할 수 있다.
ㄹ. 무죄 추정의 원칙상 갑은 유죄의 판결이 확정될 때까지는 무죄로 추정된다.

오답피하기

ㄱ. 당사자가 민사상 손해배사에 대하여 합의하더라도 형사책임이 면제되는 것은 아니다. 다만, 형기 산정에 있어서 참작을 할 수 있을 뿐이다.
ㄴ. 형사재판의 원고는 검사이다.

정답 ④

03 형사보상제도에 대한 내용으로 가장 적절하지 <u>않은</u> 것은?

2018 경찰직 1차

① 형사소송법에 따른 일반 절차 또는 재심(再審)이나 비상상고 (非常上告) 절차에서 무죄재판을 받아 확정된 사건의 피고인이 미결구금(未決拘禁)을 당하였을 때에는 형사보상 및 명예회복에 관한 법률에 따라 국가에 대하여 그 구금에 대한 보상을 청구할 수 있다.
② 보상청구는 무죄재판이 확정된 사실을 안 날부터 1년, 무죄재판이 확정된 때부터 3년 이내에 하여야 한다.
③ 피의자로서 구금되었던 자 중 불기소처분을 받은 자가 형사보상을 청구하는 경우에는 검사로부터 불기소처분의 고지 또는 통지를 받은 날로부터 3년 이내에 하여야 한다.
④ 형사피의자 또는 형사피고인으로서 구금되었던 자가 법률이 정하는 불기소처분을 받거나 무죄판결을 받은 때에는 법률이 정하는 바에 의하여 국가에 정당한 보상을 청구할 수 있다.

출제 단원 및 영역　법과정치 5단원 형사보상제도

해설

② 형사보상청구의 기간은 무죄재판이 확정된 사실을 <u>안 날부터 3년</u>, 무죄재판이 <u>확정 된 때부터 5년 이내</u>에 하여야 한다.(형사보상 및 명예회복에 관한 법률 제8조).

오답피하기

① 형사보상 및 명예회복에 관한 법률 제2조 ①항의 규정에 따르면 '「형사소송법」에 따른 일반 절차 또는 재심(再審)이나 비상상고(非常上告) 절차에서 무죄재판을 받아 확정된 사건의 피고인이 미결구금(未決拘禁)을 당하였을 때에는 이 법에 따라 국가에 대하여 그 구금에 대한 보상을 청구할 수 있다.'고 규정되어 있다.
③ 피의자보상의 청구는 검사로부터 공소를 제기하지 아니하는 처분의 고지(告知) 또는 통지를 받은 날부터 <u>3년 이내</u>에 하여야 한다.(형사보상 및 명예회복에 관한 법률 제28조 ③항
④ 형사보상청구권에 대한 내용이고, 헌법 제 28조에 규정되어 있다.

정답 ②

04 **다음 상황에 처한 갑이 이용할 수 있는 제도에 해당하는 것은?** 2019 지방직

갑은 을에게 사기를 당하여 200만 원의 직접적인 물적(物的) 피해를 입었다. 을은 사기죄로 기소되었다. 을이 형사 처벌을 받는다고 하더라도 갑이 피해를 배상받으려면 따로 민사 소송 절차를 밟는 것이 원칙이다. 하지만 민사소송은 많은 시간과 노력이 드는 절차이기 때문에 갑이 을로부터 신속, 간이하게 손해배상을 받기가 어렵다.

① 범죄피해자구조제도
② 형사보상제도
③ 국가배상제도
④ 배상명령제도

출제 단원 및 영역 법과정치 5단원 배상명령신청

해설
④ 사안은 피해자가 형사 재판 과정에서 간단한 신청만으로 민사적 손해배상 명령까지 받아낼 수 있는 제도인 배상명령제도에 해당한다.

오답피하기
① 범죄피해자구조제도란 타인의 범죄행위로 인하여 생명·신체에 대한 피해를 받은 국민은 법률이 정하는 바에 의하여 국가로부터 구조를 받을 수 있는 제도이다.
② 형사보상제도란 형사피의자 또는 형사피고인으로 구금되었다가 불기소처분이나 무죄판결을 받았을 경우 그가 입었던 정신적·물질적 손실에 대하여 보상을 청구할 수 있는 제도이다.
③ 국가배상제도란 공무원의 직무상 불법행위 또는 공공시설의 설치 및 관리상의 하자로 인하여 손해를 입은 경우 국가 또는 공공단체에 다하여 정당한 배상을 청구할 수 있는 제도이다.

정답 ④

05 **다음 (가), (나)에 대한 설명으로 가장 타당하지 않은 것은?** 2016 해양경찰

(가) 구속 영장이 발부되어 구속된 피의자의 구속여부가 적합한지에 대하여 판사에게 심사를 받을 수 있다.
(나) 설령 비난받을 만한 행동을 저질렀다 하더라도 형법 등에 범죄 행위로 미리 정해져 있지 않는 경우에는 범죄가 되지않고 처벌받지도 않는다.

① (가)는 신체의 자유를 보장하기 위한 것이다.
② (나)는 '법률이 없으면 범죄도 없고 형벌도 없다.'라는 말로 대표된다.
③ (가), (나)는 형사 사건에서 특히 강조된다.
④ (가), (나)는 국가 권력 행사의 효율성을 제고하기 위한 것이다.

출제 단원 및 영역 법과정치 5단원 구속적부심, 죄형법정주의

해설 (가)는 구속적부심에 관한 설명이고, (나)는 죄형법정주의에 관한 설명이다.
④ 구속적부심은 구속의 정당성 여부를 피의자 입장에서 한번 더 따져봄으로써 피의자의 신체의 자유를 보호하기 위한 것이고, 죄형법정주의는 국가 형벌권의 남용으로부터 국민의 신체의 자유 등 기본권을 보호하기 위한 것이다. 즉, 구속적부심과 죄형법정주의는 국가 권력 행사의 효율성을 위한 것이 아니라 국가의 자의적인 형벌권으로부터 국민의 기본권을 보호하기 위한 것이다.

오답피하기
① 구속적부심은 국민의 신체의 자유를 보호하기 위한 것으로 영장실질심사의 항고적 성격을 갖는다.
② 죄형법정주의는 '법률이 없으면 범죄도 없고 형벌도 없다.'라는 말로 대표된다. 다만 오늘날의 죄형법정주의는 범죄와 형벌의 균형을 고려하여 '적정한 법률이 없으면 범죄도 없고 형벌도 없다.'라는 말로 대표된다고 할 수 있다.
③ 모두 국민의 신체의 자유를 보장하기 위한 것으로 형사 사건에서 특히 강조되는 것들이다.

정답 ④

06 형벌과 형사절차에 대한 내용으로 옳지 않은 것은?

2015 지방직

① 소년법 상 소년에 대한 소년원 송치처분은 형법 상 형벌에 해당하지 않는다.

② 경찰관이 피의자를 체포하는 경우 피의사실의 요지, 체포의 이유와 변호인을 선임할 수 있음을 고지하지 아니하면 위법한 체포가 된다.

③ 국민참여재판에서 법원은 배심원이 내린 유무죄에 관한 평결을 따라야 한다.

④ 성폭력범죄자에게는 법원의 판결로 형벌의 부과와 함께 위치 추적 전자장치(전자발찌)를 부착하게 할 수 있다.

해설 신체의 자유와 관련된 우리 헌법 전반에 대한 내용을 숙지하고 있을 필요가 있다. 이는 자유권적 기본권에 해당하는 것으로서 현행 헌법에서 그 내용이 확대되었다.

③ 국민 참여재판에서 법원은 배심원이 내린 유무죄에 관한 평결에 기속되지 않으므로 법관은 배심원의 평결과 다른 결정을 내릴 수 있다. 다만 다른 판단을 할 경우 그 이유를 판결문에 기재하면 된다.

오답피하기

① 소년원 송치 처분은 형벌이 아니라 보호처분으로 가정법원 소년부에서 담당한다. 또한 소년범에게 부과되는 보호처분은 형벌이 아니므로 보호 처분에 대해서 전과가 남지 않는다.

② 우리 나라 헌법 제12조 제5항에서는 "⑤누구든지 체포 또는 구속의 이유와 변호인의 조력을 받을 권리가 있음을 고지 받지 아니하고는 체포 또는 구속을 당하지 아니한다. 체포 또는 구속을 당한 자의 가족등 법률이 정하는 자에게는 그 이유와 일시·장소가 지체없이 통지되어야 한다."라고 규정하여 체포 등에 관한 적법절차의 원칙을 규정하고 있다. 따라서 이러한 고지를 하지 않고 피의자를 체포한 경우에는 위법한 체포가 되어 이를 통해 얻은 증거자료는 재판에서 효력이 없다.

④ 성폭력범죄자에게는 재범 방지 등을 이유로 법원의 판결로 형벌의 부과와 함께 위치 추적 전자장치(전자발찌)를 부착하게 할 수 있다. 형벌뿐만 아니라 전자발찌 착용을 함께 부과하는 것에 대해서 이중 처벌이 아니냐는 논란에 대해서 우리 헌법 재판소는 합헌이라고 판시한 적이 있다.

정답 ③

07 다음은 폭행 혐의로 구속된 갑의 형사절차 과정을 시간 순으로 나열한 것이다. 이에 대한 설명으로 가장 옳은 것은?

2014 해양경찰

(가) ○○ 경찰서에서 수사 중 (나) 수사 종결 후 갑을 기소함 (다) 갑에 대한 재판이 열림 (라) 재판 결과 갑에게 집행유예가 선고됨

① (가)에서 갑은 피고인의 권리인 묵비권을 행사할 수 있다.

② (나)는 법원의 고유 권한이다.

③ (다)에서 갑은 변호인의 도움을 받을 권리가 보장된다.

④ (라)로 인해 갑이 무죄판결을 받았음을 알 수 있다.

해설

③ 수사부터 공판까지 유죄가 확정되기 전까지 모든 형사절차에서 피의자와 피고인은 변호인의 조력을 받을 권리가 보장된다.

오답피하기

① 묵비권은 수사 단계에서부터 공판 단계에까지 모두 행사할 수 있는 피의자와 피고인 모두의 권리이다. 그러나 (가) 단계는 수사 단계이므로 갑은 피의자의 신분이다. 따라서 피고인이라는 말이 틀렸다. 피고인은 검사의 기소로 인하여 공판 단계로 진행되면 피의자에서 피고인으로 바뀌게 되는 것이다.

② 형사사건에 대한 공소 제기는 검찰이 하는 것으로 우리나라는 검사가 이를 독점하기에 기소독점주의라고 한다.

④ 집행유예는 유죄 판결이지만 형의 선고 후 그 집행을 유예하는 제도이며, 이는 유죄의 일종이다. 따라서 갑은 무죄판결이 아닌 유죄 판결을 받았음을 알 수 있다.

정답 ③

08 밑줄 친 ㉠~㉣에 대한 설명으로 옳은 것은?

2015 해양경찰

> A법원은 피해자를 살해한 혐의로 ㉠구속 기소된 피고인의 범행 수법이 너무 대담하고 잔인해 극형에 처하는 것이 마땅하지만, 범행을 사전에 치밀하게 계획하지 않았고, ㉡자백한 뒤 죄를 뉘우치고 있다는 점을 참작하여 징역 20년을 선고하였다. 이에 대해 ㉢검사는 피고인의 범행 수법이나 피해자의 연령 등으로 볼 때 사형을 선고하지 않은 ㉣법원 판결을 받아들일 수 없다는 뜻을 밝혔고, 피고인 역시 법원 판결을 수용할 수 없다는 입장을 드러냈다.

① ㉠은 앞으로 진행되는 재판 과정에서 구속적부심사를 청구할 수 있다.
② ㉡은 강요에 의해 받아냈다 할지라도 증거 능력이 부정되지 않는다.
③ ㉢은 이 재판의 원고로, 형이 확정되면 그 형의 집행을 지휘한다.
④ ㉣에 불복할 경우 피고인은 이에 대해 헌법소원을 제기할 수 있다.

해설

③ 형사소송에서 검사는 공소를 제기하여 원고의 지위에 서게 되며, 형이 확정되면 형의 집행을 지휘한다.

오답피하기

① 구속적부심사 청구는 구속된 피의자가 제기할 수 있는 권리이지, 피고인의 경우에는 보석청구는 가능하나 구속적부심사 청구는 할 수 없다.
② 강요에 의한 자백은 증거능력이 부정된다고 헌법에서 규정하고 있다.

> 헌법 제 12조 ⑦ 피고인의 자백이 고문·폭행·협박·구속된 부당한 장기화 또는 기망 기타의 방법에 의하여 자의로 진술된 것이 아니라고 인정될 때 또는 정식재판에 있어서 피고인의 자백이 그에게 불리한 유일한 증거일 때에는 이를 유죄의 증거로 삼거나 이를 이유로 처벌할 수 없다.

④ 법원의 재판에 대해서 독일과 달리 우리나라에서는 헌법소원을 인정하지 않는다. 법원의 판결에 대해서는 항소나 상고와 같은 심급제도를 이용하는 것이 원칙이다.

정답 ③

09 다음 설명 중 옳은 것은 모두 몇 개인가?

2018 국가직

> • 피의자에 대한 수사는 불구속 상태에서 하는 것이 원칙이다.
> • 검사는 혐의 사실이 인정되면 피의자를 반드시 기소하여야 한다.
> • 1심법원의 판결에 불복하여 2심재판을 청구하는 것을 항고, 2심법원의 판결에 불복하여 대법원에 재판을 청구하는 것을 상고라 한다.
> • 형의 집행은 원칙적으로 법원 또는 법관이 지휘한다.
> • 형의 선고유예를 받은 날부터 2년을 경과한 때에는 형의 선고는 효력을 잃는다.

① 1개
② 3개
③ 3개
④ 없음

해설

① 피의자에 대한 수사는 불구속 상태에서 하는 것이 원칙이다.

오답피하기

• 검사는 기소재량권이 있으므로 혐의 사실이 인정되더라도 피의자를 반드시 기소할 필요는 없다. 즉 범죄가 성립하더라도 증거가 없으면 기소를 하지 않을 수 있다. (기소 편의주의)
• 1심법원의 판결에 불복하여 2심재판을 청구하는 것을 항소, 2심법원의 판결에 불복하여 대법원에 재판을 청구하는 것을 상고라고 한다.
• 형의 집행은 원칙적으로 검사가 지휘한다.
• 형의 선고유예를 받은 날부터 2년을 경과한 때에는 면소 간주한다. 즉 유죄판결의 선고가 없었던 것과 똑같은 효력이 있다. 반면, 형의 선고의 효력을 잃는 것은 집행유예의 효력이다.

정답 ①

10 형사절차 중 검사가 할 수 있는 역할은 모두 몇 개인가? 예상문제

• 기소	• 선고 유예
• 상소	• 형의 집행
• 가석방	• 수강 명령
• 집행 유예	• 형사보상청구

① 3개
② 4개
③ 5개
④ 6개

해설
① 검사는 기소, 상소, 형의 집행을 할 수 있다.

오답피하기
• 선고유예, 수강명령, 집행유예는 법관이 하며, 가석방은 법무부 장관이 하는 행정처분이다.

형소법 제127조(피고인에 대한 진술거부권 등의 고지) 재판장은 법 제284조에 따른 인정신문을 하기 전에 피고인에게 진술을 하지 아니하거나 개개의 질문에 대하여 진술을 거부할 수 있고, 이익 되는 사실을 진술할 수 있음을 알려 주어야 한다.

• 형사보상청구는 피의자와 피고인의 권리이다.

정답 ①

11 다음에서 사인(私人)인 갑의 발언으로 자신의 명예를 훼손당한 을이 자기 권리를 구제받기 위하여 취할 수 있는 행위로 옳은 것만을 모두 고르면? 2018 지방직

ㄱ. 「민법」상 손해배상을 법원에 청구한다.
ㄴ. 지방법원에 행정심판을 제기한다.
ㄷ. 「형법」상 명예훼손죄로 고소를 한다.
ㄹ. 언론중재위원회에 정정보도청구소송을 제기한다.

① ㄱ, ㄷ
② ㄱ, ㄹ
③ ㄴ, ㄷ
④ ㄴ, ㄹ

해설
ㄱ. ㄷ 사인에 의한 명예훼손의 침해를 당한 경우에는 민법상 손해배상을 청구할 수도 있고, 형사상 책임을 묻기 위해서 고소를 할 수도 있다. 또한 양자 모두 하는 것도 가능하다.

오답피하기
ㄴ. 사인의 불법행위에 대해서는 행정심판을 청구할 수 없고, 또한 행정심판은 행정부 내 행정심판 위원회에 청구하는 것이지 법원에 청구할 수 있는 것은 아니다. 법원에서는 행정소송을 담당한다.
ㄹ. 언론에 의한 명예훼손의 침해를 당한 것이 아니기 때문에 언론중재위원회에 정정보도 청구소송을 제기하는 것은 부적절하다.

정답 ①

12 다음 사례에 대한 법적 판단으로 옳은 것은?

2018 소방직

> 갑은 울타리가 쳐져 있던 을의 사유지로 넘어갔다가 개에게 물려 전치 4주의 상해를 입었다. 이에 을은 과실치상 혐의로 불구속으로 기소되었고, ○○ 지방 법원 합의부는 벌금 50만 원을 선고한 원심과 달리 을에게 무죄를 선고했다. 법원은 "개의 소유자인 을의 과실이 아니라, 사유지를 무단으로 들어간 갑의 중대한 실수로 봐야 하기 때문에 을에게 과실치상의 죄를 물을 수 없다."라고 판단했다.

① 검사는 대법원에 상고할 수 있다.
② 재판 과정에서 갑이 원고, 을이 피고인이 된다.
③ 판결이 확정되면 을은 형사 보상을 청구할 수 있다.
④ 을의 행위는 경미한 범죄이므로 을에게 무죄 추정의 원칙이 적용되지 않는다.

해설

① 무죄 판결에 대해서는 검사가 대법원에 상고할 수 있다. 그러나 피고인은 무죄 판결에 대해서는 상고할 수 없다.

오답피하기

② 형사 재판의 경우 원고는 검사이고, 피고는 범죄 혐의가 있다고 의심되는 을이다.
③ 무죄 판결이 확정되더라도 을은 불구속 상태에서 재판을 받았기 때문에 형사 보상을 청구할 수 없다.
④ 무거운 범죄이든 경미한 범죄이든 유죄 판결이 확정될 때까지는 무죄 추정의 원칙이 적용되므로 을에게 무죄 추정의 원칙이 적용된다.

정답 ①

13 밑줄 친 ㉠~㉣에 대한 설명으로 옳은 것은?

2020 국가직

> 갑은 을에게 상해를 입힌 혐의로 체포되었다. 경찰은 갑을 ㉠ <u>구속</u> 수사한 후 사건을 검찰에 송치하였고, 갑은 기소되었다. 그 이후 갑은 법원의 허가를 받아 ㉡ <u>석방</u>되었고, 국민 참여 재판이 열렸다. ㉢ <u>1심 법원</u>은 갑에게 ㉣ <u>징역 1년에 집행 유예 2년</u>을 선고하였다.

① 검사가 영장실질심사를 한 후 ㉠ 여부를 결정한다.
② ㉡을 위해 갑은 구속적부심사를 법원에 청구하였다.
③ ㉢은 지방 법원 본원 합의부이다.
④ ㉣은 선고 후 2년이 지나면 형의 선고가 없었던 것으로 된다.

출제 단원 및 영역 법과정치 5단원 형사 절차

해설

③ 국민 참여 재판은 제1심의 합의부 관할 사건 중 중한 범죄에 한하여 적용되므로 국민 참여 재판은 1심 지방 법원 본원 합의부 관할이다.

오답피하기

① 구속 수사를 하기 위해서는 검사의 구속 영장 청구로 판사가 영장실질심사를 한 후 구속 영장을 발부한다. 즉, 영장실질심사는 검사가 아니라 판사의 권한이다.
② 갑은 구속된 상태에서 기소되어 재판을 받으므로 피고인 신분이다. 따라서 갑이 법원의 허가를 받아 석방된 것은 구속적부심사에 의한 것이 아니라 보석 신청 허가에 의한 것이라고 할 수 있다. 구속적부심사는 기소되기 전 피의자 신분에서만 가능하기 때문이다.
④ 징역 1년에 집행 유예 2년을 선고받은 경우 갑은 집행유예 기간 중 고의로 금고 이상의 범죄를 저질러 집행유예 기간이 실효되지 않으면 형 선고의 효력이 상실된다. 즉, <u>형 선고 자체가 실효되는 것이 아니라 형 선고의 효력이 실효되어 형 선고의 효과는 유지되고, 이는 전과 기록으로 남게 된다.</u>

> 형법 제65조(집행유예의 효과) 집행유예의 선고를 받은 후 그 선고의 실효 또는 취소됨이 없이 유예기간을 경과한 때에는 <u>형의 선고는 효력을 잃는다.</u>

정답 ③

14 〈보기〉는 형사 절차의 진행과정이다. ㉠~㉣에 대한 설명으로 가장 옳은 것은? 2021 서울시(경력직)

보기

갑(甲)은 을(乙)을 폭행하였고 을(乙)의 고소로 인하여 아래와 같이 형사 절차가 진행되었다.

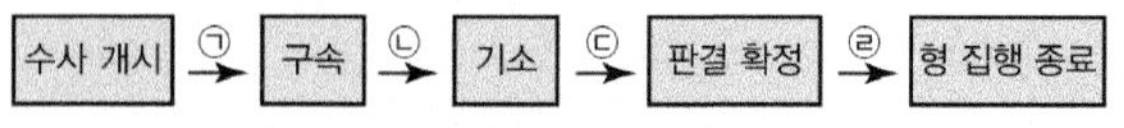

① ㉠단계에서 피의자의 범죄 혐의가 있다고 판단되면 경찰관이 형사 재판을 청구한다.
② 국선 변호인 선임은 ㉡단계 이후에 가능하다.
③ ㉢단계에서 갑(甲)이 구속될 경우 보석 제도를 활용할 수 있다.
④ ㉣단계와 달리 ㉡단계에서의 구금은 형사 보상 제도의 대상이 아니다.

출제 단원 및 영역 정치와 법 5단원 형사절차

해설

③ 보석 제도는 공판 단계에서 구속된 피고인을 석방하여 재판을 받을 수 있게 하는 제도이므로 ㉢단계에서 갑(甲)이 구속될 경우 보석 제도를 활용할 수 있다.

오답피하기

① 형사 재판을 청구할 수 있는 권한은 검사에게 있다.
② 변호인의 조력을 받을 권리는 수사 단계와 공판 단계 모두에서 인정되므로 ㉠ 단계에서도 국선 변호인의 선임이 가능하다. 형사소송법에서는 영장실질 심사에서 피의자에게 변호인이 없을 때에는 변호인을 직권으로 선임하도록 규정하고 있다.
④ 구금된 자가 무죄 판결을 받거나 무죄 취지의 불기소 처분을 받았을 때 형사보상청구를 할 수 있으므로 ㉣ 단계와 ㉡ 단계 모두 구금이 형사 보상 제도의 대상이 된다. ㉣ 단계의 경우 재심에 의해 무죄 판결을 받은 경우 형사보상청구가 가능하기 때문이다.

정답 ③

15 밑줄 친 ㉠, ㉡에 대한 설명으로 옳은 것은? 2021 국가직

- 갑은 같은 회사 직원 병에게 폭행을 당해 상해를 입어 형사고소를 하였다. 갑은 민사소송 제기 없이 형사재판에서 신속하고 간편하게 손해배상을 받기 위해 ㉠배상명령제도를 활용하려 한다.
- 을은 살인 혐의로 구속기소되어 재판을 받던 중 진범이 잡혀 무죄로 석방되었다. 억울한 을은 ㉡형사보상제도를 활용하려 한다.

① 갑이 ㉠을 통해 손해배상을 받기 위해서는 병이 당해 재판에서 유죄판결을 받아야 한다.
② 불구속 수사 후 무죄취지의 불기소처분을 받은 사람도 ㉡을 활용할 수 있다.
③ 구속 재판을 받은 피고인이 집행유예 확정판결을 받은 경우 ㉡을 통해 보상을 청구할 수 있다.
④ ㉠, ㉡ 모두 국가가 범죄 피해자 보호를 위해 보상 또는 배상을 하는 제도이다.

출제 단원 및 영역 정치와 법 5단원 배상 명령제도, 형사보상제도

해설

① 옳은 설명이다. 배상명령제도는 당해 형사재판에서 **유죄판결이 확정**되어야 손해배상을 받을 수 있다.

오답피하기

② 형사보상제도는 구속된 피의자가 무죄취지의 불기소처분을 받은 경우에 가능하고, 불구속 수사 상태에서 무죄취지의 불기소처분을 받더라도 청구할 수 없다.
③ 집행유예는 유죄 판결의 일종이므로 구속 재판을 받은 피고인이 집행유예 확정판결을 받았다면 형사보상청구를 할 수 없다.
④ 배상명령제도는 범죄 피해자를 보호하기 위한 것이고, 형사보상청구는 범죄 수사나 재판을 받은 피의자나 피고인을 보호하기 위한 것이다.

정답 ①

16 다음은 형사 절차를 간단히 나타낸 것이다. 이에 대한 옳은 설명은? 2021 지방직

(가) 수사 → (나) 기소 → (다) 공판 → (라) 판결

① (가)에서 구속 수사를 하기 위해서는 검사가 발부한 영장이 있어야 한다.
② (나)시기부터 피의자는 변호인의 도움을 받을 권리를 갖기 시작한다.
③ (다)에서 피고인에 대한 유죄 입증 책임은 검사에게 있다.
④ (라)에서 유죄 판결이 확정이 되면 피고인은 반드시 구금된다.

출제 단원 및 영역 정치와 법 5단원 형사 절차

해설
③ 무죄추정의 원칙에 따라 형사 재판에서 피고인에 대한 유죄 입증 책임은 검사에게 있다.

오답피하기
① 구속 수사를 하기 위해서는 검사가 구속 영장을 청구하고 영장 실질심사를 통해 법관이 영장을 발부해야 한다.
② 변호인의 도움을 받을 권리는 무죄 추정의 원칙 상 수사 단계에서부터 유죄 판결이 확정될 때까지 가능하다. 따라서 (가) 시기에서도 변호인의 도움을 받을 수 있다.
④ 집행유예나 선고유예의 경우 유죄 판결이지만 피고인은 즉시 석방된다.

정답 ③

17 다음 자료에 대한 법적 판단으로 옳은 것을 〈보기〉에서 고른 것은? 2019 소방직

갑은 백화점에서 물건을 고르던 중, 을의 지갑을 훔쳐 달아나던 병(25세)을 발견하여 ㉠제압하고 경찰관에게 병을 인도하였다.

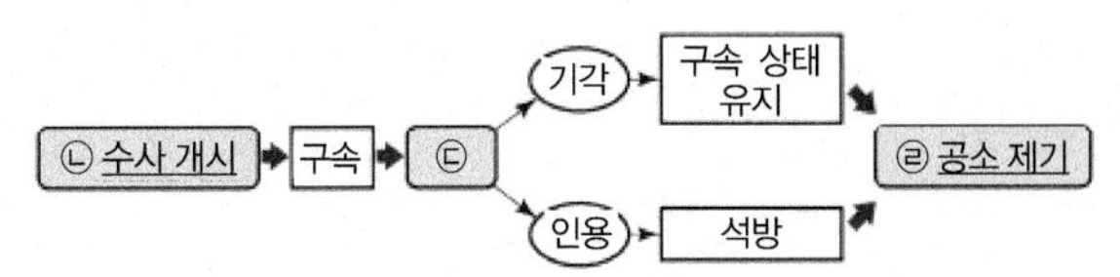

〈보기〉
ㄱ. ㉠은 지갑을 찾아주기 위한 정당 행위로 위법성이 조각된다.
ㄴ. ㉡에 있어 갑은 고소인이 된다.
ㄷ. ㉢은 법원에 신청하며 병이 피의자 신분일 때만 인정된다.
ㄹ. ㉣의 요건을 갖춘 경우라도 법원은 병의 기소를 유예할 수 있다.

① ㄱ, ㄴ ② ㄱ, ㄷ
③ ㄴ, ㄹ ④ ㄷ, ㄹ

해설
ㄱ. ㉠은 현행범을 체포한 경우로서 법령에 의한 정당행위로 위법성이 조각된다.
ㄷ. ㉢은 피의자의 구속의 적부 여부를 판단하는 구속적부심이다. 구속적부심은 법원에 신청하며 피의자 신분일 때만 인정되고, 피고인 신분일 때에는 인정되지 않는다.

오답피하기
ㄴ. 고소란 범죄 피해자가 수사기관에 처벌을 바라는 의사표시를 하는 것인데, 갑은 범죄 피해자가 아니므로 고소인이 될 수 없으며, 수사 중 참고인은 될 수 있다.
ㄹ. 기소 유예는 검사의 권한이므로 법원은 병의 기소를 유예 할 수 없다.

정답 ②

18 표는 형사 사건으로 수사를 받은 갑~정의 응답이다. 이에 대한 법적 판단으로 옳은 것을 〈보기〉에서 고른 것은? 2019 소방직

(○ : 예, × : 아니요)

질문	응답			
	갑	을	병	정
구속되어 수사를 받았는가?	○	×	○	○
검사에 의해 기소되었는가?	×	○	○	○
1심 법원에서 유죄 판결을 받았는가?	해당 없음	○	×	○

보기

ㄱ. 을의 유죄 판결이 확정되면 검사 지휘에 따라 형이 집행된다.
ㄴ. 무죄 판결을 받은 병의 경우 법원에 형사 보상을 청구할 수 있다.
ㄷ. 병과 달리 정의 판결에 대해서 검사는 항소할 수 있다.
ㄹ. 갑, 을, 정과 달리 병에게는 무죄 추정의 원칙이 적용되었다.

① ㄱ, ㄴ ② ㄱ, ㄷ
③ ㄴ, ㄹ ④ ㄷ, ㄹ

해설

ㄱ. 형의 집행은 검사의 권한이므로 을이 유죄 판결이 확정되면 검사의 지휘에 따라 형이 집행된다.
ㄴ. 무죄 판결을 받은 병의 경우 구속된 상태에서 수사를 받았으므로 법원에 형사 보상을 청구할 수 있다.

오답피하기

ㄷ. 병과 정의 판결 모두 검사는 항소할 수 있다. 비록 1심에서 유죄 판결이 나오더라도 형량이 낮다고 판단되면 검사는 항소할 것이다.
ㄹ. 무죄 추정의 원칙은 수사 단계에서부터 유죄 판결이 확정될 때까지 모두 인정되므로 갑, 을, 병, 정 모두 무죄 추정의 원칙이 적용되었다. 1심에서 유죄 판결이 선고되더라도 최종적으로 유죄 판결이 확정되기 전까지는 무죄 추정의 원칙이 적용되기 때문이다.

정답 ①

19 표에서 범죄를 저지른 갑, 을, 병, 정에 대한 법적 판단으로 옳은 것은? 2020 소방직

질문	갑	을	병	정
「소년법」상 '소년'인가요?	예	예	예	아니요
기소할 수 있는 연령인가요?	예	아니요	아니요	예
(가)	예	예	아니요	아니요

① 갑과 달리 정은 선도 조건부 기소 유예 처분을 받을 수 있다.
② 갑은 을, 병과 달리 가정 법원 소년부에 송치될 수 있다.
③ 갑의 연령은 을, 병보다 높지만 정보다는 낮다.
④ (가)가 '「소년법」상 보호 처분을 받을 수 있나요?'이면, 병은 10세 이상 14세 미만이다.

해설 이 문제의 핵심은 갑~정의 연령대를 추론하는 것이다.

- 우선 갑은 소년법상의 소년이지만 기소할 수 있다고 하였으므로 만 14세 이상 만 19세 미만이다.
- 을과 병은 소년법상 소년이지만 기소할 수 없다고 하였으므로 만 14세 미만이다.
- 정은 소년법상 소년은 아니지만 기소할 수 있으므로 만 19세 이상이다.

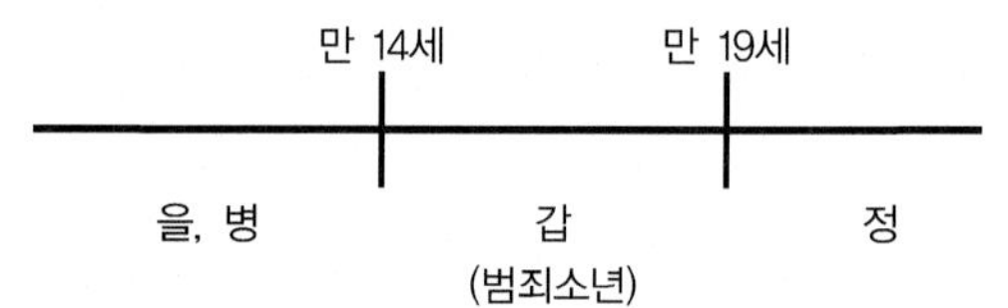

③ 갑의 연령은 만 14세 이상 만 19세 미만이고, 을, 병은 만 14세 미만이므로 갑은을, 병보다 연령이 높다. 반면 정은 만 19세 이상이므로 갑의 연령은 정보다는 낮다.

오답피하기

① 선도 조건부 기소유예는 만 14세 이상 만 19세 미만인 범죄 소년에 대하여 사건의 죄질 및 범법·의도 등을 살펴 재범 가능성이 희박하다고 여겨진다면 검사가 공소를 제기하지 않고 지역의 범죄 예방 위원들에게 선도를 위촉하는 제도이다. 따라서 갑은 선도 조건부 기소유예를 할 수 있지만, 정은 성년이므로 선도 조건부 기소유예를 할 수 없다.
② 가정법원 소년부에서는 형벌을 선고할 수는 없고 보호처분을 선고할 수 있다. 보호처분을 선고하기 위해서는 만 10세 이상이어야 한다. 따라서 갑은 보호처분을 선고하기 위해 가정 법원 소년부에 송치할 수 있지만, 을과 병은 만 14세 미만인 것만 알 수 있을 뿐 만 10세 이상인지는 알 수 없어 가정 법원 소년부에 송치될 수 있는지 여부는 알 수 없다.
④ 소년법상 보호처분은 만 10세 이상 만 19세 미만인 자에 대하여 부가할 수 있다. 따라서 (가)가 '「소년법」상 보호 처분을 받을 수 있나요?'이면, 병은 여기에 해당하지 않으므로 만 10세 미만이라고 하여야 한다.

정답 ③

국민 참여 재판

01 최근 우리나라에서 실시하고 있는 국민 참여 재판 제도에 대한 설명 중 옳은 것만을 모두 고른 것은?

2013 지방직

ㄱ. 법정형이 사형·무기 징역 또는 무기 금고에 해당하는 대상 사건에 대한 국민 참여 재판에는 9인의 배심원이 참여한다.
ㄴ. 배심원은 피고인의 유·무죄에 관한 평의에만 관여하며, 양형에는 관여하지 않는다.
ㄷ. 형사 사건 및 민사 사건의 합의부 관할 사건은 국민 참여 재판의 대상이 된다.
ㄹ. 만 20세 이상의 대한민국 국민은 누구나 배심원이 될 수 있으나, 변호사나 경찰관은 배심원이 될 수 없다.
ㅁ. 재판장은 판결을 선고함에 있어서 배심원의 평결과 의견을 반드시 따라야 한다.
ㅂ. 성폭력 범죄의 피고인이 국민 참여 재판을 원하더라도 성폭력 범죄 피해자가 원하지 않는 경우 법원은 국민 참여 재판 배제 결정을 할 수 있다.

① ㄱ, ㄷ, ㅁ ② ㄱ, ㄹ, ㅂ
③ ㄴ, ㄷ, ㅁ ④ ㄴ, ㄹ, ㅂ

✔해설 국민참여재판에 대한 내용은 꼼꼼히 정리해두고 본인의 교재 외에도 기출 문제 지문 등도 확인해야 한다.

구분	내용
의미	• 일반시민으로 구성된 배심원단이 참여하여 판결이 이루어지는 재판
적용 대상	• 대상사건은 살인, 강도, 강간 등 강력범죄와 뇌물죄 등 일정 범위의 부패범죄 및 합의부 관할사건 중 대법원 규칙이 정하는 사건 등의 중한 사건으로 한정 (⇒ 모든 형사 사건 X) • 다만, 대상사건에 해당하는 경우에도 피고인의 의사에 따라 국민참여재판으로 할 것인지 여부가 결정됨 (⇒ 법원이 직권으로 X)
배심원	• 배심원의 자격은 만 20세 이상의 대한민국 국민이고, 관할구역 내에 거주하는 자 중 무작위로 선발하는 방식을 채택 (사형, 무기징역 또는, 무기금고 - 9명, 그 밖의 사건 - 7명, 공소사실 인정한 경우 - 5명) • 다만, 일정한 전과를 가진 사람, 변호사, 경찰관 등의 특정 직업을 가진 사람은 제외됨
평결의 효력	• 배심원의 유죄·무죄에 대한 평결과 양형에 관한 의견은 '권고적 효력'을 지닐 뿐 법적인 구속력은 없음 • 판사는 배심원의 평결과 달리 독자적 결정을 내릴 수 있음 (cf. 미국의 배심원 제도 - 배심원들이 결정한 유죄·무죄 평결을 판사가 따라야 함.) • 다만, 배심원의 평결과 다른 선고를 할 경우에는 판사가 피고인에게 배심원의 평결 결과를 알리고, 평결과 다른 선고를 한 이유를 판결문에 분명히 밝혀야 함

ㄱ. 배심원의 수는 법정형이 사형·무기 징역 또는 무기 금고에 해당하는 대상 사건은 9명, 그 밖의 대상 사건은 7명으로 하되, 피고인 또는 변호인이 공판 준비 절차에서 공소 사실의 주요 내용을 인정한 경우에는 5명으로 한다.
ㄹ. 배심원의 자격은 만 20세 이상의 대한민국 국민이고, 관할구역 내에 거주하는 자 중 무작위로 선발하는 방식을 채택하나, 일정한 전과를 가진 자나 변호사 경찰관 등의 특정 직업을 가진 사람은 제외된다.
ㅂ. 국민의 형사재판 참여에 관한 법률 제9조 ①항 3호에 따르면 성폭력 범죄의 피고인이 국민 참여 재판을 원하더라도 성폭력 범죄 피해자가 원하지 않는 경우 법원은 국민 참여 재판 배제 결정을 할 수 있다.

오답피하기

ㄴ. 배심원은 피고인의 유·무죄에 관한 평의 뿐만 아니라 양형에도 관여한다.
ㄷ. 국민 참여 재판은 형사 재판 그것도 일정한 범죄에 한정된다.
ㅁ. 재판장은 배심원의 평결에 구속되지 않는다. 다만 배심원의 평결과 다른 선고를 할 경우에는 판사가 피고인에게 배심원의 평결 결과를 알리고, 평결과 다른 선고를 한 이유를 판결문에 분명히 밝혀야 한다.

정답 ②

02 국민의 형사재판 참여에 관한 법률 상 국민참여재판에 대한 내용 중 옳은 것을 고른 것은? 2018 경찰직 1차

> ㉠ 법정형이 사형·무기징역 또는 무기금고에 해당하는 대상사건에 대한 국민참여재판에는 특별한 사정이 없는 한 7인의 배심원이 참여한다.
> ㉡ 배심원은 국민참여재판을 하는 사건에 관하여 사실의 인정, 법령의 적용 및 형의 양정에 관한 의견을 제시할 권한이 있다.
> ㉢ 국민참여재판에 관하여 변호인이 없는 때에는 법원은 직권으로 변호인을 선정하여야 한다.
> ㉣ 배심원은 만 20세 이상의 대한민국 국민은 누구나 선정될 수 있으므로, 변호사·경찰공무원도 배심원이 될 수 있다.
> ㉤ 배심원의 평결과 의견은 법원을 기속한다.

① ㉠, ㉡　　② ㉢, ㉣
③ ㉡, ㉤　　④ ㉡, ㉢

출제 단원 및 영역　법과정치 5단원 국민참여재판

해설

ㄴ. 배심원은 국민참여재판을 하는 사건에 관하여 사실의 인정, 법령의 적용 및 형의 양정에 관한 의견을 제시할 권한이 있다.(국민의 형사재판 참여에 관한 법률 제12조 ①항)

ㄷ. 국민참여재판은 변호사가 반드시 있어야 하는 재판이다. 국민의 형사재판 참여에 관한 법률에 따른 국민참여재판에 관하여 변호인이 없는 때에는 법원은 직권으로 변호인을 선정하여야 한다.(국민의 형사재판 참여에 관한 법률 제7조)

오답피하기

ㄱ. 법정형이 사형·무기징역 또는 무기금고에 해당하는 대상사건에 대한 국민 참여재판에는 9인의 배심원이 참여하고, 그 외의 대상사건에 대한 국민 참여재판에는 7인의 배심원이 참여한다. 다만, 법원은 피고인 또는 변호인이 공판준비절차에서 공소사실의 주요내용을 인정한 때에는 5인의 배심원이 참여하게 할 수 있다.(국민의 형사재판 참여에 관한 법률 제13조 ①항)

ㄹ. 배심원은 만 20세 이상의 대한민국 국민 중에서 선정됩니다. 다만, 대통령, 국회의원·변호사, 경찰공무원 등은 배심원으로 선정될 수 없다.(국민의 형사재판 참여에 관한 법률 제18조)

ㅁ. 배심워의 평결과 의견은 법원을 기속하지 않으므로 법관은 배심원의 평결과 다른 판단을 내릴 수 있다.

정답 ④

03 〈보기〉는 우리나라가 2008년에 도입하여 시행 중인 재판의 절차이다. 이와 관련한 설명으로 가장 옳은 것은? 2019 서울시

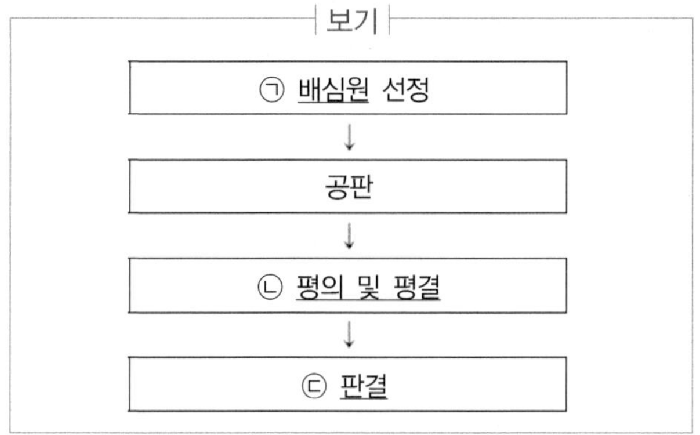

① ㉢에 불복하는 경우 검사와 피고인 모두 2심 법원에 항소할 수 있다.
② ㉠은 일정한 법적 지식이 있는 만 20세 이상의 국민 중에서 선정된다.
③ 국민의 의견을 반영해야 하므로 재판부는 반드시 ㉡에 따라 판결을 선고해야 한다.
④ 민사 재판과 형사 재판에서 피고인이 신청하는 경우에만 실시된다.

출제 단원 및 영역　법과정치 5단원 국민참여재판

해설

① 국민참여재판은 형사재판으로 형사 합의부에서 진행하는 1심 재판이다. 따라서 국민참여재판에 불복하는 경우 검사와 피고인 모두 2심 법원인 고등법원에 항소할 수 있다.

오답피하기

② 일정한 전과와 직업을 가진 사람을 제외하고 20세 이상인 국민이면 누구나 배심원이 될 수 있다. 따라서 법률적 지식을 요하는 것은 아니다.
③ 배심원의 평결은 구속력이 없어 재판부가 반드시 평결을 따를 필요는 없으며, 배심원의 평결과 달리 독자적 결정을 내릴 수 있다. 다만 배심원의 평결과 다른 선고를 할 경우에는 판사가 피고인에게 배심원의 평결 결과를 알리고, 평결과 다른 선고를 한 이유를 판결문에 분명히 밝혀야 한다.
④ 국민참여재판은 형사 재판에서 피고인이 신청하는 경우에 실시된다. 그러나 피고인이 원하더라도 재판부가 배제 결정을 할 수 있다.

정답 ①

04 국민참여재판에 대한 설명으로 가장 적절하지 않은 것은?

2019 경찰직 1차

① 배심원은 만 20세 이상의 대한민국 국민 중에서 선정되며, 변호사, 경찰·교정 공무원은 배심원이 될 수 없다.

② 법정형이 사형·무기징역 또는 무기금고에 해당하는 대상사건에 대한 국민참여재판에는 7인의 배심원이 참여한다. 다만, 법원은 피고인 또는 변호인이 공판준비절차에서 공소사실의 주요내용을 인정한 때에는 5인의 배심원이 참여하게 할 수 있다.

③ 형사 합의부가 관할하는 단기 1년 이상의 징역에 해당하는 사건이 대상이 된다.

④ 공범 관계에 있는 피고인들 중 일부가 국민참여재판을 원하지 않아 국민참여재판의 진행에 어려움이 있다고 인정되는 경우 국민참여재판을 하지 않는 결정을 할 수 있다.

출제 단원 및 영역 법과정치 5단원 국민참여재판

해설

② 법정형이 사형·무기징역 또는 무기금고에 해당하는 대상사건에 대한 국민참여재판에는 7인이 아니라 9인의 배심원이 참여한다.

> 제13조(배심원의 수) ① 법정형이 사형·무기징역 또는 무기금고에 해당하는 대상사건에 대한 국민참여재판에는 9인의 배심원이 참여하고, 그 외의 대상사건에 대한 국민참여재판에는 7인의 배심원이 참여한다. 다만, 법원은 피고인 또는 변호인이 공판준비절차에서 공소사실의 주요내용을 인정한 때에는 5인의 배심원이 참여하게 할 수 있다.

오답피하기

① 옳은 내용이다.

> 제18조(직업 등에 따른 제외사유) 다음 각 호의 어느 하나에 해당하는 사람을 배심원으로 선정하여서는 아니 된다. 〈개정 2016. 5. 29.〉
> 1. 대통령
> 2. 국회의원·지방자치단체의 장 및 지방의회의원
> 3. 입법부·사법부·행정부·헌법재판소·중앙선거관리위원회·감사원의 정무직 공무원
> 4. 법관·검사
> 5. 변호사·법무사
> 6. 법원·검찰 공무원
> 7. 경찰·교정·보호관찰 공무원
> 8. 군인·군무원·소방공무원 또는 「예비군법」에 따라 동원되거나 교육훈련의무를 이행 중인 예비군

③ 사형, 무기 또는 단기 1년 이상의 징역 또는 금고에 해당하는 사건은 형사 합의부의 관할에 속하며, 이는 국민참여 재판의 대상이 된다.

④ 국민참여재판은 피고인의 청구에 의해 개시되지만, 법원에서 반드시 그 청구를 받아들일 필요는 없다. 국민참여재판에 대한 배제 결정을 할 수 있다.

> 제9조(배제결정) ① 법원은 공소제기 후부터 공판준비기일이 종결된 다음날까지 다음 각 호의 어느 하나에 해당하는 경우 국민참여재판을 하지 아니하기로 하는 결정을 할 수 있다. 〈개정 2012. 1. 17.〉
> 1. 배심원·예비배심원·배심원후보자 또는 그 친족의 생명·신체·재산에 대한 침해 또는 침해의 우려가 있어서 출석의 어려움이 있거나 이 법에 따른 직무를 공정하게 수행하지 못할 염려가 있다고 인정되는 경우
> 2. 공범 관계에 있는 피고인들 중 일부가 국민참여재판을 원하지 아니하여 국민참여재판의 진행에 어려움이 있다고 인정되는 경우
> 3. 「성폭력범죄의 처벌 등에 관한 특례법」 제2조의 범죄로 인한 피해자(이하 "성폭력범죄 피해자"라 한다) 또는 법정대리인이 국민참여재판을 원하지 아니하는 경우
> 4. 그 밖에 국민참여재판으로 진행하는 것이 적절하지 아니하다고 인정되는 경우

정답 ②

05 우리나라에서 실시하고 있는 국민참여재판 제도에 대한 설명으로 가장 적절한 것은? 2020 경찰직 2차

① 만 19세 이상 대한민국 국민이면 누구나 배심원이 될 수 있다.
② 지방의회의원, 변호사, 경찰공무원 등의 직업을 가진 사람은 배심원이 될 수 없다.
③ 재판장은 판결을 선고함에 있어서 배심원의 평결과 의견을 반드시 따라야 한다.
④ 피고인이 희망하면 반드시 국민참여재판으로 진행해야 한다.

해설

② 만 20세 이상의 대한민국 국민이라도 일정한 직업과 전과를 가진 사람은 배심원의 자격을 제한하고 있다.

국민의 형사재판 참여에 관한 법률 제18조(직업 등에 따른 제외사유) 다음 각 호의 어느 하나에 해당하는 사람을 배심원으로 선정하여서는 아니 된다.
1. 대통령
2. 국회의원 · 지방자치단체의 장 및 지방의회의원
3. 입법부 · 사법부 · 행정부 · 헌법재판소 · 중앙선거관리위원회 · 감사원의 정무직 공무원
4. 법관 · 검사
5. 변호사 · 법무사
6. 법원 · 검찰 공무원
7. 경찰 · 교정 · 보호관찰 공무원
8. 군인 · 군무원 · 소방공무원 또는 「예비군법」에 따라 동원되거나 교육훈련의무를 이행 중인 예비군

오답피하기

① 만 19세 이상이 아니라 만 20세 이상이다.

국민의 형사재판 참여에 관한 법률 제16조(배심원의 자격) 배심원은 만 20세 이상의 대한민국 국민 중에서 이 법으로 정하는 바에 따라 선정된다.

③ 배심원의 평결과 의견은 재판상을 기속하지 않으므로 재판장이 배심원의 평결과 의견을 반드시 따라야하는 것은 아니다.
④ 피고인이 희망하더라도 재판부는 국민참여재판 배제 결정을 할 수 있다.

정답 ②

06 다음은 우리나라 재판제도 중 하나의 절차이다. 이에 대한 설명으로 옳은 것은? 2017 지방직

배심원 선정 (가) → 공판 (나) → 평의 및 평결 (다) → 판결 선고 (라)

① 피고인이 이 재판 절차를 희망하지 않으면 진행할 수 없다.
② (가)의 배심원은 만 20세 이상의 국민이면 누구나 선정될 수 있다.
③ (나)는 지방법원 본원 단독판사에 의해 이루어진다.
④ (다)의 평결은 (라)에서 법원을 기속한다.

해설

① 국민참여 재판은 피고인의 신청에 의해서 가능한 것이므로 피고인이 희망하지 않으면 진행할 수 없다.

오답피하기

② 국민참여 재판의 배심원은 만 20세 이상의 대한민국 국민을 대상으로 하지만 국회의원이나 경찰관 등의 일정한 직업에 종사하는 사람은 배심원이 될 수 없다.
③ 국민참여 재판은 지방법원 합의부에서 담당한다.
④ 배심원의 평결은 법원을 기속하지 않는다. 다만 배심원의 평결과 다른 선고를 할 때에는 배심원의 평결 결과를 알리고 평결과 다른 선고를 한 이유를 판결문에 분명히 밝혀야 한다.

정답 ①

07 **다음 〈보기〉 중 최근 우리나라에서 실시하고 있는 국민참여재판 제도에 대한 설명으로 옳은 것은 모두 몇 개인가?** 2021 해경 2차

보기

㉠ 법정형이 사형・무기 징역 또는 무기 금고에 해당하는 대상 사건에 대한 국민참여재판에는 7인의 배심원이 참여한다.
㉡ 형사 사건 및 민사 사건의 합의부 관할 사건은 국민참여재판의 대상이 된다.
㉢ 만 19세 이상의 대한민국 국민은 누구나 배심원이 될 수 있으나, 변호사나 경찰관은 배심원이 될 수 없다.
㉣ 재판장은 판결을 선고함에 있어서 배심원의 평결과 의견을 반드시 따라야 하는 것은 아니다.
㉤ 성폭력 범죄의 피고인이 국민참여재판을 원하더라도 성폭력 범죄 피해자가 원하지 않는 경우 법원은 국민참여재판 배제 결정을 할 수 있다.

① 없음 ② 1개
③ 2개 ④ 3개

출제 단원 및 영역 정치와 법 5단원 국민참여재판

✔ 해설
㉣ 국민참여재판에서 배심원의 평결과 의견은 구속력이 없으므로 재판장은 배심원과 다른 결정을 할 수 있다.
㉤ 형사 피고인이 국민참여재판을 원하더라도 재판부는 국민참여재판 배제 결정을 할 수 있는데, 성폭력 범죄 피해자가 원하지 않는 경우도 국민참여재판의 배제사유로 법률에 규정되어 있다.

오답피하기
㉠ 법정형이 사형・무기 징역 또는 무기 금고에 해당하는 대상 사건에 대한 국민참여재판에는 <u>9인의 배심원</u>이 참여한다.
㉡ 형사 사건의 합의부 관할 사건은 국민참여재판의 대상이 되지만 <u>민사 사건은 대상이 아니다.</u>
㉢ 만 20세 이상의 대한민국 국민은 누구나 배심원이 될 수 있으나, 변호사나 경찰관은 배심원이 될 수 없다. 만 19세 이상이 아니라 만 20세 이상으로 규정되어 있음을 유의해야 한다.

> 국민의 형사재판 참여에 관한 법률 제16조(배심원의 자격) 배심원은 <u>만 20세 이상</u>의 대한민국 국민 중에서 이 법으로 정하는 바에 따라 선정된다.

정답 ③

03 청소년의 권리 보호

소년범의 형사 절차/미성년자 보호

01 **다음 그림에서 해당 법률의 미성년자 보호를 위한 사례로 적절하지 <u>않은</u> 것은?** 2014 국가직

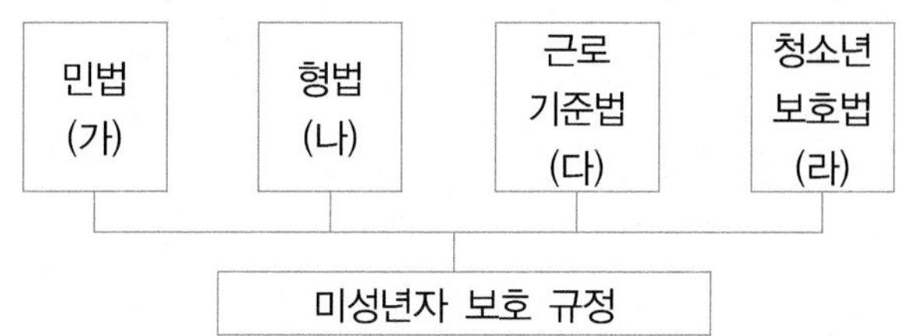

① (가) – 만 18세의 미성년자가 혼인할 경우에 부모의 동의를 얻어야 한다.
② (나) – 만 13세의 중학생이 범죄를 저지르더라도 형사상의 처벌을 받지 않는다.
③ (다) – 만 17세의 미성년자는 법정대리인의 동의가 없더라도 임금을 청구할 수 있다.
④ (라) – 만 19세의 대학생은 술과 담배를 구매할 수 없다.

✔ 해설 연령대별 법적인 지위 (모두 '만' 연령을 의미)

연령	법적 지위
10세 미만	형벌, 보안처분 모두 불가
10세 이상 ~14세 미만	형벌은 불가, 보안처분은 가능
14세 이상	형사상 책임능력 인정 → 형벌, 보안처분 모두 가능
15세 이상	법정 대리인의 동의를 얻어 취업 가능
16세 이상	원동기 장치 자전거 운전면허 취득 가능
17세 이상	주민등록증 발급, 단독으로 유언 가능
18세 이상	부모의 동의를 얻어 혼인 가능, 자동차 운전 면허 취득 가능

④ 청소년 보호법에서는 <u>만 19세가 되는 1월1일부터 술과 담배를 구매할 수 있다고 규정</u>하고 있다.

오답피하기
① 만 18세의 미성년자는 부모의 동의를 얻어 혼인을 할 수 있으며, 이 경우 성년 의제된다.
② 만 13세 중학생은 촉법소년에 해당하여 형벌로 처벌할 수는 없고, 보안처분은 가능하다.
③ 미성년자의 경우 근로계약을 체결할 경우에는 법정대리인(부모)의 동의를 얻어 직접 체결해야 하지만, 임금의 청구는 법정대리인의 동의 없이 단독으로 청구할 수 있다.

정답 ④

02 상점 절도를 저지른 갑~정에 대한 판단으로 옳은 것만을 〈보기〉에서 모두 고르면? 2020 지방직 · 서울시

구분	갑	을	병	정
10세 이상의 '소년'인가요?	아니요	아니요	예	예
기소할 수 있는 연령인가요?	예	아니요	아니요	예

보기

ㄱ. 갑과 정은 모두 선도조건부 기소유예 처분을 받을 수 있다.
ㄴ. 정의 연령은 을, 병보다 높지만 갑보다는 낮다.
ㄷ. 을, 병은 모두 형사 미성년자이다.
ㄹ. 검사는 정에 대한 피의사건 수사 결과, 보호처분에 해당하는 사유가 있다고 인정한 경우에는 사건을 관할 법원 소년부에 송치하여야 한다.

① ㄱ, ㄷ　② ㄴ, ㄹ
③ ㄱ, ㄴ, ㄷ　④ ㄴ, ㄷ, ㄹ

해설 이 문제의 핵심은 갑~정의 연령대를 추론하는 것이다.
- 우선 갑과 을은 10세 이상의 소년이 아니므로 10세 미만이거나 성년이 된다. 그런데 갑은 기소할 수 있는 연령이라고 하였으므로 성인이 될 것이고, 을은 만 10세 미만이 될 것이다.
- 병과 정은 10세 이상의 소년이므로 만 10세 이상 만 19세 미만이다. 그런데, 병은 기소할 수 없다고 하였으므로 병은 만 10세 이상 만 14세 미만인 '촉법 소년'이 된다. 반면 정은 기소할 수 있는 연령이므로 '범죄 소년'에 해당한다.

ㄴ. 위의 그림을 참조하면 정의 연령은 을, 병보다 높지만 갑보다는 낮다.
ㄷ. 을과 병은 모두 만 14세 미만이므로 형사 미성년자이다.
ㄹ. 검사는 만 19세 미만의 소년범인 정에 대해서는 검찰은 소년법에 대해 보호처분을 받게할 목적이라면 가정법원(지방법원) 소년부로 송치하고, 형법 처분을 받게할 목적이라면 일반 형사법원에 기소할 수 있다.

오답피하기
ㄱ. 갑은 성인이므로 선도 조건부 기소유예를 받을 수 없다.

선도 조건부 기소유예
- 사건의 죄질 및 범법 · 의도 등을 살펴 재범 가능성이 희박하다고 여겨지는 19세 미만의 청소년 범죄자에 대해서 검사가 공소를 제기하지 않고 지역의 범죄 예방 위원들에게 선도를 위촉하는 제도.
- 요건 ㉠ 19세 미만의 청소년 범죄, ㉡ 재범 가능성 희박

정답 ④

03 청소년의 근로에 대한 법적 보호 내용으로 옳지 않은 것은? 2014 사회복지직 변형

① 미성년자는 독자적으로 임금을 청구할 수 없다.
② 사용자는 18세 미만자를 도덕상 또는 보건상 유해 · 위험한 사업에 사용하지 못한다.
③ 사용자는 18세 미만자의 동의가 있는 경우에는 고용노동부 장관의 인가를 받아 오후 10시부터 오전 7시까지의 시간 및 휴일에 근로를 시킬 수 있다.
④ 15세 이상 18세 미만인 자의 근로 시간은 1일에 7시간, 1주일에 35시간을 초과하지 못하나, 당사자 사이의 합의에 따라 1일에 1시간, 1주일에 5시간을 한도로 연장할 수 있다.

해설 청소년의 근로에 대해서는 특별히 보호하고 있는데, 이러한 내용을 정리해 둘 필요가 있다.

청소년의 근로 보호
① 연령에 따른 근로의 보호
- 15세 미만: 원칙적으로 취업 금지. 다만 고용노동부 장관이 발부한 취직 인허증을 소지한 자는 가능.
- 15세 이상 18세 미만의 연소 근로자: 제한적 취업 가능. 도덕적으로 유해하거나 보건상 위험한 업종에서의 근로 금지

② 근로계약과 임금 청구
- 근로계약 체결: 법정 대리인의 동의를 받아 청소년이 직접 체결 → 법정 대리인이 근로 계약을 대리할 수 없음
- 임금 청구: 법정대리인의 동의 없이 단독으로 청구 → 법정 대리인이 임금을 대리하여 청구할 수 없음 (미성년자는 법정 대리인의 동의를 얻어 단독으로 임금을 청구할 수 있다.(X))

③ 법정 근로 시간
- 1일 7시간, 1주 35시간 이내
  다만, 합의 시에는 1일 1시간, 1주일 5시간 이내에서 연장 근로는 가능

④ 보호 및 구제 기관
부당한 일을 당하였을 때에는 고용 노동부, 지방 노동 사무소, 청소년 보호 단체 등에서 보호 구제를 받을 수 있음.

① 미성년자의 경우 근로 계약을 체결할 때에는 법정 대리인의 동의를 얻어 직접 체결해야 하고, 임금에 대해서는 부모의 동의를 얻을 필요가 없이 직접 청구할 수 있다.

오답피하기
②, ③, ④ 모두 옳은 지문이다.

정답 ①

04 다음 중 옳은 것만을 모두 고른 것은? 2015 지방직 변형

ㄱ. 부모의 동의를 얻어 결혼한 18세의 A는 국회의원 선거권이 있고, 소년범의 적용을 받지 않는다.
ㄴ. 편의점에서 하루 4시간씩 1개월간 근로를 제공하고 있는 17세의 B는 단독으로 임금을 청구할 수 있다.
ㄷ. 14세인 C는 고용노동부장관이 발급하는 취직인허증이 있어야 근로가 가능하다.
ㄹ. 대학교에 입학한 17세인 D는 입학한 날부터 편의점에서 술을 구매할 수 있다.

① ㄱ, ㄴ ② ㄱ, ㄹ
③ ㄴ, ㄷ ④ ㄷ, ㄹ

해설 청소년은 판단 능력과 경험의 부족에 따른 신중하지 못한 결정 가능성과 쉽게 범죄에 노출될 가능성이 크기 때문에 청소년을 법적으로 보호하고 있다. 가령 청소년 보호법에서는 만 19세에 도달하는 해의 1월1일부터 청소년에서 벗어나서 술, 담배 등의 구매 가능하도록 하고 있으며, 이를 어기고 미성년자에게 술, 담배 등을 판매한 업주에게는 제재를 가하고 있다.

연령대별 법적인 지위 (모두 '만'; 연령을 의미)

연령	법적 지위
10세 미만	형벌, 보안처분 모두 불가
10세 이상~14세 미만	형벌은 불가, 보안처분은 가능
14세 이상	형사상 책임능력 인정 → 형벌, 보안처분 모두 가능
15세 이상	법정 대리인의 동의를 얻어 취업 가능
16세 이상	원동기 장치 자전거 운전면허 취득 가능
17세 이상	주민등록증 발급, 단독으로 유언 가능
18세 이상	부모의 동의를 얻어 혼인 가능, 자동차 운전 면허 취득 가능

ㄴ. 17세인 B는 부모의 동의를 얻어 직접 유효한 근로계약을 체결할 수 있으며, 하루에 4시간씩 일했다고 했으므로 1일 7시간이라는 근로기준법 상의 근로 시간을 충족했다. 그리고 임금의 경우 미성년자는 부모의 동의를 얻을 필요 없이 단독으로 직접 청구할 수 있으므로 옳은 지문이다.
ㄷ. 원칙적으로 청소년은 만 15세 이상부터 부모의 동의를 얻어 근로계약의 체결이 가능하다. 15세 미만의 경우 원칙적으로 취업은 금지되나 고용노동부 장관이 발부한 취직 인허증을 소지한 자는 근로가 가능하다. 따라서 14세인 C는 고용노동부장관이 발급하는 취직인허증이 있어야 근로가 가능하다.

오답피하기

ㄱ. 미성년자라도 만 18세 이상의 경우 부모의 동의를 얻어 유효한 혼인을 할 수 있고 이 때 성년의제가 되어 사법상 법률행위를 단독으로 할 수 있게 된다. 그러나 선거법, 청소년 보호법 등 공법은 여전히 적용되므로 공법상으로는 여전히 미성년자로 취급된다. 따라서 소년범의 적용을 받는다. 그러나 2020년 선거법 개정으로 만 18세 이상의 미성년자도 선거권을 가진다.
ㄹ. 청소년 보호법에서는 만 19세에 도달하는 해의 1월1일부터 청소년에서 벗어나서 술, 담배 등의 구매 가능하도록 하고 있으므로 D는 대학교에 입학하였으나 여전히 만 17세에 불과하므로 청소년에 해당하고 편의점에서 술을 구매할 수는 없다.

정답 ③

04 근로자의 권리 보호

근로자의 권리 보호

01 다음 중 쟁의행위의 주체가 다른 하나는?

2016 경찰직 2차

① 직장폐쇄
② 피케팅
③ 파업
④ 보이콧

해설

① 직장폐쇄는 사용자를 주체로 하는 쟁의행위이며, 나머지는 근로자가 쟁의행위의 주체가 된다.

정답 ①

02 다음 사례에 대한 설명으로 옳은 것은?

2017 국가직 생활안전

D회사는 노동조합에 가입했다는 이유로 A근로자를 해고하였다. 이에 D회사 노동조합은 「노동조합 및 노동관계조정법」 위반이라며 쟁의행위를 하였다. D회사 측은 노동조합 측의 장기 파업과 공장 점거를 이유로 직장폐쇄를 하였다.

① D회사 노동조합의 쟁의행위는 단체교섭권에 해당된다.
② A근로자는 D회사의 해고가 있은 날부터 6월 이내에 중앙노동위원회에 구제를 신청할 수 있다.
③ A근로자의 노동조합 가입을 이유로 한 해고는 부당노동행위에 해당된다.
④ 해고로 인하여 권리를 침해당한 사람은 A근로자이므로 노동조합은 노동위원회에 구제를 신청할 수 없다.

해설
③ 부당노동행위란 근로자의 근로 3권 행사를 사용자가 방해하는 행위이므로 A근로자의 노동조합 가입(단결권)을 이유로 한 해고는 부당노동행위에 해당한다.

오답피하기
① 노동조합의 쟁의행위는 단체행동권에 해당된다.
② A근로자는 D회사의 해고가 있은 날부터 3개월 이내에 지방노동 위원회에 구제를 신청할 수 있다.
④ 부당노동 행위에 대해서 근로자 개인은 물론 노동조합 차원의 구제 요구도 가능하다.

정답 ③

03 노동조합 및 노동관계조정법 상 부당노동행위에 해당하지 <u>않는</u> 것은?

2019 국가직

① 근로자가 노동조합에 가입한 것을 이유로 사용자가 해고하였다.
② 노동조합 대표자가 사용자에게 단체 교섭을 요구했지만 사용자는 정당한 이유 없이 이를 거부하였다.
③ 회사의 재무상황이 악화되어 사용자는 근로자에게 최저임금보다 낮은 임금을 지급하였다.
④ 사용자가 근로자를 어느 노동조합에 가입하지 않을 것을 고용 조건으로 회사에 입사하도록 하였다.

출제 단원 및 영역 법과정치 5단원 부당노동행위

해설 부당노동행위란 근로자의 근로 3권 행사를 사용자가 방해하는 행위를 말한다. 근로 3권이란 단결권, 단체교섭권, 단체행동권을 말한다.
③ 근로자에게 최저임금보다 낮은 임금을 지급한 것은 근로 기준법의 최저 임금을 위반한 것으로 이는 근로 기준법 위반은 될지언정 부당노동행위에 해당하는 것은 아니다.

오답피하기
① 노동조합에 가입한 것을 이유로 사용자가 근로자를 해고한 것은 단결권을 침해하는 행위로서 부당노동행위에 해당한다.
② 사용자가 정당한 사유없이 단체 교섭을 거부하는 것은 단체 교섭권을 침해하는 행위로서 부당노동행위에 해당한다.
④ 사용자가 어느 노동조합에 가입하지 않을 것을 고용 조건으로 근로자를 회사에 입사시킨 것은 근로자의 단결권을 침해하는 것으로 부당노동행위에 해당한다.

정답 ③

04 다음 사례에 대한 법적 판단으로 옳은 것만을 〈보기〉에서 모두 고르면? 2020 국가직

> 갑은 노동조합에 가입하였다는 이유로, 을은 잦은 결근을 하였다는 이유로 모두 A 회사로부터 해고를 당하였다. 갑과 을은 각각 B 지방 노동 위원회에 구제신청을 하였는데, B 지방 노동 위원회는 갑의 구제신청은 받아들이고 을의 구제신청은 기각하는 결정을 하였다.

보기

ㄱ. 갑, 을 모두 지방 법원에 해고 무효 확인 소송을 제기할 수 있다.
ㄴ. 을은 B지방 노동 위원회의 기각 결정 처분을 송달받은 날부터 10일 이내에 A 회사 사용자를 상대로 행정 소송을 제기할 수 있다.
ㄷ. B지방 노동 위원회는 갑의 해고에 대해 부당노동행위가 성립한다고 판정한 때에는 A회사 사용자에게 구제 명령을 발하여야 한다.
ㄹ. A회사의 노동조합은 갑과 을의 해고에 대해 B지방 노동 위원회에 구제신청을 할 수 있다.

① ㄱ, ㄷ
② ㄱ, ㄹ
③ ㄱ, ㄴ, ㄷ
④ ㄴ, ㄷ, ㄹ

출제 단원 및 영역 법과정치 5단원 부당노동 행위의 구제절차

해설 갑은 노동조합에 가입하였다는 이유로 해고를 당했으므로 부당해고 뿐만 아니라 부당노동행위가 문제되는 사안이다. 을은 잦은 결근으로 해고를 당했으므로 이는 해고의 정당한 사유가 되는지와 관련하여 부당 해고가 문제되는 사안이다.

ㄱ. 부당해고와 부당노동행위는 모두 노동위원회의 구제를 거쳐도 되지만, 곧바로 민사 소송으로 사업자를 상대로 해고 무효 확인 소송을 제기할 수 있다.
ㄷ. 노동위원회에서 부당노동행위의 성립을 인정한 경우 노동위원회는 사용자에게 구제 명령을 발하여야 한다.

> 노동조합 및 노동관계 조정법 제84조(구제명령) ①노동위원회는 제83조의 규정에 의한 심문을 종료하고 부당노동행위가 성립한다고 판정한 때에는 사용자에게 구제명령을 발하여야 하며, 부당노동행위가 성립되지 아니한다고 판정한 때에는 그 구제신청을 기각하는 결정을 하여야 한다.

오답피하기

ㄴ. 당사자는 지방 노동 위원회의 결정에 대해서는 중앙 노동 위원회에 재심을 청구할 수 있고, 중앙 노동 위원회의 결정에 불복을 할 경우 중앙 노동 위원장을 상대로 행정소송을 할 수 있다.

> 노동조합 및 노동관계 조정법 제85조(구제명령의 확정) ①지방노동위원회 또는 특별노동위원회의 구제명령 또는 기각결정에 불복이 있는 관계 당사자는 그 명령서 또는 결정서의 송달을 받은 날부터 10일 이내에 중앙노동위원회에 그 재심을 신청할 수 있다.
> ②제1항의 규정에 의한 중앙노동위원회의 재심판정에 대하여 관계당사자는 그 재심판정서의 송달을 받은 날부터 15일 이내에 행정소송법이 정하는 바에 의하여 소를 제기할 수 있다.

ㄹ. 부당노동행위에 대해서는 근로자 본인 뿐만 아니라 노동 조합도 노동 위원회에 구제 신청을 할 수 있지만, 부당 해고만이 문제되는 을의 사안의 경우 노동 조합은 노동 위원회에 구제 신청을 할 수 없다.

> 노동조합 및 노동관계 조정법 제82조(구제신청) ①사용자의 부당노동행위로 인하여 그 권리를 침해당한 근로자 또는 노동조합은 노동위원회에 그 구제를 신청할 수 있다.

정답 ①

05 갑에 대한 법적 조언으로 옳은 것은?

2020 지방직 · 서울시

> 만 18세인 갑은 친권자인 양부모의 동의를 얻어 을이 사장인 주유소에서 하루 8시간씩 근로를 하게 되었다. 사장인 을은 근무 기간이 3개월이 안 될 경우 유급 휴일이 인정되지 않는다고 하였고, 갑은 3개월간 쉬는 날 없이 성실하게 일하였다. 그 동안 학업을 병행하느라 월급에 대해 신경을 쓰지 못하고 있었는데 알고 보니 양부인 병이 근로 계약서를 작성하여 갑의 임금이 병에게 지급되고 있었다.

① 갑의 근로 시간은 1일 7시간을 초과할 수 없다.
② 사용자는 근로자에게 1주에 평균 1회 이상의 유급 휴일을 보장하여야 한다.
③ 민사상 미성년자이기 때문에 친권자인 양부모가 대리로 계약을 체결하는 것은 물론, 갑의 임금을 대리 지급받는 것도 가능하다.
④ 사용자와의 합의에 따라 휴식 시간은 1일 1시간 보장되고, 근로 시간은 1일 30분 한도로 연장 가능하다.

해설 갑은 만 18세이므로 연소 근로자는 아니지만, 미성년자에 해당한다.
② 근로 기준법에 따르면 개근 여부와 관계없이 1주일에 1회 이상의 유급 휴일을 주도록 하고 있으며, 이는 미성년자인 근로자에게도 마찬가지로 적용된다.

> 근로기준법 제55조(휴일) ① 사용자는 근로자에게 1주에 평균 1회 이상의 유급휴일을 보장하여야 한다. 〈개정 2018. 3. 20.〉

오답피하기
① 두가지 측면에서 모두 정답이 아니다. 우선 갑은 연소 근로자가 아니므로 1일 8시간을 초과할 수 없다는 원칙 규정에 당사자 합의 시 1주일에 12 시간을 연장할 수 있으므로 1일 7시간 이상을 근무할 수 있다. 또한 갑이 설령 연소자로 보았다 하더라도 당사자의 합의 시 1시간을 추가할 수 있다.

> 근로기준법 제50조(근로시간) ① 1주 간의 근로시간은 휴게시간을 제외하고 40시간을 초과할 수 없다.
> ② 1일의 근로시간은 휴게시간을 제외하고 8시간을 초과할 수 없다.
> 제69조(근로시간) 15세 이상 18세 미만인 사람의 근로시간은 1일에 7시간, 1주에 35시간을 초과하지 못한다. 다만, 당사자 사이의 합의에 따라 1일에 1시간, 1주에 5시간을 한도로 연장할 수 있다.

③ 미성년자인 근로자는 법정 대리인의 동의를 얻어 직접 근로 계약을 체결해야 하고 법정 대리인이 대리할 수 없다. 또한 임금을 수령할 경우에는 법정 대리인의 동의를 얻을 필요 없이 단독으로 청구한다.

> 근로기준법 67조(근로계약) ① 친권자나 후견인은 미성년자의 근로계약을 대리할 수 없다.
> ② 친권자, 후견인 또는 고용노동부장관은 근로계약이 미성년자에게 불리하다고 인정하는 경우에는 이를 해지할 수 있다.
> ③ 사용자는 18세 미만인 사람과 근로계약을 체결하는 경우에는 제17조에 따른 근로조건을 서면으로 명시하여 교부하여야 한다.
> 제68조(임금의 청구) 미성년자는 독자적으로 임금을 청구할 수 있다

④ 근로 기준법에 법정 휴게 시간을 규정하고 있으며 4시간 근무 시 근로 도중에 30분 이상을, 8시간 근무 시 1시간 이상의 휴식을 근로 도중에 보장해주어야 한다.

정답 ②

06 근로자의 권리를 보호하기 위해 근로기준법에서 정한 기준에 위배되는 것은?

2014 경찰직 2차

① 사용자는 근로자가 근로시간 중에 선거권을 행사하기 위하여 필요한 시간을 청구하면 거부하지 못한다.
② 사용자는 근로자를 해고하려면, 해고 사유와 해고 시기를 서면으로 통지해야 한다.
③ 사용자가 부당 해고 등을 하면, 근로자는 국민권익위원회에 구제를 신청해야 한다.
④ 휴식시간을 제외하고, 근로시간은 1일 8시간, 1주 40시간을 초과할 수 없다. 다만 당사자 간에 합의하면 1주간에 12시간을 한도로 연장할 수 있다.

해설 근로기준법의 주요 내용은 숙지해야 한다.
③ 부당해고를 당한 경우 노동위원회에 구제 신청을 하거나 법원에 해고 무효 확인 소송을 제기할 수 있다. 노동위원회의 결정에 불복할 경우에는 국가기관인 중앙노동위원회의 재심 결정에 대한 불복이므로 행정소송으로 가야하고, 곧바로 법원에 갈 경우에는 민사법원에 해고 무효 확인 소송을 제기해야 한다.

오답피하기
①, ②, ④ 모두 맞는 지문이다.

정답 ③

07 다음은 근로 계약서를 간단하게 나타낸 것이다. 밑줄 친 ㉠~㉣에 대한 설명으로 가장 적절하지 않은 것은? 2015 경찰직 2차 변형

> ㉠근로 계약서
>
> ＿＿＿＿(와)과 ＿＿＿＿(는)은 다음과 같이 근로 계약을 맺는다.
>
> 1. 근로 계약 기간:
> 2. 근무 장소:
> 3. 업무 내용:
> 4. ㉡근로 시간:
> 5. 근무일/ ㉢휴일:
> 6. ㉣임금:
>
> – 이하 생략 –

① ㉠의 내용 중 법에서 정한 기준에 미치지 못하는 부분이 있다면 그 부분에 한하여 무효가 되고 그 무효로 된 부분은 근로기준법이 정하는 기준에 따른다.
② 연소 근로자의 ㉡은 1일 6시간 근무하되 합의할 경우 2시간 연장 근로가 가능하므로 최대 8시간 근무할 수 있다.
③ 근로자에게는 1주 1회 이상 유급의 ㉢을 주어야 한다.
④ 매월 1회 이상 일정한 날짜에 ㉣을 지급하여야 한다.

해설 근로기준법의 내용을 숙지하고 근로계약서 중 근로기준법에 미달하는 내용은 그 부분에 한하여 무효가 되고, 근로기준법의 기준으로 변경된다.
② 연소 근로자의 경우 근로시간은 1일에 7시간, 1주일에 35시간을 초과하지 못한다. 다만 당사자 사이의 합의가 있는 경우 1일 1시간, 1주일에 5시간을 한도로 연장할 수 있다.

오답피하기
①, ③, ④ 모두 옳은 지문이다.

정답 ②

08 다음 규정을 담고 있는 법에 의할 때 적절한 것을 〈보기〉에서 모두 고른 것은? 2015 경찰직 3차

> 이 법은 헌법에 의한 근로자의 단결권, 단체교섭권 및 단체 행동권을 보장하여 근로 조건의 유지, 개선과 근로자의 경제적, 사회적 지위의 향상을 도모하고, 노동관계를 공정하게 조정하여 노동쟁의를 예방 해결함으로써 산업평화의 유지와 국민경제의 발전에 이바지함을 목적으로 한다.

> 보기
>
> ㉠ 공무원이나 주요 방위산업체에 종사하는 경우 단체교섭권과 단체행동권이 제한되어 있다.
> ㉡ 쟁의행위에는 파업, 보이콧, 피케팅, 태업 등이 있다.
> ㉢ 사용자도 쟁의행위를 할 수 있다.
> ㉣ 사용자는 노동조합과의 단체교섭을 정당한 이유없이 거부할 수 있다.

① ㉠, ㉣ ② ㉡, ㉣
③ ㉡, ㉢ ④ ㉢, ㉣

해설 제시문은 헌법에서 위임을 받아 노등자의 근로 3권에 관한 내용을 규정한 '노동조합 및 노동관계조정법'에 대한 내용이다.
ㄴ. 근로자들이 근로 조건의 유지·개선을 위하여 정상적인 업무의 운영을 저해하는 각종 쟁의 행위를 할 수 있는 권리를 단체행동권이라고 하는데, 여기에는 파업, 태업, 보이콧, 피켓팅 등이 포함된다.
ㄷ. 사용자가 근로자 측의 쟁의행위에 대항하는 행위로서 업무의 정상적인 운영을 저해하는 행위로서 직장폐쇄를 할 수 있다. 업무의 정상적인 운영을 저해하는 행위라 함은 근로자가 제공하는 근로를 일시적으로 거부하는 행위로서 이를 통해 근로제공의 반대급부인 임금을 지급하지 않음으로써 근로자 측에게 경제적 압박을 가하려는 사용자측의 쟁의행위이다.

오답피하기
ㄱ. 주요 방위 산업체에 종사하는 자에게는 법률이 정하는 바에 의해 단체행동권이 제한되기도 한다.

> 헌법 제 33조 ② 공무원인 근로자는 법률이 정하는 자에 한하여 단결권·단체교섭권 및 단체행동권을 가진다.
> ③ 법률이 정하는 주요방위산업체에 종사하는 근로자의 단체행동권은 법률이 정하는 바에 의하여 이를 제한하거나 인정하지 아니할 수 있다.

ㄹ. 사용자가 노동조합과의 단체교섭을 정당한 이유없이 거부한 경우 부당노동행위가 되어 법적인 제재를 받는다.

정답 ③

09 밑줄 친 ㉠~㉣에 대한 설명으로 옳지 않은 것은? 2017 지방직

> 노동조합 전임자에 대한 근로시간의 면제 종료를 일방적으로 통보한 ㉠A회사의 행위가 노동조합의 기본적인 활동을 방해하는 행위라는 ㉡판정이 ㉢재심에서 내려졌다. 이 판정은 ㉣초심인 ㅇㅇ지방노동위원회의 판결을 취소하고 A회사의 노동조합의 주장을 받아들인 것이다.

① ㉢은 ㉣의 판정에 불복하는 경우에 중앙노동위원회에서 담당한다.
② ㉠은 ㉢에서 부당노동행위로 인정되었다.
③ ㉢은 A회사의 노동조합이 신청하였다.
④ A회사는 ㉡의 취소를 구하는 민사소송을 제기할 수 있다.

해설
④ ㉡의 판정이 재심에서 이루어졌다고 하므로 이는 중앙노동위원회의 판정이다. 중앙노동위원회의 판정의 취소를 구하려면 민사소송이 아니라 행정소송을 제기해야 한다.

오답피하기
① 초심은 지방노동위원회이고, 재심은 중앙노동위원회에서 담당한다.
② A회사의 행위가 노동조합의 기본적인 활동을 방행하는 행위라고 판정되었으므로 이는 부당노동행위에 해당된다는 의미이다.
③ 초심의 판결을 취소한 재심의 판결이 A회사의 노동조합의 주장을 받아들인 것이라고 하였으므로 초심에서는 A회사의 노동조합이 패소하였음을 알 수 있다. 따라서 재심은 A회사의 노동조합이 신청하였을 것이다.

정답 ④

10 다음 사례에 대한 옳은 법적 판단을 〈보기〉에서 고른 것은? 2017 지방직

> 근로자 갑(42세)은 동료들과 함께 노동조합을 결성하고 근로 조건의 개선을 위해 단체 교섭을 요구했으나 사용자가 이에 응하지 않아 법적 절차에 따라 파업을 이끌었다. 이에 사용자는 파업을 주도했다는 이유로 예고 없이 갑에게 거주지에서 아주 먼 지역으로 근무지를 옮기도록 발령하고, 기존 업무와 성격이 전혀 다른 업무를 수행하도록 하여 불이익을 주었다.

보기
ㄱ. 갑은 헌법에 명시된 단결권을 행사하지 못하였다.
ㄴ. 갑은 위법한 쟁의 행위를 통해 단체 행동권을 행사하였다.
ㄷ. 갑에 대해 사용자가 내린 조치는 부당 노동 행위로 볼 수 있다.
ㄹ. 갑 또는 갑이 속한 노동조합은 노동 위원회에 구제 신청을 할 수 있다.

① ㄱ, ㄴ　② ㄱ, ㄷ
③ ㄴ, ㄷ　④ ㄷ, ㄹ

해설 갑이 정당한 파업을 이끌었다는 이유로 사용자가 불이익을 준 것은 근로 3권을 침해한 것이다.
ㄷ. 근로자의 정당한 노동조합 활동을 이유로 근로자를 해고하거나 불이익을 주는 것은 부당 노동 행위에 해당한다.
ㄹ. 부당 노동 행위에 대해서는 근로자 또는 노동조합이 노동 위원회에 구제 신청을 할 수 있다.

오답피하기
ㄱ. 갑은 동료들과 함께 노동조합을 결성하였으므로 단결권을 행사하지 못한 것은 아니다.
ㄴ. 파업은 관련 법률에서 허용하고 있는 쟁의 행위 중 하나이다. 또한 사례에서는 단체 교섭 요구에 대한 정당한 사유 없는 사용자의 거부 행위, 즉 사용자의 부당 노동 행위에 대하여 법적 절차에 따라 파업을 하였으므로 위법한 쟁의 행위라고 볼 수 없다.

정답 ④

11 〈보기〉에 대한 설명으로 가장 옳은 것은?

2019 서울시 공개 및 경력 1회

보기

갑(甲, 20세)은 A사에 계약직으로 취업한 지 1년이 넘었다. 팀장이 바뀌면서 인사 평가 점수가 낮으니 회계 담당이던 갑(甲)에게 영업 업무까지 맡으라고 강요했다. 제안을 거절하면 정직원 전환이 안 될 것이라는 말을 듣고 억지로 일을 맡게 되었다. 그 후 갑(甲)은 영업 실적이 부족하고 업무 수행이 태만하다는 이유로 문자 메시지로 해고 통보를 받았다.

① A사의 해고 처분은 사유는 부당하나 절차상 하자는 없다.
② 갑(甲)은 부당해고에 대한 노동위원회의 심판 결과가 나오기 전에 해고 무효 확인 소송을 진행할 수 있다.
③ A사의 노동조합은 갑(甲)에 대한 부당해고를 이유로 노동위원회에 A사를 제소할 수 있다.
④ 갑(甲)이 부당해고에 대한 노동위원회의 결정에 이의가 있을 경우 노동위원회의 결정에 대하여 민사소송을 제기할 수 있다.

출제 단원 및 영역 법과정치 5단원 부당해고에 대한 구제절차

해설 정당한 해고가 되기 위해서는 ㉠ 정당한 사유 필요, ㉡ 30일 전 해고 계획 예고, ㉢ 해고 사유와 시기는 반드시 서면으로 통지, ㉣ 불가피한 경우에 한 함. ㉤ 합리적이고 공정한 기준을 적용하여 해고 대상자를 선정해야 한다.

사안의 경우 문자 메시지로 해고 통보를 하였으므로 이는 부당 해고에 해당한다.

② 부당해고의 경우 노동위원회와 법원 등을 통해 구제받을 수 있다.

- 노동위원회에 구제 신청 → 심판 결과에 이의가 있으면 행정법원에 소송 가능
- 노동위원회를 거치지 않고 바로 민사법원에 해고무효확인 소송 제기도 가능

오답피하기

① 사안의 경우 문자 메시지로 해고 통보를 하였으므로 이는 해고 처분에 절차상 하자가 있는 경우에 해당한다.
③ 부당해고 구제신청은 근로자가 주체이고, 부당노동행위 구제신청은 근로자 또는 노동조합이 주체이다. 따라서 A사의 노동조합은 갑(甲)에 대한 부당해고를 이유로 노동위원회에 A사를 제소할 수 없다.
④ 갑(甲)이 부당해고에 대한 노동위원회의 결정에 이의가 있을 경우 노동위원회의 결정에 대해서는 민사소송이 아닌 행정소송을 제기할 수 있다. 이 때 소의 대상이 되는 것은 노동위원회의 결정이기 때문에 행정소송을 제기해야 하며, 만약 노동위원회의 구제 신청을 하지 않고 바로 법원에 소송을 제기한 경우라면 민사소송이 된다.

정답 ②

12 근로 3권에 대한 설명으로 옳지 않은 것은?

2021 국가직

① 근로 3권은 근로자가 사용자와 대등한 지위에서 근로관계를 형성할 수 있도록 해준다.
② 사용자가 불공정한 방법으로 근로 3권을 침해하는 것은 부당노동행위에 해당한다.
③ 근로자는 근로조건 이외에도 사용자의 경영 전반에 걸쳐 제약 없이 단체교섭권을 행사할 수 있다.
④ 단체행동권의 정당한 행사에 따른 사용자와 손해에 대해 근로자는 법적 책임이 없다.

출제 단원 및 영역 정치와 법 5단원 근로 3권

해설

③ 단체교섭권은 근로 조건 향상을 위해서 인정되는 것이다. 따라서 사용자의 경영권에 해당하는 구조조정이나 신규 사업 진출 등은 단체 교섭의 대상이 되지 않는다.

오답피하기

① 근로자와 사용자 간에 대등한 지위에서 근로 관계를 형성할 수 있도록 해주는 것이 근로 3권이다.
② 부당노동행위에 대한 옳은 설명이다. 부당노동행위란 사용자가 불공정한 방법으로 근로 3권을 침해하는 행위를 말한다.
④ 정당한 단체행동권의 행사는 위법성이 없기 때문에 사용자와 손해에 대하여 법적 책임이 없다.

정답 ③

13 〈보기〉에서 밑줄 친 부분에 대한 사례 발표로 보기에 가장 어려운 것은? 2020 서울시(보훈청)

보기

사회자 노동 관련법 위반과 관련한 피해 사례를 발표해 주시기 바랍니다.
갑(甲) 제가 다니는 회사는 임금을 주는 날짜가 정해져 있지 않습니다. 회사 매출이 많을 때 주다 보니 임금 3개월치를 한꺼번에 받기도 합니다.
을(乙) 제대 후 PC방에서 아르바이트를 하는데, 하루에 12시간씩 일합니다. 일이 많아서 휴일도 없이 일주일 내내 일해야 합니다.
병(丙) 최근 회사 경영이 어려워졌다면서 여자들을 중심으로 해고를 시작했습니다. 저도 여자라는 이유로 갑자기 해고를 당했습니다.
정(丁) 회사가 엔터테인먼트 분야로 사업 영역을 확장하겠다고 합니다. 노동조합에서는 이러한 경영 계획에 반대하고 이 문제에 대한 협의를 위해 단체 교섭을 요청했지만 회사는 이를 거절했습니다.

① 갑(甲) ② 을(乙)
③ 병(丙) ④ 정(丁)

해설

④ 단체 교섭은 임금이나 근로 시간 등 근로 조건을 대상으로 하며, 사용자 측의 경영권과 관계되는 내용은 단체 교섭의 대상이 아니다. 사안의 경우 사업 영역 확장에 대하여 회사가 거절하였는데, 이는 단체 교섭의 대상이 되지 않는 사용자 측의 영역에 속하는 것이다. 따라서 사안의 경우 근로 3권을 보호하기 위해 제정된 노동조합 및 노동관계조정법에 위반되지 않는다.

오답피하기

① 근로 기준법에 따르면 임금은 매월 1회 이상 일정한 날짜에 지급한다고 되어 있는데, 임금을 주는 날짜도 정해져 있지 않고 3개월치를 한꺼번에 준다고 하였으므로 이는 근로 기준법에 위반된다.
② 근로 기준법에 의하면 휴게 시간을 제외하고 1일 8시간, 합의할 경우 1주일에 12시간 이내에서 연장할 수 있다고 규정하고 있다. 사안의 경우 하루 12시간씩 휴일도 없이 일주일 내내 일을 했다면 이는 주 52시간을 훨씬 넘은 주 84시간이 되어 근로 기준법에 위반된다.
③ 근로 기준법에 의하면 긴박한 경영상의 필요가 있을 경우 해고할 수 있다고 규정하고 있는데, 사안의 경우 여자라는 이유로 해고를 하였다. 이는 근로 기준법에 위반되고 부당해고에 해당한다.

정답 ④

소비자의 권리/제조물 책임[참고만]

01 다음에서 소비자의 권리 보호에 대한 설명으로 옳은 것만을 모두 고르면? 2018 지방직

ㄱ. 우리 헌법은 국가가 건전한 소비 행위를 계도하고 생산품의 품질 향상을 촉구하기 위한 소비자의 보호 운동을 법률이 정하는 바에 의하여 보장하도록 하고 있다.
ㄴ. 소비자분쟁조정위원회의 위원장으로부터 분쟁조정의 내용을 통지받은 당사자는 그 통지를 받은 날부터 15일 이내에 분쟁조정의 내용에 대한 수락 여부를 소비자 분쟁조정위원회에 통보하여야 하며, 이 경우 15일 이내에 의사표시가 없는 때에는 수리를 거부한 것으로 본다.
ㄷ. 제조물의 결함으로 생명·신체 또는 재산에 손해를 입은 사람이 구제를 받으려면 제조물의 제조과정에서 제조업자의 과실이 있었고, 그 과실로 인한 제조물의 결함으로 피해가 발생하였음을 입증하여야 한다.
ㄹ. 국가는 소비자의 합리적인 선택을 방해하고 소비자에게 손해를 끼칠 우려가 있다고 인정되는 사업자의 부당한 행위를 지정·고시할 수 있다.

① ㄱ, ㄴ ② ㄱ, ㄹ
③ ㄴ, ㄷ ④ ㄷ, ㄹ

해설 ㄱ. 헌법 제 124조 내용이다.

헌법 제124조 국가는 건전한 소비행위를 계도하고 생산품의 품질향상을 촉구하기 위한 소비자보호운동을 법률이 정하는 바에 의하여 보장한다.

ㄹ. 소비자 기본법 제12조 2항의 내용이다.

소비자 기본법 제2조 ② 국가는 소비자의 합리적인 선택을 방해하고 소비자에게 손해를 끼칠 우려가 있다고 인정되는 사업자의 부당한 행위를 지정·고시할 수 있다.

오답피하기

ㄴ. 15일 이내에 의사표시가 없는 때에는 수리를 거부한 것이 아니라 수락한 것으로 본다라고 소비자 기본법에 명시되어 있다.

소비자 기본법 제67조(분쟁조정의 효력 등) ①조정위원회의 위원장은 제66조의 규정에 따라 분쟁조정을 마친 때에는 지체 없이 당사자에게 그 분쟁조정의 내용을 통지하여야 한다.
②제1항의 규정에 따른 통지를 받은 당사자는 그 통지를 받은 날부터 15일 이내에 분쟁조정의 내용에 대한 수락 여부를 조정위원회에 통보하여야 한다. 이 경우 15일 이내에 의사표시가 없는 때에는 수락한 것으로 본다.

ㄷ. 제조물 책임을 인정하기 위해서는 소비자는 제품의 하자가 있다는 사실과 그로 인하여 손해를 입었다는 사실만 주장하면 된다. 제조물 책임은 제조자의 과실을 입증할 필요는 없는 무과실책임이기 때문이다.

정답 ②

02 제조물 책임에 대한 설명으로 옳지 않은 것은?

2014 국가직

① 제조물 책임이란 제조물의 결함으로 소비자에게 여러 손해가 발생한 경우, 제조업자나 영리 목적으로 공급한 자가 손해 배상의 책임을 지는 것을 말한다.
② 제조물 책임법상 결함이란 해당 제조물에 제조상·설계상 또는 표시상의 결함이 있거나 그 밖에 통상적으로 기대할 수 있는 안전성이 결여되어 있는 것을 말한다.
③ 대법원은 제조물로 인해 피해가 발생한 경우, 소비자 측이 제품의 결함 및 그 결함과 손해의 발생과의 사이의 인과 관계를 과학적·기술적으로 입증해야 한다고 판시하고 있다.
④ 제조물의 결함이 제조업자가 해당 제조물을 공급한 당시의 법령에서 정하는 기준을 준수함으로써 발생하였다는 사실을 입증한 경우에는 제조물 책임을 면제받을 수 있다.

해설 제조물 책임법의 경우 제조물의 결합으로 손해가 발생한 경우 제조물의 제조자나 유통 관여자 등이 손해에 대한 배상 책임을 지도록 하기 위해 제정한 법이다. 이는 제조물 자체의 하자에 대하여 책임을 지도록 하는 것이 아니라 제조물 하자에 따른 확대 손해를 배상해주도록 하기 위해 만든 특별법이다.
③ 제조물로 인해 피해가 발생한 경우 소비자 측이 제품의 결함 및 그 결함과 손해의 발생 사이의 인과관계를 과학적·기술적으로 입증할 필요가 없고, 제조물이 손해를 유발하였다는 사실과 그 제조물에 결함이 존재한다는 사실만 증명하면 된다고 대법원에서 판시하였다.

오답피하기
①, ②, ④ 모두 제조물 책임법의 내용으로 옳은 지문이다.

정답 ③

03 다음 사례에서 「제조물 책임법」의 규정에 따라 회사 을이 책임을 면할 수 있는 경우가 아닌 것은?

2018 국가직

갑이 저녁식사를 한 후 거실에서 TV를 보던 중 TV가 갑자기 폭발하였다. 이 폭발로 갑은 얼굴에 파편을 맞아 상해를 입었고, 거실에 있던 골동품이 파손되었다. 이에 갑은 TV 제조자인 회사 을을 상대로 손해배상을 청구하였다.

① 회사 을이 해당 TV를 공급하지 아니하였다는 사실을 입증한 경우
② 회사 을이 해당 TV를 공급한 당시의 과학·기술 수준으로는 결함의 존재를 발견할 수 없었다는 사실을 입증한 경우
③ 회사 을이 해당 TV의 결함을 알지 못하였다는 사실을 입증한 경우
④ 회사 을이 TV를 공급한 당시의 법령에서 정하는 기술을 준수함으로써 해당 TV의 결함이 발생하였다는 사실을 입증한 경우

해설
③ 회사 을이 제조물의 결함을 알지 못하였다는 사실은 면책사유가 되지 않는다.

제조물 책임법 제4조(면책사유) ① 제3조에 따라 손해배상책임을 지는 자가 다음 각 호의 어느 하나에 해당하는 사실을 입증한 경우에는 이 법에 따른 손해배상책임을 면(免)한다. 1. 제조업자가 해당 제조물을 공급하지 아니하였다는 사실 2. 제조업자가 해당 제조물을 공급한 당시의 과학·기술 수준으로는 결함의 존재를 발견할 수 없었다는 사실 3. 제조물의 결함이 제조업자가 해당 제조물을 공급한 당시의 법령에서 정하는 기준을 준수함으로써 발생하였다는 사실 4. 원재료나 부품의 경우에는 그 원재료나 부품을 사용한 제조물 제조업자의 설계 또는 제작에 관한 지시로 인하여 결함이 발생하였다는 사실

정답 ③

사회법

01 〈보기〉의 ㉠~㉣ 중 사회법에 대한 설명으로 옳은 것은? 2016 경찰직 2차

보기

㉠ 사회법은 공법에 속한다.
㉡ 사회법의 종류에는 노동법, 사회 보장법, 경제법 등이 있다.
㉢ 노동법은 노사 간의 대등한 계약을 위해 고용 계약의 자유를 일정 부분 제한할 수 있다.
㉣ 경제법의 목적은 규제 완화를 통해 기업 발전을 지원하기 위한 것이다.

① ㉠, ㉢ ② ㉠, ㉣
③ ㉡, ㉢ ④ ㉡, ㉣

해설 사회법

① 의미: 사법(私法)의 영역인 개인 간의 관계에 국가가 개입하는 법
② 등장 배경: 자유방임적 자본주의 체제하에서 경제가 성장함에 따라 빈부 격차, 노동자와 사용자 간의 대립, 환경오염, 계약 자유의 원칙의 악용 등의 사회 문제가 대두되고, 국가가 적극적으로 개입해야 한다는 요구가 커지면서 사회법이 등장함.
③ 목적: 근로자, 장애인, 저소득층 등 사회적•경제적 약자의 권리를 보호하고 모든 국민의 최소한의 인간다운 생활을 보장하는 것
④ 특징
  ㉠ 공법과 사법의 중간적인 성격
  ㉡ 오늘날과 같은 복지국가에서 사회법의 중요성은 더욱 강조됨.
⑤ 종류
  ㉠ 노동법(근로기준법, 노동조합 및 노동관계조정법, 남녀고용평등법, 최저임금법 등)
  ㉡ 경제법(독점 규제 및 공정거래에 관한 법률, 소비자 기본법 등)
  ㉢ 사회 보장법(국민기초 생활 보장법, 국민 연금법, 국민 건강 보험법, 장애인 복지법, 고용 보험법, 노인 복지법 등)

㉡ 사회법의 종류에는 노동법, 사회 보장법, 경제법 등이 있다.
㉢ 노동법은 사법 영역인 사인 간의 관계에 국가가 개입하는 법이므로 고용 계약의 자유를 일정 부분 제한할 수 있다.

오답피하기

㉠ 사회법은 공법과 사법의 중간적인 성격의 법이다.
㉣ 경제법의 목적은 사회 · 경제적 약자의 권리를 보호하고 모든 국민의 최소한의 인간다운 생활을 보장하기 위한 것이지 규제 완화를 목적으로 하는 것은 아니다.

정답 ③

02 다음 상황을 배경으로 하여 등장한 법이 적용된 사례로 가장 적절하지 않은 것은? (단, 민법, 형법, 사회법 중의 하나와 관련된 설명이다.) 2017 경찰직 2차

자본주의 시장 체제는 근본적으로 모든 경제 활동을 개인의 자율과 책임에 맡기는 사적 자치의 원칙에 근거하고 있다. 사적 자치의 원칙은 경제 활동의 당사자들이 모두 평등하다는 의미를 전제하고 있지만, 실제로는 평등하지 않은 경우가 많다. 이런 불평등을 교정하고 근로자의 인간다운 삶을 보장하기 위해 국가가 개입하여 사적 자치의 원칙에 일정한 제한을 가하는 조치가 필요하다.

① 소비자의 권리를 보호하고 소비자 피해를 신속하게 구제한다.
② 국가가 범죄 피해자에게 일정한 한도의 구조금을 지급할 수 있다.
③ 인간다운 삶을 영위할 수 있는 근로 조건의 최저 수준을 보장한다.
④ 국민의 노령, 장애 또는 사망에 대해 연금을 지급한다.

해설 자본주의 시장 체제의 폐단으로 실질적 평등이 이루어지지 않아 사적 자치의 원리에 일정한 제한을 가하는 조치로 국가의 적극적 개입을 요구하고 인간다운 생활을 보장하기 위해 사회권이 등장하였다.
② 이는 범죄피해자구조 청구권으로 청구권에 해당한다.

오답피하기

①, ③, ④ 소비자의 권리, 근로 조건 최저 수준 보장, 연금 지급 등은 국가가 사적 자치 영역에 개입하여 인간다운 삶을 보장하기 위한 것들이다.

정답 ②

03 (가)에 포함되는 법률만을 〈보기〉에서 고르면?

2019 지방직

(가)는(은) 근대 자본주의 국가에서 나타나는 모순과 부조리를 해결하기 위해 등장한 법으로, 국민의 사적 영역에 국가가 개입하여 공법적 규제를 가할 수 있도록 제정된 법이다.

보기

ㄱ. 형사소송법
ㄴ. 근로기준법
ㄷ. 독점규제 및 공정거래에 관한 법률
ㄹ. 민법
ㅁ. 국가배상법
ㅂ. 소비자기본법

① ㄱ, ㄷ, ㄹ
② ㄱ, ㄹ, ㅁ
③ ㄴ, ㄷ, ㅂ
④ ㄴ, ㅁ, ㅂ

출제 단원 및 영역 법과정치 5단원 사회법

해설 (가)는 사회법이 들어간다. 사회법은 사법(私法)의 영역인 개인 간의 관계에 국가가 개입하는 법으로 자유방임적 자본주의 체제하에서 경제가 성장함에 따라 빈부 격차, 노동자와 사용자 간의 대립, 환경오염, 계약 자유의 원칙의 악용 등의 사회 문제가 대두되고, 국가가 적극적으로 개입해야 한다는 요구가 커지면서 등장하게 되었다. 사회법은 공법과 사법의 중간적인 성격의 법이다.

③ 근로기준법, 독점규제 및 공정거래에 관한 법률, 소비자 기본법은 사회법에 해당한다.

오답피하기

ㄱ. 형사소송법은 공법에 해당한다.
ㄹ. 민법은 사법에 해당한다.
ㅁ. 국가배상법은 공법에 해당하지만 판례는 사법으로 보아 민사소송에 의하고 있다.

정답 ③

04 다음 내용과 관련이 깊은 법의 종류로 보기 어려운 것은?

2018 소방직

- 자본주의의 문제점을 해결하기 위해 등장한 법이다.
- 공법과 사법의 중간 영역에 해당하는 제3의 법 영역이다.

① 최저 임금법
② 행정 소송법
③ 국민 연금법
④ 환경정책 기본법

해설 위의 설명은 사회법에 대한 것이다. 사회법은 사법(私法)의 영역인 개인 간의 관계에 국가가 개입하는 법으로 자유방임적 자본주의 체제하에서 경제가 성장함에 따라 빈부 격차, 노동자와 사용자 간의 대립, 환경오염, 계약 자유의 원칙의 악용 등의 사회 문제가 대두되고, 국가가 적극적으로 개입해야 한다는 요구가 커지면서 사회법이 등장하였다.

② 행정 소송법은 공법(公法)에 해당한다.

오답피하기

①, ③, ④ 모두 개인 간의 관계에 국가가 개입한 사회법에 해당한다.

사회법의 종류
㉠ 노동법(근로기준법, 노동조합 및 노동관계조정법, 남녀고용평등법, 최저임금법 등)
㉡ 경제법(독점 규제 및 공정거래에 관한 법률, 소비자 기본법 등),
㉢ 사회 보장법(국민기초 생활 보장법, 국민 연금법, 국민 건강 보험법, 장애인 복지법, 고용 보험법, 노인 복지법 등)
㉣ 환경법(환경정책 기본법, 대기 환경 보전법)

정답 ②

CHAPTER 06

국제 관계와 국제법

01 국제 관계와 한반도

국제 사회를 바라보는 관점

01 다음과 같은 甲, 乙의 주장에 대해 옳은 설명을 〈보기〉에서 있는 대로 고른 것은? 2015 경찰직 2차

甲 국제 사회란 힘에 의해 주도되며, 각국은 자국의 이익만을 추구하므로, 우리 역시 상대국보다 강한 힘을 가져야 한다.
乙 국제 사회는 인간의 이성과 윤리가 작동하고 국제 규범에 의해 지배되고 있으므로 우리는 국제법이나 국제기구 등을 통해 협력을 추구해야 한다.

보기
㉠ 甲은 구조주의적 관점을 대변한다.
㉡ 乙은 자유주의적 관점을 대변한다.
㉢ 甲은 국가 간 관계를 무정부 상태에 가깝다고 보며 세력 균형을 추구한다.
㉣ 乙은 국제 사회의 평화는 집단 안전 보장 전략으로 이루어질 수 있다고 본다.
㉤ 甲은 빈부격차로 인해 국가 간 협력이 어렵다고 본다.

① ㉠, ㉢ ② ㉠, ㉤
③ ㉡, ㉢, ㉣ ④ ㉡, ㉢, ㉣, ㉤

해설 국제사회를 바라보는 관점

구분	현실주의적 관점	자유주의적 관점
사상적 배경	• 홉스의 인간관(성악설)	• 계몽사상 (이성적 존재)
내용	• 국제 관계는 힘의 논리에 의해 지배됨	• 인간은 이성적 존재이므로 국가의 이성적 행동을 신뢰
전제	• 국가는 자국의 이익을 우선시 함	• 국제 사회에서도 도덕적 윤리 규범 존재
상황	• 국지적 · 국제적 분쟁 • 국가 및 민족적 이기주의	• 국제 협력, 긴장 완화 • 국제법, 국제기구, 국제 여론 등
평화 실현 방안	• 힘의 우위 확보 • 세력 균형과 군사 동맹을 통한 평화 유지	• 국제법과 국제기구의 중요성 강조 • 집단 안보 체제를 통한 국제 평화 보장
한계	• 국가 간의 상호 의존적 관계를 간과함 • 복잡한 국제 관계를 정치적 관점에서 지나치게 단순화하여 설명함 • 국제사회를 오직 힘의 논리만으로만 보기 때문에 너무나 비관적이고 비윤리적이라는 비판	• 자국의 이익을 우선시하고 힘의 논리가 지배하는 현실을 간과함.

• 국제사회를 바라보는 관점 중 갑은 힘의 논리에 의해 주도되고 각국은 자국의 이익만을 추구한다고 했으므로 현실주의적 관점에 해당하고, 을은 국제 사회가 인간의 이성과 윤리에 의해 작동되고 국제규범에 의해 지배되고 있다고 보므로 자유주의적 관점에 해당한다.
㉡, ㉢, ㉣은 모두 옳은 지문이다.

오답피하기
㉠ 갑은 현실주의적 관점을 대변한다.
㉤ 갑이 주장하는 현실주의적 관점에서는 국가가 자국의 이익만을 추구하기 때문에 국가 간의 협력이 어렵다고 본다..

정답 ③

02 국제사회를 바라보는 다음의 관점에 대한 설명으로 옳지 않은 것은? 2019 국가직

(가) 국가는 힘을 추구하며, 국가가 힘을 추구하는 데 있어 보편적 윤리는 중요한 관심의 대상이 아니라고 본다.
(나) 국제사회가 동물의 세계처럼 힘이 지배하는 세계가 아니라 인간의 이성과 윤리가 작동하는 사회라고 본다.

① (가)는 국제사회를 무정부 상태에 가깝다고 이해하고, 국가안보의 중요성을 강조한다.
② (가)는 (나)의 관점과 달리 경제, 환경, 인권 문제도 중시한다.
③ (나)는 국제사회가 보편적인 선이나 국제규범에 의해 지배되고 있다고 주장한다.
④ (나)는 (가)의 관점과 달리 국제법과 국제기구 등을 통해 평화적이고 협력적인 국제사회를 건설할 수 있다고 주장한다.

출제 단원 및 영역 법과정치 6단원 국제사회를 바라보는 관점

해설 국제사회를 바라보는 관점에는 실제로 나타날 수 있는 것을 바탕으로 생각하거나 행동하는 것을 기본으로 하는 현실주의적 관점과 각자 스스로 판단에 의해 생각하거나 행동하는 주의로 외교학에서는 국제 사회를 국제 규범과 평화가 존중되는 이상적인 것으로 여기는 자유주의적 관점이 있다. 제시문에서 국가가 힘을 추구한다고 보는 (가)는 현실주의적 관점, 세계가 인간의 이성과 윤리가 작동된다고 보는 (나)는 자유주의적 관점이다.

② 경제, 환경, 인권 문제는 현실주의적 관점과 자유주의적 관점 모두에서 관심을 가지고 중시한다. 현실주의적 관점에서는 자국의 이익을 위해 이러한 문제들에 접근할 것이고, 자유주의적 관점에서는 국제적으로 발생하는 다양한 문제들에 대응하기 위해 국가 간 연합과 협력을 통해 이를 해결하려고 한다는 점에서 차이가 있을 뿐이다.

오답피하기

① 현실주의적 관점에서는 각국이 자기의 이익을 추구한 나머지 국제사회를 무정부상태에 가깝다고 이해하며, 국가 안보를 중시한다. 자유주의적 관점과 현실주의적 관점은 모두 안보를 중시한다. 다만, 국제사회를 이성과 보편적 선이 작동한다는 자유주의적 관점보다는 국제관계가 힘의 논리가 지배하는 무정부성이 존재하는 것으로 보는 현실주의적 관점에서 보다 강조될 수 있을 뿐이다.
③ 자유주의적 관점에서는 국제사회가 보편적인 선이나 국제규범에 의해 지배되고 있다고 주장한다.
④ 국제법과 국제기구 등을 통해 평화적이고 협력적인 국제사회를 건설할 수 있다고 보는 것은 자유주의적 관점이고, 현실주의적 관점에서는 힘의 우위를 확보하거나 세력 균형 등을 통해 국제 평화를 유지할 수 있다고 본다.

정답 ②

03 다음 글에 나타난 국제 사회를 바라보는 관점에 대한 진술로 가장 옳은 것은? 예상 문제

모든 국가는 자국의 이익을 가장 중요하게 생각하기 때문에 국제 정치는 경쟁적 협력보다는 갈등의 요소가 더 많다. 결국 국제 사회는 무정부 상태의 매우 위험한 상태에 빠지므로 대외적으로 팽창을 과하는 국가의 공격에 대응할 자세를 항상 갖추어야 한다.

① 국제 관계에서 나타나는 상호 의존성을 중시한다.
② 국제 질서는 보편적인 규범이나 제도에 의해 지배된다.
③ 각 국가의 외교정책은 생존을 위한 전략에 기초해서 전개된다.
④ 국제법과 국제기구는 효과적으로 평화적인 국제 관계를 구축한다.

해설 모든 국가가 자국의 이익을 더 중시하고, 국제 정치는 협력보다는 갈등의 요소가 더 많다고 하고 있으며, 국제 사회는 무정부 상태의 위험에 빠져있다고 보고 있으므로 이는 '현실주의 관점'에 해당한다.

③ 국제사회는 자국의 이익을 추구하는 국가들로 인해 힘의 논리에 의해 지배된다. 따라서 각 국가의 외교정책은 생존을 위한 전략에 기초해서 군사동맹이나 세력균형을 통해 전개된다.

오답피하기

①, ②, ④ 모두 자유주의적 관점에 해당한다.

정답 ③

04 다음 자료는 국제 사회를 바라보는 두 관점 중 하나에 해당된다. 이에 대한 설명으로 가장 적절하지 않은 것은? 2020 경찰직 1차

> 국제 사회란 보편적인 선(善)이나 국제 규범에 의해 지배되고 있으며 국제적으로 발생하는 다양한 문제들에 대응하기 위해 국가 간 연합과 협력도 이루어지고 있습니다.

① 국제법과 국제기구의 중요성을 강조한다.
② 국제 사회에도 도덕 및 윤리 규범이 적용된다고 주장한다.
③ 국제 관계에서 자국의 이익을 최우선해야 한다고 강조한다.
④ 국가 간의 협력을 중시하며 집단 안보 체제를 강조한다.

출제 단원 및 영역 법과정치 6단원 국제 사회를 바라보는 관점

해설 위의 자료는 보편적인 선이나 국제 규범에 의해 국제사회가 지배되고, 국가 간 연합과 협력도 이루어지고 있다고 하였으므로 자유주의적 관점에 해당한다.
③ 현실주의적 관점에서는 국가란 이기적인 존재로서 자국의 이익을 최우선시 해야 한다고 본다.

오답피하기
①, ②, ④ 모두 자유주의적 관점에 해당하는 내용이다.

정답 ③

05 다음은 국제 정치를 바라보는 두 가지 관점이다. 이에 대한 옳은 설명을 〈보기〉에서 고른 것은? 2016 경찰직 1차

> 정보 혁명이 세계 정치에 미치는 영향에 대한 인식은 국제 정치를 보는 관점에 따라 다르게 나타난다. A 관점에서 본 정보 기술은 국가 이익을 극대화시키는 데 도구로 사용되는 권력 자원 중 하나이다. 따라서 정보 기술은 첨단 하드웨어의 보급이나 국가 전략 산업의 발달 정도로 이해되며, 국제 체제의 본질적인 변화를 야기하는 변수가 될 수 없다. 반면 B 관점에서 본 정보 기술은 세계 정치의 환경적 요소 중 하나이다. 따라서 정보 기술의 발달에 따라 가능하게 된 소통의 향상은 국제 협력을 달성할 수 있는 상호 의존의 환경을 제공한다.

보기

㉠ A 관점에서는 선진국의 발전이 후진국의 퇴행으로 귀결된다.
㉡ B 관점에 의하면 국제 사회에서 벌어지는 갈등은 국제기구나 국제법을 통해 평화적으로 해결될 수 있다.
㉢ A 관점에 비해 B 관점은 국제기구의 역할에 대해 긍정적이다.
㉣ A 관점과 B 관점 모두 국제 사회를 무정부 상태로 규정한다.

① ㉠, ㉡ ② ㉠, ㉣
③ ㉡, ㉢ ④ ㉢, ㉣

해설 A는 현실주의적 관점이고, B는 자유주의적 관점이다.
㉡, ㉢ 자유주의적 관점에서는 국제 사회에서 벌어지는 갈등을 국제법이나 국제기구를 통하여 평화적으로 해결할 수 있다고 본다. 그래서 국제법과 국제기구의 중요성을 강조한다.

오답피하기
㉠ 현실주의적 관점에서 선진국의 발전이 후진국의 퇴행으로 귀결된다고 보지는 않는다. 이렇게 보는 것은 구조주의적 관점이다. 구조주의적 관점에서는 선진국이라는 중심부 국가가 후진국이라는 주변부 국가와 착취에 가까운 불공정한 교역을 함으로써 이득을 얻고 반면 주변부 국가는 발전하지 못한다고 본다.
㉣ 국제 사회를 무정부 상태로 규정하는 것은 현실주의적 관점이다. 현실주의는 국제 관계를 힘의 논리에 의해 지배되는 사회라고 보고 국가 간의 갈등은 불가피하다고 본다. 즉 이렇게 끊임없이 힘의 논리에 의해 지배되는 국제사회는 국내 사회에서와 같은 강력한 기구가 존재하지 않으므로 사실상 무정부 상태라고 본다.

정답 ③

06 국제정치를 보는 다음과 같은 시각에 대한 설명으로 옳은 것은?

2013 국가직

> 국제 사회는 보편적인 가치나 질서에 의해서 지배되는 것이 아닙니다. 오로지 힘으로 주도될 뿐이지요.
> 각국은 각자 자국의 이익을 추구하기 위해 움직일 뿐이므로, 배려나 양보를 기대하는 데는 무리가 있습니다.

① 국제 사회의 안정을 위해서는 경쟁과 동맹을 통한 세력 균형이 필요하다고 본다.
② 국가 간의 비정치적, 기능적 교류를 통해 궁극적으로 평화를 이룩할 수 있다고 본다.
③ 국가뿐만 아니라 국제기구, 국가 간 기구, 민간기구 등도 국제정치의 주요 행위자라고 본다.
④ 국제 사회의 각 국가들은 비록 무정부 상태라고 하더라도 반복적인 상호작용을 통해 협력을 달성할 수 있다고 본다.

해설 사안의 경우 힘의 주도로 국제 사회가 지배된다고 하므로 이는 현실주의적 관점이다.
① 현실주의적 관점에서는 힘의 우위를 확보함으로서 국제 평화를 실현할 수 있다고 보므로 어떤 국가가 우월적 주도권을 잡는 것을 막음으로써 서로 공격할 수 없는 상황을 만들어 국가, 나아가 국제 사회의 평화와 안정에 이바지하는 것을 목표로 하는 전략을 수립할 수 있다고 한다. 이것을 세력 균형에 의한 평화 유지라고 한다.

오답피하기
②, ③, ④ 자유주의적 관점에서는 국가 간의 비정치적, 기능적 교류를 통해 궁극적 평화를 이루갈 수 있다고 보며, 국가 뿐만 아니라 국제기구나 민간 기구와의 협력이나 교류도 평화 실현에 중요한 역할을 수행하므로 국제 정치의 주요 행위자로 보고 있다. 그리고 반복적인 상호작용을 통한 규범적 합의를 강조하는 것 역시 자유주의적 관점이다.

정답 ①

07 국제 사회를 바라보는 관점 (가)와 (나)에 대한 설명으로 옳지 않은 것은?

2017 국가직

(가)	(나)
• 국제 사회는 이성과 보편적인 선(善)이 작동하는 사회로 국가 간 협력과 평화 건설이 가능하다. • 국제법과 국제기구를 통한 협력이 국제 평화 방안이다.	• 국제 사회는 힘의 논리가 지배하는 사회로 무정부성이 존재한다. • 국제법과 국제기구만으로는 국제 평화 건설이 어렵다.

① (가)는 국제 사회에서 상호 의존성을 중시한다.
② (나)는 국제 사회를 홉스의 인간관에서 이해한다.
③ (가)는 (나)와 달리 국가 안보를 가장 중시한다.
④ (나)는 (가)와 달리 국제 평화 방안으로 동맹과 세력 균형을 강조한다.

해설 (가)는 자유(이상)주의적 관점, (나)는 현실주의적 관점이다.
③ 자유주의적 관점과 현실주의적 관점은 모두 안보를 중시한다. 다만, 국제사회를 이성과 보편적 선이 작동한다는 자유주의적 관점보다는 국제관계가 힘의 논리가 지배하는 무정부성이 존재하는 것으로 보는 현실주의적 관점에서 보다 강조될 수 있을 뿐이다.

오답피하기
① 국제사회를 이성과 보편적 선이 작동한다고 보는 자유주의적 관점에서는 국가 간의 협력과 상호 의존성이 중시된다.
② 홉스의 인간관은 성악설이고 자연상태를 만인의 만인에 대한 투쟁상태로 본다. 현실주의적 관점도 국제사회를 자신의 이익을 위해서 힘의 논리에 의해 주도되는 것으로 본다는 점에서 홉스의 인간관에서 이해될 수 있다.
④ 자유주의적 관점에서 국제기구나 집단 안보체제, 국제법규를 통해 세계 평화가 유지될 수 있다고 보는 반면, 현실주의적 관점에서는 국가 간의 동맹에 의한 세력 균형에 의해 국제 평화가 유지된다고 본다.

정답 ③

08 국제 사회를 보는 관점에 대한 표이다. A, B에 대한 설명으로 옳은 것은? (단, A와 B는 현실주의, 자유주의 중 하나이다.) 2021년 소방직

질문 \ 국제 사회를 보는 관점	A	B
국제 사회의 행위자가 국가만 존재한다고 보는가?	예	아니요
국제 질서 유지를 위한 도덕, 법률, 제도가 존재한다고 보는가?	아니요	예

① A는 보편적인 선이나 윤리의 관점에서 국제 관계를 설명한다.
② A는 국제기구나 국제법을 통해서 평화적이고 협력적인 국제 관계가 충분히 유지될 수 있다고 본다.
③ B는 국가 간 협력을 통해 평화를 유지할 수 있다고 본다.
④ B는 국가 간 힘의 원리에 초점을 두고 국제 관계를 설명한다.

출제 단원 및 영역 정치와 법 6단원 국제사회를 바라보는 관점

해설 현실주의적 관점은 국제 사회의 행위자가 국가만 존재하고 자국의 이익만을 중시하고 힘의 논리가 적용되는 국제 사회를 무정부 상태라고 본다. 반면 자유주의적 관점은 국제사회에서 국가 뿐만 아니라 국제 기구 역시 중요한 행위 주체로 인식하고 국가를 이성적 존재로 보기 때문에 국제 질서 유지를 위한 도덕, 법률, 제도 등을 중시한다. 따라서 A는 현실주의적 관점, B는 자유주의적 관점이다.
③ 자유주의적 관점에서는 이성적인 존재로서의 국가를 신뢰하므로 국가 간 협력을 통해 평화를 유지할 수 있다고 본다.

오답피하기
① 보편적인 선이나 윤리의 관점에서 국제 관계를 설명하는 것은 자유주의적 관점이다.
② 국제기구나 국제법을 통해서 평화적이고 협력적인 국제 관계가 충분히 유지될 수 있다고 보는 것은 자유주의적 관점이다.
④ 국가 간 힘의 원리에 초점을 두고 국제 관계를 설명하는 것은 현실주의적 관점이다.

정답 ③

국제 관계의 특징과 국제 문제

01 다음 글이 설명하고 있는 국제 관계 현상은? 2013 지방직

> 20세기 중반까지 선진 공업국은 저개발 농업국을 식민지로 지배해 왔다. 지배국은 자국산의 공업 제품 및 자본을 식민지에 수출하고, 식민지는 지배국에 공업 원료와 식량을 공급하는 관계가 성립되었다. 식민지에서 독립한 뒤에도 저개발 국가들의 시장은 이전의 지배국 경제권에 종속되어 있어서 농업국이면서도 식량 자급마저 할 수 없는 형태로 산업 구조가 왜곡되어 그 자립성이 약화되었다.

① 민족 자결주의와 독립 문제
② 우루과이 라운드 시장 개방
③ 경제적 격차에 의한 남북 문제
④ 문화 제국주의에 의한 획일화

해설 위의 자료에서는 과거 제국주의 식민지 국가가 독립한 뒤에도 여전히 지배국의 경제권에 종속되어 있음을 나타나고 있어서 산업구조가 왜곡되고 그 자립성이 악화되었음을 보여준다. 이러한 국제관계를 부각시킨 이론이 종속이론이다.
③ 위의 자료는 경제적 격차에 의한 남북 문제를 보여주고 있다. 남북 문제라는 것은 경제적으로 부유한 북반구의 선진국과 경제적으로 어려운 남반구의 후진국간의 경제적 격차를 의미한다.

오답피하기
① 민족 자결주의는 각 민족은 정치적 운명을 스스로 결정할 권리가 있으며, 다른 민족의 간섭을 받을 수 없다는 주장으로 이것은 약소국에게는 제국주의 시대의 부당한 지배로부터 벗어나 자신들의 국가를 결성하는데 필요한 이론적 근거가 될 수 있었다.
② 우루과이 라운드는 자유무역 확대를 위한 세계의 움직임이다.
④ 문화 제국주의에 의한 획일화는 식민지 국가에 자신들의 문화를 강제적으로 이입하려는 움직임을 의미한다.

정답 ③

02 오늘날 국제문제에 대한 설명으로 옳은 것은?

2017 지방직

① 탈냉전기 이후 국제사회의 주요 문제로 환경, 보건, 인권문제 등이 부가되었으나, 안보 문제는 주요 문제로 인식되지 않고 있다.
② 환경, 보건, 인권 등 국제문제의 해결은 문제의 원인을 제공하는 국가가 책임지고 독자적으로 해결해야 한다는 원칙이 오늘날 국제사회에 적용되고 있다.
③ 온실가스 배출량 감축을 위한 '교토 의정서'에 미국은 비준을 거부하였다.
④ 국가 간 경제 적자로 동서문제가 심화되면서 세계 평화가 위협받고 있다.

해설
③ 교토 의정서는 지구 온난화 규제 및 방지를 위한 국제 협약인 기후변화 협약의 구체적 이행방안으로 선진국의 온실가스 배출의 감축 목표치를 설정하였다. 이에 대해서 미국은 이산화탄소의 배출량이 많은 국가로서 자국의 이익을 위해 교토의정서 비준을 거부하고 탈퇴하였다.

오답피하기
① 탈냉전 이후 국제 사회는 환경, 보건, 인권문제가 부각되고 있지만 안보 문제 역시 중요한 문제로 인식되고 있다. 과거 냉전시대에서는 이념 갈등으로 인한 분쟁이었다면 현재는 민족·종교·인종 등에 의한 갈등으로 양상이 바뀌었을 뿐이다.
② 오늘날 환경, 보건, 인권 등의 국제 문제에 대해서는 한 국가의 고유한 문제라기 보다는 주변 국가 더 나아가 국제 사회 전체가 해결해야 한다는 문제로 인식되고 있다.
④ 선진국과 저개발국가 간의 경제적 격차로 인한 문제를 '남북문제'라고 한다. 반면 '동서문제'라고 하는 것은 냉전시대 이념에 따른 대립의 문제로서 소련을 중심으로 하는 동유럽 등의 사회주의 세력과 미국을 중심으로 하는 서유럽 자유주의 진영과의 정치적·군사적 대립을 의미한다.

정답 ③

국제 사회의 형성과 변천

01 오늘날의 국제사회가 형성되기까지의 과정을 순서대로 바르게 나열한 것은?

2015 사회복지직

ㄱ. 국제연합 창설
ㄴ. 제국주의에 기초한 유럽열강의 식민지 확보 경쟁
ㄷ. 다극체제
ㄹ. 국제연맹 창설

① ㄴ－ㄱ－ㄹ－ㄷ
② ㄴ－ㄹ－ㄱ－ㄷ
③ ㄹ－ㄷ－ㄱ－ㄴ
④ ㄹ－ㄷ－ㄴ－ㄱ

해설 국제 사회의 형성 과정을 이해하고 있어야 한다.
중세 사회 → 베스트팔렌 조약 → 제국주의 시대 → 국제 연맹 → 국제 연합 → 냉전 시대 → 냉전 완화 → 냉전 해체 → 탈냉전의 다극 체제
② ㄴ. 제국주의에 기초한 유럽열강의 식민지 확보 경쟁 (19세기 후반) → ㄹ. 국제연맹 창설(1920년) → ㄱ. 국제연합 창설 (1945년) → ㄷ. 다극체제 (1990년 이후)

정답 ②

02 국제사회의 변천 과정에 대한 설명으로 옳지 않은 것은?
2020 지방직 · 서울시

① 1648년 베스트팔렌 조약을 기점으로 영토, 국민, 주권을 지닌 국민국가가 국제사회의 주체로 등장하였다.
② 국제연맹은 미국의 참여와 주도에도 불구하고 일본과 독일, 이탈리아의 탈퇴로 실질적인 효과를 거두지 못하였다.
③ 미국은 1947년 트루먼 독트린을 통해 공산주의 세력의 위협을 받는 국가에 군사 및 경제 원조를 제공하였다.
④ 1990년대 들어 냉전이 종식되면서 민족, 종교, 영토, 자원 등으로 인한 분쟁은 오히려 증가했다.

해설

② 국제 연맹의 경우 미국과 같은 초강대국이 참여하지 않았기 때문에 국제 기구로서의 역할을 제대로 못했다. 이를 계기로 이후 국제 연합의 경우 강대국들을 모두 참여시키면서 국제 기구로서의 면모를 갖추게 되었다.

오답피하기

① 30년 전쟁 종식의 결과 체결된 베스트팔렌조약은 기존의 불명확한 영토를 확실하게 경계지음으로써 자국 내의 왕권이 절대적으로 미치게하여 왕권 강화를 가져 왔으며, 근대적 의미의 주권 국가가 등장하게 되었다.
③ 트루먼 독트린은 냉전 시대 자유주의를 수호하기 위해 공산화 위협에 직면한 그리스와 터키에 대한 경제적 원조 및 군사적 지원한 것이다.
④ 냉전이 종식되면서 자국은 이념이 아닌 실리를 추구하게 되었으며, 이를 통해 오히려 냉전 시대보다 민족, 종교, 영토, 자원과 관련된 국지직 분쟁은 더욱 증가하였다.

정답 ②

03 1648년에 맺어진 베스트팔렌조약에 대한 설명으로 옳은 것을 모두 고른 것은?
2015 국가직

ㄱ. 교황권이 군주권보다 우위에 있음을 확인하였다.
ㄴ. 주권국가 개념이 확립되기 시작하였다.
ㄷ. 국제기구 설립과 다자협의를 통한 평화 유지에 합의하였다.
ㄹ. 30년 전쟁을 종결시켰다.

① ㄱ, ㄷ
② ㄱ, ㄹ
③ ㄴ, ㄷ
④ ㄴ, ㄹ

해설

ㄴ. 베스트팔렌 조약의 결과 각 국가의 왕권이 강해진 독립된 주권 국가들이 등장하면서 근대 정치 질서가 자리 잡게 되었다.
ㄹ. 30년 전쟁의 종식의 결과로 베스트팔렌 조약을 체결하였다.

오답피하기

ㄱ. 베스트팔렌 조약의 결과 그동안 강력했던 교황의 권력이 약해지고 각 국가의 왕권이 강해진 독립된 주권 국가들이 등장하면서 근대 정치 질서가 자리 잡게 되었다.
ㄷ. 국제기구 설립과 다자협의를 통한 평화 유지에 합의한 것은 20세기 초의 국제 사회의 모습이다.

정답 ④

04 국제 사회의 변천 과정에 대한 설명으로 옳지 않은 것은? 2017 국가직

① 30년 전쟁을 종결하기 위해 체결된 베스트팔렌 조약으로 민족 단위의 주권 국가가 국제 사회의 주체로 떠올랐다.
② 제1차 세계 대전 이후 국제 평화와 안전 및 협력 증진을 위해 국제 연맹이 창설되었으나 실질적인 효과를 거두지 못하였다.
③ 트루먼 독트린은 제국주의와 식민주의의 확산 방지를 위해 미국이 동맹국에 군사·경제 원조를 약속한 것으로, 냉전체제 성립의 계기가 되었다.
④ 지중해의 몰타에서 미·소 정상이 만나 동서 대결의 종식을 선언한 후 탈냉전 시기가 도래하였다.

해설

③ 그리스와 터키에 소련의 공산주의 세력이 확산되는 것을 막기 위해서 미국이 군사·경제적 원조를 한 것이 트루먼 독트린이다. 이를 계기로 냉전 체제가 형성되었다. 즉 트루먼 독트린은 제국주의와 식민주의의 확산을 막은 것은 아니다.

오답피하기

① 30년 전쟁 후 체결된 베스트팔렌조약은 교황 중심의 중세시대에서 민족 단위의 근대적 국가가 등장하여 새로운 국제 질서를 형성하였다.
② 제 1차 세계대전 이후 창설한 국제연맹은 미국의 불참과 일본과 독일, 이탈리아의 탈퇴 등으로 인해 강대국의 참여가 부족하였고 군사적 강제력을 행사할 수 있는 권한도 없어 실질적인 효과를 거두지는 못하였다.
④ 몰타에서 미국의 부시 대통령과 소련의 고르바초프 서기장이 만나 냉전체제를 종식시키는 선언을 하였다. 이를 통해 탈냉전 시대가 도래하였다.

정답 ③

국제 사회의 행위 주체

01 국제사회의 행위주체에 대한 설명으로 옳은 것은? 2019 지방직

① 유럽연합(European Union)은 기능적 범위가 제한적이지 않고 포괄적인 국제기구이다.
② 국제연합(United Nations)과 국제사면위원회(Amnesty International)는 정부 간 국제기구이다.
③ 여러 나라에 계열회사를 두고 국제적 생산·판매 활동을 하는 대기업은 행위주체가 아니다.
④ 전직 국가원수나 저명 예술가는 행위주체가 될 수 없다.

출제 단원 및 영역 법과정치 6단원 국제사회의 행위주체

해설

① 유럽연합은 국가를 구성원으로 하는 정부 간 국제기구이자 기능적 범위가 제한적이지 않은 포괄적인 국제기구이다.

오답피하기

② 국제연합은 정부 간 국제기구이지만, 국제사면위원회는 비정부 간 국제기구이다. 2015년 사회복지직 시험에서 국제사면위원회가 비정부간 기구로 출제된 적이 있다.
③, ④ 다국적 기업과 국제적으로 영향력 있는 개인, 즉 전직 국가원수나 저명 예술가 등도 국제사회의 행위주체가 될 수 있다.

정답 ①

02 ㉠, ㉡의 예로 옳게 짝지어진 것은?

2015 사회복지직

> 21세기 국제체제에는 다양한 행위자가 있다. 그 중 초국가적 행위자에는 ㉠ 정부간 기구와 ㉡ 비정부간 기구가 있다.

	㉠	㉡
①	세계무역기구(WTO)	북미자유무역협정(NAFTA)
②	국제사면위원회(AI)	유럽연합(EU)
③	국제인권연맹(ILHR)	국제올림픽위원회(IOC)
④	국제통화기금(IMF)	국경없는 의사회(MSF)

해설 정부간 기구와 비정부간 기구

정부 간 국제 기구: 정부를 구성원으로 하는 국제 조직	예 국제연합(UN), 유럽연합(EU), 국제통화기금 (IMF), 세계 무역 기구 (WTO)
비정부 간 국제 기구: 국제적 활동을 하는 시민 사회 단체	예 국제 적십자사, 국제 올림픽 위원회, 그린피스,

④ 국제통화기금(IMF)은 정부 간 기구이며, 국경없는 의사회(MSF)는 비정부 간 기구이다.

오답피하기

① 세계무역기구(WTO)는 정부 간 기구이며, 북미자유무역협정(NAFTA)는 정부 간 기구이다.
② 국제사면위원회(AI)는 비정부 간 기구이며, 유럽연합(EU)은 정부 간 기구이다.
③ 국제인권연맹(ILHR)은 비정부 간 기구이며, 국제올림픽위원회(IOC)도 비정부 간 기구에 해당한다.

정답 ④

02 국제 관계와 국제법

국제법의 법원

01 체결 · 비준된 우리나라 자유무역협정(FTA)에 대한 설명으로 옳지 않은 것은?

2017 국가직 생활안전

① 우리나라 국내법과 같은 효력을 가진다.
② 국제관습법 중 하나이다.
③ 국회의 동의를 요하는 국제법상 조약이다.
④ 체결 · 비준권은 대통령에게 있다.

해설

② FTA는 우리나라와 미국이 체결한 조약에 해당한다.

오답피하기

① 조약에 대하여 우리 헌법에서는 국내법과 같은 효력을 가진다고 규정하고 있다.
③ FTA는 국가에 중대한 재정적 부담을 지우는 조약이다. 따라서 국회의 동의를 요하는 조약이다.

> 헌법 제60조 ① 국회는 상호원조 또는 안전보장에 관한 조약, 중요한 국제조직에 관한 조약, 우호통상항해조약, 주권의 제약에 관한 조약, 강화조약, 국가나 국민에게 중대한 재정적 부담을 지우는 조약 또는 입법사항에 관한 조약의 체결 · 비준에 대한 동의권을 가진다.
> ② 국회는 선전포고, 국군의 외국에의 파견 또는 외국군대의 대한민국 영역안에서의 주류에 대한 동의권을 가진다.

④ 조약의 체결 · 비준권은 대통령에게 있다.

정답 ②

02 교토 의정서, 남극해양생물자원보존에 관한 협약과 같은 유형의 국제법에 대한 일반적인 특성을 고른 것은?

2013 서울시

가 체결 당사국만을 구속한다.
나 문서 형식으로 이루어진 국제적 합의이다.
다 법의 일반 원칙으로 가입국들에게 적용되는 국제 규범이다.
라 불문화된 형태지만 국제 사회의 모든 구성원에게 적용된다.

① 가, 나
② 가, 다
③ 나, 다
④ 나, 라
⑤ 다, 라

해설 교토의 정서와 남극해양생물자원보존에 관한 협약과 같은 유형의 국제법은 조약이다.
가. 조약은 체결당사국만 구속하며, 국제 관습법은 모든 국가를 구속한다.
나. 조약이란 문서 형식으로 이루어진 국가 간의 합의이다.

오답피하기
다. 법의 일반 원칙이 아니라 조약에 해당한다.
라. 조약은 문서로 된 국가 간의 합의로써 불문화된 형태가 아니고 불문화된 형태로서 국제 사회의 모든 구성원에게 적용되는 것은 국제 관습법이다.

정답 ①

03 다음 중 국제법에 설명으로 적절하지 않은 것은?

2016 경찰직 2차

① 국제법은 단일하고 고유한 입법 기구나 집행 기구를 가지지 못한다.
② 국제법의 법원으로는 조약, 국제 관습법, 법의 일반 원칙 등이 있다.
③ 국제법은 국가 간에 명시적 혹은 묵시적인 합의를 기초로 형성된다.
④ 세계인권선언은 국제법으로서 국내법에 우선한다.

해설
④ 세계 인권 선언은 법적 구속력이 없는 결의문에 불과하므로 국내법에 우선할 수 없다. 헌법재판소도 같은 입장이다.

정답 ④

04 〈보기〉에서 국제 관습법으로 가장 옳게 묶인 것은?

2019 서울시 공개 및 경력 1회

보기
ㄱ. 신법 우선의 원칙
ㄴ. 외교관 면책 특권
ㄷ. 국내 문제 불간섭 원칙
ㄹ. 권리 남용 금지의 원칙

① ㄱ, ㄴ
② ㄱ, ㄷ
③ ㄴ, ㄷ
④ ㄴ, ㄹ

출제 단원 및 영역 법과정치 6단원 국제법

해설
ㄴ, ㄷ. 외교관의 면책 특권과 국내 문제 불간섭의 원칙은 국제 사회의 반복적인 관행이 법 규범으로 승인되어 효력을 가지게 된 국제 관습법에 해당한다.

오답피하기
ㄱ, ㄹ. 신법 우선의 원칙과 권리 남용 금지의 원칙은 문명국들이 공통적으로 승인하여 따르는 법의 일반원칙으로 이는 국제 분쟁 발생 시 관련 법규가 없거나 법규의 내용이 명확하지 않을 경우 재판의 준거가 되는 보충적 법원이다.

정답 ③

05 헌법상 조약에 관련된 설명으로 옳지 않은 것은?

2019 국가직

① 헌법에 의하여 체결・공포된 조약은 국내법과 같은 효력을 가진다.

② 대통령은 조약에 대한 체결・비준권을 가진다.

③ 국회는 모든 조약의 체결・비준에 대해 동의권을 가진다.

④ 외국인은 국제법과 조약이 정하는 바에 의하여 그 지위가 보장된다.

출제 단원 및 영역 법과정치 6단원 조약

해설 위의 제시문은 모두 헌법상 조약에 관한 규정들이다. 조약은 국가 간 또는 국제기구와 국가 간에 체결하는 법적 구속력을 가진 문서 형식의 합의로서 우리나라의 경우 체결・비준권은 대통령, 이에 대한 동의권은 국회에 있다.

③ 모든 조약이 국회의 동의 대상이 되는 것은 아니고 우리 헌법에서는 국회의 동의를 필요로 하는 조약을 규정하고 있다. 조약의 경우 국회의 동의를 얻은 경우 법률과 같은 효력을 가지고, 동의를 얻지 않은 조약의 경우 명령과 같은 효력을 가진다고 보는 것이 통설의 견해이다.

> 헌법 제 60조 ① 국회는 상호원조 또는 안전보장에 관한 조약, 중요한 국제조직에 관한 조약, 우호통상항해조약, 주권의 제약에 관한 조약, 강화조약, 국가나 국민에게 중대한 재정적 부담을 지우는 조약 또는 입법사항에 관한 조약의 체결・비준에 대한 동의권을 가진다.
> ② 국회는 선전포고, 국군의 외국에의 파견 또는 외국군대의 대한민국 영역안에서의 주류에 대한 동의권을 가진다.

오답피하기

①, ④ 헌법 제 6조의 내용이다.

> 헌법 제 6조 ① 헌법에 의하여 체결・공포된 조약과 일반적으로 승인된 국제법규는 국내법과 같은 효력을 가진다.
> ② 외국인은 국제법과 조약이 정하는 바에 의하여 그 지위가 보장된다.

② 헌법 제 73조의 내용이다. 조약의 체결・비준권은 대통령에게 조약의 체결・비준에 대한 동의권은 국회에 있다.

> 헌법 제73조 대통령은 조약을 체결・비준하고, 외교사절을 신임・접수 또는 파견하며, 선전포고와 강화를 한다.

정답 ③

06 다음 설명하는 (가), (나)에 대한 판단으로 가장 옳은 것은?

2016 해양경찰

> (가) 집단학살(Genocide) 금지원칙, 조약은 준수되어야 한다는 원칙, 전쟁범죄의 일반원칙
> (나) 한・미상호방위조약, 한・미범죄인인도조약, 한・일어업협정, 한・칠레자유무역협정

① (가)의 비준권은 국가 원수인 대통령에게 있다.

② (나)는 헌법에 의하여 체결・공포되었다면 국내법과 같은 효력을 가진다.

③ (가), (나)는 국회의 동의를 얻어야 국내에서 법적 효력을 가진다.

④ (가), (나)에 관련된 분쟁에 관하여는 국제 사법재판소가 강제적 관할권을 가진다.

해설 (가)는 국제관습법에 해당하고, (나)는 조약에 해당한다.

② 헌법 제 6조 제1항에 따라 헌법에 의하여 체결・공포된 조약은 국내법과 같은 효력을 가진다.

오답피하기

① 국제 관습법은 국제적인 관행이 오랜 기간에 걸쳐 반복되면서 법적 승인에 이르게 된 것으로 조약과 달리 별도의 체결 절차가 필요하지 않다. 따라서 국제 관습법은 비준권이 대통령에 있는 것이 아니다.

③ 중요한 조약의 경우 국회의 동의를 요하지만, 국제 관습법은 별도의 체결절차 없이 국내법과 같은 효력을 가지므로 국회의 동의를 요하지 않는다.

④ 강제적 관할권이란 분쟁 당사국이 일방적으로 소를 제기하면 재판이 열리는 것을 말하는데, 국제사법재판소의 경우 분쟁 당사자가 서로 합의를 한 경우에만 재판을 하는 임의적 관할권을 가진다.

정답 ②

07 **'자유무역협정(FTA)', '교토의정서'와 같은 국제법의 법원(法源)에 대한 설명으로 적절한 것만을 〈보기〉에서 모두 고른 것은?** 2020 경찰직 2차

보기

ㄱ 국회의 동의를 얻어 대통령이 체결·공포한 경우 국내법과 동등한 효력을 가진다.
ㄴ 문명국들이 공통으로 승인하여 따르는 법의 보편적 원칙이다.
ㄷ 국가 간 또는 국제기구와 국가 간에 체결하는 법적 구속력을 가진 문서 형식의 합의이다.
ㄹ 원칙적으로 국제 사회의 모든 국가에 대하여 법적 구속력을 가진다.

① ㄱ, ㄷ　② ㄴ, ㄷ
③ ㄴ, ㄹ　④ ㄷ, ㄹ

해설 '자유무역협정(FTA)', '교토의정서'와 같은 국제법의 법원(法源)은 조약이다.

ㄱ 조약은 국회의 동의를 얻어 대통령이 체결·공포한 경우 국내법과 동등한 효력을 가진다. 이에 대하여 국회의 동의를 얻은 조약은 법률, 국회의 동의를 요하지 않는 조약은 명령과 같은 효력을 가진다고 보는 것이 통설의 입장이다.

헌법 제6조 ① 헌법에 의하여 체결·공포된 조약과 일반적으로 승인된 국제법규는 국내법과 같은 효력을 가진다.

ㄷ 국가 간 또는 국제기구와 국가 간에 체결하는 법적 구속력을 가진 문서 형식의 합의를 조약이라 한다.

오답피하기

ㄴ 문명국들이 공통으로 승인하여 따르는 법의 보편적 원칙은 법의 일반 원칙이다.
ㄹ 조약은 원칙적으로 체결한 당사국에게만 효력이 있는데, 이를 조약의 상대적 효력이라고 한다. 반면 국제 관습법과 법의 일반 원칙은 국제 사회의 모든 국가에 대하여 법적 구속력을 가진다.

정답 ①

08 **국제법의 법원(法源) (가)~(다)에 대한 설명으로 옳은 것은? (단, (가)~(다)는 조약, 국제 관습법, 법의 일반 원칙 중 하나이다)** 2020 국가직

(가) 국내 문제 불간섭 원칙
(나) 신의 성실의 원칙, 권리 남용 금지의 원칙
(다) 한미 상호 방위 조약, 교토 의정서

① (가)는 국제 행위 주체 간의 합의가 명시적 문서로 작성된 것이다.
② (나)는 문명국들이 공통적으로 승인하여 따르는 법의 보편적인 원칙이다.
③ (다)는 국제 사회의 관행이 국제 사회에서 법으로 승인된 것이다.
④ 우리나라에서 (가), (나)가 국내법과 같은 효력을 갖기 위해서는 별도의 법적 절차를 거쳐야 한다.

출제 단원 및 영역 법과정치 6단원 국제법의 법원(法院)

해설 (가)는 국제 관습법, (나)는 법의 일반 원칙, (다)는 조약이다.
② 법의 일반 원칙이란 문명국들이 공통적으로 승인하여 따르는 법의 보편적인 원칙으로 국제 분쟁과 관련한 재판에서 조약이나 국제 관습법이 없거나 불명확할 경우 적용되는 보충적 법원이다.

오답피하기

① 국제 행위 주체 간의 합의가 명시적 문서로 작성된 것은 조약이고, 국제 관습법은 국제 사회의 관행이 법적 확신을 얻어 법원으로 인정된 것으로 묵시적 합의에 기인한다.
③ 국제 사회의 관행이 국제 사회에서 법으로 승인된 것은 국제 관습법이다.
④ 우리나라에서는 중요한 조약에 대하여 국회의 동의를 얻어 대통령이 비준하는 등의 별도의 법적 절차를 요하지만, 국제 관습법과 법의 일반 원칙은 별도의 법적 절차를 필요로 하지 않는다. 또한 우리나라에서는 헌법 제6조 ①항에서 '헌법에 의하여 체결·공포된 조약과 일반적으로 승인된 국제법규는 국내법과 같은 효력을 가진다.'라고 규정하여 국제법과 국내법의 관계를 일원론으로 보아 별도의 변형 절차없이 국내법과 같은 효력을 가지도록 하고 있다.

정답 ②

09 국내법과 국제법의 구별 및 그 관계에 대한 설명으로 옳은 것은? 2014 지방직

① 헌법 규정상 우호 통상 항해 조약은 국회의 동의를 거쳐 대통령이 체결·비준한다.
② 국제법은 범세계적인 입법 기관에서 제정되므로 국내법과 법원(法源)이 동일하다.
③ 국제법을 위반한 경우 국내법을 위반한 경우보다 이행을 강제하기가 쉽고 제재 수단도 강력하다.
④ 헌법에 의하여 체결·공포된 조약과 일반적으로 승인된 국제 법규는 국내법보다 상위의 효력을 가진다.

해설 우리 헌법 제6조 제1항에서는 "헌법에 의하여 체결·공포된 조약과 일반적으로 승인된 국제법규는 국내법과 같은 효력을 가진다."라고 규정하여 국제법의 지위를 규정하고 있다. 이 때 조약의 지위와 관련하여 국회의 동의를 얻어 체결한 조약은 법률과 국회의 동의가 필요 없는 조약은 명령과 같은 효력을 지닌다고 보는 것이 통설이다.
① 헌법 제 60조 ①항 "국회는 상호원조 또는 안전보장에 관한 조약, 중요한 국제조직에 관한 조약, 우호통상항해조약, 주권의 제약에 관한 조약, 강화조약, 국가나 국민에게 중대한 재정적 부담을 지우는 조약 또는 입법사항에 관한 조약의 체결·비준에 대한 동의권을 가진다."

오답피하기
② 범세계적인 입법 기관은 존재하지 않으며, 국제법의 법원(法源)은 조약과 국제 관습법 등으로 이는 헌법과 법률, 명령 등이 법원(法源)인 국내법과는 다르다.
③ 국제법을 위반하더라도 이행을 강제할 수 있는 기관이 마땅치가 않기 때문에 제재 수단도 미비할 수 밖에 없다.
④ 헌법 제6조 제1항에 따르면 헌법에 의하여 체결·공포된 조약과 일반적으로 승인된 국제법규는 국내법과 같은 효력을 가진다.

정답 ①

10 다음에서 국제법의 법원에 대한 설명으로 적절한 것을 모두 고른 것은? 2015 경찰직 3차

> ㉠ 우리나라에서 조약의 체결권은 국회에 있다.
> ㉡ 대표적인 국제관습법은 국내 문제 불간섭 원칙, 외교관 면책특권, 전쟁포로에 대한 인도적 대우 등이 있다.
> ㉢ 조약의 당사국은 조약의 규정을 준수하고, 성실히 이행해야 할 의무를 지닌다.
> ㉣ 국제관습법도 조약과 같이 별도의 체결절차를 거쳐야 법적 구속력이 발생한다.

① ㉠, ㉣ ② ㉡, ㉣
③ ㉡, ㉢ ④ ㉢, ㉣

해설 국제 사회에서 국제 행위 주체들의 관계를 규율하고 국제 질서를 유지하는 규범이나 원칙을 국제법이라고 하는데, 대표적인 국제법으로 조약과 국제 관습법이 있다.
ㄴ. 국내문제 불간섭 원칙, 외교관 면책특권, 전쟁포로에 대한 인도적 대우 등은 대표적인 국제 관습법이다.
ㄷ. 조약 체결 역시 국가 사이의 합의, 즉 계약이므로 조약의 당사국은 조약의 규정을 준수하고, 성실히 이행해야 할 의무를 지닌다.

오답피하기
ㄱ. 우리나라에서 조약의 체결권은 대통령에게 있다.

> 헌법 제 73조 대통령은 조약을 체결·비준하고, 외교사절을 신임·접수 또는 파견하며, 선전포고와 강화를 한다.

ㄹ. 국제 관습법은 별도의 체결절차가 필요 없이 당연히 모든 국가에 대하여 법적 구속력을 가진다.

정답 ③

11 **국제법의 법원 (가)~(다)를 구분한 것이다. 이에 대해 옳은 설명만을 〈보기〉에서 모두 고른 것은? (단, (가)~(다)는 각각 조약, 국제 관습법, 법의 일반 원칙 중 하나이다.)** 2021년 소방직

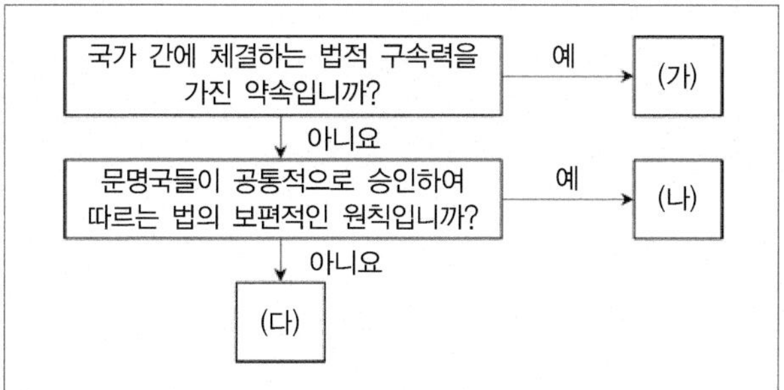

보기

ㄱ. (가)는 당사국이 셋 이상인 경우에도 체결할 수 있다.
ㄴ. 우리나라의 경우 (가)의 체결권은 대통령, 비준권은 국회에 있다.
ㄷ. '국내 문제 불간섭'은 (나) 사례에 해당한다.
ㄹ. (나), (다)는 (가)와 달리 별도의 체결 절차 없이 법적 구속력이 발생한다.

① ㄱ, ㄷ　② ㄱ, ㄹ
③ ㄴ, ㄷ　④ ㄴ, ㄹ

출제 단원 및 영역 정치와 법 6단원 국제법의 법원

해설 (가)는 조약, (나)는 법의 일반 원칙, (다)는 국제 관습법이다.

ㄱ. 조약의 경우 두 국가 내지 셋 이상의 국가 사이에서도 체결할 수 있다. 체결 당사국 수를 기준으로 당사국인 둘인 경우를 양자 조약, 셋 이상인 경우를 다자 조약이라고 한다.
ㄹ. 조약과 달리 법의 일반 원칙과 국제 관습법은 별도의 체결 절차 없이 모든 국가에게 효력이 발생하며 법적 구속력을 가지게 된다.

오답피하기

ㄴ. 우리나라의 경우 조약의 체결권과 비준권은 대통령에게 모두 있고 주요 조약의 체결·비준에 대한 동의은 국회에 있다.
ㄷ. '국내 문제 불간섭'은 국제 관습법에 해당한다.

정답 ②

02 국제 기구와 우리나라의 국제 관계

국제 기구

01 **다음은 국제연합의 주요기구이다. A와 B에 대한 설명으로 옳지 않은 것은?** 2015 서울시

A: 안전보장이사회	B: 국제사법재판소

① A의 상임이사국에게 거부권이 존재하는 것은 현실주의의 관점에서 접근할 수 있다.
② A는 국제 평화와 안전 유지를 목적으로 하는 국제연합의 주요기구로 5개의 상임이사국과 10개의 상임이사국이 존재한다.
③ B의 판결 내용을 당사국이 이행하지 않을 경우 안전보장이사회가 적절한 조치를 부여할 수 있다.
④ B는 국제연합의 사법기관으로 가맹국만을 대상으로 하며 비가맹국은 재판의 당사국이 될 수 없다.

해설 국제연합의 주요 기관으로 총회와 안전보장이사회, 국제사법재판소 등이 있다. 특히 안전보장 이사회는 상임이사국 5게국과 비상임이사국 10개국으로 구성된 국제연합의 최고 의사결정기구이다. 국제사법재판소는 국가 간의 분쟁에 대한 판결을 내리는 곳으로 원칙적으로 국제연합 회원국이 당사자가 될 수 있으나 다만 국제연합의 회원국이 아니라도 안전보장이사회의 권고에 따라 총회가 결정하는 조건으로 ICJ 규정의 당사국이 되어 재판을 신청할 수 있다. 국제사법재판소의 판결은 법적인 구속력이 있고 안전보장이사회가 그 집행의 담보를 하고 있으나 현실적으로는 많은 한계가 있다.

④ 원칙적으로 국제연합 회원국이 당사자가 될 수 있으나 다만 국제연합의 회원국이 아니라도 안전보장이사회의 권고에 따라 총회가 결정하는 조건으로 ICJ 규정의 당사국이 되어 재판을 신청할 수 있다.

오답피하기

① 절차 사항 등의 문제를 제외하고 안전보장이사회는 상임 이사국 모두가 포함한 9개국 이상이 찬성을 했을 때 가결되는데, 만약 9개국 이상의 찬성이 있더라고 상임 이사국 중 한 국가만이라도 반대를 하면 그 안건은 부결된다. 이러한 상임 이사국의 거부권은 힘의 논리에 의해 국제 사회를 바라보는 현실주의 관점에서 접근할 수 있다.
② 안전보장이사회는 상임이사국 5게국과 비상임이사국 10개국으로 구성된 국제연합의 최고 의사 결정기구이다.
③ 국제사법재판소의 판결은 법적인 구속력이 있고 안전보장이사회가 그 집행의 담보를 하고 있으나 현실적으로는 많은 한계가 있다.

정답 ④

02 다음의 내용을 모두 포괄하는 것은? [참조용]

2014 사회복지직

- 원칙, 규범, 규칙, 절차 등으로 구성되어 있다.
- 비공식적인 정치적·관습적 요소도 포함한다.
- 참여국들의 자발적인 결합에 의해 기초한 협력적 제도이다.
- 국제기구보다 범위가 넓으며 국제기구를 이용할 수 있다.

① 국제 레짐
② 유엔 헌장
③ 평화 조약
④ 비정부 간 국제기구

해설 시험 범위와 관계 없는 문제이다.

국제 레짐은 일반적으로 국제 관계의 특정 영역에 있어서 국가들에 의해 합의가 된 명시적 혹은 묵시적인 규칙을 지닌 제도로서 관습을 포함한다. 국제 레짐에 대한 정의의 다양한 해석이 존재하는데, 단순하게 국제기구 혹은 국제법과 같은 그런 법률적인 의미보다는 보통은 국가 간 상호 의존 관계에서 나오는 행동양식과 사고방식으로 이해되는 경우가 많다.

[참고] 국제 레짐(regime)
- 정의: 국제관계의 특정한 쟁점영역을 둘러싸고 행위자의 기대가 수렴되는 명시적이거나 묵시적인 원칙, 규범, 규칙 및 정책 결정 절차의 총체
- 특징
  ① 국제 레짐은 특정한 쟁점에 영역에 있어서 국가들의 기대와 이익이 수렵될 때 형성됨.
  ② 국가들의 행위 기준 및 행위에 관한 규제 규정을 지니고 있음.
  ③ 특정한 쟁점 영역과 관련하여 레짐 속에 속한 국가들의 행위를 규제함.
  ④ 국제 레짐의 대표적인 예로서 무차별, 호혜 평등 및 무역의 자유화를 근본 규범으로 삼고 제규칙을 회원국들의 무역 정책을 규제하고 있는 '관세 및 무역에 관한 일반 협정(GATT)'를 들 수 있음.
  ⑤ 국제 통화 기금(IMF)은 국제 금융의 영역에서 레짐임과 동시에 국제 기구로서의 성격도 지니고 있음.

정답 ①

03 다음은 국제연합의 조직도이다. ㉠~㉣에 대한 가장 옳은 설명을 〈보기〉에서 고른 것은?

2014 해양경찰

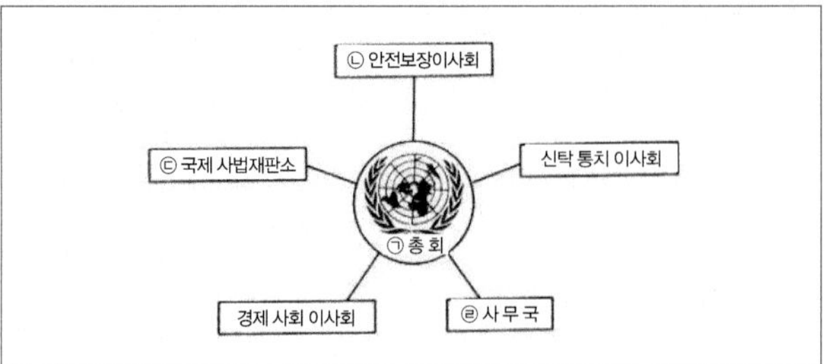

〈보기〉

ㄱ. ㉠은 국제연합의 최고 의사 결정기구로 회원국은 주권 평등의 원칙에 따라 1국 1표를 행사한다.
ㄴ. ㉡의 상임이사국이 보유한 거부권은 평등선거 원칙 위반이라는 비판을 받는다.
ㄷ. ㉢은 ㉠과 ㉡에서 선출된 재판관으로 구성되며 국제 분쟁과 관련된 국가와 개인을 대상으로 심판한다.
ㄹ. ㉣은 국제연합의 전문기구와 보조기구를 관할하며 ㉡의 비상임 이사국을 선출한다.

① ㄱ, ㄴ　　② ㄱ, ㄷ
③ ㄴ, ㄷ　　④ ㄴ, ㄹ

해설

ㄱ. 유엔총회는 모든 회원국이 참여하는 형식상 국제연합의 최고 의사 결정기구이다. 모든 회원국은 총회에서 1국 1표를 행사하며, 이는 주권 평등의 원칙에 부합한다.
ㄴ. 안전보장이사회는 5개의 상임이사국과 10개의 비상임이사국으로 구성되며, 이 중 상임이사국은 거부권을 행사할 수 있다. 아무리 비상임이사국의 찬성이 압도적이라고 하더라도 상임이사국의 한 개 국가라도 반대하면 부결되므로 이는 의결권의 차등을 둔 것으로 평등선거 원칙 위반이라는 비판을 받는다.

오답피하기

ㄷ. 국제사법재판소는 총화와 안보리에 의해 선출된 국적이 다른 15명의 재판관으로 구성되며, 국가 간의 분쟁을 해결하는 국제연합의 사법기관이지만, 개인은 심판의 대상이 되지 않는다.
ㄹ. 비상임이사국은 10개국으로 구성되고 총회에서 선출된다. 임기는 2년이고, 매년 1/2 을 개선한다.

정답 ①

04 다음 글의 A, B에 대한 설명으로 옳은 것은?

2015 지방직

> 제2차 세계대전 후 국제 분쟁 해결을 위한 실질적 권한을 갖는 A가 창설되었다. A는 평화 유지 업무 외에도 사회, 경제, 문화 등의 비정치적인 분야에서도 활발한 활동을 펼쳐, 국가 간 우호와 협력 증진에 이바지하고 있다. A의 평화 유지 업무를 위한 책임은 산하기관인 B에 있는데, B는 핵 확산 방지, 군비 축소, 테러 국가에 대한 경제적·군사적 제재 등을 논의하고 결정한다.

① A는 포괄적 기능을 수행하는 초국가적 행위체이다.
② A는 국가 간 협력을 증진하는 비정부 국제기구이다.
③ B는 사법적 절차를 통해 국가 간의 분쟁을 해결한다.
④ B의 의결 시 상임 이사국과 비상임 이사국은 거부권을 행사할 수 있다.

해설 제2차 세계대전 후 국제 분쟁 해결을 위한 실질적 권한을 갖는 A가 창설되었다고 했으므로 A는 '국제연합(UN)'에 해당하고, B는 A의 산하기관으로 핵 확산 방지, 군비 축소, 테러 국가에 대한 경제적·군사적 제재 등을 논의하고 결정한다고 했으므로 '안전보장 이사회'에 해당한다.
① 국제연합은 국가의 범위를 넘어서 국제적인 영향력을 행사하는 국제기구로서 초국가적 행위체에 해당하고 포괄적 기능을 수행하는 일반적 기구로 분류된다.

오답피하기
② 국제연합은 국가 간 협력을 증진하는 정부 간 국제기구에 해당한다. 정부 간 국제기구란 정부를 구성원으로 하는 국제 조직으로 국제연합(UN), 유럽연합(EU), 국제통화기금 (IMF), 세계 무역기구 (WTO)등이 있다.
③ 사법적 절차를 통해 국가 간의 분쟁을 해결하는 것은 국제사법재판소(ICJ)이다.
④ 안전보상이사회는 5개국의 상임이사국과 10개국의 비상임이사국으로 구성되는데, 거부권은 상임이사국에만 인정되고, 비상임이사국에는 거부권이 인정되지 않는다.

정답 ①

05 국제연맹과 국제연합에 대한 설명으로 옳지 않은 것은?

2018 지방직

① 국제연맹은 미국의 불참, 일본과 이탈리아의 탈퇴 등으로 인해 국제분쟁 해결에 무기력한 모습을 보였다.
② 국제연합은 강대국들의 거부권을 인정한 안전보장이사회를 설치하였다.
③ 국제연합은 전쟁 억제 이외에도 경제·사회·문화·인도적 차원에서 국가 간 협력을 추구하고 있다.
④ 국제연합은 사법기관으로 국제형사재판소를 운영하고 있다.

해설
④ 국제연합이 운영하는 사법기관은 국제형사재판소가 아니라 국제사법재판소 ICJ이다.

오답피하기
① 제 1차 세계대전 이후 창설한 국제연맹은 미국의 불참과 일본과 독일, 이탈리아의 탈퇴 등으로 인해 강대국의 참여가 부족하였고 군사적 강제력을 행사할 수 있는 권한도 없어 실질적인 효과를 거두지는 못하였다.
② 국제연합에서 미국, 러시아, 프랑스, 영국, 중국의 5개의 안전보장 이사회 상임이사국은 거부권을 행사할 수 있다.
③ 국제연합은 전쟁 억제 이외에도 다양한 분야에서 국가 간 협력을 추구하는 보편적인 세계기구이다.

정답 ④

06 〈보기〉의 A, B는 국제 연합(UN)의 주요 기관이다. 이에 대한 설명으로 가장 옳지 않은 것은?

2021 서울시(경력직)

보기

- A는 갑(甲)국과 을(乙)국 양국이 제기한 카리브해 영유권 분쟁 소송에서 만장일치로 갑(甲)국이 을(乙)국보다 3배 많은 해양 영토를 받아야 한다고 판결했다.
- B는 병(丙)국에 대한 무기 수출 금지, 제재를 담은 결의안을 표결에 부치기로 했다. 그러나 러시아가 거부권을 행사할 경우 무산될 수 있다.

① A는 국제 연합의 비회원국에 대해서도 재판할 수 있다.

② A는 당사국 간 합의에 의한 제소가 있어야 재판하는 것이 원칙이다.

③ B는 의사 결정 방식에서 강대국의 논리가 반영될 가능성이 높다.

④ A는 B와 달리 군사적 개입을 할 수 있다.

출제 단원 및 영역 정치와 법 6단원 국제 연합

해설 A는 국제 연합의 사법기관인 국제사법재판소(ICJ)이고, B는 러시아의 거부권 행사로 의안이 부결될 수 있다고 하였으므로 안전보장이사회이다.

④ 국제사법재판소는 안전보장이사회와 달리 군사적 개입을 직접 할 수 없다. 안전보장이사회는 국제 평화와 안전 유지에 일차적 책임을 지고, 경제적 제재, 군사력 사용 등의 권한을 통해 분쟁에 개입할 수 있는 권한을 가지고 있다.

오답피하기

① 국제사법재판소의 경우 원칙적으로 국제연합 회원국이 당사자가 될 수 있으나 다만 국제연합의 회원국이 아니라도 안전보장이사회의 권고에 따라 총회가 결정하는 조건으로 ICJ 규정의 당사국이 되어 재판을 신청할 수 있다.

② 국제사법재판소는 분쟁 당사국들이 협의하여 분쟁 해결을 요청한 사건에 관해 관할권을 가지고, 한쪽 당사자의 청구만으로 재판의 의무가 발생하지 않는다.

③ 안전보장이사회의 의사 결정 방식은 상임 이사국 5개 국가의 거부권을 인정한 다수결제로 힘의 원리가 반영되어 있다.

정답 ④

07 다음 A~C에 해당하는 국제연합의 주요 기관에 대한 설명으로 옳은 것은?

2021 국가직

- (A)는 국제연합의 모든 회원국으로 구성되며, 국제연합의 활동범위에 속하는 문제에 대해 토의, 권고하는 권한을 지닌다. 주권평등원칙에 따라 안건을 의결할 때 1국 1표를 행사한다.
- (B)는 5개 상임이사국과 10개 비상임이사국으로 구성된다. 국제연합의 신속하고 효과적인 조치를 확보하기 위하여 국제연합의 신속하고 효과적인 조치를 확보하기 위하여, 국제연합의 회원국은 국제평화와 안전의 유지를 위한 일차적 책임을 (B)에 부여한다.
- (C)는 국제연합의 주요한 사법 기관이다. (C)는 국가 간 분쟁에 대해 국제법에 따른 판결을 내릴 수 있다.

① A는 국제연합의 실질적 최고 의사결정기구이다.

② B는 중요 문제에 대해 5개 상임이사국이 모두 포함된 9개국 이상의 찬성으로 의사를 결정한다.

③ C는 서로 다른 국적의 15인 재판관으로 구성되며, 강제적 관할권을 가진다.

④ C는 판결을 이행하지 않는 당사자에 대하여 직접 제재를 가할 수 있다.

출제 단원 및 영역 정치와 법 6단원 국제연합(UN)

해설 A는 총회, B는 안전보장 이사회, C는 국제 사법 재판소이다.

② 옳은 설명이다. 실질적 문제(국가들의 이해관계가 얽힌 중요사항)를 결정할 때는 상임 이사국 5개 국가(미, 영, 프, 러, 중)를 반드시 포함한 3/5 이상의 찬성이 있어야 한다.

오답피하기

① 총회는 국제연합의 형식적 최고 의사결정기구이고, 안전보장 이사회가 실질적 최고 의사결정기구이다.

③ 전단의 설명은 맞지만, 분쟁 당사국들이 협의하여 분쟁 해결을 요청한 사건에 관해 관할권을 가지므로 국제사법 재판소는 임의적 관할권을 가진다.

④ 현실적으로 한 쪽 당사국이 판결에 불복하면 국제사법 재판소가 제재할 방법이 없고, 다만 안전보장 이사회가 적절한 조치를 하는 방식으로 구속력을 가지나 여기에도 한계가 있다.

정답 ②

우리나라의 국제 관계와 외교

01 우리나라의 시대별 국제 관계 변화에 대한 설명으로 옳지 않은 것은? 2021 국가직

① 1970년대 냉정 체제의 강화로 공산 진영을 배제한 채 미국 중심의 자유 진영 국가와 우호 관계를 구축하였다.

② 1980년대 후반에는 북방 외교 정책을 펼쳐 구소련, 중국 등 공산권 국가의 관계 개선을 추진하였다.

③ 1990년대 탈냉전 흐름 속에서 안보 외교를 유지하면서도 실리를 중시하는 외교를 추진하였다.

④ 2000년 이후 공적 개발 원조(ODA) 지원 규모의 증가 추세 속에서 개발 원조 위원회(DAC) 회원국이 되었다.

출제 단원 및 영역 정치와 법 6단원 한국의 외교관계

해설

① 냉전 체제의 강화로 공산 진영을 배제한 채 미국 중심의 자유 진영 국가와 우호 관계를 구축한 것은 1950년대이다.

우리나라의 외교 관계 변화 정리

① 1950년대: 국가 안보를 위해 미국을 중심으로 하는 자유 진영 국가와 우호 관계 증진

② 1970년대: 냉전이 완화되면서 제 3세계 비동맹 국가 및 공산 진영 국가들과 관계 개선 노력

③ 1980년대 후반: 적극적인 북방 외교 정책을 펼쳐 공산권 국가와 수교

④ 1990년대 이후: 안보 외교를 추구하면서도 실리를 추구함 (1991년 국제 연합, 1996년 경제 협력 개발 기구(OECD) 가입)

오답피하기

②, ③ 옳은 설명이다. 위의 정리 참조.

④ 우리나라는 2009년에 개발 원조 위원회(DAC) 회원국이 되었고, 2010년부터 활동을 시작하였다.

정답 ①

PART 02

사회 · 문화

CHAPTER 01

사회 · 문화 현상의 탐구

자연현상과 사회 · 문화 현상

01 밑줄 친 ㉠~㉢과 같은 현상의 일반적인 특징에 대한 설명으로 옳지 않은 것은? 2015 서울시

> 최근 ㉠ 비가 내리지 않는 ㉡ 건조한 날씨가 이어지면서 산불피해가 발생하지 않도록 ㉢ 나들이객의 주의가 필요하다.

① ㉠의 현상은 몰가치적이다.
② ㉡의 현상은 당위법칙의 지배를 받는다.
③ ㉢의 현상은 개연적이고 확률적이다.
④ ㉠, ㉡과 같은 현상에 의해 ㉢의 현상이 영향을 받을 수 있다.

해설
㉠의 비가 내리지 않는 것과 ㉡의 건조한 날씨는 인간의 의지와 관계없이 자연 법칙에 따라 자연계에서 일어나는 자연현상에 해당하고, ㉢의 나들이객의 주의는 인간의 의지와 가치가 개입되어 인위적으로 나타나는 사회 · 문화 현상에 해당한다.
② 자연 현상은 몰가치적이고 안간의 의지와 관계가 없으므로 존재법칙의 지배를 받는다. 반면 사회 · 문화 현상은 가치 함축적이고 인간이라면 마땅히 해야 할 방향을 제시하므로 당위의 법칙의 지배를 받는다.

오답피하기
① 자연현상은 인간의 가치가 개입되지 않으므로 몰가치적이다.
③ 자연 현상은 필연성과 확실성의 원리에 따라 원인이 있으면 결과가 반드시 나타나지만 사회 · 문화 현상은 개연적이고 확률적이므로 원인이 있으면 반드시 결과가 발생하는 것은 아니고 그러한 결과가 나올 가능성이 높을 뿐이고 또한 확률이 높게 나타날 뿐이다. 즉, 개연성과 확률성은 인과관계의 예외가 나타나는 사회 · 문화 현상의 특징을 보여주는 것이다.
④ 자연현상과 사회 · 문화 현상은 상호작용을 하여 서로 영향을 준다. 가령 홍수를 대비해서 댐을 건설하는 것 등을 들 수 있다.

정답 ②

02 다음의 밑줄 친 (가)~(라)와 같은 현상의 일반적인 특징에 대한 설명으로 가장 옳은 것은? 2016 해양경찰

> 지난 해 해양경찰이 된 甲은 함정을 타고 바다를 경비하는 업무를 수행하고 있다. (가) 일기예보에 의하면 내일부터 인천 앞 바다 전체가 (나) 태풍의 영향권에 들어간다고 한다. 지난 해 비슷한 시기에도 거센 (다) 비와 바람으로 인해 좌초된 (라) 선박을 구조하는 활동으로 바쁜 시간을 보냈지만 국민의 생명을 구한다는 보람에 해양경찰관으로서 자부심을 느끼고 있다

① (가)와 같은 현상은 (나)와 같은 현상과 달리 특수성이 나타난다.
② (나)와 같은 현상은 (다)와 같은 현상과 달리 가치함축적이다.
③ (다)와 같은 현상은 (라)와 같은 현상에 비해 통제된 실험이 어렵다.
④ (가)와 같은 현상은 당위 법칙, (라)와 같은 현상은 존재 법칙이 작용한다.

해설 (가)와 (라)는 사회 · 문화 현상, (나)와 (다)는 자연현상에 해당한다.
① 사회 · 문화 현상은 보편성과 특수성이 동시에 나타나지만, 자연현상은 보편성만 나타난다.

오답피하기
② 자연현상은 인간의 가치가 개입되지 않으므로 몰가치적이다. 따라서 (나)와 (다.)는 모두 몰가치적이다.
③ 자연현상의 경우 사회 · 문화 현상에 비하여 통제된 실험과 법칙 발견이 용이하다.
④ (가)와 (라)는 모두 사회 · 문화 현상이므로 당위법칙의 적용을 받는다. 반면 자연현상은 존재 법칙의 적용을 받는다.

정답 ①

03 다음 밑줄 친 ㉠~㉣과 같은 현상의 일반적인 특징에 대한 설명으로 옳은 것을 〈보기〉에서 모두 고른 것은? 2018 소방직

A국의 최근 몇 년간 강수량 변동 추이를 보면 ㉠ 비의 양이 매년 줄어들고 있다. ㉡ 가뭄으로 인해 땅이 갈라지는 현상이 빈번하게 발생하고 있으며, 흉년으로 ㉢ 농작물의 공급이 감소하여 농작물의 가격이 상승하였다. 그래서 농촌의 몇몇 마을에서는 ㉣ 기우제를 지내기도 한다.

보기

ㄱ. ㉠-몰가치적이다.
ㄴ. ㉡-당위 법칙이 지배한다.
ㄷ. ㉢-보편성이 존재한다.
ㄹ. ㉣-특수성이 존재한다.

① ㄱ, ㄴ ② ㄷ, ㄹ
③ ㄱ, ㄷ, ㄹ ④ ㄴ, ㄷ, ㄹ

해설 ㉠, ㉡은 인간의 가치와 무관하게 나타나는 자연 현상이고, ㉢, ㉣은 인간의 가치가 개입되어 나타나는 사회 · 문화 현상이다.
ㄱ. 자연 현상은 인간의 가치와 무관하게 나타나므로 몰가치적이다.
ㄷ. 사회 · 문화 현상은 보편성과 특수성이 공존하므로 보편성이 나타난다. 보편성은 자연 현상과 사회 · 문화 현상 모두에서 나타난다.
ㄹ. 사회 · 문화 현상은 자연 현상과 달리 특수성이 존재한다.

오답피하기
ㄴ. 자연 현상은 인간의 가치와 의도와 무관하게 나타나므로 '존재 법칙'이 지배하고, 사회 · 문화 현상은 인간의 가치와 의도가 개입되므로 '당위 법칙'이 지배한다.

정답 ③

04 〈보기〉에서 밑줄 친 ㉠과 ㉡의 현상에 대한 각각의 특성으로 가장 적절한 것은? 2016 경찰직 1차

보기

㉠ 최근 지구 온난화로 인한 이상 기후로 제주도에 기록적인 폭설이 있었다. 그러나 이러한 기록적인 폭설이 있을 것이라 예상하지 못했기 때문에, 폭설에 의한 ㉡ 대규모 비행기 결항 사태로 인해 많은 사람들이 제주 공항 내 바닥에서 노숙을 해야만 했다.

① ㉠은 가치 함축적이고, ㉡은 당위 법칙이 적용된다.
② ㉠은 몰가치적이고, ㉡은 개연성을 지닌다.
③ ㉠은 ㉡에 비해 더 많은 특수성을 지닌다.
④ ㉠은 ㉡에 비해 우연이나 예외가 많다.

해설 ㉠은 자연 현상, ㉡은 사회 · 문화 현상이다.
② 자연 현상은 인간의 의지와 가치가 개입되지 않으므로 몰가치적이고, 사회 · 문화 현상은 인과 관계가 나타나기는 하지만 필연 법칙이나 인과 법칙에는 미치지 않는 개연성을 지닌다.

오답피하기
① 가치 함축적인 것은 사회 · 문화 현상의 특징이다.
③ 자연 현상은 보편성만이 나타나고 더 많은 특수성이 나타나는 것은 사회 · 문화 현상의 특징이다.
④ 자연 현상은 확실성과 필연성의 원칙이 적용되지만, 사회 · 문화 현상은 우연이나 예외가 상대적으로 많다.

정답 ②

05 밑줄 친 ㉠~㉣과 같은 현상의 일반적인 특징에 대한 설명으로 가장 적절하지 않은 것은? (단, ㉠~㉣은 각각 '자연 현상', '사회 현상' 중 하나이다.)

2015 경찰직 3차

> ㉠ 일부 사회에 존재했던 자기 동족을 잡아먹는 카니발리즘이 생태계에도 존재했다. ㉡ 거피(guppy)와 같은 열대어는 자기 치어를 잡아먹고, 암컷 사마귀가 교미 후 수컷을 잡아먹는 행위 등이 대표적인 예이다. 우리는 거피나 사마귀를 비난하지는 않지만 ㉢ 인간의 카니발리즘에 대해서는 도덕적 비난을 한다. 왜냐하면 이것은 ㉣ 사과가 익으면 나무에서 떨어지듯이 자연스런 현상일 수도 있기 때문이다.

① ㉠은 ㉡보다 반복 및 재현 가능성이 낮다.
② ㉡은 ㉠보다 개연성과 확률의 원리가 적용된다.
③ ㉢은 ㉣보다 특수성과 간학문적 관점을 가진다.
④ ㉣은 ㉢보다 규칙성의 발견과 적용이 쉽다.

해설 인간의 의지와 관계없이 자연 법칙에 따라 자연계에서 일어나는 현상을 자연현상이라고 하고, 인간의 의지와 가치가 개입되어 인위적으로 나타나는 현상을 사회 · 문화 현상이라고 한다. ㉠, ㉢은 인간의 의지에 따라 일어나는 현상이므로 사회 · 문화 현상에 해당하고, ㉡, ㉣은 인간의 의지와는 관계가 없으므로 자연현상에 해당한다.

② 자연현상은 원인과 결과 간의 관계가 명확하므로 필연성과 확실성의 원리가 작용한다. 반면에 사회 · 문화 현상은 다양한 요인의 영향을 받기 때문에 결과가 필연적이지 않으므로 개연성과 확률의 원리가 작용된다.

오답피하기

① 사회 · 문화 현상은 확률성의 원리의 적용을 받으므로 확실성의 원리가 적용되는 자연 현상에 비해 반복 및 재현 가능성은 그만큼 떨어진다.
③ 사회 · 문화 현상은 자연 현상처럼 보편성을 띠기도 하지만 시간과 공간에 따라 다른 현상이 나타나는 특수성도 띠고 있다. 또한 복잡하고 다양한 특성으로 인해 간학문적 관점을 가진다.
④ 자연현상은 사회현상에 비해 원인과 결과 간의 관계가 명확하므로 규칙 발견과 적용이 쉽다.

정답 ②

06 밑줄 친 ㉠, ㉡과 같은 현상의 일반적인 특징에 대한 설명으로 옳은 것은?

2018 교육행정

> 최근 ㉠ 비가 내리지 않는 ㉡ 건조한 날씨가 이어지면서 산불피해가 발생하지 않도록 ㉢ 나들이객의 주의가 필요하다.

① ㉠과 같은 현상은 인간의 가치나 신념이 반영되어 있다.
② ㉡과 같은 현상은 보편성과 특수성이 공존한다.
③ ㉠과 같은 현상은 ㉡과 같은 현상과 달리 당위 법칙을 따른다.
④ ㉡과 같은 현상은 ㉠과 같은 현상과 달리 동일한 조건에서는 동일한 결과가 나타난다.

해설 ㉠의 비가 내리는 것은 '자연현상'. ㉡의 강풍주의보가 발령된 것은 '사회 · 문화 현상'에 해당한다.

② 보편성만을 특징으로 하는 자연 현상과 달리 사회 · 문화 현상은 보편성 뿐만 아니라 특수성도 나타난다.

오답피하기

① 인간의 가치나 신념이 반영되는 것은 사회 · 문화 현상이다.
③ 자연 현상은 존재의 법칙을, 사회 · 문화 현상은 당위의 법칙을 따른다.
④ 동일한 현상에서 동일한 결과가 나타나는 것은 자연 현상과 관련된다.(확실성의 원칙) 반면 사회 문화 현상은 동일한 현상에서도 다른 결과가 나타날 수 있다.(확률성의 원칙, 개연성의 원칙)

정답 ②

07 밑줄 친 (가) ~ (라)와 현상의 일반적인 특징에 대한 옳은 설명을 〈보기〉에서 모두 고른 것은?

2021 해경 2차

(가) 외계 항성계와 행성을 탐험할 수 있는 새로운 길이 열렸다. 최근 하와이에 있는 W.M. 켁 천문대(Keck Observatory)에서 관측된 자료를 근거로 두 개의 새로운 논문이 천문학 저널(Astronomical Journal)에 발표됐다. 이들 논문은 주항성에 가깝게 있는 (나) 갈색왜성과 행성계 시스템에 대한 내용을 담고 있어 눈길을 끌고 있다. (다) 갈색왜성은 행성보다는 큰데 항성보다는 질량이 작고 가시광선 영역의 빛을 내지 못하는 천체이다. 온도가 대단히 낮고 크기가 작기 때문에 직접 관측 되지 않았다. 하지만 켁 천문대에 설치한 '보텍스 코로나 그래프(Vortex Coronagraph)'를 통해 갈색왜성을 찍는 데 성공했다. 코로나그래프는 개기일식이 아닌 평상시에 태양의 빛을 가려 코로나 방출을 파악하는 장비인데, 이를 (라) 켁 천문대에 설치해 외계행성을 찾는 데 응용한 것이다.

보기

㉠ (가)와 같은 현상은 특수성을 지닌다.
㉡ (나)와 같은 현상은 (가)와 같은 현상과 다르게 개연성을 갖는다.
㉢ (다)와 같은 현상은 (라)와 같은 현상과 다르게 확실성의 원리를 따른다.
㉣ (다)와 같은 현상은 당위 법칙, (라)와 같은 현상은 존재 법칙이 적용된다.

① ㉠, ㉡
② ㉠, ㉢
③ ㉡, ㉣
④ ㉢, ㉣

출제 단원 및 영역 사회 문화 1단원 자연 현상과 사회 문화 현상

해설 (가), (라)는 사회 문화 현상, (나), (다)는 자연 현상이다.
㉠ (가)는 사회 문화 현상이므로 보편성 뿐만 아니라 특수성도 가진다.
㉢ (다)는 자연 현상이므로 사회 문화 현상인 (라)와 다르게 원인이 발생하면 이에 대응하는 결과가 반드시 발생하는 확실성을 가진다.

오답피하기
㉡ 개연성은 사회 문화 현상의 특징이다.
㉣ (다)와 같은 자연 현상은 존재 법칙, (라)와 같은 사회 문화 현상은 당위 법칙이 적용된다.

정답 ②

08 자연 현상과 사회 · 문화 현상에 대한 설명으로 옳은 것만을 〈보기〉에서 모두 고르면?

2021 국회직

보기

ㄱ. 자연 현상은 몰가치성을 갖지만 사회 · 문화 현상은 가치 함축성을 갖는다.
ㄴ. 자연 현상은 시공을 초월하여 동일한 현상이 발생한다는 점에서 보편성을 갖지만 사회 · 문화 현상은 다른 모습으로 나타난다는 점에서 특수성을 지닌다.
ㄷ. 자연 현상과 사회 · 문화 현상은 모두 특정 조건에 따라 특정 결과가 발생할 가능성만 갖는다는 점에서 개연성으로 설명된다.
ㄹ. 자연 현상과 사회 · 문화 현상은 모두 자기 스스로의 원리에 따라 발생하고 존재할 뿐이라는 점에서 존재 법칙에 의해 설명된다.

① ㄱ, ㄴ
② ㄱ, ㄷ
③ ㄱ, ㄹ
④ ㄴ, ㄷ
⑤ ㄴ, ㄹ

출제 단원 및 영역 사회 문화 1단원 자연 현상과 사회 · 문화 현상

해설
ㄱ. 자연 현상은 인간의 의지와 가치가 개입되지 않아 몰가치적이지만, 사회 · 문화 현상은 인간의 가치와 의지가 개입되는 가치 함축적이다.
ㄴ. 자연 현상은 보편성, 사회 · 문화 현상은 보편성 뿐만 아니라 특수성도 가진다.

오답피하기
ㄷ. 자연 현상은 어떤 현상의 원인과 결과가 필연적인 관계로 나타나는 필연성의 원칙을 가지지만, 사회 · 문화 현상은 원인과 결과 사이에 가능성은 높지만 필연적으로 나타나지 않기 때문에 개연성의 원리가 적용된다. 또한 위의 내용은 필연성의 설명이지 개연성에 대한 설명이 아니다.
ㄹ. 자연 현상은 존재 법칙, 사회 · 문화 현상은 당위 법칙의 지배를 받는다.

정답 ①

09 〈보기〉의 밑줄 친 ㉠~㉢과 같은 현상의 일반적인 특징에 대한 설명으로 가장 옳은 것은?

2020 서울시(보훈청)

보기

환경부에서 ㉠ 멸종 위기 야생 생물로 지정한 열목어는 연어과의 민물고기로 ㉡ 산란기가 되면 온몸이 짙은 홍색으로 변한다. 열목어 개체 수가 급감하자 여러 기관에서는 인공 증식한 열목어를 방류하는 등 ㉢ 열목어 복원 사업을 추진하고 있다.

① ㉠과 같은 현상은 몰가치적, ㉢과 같은 현상은 가치 함축적이다.
② ㉡과 같은 현상은 ㉠과 같은 현상과 달리 확실성의 원리가 적용된다.
③ ㉢과 같은 현상은 ㉡과 같은 현상과 달리 존재 법칙의 지배를 받는다.
④ ㉠과 같은 현상은 ㉡, ㉢과 같은 현상과 달리 보편성과 특수성이 공존한다.

해설 ㉠, ㉢은 사회·문화 현상, ㉡은 자연 현상이다.
② 자연 현상은 원인에 대응하는 결과가 반드시 나타나므로 확실성의 원리가 나타나고, 사회·문화 현상은 인과 관계가 나타나지만 자연 현상과 같이 확실하게 나타나지는 않아 확률성의 원리가 적용된다.

오답피하기
① ㉠, ㉢은 사회·문화 현상이므로 모두 가치 함축적이다.
③ ㉢과 같은 사회·문화 현상은 당위 법칙, ㉡과 같은 자연 현상은 존재 법칙의 지배를 받는다.
④ 자연 현상은 보편성만 나타나고, 사회·문화 현상은 보편성과 특수성이 공존한다.

정답 ②

10 밑줄 친 ㉠, ㉡과 같은 현상의 일반적인 특징에 대한 설명으로 옳은 것은?

2020 소방직

지난봄 발생한 ○○지역 산불의 한 원인으로 양간지풍(襄杆之風)이 지목되고 있다. 이 바람은 ㉠ 남고북저의 기압차로 인해 발생하는 국지적 강풍이다. 이로 인해 산불이 발생하면 어디로 번질지 예측하기 힘들다. 하지만 전국 각지에서 출동한 소방관들의 밤을 지새운 헌신적인 노력으로 큰 인명 피해 없이 ㉡ 산불을 진화할 수 있었다.

① ㉠과 같은 현상은 가치 함축적이다.
② ㉡과 같은 현상은 확실성의 원리가 적용된다.
③ ㉡과 같은 현상은 ㉠과 같은 현상과 달리 보편성이 있다.
④ ㉠과 같은 현상과 ㉡과 같은 현상은 모두 경험적 자료를 통해 탐구가 가능하다.

해설 ㉠은 자연 현상, ㉡은 사회 문화 현상이다.
④ 자연 현상과 사회 문화 현상은 모두 경험적인 자료를 통해 탐구가 가능하다.

오답피하기
① 자연 현상은 몰가치적이다.
② 자연 현상은 확실성의 원리가 적용되고, 사회 문화 현상ㅇ느 확률성의 원리가 적용된다.
③ 자연 현상과 사회 문화 현상은 모두 보편성이 있다.

정답 ④

사회문화 현상 연구

01 다음 〈보기〉에서 강조하는 사회 과학적 연구 경향에 부합하는 진술로 가장 적절한 것은? 2021 해경 2차

보기

사회 현상의 원인과 영향을 분과 학문의 관점에서 전문적으로 연구하는 것 못지않게 다양한 학문적 관점에서 얻어진 지식을 통합하여 총체적으로 이해하려는 노력을 중시해야 한다.

① 각각의 학문에 적합한 특정한 연구 대상이 존재한다.
② 학문의 경계를 넘어서는 종합적 연구가 필요하다.
③ 자연 과학을 중심으로 사회과학을 통합해야 한다.
④ 학문들은 각각 고유한 연구방법을 가지고 있다.

출제 단원 및 영역 사회 문화 1단원 간학문적 연구

해설 〈보기〉는 간학문적 연구에 대한 설명이다. 간학문적 연구란 사회 · 문화 현상에 대한 개별 학문의 부분적이고 단편적인 탐구 방법을 소통을 통한 다양한 학문적 관점에서 종합하여 총체적으로 접근하는 방식이다.

② 간학문적 연구는 개별 학문적인 연구는 다양한 분야가 상호 밀접한 관련을 가지고 있는 복합적인 사회 · 문화 현상을 단편적으로 이해할 수 있다는 한계가 존재하므로 종합적인 연구의 필요성이 제기되어 등장하였다.

오답피하기

①, ③, ④ 위의 내용으로는 알 수 없다.

정답 ②

02 다음에서 추론할 수 있는 사회과학의 연구 방법 특징으로 적절한 것은? 예상 문제

메디치 효과란 서로 관련이 없는 것들이 서로 융합하는 과정을 통해 창조적인 아이디어를 이끌어내는 현상을 말한다. 메디치 효과의 가장 대표적인 예로는 아프리카 짐바브웨 수도 하라레에 있는 '이스트 게이트' 센터를 들 수 있다. 건축가 마이크 피어스는 생물학자로부터 흰개미가 개미집을 일정한 온도로 유지하는 방법을 듣고 이를 건축물에 적용하여 냉난방장치가 없는 건물을 만들어 아프리카 땅 한 가운데에 에어컨 없어도 시원한 건물이 탄생한 것이다.

① 사회 · 문화 현상을 미시적으로 접근하고 있다.
② 양적 연구와 질적 연구의 조화를 꾀하고 있다.
③ 사회과학의 연구가 세분화, 전문화 경향을 띠는 것을 보여주고 있다.
④ 간학문적 접근을 통해 총체적으로 연구하려는 경향이 나타난다.

해설

④ 서로 관련이 없는 것들이 서로 융합하는 과정을 통해 창조적인 아이디어를 이끌어내는 현상인 메디치 효과를 설명하고 있는데, 이는 간학문적 접근을 통해 총체적으로 연구하려는 경향을 보여준다.

정답 ④

사회 · 문화 현상을 이해하는 관점

01 다음 축구공에 관한 견해의 분석으로 옳은 것은?

2014 경찰직 2차

> 갑 축구공을 생산할 때 OO기업은 생산비를 줄이기 위해 저개발국 아동의 노동을 이용합니다. 그 아이들은 쉴 틈도 없이 바느질해서 축구공을 만듭니다.
> 을 축구공을 생산하고 판매하는 과정에서 축구 산업이 성장하며 관련 상품의 소비도 늘어나서 경제 성장에 도움을 줍니다.
> 병 축구공의 경제적 측면보다는 저는 개인적으로 축구공이 싫습니다. 어릴 때 축구공에 맞았던 기억이 있어 아기자기한 탁구공이 좋습니다.

① 갑은 인간이 자율성을 지닌 능동적인 존재로 본다.
② 을은 사회 안정보다 사회 변동을 강조한다.
③ 병은 사회적 행위나 사물에 대한 개인적 해석을 중시한다.
④ 갑은 미시적 관점, 을과 병은 거시적 관점에서 접근하고 있다.

해설 갑의 경우 사회는 지배 · 피지배의 갈등 관계로 이루어진다고 보는 갈등론의 입장이며, 을의 경우 사회의 각 구성 요소들은 전체 구성원의 합의에 따라 기능이 분화되어 서로 의존하는 관계를 맺고 있다고 보는 기능론의 입장이다. 병은 개인의 능동적인 사고 과정과 행위의 선택, 다른 사람과의 상호 작용 과정에 주목하고, 인간의 주관적인 행위의 동기와 의미, 목적 이해를 중시하는 상징적 상호작용론의 입장이다.
③ 사회적 행위나 사물에 대한 개인적 해석을 중시하는 것은 상징적 상호작용론의 입장으로 옳은 지문이다.

오답피하기
① 인간을 자율성을 지닌 능동적인 존재로 보는 것은 상징적 상호작용론이다.
② 갈등론에서는 사회 안정보다 사회 변동을 강조한다.
④ 갈등론과 기능론은 거시적 관점이며, 상징적 상호작용론은 미시적 관점이므로 갑과 을은 거시적인 관점이고 병은 미시적 관점이다.

정답 ③

02 사회 · 문화 현상을 보는 관점인 갈등론과 기능론에 대한 설명으로 가장 적절한 것은?

2018 경찰직 1차

① 갈등론: 사회를 이루는 구성 요소들은 상호 연관되어 있으며 사회의 존속과 통합에 필요한 기능을 적절히 수행함으로서 사회 전체의 유지와 발전에 기여한다.
② 기능론: 사회를 하나의 통합된 기능적 체계로 보며, 살아 있는 생물 유기체에 비유한다.
③ 갈등론: 사회 안정과 합의를 지나치게 강조함으로써 사회 갈등 현상을 간과하고, 사회 변화를 부정적으로 보기 때문에 기존의 질서나 권력 관계의 유지에 기여하는 보수적 관점이라는 비판을 받기도 한다.
④ 기능론: 사회에는 돈, 권력, 명예, 지위 등과 같은 희소가치를 획득한 지배 집단과 그렇지 못한 피지배 집단이 존재하는데 이들 간의 갈등은 자연스러운 현상이라고 설명한다.

출제 단원 및 영역 사회문화 1단원 사회 · 문화 현상을 바라보는 관점

② 사회를 하나의 통합된 기능적 체계로 보며, 살아 있는 생물 유기체에 비유하는 것은 기능론의 입장으로 옳은 지문이다.

오답피하기
① 갈등론이 아니라 기능론에 대한 설명이다.
③ 위의 비판은 기능론에 대한 비판이다.
④ 지배집단과 피지배 집단의 갈등을 자연스러운 현상으로 보는 것은 갈등론적 관점이다.

정답 ②

03 〈보기〉의 올림픽을 바라보는 관점이 가지는 일반적인 특징에 대한 설명으로 가장 옳은 것은? 2019 서울시

보기

올림픽은 전세계 모든 이들이 꿈과 희망을 품고 하나가 되기를 희망한다. 즉, 올림픽은 경제적 지위, 학력, 인종, 성별이 다른 개인들을 하나의 공동체로 응집해 사회적 연대의식을 고취하는 기능을 수행한다.

① 사회갈등은 사회존속에 필요한 기능적 요건이 충족되지 않았기에 발생한다.
② 행위자에게서 파악될 수 없는 사회적 속성을 경시한다는 비판을 받는다.
③ 사회적 관계가 기본적으로 지배, 피지배의 관계라고 전제한다.
④ 사람들이 주어진 상황에 어떤 의미를 부여하는지에 대한 상황정의를 중시한다.

출제 단원 및 영역 사회문화 1단원 사회문화 현상을 바라보는 관점

해설 보기의 내용에서 올림픽은 개인들을 하나의 공동체로 응집해 사회적 연대의식을 고취하는 기능을 수행한다고 하였으므로 기능론적 관점에 해당한다.

① 기능론적 관점에서는 사회 문제나 갈등을 특정 조직이나 제도가 기능을 제대로 수행하지 못하여 발생하는 비정상적이고 병리적인 현상으로 본다. 따라서 사회갈등을 사회존속에 필요한 기능적 요건이 충족되지 않았기에 발생하는 것으로 보는 것은 기능론적 관점이다.

오답피하기

②, ④ 상징적 상호작용론은 특정한 대상의 의미는 대상 자체에 있는 것이 아니라 사람들이 그것에 부여하는 의미에 달려 있다고 하여 상황정의를 중시한다. 상징적 상호작용론은 미시적 관점에 해당하므로 행위자에게서 파악될 수 없는 사회적 속성을 경시한다는 비판을 받는다.
③ 갈등론적 관점에 해당한다.

정답 ①

04 다음은 가족의 대화 장면이다. 이 대화에 대한 분석으로 가장 적절한 것은? (단, 지문에서 [ ]은 속마음이다.) 2015 경찰직 1차

甲(여) 여보, 고속도로에서 운전하기 힘들지. 가까운 휴게소에서 커피 한 잔 먹고 가요[커피 마시면서 대화를 하고 싶어요].
乙(남) 난 괜찮은데[휴게소에서 커피 먹으면 시간도 많이 소요되는데].
甲(여) 이번 휴게소가 커피맛이 좋아요[이번 휴게소가 경치가 좋은데 같이 경치 구경하면서 대화해요].
乙(남) 그래요. 이번 휴게소에서 커피 먹고 가요[빨리 집에 도착해서 쉬고 싶은데].

① 인간은 상황 정의에 기초하여 행동한다.
② 인간은 자율성을 지닌 능동적인 존재가 아니다.
③ 가족의 행위에 영향을 주는 사회제도에 주목한다.
④ 가족은 갈등과 불평등을 재생산한다.

해설 제시문에 나타난 것은 상징적 상호 작용론의 관점이다. "커피 한잔 먹고 가요"라는 말 속에는 "대화를 나누자"라는 의미가 담겨 있는 것이다. 이렇듯 사람들은 상황에 대해 자신의 주관에 따라 의미를 부여하고 그에 따라 행동한다고 보는 것이 상징적 상호작용론의 관점이다.

① 인간을 상황 정의에 기초하여 행동하는 것으로 보는 것이 상징적 상호작용론이다.

오답피하기

② 상징적 상호 작용론에서는 인간은 자율성을 지닌 능동적 존재로 가정한다.
③ 가족의 행위에 영향을 주는 사회 제도에 주목하는 것은 거시적 관점이며 상징적 상호작용론은 미시적 관점에 해당한다.
④ 가족을 갈등과 불평등을 재생산하는 존재로 간주하는 것은 거시적 관점 중 갈등론적 관점에 해당한다.

정답 ①

05 다음 〈보기〉에서 파악할 수 있는 사회 · 문화 현상을 바라보는 관점에 가장 부합하는 진술은? 2021 해경 2차

보기

자아와 자의식은 타인에 대한 우리의 행동, 타인의 반응, 그리고 그 반응에 대한 우리의 예상을 통해 만들어지고 계속해서 수정된다. 인간은 타인이 왜 그렇게 행동하는지 이해하려고 한다. 인간은 단지 몸짓에만 반응하는 것이 아니라 몸짓과 그 몸짓을 유발하는 물체나 사건 사이의 관계에 대해서도 반응한다.

① 사회 제도는 지배 집단의 이익을 보호하기 위한 수단이다.
② 사회 · 문화 현상의 의미는 개인이 규정하기 나름이다.
③ 사회 불평등은 출신 배경과 같은 불합리한 요소에 의해 생산된다.
④ 사회 집단들은 상호 의존적인 관계를 형성하고 있다.

출제 단원 및 영역 사회 문화 1단원 사회 문화 현상을 바라보는 관점

해설 〈보기〉는 미시적 관점 중 상징적 상호작용론에 대한 내용이다. 상징적 상호작용론은 특정한 대상의 의미는 대상 자체에 있는 것이 아니라 사람들이 그것에 부여하는 의미에 달려 있다고 본다.

② 상징적 상호작용론은 사회 · 문화 현상의 의미에 대하여 절대적이거나 고정 · 불변적인 것이 아니라 시간과 공간에 따라 바뀔 수 있는 것으로 행위 주체가 특정한 상황에 대해 그것이 발생하게 된 조건에 따라 개인의 주관적인 해석을 통하여 의미를 부여하는 것으로 파악한다.

오답피하기

①, ③ 갈등론적 관점에 대한 설명이다.
④ 기능론적 관점에 대한 설명이다.

정답 ②

06 갑~병이 사회 · 문화 현상을 보는 관점의 일반적인 특징에 대한 옳은 설명을 〈보기〉에서 고른 것은? 2019 소방직

갑 사회는 그것을 구성하는 여러 유기체 간의 상호 의존에 의해 안정과 균형을 유지하는 것이 중요해.
을 사회 현상은 사람들 간에 상징을 사용한 사회적 상호작용과 사회적 행위를 통해 만들어지는 거야.
병 사회에는 갈등적 이해관계가 내재된 사회집단이 항상 존재하고 있어서 어느 집단의 이익은 다른 집단의 희생의 대가로 이루어진다고 볼 수 있어.

보기

ㄱ. 갑은 사람들의 사회적 행위의 동기에 대한 해석을 중시한다.
ㄴ. 갑은 사회의 안정, 병은 사회의 변동을 중시할 것이다.
ㄷ. 병은 을에 비해 사회 구조의 개인에 대한 영향력을 과소평가한다.
ㄹ. 갑과 병은 거시적 관점, 을은 미시적 관점에 해당한다.

① ㄱ, ㄴ ② ㄱ, ㄷ
③ ㄴ, ㄹ ④ ㄷ, ㄹ

해설 갑은 기능론, 을은 상징적 상호작용론, 병은 갈등론이다.
ㄴ. 기능론에서는 사회의 안정과 조화, 갈등론에서는 사회의 변동을 중시한다.
ㄹ. 기능론과 갈등론은 거시적 관점이고, 상징적 상호작용론은 미시적 관점이다.

오답피하기

ㄱ. 사람들의 사회적 행위의 동기에 대한 해석을 중시하는 것은 상징적 상호작용론이다.
ㄷ. 거시적 관점인 갈등론은 미시적 관점인 상징적 상호작용론보다 사회 구조의 개인에 대한 영향력을 강조한다.

정답 ③

07 사회 · 문화 현상을 바라보는 갑, 을, 병의 관점에 대한 설명으로 옳은 것은? 2020 소방직

갑 사회란 개인이 다양한 상징을 활용하여 의미를 주고받는 곳으로, 개인은 상황 정의를 통해 행동한다.
을 사회란 희소가치를 많이 가진 집단과 적게 가진 집단이 지배와 피지배 관계를 이루고 있는 곳으로, 두 집단 간의 갈등과 대립은 불가피하다.
병 사회란 사회 제도나 집단 등이 상호 연관성을 갖고 일정한 기능을 수행하면서 유지되는 곳으로, 개인은 사회 질서를 위해 일정한 기능을 담당한다.

① 갑의 관점은 행위의 주관적인 동기와 의미를 해석하는데 관심이 있다.
② 을의 관점은 구성원 간의 합의된 가치와 규범을 중요하게 여긴다.
③ 병의 관점은 사회 운동이 집단 간의 지배와 억압을 해결하는 데 중요한 역할을 한다고 본다.
④ 갑의 관점은 을, 병의 관점과 달리 사회 구조적 측면에서 사회 문제를 바라본다.

해설 갑은 상징적 상호 작용론, 을은 갈등론, 병은 기능론이다.
① 상징적 상호 작용론은 미시적 관점으로 사람들의 상호 작용과 행위의 주관적인 동기와 의미를 해석하는데 관심이 있다.

오답피하기
② 구성원 간의 합의된 가치와 규범을 중요하게 여기는 것은 기능론이다.
③ 사회 운동이 집단 간의 지배와 억압을 해결하는 데 중요한 역할을 한다고 보는 것은 갈등론이다.
④ 사회 구조적 측면에서 사회 문제를 바라보는 것은 거시적 관점이다. 거시적 관점은 기능론과 갈등론이므로 이는 을과 병의 입장이다.

정답 ①

사회 · 문화 현상의 연구 방법

01 다음 (가), (나)에서 활용했을 연구 방법에 대한 설명으로 옳은 것만을 〈보기〉에서 모두 고르면? 2014 국가직

(가) A대학의 연구진은 컴퓨터 게임이 청소년 폭력과 탈선에 영향을 미치는지를 알아보고자 500명의 비행 청소년들을 대상으로 컴퓨터 게임에 대한 노출 정도를 조사하였다.
(나) 연구자 B는 도시 빈민 지역에 살았던 C할머니 가족의 빈곤 문제를 연구하였다. 할머니의 손주들이 25년 동안 살아온 시간을 추적함으로써 그들이 빈곤의 굴레에서 자유로워졌는지를 살펴보았다.

보기
ㄱ. (가)는 개념의 조작적 정의, (나)는 연구자의 직관적 통찰을 중시한다.
ㄴ. (가)는 법칙 발견, (나)는 심층적 이해를 목적으로 한다.
ㄷ. (나)는 (가)에 비해 가설 설정을 중시한다.
ㄹ. (나)는 (가)와 달리 방법론적 일원론을 추구한다

① ㄱ, ㄴ ② ㄱ, ㄹ
③ ㄴ, ㄷ ④ ㄷ, ㄹ

해설 (가)에서 활용했을 연구방법은 실증적(양적) 연구방법이고, (나)에서 활용했을 연구방법은 해석적(질적) 연구 방법이다. (가)에서는 컴퓨터 게임의 노출 정도라는 독립 변수와 청소년의 폭력과 탈선이라는 종속 변수의 상관관계를 밝히는 연구로서 이는 실증적(양적) 연구방법이며, (나)에서는 도시 빈민 지역에 살았던 C할머니 가족의 빈곤문제라는 주제를 심층적으로 이해하기 위해 할머니의 손주들이 25년 동안 살아온 시간을 추적하며 심층적으로 연구하는 해석적(질적) 연구 방법이 적절하다고 볼 것이다.
ㄱ. 개념의 조작적 정의는 실증적 연구 방법에서 중시하며, 직관적 통찰을 중시하는 것은 해석적 연구 방법이다. 연구 과정에서 필요한 추상적 개념이나 용어를 현실에서 적용 가능하고 관찰과 측정이 가능한 구체적인 지표로 조작하는 것을 개념의 조작적 정의라고 말한다. 예를 들어 '가족의 애정도'라는 추상적인 개념을 가족 사이의 하루 평균 대화 시간이나 통화 시간 등으로 측정하여 수치로 나타내는 것으로 실증적 연구방법에서 중시한다.
ㄴ. 계량화된 자료의 분석을 통해 사회 · 문화 현상에 대한 일반적 법칙을 발견하고자 하는 연구 방법이 실증적 연구방법이고, 연구자의 경험, 지식, 직관적 통찰에 의해 사회 · 문화 현상의 의미를 심층적으로 이해하고자 연구 방법이 해석적 연구방법이다.

오답피하기
ㄷ. 가설 설정을 중시하는 것은 실증적 연구 방법이다.
ㄹ. 실증적 연구방법은 사회 · 문화 현상과 자연 현상은 동일하기 때문에 자연 현상의 연구 방법을 사회 · 문화 현상의 연구에 적용할 수 있다고 보므로 방법론적 일원론의 입장이고, 해석적 연구방법은 사회 · 문화 현상은 자연 현상과 다르기 때문에 자연 현상의 연구 방법을 사회 · 문화 현상의 연구에 적용할 수 없다고 보므로 방법론적 이원론적인 입장이다.

정답 ①

02 밑줄 친 ㉠, ㉡과 같은 연구 방법의 일반적인 특징에 대한 설명으로 옳지 않은 것은? 2013 서울시

> 신입 사원들의 직장 생활을 주제로 A 연구자는 ㉠ 신입 사원 들의 입사 성적과 근무 성적 간의 상관관계를 연구하였고, B 연구자는 ㉡ 신입 사원들의 사내 문화 적응 과정을 연구하였다.

① ㉠은 방법론적 일원론에 기초하고 있다.
② ㉠은 수집된 자료를 계량화하여 분석하는 방법을 주로 사용한다.
③ ㉡은 비공식적 자료의 수집과 활용을 중시한다.
④ ㉡은 현상에 대한 심층적 이해를 위해 감정이입의 방법을 중시한다.
⑤ ㉡은 직관적 통찰의 방식을 활용함으로써 연구 결과의 일반화에 유리하다.

해설 신입 사원들의 입사 성적과 근무 성적 간의 상관 관계 연구는 ㉠ 실증적 연구 방법에 의한 것이고, 신입 사원들의 사내 문화 적응 과정 연구는 ㉡ 해석적 연구 방법에 의한 것이다.
⑤ 해석적 연구 방법이 직관적 통찰의 방식을 활용하는 것이므로 전단의 설명은 옳다. 그러나 해석적 연구 방법은 행위자의 동기나 목적 등을 연구하는 것이 포함되므로 감정 이입의 방법을 사용하게 된다. 행위자가 처한 상황은 각각 다르기 때문에 그 결과 연구 결과를 일반화하기는 곤란하다.

오답피하기
① 방법론적 일원론이란 자연 현상을 연구하는 방법이나 사회 문화 현상을 연구하는 방법이 본질적으로 동일하므로 방법이 하나라는 것을 말한다. 실증적 연구 방법이 방법론적 일원론에 기초하고 있다.
② 수집된 자료를 계량화하여 분석하는 방법을 주로 사용하는 것은 실증적 연구 방법이다.
③ 비공식적 자료의 수집과 활용을 중시하는 것은 해석적 연구 방법이다.
④ 해석적 연구 방법은 현상에 대한 심층적 이해를 위해 감정이입의 방법을 중시한다.

정답 ⑤

03 다음 (가), (나)에 사용된 연구 방법의 일반적인 특징으로 가장 적절한 것은? 2015 경찰직 1차

> (가)
> • 연구 주제: ○○지역 사회에서 발생하는 폭력의 종류와 빈도
> • 연구 대상: ○○지역 주민을 대표하는 표본 350명
> • 연구 시기: 2015. 2. 14. 10:00 – 11:00
> • 자료 수집: 일정한 시간과 장소에서 연구 대상을 설문조사함
>
> (나)
> • 연구 주제: ○○지역 사회에서 발생하는 폭력의 의미
> • 연구 대상: ○○지역의 우범자 5명
> • 연구 시기: 2014. 2. 14. – 2015. 2. 14.
> • 자료 수집: 연구자가 연구대상과 같이 생활하며 행동을 관찰하고 기록함

① (가)는 귀납적 과정을 통해 통찰적으로 자료를 해석한다.
② (가)는 연구자와 연구 대상자 간 정서적 교감을 중시한다.
③ (나)는 사회 · 문화 현상을 심층적으로 이해한다.
④ (나)는 사회 현상은 자연 현상과 본질적으로 동일하다고 가정한다.

해설 (가)는 표본을 추출하여 질문지를 통해 자료를 수집함으로써 폭력의 종류와 빈도를 찾아내고 있으므로 '양적 연구'에 해당하며, (나)는 참여 관찰을 통해 폭력의 의미를 밝혀내고자 하기 때문에 '질적 연구'에 해당한다.
③ (나)는 질적 연구로서 사회문화 현상을 심층적으로 이해하려 한다.

오답피하기
① (가)는 양적 연구로 주로 연역법을 통해 자료를 분석한다. 귀납적 과정을 통해 통찰적으로 자료를 해석하는 것은 질적 연구에 해당한다.
② 연구자와 연구 대상자 간 정서적 교감을 중시하는 것은 (나) 질적 연구에 해당한다.
④ 질적 연구는 사회 현상과 자연 현상은 본질적으로 다르다고 가정하여, 방법론적 이원론에 해당하고 방법론적 일원론은 (가) 양적 연구에 해당한다.

정답 ③

04 사회 · 문화 현상의 연구 방법 (가), (나)의 일반적 특징에 대한 설명으로 옳은 것은? 2019 지방직

(가)는 사회 · 문화 현상의 일반적인 경향성이나 이론을 발견하려는 입장이라면, (나)는 사회 · 문화 현상에서 행위자의 의미와 동기를 파악하려는 입장이다. 예를 들어, '스마트폰 중독과 초등학생 사회성 발달 간의 상관관계'와 같은 주제를 다루는 연구자는 (가)의 입장을 취한다. 한편 '초등학생의 스마트폰 중독 과정과 의미'에 관한 연구 주제는 (나)로 접근할 수 있다.

① (가)에서는 일기, 편지 등 비공식적 자료를 주로 활용한다.
② (나)는 방법론적 일원론을 전제로 한다.
③ (가)는 (나)보다 인과관계의 설명에 유리하다.
④ (나)는 (가)보다 개념의 조작적 정의를 중시한다.

출제 단원 및 영역 사회문화 1단원 사회문화 현상의 연구방법

해설 (가)는 사회 · 문화 현상의 법칙이나 이론 발견이 쉬운 양적 연구방법이고, (나)는 행위자의 의미와 동기를 파악하려는 입장이라고 하였으므로 질적 연구방법이다.
③ 양적 연구방법은 통계적인 기법을 활용하므로 다양한 상황에 적용할 수 있는 일반적인 법칙 발견에 용이하다.

오답피하기
① 일기, 편지 등의 비공식적 자료를 주로 활용하는 것은 질적 연구방법이다.
② 질적 연구방법은 사회 · 문화 현상과 자연 현상은 동일하지 않기 때문에 양자는 다른 방법론이 필요하다는 점에서 방법론적 이원론이라고 한다.
④ 연구 과정에서 필요한 추상적 개념이나 용어를 현실에서 적용 가능하고 관찰과 측정이 가능한 구체적인 지표로 조작하는 것을 개념의 조작적 정의라고 하는데, 이는 가설을 검증하기 위해서 사용되는 경우가 많으므로 양적 연구방법에서 조작적 정의를 중시한다.

정답 ③

05 〈보기〉의 (가), (나) 연구 방법의 일반적인 특징에 대한 설명으로 가장 옳은 것은? 2018 서울시

보기

구분	연구 목적	한계
(가)	청소년의 지속적인 봉사활동이 청소년의 인성에 영향을 미친다는 잠정적인 결론을 가지고 자료를 수집 · 분석함으로써 봉사 활동이 청소년의 건전한 성장에 도움이 되도록 하고자 함.	㉠
(나)	현대 사회는 평균 수명이 늘어남에 따라 노인의 삶의 질에 대한 관심이 높아지고 있으며, 여가 시간을 어떻게 활용하느냐가 매우 중요해지고 있음. 이에 봉사 활동을 지속적으로 하는 노인을 대상으로 봉사 활동이 갖는 의미를 연구함으로써 노인의 삶의 질 향상을 위한 자료를 제공하고자 함.	연구자의 주관적 가치 개입 가능성이 큼

① (가)는 방법론적 이원론의 입장, (나)는 방법론적 일원론의 입장을 취한다.
② (가)는 연구 대상자의 내면 세계 중시, (나)는 변인 간 법칙 발견을 목적으로 한다.
③ '객관적인 관찰이 불가능하다'는 ㉠에 들어갈 수 있다.
④ (나)에서는 비공식적 자료가 중시된다.

출제 단원 및 영역 사회문화 1단원 사회문화 현상의 이해 방법 (실증적 연구와 해석적 연구)

해설
- (가)의 경우 잠정적인 결론을 가지고 자료를 수집 분석한다고 하였으므로 이는 실증법적(양적) 연구 방법에 대한 설명이다. 실증법적 연구 방법은 가설을 세우고 자료를 수집 · 분석하여 그것을 검증함으로 결론의 도출에 이르는 연구 방법이다.
- (나)의 경우 노인을 대상으로 봉사 활동이 갖는 의미를 연구한다고 하였으며, 한계로서 연구자의 주관적 가치 개입 가능성이 크다고 하였으므로 이는 해석적(질적) 연구 방법에 해당한다.

④ 해설적(질적) 연구 방법의 경우에는 자료 수집 과정에서 연구자의 직관적 통찰이 활용되며, 대화록 등의 비공식적 자료의 수집도 중시된다는 특징이 있다.

오답피하기
① 실증적(양적) 연구 방법은 자연 현상과 사회 문화 현상은 본질적으로 다르지 않으므로 자연 과학적 연구 방법을 사회 · 문화 현상에도 적용할 수 있다는 방법론적 일원론의 입장이며, 해석적(질적) 연구방법은 자연 현상과 사회 · 문화 현상은 본질적으로 다르므로 자연과학적 연구 방법을 가치 함축적인 사회 문화 현상에 적용할 수 없다는 방법론적 이원론의 입장이다.
② 연구 대상자의 내면을 중시하는 것은 해석적(질적) 연구 방법이고, 변인 간의 법칙 발견을 목적으로 하는 것은 실증적(양적) 연구 방법이다.
③ 실증적(양적) 연구는 자료를 수취화 · 계량화함으로써 객관적인 관찰이 가능하지만, 해석적(질적) 연구는 사회 현상의 주관적 의미에 대한 심층적 이해를 목적으로 하는 것이므로 '객관적인 관찰이 불가능하다' 는 것은 해석적(질적) 연구 방법의 한계로 들어가야 한다.

정답 ④

06 사회 · 문화 현상의 연구 방법 A, B의 일반적인 특징에 대한 설명으로 옳은 것을 〈보기〉에서 고른 것은? 2017 지방직

• A는 계량화된 경험적 자료에 대한 분석을 통해 변수들 간의 관계를 설명한다.
• B는 인간의 사회적 행위 속에 담긴 주관적 동기와 의미를 심층적으로 이해한다.

보기

ㄱ. A는 측정이나 실험을 통한 구체적 가설 검증을 중시한다.
ㄴ. A는 실증적 방법에 입각한 연구를 통한 결론 도출에 적합하다.
ㄷ. B는 해석적 연구를 통한 보편적 법칙 발견에 적합하다.
ㄹ. B는 직관적 이해보다는 통계화된 자료의 수집을 더 중시한다.

① ㄱ, ㄴ ② ㄱ, ㄷ
③ ㄴ, ㄹ ④ ㄷ, ㄹ

해설 A는 계량화된 경험적 자료에 대한 분석을 통해 변수들 간의 관계를 설명한다고 하였으므로 '실증적 연구 방법'이고, B는 행위 속에 담긴 주관적 동기와 의미를 심층적으로 이해한다고 하였으므로 '해석적 연구 방법'이다.
ㄱ. 가설을 설정하고 이를 검증하는 것을 중시하는 것은 실증적 연구 방법이다.
ㄴ. A는 실증적 연구 방법에 적합한 내용이다.

오답피하기
ㄷ. 해석적 연구 방법에는 해당하지만, 해석적 연구 방법은 보편적 법칙 발견에 적합한 연구 방법은 아니다. 보편적 법칙 발견에 적합한 연구 방법은 실증적 연구 방법이다.
ㄹ. 해석적 연구 방법은 직관적 이해를 중시하고, 통계화된 자료의 수집을 더 중시하는 것은 실증적 연구 방법이다.

정답 ①

07 다음 주장에 부합하는 사회 탐구 방법의 일반적 특징에 대한 설명으로 옳지 않은 것은? 2015 사회복지직

사회 현상은 자연 현상과 달리 정확한 관찰과 실험이 용이하지 않을 뿐만 아니라, 그 인과관계가 명확히 드러나지 않는 경우가 많다. 따라서 사회 현상을 탐구할 때는 객관적 분석과 설명을 추구하기보다는 현상을 어떻게 이해할 것인가에 초점을 맞추어야 한다.

① 계량화된 자료를 분석하여 가설을 검증한다.
② 연구자의 직관적 통찰을 중시한다.
③ 사회 현상에 대한 일반화나 법칙 도출에 한계가 있다.
④ 인간 행위에 담긴 동기와 의도를 심층적으로 이해하고자 한다.

해설 제시문은 사회 · 문화 현상의 탐구 방법 중 자연현상과 사회현상은 본질적으로 다르기 때문에 자연 현상의 연구 방법을 사회 · 문화 현상의 연구에 그대로 적용할 수 없다고 보는 해석적 연구 방법에 대한 설명이다.
① 계량화된 자료를 분석하여 가설을 검증하는 것은 실증적 연구 방법에 해당한다.

오답피하기
②, ③, ④ 연구자의 직관적 통찰을 중시하고, 사회 현상에 대한 일반화나 법칙 도출에 한계가 있다고 보는 것이나 인간 행위에 담긴 동기와 의도를 심층적으로 이해하고자 하는 것은 모두 해석적 연구 방법에 대한 것이다. 실증적 연구 방법에서는 사회 현상에 대한 일반화나 법칙 도출이 가능하다고 본다.

정답 ①

08 〈보기〉는 밑줄 친 ⓐ~ⓓ에 대한 설명이다. 이 중에서 적절한 것을 모두 고른 것은? 2015 경찰직 3차

- 연구 주제: 다문화 가족 부부의 의사소통에 집단 상담 프로그램이 미치는 효과
- 가설 설정: 집단 상담 프로그램의 적용은 ⓐ 다문화 가족 부부의 의사소통 증진에 효과가 있을 것임.
- 연구 설계: 다문화 가족 부부 중 甲은 집단 상담 프로그램에 참여하게 하고, ⓑ 乙은 평상시와 같이 생활하게 함.
- 자료 수집: ⓒ 검사를 통해 자료를 수집함.
- 자료 분석: ⓓ 수집된 자료를 처리함.
- 가설 검증 및 일반화: … (중략) …

보기

㉠ ⓐ는 독립 변인을 조작적 정의한 것이다.
㉡ ⓑ는 모집단이면서 통제 집단이다.
㉢ ⓒ는 심층 면접법이나 참여 관찰법이 주로 사용된다.
㉣ ⓓ는 통계적인 기법을 주로 활용한다.

① ㉠, ㉡ ② ㉠, ㉣
③ ㉡, ㉢ ④ ㉣

해설 사안의 경우 가설 설정을 하고 자료를 수집 · 분석하여 가설을 검증하는 것으로 보아 양적 연구절차 방법에 의해 사회 · 문화 현상을 연구하고 있는 모습이다.

ㄹ. 개념의 조작적 정의, 경험적 자료의 계량화, 수치 계산, 통계 분석 등은 양적 연구방법에서 주로 사용하는 방법들이다. 양적 연구 방법에서는 자료를 분석할 때 통계적인 분석 기법을 활용하므로 맞는 지문이다.

오답피하기

ㄱ. 가설에서 집단 상담 프로그램의 적용은 독립변인, 다문화 가족 부부의 의사소통 증진에 효과가 있을 것이라는 것은 종속 변인에 해당한다. 조작적 정의란 연구 과정에서 필요한 추상적 개념이나 용어를 현실에서 적용 가능하고 관찰과 측정이 가능한 구체적인 지표로 조작하는 것을 말한다.

ㄴ. 모집단은 다문화 가족 부부 전체이며, 실험에 참여한 집단은 표본집단에 해당한다. 상담프로그램에 참여한 갑은 실험집단, 을은 통제집단 또는 비교집단이 된다.

ㄷ. 심층 면접법이나 참여 관찰법은 질적 연구방법에 주로 쓰이며, 양적 연구방법에서는 주로 질문지법이나 실험법 등이 사용되며, 특히 위의 사례의 경우에는 실험법이 사용되었다.

정답 ④

09 다음은 어느 연구 계획서의 일부이다. 이데 대한 설명으로 옳은 것만을 〈보기〉에서 모두 고른 것은? 2014 사회복지직

- 연구 주제: 특성화 고등학교 학생들의 스마트폰 이용 실태
- 표본: 광역시에 소재하는 특성화 고등학교에서 무작위로 추출한 남녀 학생 각 2,000명
- 조사 방법: 설문 조사 실시
- 조사 내용: 성별, 학년, 1일 평균 스마트폰 이용 시간, 스마트폰 이용 유형
- 자료 분석: 통계 프로그램을 이용하여 분석 실시

보기

ㄱ. 방법론적 이원론에 근거하고 있다.
ㄴ. 구조화 · 표준화된 자료 수집 방법을 활용하고 있다.
ㄷ. 조사 결과를 전국 특성화 고등학교 학생들에게 일반화할 수 없다.
ㄹ. 조사 대상자의 주관적인 세계를 심층적으로 이해하는 데 유리하다.

① ㄱ, ㄴ ② ㄱ, ㄹ
③ ㄴ, ㄷ ④ ㄷ, ㄹ

해설 제시된 자료를 분석해보면 우선 특성화 고등학교 학생들의 스마트폰 이용 실태를 설문 조사의 방법으로 실시한다고 되어 있다. 이는 실증적 연구 방법으로 다수의 자료를 수집하여 통계 처리하기가 쉬운 설문 조사 방법을 사용하였으므로 자료 수집 방법은 적절하다 그러나 광역시에 소재하는 특성화 고등학교를 표본으로 하는 만큼 전국의 특성화 고등학교 학생들에게 일반화시키는데도 한계가 있다.

ㄴ. 자료수집 방법으로 설문지법을 실시하려고 하는데, 이는 구조화 · 표준화된 자료 수집 방법을 이용한 것이다.

ㄷ. 광역시에 소재하는 특성화 고등학교 학생만을 표본으로 함으로서 전국 특성화 고등학교 학생들에게 일반화시키기에는 부족하다.

오답피하기

ㄱ. 실증적 연구 방법은 사회 · 문화 현상도 자연 현상의 연구 방법과 같다고 보는 방법론적 일원론에 기초한다.

ㄹ. 조사 대상의 주관적인 세계를 심층적으로 이해하는데 유리한 것은 해석적 연구 방법이다.

정답 ③

10 프로야구 우승팀을 예측하는 (가)와 (나)의 연구 방법 중 (나)의 연구 방법을 주장하는 논거로 볼 수 있는 것만을 〈보기〉에서 모두 고른 것은? 2013 지방직

(가) 특정 팀의 해당 연도 전적(승률, 타율, 방어율 등), 역대 경기에서 실적 등과 같은 객관화된 자료들을 근거로 예측한다.
(나) 특정 팀의 현재 컨디션, 팀의 사기, 팀 내 선수들 간의 불화 여부 등과 같이 수량화 될 수 없는 주관적 요인들을 중시한다.

보기

ㄱ. 인간은 같은 환경 속에서도 다르게 반응한다.
ㄴ. 사회 · 문화 현상은 인간의 의식과 의지를 바탕으로 일어난다.
ㄷ. 사회 · 문화 현상의 탐구자와 사회 · 문화 현상은 분리될 수 있다.
ㄹ. 사실이나 실재에 대한 의미 부여는 검증될 수 있는경험에 의해서만 가능하다.

① ㄱ, ㄴ ② ㄱ, ㄷ
③ ㄴ, ㄹ ④ ㄷ, ㄹ

해설 (가)는 객관적인 자료들을 활용하여 예측을 한다고 했으므로 실증적 연구 방법이고, (나)는 팀의 사기, 불화 요인 등 주관적인 요인들을 중시한다고 했으므로 해석적 연구 방법이다.

구분	양적 연구 방법 (실증적 연구 방법)	질적 연구 방법 (해석적 연구 방법)
의미	계량화된 자료의 분석을 통해 사회 · 문화 현상에 대한 일반적 법칙을 발견하고자 하는 연구 방법	연구자의 경험, 지식, 직관적 통찰에 의해 사회 · 문화 현상의 의미를 이해하는 연구 방법
전제	사회 · 문화 현상과 자연 현상은 동일하기 때문에 자연 현상의 연구 방법을 사회 · 문화 현상의 연구에 적용할 수 있음 → 방법론적 일원론	사회 · 문화 현상은 자연 현상과 다르기 때문에 자연 현상의 연구 방법을 사회 · 문화 현상의 연구에 적용할 수 없음 → 방법론적 이원론
연구 목적	사회 · 문화 현상의 인과 관계를 규명하여 법칙을 발견하고자 하고 과거의 일에 대한 원인을 분석하거나 미래의 결과를 예측하고자 함.	사회적 행위에 담긴 인간 행위의 동기나 목적을 이해하고, 개별적 사회 · 문화 현상을 심층적으로 분석함으로써 다른 사회 · 문화 현상을 이해하기 위한 정보를 제공하고자 함

ㄱ. 해석적 연구 방법에서는 사회 · 문화 현상은 자연 현상과 다르기 때문에 자연 현상의 연구 방법을 그대로 적용할 수 없다고 하는데 이것은 인간은 같은 환경 속에서도 다르게 반응하기 때문이다.
ㄴ. 해석적 연구 방법에서는 사회 · 문화 현상은 인간의 의식과 의지를 바탕으로 일어나므로 사회 · 문화 현상에 담긴 의미를 이해하고 해석하는 것이 사회 현상 연구의 본질이라고 설명한다.

오답피하기

ㄷ. 사회 · 문화 현상의 탐구자와 사회 · 문화 현상은 분리될 수 있다고 보는 것은 실증적 연구 방법에서 설명한다.
ㄹ. 실증적 연구 방법에서는 사실이나 실재에 대한 의미 부여는 검증될 수 있는 경험에 의해서만 가능하다고 설명한다.

정답 ①

11 다음은 자원봉사 활동과 시민의식 간의 관련성에 대한 연구과정을 순서 없이 나열한 것이다. 이에 대한 설명으로 옳지 않은 것은? 2015 국가직

(가) 시민의식 함양에 영향을 주는 요인을 알아보고자 하였다.
(나) 시민의식 함양을 위해 청소년의 자원봉사 활동 시간을 늘릴 것을 교육청에 건의하였다.
(다) 조사 자료를 분석한 결과를 토대로 청소년의 자원봉사 활동이 시민의식 함양에 영향을 준다는 결론을 내렸다.
(라) 선행연구 검토 후, 자원봉사 활동이 시민의식 함양에 영향을 준다는 가설을 설정하였다.
(마) ○○시의 청소년을 무작위로 추출하여 설문조사를 실시하였다.

① 위 연구과정에서는 개념의 조작적 정의가 필요하지 않다.
② (가)와 (나)의 단계에서는 연구자의 가치가 개입될 수 있다.
③ (다)의 분석 결과는 ○○시의 청소년으로 일반화될 수 있다.
④ 일반적으로 연구과정은 (가), (라), (마), (다), (나) 순으로 진행된다.

해설

- 제시문은 자원봉사 활동과 시민의식 간의 관련성에 대한 연구과정을 기술한 것인데, 이는 실증적 연구 방법에 해당한다. 구체적으로 살펴보면 (가)는 연구 선정 단계, (나)는 대안 모색 단계, (다)는 결론 도출 단계, (라)는 가설 설정 단계, (마)는 자료 수집 단계이다.
- 실증적 연구 방법에서의 사회 · 문화 현상의 연구 과정은 연구 선정 단계 (문제 인식) → 가설 설정 → 연구 설계 → 자료 수집 → 자료 분석 → 가설 검증 → 결론 도출 → 대안 모색 단계를 거친다.

① 실증적 연구 방법에서는 개념의 조작적 정의가 필요하나 해석적 연구 방법에서는 개념의 조작적 정의가 필요하지 않다. 제시문은 실증적 연구 방법에 해당하므로 개념의 조작적 정의가 필요하다. 구체적으로 살펴보면 사안의 경우 '시민 의식 함양'이라는 추상적인 의미가 사용되었으므로 이를 측정 가능한 구체적인 개념으로 변환시키는 조작적 정의가 필요하다.

오답피하기

② 연구 선정 단계와 대안 모색 단계에서는 연구자의 가치가 개입될 수 있다. 실증적 연구 방법에서의 사회 · 문화 현상의 연구 과정 단계에서 연구 선정 단계와 가설 설정 단계, 연구 설계 단계, 대안 모색 단계에서는 연구자의 가치가 개입된다.
③ 위의 연구에서는 ○○ 시의 청소년을 대상으로 자료를 수집하였다. 그 결과 가설이 검증되었기 때문에 ○○시의 청소년으로 일반화 될 수 있다.
④ 일반적으로 연구과정은 연구 선정 단계(가) → 가설설정 단계(라) → 연구 설계 단계 → 자료 수집 단계 (마) → 자료 분석 단계 → 가설 검증 단계 → 결론 도출 단계(다) → 대안 모색 단계(나) 순으로 진행되므로 맞는 지문이다.

정답 ①

12 다음 (가)~(바)는 어떤 사회문화 현상에 대한 연구 과정을 나열한 것이다. 이에 대한 설명으로 적절한 것만을 〈보기〉에서 모두 고른 것은? 2020 경찰직 2차

(가) 청소년의 공격적 행동에 대하여 폭력적 게임 노출이 미치는 영향에 대해 알아보고자 한다.
(나) 청소년들이 폭력적 게임에 많이 노출될수록 공격적 행동이 증가할 것이라는 가설을 설정한다.
(다) 폭력적 게임 노출 정도는 하루에 얼마나 많은 시간을 폭력적 게임을 하는 데 사용하는가를 5점 척도로 나타내고, 공격적 행동 정도는 타인을 비난하는 말과 가해 행동을 한 경험이 얼마나 자주 있는가를 5점 척도로 나타낸다.
(라) 전국의 중 · 고등학교 학생 중에서 남녀 1,000명을 무작위로 선정하고 이들을 대상으로 표준화된 질문지를 만들어 설문 조사를 실시한다.
(마) 자료 분석 결과 폭력적 게임 노출 정도와 공격적 행동 정도 사이에 높은 연관성이 있음이 확인된다.
(바) 청소년의 공격적 행동을 감소시키기 위해 폭력적 게임에 대한 단속을 강화하는 정책을 제안한다.

보기

㉠ (가)와 (바)에서는 연구자의 주관적 가치가 개입될 수 있다.
㉡ (나)에서 폭력적 게임 노출 정도는 독립 변인이고, 공격적 행동 정도는 종속 변인이다.
㉢ (다)에서 변인에 대한 조작적 정의가 이루어진다.
㉣ (라)에서 채택한 조사방법은 행위자의 동기를 깊이 이해하는데 유용하다.
㉤ (마)에서 만약에 가설이 기각되었다면 그 연구는 과학적 연구가 아니다.

① ㉠, ㉡, ㉢ ② ㉠, ㉡, ㉤
③ ㉡, ㉢, ㉣ ④ ㉢, ㉣, ㉤

해설 (가)는 연구 주제 선정, (나)는 가설 설정, (다)는 개념의 조작정 정의와 연구 방법 설계, (라)는 자료 수집, (마)는 가설 검증 및 결론, (바)는 사례에의 적용(제안)이다. 이를 통해 연구 과정의 순서대로 나열되었음을 알 수 있다.

㉠ 연구 주제 선정과 사례에의 적용은 연구자의 주관적 가치가 개입될 수 있는 단계이다.
㉡ (나)에서 폭력적 게임 노출 정도는 어떠한 현상이나 결과에 영향을 주는 변인인 독립 변인이고, 공격적 행동 정도는 다른 변인이 변함에 따라 함께 변하는 변인인 종속 변인이다.
㉢ 개념의 조작적 정의는 가설 설정 이후부터 연구방법 설계단계까지 이루어는데, (다)에서 폭력적 게임 노출 정도와 공격적 행동 정도를 측정 가능할 수 있도록 하기 위해서 변인에 대한 조작적 정의가 이루어졌다.

오답피하기

㉣ (라)에서 채택한 조사방법은 질문지법이고 질문지법은 양적 연구방법으로 행위자의 동기를 깊이 이해하는데 미흡한 자료 수집 방법이다.
㉤ 만약에 가설이 기각되었다면 그 가설을 수용할 수 없을 뿐이지 기각된 연구도 과학적 연구로서 가치가 있는 것이다.

정답 ①

13 다음은 연구 단계를 순서 없이 나열한 것이다. 이에 대한 설명으로 옳은 것은? 2020 지방직 · 서울시

(가) 수집한 자료를 통계 처리하여 변수 간의 인과관계 분석
(나) 자기주도학습이 학업 성취도에 미치는 영향을 연구 주제로 선정
(다) 자기주도학습 태도를 지닌 고등학생일수록 학업 성취도가 높을 것이라는 잠정적 결론 도출
(라) ○○시 △△고교 학생 1,500명을 대상으로 연구주제에 대한 설문조사 실시
(마) 학업 성취도는 1학기와 2학기의 지필평가 평균 점수를 비교하여 측정하기로 결정

① (가) 단계와 (다) 단계에서는 연구자의 가치 중립적 태도가 요구된다.
② (가) 단계에서는 (다) 단계와 달리 연구자의 직관적 통찰이 필요하다.
③ (나) 단계와 (마) 단계에서는 연구자의 가치가 개입된다.
④ 연구는 (나)→(라)→(가)→(마)→(다)의 순서로 진행되어야 한다.

해설

(가) 수집한 자료를 통계 처리하여 변수 간의 인과관계 분석 ⇒ 자료 분석
(나) 자기주도학습이 학업 성취도에 미치는 영향을 연구 주제로 선정 ⇒ 연구 주제 선정
(다) 자기주도학습 태도를 지닌 고등학생일수록 학업 성취도가 높을 것이라는 잠정적 결론 도출 ⇒ 가설 설정
(라) ○○시 △△고교 학생 1,500명을 대상으로 연구주제에 대한 설문조사 실시 ⇒ 자료 수집
(마) 학업 성취도는 1학기와 2학기의 지필평가 평균 점수를 비교하여 측정하기로 결정 ⇒ 연구 방법 설정

③ 연구 주제 설정과 연구 방법 설정의 경우 가치 개입이 필요한 구간이다.

오답피하기

① 자료 분석 단계는 계량화된 자료에 근거하여 분석을 하여야 하는 구간으로 가치 중립이 요구된다. 그러나 가설 설정은 연구자의 가치가 개입되는 구간이다.
② 자료 분석 단계는 계량화된 자료에 근거하여 객관적으로 분석하여야 하며 계량화된 자료에 근거하지 않은 통찰을 할 수 없다. 반면, 가설 설정의 경우 연구자의 직관적 통찰을 활용하여 계량화된 자료에 근거하지 않은 통찰을 할 수도 있다.
④ 연구는 (나)→(다)→(마)→(라)→(가)의 순서로 진행되어야 한다.

정답 ③

14 다음은 교통 연구자의 연구보고서이다. 이에 대한 옳은 설명을 〈보기〉에서 모두 고른 것은? 2018 경찰직 2차

〈가설 설정〉
• 운전자 안전 교육이 운전 능력 향상과 운전 태도 변화에 영향을 미쳐 교통사고 감소에 기여할 것이다.
〈 (가) 〉
• 운전자 안전 교육은 5개월 동안 운전에 대한 지식, 기능의 향상과 태도의 변화에 관한 것이다.
• 교통질서 의식 향상은 최근 1년 간 교통 위반이나 사고 건수를 말한다.
〈연구 과정〉
• A집단과 B집단을 나눈 뒤 A집단에게만 5개월 동안 안전 교육을 실시한 후, 두 집단의 1년간 교통 위반 건수를 조사함.
〈 (나) 〉
• A집단의 교통 법규 위반 건수가 B집단보다 적어, 안전 교육이 교통사고 감소에 효과적인 것으로 입증됨.

보기

㉠ 운전자 안전 교육은 외생변인, 운전 능력 향상과 운전 태도는 독립변인, 교통사고 감소는 종속변인이다.
㉡ (가)는 독립변인과 종속변인에 대한 개념적 정의에 해당된다.
㉢ A집단은 실험집단, B집단은 통제집단에 해당되며 실험 처치 전과 후에 검사를 실시했다.
㉣ (나)는 다른 연구 방법에 비해 인과관계를 파악하기 쉽지만, 결과를 현실세계에 일반화하기는 어렵다.

① ㉠ ② ㉣
③ ㉡, ㉢ ④ ㉢, ㉣

해설 사안은 가설을 설정하고 이를 입증하는 연구 방법으로 실증적 연구 방법에 해당한다. 또한 자료 수집 방법으로는 실험법이 사용되었음을 알 수 있다.
㉣ 사안은 실험법이 사용되었다. (다만 문제에서 자료 수집 방법이 아닌 연구 방법이라 표현하여 불명확한 문제가 됨.) 실험법은 변수 간의 인과 관계를 명확하게 파악할 수 있다는 장점이 있다. 그러나 질문지법에 비하여 그 표본 수가 적기 때문에 이를 현실 세계에 일반화하기는 어렵다는 한계가 있다.

오답피하기

㉠ 외생 변인이란 독립 변인이 아닌 변인이 종속 변인에 영향을 끼치는 경우를 말한다. 사안의 경우에서는 운전 능력, 운전 태도, 운전자의 나이, 결혼 여부 등이 외생 변인에 해당한다. 반면, 운전자 안전 교육은 인과관계에 영향을 주는 독립 변인에 해당하고, 교통사고 감소는 다른 변인에 의해 영향을 받아 변화하는 변인으로 종속 변인에 해당한다.
㉡ '개념적 정의'와 '조작적 정의'를 구별해야 하는 문제이다. 일반적으로 '개념적 정의'란 특정 개념의 사전적 의미를 말하고, '조작적 정의'란 추상적 개념을 측정이 가능한 구체적 개념으로 전환시키는 것을 의미한다. 사안의 경우 '운전자 안전 교육'을 5개월 동안 운전에 대한 지식, 기능의 향상과 태도의 변화에 관한 것으로 표현하였으며, '교통질서 의식 향상'이라는 개념을 최근 1년 간 교통 위반이나 사고 건수를 통해 개념을 측정 가능하도록 구체화하였으므로 이는 조작적 정의에 해당한다.
㉢ A집단은 실험 처치가 이루어졌으므로 실험집단에 해당하고, B집단은 실험 처치가 이루어지지 않았으므로 통제 집단에 해당한다. 그러나 사안의 경우 실험 처지를 하기 전의 사전 검사는 별도의 언급이 없고 실험 처지 후의 사후 검사만 나와 있다.

정답 ②

15 (가)와 (나)는 사회문화 현상에 대한 서로 다른 연구 방법이다. 이에 대한 설명으로 가장 옳은 것은?

2014 해양경찰

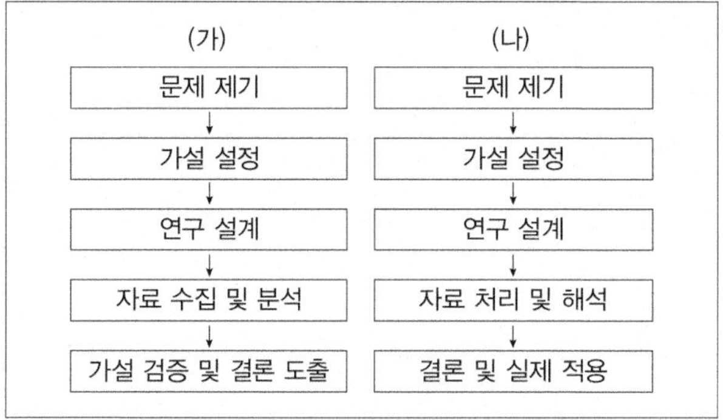

(가)	(나)
문제 제기	문제 제기
↓	↓
가설 설정	가설 설정
↓	↓
연구 설계	연구 설계
↓	↓
자료 수집 및 분석	자료 처리 및 해석
↓	↓
가설 검증 및 결론 도출	결론 및 실제 적용

① (가)는 (나)에 비해 행위자의 주관적 가치 및 행위 동기 파악을 중시한다.
② (가)는 (나)에 비해 사회 문화현상을 인간의 가치로부터 분리하고자 한다.
③ (나)는 (가)에 비해 연구자의 직관적 통찰보다 통계적 기반을 중시한다.
④ (나)는 (가)에 비해 자연과학적 연구 방법을 사회 · 문화현상 연구에 적용할 수 있다고 본다.

해설 가설을 설정하고 검증하는 과정을 거치는 (가)는 양적 연구방법이고, (나)는 질적 연구방법에 해당한다.
② 양적 연구방법은 인간의 가치로부터 분리하여 객관적 사실을 통해 현상의 연구를 시도한다.

오답피하기
① 행위자의 주관적 가치 및 행위 동기 파악을 중시하는 것은 질적 연구방법이다.
③ 직관적 통찰을 중시하는 것은 질적 연구방법이고, 통계적 기반을 중시하는 것은 양적 연구방법이다.
④ 양적 연구방법은 자연과학적 연구방법을 사회 · 문화적 현상 연구에 적용할 수 있다고 보아 방법론적 일원론이라고도 한다.

정답 ②

16 (가), (나)에서 강조하고 있는 사회 · 문화 현상의 연구 방법에 대한 설명으로 옳은 것은? 2016 교육행정

> (가) 일부 여성들이 남성들보다 더 많은 돈을 번다는 사실만으로, 대부분의 남성들의 수입이 여성들보다 더 높다는 사실을 부정할 수는 없다. 일반적인 경향 에서 벗어난 예외 사례가 존재한다고 해서 사회 규칙성을 찾고자 하는 연구 방법의 가치가 부정되는 것은 아니다.
> (나) 특정 지역 주민들의 행동 양식을 형성하는 문화적 가치를 알기 위해서는 그들의 삶 속으로 들어가야 한다. 연구 대상자가 구성해 내는 생활세계의 주관적 측면을 해석하는 일은 연구자의 직관적 통찰을 통해 이루어질 수 있기 때문이다.

① (가)는 (나)와 달리 방법론 이원론에 기초하여 연구가 수행된다.
② (가)는 (나)와 달리 연구 결과를 일반화할 수 없다는 한계를 가지고 있다.
③ (나)는 (가)에 비해 관찰 자료를 계량화하여 활용하는 비율이 높다.
④ (나)는 (가)에 비해 인간의 행위 동기나 상황 맥락을 이해하는 데 유리하다.

해설 (가)는 실증적 연구 방법, (나)는 해석적 연구 방법이다.
④ 해석적 연구방법은 사회 · 문화 현상에 대한 심층적인 이해를 목적으로 하는 것으로 인간의 행위 동기, 상황 맥락을 이해하는 데 유리하다.

오답피하기
① 해석적 연구 방법에서는 자연 현상과 사회 · 문화 현상을 본질적으로 다르다고 보아 그 연구 방법도 달라야 한다는 입장으로 방법론적 이원론을 따른다. 반면 실증적 연구 방법은 방법론적 일원론을 따른다.
② 실증적 연구방법은 자료를 계량화하여 연구하므로 일반화하기 유리하다. 반면 해석적 연구방법은 연구자의 주관이 개입될 가능성이 높아 연구 결과를 일반화하기 어렵다는 한계가 있다.
③ 자료를 계량화하여 연구에 활용하는 것은 실증적 연구방법이다.

정답 ④

17 〈보기〉의 연구 절차 과정에 대한 설명으로 가장 옳은 것은? 2018 서울 경력직

보기

• 연구주제 설정: 비주얼 씽킹 수업이 청소년의 수업 참여도에 어떤 영향을 미치는지 연구하고자 하였다.
(가) ㉠지역과 성별을 고려하여 무작위로 추출한 고등학생 100명을 연구대상자로 선정하였다.
(나) ㉡비주얼 씽킹 수업이 수업참여도와 정(+)의 상관 관계가 있는 것으로 나타났다.
(다) 8주간 강의식 수업과 비주얼 씽킹 수업에 각각 50명씩 참여시킨 후, ㉢발표 빈도와 질문 빈도를 측정하였다.
(라) 수업에서의 자유로운 의사표현 허용이 청소년들에게 주는 의미를 심층적으로 해석한 선행 연구 자료를 검토하였다.

① ㉠은 모집단의 특성을 대표하고 있다.
② ㉡으로 보아 가설은 기각되었다.
③ ㉢은 종속변수에 대한 조작적 정의에 해당한다.
④ (라) – (가) – (나) – (다) 순서로 연구가 진행되는 것이 적절하다.

해설 위의 연구 절차는 가설을 설정하고 그것을 검증하는 절차를 거치는 연구 방법인 실증(양)적 연구 방법에 해당한다.
③ 수업 참여도라는 추상적인 개념을 객관적으로 관찰하고 평가할 수 있도록 발표 빈도와 질문 빈도라는 개념의 조작적 정의가 사용되었다.

오답피하기
① 청소년을 대상으로 하면서 아무리 지역과 성별을 고려하였다고 하더라도 표본 집단을 고등학생만을 대상으로 한 것은 중학생들이 빠지는 등 모집단의 특성을 대표하였다고 할 수 없다.
② 비주얼 씽킹 수업이 수업참여도와 정(+)의 상관 관계가 있는 것으로 나타났다고 하였으므로 가설을 인(수)용될 것이다.
④ 실증적 연구방법은 ① 문제 인식, ② 가설 설정, ③ 연구 설계, ④ 자료 수집, ⑤ 자료 분석, ⑥ 가설 검증 및 결론 도출, ⑦ 일반론의 가정을 거친다. 위의 경우 (가)는 연구 설계 과정이고, (나)는 자료 분석 및 가설 검증의 단계, (다)는 자료 수집 단계, (라)는 연구 주제와 관련된 선행 연구를 검토하여 가설을 설정하기 위한 것으로 가설 설정에 앞선 자료 탐구 단계라고 볼 수 있다. 따라서 (라) – (가) – (다) – (나)의 순서로 연구가 진행되는 것이 적절하다.

정답 ③

18 다음은 교통 연구자의 연구 보고서이다. 〈보기〉에서 옳은 설명을 모두 고른 것은? 2021 해경 2차

〈가설 설정〉
• 운전자 안전 교육이 운전 능력 향상과 운전 태도 변화에 영향을 미쳐 교통사고 감소에 기여할 것이다.
〈 (가) 〉
• 운전자 안전 교육은 5개월 동안 운전에 대한 지식, 기능의 향상과 태도의 변화에 관한 것이다.
• 교통질서 의식 향상은 최근 1년 간 교통 위반이나 사고 건수를 말한다.
〈연구 과정〉
• A집단과 B집단을 나눈 뒤 A집단에게만 5개월 동안 안전 교육을 실시한 후, 두 집단의 1년간 교통 위반 건수를 조사함.
〈 (나) 〉
• A집단의 교통 법규 위반 건수가 B집단보다 적어, 안전 교육이 교통사고 감소에 효과적인 것으로 입증됨.

보기

㉠ 운전자 안전 교육은 외생 변인, 운전 능력 향상과 운전 태도는 독립 변인, 교통사고 감소는 종속 변인이다.
㉡ (가)는 독립 변인과 종속 변인에 대한 개념적 정의에 해당된다.
㉢ A 집단은 실험 집단, B 집단은 통제 집단에 해당되며 실험 처치 전과 후에 검사를 실시했다.
㉣ (나)는 다른 연구 방법에 비해 인과관계를 파악하기 쉽지만, 결과를 현실 세계에 일반화 하기는 어렵다.

① ㉠ ② ㉣
③ ㉡, ㉢ ④ ㉢, ㉣

출제 단원 및 영역 사회 문화 법 1단원 양적 연구 방법

해설
㉣ (나)의 연구 결과는 실험법을 이용한 것으로 다른 연구 방법에 비해 인과관계를 파악하기 쉽다는 장점은 있으나, A 집단을 통해 나타난 결과이므로 이를 일반화 하기는 어렵다.

오답피하기
㉠ 운전자 안전 교육은 독립 변인, 운전 능력 향상과 운전 태도는 외생 변인, 교통사고 감소는 종속 변인이다.
㉡ (가)는 독립 변인에 대한 조작적 정의에는 해당하지만 종속 변인인 교통 사고의 경우에 대한 조작적 정의는 나타나지 않았다. 또한 사전적 의미를 나타내는 개념적 정의는 나타나지 않았다.
㉢ A 집단은 실험 집단, B 집단은 통제 집단에 해당되지만, 위의 사례는 실험 처치 전과 후에 검사를 실시한 것은 아니다.

정답 ②

19 **사회 · 문화 현상을 연구하는 방법 A, B에 대한 설명으로 옳은 것은?** 2021년 소방직

> A는 계량화된 자료 수집과 통계 분석 등의 방법을 적용해 사회 · 문화 현상에 관한 규칙성을 발견하고자 한다. 반면 B는 감정 이입과 직관적 통찰 등의 방법을 적용해 사회 · 문화 현상에 내재된 행위자의 주관적 의미와 동기 등을 이해하고자 한다.

① A는 공식적 자료보다 비공식적 자료를 중시한다.
② B는 자연 현상과 사회 · 문화 현상이 본질적으로 다르다고 본다.
③ A는 B와 달리 경험적 자료를 중시한다.
④ B는 A와 달리 주로 연역적인 방법으로 결론을 도출한다.

출제 단원 및 영역 사회 문화 법 1단원 사회 문화를 연구하는 방법

해설 A는 양적 연구 방법, B는 질적 연구 방법에 해당한다.
② 질적 연구 방법에서는 자연 현상과 사회 · 문화 현상은 본질적으로 다르기 때문에 연구 방법 역시 자연 과학의 연구 방법과 다른 방법을 사용하여야 한다고 보아 방법론적 이원론이라고 한다.

오답피하기
① 질적 연구에서는 행위자의 주관적 의미와 동기 등을 이해하고자 비공식적 자료를 중시한다.
③ 경험적 자료는 양적 연구와 질적 연구 모두에서 중시한다. 단지 활용 방식에서 다소 차이가 있을 뿐이다.
④ 가설 설정을 하고 자료 분석을 통해 가설을 검증하는 양적 연구 방법에서 주로 연역적인 방법으로 결론을 도출한다.

정답 ②

20 **다음 (가), (나)는 사회 · 문화 현상과 관련한 서로 다른 연구 방법론을 보여주고 있다. 이에 관한 설명으로 가장 적절하지 않은 것은?** 2021 경찰직 2차

> (가) 여수 지역 고등학교 학생들의 행복도를 조사하기 위하여 5개 학교 250명을 대상으로 설문지를 작성하게 하고 그 결과를 통계 처리하여 분석했다.
> (나) 춘천 지역 수몰민의 현재 생활과 의식을 조사하기 위하여 15명과 심층 면접을 하여 그 결과를 분석했다.

① (가)는 조작적 정의를 통해 추상적인 개념들을 구체화한다.
② (가)는 경험적 자료를 계량화하여 인과법칙을 찾아내고자 한다.
③ (나)는 직관적 통찰과 감정이입, 상황 정의를 사용하여 해석적 방법을 취한다.
④ (나)는 방법론적 일원론에 입각하여 가설을 통한 연구설계를 하고 수집된 자료를 분석한다.

출제 단원 및 영역 사회 문화 1단원 사회 문화 현상의 연구 방법

해설 (가)는 양적 연구, (나)는 질적 연구에 해당한다.
④ 질적 연구는 방법론적 이원론에 입각하고 가설을 통한 연구설계를 하고 수집된 자료를 분석하는 것은 양적 연구 방법이다.

오답피하기
①, ② 양적 연구는 조작적 정의를 통해 추상적인 개념을 구체화하여 가설을 검증하고, 특히 경험적 자료를 계량화하여 인과법칙을 찾아낼 때 유용한 연구 방법이다.
③ 질적 연구에서는 직관적 통찰과 감정이입, 상황 정의를 중시하는 연구 방법이다.

정답 ④

21 다음 연구에 대한 설명으로 옳은 것만을 〈보기〉에서 모두 고르면? 2021 국가직

• 연구 목적: 청소년의 ㉠ 학교 적응 정도에 ㉡ 이성교제 여부가 미치는 영향 분석
• 가설: 이성교제 경험이 있는 학생이 그렇지 않은 학생보다 학교 적응 정도가 높을 것이다.
• 연구 방법
 – 조사 대상: ㉢ 이성교제 경험이 있는 고등학생 300명, ㉣ 이성교제 경험이 없는 고등학생 300명
 – 조사 도구: ㉤ 학교 적응 정도를 학교 생활 적응 정도, 학교 친구 적응 정도, 학교 수업 적응 정도로 구체화하여 측정한 값을 덕기 위해 개발된 질문지

보기

ㄱ. 방법론적 이원론적 기초한 연구 방법을 시행하였다.
ㄴ. ㉠은 종속 변수, ㉡은 독립 변수이다.
ㄷ. ㉢과 ㉣을 합한 것이 모집단이다.
ㄹ. ㉤은 개념의 조작적 정의에 해당한다.

① ㄱ, ㄴ ② ㄱ, ㄷ
③ ㄴ, ㄹ ④ ㄷ, ㄹ

출제 단원 및 영역 사회문화 1단원 양적 연구 방법

해설 사안은 이성 교제와 학교 적응 정도의 상관 관계를 파악하는 양적(실증적) 연구 방법이다.
ㄴ. 이성 교제가 원인이 되는 독립 변수이고, 학교 적응 정도는 그 결과를 나타내는 종속 변수이다.
ㄹ. 학교 적응 정도라는 추상적인 개념을 측정 가능한 개념으로 구체화한 것으로 개념의 조작적 정의에 해당한다.

오답피하기
ㄱ. 가설 설정과 이를 질문지법으로 검증하는 연구 방법이므로 이는 양적 연구 방법이다. 양적 연구 방법은 사회·문화 현상 역시 자연 현상과 동일한 연구방법을 사용한다는 방법론적 일원론이다.
ㄷ. 이 연구에서의 모집단은 연구 목적에서 알 수 있듯이 청소년이다. ㉢과 ㉣을 합한 것이 전체 청소년이 될 수 없다.

정답 ③

22 다음은 연구 단계를 순서 없이 나열한 것이다. 이에 대한 설명으로 옳은 것은? 2021 지방직

(가) 무작위로 선정한 전국 초등학생 2,000명과 그 부모를 대상으로 질문지 조사를 실시하였다.
(나) 초등학생 자녀의 시험 불안감에 대해 부모의 자율적 양육태도가 미치는 영향을 알아보고자 하였다.
(다) '부모의 자율적 양육태도가 높을수록 초등학생 자녀의 시험 불안감은 낮을 것이다.'라는 가설을 설정하였다.
(라) 수집한 자료를 통해 분석 한 결과, 부모의 자율적 양육태도는 초등학생 자녀의 시험 불안감에 부(–)적인 영향을 주며 이는 통계적으로 유의미한 것으로 나타났다.

① '부모의 자율적 양육태도'는 독립변수, '초등학생 자녀의 시험 불안감'은 종속변수이다.
② 연구자와 연구대상 간에 정서적 교감이 중요한 자료 수집 방법을 사용하였다.
③ (가)와 달리 (나), (라)에서는 연구자의 엄격한 가치 중립이 요구된다.
④ 연구는 (다) – (나) – (가) – (라) 순서로 진행되는 것이 일반적이며, 가설은 기각되었다.

출제 단원 및 영역 사회문화 1단원 양적 연구 방법

해설 (가)는 자료 수집, (나)는 연구 주제 선정, (다)는 가설 설정, (라)는 가설 검증 단계에 해당한다.
① '부모의 자율적 양육태도'는 원인을 나타내므로 독립변수, '초등학생 자녀의 시험 불안감'은 결과를 나타내므로 종속변수이다.

오답피하기
② 연구자와 연구대상 간에 정서적 교감이 중요한 자료 수집 방법은 면접법과 참여 관찰법인데, 위에서는 질문지법을 사용하였다. 질문지법은 정서적 교감을 중요시하지 않는다.
③ 자료 수집과 가설 검증 단계에서는 연구자의 엄격한 가치 중립이 요구되지만, 연구 주제 선정과 가설 설정 단계에서는 연구자의 가치가 개입된다.
④ 연구는 (나) – (다) – (가) – (라) 순서로 진행되는 것이 일반적이며, 가설은 인용되었다.

정답 ①

자료 수집 방법

01 다음은 '협동 학습'이 '공동체 의식'의 향상에 기여한다는 가설을 검증하기 위한 절차를 간략히 나타낸 그림이다. 이에 대한 설명으로 옳은 것은? 2013 국가직

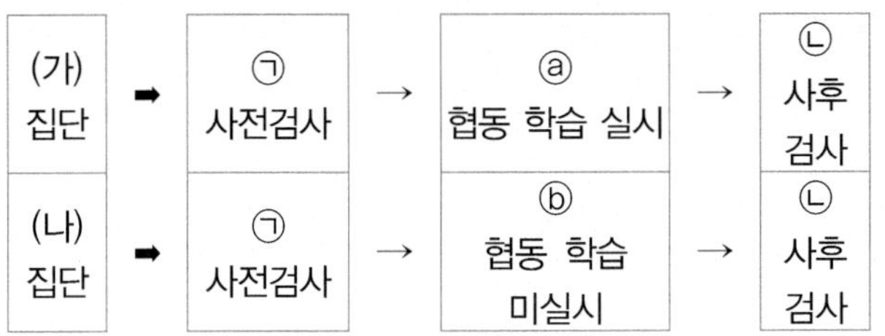

① (가) 집단은 통제집단이고, (나) 집단은 실험집단이다.
② ㉠에서는 독립변수를, ㉡에서는 종속변수를 측정한다.
③ (가) 집단보다 (나) 집단에서 사후검사 점수가 더 올랐다면 가설이 수용된다.
④ ⓐ와 ⓑ의 목적은 가설에서 설정한 독립변수가 종속변수의 변화를 초래하는 원인인지 파악하기 위한 것이다.

해설 사안의 경우 인위적인 상황을 설정한 상태에서 어떤 변수를 의도적으로 조작하여 나타난 변화를 특정하여 자료를 수집하여 가설을 검증하고 있는 것으로 실험법에 해당한다.
④ ⓐ와 ⓑ의 경우 독립 변수 변인의 차이를 두기 위해 다른 처리를 하고 있다. 그렇게 하는 이유는 실험을 통해 독립 변수의 원인에 따라 종속 변수가 어떻게 달라지는지를 파악하기 위해서이다.

오답피하기
① (가) 집단은 독립 변수가 처리되는 실험 집단에 해당하고, (나) 집단은 실험 집단과 비교하기 위해 독립 변수가 처리되지 않은 통제집단에 해당한다.
② ㉠에서는 독립 변수를 처리하기 이전의 종속 변수에 대한 각 상태를 측정하고, ㉡에서는 독립변수와 관련된 종속 변수를 측정하는 것이다. 즉, 둘 다 종속 변수를 측정한다.
③ (가) 집단보다 (나) 집단에서 사후검사 점수가 더 올랐다면 이는 협동 학습이 공동체 의식의 향상에 기여한다는 가설이 검증된 것이 아니므로 가설은 수용되는 것이 아니라 기각된다.

정답 ④

02 밑줄 친 ⓐ~ⓕ에 대한 옳은 설명을 〈보기〉에서 고른 것은? 2014 경찰직 1차

> 연구자 갑은 ⓐ 불공정한 꾸중이 ⓑ 학업 성취 수준에 미치는 영향을 알아보고자 하였다. 이를 위해 ○○대학교 학생들 중 특정 과목을 공통으로 수강한 ⓒ 2개 분과 학생들을 대상으로 1차 평가를 실시하였다. 2개 분과의 전반적 성적은 실제로 동일했으나, 갑은 ⓓ 한 분과 학생들의 ⓔ 성적을 인위적으로 낮추고는 학생들에게 성취도가 낮다고 꾸중하였다. 그 후 일주일 뒤 1차 평가와 유사한 난이도의 2차 평가를 2개 분과에 실시하여 ⓕ 불공정한 꾸중을 들은 분과의 성적이 유의미하게 낮게 나타난 것을 확인하였다.

보기

㉠ ⓐ는 독립 변수, ⓑ는 종속 변수이다.
㉡ ⓒ는 실험 집단, ⓓ는 통제 집단이다.
㉢ ⓔ의 과정에 대해 연구 윤리에 위배된다는 비판을 받을 수 있다.
㉣ ⓕ의 결과만으로도 전체 대학생들에게 일반화할 수 있다.

① ㉠, ㉡　② ㉠, ㉢
③ ㉡, ㉣　④ ㉢, ㉣

해설
ㄱ. 불공정한 꾸중은 독립 변수에 해당하고 그에 따른 학업 성취 수준에 미치는 영향은 종속 변수에 해당한다.
ㄷ. 성적을 인위적으로 낮추고 꾸중하는 것은 표본 집단에게 실례를 범하는 행동으로서 사람을 대상으로 하는 연구의 경우 윤리적인 문제가 대두된다는 비판을 받을 수 있다.

오답피하기
ㄴ. ⓒ는 표본집단이며 ⓓ는 실험집단이다.
ㄹ. ㉣ ○○대학교 학생들 중 일부를 대상으로 한 것에 지나지 않으므로 전체 대학생에게로 일반화시킬 수는 없다.

정답 ②

03 다음 연구 내용에 대한 가장 적절한 분석은?

2014 경찰직 2차

> 같은 환경에서 생활하던 요양원의 노인들을 A와 B 두 집단으로 나누고, ㉠ A집단 노인들은 자신들이 원하는 꽃을 키우고 스스로 시간 계획표를 짜는 등 자신의 생활을 어느 정도 통제할 수 있도록 하였다. 그러나 B 집단 노인들은 기존대로 그런 통제력을 행사할 수 없게 하였다. 그 결과는 어땠을까? 통제력을 행사했던 ㉡ A 집단 노인들이 B 집단 노인들에 비해 삶을 행복하게 여기는 것으로 나타났다.

① 통제 집단은 A 집단이며, 실험 집단은 B집단이다.
② ㉠은 종속 변인, ㉡은 독립 변인이다.
③ 모집단은 A 집단이며, 표본은 B집단이다.
④ ㉠과 ㉡의 진술은 가치 중립적이어야 한다.

해설

④ ㉠은 실험사실에 대한 설명이고, ㉡은 가설에 대한 검증단계이다. 실험 사실에 대한 설명은 있는 그대로 설명해야 하므로 가치가 개입되어서는 안 되고, 가설에 대한 검증 역시 가치 중립적이어야 한다.

오답피하기

① 통제력을 행사할 수 있도록 한 A집단은 실험집단이고, 기존과 마찬가지로 통제력을 행사할 수 없게 한 B집단은 통제집단에 해당한다. 실험집단에 대하여 자신의 생활을 어느 정도 통제할 수 있도록 하였다고 하여 통제 집단으로 보아서는 아니 된다. 통제력을 행사할 수 있도록 하는 것'이 실험 처치가 되는 것이고, '통제력을 행사할 수 없도록 하는 것'이 다른 변수를 개입시키지 않는 것이기 때문이다.
② 자신의 생활에 대한 통제력 행사가 독립변인이 되며, 행복의 정도가 종속변인이다.
③ 모집단이라는 것은 연구대상 전체를 의미하고 연구대상 전체를 상대로 조사하는 것을 전수조사라고 한다. 모집단 전부를 전수조사하는 것이 불가능하거나 힘든 경우가 있으므로 모집단 중 일부를 추출해서 표본 조사를 한다. 따라서 모집단은 같은 환경에서 생활하던 요양원의 노인 전부를 의미하며, 표본집단은 A 집단 노인들과 B 집단 노인들로 봐야한다.

정답 ④

04 교사 甲은 (가)의 연구를 일반적인 실험 설계 형태인 (나)로 재구성하였다. 이에 대한 설명으로 옳은 것만을 〈보기〉에서 모두 고른 것은?

2017 국가직

(가) 교사 甲은 "㉠ 교사의 학생에 대한 기대가 학생들의 학업 성취에 긍정적인 영향을 미친다"라는 가설을 세웠다. 이를 검증하기 위해 甲이 근무하는 ○○고등학교 1학년 학생을 대상으로 1학기 초에 학업 성취도 평가를 시행한 후, 1학년 모든 반에서 무작위로 20%의 학생을 선정하였다. 그 명단을 각 반 담임교사에게 주면서 성적 하위 20% 학생들의 명단이라고 말하였고, 담임교사는 이들을 지속적으로 격려하였다. 한 학기가 지난 후 동일한 학생을 대상으로 동일한 난이도의 학업 성취도 평가를 실시하였다.

(나)

A	사전 검사 평균값 a1	→	실험처치 ○○	→	사후 검사 평균 값 b1
B	사전 검사 평균값 a2	→	실험처치 ○○ 안 함	→	사후 검사 평균 값 b2

※ X 이외 다른 변수의 효과는 모두 통제된 것으로 간주함.

보기

ㄱ. ㉠은 독립 변수이며, (나)에서는 X에 해당된다.
ㄴ. A는 통제 집단, B는 실험 집단이다.
ㄷ. (나)에서 만약 a1, a2, b2가 같고, b1이 통계학적으로 의미 있는 수준에서 b2보다 크면 가설은 채택된다.
ㄹ. (가)의 연구 결과는 표본의 대표성을 확보하였으므로 일반화가 가능하다.

① ㄱ, ㄷ　② ㄴ, ㄷ
③ ㄴ, ㄹ　④ ㄷ, ㄹ

해설

ㄱ. ㉠ 교사의 학생에 대한 기대는 독립 변수이고, 학업 성취의 변화는 종속 변수이다. 독립변수는 (나)에서 실험 처치(X)에 나타난다.
ㄷ. a1, a2, b2가 같지만 b1이 통계학적으로 의미 있는 수준에서 b2보다 크다는 것은 가설에서 예측한 것처럼 실험처치를 한 경우에 결론이 달라진 경우이므로 가설이 채택된다.

오답피하기

ㄴ. 실험처치가 이루어진 A는 실험집단이 되고, 실험처치가 이루어지지 않은 B는 통제집단이 된다.
ㄹ. 가설에서 제시하고 있는 모집단은 학생이라고 하였다. 그러나 실제 시험에서는 甲이 근무하고 있는 ○○고등학교 1학년 학생을 대상으로 실험을 하였다. 이는 표본 집단이 모집단의 특성을 정확하게 반영하고 있다고 볼 수 없으므로 (가)의 연구 결과는 표본의 대표성을 확보한 것이 아니고 일반화하기에도 부적절하다.

정답 ①

05 다음에서 밑줄 친 ㉠~㉦에 대한 설명으로 옳은 것은?

2018 지방직

- 연구 주제: 사원들의 ㉠ 직무 만족도에 대하여 ㉡ 사기 진작 프로그램이 미치는 영향
- 연구 가설: ㉢ 사기 진작 프로그램의 시행은 직무 만족도를 높일 것이다.
- 변수 측정
  - 직무 만족도: 표준화된 직무 만족 측정 도구(5점 척도5문항)
  - 사기 진작 프로그램: 매주 수요일 오후 자율적 야외 체육활동
- 연구 과정: ㅇㅇ회사 전 직원 가운데 500명을 무작위 추출한 후, 다시 무작위로 250명씩 ㉣ A집단과 ㉤ B집단으로 나누었다. 두 집단을 대상으로 직무 만족도를 ㉥ 1차 측정한 결과 집단별 직무 만족도의 평균값은 통계적으로 의미 있는 차이를 보이지 않았다. 이후 A집단에게는 매주 수요일 오후 자율적 야외 체육활동을 허락한 반면, B집단에는 아무런 변화도 주지 않았다. ㉦ 한 달 후 두 집단의 직무 만족도를 같은 문항을 통해 2차 측정한 결과, B집단의 2차 평균값은 1차 평균값에 비해 통계적으로 의미 있는 수준에서 증가한 것으로 나타났다.

※ A집단 모두 자율적으로 야외 체육활동에 참여하였고, 사기 진작 프로그램 이외 다른 변수의 효과는 통제된 것으로 간주함

① ㉠은 독립 변수, ㉡은 종속 변수이다.
② ㉢의 경험적 검증을 위해서는 계량화된 자료의 획득이 중요하다.
③ ㉣은 통제 집단, ㉤은 실험 집단이다.
④ ㉥과 ㉦ 모두에서 두 집단 간 직무 만족도 평균값의 차이가 클수록 가설 채택의 가능성이 높아진다.

해설

② 가설을 경험적으로 검증하기 위해서는 계량화된 자료의 획득이 중요하다. 이를 통해 가설을 객관적으로 검증할 수 있기 때문이다.

오답피하기

① ㉡의 사기 진작 프로그램은 다른 변수에 영향을 주는 변수이므로 독립 변수이고, ㉠의 직무 만족도는 다른 변수로부터 영향을 받는 변수이므로 종속 변수에 해당한다.
③ 사안에서 ㉣의 A집단은 야외 체육활동을 허락하였으므로 이는 실험 처치를 받은 집단으로 실험 집단에 해당한다. 반면, ㉤의 B집단은 아무런 변화를 주지 않았다고 하므로 통제 집단에 해당한다.
④ 가설 채택의 가능성이 높기 위해서는 ㉥과 ㉦ 모두에서 두 집단 간 직무 만족도 평균값의 차이가 클 것이 아니라, ㉥에서는 두 집단 간의 직무 만족도의 평균값의 차이가 크지 않는 반면, ㉦에서는 두 집단 간의 직무 만족도의 평균값의 차이가 크게 나타나야 한다.

정답 ②

06 밑줄 친 ㉠~㉦에 대한 설명으로 옳은 것은?

2019 국가직

연구자 갑은 우리나라 대학생의 ㉠ 대학 생활에 대한 만족도에 ㉡ 대학 내 사회적 관계의 정도가 미치는 영향을 알아보기 위한 연구를 진행하였다. 갑은 우선 모든 조건이 동일하다면, 대학 내 사회적 관계의 정도가 강한 학생일수록 대학 생활에 대한 만족도가 높을 것이라는 가설을 세웠다. 갑은 설문조사에서 대학 내 사회적 관계의 정도를 ㉢ 과거 6개월간 동아리 활동 참여 횟수로, 대학 생활에 대한 만족도는 5점 척도를 사용한 문항으로 각각 알아보기로 하였다. 갑은 ㉣ ㅇㅇ대학교 학부생 중 성별, 학년, 전공을 고려해 ㉤ 100명의 학부생을 추출한 후 이들을 대상으로 준비한 설문지를 통해 조사를 수행하였다. 조사 수행 후 ㉥ 동아리 활동에 참여한 적이 없는 학생 집단(집단 A)과 ㉦ 한 번 이상 참여한 학생 집단(집단 B)으로 구분하여 자료를 분석하였다.

① ㉠은 독립변수, ㉡은 종속변수이다.
② ㉡은 ㉢으로 조작적 정의하였다.
③ ㉣은 모집단, ㉤은 표본집단이다.
④ ㉥은 통제집단, ㉦은 실험집단이다.

출제 단원 및 영역 사회문화 1단원 자료 수집 방법

해설 사안의 경우 100명의 학부생을 추출하여 이들을 대상으로 설문지를 통해 조사를 수행한 질문지법에 의한 자료 수집 방법을 선택하였다.

② 대학 내 사회적 관계의 정도라는 것은 추상적인 개념으로 이를 객관적으로 계량화 · 수치화하기 어렵다. 연구에서 다루고자 하는 개념이나 변수들을 명확하게 하거나 경험적으로 측정 가능할 수 있도록 하기 위해서 개념을 조작적으로 정의해야 하는데, 과거 6개월간의 동아리 활동 참여 횟수로 대학 내 사회적 관계의 정도를 조작적으로 정의하였다.

오답피하기

① 연구자 갑은 대학 내 사회적 관계의 정도가 강한 학생일수록 대학 생활에 대한 만족도가 높을 것이라는 가설을 설정하였다. 따라서 사회적 관계의 정도가 독립변수가 되고, 대학 생활에 대한 만족도가 종속변수가 된다.
③ 사회 연구에서 조사 대상이 되는 전체 집단을 모집단이라 하고, 모집단을 대상으로 하는 조사를 전수조사라고 한다. 반면, 모집단 중에서 실제 조사를 위해 선택된 집단을 표본 집단이라고 하고, 표본 집단을 대상으로 하는 조사를 표본조사라고 한다. 제시문의 첫째 줄의 우리나라 대학생이 모집단이고 OO대학교 학부생과 100명의 학부생은 실제 조사를 위해 선택된 집단인 표본 집단에 해당한다.
④ 100명의 학부생을 대상으로 설문지를 통해 조사한 것이고, ㉥과 ㉦은 실험법에서 사용되는 통제집단과 실험집단이 아니라, 자료를 비교 분석하기 위해 인위적으로 분류한 것에 불과한 집단들이다.

정답 ②

07 다음 (가), (나)에서 활용한 자료 수집 방법의 일반적인 특징에 대한 설명으로 가장 옳은 것은?

2014 해양경찰

> (가) 취학 전 아이들의 또래 집단 형성 과정에 대해 알아보기 위해 유치원에서 함께 생활하면서 그들을 관찰하였다.
> (나) 중소기업에 다니는 신입 사원 1,000명을 대상으로 회사 생활의 만족도를 알아보기 위해 설문지를 작성·배포하여 조사하였다.

① (가)는 자료의 실제성을 확보하는 데에 유리하다.
② (나)는 의사소통이 어려운 어린이나 문맹자에게 적용하기가 용이하다.
③ (가)는 (나)에 비해 대량의 구조화된 자료를 받기가 수월하다.
④ (나)는 (가)에 비해 시간과 비용이 많이 소요된다.

해설 (가)는 참여관찰법, (나)는 질문지법에 해당한다.
① 참여관찰법은 연구대상자의 진술 등에 의존하는 질문지법과 면접법과 달리 연구자가 직접 보고 조사한 자료이므로 실제성이 확보된다.

오답피하기
② 의사소통이 어려운 어린이나 문맹자에게 적용하기가 용이한 자료수집방법은 참여관찰법이다.
③ 대량의 구조화된 자료를 얻기가 수월한 자료수집방법은 질문지법이다.
④ 질문지법은 시간과 비용 측면에서 효율적인 자료 수집방법으로 참여관찰법보다 시간과 비용이 적게 소요된다.

정답 ①

08 다음은 자료 수집 방법의 특징을 비교한 것이다. 이에 대한 설명으로 가장 옳은 것은? (단, A~C는 각각 면접법, 실험법, 참여관찰법 중 하나이다.)

2015 해양경찰

특징	비교
수집 자료의 심층성	A 〉 B
자료의 통제와 조작 가능성	B 〉 C
비언어적 자료 수집의 용이성	C 〉 A

① A는 B에 비해 인과 관계 파악이 용이하다.
② B는 C에 비해 예상치 못한 변수의 통제가 어렵다.
③ C와 A는 연구자의 주관에 따라 가치개입이 일어난다.
④ A와 달리 B, C는 경험적 관찰을 통해 수집이 이루어진다.

해설 A는 면접법, B는 실험법, C는 참여관찰법에 해당한다. 우선 비언어적 자료의 수집이 용이한 것은 실험법과 참여관찰법이고 자료의 통제와 조작 가능성이 높은 것은 실험법이므로 B는 실험법에 해당한다. 또한 자료의 심층성은 면접법과 참여관찰법이므로 A는 면접법에 해당한다. 따라서 C는 참여관찰법에 해당한다.
③ 면접법과 참여관찰법은 질적 연구 방법에서 주로 사용하는 자료 수집 방법으로 둘 다 연구자의 주관이나 가치가 개입될 가능성이 높다.

오답피하기
① 인과 관계 파악이 용이한 것은 실험법이다.
② 예상치 못한 변수에 대한 통제가 어려운 것은 참여 관찰법이다.. 반면 실험법이 조작이 용이하므로 예상치 못한 변수에 대한 통제가 참여 관찰법보다 용이하다.
④ 모든 자료 수집 방법은 경험적 관찰을 통해 자료 수집이 이루어진다.

정답 ③

09 다음은 사회 · 문화 현상 연구를 위한 자료 수집 방법 중 일부에 대한 내용이다. (가)와 (나)를 올바르게 나타낸 것으로 가장 적절한 것은? (2개) 2020 경찰직 1차

구분	방법	
	(가)	(나)
장점	• 문맹자에게 적용 가능 • 심층적인 자료 수집 가능	• 다량의 자료 수집 가능 • 응답자 간의 비교 분석 용이
단점	• 시간과 비용이 많이 듦 • 조사자의 주관 개입 가능성 존재	• 문맹자에게 적용 불가능 • 응답자가 조사 내용을 잘못 이해할 가능성 존재

	(가)	(나)
①	면접법	질문지법
②	참여 관찰법	실험법
③	면접법	실험법
④	참여 관찰법	질문지법

출제 단원 및 영역 사회문화 1단원 자료 수집 방법

해설

①, ④ (가)는 문맹자에게 적용이 가능하고 심층적인 자료 수집이 가능하고 하였으므로 질적 자료 수집 방법인 면접법과 참여 관찰법 중 하나이다. 반면 조사자의 주관 개입 가능성이 존재한다고 하였으므로 질적 자료 수집 방법인 참여 관찰법과 면접법에 모두 부합한다. 따라서 (가)에는 면접법과 참여 관찰법이 모두 적절하다. (나)는 다량의 자료 수집과 응답자 간의 비교 분석이 용이하다는 점에서 질문지법을 충분히 도출할 수 있다.

(편저 주 – (가)의 경우 면접법과 참여 관찰법이 모두 해당할 수 있으나, 보통 면접법의 장점으로 질문지법의 단점인 문맹자에게는 사용할 수 없다는 것을 부각하기 위해 문맹자에게 적용이 가능하다는 것을 든다. 또한 참여 관찰법의 경우 문맹자 뿐만 아니라 의사 소통 자체가 되지 않는 대상자까지 연구 대상으로 할 수 있다는 점에서 출제자는 면접법을 염두해 두고 출제를 한 듯하나 논란의 여지가 있는 문제였다. 즉 이는 면접법과 참여 관찰법의 명확한 기준이 될 수 없다. 이후 이 문제에 대해서 복수 정답으로 처리되었다.

정답 ①, ④ **(복수 정답)**

10 자료수집 방법 A~C에 대한 설명으로 가장 적절한 것은? (단, A~C는 질문지법, 참여관찰법, 문헌연구법 중 하나이다) 2020 국가직

비교 항목	비교 결과
자료수집 방법의 구조화 · 표준화 정도	A 〈 C
조사대상자들의 상호작용 파악 용이성 정도	B, C 〈 A
오랜 시간이 경과되어 접근이 어려운 사회 · 문화 현상 탐구 용이성 정도	A, C 〈 B

※ 낮음 또는 작음 〈 높음 또는 큼

① A는 조사대상자와 연구자의 의사소통을 전제로 한다.

② B는 수집된 자료를 해석하는 과정에서 연구자의 주관이 개입될 여지가 있다.

③ C는 양적 자료보다 질적 자료의 수집에 적합하다.

④ A와 달리 C는 문맹자를 대상으로 자료를 수집할 수 있는 기법이다.

출제 단원 및 영역 사회문화 1단원 자료 수집 방법

해설 조사대상자들의 상호작용 파악이 가장 용이한 것은 참여관찰법이고, 오랜 시간이 경과되어 접근이 어려운 사회 · 문화 현상 탐구 용이성 정도가 큰 것은 문헌 연구법이다. 문헌 연구법은 아주 오래전 기록도 활용될 수 있다. 따라서 참여관찰법보다 자료 수집 방법의 구조화 · 표준화 정도가 더 큰 것은 질문지법이다. 따라서 A는 참여 관찰법, B는 문헌 연구법, C는 질문지법이다.

자료 수집의 구조화 · 표준화 정도
실험법 〉 질문지법 〉 면접법 〉 참여 관찰법

② 문헌 연구법은 자료를 해석하는 과정에 연구자의 주관이 개입되어 자기에게 유리한 자료만을 수집하거나 불리한 자료를 배척하는 등의 문제가 발생할 수 있다.

오답피하기

① 참여 관찰법은 의사소통이 되지 않는 유아나 언어가 다른 집단에게도 사용 가능하다는 장점이 있다.

③ 질문지법과 실험법은 양적 자료의 수집에 적합하다.

④ 질문지법은 문맹자에 대해서는 실시하기 곤란하다는 단점이 있다. 반면 참여 관찰법의 경우 문맹자 뿐만 아니라 의사소통이 되지 않는 집단에게도 사용이 가능하다.

정답 ②

11 자료 수집 방법 (가)~(다)에 대한 설명으로 옳은 것은?

2020 지방직 · 서울시

자료 수집 방법	특 징
(가)	• 비교적 짧은 시간에 다수의 대상으로부터 자료를 얻는 데 용이함 • 통계처리가 용이하며 비교 분석 연구에 적합함
(나)	• 문맹자에게도 사용할 수 있음 • 응답자만이 알고 있는 심층적인 정보를 얻을 수 있음
(다)	• 의사소통이 어려운 집단을 조사할 때 유용함 • 생동감 있고 깊이 있는 정보를 직접 파악할 수 있음

① (가)는 양적 연구에서 주로 활용되는 자료 수집 방법이다.
② (나)는 시간과 비용 측면에서 효율적이라는 장점이 있다.
③ (다)는 인위적인 상황을 만들어 변수 간의 인과관계를 파악하는 방법이다.
④ (가), (나)와 달리 (다)는 질적 연구에서 주로 활용되는 자료 수집 방법이다.

해설 (가)는 질문지법, (나)는 면접법, (다)는 참여 관찰법에 해당한다.
① 질문지법은 실험법과 함께 양적 연구에서 주로 활용되는 자료 수집 방법이고, 면접법과 참여 관찰법은 질적 연구에서 주로 활용하는 자료 수집 방법이다. 양적 연구는 주로 수량화 · 계량화된 자료를 이용하는데, 주로 질문지법이나 실험법을 통하여 수량화된 자료를 수집하기 때문이다.

오답피하기
② 시간과 비용 측면에서 효율적인 것은 질문지법이고, 면접법은 시간과 비용이 많이 드는 자료 수집 방법이다.
③ 인위적인 상황을 만들어 변수 간의 인과관계를 파악하는 방법은 실험법이다.
④ (나)도 질적 연구에서 주로 활용하는 자료 수집 방법이다. 즉 (가)와 달리 (나)와 (다)는 질적 연구에서 주로 활용되는 자료 수집 방법이라고 해야 한다.

정답 ①

12 밑줄 친 ㉠~㉣에 대한 설명으로 옳은 것은?

2017 교육행정

연구자 갑은 △△지역 고등학교 학생을 대상으로 ㉠ 또래 상담 치료가 청소년의 ㉡ 자살 충동에 미치는 영향에 관한 연구를 실시하였다. 먼저 사전 검사를 실시하여 자살 충동 점수가 높은 학생 200명을 선정하고 이를 100명씩 두 집단으로 나눈 후 한 집단에만 또래 상담 치료를 적용하였다. 이 후 두 집단을 대상으로 사후 검사를 실시하고 ㉢ 자살 충동 점수를 비교하였다. 그 결과 또래 상담 치료에 참여한 집단과 ㉣ 참여하지 않은 집단 사이에 유의미한 차이가 나타났다.

① ㉠은 종속 변수에 해당한다.
② ㉡은 개념의 조작적 정의가 필요하다.
③ ㉢은 2차 자료에 해당한다.
④ ㉣은 실험 집단에 해당한다.

해설
② '자살 충동'이라는 것은 측정하기 힘든 추상적 개념이므로 이를 측정할 수 있도록 구체적인 개념으로 전환하는 개념의 조작적 정의가 필요하다.

오답피하기
① 또래 상담 치료여부는 독립 변수에 해당하고 자살 충동은 종속 변수이다.
③ 1차 자료란 조사자가 직접 수집하거나 작성한 자료를 의미한다. 따라서 실험법을 통해 얻은 자료는 1차 자료가 된다. 반면 2차 자료란 다른 연구에서 이미 수집되고 분석된 자료를 말한다.
④ 상담 치료에 참여하지 않은 집단은 통제집단이다. 반면, 또래 상담 치료에 참여한 집단이 실험 집단이다.

정답 ②

13 갑~병이 선택한 자료 수집 방법의 일반 특징에 한 설명으로 옳은 것은? 2015 교육행정

〈북한 이탈 주민 대책 회의록〉

팀장 북한 이탈 주민들의 우리 사회 대응 실태 분석 및 대책 수립을 한 자료가 필요합니다.

갑 저는 북한 이탈 주민 관련 각종 통계 자료와 연구 논문들을 찾아서 정리해 보겠습니다.

을 저는 북한 이탈 주민들이 모여 있는 마을에서 한 달 동안 같이 지내며 그들의 생활을 직접 살펴보겠 습니다.

병 저는 북한 이탈 주민 중 지원자 100명을 뽑아 ○○ 프로그램에 참여시킨 후 그 효과를 통제 집단과 비교해 보겠습니다.

① 갑과 을의 방법에서는 주로 2차 자료를 수집하여 활용 한다.

② 갑의 방법은 양적 연구에, 병의 방법은 질적 연구에 주로 사용한다.

③ 을의 방법은 병의 방법에 비해 수집된 자료를 계량화하기 용이하다.

④ 병의 방법은 을의 방법에 비해 변수 간의 인과 관계 파악에 유리하다.

해설 위의 제시문에서 갑은 문헌 연구법, 을은 참여 관찰법, 병은 실험법을 선택했다.

④ 병이 선택한 실험법은 측정 가능한 자료를 바탕으로 변수들 간의 인과관계를 파악하는 것을 목적으로 하는 것이기 때문에 인과관계를 파악하는데 유리하다. 반면, 을이 선택한 참여 관찰법은 수치화된 자료를 수집하는 것이 아니므로 변수들 간의 인과관계를 파악하기 어렵다는 한계가 있다.

오답피하기

① 갑이 선택한 문헌 연구법의 경우 이미 다른 사람이 수집하거나 분석한 자료를 사용하므로 2차 자료를 수집하여 활용한 경우에 해당하지만, 을이 선택한 참여 관찰법은 연구자 자신이 직접 수집한 자료이므로 1차 자료에 해당한다.

② 갑이 선택한 문헌 연구법은 양적 연구와 질적 연구 모두에 사용되는 자료 수집 방법이고, 병이 선택한 실험법은 주로 양적 연구에 사용되는 자료 수집 방법이다.

③ 수집된 자료를 계량화하기 쉬운 것은 양적 연구 방법의 자료 수집방법이다. 따라서 병이 선택한 실험법은 여기에 해당하지만, 을이 선택한 참여 관찰법은 수치화된 자료를 이용한 것이 아니므로 자료를 계량화하기 어렵다.

정답 ④

14 A~D는 자료수집 방법 중 질문지법, 면접법, 실험법, 참여관찰법 중 하나를 가리킨다. 이에 대한 설명으로 옳지 않은 것은? 2016 국가직

특징 / 자료 수집방법	시간 · 비용의 효율성	자료 수집 도구의 구조화 정도
A	높음	높음
B	낮음	높음
C	낮음	아주 낮음
D	낮음	낮음

① A는 대량의 구조화된 자료, 동일한 형태의 자료를 수집하기에 유리하다.

② B는 다른 방법들에 비해 윤리적 문제가 발생할 가능성이 높다.

③ C는 시간과 공간의 제약을 적게 받으면서 폭넓은 연구가 가능하다.

④ D는 심층적인 조사를 위해 소수를 대상으로 수행하는 경우가 일반적이다.

해설 A는 질문지법, B는 실험법, C는 참여 관찰법, D는 면접법에 해당한다.

③ 시간과 공간의 제약을 적게 받으면서 폭넓은 연구가 가능한 것은 문헌 연구법이다. 참여 관찰법은 예상하지 못한 변수를 통제할 수 없다는 단점이 있고 시간과 공간의 제약을 많이 받는다.

오답피하기

① 질문지법은 대량의 구조화된 자료, 동일한 형태의 자료를 수집하기에 유리하다.

② 실험법은 인간을 대상으로 실험이 이루어지기 때문에 다른 방법들에 비해 윤리적 문제가 발생할 가능성이 높다.

④ 면접법은 심층적인 조사를 위해 소수를 대상으로 수행하는 경우가 일반적이다.

정답 ③

15 〈보기〉의 (가)~(라)에 해당하는 자료수집방법에 대한 설명으로 가장 옳지 않은 것은?

2019 서울시

보기

※ 다음은 근로자들의 생활실태와 의식에 관한 자료를 수집하기 위한 활동이다.

(가) 근로자들의 수기 내용을 분석하여 근로자들의 의식을 파악한다.

(나) 근로자들과의 대화를 통해 그들이 생각하는 바를 깊이 있게 조사한다.

(다) 근로자들이 일하는 공장에서 함께 생활하면서 근로자들이 살아가는 모습을 관찰한다.

(라) 근로자들이 생각하는 바를 알아보기 위해 질문지를 만들어 그들에게 답을 하도록 한다.

① (가)는 양적 연구와 질적 연구 모두에 활용된다.
② (나)와 (다)는 문맹자에게 사용하기 어렵다.
③ (나)는 (라)에 비해 자료수집과정에서 연구자의 유연성이 높다.
④ (나)와 (라)는 언어를 매개로 한 상호작용이 필수적이다.

출제 단원 및 영역 사회문화 1단원 자료수집방법

해설 (가)는 문헌 연구법, (나)는 면접법, (다)는 참여 관찰법, (라)는 질문지법이다.

② 질문지법의 경우 문맹자에게 사용하기 어렵다는 단점이 있지만, 면접법의 경우 문맹자라도 의사소통이 가능하면 사용할 수 있다. 또한, 참여 관찰법은 의사소통이 되지 않는 경우에도 사용이 가능하다.

오답피하기

① 문헌연구법은 양적 연구와 질적 연구 모두에 사용된다.
③ 질문지법과 달리 면접법은 자료 수집과정에서 유연한 대처가 가능하다.
④ 면접법과 질문지법은 언어를 매개로 한 상호작용에 의한 자료 수집방법이다.

정답 ②

16 〈보기〉는 자료수집방법 A~D를 분류한 것이다. 이에 대한 설명으로 가장 옳은 것은? (단, A~D는 각각 질문지법, 면접법, 실험법, 참여 관찰법 중 하나이다.)

2019 서울시 공개 및 경력 1회

보기

구분		조작적 정의의 과정을 거치는 연구방법에서 주로 쓰는가?	
		예	아니요
(가)	예	A	B
	아니요	C	D

① (가)가 '조사대상자와 연구자 간 신뢰관계가 중요한가?' 라면, B는 인위적으로 통제된 상황에서 변수의 효과를 관찰하는 자료수집방법이다.
② (가)가 '연구자가 현상이 실제로 발생한 현지에 가서 연구해야 하는가?' 라면 A는 대규모 집단을 대상으로 계량화된 자료를 수집하는 자료수집방법이다.
③ (가)가 '시 · 공간의 제약을 극복할 수 있는가?' 라면 B는 면대면 대화를 통해 깊이 있는 정보를 수집하는 자료수집방법이다.
④ (가)가 '언어적 상호 작용에 의한 자료 수집이 필수적인가?' 라면 D는 일상생활에서 나타나는 연구대상의 행동을 관찰하는 자료수집방법이다.

출제 단원 및 영역 사회문화 1단원 자료 수집 방법

해설 조작적 정의의 과정을 거치는 연구방법은 주로 양적 연구방법에서 사용되므로 A와 C는 질문지법과 실험법이 들어갈 수 있고, B와 D는 질적 연구의 자료 수집 방법인 면접법과 참여 관찰법 중의 하나가 들어갈 수 있다. 이러한 문제는 우선 주어진 설문을 통하여 들어갈 수 있는 내용을 분류한 뒤 질문에 따른 대답이 적절한지 아니면 모순이 될 수 있는지 등을 살펴봄으로써 확인할 수 있다.

④ (가)가 '언어적 상호 작용에 의한 자료 수집이 필수적인 것은 면접법에 해당하고 B에는 면접법이 들어갈 수 있다. 그 결과 D는 참여 관찰법이 들어가게 된다. 일상생활에서 나타나는 연구대상의 행동을 관찰하는 자료 수집 방법은 참여 관찰법이므로 옳은 지문이 된다.

오답피하기

① 조사대상자와 연구자 간 신뢰관계가 중요한 것은 면접법이다. 면접법은 신뢰 관계를 기반으로 한 허용적인 분위기의 형성이 조사 목적 달성에 중요한 역할을 하기 때문이다. 또한, 인위적으로 통제된 상황에서 변수의 효과를 관찰하는 자료 수집 방법은 실험법에 해당한다. 실험법은 A나 C에 들어갈 수 있는 양적 연구의 자료 수집 방법이므로 적절하지 않다.
② 연구자가 현상이 실제로 발생한 현지에 가서 연구하는 자료 수집 방법은 참여 관찰법에 해당한다. 반면, 대규모 집단을 대상으로 계량화된 자료를 수집하는 자료 수집 방법은 질문지법에 해당하므로 적절한 질문이 될 수 없다.
③ B는 질적 연구 방법의 자료 수집 방법이므로 B에는 면대면 대화를 통해 깊이 있는 정보를 수집하는 자료 수집 방법인 면접법이 들어갈 수 있다. 그러나 면접법은 시간과 비용이 많이 드는 자료 수집 방법이므로 시 · 공간의 제약을 극복할 수 있는 자료 수집 방법으로는 볼 수 없다.

정답 ④

17 다음 자료 수집 방법이 갖는 일반적인 특징에 대한 옳은 설명을 〈보기〉에서 고른 것은? 2019 소방직

> 원시 종족에 관해서 연구하고자 할 경우 미지의 집단에 대해서 아무런 지식도 없으며 비록 유사한 종족에 관해 지식이 있다 해도 별 도움이 되지 못한다. 따라서 그 연구를 완성하는 가장 적절한 방법은 직접 이 집단 속에 들어가서 함께 생활하며 관찰을 통하여 가능한 한 많은 자료를 수집하여 연구를 완성하는 것이다.

보기

ㄱ. 분석 기준이 명확하여 통계 처리가 용이하다.
ㄴ. 주로 질적 자료를 수집하는 용도로 활용된다.
ㄷ. 인과 관계의 파악을 통해 법칙을 발견하는 데 유리한 방법이다.
ㄹ. 관찰자의 편견이나 주관적 가치가 자료 해석 과정에 개입될 우려가 크다.

① ㄱ, ㄴ　② ㄱ, ㄷ
③ ㄴ, ㄹ　④ ㄷ, ㄹ

해설 집단 속에 들어가서 함께 생활하며 관찰을 통하여 자료를 수집하는 방법은 '참여 관찰법'이다.
ㄴ. 참여 관찰법은 주로 질적 연구 방법에 사용되는 자료 수집 방법이다.
ㄹ. 질적 연구의 자료 수집은 관찰자의 편견이나 주관적 가치가 자료 해석 과정에 개입될 우려가 크다.

오답피하기
ㄱ. 분석 기준이 명확하여 통계 처리가 용이한 것은 질문지법이다.
ㄷ. 인과 관계의 파악을 통해 법칙을 발견하는 데 유리한 방법은 양적 연구 방법 중 특히 실험법이다.

정답 ③

사회 · 문화 현상의 탐구태도와 윤리

01 다음 글에서 요구되는 사회 · 문화 현상 탐구를 위한 연구자의 태도로 가장 적절한 것은? 2018 소방직

> 이것은 연구를 진행하고 결과를 발표하는 과정에서 편협된 주장이나 이론에 빠지지 않고, 연구 결과에 대한 다른 연구자의 비판을 허용하는 태도이다. 지금까지 사회 · 문화 현상 연구가 기존 연구에 대한 비판적 접근 때문에 발전해 왔음을 고려하여, 다른 연구 결과를 통해 자신의 주장이 타당한지 충분히 검토하고, 다른 연구자의 비판도 허용해야 한다.

① 성찰적 태도
② 개방적 태도
③ 객관적 태도
④ 상대주의적 태도

해설
② 편협된 주장이나 이론에 빠지지 않고, 연구 결과에 대한 다른 연구자의 비판을 허용하는 태도를 통해 개방적 태도를 나타냄을 알 수 있다.

> **개방적 태도:** 문화 현상의 탐구 방법이나 결과에 대하여 여러 가지 가능성이 공존할 수 있다는 사실을 인정하고, 자신의 주장에 대해 합리적인 비판을 허용하고, 새로운 사실에 대해 편견 없이 겸허히 받아들이는 태도

오답피하기
① 성찰적 태도란 사회 · 문화현상을 보이는 그대로 수동적으로 받아들이기 보다는 현실의 이면이나 내면에 담긴 인과관계나 의미를 심층적으로 탐구하려는 적극적인 태도와 사회 · 문화 현상을 탐구하는 과정에서 연구 윤리에 어긋남이 없는지 끊임없이 돌아보는 태도를 의미한다.
③ 객관적 태도란 연구자나 연구 집단의 주관적인 가치와 이해관계가 개입되지 않도록 선입견이나 감정적 요소 배제하는 중립적인 태도를 의미한다.
④ 상대주의적 태도란 서로 다른 문화에 대해서 그 사회(민족)의 맥락에서 그 현상을 이해하고 각각의 고유한 가치와 의미를 인정하는 태도를 의미한다.

정답 ②

02 〈보기〉에서 강조하는 사회 · 문화 현상의 탐구 태도로 가장 옳은 것은? 2021 서울시(경력직)

보기

사회 · 문화 현상의 발생 과정과 원인은 단순하지 않고 복잡하기 때문에 겉으로 드러나는 현상만을 보면 안 된다. 또한 자신이 연구 절차나 방법, 연구 윤리 등을 제대로 지키며 탐구하고 있는지 되짚어 보아야 한다.

① 사실을 있는 그대로 관찰하는 것을 말한다.
② 경험적인 근거를 통해 검증하기 전에는 하나의 가설로 받아들인다.
③ 사회 · 문화 현상은 그 현상이 발생한 맥락에 따라 다른 의미를 지닌다.
④ 현상의 이면에 담겨 있는 발생 원인이나 원리를 능동적으로 살펴본다.

출제 단원 및 영역 사회 문화 1단원 현상의 탐구 태도

해설 〈보기〉의 내용은 성찰적(반성적) 태도에 해당한다.
④ 성찰적 태도란 사회 · 문화현상을 보이는 그대로 수동적으로 받아들이기 보다는 현실의 이면이나 내면에 담긴 인과관계나 의미를 심층적으로 탐구하려는 적극적인 태도를 말한다.

오답피하기
① 객관적 태도에 대한 설명이다.
② 개방적 태도에 대한 설명이다.
③ 상대적 태도에 대한 설명이다.

정답 ④

CHAPTER 02

개인과 사회 구조

사회화와 사회적 작용

01 다음은 사회화에 대한 갑과 을의 관점을 비교한 것이다. 이에 대한 설명으로 옳은 것만을 〈보기〉에서 모두 고른 것은? 2014 지방직

> 갑 사회화는 사회 통합을 위해 사회 구성원에게 보편적인 규범과 도덕, 가치관을 형성하게 하는 과정이다. 사회화는 개인이 사회의 공통적인 가치 기준을 내면화함으로써 사회 체계의 요구에 맞게 행동하도록 만드는 과정이다.
> 을 특정 계급의 사상이 지배적 사상이 된다. 사회화 과정에서 지배 계급이 지배 이데올로기를 보편적 가치관으로 확산시킬 수 있다. 사회화는 개인이 속한 계급적 위치에 따라 서로 다르게 이루어질 수 있으므로, 차별적·특수적 과정이면서 동시에 갈등과 지배의 과정이다.

보기

ㄱ. 갑은 사회화가 제대로 이루어지지 않은 개인은 사회 통합을 저해할 가능성이 크다고 봅니다.
ㄴ. 을은 사회화 기관인 학교가 지배 계급에 유리한 이데올로기를 전파한다고 본다.
ㄷ. 갑과 을은 사회화를 거시적인 측면에서 바라본다는 공통점이 있다.
ㄹ. 갑과 을은 유년기 사회화 과정에서 개인을 능동적 존재로 가정한다는 공통점이 있다.

① ㄱ, ㄴ　　② ㄷ, ㄹ
③ ㄱ, ㄴ, ㄷ　　④ ㄴ, ㄷ, ㄹ

해설 사회화를 바라보는 관점에서 갑은 기능론적 관점을, 을은 갈등론적 관점을 보여주고 있다.
ㄱ. 기능론적 관점에서는 사회화를 사회 구조의 안정과 질서를 유지하는데 필요한 과정으로 본다. 따라서 사회화를 통해서 사회는 통합과 안정을 유지하고 존속할 수 있고, 개인은 사회적으로 바람직한 방향으로의 자아실현이 가능하게 된다고 본다.
ㄴ. 갈등론적 관점에서는 지배계급이나 기득권 세력이 자신의 지배 체제를 유지하기 위해 자신들의 이데올로기를 피지배계급에게 학습시켜 현재의 불평등 상황을 정당화시킨다고 본다. 따라서 사회화 기관인 학교 역시 갈등론에서는 그러한 불평등 구조를 정당화 시키는 수단으로 이용된다고 본다.
ㄷ. 사회화를 바라보는 관점에서 갈등론과 기능론은 모두 거시적인 관점이다.

오답피하기

ㄹ. 사회화 과정에서 개인을 능동적인 존재로 가정하는 것은 미시적인 관점에 해당하고 그 중에서 상징적 상호작용론이다. 구성원 간 상호 작용을 통한 타인의 반응이 개인의 자아와 인성 형성에 큰 영향을 주고 자신에게 기대되는 역할과 행동을 하게 된다고 본다.

정답 ③

02 다음에 나타난 사회화를 바라보는 관점에 부합하는 진술로 가장 적절한 것은? 2015 교육행정

> 우리의 얼굴 모양이 어떤지를 알기 위해서는 거울을 보고 그 반사된 영상을 통해 확인해야만 한다. 마찬가지로 우리의 자아도 우리의 행동에 대한 다른 사람의 반응을 통해 알 수 있다. 사람들은 자신에 대한 다른 사람들의 생각이나 판단을 거울삼아 자아를 형성하게 되는 것이다.

① 사회화는 사회 상호 작용을 통한 자아의 발달 과정이다.
② 한 사회의 보편적 가치나 규범은 기득권층에 의해 규정된 것이다.
③ 사회화의 내용과 방법은 사회 필요에 의해 구성원들이 합의한 것이다.
④ 교육 제도는 지배층의 문화를 전수함으로써 기존의 권력 구조를 재생산한다.

해설 위의 제시문에서 사회화란 개인의 행동과 이에 대한 사회적 반응이 상호작용한 결과물이라고 서술하고 있으므로 이는 '상징적 상호 작용론'적 관점에 해당한다.
① 사회화를 사회 상호 작용을 통한 자아의 발달 과정이라고 보는 것은 '상징적 상호 작용론'이다.

오답피하기

② 사회의 보편적 가치나 규범을 기득권층에 의해 규정한 것이라고 보는 것은 갈등론적 관점이다.
③ 사회화의 내용과 방법을 사회 구성원들의 합의한다고 보는 것은 기능론적 관점이다.
④ 기존의 권력 구조를 재생산한다고 보는 것은 갈등론적 관점이다.

정답 ①

03 다음 (가)와 (나)는 사회를 바라보는 상이한 이론적 관점이다. 이에 대한 설명으로 가장 적절한 것은?

2020 경찰직 2차

(가) 사회는 상호 연관된 구성 요소들로 이루어지며, 이 구성 요소들은 사회 전체의 유지와 통합에 필요한 기능을 수행한다.
(나) 사회는 사회적 희소가치 배분을 둘러싸고 지배 집단과 피지배 집단 간에 대립과 갈등이 항상 존재하며, 이러한 갈등이 사회를 변화시켜 나간다.

① (가)는 개인의 능력과 노력에 따른 차등적 보상을 바람직한 것으로 본다.
② (나)는 교육이 세대 간 계층 내 수평적 이동보다는 계층의 수직적 이동을 강화한다고 본다.
③ (가)는 사회화를 일상생활의 상호작용 과정에서 타인의 반응에 따라 어떻게 행동하는 것이 바람직한지를 내면화하는 과정이라고 본다.
④ (나)는 사회 변동을 예외적이고 병리적인 현상으로 생각하며 사회가 집단 간 갈등을 통해 새로운 균형을 찾아가는 과정이라고 본다.

해설 (가)는 기능론적 관점, (나)는 갈등론적 관점을 나타낸다.
① 기능론에서는 보상의 기준을 사회 구성원 전체가 합의한 것으로 공정한 기준이 마련되어 있으며, 사회에서 보다 중요하고 가치있는 일을 하는 사람에게 보다 많은 보상을 함으로써 사회가 발전할 수 있다고 보아 개인의 능력과 노력에 따른 차등적 보상을 바람직한 것으로 본다.

오답피하기
② 갈등론에서는 교육이 불평등한 계층 구조를 재생산하거나 고착화하여 계층이 수직적 이동을 하는데 장애가 된다고 본다.
③ 기능론은 거시적 관점인데, 사회화를 일상생활의 상호작용 과정에서 타인의 반응에 따라 어떻게 행동하는 것이 바람직한지를 내면화하는 과정이라고 보는 것은 미시적 관점이다.
④ 사회 변동을 예외적이고 병리적인 현상으로 생각하며 사회가 집단 간 갈등을 통해 새로운 균형을 찾아가는 과정이라고 보는 것은 기능론이다.

정답 ①

04 사회화를 바라보는 갑과 을의 관점에 대한 설명으로 옳은 것은?

2020 지방직 · 서울시

갑 개인은 사회적 환경 속의 다른 대상자들처럼 자신을 대상으로 보는 과정을 통하여 자아를 형성해 간다. 또한 개인이 자아 관념을 형성하는 과정에서는 감정적으로 강한 애착을 느낄 수 있는 가족, 또래 집단 등이 중요하다.
을 어린아이들이 게임을 하는 과정에서 각기 다른 사람들의 역할을 배우고, 게임의 규칙에 따라 주어진 역할을 모방함으로써 사회 전반적으로 받아들여지는 태도와 역할을 배우게 된다.

① 한 사회의 보편적인 가치나 규범은 사회의 지배 집단에 의하여 규정된다.
② 사회화를 거시적 관점에서 바라보며, 사회화는 사회구조의 안정과 질서를 유지하는 데 반드시 필요한 과정이다.
③ 사회화는 언어나 몸짓, 기호와 같은 상징을 사용하여 다른 사회 구성원과 상호 작용하는 과정을 통하여 이루어진다.
④ 사회화는 기존의 불평등한 사회구조를 정당화하려는 것이며, 기득권층에 유리한 가치와 행동을 학습시키는 과정이다.

해설 사회화 과정에서 갑은 거울에 비친 자아, 을은 일반화된 타자를 통하여 설명하고 있으므로 이는 미시적 과점인 상징적 상호작용론에 해당하는 것들이다.
③ 개인의 자아 정체성이 타인과의 상호 작용에 의해 형성되며, 사회화를 사회적 상호 작용으로 보는 상징적 상호 작용론에 대한 설명이다.

오답피하기
①, ④ 갈등론적 관점에 해당하는 설명이다.
② 기능론적 관점에 해당하는 설명이다.

정답 ③

05 밑줄 친 ㉠~㉤에 대한 설명으로 옳은 것은?

2014 경찰직 1차

> ㉠ ○○ 회사에 입사하여 25년 동안 근무한 갑은 내년에 퇴직을 앞두고 있다. 3개월 전부터 퇴직 이후 창업을 위해 ㉡ △△ 요리 학원에서 요리를 배우고 있다. 또 창업을 준비하는 사람들이 모여 함께 정보를 공유하는 인터넷 카페에 가입하여 여러 가지 정보를 알아보고 있다. 하지만 ㉢ 심경이 복잡하다. ㉣ 막내아들이 아직 대학을 다니는 중이고 연로하신 ㉤ 어머니께서 병중에 계신 상황이기 때문이다.

① ㉠은 공식적 사회화 기관이다.
② ㉡은 갑의 재사회화이자 예기 사회화이다.
③ ㉢은 갑의 역할 갈등 상황을 나타낸다.
④ ㉣과 ㉤은 모두 귀속 지위이다.

해설 사회의 변화나 새로운 환경에 적응하고자 새로운 지식, 기술, 태도, 가치관 등을 학습하는 과정을 재사회화라고 하고, 새로운 사회 환경에서 요구되는 행동 방식을 미리 준비하기 위해 기술, 언어, 사회 규범 등을 습득하는 과정을 예기 사회화라고 한다.

② 갑은 성인이 된 이후에 다시 새로운 환경에 적응하고자 새로운 기술 등을 학습하고 있으므로 재사회에 해당하며, 미래에 속하게 될 직업을 위해 준비하는 것이니 예기사회화이다.

오답피하기

① 회사는 이익을 목적으로 하며 사회화 기능은 부수적으로 수행하는 비공식적 사회화기관이다.
③ 역할 갈등은 한 사람이 여러 가지 지위를 소유하거나 하나의 지위에서 여러 가지 역할이 기대되는 경우에 발생하는 것인데, 갑은 미래에 대한 막연함 때문에 심경이 복잡한 것에 불과한 것이다.
④ 막내 아들은 귀속지위이지만 어머니는 성취지위에 해당한다.

정답 ②

06 다음 (가)~(다)에 해당하는 개념을 가장 옳게 연결한 것은?

2016 해양경찰

개념	해당하는 사례
(가)	대학에 합격한 甲은 입학식 전에 실시한 오리엔테이션에 참가하기로 하였다.
(나)	축구 선수인 乙은 중요한 시합을 위해 경기장으로 가던 중 어머니가 교통사고를 했다는 소식을 듣고 병원으로 가야할지를 고민하고 있다.
(다)	현상 수배범을 추격하던 해양경찰관 丙이 동료 丁에게 무전을 보내 예상 도주로에 미리 대기하게 하여 결국 범인을 검거하였다.

	(가)	(나)	(다)
①	예기 사회화	역할 갈등	협동
②	예기 사회화	역할 행동	협동
③	재사회화	역할 갈등	갈등
④	재사회화	역할 행동	협동

해설

- 재사회화란 사회의 변화나 새로운 환경에 적응하고자 새로운 지식, 기술, 태도, 가치관 등을 학습하는 과정을 말한다.
- 예기 사회화란 새로운 사회 환경에서 요구되는 행동 방식을 미리 준비하기 위해 기술, 언어, 사회 규범 등을 습득하는 과정을 말한다.
- 역할 갈등이란 한 개인에게 두 가지 이상의 대립되는 역할을 동시에 요구함에 따라 역할들이 충돌하 여 일어나는 갈등을 말한다.
- 역할 행동이란 한 개인이 자신에게 부여된 역할을 실제로 행하는 것을 말한다.
- 협동이란 공동의 목표를 달성하기 위해 업무를 분담하고 서로 돕는 상호 작용을 말하고, 갈등이란 목표나 이해관계가 상충되어 상대방을 적대시하거나 힘을 사용하여 제거, 파괴하려는 상호작용을 말한다.

① 대학에 필요한 지식과 규범 등을 미리 습득하는 오리엔테이션은 예기 사회화에 해당하고, 축구 선수인 乙은 축구 선수로서의 지위에서 요구되는 행동과 아들로서의 지위에서 요구되는 행동 사이에 갈등하고 있다. 또한 丙과 丁은 서로 공동의 목표를 달성하기 위해 업무를 분담하여 도와 범인을 검거하였으므로 협동에 해당한다.

정답 ①

07 사회화 기관의 유형별 사례로 옳은 것만을 고른 것은?

2015 사회복지직

구 분	비공식적 사회화 기관	공식적 사회화 기관
1차적 사회화 기관	㉠또래 집단	㉡가족
2차적 사회화 기관	㉢직업 훈련원	㉣학교

① ㉠, ㉡　② ㉠, ㉣
③ ㉡, ㉢　④ ㉢, ㉣

해설

• 사회화 기관을 내용과 시기에 따라 1차적 사회화 기관과 2차적 사회화 기관으로 구분되며, 이를 정리해보면

구분	1차적 사회화 기관	2차적 사회화 기관
내용	기본적 인성과 자아 정체감 형성	사회생활을 위한 지식, 기능 습득
특징	대면적, 자연 발생적, 전인격적 관계	형식적, 인위적, 비인격적 관계

• 사회화 기관을 목적에 따라 비공식적 사회화 기관과 공식적 사회화 기관으로 구분되며, 이를 정리해보면

구분	비공식적 사회화 기관	공식적 사회화 기관
의미	비의도적으로 사회화를 수행	계획적으로 사회화를 수행하는 기관
종류	가족, 직장, 대중 매체 등	학교, 직업 훈련소 등

ㄱ. 또래 집단은 기본적인 인성과 자아 정체감을 형성하는 1차적 사회화 기관이며, 사회화를 계획적으로 목표를 두고 수행하는 기관이 아니므로 비공식적 사회화 기관에 해당한다.
ㄹ. 학교는 사회생활을 위한 전문 지식과 기능을 습득하는 2차적 사회화 기관이며, 계획적으로 사회화를 수행하는 기관이므로 공식적 사회화 기관에 해당한다.

오답피하기

ㄴ. 가족은 1차적 사회화 기관에는 해당하지만 비공식적 사회화 기관에 해당한다.
ㄷ. 직업 훈련원은 2차적 사회화 기관에는 해당하지만, 공식적 사회화 기관에 해당한다.

정답 ②

일탈 이론

01 그림의 (가), (나)는 사례와 관련된 일탈 행동이론이다. 이에 대한 설명으로 옳은 것을 〈보기〉에서 모두 고르면?

2014 국가직

사 례		이 론
A는 출소 후에도 전과자란 꼬리표로 사회의 냉대와 무관심 속에 사회에 적응하지 못하고 다시 범죄를 저질렀다.	⇒	(가)
기말고사를 앞둔 대학생 B는 교수의 컴퓨터를 해킹하여 시험 문제를 빼돌리다 적발되었다.	⇒	(나)

보기

ㄱ. (가)는 일탈 행동의 상대성을 강조한다.
ㄴ. (가)는 일탈의 원인을 일탈 행위자의 개인적인 특성에서 찾는다.
ㄷ. (나)는 문화적 목표와 제도적 수단 간의 괴리로 인해 일탈이 발생한다고 본다.
ㄹ. (가)는 거시적 관점, (나)는 미시적 관점이다.

① ㄱ, ㄴ　② ㄱ, ㄷ
③ ㄴ, ㄹ　④ ㄷ, ㄹ

해설 (가)는 낙인이론, (나)는 아노미 이론(머튼)에 해당한다. '낙인이론'이란 사회 구성원들에 의해 일탈자로 낙인찍히면 그에 맞추어 자신의 정체성을 형성하고 일탈 행동을 반복하게 된다는 이론이다. '아노미 이론'은 문화적 목표와 이러한 목표를 달성하기 위해 그 사회에서 제도적으로 인정하는 수단과의 괴리에 의해 일탈 행동이 발생한다고 본다.

ㄱ. 상징적 상호 작용론의 일탈이론인 낙인이론은 일탈 행동의 상대성을 강조한다. 일탈 행동의 객관적 기준이 존재하는 것이 아니라 사회 구성원의 의미 규정에 따라 일탈 행동이 규정된다고 본다.
ㄷ. 머튼의 아노미 이론은 문화적 목표와 이러한 목표를 달성하기 위해 그 사회에서 제도적으로 인정하는 수단과의 괴리에 의해 일탈 행동이 발생한다고 본다.

오답피하기

ㄴ. 낙인이론은 일탈의 원인을 일탈행동을 하는 행위자 개인에게서 찾는 것이 아니고 그와 상호작용을 하는 사회나 다른 사람들의 낙인에서 찾는다.
ㄹ. (가)의 낙인이론은 사회적 상호 작용론적 관점으로 미시적 관점이고, (나)의 아노미 이론은 기능론적 관점으로 거시적 관점에 해당한다.

정답 ②

02 일탈행위에 관한 〈보기 1〉의 이론에서 제시하는 해결 방안을 〈보기 2〉에서 가장 옳게 고른 것은?

2019 서울시 공개 및 경력 1회

보기1

성인들이 학교 부적응 학생들을 문제아로 규정하고, 그 아이들을 사랑으로 감싸주지 않기 때문에 이들이 학교 폭력의 가해자나 피해자가 된다고 생각합니다.

보기2

ㄱ. 사회적 규범의 통제력 회복
ㄴ. 정상적인 집단과의 교류 추진
ㄷ. 타인에 대한 신중한 낙인 필요
ㄹ. 일탈자로 규정되는 과정과 일탈의 상대성을 강조

① ㄱ, ㄴ ② ㄱ, ㄷ
③ ㄴ, ㄷ ④ ㄷ, ㄹ

출제 단원 및 영역 사회문화 2단원 일탈행위

해설 〈보기1〉의 내용은 일탈 행위자라고 낙인을 찍음으로써 그 사람은 그러한 행동을 더 저지르게 된다고 보는 낙인 이론에 해당한다.

ㄷ, ㄹ. 낙인 이론에서는 낙인에 의해 일탈행위가 야기되고, 일탈이란 객관적인 기준이 아니라 그 사회의 힘 있는 사람들에 의해 결정된다고 본다. 이에 대한 해결책으로 타인에 대한 신중한 낙인이 필요하고, 어떤 과정을 거쳐서 일탈행위자나 범죄자로 살아가는가를 설명하는 데 초점을 둔다는 점에서 일탈자로 규정되는 과정과 일탈의 상대성을 강조하는 것 역시 해결책으로 제시될 수 있다.

오답피하기

ㄱ. 뒤르캠의 아노미 이론에서는 급속한 사회 변동으로 인해 기존의 가치관이 붕괴되고 목적의식이나 이상이 상실됨에 따라 사회나 개인에게 나타나는 혼란의 상태를 일탈행위로 본다. 사회적 규범의 통제력 회복은 뒤르캠의 아노미 이론에 대한 해결책이 된다.

ㄴ. 정상적인 집단과의 교류 추진은 일탈 행동을 하는 집단과의 상호작용 내지는 학습을 통하여 일탈행동을 배우게 된다는 차별적 교제 이론에서의 해결책이 된다.

정답 ④

03 밑줄 친 ㉠~㉣에 대한 설명 중 가장 적절하지 않은 것은?

2014 경찰직 2차

OOO은 △△그룹 회장으로 전과자를 직원으로 채용한다. 그는 20대 청년 시절에 베트남전 반전 운동에 참여했다가 전과자가 된 자신의 경험을 바탕으로 ㉠ "나는 당시 그것이 정의라고 생각했고, 지금도 후회하지 않는다." ㉡ "전과자라고 무조건 색안경을 끼고 보아서는 안 된다."라고 했다. 그리고 ㅁㅁ교도소에서 일일 감옥 체험을 할 때 "㉢ 교도소를 나선 뒤 전과자라는 이유로 누구의 도움도 받지 못한 채 지내다가 다시 범죄를 저지르고 감옥으로 돌아왔다."라는 한 전과자의 말을 들었다. 그 후 ㉣ 전과자가 부정적 자아보다는 긍정적 자아를 형성하도록 일자리를 주게 되었다고 한다.

① ㉠에서 일탈 행동은 갈등 이론으로 설명이 가능하다.
② ㉡에서 일탈을 사람들 간의 상호 작용으로 접근한다.
③ ㉢에서 일탈 행동은 낙인 이론으로 설명이 가능하다.
④ ㉣에서 일탈을 사회구조적 요인으로 접근한다.

해설 일반적으로 받아들여지는 사회에서 규정한 제도나 규범에서 벗어난 행동을 일탈 행동이라고 하는데, 이러한 일탈 행동의 원인을 바라보는 이론에 대한 정리가 필요하다.

④ 부정적 자아, 긍정적 자아라는 것은 사회 구조적 요인보다는 개인적 요인으로 접근하는 것이다.

오답피하기

① 불평등한 사회 구조로 인한 일탈 행동이 발생했다는 점에서 갈등 이론으로 설명이 가능하다. 다만 나는 당시 그것이 정의라고 생각했다는 점에서 스스로 사회 현상에 대한 상황적 정의를 내리고 그에 따라 행동했다는 점에서 상징적 상호작용론으로도 볼 수 있다. (출제자의 정답은 ④번이나 ①번도 이러한 점에서 가능하다.

②, ③ 사회 구성원들에 의해 일탈자로 낙인찍히면 그에 맞추어 자신의 정체성을 형성하고 일탈 행동을 반복하게 되는 낙인 이론을 보여준다. 낙인 이론은 상징적 상호작용론에 속한다.

정답 ④

04 다음은 일탈 이론에 대한 도식이다. 이에 대한 설명으로 가장 옳은 것은? 2015 서울시

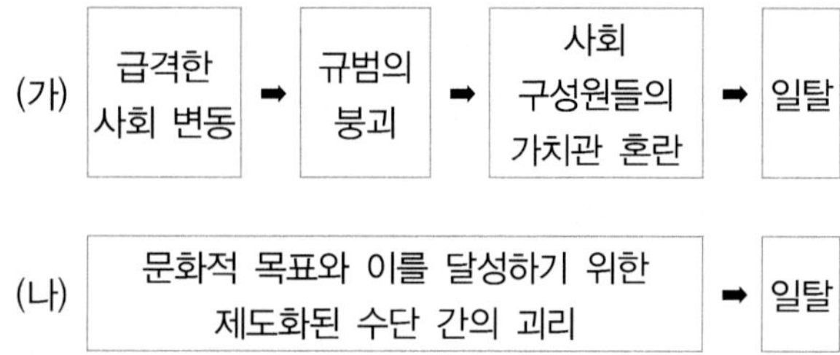

① (가)와 (나)의 입장은 기능론적 관점에서 일탈의 원인을 분석하고 있다.
② (가)는 지배집단이 정해 놓은 규범에 상충되는 행위가 일탈행동이 된다고 보는 입장이다.
③ (나)는 일탈 행위자와의 접촉을 통해 사회화된 일탈이 발생한다고 본다.
④ (가)와 달리 (나)는 일탈의 원인을 아노미로 본다.

해설 급격한 사회 변동으로 인하여 규범이 붕괴되고 사회 구성원들의 가치관이 혼란되어 일탈 행동이 나타나는 (가)는 뒤르켐의 아노미 이론이고, 문화적 목표와 이를 달성하기 위한 제도화된 수단 간의 괴리로 인하여 일탈 행동이 나타나는 (나)는 머튼의 아노미 이론이다.
① 뒤르켐과 머튼의 아노미 이론에서 일탈은 무규범 상태에서 발생하는 일시적이고 병리적이면서 예외적인 것으로 파악하고 이를 해결하기 위해서 뒤르켐은 사회 규범의 통제력을 회복하고, 머튼은 문화적 목표를 달성하기 위한 적절한 수단을 마련하면 다시 본래의 모습으로 돌아갈 수 있다고 본다. 따라서 (가)와 (나) 모두 기능론적 관점에서 일탈의 원인을 분석하고 있다.

오답피하기
② 지배집단이 정해 놓은 규범에 상충되는 행위를 일탈행동으로 보는 입장은 갈등론적 관점으로, 뒤르켐은 기능론적 관점에서 일탈행동의 원인을 분석하고 있다.
③ 일탈 행위자와의 접촉을 통해 사회화된 일탈이 발생한다고 보는 것은 차별적 교제 이론이다.
④ (가)와 (나) 둘 다 일탈의 원인을 아노미로 보고 있다.

정답 ①

05 일탈 행동에 대한 甲~丁의 주장이다. 이에 대한 설명으로 가장 적절하지 않은 것은? (단, 甲~丁의 주장은 각각 '낙인 이론', '갈등 이론', '차별 교제 이론', '아노미 이론' 중 하나를 반영한다.) 2015 경찰직 3차

> ○ ○ 일 보
> 가난한 집안 형편 때문에 고등학교를 중퇴한 18세 김 모 군과 그의 친구들은 편의점에서 도둑질을 하다가 경찰에 잡혀 보호처분되었다.
>
> 甲 김 군이 속해 있는 환경을 주목해. 그도 남들과 똑같은 물질적 욕구가 있지만 그가 속한 환경 때문에 그것을 얻기는 어려워.
> 乙 김 군이 보호처분을 받게 된 것은 지배층이 정한 법과 규범이 피지배 계층에게는 불리하게 적용되기 때문이야.
> 丙 김 군의 도둑질 행위 그 자체보다 그것을 범죄로 규정하면서 그를 일탈 행위자로 만드는 것이 문제야.
> 丁 김 군은 일탈 행위를 하는 사람들과 친밀하게 지내고 이들을 준거집단으로 삼아서 문제야.

① 甲은 사회 구성원이 추구하는 개인적 욕구와 이를 달성하기 위한 제도적 수단에서 생기는 괴리 현상에 주목한다.
② 乙은 구조적 접근으로 사회 통제가 약화될 때 발생하는 일탈 현상에 주목한다.
③ 丙은 일탈 자체의 성격보다 특정한 행위나 특정 행위자에 대한 사회적 낙인에 주목한다.
④ 丁은 개인이나 일탈 집단과의 상호 작용을 통해 학습되는 과정에 주목한다.

해설 갑은 머튼의 아노미론, 을은 갈등론, 병은 낙인이론 정은 차별적 교제이론적 입장에서 김 군의 행위를 분석하고 있다.
② 을은 갈등론에 따라 김 군의 행위를 분석하고 있으므로 거시적인 관점에서 구조적 접근을 하는 것은 맞다. 다만 사회 통제가 약화될 때 발생하는 일탈 현상에 주목하는 것은 기능론적 관점이다.

오답피하기
① 머튼은 문화적 목표와 그 목표를 달성하기 위해 그 사회에서 제도적으로 인정하는 수단과의 괴리에 의해 일탈 행동이 발생한다고 보았다.
③ 병은 낙인 이론에 따라 김 군의 행위를 분석하므로 특정한 행위나 특정 행위자에 대한 사회적 낙인에 주목한다는 설명은 맞다.
④ 차별적 교제 이론은 개인이 일탈자나 일탈 집단과의 지속적인 상호 작용을 통해 일탈 행동을 학습한다고 보는 것이므로 옳은 지문이다.

정답 ②

06 (가)~(다)는 일탈 행동의 원인에 관한 이론이다. 이 이론에 대한 설명으로 옳은 것은? 2019 지방직

(가) 어떤 사람의 행동에 대해 다른 사람들이 나쁜 행동이라고 규정하고 주변 사람들이 부정적인 시선으로 바라볼 때 그 사람은 일탈자가 되기도 한다.
(나) 사회에 공통적으로 추구하는 문화적 목표가 존재하고, 이러한 문화적 목표를 달성하기 위해 사람들은 그 사회가 합법적으로 허용한 수단을 사용한다. 문화적 목표와 이를 달성하기 위한 합법적 수단이 괴리되는 경우에 일탈 행동이 일어난다.
(다) 교도소에 수감된 사람들은 다른 범죄를 저지르고 수감된 동료들을 만나게 된다. 이 과정에서 일탈 행동에 대한 재소자들의 도덕적 저항감이 이완되기도 한다. 또한 재소자들은 수감기간 동안 새로운 범죄 기술을 배우고, 출소 이후 이를 이용하여 다시 범죄를 저지르기도 한다.

① (가)는 일탈 행동의 상대성을 강조한다.
② (가)는 거시적 관점을, (나)는 갈등론적 관점을 취한다.
③ (다)는 개인의 욕구와 행동을 조정하는 기준이 되는 지배적 규율이 없기 때문에 일탈이 발생한다고 본다.
④ (가), (나)는 (다)에 비해 일탈 행동이 어떠한 과정을 거쳐 학습되고 반복되는지에 주목한다.

출제 단원 및 영역 사회문화 1단원 자료 수집 방법

해설 (가)는 낙인이론, (나)는 머튼의 아노미이론, (다)는 차별적 교제이론이다.
① 낙인이론에서는 일탈이 객관적인 기준이 아니라 그 사회의 힘 있는 사람들에 의해 결정된다고 하여 일탈 행동의 상대성을 강조한다.

오답피하기
② (가)와 (다)는 미시적 관점, (나)는 거시적 관점이다.
③ 차별적 교제이론은 일탈 행동을 하는 집단과의 상호작용 내지는 학습을 통하여 일탈행동을 배우게 된다는 이론이다.
④ 일탈 행동이 어떠한 과정을 거쳐 학습되고 반복되는지에 주목하는 것은 차별적 교제이론이다.

정답 ①

07 다음의 일탈 행동 이론에 대한 설명으로 옳은 것은? 2019 국가직

일탈 행동은 다른 행동과 마찬가지로 학습의 결과이며, 학습은 개인과 친밀하거나 중요한 혹은 의미 있는 사람들과 의사소통을 할 때 주로 발생한다. 특히 기존의 일탈자와의 의사소통을 통해서 개인은 구체적으로 일탈 행동을 수행하는 방식과 더불어 일탈 행동을 정당화할 수 있는 가치 등을 학습한다.

① 정상적인 집단과의 교류를 통해 일탈 행동을 억제할 수 있다고 본다.
② 일탈 행동의 해결 방안으로 사회구조의 근본적인 변혁을 강조한다.
③ 급격한 사회변동으로 인한 지배적인 규범의 부재로 일탈 행동이 발생한다고 본다.
④ 문화적 목표를 달성할 수 있는 제도화된 수단의 제공을 강조한다.

출제 단원 및 영역 사회문화 2단원 일탈 행동을 설명하는 이론

해설 제시문에서는 일탈 행동을 학습의 결과로 보고 있으며, 의사 소통을 통해 학습을 한다고 보고 있다. 이는 일탈 행동을 설명하는 이론 중 차별적 교제이론(학습 이론)에 해당한다.
① 차별적 교제이론에서는 일탈 행동은 일탈행동을 하는 타인과의 상호작용을 통하여 형성된다고 보므로 정상적인 집단과의 교류를 통해 일탈 행동을 억제할 수 있다고 본다.

오답피하기
② 사회구조의 근본적인 변혁을 강조하는 것은 갈등이론이다. 갈등이론에서는 일탈은 일시적인 현상이 아니라 사회 구조적인 모순에서 나타나는 불평등의 결과로서 지배 계급의 억압과 피지배 계급의 저항을 통한 갈등에 기인하는 것으로 보기 때문에 사회 구조의 근본적인 변혁을 일탈행동의 해결책으로 제시한다.
③ 급격한 사회변동으로 인한 지배적인 규범의 부재로 일탈 행동이 발생한다고 보는 것은 뒤르켐의 아노미 이론이다.
④ 문화적 목표를 달성할 수 있는 제도화된 수단의 제공을 강조하는 것은 머튼의 아노미 이론이다.

정답 ①

08 일탈 이론 (가)~(다)에 대한 설명으로 가장 옳은 것은?

2018 서울시

(가) 특정 행위에 대해 어느 집단이나 개인이 그것을 일탈 행동이라고 주장하고, 그것이 사회의 다양한 부분에서 받아들여질 때 결국 일탈 행동이 된다.
(나) 준법적 태도를 보이던 사람도 일탈자들과 오랫동안 빈번하게 교류하면서 법과 규범을 경시하는 태도를 습득할 경우 일탈에 가담할 가능성이 높다.
(다) 산업화 단계로 접어들면서 사람들은 규범과 역할의 혼란을 겪게 되고 그에 따른 불만이 반사회적 행동으로 나타날 수 있다.

① (가)는 (다)와 달리 사회의 지배적 가치와 규범을 사회화하지 못해서 일탈 행동이 발생한다고 본다.
② (가)는 (나), (다)와 달리 일탈이 행동의 속성에 의해서가 아니라 그에 대한 사회적 반응에 의해 규정된다고 본다.
③ (나)는 (가), (다)와 달리 지배 집단의 기득권 보호를 위한 사회제도 때문에 일탈 행동이 발생한다고 본다.
④ (다)는 (가), (나)와 달리 미시적 관점에서 일탈 행동을 설명한다.

출제 단원 및 영역 사회문화 2단원 일탈 이론

해설

- (가)의 경우 특정 행위에 대해 어느 집단이나 개인이 그것을 일탈 행동이라고 규정한 것을 일탈 행동이라고 주장하고 그것이 받아들여지면 일탈 행동이 된다고 하였으므로 이는 일탈행동을 객관적 기준이 아닌 힘 있는 자 또는 다수에 의해 결정되는 것으로 '낙인 이론'에 해당한다.
- (나)의 경우 일탈자들과 오랫동안 빈번하게 교류하면서 법과 규범을 경시하는 태도를 보인다고 하였으므로 이는 일탈 행동을 하는 집단과의 상호작용 내지 학습을 통하여 일탈 행동을 배우게 된다는 '차별적 교제 이론'에 해당한다. 이 이론은 나쁜 행동을 일삼는 비행 청소년들과의 교류를 통하여 똑같이 일탈행동을 저지르는 경우에서 찾을 수 있다.
- (다)의 경우 산업화 단계로 접어들면서 사람들이 규범과 역할에 대한 혼란을 겪게 되었다고 하였으므로 이는 사회가 빠르게 변동함에 따라 전통적인 규범질서는 붕괴되고 이에 대하여 가치관이 혼란을 겪게됨으로서 일탈행위가 발생한다는 '뒤르켐의 아노미 이론'에 해당한다.

② (가)의 '낙인 이론'은 일탈이 행동의 속성이라기 보다는 그에 대한 사회적 반응에 의해 규정된다고 본다. 즉, 일탈 행동에 대한 행동 자체의 객관적인 기준이 따로 있는 것이 아니라 힘 있는 자나 다수에 의해 일탈이라고 규정한 행위가 일탈이 되는 것이기 때문이다.

오답피하기

① 사회적인 지배적 가치와 규범이 오히려 사회화 하지 못하여 일탈 행동이 발생한다고 보는 것은 (가)의 '낙인 이론'이 아니라 (다)의 '뒤르켐의 아노미 이론'이다. 뒤르켐의 아노미 이론에서는 사회의 지배적 가치와 규범을 미처 따라가지 못함으로서 일탈행동이 발생한다고 보기 때문이다.
③ 지배 집단의 기득권 보호를 위한 사회 제도로 인해 일탈 행동이 발생한다고 보는 것은 '갈등 이론'의 입장이다.
④ (다)의 '뒤르켐의 아노미 이론'은 거시적 관점에서 일탈행동을 설명하고, (가)의 낙인 이론과 (나)의 차별적 교제 이론은 미시적 관점에서 일탈 행동을 설명한다.

정답 ②

09 일탈 행동 이론에 대한 설명으로 옳지 않은 것은?

2015 지방직

① 차별적 교제 이론에 따르면 일탈 행동은 타인과의 상호 작용 과정에서 학습된다.
② 머튼의 아노미 이론에 따르면 일탈 행동은 일탈적 하위 문화에 노출될 때 발생한다.
③ 낙인 이론에 따르면 특정 행동이 일탈 행동이 되는 것은 사회가 일탈 행동으로 규정하기 때문이다.
④ 기능론에 따르면 일탈 행동은 사회 구성 요소가 제 기능을 적절하게 수행하지 못할 때 나타난다.

해설

② 일탈 행동은 일탈적 하위 문화에 노출될 때 발생한다고 보는 것은 차별적 교제 이론이다. 머튼은 문화적 목표와 이러한 목표를 달성하기 위해 그 사회에서 제도적으로 인정하는 수단과의 괴리에 의해 일탈 행동이 발생한다고 본다.

오답피하기

① 차별적 교제 이론에 따르면 일탈 행동은 타인과의 상호 작용 과정에서 학습된다고 본다.
③ 낙인 이론에 따르면 특정 행동이 일탈 행동이 되는 것은 일탈 행동의 객관적 기준이 존재하는 것이 아니라 사회 구성원의 의미 규정에 따라 일탈 행동이 규정된다고 본다.
④ 기능론에 따르면 사회 구성원들이 자신의 위치에서 맡은 바 역할을 충실할 때 사회는 발전된다고 본다. 그러지 못하고 사회 구성 요소가 제 기능을 적절하게 수행하지 못할 때 일탈 행동이 나타난다고 본다.

정답 ②

10 (가), (나)에 나타난 일탈 이론에 대한 설명으로 옳은 것은? 2017 국가직

(가) 비행 청소년들을 상담한 결과 주변에 이들의 비행과 일탈을 부추기는 사람들이 존재하였다는 점이 발견되었다. 이런 사람들과의 잦은 접촉으로 인해 비행 청소년들은 자신의 일탈 행위를 쉽게 정당화하며 일탈 행위에 대한 죄의식도 낮아지게 되었다.
(나) 인터넷 공간은 매우 빠른 속도로 진화하고 있기 때문에 이를 규율하는 사회적 규범이 제대로 마련되지 않아 각종 사이버범죄가 발생하고 있다. 인터넷 공간에는 현실 세계의 규범이 적용되기 어려우며 새로운 규범이 미쳐 확립되지 않아 이른바 규범의 진공 상태가 발생하게 된다.

① (가)는 목표와 수단 간의 괴리를 일탈 행위의 원인으로 파악한다.
② (가)는 인간의 상호 작용을 통한 문화와 행동의 학습을 강조한다.
③ (나)는 특정 행위를 일탈 행위로 규정하는 사회적 반응에 주목한다.
④ (나)는 일탈 행위의 원인으로 정보 사회의 불평등 구조를 강조한다.

해설 비행과 일탈을 부추기는 사람들과의 접촉으로 일탈 행위를 정당화하였다고 하였으므로 (가)는 '차별적 교제 이론'이다. 반면, 새로운 규범이 미쳐 확립되지 않아 규범의 진공상태가 발생하였다고 보는 (나)는 뒤르켐의 아노미 이론이다.
② 인간의 상호 작용을 통한 학습을 강조하는 것은 차별적 교제 이론에 대한 설명이다.

오답피하기
① 머튼의 아노미 이론에 대한 설명이다.
③ 일탈 행위에 대한 절대적인 기준이 없고 사회적 반응에 주목하는 것은 낙인 이론이다.
④ 정보 사회의 불평등한 구조에서 일탈 행동의 원인을 찾는 것은 갈등 이론이다.

정답 ②

11 다음 일탈이론 (가), (나)에 적절한 표현을 〈보기〉에서 찾아 옳게 짝지은 것은? 2018 국가직

(가) 누구나 경제적 성공과 물질적 풍요를 누리고 싶어하지만 모든 사람에게 합법적인 기회가 충분히 제공되지 않는다면 일탈자가 생길 수 있다.
(나) 인간의 행동은 학습에서 기인한다. 따라서 타인과의 상호작용을 통하여 태도와 가치를 학습한 일탈행동이 나타나기도 한다.

보기
ㄱ. 먹을 가까이하면 검어진다.
ㄴ. 모로 가도 서울만 가면 된다.
ㄷ. 사흘 굶어 도둑질 아니 할 놈 없다.
ㄹ. 까마귀 노는 데 백로야 가지 마라.
ㅁ. 친구 따라 강남 간다.

	(가)	(나)
①	ㄱ, ㄴ	ㄷ, ㄹ, ㅁ
②	ㄱ, ㄴ, ㄷ	ㄹ, ㅁ
③	ㄴ, ㄷ	ㄱ, ㄹ, ㅁ
④	ㄴ, ㄷ, ㄹ	ㄱ, ㅁ

해설 (가)는 문화적 목표와 제도적 수단 사이의 괴리에서 일탈 행동의 원인을 찾는 '머튼의 아노미 이론'이고, (나)는 일탈자들과 접촉하면서 그들의 일탈 행동을 학습한 결과 일탈행동이 나타난다고 보는 '차별적 교제이론(학습 이론)'이다.
ㄴ, ㄷ은 모두 문화적 목표와 제도적 수단과의 괴리로 인한 행위와 관련된다.
ㄱ, ㄹ, ㅁ은 모두 주변과의 상호작용을 통한 학습을 의미한다는 점에서 차별적 교제 이론과 관련된다.

정답 ③

12 **다음은 범죄의 원인을 바라보는 甲과 乙의 관점이다. 이에 대한 분석으로 가장 적절한 것은?**

2015 경찰직 1차

> 甲 현대 범죄가 날로 증가하는 이유는 친구뿐만 아니라 SNS나 대중 매체를 통해 사람들이 범죄를 더 쉽게 접할 수 있게 되고 이 과정에서 범죄를 배우게 되기 때문이다.
> 乙 한 번 범죄를 저질러 전과자가 되는 경우 재범죄율이 높아지는 사실이 밝혀졌다. 처음 범죄는 충동적으로 일어날 수 있지만, 일단 범죄로 인해 전과자가 되면 가정이나 지역사회에서 범죄자로 인식되게 되고 이것은 한 번 전과자가 된 사람들의 자아가 부정적으로 형성되어 재범죄로 이어지게 되기 때문이다.

① 甲은 범죄 자체보다 그에 대한 사회적인 평가가 문제라고 본다.
② 甲은 자신의 목표와 이를 달성하기 위한 제도적 수단의 불일치에 원인이 있다고 본다.
③ 乙은 범죄는 자신의 행위에 대한 타인의 부정적 시각을 내재화한 결과라고 본다.
④ 乙은 범죄에 대한 대책으로 기회의 균등을 위한 제도적 보완을 강조할 것이다.

해설 갑은 차별적 교제이론, 을은 낙인 이론의 관점에서 일탈 행동을 파악하고 있다.
③ 낙인 이론은 부정적 낙인(타인의 부정적 시각)의 내면화를 통한 2차적 일탈을 잘 설명하는 이론으로 타인의 부정적 시각을 내재화한 결과로 범죄를 파악하는 것에 해당한다.

오답피하기
① 범죄 자체보다 그에 대한 사회적 평가가 문제라고 보는 것은 낙인 이론에 해당한다.
② 목표와 제도적 수단의 불일치로 범죄를 설명하는 것은 머튼의 아노미이다.
④ 범죄에 대한 대책으로 기회의 균등을 위한 제도적 보완을 강조하는 것은 기능론에 해당하며, 낙인 이론은 범죄의 대책으로 신중한 낙인을 제시한다.

정답 ③

13 **다음 인터넷 일탈 행동 사례에 대한 甲~丁의 대화 내용과 〈보기〉의 설명을 짝지은 것으로 가장 적절하지 않은 것은?**

2020 경찰직 2차

> 甲 비트코인과 같은 암호화폐를 이용하는 새로운 유형의 디지철 범죄가 늘어나는 이유는 현실 세계와는 다른 인터넷 상의 새로운 윤리가 정립되지 않아서 규범적 혼란이 이어지기 때문이야.
> 乙 사람들이 인터넷 게임 중독에 빠진 청소년들을 비난해 왔지만, 최근에는 인터넷 프로게이머가 청소년이 선호하는 직업 중 하나로 손꼽히면서 인터넷 게임이 긍정적 평가를 받고 있다.
> 丙 특정 연예인 SNS에 몰려가 욕설과 비방 댓글을 다는 악플러들과 인터넷 상에서 친하게 어울리며 댓글을 주고받다 보니 어느새 나도 아무렇지 않게 악플을 쓰게 돼.
> 丁 인터넷 상에서 음악과 영상 콘텐츠 등을 불법으로 다운로드를 받는 사람들이 계속 늘기만 하고 근절되지 않고 있는 이유는 단속과 처벌이 너무 미약해서야.

보기

> ㉠ 사회 통제 강화를 일탈 행동에 대한 대책으로 강조한다.
> ㉡ 일탈을 규정하는 객관적 규범이 존재하지 않는다고 본다.
> ㉢ 일탈 행동은 일탈적 타인과의 상호작용을 통해 학습된다고 본다.
> ㉣ 문화적 목표와 제도적 수단 간의 괴리에서 오는 아노미를 일탈 행동의 원인으로 파악한다.

① 甲-㉣ ② 乙-㉡
③ 丙-㉢ ④ 丁-㉠

해설
① 甲은 뒤르켐의 아노미 이론에 대한 설명이고 ㉣은 머튼의 아노미 이론에 대한 설명이다.

오답피하기
② 乙은 일탈 행위가 어떠한 행동 자체에 내재된 고유한 특성이 아니라 그 행동이 일어나는 상황에 따라 일탈여부인지가 판단된다는 일탈 행위의 상대성을 설명하고 있으며, ㉡도 마찬가지이다.
③ 丙과 ㉢은 차별적 교제 이론에 대한 설명이다.
④ 丁은 사회 규범의 통제력 약화에 일탈 행위가 발생한다고 보므로 뒤르켐의 아노미 이론에 대한 설명이고, 이를 해결하기 위해서는 ㉠에서처럼 사회 통제 강화가 필요하다고 본다.

정답 ①

14 그림은 일탈 이론 (가)~(다)를 도식화한 것이다. 이에 대한 설명으로 옳은 것은? 2016 교육행정

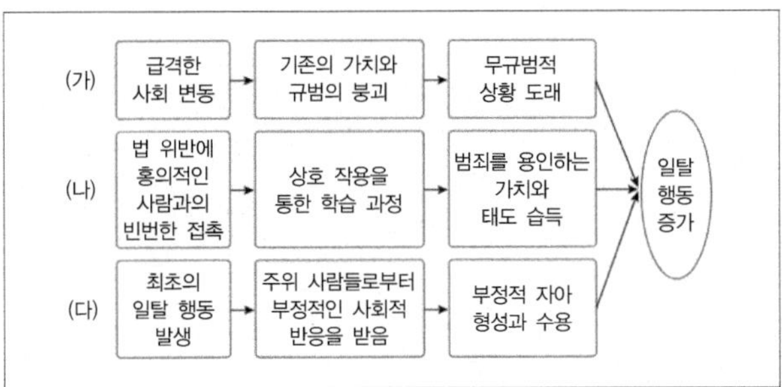

① (가)는 사회 집단 간의 이해관계에 따른 갈등이 일탈 행동의 원인이라고 인식한다.
② (나)는 일탈 행동 자체보다 상호 작용을 통한 낙인 과정을 더 중요시한다.
③ (가)는 (다)와 달리 일탈 행동의 객관적 기준이 존재한다고 본다.
④ (나)는 (다)와 달리 문화적 목표와 제도 수단 간의 괴리가 일탈 행동의 원인이라고 파악한다.

해설 (가)는 뒤르켐의 아노미 이론이고, (나)는 차별적 교제 이론이며, (다)는 낙인 이론이다.
③ 뒤르켐의 아노미 이론에서는 일탈 행동을 구분하는 객관적인 기준이 존재한다고 보는 반면, 낙인 이론에서는 사회적으로 권위있는 사람들이 일탈 행위라고 규정함으로써 일탈행위가 되는 것이지 객관적인 기준은 없다고 본다.

오답피하기
① 사회 집단 간의 이해관계에 따른 갈등이 일탈 행동의 원인이라고 인식하는 것은 갈등 이론이다.
② 일탈 행동 자체보다 상호 작용을 통한 낙인 과정을 더 중요시하는 것은 낙인 이론이다.
④ 문화적 목표와 제도 수단 간의 괴리가 일탈 행동의 원인이라고 파악하는 것은 머튼의 아노미 이론이다.

정답 ③

15 그림은 일탈에 관한 관점을 도식화한 것이다. (가), (나)의 공통점으로 가장 옳은 것은? 2021 국회직

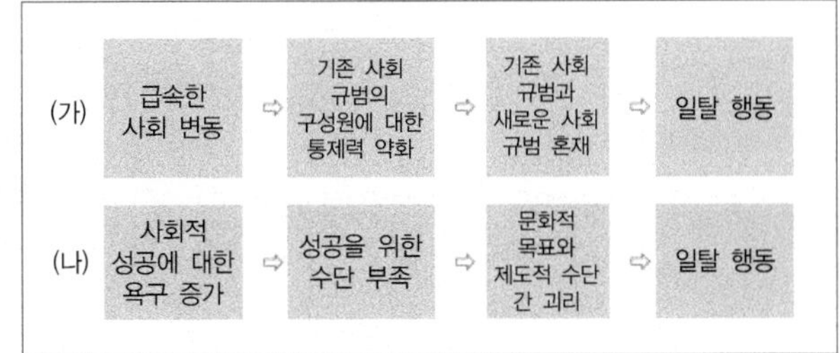

① 일탈 행동이 학습되는 과정을 중시한다.
② 일탈 행동의 원인을 개인의 생물학적 특성에서 찾는다.
③ 일탈자에 대한 부정적 평가를 신중히 해야 한다고 강조한다.
④ 일탈 행동을 야기하는 요인을 기능론적 관점에서 파악한다.
⑤ 사회 구조보다는 개인적 경험을 일탈의 근본 원인으로 본다.

출제 단원 및 영역 사회 문화 2단원 일탈 행위 이론

해설 (가)는 뒤르켐의 아노미 이론, (나)는 머튼의 아노미 이론이다.
④ 아노미 이론은 무규범 상태로 인하여 일탈이 발생한다고 보는 이론으로 거시론적 관점 중 기능론적 관점에서 일탈행동을 설명하는 이론이다.

오답피하기
① 일탈 행동이 학습되는 과정을 중시하는 것은 차별적 교제 이론이다.
②, ⑤ 아노미 이론은 일탈 행동의 원인을 사회 구조적인 측면에 찾는다.
③ 일탈자에 대한 부정적 평가를 신중히 해야 한다고 강조하는 것은 낙인 이론이다.

정답 ④

16 사회병리론에 대한 설명으로 가장 적절한 것은?

2018 경찰직 1차

① 사회변동으로 인해 기존 사회조직이 해체되면서 사회 통제장치들이 기능을 상실한 상태를 사회문화로 인식한 이론이다.

② 사회문제의 원인을 사회화의 실패에서 찾는 이론이다.

③ 사회적 목표와 그 목표를 달성하기 위한 합법적 수단 사이의 불일치 상태에서 가치관의 혼란으로 사회문제가 발생한다는 이론이다.

④ 산업화의 진행에 따라 분업이 보편화되고, 친밀감과 연대를 약화시켜 무규범상태가 발생한다는 이론이다.

출제 단원 및 영역 사회문화 2단원 일탈이론

해설

② '사회 병리론'은 사회를 살아있는 생물 유기체에 비유하면서 바람직한 사회 조직은 건강한 것이고, 사회 조직의 정상적인 운용을 방해하는 사람이나 상황 모두를 사회 문제라고 보는 입장으로 사회문제의 원인은 사회화의 실패에서 찾는다. 사회 문제가 발생한 사회는 일종의 질병에 걸린 병든 사회이므로 의사가 환자를 치료하듯이 병든 사회는 교육에 의해 치료될 수 있다고 보며, 교육을 통한 사회화를 통해 사회문제를 해결할 수 있다고 본다.

오답피하기

① 사회변동으로 인해 기존 사회조직이 해체되면서 사회 통제장치들이 기능을 상실한 상태를 사회문화로 인식하는 것은 '사회 해체론'의 내용이다.

③ 사회적 목표와 그 목표를 달성하기 위한 합법적 수단 사이의 불일치 상태에서 가치관의 혼란으로 사회문제가 발생한다는 이론은 '머튼의 아노미 이론'이다.

④ 산업화의 진행에 따라 분업이 보편화되고, 친밀감과 연대를 약화시켜 무규범 상태가 발생한다는 이론은 '뒤르켐의 아노미 이론'이다.

정답 ②

17 사회구조를 설명하는 일탈행동 이론에 관한 설명으로 가장 적절하지 않은 것은?

2019 경찰직 1차

① 뒤르켐의 아노미 이론: 급속한 사회변동으로 인해 사회규범이 약화되거나 기존의 규범과 새로운 규범이 혼재되면서 나타나는 도덕적 혼란 혹은 무규범 상태인 아노미 상태에서 일탈행동이 발생한다.

② 낙인이론: 1차적 일탈로 인해 주위 사람들이 그 행위자가 지속적 일탈 행동을 할 가능성이 있다고 단정하면 자신이 일탈자라는 부정적 자아를 갖게 된 개인이 일탈행동을 습관화하게 되며, 이를 2차적 일탈이라고 한다.

③ 갈등이론: 일탈은 일시적인 현상이 아니라 구조적 모순에서 나타나는 불평등의 결과로 본다. 이에 대한 해결은 사회 불평등 구조의 근본적 변혁을 통해 가능하다.

④ 머튼의 아노미 이론: 개인이 일탈행동을 빈번하게 일으키는 사람들과 접촉하면 그 과정에서 일탈의 기술을 학습하고 일탈 동기를 내면화하며, 이를 정당화하는 태도까지 학습하게 된다.

출제 단원 및 영역 사회분화 2단원 일탈이론

해설

④ 개인이 일탈행동을 빈번하게 일으키는 사람들과 접촉하면 그 과정에서 일탈의 기술을 학습하고 일탈 동기를 내면화하며, 이를 정당화하는 태도까지 학습하게 된다고 보는 것은 차별적 교제 이론(학습 이론)이며, 머튼은 문화적 목표와 합법적인 수단 사이의 괴리로 인하여 일탈행위가 발생한다고 보는 아노미 이론을 주장하였다.

정답 ④

18 일탈 행동 이론인 (가), (나)에 대한 설명으로 옳은 것은? 2021 소방직

(가) 청소년의 일탈 행동은 같은 또래 집단에 속한 친구와의 상호작용 과정에서 학습된 결과인 경우가 많다. 그들은 상호작용 과정에서 일탈 행동의 기술을 학습하고 일탈 행동에 대한 긍정적 가치관을 내면화한다.
(나) 사람들은 특정 환경에 처한 청소년의 일탈 행동에 대해서는 유독 위험한 것으로 인식하고 부정적 평가를 내리는 경우가 많다. 그러한 평가를 받은 청소년은 부정적 자아 정체성을 형성하게 되어 일탈 행동을 반복하게 된다.

① (가)는 사회의 문화적 목표와 제도적 수단의 괴리가 일탈 행동의 원인이라고 본다.
② (나)는 일탈 행동의 대책으로 강력한 사회 통제를 강조한다.
③ (가)는 (나)와 달리 일탈 행동을 미시적 관점에서 분석한다.
④ (나)는 (가)와 달리 일탈 행동을 판단하는 객관적 기준이 없다고 본다.

출제 단원 및 영역 사회 문화 2단원 일탈 이론

해설 (가)는 차별적 교제이론, (나)는 낙인 이론에 해당한다.
④ 낙인 이론의 경우 일탈 행동이란 행위를 평가하는 사람들의 반응에 따라 결정된다고 보므로 일탈 행동을 판단하는 객관적 기준이 없다고 본다.

오답피하기
① 일탈 행동을 사회의 문화적 목표와 제도적 수단의 괴리가 일탈 행동의 원인이라고 보는 것은 머튼의 아노미 이론이다.
② 규범이 붕괴되어 일탕행위라고 보는 뒤르켐의 아노미 이론에서는 일탈 행동의 대책으로 강력한 사회 통제를 강조한다.
③ (가)와 (나)는 모두 일탈 행동을 미시적 관점에서 분석한다.

정답 ④

19 다음 그림은 일탈 이론을 도식화한 것이다. 이에 대한 설명으로 옳은 것을 〈보기〉에서 모두 고른 것은? (단, 일탈 이론은 아노미 이론, 갈등 이론, 차별적 교제 이론, 낙인 이론 중 하나이다.) 2018 경찰직 2차

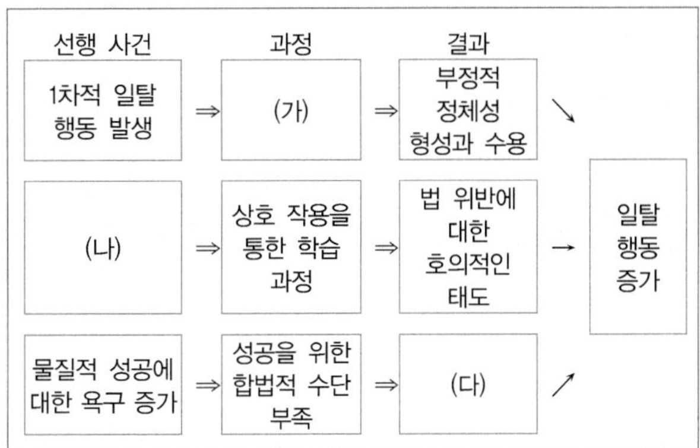

보기
㉠ (가)에서는 일탈 행위 자체보다는 일탈에 대한 사회적 낙인이 형성된다.
㉡ (나)에서는 일탈 행위를 부정적으로 보는 집단과 교류가 증가한다.
㉢ (다)에서는 외적 동기에서 내적 동기로 전환되고 목표와 수단이 일치된다.
㉣ (가), (나), (다)에서는 일탈 행동의 객관적 기준과 거시적 관점을 제시한다.

① ㉠ ② ㉠, ㉡
③ ㉡, ㉢ ④ ㉢, ㉣

해설 제시문의 경우 첫 번째는 낙인이론, 두 번째는 차별적 교제 이론, 세 번째는 머튼의 아노미 이론의 순서로 일탈 행동이 증가하는 과정을 나타내고 있다.
㉠ 낙인 이론에서는 일탈 행동 그 자체 보다는 사회적으로 낙인이라는 것에 의해서 일탈 행동으로 규정된다고 본다. 따라서 1차적 일탈 행동이 발생하고 난 뒤 사회적 낙인이 형성되고 이에 의해 행위자에게 사회적 낙인에 대한 수용이 이루어지며 부정적인 정체성이 형성되어 그 결과 일탈 행동이 발생한다.

오답피하기
㉡ 차별적 교제 이론에서는 일탈 행동에 대해 호의적으로 보는 사람들과 교류가 증가하면서 학습된다고 보므로 (나)에는 일탈 행위를 부정적으로 보는 집단과의 교류가 증가하는 것이 아니라 일탈 행위에 호의적인 집단들과의 교류가 증가한다고 해야 한다.
㉢ 머튼은 문화적 목표와 제도적 수단이 불일치함으로써 일탈 행동이 발생한다고 본다. 외적 동기를 부여하는 것은 상벌이나 경쟁 등을 통해 학습 의욕을 끌어올리는 것을 말하고, 내적 동기란 지시나 강제 또는 성취의 결과가 주는 보상을 기대하는 것이 아니라 학습자 스스로 어떤 과제를 성취하는 동기를 말한다. 따라서 처음에 보상 등을 통한 학습을 유도하다가 스스로 성취하는 동기를 가지게 되는 것을 외적 동기에서 내적 동기로의 전환이라고 하는데 머튼의 아노미 이론과 관련된 것은 아니다.
㉣ 낙인 이론의 경우 일탈 행동을 규정 짓는 절대적 기준은 없고 상대적으로 본다. 반면, 차별적 교제 이론과 머튼의 아노미 이론에서는 일탈 행동에 대해 사회 구성원들이 합의한 객관적 기준이 있다고 본다. 또한 아노미 이론은 거시적 관점인데 반하여, 낙인 이론과 차별적 교제 이론은 미시적 관점이다.

정답 ①

20 〈보기〉는 일탈 이론을 A~C로 분류한 것이다. 이에 대한 설명으로 가장 옳은 것은? (단, A~C는 각각 낙인 이론, 아노미 이론, 차별적 교제이론 중 하나이다.)

2021 서울시(경력직)

보기

일탈을 규정하는 객관적 기준이 존재한다고 보는가? → 아니요 → A
↓ 예
일탈의 원인으로 규범의 부재를 강조하는가? → 아니요 → B
↓ 예
C

① A는 비합법적인 방법으로 목표를 달성하려고 하는 일탈이 발생한다고 본다.
② B는 타인과의 상호 작용 과정에서 일탈 행동을 학습한다고 본다.
③ C는 일탈 행동을 하는 사람과의 접촉 차단을 강조한다.
④ B는 A, C와 달리 일탈에 대한 대책으로 사회적 합의를 통한 규범의 정립을 강조한다.

출제 단원 및 영역 사회 문화 2단원 일탈 이론

해설 A는 낙인 이론, B는 차별적 교제 이론, C는 아노미 이론이다.
② 타인과의 상호 작용 과정에서 일탈 행동을 학습한다고 보는 것은 차별적 교제 이론이므로 옳은 설명이다.

오답피하기
① 비합법적인 방법으로 목표를 달성하려고 하는 일탈이 발생한다고 보는 것은 머튼의 아노미 이론이다.
③ 차별적 교제 이론은 일탈의 원인을 일탈자와의 접촉(학습)에 기인한다고 보므로 일탈 행동을 막기 위해서 일탈 행동을 하는 사람과의 접촉 차단을 강조한다.
④ 머튼의 아노미 이론은 급속한 사회 변경으로 인한 규범의 부재 내지 상실을 일탈 행위의 원인으로 보므로 일탈 행위를 막기 위해서 사회적 합의를 통한 규범의 정립을 강조한다.

정답 ②

21 다음 (가), (나)는 각각 ○○시 불법 주차와 청소년 폭력 문제에 관한 설명이다. (가), (나)의 일탈 행동의 유형에 맞는 해결 방안으로 가장 적절한 것은?

2021 경찰직 2차

(가) 원래 이 지역에 불법 주차는 거의 없었습니다. 주차 공간도 넉넉합니다. 그런데 최근 몇 년 전부터 외부인들이 유입되고 전철역에서 가까운 곳에 세우는 차들이 늘어나면서, 다른 사람들이 따라 하게 되어 결국 경쟁적으로 불법주차가 늘어나게 되었습니다.
(나) 원래 인간은 하지 말라고 하는 행동을 하고 싶어하는 경향이 있습니다. 반항적 시기인 청소년기에는 더욱 심합니다. 그런데 최근 경찰의 대대적 단속과 제재 강화, 학교 당국의 제적 처분의 증가로 청소년들 스스로 자신들을 사회에서 유리된 사람들로 인식하는 경향이 늘어나고 있습니다.

① (가): 특별 단속기간을 정하고 과태료를 대폭 인상하여 불법주차를 근절해야 한다.
② (가): 전철역 등 편의시설이 가까운 곳에 주차시설을 늘려서 불법 행위를 근본적으로 예방해야 한다.
③ (나): 공정한 법 집행을 강화하고 불평등한 경제적, 사회적 구조를 근본적으로 개선해야 한다.
④ (나): 비행 청소년들을 골라 다른 지역으로 보내고 지역 내 청소년들과 교류를 차단해야 한다.

출제 단원 및 영역 사회 문화 2단원 일탈 행위

해설 (가)는 최근에 불법행위의 급속한 증가가 늘어났지만 이를 제재할 방법이 없다는 점에서 뒤르켐의 아노미 이론, (나)는 제재 강화로 인하여 청소년 스스로 사회에서 유리된 사람들로 인식하고 있다고 하므로 낙인 이론과 관계 된다.
① 특별 단속기간과 과태료를 대폭 인상하는 제도 마련으로 이를 해결할 수 있다는 것은 뒤르켐의 아노미 이론과 관계 된다.

오답피하기
② 제도적 폭표 달성을 위해 합법적인 수단을 증가시켜야 한다는 것은 머튼의 아노미 이론이다.
③ 갈등 이론에 대한 설명이다.
④ 차별적 교제 이론에 대한 설명이다.

정답 ①

개인과 사회의 관계

01 개인과 사회를 바라보는 밑줄 친 사람들의 관점과 일치하지 않는 것을 고르시오. 2014 서울시

> 어떤 사람들은 사회 현상을 파악하기 위해 사회 구성원 개인의 특성에 주목하려는 경향을 보인다. 이들은 한 사회의 특성은 구성원 개개인의 개성이나 특성을 넘어서서 새로운 성격으로 나타날 수 없다고 본다.

① 개인은 사회의 그림자다.
② 개인이 발전해야 비로소 사회 전체가 발전한다.
③ 전체는 부분의 합 그 이상도 그 이하도 아니다.
④ 인간은 자신의 이익을 극대화하기 위하여 합리적으로 행동하는 존재이다.
⑤ 국가는 원래 존재했던 실체가 아니라 개인들 사이의 계약에 의해 만들어진 산물이다.

해설 개인과 사회를 바라보는 관점에는 사회를 개인의 단순한 합 이상의 것이며 사회가 개인의 행동에 영향을 끼치고, 개인은 사회를 떠나서 살 수 없다는 사회 실재론과 사회가 독립적인 실체를 가지지 못하고 단순히 개인들의 집합체에 붙여진 이름에 불과하며 개인만이 실체를 가진고 있다고 보는 사회 명목론이 있다. 제시문의 경우 사회 구성원 개인의 특성에 주목하고 사회는 구성원 개개인의 개성과 특성을 넘어설 수 없다고 했으므로 사회 명목론의 관점이다.
① 개인은 사회의 그림자라고 하는 것은 개인은 사회를 떠나서 살 수 없고 사회가 개인의 행동에 영향을 끼친다는 의미이므로 사회 실재론에 대한 설명이다.

오답피하기
② 개인이 발전해야 비로소 사회 전체가 발전한다는 것은 사회는 개인의 단순 합에 지나지 않는다는 의미에서 사회 명목론에 대한 설명이다.
③ 사회 명목론에서는 사회는 구성원 개인들의 총합에 불과하고 개인들의 집합체에 불과한 것으로 본다.
④ 사회 명목론에서는 인간은 사회를 구성하고 변화시키는 능동적인 존재로 본다. 따라서 인간은 자신의 이익을 극대화하기 위해 합리적으로 행동할 수 밖에 없다.
⑤ 사회 명목론의 경우 개인들이 자신의 권리 보장을 위해 국가를 만들었다고 보므로 국가는 원래 존재했던 실체가 아니라 개인들 사이의 계약에 의해 만들어졌다는 사회 계약설과 관련이 깊다.

정답 ①

02 개인과 사회의 관계를 바라보는 갑과 을의 관점에 대한 설명으로 옳지 않은 것은? 2014 국가직

> 갑 뭐니 뭐니 해도 사람을 봐야지. 정치를 하는 것은 결국 사람이니까 정당보다 후보자의 됨됨이가 더 중요하다고 봐.
> 을 날아 봤자 부처님 손바닥 안의 손오공처럼 제아무리 잘난 사람도 정당의 영향력에서 벗어날 수 없어. 어떤 후보를 뽑느냐보다는 어떤 정당에 투표하느냐가 더 중요하다고 봐.

① 갑은 인간의 주체적, 능동적 측면을 중시한다.
② 을은 사회가 개인들의 총합이라고 본다.
③ 갑은 사회 현상을 개인의 속성으로 파악할 수 있다고 본다.
④ 을은 개인이 사회 구조로부터 자유로울 수 없다고 본다.

해설 개인과 사회의 관계를 바라보는 관점 중 (갑)은 사회 명목론, (을)은 사회 실재론의 입장이다. 사회는 개인의 집합체에 붙여진 이름에 불과하며, 실제로 존재하는 것은 개인이라고 보는 것이 '사회 명목론'이고, 사회는 하나의 독립된 실체로 존재하며, 개인은 사회의 구성 요소에 불과하다고 보는 것이 '사회 실재론'이다.
② 사회를 개인들의 총합으로 보는 것은 사회 명목론이고, 사회 실재론에서는 사회를 개인들의 단순 총합 그 이상이며 독립된 실체를 지니고 있다고 본다.

오답피하기
① 인간의 주체적, 능동적 측면을 중시하는 것은 사회 명목론의 입장이다. 개인은 자유 의지에 따라 능동적·주체적으로 행동한다고 보기 때문이다.
③ 사회 명목론에서는 사회를 단순한 개인의 총합으로 파악하기 때문에 개인의 속성을 파악하면 사회를 파악할 수 있다고 본다.
④ 개인이 사회 구조로부터 자유로울 수 없다고 보는 것은 사회 실재론이다. 개인은 사회의 영향을 받을 수 밖에 없다고 보기 때문이다.

정답 ②

03 사회 실재론과 사회 명목론에 대한 설명으로 가장 적절하지 않은 것은?

2020 경찰직 1차

① 사회 실재론에 따르면 개인은 독자적인 판단이나 사고에 따라 행동하는 것이 아니라 사회의 영향을 반영하여 행동하며 사회·문화 현상을 이해하려면 개인의 특성보다는 사회 구조를 탐구해야 한다고 설명하고 있다.

② 사회 실재론에 따르면 사회는 개인의 외부에 실제로 존재하며 개인의 사고와 행위의 한계를 정하고 구속하는 특징을 갖고 있다.

③ 사회 명목론에 따르면 실제로 존재하는 것은 사회가 아니라 자유 의지에 따라 행동하는 개인뿐이다. 따라서 사회·문화 현상을 이해하려면 그 사회를 구성하는 개인들의 특성을 탐구해야 한다고 설명하고 있다.

④ 사회 명목론에 따르면 사회란 개인으로 환원될 수 없는 고유한 성격을 갖는다는 관점이다. 즉 사회는 사회를 구성하는 개인들의 속성과 구별되는 독립적인 실체이다.

출제 단원 및 영역 사회 문화 2단원 개인과 사회를 바라보는 관점

해설 ④ 사회란 개인으로 환원될 수 없는 고유한 성격을 갖는다는 관점으로 사회는 사회를 구성하는 개인들의 속성과 구별되는 독립적인 실체로 보는 것은 사회 실재론에 해당한다. 사회 명옥론에서는 사회를 개인으로 환원될 수 있는 것으로 보고 사회란 개인들의 속성과 구별되는 독립되는 실체가 없다고 본다.

오답피하기

①, ② 사회 실재론은 개인은 사회를 구성하는 부분에 불과하고, 사회는 독자적으로 실재한다고 보므로 사회 문제는 개인의 잘못으로 발생하는 것이 아니라 잘못된 사회 구조나 사회 제도가 원인이며, 사회 구조나 사회 제도의 개선으로 이를 해결할 수 있다고 본다.

③ 사회 명목론에서는 사회는 실제로 존재하지 않으며, 실제로 존재하는 것은 개인뿐이라고 전제하며, 사회는 기본적으로 개인의 집합체에 불과한 존재라고 본다. 따라서 사회 문제는 사회 구조나 제도의 잘못보다는 개인의 잘못된 의식으로 인해 발생하며, 사회 문제가 해결되기 위해서는 개인의 의식을 개선해야 한다고 본다.

	사회 실재론	사회 명목론(사회 유명론)
의미	사회는 실재로 존재하고, 개인은 단지 사회의 구성 단위에 불과함	사회는 개인들의 집합체에 붙여진 이름에 불과 실재하는 것은 개인뿐임
특징	• 개인 〈 사회 (1+1〈2) • 사회의 우월성 강조(전체주의적 가치관) • 사회는 개인들의 삶을 규제하는 구속력을 갖고 있음	• 개인 〉 사회 (1+1≧2) • 개인의 우월성 강조(개인주의적 가치관) • 개개인의 특성이 사회의 특성을 결정함 • 야경국가론
학설	사회유기체설 (기능론) (콩트, 뒤르껨, 스펜서) (거시적 관점) 숲/정당/학교	사회계약설 (홉스, 로크, 루소) (미시적 관점) 나무/국회의원/실력(희생)

정답 ④

04 다음 빈칸에 들어갈 알맞은 용어를 바르게 나열한 것은?

2016 경찰직 1차

> A (㉠)에서는 사회화를 사회의 지배적 가치나 규범, 행동 양식 등을 학습하면서 사회의 질서에 적응하고 통합하는데 필요한 과정으로 파악한다.
> B (㉡)은 개인은 사회의 구성원으로 사회보다 우위에 있는 반면 사회는 독립적인 실체로 존재하지 않는다고 보는 관점이다.
> C 뒤르켐(Durkheim, E.)은 (㉢)을(를) 사회 규범이 약화되거나 부재하는 경우나 여러 상반된 규범이 동시에 존재하는 경우라고 규정한다.

	㉠	㉡	㉢
①	갈등론적 관점	사회 명목론	피그말리온
②	갈등론적 관점	사회 실재론	아노미
③	기능론적 관점	사회 명목론	아노미
④	기능론적 관점	사회 실재론	피그말리온

해설

③ ㉠은 사회화를 사회 구성원이 사회의 질서에 적응하고 사회 통합과 발전에 필요한 과정으로 보는 '기능론적 관점'이다. ㉡은 개인을 사회보다 우위에 있고, 사회는 독립적인 실체가 없다고 보므로 '사회 명목론'에 해당한다. ㉢은 사회 규범이 약화되거나 부재하는 경우나 여러 상반된 규범이 동시에 존재하는 경우 일탈 행위의 원인이 된다고 보는 뒤르켐의 '아노미 이론'에 해당한다.

정답 ③

05 다음 대화를 통해 추론할 수 있는 개인과 사회를 바라보는 갑과 을의 관점으로 가장 적절한 것은? 2020 국가직

> 갑 회사 실적을 올리기 위해 무엇보다 중요한 것은 직원 개개인의 능력입니다. 변화가 필요한 곳에 능력이 뛰어난 사람을 배치한다면, 반드시 좋은 성과를 낼 수 있을 것입니다.
> 을 아무리 뛰어난 직원이라도 현재 우리 회사의 조직 문화 속에서는 좋은 성과를 내기 어렵습니다. 회사의 실적을 올리기 위해 무엇보다도 시급한 것은 조직 문화를 개선하는 것입니다.

① 갑의 입장은 집단의 속성을 개인 속성의 총합과 같다고 본다.
② 갑의 입장은 개인주의와 자유주의를 토대로 하면서 사회 유기체설에 기반을 둔 주장과 일치한다.
③ 을의 입장은 사회가 개인들 간의 합의에 따라 움직인다고 본다.
④ 을의 입장은 사회를 개인의 행복과 자유를 추구하기 위한 단순한 수단으로 본다.

출제 단원 및 영역 사회문화 2단원 개인과 사회를 바라보는 관점

해설 갑은 사회 명목론, 을은 사회 실재론의 관점이다.
① 사회 명목론에서는 사회를 하나의 독립된 실체로 보지 않고 단순한 개인들의 총합으로 본다.

오답피하기
② 사회 명목론에서는 개인을 사회보다 우위에 있는 것으로 인정하므로 개인주의와 자유주의를 토대로 한다. 그러나 사회 유기체설에 기반을 둔 입장은 사회 실재론이다.
③ 사회 실재론에서는 사회를 하나의 독립된 실체로 보고 개인들은 사회에 구속된다고 본다. 반면 사회 명목론에서는 사회가 개인들 간의 합의에 따라 움직인다고 본다.
④ 사회를 개인의 행복과 자유를 추구하기 위한 단순한 수단으로 보는 것은 사회 계약설의 입장이고 사회 계약설에 토대를 둔 것은 사회 명목론이다.

정답 ①

06 다음은 개인과 사회와의 관계에 대한 어떤 관점을 나타내는 주장이다. 이 관점에 부합하는 설명으로 옳은 것은? 2014 지방직

> 사회학은 '사회적 행위'를 연구하는 과학이라고 할 수 있다. '사회적 행위'는 행위 하는 인간들의 주관적인 동기와 의미부여, 그것에 대한 상호 이해와 해석을 통해 이루어진다. 따라서 서구 사회에서의 자본주의 발달을 '사회적 행위'의 맥락에서 이해할 수 있다.

① 사회는 행위자의 주관적인 '상황 정의'에 의해 구성된다.
② "사회적 사실을 사물로 간주하라."라는 뒤르켐(E. Durkheim)의 주장과 일맥상통한다.
③ 사회는 개인들의 총합 이상이기 때문에 개인으로 환원할 수 없는 고유한 성격을 가진다.
④ 사회는 하나의 유기체와 같아서 각 개인은 사회 속에서 각자의 역할을 담당하여 사회 실체를 존속시킨다.

해설 위의 보기는 사회적 행위는 행위 하는 인간들의 주관적인 동기와 의미 부여, 그것에 대한 상호 이해와 해석을 통해 이루어진다고 하고 있으므로 이것은 개인과 사회와의 관계를 사회 명목론의 관점에서 바라보고 있다고 할 수 있다. 사회 명목론은 사회는 실재하지 않으며, 단지 개인들의 집합체에 붙여진 이름에 지나지 않는 것으로 설명한다.
① 사회가 행위자의 주관적인 상황정의에 의해 구성된다는 것은 상징적 상호작용론의 관점이며 이는 사회명목론의 내용이다.

오답피하기
② "사회적 사실을 사물로 간주하라."라는 뒤르켐(E. Durkheim)의 주장은 사회실재론에 해당한다. "사회적 사실을 사물로 간주하라."라는 말은 사회 현상을 개인의 행위와 심리와는 분리하여 객관적인 실체로 바라보고 실증적 연구 방법을 사용할 것을 강조하는 의미라고 할 수 있다.
③ 사회는 개인들의 총합 이상으로 보는 것은 사회를 하나의 독립된 실체라고 보는 사회실재론의 관점이다.
④ 사회 유기체설은 사회실재론을 설명할 수 있는 이론이다.

정답 ①

07 개인과 사회를 바라보는 관점에 관한 〈보기〉에 대한 설명으로 가장 옳은 것은? 2019 서울시 공개 및 경력 1회

보기

(가) 선거에서 후보자를 선택할 때는 소속 정당을 봐야 해. 어떤 후보가 되더라도 정당의 결정에서 자유로울 수가 없어.

(나) 후보자의 소속 정당보다는 후보자 개인의 능력이나 품성이 중요하지. 훌륭한 인물이 대표가 되면 정당의 발전도 가능해.

① (가)의 관점은 사회의 합은 개인의 합보다 크다고 본다.

② (나)의 관점에서는 사회는 실재하며 개인에게 지속적인 영향력을 미친다고 본다.

③ (가)의 관점은 (나)의 관점과는 달리 사회문제를 해결하기 위해서 개인의 의식개혁에 중점을 둔다.

④ (나)의 관점은 (가)의 관점과 달리 사회를 생물유기체에 비유하며 개인의 자율성을 중시한다.

출제 단원 및 영역 사회문화 2단원 개인과 사회를 바라보는 관점

해설 (가)는 후보자가 정당의 결정에서 자유로울 수 없다고 보므로 이는 개인은 독자적인 판단이나 사고에 따라 선택적으로 행동하는 것이 아니라, 사회의 영향을 받고 이를 반영하는 존재에 지나지 않는다고 보는 사회 실재론에 해당한다. (나)는 정당보다는 후보자 개인의 능력이나 품성을 강조하는데, 이는 사회 현상의 원인이나 의미를 파악하려면 사회를 구성하는 개인의 특성을 파악해야 한다고 보는 사회 명목론에 해당한다.

① 사회실재론에서는 사회는 개인의 합 이상의 독립적 실체라고 보므로 사회의 합은 개인의 합보다 크다고 본다.

오답피하기

② 사회는 실재하며 개인에게 지속적인 영향력을 미친다고 보는 것은 사회 실재론이다.

③ 사회문제를 해결하기 위해서 개인의 의식개혁에 중점을 두는 것은 사회 명목론이다.

④ 사회를 생물유기체에 비유하는 것은 사회 실재론이며, 개인의 자율성을 중시하는 것은 사회 명목론이다.

정답 ①

08 다음 주장에 담긴 개인과 사회의 관계를 바라보는 관점에 대한 설명으로 옳지 않은 것은? 2019 국가직

나의 관심은 왜 자본주의가 16~17세기 서구에서 발생했는가를 규명하는 데 있다. 그 당시의 물적 조건은 다른 시대와 다른 지역에서도 발견된다. 인간의 자본 획득 본능 역시 이전부터 존재해 온 것이기 때문에 만족스러운 이유가 되지 못한다. 나의 관점에서 보면, 16~17세기 유럽에서의 자본주의 발흥에는 프로테스탄티즘 윤리라는 도덕적이고 윤리적인 사회정신이 배후에 있었던 것으로 보인다. 이 정신은 이윤 추구를 직업적 성실성, 근면, 검소 등을 핵심으로 하는 도덕적 개혁 운동으로 전환시켜 궁극적으로 자본주의 체제를 태동시켰다. 자본주의는 개인의 단순한 이윤 추구 행위가 아닌 규범과 가치와 시장 제도가 결합된 사회적 수준의 사실이 된 것이다.

① 사회는 개인들로 환원될 수 없는 독자적인 특성을 가진 실체이다.

② 한 사회의 제도나 이념 등이 개별 구성원의 의식과 행동을 구속한다.

③ 개인은 자유의지에 따라 행동하며 사회는 개인의 목표를 증진시켜 주는 도구에 불과하다.

④ 사회의 구조적인 특성을 강조하면서 사회 구성원은 전체를 구성하는 부분으로 이해한다.

출제 단원 및 영역 사회문화 2단원 개인과 사회를 바라보는 관점

해설 유럽에서의 자본주의 발흥에는 프로테스탄티즘 윤리라는 도덕적이고 윤리적인 사회정신이 배후에 있었고 이 정신이 이윤 추구를 직업적 성실성, 근면, 검소 등을 핵심으로 하는 도덕적 개혁 운동으로 전환시켜 궁극적으로 자본주의 체제를 태동시켰다는 제시문의 설명에서 위의 주장은 사회 실재론에 해당한다고 볼 수 있다. 사회 실재론이란 개인은 사회를 구성하는 부분에 불과하고, 사회는 독자적으로 실재한다고 보며, 개인 보다는 사회의 우월성을 강조하는 이론이다.

③ 개인은 자유의지에 따라 행동하며 사회는 개인의 목표를 증진시켜 주는 도구에 불과하다고 보는 것은 사회는 개인의 집합체에 불과하고, 실제로 존재하는 것은 개인이라는 입장으로 보는 사회 명목론에 해당한다.

오답피하기

①, ②, ④ 모두 사회 실재론에 해당하는 내용이다.

정답 ③

09 다음은 개인과 사회의 관계를 바라보는 관점 중의 하나이다. 이 관점에 부합하는 설명으로 옳은 것은?

2015 국가직

> 자연 상태에서는 개인의 권리가 온전히 보장될 수 없어서 사람들은 계약을 통해 사회를 구성하였다. 따라서 사회가 개인의 권리 보장이라는 원래의 목적을 충족시키지 못할 경우, 개인은 사회를 재구성할 정당한 권리를 갖는다.

① 전체는 부분의 단순한 총합 이상이다.
② 사회 전체를 위해 개인의 희생은 정당화된다.
③ 개인의 능동성이 사회의 구속성보다 우선한다.
④ 개인은 사회라는 생명체를 유지하는 각각의 기관이다.

해설 자연 상태에서는 개인의 권리가 온전히 보장될 수 없어서 사람들은 계약을 통해 사회를 구성하였다고 보는 것은 로크의 주장이다. 로크의 경우 사회계약을 통해 사회를 구성했지만 그 사회가 원래 계약의 내용을 이행하지 못할 경우 사회를 변경하거나 폐지할 수 있다고 보므로 사회보다 개인의 입장을 중시한다고 볼 수 있다. 따라서 로크의 **사회계약설**은 개인과 사회를 바라보는 관점 중 개인을 더 중시하는 **사회 명목론**에 가깝다고 볼 수 있다.

구분	사회 실재론	사회 명목론
기본 입장	• 사회는 하나의 독립된 실체로 존재하며, 개인은 사회의 구성 요소에 불과하며, 사회가 개인의 행동가 사고에 영향을 미친다고 보는 입장. • 사회를 개인의 총합 이상인 것으로 보며, 법과 제도와 같은 구조적인 측면을 중시하는 입장	• 사회는 개인의 집합체에 붙여진 이름에 불과하며, 실제로 존재하는 것은 개인이며, 개인은 자유 의지에 따라 행동하는 존재로서 개인의 능동성과 주체성을 강조하는 입장 • 사회를 개인의 총합과 같은 것으로 봄
관련 이론	사회 유기체설, 전체주의, 민족주의	사회 계약설, 자유주의, 개인주의 등

③ 개인의 능동성이 사회의 구속성보다 우선한다고 보는 것은 사회 명목론의 주장이다. 사회 명목론에서는 개인을 능동적이고 주체적인 인간으로 보기 때문이다.

오답피하기
① 전체는 부분의 단순한 총합 이상으로 보는 것은 사회 실재론이다.
② 사회를 위해 개인의 희생을 강요하고 그것을 정당화하는 것은 사회 실재론의 입장이다.
④ 개인은 사회라는 생명체를 유지하는 각각의 기관이라고 보는 것은 사회 유기체설의 주장으로 이는 사회 실재론의 입장이다. 사회 유기체설의 경우 각 기관은 생명을 유지하기 위해서 존재하는 것처럼 개인 역시 사회를 유지하기 위해 존재한다고 보기 때문이다.

정답 ③

10 사회실재론에 대한 설명으로 가장 적절한 것은?

2018 경찰직 1차

① 사회를 개인의 단순한 합 이상이라고 보며, 구성원 개개인의 특성만으로는 설명할 수 없는 하나의 독립적 실체라고 보는 관점이다.
② 사회는 독립적인 실체로 존재하는 것이 아니라 개인들의 집합체에 붙여진 이름에 불과하며, 개인만이 실재한다고 보는 관점이다.
③ 근대 시민 혁명의 사상적 배경이 되었던 사회계약설과 관련이 깊다.
④ 개인을 사회를 구성하고 변화시키는 능동적인 존재로서 인정하고 있지만 사회가 개인에게 미치는 영향을 설명하지 못하는 한계가 있다.

출제 단원 및 영역 사회문화 2단원 개인과 사회의 관계

해설
① 사회실재론에 대한 옳은 설명이다. 즉, 사회실재론은 개인보다 사회를 강조하는 입장으로 사회를 개인의 단순한 합 이상 이라고 보며, 사회 구성원과는 별도의 하나의 독립된 실체라고 본다.

오답피하기
② 사회는 독립적인 실체로 존재하는 것이 아니라 개인들의 집합체에 붙여진 이름에 불과하며, 개인만이 실재한다고 보는 관점은 사회 명목론에 해당한다.
③ 사회 계약설에 의하면 사회는 인간의 자연권을 보장하기 위한 수단에 불과하다. 이는 사회보다 개인을 더 중시하는 사회 명목론과 관련이 있다.
④ 개인을 능동적이고 주체적인 존재로 보는 것은 사회명목론의 입장이다.

정답 ①

11 다음 글에 나타난 개인과 사회의 관계를 바라보는 관점이 갖는 한계에 대한 설명으로 옳은 것은?

2018 지방직

> 사회현상은 자유의지를 가진 개인들로부터 비롯되지만 사회현상에 대한 탐구는 개인의 행위나 사고로 환원될 수 없다. 사회에 대한 탐구는 사회적 사실에 대한 탐구이며 사회적 사실이란 행위자들의 외부에 존재하며 그들에게 강제적인 영향력을 행사하는 사회구조들과 문화적 규범 및 가치관들이다.

① 개인과 사회의 상호작용을 지나치게 강조한다.
② 사회를 구성하는 개인의 주체성과 능동성을 간과한다.
③ 개인의 행위에 대한 사회구조의 영향력을 과소평가한다.
④ 개인을 위한 전체의 희생을 합리화할 우려가 있다.

해설 사안의 제시문에서 사회 현상에 대한 탐구는 개인의 행위나 사고로 환원될 수 없다거나 사회적 사실에 대한 탐구를 강조하며, 사회적 사실의 실재성을 인정한다는 점에서 '사회실재론'에 대한 내용임을 알 수 있다.
② 사회 실재론에서는 사회가 개인의 행동을 구속하므로 개인의 주체성과 능동성을 간과한다는 비판을 받는다.

오답피하기
① 사회 실재론에서는 개인과 사회의 상호 작용을 지나치게 강조하는 것이 아니라 사회 구조나 제도가 개인에게 미치는 영향을 오히려 지나치게 강조한다.
③ 개인의 행위에 대한 사회구조의 영향력을 과소평가하는 것은 사회 명목론이다.
④ 개인을 위한 전체의 희생을 합리화한다는 것은 개인을 중시하는 것으로 이는 사회 명목론에 해당한다.

정답 ②

12 다음은 개인과 사회의 관계를 바라보는 관점이다. 이에 대한 설명으로 옳은 것은?

2015 지방직

> (가) 전체는 단지 외부의 힘에서 각 구성원의 신체와 재산을 방어하고 보호해주는 하나의 연합 형태일 뿐이다. 따라서 개인이 모여 전체를 이룬다 하더라도 각 개인은 자기 자신에게만 복종하기 때문에 이전과 마찬가지로 여전히 자유로울 수 있다.
> (나) 인간 개개인은 얼마든지 도덕적일 수 있어도 그런 개인들이 모여 집단을 이루게 되면 전혀 다른 특성이 나타난다. 즉, 집단으로서 이익을 추구하는 새로운 논리를 갖게 됨으로써 사회는 비도덕적이 될 수 있다.

① (가)에서 개인은 사회 속에서만 존재 의미를 갖는다고 본다.
② (가)에서 사회는 개인의 외부에서 독자적으로 작동한다고 본다.
③ (나)에서 개인의 능동성은 사회 규범의 구속성보다 우선한다고 본다.
④ (나)에서 사회는 그 자체를 구성하고 있는 부분 요소로 환원될 수 없다고 본다.

해설 제시문의 경우 (가)는 전체가 하나의 연합 형태일 뿐이라고 보므로 사회 명목론에 해당하고, (나)는 집단을 이루게 되면 개인과는 전혀 다른 특성이 나타난다고 하므로 사회 실재론에 해당한다.
④ 사회는 그 자체를 구성하고 있는 부분 요소로 환원될 수 없다고 보는 것은 사회가 개인들의 단순한 총합 이상의 것으로 사회를 하나의 독립된 실체로 본다는 사회 실재론의 입장이다.

오답피하기
① 개인이 사회 속에서만 존재 의미를 갖는다고 보는 것은 개인이 사회에 영향을 받을 수 밖에 없다고 보는 사회 실재론의 입장이다.
② 사회가 개인의 외부에서 독자적으로 작동한다고 보는 것은 사회의 독립된 실체를 인정하는 사회 실재론의 입장이다.
③ 개인의 능동성은 사회 규범의 구속성보다 우선한다고 보는 것은 개인을 자율적 의지를 가지고 능동적으로 행동하는 존재로 보는 사회 명목론의 입장이다.

정답 ④

13 다음 글에 나타난 개인과 사회의 관계를 바라보는 관점에 대한 설명으로 옳은 것은? 2018 국가직

예밀 뒤르켐(Emile Durkheim)은 그의 저서 「자살론」에서 자살에 영향을 미치는 사회적 유형이 존재한다고 주장했다. 그의 분석에 따르면, 개신교 신자가 가톨릭 신자보다 자살률이 높다. 그는 가톨릭 신자의 자살률이 낮은 것은 가톨릭에는 개신교에 비해 상대적으로 강력한 공동체와 의례행위가 있으며 개인주의 성향을 피하려는 분위기가 있기 때문이라고 보았다.

① 사회는 개인들의 집합체를 의미한다.
② 인간 스스로가 희망하지 않으면 행동의 변화는 일어나지 않는다.
③ 사회제도의 구속성보다는 개인의 자율성이 행동에 미치는 영향이 더 크다.
④ 행위의 능동성보다 구조의 영향력을 강조한다.

해설 개인과 사회를 바라보는 관점이라고 설문에서 주어졌으므로 제시문을 사회 명목론과 사회 실재론의 관점으로 살펴보면, 가톨릭의 경우 강력한 공동체와 의례행위가 있으며 개인주의 성향을 피하려는 분위기가 있다고 하였으므로 사회 실재론의 관점이라고 할 수 있다.
④ 행위의 능동성을 강조하는 것은 사회 명목론이고, 구조의 영향력을 강조하는 것은 사회 실재론이다.

오답피하기
① 사회가 개인들의 집합체를 의미한다고 보는 것은 사회를 개인들의 단순한 총합으로 보는 사회 명목론의 입장이다.
② 인간 스스로가 희망하지 않으면 행동의 변화는 일어나지 않는다는 것은 인간의 주체성과 능동성을 강조하는 사회 명목론의 입장이다.
③ 사회제도의 구속성보다 개인의 자율성이 행동에 미치는 영향력이 더 크다고 보는 것은 사회 명목론의 입장이다.

정답 ④

14 〈보기 1〉에 나타난 개인과 사회의 관계를 바라보는 관점의 특징을 〈보기 2〉에서 모두 고른 것은? 2018 서울 경력직

보기1

여성은 경제활동 참여 확대에도 불구하고 임금이 적고 기술적 능력이 낮은 단순 서비스직, 임시직 등에 고용되는 경우가 많아, 여전히 노동시장과 취업구조에서의 성차별화가 나타나고 있다. 이와 같은 현상은 결혼과 동시에 가사노동, 임신, 출산, 육아 등을 강요하는 사회·문화적 영향이 여성, 특히 기혼 여성의 취업 형태에 매우 크게 작용하기 때문인 것으로 분석된다.

보기2

ㄱ. 사회를 위한 개인의 희생을 정당화한다.
ㄴ. 극단적인 개인주의를 조장할 우려가 있다.
ㄷ. 인간의 능동적인 사고와 행위의 측면을 간과한다.
ㄹ. 개인 행위에 대한 사회구조의 영향력을 경시한다.

① ㄱ, ㄷ ② ㄱ, ㄹ
③ ㄴ, ㄷ ④ ㄴ, ㄹ

해설 〈보기 1〉에서 성 차별화는 결혼과 동시에 가사노동, 임신, 출산, 육아 등을 강요하는 사회·문화적 영향이 매우 크게 작용하기 때문인 것으로 분석된다고 하였으므로 이는 개인은 사회를 구성하는 부분에 불과하고, 사회의 독립된 실체를 인정하며, 개인은 사회에 영향을 받는 수동적인 존재로 보는 '사회 실재론'에 관한 내용이다.
ㄱ. 사회 실재론에서는 전체를 위한 개인의 희생을 강요하거나 정당화 할 우려가 있다는 비판을 받는다.
ㄷ. 사회 실재론의 경우 개인은 독자적인 판단이나 사고에 따라 선택적으로 행동하는 것이 아니라, 사회의 영향을 받고 이를 반영하는 존재에 지나지 않는다고 보므로 인간의 능동적인 사고와 행위의 측면을 간과한다는 비판을 받는다.

오답피하기
ㄴ. 사회 명목론은 사회 보다는 개인의 우월성을 강조하는 이론으로 개인의 이익을 사회 전체의 이익보다 우선시 함으로써 극단적인 개인주의를 조장할 우려가 있다. 반면, 사회 실재론은 사회를 우선시 함으로써 전체주의로 흐를 우려가 있다.
ㄹ. 개인 행위에 대한 사회 구조의 영향력을 경시한다는 것은 사회 명목론에 대한 비판이다. 사회 실재론의 경우 오히려 사회 구조의 영향력을 강조함으로써 개인을 독자적인 판단이나 사고를 하지 못하는 수동적인 존재로 본다는 비판을 받는다.

정답 ①

15 다음에 나타난 개인과 사회의 관계를 바라보는 관점에 대한 옳은 설명을 〈보기〉에서 모두 고른 것은?

2018 소방직

> 한 사회의 모든 구성원은 동일한 관습, 언어, 가치관을 공유하며 공통된 정치적 · 경제적 제도의 틀 안에서 생활한다. 이 틀을 무시하거나 그에 반대되는 행동을 하면 물리적으로든 정신적으로든 제재를 받게 된다. 개인이란 언제나 그랬듯이 이러한 틀 속에서 태어나 이것을 통과해 나갈 따름이다.

보기

ㄱ. 사회의 속성은 개인의 속성으로 환원될 수 있다.
ㄴ. 사회란 결국 개인을 위해 존재하는 것이다.
ㄷ. 사회는 개인의 외부에 독립된 실체로 존재한다.
ㄹ. 사회 문제는 개개인의 의식 개선보다는 제도 개혁을 통해 해결될 수 있다.

① ㄱ, ㄴ ② ㄱ, ㄷ
③ ㄴ, ㄹ ④ ㄷ, ㄹ

해설 한 사회의 구성원들이 제도의 틀 안에서 생활하고 이 틀을 무시하거나 하면 제재를 받는다고 하였으므로 이는 개인을 사회의 영향력 안에서 행동하는 수동적인 인간으로 보는 '사회 실재론'에 해당한다.
ㄷ. 사회 실재론에서는 사회를 명목적인 존재가 아닌, 개인의 외부에 독립된 실체로 본다.
ㄹ. 사회 실재론에서는 개인은 단순히 사회의 영향력 안에서 행동하는 수동적인 존재로 보므로 사회 문제를 해결하기 위해서는 개개인의 의식 개선보다는 제도 개혁을 통해 해결될 수 있다고 본다.

오답피하기
ㄱ. 사회 실재론에서는 사회가 개인의 총합 이상이므로 사회의 속성을 개인의 속성으로 환원할 수 없다. 반면, 사회 명목론에서는 사회를 개인의 총합으로 보므로 사회의 속성은 개인의 속성으로 환원될 수 있다.
ㄴ. 사회보다 개인의 이익을 우선시 하는 것은 사회 명목론이다.

정답 ④

16 다음 글에 나타난 개인과 사회의 관계를 바라보는 관점에 부합하는 진술로 가장 적절한 것은?

2018 교육행정

> 사회는 생물학적 실체라고 할 수 있는 개인들을 초월하여 존재한다. 개인은 죽고 구성원은 계속 달라지지만, 사회는 오랫동안 존속한다. 또한 사회는 강제성도 가지고 있어 개인의 의지와 상관없이 사회 규범을 개인에게 강요한다.

① 사회는 개인의 목적을 위한 수단에 불과하다.
② 사회는 개인의 자율적인 의지에 의해 형성된다.
③ 사회는 개인의 속성과 구분되는 고유한 속성을 가진다.
④ 사회문제의 원인은 개인의 잘못된 의식에 있다.

해설 사회가 개인을 초월하여 존재한다고 하였으므로 이는 '사회 실재론'에 대한 내용이다.
③ 사회를 개인의 속성과 구분되는 고유한 속성을 가지는 것으로 보는 것은 사회 실재론이다.

오답피하기
①, ②, ④는 모두 사회 명목론에 해당한다.

정답 ③

17 개인과 사회의 관계를 바라보는 관점에 부합하는 진술로 옳은 것은? 2019 소방직

> 아무리 이타심을 가진 개인들이라도 일단 집단의 구성원이 되면 그 안의 개인은 집단의 이익을 위해 이기적이고 비도덕적인 성향을 나타낸다. 이는 개인이 집단화될 때 개인이 가진 속성으로 환원하여 설명할 수 없는 독자적인 특성이 생겨나기 때문이다.

① 집합적 속성은 개인 속성의 총합이다.
② 사회 현상은 개인의 심리적 현상으로 환원된다.
③ 사회 문제의 원인은 개인의 잘못된 의식에서 비롯된다.
④ 사회는 개인들의 속성과 구분되는 고유한 속성을 지닌다.

해설 이타심을 가진 개인들이라도 일단 집단의 구성원이 되면 이기적이고 비도덕적인 성향을 나타낸다는 것과 개인이 가진 속성으로 환원하여 설명할 수 없는 독자적인 특성을 통해 사회 실재론임을 알 수 있다.
④ 사회 실재론에서는 사회를 개인과는 구분된 독립된 실체를 지닌 존재로 보고, 개인들의 속송과 구분되는 고유한 속성을 지닌다고 본다.

오답피하기
①, ②, ③ 모두 사회 명목론에 대한 설명이다.

정답 ④

18 다음 글에 나타난 개인과 사회의 관계를 보는 관점에 부합하는 진술로 옳은 것은? 2020 소방직

> 개인은 사회 유기체의 한 부분으로 활동하고 저마다의 역할을 수행하며, 사회를 떠나서는 독자적으로 존재할 수 없다. 개인은 사회의 존속과 유지를 위해 필요한 세포와 같은 것이다.

① 사회는 인간이 만든 상상력의 산물이다.
② 사회의 특성은 개인의 특성에 따라 결정된다.
③ 사회는 개인과는 별개로 독립적으로 존재한다.
④ 사회는 개인의 이익을 증진하기 위한 도구이다.

해설 제시문은 사회 유기체설에 입각한 사회 실재론이다.
③ 사회 실재론은 사회를 개인과는 별개로 독립적으로 존재하는 것으로 본다.

오답피하기
①, ②, ④ 사회 명목론에 대한 설명이다.

정답 ③

19 〈보기〉의 (가), (나)는 개인과 사회의 관계를 바라보는 서로 다른 관점에 대한 주장이다. 이에 대한 설명으로 가장 옳은 것은? 2020 서울시(보훈청)

> 보기
> (가) 무엇보다 중요한 것은 직원 개개인의 능력입니다. 변화가 필요한 곳에 능력이 뛰어난 사람을 배치한다면, 반드시 좋은 성과를 낼 수 있을 것입니다.
> (나) 뛰어난 직원도 지금의 조직 문화 속에서는 좋은 성과를 낼 수 없습니다. 모두가 좋은 성과를 낼 수 있도록 동기를 부여하는 조직 문화를 되살리는 것이 더 시급합니다.

① (가)는 사회를 개인의 외부에 존재하는 실체라고 본다.
② (나)는 사회 명목론이다.
③ (가)는 (나)와 달리 개개인의 노력을 통해 사회 문제를 해결할 수 있다고 본다.
④ (나)는 (가)와 달리 사회의 독자적 특성이 존재하지 않는다고 본다.

해설 (가)는 사회 명목론, (나)는 사회 실재론이다.
③ 사회 명목론은 개인을 능동적이고 주체적인 존재로 보므로 개인의 의지로 사회 문제를 해결할 수 있다고 본다. 반면, 사회 실재론은 개인을 사회에 구속되는 수동적인 존재로 보므로 개인의 노력이 아닌 사회 차원의 접근을 강조할 것이다.

오답피하기
① 사회를 개인의 외부에 존재하는 실체라고 보는 것은 (나)이다.
② 조직 문화를 강조하는 (나)는 사회 실재론이다.
④ 사회 명목론에서 사회는 당순한 개인의 총합에 지나지 않는 허구적인 개념이므로 사회의 독자적 특성이 존재하지 않는다고 본다.

정답 ③

사회 집단 / 사회 조직

01 사회학적 개념 (A)에 대한 설명으로 옳은 것만을 고른 것은? 2015 사회복지직

사회를 구성하는 개인들은 독립된 인격체이지만 서로 관계를 맺고 지속적인 상호작용을 하며 살아간다. 사회 구성원 간의 상호작용이 지속되면 일정한 유형의 사회적 관계가 나타난다. 이러한 사회적 관계나 상호작용의 유형이 정형화되어 안정된 틀을 이루는 상태를 (A)라고 한다.

ㄱ. 미시적 관점에서 주요한 분석의 대상이 된다.
ㄴ. 구성원의 자유의지에 따라 쉽게 변화될 수 있다.
ㄷ. 개인의 사회적 행위를 유형화하여 예측할 수 있게 한다.
ㄹ. 개인의 외부에서 영향력을 행사하여 사고와 행동을 구속하는 힘을 갖는다.

① ㄱ, ㄴ ② ㄱ, ㄷ
③ ㄴ, ㄷ ④ ㄷ, ㄹ

해설
- 사회구조란 하나의 사회 단위 내에서 개인과 집단들이 상호 관계를 맺는 방식이 정형화 되어 안정된 틀을 이루고 있는 상태를 의미하는데, 제시문에서 (A)는 사회 구성원 간의 상호작용이 지속되면서 사회적 관계가 나타나고, 이러한 사회적 관계나 상호작용의 유형이 정형화되어 안정된 틀을 이루는 상태라고 했으므로 (A)는 사회구조라고 할 수 있다.
- 사회구조는 사회 구성원이 바뀌어도 사회 구조는 크게 달라지지 않고 지속된다는 지속성, 사회 구성원들이 구조화된 행동을 함으로써 안정된 사회적 관계가 유지된다는 점에서 안정성, 사회 구조가 사회 구성원들의 사고와 행위를 제약한다는 점에서 강제성, 사회 구조는 한순간에 만들어지기 어려우며 오랜 세월을 거쳐 형성되었다는 점에서 역사성, 구조화된 행동을 하지 않는 사람들이 증가하면 구성원들의 사회적 관계가 변형되어 사회 구조 자체가 변동한다는 점에서 변동성의 특징들을 가지고 있다.

ㄷ. 사회구조는 사회를 구성하고 사회적 행위를 유형화시켜 예측가능하게 하는 기능이 있다.
ㄹ. 사회구조는 강제성을 가지며 사회 구성원들의 사고와 행위를 제약한다. 즉 사회구조는 개인의 외부에서 영향력을 행사하여 사고와 행동을 구속하고 이를 위반할 경우 제재를 가하는데, 이를 사회구조의 강제성이라고 한다.

오답피하기
ㄱ. 사회구조적인 측면에서 분석을 하는 것을 거시적 관점이라고 한다.
ㄴ. 사회구조는 사회 구성원이 바뀌어도 사회 구조는 크게 달라지지 않고 지속된다는 지속성의 특징이 있다.

정답 ④

02 사회 구조를 바라보는 (가), (나) 관점의 일반적인 특징에 대한 설명으로 옳지 않은 것은? 2013 서울시

(가) 학교는 교육을 통해 사회 성원의 사회화를 담당하고, 인력을 양성하여 적재적소에 배치함으로써 사회의 효율성을 높인다.
(나) 학교는 기득권 집단의 이익을 반영한 교육내용을 다룸으로써 기존의 불평등한 사회 구조를 정당화하는 데 기여한다.

① (가)는 갈등과 대립을 일시적인 병리현상으로 간주한다.
② (가)는 사회 구성 요소들이 상호 의존적 관계에 있다고 본다.
③ (가)는 특정 계층의 합의에 의해 사회 통합이 이루어진다고 본다.
④ (나)는 사회가 희소가치를 둘러싼 집단 간의 대립이 존재 하는 곳이라고 본다.
⑤ (나)는 사회 제도가 지배 계급의 이익 보호를 위한 수단이 된다고 주장한다.

해설 (가)는 기능론, (나)는 갈등론적 관점에 해당한다.
③ 기능론에서는 사회 제도나 법 규범 등은 모든 성원들 사이의 가치 합의에 기초하고 있기 때문에 사회의 성원이 교체된다고 하더라도 사회 제도는 유지된다고 본다. 반면, 사회 제도 등이 특정 계층의 합의에 의해 규정되었다고 보는 것은 갈등론적 관점이다.

오답피하기
① 기능론에서는 갈등과 대립을 일시적인 병리현상으로 간주하므로 이를 교육을 통해 치료함으로써 치유가 가능하다고 본다.
② 사회 구성 요소들이 상호 의존적 관계에 있다고 보는 것은 기능론적 관점이다.
④, ⑤ 갈등론적 관점에서는 사회가 희소가치를 둘러싼 집단 간의 대립이 존재하는 곳으로 보고 사회 제도는 지배 계급의 이익 보호를 위한 수단이 된다고 주장한다.

정답 ③

03 다음 글의 빈칸 ㉠에 들어갈 집단으로 옳은 것은?

2014 서울시

'당신이 사는 아파트는 당신의 가치를 말해 줍니다.' '이 차를 타는 순간 당신은 특별해집니다.' 등은 모두 텔레비전이나 신문 광고에서 종종 접할 수 있는 말들이다. 이와 같은 광고는 실제로 높은 판매 효과를 가져온다고 한다. 그 이유는 무엇일까? 사람들에게는 (㉠)을(를) 정해 놓고 그에 따라 생각하고 행동하려는 경향이 있다.

① 내집단 ② 외집단
③ 공동 사회 ④ 이익 사회
⑤ 준거 집단

해설 준거집단이란 한 개인이 자신의 신념이나 태도, 가치, 행동 방향을 결정하는데 준거기준으로 삼고 있는 집단을 의미한다. 준거 집단을 어떻게 설정하느냐에 따라서 개인은 만족감을 느끼기도 하고 심리적인 갈등이나 불만을 느끼기도 한다. ㉠에 들어갈 말은 준거집단이다.

⑤ 사람들은 준거집단을 정해 놓고 그에 따라 생각하고 행동하려는 경향이 있다.

오답피하기

① 내집단이란 소속감과 공동체 의식을 가지고 자신을 집단의 일부라고 여기고 있는 집단을 말하며, 소속감과 공동체 의식이 강하여 우리 집단이라고도 한다.
② 외집단이란 내집단이 아닌 모든 집단으로 이질감이나 적대감의 대상이 되어 타인 집단이라고도 한다.
③ 공동 사회는 인간의 자연적이고 본능적인 결합 의지에 의해 자연발생적으로 형성된 집단을 말한다.
④ 이익 사회는 구성원들의 필요에 의해서 의도적으로 만들어진 집단을 말한다.

정답 ⑤

04 밑줄 친 ㉠~㉣에 대한 설명으로 옳은 것은?

2015 서울시

지우는 ㉠ 광고 홍보학과 진학을 꿈꾸었으나, 부모님의 반대로 포기하고 ㉡ 의과대학에 입학하였다. 그러나 광고 홍보에 대한 열망을 버리지 못하고 ㉢ 광고 홍보 동아리에 가입하여 의학 공부보다는 동아리 활동에 열중했다. 결국 지우는 의학 공부를 포기하고 광고 홍보학과로 편입하여 ㉣ 광고 홍보 회사에 취직하였다.

① ㉠은 지우의 내집단이다.
② ㉡은 이익 사회이자 1차 집단이다.
③ ㉠과 ㉢은 지우의 준거집단이다.
④ ㉣은 결합의지에 따른 구분에 의하면 본질적 의지에 의해 형성된 집단이다.

해설 둘 이상의 사람들이 모여 소속감을 가지고 지속적으로 상호 작용을 하는 모임을 사회 집단이라고 하는데, 사회 집단의 유형을 잘 정리해야 한다.

③ 준거집단이란 개인이 자신의 신념, 태도, 가치 등을 규정하고, 판단이나 행동의 기준이 되는 집단을 말한다. 비록 광고 홍보학과에 진학하지는 못했지만 자신의 판단이나 행동의 기준이 되는 집단으로 삼을 수 있으며, 지우에게는 광고 홍보학과와 광고 홍보 동아리는 준거집단이 된다고 볼 수 있다.

오답피하기

① 내집단이 되기 위해서는 본인이 그 집단에 속해 있으면서 소속감을 가져야 한다. 그러나 지우는 광고 홍보학과에 소속감을 갖고 있지 않으므로 내집단이 될 수 없다.
② 의과대학은 구성원의 의지에 따라 선택될 수 있는 이익사회에 해당한다. 그러나 구성원 간의 간접 접촉과 부분적 관계를 바탕으로 특정한 목적을 위해 결합한 2차 집단에 해당한다.
④ 광고회사는 본질적 의지에 형성된 집단인 공동사회가 아니라 구성원의 선택적 의지에 의해 결합하는 이익 사회이다.

정답 ③

05 밑줄 친 ㉠~㉣에 대한 설명으로 옳은 것은? 2017 국가직

> 甲은 현재 ㉠A회사 해외 지사에 근무하고 있다. 처음에는 해외 생활에 적응하기 위해 회사 내 ㉡자원 봉사 동아리에도 가입하여 적극 활동하였으나, 오랫동안 ㉢승진도 안 되고 ㉣가족과 떨어져 외로워하고 있다.

① ㉠은 이익 사회이다.
② ㉡은 공동 사회이다.
③ ㉢은 甲의 역할에 대한 평가 결과이다.
④ ㉣은 현재 외집단이다.

해설
① A회사의 해외 지사, 즉 회사는 선택적 의지에 따라 결합된 이익 사회에 해당한다.

오답피하기
② 회사 내 자원 봉사 동아리는 비공식 조직으로 선택적 의지에 따라 결합된 이익 사회에 해당한다.
③ 승진이 안 된 것은 역할에 대한 평가 결과가 아니라 지위에 기인한 역할 행동에 대한 평가 결과이다.
④ 가족과 떨어져 살고 있어 외로워하는 것으로 보아 가족에 대한 소속감은 강하다고 볼 수 있다. 가족은 내집단에 해당한다.

정답 ①

06 다음은 어느 국회의원의 일정표이다. 밑줄 친 ㉠~㉣의 사회 집단에 대한 설명으로 옳은 것은? 2014 지방직

일 시	활동 내용
6월 3일 오후 4시~6시	㉠ ㅁㅁ배드민턴 동호회 시합
6월 3일 오후 7시~10시	㉡ △△고등학교 총동문회 모임
6월 4일 오후 2시~4시	㉢ ㅇㅇ자동차 노동조합 간담회
6월 5일 오후 6시~7시	㉣ ◎◎재능기부 시민연대 정기총회

① ㉠은 공식적인 사회화 기관이다.
② ㉡은 자연 발생적으로 결합된 집단이다.
③ ㉢은 ㉣에 비해 공익을 추구한다.
④ ㉠~㉣은 모두 자발적 결사체에 해당한다.

해설 공동의 관심이나 목표를 가진 사람들이 자발적으로 결성한 집단을 자발적 결사체라고 한다. 여기에는 동호회나 동창회와 같은 친목집단과 의사협회, 노동조합과 같은 이익 집단, 시민 단체와 같은 공익을 위한 집단 등이 있다.
④ ㉠의 동호회와 ㉡의 총동문회는 친목집단에 해당하고, ㉢의 노동조합은 이익을 추구하기 위한 이익 집단에 해당하고, ㉣의 시민연대는 공익을 추구하기 위한 시민단체로서 이는 모두 자발적 결사체이다.

오답피하기
① 배드민턴 동호회는 공통의 관심이나 취미를 목적으로 만든 비공식적인 사회화 기관이다. 공식적인 사회화 기관은 구성원의 사회화를 위해 의도적으로 만든 사회 조직이므로 배드민턴 동호회는 여기에 해당하지 않는다.
② 총동문회는 구성원들의 의지에 의해 선택된 집단으로 이익사회에 해당하며, 자연 발생적으로 결합된 것이 아니다.
③ 노동조합은 구성원들의 특수한 이익을 추구하는 자발적 결사체이며, 시민연대는 공익을 추구하는 자발적 결사체이다.

정답 ④

07 밑줄 친 ㉠~㉣의 설명에 대한 적절한 분석을 〈보기〉에서 고른 것은? 2014 경찰직 2차

> 사람들은 ㉠가족이나 친족 등과 같이 출생과 동시에 자동적으로 소속되는 경우도 있고, ㉡학교에 진학하여 학교 구성원이 되는 경우도 있다. 하지만 요즘 청소년들은 ㉢개인적으로 좋아하는 연예인 팬클럽을 만들고 온오프라인에서 연예인을 위한 지지활동을 더욱 선호한다. 그리고 ㉣성인이 되어서도 각종 동호회 클럽을 만들고 회원끼리는 자주 만나며 친하게 교제한다.

보기

ㄱ. ㉠ 집단은 전인격적인 관계가 맺어진다.
ㄴ. ㉡ 집단은 비공식적인 통제를 강조한다.
ㄷ. ㉢ 집단은 주변인이 나타나지 않는다.
ㄹ. ㉣ 집단은 친밀감과 유대감을 강조한다.

① ㄱ, ㄴ ② ㄱ, ㄹ
③ ㄴ, ㄷ ④ ㄴ, ㄹ

해설

- 공동사회 – 구성원의 의지와 무관하게 선천적으로 소속된 집단으로 결합 자체가 목적인 폐쇄적 집단으로 구성원의 관계가 친밀하고 주로 관습과 전통에 의해 운영된다.
- 이익사회 – 구성원의 의지에 의해 선택된 집단으로 특정한 목적 달성을 위해 구성되었으며 구성원의 이해관계에 따라 계약이나 일정한 절차에 의해 마련된 규칙으로 운영된다.
- 자발적 결사체 – 공동의 목표나 이해관계를 추구하는 사람들이 자발적으로 조직한 집단
- 사례에서 ㉠은 공동사회, ㉡은 이익사회, ㉢과 ㉣은 자발적 결사체에 해당한다.

ㄱ. 대면적 접촉과 친밀감을 바탕으로 구성원 간의 전인격적 관계를 이루는 집단은 1차 집단인데, 일반적으로 공동사회의 집단과 1차 집단의 경우 동일한 경우도 맞지만, 꼭 일치하는 것은 아니다. 가령 친족의 경우 공동 사회에 해당하지만 전인격적 관계를 맺지 않는 않고 형식적인 접촉을 하는 친족의 경우에는 2차 집단으로 볼 수 있기 때문이다. 따라서 출제자는 ㄱ을 옳은 지문이라고 했지만 논란이 있다.
ㄹ. 동호회의 경우 친밀감과 유대감을 강조한다.

오답피하기

ㄴ. 이익집단의 경우 공식적인 통제와 비공식적인 통제가 모두 가능하므로 비공식적인 통제를 강조한다고만 단정지을 수 없다.
ㄷ. 주변인은 어느 집단에서도 나타날 수 있다.

정답 ②

08 사회 집단과 조직에 대한 설명으로 옳은 것은? 2017 지방직

① 대학교는 2차 집단이며 이익 사회에 해당한다.
② 시민 단체는 이익 사회이며 비공식 조직에 해당한다.
③ 종친회는 1차 집단이며 공동 사회에 해당한다.
④ 대기업은 공식 조직이며 자발적 결사체이다.

해설

① 대학교는 간접적이고 비인격적인 접촉이 중심이 되므로 2차 집단에 해당하고, 선택적 의지에 따라 결합된 것으로 이익 사회에 해당한다.

오답피하기

② 시민 단체는 선택적 의지에 따라 결합된 이익 사회이다. 그러나 공식 조직에 해당한다. 비공식 조직이란 공식 조직 내에 존재하면서 공통의 관심사나 취미에 따라 형성된 조직이기 때문이다.
③ 종친회는 1차 집단과 2차 집단의 성격을 모두 가지고 있다. 그러나 종친회는 자발적 결사체로써 이익 사회에 해당한다.
④ 대기업은 공식 조직이다. 그러나 구성원들의 자발적인 의지에 따라 결합된 집단이라고 볼 수 없어 자발적 결사체는 아니다.

정답 ①

09 다음 밑줄 친 ㉠~㉣에 대한 설명으로 가장 적절하지 않은 것은? 2015 경찰직 1차

> 甲은 ㉠ ㅇㅇ경찰서에 근무하는 ㉡ 경찰관이다. 자신의 현재 직업에 대한 만족도는 높지만 어렸을 적 꿈이 축구선수였기 때문에 축구도 좋아한다. 그래서 甲은 ㉢ 직장에 있는 축구 동아리에 가입하여 ㉣ 공격수를 맡고 있다. 부서는 다르지만 같이 축구를 좋아하는 사람들과의 만남은 즐겁기만 하다.

① ㉠과 ㉢은 공식조직이다.
② ㉡과 ㉣은 甲의 성취지위이다.
③ ㉠과 ㉢은 서로 상호 작용을 한다.
④ ㉢은 ㉠에 부정적 영향을 미치기도 한다.

해설
① ㉠의 ㅇㅇ경찰서는 공식 조직이며, ㉢의 직장에 있는 축구 동아리는 비공식 조직에 해당한다.

오답피하기
② 경찰관과 공격수는 모두 개인의 노력과 선택에 의해 결정된 성취 지위에 해당한다.
③ 직장 내 축구 동아리는 경찰서 내에 존재하는 것으로 구성원들의 업무 향상에 기여하며, 두 집단은 서로 상호 작용을 한다.
④ 비공식조직은 공식 조직에 부정적 영향을 미칠 수 있다. 지나치게 개인적 친밀감을 강조하여 공식 조직의 규칙이나 절차를 무시하고 공식 조직의 목표 달성을 방해하거나 파벌 형성의 위험도 있다.

정답 ①

10 아래 밑줄 친 ㉠~㉣에 대한 설명으로 가장 옳은 것은? 2014 해양경찰

> 인천 앞바다의 섬에서 자란 갑은 어느 날 ㉠ 아버지와 고기잡이를 나왔다가 선박화재로 큰 위험에 처했지만 ㉡ 해양경찰청 산하 구조반의 도움으로 목숨을 건졌다. 당시 갑은 해양경찰에 큰 고마움을 느껴 훗날 대한민국의 바다를 지키는 용감한 해양경찰이 되고자 다짐하였고, 마침내 ㉢ ㅇㅇ대학교 해양경찰 관련 학과에 진학하였다. 1년 동안 뚜렷한 목표를 가지고 열심히 노력한 결과 최연소로 합격하여 ㉣ 가족뿐만 아니라 섬 마을 전체의 자랑거리가 되었다.

① ㉠은 개인적 노력이 아닌 선천적으로 가지게 되는 지위이다.
② ㉢은 2차적 사회화 기관이자 비공식적 사화화 기관이다.
③ ㉣은 1차 집단이자 이익사회에 해당한다.
④ ㉡과 ㉢은 모두 공식조직이다.

해설
④ 공식조직이란 특정한 목표달성과 과업수행을 위하여 의도적으로 조직된 것으로 구성원의 지위와 역할이 뚜렷한 2차 집단을 말한다. 해양경찰청과 OO대학교는 둘 다 공식조직에 해당한다.

오답피하기
① 아버지는 선천적으로 주어지는 지위가 아니라 개인의 노력과 선택에 의해 획득하는 성취지위이다.
② 대학교는 공식적 사회화기관이면서 2차적 사회화기관이다.
③ 가족은 전인격적 관계를 바탕으로 대면 접촉이 중심이 되는 1차 집단이면서 자신의 선택과 무관한 본질의지에 의해 형성되는 공동사회이다.

정답 ④

11 다음에 제시된 A~C에 대한 설명으로 옳은 것은?

2018 소방직

A 회사 내 노동조합 B 직장 내 등산 동호회 C 환경 정책을 감시하는 시민단체

① A는 자발적 결사체이자 비공식 조직이다.
② B는 공식 조직으로 2차 집단의 성격이 강하다.
③ C는 A와 달리 자연 발생적으로 형성된 집단이다.
④ A~C는 모두 사회의 다원화에 기여하는 이익 사회이다.

해설

④ 노동조합, 동호회, 시민단체는 모두 사회에 다원화에 기여하는 것으로 구성원의 선택. 즉 선택적 의지에 의해 형성된 이익사회이다.

오답피하기

① 노동조합은 자발적 결사체이기는 하지만 공식 조직에 해당한다. 노동조합은 회사 내에 존재하는 것이기는 하지만, 사회 집단 중에서도 그 ⅰ) 목표와 경계가 뚜렷하고, ⅱ) 구성원의 지위와 역할도 명확하게 되어 있으며, ⅲ) 규범이 엄격하게 규정되어 있는 집단으로 사회 조직(공식 조직)에 해당한다.
② 직장 내 등산 동호회는 공식 조직 내에서 관심 영역에 대해 자연스럽게 형성된 집단으로 친밀감을 바탕으로 공식적인 규정에 좌우되지 않는 집단인 비공식 조직에 해당한다. 또한 등산 동호회의 경우 구성원 간의 전인격적이고 비형식적인 관계가 나타나므로 1차 집단의 성격이 더 강하게 나타난다고 할 수 있다.
③ 선천적, 자연 발생적인 관계를 매개로 결성된 집단을 공동 사회라고 하는데, A~C는 모두 구성원의 의지와 목적에 따라 의도적, 선택적으로 결성된 집단으로 이익 사회에 해당한다.

정답 ④

12 다음 사례에 대한 설명으로 옳은 것은?

2020 소방직 하반기

A는 졸업 후 희망했던 회사의 ㉠ 직원이 되었고, 재작년에는 그 능력을 인정받아 ㉡ 승진도 했다. 하지만 그는 반복되는 업무에 극심한 피로와 불만을 느꼈고, 작년부터는 회사를 그만두고 ㉢ 교사가 되고 싶다는 생각을 자주 해왔다. 결국 올해에는 가족의 만류에도 불구하고 교사가 되기 위해 회사에 사직서를 제출하고 시험에 응시하였다.

① ㉠과 ㉢은 모두 A가 후천적으로 획득한 지위이다.
② ㉡은 A의 ㉠으로서의 역할에 대한 보상이다.
③ A는 소속 집단과 준거 집단의 불일치를 경험했다.
④ A는 역할 갈등을 합리적으로 해결했다.

해설

③ A의 소속 집단은 회사이지만 학교 집단에 근무하는 교사가 되기를 희망한다. 따라서 A는 소속 집단과 준거 집단의 불일치를 경험했다라고 할 수 있다.

오답피하기

① 회사 직원과 교사라는 지위는 모두 후천적 노력과 선택에 의해 이루어지는 성취지위이다. 그러나 교사라는 지위에 대해서는 A가 아직 후천적으로 획득하지는 못했다.
② 승진은 회사 직원의 지위에 대한 역할을 잘 수행하여 얻게되는 보상이지 역할에 대한 보상이 아니다. 즉, 승진은 회사 직원의 역할 수행에 대한 보상이다. 역할에 대한 보상이라는 것은 없고, 역할 행동에 대한 평가에 의해 보상과 제재가 나타난다.
④ 역할 갈등이란 한 개인에게 두 가지 이상의 대립되는 역할을 동시에 요구함에 따라 역할들이 충돌하여 일어나는 갈등을 말하는데, 제시문에서는 역할 갈등에 대한 상황이 나타나지 않는다.

정답 ③

13 사회 구조를 바라보는 다음 (가), (나) 관점의 일반적인 특징에 대한 설명으로 가장 옳지 않은 것은?

2016 해양경찰

> (가) 학교는 교육을 통하여 사회 성원의 사회화를 담하고 인력을 양성하여 적재적소에 배치함으로써 사회의 효율성을 높인다.
> (나) 학교는 기득권 집단의 이익을 반영한 교육 내용을 다룸으로써 기존의 불평등한 사회 구조를 정당화하는 데 기여한다.

① (가) 는 갈등과 대립을 일시적인 병리 현상으로 간주한다.
② (가)는 특정 계층의 합의에 의해 사회 통합이 이루어진다고 본다.
③ (나)는 사회 제도가 지배 계급의 이익 보호를 위한 수단이 된다고 주장한다.
④ (나)는 사회가 희소가치를 둘러싼 집단 간의 대립이 존재하는 곳이라고 본다.

해설 학교의 사회적 역할에 대해 (가)는 사회화를 담당하고, 인재를 적재적소에 배치하는데 기여한다고 하였으므로 기능론적 관점에 해당한다. 반면, (나)는 기득권 집단의 이익을 반영한 교육을 통하여 기존의 불평등한 사회구조를 정당화한다고 하였으므로 갈등론적 관점에 해당한다.
② 기능론에서는 특정 계층이 아닌 사회 구성원 전체의 합의에 의해 사회 통합이 이루어진다고 본다.

오답피하기
① 기능론적 관점에서 갈등과 대립은 예외적이고 일시적이며, 병리적인 현상으로 본다.
③, ④ 갈등론적 관점에서는 사회제도가 기득권층의 이익을 보호하기 위한 수단으로 이용되고, 사회가 희소가치를 둘러싸고 지배계급과 피지배계급의 대립이 존재한다고 본다.

정답 ②

14 다음 밑줄 친 (가)부터 (마)까지에 대한 설명으로 옳은 것을 〈보기〉에서 모두 고른 것은?

2018 경찰직 2차

> (가) ㅇㅇ학교의 동기 졸업생인 甲과 乙은 경찰관을 꿈꾸며 (나) 경찰 임용 스터디에서 같이 경찰 시험공부를 하였다. 乙은 공부를 하던 중에 (다) 가족의 권유로 다른 직렬 공무원 준비로 전환하면서 甲과 다른 길을 갔다. 이후 甲은 경찰공무원 시험에 합격하여 순경이 되고, 적성과 흥미가 잘 맞아 비교적 빠른 승진을 하여 (라) 현재의 ㅇㅇ 위치까지 왔다. 그리고 경찰관이 아닌 다른 직렬 공무원을 하는 乙은 甲을 볼 때마다 경찰관을 하지 않은 것을 (마) 후회했다.

보기
㉠ (가)와 (나)는 이익사회이면서 1차적 사회화 기관이다.
㉡ (다)는 1차 집단이면서 乙의 내집단이다.
㉢ (라)는 甲의 역할 수행에 대한 보상의 결과로서 수직 이동이며 구조적 이동이다.
㉣ (마)는 소속집단과 준거집단의 불일치로 인한 결과이다.

① ㉠, ㉡　　② ㉠, ㉣
③ ㉡, ㉢　　④ ㉡, ㉣

해설
㉡ 가족은 구성원 간의 직접적 · 대면적인 접촉을 통해 전인격적 관계를 맺는 '1차 집단'이며, 또한 乙이 소속되어 있으면서 소속감을 갖는 '내집단'이다.
㉣ 소속 집단과 준거 집단의 불일치하는 경우에는 소속 집단에 대한 불만을 갖게 되며 상실감을 느낄 수 있다. 사례의 경우 경찰관이 아닌 다른 직렬 공무원을 하는 乙은 경찰관을 하고 있는 甲을 볼 때마다 후회하고 있으므로 이는 소속집단과 준거집단의 불일치로 인한 결과라고 할 수 있다.

오답피하기
㉠ ㅇㅇ학교와 경찰 임용 스터디는 모두 선택적 의지에 의해 결합된 '이익 사회'에 해당한다. 그러나 자연 발생적이며 기초적인 기능과 규범지식을 사회화하는 기관을 의미하는 1차적 사회화 기관이 아니라, 의도적인 조직으로 전문적인 기능과 지식을 사회화 하는 기관으로 전문적이고 고차원적인 사회화를 담당하는 '2차적 사회화 기관'이다.
㉢ 甲이 경찰 공무원이 되어 비교적 빠른 승진을 하여 현재의 ㅇㅇ 위치까지 오른 것은 '역할 수행에 대한 보상'이며 '수직 이동'에 해당한다. 그러나 이는 개인적 노력이나 능력에 의해 계층의 위치가 변한 것으로 '개인적 이동'에 해당한다.

정답 ④

15 다음은 갑의 자기 소개서 중 일부이다. 밑줄 친 ㉠~㉣에 대한 설명으로 옳은 것은? 2017 교육행정

> 저는 ㉠ 맏이로 태어나 ㉡ 초등학교에 다닐 때 수영 선수 생활을 하면서 ㉢ 국가 대표의 꿈을 이루기 위해 열심히 운동했습니다. 그러나 고등학교 진학 후 갑작스런 부상으로 꿈을 포기하게 되었습니다. 이후 ㉣ 대학 진학과 취업 중 어느 쪽을 선택할지 고민하기도 했으나, 수영 선수 시절 부상 치료 과정에서 경험한 적이 있는 물리 치료에 관심을 갖게 되었습니다. 저는 수영 선수 시절의 경험이 장차 물리 치료 사가 되는 데 큰 도움이 될 것이라고 믿습니다.

① ㉠은 성취 지위이다.
② ㉡은 2차적 사회화 기관이다.
③ ㉢은 갑의 역할에 대한 보상이다.
④ ㉣은 갑의 역할 갈등에 해당한다.

해설
② 초등학교는 의도적인 조직, 전문적인 기능과 지식을 사회화 하는 기관으로 전문적이고 고차원적인 사회화를 담당한다. 따라서 초등학교는 2차적 사회화 기관이다.

오답피하기
① 맏이는 선천적으로 취득하는 귀속지위이다.
③ 역할에 대한 보상이 아니라 역할 행동에 대한 보상이다.
④ 대학진학과 취업에 대한 고민은 개인적인 고민에 해당할 뿐 두 가지 이상의 역할에 따른 갈등으로 볼 수 없으므로 역할 갈등이 아니다.

정답 ②

16 다음은 결합의지와 접촉방식을 기준으로 사회 집단을 구분한 것이다. A~D에 대한 설명으로 옳은 것만을 〈보기〉에서 모두 고른 것은? 2016 국가직

접촉방식 \ 결합의지	본질적, 자연적	선택적, 합리적
몰인격적, 형식적	A	B
전인격적, 직접적	C	D

보기
ㄱ. A는 B에 비해 형식화된 규약에 의한 공식적 통제가 잘 이루어진다.
ㄴ. 가족, 친족, 민족은 B에 해당된다.
ㄷ. C는 D에 비해 가입과 탈퇴가 어렵다.
ㄹ. 회사 내 동호회는 B와 D의 성격이 공존한다.

① ㄱ, ㄴ ② ㄴ, ㄷ
③ ㄷ, ㄹ ④ ㄱ, ㄹ

해설 사회 집단은 결합 의지에 따라 공동 사회와 이익 사회로 나뉘며, 접촉 방식에 따라 1차 집단과 2차 집단으로 나뉜다. 따라서 A는 2차 집단이면서 공동 사회, B는 2차 집단이면서 이익 사회, C는 1차 집단이면서 공동 사회, D는 1차 집단이면서 이익 사회에 해당한다.
ㄷ. C는 1차 집단이면서 공동 사회이므로 가입과 탈퇴가 어렵다.
ㄹ. 회사 내 동호회는 비공식 조직으로서 의도적·선택적 의지에 의해 가입되는 이익 사회이며, 1차 집단과 2차 집단의 속성을 함께 가지는 자발적 결사체에 해당한다.

오답피하기
ㄱ. 형식화된 규약에 의한 공식적 통제가 잘 이루어지는 것은 A보다 이익 사회이자 2차 집단인 B가 더 적합하다.
ㄴ. 가족, 친족 등은 C(1차 집단, 공동 사회)에 해당한다.

정답 ③

17 다음 〈보기〉 글에 대한 설명으로 가장 옳지 않은 것은? 2021 해경 2차

> 보기
>
> 내일이면 수능이다. 종례 시간에 ㉠ 내일 치르는 수능 시험 유의 사항을 알려주며 격려해 주시는 ㉡ 담임 선생님의 말씀에 눈물이 났다. ㉢ 고사장 확인까지 하니 이제야 실감이 났다. 이 시간이 지나면 이 친구들 모두 서로 다른 ㉣ 대학, ㉤ 직장에서 각자의 인생을 살게 되겠지. ㉥ 막냇동생은 응원 선물을 내밀었고, ㉦ 아버지는 말없이 안아 주셨다. 전국의 모든 ㉧ 수험생이여 힘내자!

① ㉠은 예기 사회화를 위한 담임 선생님의 역할 행동이다.
② ㉡, ㉧은 성취 지위이고 ㉥, ㉦은 귀속 지위이다.
③ ㉢은 수험생으로서 역할 행동이다.
④ ㉣은 공식적 사회화 기관, ㉤은 비공식적 사회화 기관이다.

출제 단원 및 영역 사회 문화 2단원 지위와 역할, 사회화 기관

해설

② 담임 선생님, 수험생, 아버지는 개인의 노력이나 능력에 따라 후천적으로 얻어지는 성취지위이고, 막냇동생은 개인의 자질이나 재능에 관계없이 태어나면서 선천적·운명적으로 주어지는 귀속 지위이다.

오답피하기

① 내일 치르게 되는 수능 시험의 유의 사항을 알려주는 것은 예기 사회화에 해당한다. 예기 사회화란 새로운 사회 환경에서 요구되는 행동 방식을 미리 준비하기 위해 기술, 언어, 사회 규범 등을 습득하는 과정이다. 또한 유의 사항을 알려주는 것은 담임 선생님이라는 지위에서 요구되는 역할을 실제 수행한 것이므로 역할 행동이다.
③ 고사장 확인은 수험생이라는 지위에서 요구되는 행동을 실제로 한 것으로 역할 행동에 해당한다.
④ 학교는 사회화를 위하여 설립된 기관으로 공식적 사회화 기관, 직장은 사회화를 위해 설립된 것은 아니지만 부수적으로 구성원들의 사회화를 수행하는 비공식적 사회화 기관이다.

정답 ②

18 〈보기〉는 사회 집단을 접촉 방식과 결합 의지에 따라 구분한 것이다. (가), (나)의 사례를 옳게 짝지은 것은? 2021 서울시(경력직)

보기

분류 기준		결합의지	
		본질적 의지	선택적 의지
접촉 방식	직접적인 대면 접촉	(가)	
	간접적 접촉		(나)

	(가)	(나)
①	가족	정당
②	가족	전통 사회의 마을 공동체
③	학교	친족
④	회사	또래 집단

출제 단원 및 영역 사회 문화 2단원 사회 집단

해설

① 가족은 본질적 의지로 결합된 공동사회이자 직접적인 대면 접촉을 하는 1차 집단이고, 정당은 선택적 의지로 결합된 이익 사회이고, 간접적인 접촉을 하는 2차 집단이다.

오답피하기

② 전통 사회의 마을 공동체는 (가)에 해당한다.
③ 학교는 (나)에 해당하고, 친족은 (가)에 해당한다.
④ 회사는 (나)에 해당하고, 또래 집단은 선택적 의지에 의해 결합되는 이익 사회이면서 직접적인 대면 접촉을 하는 1차 집단에 해당한다.

정답 ①

19 A~C에 해당하는 사회 집단으로 옳은 것은? (단, A~C는 각각 공식 조직, 비공식 조직, 자발적 결사체 중 하나이다.)

2019 소방직

- 사내 동호회는 A에 해당되지만 동네 조기축구회는 해당되지 않는다.
- 노동조합과 동네 조기축구회는 B에 해당되지만 가족은 해당되지 않는다.
- 노동조합은 C에 해당되지만 가족과 사내 동호회는 해당되지 않는다.

	A	B	C
①	비공식 조직	자발적 결사체	공식 조직
②	비공식 조직	공식 조직	자발적 결사체
③	공식 조직	비공식 조직	자발적 결사체
④	자발적 결사체	공식 조직	비공식 조직

해설

① 사내 동호회는 공식 조직 내에서 친목을 도모하기 위해 결합된 집단이므로 비공식 조직에 해당하지만, 동네 조기축구회는 공식 조직 내에 존재하는 것이 아니므로 비공식 조직이 아니다. 노동조합과 동네 조기축구회는 가입과 탈퇴가 자유로운 자발적 결사체에 해당하지만, 가족은 그렇지 않다. 노동조합은 목표가 뚜렷하고 구성원의 지위와 역할이 명확하여 규약이 적용되는 공식 조직에 해당한다.

정답 ①

20 밑줄 친 ㉠ ~ ㉤에 대한 설명으로 옳은 것은?

2021 지방직

〈운동선수 A 소개〉

- 소속: □□ ㉠ 회사의 프로농구팀
- 직업: ㉡ 농구 선수
- 학력: ○○ ㉢ 고등학교 졸업
- 경력: ㉣ 2018년 아시안게임 국가대표
- 수상: 2017년 올해의 ㉤ 최우수선수상

① ㉠은 공식적 사회화 기관이다.
② ㉡은 A의 귀속지위, ㉣은 A의 성취지위이다.
③ ㉢은 이익사회이면서 2차적 사회화 기관이다.
④ ㉤은 ㉡으로서 역할에 대한 보상이다.

출제 단원 및 영역 사회문화 2단원 지위와 역할, 사회화 기관

해설

③ 학교는 선택적 의지에 의해 결합된 이익 사회이고, 전문적인 지식과 규범 등의 사회화를 담당하는 2차적 사화화 기관이다.

오답피하기

① 회사는 이윤 추구를 목적으로 설립된 기관이지 구성원의 사회화를 목적으로 설립된 기관이 아니다. 따라서 회사는 비공식적 사회화 기관이다.
② 농구 선수와 국가 대표는 모두 후천적으로 선택과 노력에 의해 성취된 성취 지위이다.
④ 역할에 대한 보상이 아니라 역할 행동에 대한 보상이다. 역할에 대한 보상이라는 것은 없다.

정답 ③

21 밑줄 친 ㉠~㉥에 대한 설명으로 옳은 것만을 <보기>에서 모두 고르면?

2021 국가직

빈농의 ㉠ 장남으로 태어난 갑은 고등학교를 졸업하고 대학 진학 대신 취업을 결심하였다. ㉡ 갑은 △△은행 □□회사 중 어디에 취업하는 것이 가족의 경제적 어려움을 해결하기 위해 더 좋은지를 고민하였다. 결국 부모님의 권유로 △△은행에 ㉢ 평사원으로 입사하였다. 갑은 35년 동안 성실히 근무하여 ㉣ △△은행의 지점장으로 승진하고 중산층이 되었다. 갑은 고등학교 동창회에서 ㉤ ○○은행에 다니는 을을 만난 후 그가 ㉥ 은행장으로 승진한 사실을 알고 무척 부러워하였다.

보기

ㄱ. ㉠은 귀속지위에, ㉢과 ㉥은 성취지위에 해당한다.
ㄴ. ㉡은 갑의 역할 갈등에 해당한다.
ㄷ. ㉣은 갑의 세대 내 이동이면서 세대 간 이동이다.
ㄹ. ㉤과 ㉥은 모두 갑의 준거 집단이다.

① ㄱ, ㄴ
② ㄱ, ㄷ
③ ㄱ, ㄷ, ㄹ
④ ㄴ, ㄷ, ㄹ

출제 단원 및 영역 사회문화 2단원 지위와 역할, 사회 이동, 준거 집단

해설

ㄱ. 장남은 자연적으로 형성되는 귀속 지위이고, 평사원과 은행장은 후천적인 선택과 노력에 의해 성취되는 성취 지위이다.
ㄷ. 갑은 빈농의 아들에서 개인의 노력으로 지점장으로 승진하고 중산층이 되었으므로 어린 시절과 비교하여 세대 내 이동이 되었고, 부모와 비교했을 때도 상승 이동한 것이므로 세대 간 이동도 함께 이루어졌다.

오답피하기

ㄴ. 이는 단순한 선택의 문제로 개인적 고민에 불과할 뿐 역할 갈등은 아니다.
ㄹ. 갑은 은행장으로 승진한 것을 부러워하는 것이지 OO은행을 부러워하는 것은 아니다. 따라서 OO은행을 갑의 준거 집단으로 보기는 어렵다.

정답 ②

22 밑줄 친 ㉠, ㉡에 관한 설명으로 옳은 것은?

2020 소방직

- ㉠ ○○단체는 반전 운동가와 원주민 보호 운동가들이 모여 알래스카의 핵 실험 반대 운동을 시작하면서 만들어졌다.
- ○○고등학교에는 테니스회, 바둑 모임, 등산 모임, 영화 감상 모임 등 ㉡ 교사 동호회 6개가 있다. 동호회 회원인 교사들은 방과 후에 자주 모여 취미 활동을 한다.

① ㉠은 비공식적 규범에 의한 구성원 통제가 지배적으로 나타난다.
② ㉡은 구성원의 본질 의지에 의해 자연 발생적으로 형성된 집단이다.
③ ㉠과 ㉡은 모두 자발적 결사체에 해당한다.
④ ㉠은 ㉡과 달리 비공식 조직에 해당한다.

해설

㉠은 시민단체, ㉡은 친목 단체이다.
③ 시민단체와 친목 단체는 모두 구성원의 가입과 탈퇴가 자유로운 자발적 결사체에 해당한다.

오답피하기

① 시민단체는 공식 조직으로 공식적 규범에 의한 구성원 통제가 지배적으로 나타난다.
② 교사 동호회는 구성원의 선택에 의해 결합된 집단으로 이익 사회에 해당한다. 구성원의 본질 의지에 의해 자연 발생적으로 형성된 집단이은 공동 사회이다.
④ 위의 제시문에서 교사 동호회는 OO고등학교라는 공식 조직 내에서 구성원들의 친밀감을 도모하기 위해 조직된 비공식 조직이다. 반면 OO단체는 시민단체로 공식 조직에 해당한다.

정답 ③

관료제 / 탈관료제

01 다음은 관료제의 문제점과 관련된 것이다. 이러한 문제점이 나타나는 공통적인 원인으로 옳은 것은? 2015 지방직

- 대형 병원에서 수술 동의서를 받는 절차 때문에 시간이 지체되어 환자의 상태가 더 악화되었다.
- 위급한 상황이 발생하여 경찰에 신고를 했는데 관할구역이 아니어서 도움을 줄 수 없다는 답변을 받았다.

① 상향식 의사결정구조가 형성되어 있기 때문이다.
② 문서화된 규약과 절차에 따라 업무를 수행하기 때문이다.
③ 연공서열이 중시되어 무사안일주의에 빠져 있기 때문이다.
④ 권한과 책임의 한계가 명확하게 구분되어 있지 않기 때문이다.

해설 병원에서 수술 동의서를 받는 절차 때문에 시간이 지체되어 환자의 상태가 더 악화되는 경우나 위급한 상황이 발생하여 경찰에 신고를 했는데 관할구역이 아니어서 도움을 줄 수 없다는 경우는 모두 관료제에서 규약과 절차에 과도하게 중시한 나머지 오히려 병원이나 경찰 본연의 목적 달성에는 실패한 경우로서 관료제의 문제점인 '목적전치 현상'이 나타난 경우를 보여주고 있다.
② 문서화된 규약과 절차에 따라 업무를 수행함으로 인하여 목적전치 현상이 나타날 수 있다. 지나치게 규약과 절차에만 집착함으로 인하여 목적 달성을 방해하기 때문이다.

오답피하기
① 관료제는 위에서 결정된 사항에 대해서 아래로 일사불란하게 전달되는 하향식 의사결정구조를 가진다. 또한 상향식 의사결정구조와 목적전치현상은 관계가 없다.
③ 연공서열이 중시되어 무사안일주의에 빠져 있는 것은 관료제의 문제점이다. 다만 목적 전치 현상과는 관계가 없다.
④ 관료제의 경우 권한과 책임의 한계가 명확하게 구분되어 있다.

정답 ②

02 다음의 밑줄 친 '새로운 조직'의 일반적 특징으로 가장 옳은 것은? 2016 해양경찰

A회사는 직급 단순화와 정기승진 폐지 등을 핵심으로 하는 새로운 인사 제도를 도입했다 예전의 사원–대리–과장–차장–부장 직급이 사라지고 팀원–팀장의 2단계로 단순화 하였다 팀장에게 권한과 책임을 부여하며 팀장 외의 직원은 팀원으로서 수평적인 관계가 형성된다. 이러한 새로운 조직에서는 개인의 성과와 능력을 매년 누적적으로 평가해 보상하는 체제로 바뀌었다. 즉 업무 능력에 따른 차별적 보상이 가능하게 된 것이다.

① 구성원의 재량권은 축소된다.
② 무사 안일주의 문화가 팽배해진다.
③ 경력 중심의 조직 문화가 발달한다.
④ 상황 변화에 대한 유연한 대처가 용이하다.

해설 밑줄 친 새로운 조직은 팀제 방식의 탈관료제에 해당한다.
④ 탈관료제의 경우 구성원에 대한 재량권이 넓게 보장되어 상황 변화에 대한 유연한 대처가 용이하다.

오답피하기
①, ②, ③ 모두 관료제의 특징이다.

정답 ④

03 〈보기〉의 밑줄 친 ㉠과 ㉡의 특징에 대한 설명으로 가장 옳지 않은 것은? (단, ㉠과 ㉡은 각각 관료제와 탈관료제 중 하나이다.) 2019 서울시

보기

○○ 기업 경영 혁신 보고서

○○ 기업의 경우 구성원 간의 위계를 바탕으로 모든 업무에 있어 표준화된 업무 처리 지침을 갖추고 있는 등 ㉠ 안정적으로 관리되는 조직이지만, 다가올 4차 산업 혁명 시대에 발맞추어 보다 ㉡유연한 조직으로 개편하여 급변하는 기업 환경에 적극적으로 대처할 필요성이 있다.

① ㉠은 ㉡보다 중간 관리층의 역할이 크다.
② ㉠은 ㉡에 비해 구성원이 교체되어도 상대적으로 안정적인 과업 수행이 가능하다.
③ ㉡은 ㉠과 달리 과업 수행 과정에서 예측 가능성이 상대적으로 높다.
④ ㉡은 ㉠과 달리 승진에서 연공서열이 차지하는 비중이 상대적으로 낮다.

출제 단원 및 영역 사회문화 2단원 관료제, 탈관교제

해설 ㉠은 관료제, ㉡은 탈관료제이다.
③ 관료제의 경우 명확한 업무 처리 규정에 따라 업무가 진행되므로 결과의 예측이 탈관료제보다 상대적으로 높다.

오답피하기
① 관료제의 경우 탈관료제보다 중간 관리층의 비중과 역할이 크다.
② 관료제는 업무가 표준화되어 있어서 구성원이 바뀌어도 탈관료제보다 지속적인 업무 수행이 가능하다.
④ 관료제는 연공서열에 의한 승진, 탈관료제는 능력에 따른 승진이 이루어지는 비중이 상대적으로 더 높다.

정답 ③

04 〈보기〉의 (가)와 (나)에 해당하는 사회조직에 대한 설명으로 가장 옳은 것은? 2019 서울시 공개 및 경력 1회

보기

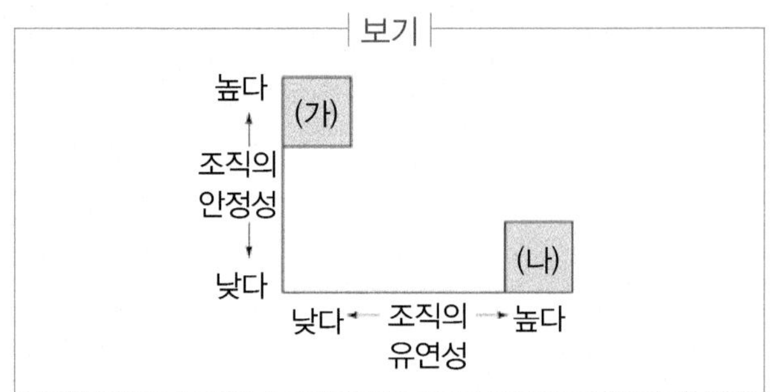

① (가)와 (나)는 모두 효율성을 중요시 여긴다.
② (나)는 조직 내 지위가 권한과 책임에 따라 서열화되어 있다.
③ (가)는 다품종 소량생산 체제에 적합한 사회조직이다.
④ (나)는 (가)보다 연공서열에 따른 보상체계가 이루어진다.

출제 단원 및 영역 사회문화 2단원 사회조직(관료제, 탈관료제)

해설 조직의 안정성은 높지만 유연성은 낮은 사회조직은 (가) 관료제이고, 조직의 안정성은 낮지만, 유연성이 높은 사회조직은 (나)탈관료제이다.
① 전문적이고 복잡해진 조직의 업무를 보다 효율적으로 처리하기 위해 등장한 조직 형태가 관료제이다. 관료제가 획일적인 조직 문화를 나타내는 등의 비합리적인 요소를 내포함으로 인해 조직의 효율성이 저하되고, 산업사회에서 정보화 사회로 이동에 따른 효율적인 대응을 위해서 등장한 것이 탈관료제이다. 즉, 관료제와 탈관료제는 모두 효율성을 중요시 여긴다는 점은 공통적이다.

오답피하기
② 조직 내 지위가 권한과 책임에 따라 서열화되어있는 것은 관료제이다.
③ 다품종 소량생산 체제에 적합한 사회조직은 탈관료제이고, 관료제의 경우 소품종 대량생산 체제에 보다 적합한 사회조직이라고 할 수 있다.
④ 연공서열에 따른 보상체계가 이루어지는 것은 관료제이고, 탈관료제의 경우 능력에 따른 보상체계가 주로 이루어진다.

구분	관료제	탈관료제
의미	• 근무 경력 우대 • 근무 연수에 따른 임금(호봉제) • 엄격한 조직 체계, 출근 시간 엄수, 직장 내 근무 • 내부 승진 엄수 • 하향식 지시와 복종	• 능력 우대, 직급 파괴 • 능력에 따른 임금(연봉제) • 연성화된 조직, 가변 근무제, 자율 복장 • 외부 전문가 영입 • 상향식 의사 결정

정답 ①

05 다음 (가)와 (나)에 관련된 진술 내용을 바르게 연결한 것은? 2014 서울시

> (가) 조직을 효율적으로 운영하기 위해서 모든 업무가 문서와 정해진 절차에 따라 이루어지는 조직의 형태
> (나) 변화하는 환경에 대한 유연한 대처와 수평적인 의사 결정을 통해 신속성을 추구하는 조직의 형태

보기

> ㉠ 규약과 절차로부터 비교적 자유롭다.
> ㉡ 아메바처럼 목표에 따라 분열, 결합, 소멸을 거듭하기도 한다.
> ㉢ 역기능으로 인간 소외 현상과 목적 전치 현상이 나타난다.
> ㉣ 위계 서열상 높은 위치에 있는 사람은 의사 결정의 폭이 넓고 책임도 크다.

	(가)	(나)
①	㉠, ㉡	㉢, ㉣
②	㉠, ㉢	㉡, ㉣
③	㉢, ㉣	㉠, ㉡
④	㉡, ㉣	㉠, ㉢
⑤	㉠, ㉣	㉡, ㉢

해설
- (가)는 관료제에 대한 설명이고, (나)는 탈관료제에 대한 설명이다.
- 관료제의 경우 구성원 각자의 규약에 따라 역할이 구분되어 전문화되어 있다. 또한 그 지위에 따른 권한과 책임이 서열화되어 있다. 반면에 탈관료제의 경우 조직이 규약과 절차에 얽매이지 않고 상황이나 목적에 따라서 자유롭게 구성·해체되는 등의 유연한 운영방식과 수평적인 의사결정 구조를 가지고 있다.

㉢, ㉣ 관료제의 역기능으로 인간 소외 현상과 목적 전치 현상이 나타나고 위계 서열이 엄격하고 높은 위치에 있는 사람은 의사 결정의 폭이 넓고 그에 따른 책임도 크다.

㉠, ㉡ 탈관료제의 경우 조직이 규약과 절차에 얽매이지 않기 때문에 비교적 자유로운 분위기에서 일을 할 수 있다. 또한 탈관료제의 경우 상황이나 목적에 따라 자유롭게 조직이 구성되었다가 해체되기도 하므로 ㉡의 설명은 탈관료제에 대한 것이다.

정답 ③

06 관료제에 대한 설명으로 옳지 않은 것은? 2014 사회복지직

① 목적 전치 현상이 나타날 수 있다.
② 근속 연수나 경력에 따른 연공서열을 중시한다.
③ 전문화와 분업화로 효율적 업무 수행을 중시한다.
④ 수평적 관계에서의 자유로운 의사소통을 통한 의사 결정이 활발하다.

해설 관료제에 대한 내용은 숙지하고 있어야 한다.

> (1) 의미: 산업화 이후 대규모 조직을 효율적으로 운영하기 위해 등장한 사회 조직 운영 방식
> (2) 특징: 업무의 표준화·전문화·분업화, 규약과 절차에 따른 업무 처리, 지위의 위계 서열화, 연공 서열에 따른 보상 등
> (3) 장점: 조직의 효율적 운영, 업무의 안정성과 지속성 확보, 과업의 효율적 수행 등
> (4) 문제점: 융통성 부족으로 인한 비효율성 발생, 목적 전치 현상, 인간 소외 현상, 연공서열주의에 의한 무사안일주의 등

④ 수평적 관계에서 자유로운 의사소통을 통한 의사 결정이 활발한 것은 탈관료제의 특징이다.

오답피하기
① 관료제의 경우 규약과 절차를 지나치게 강조한 나머지 오히려 본래의 목적 달성을 방해하는 목적 전치 현상이 나타날 수 있다.
② 관료제의 경우 연공 서열을 중시한다.
③ 관료제는 전문화와 분업화로 효율성을 중시한다.

정답 ④

07 다음 밑줄 친 ㉠, ㉡의 사례가 모두 적절한 것은? 2018 소방직

> 관료제는 대규모 조직에는 적합하지만, 빠른 변화에 창의적이고 신속하게 대응하는 데 한계가 있다. 이처럼 ㉠ 관료제의 전형적인 문제점을 극복하기 위해 ㉡ 탈관료제 현상이 나타나고 있다.

	㉠	㉡
①	목적 전치 현상	연공 서열에 따른 보상
②	능력에 따른 보상	수평적 관계 강조
③	무사안일주의 유발	의사 결정 권한의 분산
④	중간 관리층의 역할 비중 감소	개인의 자율성 중시

해설
③ 연공 서열에 따른 보상으로 인한 무사안일 주의는 관료제의 문제점이고, 탈관료제의 경우 의사 결정 권한이 분산되어 소수에게 의사 결정 권한이 집중된 관료제와 대비를 이룬다.

오답피하기
① 목적 전치 현상은 관료제의 문제점이 맞지만, 연공 서열에 따른 보상은 관료제의 특징이고, 탈관료제의 경우 능력에 따른 보상이 주로 나타난다.
② 능력에 따른 보상과 수평적 관계를 강조하는 것은 탈관료제의 특징이다.
④ 관료제의. 경우 중간 관리층의 역할 비중이 커서 신속한 의사결정에 방해가 된다. 반면 탈관료제의 경우 중간 관리층의 역힐 비중이 감소되고 개인의 자율성을 중시한다.

정답 ③

08 다음은 어떤 조직의 특징을 비교한 것이다. (가) 조직과 (나) 조직에 대한 설명으로 옳은 것은? 2014 지방직

(가)				(나)
창조적	←	업무	→	반복적
유연적	←	과정	→	기계적
협력적	←	관계	→	폐쇄적
네트워크	←	구조	→	피라미드

① (가)는 (나)에 비해 공식적 규칙과 절차를 중요시한다.
② (가)는 (나)에 비해 인간 소외 현상이 발생할 가능성이 높다.
③ (나)는 (가)에 비해 부서 간의 경계가 엄격하다.
④ (나)는 (가)에 비해 환경 변화에 대한 대응이 용이하다.

해설 (가)는 탈관료제 조직, (나)는 관료제 조직으로 볼 수 있다. 관료제 조직과 탈관료제 조직의 비교는 자주 출제되는 문제 유형인 만큼 꼭 정리 및 숙지가 필요하다.
③ 관료제 조직은 탈관료제 조직보다 부서간의 경계가 엄격하다.

오답피하기
① 공식적 규칙과 절차를 중요시하는 것은 관료제 조직이다.
② 관료제의 역기능으로 인간소외 현상과 목적 전치 현상 등을 들 수 있다.
④ 탈관료제 조직은 규약과 절차에 얽매이지 않고 상황과 목적에 따라 조직을 형성하고 해체하는 등 유연성을 가지고 있어 환경 변화에 대한 대응이 용이하다.

정답 ③

09 다음 글에서 설명하는 A의 특징으로 옳은 것은?

2015 국가직

> A는 'bureau'와 'cracy'의 합성어이다. 프랑스어 'bureau'는 원래 책상을 덮는 모직 천을 의미하며, 'cracy'는 그리스어의 'kratia'에서 온 접미사로서 통치 · 지배를 의미한다. A는 정부 관료조직뿐만 아니라, 점차 일반적인 대규모 조직에도 적용되었다.

① 업무환경 변화에 유연하게 대응한다.
② 일정한 절차와 규칙에 따른 표준화된 업무수행이 이루어진다.
③ 의사결정권이 하위직급에 집중되어 현장실무자의 의견이 신속하게 반영된다.
④ 특정 문제 해결을 위하여 부서의 구분에 얽매이지 않는 임시조직 구성이 용이하다.

해설 A는 정부 관료조직뿐만 아니라, 점차 일반적인 대규모 조직에도 적용되었다고 하므로 이는 **'관료제'**에 대한 것이다. 또한 관료제는 bureau'와 'cracy'라는 어원의 합성어이다. 이에 대해 정보화의 진전으로 인한 빠른 사회 변동에 기존의 관료제가 유연하게 대처하지 못해 역기능이 심화되어 등장한 것이 '탈관료제'이다.
② 일정한 절차와 규칙에 따른 표준화된 업무수행이 이루어지는 것은 관료제의 특징이다.

오답피하기
① 관료제의 경우 절차와 규칙에 따라 업무를 징행하다보니 환경의 변화에 유연하게 대처하지 못한다는 단점이 있었다. 이를 극복하기 위해 등장한 것이 탈관료제이고, 탈관료제는 업무환경 변화에 유연하게 대응할 수 있다는 장점이 있다.
③ 의사결정권이 하위직급에 집중되어 현장실무자의 의견이 신속하게 반영되는 것은 탈관료제의 특징이다. 관료제의 경우 의사결정은 주요 상위 직급에 의해서 이루어지며, 하위 직급에 의해서 의사결정이 이루어지더라도 중간 직급에 있는 자를 거치는 절차를 거치는 등 수직적 의사 전달이 되고 신속한 의견 반영이 어렵다.
④ 탈관료제는 특정 문제 해결을 위하여 부서의 구분에 얽매이지 않는 임시조직 구성이 용이하다. 그결과 환경 변화에 유연하고 신속하게 대처할 수 있다.

정답 ②

10 〈보기 1〉의 'ㅇㅇ구'와 같은 조직의 특성에 대한 옳은 추론을 〈보기 2〉에서 모두 고른 것은?

2018 서울시

보기1

> ㅇㅇ구는 5급 과장이 팀장이 되고 일부 6급 계장도 팀장에 합류하는 조직을 만들었다. ㅇㅇ구청의 조직은 과거 3국 17실 78담당에서 3본부 24팀 16부분으로 개편되었으며 여섯 명의 6급 공무원이 5급 공무원과 같은 팀장으로 발탁되어 업무를 추진 중이다. 또한 결재 권한을 갖고 있던 계장 직급이 폐지되어 72명의 6급 계장이 팀원으로 실무를 맡게 되었다.

보기2

> ㄱ. 분권화된 조직 운영 체계를 갖고 있을 것이다.
> ㄴ. 위계는 더욱 수평적으로 변화하였다고 할 것이다.
> ㄷ. 고정된 업무 중심에서 상황에 따라 주어지는 과업 중심으로 변화하였다.
> ㄹ. 다양한 외부환경 변화에 신속하게 대응하기가 어렵다는 비판을 받을 수 있다.

① ㄱ, ㄹ　　② ㄴ, ㄷ
③ ㄱ, ㄴ, ㄷ　　④ ㄴ, ㄷ, ㄹ

출제 단원 및 영역 사회문화 2단원 관료제와 탈관료제

해설 사안의 경우 여섯 명의 6급 공무원이 5급 공무원과 같은 팀장으로 발탁되고, 6급 계장이 팀원으로 실무를 맡고 있다고 하였으므로 이는 팀제 조직 방식으로 개편되었음을 보여준다. 팀제 조직은 일시적인 업무를 위해 신속하게 조직되고 해체되는 조직으로 탈관료제의 한 유형이다.

특징	i) 구성원의 상향식 의사 소통, ii) 집단 토론 활성화, iii) 팀에 의한 문제 해결과 집단적 의사 결정, iv) 뛰어난 현장 적응 능력, v) 자유로운 근무 환경, vi) 능력에 따른 보상 등
장점	급격한 환경 변화에 대응할 수 있으며, 조직의 경직성에 따른 창의성 부족 등 관료제의 문제점을 보완하고, 조직의 효율성을 제고시킴.

ㄱ. 권력의 서열화와 위계 질서를 바탕으로 명시적인 규범과 절차에 따라 대규모 조직을 관리 · 운영하는 방식인 관료제와 달리 탈관료제는 분권화된 조직 운영 체계를 가지고 있다.
ㄴ. 팀장 체제로 개편됨으로써 위계 질서 방식이 아니라 수평적인 의사 결정 방식으로 변화하였을 것으로 추론이 가능하다.
ㄷ. 탈관료제는 급격한 환경 변화에 대응할 수 있는 사회 조직의 운영방식으로 상황에 따라 주어지는 과업 중심으로 변화하였을 것으로 추론이 가능하다.

오답피하기
ㄹ. 다양한 외부 환경 변화에 식속하게 대응하기 어렵다는 비판을 받는 것은 관료제의 단점이다. 즉 관료제는 조직의 거대화와 위계 질서의 서열화, 규약과 절차에 따른 업무 수행을 지나치게 강조한 나머지 환경 변화에 능동적이고 신속한 대응이 부족하다. 반면, 탈관료제는 다양한 외부 환경 변화에 신속하게 대응하기 쉽다는 장점이 있다.

정답 ③

11 다음 글의 '이 조직'에 대한 설명으로 〈보기〉에서 옳은 것만을 모두 고르면? 2018 지방직

> 막스 베버(M. weber)는 '이 조직'을 합리적 권위가 지배하는 조직이라고 보았는데, '이 조직'이 근대 사회의 지배적인 조직으로 성장한 것은 바로 그 합리성에 있었다. 조직 구성과 과업 부여, 과업 수행 등 모든 과정에 있어서 철저하게 합리성을 추구함으로써 '이 조직'은 근대 산업 사회의 요구를 효율적으로 수행할 수 있었다.

보기

ㄱ. 비공식 조직의 중요성을 인정하고 강조한다.
ㄴ. 구성원의 능력을 보여주는 지표로 경력 및 연공서열을 중시한다.
ㄷ. 업무 수행 결과에 대한 책임 소재가 불분명하다는 단점이 있다.
ㄹ. 문서에 의한 업무 수행이 중시된다.

① ㄱ, ㄴ ② ㄱ, ㄷ
③ ㄴ, ㄹ ④ ㄷ, ㄹ

해설 제시문에서 합리성을 추구함으로써 근대 산업사회의 요구를 효율적으로 수행할 수 있었다고 하였으므로 이 조직은 '관료제'에 해당한다.
ㄴ. 관료제의 경우 경력과 연공 서열에 따른 보상을 함으로써 구성원의 능력을 보여주는 지표로 이것들을 중시한다.
ㄹ. 관료제의 경우 업무 처리와 관련하여 절차와 형식을 중시한다. 그 결과 문서에 의한 업무 수행이 중시된다.

오답피하기
ㄱ. 관료제의 경우 대규모의 조직을 효율적으로 운영하기 위해서 공식적인 규범과 절차를 중시하므로 비공식 조직의 중요성을 인정하고 강조한다고 보기는 어렵다.
ㄷ. 업무의 전문화와 분담화를 꾀하는 관료제의 경우 업무 수행에 대한 결과에 대해 책임 소재가 명확하다.

정답 ③

12 다음 사례에 대한 설명으로 옳은 것만을 〈보기〉에서 모두 고르면? 2021 국회직

> • 환자의 수술에는 보호자의 서명이 있어야 한다는 병원의 규정으로 보호자가 부재중인 응급 환자가 수술을 받지 못해 생사를 넘나들고 있다.
> • 건물 붕괴로 사고 현장에 사람들이 깔려 있었지만, 해외 동물 반입에 대한 까다로운 절차로 구조견 관련 외국 구조 지원단의 입국이 지연되었다.

보기

ㄱ. 1차 집단보다 2차 집단에서 주로 나타난다.
ㄴ. 이익 사회보다 공동 사회에서 주로 나타난다.
ㄷ. 규약과 절차를 지나치게 강조하여 발생하는 현상이다.
ㄹ. 정보화로 등장한 새로운 조직 형태의 역기능 중 하나이다.

① ㄱ, ㄴ ② ㄱ, ㄷ
③ ㄴ, ㄷ ④ ㄴ, ㄹ
⑤ ㄷ, ㄹ

출제 단원 및 영역 사회 문화 2단원 사회 집단과 사회 조직

해설 사례의 경우 규약과 절차를 중시는 조직의 목적 달성을 위한 수단임에도 불구하고 이를 지나치게 강조한 나머지 오히려 본래의 목적보다 수단을 지키려고 하는 현상이 발생하여 실제 목적 달성에는 실패하는 현상인 '목적전치 현상'에 대한 내용이다.
ㄱ. 목적전치 현상은 규칙, 법률 등 공식적 수단에 의해 사회 통제와 질서 유지가 이루어지는 2차 집단에서 주로 나타난다.
ㄷ. 목적전치 현상은 규약과 절차를 지나치게 강조하여 발생하는 현상이므로 옳은 설명이다.

오답피하기
ㄴ. 목적전치 현상은 공동 사회보다 계약과 규칙이 사회 구성의 바탕이 되는 이익 사회에서 주로 나타난다.
ㄹ. 목적전치 현상은 규약과 절차에 따른 업무 처리를 중시하는 관료제의 역기능이다.

정답 ②

13 다음은 관료제의 문제점을 극복하기 위해 등장한 조직들 중의 한 유형이다. 이에 관한 설명으로 가장 적절한 것은? 2021 경찰직 2차

종합 무역업을 하는 OO 기업은 가격과 품질, 마케팅에 있어 나날이 격화되고 있는 국제 경쟁을 극복하기 위해 조직 개편을 단행하였다. 국가별, 지역별, 분야별로 조직을 나눠 각 조직들이 하나의 독립된 기업처럼 스스로 가격을 정하고 영업이익을 계산할 수 있게 하였다.

① 특정한 과업을 효율적으로 수행하기 위해 전문가들로 이루어진 조직이다.
② 각 부서 간 교류가 활발히 이루어지고 정보와 지식을 신속하게 얻을 수 있다.
③ 고도의 자율성과 팀워크를 조합한 조직으로 구성원들이 동등한 지위와 책임을 진다.
④ 외부 환경에 능동적으로 대처하기 위해 조직이 특정한 형태 없이 유연하게 변화한다.

출제 단원 및 영역 사회 문화 2단원 관료제

해설

④ 제시문에서 각 조직들을 하나의 독립된 기업처럼 스스로 가격을 정하여 영업이익을 계산할 수 있다고 하였으므로 이는 유연하고 탄력적인 운영제도인 탈관료제의 모습을 도입한 것으로 볼 수 있다.

오답피하기

①, ②, ③ 제시문을 통해 알 수 없는 내용이다.

정답 ④

CHAPTER 03

문화와 사회

문화의 의미와 특성

01 밑줄 친 ㉠~㉣에 대한 설명 중 가장 적절하지 않은 것은? 2014 경찰직 2차

> '김정희'는 ㉠ 〈세한도(歲寒圖)〉에 ㉡ 소나무와 잣나무, 집을 그렸고 글씨를 썼다. 이 작품은 김정희가 ㉢ 제자 '이상적'이 선비의 지조를 지녔다는 의미에서 제작한 것이다. 세한(歲寒)은 가장 추운 계절을 나타낸다. 가장 추운 계절에도 시들지 않는 ㉣ 소나무와 잣나무 그림을 통해 '이상적'에 비유한 것이다.

① ㉠은 심미적 욕구를 위해 표현한 예술이다.
② ㉡은 유용한 목적을 위해 형태를 변화시키는 기술이다.
③ ㉢은 의사소통을 위해 수단으로 사용한 언어이다.
④ ㉣은 본래의 의미에서 다른 의미를 부여한 상징이다.

해설 문화의 구성요소에 대한 내용을 파악해야 한다.

기술	인간의 욕구를 충족시키고 생활에 유용하게 쓰일 수 있도록 주어진 대상을 활용, 가공하는 능력이나 방법
언어	인간이 자신의 의사를 전달하는 데 사용하는 음성, 문자, 몸짓 등의 수단
상징	어떤 물체나 행동에 대해 특별한 의미를 부여하는 언어, 숫자, 기호 등의 수단
예술	인간이 가진 고유한 감정을 표현하고 의미를 전달하기 위한 행위
가치	옳고 그른 것, 좋고 나쁜 것에 대해 사회 구성원의 행동을 통제하는 믿음이나 감정 체계
규범	한 사회 구성원들이 일상생활 속에서 신뢰하고 따르는 체계화된 행동 지침

③ 의미자체는 의사소통을 위해 사용된 언어가 아니다. 그 의미가 공유성을 가져서 다른 구성원들이 공통적으로 이해하고 사용할 수 있어야 한다.

오답피하기

① 새한도는 심미적 욕구를 위해 표현한 예술 작품이므로 맞는 설명이다.
② 그림과 글씨는 유용한 목적을 위해 형태를 변화시키는 기술로 볼 수 있다.
④ 비유는 본래의 의미에서 다른 의미를 부여한 상징에 해당한다.

정답 ③

02 다음은 진경산수화에 관한 지문이다. 지문의 맥락에서 밑줄 친 (가)부터 (라)까지에 대한 설명으로 옳은 것을 〈보기〉에서 모두 고른 것은? 2018 경찰직 2차

> 조선후기에 명나라가 망하고 병자호란에서 당한 치욕을 곧 (가) 중화(中華)라는 의식으로 극복하려는 경향이 강하게 대두되었다. 이런 자의식의 성장은 우리 국토의 아름다움을 문학이나 그림으로 표현하려는 노력으로 나타났는데, (나) 진경산수화는 작품의 품평을 기록한 (다) 서적에 의해 소개된 중국 남종 화법을 정선이 수용하여 우리 산천을 표현하기에 알맞게 창안한 그림 양식이다. 정선의 진경산수화는 조영석을 거쳐 김홍도가 그의 기법을 더하여 (라) 꽃을 피웠다.

보기

㉠ (가)는 문화에 대한 자문화 중심주의 관점이면서 물질 문화에 속한다.
㉡ (나)는 서로 다른 두 문화가 결합하여 새로운 문화를 형성한 문화 동화가 나타난다.
㉢ (다)는 문화의 요소 중 규범을 중심으로 기록한 직접 전파의 방법이다.
㉣ (라)는 문화가 세대 간 전승되면서 새로운 요소가 추가되어 점점 더 풍부해지는 축적성을 보여 준다.

① ㉠　② ㉣
③ ㉡, ㉢　④ ㉢, ㉣

해설

㉣ 정선의 진경산수화가 조영석을 거쳐 김홍도에 의해 꽃을 피웠다는 것은 문화가 세대 간 전승되면서 새로운 요소의 추가로 점점 더 풍부해지는 현상을 말하는 문화의 축적성을 보여준다.

오답피하기

㉠ 조선은 중화(中華)라는 의식으로 병자호란의 치욕을 극복하려고 하는데 이는 청나라에 대하여 오랑캐라 하여 열등한 국가로 치부하는 것으로 자문화 중심주의에 해당한다. 또한, 중화라는 의식은 관념 문화로써 비물질문화에 해당한다.
㉡ 진경산수화는 서로 다른 문화가 결합하여 기존의 문화 요소들의 성격을 지니면서도 기존 문화와는 다른 성격을 지닌 제3의 문화를 형성한 문화 융합의 사례에 해당한다.
㉢ 문맥을 살펴보면 서적의 경우 작품의 품평을 기록하였다고 하였으므로 이는 규범을 중심으로 기록한 것이 아니라 예술 작품에 대한 기록으로 볼 수 있으며, 서적에 의해 중국의 남종화법이 소개되었다고 하였으므로 서적은 직접 전파에 의해 우리나라에 들어왔다.

정답 ②

문화의 속성

01 다음은 사회 · 문화 시간에 부여된 모둠별 과제이다. 이를 통해 학습하고자 하는 문화의 속성을 설명하기에 가장 적절한 사례는? 2013 서울시

> 선생님 조선 시대 여성의 복식 문화를 연구해 봅시다.
> A모둠 저희는 유교가 끼친 영향을 분석해 보겠습니다.
> B모둠 저희는 경제 생활을 중심으로 조사해 보겠습니다.
> C모둠 저희는 신분제와의 상관관계를 분석해 보겠습니다.

① 인터넷의 발명은 사회 전반에 걸쳐 큰 변화를 가져왔다.
② 과거의 문화는 기록을 통해 축적되어 전승된다.
③ 복식 문화는 시대의 흐름에 따라 변화한다.
④ 한국인이라도 외국에서 성장하면 한국과 다른 언어와 가치관을 갖게 된다.
⑤ 한국인은 대문에 금줄이 걸려 있는 것을 보았을 때 아기가 태어났다는 것을 알 수 있다.

해설 제시문은 조선 시대 여성의 복식 문화를 연구함에 있어서 유교가 끼친 영향, 경제 생활, 신분제와의 상관 관계를 모두 분석하고 있는데, 이는 문화가 총체성을 갖기 때문이다.
① 문화는 문화 요소 간 상호 연관성 즉 총체성으로 인해 한 부분에 변동이 일어나면 연쇄적으로 다른 부분에도 영향을 주어 변동이 일어난다. 따라서 인터넷의 발명이 사회 전반에 걸쳐 큰 변화를 가져 오는 것은 문화의 속성 중 총체성과 관련이 있다.

오답피하기
② 과거의 문화는 기록을 통해 축적되어 전승된다는 것은 문화의 축적성과 관련이 있다. 이를 통해 문화가 다음 세대로 전승될 수 있기 때문에 새로운 지식과 생활 양식이 더해져 복잡하고 다양해진다.
③ 복식 문화는 시대의 흐름에 따라 변화한다는 것은 문화의 속성 중 변동성과 관련이 있다.
④ 한국인이라도 외국에서 성장하면 한국과 다른 언어와 가치관을 갖게 되는 것은 문화의 학습성과 관련이 있다.
⑤ 문화의 공유성으로 인해 사회 구성원들은 서로의 행위를 이해하고 예측할 수 있게 되는데, 한국인은 대문에 금줄이 걸려 있는 것을 보았을 때 아기가 태어났다는 것을 알 수 있다는 것 역시 문화의 공유성과 관련이 있다.

정답 ①

02 문화의 속성에 대한 설명으로 가장 적절한 것은? 2018 경찰직 1차

① 공유성: 문화는 언어 · 문자 등을 통해 한 세대에서 다음 세대로 축적 · 계승된다.
② 총체성: 문화의 각 요소들은 상호 유기적 관계를 맺고 전체적으로 통합성을 가진다.
③ 학습성: 문화는 선천적으로 물려받지만 성장을 통해서도 학습된다.
④ 특수성: 모든 사회나 시대의 문화에서 공통적으로 나타나는 특성이다.

출제 단원 및 영역 사회문화 3단원 문화의 속성

② 문화의 각 요소들은 상호 유기적 관계를 맺고 전체적으로 통합성을 가진다는 것은 총체성(전체성)에 대한 설명으로 옳은 지문이다.

오답피하기
① 지문은 축적성에 대한 설명이다. 공유성은 문화는 한 사회의 구성원 다수가 공통적으로 가지고 있는 생활양식을 의미한다.
③ 학습성은 문화를 선천적으로 물려받는 것이 아니라 후천적 학습에 의해 형성되는 생활양식으로 본다.
④ 지문은 보편성에 대한 설명이다. 특수성은 각 사회는 독특한 자연환경과 역사적 배경, 사회적 상황 등이 다르기 때문에 고유한 문화를 발전시키는 특성을 의미한다.

정답 ②

03 〈보기〉에 나타난 문화의 속성에 대한 설명으로 가장 옳은 것은? 2019 서울시

보기

한국인들은 김치 냄새만 맡아도 군침이 돌고 밥 생각이 간절해진다. 식당에서 라면을 주문할 때도 당연히 김치가 나올 것을 기대한다. 오랜 외국생활을 한 사람들은 매콤한 김치에 흰쌀밥을 가장 그리워한다는 의견이 많다. 이는 김치가 한국인들에게 특별한 의미를 가지기 때문이다.

① 문화는 환경에 적응하는 과정에서 끊임없이 변화한다.
② 문화는 상대방의 행동을 예측하고 대응할 수 있게 해준다.
③ 문화는 계승되면서 보다 풍부한 요소를 갖추게 된다.
④ 문화의 한 부분의 변동은 다른 부분에 영향을 주어 변동을 일으킨다.

출제 단원 및 영역 사회문화 3단원 문화의 속성

해설 사례의 경우 한 사회의 구성원처럼 집단을 이루고 함께 살아가는 사람들 사이에는 사고 방식과 행동 양식 등이 공통적이라는 것을 보여주는데, 이는 문화의 속성 중 공유성과 관계된다. 문화의 공유성은 한 사회 구성원들끼리 사고와 행동의 동질성을 갖도록 하고, 타인의 행동에 대한 이해와 예측을 가능하게 하여 원활한 사회 생활을 위한 공동의 장(場)을 제공해 준다.
② 문화의 공유성으로 인해 상대방의 행동을 예측하고 대응할 수 있다.

오답피하기
① 문화의 변동성에 대한 설명이다.
③ 문화의 축적성에 대한 설명이다.
④ 문화의 총체(전체)성에 대한 설명이다.

정답 ②

04 다음 글을 토대로 진술한 문화의 특성으로 가장 적절한 것은? 2014 경찰직 1차

현대 가옥은 난방 기술의 발달로 자연 환경의 영향을 덜 받지만, 전통 가옥에서는 자연 환경이 가옥의 위치와 방향뿐만 아니라 외부 형태와 내부 구조까지도 영향을 주는 매우 중요한 조건이었다. 겹집은 대들보 아래 방을 두 줄로 배치한 전(田)자형 가옥으로, 겨울이 길고 추운 관북 지방과 태백 · 소백 산지 등 주로 산간 지역에 분포하였다. 홑집은 대들보 아래 방을 한 줄로 배치한 일(一)자형 가옥으로, 주로 서부와 남부의 평야 지대에 분포하였다.

① 문화는 상징 체계의 학습과 이를 통한 축적을 통해 창조된다.
② 문화는 자연 환경의 차이에 따른 제약을 극복하는 과정에서 형성된다.
③ 문화는 세대 간 전승을 통해 새로운 문화가 창조되면서 발전한다.
④ 문화는 한 사회의 자연 환경보다 역사적 배경의 영향을 더 많이 받는다.

해설 문화의 속성

공유성	• 의미: 한 사회의 구성원들이 공통적으로 가지는 행동 및 사고방식 • 특징: 특정한 상황에서 다른 구성원의 행동 및 사고 예측 가능에 의해 사회 질서 유지 가능 • 사례: 금줄, 함
학습성	• 의미: 문화는 후천적 학습을 통해 획득된 것이며, 학습을 통해 다음 세대로 전달됨 • 특징: 문화의 학습을 통해 다음 세대로 문화를 전달하여 문화가 유지되고 발전함 → 개인이 사회화를 통해 사회적 존재로 성장, 문화의 전승 및 발전 • 사례: 가정 교육, 학교 교육, 직업 교육 등
축적성	• 의미: 문화는 언어나 문자 등 상징체계를 통해 다음 세대로 전승되어 축적됨 • 특징: 기존 문화 요소에 새로운 문화 요소가 축적됨 → 인류 문명의 전승 및 발전 • 사례: 백김치 형태였던 김치가 젓갈과 고춧가루가 첨가되어 현재와 같은 김치 형태가 됨
전체성 (총체성)	• 의미: 문화의 각 구성 요소는 서로 유기적 관련을 맺으면서 전체를 이루고 있음 • 특징: 한 문화 요소가 변동하면 이와 관련된 다른 문화 요소도 연쇄적으로 변동함 • 사례: 스마트폰의 발명으로 인한 사회 전반의 변화
변동성	• 의미: 문화는 새로운 문화 요소의 등장과 사회 변동에 따라 끊임없이 변화함 • 특징: 새로운 환경에 적응하는 과정에서 새로운 문화 요소가 추가되거나 기존의 문화 요소가 사라짐 • 사례: 사회에서의 여성의 지위 변화.

② 가옥구조가 환경에 영향을 받는 것을 강조하므로 이는 문화의 속성 중 전체성에 대한 것이라고 할 수 있다.

오답피하기
① 문화의 축적성에 대한 설명이다.
③ 문화의 변동성에 대한 설명이다.
④ 위의 사례는 문화가 역사적 배경보다 자연 환경에 영향을 받고 있음을 설명하고 있다.

정답 ②

05 **(가), (나)에 나타난 문화의 속성으로 옳은 것은?**

2018 국가직

(가) 서유럽에서 발달한 목척업은 유럽인들의 식생활, 의복, 주거문화, 예술 활동 등 생활 전체에 영향을 미쳤다.
(나) 태어난 직후 서로 다른 환경에서 떨어져 살던 일란성 쌍둥이가 키와 얼굴, 운동 및 인지능력은 비슷했지만, 인성이나 규범적 행위에서는 큰 차이를 보였다.

	(가)	(나)
①	공유성	총체성
②	총체성	학습성
③	축적성	공유성
④	학습성	총체성

해설

② (가)의 경우 목축업이 유럽인들의 식생활, 의복 등 생활 전체에 영향을 미친다고 하였는데, 이는 문화를 구성하는 각 요소가 유기적으로 연결되어 전체적으로 체계를 이룬다고 보는 '문화의 총체성'과 관련된다. (나)는 일란성 쌍둥이가 외형 등은 비슷했지만 인성이나 규범적 행위에서 큰 차이를 보였다고 하는데, 이는 문화란 사회화 과정을 통해 후천적으로 학습된다고 보는 '문화의 학습성'과 관련된다.

정답 ②

06 **다음은 다양한 문화의 속성 중 일부의 사례를 설명한 글이다. (가), (나), (다)의 문화적 속성을 표현한 것으로 가장 적절한 것은?**

2020 경찰직 1차

(가) 김치는 구전을 통해 혹은 음식과 관련한 문헌 등을 통해 지역별로 다양하게 계승되었다. 이 과정에서 배추김치는 한국인 대다수가 즐겨 먹는 김치가 되었고 시간의 흐름 속에서 발전해 온 한국의 대표적인 음식 문화이다.
(나) 우리나라에서는 추석에 송편을, 설날에 떡국을 먹는 것을 자연스럽게 여기는 풍습이 존재한다.
(다) 중앙아시아 유목민은 대체로 돼지고기를 먹지 않는데 이러한 음식 문화는 물을 귀하게 여기는 건조 지역의 특성, 물을 많이 먹지 않는 가축을 선호하는 목축 형태, 물을 많이 필요로 하는 돼지를 기피하는 태도, 돼지고기 먹는 것을 금하는 종교적 규율 등과 밀접하게 연관되어 있다.

	(가)	(나)	(다)
①	학습성	축적성	변동성
②	축적성	학습성	총체성
③	학습성	총체성	변동성
④	축적성	공유성	총체성

출제 단원 및 영역 사회문화 3단원 문화의 속성

해설

④ (가)는 배추 김치가 시간의 흐름 속에서 축적되면서 발전된 것이므로 축적성에 해당하고, (나)는 우리나라 구성원들이 함께 명절 문화를 공유하면서 자연스럽게 여기는 모습에서 공유성에 해당하고, (다)는 돼지 고기를 먹지 않는 것이 주변 자연 환경과 종교 등에 영향을 받았다는 것에서 총체성에 해당한다.

정답 ④

07 다음 한국 문화 체험기에서 밑줄 친 ㉠~㉣에 대한 설명으로 옳은 것은? 2014 사회복지직

> 나는 ㉠ 미국으로 이민을 간 지 30년 만에 고국인 한국을 방문하였다. 지하철을 타는 승객들 대부분이 과거와는 다르게 ㉡ 교통카드를 사용한다는 사실에 놀랐다. 붐비는 지하철에 승차한 후 빈자리에 앉았으나 이상한 기분이 들어 자세히 살펴보니, 의자 위 벽면에 와 같은 표시가 붙어 있는 것을 발견하였다. 나는 ㉢ 승객들 모두 이 자리가 교통약자석이라는 것을 알고 있기 때문에 비워두었다는 것을 뒤늦게 깨달았다. 그래서 얼른 자리에서 일어섰다. 한편, 나는 어떤 사람이 다른 승객들의 눈총을 의식하지 않고 ㉣ 큰 소리로 휴대폰 통화를 하는 것을 보고 불쾌감을 느꼈다.

① ㉠은 문화 사대주의로 인한 결과이다.
② ㉡은 관념문화의 사례이다.
③ ㉢은 문화의 속성 중 공유성의 사례이다.
④ ㉣은 기술 자체의 사례이다.

해설 ㉠은 문화 변동 요인으로 보면 직접 전파에 해당하고, 문화 접변 중에는 자발적 문화 접변이 발생할 가능성이 높다. ㉡은 사회 구성원의 욕구 충족을 위한 도구로 물질 문화에 해당한다. ㉢은 사회 구성원들이 공통으로 가지는 생활양식인 공유성의 사례이다. ㉣은 휴대폰의 발전과 보급 속도에 비하여 그것을 사용하는 사람들의 공중 질서나 예의범절이 뒤떨어짐으로 인하여 발생하는 문화지체에 대한 설명이다.

③ 문화 공유성에 대한 사례이다. 사회 구성원들은 공유성을 통해 어떠한 상황에서 상대방이 무엇을 생각하고 어떠한 행동을 할 것인지를 예측하고 판단할 수 있게 하고 나아가 사회를 유지할 수 있게 한다.

오답피하기
① 미국으로 이민을 간 것과 문화사대주의와는 무관하다.
② 교통카드는 물질문화에 해당한다.
④ 문화 지체의 사례이다.

정답 ③

08 표에 대한 설명으로 옳은 것은? (단, A와 B는 각각 공유성, 전체성 중 하나이다.) 2019 소방직

문화의 속성	사례
A	우리나라의 음식문화는 기후, 종교적 신념, 가족에 대한 전통적 관념 등과 밀접하게 연관되어 있다.
B	(가)
변동성	(나)

① A는 공유성, B는 전체성이다.
② B는 특정 상황에서 타인의 행동을 예측할 수 있게 한다.
③ (가)에 '훈민정음 초기의 자음 자수는 17자였으나 지금은 14자만 사용되고 있다.'가 들어갈 수 있다.
④ (나)에 '한국인으로 태어나 성장한 아이는 웃어른에 대한 호칭과 존댓말을 배운다.'가 들어갈 수 있다.

해설 A는 전체성, B는 공유성이다.

② 문화를 공유하는 사람들은 서로의 행동에 대해 이해하고 예측할 수 있게 된다.

오답피하기
① A는 다른 구성 요소들과 밀접하게 연관되어 있다고 하였으므로 전체성이고, B는 나머지 하나인 공유성이 된다.
③ '훈민정음 초기의 자음 자수는 17자였으나 지금은 14자만 사용되고 있다.'는 것은 변동성과 관계된다.
④ '한국인으로 태어나 성장한 아이는 웃어른에 대한 호칭과 존댓말을 배운다.'는 학습성과 관계된다.

정답 ②

문화 이해의 관점/ 문화 이해의 태도

01 다음 (가)와 (나)의 사례가 공통적으로 시사하는 것으로 가장 적절한 것은? 2015 경찰직 2차

(가) 1998년 한국 시장에 진출한 미국 1위 유통 업체 월마트는 미국 시장에서 성공을 거둔 전략인 도시 외곽 입점, 창고형 매장, 최소 인원 배치 등의 저가 전략을 그대로 한국 시장에 적용하여 고급스러운 분위기의 쇼핑 문화, 높은 수준의 고객 서비스를 원하는 한국 소비자들의 마음을 잡는 데 실패하고 2006년 한국 시장에서 철수하였다.
(나) 한국의 한 전자회사는 브라질 시장에 진출하면서 금융위기로 해체 위기에 놓인 현지 축구 팀을 전폭적으로 지원하는 등 현지인들이 가장 좋아하는 축구에 대한 관심과 지원을 통해 브라질 시장에 성공적으로 안착하였다.

① 해외 시장에 진출하는 경우에는 기업 문화가 이윤 창출의 중요한 요인이 될 수 있다.
② 기업은 자신이 속한 공동체 문화에 반드시 귀속되어야 한다.
③ 기업은 이윤 창출만을 고려하여 의사결정을 내려야 한다.
④ 기업의 의사결정은 자신이 진출한 국가의 문화적 특수성을 고려해야 한다.

해설 (가)에서 월마트는 한국 소비자가 원하는 서비스와는 다르게 기존의 방식을 고수하다가 실패한 사례를 보여준다. (나)에서의 전자회사는 브라질 현지인들이 좋아하는 축구팀의 지원을 통해 관심을 얻고 성공한 사례를 보여준다.
④ (가), (나)의 공통점은 현지의 문화적인 특성을 고려해서 전략을 취했는가가 기업의 성패를 좌우한다는 것을 보여준다. 즉 문화 상대주의가 다른 나라에 진출하는 기업의 중요한 요소임을 보여준다.

오답피하기
① 기업 문화라는 것은 기업 내부의 독특한 문화를 의미하는 것이므로 사례처럼 현지 문화의 상대성을 존중이 기업의 성패를 좌우하는 것과는 거리가 멀다.
②, ③ 기업이 자신이 속한 공동체 문화에 반드시 귀속해야 한다는 것이나 이윤 창출만을 고려해어 의사결정을 내려야 한다는 것은 문화 상대주의적 입장이 아니므로 (가)와 (나)에서 공통적으로 시사하는 것은 아니다.

정답 ④

02 다음 글에 나타난 문화 이해 태도로 가장 적절한 것은? 2018 경찰직 1차

우리나라에서는 귀여운 아이를 보면 머리를 쓰다듬어 애정을 표현한다. 지금은 그런 경우가 많이 줄었으나 예전에는 귀여운 남자 아기를 보면 동네 어른들이 "어디 고추 한 번 볼까?"하고 장난을 걸기도 했다. 그런데 태국에서는 어린 아이의 머리를 쓰다듬는 행위가 큰 실례이며, 심지어 미국에서는 한인 남성이 동네의 어린 아기를 귀여워하며 "어디 고추 한 번 볼까?"라고 했다가 부모로부터 신고 당해 재판까지 간 경우도 있다고 한다. 나는 자신의 아이가 소중하다는 이유로 이웃 간에 최소한의 애정 표현조차 허용되지 않는 저들의 문화가 쉽게 이해되지 않는다.

① 문화 사대주의
② 문화 상대주의
③ 극단적 문화 상대주의
④ 자문화 중심주의

출제 단원 및 영역 사회문화 3단원 문화 이해의 태도

해설
④ 사안의 경우 저들의 문화가 쉽게 이해되지 않는다고 말하는 것은 자기 문화를 중심으로 다른 문화를 이해하는 태도로서 이는 자문화 중심주의에 해당한다.

정답 ④

03 다음 대화에 나타난 갑, 을, 병의 문화 이해 태도에 대한 설명으로 가장 옳은 것은? 2014 해양경찰

> 갑 oo부족이 말도 안되는 그런 것들을 먹는 모습에 너무 놀랐어요. 적절한 양념을 하고, 불에 익혀 먹어야 한다는 기본적인 상식이 없는 그들의 무지가 안타까웠어요. 우리처럼 밥과 국, 김치와 다양한 반찬을 함께 먹어야 식사다운 식사라고 할 수 있죠.
> 을 그렇게만 생각할 건 아닌 것 같아요. 그들이 그렇게 음식을 먹는 것은 나름 그들의 환경에 효율적이고 합리적으로 적응하며 살아가고 있는 모습입니다.
> 병 사실, 우리의 밥과 국, 김치도 미개한 것은 마찬가지에요. 냄새도 역겹고...... 서양인들처럼 고기와 빵, 신선한 야채를 같이 먹어야 문화인의 식사라고 할 수 있죠.

① 갑은 문화를 이해하는 상대적인 태도를 가지고 있다.
② 을은 문화의 다양성을 보존하는데 기여한다.
③ 병은 자기 문화를 우월한 것으로 평가하려는 태도를 가지고 있다.
④ 갑은 병과는 달리 문화 간에 우열이 있다고 본다.

해설 갑은 자문화중심주의, 을은 문화상대주의, 병은 문화사대주의의 입장이다.
② 문화 상대주의는 문화를 평가의 대상이 아닌 이해의 대상으로 보아 각 문화의 고유한 가치를 인정하고 그 사회적 · 문화적 맥락 속에서 이해한다고 보기 때문에 문화의 다양성을 보존할 수 있다.

오답피하기
① 자문화 중심주의는 문화 간에도 우열이 있어 평가가 가능하다고 보는 절대주의적 입장이다.
③ 자기 문화를 우월한 것으로 보는 것은 자문화 중심주의이다. 병은 문화 사대주의적 입장이다.
④ 갑과 병은 문화의 우열을 인정하는 문화 절대주의적 입장이다.

정답 ②

04 다음 글에 나타난 (가)에 대한 설명으로 옳은 것은? 2013 서울시

> 한때 팝 음악을 주로 듣는 이들이 근거 없는 자부심에 한껏 고취되던 시절이 있었다. 그들이 펼치던 것은 '내가 듣는 음악이 수준 높은 음악이다', '난 수준 낮은 한국 음악은 듣지 않는다' 식의 논리로 이는 (가) 의 대표적인 사례로 꼽힌다.
>
> (게임동아 2012.7.2. 김한준)

① 자기 문화의 정체성을 상실할 우려가 있다.
② 집단 내 일체감을 형성하는 데 기여한다.
③ 자기 문화를 기준으로 타 문화를 평가한다.
④ 상대적 기준으로 타 문화를 평가하는 태도이다.
⑤ 세계화 시대에 갖추어야 할 바람직한 태도이다.

해설 제시문에서 '난 수준 낮은 한국 음악은 듣지 않는다'식의 논리는 문화 사대주의에 해당한다.
① 자기 문화의 정체성을 상실할 우려가 있는 것은 문화 사대주의이다.

오답피하기
② 집단 내 일체감을 형성하는 데 기여하는 것은 자문화 중심주의이다.
③ 자기 문화를 기준으로 타 문화를 평가하는 것은 자문화 중심주의이다.
④ 상대적 기준으로 타 문화를 평가하는 태도는 문화 상대주의이다.
⑤ 세계화 시대에 갖추어야 할 바람직한 태도는 문화 상대주의이다.

정답 ①

05 다음은 문화를 바라보고 이해하는 관점을 정리한 것이다. (가)~(다)에 대한 설명으로 가장 적절하지 않은 것은? 2015 경찰직 2차

구분	특징
자문화 중심주의	(가)
(나)	• 다른 사회의 문화를 일방적으로 추종함 • 자기 사회의 문화를 낮게 평가함
문화 상대주의	(다)

① (가)에는 '자신의 문화를 기준으로 다른 문화를 낮게 평가함'이 들어갈 수 있다.
② (나)에는 '문화 사대주의'가 적합하다.
③ (다)에는 '발달된 문명을 갖추지 못한 지역의 문화라도 고유의 가치를 지닌다고 봄'이 들어갈 수 있다.
④ (다)에는 '인류의 보편적인 가치를 무시하는 문화까지 용인함'이 들어갈 수 있다.

해설 문화를 이해하는 태도에는 문화 상대주의, 자문화 중심주의, 문화 사대주의, 극단적 문화 상대주의가 있다.
④ '인류의 보편적인 가치를 무시하는 문화까지 용인함'이 들어갈 수 있는 것은 '극단적 문화 상대주의'이다.

오답피하기
① 자문화 중심주의는 자기 문화를 절대적 기준으로 삼아 다른 사회의 문화를 부정적으로 평가하므로 '자신의 문화를 기준으로 다른 문화를 낮게 평가함'이 들어갈 수 있다.
② 특정 문화를 우수하게 평가하여 그 문화를 숭상하고 자기 문화를 경시하는 태도인 '문화 사대주의'가 적합하다.
③ 문화 상대주의는 문화의 특수성과 다양성을 인정하고, 문화를 그 사회의 특수한 환경과 역사적·사회적 맥락 속에서 이해하므로 '발달된 문명을 갖추지 못한 지역의 문화라도 고유의 가치를 지닌다고 봄'이 들어갈 수 있다.

정답 ④

06 문화를 이해하는 갑과 을의 태도에 대한 적절한 설명을 〈보기〉에서 고른 것은? 2014 경찰직 1차

갑 해외 여행은 즐거웠니?
을 글쎄, 즐겁긴 했는데. 그 나라에서는 누에와 메뚜기 튀긴 걸 먹더라. 정말 징그럽고, 그 나라 사람들은 야만인 같다고 생각되었어.
갑 각 사회마다 독특한 음식 문화가 있을 수 있는 거지. 그건 그 나라가 가진 자연 환경과 사회적 상황에 따라 그들만의 생활양식이 만들어진 것이니, 그들 입장에서 그들의 음식 문화를 이해해야지.

보기
㉠ 갑의 태도는 자기 문화의 주체성을 잃게 한다.
㉡ 갑은 각 문화의 고유한 특성과 가치를 인정하고 있다.
㉢ 을은 문화의 우열을 가릴 수 없다고 생각한다.
㉣ 을은 자기 문화를 기준으로 다른 문화를 평가하고 있다.

① ㉠, ㉡ ② ㉠, ㉢
③ ㉡, ㉣ ④ ㉢, ㉣

해설 갑은 각 사회마다 독특한 음식 문화가 있을 수 있으며 각 나라가 가진 자연 환경과 사회적 상황에 따라 그들만의 생활양식이 만들어진 것이니, 그들 입장에서 그들의 음식 문화를 이해해야 한다고 하고 있으므로 문화의 상대성을 중시하는 입장이고, 을은 그 나라의 음식 문화에 대해서 징그럽고 야만인 평가를 내리는 것으로 보아 자문화 중심주의의 시각을 가지고 있음을 알 수 있다.
ㄴ. 각 문화의 고유한 특성과 가치를 인정하는 것은 상대주의적 관점이므로 맞는 지문이다.
ㄹ. 을은 자문화 중심주의로서 자기 문화를 기준으로 다른 문화를 평가하고 있다.

오답피하기
ㄱ. 상대주의적 입장은 자기 문화에 대한 주체성을 상실하게 만드는 것이 아니라 자기 문화의 발전을 위한 통찰력을 키울 수 있게 만든다.
ㄷ. 문화의 우열을 가릴 수 없다고 보는 것은 상대주의적 관점이고, 자문화 중심주의의 경우 자기 문화를 우수하다고 평가하고 그것을 절대적 기준으로 삼는다.

정답 ③

07 인간의 문화를 연구할 때, 문화를 이해하는 태도에는 여러 가지가 있다. 아래의 표에서 문화의 이해 태도인 A~C에 대한 옳은 진술을 〈보기〉에서 모두 고르면? (단, A, B, C는 각각 문화 사대주의, 문화 상대주의, 자문화 중심주의 중의 하나이다.) 2015 서울시

질문 \ 태도	A	B	C
문화의 주체성을 상실한 가능성이 있는가?	예	아니오	아니오
자기문화를 기준으로 다른 문화를 평가하는가?	아니오	예	아니오
문화의 우열을 가리는 기준이 존재한다고 보는가?	예	예	아니오

〈보기〉

㉠ A는 선진 문물의 수용에 기여할 수 있고, 자기문화의 낙후성을 개선할 수 있다.
㉡ B는 19세기 서구 열강들의 서구 중심적 가치관으로 문화적 마찰 발생가능성이 있다.
㉢ C는 타문화를 올바로 이해함으로써 문화 다양성을 보존하는 데 기여할 수 있다.
㉣ 문화 이해 태도로 A관점과 C관점을 가진 사람에게는 부정적으로 인식되는 문화가 존재한다.

① ㉠, ㉡ ② ㉠, ㉡, ㉢
③ ㉠, ㉡, ㉢, ㉣ ④ ㉡, ㉢, ㉣

✔해설 A는 문화의 주체성을 상실한 가능성이 있다고 하므로 '문화 사대주의'에 해당한다. B는 자기 문화를 기준으로 다른 문화를 평가한다고 했으므로 '자문화 중심주의'에 해당한다. C는 문화의 우열을 가리는 기준이 존재하지 않는다고 보므로 '문화 상대주의'이다.
ㄱ. 문화 사대주의는 다른 문화를 수용하는데 있어서 거부감이 약하므로 선진 문물의 수용에 기여할 수 있고 이로 인하여 자기 문화의 낙후성을 개선할 수 있다.
ㄴ. 19세기 서구 열강들은 자문화 중심주의에 입각해서 자신의 문화를 다른 문화보다 우월하다고 인식하였다. 이러한 서구 열강들은 사회 진화론을 바탕으로 자문화를 발전되고 세련된 것으로 보고 다른 문화는 미개한 것으로 보면서 강제적으로 이식하려고 했기 때문에 그 결과 문화적 마찰이 많이 발생하였다.
ㄷ. 문화 상대주의는 문화의 우열을 가리는 기준은 존재하지 않고 그 사회의 맥락에서 문화를 이해하고 판단하므로 문화의 다양성을 보존하는데 기여할 수 있다.

오답피하기
ㄹ. 문화 상대주의는 문화의 우열을 가리는 기준은 존재하지 않고 그 사회의 맥락에서 문화를 이해하고 판단하므로 모든 문화 나름의 가치가 있다고 생각한다. 즉 문화 상대주의의 입장에서는 부정적으로 인식되는 문화는 없다고 가정한다.

정답 ②

08 A~C에 나타난 문화의 사례에 대한 적절한 설명을 〈보기〉에서 모두 고른 것은? (단, A~C는 각각 '자문화 중심주의', '문화 사대주의', '문화 상대주의' 중 하나이다.) 2015 경찰직 3차

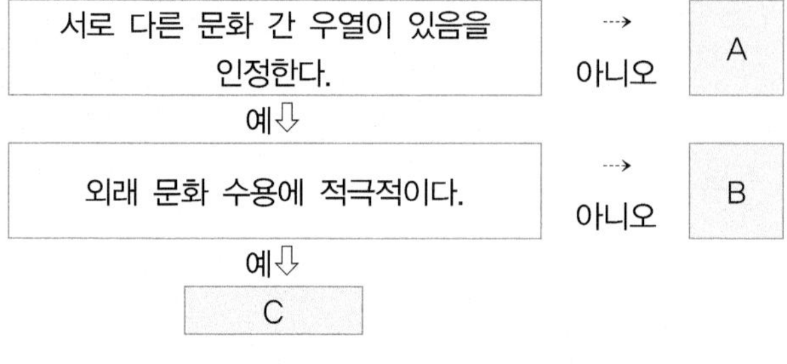
서로 다른 문화 간 우열이 있음을 인정한다.
아니오
A
예
외래 문화 수용에 적극적이다.
아니오
B
예
C

〈보기〉

㉠ A에 비해 B나 C는 문화 다양성 유지에 용이하다.
㉡ A에 비해 B나 C는 문화에 대한 비판적 사고가 학습된다.
㉢ A나 C에 비해 B는 문화 간 갈등을 초래하기도 한다.
㉣ B나 C에 비해 A는 사회적 맥락으로 문화를 이해한다.
㉤ A나 C에 비해 B는 고유문화가 소멸할 수 있다.

① ㉠, ㉡ ② ㉡, ㉣
③ ㉢, ㉣ ④ ㉣, ㉤

✔해설 사안에서 A는 서로 다른 문화 간 우열을 인정하지 않으므로 문화 상대주의, B는 서로 다른 문화 간 우열을 인정하면서도 외래 문화 수용에 적극적이지는 않으므로 자문화 중심주의이며, C는 문화 간 우열을 인정하면서도 외래 문화 수용에 적극적이므로 문화 사대주의에 해당한다.
ㄷ. 자문화 중심주의는 자가 문화의 우수성을 내세워 다른 문화를 평가 절하하기 때문에 문화적 갈등을 초래하거나 국제적 고립을 겪기도 한다.
ㄹ. 문화 상대주의는 문화의 가치를 자신들의 기준이 아닌 그 사회의 맥락에서 판단하고 이해하므로 문화의 다양성을 인정한다.

오답피하기
ㄱ. 문화의 다양성 유지에 용이한 것은 문화 상대주의이다. 자문화 중심주의나 문화 사대주의는 문화 간의 우열을 인정하므로 문화의 다양성을 저해한다.
ㄴ. 문화의 비판적 사고가 학습되는 것은 문화 상대주의이다. 문화 상대주의는 그 사회의 맥락에서 문화를 판단하고 이해함으로서 선입견이 없어 문화에 대한 비판적 사고가 학습된다.
ㅁ. 고유문화가 소멸할 수 있는 것은 문화 사대주의이다. 문화 사대주의는 다른 문화를 동경하고 숭상한 나머지 자신의 문화의 가치를 낮게 평가하므로 문화의 주체성을 상실하고 고유문화가 소멸할 수도 있기 때문이다.

정답 ③

09 ㉠~㉢에 대한 설명으로 옳은 것은? 2015 사회복지직

프랑스의 문화 인류학자 레비스트로스(Levi-Strauss)는 남미 아마존 강 유역에서 원시적 삶을 살아가는 원주민들의 주술적이고 신화적인 사고방식도 서구인들의 과학적 사고방식 못지않게 합리성을 지닌다고 언급하였다. 그는 ㉠ 모든 문화는 우열이 없고, 나름대로 합리성을 갖고 있으며, 존재할 가치가 있다고 본 것이다. 예를 들면, 아프리카 나이지리아의 하우사(Hausa)족에게는 ㉡ 출산 후 적어도 2년 이상 임신하지 못하도록 남녀의 관계를 금하는 관습이 있다. 그런데 이것에 대해 ㉢ 서구인들 대다수가 야만적이고 무지하다고 비판하였다. 그러나 사실 이는 임신을 하게 되면 여성들이 단백질 결핍증인 콰시오커에 걸릴 확률이 높기 때문에 여성들을 보호하기 위함이었다.

① ㉠과 같은 시각은 다양한 생활양식에 대한 차별적인 인식을 바탕으로 한다.
② ㉡은 인간이 욕구 충족을 위해 자연이나 사물을 이용하는 방식을 의미한다.
③ ㉡은 사회 구성원들의 행동을 통제하는 기준이 된다.
④ ㉢과 같은 태도는 자문화의 정체성이나 주체성을 상실할 우려가 있다.

해설 문화 이해에 대한 태도 중 ㉠은 문화 상대주의적 관점이며, ㉡은 관습으로서 제도 문화에 해당한다. ㉢은 자문화 중심주의적 태도에 해당한다.
③ ㉡의 관습은 규범으로 제도 문화로서 비물질문화에 해당한다. **제도문화는 사회를 유지하는데 필요한 사회 조직과 그 조직을 운영하는데 필요한 규칙을 의미하므로 사회 구성원들의 행동을 통제하는 기준이 된다.**

오답피하기
① 다양한 생활양식에 대한 차별적인 인식을 바탕으로 하는 것은 문화 절대주의적 관점의 태도이다.
② 문화는 크게 물질문화와 비물질문화로 구분할 수 있고, 비물질문화에는 제도문화와 관념문화가 있다. ㉡의 관습은 제도문화로서 비물질문화에 해당한다. 지문의 인간이 욕구 충족을 위해 자연이나 사물을 이용하는 방식은 물질 문화 중 기술에 대한 설명이다.
④ ㉢의 태도는 자문화 중심주의적 태도이다. 자문화의 정체성이나 주체성을 상실할 우려가 있는 것은 문화 사대주의적 입장이다.

정답 ③

10 다음은 문화에 대한 관점이다. 그에 따른 특징으로 〈보기〉에서 선택한 것이 가장 적절한 것은? 2015 경찰직 1차

우리는 자신의 윤리, 도덕, 가치 등을 인간 모두가 공유하는 보편적인 것이라고 믿는다. 그렇기 때문에 그에 따라 사고하고 행동하는 것을 당연하게 생각하고 다른 사람들도 우리 방식대로 세상을 바라보며 살고 있다고 확신하며 심지어 다른 사람들에게 우리처럼 행동할 것을 요구하기도 한다. 하지만 문화의 내용은 누구나 공유하는 보편적인 것이 아니며 각각의 인간 집단이 처해 있는 특수한 환경과 상황, 또는 주변의 다른 집단과 교류하면서 오랜 기간에 걸쳐 축적된 결과물이기 때문에 그 나름대로의 가치를 지니고 있다. 따라서 어떤 문화를 제대로 이해하고 해석한다는 것은 그 문화가 생겨난 특수한 사회적 상황이나 배경, 그리고 그 안에서 살아가는 사람들의 특수한 역사적 경험을 그 맥락 속에서 이해하는 것이다.
– 한국 문화 인류학회, 「낯선 곳에서 나를 만나다」 –

보기
㉠ 문화의 장단점을 객관적으로 이해한다.
㉡ 인류의 보편적 가치보다 문화의 특수성을 존중한다.
㉢ 국가 간 문화적 마찰을 감소시킨다.
㉣ 문화적 다양성이 보존되는 기능을 한다.
㉤ 문화의 양적 발전보다 질적 발전을 강조한다.

① ㉠, ㉡ ② ㉠, ㉢
③ ㉡, ㉤ ④ ㉢, ㉣

해설 '어떤 문화를 제대로 이해하고 해석한다는 것은 그 문화가 생겨난 특수한 사회적 상황이나 배경, 그리고 그 안에서 살아가는 사람들의 특수한 역사적 경험을 그 맥락 속에서 이해하는 것이다.'라고 서술하고 있으므로 이는 문화를 이해하는 관점 중 상대주의적 관점에 해당한다.
㉢ 상대주의적 관점에서는 상대국의 문화를 그 맥락 속에서 이해하므로 문화적 마찰을 감소시킨다.
㉣ 상대주의적 관점에서는 문화 간에 우열을 평가하지 않기 때문에 문화적 다양성을 보존할 수 있다.

오답피하기
㉠ 문화의 장단점을 객관적으로 이해하는 것은 비교론적 관점에 대한 설명이다. 상대주의는 문화의 장단점을 파악하는 것이 아니라 문화를 역사적, 환경적 맥락 속에서 이해하고자 할 뿐이다.
㉡ 문화 상대주의는 인류 보편적 가치를 위배한 문화 요소까지 이해하려 하지는 않는다. 인류의 보편적 가치보다 문화의 특수성을 존중하는 것은 극단적 상대주의로 흐를 수 있기 때문이다.
㉤ 문화 상대주의가 문화의 양적 또는 질적 발전을 강조하는 것은 아니고, 다양한 문화를 이해하는데 도움을 주는 관점이다. 즉, 제시문과는 관련 없는 설명이다.

정답 ④

11 다음의 문화 이해 태도 (가)~(다)에 대한 설명으로 가장 옳은 것은? (단 (가)~(다)는 각각 문화 사대주의, 문화 상대주의, 자문화 중심주의 중 하나이다.)

2016 해양경찰

질문 \ 문화 이해 태도	(가)	(나)	(다)
서로 다른 문화 간 우열이 있음을 인정하는가?	예	예	아니요
다른 사회에 자기 문화의 수용을 강요할 가능성이 높은가?	예	아니요	아니요
A	예	아니요	예

① (가)는 자기 문화의 주체성을 상실할 가능성이 크다.
② (나)는 외부 사회의 문화를 수용하는 데 부정적이다.
③ (다)는 문화의 특수성을 그 사회의 맥락에서 이해하고자 한다.
④ A에는 '각 사회가 지닌 고유한 가치의 문화를 인정하는가?'가 적절하다.

해설 (가)는 자문화 중심주의, (나)는 문화 사대주의, (다)는 문화 상대주의에 해당한다.
③ 문화 상대주의는 문화를 그 사회의 맥락과 사회적 배경을 고려하여 이해하는 태도. 즉, 문화를 평가하는 절대적 기준은 존재할 수 없다고 보는 태도이다.

오답피하기
① 자기 문화의 주체성을 상실할 가능성이 큰 것은 문화 사대주의이고, 자문화 중심주의는 자기 문화에 대한 자부심을 강화시켜 사회통합을 이룰 수 있다.
② 문화 사대주의는 외부 사회의 문화를 수용하는데 적극적이다.
④ '각 사회가 지닌 고유한 가치의 문화를 인정하는가?'에 대하여 긍정의 대답을 할 수 있는 것은 문화 상대주의이므로 적절치 못한 질문이 된다.

정답 ③

12 그림은 문화를 대하는 태도 A~C를 구분한 것이다. 이에 대한 설명으로 옳은 것은? (단, A~C는 각각 문화 상대주의, 자문화 중심주의, 문화 사대주의 중 하나이다.)

2018 교육행정

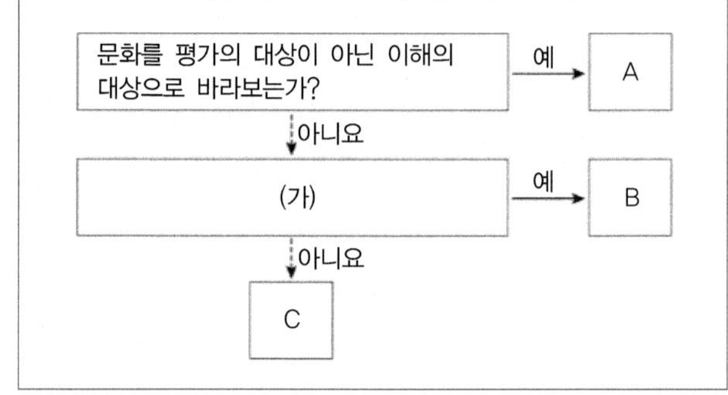

① A는 B, C와 달리 문화 간 우열이 존재한다고 본다.
② B가 자문화 중심주의라면 (가)는 '자기 문화의 가치를 과소평가하는가?'가 적절하다.
③ (가)가 '선진 문물의 수용에 적극적인가?'라면 C는 문화 사대주의에 해당한다.
④ (가)가 '자기 문화의 정체성을 약화시킬 우려가 큰가?'라면 B는 문화 사대주의, C는 자문화 중심주의에 해당한다.

해설 A는 문화 상대주의에 해당한다. B와 C는 자문화 중심주의 또는 문화 사대주의 중의 하나일 것이다.
④ '자기 문화의 정체성을 약화시킬 우려가 큰가?'라면 이는 문화 사대주의에 대한 설명이므로 B는 문화 사대주의, C는 자문화 중심주의에 해당한다.

오답피하기
① 문화적 우열이 있다고 인정하는 것은 문화 절대주의적 입장으로 자문화 중심주의와 문화 사대주의가 여기에 해당한다. 반면, 문화 상대주의는 문화 간 우열이 존재하지 않는다고 본다.
② '자기 문화의 가치를 과소평가하는가?'에 대한 긍정적인 대답은 문화 사대주의에 해당한다. 따라서 이 질문에 대해서 B는 문화 사대주의, C는 자문화 중심주의가 들어갈 것이다.
③ '선진 문물의 수용에 적극적인가?'라는 질문에 긍정적인 대답은 문화 사대주의이다. 따라서 이 질문에 대하여 B는 문화 사대주의, C는 자문화 중심주의가 된다.

정답 ④

13 〈보기〉의 문화를 이해하는 태도에 대한 설명으로 가장 옳은 것은? (단, A~C는 각각 자문화 중심주의, 문화 사대주의, 문화 상대주의 중 하나이다.) 2018 서울 경력직

보기

- '각 사회가 지니고 있는 문화의 고유한 의미와 가치를 인정하는가?'라는 질문에 '예' 또는 '아니요'라는 답변 중 하나를 할 때 B와 C는 같은 답변을 합니다.
- '자기 문화가 우월하다는 믿음을 바탕으로 타문화를 판단하는가?'라는 질문에 '예' 또는 '아니요'라는 답변 중 하나를 할 때 A와 B는 같은 답변을 합니다.

① A는 B와 달리 문화의 다양성을 보존하는 데 기여할 수 있다.
② B는 A와 달리 자기 문화에 대한 자부심을 강화시킬 수 있다.
③ C는 A와 달리 자기 문화의 정체성을 상실할 우려가 있다.
④ C는 B와 달리 문화의 우열을 가릴 수 있다고 본다.

해설 우선 아래 질문부터 판단해보면 '자기 문화가 우월하다는 믿음을 바탕으로 타문화를 판단하는가?'라는 질문에 '예'라고 다른 대답할 수 있는 것은 자문화 중심주의만이 해당하므로 C는 자문화 중심주의가 된다. 또한 두 번째 질문인 '각 사회가 지니고 있는 문화의 고유한 의미와 가치를 인정하는가?'라는 질문에 C는 '아니요'라는 대답을 할 수 있으므로 B도 C와 같은 대답을 했다고 했으므로 B는 문화 사대주의가 되며, 각 사회가 지니고 있는 문화의 고유한 의미와 가치를 인정하는 것은 문화 상대주의(A)가 된다. 따라서 A는 문화 상대주의, B는 문화 사대주의, C는 자문화 중심주의이다.

① 문화 상대주의는 각 문화의 고유한 의미와 가치를 인정하여 문화의 다양성을 보존하는데 기여할 수 있다. 반면, 문화 사대주의는 타 문화를 숭상하면서 자신의 문화를 낮추어 판단하므로 자기 문화가 소멸할 수도 있다.

오답피하기

② 문화 사대주의는 다른 사회의 문화를 일방적으로 높게 평가하고 자신의 문화를 낮게 평가함으로써 자기 문화에 대한 자부심이 약화된다.
③ 자문화 중심주의는 자기 문화의 우수성을 내세워 다른 문화를 낮게 평가하는 태도로써 자기 문화에 대한 자부심을 강화시켜 사회 통합에 이바지할 수 있으나, 국수주의나 문화 제국주의를 초래할 수도 있다. 자기 문화의 정체성을 상실할 우려가 있는 것은 문화 상대주의이다.
④ 자문화 중심주의와 문화 사대주의는 모두 문화를 이해하는 절대적 기준이 있다고 여기기 때문에, 문화 간 우열이 있다고 본다는 점에서 공통점이 있다. 자기 문화를 우수하게 평가하는 것이 자문화 중심주의이고, 타문화를 더 높게 평가하는 것이 문화 사대주의이다.

정답 ①

14 다음 도표의 A, B, C에 들어갈 문화 이해의 태도가 순서대로 바르게 나열된 것은? (단, A~C는 각각 문화 사대주의, 문화 상대주의, 자문화 중심주의 중 하나이다.) 2018 소방직

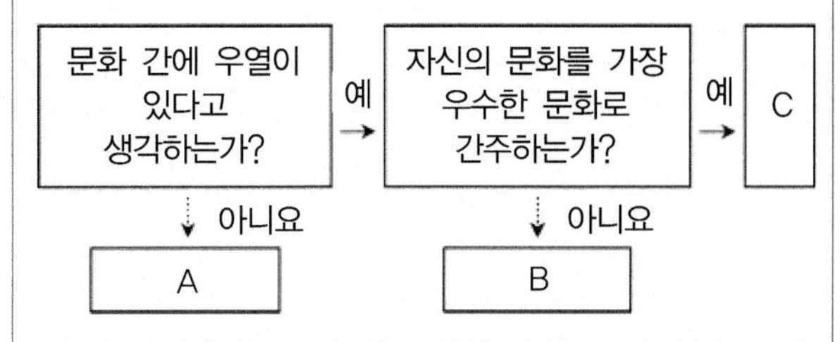

	A	B	C
①	문화 상대주의	문화 사대주의	자문화 중심주의
②	문화 사대주의	자문화 중심주의	문화 상대주의
③	자문화 중심주의	문화 상대주의	문화 사대주의
④	문화 사대주의	문화 상대주의	자문화 중심주의

해설

① 문화 간에 우열이 없이 문화를 평가의 대상으로 보는 A는 문화 상대주의이고, 자신의 문화를 가장 우수한 문화로 간주하는 C는 자문화 중심주의이며, 나머지 하나인 B는 문화 사대주의이다.

정답 ①

15 **다음은 문화를 이해하는 다양한 태도 중에서 하나를 설명한 내용이다. 이와 관련된 사례로 가장 적절한 것은?**

2020 경찰직 1차

- 외국 상품에 대한 절대적이고 맹목적인 선호
- 국악보다는 서양의 클래식 음악을 잘 알아야 교양 있는 사람으로 여기는 풍조

① 과거에 유럽 강대국이 식민지의 문화를 미개한 것으로 보고 자신의 문화를 식민지에 이식하려고 했던 행동과 유사하다.

② 과거에 우리나라가 중국의 문자나 제도, 학문 등을 우월한 것으로 여기며 숭상하고 모방했던 태도와 유사하다.

③ 일제 강점기 때 일본이 우리 고유의 문화를 무시하면서 신사참배나 일본식 성명 사용을 강요한 것과 유사하다.

④ 이슬람교도들은 라마단 기간을 두어 행하는 종교의식이 있는데 이러한 문화를 평가하는 절대적 기준은 존재할 수 없다는 태도와 유사하다.

출제 단원 및 영역 사회 문화 3단원 문화를 이해하는 태도

해설 위의 사례는 다른 사회의 문화를 일방적으로 높게 평가하고 자신의 문화를 낮게 평가하는 태도인 문화 사대주의에 대한 태도가 나타난다.

② 우리나라가 중국의 문화를 우월한 것으로 여기고 숭상하던 태도는 문화 사대주의에 해당한다.

오답피하기

① 자문화 중심주의 태도이다.

③ 자문화 중심주의 태도이다. 이로 인해 타문화와의 마찰이 나타날 수 있다.

④ 문화 상대주의에 해당한다. 문화 상대주의는 문화에 대한 우열을 인정하지 않고, 문화는 평가의 대상이 아닌 이해의 대상으로 보는 태도이다.

정답 ②

16 **다음 표는 문화 이해의 태도를 (가)~(다)로 분류한 것이다. 이에 대한 설명으로 가장 적절하지 않은 것은? (단, (가)~(다)는 각각 문화 사대주의, 문화 상대주의, 자문화 중심주의 중 하나이다.)**

2020 경찰직 2차

질문	(가)	(나)	(다)
각 문화의 고유한 의미와 가치를 존중하는가?	예	아니오	아니오
자기 문화의 정체성을 상실할 가능성이 있는가?	아니오	(a)	아니오
문화의 우열을 가리는 기준이 존재한다고 보는가?	아니오	예	예

① (가)는 (다)보다 문화 공존 현상을 설명하는 데 적합하다.

② (a)의 답변이 “예”라면 (나)는 (가)보다 문화 동화 현상을 설명하는 데 적합하다.

③ (다)는 인권과 같은 인류 보편적 가치를 기준으로 다른 문화를 평가한다.

④ (가)도 극단화되면 ‘명예살인’과 같이 인간 존엄성을 훼손하는 문화도 인정하게 될 우려가 있다.

해설 (가)는 문화 상대주의, (나)는 문화 사대주의, (다)는 자문화 중심주의이다.

③ 자문화 중심주의는 자기 문화를 절대적 기준으로 삼아 다른 사회의 문화를 부정적으로 평가하는 태도를 의미한다.

오답피하기

① 문화 상대주의는 타문화를 올바르게 이해함으로써 문화의 다양성을 보존하는데 기여하여 문화의 공존 현상을 설명하는데 적합하다.

② (a)의 답변이 “예”라면 (나)는 문화 사대주의에 해당하고, 문화 주체성을 상실하거나 고유문화가 소멸될 우려가 있어서 (가)보다 문화 동화 현상을 설명하는 데 적합하다.

④ 문화 상대주의가 극단적 상대주의로 치우친다면 보편적 가치의 실현과 문화의 질적 발전을 저해할 수 있다.

정답 ③

17 **다음과 같이 문화를 바라보는 태도와 일치하는 행동으로 가장 적절한 것은?** 2014 경찰직 2차

> 모든 문화는 서로 다른 역사적 경험과 사회적 환경에 의하여 형성된 것이므로 모두 고유한 가치를 갖는다고 본다. 우리는 다양한 문화를 존중하고, 이해하려는 태도를 가져야 한다.

① 길에서 만난 외국 관광객에게 우리 문화의 우수함을 소개하고 싶어 왕궁이나 종묘로 안내하였다.
② 외국의 공예품을 구경하기도 하고, 그들의 음식도 맛을 보면서 그들의 다양한 의식주를 이해하였다.
③ 중동 지역으로 여행가서 그 곳 음식점에서 요리하지 않는 돼지고기 요리를 요구하였다.
④ 이주민에게 그들의 문화를 잊고 우리 문화에 빨리 적응하도록 한국어학원에서 한국어를 가르쳤다.

해설
- 문화 상대주의란 문화의 상대성(특수성)과 다양성을 인정하고, 문화를 그 사회의 특수한 환경과 역사적·사회적 맥락 속에서 이해하는 태도를 말한다. 반면 자문화 중심주의란 자기 문화를 절대적 기준으로 삼아 다른 사회의 문화를 부정적으로 평가하는 태도를 의미한다.
- 설문의 문화를 바라보는 태도는 문화 상대주의이다.

② 그들의 문화를 직접 체험하면서 그들의 문화를 이해하고 있으므로 문화 상대주의에 해당한다.

오답피하기

①, ③, ④는 모두 자기 문화를 기준으로 상대에게 그러한 문화를 따르라고 하는 것이므로 자문화 중심주의에 해당한다.

정답 ②

18 **문화이해의 태도 (가) ~ (다)에 대한 설명으로 옳은 것은? (단, (가) ~ (다)는 각각 문화 사대주의, 문화 상대주의, 자문화 중심주의 중 하나이다.)** 2021 지방직

> - (가)는 (나), (다)와 달리 국수주의나 문화 제국주의로 변질될 수 있다는 비판을 받는다.
> - (다)는 (가), (나)와 달리 해당 사회의 맥락을 고려하여 그 사회의 문화를 이해하려 한다.

① (가)는 자문화의 객관적 이해에 기여한다.
② (나)는 자문화 정체성을 약화시킬 우려가 있다.
③ (다)는 다문화 사회에서 문화적 갈등을 초래한다.
④ (가)는 문화 사대주의, (나)는 자문화 중심주의, (다)는 문화 상대주의이다.

출제 단원 및 영역 사회문화 3단원 문화 이해의 태도

해설 (가)는 자문화 중심주의, (나)는 문화 사대주의, (다)는 문화 상대주의이다.

② 문화 사대주의는 자신의 문화를 열등한 것으로 여겨 자문화 정체성을 약화시킬 우려가 있다.

오답피하기

① 자문화의 객관적 이해에 기여하는 것은 문화 이해의 관점 중 비교론적 관점이다.
③ 문화 상대주의는 오히려 문화의 마찰을 감소 시킨다.
④ (가)는 자문화 중심주의, (나)는 문화 사대주의, (다)는 문화 상대주의이다.

정답 ②

19 다음 대화에 나타난 문화를 바라보는 관점에 대한 설명으로 옳은 것은? 2020 소방직

> 갑 나는 A국과 B국의 운전 문화를 조사했어. 그 과정에서 A국은 앞차가 가지 않으면 뒤차가 금세 경적을 울려대지만, B국은 어느 정도 기다려 주는 특징이 있다는 점에 주목했어.
> 을 나는 C국의 장례 문화를 조사했어. 조사 과정에서 이 지역의 장례 방식이 C국의 자연환경, 종교, 민간 규범 등과 어떻게 관련되어 있는지에 주목했어.

① 갑의 관점은 문화의 우열을 가리는 데 초점을 둔다.
② 갑의 관점은 문화 요소 간의 유기적 관계를 중시한다.
③ 을의 관점은 문화 간의 공통점과 차이점에 주목한다.
④ 을의 관점은 문화에 대한 왜곡되고 편협한 이해를 막는데 기여한다.

해설 갑은 비교론적 관점, 을은 총체론적 관점이다.
④ 문화는 모든 요소간의 유기적인 관계를 맺고 있기 때문에 부분만으로는 문화에 대한 정확한 이해를 할 수 없게 되고, 문화에 대한 왜곡되고 편협한 이해를 가질 수 있다. 따라서 전체적으로 문화를 바라보는 총체론적 관점은 문화에 대한 왜곡되고 편협한 이해를 막는데 기여한다.

오답피하기
① 비교론적 관점은 문화의 비교, 즉 공통점과 차이점을 통해 자신의 문화를 객관적으로 보는데 기여하는 것이지, 문화의 우열을 가리는데 초점을 두는 것은 아니다.
② 문화 요소 간의 유기적 관계를 중시하는 것은 총체론적 관점이므로 을의 견해에 해당한다.
③ 문화 간의 공통점과 차이점에 주목하는 것은 비교론적 관점이므로 갑의 견해에 해당한다.

정답 ④

문화 변동의 원인과 양상

01 다음 그림은 문화 접변의 결과로 나타나는 문화 변동의 양상을 유형화한 것이다. 이에 대한 설명으로 가장 적절한 것은? (단, (가)~(다)는 각각 문화 병존(공존), 문화 동화, 문화 융합 중 하나에 해당한다.) 2014 경찰직 1차

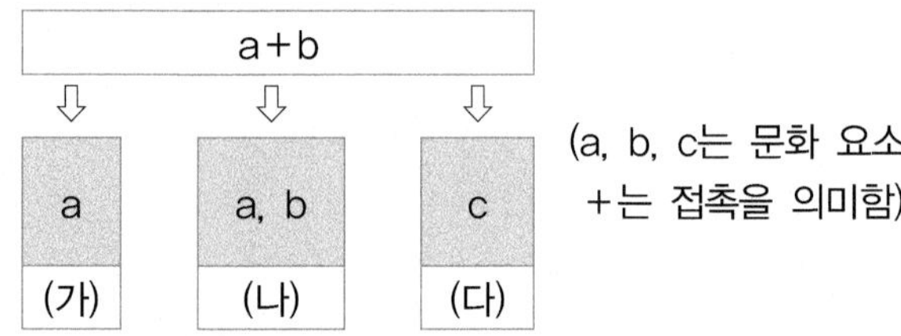

① (가)의 예로는 우리나라에 한의학과 별도로 서양 의학이 들어와 있는 것을 들 수 있다.
② (나)는 외부 문화가 강제로 이식되는 상황에서 주로 나타난다.
③ (다)를 통해 발생한 문화는 외국인과 문화 인식을 공유하는데 도움이 된다.
④ (가)와 달리 (나), (다)는 사회 구성원의 문화적 정체성이 약할 때 나타나기 쉽다.

해설 (가)는 문화동화, (나)는 문화병존(공존), (다)는 문화융합의 내용이다.
③ 외국문화와 자문화가 혼합된 형태의 경우 외국인과 문화 인식을 공유하는데 도움을 주어 새로운 문화에 대한 거부감을 줄일 수 있다.

오답피하기
① 한의학과 별도로 서양 의학이 존재하는 것은 문화 병존에 해당한다.
② 강제성을 띤 외부압력에 의해 일어난 문화 접변인 강제적 문화 접변의 경우에는 문화 동화현상이 나타난다.
④ 문화 동화 현상의 오히려 사회 구성원의 문화 정체성이 없을 때 나타난다.

정답 ③

02 다음 글의 ㉠, ㉡에 대한 설명으로 옳은 것은?

2013 국가직

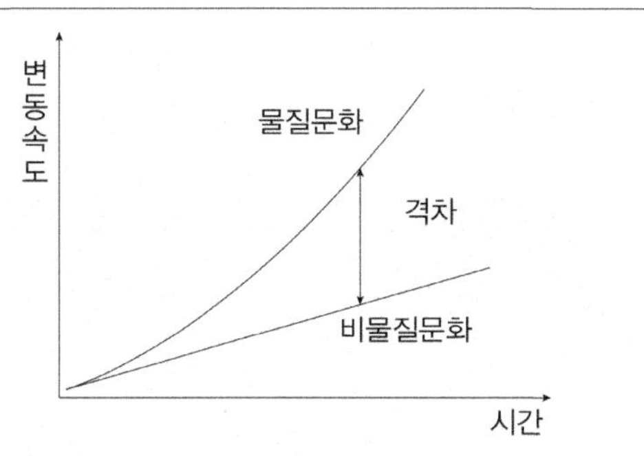

위 그림과 같이 문화요소의 변동속도가 서로 상이한 경우에 (㉠) 현상이 발생할 수 있다. 이로 인해 새롭게 등장한 사회환경에 전통적인 가치와 규범 등이 부합하지 않게 되어 사회 구성원들이 혼란 상태에 빠질 수 있는데, 이를 (㉡)(이)라고 한다.

① ㉠은 사회변동의 결과이지만 동시에 사회문제의 원인이 되기도 한다.
② 머튼에 의하면 자본주의 사회에서 ㉡의 정도는 계층에 따라서 차이가 없다.
③ 뒤르켐은 ㉡의 발생 원인을 문화적 목표와 제도화된 수단 간의 괴리라고 주장한다.
④ 선진화된 제도를 도입했으나 경제적인 문제로 시행하지 못하는 상황은 ㉠에 해당된다.

해설

- 물질문화와 비물질문화의 격차를 나타나는 그림을 통해 문화 지체 현상에 대한 내용임을 알 수 있다.
- 아노미론

> - 뒤르켐: 사회 규범이 약화되거나 부재할 때, 또는 두 가지 이상의 상반된 규범이 동시에 존재할 때 개인이 행동 지침을 잃게 되어 일탈 행동 발생. 이를 해결하기 위해서는 사회적 합의에 바탕을 둔 지배 규범을 정립해야 한다고 주장
> - 머튼: 문화적 목표와 이러한 목표를 달성하기 위해 그 사회에서 제도적으로 인정하는 수단과의 괴리에 의해 일탈 행동 발생. 이를 해결하기 위해서는 사회적 목표를 달성할 기회가 대다수 구성원에게 공평하게 돌아가도록 제도적 수단을 마련

- ㉠은 문화지체, ㉡은 아노미에 해당한다.

① 문화 지체는 사회 변동의 결과이지만 동시에 아노미와 같은 사회문제의 원인이 되기도 한다.

오답피하기

② 머튼은 문화적 목표와 이러한 목표를 달성하기 위해 그 사회에서 제도적으로 인정하는 수단과의 괴리에 의해 일탈 행동이 나타난다고 보는데, 그 이유는 문화적 목표를 달성하기 위한 기회가 모든 사회 집단과 계층에 따라 공평하게 주어지지 않기 때문이라고 본다.
③ 아노미의 원인을 목표와 제도화된 수단 간의 괴리로 보는 사람은 머튼이다.
④ 선진화된 제도를 도입했으나 경제적인 문제로 시행하지 못하는 상황은 기술지체 현상이라고 한다.

정답 ①

03 다음 A에 대한 사례로 가장 옳은 것은?

2015 해양경찰

> A는 미국의 사회학자 오그번이 주장한 이론으로 급속히 발전하는 물질문화와 비교적 완만하게 변하는 비물질문화 간에 변동속도의 차이에서 생겨나는 사회적 부조화를 의미한다.

① 자동차 수는 기하급수적으로 증가하고 있지만, 도로 증가율은 낮아 교통 체증이 매우 심각하다.
② 선진국의 민주적 제도와 문화가 유입되었지만 이를 집행할 수 있는 국가의 경제적 수준이 매우 낮다.
③ 의료 기술 발달로 노인 인구는 증가하지만, 복지대책은 이를 따라가지 못해 노인문제가 증가하고 있다.
④ 국산 휴대용 게임기의 생산은 크게 늘고 있지만, 이를 활용할 게임 프로그램이 부족해 재고가 늘고 있다.

해설 사안의 경우 문화 지체 현상에 대한 내용이다.

③ 의료기술은 물질 문화에 해당하고, 노인복지 제도는 비물질문화에 해당한다. 따라서 이는 문화 지체 현상의 사례로 적절하다.

오답피하기

① 자동차와 도로는 모두 물질문화에 해당하므로 문화 지체 현상에 대한 사례가 아니다.
② 선진화된 제도는 도입하였으나 이를 뒷받침하는 경제 발전이 되지 못한 것은 비물질문화의 변동 속도에 물질 문화가 따라가지 못하는 기술지체에 해당한다.
④ 휴대용 게임기와 이를 활용하기 위한 프로그램은 모두 물질 문화에 해당한다. 따라서 문화 지체 현상에 대한 사례에 해당하지 않는다.

정답 ③

04 세 가지 사례에 대한 적절한 설명을 〈보기〉에서 고른 것은? 2014 경찰직 2차

> ㉠ 기원전 4세기 인도 간다라 지방에서는 알렉산더 대왕의 동방 원정으로 그리스의 영향을 받은 그리스 양식 불상 조각이 처음 만들어졌다.
> ㉡ 터키는 유목민적 전통과 지리적 특성 때문에 그리스, 로마, 비잔틴 문화를 받아들였고, 중세에는 이슬람 문화, 근대 이후에는 서구 문화 등을 받아들였다. 현재에는 이슬람 문화와 서구 문화가 병존하고 있다.
> ㉢ 미국에서는 백인들의 서부 개척이 진행되면서 수많은 인디언들이 살해되거나 삶의 터전을 빼앗겼다. 그 후 인디언은 소수 민족으로 전락하여 보호 구역에서 살아가거나, 일반 미국인과 똑같은 모습으로 섞여 살아가고 있다.

보기

ㄱ. ㉠은 발명과 발견보다는 문화 전파가 강하다.
ㄴ. ㉡은 문화 공존의 사례가 될 수 있다.
ㄷ. ㉢은 강제적 문화 접변을 정당화하는 근거이다.
ㄹ. ㉢은 자발적 의지에 의한 문화 동화가 나타났다.

① ㄱ, ㄴ ② ㄱ, ㄷ
③ ㄴ, ㄷ ④ ㄷ, ㄹ

해설 ㉠은 문화 융합, ㉡은 문화 공존, ㉢은 문화 동화에 해당하는 사례이다.

문화 융합	두 문화가 접촉하여 제3의 문화가 형성되는 것
문화 동화	한 문화가 다른 문화에 흡수되어 그 문화의 고유성을 상실하는 것
문화 공존	각각의 문화가 고유성과 정체성을 유지하면서 동시에 존재하는 것

ㄱ. 문화 변동의 요인으로는 내재적 요인인 발명과 발견이 있으며, 외재적 요인으로는 전파가 있다. ㉠의 경우에는 발명과 발견이라는 내제적 요인에 의한 변동이라기 보다는 외재적 요인인 문화 전파의 요소가 강하다.
ㄴ. 이슬람 문화와 서구 문화가 병존하고 있으므로 문화 공존의 사례가 된다.

오답피하기
ㄷ. 강제적 문화 접변을 정당화하는 근거가 되는 것은 근대화이론이다.
ㄹ. 자발적 의지에 의한 문화 동화가 아니라 강제적 문화 접변에 해당하는 사례이다.

정답 ①

05 다음은 문화 변동의 양상을 나타낸 것이다. (가)~(다)에 대한 사례로 가장 적절하지 않은 것은? 2015 경찰직 2차

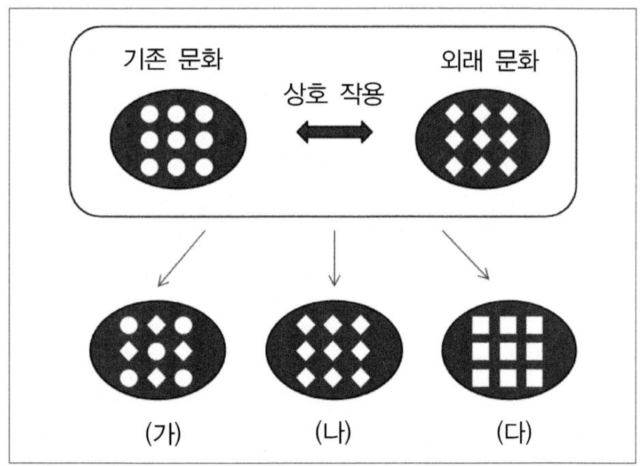

① (가)의 사례로 우리나라에 서양 의학이 보급되었으나 여전히 한의원과 서양식 병원이 공존하는 것을 들 수 있다.
② (가)의 사례로 전통음식과 외국 음식의 조리법이 섞여서 새로운 맛과 형태를 가진 음식으로 재탄생하는 퓨전 요리를 들 수 있다.
③ (나)의 사례로 백인들에 의한 미국 인디언 문화의 소멸을 들 수 있다.
④ (다)의 사례로 아프리카와 유럽 음악이 만나 재즈가 탄생한 것을 들 수 있다.

해설 (가)는 문화 공존, (나)는 문화 동화, (다)는 문화 융합에 해당한다.

문화 융합	두 문화가 접촉하여 제3의 문화가 형성되는 것
문화 동화	한 문화가 다른 문화에 흡수되어 그 문화의 고유성을 상실하는 것
문화 공존	각각의 문화가 고유성과 정체성을 유지하면서 동시에 존재하는 것

② 퓨전요리는 문화 공존이 아니라 문화 융합의 예에 해당한다.

오답피하기
① 한의원과 서양식 병원의 공존은 문화 공존의 예가 된다.
③ 백인들에 의한 미국 인디언 문화의 소멸은 문화 동화이다.
④ 아프리카와 유럽 음악이 만나 재즈가 탄생한 것은 문화 융합의 예가 된다.

정답 ②

06 다음 A, B 사회에 대한 설명으로 가장 옳은 것은?

2015 해양경찰

- A 사회에서는 일상생활에서 전통 복장을 입고 생활하는 사람이 없다. 사람들은 모두 서양식 복장을 하고 있는데, 이는 근대화 과정에서 나타난 문화변동이다.
- B 사회에 서구 기독교가 전해진 후 자신들의 전통문화를 반영하여 서구의 기독교와는 전혀 다른 새로운 모습의 기독교가 만들어졌다.

① A 사회에서 강제적 문화접변이 나타났다.
② B 사회의 문화변동 결과는 문화융합이다.
③ A, B 사회 모두 자신들의 전통문화를 상실하였다.
④ A, B 사회 모두 물질문화의 전파에 따른 문화변동이 일어났다.

해설 (가)는 문화 동화, (나)는 문화 융합에 해당한다.
② B 사회의 경우 자신들의 전통문화와 서구의 기독교가 결합하여 전혀 새로운 모습의 기독교가 만들어졌으므로 이는 문화 융합에 해당한다. 문화 융합은 외국인들과 문화 인식을 공유하는데 도움을 준다.

오답피하기
① 문화동화가 반드시 강제적 문화접변에서만 나타나는 것은 아니다. 주어진 설문만으로 강제적 문화접변이 일어났는지, 자발적 문화접변이 일어났는지 판단하기 어렵다.
③ A 사회는 문화 동화에 의해 자신들의 전통문화를 상실하였지만, B 사회는 문화 융합이 일어나 자신들의 전통문화가 상실된 것은 아니다. 문화 융합의 경우 융합된 문화 속에 자신들의 문화가 녹아들어가 있기 때문이다.
④ 의복은 재화라는 물질문화이지만, 기독교라는 종교는 상징문화로써 비물질문화에 해당한다.

정답 ②

07 다음은 문화 접변의 결과 한 사회에서 나타날 수 있는 변화의 유형을 도식화한 것이다. 이에 대한 설명으로 옳지 <u>않은</u> 것은?

2015 사회복지직

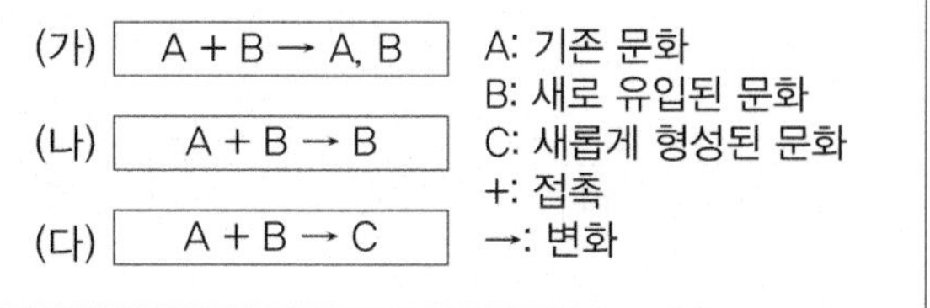

① 문화 접변의 원인에는 한 사회의 문화 요소가 다른 사회로 이동하여 영향을 주는 현상이 포함된다.
② (가)는 문화 융합으로서 새로 유입된 문화를 거부하면서 저항운동이 일어나는 경우에 발생한다.
③ (나)는 문화 동화로서 기존 문화의 정체성이 약한 경우에 발생할 수 있다.
④ (다)의 사례로는 멕시코 토착 인디언의 전통 문화와 에스파냐의 문화가 만나서 독특한 메스티조 문화가 형성된 것을 들 수 있다.

해설 (가)는 각각의 문화가 고유성과 정체성을 유지하면서 동시에 존재하는 문화 공존이고, (나)는 한 문화가 다른 문화에 흡수되어 그 문화의 고유성을 상실하는 문화 동화이고, (다)는 두 문화가 접촉하여 제3의 문화가 형성된 문화 융합이다.
② (가)는 문화 융합이 아니라 문화 공존에 해당한다.

오답피하기
① 문화 접변의 원인에는 한 사회의 문화 요소가 다른 사회로 이동하여 영향을 주는 현상이 포함되는데, 이를 외재적 변동으로서 문화 전파라고 한다.
③ (나)는 문화 동화에 해당하고, 기존 문화의 정체성이 약한 경우에 주로 발생할 수 있다. 기존 문화의 정체성이 강하다면 문화 동화보다는 문화 공존이나 문화 융합이 발생할 가능성이 높다.
④ (다)는 문화 융합에 해당하고, 멕시코 토착 인디언의 전통 문화와 에스파냐의 문화가 만나서 독특한 메스티조 문화가 형성된 것은 문화 융합의 사례로 볼 수 있다.

정답 ②

08 밑줄 친 사례에 나타난 문화변동과 관련된 개념으로 옳은 것만을 〈보기〉에서 모두 고른 것은? 2015 국가직

결혼이나 취업 등을 위해 한국 사회에 들어온 이주민이 크게 증가하면서 다양한 문화가 확산되고 있다. 특히 <u>세계 각국에서 온 주방장들이 자국의 음식 맛을 그대로 살린 식당을 열어 이주민뿐만 아니라 한국인에게도 인기를 끌면서 성업 중이다.</u>

보기

ㄱ. 직접 전파　ㄴ. 자극 전파
ㄷ. 자발적 문화 접변　ㄹ. 문화 공존
ㅁ. 문화 융합

① ㄱ, ㄴ, ㄷ　② ㄱ, ㄷ, ㄹ
③ ㄱ, ㄷ, ㅁ　④ ㄴ, ㄹ, ㅁ

해설 세계 각국에서 온 주방장들이 자국의 음식 맛을 그대로 살린 식당을 열어 이주민뿐만 아니라 한국인에게도 인기를 끌면서 성업 중이라고 했으므로 이는 사람에 의해 직접 문화 요소가 전파된 직접 전파에 대한 것이다. 또한 이것은 외부의 압력에 의해 일어난 문화 변동이 아니라 스스로의 필요에 따라 자연스럽게 나타나는 문화 변동이므로 자발적 문화 접변에도 해당한다. 마지막으로 세계 각국에서 온 주방장들에 의해 들어온 음식으로 인하여 한국의 음식이 소멸되었거나 새로운 제 3의 음식이 만들어진 것은 아니고 기존의 음식문화와 공존하고 있으므로 이는 문화 공존에 해당한다.

② ㄱ. ㄷ. ㄹ. 위의 제시문은 '직접 전파', '자극 전파', '자발적 문화 접변'에 해당한다.

오답피하기

ㄴ. 자극전파란 새로운 문화가 전파된 이후 그것을 아이디어로 새로운 발명을 할 때 나타나는 것을 의미하는데, 제시문은 새로운 음식 문화의 전파는 있지만 그것을 바탕으로 새로운 발명은 없다.

ㅁ. 새로운 문화가 전파되어 기존의 문화와 융합되어 새로운 제 3의 문화를 창조하는 것을 문화 융합이라고 하는데, 제시문에서는 기존의 한국 음식과 병존하고 있기 때문에 문화 융합에는 해당되지 않는다.

정답 ②

09 다음과 같은 현상을 가장 잘 설명해주는 공통적인 개념으로 가장 적절한 것은? 2014 해양경찰

- 북미의 체로키족 인디언들은 백인들과 접촉하면서 알파벳을 차용, 변형시켜 세쿼야(Sequoya)라고 부르는 체로키 문자를 고안해냈다.
- 북아메리카의 이로코이 족은 퀘이커 교도들의 신앙과 규범을 이용하여 전통적인 교리와 혼합된 새로운 종료를 만들었다.

① 문화 발견
② 문화 발명
③ 자극 전파
④ 문화 동화

해설

③ 자극전파란 새로운 문화가 전파된 이후 그것을 아이디어로 새로운 발명을 할 때 나타나는 것을 의미한다. 즉 전파+발명에 의해 이루어지는 것이다. 사안의 경우 체로키 인디언들이 알파벳을 받아들이고, 이로코이 족이 퀘이커 교도들의 신앙과 규범을 받아들이는 것은 문화전파에 해당하고, 이를 변형하여 세쿼야를 만들고 새로운 종교를 만든 것은 발명에 해당한다. 이처럼 문화전파와 발명이 결합한 것이므로 이는 자극전파에 해당한다.

정답 ③

10 다음의 설명 중 적절하지 않은 것은?

2016 경찰직 1차

① 문화 변동은 발명이나 발견으로 인해 한 사회의 문화 체계 내에서 이루어지는 변동인 내재적 변동과 한 사회의 문화가 다른 사회에 전파되어 기존 문화가 전파된 문화와 상호 작용을 하면서 변화가 나타나는 변동인 외재적 변동으로 구분된다.
② 문화 접변은 외재적 변동 중 두 문화 체계가 장기간에 걸쳐 전면적인 접촉을 함으로써 변동이 일어나는 것을 의미한다.
③ 문화 융합은 한 사회의 문화 요소에 다른 사회의 문화 요소가 추가적으로 받아들여져 기존 문화와 외래 문화가 각각 고유한 성격을 유지한 채로 함께 존재하는 것을 의미한다.
④ 문화 지체는 문화 변동 과정에서 물질문화와 비물질 문화의 변동 속도가 다른 부조화 현상을 의미한다.

해설

③ 한 사회의 문화 요소에 다른 사회의 문화 요소가 추가적으로 받아들여져 기존 문화와 외래 문화가 각각 고유한 성격을 유지한 채로 함께 존재하는 것은 '문화 공존'에 대한 설명이다. '문화 융합'은 한 사회에서 다른 사회로 문화가 전파될 경우 기존 문화와 외래 문화가 각각 고유한 성격을 유지한 채 그대로 존재하는 것은 아니고 절충이나 재해석 등이 나타나서 제3의 문화가 새롭게 창출된다.

오답피하기

①, ② 옳은 설명이다.
④ 문화 지체는 문화 변동 과정에서 물질문화의 변동 속도가 비물질문화의 변동 속도보다 빨라서 부조화 현상을 나타내는 것을 의미한다.

정답 ③

11 밑줄 친 ㉠~㉣에 대한 설명으로 옳은 것은?

2017 지방직

> 한국인은 ㉠ <u>햄버거의 등장</u>이라고 하면 흔히 미국을 떠올린다. 그 이유는 ㉡ <u>햄버거가 미국에서 유입</u>되었기 때문이다. 햄버거의 기원을 몽골의 유라시아 원정 때부터 보는 일부 시각도 있다. 몽골의 고기를 갈아 먹는 문화가 러시아로 전해진 후, 러시아인은 생고기를 갈아 다진 양파와 날달걀을 넣어 타르타르 스테이크를 만들었다. 그것이 독일의 함부르크에 전해진 후, ㉢ <u>함부르크 스테이크의 형태로 미국에 전해졌다.</u> 햄버거가 미국에 전해진 초기에는 일반인 대다수가 즐겨 먹는 음식이 아니었다. 하지만 맛과 간편성에 주목한 ㉣ <u>청소년과 하층민들이 햄버거를 즐겨 먹게 되었고,</u> 이후 여러 햄버거 체인들의 발전과 함께 세계적인 음식이 되었다.

① ㉠은 문화 변동의 내재적 요인 중 발견에 해당한다.
② ㉡은 문화 지체의 사례이다.
③ ㉢은 강제적 문화 접변에 해당한다.
④ ㉣은 문화의 다양성에 기여하는 하위 문화이다.

해설

④ 청소년과 하층민들이 햄버거를 즐겨 먹었다는 것은 햄버거가 다양한 하위 문화에서도 공유하는 문화가 됨으로써 문화의 다양성에 기여함을 나타낸다.

오답피하기

① 햄버거의 등장은 전에 없던 것을 새롭게 만들어내는 것으로 문화 변동의 내재적 요인 중 '발명'에 해당한다.
② 햄버거가 미국에서 유입되었다는 것은 문화 전파 중 직접 전파에 해당하는 것으로 문화 지체와는 관계가 없다.
③ 함부르크 스테이크의 형태로 미국에 전해졌다고만 나와 있을 뿐 강제적인 압력에 의해 전해졌다는 내용은 없으므로 강제적 문화 접변이라고 속단할 수 없다.

정답 ④

12 밑줄 친 ㉠~㉣에 대한 설명으로 가장 적절한 것은?

2017 교육행정

> 한 외국 가수의 노래 가사에 등장한 'You Only Live Once'의 앞 글자를 딴 ㉠ '욜로(YOLO)'라는 신조어가 생겨났다. 최근 우리나라에 ㉡ TV와 인터넷을 통해 욜로 문화가 소개되면서 현재를 중시하는 일부 청년 세대는 ㉢ '오늘을 즐긴다'는 의미로 욜로 문화를 받아들이고 있다. 이와 같은 욜로 문화는 미래를 위해 오늘의 삶을 희생하는 것을 미덕으로 여기는 ㉣ 기성세대의 문화와는 다른 삶의 모습이라 할 수 있다.

① ㉠은 물질문화에 해당한다.
② ㉡은 간접 전파에 해당한다.
③ ㉢은 강제적 문화 접변에 해당한다.
④ ㉣은 문화 동화에 해당한다.

해설
② TV와 인터넷과 같은 매개체를 통해 전파되는 것을 간접전파라고 하는데, 욜로 문화가 TV와 인터넷으로 소개되었다고 하므로 이는 간접 전파에 해당한다.

오답피하기
① 욜로(YOLO)라는 신조어는 언어로써 관념 문화로 비물질 문화에 해당한다.
③ 청년 세대에서 오늘을 즐긴다는 의미로 받아들이고 있으므로 이는 강제성을 띤 것이 아니라 자발적으로 받아들이는 것으로 자발적 문화 접변에 해당한다.
④ 욜로(YOLO)라는 문호가 기성세대의 문화와는 다른 삶의 모습으로 함께 나타나고 있으므로 이는 문화 동화가 아니라 문화 공존이라 할 수 있다.

정답 ②

13 문화 변동의 요인 A, B에 대한 설명으로 가장 적절한 것은?

2016 교육행정

> • A는 문화 변동의 내재적 요인에 해당하며, 과거에는 존재하지 않았던 새로운 문화 요소를 만들어내는 것이다.
> • B는 문화 변동의 외재적 요인에 해당하며, 매체를 통하여 이루어지는 전파이다.

① A에 해당하는 문화 변동 요인은 발견이다.
② A의 사례로 한자를 이용하여 이두를 만들어 낸 것을 들 수 있다.
③ B에 해당하는 문화 변동 요인은 직접 전파이다.
④ B의 사례로 인터넷을 통해 다른 나라의 문화가 유입되는 것을 들 수 있다.

해설 A는 발명에 해당하고, B는 간접 전파에 해당한다.
④ 인터넷이라는 매개체를 통하여 문화가 간접적으로 전파되는 것은 간접 전파의 사례이다.

오답피하기
① 과거에는 존재하지 않았던 새로운 문화 요소를 만들어내는 것은 발명이다. 발견은 이미 존재하고 있는 것을 찾아내는 것을 의미한다.
② 한자를 이용하여 이두를 만들어 낸 것은 전파된 것을 바탕으로 새롭게 발명한 것으로 자극 전파에 해당한다.
③ B는 간접 전파이다.

정답 ④

14 다음 글에 대한 설명으로 옳은 것만을 〈보기〉에서 모두 고른 것은? 2016 국가직

> 최근 소비자들의 쇼핑트렌드가 변화하고 있다. 소비자들은 인터넷 해외 직접구매를 통해 새롭고 다양한 상품을 소비할 수 있게 되었다. 그러나 해외 직접구매로 인한 대금 결제 후 배송사기, 신용정보 해외유출 등의 새로운 문제점도 증가하고 있다.

> ㄱ. 인터넷이 발달하면서 강제적 문화접변 현상이 증가하고 있다.
> ㄴ. 문화의 간접전파로 인해 문화변동이 일어난다.
> ㄷ. 문화지체 문제를 해결하려는 노력이 필요하다.
> ㄹ. 아노미 현상과 문화복고 현상을 증가시킨다.

① ㄱ, ㄴ　② ㄴ, ㄷ
③ ㄷ, ㄹ　④ ㄴ, ㄹ

해설

ㄴ. 인터넷을 통한 해외 직접 구매는 간접 전파에 의한 문화변동의 사례에 해당한다.

ㄷ. 배송 사기, 신용 정보 해외 유출 등은 물질문화의 발전 속도, 즉 인터넷과 같은 IT 기술은 급속하게 발전하는 데 비해 이에 대한 비물질 문화의 발전 속도는 더디게 이루어지기 때문에 일어나는 현상은 문화 지체에 해당한다. 따라서 이러한 문화지체 문제를 해결하는 노력이 필요하다.

오답피하기

ㄱ. 강제적 문화 접변은 정복이나 식민 지배와 같은 상황에서 물리적 강제력에 의하여 자기 사회의 문화 요소를 다른 사회의 문화 체계 속에 이식함으로써 나타나는 문화 변동이며, 자발적 문화 접변은 바람직하고 필요하다고 느껴 스스로 다른 사회의 문화 요소를 자기 사회의 문화 체계 속으로 받아들임으로써 나타나는 문화 변동이다. 제시문에서 나타난 소비자들의 쇼핑 트렌드 변화는 소비자 스스로 받아들인 문화 변동으로 자발적 문화 접변에 해당한다. 따라서 인터넷이 발달하면서 자발적 문화 접변 현상이 증가하고 있다.

ㄹ. 아노미 현상은 급속한 문화 변동이 나타날 경우 전통적인 규범의 통제력이 약화되고 새로운 규범이 미처 확립되지 않아 사회적 혼란이 발생할 수 있는데 이를 아노미 현상이라고 하며, 문화 복고 현상은 과거에 존재했었던 사회 제도나 문화 특징 등을 복구하는 것을 의미한다. 그러나 위의 제시문에서는 위와 같은 내용을 찾아 볼 수 없다.

정답 ②

15 그림은 문화 변동의 요인 (가)~(다)를 구분한 것이다. 이에 대한 설명으로 옳은 것은? (단, (가)~(다)는 각각 발명, 간접 전파, 자극 전파 중 하나이다.) 2021년 소방직

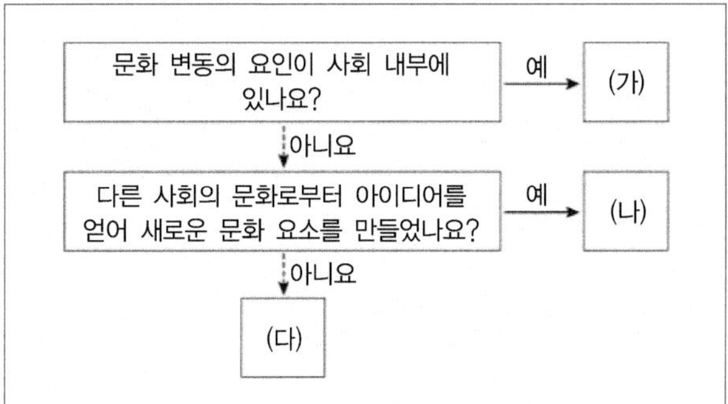

① 인류가 산소의 존재를 알아낸 것은 (가) 사례에 해당한다.
② 식민 지배를 통해 한 나라의 문화가 다른 나라로 전해지는 것은 (나) 사례에 해당한다.
③ 정보 통신 기술이 발달할수록 (다)에 의한 문화 변동이 더 수월하게 나타날 수 있다.
④ (가)는 (나), (다)와 달리 문화 접변을 일으키는 요인이다.

출제 단원 및 영역 사회 문화 3단원 문화의 변동

해설 (가)는 발명, (나)는 자극 전파, (다)는 간접 전파에 해당한다.

③ 정보 통신 기술이 발달할수록 인터넷 등의 매체 등을 통하여 문화 전파가 쉽게 나타나기 때문에 간접 전파에 의한 문화 변동이 더 수월하게 나타날 수 있다.

오답피하기

① 인류가 산소의 존재를 알아낸 것은 새로운 것을 만든 것이 아니라 기존의 존재하던 것을 찾은 것이므로 문화 변동의 내부적 요인 중 발견에 해당한다.
② 식민 지배를 통해 한 나라의 문화가 다른 나라로 전해지는 것은 직접 전파에 해당한다.
④ 문화 접변이란 외재적 요인에 의해 문화가 전파되는 것이므로 발명과 같은 내부적 요인이 아니라 직접 전파, 간접 전파, 자극 전파가 문화 접변의 예에 해당한다.

정답 ③

16 〈보기〉의 표는 A 민족과 B 민족 간의 교류로 인한 두 민족의 문화 변동을 나타낸 것이다. 이에 대한 설명으로 가장 옳은 것은? 2021 서울시(경력직)

보기

구분	A 민족	B 민족
T 시기	○, □, △	●, ■, ▲
T+1 시기	○, ●, □, △,	●, ■, □, ▲
T+2 시기	◎, ■, △	●, ■, △

* ○, □, △는 순서대로 A 민족의 의복 문화, 음식 문화, 주거 문화임.
* ●, ■, ▲는 순서대로 B 민족의 의복 문화, 음식 문화, 주거 문화임.
* ◎는 ○의 성격과 ●의 성격을 모두 지니면서 새로운 성격이 가미된 의복 문화임.

① T+1 시기 A 민족은 B 민족과 달리 문화 공존(병존)이 나타났다.
② T 시기에서 T+1 시기로 가면서 내재적 요인에 의한 문화 변동이 발생하였다.
③ T 시기 이후 T+2 시기에 이르기까지 A 민족과 달리 B 민족의 의복 문화에서만 자문화 요소가 유지되고 있다.
④ T 시기에 비해 T+2 시기의 A 민족 문화 변동에서 의복 문화는 음식 문화, 주거 문화와 달리 문화 융합이 발생하였다.

출제 단원 및 영역 사회 문화 3단원 문화의 변동

해설

④ 옳은 설명이다. T 시기에 비해 T+2 시기의 A 민족 문화 변동에서 의복 문화는 기존 자문화와 B 민족에서 유입된 문화로 인하여 문화 융합이 일어났고, 음식 문화는 문화 동화가 나타났다. 반면, 주거 문화는 문화 변동이 나타나지 않았다.

오답피하기

① T+1 시기 A 민족은 B 민족 모두 기존 문화에 새로운 문화가 유입된 후 모두 문화 공존의 상황을 보여주고 있다.
② T+1 시기의 A 민족은 기존 문화에 B 민족으로부터 ●이 전파되었고, B 민족은 기존 문화에 A 민족으로부터 □이 전파되었으므로 외재적 요인에 의한 분화 변동이 발생하였다.
③ T 시기 이후 T+2 시기에 이르기까지 A 민족은 주거 문화에서 자문화 요소가 유지되고 있다.

정답 ④

17 다음 글을 읽고 〈보기〉에서 옳은 것만을 모두 고르시오. 2020 국가직

- '골드 러시'라고 불리는 미국 서부 개척 시대였던 1853년, 한 독일 출신 청년이 광부들의 작업복이 쉽게 찢어지는 것을 보고, ㉠ 텐트용으로 생산된 두꺼운 천으로 바지를 만들기 시작하였다. 얼마 지나지 않아 이 바지는 광부들로부터 폭발적인 인기를 끌었고, 이 청년의 이름을 따서 바지 상표를 만들게 되었는데 이때부터 청바지의 역사가 시작되었다. ㉡ 우리나라에는 청바지가 6·25 전쟁 때 참전한 미군으로부터 소개된 후, 생맥주, 통기타 등과 어우러지면서 청년 문화의 상징이 되었다가 지금은 남녀노소 누구나 즐겨 입는 옷이 되었다.
- 19세기 이후 서구 열강의 지배를 받은 아프리카의 많은 나라에 서양 문물이 전해졌는데, 그중에는 종교도 있었다. ㉢ 많은 선교사들이 아프리카로 건너가 기독교를 전파함으로써 ㉣ 아프리카 고유의 토속신앙이 사라지고 서양 종교인 기독교로 종교가 대체되기도 하였다.

보기

ㄱ. ㉠은 알려지지 않았던 문화 요소를 찾아내는 발견에 해당한다.
ㄴ. ㉡은 외재적 변동에 해당한다.
ㄷ. ㉢은 간접전파에 해당한다.
ㄹ. ㉣은 문화변동의 결과 중 문화동화의 사례에 해당한다.

① ㄱ, ㄷ　② ㄴ, ㄹ
③ ㄱ, ㄴ, ㄷ　④ ㄴ, ㄷ, ㄹ

출제 단원 및 영역 사회문화 3단원 문화의 변동

해설

ㄴ. 청바지가 우리나라에 소개된 것은 외부로부터 유입된 것으로 직접전파에 해당하고, 직접전파는 외재적 변동에 해당한다.
ㄹ. 아프리카 고유의 토속신앙이 사라졌다고 하였으므로 이는 문화 동화의 사례에 해당한다.

오답피하기

ㄱ. 발명이란 새로운 것을 만들거나 이미 존재하던 것을 바탕으로 창조하는 것을 말한다. 반면 발견은 이미 존재하였으나 알아내지 못했던 것을 알아내는 것을 말한다. ㉠은 청바지를 새롭게 발명한 것이다.
ㄷ. 선교자들이 종교를 전파한 것은 직접전파에 해당한다.

정답 ②

18 다음 사례에 나타난 문화 변동에 대한 설명으로 옳은 것은?

2021 국가직

> A국은 오랜 전쟁 끝에 B국을 정복하고 식민통치하였다. 식민통치 하에서 B국 사람들이 자연스럽게 A국의 의복을 받아들이면서 B국의 고유한 의복은 자취를 감추고 A국의 의복으로 대체되었다. 또한 A국에서는 B국의 고유한 향신료를 A국 전통음식에 접목시킨 새로운 음식을 만들어 즐기게 되었다.

① A국에서는 문화 융합, B국에서는 문화 동화가 발생하였다.
② A국과 달리 B국에서는 간접 전파에 의한 문화 변동이 발생하였다.
③ B국과 달리 A국에서는 강제적 문화 접변으로 문화 변동이 발생하였다.
④ A, B국 모두 내재적 요인에 의한 문화 변동이 발생하였다.

출제 단원 및 영역 사회문화 3단원 문화의 변동

해설

① A국은 B국의 고유한 향신료를 A국 전통음식에 접목시킨 새로운 음식을 만들어 즐기고 있으므로 문화 융합이 발생하였고, B국은 A국의 의복을 받아들이면서 B국의 고유한 의복은 자취를 감추고 A국의 의복으로 대체되었다고 하였으므로 문화 동화가 발생하였다.

오답피하기

② A국과 B국은 모두 직접전파에 의한 문화 변동이 발생하였다.
③ A국과 B국은 모두 자발적 문화 접변에 의한 문화 변동이 발생하였다. B국은 식민 지배를 받았지만 자연스럽게 A국의 의복을 받아들였다고 하였으므로 자발적 문화 접변으로 문화 변동이 발생하였다.
④ A, B국 모두 직접 전파라는 외재적 요인에 의한 문화 변동이 발생하였다.

정답 ①

대중 문화/다문화 사회

01 대중 매체에 대한 설명 중 가장 적절하지 않은 것은?

2017 경찰직 1차

① 사회적 쟁점에 대해 해석하고 평가하는 기능을 수행한다.
② 정보를 수집·정리하여 제공할 뿐 아니라 문화유산을 전수하기도 한다.
③ 선정적이고 폭력적인 내용의 오락과 잘못된 정보를 제공하는 역기능도 있다.
④ 특정한 사회적 가치를 선택하여 행동하도록 대중을 동원하지 않는다.

해설

④ 대중매체의 경우 특정한 사회적 가치를 선택하여 행동하도록 동원하여 대중을 선동하기도 한다는 점에서 대중매체를 주체적으로 이용할 필요성이 제기된다.

오답피하기

① 대중매체는 사회적 쟁점에 대해 해석하고 평가하는 기능을 수행하기도 한다.
② 대중매체는 정보를 수집·정리하여 제공하여 대중은 이를 적은 비용으로 활용할 수 있을 뿐만 아니라 문화유산을 기록하고 보관함으로써 다음 세대에 전수하기도 한다.
③ 대중매체는 상업성을 가지고 있으므로 이윤 추구를 위해 선정적이고 폭력적인 내용의 오락을 제공하기도 하고 정확하지 않은 정보를 제공하기도 한다.

정답 ④

02 다음 그림은 대중 매체의 유형 A~C를 분류한 것이다. 이에 대한 설명으로 옳은 것은? (단, A~C는 각각 라디오, 신문, 뉴미디어 중 하나이다.) 2017 지방직 추가

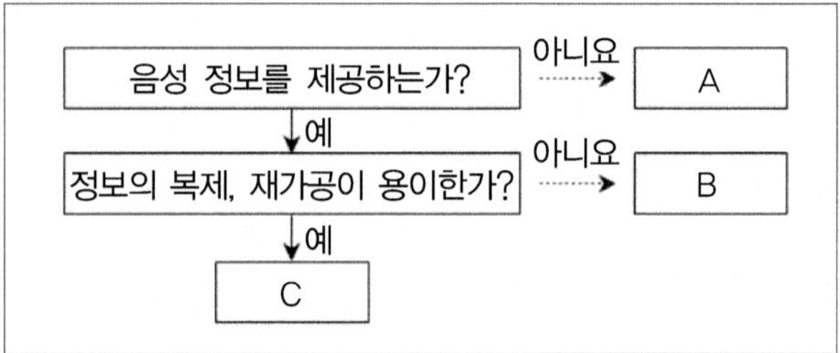

① A와 달리 B는 지면에 시각적 이미지를 활용하여 정보를 제공한다.
② A는 C에 비해 정보 확산 속도가 빠르다.
③ A에 비해 C는 정보의 생산자와 소비자 간 쌍방향 의사소통이 쉽다.
④ A, B와 달리 C는 정보 생산자와 소비자 간 경계가 명확하다.

해설 음성 정보를 제공하는 것이 아닌 것은 '신문(A)'이고, 정보의 복제와 재가공이 용이한 것은 '뉴미디어(C)'이다. 따라서 나머지 하나는 '라디오(B)'이다.
③ 신문은 정보의 생산자가 일방적으로 정보를 제공하고 정보의 소비자는 이를 수용하는 일방향적인 매체이다. 반면, 뉴미디어는 정보 생산자와 소비자 서로가 의사 전달이 이루어지는 쌍(양)방향 의사소통이 쉬운 매체이다.

오답피하기
① 지면에 시각적 이미지를 활용하여 정보를 제공하는 것은 인쇄매체인 신문이다.
② 신문과 같은 인쇄매체의 경우 배송 등의 경로가 필요하므로 정보 전달의 속도가 뉴미디어보다 느리다. 뉴미디어는 정보를 빠르고 쉽게 전달할 수 있는 매체이다.
④ 뉴미디어는 정보 생산자와 소비자가 서로 의사 전달을 하고, 누구나 정보를 생산할 수 있으므로 그 경계가 명확하지 않다.

정답 ③

주류(전체) 문화 / 하위 문화

01 A, B에 대한 설명으로 옳은 것만을 〈보기〉에서 고르면? 2019 지방직

> 한 사회 구성원 대부분이 누리는 문화를 (　A　)라고 한다면, 한 사회 내의 일부 구성원들이 공유하는 문화를 (　B　)라고 한다.

보기
ㄱ. A는 사회 내에 존재하는 B의 총합이다.
ㄴ. B는 사회 전체의 문화적 다양성을 저해한다.
ㄷ. 사회 변화에 따라 B는 A가 되기도 한다.
ㄹ. B는 A가 추구하는 가치와는 다른 가치를 추구하기도 한다.

① ㄱ, ㄴ　② ㄱ, ㄷ
③ ㄴ, ㄹ　④ ㄷ, ㄹ

출제 단원 및 영역 사회문화 3단원 전체문화와 하위문화

해설 A는 한 사회의 구성원 모두가 공유하는 문화인 전체문화, B는 전체 문화에 대한 부분 문화로서 특정한 집단의 성원들만이 공유하고 있는 문화인 하위문화에 해당한다.
ㄷ. 하위문화가 사회 구성원 대다수가 공유하는 문화가 되면 전체문화가 될 수 있다.
ㄹ. 하위문화의 경우 전체 문화가 추구하는 가치와 다른 가치를 추구하여 갈등을 맺기도 한다. 사회의 지배적인 문화에 정면으로 반대하고 적극적으로 도전하는 하위 문화인 반(反)문화가 대표적이다.

오답피하기
ㄱ. 전체문화는 하위문화의 단순한 총합이 아니다.
ㄴ. 다양한 하위 문화를 통하여 문화적 다양성을 높일 수 있다.

정답 ④

02 밑줄 친 ㉠~㉢에 대한 설명으로 옳은 것은?

2021년 소방직

> ㉠ 주류 문화는 한 사회에서 지배적인 영향을 끼치는 문화로, 집단 및 영역과 상관없이 구성원들이 전반적으로 공유하는 문화이다. 한편, ㉡ 하위문화란 한 사회 내에서 특정 집단의 구성원들 또는 특정 영역의 사람들만 공유하는 문화이다. 이러한 하위문화의 한 유형인 ㉢ 반문화는 한 사회의 지배적인 문화에 저항하거나 대립하는 문화이지만, 기존 주류 문화를 대체하거나 사회 변동을 가져오기도 한다.

① ㉠은 문화의 획일화를 방지하는 역할을 한다.
② ㉡은 ㉢과 한 사회 내에서 공존할 수 없다.
③ ㉢을 공유하는 구성원은 ㉠의 모든 문화 요소를 거부한다.
④ ㉠, ㉡은 사회 변화에 따라 ㉢이 되기도 한다.

출제 단원 및 영역 사회 문화 3단원 주류 문화, 하위 문화

해설

④ 주류문화나 하위 문화라도 시간이 흐르고 사회가 변화함에 따라 일부 구성원들이 향유하면서 주류 문화에 적대적인 반문화가 되기도 한다. 일반적으로 하위문화나 반문화가 주류문화가 되기도 하고 주류문화가 하위문화도 되기도 하므로 이 지문은 맞는 것으로 하는 것이 출제자의 의도인 듯 하다.

오답피하기

① 주류 문화는 사회 구성원 다수가 향유하는 문화로서 문화의 획일화를 가져올 수 있으며, 문화의 획일화를 방지하는 역할을 하는 것은 반문화나 하위 문화라고 할 수 있다. 하위 문화가 증가함에 따라 문화는 다양해진다.
② 반문화도 하위 문화의 일종으로서 하위 문화 중 주류 문화를 거부하는 것이 반문화이므로 반문화와 하위 문화는 공존할 수 있다.
③ 반문화를 공유하는 구성원은 주류 문화에 적대적인 태도를 보이지만 모든 주류 문화 요소를 거부하는 것은 아니다. 대한민국 청소년들이 기존의 대한민국의 주류적인 음식문화를 모두 거부하는 것은 아니기 때문이다.

정답 ④

03 다음 각 문화에 관한 설명 중 가장 적절한 것은?

2021 경찰직 2차

① 한국 문화의 입장에서 MZ세대의 문화는 하위문화가 아니라 전체문화로 분류된다.
② 대중문화는 특권층이 아닌 사람들이 누리는 하위문화로, 획일적이고 일방적이다.
③ 1980년대의 대학생 운동권 문화는 반문화가 아니라 세대 문화이다.
④ 국교가 이슬람인 국가에서 가톨릭은 반문화로 분류될 수 있다.

출제 단원 및 영역 사회 문화 3단원 전체문화와 하위문화

해설

④ 이슬람이 주류 문화인 곳에서 가톨릭은 반문화로 분류될 수 있다.

오답피하기

① 한국 문화의 입장에서 MZ세대의 문화는 하위문화이다.
② 대중문화는 특권층이 아닌 사람들이 누리는 주류문화로, 획일적이고 일방적, 상업적인 특성을 가진다.
③ 1980년대의 대학생 운동권 문화는 주류 문화에 적대적인 반문화이면서 대학생 세대들이 향유하는 세대 문화로 분류할 수 있다.

정답 ④

CHAPTER 04

사회 계층과 불평등

사회 계층화 이론

01 다음 표는 사회 불평등 현상을 설명하는 개념 A, B의 일반적 특징을 나타낸 것이다. 이에 대한 옳은 설명을 〈보기〉에서 고른 것은? (단, A와 B는 각각 계급과 계층 중 하나에 해당한다.) 2014 경찰직 1차

구 분	개 념	
	A	B
지위 불일치 가능성이 인정되는가?	예	아니요
내부 구성원 간에 나타나는 강한 귀속 의식이 강조되는가?	아니요	예

보기

㉠ A는 정치 권력의 배분이 전적으로 경제적 능력에 의해 결정된다고 본다.
㉡ B는 사회적 희소 가치의 불평등한 분배를 다원론적인 관점에서 이해한다.
㉢ B는 A와 달리 집단 간의 서열이 불연속적이라고 본다.
㉣ A와 B는 모두 사회 불평등과 경제적 부(富)를 관련지어 파악한다.

① ㉠, ㉡　② ㉠, ㉣
③ ㉡, ㉢　④ ㉢, ㉣

해설 A는 계층이고 B는 계급에 해당한다.

ㄷ. 계급의 경우 자본가(부르주아)와 노동자(프롤레타리아) 계급으로 구분하고 두 계급은 서로 단절적이며 지배와 피지배의 관계에 있다고 하여 이분법적 불연속적으로 구분한다.
ㄹ. 계층과 계급 모두 경제적 요인을 사회 불평등의 형성원인으로 본다.

오답피하기

ㄱ. 정치 권력의 배분이 전적으로 경제적 능력에 의해 결정된다고 보는 것은 계급이다.
ㄴ. 사회적 희소 가치의 불평등한 분배를 다원론적인 관점에서 이해하는 것은 계층이다.

정답 ④

02 마르크스(Marx)와 베버(Weber)의 사회 불평등 현상에 대한 설명을 옳지 않은 것은? 2017 국가직 생활안전

① 사회계층(계급)을 마르크스는 단일한 기준으로 분류하고 베버는 복수의 기준으로 분류한다.
② 지위불일치 현상의 설명에는 베버보다 마르크스가 더 적합하다.
③ 사회계층(계급) 사이의 대립적 관계를 베버보다 마르크스가 더 강조한다.
④ 이분법적 분류가 어려운 사회계층(계급)은 마르크스보다 베버에 의해 더 잘 설명된다.

해설

② 마르크스의 경우 생산 수단의 소유 여부라는 하나의 기준으로 계급을 나누기 때문에 지위 불일치 현상이 나타나지 않는다. 반면, 베버의 경우 사회적 지위, 정치적 권력, 경제적 계급 의 다양한 기준으로 계층을 구분함으로써 지위가 불일치하는 경우가 나타난다. 가령 사회적 지위는 상층이지만 경제적으로 어려워 하층인 경우를 들 수 있다.

오답피하기

① 마르크스는 생산 수단의 소유 여부라는 단일한 기준으로 지배 계급과 피지배 계급으로 구분하였기 때문에 일원론이라고 한다. 반면 베버는 경제적·사회적·정치적 위치라는 다양한 기준으로 사회 계층을 나누었기 때문에 다원론이라고 한다.
③ 마르크스의 경우 지배 계급과 피지배 계급으로 구분하고 그들 사이의 소속감은 강하지만 다른 계급에 대하여 서로 대립한다고 본다.
④ 생산 수단의 소유 여부에 따라 지배 계급과 피지배 계급으로 구분하는 마르크스의 경우 이분법적으로 사회 계층을 나누어 설명하기 쉽다.

정답 ②

03 다음 계급과 계층에 관한 설명 중 적절하지 않은 것은? 2016 경찰직 2차

① 계급은 생산수단 소유 여부에 따라 나눠지지만 계층은 경제적 자원, 정치적 권력, 사회적 지위 등 다양한 요인들로 결정된다.
② 계급은 명료하게 둘로 나눠지고 소속감 또한 강하지만 계층은 구분도 명확하지 않고 소속감도 약한 경우가 많다.
③ 두 계급 간의 관계는 대립적이지만 다양한 계층 간의 관계는 반드시 적대적이지는 않다.
④ 계급은 구조화된 불평등을 설명하는 개념이지만 계층은 사회 내 다양한 집단 간의 평등한 관계를 설명하는 개념이다.

해설
④ 계급과 계층은 모두 사회적 희소 가치를 분배한 결과 개인과 집단이 불평등하게 배분되어 서열화되어 구조화된 것을 나타낸다. 따라서 계층은 사회 내 다양한 집단 간의 평등한 관계를 설명하는 개념이라는 설명은 틀린 것이다.

오답피하기
① 계급은 생산 수단의 소유 여부에 따라 한 가지의 기준으로 계급을 나누어 일원론에 해당하고, 계층은 경제적 자원, 정치적 권력, 사회적 지위 등 다양한 요인들로 결정된다고 하여 다원론이라고 한다.
② 계급론에서 계급은 생산 수단의 소유 여부에 따라 명료하게 지배 계급과 피지배 계급의 둘로 나눠지고 소속감 또한 강하지만 계층 이론에서 계층 간의 경계나 구분도 명확하지 않고 소속감도 약한 경우가 많다.
③ 계급론에서의 두 계급 간에는 서로 대립적이지만 계층 이론에서는 계층의 경계도 명확하지 않고 계층 간의 이동도 가능하므로 다양한 계층 간의 관계는 반드시 적대적이지는 않다고 본다.

정답 ④

04 〈보기〉는 사회 계층화 이론에 대한 수업의 한 장면이다. 밑줄 친 (가)에 들어갈 내용으로 가장 옳은 것은? 2018 서울 경력직

보기

교사 사회 계층화 현상에 대한 대표적 이론은 A와 B가 있습니다. A와 B는 각각 마르크스의 계급 이론과 베버의 계층 이론 중 하나입니다. 갑이 A에 대해 아는 대로 설명해 보세요.
갑 생산 수단 소유 여부에 따라 계급을 구분합니다.
교사 그것은 B에 대한 설명이군요. 을이 A에 대해 말해 보세요.
을 (가)

① 지배 계급과 피지배 계급으로 구분됩니다.
② 다원론적으로 사회 계층화 현상을 설명합니다.
③ 지위 불일치 현상을 설명하기 어렵습니다.
④ 계급 간 대립이 사회 변혁의 원동력이 된다고 봅니다.

해설 생산 수단이라는 경제적 요인이 다른 모든 사회 불평등을 결정한다고 보는 것은 마르크스의 '계급 이론'에 해당하므로 B는 계급론, A는 '계층 이론'이다.
② 계층 이론은 다양한 기준에 따라 다양하게 서열화되어 있는 개인·집단의 위치를 구분하는 개념이다. 경제적 요인, 사회적 요인, 정치적 요인 등 다양한 요인에 의해 사회 불평등이 발생한다고 보는 다원론적인 입장이다. 이 견해에 의하면 다양한 요인에 의한 희소가치의 불평등한 분배 상태를 범주화하여 설명하기 때문에 다원론적으로 사회 계층화 현상을 설명한다.

오답피하기
①, ③, ④는 모두 계급 이론에 대한 설명이다.

정답 ②

05 사회 불평등 현상을 설명하는 대표적인 이론에 관한 내용으로 가장 적절하지 않은 것은? 2019 경찰직 1차

① 계급이론은 생산 수단의 소유 여부에 따라 서열화된 위치를 구분한다.
② 계층이론은 막스 베버의 다원론에서 설명하고 있다.
③ 계급이론은 사회 계층화의 세 가지 측면으로 계급, 권력, 지위를 들며, 계급은 상층, 중층, 하층으로 구분한다.
④ 계층이론은 다양한 기준에 따라 다양하게 서열화된 개인 집단의 위치를 구분한다.

출제 단원 및 영역 사회문화 4단원 계급이론과 계층이론

해설
③ 계급이론은 생산 수단의 소유 여부에 따라 서열화된 위치를 구분하는 개념이며, 계층이론은 사회 계층화의 세 가지 측면으로 계급, 권력, 지위를 들며, 계급은 상층, 중층, 하층으로 구분하는 개념이다.

정답 ③

06 사회 계층화 현상을 설명하는 A, B이론에 대한 설명으로 옳은 것은? 2019 국가직

질문 \ 이론	A이론	B이론
지위 불일치의 가능성을 인정하는가?	예	아니요
내부 구성원 간 귀속 의식을 강조하는가?	아니요	예

① A이론은 계층이 불연속적으로 구분되어 있다고 본다.
② B이론은 다원론적 관점에서 사회 불평등을 이해한다.
③ A이론은 B이론과 달리 사회 불평등 현상에 경제적 요인이 작용한다고 본다.
④ B이론은 A이론과 달리 정치적 불평등이 경제적 불평등에 종속되는 것으로 본다.

출제 단원 및 영역 사회문화 4단원 계급 이론과 계층 이론

해설 지위 불일치란 한 개인이 가지고 있는 계층상의 위치가 범주에 따라 다르게 나타나는 현상. 가령, 사회적 측면(지위)과 정치적 측면(권력)에서는 상층이지만 경제적 측면(계급)에서는 하층인 경우를 말한다. 지위 불일치의 가능성을 인정하는 것은 계층이론이므로 A이론은 계층 이론이다. 반면 내부 구성원 간의 귀속 의식을 강조하는 B는 계급 이론이다.
④ 계급 이론에서는 경제적 요인이 다른 모든 사회 불평등을 결정한다고 보기 때문에 정치적 불평등이 경제적 불평등에 종속되는 것으로 본다.

오답피하기
① 계층을 불연속적으로 구분되어 있다고 보는 것은 계급 이론이다. 반면 계급 이론에서는 계층을 연속적으로 구분되어 있다고 본다.
② 계층 이론은 경제적 요인, 사회적 요인, 정치적 요인 등 다양한 요인에 의해 사회 불평등이 발생한다고 보아 다원론적인 관점에서 사회 불평등을 이해하고, 계급 이론에서는 경제적 요인이 다른 모든 사회 불평등을 결정한다고 보아 일원론적 관점에서 사회 불평등을 이해한다.
③ 사회 불평등 현상에 경제적 요인이 작용한다고 보는 것은 계급 이론과 계층 이론 모두에 공통된다.

정답 ④

07 다음은 사회 계층화 현상에 관한 개념이다. (가), (나)에 대한 설명으로 옳은 것은? 2018 소방직

(가)	경제력, 지위, 권력 등 다양한 요인에 따라 사회 구성원을 구분
(나)	생산 수단의 소유 여부에 따라 사회 구성원을 두 부류로 구분

① (가)는 구성원의 위치에 따른 집단 귀속 의식을 중시한다.
② (나)는 개인의 노력을 통해 얼마든지 사회 이동이 가능하다고 본다.
③ 지위 불일치 현상을 설명하는 데는 (가)가 (나)보다 유리하다.
④ (가), (나) 모두 사회 발전을 위해 사회 계층화 현상은 불가피하다고 본다.

해설 (가)는 계층 이론이고, (나)는 계급 이론에 해당한다. 계급 이론은 갈등론에, 계층 이론은 기능론에 영향을 미쳤다.
③ 계급 이론에 따르면 경제적 요인에 의해 다른 모든 사회 불평등을 결정한다고 보기 때문에 지위가 일치될 수 밖에 없다. 그러나 계급 이론은 경제적 요인, 사회적 요인, 정치적 요인 등 다양한 요인에 의해 사회 불평등이 발생한다고 보므로 한 개인이 가지고 있는 계층상의 위치가 범주에 따라 다르게 나타나는 지위 불일치 현상을 설명하기 용이하다.

오답피하기
① 구성원의 위치에 따른 집단 귀속 의식을 중시하는 것은 계급 이론이다. 계층 이론에서는 같은 계층 간의 소속감이나 유대감이 강하지 않다.
② 개인의 노력을 통해 얼마든지 사회 이동이 가능하다고 보는 것은 계층 이론이다.
④ 사회 발전을 위해 계층화가 필요하다고 보는 것은 기능론적 관점에 영향을 준 계층 이론이고, 갈등론에 영향을 준 계급 이론에서는 사회 계층화란 불공정한 기준에 의해 나타난 것이므로 타파하고 변혁해야할 대상으로 본다.

정답 ③

사회 불평등 현상을 바라보는 관점

01 사회 계층 현상을 바라보는 갑과 을의 관점에 대한 설명으로 옳은 것은? 2014 국가직

> 갑 저소득층에 대한 학비 지원 제도나 국가 장학금 제도가 있기 때문에 모든 학생들에게 대학 진학의 기회는 균등하게 부여되어 있어, 결국 개인의 능력이나 노력의 차이에 따라 특정 대학 진학이 결정되는 것이지, 자기가 원하는 대학에 진학하지 못했다고 부모를 탓하는 것은 핑계에 불과해.
> 을 어떤 가정 환경에서 자라고 얼마만큼 사교육을 받았는지가 학생의 성적을 좌우하지. 기득권층 자녀는 부모 덕으로 특정 대학에 진학하는 것이 현상이야. 개인의 능력과는 무관하게 사회 불평등은 재생산되는 것이지.

① 갑은 사회 계층 현상을 사회적 기여 정도에 따른 서열화로 본다.
② 갑은 사회 계층 현상을 심각한 사회 문제로 여긴다.
③ 을은 개인의 귀속적 요인이 사회 계층 구조를 변화시킨다고 본다.
④ 갑에 비해 을은 차등적 보상 체계를 바람직하다고 본다.

해설 사회 계층화 현상을 바라보는 관점은 크게 기능론적 관점과 갈등론적 관점으로 나눌 수 있다. 기능론적 관점은 사회의 각 구성 요소들은 전체 구성원의 합의에 따라 기능이 분화되어 서로 의존하는 관계를 맺고 있다고 본다. 반면 갈등론적 관점은 사회는 지배·피지배의 갈등 관계로 이루어지며 사회 구성원들은 사회적 희소가치에 대한 갈등 관계에 있다고 본다. 특히 사회 계층화 현상과 관련해서 기능론적 관점은 개인의 능력, 노력, 기여도에 따라 사회적 희소가치를 차등적으로 분배하면서 나타나는 필연적인 현상이라고 보는 반면, 갈등론적 관점에서는 계층화 현상을 출신 배경이나 권력, 경제력의 차이에 의해 지배 집단에게 유리한 기준에 의해 재생산되는 구조적인 불합리로 이해한다. 사안에서 갑은 기능론적 관점, 을은 갈등론적 관점의 입장이다.
① 사회 계층 현상을 사회적 기여 정도에 따른 서열화로 보는 것은 기능론적 관점이다.

오답피하기
② 사회 계층 현상을 심각한 사회 문제로 여기는 것은 갈등론적 관점이다. 갈등론적 관점에서는 계층화 현상을 출신 배경이나 권력, 경제력의 차이에 의해 지배 집단에게 유리한 기준에 의해 재생산되는 구조적인 불합리로 이해하기 때문이다.
③ 갈등론에서는 개인의 귀속적 요인이 사회 계층 구조를 변화시킨다고 보는 것이 아니라 계급이 재생산되어 고착화시킨다고 본다.
④ 차등적 보상 체계를 바람직하다고 보는 것은 기능론적 관점이다.

정답 ①

02 다음은 사회계층화 현상을 바라보는 관점 중의 하나이다. 이 관점에 부합하는 설명으로 옳은 것은?

2015 국가직

사회계층화 현상은 사회적 희소자원이 구성원들의 능력과 노력에 따라 다르게 분배됨으로써 나타나는 불가피한 현상이다.

① 임금의 차등은 기득권을 유지하기 위한 지배집단의 강제와 억압 때문이다.
② 차별적 보상 체계는 동기 부여를 통해 사회 발전에 기여한다.
③ 가정에서 부부간의 문제는 근본적으로 불평등한 부부관계에서 비롯된다.
④ 교육은 계층이동의 통로가 되기보다 기존의 불평등한 사회구조를 재생산할 뿐이다.

해설 사회계층화 현상을 사회적 희소자원이 구성원들의 능력과 노력에 따라 다르게 분배됨으로써 나타나는 불가피한 현상으로 보는 것은 기능론적 관점이다. 즉 기능론적 관점은 사회계층 현상은 개인의 자질과 능력에 따라 희소가치가 차등 분배된 결과라고 본다.
② 기능론적 관점에 따르면 차별적 보상 체계로 인해 구성원들에게 동기 부여를 제공하고 경쟁을 유도하여 사회 발전의 원동력이 된다고 본다.

오답피하기
① 임금의 차등은 기득권을 유지하기 위한 지배집단의 강제와 억압 때문이라고 보는 것은 갈등론적 관점이다.
③ 사회 구성원간의 불평등한 관계가 사회 문제의 원인이 된다고 보는 것은 갈등론적 관점이다.
④ 교육을 계층 이동의 통로가 되기보다 기존의 불평등한 사회구조를 재생산할 뿐이라고 보는 것은 갈등론적 관점이다. 이에 반하여 기능론적 관점은 교육을 계층 이동이 되는 사다리 역할을 한다고 본다.

정답 ②

03 사회 불평등 현상을 바라보는 갑과 을의 관점에 대한 분석으로 옳은 것은?

2013 국가직

갑 사회 불평등은 필연적이야. 사회적으로 중요한 일을 하는 사람에게는 높은 보상을 해 주어야 그 사회가 원활하게 돌아간다고 생각해. 을 네 말이 맞긴 한데 전적으로 동의할 수는 없어. 너의 말 중 '사회적으로 중요한 일'이 무엇인지 불분명해. 그것을 누가 결정하지? 사회적 중요성과 그에 따른 차등적 보상이라는 것은 기득권층이 자신들의 이익을 보전하기 위해 내세우는 구실에 불과해.

① 갑의 관점에 따르면, 사회계층 제도는 지배 집단의 이해와 가치를 반영한다.
② 갑의 관점에 따르면, 사회계층 제도는 개인과 사회가 최선의 기능을 하는 데 방해가 된다.
③ 을의 관점에 따르면, 기득권을 가진 집단이 자신들의 이익을 위하여 사회계층 제도를 유지하고자 한다.
④ 을의 관점에 따르면, 사회계층 제도는 개인의 성취동기를 자극하고 필요한 인재를 적재적소에 충원하는 기능을 한다.

해설 제시문에 나타난 갑의 관점은 '기능론적 관점'이고, 을의 관점은 '갈등론적 관점'이다.
③ 갈등론의 관점에 따르면, 사회 계층 제도라는 것은 기득권을 이미 기지고 있는 사람들이 자신의 기득권을 지키기 위한 수단으로 사회 계층 제도를 유지하고 있다고 본다.

오답피하기
① 사회 계층 제도를 지배 집단의 이해와 가치를 반영하기 위한 수단으로 보는 것은 갈등론적 입장이다.
② 기능론적 관점에 따르면 사회 계층 제도는 개인과 사회가 최선을 다하도록 도와주는 기능을 한다고 본다.
④ 갈등론적 관점에 따르면 사회 계층 제도는 인재를 발굴할 수 있는 기회를 제한할 뿐만 아니라 사회를 불안하게 만드는 요소라고 본다. 따라서 사회 계층 제도를 극복해야 할 대상으로 판단한다.

정답 ③

04 다음 글의 사회적 불평등에 대한 관점과 부합하는 것만을 〈보기〉에서 모두 고른 것은? 2015 지방직

오늘날 한국사회에서는 입시경쟁이 치열하다. 그런데 부유한 가정에서 태어나 더 많은 교육 혜택을 받고 자란 학생들은 경쟁력이 있기 때문에 입시경쟁의 출발점부터 유리한 위치에 서게 된다. 결국 입시경쟁은 사회불평등을 더욱 심화시키고 지배질서의 재생산에 기여하게 된다

보기

ㄱ. 사회계층화는 보편적이며 필수 불가결한 현상이다.
ㄴ. 차등적인 보상체계는 경쟁을 유발하여 사회발전에 기여한다.
ㄷ. 자원 분배 과정에서 특정 집단의 이해관계가 중요하게 작용한다.
ㄹ. 사회의 희소자원이 불공평하게 분배되고 이러한 분배의 결과로 빈곤과 같은 사회문제가 발생한다.

① ㄱ, ㄴ ② ㄱ, ㄹ
③ ㄴ, ㄷ ④ ㄷ, ㄹ

해설 설문에서는 부유한 가정에서 태어난 학생이 입시경쟁의 출발점부터 유리한 위치에 서게 되어 결국 입시경쟁은 사회불평등을 더욱 심화시키고 지배질서의 재생산에 기여하게 된다고 보므로 이것은 사회적 불평등에 대한 관점 중 갈등론적 관점에 해당한다.

ㄷ. 자원 분배 과정에서 특정 집단의 이해관계가 중요하게 작용된다고 보는 것은 갈등론적 관점이다. 기능론적 관점이나 갈등론적 관점 모두 사회적 희소가치가 차등적으로 분배된다면 사회불평등의 원인이 된다는 점에서는 인식을 같이하나 갈등론적 관점에서는 그러한 사회적 희소가치의 차등적 분배는 기존의 기득권층이 자신들에게 유리하도록 분배 기준을 정해놓고 실현하는 것이라고 본다.
ㄹ. 갈등론적 관점에서는 사회적 희소자원이 지배층 내지 기존의 기득권층이 마련한 기준에 의해서 분배되기 때문에 불공평하게 분배되고 그 결과 빈곤과 같은 사회문제가 발생한다고 본다. 기능론적 관점에서는 희소 자원의 분배 기준에 대해서 사회 구성원들의 합의에 의해서 마련한 기준과 절차가 있기 때문에 거기에서 마련된 기준에 따른 경쟁으로 인해 사회는 더 발전하게 된다고 본다.

오답피하기

ㄱ. 사회계층화는 보편적이며 필수 불가결한 현상이라고 보는 것은 기능론적 관점이다.
ㄴ. 차등적인 보상체계는 경쟁을 유발하여 사회발전에 기여한다고 보는 것은 기능론적 관점이다. 희소 자원의 분배 기준에 대해서 사회 구성원들의 합의에 의해서 마련한 기준과 절차가 있고 더 많은 희소자원을 차지하기 위해 거기에서 마련된 기준에 따른 경쟁으로 인해 사회는 더 발전하게 된다고 보는 것이 기능론적 관점이다.

정답 ④

05 사회 불평등 현상을 바라보는 (가), (나) 관점의 일반적인 특징에 대한 설명으로 가장 옳은 것은? 2018 서울시

(가)	업무의 중요성과 역할 수행의 정도에 차이가 있기 때문에 적절한 차등 보상은 사회 발전에 도움을 준다.
(나)	업무의 중요성은 현 기득권층의 판단이고 불평등은 가정 배경이나 권력에 의해 발생하기도 하며, 사회 불평등 현상은 갈등과 대립을 초래한다.

① (가)는 사회 불평등을 능력의 차이에 따른 서열화로 본다.
② (가)는 사회 불평등이 생산 수단의 소유 여부에서 비롯된다고 본다.
③ (나)는 (가)와 달리 직업 간 사회적 중요도가 다르다고 본다.
④ (나)는 (가)와 달리 사회 불평등 현상을 필수 불가결한 것으로 본다.

출제 단원 및 영역 사회문화 3단원 사회 불평등 현상을 바라보는 관점

해설 사안에서 (가)는 적절한 차등 보상이 사회 발전에 도움을 준다고 하였으므로 '기능론'의 입장이고, (나)는 불평등이 가정 배경이나 권력에 의해 발생하고 사회 불평등 현상이 갈등과 대립을 초래한다고 하였으므로 '갈등론'의 입장이다.

구분	기능론	갈등론
계층의 발생원인	사회적 희소가치의 불가피한 차등분배 (필연적, 보편적 현상)	지배집단 기득권 유지노력 결과 (보편적이나 필연적X, 인위적·특수한 현상)
가치 배분 기준	개인의 능력, 노력에 따른 합법적 절차로 정당하게 배분 (구성원 합의), 직업의 귀천 인정	권력이나 가정배경에 따라 강제, 불공정에 의해 배분, 직업의 귀천 불인정
사회적 기능	계층화는 개인과 사회가 최선의 기능을 다하도록 하는 사회적 장치임 (동기부여, 인재충원)	계층화는 사회적 박탈감, 집단 간의 갈등 유발하여 사회통합·발전 저해
사회 이동	개인의 노력(기여도), 자질	개인의 환경, 권력
바람직한 시각	기능론과 갈등론 조화 → 사회 불평등 현상 개선 방안 모색	

① 기능론에서는 사회 불평등 현상을 개인의 능력과 노력의 차이에 기인한 것으로 보므로 옳은 설명이다.

오답피하기

② 사회 불평등이 생산 수단의 소유 여부에 의해서 비롯된다고 보는 것은 '갈등론'의 입장이다.
③ 직업 간의 사회적 중요도는 다르고, 이는 사회 구성원들의 합의에 기인한 것으로 보는 것은 '기능론'의 립장이다.
④ 사회 불평등 현상은 개인의 능력, 노력에 따라 이루어진 것으로 사회적 희소가치를 차등 분배하는 것은 불가피한 것으로 보는 것은 '기능론'의 입장이다. 그 결과 사회 불평등 현상은 필수 불가결한 것이 된다.

정답 ①

06 자료는 사회 계층 현상을 보는 두 관점 A, B를 도식화한 것이다. 이에 대한 설명으로 가장 적절한 것은? (단, A, B는 각각 기능론, 갈등론 중 하나이다.)

2015 교육행정

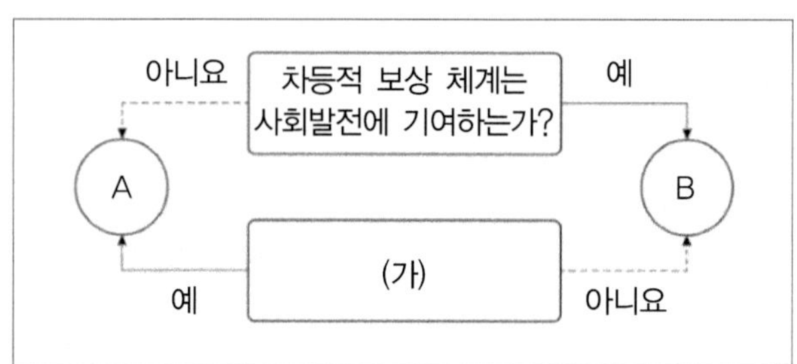

① A는 사회 계층 현상의 발생이 불가피하다고 본다.
② B는 균등 분배가 사회 구성원의 성취동기를 저해한다고 본다.
③ A와 B 모두 개인의 지위가 가정 배경에 의해 결정된다고 본다.
④ (가)에는 "사회적 희소가치의 배분 기준은 공정한가?" 가 들어갈 수 있다.

해설 차등적 보상 체계가 구성원들에게 성취 동기를 유발하고 사회 발전의 원동력이 된다고 보는 것은 기능론적 관점이므로 B는 기능론적 관점에 해당하고, A는 갈등론적 관점에 해당한다.
② 기능론적 관점에 따르면 균등 분배는 희소 가치를 더 많이 차지하려는 사회 구성원들의 동기 부여를 저해하여 오히려 사회 발전을 저해한다고 본다.

오답피하기
① 사회 계층의 발생이 불가피하다고 보는 것은 기능론적 관점이다.
③ 사회적 희소 가치의 차등 배분은 기능론적 관점과 갈등론적 관점 모두에서 사회 불평등의 원인이라고 본다. 다만 기능론적 관점에서는 희소 가치의 차등 배분은 구성원들의 노력과 재능에 의해 결정된다고 보는 반면, 갈등론적 관점에서는 가정 배경 등 불합리한 요소에 의해 결정된다고 보는 점에서 차이가 있다.
④ 갈등론적 관점에서는 사회적 희소 가치의 배분은 지배 계급에게 유리한 쪽으로 결정되므로 불공정하다고 보는 반면, 기능론적 관점에서는 사회적 구성원들이 합의한 기준에 의해 공정하게 배분된다고 본다.

정답 ②

07 사회 불평등에 대한 갈등론적 관점과 주어진 진술에 대한 응답이 모두 일치하는 사람은?

2021 해경 2차

진 술	갑	을	병	정
㉠ 사회 불평등은 사회적 대립 관계를 나타낸다.	○	○	×	○
㉡ 사회 계층화는 보편적이며 필수불가결한 현상이다.	○	×	○	×
㉢ 차등적인 분배 체계는 경쟁을 유발하며 사회 발전에 기여한다.	○	○	×	×
㉣ 자원의 배분 과정에서 특정 집단의 이해관계가 중요하게 작용한다.	×	○	○	○

※ 진술과 관점이 일치하면 ○, 일치하지 않으면 ×로 응답함

① 갑 ② 을
③ 병 ④ 정

출제 단원 및 영역 사회 문화 4단원 불평등을 바라보는 관점

해설
㉠ (O) 갈등론적 관점에서는 사회 불평등은 지배 계급과 피지배 계급의 대립 관계에 기인한 것으로 본다.
㉡ (X) 갈등론적 관점에서는 사회 계층화가 사회 발전을 위해 반드시 필요한 것은 아니라고 본다. 오히려 사회 발전을 저해하는 요인으로 인식한다.
㉢ (X) 갈등론적 관점에서는 공정하지 않은 기준으로 차등적인 분배가 이루어지므로 차등 분배는 오히려 피지배 계급이 최선을 다하지 못하게 한다고 본다.
㉣ (O) 갈등론적 관점에서는 자원의 배분 과정에서 지배 계급 내지 기득권 집단의 이해 관계가 반영된다고 본다.

정답 ④

08 다음 글에 나타난 사회 불평등 현상을 바라보는 관점의 특징으로 옳은 것은? 2021년 소방직

> 모든 재물이 공유되고, 농노도 없고, 귀족도 없고, 만인이 평등하게 될 때까지 영국에 만족할 만한 상황은 오지 않을 것이다. 우리가 영주라고 부르는 패거리는 무슨 이유로 우리의 지배자가 되었는가? 그들은 왜 우리를 농노로 붙들어 두는가? 그들은 포도주와 후추, 부드러운 빵을 먹는데, 우리에게는 물과 딱딱한 검은 빵뿐이다.

① 사회 불평등 현상을 불가피한 현상으로 본다.
② 기득권층의 지배를 바탕으로 사회가 유지된다고 본다.
③ 차등 보상 체계가 개인의 성취동기를 자극한다고 본다.
④ 사회에 대한 개인의 기여도에 따라 희소가치가 합리적으로 분배된다고 본다.

출제 단원 및 영역 사회 문화 4단원 사회 불평등을 바라보는 관점

해설 제시문에서 지배자와의 갈등을 나타내고 있고 공정하지 않은 이유로 지배자가 되었다고 서술하고 있으므로 이는 '갈등론적 관점'에 해당한다.

② 갈등론적 관점에서는 지배 계급 즉 기득권층의 피지배 계급에 대한 강제와 억압에 의해 사회가 유지된다고 본다.

오답피하기

① 사회 불평등 현상을 불가피한 현상으로 보는 것은 기능론이고, 갈등론은 사회 불평등은 사회가 발전하는데 장애가 되는 것으로 타파해야 할 대상으로 본다.
③ 차등 보상 체계가 개인의 성취동기를 자극한다고 보는 것은 기능론적 관점이다.
④ 기능론에서는 사회적 희소가치를 나누는 기준은 사회 구성원 전체가 합의한 공정한 기준에 따라 나누어진다고 본다. 따라서 사회에 대한 개인의 기여도에 따라 희소가치가 합리적으로 분배된다고 보는 것은 기능론적 관점이다.

정답 ②

사회 계층 구조와 사회 이동

01 다음 (가), (나)에 나타난 사회 이동의 유형을 바르게 연결한 것은? 2014 서울시

> (가) 대기업에 입사한 A씨는 불굴의 의지로 노력하여 10년 만에 계열사 사장이 되었다.
> (나) 노비의 아들로 태어난 B씨는 갑오개혁으로 신분 제도가 폐지되자, 열심히 노력하여 큰 부자가 되었다.

	(가)	(나)
①	수평 이동	수직 이동
②	개인적 이동	구조적 이동
③	수직 이동	수평 이동
④	세대 간 이동	세대 내 이동
⑤	구조적 이동	세대 간 이동

해설 (가)의 경우 자신의 불굴의 의지로 노력하여 10년 만에 성공한 경우로서 개인적 이동, 수직 이동, 세대 내 이동에 해당한다. 반면 (나)의 경우 노비의 아들로 태어났지만 갑오개혁이라는 급격한 사회 변화에 기인하여 신분제도가 폐지되고 열심히 노력해서 부자가 된 경우로서 구조적 이동, 수직 이동, 세대 내 이동, 세대 간 이동에 해당한다.

② (가)의 A씨는 불굴의 의지로 노력하여 사장이 되었으므로 개인적 이동이고, (나)의 B씨는 갑오개혁으로 신분제가 폐지되어 노비에서 벗어나게 되었으므로 구조적 이동이다.

오답피하기

① (가)와 (나) 모두 수직이동이다.
③ (가), (나) 모두 수직이동이다.
④ (가)의 A씨는 한 개인의 일생 중에 일어난 사회적 지위의 변화를 나타낸 것이므로 세대 내 이동이다. 반면 (나)의 B씨는 두 세대 이상에 걸쳐서 사회적 지위가 변화한 세대 간 이동과 한 개인이 일생 중에 일어난 사회적 지위의 변화를 모두 경험했으므로 세대 내 이동도 나타나 있다.
⑤ (가)는 개인적 이동만 나타나며, 구조적 이동은 나타나지 않는다. (나)의 경우 세대 간 이동도 나타난다.

정답 ②

02 다음 두 사례에 공통적으로 나타난 사회 이동의 유형으로 가장 적절한 것은? 2020 경찰직 1차

- 노비의 아들로 태어난 A는 사회 혁명으로 인해 평민이 되었고, 공무원 시험에 합격하여 하급 공무원이 된 후 성실하게 근무하고 뛰어난 능력을 발휘하여 고위직 공무원이 되었다.
- 귀족의 딸로 태어난 B는 부모님이 물려주신 많은 재산을 사치와 향락으로 탕진하고 범죄에 연루되어 노예 신분으로 강등되었다.

① 개인적 이동 – 수평 이동 – 세대 간 이동
② 구조적 이동 – 수직 이동 – 세대 간 이동
③ 개인적 이동 – 수직 이동 – 세대 내 이동
④ 구조적 이동 – 수평 이동 – 세대 내 이동

출제 단원 및 영역 사회 문화 4단원 사회 이동의 유형

해설

- A는 노비의 아들로 태어나 신분이 이동되었으므로 세대 간 이동과 세대 내 이동을 모두 경험하였으며, 사회 혁명으로 평민이 된 것은 구조적 이동에 해당한다. 이후 공무원 시험에 합격하고 성실하게 근무하여 고위직 공무원이 된 것은 수직 이동과 개인적 이동에 해당한다.
- B는 귀족의 딸이었다가 노예 신분으로 강등되었으므로 세대 간 이동과 세대 내 이동을 모두 경험하였으며, 사치와 향락, 범죄로 노예 신분으로 강등된 것이므로 개인적 이동, 수직적 이동에 해당한다.

③ A와 B에게서 공통적으로 나타나는 사회 이동은 개인적 이동, 수직 이동, 세대 내 이동, 세대 간 이동이다.

구분 기준	종류	의미
이동 방향	수직 이동	계층적 위치가 위, 아래로 변하는 것
	수평 이동	동일한 계층적 위치에서 다른 소속으로 옮겨 가는 것
이동 범위	세대 간 이동	한 세대와 다음 세대 간에 나타나는 계층적 위치 변화
	세대 내 이동	한 개인의 생애에 걸친 계층적 위치 변화
이동 원인	개인적 이동	주어진 사회 계층 구조에서 개인의 노력으로 만들어 낸 사회 이동
	구조적 이동	사회 자체의 변동에 의해 기존의 사회 계층 구조가 변하는 과정에서 발생하는 사회 이동

정답 ③

03 다음 사회 현상의 사례에 대한 적절한 분석을 〈보기〉에서 고른 것은? 2014 경찰직 2차

A는 경찰이 꿈이었지만 어려운 집안 사정으로 학업에 집중하지 못했다. 그래서 지역에 있는 대학에 진학했지만 곧 자퇴하고 불량 생활을 하고 다녔다. 그 후 A는 고등학교 3학년 때 담임인 체육선생님 B를 만나게 되었고, B는 A가 순경시험을 보도록 후원해 주었다. A는 순경 채용시험에 합격하고 남들과 다르게 빠른 시간에 경위로 승진하였다. 반면에 B는 장학사 시험에 여러 번 응시했지만 탈락하여 교장 승진이 어렵게 되자 명예퇴직을 하였다. 그 후 B는 스포츠센터를 개업하였지만 과도한 경쟁에서 밀려 부도가 났다. 이제 B는 택배 배달원으로 일하고 있지만 지역사회에서 전직(前職) 교사로서 존경을 받는다.

보기

㉠ A와 B는 모두 수직 이동을 하였다.
㉡ A와 B 모두 세대 내 이동을 하였다.
㉢ A와 B 모두 지위 불일치 현상이 나타났다.
㉣ A는 개인적 이동, B는 구조적 이동을 하였다.

① ㉠, ㉡ ② ㉠, ㉣
③ ㉡, ㉣ ④ ㉢, ㉣

해설 사회 이동의 유형

구분 기준	종류	의미
이동 방향	수직 이동	계층적 위치가 위, 아래로 변하는 것
	수평 이동	동일한 계층적 위치에서 다른 소속으로 옮겨 가는 것
이동 범위	세대 간 이동	한 세대와 다음 세대 간에 나타나는 계층적 위치 변화
	세대 내 이동	한 개인의 생애에 걸친 계층적 위치 변화
이동 원인	개인적 이동	주어진 사회 계층 구조에서 개인의 노력으로 만들어 낸 사회 이동
	구조적 이동	사회 자체의 변동에 의해 기존의 사회 계층 구조가 변하는 과정에서 발생하는 사회 이동

① ㉠, ㉡ A는 순경 시험에 합격하고 경위로 승진하는 등 수직 이동을 하였다. B는 교사에서 스포츠센터를 운영하다고 택배 배달원으로 수직 이동하였다. 또한 A, B 둘다 한 개인의 생애에 걸친 계층적 위치 변화인 세대내 이동을 하였다.

오답피하기

㉢ B의 경우 경제적으로는 하층으로 떨어 졌지만 지역 사회에서 전직 교사로서 존경을 받는 등 명예는 하층에 속하는 것이 아니므로 지위 불일치 현상이 나타났다. 반면에 A의 경우 노력에 의하여 자신이 원하던 목표를 이루고 거기에 대한 만족감은 높을 것이므로 지위 불일치 현상이 나타나는 것은 아니다.
㉣ A, B 둘 다 주어진 사회 계층 구조에서 자신들의 노력에 의해 만들어 낸 사회 이동을 하였으므로 개인적 이동만이 나타났다.

정답 ①

04 **사회 계층 구조가 다이아몬드형에서 타원형으로 전환될 때 나타날 수 있는 정책 혹은 사회적 양상으로 가장 적절한 것은?** 2016 경찰직 1차

① 복지 제도가 확충되었다.
② 상류층의 구매력을 진작하기 위해 감세 정책을 시행하였다.
③ 급격한 양극화가 진행되었다.
④ 계층 간 이동 가능성이 감소하였다.

해설
① 사회 계층 구조가 다이아몬드형에서 타원형으로 전환되었다면 이는 계층 간의 소득 격차는 줄고, 중상층이나 중하층 등 중층이 더욱 두터워진 것으로 더욱 더 안정된 사회 계층 구조를 이룬 것이다. 이는 복지 제도의 확충으로 인해 나타날 수 있다.

오답피하기
② 상류층의 구매력을 진작하기 위해 감세 정책을 시행하면 소득 격차는 더욱 벌어져 소득 양극화가 진행될 수 있다.
③ 급격한 양극화가 진행되면 모래시계형 내지 표주박형 계층구조가 나타난다.
④ 계층 간 이동 가능성이 감소한 것은 폐쇄적 계층 구조이다.

정답 ①

05 **다음 표는 갑국의 세대 간 계층 구성을 나타낸 것이다. 이에 대한 분석으로 옳은 것은?** 2015 서울시

자녀 \ 부모	상층	중층	하층	합계
상층	2명	3명	5명	10명
중층	10명	25명	35명	70명
하층	3명	7명	10명	20명
합계	15명	35명	50명	100명

① 갑국의 세대 간 계층 이동 인구가 대물림 인구보다 많다.
② 부모와 같은 계층인 자녀의 수는 하층에서 가장 높게 나타난다.
③ 세대 간 이동은 상승 이동보다 하강 이동이 많다.
④ 자녀계층보다 부모계층에서 안정적인 계층구조가 나타난다.

해설 구성원들의 계층 비율에 따라 피라미드형과 다이아몬드형 등으로 나눌 수 있다. 계층 구성원의 비율이 상층<중층<하층으로 소수의 상층이 다수의 하층을 지배하는 것은 피라미드형 계층구조이고, 중층 비율이 상층, 하층보다 높은 계층 구조는 다이아몬드형 계층구조이다.
① 갑국의 경우 세대 간 이동은 상승 이동한 3+5+35=43명과 하강 이동한 10+3+7=20명을 합하여 총 63명이다. 대물림한 인구는 2+25+10=37명이다. 따라서 세대 간 계층 이동 인구가 대물림 인구보다 많다.

오답피하기
② 부모와 같은 계층인 자녀의 수는 상층 2명, 중층 25명, 하층 10으로 중층에서 가장 높게 나타난다.
③ 세대 간 이동에서 상승 이동은 3+5+35=43명이고, 하강 이동은 10+3+7=20명이다. 따라서 상승 이동이 더 많다.
④ 부모계층은 상층 15명, 중층 35명 하층 50명으로 피라미드형 계층 구조이고, 자녀계층은 상층 10명, 중층 70명, 하층 20명으로 다이아몬드형 계층구조이다. 따라서 자녀계층이 부모계층보다 안정적인 계층구조가 나타난다.

정답 ①

06 부모와 자녀의 계층을 비교한 〈표〉에 대한 설명으로 옳은 것은? (단, T년과 (T+10)년의 조사 대상은 동일하다.)

2013 지방직

부모의 계층(명)	자녀의 계층(명)			
	T년		(T+10)년	
상층 (100)	상층	80	상층	90
	중층	15	중층	7
	하층	5	하층	3
중층 (200)	상층	10	상층	30
	중층	160	중층	160
	하층	30	하층	10
하층 (100)	상층	5	상층	5
	중층	10	중층	5
	하층	85	하층	90

① T년은 부모의 계층이 중층일 때 계층 세습 정도가 가장 심하다.
② (T+10)년에서 자녀 중 세대 간 상승 이동보다 세대 간 하강 이동이 많다.
③ (T+10)년은 T년과 달리 자녀 세대에서 다이아몬드형 계층 구조가 나타난다.
④ T년과 (T+10)년 사이에 중층 부모의 자녀 중 상층으로 세대 내 이동한 사람은 최대 30명이다.

해설 표를 분석해 보면 우선 부모 세대의 계층은 T년은 다이아몬드형이고, 자녀세대의 계층 역시 T년과 T+10년 모두 다이아몬드형이다. 세대 간 수직이동은 나타나고 있지만 활발하게 나타나고 있지는 않다.

④ 중층 부모의 자녀 중 상층은 T년도에 10명인데, 만약 이들이 전부 중하층으로 하락했다고 한다면 중하층의 자녀들 중 30명이 상층으로 이동한 것이 된다. 만약 T년도 10명이 전부 상층을 유지하고 있다고 한다면 중하층인 자녀들 중 20명이 상층으로 이동한 것이 된다. 결국 최소 20명에서 최대 30명이 상층으로 이동하였다고 볼 수 있으므로 맞는 지문이 된다.

오답피하기

① T년의 부모 계층의 세습정도와 관련하여 상층은 80/100(80%), 중층은 160/200(80%), 하층은 85/100(85%)이므로 하층일 때 계층 세습은 85%로 가장 높다.
② 세대 간 상승이동은 (중층에서 상층으로 30 + 하층에서 중층과 상층으로 이동한 것이 10) 40이고, 세대 간 하강이동은 (상층에서 중층과 하층으로 10 + 중층에서 하층으로 10) 20이므로 세대 간 상승이동이 더 많다.
③ (T+10)년의 자녀 세대의 계층 구조는 상층 125명, 중층 172명, 하층 103명이며, T년 자녀 세대 계층 구조는 상층 95명, 중층 185명, 하층 120명이다. 따라서 두 해 모두 중층이 가장 많은 다이아몬드형 구조이다.

정답 ④

07 〈보기 1〉에 대한 옳은 분석을 〈보기 2〉에서 모두 고른 것은? (단, 계층은 상층, 중층, 하층으로만 구분한다.)

2018 서울시

보기1

(단위: %)

질문	갑(甲)국	을(乙)국
하층을 제외한 인구의 비율은?	50	㉠
중층을 제외한 인구의 비율은?	70	40
상층을 제외한 인구의 비율은?	80	80

보기2

ㄱ. ㉠에 해당하는 값은 80이다.
ㄴ. 갑(甲)국에서는 하층 인구수가 가장 많다.
ㄷ. 을(乙)국의 계층 구조는 다이아몬드형이다.
ㄹ. 갑(甲)국과 을(乙)국의 상층 인구수는 같다.

① ㄱ, ㄴ ② ㄴ, ㄷ
③ ㄷ, ㄹ ④ ㄱ, ㄴ, ㄷ

출제 단원 및 영역 사회문화 3단원 계층구조와 사회 이동

해설 사안의 경우 ㅇㅇ을 제외한 인구 비율로 나왔으므로 표를 상층, 중층, 하층으로 바꾼 후 각 인구 비율을 계산한 다음 문제를 푸는 것이 실수를 방지할 수 있는 좋은 방법이다.

을(乙)국의 경우 상층을 제외한 인구의 비율이 80%이므로 상층은 20%라는 말이고, 중층을 제외한 인구의 비율이 40%라고 했으므로 중층은 60%가 된다. 따라서 하층은 20%가 되므로 ㉠에 들어갈 말은 80%가 된다. 아래처럼 표를 바꾸어서 살펴보기로 한다.

구분 (단위:%)	갑(甲)국	을(乙)국
상층	20	20
중층	30	60
하층	50	20

ㄱ. 보기 1의 표를 위의 표로 바꾸어서 계산해보면 을(乙)국의 하층은 20%가 된다. 따라서 하층을 제외한 인구의 비율은 80이 되므로 ㉠에 들어갈 말은 80이 된다.
ㄴ. 갑(甲)국의 경우 위의 표를 통해 인구 계층 비율을 보면 하층의 인구 비율이 50%로 가장 많으므로 옳은 지문이 된다.
ㄷ. 을(乙)국의 경우 상층, 중층, 하층의 계층 구조가 각각 20%, 60%, 20%이므로 다이아몬드형의 계층구조라고 할 수 있다.

오답피하기

ㄹ. 이러한 문제를 조심해야 한다. 지금 주어진 자료에는 갑(甲)국과 을(乙)의 인구수가 나와있지 않고, 단지 각 사회 계층별 비율만 나타나 있다. 따라서 갑(甲)국과 을(乙)국의 상층의 비율이 20%로 동일하다고 하더라도 상층의 인구수가 같다고 할 수는 없다. 가령 갑(甲)국의 인구가 100명이고 을(乙)국의 인구가 200명이면 상층의 인구 비율이 모두 20%라고 하더라도 갑(甲)국은 20명이지만, 을(乙)국은 40명이기 때문이다.

정답 ④

08 다음은 갑국의 계층별 인구 구성 변화를 요약한 것이다. 이에 대한 분석으로 옳은 것은? (단, 갑국의 총인구는 2000년 이후 1,000만 명으로 변화가 없다)

2020 국가직

- 2005년: 상층 인구보다 중층 인구는 4배 많고, 하층 인구는 상층 인구보다 5배 많다.
- 2010년: 2005년에 비해 상층 인구는 2배 증가했고, 하층 인구는 1/2로 감소하였다.
- 2015년: 2005년에 비해 중층 인구는 1/2로 감소했고, 하층 인구는 동일하다.

① 2005년의 계층 구조는 2015년과 달리 모래시계형이다.
② 2005년의 하층 인구는 같은 해 상층과 중층의 인구를 합한 것보다 많다.
③ 2010년의 상층 인구와 2015년의 상층 인구는 같다.
④ 2010년의 사회 구조가 2005년과 2015년에 비해 더 안정적이다.

09 다음은 갑국과 을국의 계층별 비율을 나타낸 것이다. 이에 대한 분석으로 옳은 것은? (단, 계층은 상, 중, 하만 존재한다.)

2018 국가직

(단위: %)

	갑국			을국	
	1980년	2010년		1980년	2010년
상층	20	20	상층	20	30
하층	50	30	하층	30	50

① 갑국은 안정적인 사회 계층 구조로 변하였다.
② 을국은 2010년에 피라미드형 계층 구조로 변하였다.
③ 2010년 갑국은 을국에 비해 폐쇄적인 계층 구조를 갖고 있다.
④ 을국의 계층 구조 변화는 복지제도의 확충의 결과이다.

출제 단원 및 영역 사회문화법 4단원 사회 계층 구조

해설 갑국의 총인구는 2000년 이후 동일하다고 하였으므로 제시문에 나타나 있는 것을 바탕으로 정리해보면 다음과 같다.

	2005	2010	2015
상층	a	2a	3a
중층	4a	5.5a	2a
하층	5a	2.5a	5a
총인구(=동일)	10a	10a	10a
계층구조	피라미드형	다이아몬드형	모래시계형

④ 2010년 다이아문드형 계층구조로서 피라미드형과 모래시계형보다 안정적인 계층구조를 나타낸다.

오답피하기

① 2005년은 피라미드형 계층구조이고, 2015년은 모래시계형 계층구조이다.
② 2005년 하층 인구는 상층과 중층의 인구를 합한 것과 동일하다.(5a = a + 4a)
③ 2010년의 상층 인구(2a)는 2015년의 상층인구(3a)보다 작다.

정답 ④

해설 주어진 설문에서 중층을 넣어 다시 표를 작성하면

	갑국 (단위 %)			을국 (단위 %)	
	1980년 (피라미드형)	2010년 (다이아몬드형)		1980년 (다이아몬드형)	2010년 (모래시계형
상층	20	20	상층	20	30
중층	30	50	중층	50	20
하층	50	30	하층	30	50

① 갑국은 1980년 피라미드형의 계층구조에서 2010년 다이아몬드형의 계층구조로 변하였는데, 다이아몬드형 계층구조는 중층이 상층과 하층의 완충 역할을 하는 등 안정적인 사회 계층 구조이다.

오답피하기

② 을국은 2010년에 중층의 비율이 가작 적은 모래시계형 계층 구조로 변하였다.
③ 2010년 갑국은 다이아몬드형 계층구조로, 을국은 모래시계형 계층구조로 변하였다는 것을 나타내고 있을 뿐, 계층 이동 정도는 주어진 자료만으로 알 수가 없다.
④ 주어진 자료 만으로 을국의 모래 시계형 계층구조가 복지제도의 확충의 결과인지는 알 수 있다. 다만 일반적으로 복지제도가 확충된다면 오히려 중층의 비율이 늘어나는 안정된 계층구조가 되었을 것이다.

정답 ①

10 다음 A국의 세대 간 계층 이동을 나타낸 표에 대한 분석으로 옳은 것은? 2018 지방직

(단위: %)

자녀 \ 부모	상층	중층	하층	계
상층	13	1	3	17
중층	2	28	28	58
하층	1	2	22	25
계	16	31	53	100

① A국은 폐쇄적 계층 구조 형태를 띠고 있다.
② 자식 세대에는 사회의 양극화 현상이 심화되고 있다.
③ 상승 이동에 비하여 하강 이동의 비율이 높게 나타난다.
④ 부모 세대에 비하여 자식 세대의 계층 구조가 안정적이다.

✔해설 주어진 자료를 보면 부모 세대와 자식 세대간의 계층 비율이 일치하는 비율은 13+28+22=63%이고 세대 간 이동의 비율은 37%이다. 부모 세대의 계층 구조는 상층 16%, 중층 31%, 하층 53%로 피라미드형 계층구조이고, 자식 세대의 계층 구조는 상층 17%, 중층 58%, 하층 25%인 피라미드형 계층구조를 나타내고 있다.
④ 피라미드형인 부모 세대의 계층 구조에서 자식 세대의 계층 구조는 다이아몬드형으로써 안정적으로 변화하였다.

오답피하기
① 세대 간의 이동의 비율은 37%로써 세대 간 이동이 나타나고 있으므로 폐쇄적 계층 구조라고 할 수는 없다.
② 자식 세대는 중층의 비율이 높은 다이아몬드형 계층 구조로써 부모 세대보다 양극화 현상이 약화되고 있음을 알 수 있다.
③ 상승이동의 경우 1+3+28=32%이고, 하강이동은 2+1+2=5%로써 상승이동의 비율이 더 높게 나타나고 있다.

정답 ④

11 다음 표는 갑, 을, 병 세 나라의 자녀와 부모 계층의 일치 여부에 대한 것이다. 이에 대한 해석으로 옳은 것은? 2017 지방직

〈자녀와 부모 계층의 일치 및 불일치 비율〉

(단위: %)

자녀의 계층	갑국		을국		병국	
	부모와 일치	부모와 불일치	부모와 일치	부모와 불일치	부모와 일치	부모와 불일치
상층	7	3	18	2	12	8
중층	24	6	4	6	42	18
하층	54	6	56	14	16	4
합	100		100		100	

① 갑국의 자녀 세대는 다이아몬드형 계층 구조이다.
② 을국에서 세대 간 상승 이동한 자녀의 수는 세대 간 하강 이동한 자녀의 수보다 적다.
③ 병국에서 부모와 계층이 일치하는 자녀의 수는 상층과 하층을 합하면 중층보다 많다.
④ 세 나라 모두 세대 간 계층 대물림은 부모가 상층일 때 가장 많다.

✔해설 주어진 자료에서 부모와 자녀 계층의 일치되는 부분을 먼저 기입하고 나머지를 채워나가면

자녀의 계층 \ 부모의 계층	갑국			을국			병국		
	상층	중층	하층	상층	중층	하층	상층	중층	하층
상층	7	3		18	2		12	8	
중층	a	24	6−a	b	4	6−b	c	42	18−c
하층	6		54	14		56	4		16
합	100			100			100		

② 을국에서 상승 이동한 계층의 비율은 2+(6−b)이고, 하강 이동한 계층의 비율은 b+14이다. b가 나타내는 정확한 수치는 알 수 없지만, 8−b<b+14임을 알 수 있다. 따라서 을국에서 세대 간 상승 이동한 자녀의 수는 세대 간 하강 이동한 자녀의 수보다 적다.

오답피하기
① 갑국의 자녀의 상층 비율은 10%(7+3)이고, 중층의 비율은 30%(a+24+6−a)이다. 또한 하층 비율을 60%(6+54)이다. 따라서 갑국의 자녀 세대는 피라미드형 계층 구조이다.
③ 병국에서 부모와 계층이 일치하는 전체 자녀의 수는 70%(12+42+16)이며, 상층과 하층을 합하면 12+16=28%이고, 중층은 42%이므로 중층의 경우가 더 많다.
④ 갑국의 경우 대물림은 하층(54%)일 때가 가장 많고, 을국의 대물림은 하층(56%)일 때가 가장 많고, 병국은 중층(42%)일 때가 가장 많다.

정답 ②

12 다음은 갑국과 을국의 계층별 비율을 나타낸 것이다. 이에 대한 분석으로 가장 적절한 것은? (단, 계층은 상, 중, 하만 존재한다.) 2019 경찰직 1차

(단위: %)

갑국			을국		
구분	2000년	2010년	구분	2000년	2010년
상층	20	20	상층	20	30
하층	30	50	하층	50	50

① 갑국은 산업화 이전의 봉건적 신분제 사회에서 주로 나타나는 형태의 계층구조로 변모하였으며, 소수의 상층이 희소 자원을 독점하고 다수의 하층을 지배하며 통제하는 특징을 가진다.
② 갑국의 변화된 계층구조는 사회통합에 유리한 계층구조로 산업 사회와 복지 사회에서 주로 나타난다. 또한 지식과 정보가 중시되는 정보 사회로 발전되어 기존에 하층이었던 사람들이 중층이 될 기회가 많아진다.
③ 을국의 변화된 계층구조는 상층과 하층의 비율이 낮아져 중층의 구성 비율이 현저하게 높아진 구조이다.
④ 2010년 갑국과 을국 모두 사회적 희소가치의 배분 상태에 대한 불만이 작아 사회 안정을 실현하는 데 매우 적합하다.

출제 단원 및 영역 사회문화 4단원 계층 구조

해설 ① 갑은 다이아몬드형의 계층구조에서 피라미드형의 계층구조로 변하였다. 피라미드형 계층구조는 산업화 이전의 봉건적 신분제 사회에서 주로 나타나는 형태의 계층구조이고, 이는 소수의 상층이 희소 자원을 독점하고 다수의 하층을 지배하며 통제하는 특징을 가진다.

갑국			을국		
구분	2000년	2010년	구분	2000년	2010년
상층	20	20	상층	20	30
중층	50	30	중층	30	20
하층	30	50	하층	50	50
계층구조	다이아몬드형	피라미드형	계층구조	피라미드형	표주박형

오답피하기
② 사회통합에 유리한 계층구조로 산업 사회와 복지 사회에서 주로 나타나는 계층구조는 다이아몬드형이다. 갑국은 다이아몬드형 계층구조에서 오히려 피라미드형 계층구조로 변하였다. 또한 지식과 정보가 중시되는 정보 사회로 발전되어 기존에 하층이었던 사람들이 중층이 될 기회가 많아지는 것은 타원형 계층구조이다.
③ 을국은 피라미드형 계층구조에서 표주박형 계층구조로 변하였다. 표주박형 계층구조는 상층과 하층의 비율보다 중층의 구성 비율이 낮아진 구조이다.
④ 2010년 갑국은 피라미드형 계층 구조로, 을국의 경우 표주박형으로 계층 구조가 변화하였는데, 갑국은 소수의 상층이 희소 자원을 독점하고 다수의 하층을 지배하며 통제하는 특징을 가져 사회가 불안정한 구조이고, 을국은 상층과 하층의 비율이 높아 양극화가 심한 불안정한 계층 구조이다.

정답 ①

13 다음은 어떤 사회의 세대 간 이동에 따른 계층 구성 비율을 나타낸 것이다 이에 대한 분석으로 가장 옳은 것은? (단, 부모와 자녀의 총 인구는 동일하다.) 2016 해양경찰

(단위: %)

구 분		부모의 계층		
		상층	중층	하층
자녀의 계층	상층	3	5	2
	중층	4	11	35
	하층	3	24	13

① 부모의 계층이 대물림된 비율은 상층이 가장 높다.
② 부모와 자녀 모두 피라미드형 계층 구조가 나타난다.
③ 부모의 하층 인구수와 자녀의 하층 인구수는 동일하다.
④ 세대 간 상승 이동한 자녀보다 세대 간 하강 이동한 자녀가 더 많다.

출제 단원 및 영역 사회문화 4단원 계층 구조

해설
① 부모 계층이 대물림된 비율을 구하기 위해서는 부모의 각 계층별 인구 비율에서 자녀와 계층이 일치하는 비율을 계산하여야 한다. 따라서 상층의 경우 3/10=30%, 중층은 11/40=27.5%, 하층은 13/50=26%이다. 따라서 부모의 계층이 대물림된 비율은 상층에서 가장 높게 나타난다.

오답피하기
② 부모의 계층 구성 비율은 상층:중층:하층=10:40:50이므로 상층이 가장 적고 하층이 가장 많은 비율을 차지하는 피라미드형 계층구조를 나타낸다. 반면 자녀의 계층 구성 비율은 상층:중층:하층=10:50:40으로 중층의 비율이 가장 큰 다이아몬드형 계층구조를 나타낸다.
③ 부모의 하층 비율은 50%이고, 자녀의 하층 비율은 40%인데, 부모의 자녀의 총 인구가 동일하다고 하였으므로 부모의 하층 인구수와 자녀의 하층 인구수는 동일하지 않고, 부모의 하층 인구 수가 더 많다.
④ 세대 간 상승 이동한 비율은 5+2+35=42%이고, 세대 간 하강 이동한 비율은 4+3+24=31%이다. 따라서 세대 간 상승 이동한 자녀가 더 많다.

정답 ①

14 다음 표는 A 사회와 B 사회의 세대 간 이동에 따른 계층 구성 비율을 나타낸 것이다. 이에 대한 분석으로 적절한 것만을 〈보기〉에서 모두 고른 것은?

2020 경찰직 2차

〈A 사회〉 (단위: %)

구 분		부모의 계층			계
		상층	중층	하층	
자녀의 계층	상층	5	5	10	20
	중층	10	15	35	60
	하층	5	10	5	20
계		20	30	50	100

〈B 사회〉 (단위: %)

구 분		부모의 계층			계
		상층	중층	하층	
자녀의 계층	상층	10	6	4	20
	중층	3	8	4	15
	하층	7	46	12	65
계		20	60	20	100

보기

㉠ 세대 간 수직 이동 비율은 A 사회가 B 사회보다 낮다.
㉡ 자녀 세대에서는 A 사회가 B 사회보다 사회통합에 유리한 계층 구조이다.
㉢ A 사회에서 세대 간 상승 이동 비율은 세대 간 하강 이동 비율보다 2배 높다.
㉣ 부모의 계층 중에서 상층 지위가 대물림된 비율은 A 사회가 B 사회보다 낮다.
㉤ 부모의 계층이 자녀의 계층으로 고착화되는 현상은 A 사회가 B사회보다 두드러진다.

① ㉠, ㉡, ㉣　② ㉡, ㉢, ㉣
③ ㉡, ㉢, ㉤　④ ㉠, ㉣, ㉤

해설 ㉡ 자녀 세대에서는 A 사회(=다이아몬드형)가 B 사회(=표주박형)보다 중층의 비율이 높아 사회통합에 유리한 계층 구조이다.
㉢ A 사회에서 세대 간 상승 이동 비율(=50%)이고 세대 간 하강 이동 비율(=25%)이므로 2배 높다.
㉣ 부모의 계층 중에서 상층 지위가 대물림된 비율은 A 사회(=25%, 5/20)가 B 사회(=50%, 10/20)보다 낮다.

오답피하기
㉠ 세대 간 수직 이동 비율은 A 사회(=75%)가 B 사회(=70%)보다 높다.
㉤ 부모의 계층이 자녀의 계층으로 고착화되는 현상은 대물림 비율을 보고 판단할 수 있는데, A 사회(=25%)가 B사회(=30%)보다 낮게 나타난다.

정답 ②

15 다음 표는 부모 세대와 자녀 세대의 계층적 위치를 나타내고 있다. 이에 대한 설명으로 옳은 것은?

2020 지방직 · 서울시

(단위: %)

구 분		부모의 계층			계
		상층	중층	하층	
자녀의 계층	상층	2	8	10	20
	중층	6	14	40	60
	하층	2	8	10	20
계		10	30	60	100

① 자녀 세대의 계층 구조는 피라미드형이다.
② 부모 세대 상층의 경우 세대 간 이동은 일어나지 않았다.
③ 자녀 세대보다 부모 세대에서 세대 내 이동이 활발하게 일어났다.
④ 부모가 중층인 경우 세대 간 상승 이동 비율과 세대 간 하강 이동 비율은 같다.

해설
④ 옳은 내용이다. 아래 표 참조. 위의 8은 부모가 중층인 경우 세대 간 상승 이동한 비율이고, 아래 8은 세대 간 하강 이동 비율이다.

(단위: %)

구분		부모의 계층			
		상	중	하	계
자녀의 계층	상	2	8	10	20
	중	6	14	40	60
	하	2	8	10	20
	계	10	30	60	100

오답피하기
① 자녀 세대는 상층 : 중층 : 하층 = 20 : 60 : 20으로 다이아몬드형 계층구조에 해당한다.
② 부모 세대 상층의 경우 2%는 세대 간 이동을 하지 않았지만, 8%(6+2)는 세대 간 하강 이동을 하였다. 또한 부모 세대 이전 세대와의 세대 간 이동을 확인하기 위해서는 조부모의 계층이 나타나 있어야 한다.
③ 위의 표를 가지고는 부모와 자녀 간의 세대 간 이동 비율은 알 수 있지만, 부모와 자녀 세대 각각의 세대 내 이동의 비율은 알 수 없다.

정답 ④

16 〈보기〉는 밑줄 친 ⓐ~ⓕ에 대한 설명이다. 적절한 것을 모두 고른 것은? 2015 경찰직 3차

ⓐ 甲은 불가촉천민(달리트) 자녀로 태어나 세계 경제를 움직이는 지도자가 되었다. 불가촉천민이란 천민보다 못한 천민으로, 다른 신분의 사람과 닿는 것조차 금지되어 있는 신분이다. 甲의 부모는 달리트 해방 운동에 동참해 ⓑ 자식들에게 달리트의 굴레를 물려주지 않으려고 투쟁했다. 그 결과 甲은 부모의 도움으로 ⓒ 교육을 받아 '인도의 살아 있는 영웅'이 되었다. 甲은 ⓓ 경제학 박사 학위를 취득하고 ⓔ 국내외 여러 단체에서 ⓕ 인도의 경제를 대표하여 많은 활약을 했다.

보기

㉠ ⓐ는 세대 간 이동이면서 수직 이동이다.
㉡ ⓑ는 폐쇄적 계층 구조이다.
㉢ ⓒ는 甲의 예기사회화를 통한 구조적 이동이다.
㉣ ⓓ는 甲의 사회적 지위이면서 귀속 지위이다.
㉤ ⓔ는 甲의 내집단이면서 공동 사회이다.
㉥ ⓕ는 甲이 ⓓ의 역할에 대한 역할 행동을 한 것이다.

① ㉠, ㉡, ㉥ ② ㉠, ㉢, ㉣
③ ㉡, ㉣, ㉥ ④ ㉢, ㉣, ㉤

해설

ㄱ. 갑은 달리트 자녀로 태어나 경제학 박사 학위를 취득하고 세계 경제를 움직이는 지도자가 되었으므로 세대 간 이동, 세대 내 이동을 모두 경험하였다. 세대 간 이동의 경우 수직 이동을 동반하므로 수직 이동에도 해당한다.
ㄴ. 자식들에게 달리트의 굴레를 물려주지 않으려고 투쟁했다는 점에서 그 사회는 타고난 지위가 그 사람의 지위를 결정하는 폐쇄적 계층구조의 모습을 지니고 있음을 알 수 있다.
ㅂ. 경제학자인 갑이 인도의 경제를 대표하여 많은 활약을 했다는 것은 경제학 박사로서의 역할 행동을 한 것이라고 할 수 있다.

오답피하기

ㄷ. 예기 사회화란 미래에 담당할 사회적 지위에 대비하여 미리 그 역할을 대비하는 것을 말한다. 갑은 교육을 받아 '인도의 살아 있는 영웅'이 되었으므로 미리 미래에 담당할 지위에 대비한 것이라고 보기 힘들고 또한 자신의 노력에 의해 영웅이 된 것이지 사회 구조 자체의 변동에 의해서 지위가 변동한 것도 이니다.
ㄹ. 경제학 박사 학위 취득은 사회적 지위는 맞지만 귀속지위가 아니라 성취지위이다.
ㅁ. 공동사회는 자신의 의지에 관계없이 구성된 집단을 말하는데, 국내의 여러 단체는 자신의 의지에 따라 구성된 집단이므로 공동사회가 아니라 이익사회이다.

정답 ①

17 다음은 ㉠국과 ㉡국의 계층별 비율을 나타낸 것이다. 이에 대한 분석으로 가장 옳은 것은? (단, 계층은 상, 중, 하만 존재한다.) 2021 해경 2차

(단위: %)

	㉠국			㉡국	
	1980년	2010년		1980년	2010년
상층	20	20	상층	20	30
하층	50	30	하층	30	50

① ㉠국은 안정적인 사회 계층 구조로 변하였다.
② ㉡국은 2010년 피라미드형 계층 구조로 변하였다.
③ 2010년 ㉠국은 ㉡국에 비해 폐쇄적인 계층 구조를 갖고 있다.
④ ㉡국의 계층 구조 변화는 복지 제도 확충의 결과이다.

출제 단원 및 영역 사회 문화 4단원

해설 위의 계층별 비율을 통하여 다음과 같이 정리할 수 있다.

	㉠국			㉡국	
	1980년	2010년		1980년	2010년
상층	20	20	상층	20	30
중층	30	50	중층	50	20
하층	50	30	하층	30	50
계층구조	피라미드형	다이아몬드형	계층구조	다이아몬드형	모래시계형

① ㉠국은 피라미드형에서 중층의 비율이 가장 높은 다이아몬드형의 계층 구조로 변하였으므로 안정적인 사회 계층 구조로 변하였다.

오답피하기

② ㉡국은 2010년 모래시계(표주박)형 계층 구조로 변하였다.
③ 주어진 자료 만으로 계층의 이동이 어디가 활발하게 나타났는지 알 수 없다.
④ 복지 제도를 확충하면 중층의 비율이 높아지는데, ㉡국의 계층 구조는 오히려 양극화가 심화되었다.

정답 ①

18 **다음 중 갑이 경험한 사회 이동의 유형에 대한 서술로 옳은 것만을 〈보기〉에서 모두 고르면?** 2021 국회직

대기업 A 회사의 신임 회장 갑은 고졸 출신이다. 갑은 가난한 농민의 자녀로 태어나 어려운 가정 형편으로 인해 대학 진학을 포기할 수밖에 없었다. 갑은 30년 전 고등학교 졸업 후 생산직으로 입사하였고, 성실하고 변화를 파악하는 능력이 뛰어나 회사의 성장에 크게 이바지하여 회장의 자리에 올랐다.

보기

ㄱ. 갑은 세대 내 이동을 경험하였다.
ㄴ. 갑은 세대 간 이동을 경험하였다.
ㄷ. 갑은 개인적 이동을 경험하였다.
ㄹ. 갑은 구조적 이동을 경험하였다.

① ㄱ, ㄴ
② ㄱ, ㄷ
③ ㄱ, ㄴ, ㄷ
④ ㄱ, ㄴ, ㄹ
⑤ ㄱ, ㄴ, ㄷ, ㄹ

출제 단원 및 영역 사회 문화 4단원 사회 이동의 유형

해설

ㄱ. 갑은 어려운 가정에서 태어나 회장의 자리에 올랐으므로 세대 내 이동을 경험하였다.
ㄴ. 아버지는 가난한 농민이었지만 갑은 회장의 지위에까지 올랐으므로 부모 계층과 자녀 계층이 다른 세대 간 이동을 경험하였다.
ㄷ. 갑은 개인의 선택과 노력 등으로 계층이 상승하였으므로 개인적 이동을 경험하였다.

오답피하기

ㄹ. 구조적 이동이란 전쟁, 혁명 등 기존의 사회 계층 구조가 변하는 과정에서 발생하는 사회 이동을 말하는데, 갑에게는 나타나지 않았다.

정답 ③

19 **표는 A국과 B국의 계층 구성 비율을 나타낸 것이다. 이에 대한 분석으로 옳은 것은? (단, A국과 B국의 계층은 상층, 중층, 하층으로만 구분된다.)** 2021 지방직

구분	A국	B국
중층 대비 상층의 비	1/3	2/3
중층 대비 하층의 비	1/3	5/3

① 전체에서 상층이 차지하는 비율은 A국보다 B국이 높다.
② 전체에서 하층이 차지하는 비율은 A국과 B국이 동일하다.
③ 상층 대비 하층의 비는 A국보다 B국이 높다.
④ A국은 피라미드형, B국은 다이아몬드형 계층구조이다.

출제 단원 및 영역 사회문화 4단원 계층의 이동

해설

A국은 상층:중층:하층=1:3:1=20%:60%:20%이므로 다이아몬드형 계층구조이다. B국은 상층:중층:하층=2:3:5=20%:30%:50%이므로 피라미드형 계층구조이다.
③ 상층 대비 하층의 비는 A국의 경우 20/20=1이고, B국은 50/20=2.5이므로 B국이 A국보다 더 높다.

오답피하기

① 상층은 A국과 B국 모두 전체에서 20%를 차지하므로 동일하다.
② 전체에서 하층이 차지하는 비율은 A국은 20%이고 B국은 50%이다.
④ A국은 다이아몬드형, B국은 피라미드형 계층구조이다.

정답 ③

20 **표는 갑국과 을국의 계층 구성 비율을 나타낸 것이다. 이에 대한 분석으로 옳은 것은? (단, 계층은 상층, 중층, 하층으로 구분되고 A~C는 각각 상층, 중층, 하층 중 하나이다.)** 2021 국가직

계층 \ 국가	갑국	을국
A	30%	60%
B	10%	25%
C	60%	15%

① 갑국의 계층 구조가 피라미드형이면, 을국의 계층 구조는 모래시계형이다.
② 갑국의 하층 비율이 상층 비율의 2배이면 갑국의 계층 구조는 타원형이다.
③ B에서 A로의 이동이 하강이동이고, B에서 C로의 이동이 상승이동이면, 을국의 계층 구조는 다이아몬드형이다.
④ 갑국의 하층 비율과 을국의 중층 비율이 동일하다면, 사회 통합에 유리한 계층 구조를 가진 국가는 을국이다.

해설

④ 갑국의 하층 비율과 을국의 중층 비율이 동일하다면, C는 갑국에서 하층, 을국에서는 중층이 된다. 을국은 중층의 비율이 50%가 넘기 때문에 상층과 하층의 비율에 관계없이 중층의 비율이 가장 높아 사회 통합에 유리한 다이아몬드형 계층 구조를 가진다. 반면 갑국은 하층의 비율이 가장 높기 때문에 피라비드형이나 모래시계형이 나올 수는 있지만 다이아몬드형 계층 구조를 가질 수는 없다.

오답피하기

① 갑국의 계층 구조가 피라미드형이면, B가 상층, A가 중층, C가 하층이 된다. 이 경우 을국은 B(25%), A(60%), C(15%)가 되어 다이아몬드형 계층 구조가 된다.
② 갑국의 하층 비율이 상층 비율의 2배이면 C가 하층, A가 상층이 되고, B는 중층이 된다. 이 경우 갑국의 계층 구조는 A(30%), B(10%), C(60%)가 되어 모래시계형이다.
③ B에서 A로의 이동이 하강이동이고, B에서 C로의 이동이 상승이동이면, B는 중층, A는 하층, C는 상층이 된다. 따라서 을국의 계층 구조는 C(15%), B(25%), A(60%)가 되어 피라미드형이다.

정답 ④

빈곤 문제

01 다음 〈그림〉을 근거로 판단할 때, 옳은 분석은?

2013 국가직

소득 5분의 배율 추이(가처분소득 기준)

(단위: 배율)

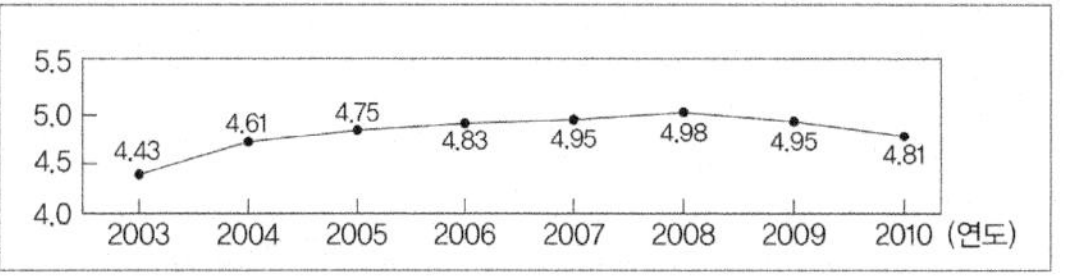

※ 소득 5분위 배율: 5분위(상위 20%)의 소득율 1분위(하위 20%) 소득으로 나눈 값

상대적 빈곤율 추이(가처분소득 기준)

(단위: %)

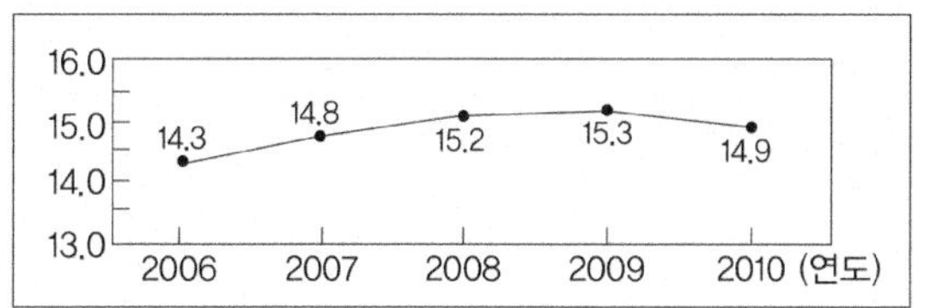

※ 1) 상대적 빈곤율: 중위소득 절반에 미치지 못하는 소득계층이 전체 인구에서 차지하는 비율
2) 중위소득: 소득 순서에 따라 개인을 일렬로 배치했을 때, 정중앙에 위치하는 사람의 소득

① 2010년 상위 20%의 소득은 전년 대비 감소하였다.
② 2003년 ~ 2008년에는 소득 분배가 개선되는 추세를 보였다.
③ 2009년 중위소득이 300만 원이었다면 150만 원 미만의 소득을 가진 인구는 전체인구의 15%를 넘는다.
④ 2010년에 개인 평균소득 수준의 50% 미만인 인구가 전체 인구에서 차지하는 비중은 전년 대비 감소하였다.

해설 〈그림1〉을 분석하면 소득 5분위 배율이 점차 증가하다가 다시 감소 추세에 있다. 〈그림2〉를 분석하면 상대적 빈곤율 역시 증가하다가 다시 감소하는 추세를 보여주고 있다.

중위 소득	총 가구 중 소득순으로 순위를 매긴 후 정확히 가운데를 차지한 가구의 소득을 말한다. 이는 소득계층을 구분하는 기준이 된다. 즉 중위소득의 50% 미만은 빈곤층이며 50~150%, 150% 초과는 각각 중산층과 상류층으로 분류된다.
상대적 빈곤율	중위 소득의 50% 미만인 사람이 전체 인구 중에서 차지하는 비율을 의미하는데, 상대적 빈곤율이 높다는 것은 중산층 비율이 낮고, 상류층과 하류층의 소득 격차가 클 가능성이 높음을 의미한다.
소득 5분위 배율	소득 수준 상위 20%의 소득(5분위 계층)을 하위 20%의 소득(1분위 계층)으로 나눈 배율이다. 즉 소득별로 20%씩 5개 분위로 나누었을 때 가장 높은 5분위 소득을 가장 낮은 1분위로 나눈 배율이다. 이 때 소득배율은 고소득자와 저소득자간 소득격차를 나타내는 것으로 배율이 높을수록 소득 불평등 현상이 심하다는 것을 나타낸다.

③ 중위소득이 300만 원이라면 중위소득의 50%인 150만 원 가구는 상대적 빈곤층에 해당하는데, 상대적 빈곤층의 가구가 전체 가구 수에서 차지하는 비율이 15.3%를 의미하므로 맞는 지문이 된다.

오답피하기

① 2010년 소득 5분위 배율이 2009년보다 감소했다. 그러나 그러한 감소가 상위 20%의 소득이 전년 대비 감소했다고 단정할 수는 없으며, 이는 1분위와 5분위의 소득간의 배율을 감소했다는 것을 의미한다.
② 〈그림1〉을 보면 2003년~2008녕의 소득 5분위 배율이 계속 증가하고 있다. 소득 5분위 배율이 커지는 것은 소득 격차가 점차 커져서 소득 분배가 악화됨을 보여 준다.
③ 위의 그림을 보고 평균 소득 수준의 인구가 차지하는 비율을 알 수는 없다. 평균 소득과 중간 소득은 다르기 때문이다.

정답 ③

02 다음 빈곤에 관한 설명 중 적절하지 않은 것은?

2016 경찰직 2차

① 빈곤의 원인을 개인적 특성이나 사회 구조에서 찾는 시각들이 있다.
② 절대적 빈곤은 보통 중위 소득의 일정 비율로 측정한다.
③ 경제적 수준이 높은 사회에서는 절대적 빈곤보다 상대적 빈곤이 더 중시된다.
④ 경제 발전에 따라 평균적 빈곤율은 낮아지지만 절대적 빈곤 문제는 여전히 남아 있을 수 있다.

해설

② 절대적 빈곤은 보통 최저 생계비를 기준으로 결정하고, 중위 소득의 일정 비율로 측정하는 것은 상대적 빈곤에 해당한다.

오답피하기

① 빈곤의 원인을 근로 능력의 상실이나 성취 동기의 부족과 같은 개인적 측면에서 찾는 견해도 있고, 빈부 격차의 심화나 교육의 불평등, 사회보장 제도의 미비 등 사회적 측면에서 찾는 견해도 있다.
③ 절대적 빈곤은 후진국이나 저개발국가에서 심각한 사회문제로 나타나고, 경제적 수준이 높은 사회에서는 절대적 빈곤이 어느 정도 해결된다. 다만 생활 수준이 향상되어도 소득 격차가 심화되면 상대적 빈곤 문제가 부각되어 더 중시된다.
④ 경제 발전에 따라 평균적 빈곤율은 낮아지지만 절대적 빈곤 문제는 여전히 남아 있을 수 있다. 서구 선진국이나 우리나라의 경우에도 절대적 빈곤에 있는 사람들이 여전히 있고 이를 위해 최저 생계비 등을 지원하고 있다.

정답 ②

03 다음 표는 정규직 평균 임금 대비 비정규직 평균 임금을 나타낸 것이다. 이에 대한 분석으로 옳은 것은? (단, 남성과 여성의 정규직 평균 임금은 지속적으로 상승하였다.) 2015 서울시

구분	2011년	2012년	2013년
남성	70%	75%	80%
여성	70%	80%	75%

① 여성의 경우, 정규직과 비정규직의 평균 임금 차이는 2013년이 2012년보다 적다.
② 남성의 경우, 전년대비 2013년의 평균 임금상승률은 비정규직이 정규직보다 더 높다.
③ 2013년 여성의 비정규직 평균 임금은 2012년에 비하여 하락하였다.
④ 2013년 비정규직의 평균 임금은 여성이 남성보다 적다.

해설
② 정규직 남성의 임금은 지속적으로 상승한다고 하였고, 비정규직의 평균 임금과의 격차가 꾸준하게 줄어들고 있다는 것은 전년대비 2013년 평균 임금 상승률은 비정규직이 정규직보다 더 높다고 할 수 있다.

오답피하기
① 정규직 여성의 평균 임금이 증가했다고 했고 2013년에 정규직과 비정규직의 평균 임금 차이는 20%에서 25%로 증가했으므로 여성의 경우 정규직과 비정규직의 평균 임금차이는 2013년이 2012년보다 더 크다.
③ 2013년에는 2012년에 20%였던 여성 정규직의 평균 임금과 여성 비정규직의 평균 임금 격차가 25%로 더 커졌다. 그러나 정규직 여성의 평균 임금과 비정규직 여성의 평균 임금의 격차가 커졌다고 해서 2013년 비정규직 여성의 평균 임금이 하락했다고 단정지을 수는 없다. 여성 정규직의 평균 임금은 지속적으로 상승했다고 했으므로 그 격차에도 불구하고 비정규직 여성 평균임금은 상승할 수 있기 때문이다.
④ 위의 표는 성별에 따른 정규진 평균 임금 대비 비정규직 평균 임금의 비중을 나타낸 것이어서 이것만으로 남성과 여성의 비정규직의 평균 임금의 절대치는 알 수 없다.

정답 ②

04 다음은 A국의 빈곤율 변화를 나타내고 있다. 이에 대한 설명으로 옳은 것은? (단, A국의 모든 가구의 구성원 수는 동일하다) 2016 국가직

(단위:%)

구분 \ 연도	2000년	2005년	2010년	2015년
절대적 빈곤율	7.2	7.0	6.8	6.5
상대적 빈곤율	6.9	7.0	10.2	11.6

※ 절대적 빈곤율: 전체 가구 중 가구 소득이 ㉠최저생계비 미만인 가구의 비율
※ 상대적 빈곤율: 전체 가구 중 가구 소득이 ㉡중위소득의 50% 미만인 가구의 비율

① ㉡은 전체 가구 소득의 평균값이다.
② 2005년에는 ㉠과 ㉡의 값이 같다.
③ 절대적 빈곤가구 수가 감소하는 추세를 보인다.
④ 2000년에는 상대적 빈곤가구가 모두 절대적 빈곤가구에 포함된다.

해설
④ 2000년에는 절대적 빈곤율이 7.2%로 상대적 빈곤율 6.9%보다 높다. 이는 최저 생계비 미만의 소득을 얻는 가구가 중위 소득의 50% 미만의 소득을 얻는 가구보다 더 많다는 의미이다. 이는 최저 생계비가 중위 소득 50%보다 더 높은 것으로 상대적 빈곤가구는 모두 절대적 빈곤 가구에 포함된다.

오답피하기
① 중위 소득은 인구를 소득 순으로 나열했을 때 한 가운데 위치한 사람의 소득을 의미한다. 전체 가구 소득의 평균값은 평균 소득에 해당한다. 평균 소득이 한 나라의 전체 소득을 가구 수로 나눈 것이라면, 중위 소득은 소득 상위 가구부터 하위 가구까지를 한 줄로 세운 다음, 그 줄의 맨 중간에 해당하는 가구의 소득을 의미한다. 따라서 ㉡은 전체 가구 소득의 평균값이 아니다.
② 상대적 빈곤율은 전체 가구 중 가구 소득이 중위 소득의 50%미만인 가구의 비율이다. 따라서 2005년 절대적 빈곤율과 상대적 빈곤율이 같다는 것이 중위 소득과 최저 생계비가 같은 것을 의미하는 것은 아니다.
③ 절대적 빈곤율은 감소하고 있지만, 위의 문제에서는 전체 가구 수가 제시되어 있지 않기 때문에 절대적 빈곤 가구 수가 감소하는 지의 여부는 알 수 없다.

정답 ④

05 〈보기1〉의 빈곤 유형 A, B에 대한 설명으로 옳은 것을 〈보기2〉에서 모두 고른 것은? (단, A, B는 상대적 빈곤과 절대적 빈곤 중 하나이다.) 2021 서울시(경력직)

보기1

⊙ 학습 주제: 빈곤 유형
1. A
 – 최소한의 생활 수준을 유지하기 곤란한 상태
 – 우리나라에서는 가구 소득이 최저 생계비 수준에 미치지 못하는 가구를 A 가구로 분류함
2. B
 – 사회 구성원 다수가 누리는 생활 수준에 이르지 못한 상태
 – 우리나라에서는 가구 소득이 중위 소득의 50%에 미달하는 가구를 B 가구로 분류함

보기2

ㄱ. A에 해당하는 가구는 B에 해당하지 않는다.
ㄴ. 중위 소득이 높아지면 B의 빈곤선도 높아진다.
ㄷ. A는 주로 선진국에서, B는 주로 저개발국에서 나타난다.
ㄹ. A와 B 모두 우리나라에서 객관적인 기준에 의해 분류되는 빈곤의 유형이다.

① ㄱ, ㄴ ② ㄱ, ㄷ
③ ㄴ, ㄹ ④ ㄷ, ㄹ

출제 단원 및 영역 사회 문화 4단원 빈곤의 유형

해설 A는 절대적 빈곤, B는 상대적 빈곤이다.
ㄴ. 상대적 빈곤은 중위 소득의 50%에 미달하는 가구라고 하였으므로 중위 소득이 높아지면 상대적 빈곤선인 중위 소득의 50%의 금액도 높아진다.
ㄹ. 절대적 빈곤과 상대적 빈곤은 모두 객관적인 기준에 의해 정해지는 객관적 빈곤으로 우리나라에서는 절대적 빈곤에 대해 최저 생계비를, 상대적 빈곤에 대해 중위 소득의 50%라는 객관적인 기준으로 분류하고 있다.

오답피하기
ㄱ. 절대적 빈곤 가구에 속하면서 상대적 빈곤 가구에 속할 수도 있다.
ㄷ. 절대적 빈곤은 기본적 의식주 해결이 저개발국에서 주로 나타나고, 상대적 빈곤은 주로 선진국의 빈곤 문제이다.

정답 ③

성 불평등 문제 / 사회적 소수자

01 사회적 소수자의 특징에 대한 설명 중 적절하지 않은 것을 있는 대로 고른 것은? 2015 경찰직 2차

㉠ 사회적 소수자를 규정하는 절대적인 기준이 존재한다.
㉡ 사회・경제적으로 약자의 위치에 있는 경우가 많다.
㉢ 자신이 차별받는 집단에 소속되어 있다는 것을 인식하고 있다.
㉣ 소수자를 가르는 가장 중요한 기준은 수의 많고 적음이다.
㉤ 신체적 혹은 문화적 특성 때문에 다른 사람들과 구별된다.

① ㉠, ㉣ ② ㉡, ㉢, ㉤
③ ㉡, ㉢ ④ ㉠, ㉣, ㉤

해설 사회적 소수자란 인종, 국적, 종교 등의 측면에서 자신들이 살고 있는 사회의 지배적 가치와 기준을 달리한다는 이유로 차별의 대상이 되는 사람들을 말한다. 사회적 소수자는 양적으로 소수가 아닌 사회적 권력이나 영향력과 같은 질적 크기를 기준으로 하며, 시대나 사회에 따라 사회적 소수자가 달라지므로 상대적인 개념이다.
ㄱ. 사회적 소수자를 규정하는 절대적인 기준은 없고, 시대와 사회에 따라 사회적 소수자가 달라지는 상대적인 개념이다.
ㄹ. 사회적 소수자는 양적으로 소수자의 많고 적음으로 따라 나누는 것이 아니라 사회적 권력이나 영향력과 같은 질적 크기를 기준으로 한다.

오답피하기
ㄴ. 사회적 소수자와 사회적 약자가 반드시 일치하는 개념은 아니지만 사회적 소수자는 사회・경제적으로 약자의 위치에 있는 경우가 많다.
ㄷ, ㅁ. 사회적 약자는 피부색 등의 신체적 혹은 문화적 특성 때문에 다른 사람들과 구별될 수 있고, 자신이 차별받는 집단에 소속되어 있다는 것을 인식하고 있다.

정답 ①

02 사회적 소수자에 대한 설명으로 옳지 않은 것은? 2013 지방직

① 신체적 또는 문화적 특성으로 인해 자기가 사는 사회의 다른 구성원으로부터 구분되어 불평등한 처우와 차별을 받는다.
② 정치 · 경제 · 사회적 권력에서 열세에 있거나 자원 동원 능력이 뒤쳐진다.
③ 사회적 지위에 기초하여 결정되기 보다는 사회에서의 수에 의해 결정된다.
④ 자신이 차별을 받는 소수자 집단에 속한다는 소속감을 가진다.

해설 사회적 소수자란 인종, 국적, 종교 등의 측면에서 자신들이 살고 있는 사회의 지배적 가치와 기준을 달리한다는 이유로 차별의 대상이 되는 사람들을 말한다. 사회적 소수자는 양적으로 소수가 아닌 사회적 권력이나 영향력과 같은 질적 크기를 기준으로 하며, 시대나 사회에 따라 사회적 소수자가 달라지므로 상대적인 개념이다.
③ 사회적 소수자는 사회적 지위나 영향력에 기초하여 결정되는 것이지 양적으로 소수인 것을 의미하지는 않는다.

오답피하기
①, ②, ④ 사회적 소수자는 신체적 또는 문화적 특성으로 인해 자기가 사는 사회의 다른 구성원으로부터 구분되어 불평등한 처우와 차별을 받으며, 정치 · 경제 · 사회적 권력에서 열세에 있거나 자원 동원 능력이 뒤쳐진다. 그리고 자신이 차별을 받는 소수자 집단에 속한다는 것을 인식하고 소속감을 가진다.

정답 ③

03 다음 〈보기〉에서 언급하고 있는 정책에 대한 설명 중 적절하지 않은 것은? 2016 경찰직 2차

보기

기업의 목적은 이익을 추구하는 데 있습니다. 그런데 장애인이나 여성 집단을 일정 비율 이상 의무적으로 고용해야 한다는 것은 기업의 이익에 반하는 결과를 초래할 수 있습니다. 왜냐하면 실력 외의 다른 요소로 인재를 선발하기 때문입니다. 또한 그 집단에 속하지 않는 사람들을 차별하기 때문에 공정하지 않은 정책이라고 비판받을 수 있습니다. 반면 그 집단에 속하는 사람들은 실력 외의 다른 요인으로 선발되었다는 의혹과 낙인에서 자유롭지 못하게 되는 문제도 있습니다.

① 사회적 소수자에 대한 차별을 개선하려는 개인의 의식적 측면에서의 접근이다.
② 이 정책은 과거의 고질적인 차별을 적극적으로 고치려는 데 목적이 있다.
③ 다수 집단에 속하는 사람들로부터 역차별이라는 비판을 받을 수 있다.
④ 우리나라에서는 여성공천제, 장애인 고용할당제, 공무원의 양성 채용 목표제 등이 시행되고 있다.

해설 제시문에서는 적극적 평등 실현 조치로 인한 부정적인 측면을 설명하고 있다.
① 적극적 평등 실현 조치는 국가가 제도적 차원에서 사회적 소수자에 대한 차별을 개선하려는 것이지, 개인의 의식적 측면에서의 접근이 아니다.

오답피하기
②, ③, ④ 모두 옳은 설명이다. 적극적 평등 실현 조치는 과거의 고질적인 차별을 적극적으로 고쳐 결과에 있어서 평등을 실현하려는 데 목적이 있고, 이를 위해 우리나라에서는 여성공천제, 장애인 고용할당제, 공무원의 양성 채용 목표제 등이 시행되고 있다. 반면, 적극적 평등 실현 조치로 인해 다수 집단에 속하는 사람들로부터 역차별이라는 비판을 받을 수 있다.

정답 ①

04 다음 집단들에 관한 공통적인 설명으로 가장 적절하지 않은 것은? 2021 경찰직 2차

미혼모, 이주 노동자, 정신병 환자, 장기수, 혼혈인, 철거민, 노점상, 임대 아파트 거주자, 산업재해 피해자

① 한 사회에서 상대적으로 숫자가 현저히 적은 집단을 사회적 소수자라고 한다.
② 사회적으로 만들어지는 상대적인 개념으로 소속된 집단에 따라 달라질 수 있다.
③ 구성원들은 특정 집단에 속해 있다는 이유만으로 차별과 혐오의 대상이 되기도 한다.
④ 사회적으로 오래된 차별을 극복하기 위해 적극적 차별 시정 조치와 같은 방법을 사용할 수도 있다.

출제 단원 및 영역 사회 문화 4단원 사회적 소수자

해설 위의 집단들은 인종, 국적, 종교 등의 측면에서 자신들이 살고 있는 사회의 지배적 가치와 기준을 달리 한다는 이유로 사회의 다수 구성원들로부터 구분되어 차별을 받으며, 스스로도 차별받는 집단에 속해 있다는 의식을 가진 사람들인 사회적 소수자에 해당한다.
① 사회적 소수자는 수적으로 반드시 소수(小數)를 의미하지는 않고, 주류 집단에 비해 권력이나 재산 등의 획득에 불리한 위치에 있는 경우가 많다.

오답피하기
② 사회적 소수자는 시대, 장소, 소속 집단의 범주 등에 따라 사회적 소수자에 대한 규정이 달라지는 상대적인 개념이다.
③ 사회적 소수자는 해당 집단의 구성원이라는 이유만으로 다른 사회 구성원으로부터 차별을 받는다.
④ 장애인 의무 고용제, 여성 비례 대표제 등과 같이 사회적 소수자에 대한 적극적 우대 조치는 사회적으로 오래된 차별을 극복하기 위한 해결 방법으로 사용될 수 있다.

정답 ①

사회 복지와 복지 제도

01 다음 표의 (가)~(다)에 대한 설명으로 가장 옳지 않은 것은? 2016 해양경찰

〈사회 보장 제도의 종류〉

구분	(가)	(나)	(다)
대상	전 국민	생계 곤란자	지원이 필요한 국민
효과	상호부조	소득 재분배	정상적 사회생활 지원
성격	금전적·물질적 지원		비물질적 지원

① (나)는 정부 재정으로 비용을 부담한다.
② (다)는 개인별 특성을 고려한 개별적인 원조를 제공한다.
③ (가)와 (나)는 혜택을 받는 수혜자와 가입자가 동일하다.
④ (나)는 (가)에 비해 수혜 대상자의 범위가 좁다.

해설 (가)는 사회보험, (나)는 공공부조, (다)는 사회 서비스에 해당한다.
③ (가)는 전 국민을 대상으로 하는 보편적 복지임에 반하여, (나)는 생계가 곤란한 사람을 대상으로 하는 선별적 복지에 해당한다. (가)는 가입자와 사용자 국가가 공동으로 비용을 부담하여 가입자가 혜택을 보지만, (나)는 빈곤층을 대상으로 국가나 지방자치단체가 비용을 부담한다.

오답피하기
①, ②, ④ 모두 옳은 설명이다.

정답 ③

02 다음 사례에서 밑줄 친 ㉠과 ㉡에 대한 설명으로 적절한 것은? 2013 서울시

> 우리 아버지는 27년간 구청에서 근무하시다가 2년 전 정년 퇴임을 하였다. 지금은 ㉠ 공무원 연금을 받으며 생활하고 있다. 옆집 할머니는 73세로 자식도 없이 홀로 생활하고 있다. 소득이 없는 할머니는 ㉡ 「국민기초생활보장법」상의 수급권자로 일정한 생계비를 받아 생활하고 있다.

① ㉠은 가입과 탈퇴가 자유롭다.
② ㉠은 ㉡에 비해 사회적 약자 보호의 성격이 강하다.
③ ㉠은 ㉡에 비해 소득 재분배 효과가 크다.
④ ㉡은 정부가 그 비용을 전액 부담한다.
⑤ ㉡은 ㉠에 비해 상호 부조의 성격이 강하다.

해설 사회 보장 제도는 주로 금전적·물질적 지원을 하는 사회보험과 공공부조와 비금전적 보장에 해당하는 사회 복지 서비스로 구분할 수 있다. 사안의 경우 공무원 연금은 사회 보험에 해당하고, 국민기초생활 보장법은 공공부조를 위한 법이다.
④ 공공부조는 정부가 그 비용을 전액 부담한다.

오답피하기
① 사회 보험은 강제 가입을 원칙으로 한다.
② 사회보험의 경우 피보험자, 기업주, 국가가 공동 부담하여 수익자도 소득에 따라 비용을 부담하기 때문에 수익자 부담의 원칙이 적용된다고 할 수 있다. 그러나 공공부조는 국가가 전액 부담한다. 따라서 사회보험보다 공공부조가 사회적 약자 보호적 성격이 강하다.
③ 둘 다 소득 재분배의 효과가 있지만 사회 보험에 비해 공공 부조가 소득 재분배 효과가 더 크다.
⑤ 사회보험은 재원을 마련함에 있어 피보험자, 기업주, 국가가 분담하고 가입자끼리 당장의 혜택을 받지 않덜도 보험료를 납부함으로써 서로 도와준다는 의미에서 상호 부조적 성격이 강하다.

정답 ④

03 다음에서 제시하고 있는 우리나라의 사회 보장 제도에 대한 설명으로 옳지 않은 것은? 2013 지방직

> • 서비스 대상: 65세 이상의 노인 또는 65세 미만의 노인성 질환자
> • 서비스 내용: 시설 급여, 재가 급여, 특별 현금 급여 보험료 징수 방법: 건강 보험료와 통합 징수

① 의료 급여 제도에 대한 설명으로 소득 재분배 효과를 담보하고 있다.
② 가입자는 부양해야 할 노인이 없어도 부담액을 납부하여야 한다.
③ 국가와 지방 자치 단체의 노인 부양 책임을 강화하는 것을 목적으로 한다.
④ 가입자의 소득과 가입자 부담액은 양(+)의 상관관계가 있다.

해설 위에서 제시하고 있는 것은 노인 장기 요양 보험제도이다. 노인장기 요양보험은 고령이나 노인성 질병 등으로 일상생활을 혼자서 수행하기 어려운 이들에게 신체활동 및 일상생활 지원 등의 서비스를 제공하여 노후 생활의 안정과 그 가족의 부담을 덜어주기 위한 것으로서 사회보험의 일종이다.
① 제시문은 노인장기 요양보험의 설명으로 의료 급여제도가 아니다 또한 의료급여제도는 공적부조이고, 노인 장기 요양 보험은 사회보험이며 소득재분배의 효과를 담보하고 있다.

오답피하기
② 노인 장기 요양 보험 가입자는 국민 건강 보험 가입자와 동일하며, 모든 국민은 노인 장기 요양 보험 가입이 강제되어 있다.
③ 노인 장기 요양 보험은 고령화에 대해서 개인만의 책임과 문제가 아닌 국가와 사회가 책임을 져야하는 것으로 인식한 것으로 국가와 지방 자치 단체의 노양 부양 책임을 강화하는 것을 목적으로 한다.
④ 장기 요양 보험료는 건강 보험료×6.55%로 산출되므로 가입자의 소득과 가입자의 부담액은 양(+)의 상관 관계에 있다.

정답 ①

04 〈보기〉의 밑줄 친 ㉠, ㉡에 대한 설명으로 가장 옳은 것은? 2019 서울시 공개 및 경력 1회

보기

㉠ 기초노령연금은 소득 하위 70%에 해당하는 만 65세 이상 노인에게 지급하는 연금이며, 현재는 기초연금으로 확대 개편되었습니다. ㉡ 국민연금의 기초가 되는 노령 연금은 가입 기간, 그러니까 연금 보험료 납부 기간이 최소 10년 이상일 때 60세 이상부터 평생 받게 되는 급여입니다. 65세 이하는 소득 활동 정도에 따라 노령 연금 혹은 조기노령연금 지급액이 바뀌는데요, 활동에 따라 감액된 금액을 받게 된답니다. 소득이 없는 경우는 55세 이상부터 조기노령연금을 받을 수 있습니다.

① ㉠은 소득재분배 효과가 나타나며 보편적 복지에 해당한다.
② ㉡은 가입자의 비용 부담 능력에 따라 납부하는 금액이 달라진다.
③ ㉠은 ㉡과 달리 사전 예방적인 성격을 가지며 선별적 복지에 해당한다.
④ ㉡은 ㉠과 달리 사후 처방적인 성격이 강하고 재원을 부담하는 자와 수혜자가 일치하지 않는다.

출제 단원 및 영역 사회문화 4단원 복지 제도의 유형

해설 ㉠의 기초노령연금은 공공부조에 해당하고, ㉡의 국민연금은 사회보험에 해당한다.

② 사회보험은 원칙적으로 소득과 재산 등 가입자의 비용 부담 능력에 따라 보험료를 산출한다. 특히 수능과 공무원 시험에서 수혜 정도에 따라 보험료를 부담한다는 지문이 자주 등장하므로 유의해야 한다.

오답피하기

① 소득 재분배의 효과는 공공부조와 사회보험 모두에서 나타난다. 특히 공공부조에서 크게 나타난다. 사회보험은 전 국민을 대상으로 하는 보편적 복지에 해당하지만, 공공부조는 생활 유지 능력이 없거나 어려운 국민을 대상으로 하기 때문에 선별적 복지에 해당한다.
③ 사회보험은 미래에 직면할 사회적 위험에 대처하는 사전 예방적 성격이 강하고 전 국민을 대상으로 하는 보편적 복지이다. 공공부조는 사후 처방적 성격이 강하고, 지원 대상이 빈곤층에 한정되므로 선별적 복지에 해당한다.
④ 사회보험은 사전 예방적인 성격이 강하다. 재원을 부담하는 자와 수혜자가 일치하지 않는 것은 공공부조이다.

구분	사회보험	공적부조(공공부조)	사회 서비스
목 적	질병, 실업, 사망에 의한 소득상실의 불안 해소, 예방적 복지, 재해구제	생활보호(최저 생활 보장), 잔여적 복지, 생활보호(생존권 보장)	사회적 취약 계층의 정상적인 사회생활을 지원하는 제도
대 상	능력별 부담 (피보험자)	생활 무능력자	보호가 필요한 사회적 약자
종 류	국민건강(의료)보험, 국민연금, 고용보험, 산업재해 보상보험 등	국민 기초 생활 보장 제도, 생활보호, 의료보호, 재해보호, 보호대상자보호, 의료급여법	아동 복지, 노인 복지, 여성 복지, 장애인 복지 등
비용 부담	피보험자(국민), 고용주(기업), 국가	비용 모두를 국가(세금)가 부담	국가 및 민간 부담
가입 방식	법에 의해 강제가입 (상호부조의 성격)	자발적 가입	비경제적 지원 사회 보장의 보조적 성격
장 점	근로의욕 고취, 국가 재정 부담감소	소득 재분배 효과	취약 계층의 자립과 생활 안정 지원
단 점	소득재분배 효과 미약, 소득무능력자 (장애인, 노인)에게는 적용되기 어려움	국가 재정 부담, 국민의 조세 부담, 근로와 투자 의욕 상실	소득 재분배 효과 미약 보조적 사회 보장 제도

정답 ②

05 다음 △△복지급여에 대한 설명으로 옳은 것은?

2013 국가직

- △△복지급여 지급 사유
  - 주소득원의 사망, 질병, 부상 등으로 갑자기 생계유지가 어려운 경우
  - 부 또는 모의 가출, 행방불명 등으로 갑자기 생계유지가 어려운 경우
- △△복지급여 대상자 선정 기준
  - 소득: 최저 생계비의 120% 이하
  - 금융 재산: 500만 원 이하
- △△복지급여액
  - 최저생계비 중 식료품비를 현금으로 지급
  - 500만 원 범위 내에서 의료비용 지급

① 예방적 복지의 성격을 갖는 잔여적 복지급여이다.
② 사회보험보다 소득재분배의 효과가 더 큰 복지급여이다.
③ 혜택 비효율성이 높은 보편주의에 입각한 복지급여이다.
④ 급여대상자의 도덕적 해이를 방지하기 위해 생산과 복지를 결합한 복지급여이다.

해설 △△ 복지 급여는 생계유지가 어려운 자들을 대상으로 국가가 전액 지원해주는 복지 제도로서 이는 공공부조에 해당한다.
② 사회보험 제도도 어느 정도 소득 재분배의 효과가 있지만 공공부조의 경우 더욱 소득 재분배의 효과가 크다.

오답피하기
① 예방적 복지의 성격을 갖는 것은 사회보험이고 공공부조는 사후적 복지의 성격을 갖는다. 또한 잔여적 복지급여라는 것은 모든 사람을 대상으로 동일하게 복지 정책을 시행하는 것이 아니라 가족이나 시장의 욕구 충족 기능이 상실된 경우에만 도움을 주어야 한다는 의미로서 선별적 복지 정책을 의미한다.
③ 공공부조는 모든 국민에게 시행하는 것이 아니므로 보편주의에 입각한 복지급여는 아니다.
④ 공공부조의 경우 국가가 전액 부담하므로 급여 수령자의 노동 의욕 상실 등의 도덕적 해이를 가져올 수 있다. 생산적 복지는 소외 계층들이 자활 사업에 참여하거나 노동을 하는 것을 조건으로 하여 지원해주는 효율성과 복지를 동시에 추구하는 내용의 형태를 지닌 복지로서 위의 복지 급여와는 성격이 다르다.

정답 ②

06 다음 그림은 우리나라 사회 보장 제도의 유형을 구분한 것이다. A~C에 대한 설명으로 옳지 않은 것은? (단, A~C는 각각 사회 보험, 공공 부조, 사회 서비스 중 하나이다)

2019 지방직

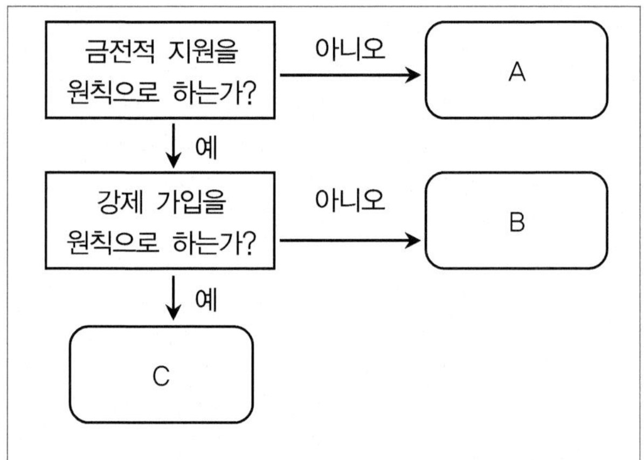

① A제도는 상담, 재활, 돌봄 등을 통하여 국민의 삶의 질이 향상되도록 지원한다.
② B제도는 C제도에 비해 수혜 대상자의 범위가 좁다.
③ C제도는 B제도에 비해 소득 재분배 효과가 작다.
④ C제도는 국가와 지방자치단체가 비용을 전액 부담한다.

출제 단원 및 영역 사회문화 4단원 사회보장제도의 종류

해설 금전적 지원을 원칙으로 하지 않는 A는 사회 서비스, 강제가입을 원칙으로 C는 사회 보험, 그렇지 않은 B는 공공 부조이다.
④ 사회 보험은 국가와 지방자치단체 뿐만 아니라 가입자와 사용자 등도 비용을 함께 부담한다. 국가와 지방자치단체가 비용을 전액 부담하는 것은 공공부조이다.

오답피하기
① 사회 서비스는 사회적 보호가 필요한 취약 계층의 국민에게 상담, 재활, 직업 소개, 관련 시설 이용, 사회 참여 지원 등을 통하여 국민의 삶의 질이 향상되도록 지원하는 제도이다.
② 공공 부조는 빈곤층을 대상으로 하고, 사회 보험은 모든 국민을 대상으로 하므로 공공 부조가 수혜 대상자의 범위가 더 좁다.
③ 사회보험의 경우 소득 재분배의 효과가 있으나 공공부조보다는 효과가 작다.

정답 ④

07 다음 A~C는 우리나라의 다양한 복지 제도를 소개한 것이다. 〈보기〉에서 적절한 설명을 모두 고른 것은? (단, A~C는 각각 '노인 장기 요양 보험 제도', '국민 기초 생활 보장 제도', '드림스타트 사업' 중 하나이다.)

2015 경찰직 3차

A 소득이 최저 생계비보다 적은 저소득층의 기본적인 생활 보장과 자활을 목적으로 하는 제도
B 고령이나 노인성 질병 등으로 일상생활을 수행하기 어려운 노인에게 신체 활동 또는 가사 활동을 지원하는 제도
C 빈곤 아동의 성장과 발달에 필요한 서비스를 수요자 맞춤형으로 제공하는 제도

보기

㉠ A의 대상자는 근로 의욕 상실이 발생할 수 있다.
㉡ A의 비용은 지방 자치 단체에서 부담한다.
㉢ B의 제도는 자율 가입을 원칙으로 한다.
㉣ B의 비용은 수익자 부담금, 보험료, 국가 재원이다.
㉤ C의 대상은 서비스를 원하는 모든 계층이다.

① ㉠, ㉢
② ㉠, ㉣
③ ㉡, ㉤
④ ㉠, ㉢, ㉣

해설 A는 저소득층의 기본적인 생활보장과 자활을 목적으로 한다고 했으므로 공공부조, B는 노인 장기 요양 보험제도에 대한 설명이므로 사회보험, C는 빈곤 아동의 성장과 발달에 필요한 서비스를 제공한다고 했으므로 사회 복지 서비스에 해당한다.

ㄱ. 공공부조의 경우 국가가 전액 부담하므로 대상자의 근로 의욕 상실이 우려 된다.

ㄹ. 사회보험은 일정한 소득 등이 있는 피보험자와 기업 또는 국가가 공동으로 비용을 부담하므로 사회보험의 비용은 수익자 부담금, 보험료, 국가 재원 등이 될 수 있다.

오답피하기

ㄴ. 공공부조의 비용은 전액 국가와 지자체 부담이다.

ㄷ. 사회보험은 일정한 소득 또는 재산이 있는 자를 대상으로 강제 가입하는 것을 원칙으로 한다.

ㅁ. 사회 복지 서비스는 사회적 취약 계층의 정상적인 사회생활을 지원하는 제도이므로 서비스를 원하는 모든 계층이 대상인 것은 아니다.

정답 ②

08 다음 표는 우리나라의 사회보험과 공공부조의 특징을 비교한 것이다. 이에 대한 설명으로 옳은 것은?

2017 지방직

질문	사회보험	공공부조
(가)	아니요	예
(나)	예	아니요
(다)	A	B
(라)	C	D

① (가)는 "소득 재분배 효과가 있는가?"라는 질문이 해당할 수 있다.
② (나)는 "수급자 선정 과정에서 낙인 문제가 발생하는가?"라는 질문이 해당할 수 있다.
③ (다)의 질문이 "기초연금제도가 해당되는가?"라면 A는 '아니요', B는 '예'이다.
④ (라)의 질문이 "강제가입을 원칙으로 하는가?"라면 C는 '아니요', D는 '예'이다.

해설

③ 기초 연금 제도는 공공 부조에 해당하므로 사회 보험은 '아니요', 공고부조는 '예'라는 대답을 할 수 있다.

오답피하기

① 사회 보험과 공공 부조는 모두 소득 재분배의 효과가 있으므로 적절한 질문이 될 수 없다. 다만, 공공 부조가 사회 보험보다 소득 재분배의 효과는 크다.
② 공공 부조는 수급자 선정 과정에서 낙인 문제가 발생할 수 있다. 따라서 공공부조에서 '아니요'라는 대답에 대한 질문으로써는 적절하지 않다.
④ 강제가입의 원칙이 적용되는 것은 사회 보험이므로 사회보험에서는 '예'라는 대답이, 공공부조에서는 '아니요'라는 대답이 적절하다.

정답 ③

09 다음은 다양한 사회 보장 제도 유형들이다. 다음 유형들에 대한 설명으로 가장 적절하지 않은 것은?

2015 경찰직 1차

> 甲 저는 젊은 시절에 경제적으로 어려워 보험료를 납부하지 못해서 현재 아무런 연금 혜택도 받지 못하고 있어요. 하지만 어려운 상황에 처해 있는 저와 같은 노인도 이제 보험료 납부와 관계없이 일정한 소득을 보장받을 수 있게 되었어요.
>
> 乙 건강보험공단으로부터 건강 검진 통지서를 받았어요. 저는 2년마다 한 번씩 건강 검진을 받으며 건강을 관리하고 있는데 건강 진단부터 기초적인 암 검사까지 모두 무료예요. 몇 년 전 부모님이 암 수술을 하였을 때에는 국가에서 보험금을 지급해 주어 부담이 한결 줄었어요.
>
> 丙 제 꿈은 자동차 정비사가 되는 것입니다. 자동차 정비 기술을 배우려면 학원을 다녀야 하는데 경제적으로 어려워 다니지 못하고 있었어요. 그런데 ○○시에서 운영하는 직업학교가 있어 지금은 이곳에서 무료로 기술을 배우고 있어요.

① 甲의 비용은 국가와 지방자치단체가 부담한다.
② 乙의 비용은 수혜 정도에 따라 비용을 차등 부담한다.
③ 丙의 서비스는 민간기관에 의해서도 제공된다.
④ 甲과 乙에 대해서는 금전적 지원을 원칙으로 한다.

해설 갑은 공공부조, 을은 사회 보험(건강 보험), 병은 사회 서비스에 해당한다.
② 건강보험은 비용은 수혜 정도와 무관하게 수혜자의 비용 부담 능력, 즉 소득과 재산에 따라 비용을 차등 부담한다.

오답피하기
① 공공부조의 비용은 국가와 지자체가 부담한다.
③ 사회 서비스는 국가와 지자체 뿐만 아니라 민간 기관에 의해서도 제공될 수 있다.
④ 공공부조와 사회보험은 금전적 지원을 원칙으로 한다. 반면 사회복지 서비스는 비금전적 지원을 원칙으로 한다.

정답 ②

10 〈보기〉는 우리나라 사회보장 제도를 구분한 것이다. A~C에 대한 설명으로 가장 옳은 것은? (단, A~C는 각각 사회보험, 공공부조, 사회 서비스 중 하나이다.)

2019 서울시

보기

특징 \ 제도	A	B	C
소득 재분배 효과가 있는가?	아니오	예	예
상호부조의 성격이 강한가?	아니오	예	아니오

① A는 강제 가입을 원칙으로 한다.
② B는 수혜 정도에 따라 비용을 부담한다.
③ C는 대상자 선정 과정에서 부정적 낙인이 발생할 수 있다.
④ A, B는 C와 달리 비금전적 지원을 원칙으로 한다.

출제 단원 및 영역 사회문화 4단원 사회보장제도

해설 A는 사회 서비스, B는 사회보험, C는 공공부조이다.
③ 공공부조는 빈곤층을 대상으로 하므로 재산 조사 과정에서 부정적인 낙인이 발생할 수 있다.

오답피하기
① 강제 가입을 원칙으로 하는 것은 사회보험이다.
② 사회보험에서 사회 보험료는 능력(소득 또는 재산)에 따라 부담한다. 수혜 정도에 따라 비용을 부담하게 된다면 노인들과 같은 경우 더 많은 보험료를 부담하게 될 것이다.
④ 사회 서비스는 비금전적 지원을 원칙으로 하지만 사회보험과 공공부조는 금전적 지원을 원칙으로 한다.

정답 ③

11 **(가)와 (나)는 각각 공공부조와 사회보험 중 하나 이다. 이에 대한 설명으로 옳은 것은?** 2018 교육행정

(가) 국민에게 발생하는 사회적 위험에 대비함으로써 국민의 건강과 소득을 보장하는 제도 이다. 여기서 사회적 위험이란 질병, 장애, 노령, 실업, 사망 등을 의미한다.
(나) 생활을 유지할 능력이 없거나 생활이 어려운 국민의 최저 생활을 국가가 보장하고 자립을 지원하는 제도를 말한다.

① (가)는 상호부조적인 성격을 지닌다.
② (나)는 수혜자 부담을 원칙으로 한다.
③ (가)는 (나)와 달리 비금전적 지원을 원칙으로 한다.
④ (나)는 (가)보다 수혜자의 범위가 넓다.

해설 (가)는 사회 보험, (나)는 공공 부조에 해당한다.
① 사회 보험은 상호부조적인 성격을 지닌다. 사회 보험의 경우 보험 가입자들들 납부하는 보험료로 보험 사고를 당한 사람에게 보험금을 지급하고 또 다른 보험 계약자들도 보험금 지급 사유가 발생할 경우 보험금을 지급받을 수 있다는 점에서 상호부조적인 성격을 띤다.

오답피하기
② 사회 보험은 수혜자 부담을 원칙으로 하면서 능력(소득)에 따라 보험료를 부담하지만, 공공 부조는 국가나 지방 자치 단체가 일방적으로 수혜자에게 지원하는 형태이다.
③ 사회 보험과 공공 부조는 둘다 금전적 지원을 원칙으로 하고, 사회 복지 서비스는 비금전적 지원을 원칙으로 한다.
④ 사회 보험은 전 국민을 대상으로 일정한 소득이 있는 사람을 대상으로 하는 반면, 공공 부조는 생활 형편이 어려운 사람들에 한정되므로 사회 보험의 수혜자의 범위가 공공 부조의 수혜자의 범위보다 더 넓다.

정답 ①

12 **다음 (가)~(다)는 우리나라의 사회보장 제도를 분류한 것이다. 이에 대한 설명으로 가장 옳은 것은? (단, (가)~(다)는 각각 사회보험, 공공부조, 사회 서비스 중 하나이다.)** 2014 해양경찰

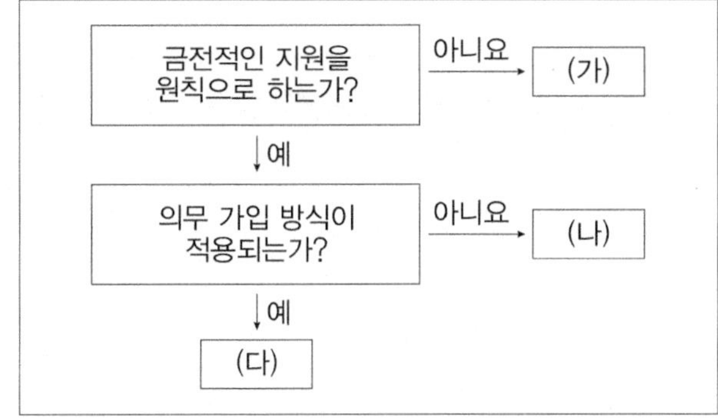

① (가)의 제도는 국민기초생활보장 제도가 있다.
② (다)에 소요되는 비용은 국가가 전액 부담한다.
③ (나)는 (다)보다 소득 재분배 효과가 크다.
④ (가)는 위험에 대한 사전 예방적, (나), (다)는 사후 대응적 기능을 강조한다.

해설 (가) 비금전적 지원을 원칙으로 하므로 사회 서비스, (나)는 금전적 지원을 원칙으로 하면서 의무 가입 방식이 적용되지 않으므로 공공부조, (다)는 금전적 지원을 원칙으로 하면서 의무 가입 방식이 적용되므로 사회보험에 해당한다.
③ 공공부조와 사회보험은 모두 소득 재분배의 효과가 있지만, 공공부조의 경우 정부가 비용 전액을 부담하는데, 이는 소득이 많은 사람들의 세금으로 빈곤한 사람들에게 지원해주는 것으로 이는 소득 재분배의 효과가 크게 나타난다. 소득에 비례하여 보험료를 납부함으로써 사회보험의 경우도 소득 재분배의 효과가 있다. 그러나, 공공부조보다는 소득 재분배의 효과가 크지는 않다.

오답피하기
① 국민기초생활보장제도는 공공부조에 해당한다.
② 사회보험은 수혜자 부담의 원칙이 적용되어 가입자, 사용자, 국가 등이 공동으로 비용을 부담한다. 반면, 소요되는 비용의 전액을 국가가 부담하는 것은 공공부조이다.
④ (나)는 경제적 위험에 대한 사후 대응적 기능을 하지만, (다)는 사전 예방적 기능을 강조합니다.

정답 ③

13 자료에 대한 분석으로 가장 적절한 것은?

2017 교육행정

> 갑국에서 65세 이상의 국민이 혜택을 받을 수 있는 공적 연금은 A와 B이다. A는 65세 이상 인구 중 가구의 소득 인정액이 선정 기준 이하인 사람에게 국가가 매월 연금을 지급하는 제도이고, B는 일정 기간 보험료를 납부한 국민이 노령 등 정해진 기준에 따라 연금 급여를 받을 수 있는 제도이다. 올해 갑국의 65세 이상 인구는 677만 명이고, 그중 A의 수급자는 450만 명, B의 수급자는 247만 명이다.

① A는 수혜자 비용 부담의 원칙이 적용되는 제도이다.
② B는 공공 부조에 해당한다.
③ B는 A에 비해 사전 예방적 성격이 강하다.
④ A와 B를 동시에 수급받는 사람은 없다.

해설 제시문에서 A는 기초 연금 제도에 해당하고, B는 국민 연금 제도에 해당한다. 기초 연금 제도는 공공 부조에 해당하고, 국민 연금 제도는 사회 보험에 해당한다.
③ 사회 보험은 사전 예방적 성격이 강하고, 공공 부조는 사후 처방적 성격이 강하다.

오답피하기
① 수혜자 부담의 원칙이 적용되는 것은 사회 보험이다. 공공부조인 기초 연금 제도는 수혜자의 부담 없이 국가나 지방 자치 단체가 일방적으로 지원하는 형태이다.
② 국민 연금 제도는 사회 보험에 해당한다.
④ 제시문에서 올해 65세 이상의 인구가 677만 명이라고 하였고 기초 연금의 수급자가 450만 명, 국민 연금의 수급자가 247만 명이라고 하였으므로 697만 명이 수급받는 것이 되므로 이는 최소 20만명 이상이 최소 두 가지를 동시에 수급받고 있음을 알 수 있다.

정답 ③

14 다음 甲~丙의 사례에 적용할 수 있는 우리나라 사회 보장 제도의 특징에 대한 설명으로 가장 적절한 것은? (甲~丙은 '사회 보험', '사회 서비스', '공공 부조' 중 각각 하나에만 해당되고, 아래 내용 이외 다른 요인의 영향은 없다고 가정한다.)

2017 경찰직 2차

> 甲(67세)은 회사원으로 일하다 정년퇴직 후, 일용직 근로자로 일하며 최저 생계비 이하의 재산과 소득이 있음.
> 乙(46세)은 회사 업무 중 사고로 인해 치료와 자활을 하고 있음.
> 丙(32세)은 임용된 지 5년차 경찰관으로 발달 장애 자녀를 양육하고 있음.

① 甲, 乙은 강제 가입을 원칙으로 한다.
② 甲, 乙은 소득 재분배의 효과가 있다.
③ 乙, 丙은 금전적 지원을 원칙으로 한다.
④ 乙, 丙은 역량 개발과 자아실현을 목적으로 한다.

해설 갑은 최저 생계비 이하의 재산과 소득이 있다고 하였으므로 공공 부조의 대상이 된다. 을은 회사 업무 중 사고로 치료로 자활을 하고 있다고 하였으므로 이는 산업 재해 보상 보험의 대상이 되며, 사회 보험의 한 종류이다. 병의 자녀는 발달 장애를 가지고 있다고 하였으므로 사회 복지 서비스의 대상이 된다.
② 사회 보험과 공공 부조는 모두 소득 재분배의 효과가 있다. 다만, 공공부조에서 소득 재분배의 효과가 더 크다.

오답피하기
① 강제가입을 원칙으로 하는 사회 보장 제도는 사회보험이다.
③ 사회보험과 공공부조는 금전적 지원을 원칙으로 한다. 반면 사회보장서비스는 비금전적 지원을 목적으로 한다.
④ 역량 개발과 자아실현을 목적으로 하는 것은 사회 복지 서비스이다. 반면 을의 경우 장래의 사회·경제적 위험을 대비하기 위한 사회 보험과 관계된다.

정답 ②

15 그림은 갑국에서 검토 중인 빈곤층 대상 정부 지원금 지급 방식을 나타낸 것이다. 이에 대한 분석으로 옳지 않은 것은? (단, 근로 소득 이외의 소득은 없다.)

2015 교육행정

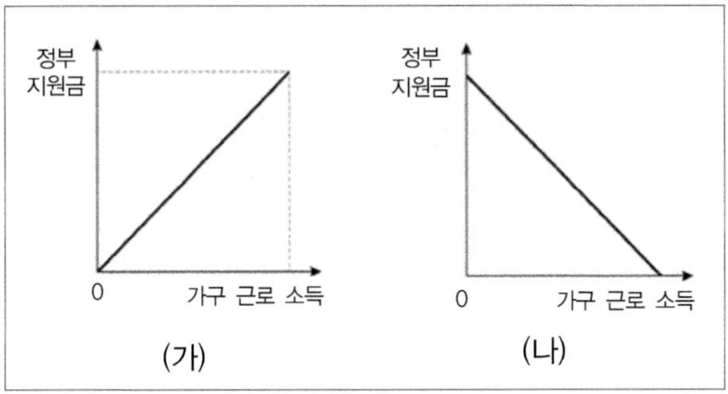

① (가)의 경우 수혜 가구의 근로 소득 대비 정부 지원금 비율은 일정하다.
② (나)의 경우 근로 소득이 없는 가구가 정부 지원금을 가장 많이 받는다.
③ (가)는 (나)와 달리 수혜 가구 간 소득 격차를 심화시킬 수 있다.
④ (나)는 (가)보다 빈곤층의 근로 의욕 고취에 더 효과적인 방식이다.

해설 (가)와 (나)는 빈곤층을 대상으로 정부가 지원금을 주므로 사회보장 제도 중 공공부조에 해당한다. 다만 그 지급액의 결정 방식이 다르다. (가)는 가구 근로 소득이 많을수록 정부의 지원금은 증가하는 방식이지만, (나)는 가구 근로 소득이 많을수록 정부의 지원금은 감소한다. (나)의 경우에는 근로를 제공하여 소득이 있는 사람의 경우 근로를 제공하지 않고 정부 지원금을 받는 것이 더 낫다고 생각할 수도 있다. 50만 원의 근로소득이 있는 사람은 50만 원의 정부 지원금을 받는 반면, 근로를 하지 않는 자는 100만 원의 정부 지원금을 받기 때문이다. 이런 경우 오히려 저소득층의 근로 의욕을 감소시키는 문제가 발생하므로 (가)와 같이 근로 장려 세제의 방식을 채택하기도 한다. 일을 하지 않는 가구는 정부 지원금이 없고, 근로를 통한 소득이 증가할수록 정부 지원금이 늘어남에 따라 근로 의욕을 고취시킬 수 있다.
④ 빈곤층의 근로 의욕 고취에 더 효과적인 방식은 (가)이다.

오답피하기
① (가)는 가구 근로 소득이 증가할수록 정부 지원금도 일정하게 증가하고 있으므로 수혜 가구의 근로 소득 대비 정부 지원금 비율은 일정하다.
② (나)의 경우 근로 소득이 없는 가구가 정부 지원금을 가장 많이 받고 소득이 증가할수록 정부 지원금이 줄어들고 있다.
③ (가)는 근로 소득이 증가할수록 정부 지원금도 늘어남으로써 수혜 가구간의 소득 격차는 더 심화된다. 반면, (나)의 경우 근로 소득이 적을수록 정부 지원금도 늘어나기 때문에 제도 시행 전에 비해 수혜 가구간의 소득 격차는 줄어들 것이다.

정답 ④

16 사회 복지에 대한 설명 중 가장 적절하지 않은 것은?

2017 경찰직 1차

① 사회 복지는 자유방임주의에 기초하여 사회 구성원의 기본적 욕구를 충족하고 삶의 조건을 보장하며 사회 통합을 달성하려는 목적으로 만들어진 사회적 활동의 총체이다.
② 사회 복지는 공공 부조, 사회 보험, 사회 서비스와 같은 사회 보장 제도를 통해 구체화된다.
③ 우리나라의 사회 보험에는 산업 재해 보상 보험, 국민 건강 보험, 노인 장기 요양 보험, 국민연금, 고용 보험이 있다.
④ 사회 서비스는 금전적 지원보다는 자활의 능력을 심어주는 데 주력한다.

해설
① 사회 복지는 자유 방임주의에 기초한 것이 아니라 자유 방임주의의 폐단으로 인해 국가가 적극적으로 개입하여 사회 구성원의 기본적 욕구를 충족하고 삶의 조건을 보장하며 사회 통합을 달성하려는 목적으로 만들어진 사회적 활동의 총체이다.

오답피하기
② 사회 복지는 추상적인 권리 단계에서 머물러서는 안 되고, 국가에 의해 공공 부조, 사회 보험, 사회 서비스와 같은 사회 보장 제도를 통해 구체화되어야 실현될 수 있다.
③ 우리나라의 사회 보험에는 산업 재해 보상 보험, 국민 건강 보험, 노인 장기 요양 보험, 국민연금, 고용 보험이 있다. 반면 공공 부조에는 국민 기초 생활 보장 제도, 의료 급여 제도, 기초 연금 제도, 장애인 연금 제도 등이 있다.
④ 사회 서비스는 사회적 보호가 필요한 취약 계층의 국민에게 상담, 재활, 직업 소개, 관련 시설 이용, 사회 참여 지원 등을 통하여 국민의 삶의 질이 향상되도록 지원하는 제도이다.

정답 ①

17 〈보기〉는 우리나라의 사회보장제도를 분류한 것이다. A~C에 대한 설명으로 가장 옳지 않은 것은? (단, A~C는 사회보험, 공공부조, 사회복지 서비스 중 하나이다.) 2018 서울 경력직

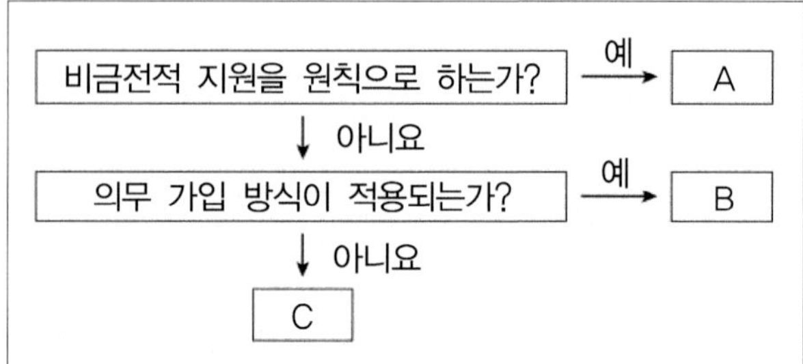

① A는 민간 기관에 의해서도 제공된다.
② B는 능력별 부담 원칙을 기본으로 한다.
③ C는 B에 비해 소득재분배 효과가 작다.
④ B는 C에 비해 근로의욕을 고취할 수 있다.

해설 비금전적 지원을 원칙으로 하는 A는 사회 복지 서비스, 의무 가입의 방식이 적용되는 B는 사회보험이고 C는 공공부조에 해당한다.

③ 공공부조와 사회보험은 모두 국가의 세금이 들어가기 때문에 소득 재분배의 효과가 있다. 그러나 전액 국가 또는 지방자치단체가 부담하는 공공부조의 경우 사회보험에 비해 소득 재분배의 효과가 더 크다.

오답피하기

① 사회 복지 서비스는 공공 부문만이 아니라 민간 부문도 참여할 수 있어 민간 기관에 의해서도 제공되는 사회 복지 제도이다.
② 사회보험은 원칙적으로 수혜 정도와 관계없이 능력(소득) 수준 등에 따라 비용을 부담하는 것을 원칙으로 한다.
④ 사회보험은 국민들에게 일정 수준의 보장을 해주는 면에서 근로 의욕의 고취가 가능하다. 반면, 공공부조의 경우 공공 부조 대상이 아닌 차상위 계층이 되었을 때에는 오히려 지원금의 감소로 생활이 더 어려워질 수 있기 때문에 수급자의 근로 의욕이 상실될 수 있다는 문제가 있다.

정답 ③

18 다음은 우리나라 사회 보장 제도의 유형 (가), (나)의 사례를 나타낸 것이다. 이에 대한 설명으로 옳은 것은? 2018 소방직

유형	사례
(가)	국민 기초 생활 보장 제도, 기초 연금 제도
(나)	국민 건강 보험 제도, 국민 연금 제도

① (가)는 사전 예방적 성격이 강하다.
② (나)의 재원은 국가가 전액 부담한다.
③ (나)는 (가)보다 소득 재분배 효과가 크다.
④ (가), (나) 모두 금전적 지원을 원칙으로 한다.

해설 (가)는 공공부조, (나)는 사회 보험이다.

④ 공공부조와 사회보험은 모두 금전적 지원을 원칙으로 한다. 반면 사회 복지 서비스는 비금전적 지원을 원칙으로 한다.

오답피하기

① 사전 예방적 성격이 강한 것은 미리 보험료를 납입하는 사회 보험이다. 반면 공공부조는 사후 처방적 성격이 강하다.
② 사회 보험의 재원은 국가와 회사 가입자가 공동으로 부담하지만, 공공부조는 국가가 전액 부담한다.
③ 공공부조와 사회보험은 모두 소득 재분배의 효과가 있지만, 공공부조가 사회보험보다 소득 재분배 효과가 크다.

정답 ④

19 **사회 복지의 다양한 유형에 대한 설명으로 가장 적절하지 않은 것은?** 2020 경찰직 1차

① 사회 보험으로는 산업 재해 보상 보험 제도, 고용 보험 제도, 기초 연금 제도, 국민 건강 보험 제도 등이 있다.
② 사회 서비스는 국가 및 지방 자치 단체나 민간 부분의 도움이 필요한 모든 국민이 대상이 되며 재활, 돌봄, 역량 개발 등을 통하여 국민의 삶의 질이 향상될 수 있도록 지원하는 제도이다.
③ 사회 보험은 가입자의 부담 능력에 따라 보험료 수준이 결정되며 정해진 자격 요건을 갖춘 사람은 강제로 가입해야 한다는 특징이 있다.
④ 공공 부조는 세금을 통해 재원을 마련하여 저소득층에게 무상으로 지원하기 때문에 부유층 소득을 빈곤층에 재분배하는 효과가 있다.

출제 단원 및 영역 사회 문화 4단원 복지 제도의 유형

해설
① 기초 연금 제도는 사회보험이 아닌 공공부조에 해당한다. 기초연금이란 소득이 적은 노인에게 매월 일정액의 연금을 지급함으로써 노인 생활의 안정과 복지 증진을 도모하는 제도이다.

오답피하기
②, ③, ④ 모두 옳은 내용이다.

정답 ①

20 **다음 (가)~(다)는 우리나라 사회 보장 제도의 세 가지 유형을 분류한 것이다. 이에 대한 설명으로 적절한 것만을 〈보기〉에서 모두 고른 것은? (단, (가)~(다)는 각각 공공 부조, 사회 보험, 사회 서비스 중 하나이다.)** 2020 경찰직 2차

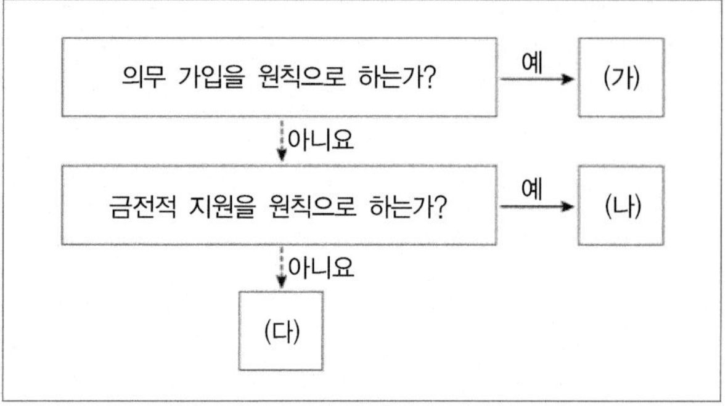

보기
㉠ (가)는 (나)보다 수혜 대상자의 범위가 작다.
㉡ (나)는 (다)보다 소득 재분배 효과가 크다.
㉢ (가)와 (나)는 수혜자 부담을 원칙으로 한다.
㉣ (가)는 사전 예방, (나)는 사후 처방의 성격을 갖는다.

① ㉠, ㉡ ② ㉠, ㉢
③ ㉡, ㉢ ④ ㉡, ㉣

해설 (가)는 사회 보험, (나)는 공공 부조, (다)는 사회 서비스이다.
㉡ 공공부조는 국가와 지방자치단체가 비용을 전액 부담한다는 면에서 소득 재분배의 효과가 크다.
㉣ 사회 보험은 질병, 장애, 노령, 실업, 사망 등의 사회적 위험을 공공 부문이 운영하는 보험의 방식으로 대처하는 것으로 사전 예방의 성격을 가지지만, 공공 부조는 생활 유지 능력이 없거나 어려운 국민을 선별하여 지원하는 방식으로 사후 처방의 성격을 갖는다.

오답피하기
㉠ 사회 보험은 전 국민을 대상으로 하지만, 공공 부조는 빈곤층을 대상으로 하므로 (가)는 (나)보다 수혜 대상자의 범위가 크다.
㉢ 사회 보험은 수혜자가 비용을 부담하지만, 공공 부조는 국가와 지방 자치 단체의 재정으로 제도 시행에 소요되는 비용 전액을 전적으로 부담하며 수혜자가 비용을 부담하는 것이 아니다.

정답 ④

21 다음 밑줄 친 '제3의 길'에 부합하는 정책으로 〈보기〉에서 가장 적절한 것은? 2016 경찰직 1차

앤소니 기든스(Giddens, A.)는 '요람에서 무덤까지'를 지향하는 북유럽 국가의 사회민주주의를 제1의 길로, 시장에서 자유를 극대화하고 국가의 간섭을 최소화하려는 미국식 신자유주의를 제2의 길로 규정한다. 또한 기든스는 사회민주주의가 사회적 보호와 복지에 초점을 맞추고 있지만 경제적인 측면에서는 비효율적이며, 신자유주의는 경제적 효율성을 강조하지만 사회적 연대를 결여하고 있다고 비판한다. 이에 기든스는 <u>제3의 길</u>이라는 대안을 제시하며 경제적 효율과 사회적 약자 보호를 동시에 달성해야 한다고 주장한다.

보기

㉠ 소득세에 대한 누진세율을 높인다.
㉡ 영세민들에 대한 생계 보조금을 늘린다.
㉢ 경제적 취약 계층의 직업 훈련을 지원한다.
㉣ 노동 연계 복지 제도를 시행한다.

① ㉠, ㉡ ② ㉠, ㉣
③ ㉡, ㉢ ④ ㉢, ㉣

해설 제시문에서 강조하는 것은 경제적 효율성 뿐만 아니라 사회적 약자 보호를 달성하여야 한다는 것이다. 이는 효율성과 형평성을 동시에 추구하는 '생산적 복지'에 관한 내용이다.
㉢ 경제적 취약 계층의 직업 훈련을 지원하는 것은 생산적 복지에 대한 내용이다.
㉣ 생산적 복지는 노동 연계 복지 제도를 시행한다.

오답피하기
㉠, ㉡ 누진세율을 높이는 것과 생계 보조금을 늘리는 것은 형평성을 추구하기 위한 제도로서 경제적 효율에는 미흡하다.

정답 ④

22 표는 우리나라의 사회 보장 제도를 구분한 것이다. (가)~(다)에 대한 설명으로 옳은 것은? 2021 국회직

구분	(가)	(나)	(다)
대상	생활 유지 능력이 없거나 생활이 어려운 국민	전 국민	지원이 필요한 모든 국민
특징	사후 처방적 성격	사전 예방적 성격	비금전적 지원을 원칙으로 함

① (가)는 강제 가입을 원칙으로 한다.
② (나)의 비용은 가입자의 수혜 정도에 비례하여 부담한다.
③ (다)의 경우 부담 능력이 있는 국민은 수익자 부담을 원칙으로 한다.
④ (가)는 (다)와 달리 제도 운영에 있어 민간 참여가 활발하다.
⑤ (나)는 (가)에 비해 소득 재분배 효과가 더 크다.

출제 단원 및 영역 사회 문화 4단원 사회 보장 제도의 유형

해설 (가)는 공공부조, (나)는 사회보험, (다)는 사회 서비스이다.
③ 사회 서비스는 부담 능력이 있는 국민에게는 수익자가 부담함을 원칙으로 하고 일정 소득 수준 이하의 국민에 대한 비용의 전부 또는 일부는 국가와 지방 자치 단체에서 부담한다.

오답피하기
① 강제 가입을 원칙으로 하는 것은 사회보험이다.
② 사회보험은 가입자의 수혜 정도에 따라 비용을 부담하는 것이 아니라 소득과 재산에 따라 부담한다.
④ 사회서비스가 오히려 공공 부문만이 아니라 민간 부문도 참여가 활발하다.
⑤ 공공부조가 사회보험보다 소득 재분배의 효과가 더 크다.

정답 ③

23 다음 글을 읽고 〈보기〉에서 옳은 것만을 모두 고르시오. 2020 국가직

> 우리나라의 사회보장제도는 (㉠), (㉡), (㉢)(으)로 구성되어 있다. 이 가운데 (㉠)에 해당하는 대표적인 제도인 (㉣)은(는) 생활이 어려운 사람에게 생계급여, 주거급여, 의료급여, 교육급여 등 필요한 급여를 제공하여 이들의 최저생활을 보장하고 자활을 돕는 것을 목적으로 한다. 한편, (㉡)에 해당하는 대표적인 제도 중 하나인 (㉤)은(는) 업무와 관련하여 질병이나 장애를 얻거나 또는 사망할 경우, 본인의 치료비와 가족에게 생계비를 보장해 주는 제도이다.

보기

ㄱ. ㉠은 소득 재분배 효과가 있지만, ㉡은 소득 재분배 효과가 없다.
ㄴ. ㉠의 수혜자는 ㉢의 수혜자가 될 수 있다.
ㄷ. 기초연금제도는 ㉡에 해당한다.
ㄹ. ㉣은 국민기초생활보장제도이며, ㉤은 산업재해보상보험이다.

① ㄱ, ㄷ ② ㄴ, ㄹ
③ ㄷ, ㄹ ④ ㄴ, ㄷ, ㄹ

출제 단원 및 영역 사회문화 4단원 사회 제도의 유형

해설 ㉠은 공공부조, ㉡은 사회보험, ㉢은 사회서비스에 해당한다. 그리고 ㉣은 국민기초생활보장제도, ㉤은 산업재해보상보험에 해당한다.

ㄴ. 공공부조와 사회보험, 사회서비스는 배타적인 것이 아니므로 중복해서 수혜를 받을 수 있다. 따라서 공공부조의 대상이 된 사람도 사회서비스를 이용할 수 있다.
ㄹ. ㉣은 국민기초생활보장제도, ㉤은 산업재해보상보험에 해당한다.

오답피하기

ㄱ. 공공부조와 사회보험은 모두 소득 재분배의 효과가 있다. 공공부조는 소득이 많은 사람들의 재원으로 소득이 적은 사람들을 지원하고, 사회보험은 소득과 재산에 따라 보험료를 납부하기 때문에 두 제도 모두 소득 재분배의 효과가 있는 것이다. 다만, 공공부조가 사회보험보다 소득 재분배의 효과가 크다.
ㄷ. 기초연금제도란 소득이 적은 노인에게 매월 일정액의 연금을 지급함으로써 노인 생활의 안정과 복지 증진을 도모하는 제도로서 공공부조에 해당한다.

정답 ②

24 다음 중 갑에게 적합한 공공부조에 관한 설명으로 가장 적절하지 <u>않은</u> 것은? 2021 경찰직 2차

> 갑은 다른 직업이 없어 폐지 수집으로 생활비를 충당해왔으나, 최근 폐지 가격 폭락으로 월세 15만 원을 내는 것도 어려운 실정이 되었다. 60대 초반의 나이라서 새로운 직종에 진출할 엄두가 나지 않고, 배우자와 사별한 지 15년이 되었고 돌봐줄 자식도 없는 실정이다.

① 생활이 어려운 사람들의 최저 생활 보장과 자활 유도를 목적으로 한다.
② 본인뿐 아니라 친족 및 기타 관계인도 신청할 수 있다.
③ 재원은 전액 지방자치단체가 조달한다.
④ 소득 재분배 효과가 큰 제도이다.

출제 단원 및 영역 경제 2단원

해설

③ 공공부조의 재원은 국가와 지방자치단체가 조달한다.

> 사회보장기본법 제3조 3. "공공부조"(公共扶助)란 <u>국가와 지방자치단체</u>의 책임 하에 생활 유지 능력이 없거나 생활이 어려운 국민의 최저 생활을 보장하고 자립을 지원하는 제도를 말한다.

오답피하기

① 사회보장기본법 제3조 3 참조
② 기초생활보장 수급권자 본인, 친족 및 그 밖의 관계인은 관할 특별자치시장・특별자치도지사・시장・군수・구청장에게 수급권자에 대한 급여를 신청할 수 있다(「국민기초생활 보장법」 제21조제1항 전단).
④ 공공부조는 국가와 지방자치단체가 비용을 전액 부담한다는 면에서 사회보험보다 소득 재분배의 효과가 크다.

정답 ③

25 (가)~(다)와 같은 복지 제도에 관한 설명으로 옳지 않은 것은? 2020 소방직

(가) 국민기초생활보장제도, 의료급여, 기초연금
(나) 국민연금, 산업재해보상보험, 노인장기요양보험
(다) 가사 · 간병 방문 지원, 장애인 활동 지원, 산모 · 신생아 건강 관리 지원

① (가)는 국가의 재정 부담이 없는 지원으로, 이미 발생한 어려움에 대한 사후 처방적 성격이 있다.
② (나)는 미래의 위험에 대비하는 사전 예방적 성격이 있으며, 대상자의 강제 가입이 원칙이다.
③ (다)는 국가, 지방 자치 단체뿐만 아니라 민간 부문도 복지 제공에 참여할 수 있다.
④ (가), (나)는 (다)와 달리 금전적 지원을 통해 경제적 불안에 직접적으로 대처한다.

해설 (가)는 공공부조, (나)는 사회보험, (다)는 사회 서비스이다.
① 공공부조는 세금으로 전액 지원하는 것이기 때문에 국가의 재정 부담이 발생하는 지원이다. 또한 이는 극빈층을 대상으로 하는 것으로 이미 발생한 어려움에 대한 사후 처방적 성격이 있다.

오답피하기
② 사회보험은 고령, 재해, 건강 등 미래의 위험에 대비하는 사전 예방적 성격이 있으며, 모든 국민을 대상으로 하고 대상자의 강제 가입이 원칙이다.
③ 사회 서비스는 국가, 지방 자치 단체 뿐만 아니라 민간 부분도 복지 제공에 참여할 수 있다.
④ 공공부조와 사회보험은 금전적 지원이 원칙이지만, 사회 서비스는 비금전적 지원을 원칙으로 하는 복지 제도이다.

정답 ①

CHAPTER 05

현대 사회와 사회 변동

사회 제도를 보는 관점

01 〈보기〉는 甲~丙에 대한 설명이다. 적절한 것을 모두고른 것은? (단, 甲~丙은 '상징적 상호작용론', '갈등론', '기능론' 중 각각 하나를 반영한다.) 2015 경찰직 3차

甲 학생들은 학교의 구조 속에서 생활하는 동안 현대 산업 사회의 일원으로 살아가는 데 필요한 주요 규범들을 배운다. 즉, 학교는 사회 규범을 적절한 방법을 동원하여 아동이나 청소년들에게 내면화시킨다. 乙 학교는 객관적이고 중립적인 기관이 아니라, 지배 집단의 이익에 봉사하는 도구적 장치에 불과하다. 학교는 지배 집단이 선호하는 가치, 규범, 태도 등을 아이들에게 가르침으로써 노동자들이 자본주의 정신에 부합하는 의식과 행동을 취하도록 만든다. 丙 로젠탈과 제이컵슨은 미국 한 초등학교에서 전교생을 무작위로 선발하고 이 학생들 명단을 교사에게 주면서 우수한 학생이라 했다. 그리고 8개월 후 이 학생들의 평균 점수가 향상되었다. 그러므로 학생에 대한 기대와 격려가 학생들에게 중요하다.

보기

ㄱ 丙은 甲에 비해 학교를 학교 외 사회·정치·경제적 측면에서 조망한다.
ㄴ 乙은 甲에 비해 학교에서 배우는 교육과정은 사회적 합의에 의한 보편적인 지식이라 본다.
ㄷ 甲은 乙에 비해 국가 중심의 공교육 체제 확립 및 무상·의무 교육 제도의 확대를 지지한다.
ㄹ 乙은 甲에 비해 교육과정 개혁과 소외된 지역에 교육 예산을 더 많이 투입하는 것을 지지한다.
ㅁ 丙은 甲, 乙에 비해 학교 교육을 합리적·논리적 사고에 기반하여 본다.

① ㄱ, ㄴ ② ㄱ, ㅁ
③ ㄴ, ㄹ ④ ㄷ, ㄹ

해설 교육 제도와 관련하여 기능론은 기회 균등의 관점에서 개인을 사회화하고 문화를 전승하여 사회 안정에 기여한다고 보고, 갈등론은 사회 지배 구조를 강제적으로 수용하게 하여 사회 이동의 가능성을 제거하는 것으로 보며 결과 평등의 관점에서 바라본다.

• 갑은 기능론, 을은 갈등론, 병은 상징적 상호 작용론적 입장에서 교육을 바라보고 있다고 할 수 있다. 갑은 학교의 구조 속에서 주요 규범들을 배우고 사회 규범을 적절한 방법을 동원하여 청소년들에게 내면화 시킨다고 했으므로 기능론의 입장이다. 을은 학교를 지배 집단의 이익에 봉사하는 도구적 장치에 불과하다고 보므로 갈등론의 입장이다. 병은 학생에 대한 기대와 격려가 학생들에게 중요하다고 했으므로 상호작용을 중시하는 상징적 상호작용론의 입장이라고 할 수 있다.

ㄷ. 갑은 기능론의 입장이므로 교육 평등을 바라볼 때 기회 균등의 평등을 강조한다. 기능론에서는 차별받지 않고 동등한 교육을 받을 수 있도록 의무교육이나 무상 교육 등을 강조한다.

ㄹ. 을은 갈등론의 입장이므로 교육 평등을 바라볼 때 결과 균등을 강조한다. 계층이나 지역간 학업 성취의 차이가 나는 교육 환경을 개선하기 위해 소외 계층이나 사회적 약자 등에 의한 교육 지원 등을 주장한다.

오답피하기

ㄱ. 병은 상징적 상호 작용론의 입장이므로 사회 제도적인 측면보다는 인간 사이의 상호작용을 더 중시한다.

ㄴ. 학교에서 배우는 교육과정을 사회적 합의에 의한 보편적인 지식이라고 보는 것은 기능론의 입장이므로 갑이 여기에 해당한다.

ㅁ. 학교 교육을 합리적·논리적 사고에 기반한다고 보는 것은 병이 아니라 거시적 관점인 갑과 을의 입장이다.

정답 ④

02 **학교 교육을 보는 (가), (나)의 관점에 대한 설명으로 옳은 것은?** 2014 경찰직 1차

> (가) 학교 교육은 계층 이동의 사다리로 작용할 수 있다. 학생 각자에게 잠재된 다양한 가능성을 계발하고 다른 계층과 친분 관계를 맺게 하며 학업 과정에서 부딪히는 어려운 상황을 스스로 헤쳐 나가도록 함으로써 교육은 개인의 사회적 성취에 기여한다. 빈곤은 성공할 기회가 주어지지 않은 사람이 아니라 성공에 이르는 과정을 배우지 못한 사람에게 닥치는 것이다.
>
> (나) 학교 교육만으로 상류층으로 계층 지위가 상승하는 경우는 극히 일부분에 불과하다. 대부분은 자신의 부모와 비슷한 수준의 계층을 대물림할 뿐이며, 빈곤층보다는 지배 집단의 입장이 학교 교육에 반영되기 십상이다. 학교 교육을 통해 지배 집단의 가치나 문화가 학생들에게 전달되기 때문에 학교에서는 개인의 능력보다는 학생의 사회 · 경제적 배경이 더 중시된다.

① (가)는 개인의 사회적 성취를 결정하는 성취적 요인보다 귀속적 요인을 강조한다.

② (나)는 학교 교육이 비용과 보상에 대한 개인의 합리적인 판단에 따라 발생함을 강조한다.

③ (가)와 달리 (나)는 학교 교육이 부조리한 사회 구조의 유지 수단에 불과하다고 비판한다.

④ (나)와 달리 (가)는 학교 교육이 계층 내 수평 이동만을 가능하게 한다고 본다.

해설 사회를 바라보는 관점 중에서 (가)는 학생에게 잠재된 다양한 가능성을 계발하고 사회적 성취에 기여한다고 하는 기능론이며, (나)는 교육을 통해 지배집단의 입장을 반영한다고 하여 갈등론에 해당한다.

③ 학교 교육이 부조리한 사회 구조의 유지 수단에 불과하다고 비판하는 관점은 갈등론이다.

오답피하기

① 귀속적인 요인을 강조하는 것은 갈등론의 입장이다.

② 학교 교육이 비용과 보상에 대한 개인의 합리적인 판단에 따라 발생함을 강조하는 것은 미시적 관점인 교환 이론의 입장이다. (교환 이론은 고교 교육과정에서 빠짐)

④ 학교 교육이 계층 내 수평 이동만을 가능하게 한다고 보는 것은 갈등론의 입장이다.

정답 ③

03 **다음은 교육의 기능에 대한 상반된 관점이다. 〈보기〉에서 가장 적절하게 분석한 것은?** 2015 경찰직 1차

> 영어 실력이 우수한 근로자들은 그렇지 않은 경우보다 높은 연봉을 받는 것으로 조사되었다. 한국개발연구원은 토익 점수가 1점 상승할 때마다 연봉이 16,000원 오르는 것으로 조사되었다고 밝혔다. 또한 영어 능력을 갖춘 조사 대상은 영어가 필요한 직군이건 아니건 상대적으로 높은 연봉을 받는 것으로 조사되었다.
>
> – 한겨레, 2012. 6. 4. –
>
> 甲 영어 시험으로 증명된 개인의 학습 능력과 실력 차이가 직장에서 연봉 차이로 나타나는 거예요.
>
> 乙 어렸을 때부터 영어를 접할 수 있는 가정환경이 영어 성적과 높은 연봉을 받는 직장 선택에 영향을 주었을 거예요.

보기

㉠ 甲은 교육이 사회 이동을 가능하게 하여 사회 불평등을 완화하는 기능을 수행한다고 한다.

㉡ 乙은 교육이 기득권층의 논리와 가치를 수용하여 사회 불평등을 강화하는 기능을 수행한다고 한다.

㉢ 甲의 주장은 교육에 대한 접근 기회의 평등을 넘어 교육의 결과까지 평등해야 한다는 결과의 평등과 연관된다.

㉣ 乙의 주장은 성별, 인종, 지역, 가정환경 등과 상관없이 동등하게 교육을 받을 수 있는 기회의 평등과 연관된다.

① ㉠, ㉡　② ㉠, ㉢　③ ㉢, ㉣　④ ㉡, ㉣

해설 갑은 기능론적 관점, 을은 갈등론적 관점에 해당한다.

㉠ 기능론적 관점에서는 교육 제도를 사회 구성원들에게 사회 이동의 기회를 제공함으로써 사회적 불평등 해소에 기여하고 그러한 사회 이동의 중요한 통로를 제공함으로써 사회 불평등을 완화하는 기능을 수행한다고 본다.

㉡ 갈등론적 관점에서는 교육은 기존 질서를 정당화하고 재생산한다고 본다. 그 결과 교육이 기득권층을 옹호하고 현상 유지를 정당화하는 가치를 학습시킴으로써 불평등 구조를 정당화한다고 본다.

오답피하기

㉢ 기능론에서는 모든 사회 구성원에게 교육 기회가 균등해야 한다고 주장한다. 기능론은 교육 기회 균등 이후에 개인의 능력과 노력에 따른 결과의 불평등을 인정한다. 즉, 결과의 평등까지 주장하는 것은 아니다.

㉣ 성별, 종교, 인종, 신체적 조건 등에 의해 차별받지 않고 동등한 교육을 받을 수 있는 기회 보장을 주장하는 것은 접근 기회의 평등을 의미하는 것으로, 기회의 평등과 연관되는 입장은 기능론에 해당한다. 반면, 을은 단순히 기회의 평등 뿐만 아니라 불평등한 조건 등을 제거하는 조치까지 주장할 것이다.

정답 ①

04 사회 · 문화 현상을 바라보는 관점 (가), (나)에 대한 설명으로 옳은 것은? 2017 교육행정

> (가) 학교의 전체 조회는 훈화를 통해 사회적 합의가 반영된 가치관과 행동 양식 등을 학생들에게 내면화시켜 사회 질서 유지에 기여한다.
> (나) 학교의 전체 조회는 훈화를 통해 기득권층의 지배적 논리와 가치를 학생들에게 내면화시켜 불평등한 사회적 계급의 재생산에 기여한다.

① (가)의 관점은 규범을 지키지 않는 행위를 사회 질서를 깨뜨리는 위험한 행위로 여긴다.
② (나)의 관점은 일상생활에서 사람들이 주관적인 의미 해석을 주고받는 과정에 초점을 둔다.
③ (가)의 관점은 (나)의 관점과 달리 개인의 행위를 구속하는 사회 구조의 측면에 주목한다.
④ (나)의 관점은 (가)의 관점과 달리 급격한 사회 변동을 설명하는 데 한계가 있다.

해설 (가)는 기능론적 관점, (나)는 갈등론적 관점이다.
① 기능론적 관점에서는 사회적 합의의 산물인 규범을 지키지 않는 행위를 사회 질서를 깨뜨리는 위험한 행위로 여긴다.

오답피하기
② 일상생활에서 사람들이 주관적인 의미 해석을 주고받는 과정에 초점을 두는 것은 미시적 관점이다. 갈등론적 관점은 거시적 관점에 해당한다.
③ 기능론적 관점과 갈등론적 관점 모두 개인의 행위를 구속하는 사회 구조의 측면에 주목하는 거시적 관점에 해당한다.
④ 급격한 사회 변동을 설명하는 데 한계가 있는 것은 기능론적 관점이다.

정답 ①

사회 변동 이론

01 다음은 사회 변동 방향에 대한 하나의 관점이다. 이에 대한 설명으로 옳은 것만을 〈보기〉에서 모두 고른 것은? 2018 국가직

> 이 관점은 사회를 살아있는 유기체에 비유하면서 사회 변동을 긍정적으로 인식한다. 그리고 사회를 복잡성이 증가하는 것으로 파악하고, 복잡해진 사회는 단순 사회에 비해 구성원들의 적응 능력이 더 높다고 본다.

보기
ㄱ. 서구 중심적이라는 비판을 받는다.
ㄴ. 사회 변동은 일정한 방향성이 있다고 본다.
ㄷ. 장기적인 역사적 관점에서 사회의 발전과 더불어 퇴보의 가능성도 잘 설명한다.
ㄹ. 사회 변동을 순환과정으로 설명하고 있다.

① ㄱ, ㄴ ② ㄱ, ㄹ
③ ㄴ, ㄷ ④ ㄷ, ㄹ

해설 단순한 사회에서 복잡한 사회로 변한다고 하고 있으므로 제시문은 진화론에 대한 설명이다.
ㄱ. 진화론에서는 비서구 사회와 달리 서구 사회를 발전된 문명의 사회로 보고 서구 사회가 식민지 지배를 하는 것을 정당화한다. 이처럼 진화론은 문화 제국주의의 시각을 반영하여 서구 중심적이라는 비판을 받는다.
ㄴ. 진화론과 순환론은 모두 사회 변동은 일정한 유형이 있다고 보는데, 진화론에서는 사회 변동은 일정 방향을 가지고 있다고 본다.

오답피하기
ㄷ. 장기적인 역사적 관점에서 인류 문명은 특정한 기간을 주기로 순환한다고 보는 것은 순환론이다.
ㄹ. 사회 변동을 순환 과정으로 설명하는 것은 순환론이다.

정답 ①

02 사회변동에 대한 관점 A, B에 대한 다음 표의 (가)에 들어갈 수 있는 내용으로 가장 적절한 것은?

2015 해양경찰

구분	A	B
공통점	사회변동의 방향에 관해 설명하는 이론이다.	
차이점	사회변동이 곧 발전이나 진보를 의미한다고 본다.	(가)

① 과거의 사회 변동을 설명하기에 적합하지 않다.
② 사회가 붕괴되고 소멸할 수도 있다고 인정한다.
③ 사회 변동이 단선적인 방향으로 진행된다고 본다.
④ 서구 사회의 제국주의 역사를 정당화한다는 비판이 있다.

해설 사회변동이 곧 발전이나 진보를 의미한다고 보는 A는 진화론이고, B는 순환론에 해당하게 된다.
② 순환론은 사회가 성장 · 쇠퇴 · 소멸의 과정을 겪는다고 보므로 사회가 붕괴되고 소멸할 수도 있다고 본다.

오답피하기
① 순환론은 과거 사회의 변동을 설명하기에 적합하지만, 미래 사회의 변화를 예측하기에는 곤란하다는 비판을 받는다.
③ 사회 변동이 단선적인 방향으로 진행된다고 보는 것은 진화론에 대한 설명이다. 반면 순환론은 사회가 성장과 쇠퇴, 소멸의 과정을 반복한다는 이론이다.
④ 서구 사회의 제국주의 역사를 정당화한다는 비판을 받는 것은 진화론이다.

정답 ②

03 〈보기〉의 이론에 대해 가장 옳게 설명한 것은?

2019 서울시 공개 및 경력 1회

보기

이븐 할둔(Ibn Khaldoun)은 이슬람 문명의 흥망성쇠에 관심을 갖고 여러 나라의 흥망사를 비교 설명하면서 사회 변화나 문화 현상은 유기체의 일생처럼 성장과 쇠퇴를 되풀이한다고 주장하였다.

① 과거 역사 속에서 반복되는 사회 변동을 설명하고 해석하는 데 유용하다.
② 문화 상대주의를 부정하고 서구 사회의 지배를 정당화 한다.
③ 변동은 곧 진보를 의미한다고 본다.
④ 사회 발전은 변동 속도의 차이는 있지만 일정한 방향으로 변화한다고 주장한다.

출제 단원 및 영역 사회문화 6단원 사회 변동의 방향에 대한 이론 (진화론, 순환론)

해설 〈보기〉는 사회는 생성, 성장, 쇠퇴, 소멸의 과정을 반복하며, 진보하기도 하지만 퇴보하고 붕괴되기도 보는 **순환론**에 대한 설명이다.
① 순환론은 지난 역사 속에서 반복되는 사회 변동을 설명하고 해석 하는 데 유용하다.

오답피하기
②, ③, ④ 모두 진화론에 대한 설명이다.

	진화론	순환론
공통점	사회 변동은 일정한 양상(일정한 유형)을 가지고 있음	
사회변동의 방향	높음 발전 정도 0 시간	높음 발전 정도 0 시간
관점	• 사회 변동은 일정 방향을 가지고 있음 • 사회는 바람직한 방향(진보 또는 발전)으로 변동함	• 사회는 '생성 → 성장 → 쇠퇴'반복함(진보 or 퇴보) • 사회는 진보만 하는 것이 아니라 퇴보와 소멸의 운명을 지님(운명론적 관점)
전제	• 현재 사회는 과거보다 더 나은 발전된 사회	• 현재 사회가 반드시 우월하다고 볼 수 없음
과정	• 단순 · 미분화 → 복잡 · 분화(로스트: 원시수렵사회 → 농경사회 → 산업사회 → 정보사회)	• 생성 → 성장 → 쇠퇴반복(토인비: 문명은 도전과 응전의 과정)
장점	• 사회의 발전 방향을 설명하는데 유용함	• 지난 역사 속에서 반복되는 사회 변동(흥망성쇠)을 설명하고 해석하는데 유용함 • 장기적인 역사적 관점에서 인류 문명은 특정한 기간을 주기로 순환함
비판	• 사회는 퇴보하거나 · 멸망하기도 함 • 서구의 식민지 지배 정당화(문화 제국주의) • 사회 변동이 항상 발전만을 의미하지는 않음	• 사회 변동의 방향 예측하고 대응하는데 곤란 • 인간의 의지나 노력에 따라 사회가 변할 수 있다는 점을 간과함 • 거시적 차원의 사회 변동은 어느 정도 설명이 가능하나, 중단기적 사회 변동 설명에는 한계

정답 ①

04 로스토(W. Rostow)의 단계적 경제 발전 과정 중 제 4단계 (성숙 단계)에 대한 설명으로 가장 적절한 것은?

2018 경찰직 1차

① 국가와 국민들이 경제 발전의 필요성을 인식하는 단계이다.
② 공업화가 진행되면서 농업 기술의 혁신을 가져와 농업이 상업화된다.
③ 기술 혁신으로 새로운 형태의 공업이 일어나고 국제 경제에서 안정된 위치를 확보한다.
④ 소비재 산업과 서비스 산업이 경제의 주축이 되는 단계이다.

해설 로스토(Rostow. W. W.)의 경제 성장 단계론

제1단계 (전통 사회 단계)	• 농업 기반으로 대부분의 인구가 농업에 종사하며, 생산성이 매우 낮은 단계 • 문맹률 역시 높은 사회
제2단계 (도약 준비 단계)	• 공업화로 이행하기 전의 과도기적 단계 • 국가와 국민들이 경제 발전의 필요성을 인식함
제3단계 (도약 단계)	• 급속한 공업화가 진행되어 국민 소득과 투자가 증가되는 단계 • 농업 기술의 혁신으로 농업이 상업화됨
제4단계 (성숙기)	• 기술 혁신으로 새로운 형태의 공업이 생성되는 단계 • 생산이 인구 증가율을 상회하고 국제 경제에서 안정된 위치를 확보함.
제5단계 (대량 소비 단계)	• 소비재 산업과 서비스 산업이 경제의 주축이 되는 단계 • 도시가 팽창하고 복지 국가가 등장함

③ 기술 혁신으로 새로운 형태의 공업이 일어나고 국제 경제에서 안정된 위치를 확보 하는 것은 4단계에서의 특징으로 옳은 지문이다.

오답피하기

① 2단계에 관한 내용이다.
② 3단계에 관한 내용이다.
④ 5단계에 관한 내용이다.

정답 ③

05 사회 변동에 대한 다음 주장에 부합하는 설명으로 적절한 것은?

2014 지방직

> 생산력과 생산관계가 결합된 생산 양식이 경제적 토대를 형성하며, 이에 조응하여 법·정치·종교 등의 상부 구조가 구성된다. 즉, 물질적 생산양식이 사회적·정치적·정신적 생활 과정의 일반적 특성을 결정한다. 사회 변동은 경제적 토대의 변화와 더불어 생산수단을 통제하는 힘과 그 관계에서 생기는 모순과 갈등의 결과로 일어난다.

① 사회 변동의 요인은 그 사회의 외부로부터 주어진다.
② 인간의 의식은 사회적 삶 전반을 규정하는 토대로 작용한다.
③ 정치 질서와 같은 상부 구조는 경제적 토대의 형식적 표현일 뿐이다.
④ 경제적 요소에 의해 사회의 가치 체계가 변화될 가능성을 간과하고 있다.

해설 생산양식이 경제를 토대를 이루며 법·정치·종교 등의 상부구조가 된다는 것으로 보아 이는 사회 변동의 요인으로 하부구조인 물질적 생산 양식이 상부구조인 법·정치·종교 등을 결정한다는 '기술 결정론'에 해당함을 알 수 있다.
③ 기술 결정론에서는 물질적 생산양식이 사회적·정치적·정신적인 생활 과정의 일반적인 특성을 결정한다고 했으므로 정치 질서 등의 상부 구조는 생산력과 경제적인 관계의 변화에 따라 종속적으로 변화하는 것으로 본다. 따라서 정치 질서와 같은 상부 구조는 경제적 토대의 형식적인 표현에 불과할 뿐이다.

오답피하기

① 기술 결정론에서는 사회 변동의 요인을 사회 내부에서의 모순과 갈등에 기인한다고 본다.
② 이는 문화 결정론에 대한 설명이며, 기술 결정론에서는 물질적인 생산 양식이 사회적 삶 전반을 규정하는 토대로 작용한다고 보며, 인간의 의식을 물질적 생산력과 결제적인 관계의 변화에 따른 부산물에 불과한 것으로 본다.
④ 기술 결정론의 경우 경제적 요소에 의해 사회의 가치체계가 변화한다고 보고 있다.

정답 ③

06 다음 표는 질문 (가), (나)를 활용하여 사회 변동을 바라보는 관점 A, B를 구분한 것이다. 이에 대한 설명으로 옳은 것은? (단, A, B는 각각 진화론과 순환론 중 하나이다.) 2017 국가직

관점＼질문	(가)	(나)
A	아니요	예
B	예	아니요

① A가 순환론이면 (가)에는 "서구 중심적 사고라고 비판을 받는가?"가 적절하다.
② B가 진화론이면 (나)에는 "사회 변동은 특정한 방향성을 가지고 있는가?"가 적절하다.
③ (가)가 "제국주의를 정당화하는 근거로 사용되는가?"이면 A는 진화론이다.
④ (나)가 "사회 변동 과정에서 문명이 퇴보할 수 있는가?"이면 B는 순환론이다.

해설
① A가 순환론이면 B가 진화론이 된다. 그렇다면 (가)에 "서구 중심적 사고라고 비판을 받는가?"라는 질문에 B는 "예"라고 대답할 것이다.

오답피하기
② B가 진화론이면 A는 순환론이 된다. 그렇다면 "사회 변동은 특정한 방향성을 가지고 있는가?"라는 질문에 A는 "아니요", B는 "예"라는 대답을 해야 한다.
③ 제국주의를 정당화하는 근거로 사용된 것은 진화론이므로 B가 진화론이 되어야 한다.
④ 사회 변동 과정에서 문명이 퇴보를 할 수 있다고 보는 것은 순환론이므로 A가 순환론이어야 한다.

정답 ①

07 사회 변동 방향을 바라보는 (가), (나)에 대한 옳은 설명을 〈보기〉에서 고른 것은? 2015 교육행정

(가) 사회나 문명은 특정한 방향을 향해서 움직이는 것이 아니라 발전과 퇴보의 과정을 반복한다.
(나) 사회는 구조가 복잡해지고 기능이 전문화되는 방향으로 누적적인 변화를 계속한다.

보기
ㄱ. (가)는 미래의 사회 변동을 예측하고 대응하는 데 한계가 있다는 비판을 받는다.
ㄴ. (나)는 사회가 일정한 방향으로 변화한다고 본다.
ㄷ. (가)는 (나)와 달리 사회 변동을 긍정적으로 본다.
ㄹ. (가)는 거시적 관점에서, (나)는 미시적 관점에서 사회 변동을 본다.

① ㄱ, ㄴ ② ㄱ, ㄷ
③ ㄴ, ㄹ ④ ㄷ, ㄹ

해설 (가) 사회 변동을 바라보는 관점 중 사회나 문명은 특정한 방향을 향해서 움직이는 것이 아니라 발전과 퇴보의 과정을 반복한다고 보는 것은 '순환론'이고, (나) 사회는 구조가 복잡해지고 기능이 전문화되는 방향으로 누적적인 변화를 계속한다고 보는 것은 '진화론'에 해당한다.
ㄱ. 순환론은 과거의 인류 문명을 살펴보는데 적합하지만, 앞으로 나타날 미래의 사회 변동을 예측하고 대응하는 데 한계가 있다는 비판을 받는다.
ㄴ. 사회 진화론은 모든 사회가 일정한 발전 단계에 따라 발전한다고 보는 단선적인 모델이다.

오답피하기
ㄷ. 진화론이 사회 변동을 계속적으로 발전적으로 보는 반면, 순환론은 인류의 역사가 발전과 퇴보를 반복한다고 보기 때문에 발전이 있으면 퇴보도 있다는 시각에서 진화론보다 사회 변동을 부정적으로 본다.
ㄹ. 진화론과 순환론은 모두 사회 변동을 거시적인 측면에서 설명하는 이론이다.

정답 ①

08 〈보기〉의 사회 변동을 이해하는 관점에 대한 설명으로 가장 옳은 것은? 2020 서울시(보훈청)

보기

사회 변동은 일정한 방향을 가지고 있으며, 변동은 곧 진보를 의미한다. 사회는 단순하고 미분화된 상태에서 복잡하고 분화된 상태를 향하여 변화한다. 이 과정에서 낡고 비합리적인 것에서 새롭고 합리적인 것으로 사회가 발전하는 진보적 변화가 나타나는 것이다.

① 변동과 발전을 동일시하는 경향이 있다.
② 운명론적인 입장에서 사회 변동의 방향을 이해한다.
③ 단기간의 사회 변동을 설명하기 어렵다는 한계를 갖는다.
④ 지난 역사 속에서 반복된 사회 변동을 설명하기에 유용하다.

해설 〈보기〉는 진화론에 대한 내용이다.
① 진화론은 사회가 변동하면서 계속 발전한다고 보므로 변동과 발전을 동일시하는 경향이 있다.

오답피하기
②, ③, ④ 모두 순환론에 대한 설명이다.

정답 ①

09 밑줄 친 ㉠~㉣과 관련된 설명으로 옳지 않은 것은? 2021 국회직

시간의 경과에 따라 나타나는 물질적 생활 양식이나 가치, 규범, 사회적 관계, 제도 등을 포함하는 사회 구조의 전반적인 변화를 사회 변동이라고 한다. 사회 구조적인 측면에서 사회 변동을 설명하는 이론으로는 ㉠ 기능론과 ㉡ 갈등론이 있다. 사회 변동 방향을 기준으로 사회 변동을 설명하는 이론에는 ㉢ 진화론과 ㉣ 순환론이 있다.

① ㉠에 따르면 사회는 단순하고 미분화된 사회로부터 복잡하고 분화된 사회로 변화한다.
② ㉡에 따르면 사회 변동은 지배 집단에 대한 피지배 집단의 불만과 갈등이 외부로 표출되어 일어난다.
③ ㉢에 따르면 사회는 일정한 방향으로 변동하며, 변동이 곧 진화와 발전이다.
④ ㉢은 서구 사회가 가장 발전된 사회 형태라고 전제하고 서구 제국주의 역사를 정당화하는 수단이라는 비판을 받는다.
⑤ ㉣은 사회가 생성과 성장, 쇠퇴, 해체의 과정을 반복하며, 사회가 퇴보하고 소멸할 수 있다고 본다.

출제 단원 및 영역 사회 문화 5단원 사회 변동의 방향에 대한 이론

해설
① 사회는 단순하고 미분화된 사회로부터 복잡하고 분화된 사회로 변화한다고 보는 것은 진화론이다.

오답피하기
②, ③, ④, ⑤ 모두 옳은 설명이다.

정답 ①

10 표는 사회 변동 이론 A, B를 구분한 것이다. 이에 대한 설명으로 옳은 것은? (단, A와 B는 각각 진화론과 순환론 중 하나이다.) 2021년 소방직

질문 \ 사회 변동 이론	A	B
미래 사회의 변동을 예측하고 대응하는데 적합한가?	예	아니요
(가)	아니요	예

① A는 사회 변동을 운명론적 시각으로 바라본다.
② B는 모든 사회가 단선적 경로를 따라 변동한다고 본다.
③ B는 A와 달리 사회 변동을 진보와 발전으로 인식한다.
④ (가)에는 '서구 제국주의 역사를 정당화하는 수단으로 악용될 우려가 있는가?'가 들어갈 수 없다.

출제 단원 및 영역 사회 문화 5단원 사회 변동 이론

해설 미래 사회의 변동을 예측하고 대응하는데 적합한 것은 사회를 단선적이고 일정한 방향으로 발전한다는 진화론이다. 따라서 A는 진화론, B는 순환론이다.
④ 진화론은 서구 제국주의 국가들이 자신의 식민지 지배를 정당화하는 수단으로 사용한 것이기 때문에 (가)에는 '서구 제국주의 역사를 정당화하는 수단으로 악용될 우려가 있는가?'가 들어갈 수 없다.

오답피하기
① 사회를 생상 – 발전 – 소멸의 단계를 거친다고 보는 순환론은 사회 변동을 운명론적 시각으로 바라본다.
② 모든 사회가 단선적 경로를 따라 변동한다고 보는 것은 진화론이다.
③ 진화론에서는 사회 변동을 진보와 발전으로 동일시한다.

정답 ④

11 사회 변동의 방향을 설명하는 이론 (가), (나)에 대한 설명으로 옳은 것은? 2021 국가직

> (가) 사회는 일정한 방향으로 진보하는데, 사회마다 속도의 차이는 있지만 결국 모든 사회가 같은 경로로 변동한다.
> (나) 사회는 복잡한 방향으로 지속해서 진보하는 것이 아니라, 발전과 퇴보를 반복하며 변동한다.

① (가)는 사회 변동을 운명론적 시각으로 바라본다.
② (나)는 사회가 이전보다 발전된 모습으로 변동한다고 본다.
③ (가)는 (나)와 달리 인간의 주체적 행동을 과소평가한다는 비판을 받는다.
④ (나)는 (가)와 달리 미래의 사회 변동을 예측하여 대응하기에 적합하지 않다는 비판을 받는다.

출제 단원 및 영역 사회문화 6단원 사회의 변동 이론

해설 (가)는 진화론, (나)는 순환론이다.
④ 순환론은 진화론과 달리 미래를 발전할 수도 있고 퇴보할 수도 있다고 보므로 미래의 사회 변동을 예측하여 대응하기에 적합하지 않다는 비판을 받는다.

오답피하기
① 사회 변동을 운명론적 시각으로 바라보는 것은 사회가 발전하다가 퇴보의 과정을 거쳐 소멸한다고 보는 순환론이다.
② 사회가 이전보다 발전된 모습으로 변동한다고 보는 것은 진화론이다.
③ 운명론적 시각을 가지고 있는 순환론은 진화론과 달리 인간의 주체적 행동을 과소평가한다는 비판을 받는다

정답 ④

12 A, B는 사회 변동의 방향에 대한 관점이다. 이에 대한 설명으로 옳은 것은? 2019 소방직

A	역사의 흐름이란 물질주의·향락주의가 강조되는 감각형 문화와 정신적·비물질적인 것을 중시하는 관념형 문화의 상반된 문화 유형 사이를 시계추처럼 오가는 진자운동의 과정이다.
B	사회 변동이란 사회적 분업과 상호의존성의 시각에서 동류성에 기초한 기계적 연대의 단순사회에서 개별성에 기초한 유기적 연대를 근간으로 한 복합사회로 변화해 나가는 과정이다.

① A는 서구 중심적 사고에 기초하고 있다.
② B는 사회 변동에 일정한 방향이 있다고 본다.
③ A는 B와 달리 사회 변동을 진보와 발전으로 이해한다.
④ B는 A와 달리 운명론적 시각으로 사회 변동을 바라본다.

해설 A는 순환론, B는 진화론에 해당한다.
② 진화론은 사회 변동을 단선적으로 보고, 일정한 방향이 있다고 본다.

오답피하기
① 서구 중심적 사고에 기초하고 있는 것은 B이다.
③ 사회 변동을 진보와 발전으로 이해하는 것은 진화론이고, 순환론은 사회 변동을 진보와 발전 뿐만 아니라 쇠퇴와 소멸도 나타난다고 한다.
④ 운명론적 시각으로 사회 변동을 바라보는 것은 순환론이다.

정답 ②

사회 운동

01 다음 〈보기〉에서 사회 운동의 사례를 고른 것은? 예상 문제

보기
ㄱ. 개인의 청원 활동
ㄴ. 식민지의 독립 운동
ㄷ. 환경 단체의 댐 건설 반대 캠페인
ㄹ. 화재사고를 당한 주민을 구조하는 군중

① ㄱ, ㄴ　　② ㄱ, ㄷ
③ ㄴ, ㄷ　　④ ㄴ, ㄹ

해설 사회 운동이란 다수의 사람이 사회 변동을 달성 또는 저지하려는 의도를 갖고 지속적이고 조직적으로 수행하는 활동을 말한다.
ㄴ, ㄷ 식민지의 독립 운동과 환경 단체의 댐 건설 반대 캠페인은 모두 다수의 사람이 지속적이고 조직적으로 활동을 수행하는 것으로 사회 운동에 해당한다.

오답피하기
ㄱ. 개인의 청원 활동은 다수의 사람이 하는 사회 운동이 아니다.
ㄹ. 화재사고를 당한 주민을 구조하는 군중은 지속적이고 조직적으로 수행하는 활동이 아니다.

정답 ③

02 사회 운동에 대한 설명으로 옳지 않은 것은?

예상 문제

① 사회 운동은 각 사회가 처한 상황에 따라 다양한 모습으로 나타난다.
② 사회 운동은 사회 변동의 속도를 늦추지 못한다.
③ 사회 운동에는 활동의 목표가 존재한다.
④ 길에서 갑자기 쓰러진 행인을 구조하는 행위는 사회 운동이 아니다.

해설
② 사회 운동이란 다수의 사람이 사회 변동을 달성 또는 저지하려는 의도를 갖고 지속적이고 조직적으로 수행하는 활동을 말하므로 사회 운동은 사회 변동의 속도를 늦추기도 한다.

오답피하기
①, ③, ④ 모두 옳은 내용이다.

정답 ②

다문화 정책 이론

01 〈보기〉와 같은 다문화 정책에 대한 설명으로 가장 옳은 것은?

2021 서울시(경력직)

보기

캐나다는 1971년 다문화주의를 선언하고 각각의 인종이나 민족이 자신의 특성을 유지하면서 모든 사람이 평등하게 캐나다 사회에 참여하는 정책을 실시하였다. 이러한 정책은 여러 개의 조각이 조화를 이루어 하나의 작품이 되는 '모자이크'와 같다고 하여 모자이크 정책이라고 한다.

① 문화적 단일성을 유지하기 위한 정책이다.
② 이민자의 문화 정체성을 훼손할 우려가 있는 정책이다.
③ 문화 간 차이를 인정하는 관용의 자세를 중시하는 정책이다.
④ 인위적으로 문화를 하나로 통합하는 것을 목적으로 하는 정책이다.

해설 사안은 캐나다의 모자이크 정책으로 일종의 다문화주의의 하나이다.
③ 모자이크 정책은 타인에 대한 존중이 전제된 문화적 다양성 존중을 지향한다.

오답피하기
①, ②, ④ 모두 동화주의에 대한 설명이다.

정답 ③

02 **다음 다문화 정책에 대한 설명으로 옳은 것은?**

예상 문제

① 샐러드볼 이론은 동화주의의 일종이라고 볼 수 있다.
② 샐러드볼 이론은 소수 문화를 주류 문화로 편입시키려는 목적을 가지고 있다.
③ 샐러드볼 이론은 타인에 대한 존중이 전제된 문화적 다양성 존중을 지향한다.
④ 용광로 이론의 대표적인 예로 캐나다의 모자이크 정책을 들 수 있다.
⑤ 용광로 이론은 국가가 적극적으로 개입하여 소수민족과 이민자의 고유문화를 발전시키는 데 도움을 준다.

해설

• 동화주의(용광로 이론) – 사회가 단일하고 동질적인 문화로 구성되어야 안정적으로 발전할 수 있다고 전제하고 기본적으로 소수 문화를 주류 문화로 편입시키려는 목적을 가지고 있다.
• 다문화주의(샐러드볼 이론) – 각 문화권과 그 속에 속한 사람들을 대할 때 문화적 차이를 고려하는 것을 의미. 특히 소수자의 문화적 권리를 존중하고 정치적·법적·경제적·사회적 측면에서 불평등을 겪지 않도록 하기 위한 것으로 타인에 대한 존중이 전제된 문화적 다양성 존중을 지향한다.

구분	내용
용광로 이론	• 여러 민족의 고유한 문화들이 그 사회의 지배적인 문화 안에서 변화, 서로 영향을 주어 새로운 문화를 창조해 나가는 것 • 자유방임주의적 접근 (국가가 소수민족, 이민자들이 고유문화를 유지하는 데 아무런 지원과 역할을 수행하지 않음) • 미국
샐러드볼 이론	• 큰 그릇 안에서 샐러드 같이 여러 민족의 문화가 하나의 새로운 문화를 만들어가는 것을 의미 • 국가개입주의적 접근 (국가가 적극적으로 개입하여 소수민족과 이민자의 고유문화를 발전시키는 데 도움을 줌) • 캐나다(모자이크 정책), 오스트레일리아

③ 샐러드볼 이론은 타인에 대한 존중이 전제된 문화적 다양성 존중을 지향하는 것으로 옳은 설명이다.

오답피하기

① 샐러드볼 이론은 다문화주의의 일종이라고 볼 수 있다.
② 소수 문화를 주류 문화로 편입시키려는 목적을 가지고 있는 것은 용광로 이론이다.
④ 캐나다의 모자이크 정책은 샐러드볼 이론의 하나이다.
⑤ 샐러드볼 이론에 대한 설명이다.

정답 ③

사회 변동과 사회 문제

01 **그림은 인구 변천 과정을 보여 준다. 이에 대한 설명으로 옳은 것은?**

2014 사회복지직

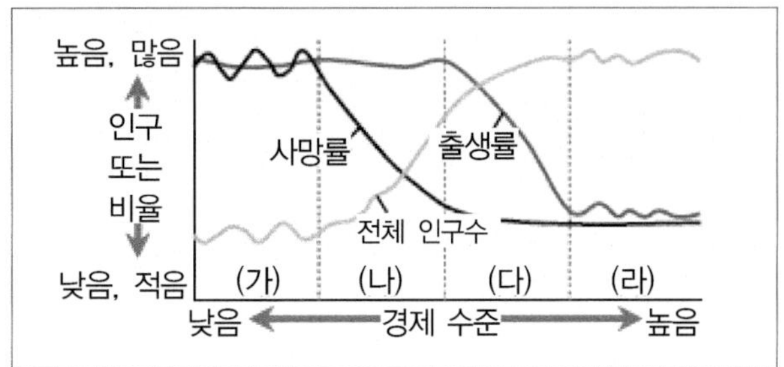

① (가) 단계는 다산다사(多産多死)형으로 산업 혁명 이전의 사회들이 이에 속한다.
② (나) 단계는 노년층의 인구 비율이 높아져 고령화가 사회 문제로 나타난다.
③ (다) 단계는 인구 증가율이 급격히 상승하는 단계이다.
④ (라) 단계는 의학, 과학 등의 발달로 사망률이 감소하여 인구가 급격히 증가한다.

해설 인구 변천 과정은
1단계: 다산다사
2단계: 다산감사
3단계: 감산소사
4단계: 소산소사
① (가)단계는 출생률과 사망률이 모두 높은 다산다사형으로 인구 증가가 거의 없는 단계로서 산업혁명 이전의 사회에 해당한다.

오답피하기

② (나)단계는 출생률에 비하여 사망률이 급격히 감소하여 인구가 급격히 증가하는 다산감사형이다. 노년층의 인구 비율이 높아져 고령화가 사회 문제로 나타나는 것은 (라)단계에 대한 설명이다.
③ (다)단계는 사망률과 함께 출생률도 떨어지면서 인구 증가 속도가 둔화되는 단계이다. 인구 증가율이 급격히 상승하는 단계는 (나)단계이다.
④ (라)단계는 출생률과 사망률이 모두 낮아 인구 증가가 정체되고 노년층 인구의 비율이 높아진다. 의학, 과학 등의 발달로 사망률이 감소하여 인구가 급격히 증가하는 단계는 (나)단계에 대한 설명이다.

정답 ①

02 〈보기 1〉은 전통 사회에서 고도 산업 사회까지의 인구 변천 단계를 순서 없이 나타낸 것이다. 이에 대한 옳은 분석을 〈보기 2〉에서 모두 고른 것은? 2018 서울시

보기1

단계	연구 모형
(가)	감산소사형
초기 산업 사회	다산감사형
전통 사회	다산다사형
(나)	소산소사형

보기2

ㄱ. (가)는 후기 산업 사회에 해당한다.
ㄴ. 우리나라 1960년대는 (나)에 해당한다.
ㄷ. 노인층의 비율은 소산소사형 단계에서 제일 높다.

① ㄱ, ㄴ ② ㄱ, ㄷ
③ ㄴ, ㄷ ④ ㄱ, ㄴ, ㄷ

출제 단원 및 영역 사회문화 6단원 인구변천과 인구 문제

해설

- 사안에서 (가)는 '감산소사형'에 해당하는 인구 모형을 가지고 있으므로 이는 3단계로써 '산업화 후기'에 해당한다.
- (가)는 '소산소사형'에 해당하므로 4단계로써 '고도 산업화 단계'에 해당한다.

1단계 (다산 다사형)	출생률이 높지만 물질적 궁핍, 각종 재해, 위생 시설 불량 등으로 사망률도 높아 인구 증가가 거의 없음(전통 사회)
2단계 (다산 감사형)	영양 보급, 위생 시설의 개선, 의학 발달로 사망률이 급격히 하락하여 인구가 급격히 증가함 (산업화 초기)
3단계 (감산 소사형)	가족계획 등으로 출생률이 하락하면서 인구 증가 속도가 둔화됨 (산업화 후기)
4단계 (소산 소사형)	인구 증가가 거의 정체되며, 노년층의 인구 비율이 높아짐 (고도 산업화 단계)

ㄱ. (가)는 '감산소사형'이므로 후기 산업 사회에 해당하는 것으로 볼 수 있다.
ㄷ. 4단계 '소산소사형'의 경우 출생률과 사망률이 줄어들어 노년층의 인구 비율이 높이지므로 옳은 설명이다.

오답피하기

ㄴ. 우리나라의 1960년대는 산업화가 시작되는 시기로 인구가 급격하게 증가하는 '다산감사형'에 해당한다. 따라서 (나)에 해당하기보다는 초기 산업 사회에 해당한다고 보는 것이 타당하다.

정답 ②

03 인구변천과정에 관한 일반적인 설명으로 가장 적절하지 않은 것은? 2019 경찰직 1차

① 다산다사(多産多死)→감산소사(減産小死)→다산감사(多産減死)→소산소사(小産小死)의 과정으로 변천된다.
② 다산다사(多産多死)형은 산업혁명 이전의 사회들이 속하며, 출산율과 사망률이 모두 높은 단계이다.
③ 감산소사(減産小死)형은 인구증가가 완화되며, 여성의 사회 진출이 확대되고 가족계획 정책이 실시된다.
④ 소산소사(小産小死)형은 고도의 산업화 사회에서 나타나며, 인구증가 속도가 정체된다.

출제 단원 및 영역 사회문화 5단원 인구변천과정

해설

① 인구는 다산다사(多産多死)→다산감사(多産減死)→감산소사(減産小死)→소산소사(小産小死)의 과정으로 변천된다.

정답 ①

04 그림은 인구 변천 모형이다. 이에 대한 옳은 분석을 〈보기〉에서 고른 것은? 예상 문제

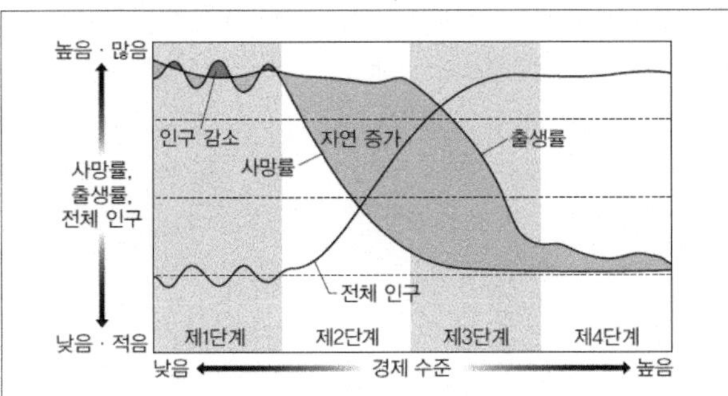

보기

ㄱ. 제2단계에서 인구 증가율이 가장 높다.
ㄴ. 제3단계에서는 인구 증가율이 낮아지고 있다.
ㄷ. 제4단계보다 제1단계의 출생자와 사망자 수가 모두 많다.
ㄹ. '사망률 – 출생률'의 값이 클수록 인구 증가율이 높아진다

① ㄱ, ㄴ ② ㄱ, ㄷ
③ ㄴ, ㄷ ④ ㄴ, ㄹ
⑤ ㄷ, ㄹ

해설 제 1 단계는 출생률과 사망률이 모두 높아 인구 증가가 거의 없고, 제 2 단계에서는 사망률이 급격히 하락하여 인구가 급격히 증가한다. 제 3 단계에서는 출생률이 하락하면서 인구 증가 속도가 둔화되고, 제 4 단계에서는 인구 증가가 거의 정체된다.

ㄱ. 출생은 지속적으로 높은 수준을 유지하고, 사망률은 지속적으로 낮아진 제 2단계의 인구 증가율이 가장 높다.
ㄴ. 3단계에서는 출생률은 급격히 떨어지는 반면, 사망률은 천천히 감소하므로 인구 증가율은 낮아지고 있다.

오답피하기

ㄷ. 제 4 단계보다 제 1 단계의 출생률과 사망률이 높지만, 제 4 단계의 전체 인구가 제 1 단계의 전체 인구보다 많기 때문에 제 4 단계보다 제 1 단계의 출생자와 사망자 수가 많다고 단정할 수는 없다.
ㄹ. '사망률–출생률'이 아니라 '출생률–사망률'의 값이 클수록 인구 증가율이 높아진다.

정답 ①

05 다음은 인구 변천 단계를 나타낸 그래프이다. 각 단계에 대한 옳은 분석을 〈보기〉에서 고른 것은? 예상 문제

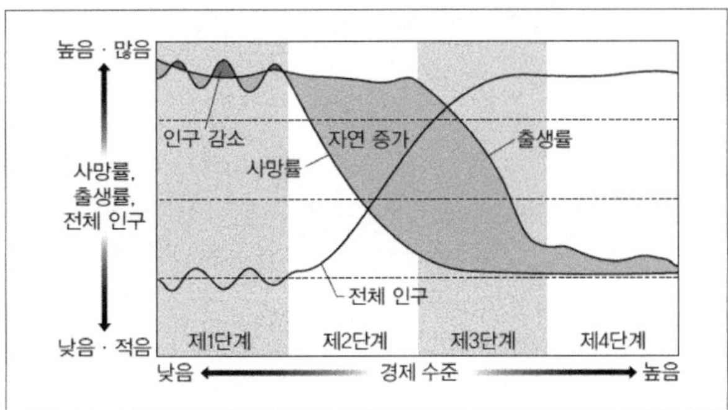

보기

ㄱ. 1단계는 경제 개발 초기에 주로 나타난다.
ㄴ. 2단계에서는 인구 증가의 폭이 크게 상승한다.
ㄷ. 3단계는 경제 성장이 둔화되고 있는 선진국에서 주로 나타난다.
ㄹ. 4단계에서는 저출산·고령화 현상이 심화된다.

① ㄱ, ㄴ ② ㄱ, ㄷ
③ ㄴ, ㄷ ④ ㄴ, ㄹ
⑤ ㄷ, ㄹ

해설

ㄴ. 2단계는 다산 감사, 즉 여전히 출생률은 높지만 위생 상태가 개선되고 의학이 발달함에 따라 사망률이 감소하는 단계로써 주로 산업 혁명 이후의 개발도상국에서 나타난다. 이때 인구가 가장 많이 증가한다.
ㄹ. 4단계는 출생률도 매우 낮고, 사망률도 매우 낮아 사실상 인구 증가가 정체기를 맞이하는 시기이다. 어느 정도 경제 성장을 이룩한 선진국에서 주로 나타나며, 노인 인구가 차지하는 비중이 커지면서 저출산·고령화 현상이 뚜렷하게 나타난다.

오답피하기

ㄱ. 1단계는 다산 다사 단계로 출산율도 매우 높고 사망률도 매우 높다는 특징이 나타나는데, 이는 전통 사회에서 주로 나타나는 양상이다.
ㄷ. 3단계는 사망률과 함께 출생률이 급격히 낮아져 인구 증가가 둔화되는 단계로, 주로 경제 발전이 진행되고 있는 개발도상국에서 나타난다.

정답 ④

인구 부양비

01 고령화 추이를 나타내고 있는 〈표〉에 대한 설명으로 옳은 것은? 2013 지방직

연 도	노년부양비(%)	고령화지수(%)
2000	10.1	33.0
2010	15.0	66.3

① 노년 부양비는 $\frac{65\text{세 이상 인구}}{\text{유소년 인구}+\text{생산 가능 인구}}\times100$으로 구한다.

② 고령화 지수는 $\frac{65\text{세 이상 인구}}{\text{생산 가능 인구}}\times100$으로 구한다.

③ 2000년의 노인 인구는 유소년 인구의 3분의 2 이하이다.

④ 2010년의 유소년 인구는 생산 가능 인구의 3분의 2 이상이다.

해설

- 2000년에는 노년 부양비가 10.1%였으나 2010년에는 15.0%로 높아졌다. 이것은 생산 가능 인구 대비 65세 이상의 인구의 비중이 높아졌음을 알 수 있다. 그 결과 노인 부양에 대한 사회적 부담이 커졌을 것이다.
- 고령화 지수가 2000년에는 33.0%이었으나 2010년에는 66.3%로 증가했다. 이것은 저출산으로 인한 고령화가 심화되었음을 의미한다.

③ 고령화 지수는 $\frac{65\text{세 이상 인구}}{\text{유소년}(0\sim15\text{세 미만})\text{인구}}\times100$으로 구하므로 2000년의 고령화 지수가 33.0%라는 것은 전체 유소년의 수보다 65세 이상의 인구가 3분의 1이하라는 것을 의미하고 노인 인구는 유소년 인구의 3분의 2이하라고 말할 수 있다.

오답피하기

① 노년 부양비는 $\frac{65\text{세 이상 인구}}{\text{생산가능}(15\text{세이상}\sim60\text{세 미만})\text{인구}}\times100$으로 구한다.

② 고령화 지수는 $\frac{65\text{세 이상 인구}}{\text{유소년}(0\sim15\text{세 미만})\text{인구}}\times100$으로 구한다.

④ 2010년 고령화 지수는 66.3%이며 고령화 지수는 $\frac{65\text{세 이상 인구}}{\text{유소년}(0\sim15\text{세 미만})\text{인구}}\times100$이므로 노인 인구가 유소년 인구의 3분의 2미만이라는 것을 알 수 있다.

정답 ③

02 다음은 A국가의 인구 부양비 및 고령화에 대한 전망을 나타낸 표이다. 이를 분석하고 추론한 설명으로 옳은 것을 〈보기〉에서 모두 고른 것은? (단, 주어진 자료만을 고려하여 판단한다.) 2020 경찰직 1차

구분 \ 연도	1970	2010	2050
총부양비(%)	84	37	89
유소년 부양비(%)	78	22	18
노년 부양비(%)	6	15	71
고령화 지수(%)	7	68	377

〈인구 부양비 및 고령화 지수 계산식〉

1) 총 부양비 = $\frac{\text{유소년}(0\sim15\text{세 미만})\text{인구수}+65\text{세 이상 인구수}}{\text{경제활동인구}(15\text{세 이상}\sim65\text{세 미만})\text{인구수}}\times100$

2) 유소년 부양비 = $\frac{\text{유소년}(0\sim15\text{세 미만})\text{인구수}}{\text{경제활동인구}(15\text{세 이상}\sim65\text{세 미만})\text{인구수}}\times100$

3) 노년 부양비 = $\frac{65\text{세 이상 인구수}}{\text{경제활동인구}(15\text{세 이상}\sim65\text{세 미만})\text{인구수}}\times100$

4) 고령화 지수 = $\frac{65\text{세 이상 인구수}}{\text{유소년}(0\sim15\text{세 미만})\text{인구수}}\times100$

※ 부양 인구(경제활동 인구): 15세 이상~65세 미만

※ 피부양 인구: 0~15세 미만 인구 + 65세 이상 인구

보기

㉠ 2010년에는 피부양 인구가 부양 인구보다 적지만 2050년에는 피부양 인구가 부양 인구보다 많다.

㉡ 2050년 부양 인구 대비 유소년 인구 비율은 1970년에 비해 급격히 감소하고 있으며 이는 사회적으로 저출산 문제에 직면하고 있음을 유추할 수 있다.

㉢ 1970년 노년 인구는 유소년 인구의 10분의 1 미만이지만 2010년 노년 인구는 유소년 인구의 3분의 2 이상이다.

① ㉠, ㉡ ② ㉡, ㉢

③ ㉠, ㉢ ④ ㉠, ㉡, ㉢

출제 단원 및 영역 사회문화 6단원 인구 부양비

해설 기본적으로 각 년도의 경제활동인구를 100으로 해서 정리를 하면 다음과 같다.

구분 \ 연도	1970	2010	2050
0~15세 미만	78	22	18
15~65세 미만	100	100	100
65세 이상	6	15	71

㉡ 2050년 부양 인구 대비 유소년 인구 비율은 18%이고, 1970년 부양 인구 대비 유소년 인구 비율은 78%이므로 2050년 부양 인구 대비 유소년 인구 비율은 1970년에 비해 급격히 감소하고 있다. 이는 사회적으로 저출산 문제에 직면하고 있음을 유추할 수 있다.

㉢ 1970년 노년 인구는 6이고, 유소년 인구는 78이므로 1970년 노년 인구는 유소년 인구의 10분의 1 미만이 된다. 2010년 노년 인구는 15이고 유소년 인구는 22이고 15/22는 68% 정도 되므로 이는 3분의 2 이상이다라고 할 수 있다.

오답피하기

㉠ 2010년의 피부양 인구는 37(=22+15)이고, 부양 인구는 100이므로 피부양 인구가 부양 인구보다 적다. 2050년의 피부양 인구는 89(=18+71)이고, 부양 인구는 100이므로 피부양 인구가 부양 인구보다 적다.

정답 ②

03 표는 갑국의 인구 관련 자료이다. 이에 대한 분석으로 옳지 않은 것은? 2021 지방직

구분	t년	t+50년
전체 인구에서 유소년 인구가 차지하는 비율(%)	28	20
노년 부양비(%)	20	60

㉠ 유년 부양비 = $\frac{\text{유소년}(0\sim15\text{세 미만})\text{인구수}}{\text{경제활동인구}(15\text{세 이상}\sim65\text{세 미만})\text{인구수}}\times100$

㉡ 노년 부양비 = $\frac{65\text{세 이상 인구수}}{\text{경제활동인구}(15\text{세 이상}\sim65\text{세 미만})\text{인구수}}\times100$

㉢ 총 부양비 = $\frac{\text{유소년}(0\sim15\text{세 미만})\text{인구수}+65\text{세 이상 인구수}}{\text{경제활동인구}(15\text{세 이상}\sim65\text{세 미만})\text{인구수}}\times100$

㉣ 노령화 지수 = $\frac{65\text{세 이상 인구수}}{\text{유소년}(0\sim15\text{세 미만})\text{인구수}}\times100$

※ 전체 인구에서 노인 인구가 차지하는 비율이 7% 이상이면 고령화 사회, 14% 이상이면 고령 사회, 20% 이상이면 초고령 사회임

① t년의 유소년 부양비는 50이다.
② t+50년의 노령화 지수는 100 이상이다.
③ 전체 인구에서 부양 인구가 차지하는 비율은 t년보다 t+50년이 낮다.
④ t년은 고령화 사회에, t+50년은 초고령 사회에 해당한다.

출제 단원 및 영역 사회문화 5단원 인구 부양비

해설

구분	t년	t+50년
노년 인구(65세 이상)	a	b
경제활동인구	72−a	80−b
유소년 인구(15세 미만)	28	20

t년의 노년 부양비가 20%이므로 a/(72−a)×100=20이다. 따라서 a는 12이다. t+50년의 노년 부양비는 60%이므로 b/(80−b)×100=60에서 b=30이 된다. 이를 다시 정리해보면 다음과 같다.

구분	t년	t+50년
노년 인구(65세 이상)	12	30
경제활동인구	60	50
유소년 인구(15세 미만)	28	20

① t년의 유소년 부양비는 28/60×100=46.6이므로 50이 아니다.

오답피하기

② t+50년의 노령화 지수는 30/20×100=150으로 100 이상이다.
③ 전체 인구에서 부양 인구가 차지하는 비율은 t년의 경우 60%, t+50년의 경우 50%이므로 t년보다 t+50년이 더 낮다.
④ 전체 인구에서 노인 인구가 차지하는 비율은 t년의 경우 12%이므로 t년은 고령화 사회에, t+50년은 30%이므로 초고령 사회에 해당한다.

정답 ①

미래 사회의 전망과 대응

01 세계화의 의미와 이에 대한 대처 방안에 대한 올바른 이해로 볼 수 <u>없는</u> 진술의 개수는? 2015 경찰직 2차

> ㉠ 세계화는 국가 간의 경계가 약화되고 세계가 하나로 연결되어 상호 의존성이 심화되어 가는 현상이다.
> ㉡ 경제적인 측면의 세계화는 전 세계의 단일 시장화를 촉진하는데, 이러한 과정에서 경쟁력 없는 국내 산업이 쇠퇴하는 결과가 발생하기도 한다.
> ㉢ 세계적인 문화 교류로 세계가 동질화되기 때문에 지역성이 공존하기 힘들다.
> ㉣ 세계화 심화로 인해 민족적 정체성이 약화되므로 단일 민족 의식을 더욱 강화시켜야 한다.
> ㉤ 치열한 세계화 경쟁에서 우위를 점하기 위해서는 국가 내부적으로 교육, 산업 및 기술 분야에서의 국제 경쟁력을 강화해야 한다.

① 2개 ② 3개
③ 4개 ④ 5개

✔해설 세계화

의미	사람들의 삶의 공간이 자신이 살고 있는 국가에 한정되지 않고 국경을 넘어 전 세계로 확대되는 과정을 말함. 최근 다국적 기업의 등장으로 민족이나 국경 개념이 약화되고 있음
양상	• 긍정적 측면: 민주주의 확산, 다양한 문화의 교류, 자본주의와 시장 경제의 확산 등 • 부정적 측면: 문화의 획일화, 경쟁력 없는 국내 산업의 쇠퇴, 국제 경쟁에 따른 무역 마찰 증가 등
대처 방안	세계 시민으로서의 자질 함양, 다양성 존중, 전 인류의 보편적 가치 추구 등

① ㉢ <u>세계화로 인하여 지역성은 약화될 수 있지만 소멸하는 것은 아니다. 세계화와 지역성은 공존이 가능한</u> 것이다.
㉣ 세계화로 인하여 민족적 정체성이 약화되는 것은 맞다. 다만 이를 해결하기 위해 단일 민족 의식을 더욱 강화시키는 것은 편협한 국수주의나 배타주의로 흐를 가능성이 높기 때문에 이러한 자세는 지양해야 하며, 세계 시민으로서의 자질을 함양시키고 다양성을 존중하는 자세가 필요하다.

오답피하기
㉠, ㉡, ㉤ 모두 세계화의 의미와 대처방안에 대한 설명으로 옳은 지문이다.

정답 ①

02 다음 중 정보 사회에 대한 설명으로 옳지 <u>않은</u> 것은? 2013 서울시

① 부가가치를 창출하는 원천으로 지식과 정보가 중시된다.
② 전자 민주주의의 발달로 직접 민주 정치의 실현 가능성이 높아지고 있다.
③ 다품종 소량 생산에서 소품종 대량 생산으로 생산 방식이 전환되고 있다.
④ 사회적 관계 형성이 면대면 접촉에서 사이버 공간으로 이동하고 있다.
⑤ 가정과 직장이 통합되는 현상이 확산되고 있다.

✔해설
③ 정보 사회는 소품종 대량 생산 방식에서 다품종 소량 생산 방식으로 전환된다.

정답 ③

03 아래 그림에 대한 분석으로 가장 옳은 것은? (단, A, B는 각각 산업사회와 정보사회 중 하나이다.)

2014 해양경찰

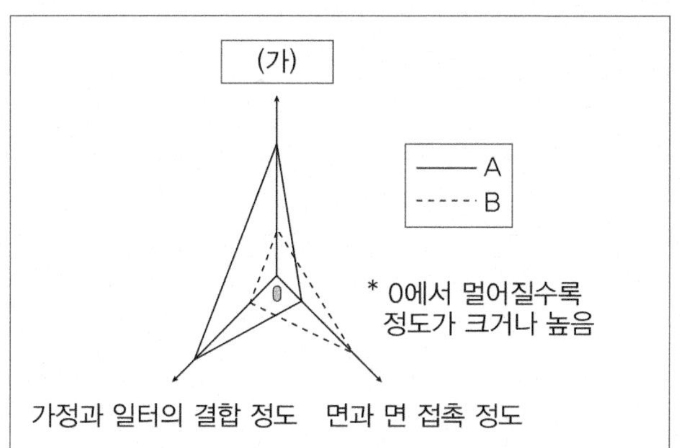

① A는 B에 비해 소품종 대량 생산 방식의 비중이 높다.
② B는 A에 비해 의사결정의 분권화 정도가 높다.
③ B와 달리 A는 사회 전반에 관료제 조직이 지배적이다.
④ 빈칸 (가)에는 "쌍방향 미디어의 비중"이 적절하다.

해설 A는 가정과 일터의 통합정도가 B보다 크고 면대면 접촉 빈도가 작은 것으로 보아 정보사회에 해당한다. B는 산업사회이다.
④ 쌍방향 미디어는 정보사회에서 비중이 높게 나타난다.

오답피하기
① 소품종 대량생산 방식의 비중이 높은 것은 산업사회이고, 정보사회는 다품종 소량생산 방식의 비중이 높다.
② 의사결정의 분권화는 정보사회에서 높게 나타난다.
③ 산업사회에서는 관료제 조직이, 정보사회에서는 탈관료제 조직이 주로 나타난다.

정답 ④

04 다음 표는 사회 변동에 따른 각 사회 A~C의 특성을 비교한 것이다. 이에 대한 추론이나 일반적 특징으로 옳은 것은? (단, A~C는 각각 농업 사회, 산업 사회, 정보 사회 중 하나이다)

2019 지방직

구분	A	B	C
생산 방식	(가)	소품종 소량 생산	(나)
가정과 일터의 결합 정도	+	+++	++
사회의 다원화 정도	++	+	+++
정보 확산의 시공간적 제약 정도	++	+++	+

※ +가 많을수록 정도가 크다.

① A는 노동력과 자본이, B는 토지와 노동력이 생산의 중심이 된다.
② 산업에서 제조업이 차지하는 비중은 B가 C에 비해 더 크다.
③ 인간관계에서 면대면 접촉이 차지하는 비중은 C 〉 A 〉 B 순으로 나타난다.
④ (가)는 다품종 소량 생산, (나)는 소품종 대량 생산이다.

출제 단원 및 영역 사회문화 6단원 농업사회, 산업사회, 정보사회

해설 가정과 일터의 결합 정도 하나만을 통해서도 A는 산업사회, B는 농업사회, C는 정보사회임을 알 수 있다.
① 산업사회의 경우 노동력과 자본이 생산의 중심이 되지만, 농업사회의 경우 토지와 노동력이 생산의 중심이 된다.

오답피하기
② 농업사회보다 정보사회에서 제조업이 차지하는 비중이 더 크다.
③ 면대면 접촉이 차지하는 비중은 농업사회〉산업사회〉정보사회이다.
④ 산업사회는 소품종 대량생산, 정보사회는 다품종 소량생산이 적절하다.

정답 ①

05 다음은 산업 사회와 정보 사회의 특징을 비교한 것으로 A와 B는 각각 산업 사회와 정보 사회 중 하나이다. (가)~(라)에 들어갈 내용으로 옳지 않은 것은?

2016 국가직

비교 결과	비교 기준
A>B	네트워크형 조직의 발달
A>B	(가)
A>B	(나)
A<B	(다)
A<B	(라)

① (가) – 중간 관리 층의 역할 비중
② (나) – 다품종 소량생산의 비중
③ (다) – 가정과 일터의 분리 정도
④ (라) – 정보 생산자와 정보 소비자의 분리 정도

해설 네트워크형 조직이 발달한 A는 정보 사회, B는 산업 사회이다.

① 관료제는 근대 산업화 이후 조직 규모가 커지면서 대규모 조직을 효율적으로 관리할 수 있는 조직 운영 방식의 필요성이 증대함에 따라 등장하였고, 탈관료제는 산업 사회에 적합한 관료제에서 벗어나 정보 사회에서 강조되는 창의성과 다양성이 발현될 수 있는 새로운 조직 형태로 등장하였다. 탈관료제는 정보 매체의 확산과 신속한 의사 결정으로 업무 결재 단계가 축소되어 중간 관리층의 비중이 낮다. 따라서 중간 관리층의 역할 비중이 높은 것은 산업 사회(B)이다.

오답피하기

② 다품종 소량 생산의 비중이 높은 것은 정보 사회(A)이다. 산업 사회(B)는 규격화된 소품종 대량 생산이 이루어진다.
③ 가정과 일터(직장)의 분리 정도가 높은 것은 산업 사회(B)이다. 정보 사회(A)는 인터넷을 통한 재택 근무가 용이해져 가정과 직장의 융합 현상이 나타난다.
④ 정보 생산자와 정보 소비자의 분리 정도가 높은 것은 산업 사회(B)이다. 산업 사회에서는 주로 일방향적 매체(신문, 잡지, TV 등)로 생산자와 소비자가 분리되지만, 정보 사회에서는 양방향적 매체(SNS, 블로그 등)로 정보 생산자와 정보 소비자의 통합이 이루어진다.

정답 ①

06 표는 세 가지 기준에 따라 A~C를 상대적으로 평가한 것이다. 이에 대한 옳은 설명을 〈보기〉에서 고른 것은? (단, A~C는 각각 농업 사회, 산업 사회, 정보 사회 중 하나이다.)

예상 문제

평가 기준	A	B	C
관료제 조직의 비중	+	−	0
(가)	0	−	+
(나)	−	+	0

※ +는 강함 또는 높음, 0은 보통, −는 약함 또는 낮음을 의미함

보기

ㄱ. A는 B보다 표준화된 생산 방식의 비중이 높다.
ㄴ. B는 C보다 구성원 간 익명성이 강하다.
ㄷ. (가)는 '직업의 분화 정도'가 될 수 있다.
ㄹ. (나)는 '생산자와 소비자의 분리 정도'가 될 수 있다.

① ㄱ, ㄴ
② ㄱ, ㄷ
③ ㄴ, ㄷ
④ ㄴ, ㄹ
⑤ ㄷ, ㄹ

해설 A는 산업 사회, B는 농업 사회, C는 정보 사회이다.

ㄱ. 산업 사회는 소품종 대량 생산 방식, 표준화 및 규격화된 생산 방식의 비중이 높다.
ㄷ. 직업의 분화 또는 다양화 정도는 정보 사회가 가장 강하고, 농업 사회가 가장 약하다.

오답피하기

ㄴ. 정보 사회가 농업 사회보다 구성원 간 익명성이 강하다.
ㄹ. 생산자와 소비자의 분리 정도는 산업 사회가 가장 강하고, 농업 사회가 가장 약하다.

정답 ②

07 그림의 A~C에 대한 옳은 설명을 〈보기〉에서 고른 것은? (단, A~C는 각각 농업 사회, 산업 사회, 정보 사회 중 하나이다.) 예상 문제

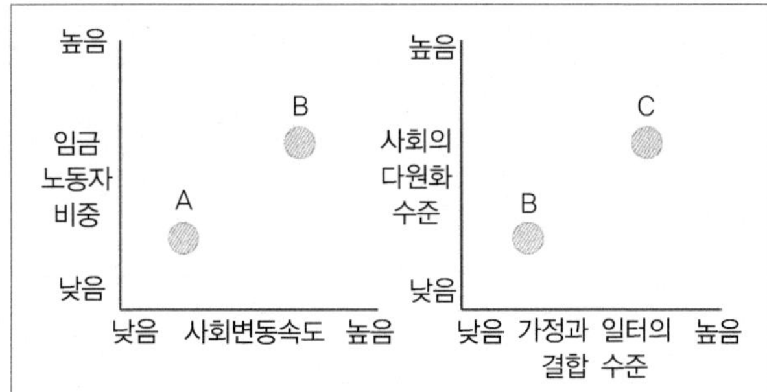

보기
ㄱ. A보다 B에서 탈관료제 조직이 보편적이다.
ㄴ. B에 비해 A에서는 확대 가족의 비중이 높다.
ㄷ. A에 비해 C에서는 다양한 하위문화가 나타난다.
ㄹ. B와 달리 C에서는 소품종 대량 생산 방식이 지배적이다.

① ㄱ, ㄴ ② ㄱ, ㄷ
③ ㄴ, ㄷ ④ ㄴ, ㄹ
⑤ ㄷ, ㄹ

해설 산업 사회는 농업 사회에 비해 임금 노동의 비중이 높고 사회 변동 속도가 빠르다. 그리고 정보 사회에 비해서는 사회의 다원화 수준이 낮고 가정과 일터의 결합 수준도 낮다. 따라서 A는 농업 사회, B는 산업 사회, C는 정보 사회이다.
ㄴ. 농업 사회는 노동력이 경제적 가치를 창출하는 데 있어서 가장 중요한 자원이었기 때문에 산업 사회에 비해 확대 가족의 비중이 높다.
ㄷ. 농업 사회에 비해 정보 사회에서 사회의 다원화 수준이 높고 구성원들의 개성이 더 중시되어 하위 문화도 더 다양하게 나타난다.

오답피하기
ㄱ. 정보 사회에서는 개성과 창의성을 바탕으로 한 유연한 사고와 수평적인 인간 관계가 요구되므로 탈관료제적 조직이 보편적인 형태로 나타난다.
ㄹ. 산업 사회에서는 소품종 대량 생산 방식이 중심을 이루었고, 정보 사회는 다품종 소량 생산 방식이 지배적이다.

정답 ③

08 표는 A~C 사회의 특성을 비교한 것이다. 각 사회의 특성에 대한 옳은 비교를 〈보기〉에서 고른 것은? (단, A~C는 각각 농업 사회, 산업 사회, 정보 사회 중 하나이다.) 예상 문제

구분	A	B	C
주요 생산물	공산품	농산물	정보 서비스
부의 원천	자본	노동, 토지	노동 정보, 지식

보기
ㄱ. 3차 산업의 비중: B>A>C
ㄴ. 1인 가구의 비중: C>A>B
ㄷ. 사회의 다원화 정도: C>A>B
ㄹ. 비대면 접촉의 비중: C>B>A

① ㄱ, ㄴ ② ㄱ, ㄷ
③ ㄴ, ㄷ ④ ㄴ, ㄹ
⑤ ㄷ, ㄹ

해설 A는 주요 생산물이 공산품이므로 산업 사회, B는 주요 생산물이 농산물이므로 농업 사회, C는 주요 생산물이 정보 서비스이므로 정보 사회이다.
ㄴ. 1인 가구의 비중은 대가족 중심인 농업 사회에서 가장 낮고, 이동의 필요가 많아진 산업 사회에서 중간 수준이고, 개인주의가 심화되는 정보 사회에서 가장 높게 나타난다.
ㄷ. 사회의 다원화 정도는 직업의 분화 정도가 가장 높은 정보 사회가 가장 높다. 산업 사회는 정보 사회보다 다원화 정도가 낮지만, 대부분의 사람들이 농업에 종사하는 농업 사회보다는 높다.

오답피하기
ㄱ. 3차 산업의 비중은 농업 사회, 산업 사회, 정보 사회로 갈수록 높아진다.
ㄹ. 비대면 접촉의 비중은 각종 매체가 발달한 정보 사회에서 가장 높고, 매체가 거의 없었던 농업 사회에서 가장 낮다.

정답 ③

09 다음은 A~C 사회의 일하는 방식에서 나타나는 특징을 각각 보여준다. A~C 사회에 대한 설명으로 가장 적절하지 않은 것은? (단, A~C 사회는 각각 농업 사회, 산업 사회, 정보 사회 중 하나이다.) 2020 경찰직 2차

A 사회: 甲은 매일 오전 9시에 출근하여 오후 6시까지 자동차 제조 공장에서 일을 한다. 기계화된 대량 생산 시스템이 도입된 작업 공정은 세분화되고 표준화되어 있다. 그는 쉴 새 없이 맞물려 돌아가는 시계 톱니처럼 컨베이어벨트 조립 라인에서 단순한 작업을 반복적으로 수행한다.

B 사회: 乙은 생산한 것을 대부분 스스로 소비하며, 일터와 가정, 일과 여가가 명확히 분리되어 있지 않다. 하루 중 일과 휴식 시간을 따로 정하지 않고, 자신의 생활 리듬이나 신체 상황, 할 일의 양에 따라 스스로 노동 강도를 조절하면서 일한다. 또한 노동 시간은 자연의 주기에 맞추어 유동적으로 변화한다.

C 사회: 丙은 매일 정해진 시간에 사무실로 출근하지 않고 언제 어디에서든 인터넷을 통해 직장 동료 및 협력업체와 교류하며 회사의 업무를 처리한다. 이처럼 화상 회의, 전자 결제, 전자 상거래, 원격 근무 등 다양한 방식을 통한 업무 수행이 일상화됨에 따라 시간과 공간의 제약이 줄어들면서 사회 조직의 운영에서 유연성이 증대되고 있다.

① A 사회는 B사회보다 업무의 표준화 정도가 높다.
② C 사회는 A 사회보다 관료제 조직 형태가 두드러진다.
③ C 사회는 A 사회보다 비대면 접촉에 의한 상호작용이 활발하다.
④ C 사회는 B 사회보다 서비스 및 지식 관련 사업의 종사자 비율이 높다.

해설 A는 산업 사회, B는 농업 사회, C는 정보 사회이다.
② 산업 사회는 관료제 조직 형태가, 정보 사회는 탈관료제 조직 형태가 두드러진다.

오답피하기
① 산업 사회는 관료제 조직 형태를 바탕으로 표준화된 규칙과 절차에 따른 업무 처리를 중시한다.
③ 정보 사회는 통신 기술의 발달로 A 사회보다 비대면 접촉에 의한 상호작용이 활발하다.
④ 정보 사회는 지식과 정보가 부의 원천이 되고 산업 구조의 고도화로 서비스와 소비재 산업이 발전한다. 따라서 정보 사회는 농업 사회보다 서비스 및 지식 관련 사업의 종사자 비율이 높다.

정답 ②

10 다음 사례들에서 공통적으로 지향하는 것으로 가장 적절한 것은? 예상 문제

- 농부 갑은 올해부터 지난해까지 막대한 돈을 들여 구매했던 살충제 대신 무당벌레를 이용해 진딧물을 퇴치해 보기로 하였다.
- 직장인 을은 매일 30분 정도 자동차로 운전하여 출근했으나 최근 자전거로 출근 수단을 바꾸면서 훨씬 건강해 졌다.
- 전업주부 병은 지난 여름까지 냉방병의 주범이었던 에어컨을 중고로 팔고, 천장에 설치하는 선풍기를 여러 대 설치하여 더위와 냉방병에서 해방되었다.

① 효율성 실현
② 형평성 실현
③ 개인의 건강 증진
④ 실질 소득의 증대
⑤ 지속 가능한 발전

해설
⑤ 갑, 을, 병의 변화는 모두 미래 세대의 욕구 충족을 고려하여 현재 세대에게 필요한 수준의 자원 소비를 하는 데 초점을 맞추고 있는데, 이는 지속 가능 한 발전을 의미하는 것으로 환경 오염 방지, 자원 절약 등을 통해 일상에서 실천할 수 있습니다.

오답피하기
① 경제적 효율성 추구는 오히려 지속 가능한 발전을 해칠 수도 있다.
②, ③, ④ 지속 가능한 발전과 직접적 관련이 없다.

정답 ⑤

11 다음 그림은 도시와 농촌의 일반적 특성을 도식화한 것이다. 이에 대한 설명으로 옳은 것은? 2017 국가직

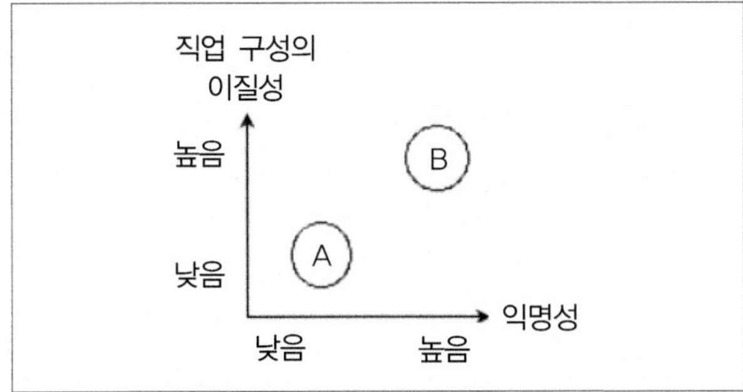

① A에 비해 B에서는 고령화에 따른 노동력 부족 현상이 더 심각하다.
② A에 비해 B에서는 주로 비공식적 수단에 의해 사회 통제가 이루어진다.
③ B에 비해 A에서는 가정과 직장의 분리 정도가 낮다.
④ B에 비해 A에서는 2차적 인간관계가 지배적으로 나타난다.

해설 도시는 익명성이 높고 직업 구성의 이질성이 높다. 반면, 농촌은 대다수 사람들이 농업일에 종사하면서 작은 공동체에서 서로 대면적인 접촉을 하므로 익명성이 낮다.

농촌과 도시의 비교

구분	농촌	도시
가정과 직장의 분리 정도	낮음	높음
직업 구성의 이질성	낮음	높음
익명성	낮음	높음
인구 밀도	낮음	높음
인구 이동	적음	많음
사회 통제 수단	주로 비공식적 수단	주로 공식적 수단
인간 관계	주로 1차적 인간 관계	주로 2차적 인간 관계
주민의 유대감	높음	낮음
노인 인구 비율	높음	낮음

③ 농촌은 생산의 공동체이자 소비의 공동체로써 가정과 직장의 분리 정도가 낮다. 반면, 도시는 직장은 생산이 나타나고, 가정은 소비가 주로 이루어지므로 가정과 직장의 분리 정도가 높다.

오답피하기
① 고령화에 따른 노동력 부족 현상이 심각한 곳은 농촌이다.
② 농촌은 주로 1차적 관계가 중심이 되고 전통과 관습과 같은 비공식적 수단에 의한 사회 통제가 이루어진다. 반면 도시는 공동체의 규모가 크고 익명성어 큰 곳으로 법과 제도와 같은 공식적 규범에 의해 사회 통제가 이루어진다.
④ 농촌에서는 주로 1차적 인간 관계가 지배적으로 나타나고, 도시는 주로 2차적 인간 관계가 지배적으로 나타난다.

정답 ③

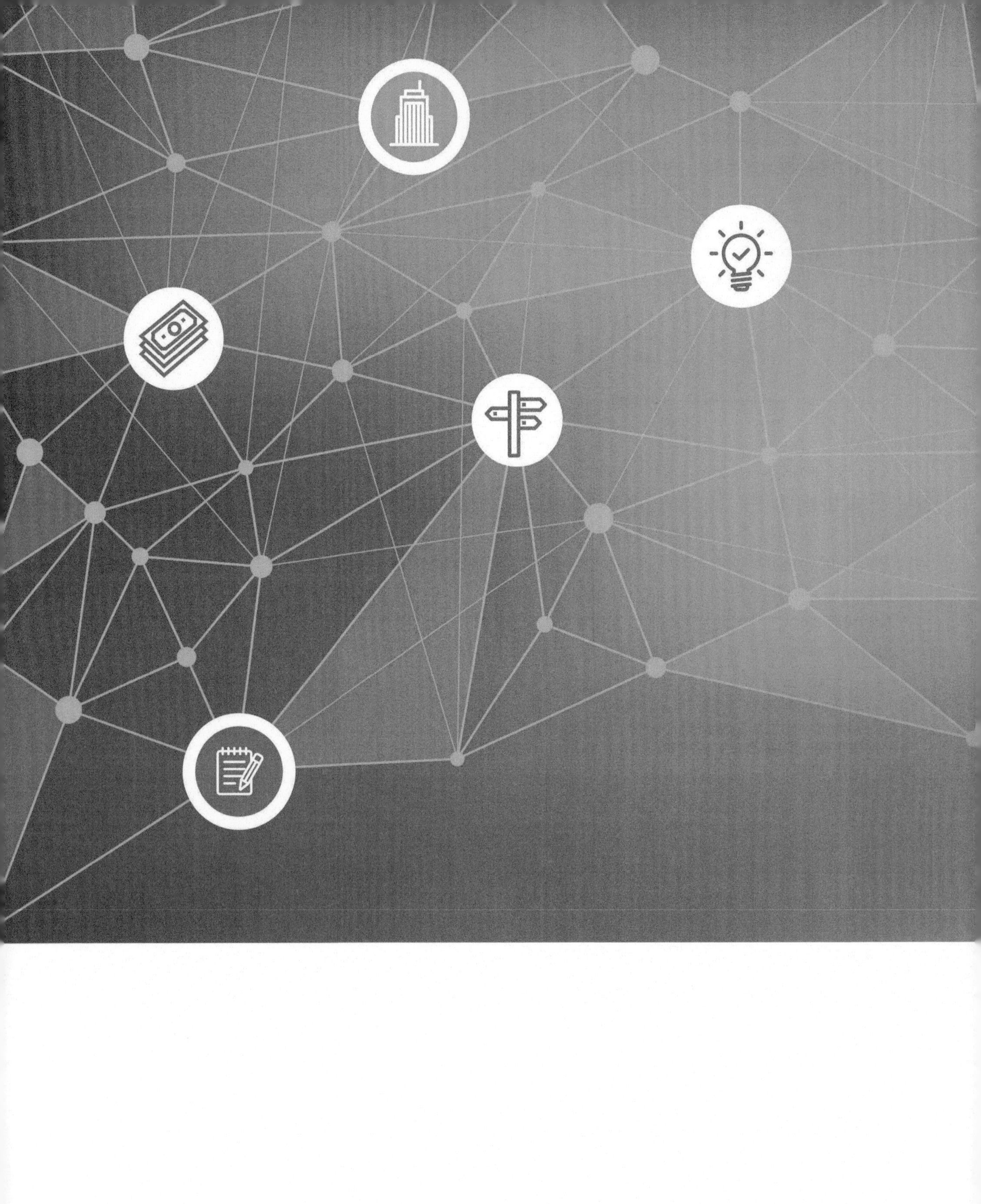

공무원사회

단원별 최신기출문제집

PART

03

경제

CHAPTER 01

경제 생활과 경제 문제의 이해

경제 생활/ 경제의 흐름

01 갑과 을의 경제 활동을 그림의 A~C에서 골라 바르게 연결한 것은? 2014 3월 학평

• 갑은 택배 사업을 위해 경차를 구입했다.
• 을은 가족과의 여행을 위해 경차를 구입했다.

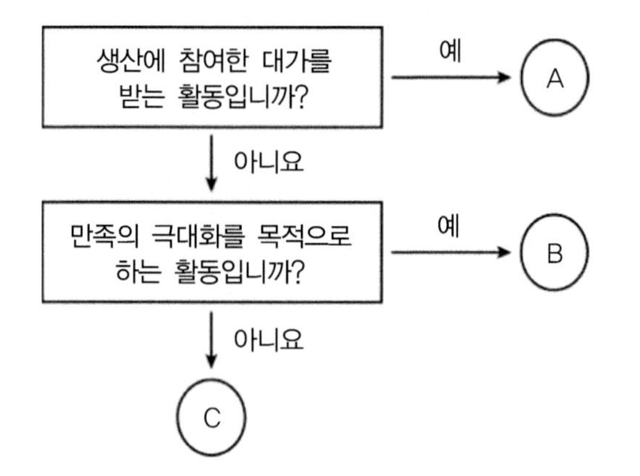

생산에 참여한 대가를 받는 활동입니까?
예
A
아니요
만족의 극대화를 목적으로 하는 활동입니까?
예
B
아니요
C

	갑	을
①	A	B
②	A	C
③	B	A
④	C	A
⑤	C	B

해설
⑤ A는 분배, B는 소비, C는 생산 활동이다. 택배 사업을 위해 경차를 구입한 것은 생산적 소비로서 생산 활동에 해당하고, 여행을 위해 경차를 구입한 것은 본래적 소비로서 소비 활동이다.

정답 ⑤

02 다음 표는 경제 주체 A, B, C의 특징을 나타낸 것이다. 이에 대한 설명으로 옳은 것만을 〈보기〉에서 고른 것은? 2017 지방직 추가

구분	경제 주체		
	A	B	C
소비 활동의 주체인가?	아니요	아니요	예
이윤 극대화가 경제 활동의 목적인가?	예	아니요	아니요
조세를 걷어 공공재와 공공서비스를 공급하는가?	아니요	예	아니요

보기
ㄱ. 생산물 시장에서 B는 수요자, C는 공급자의 역할을 한다.
ㄴ. A는 생산물 공급을, C는 생산 요소 공급을 통해 수입을 얻는다.
ㄷ. A와 C는 B의 경제 활동에 필요한 재원을 공급한다.
ㄹ. A는 국민 경제 주체이고, B와 C는 민간 경제 주체이다.

① ㄱ, ㄴ
② ㄱ, ㄹ
③ ㄴ, ㄷ
④ ㄷ, ㄹ

해설 소비활동의 주체는 가계가 되고, 이윤 극대화가 경제 활동의 목적인 경제 주체는 기업이 되고, 조세를 걷어 공공재와 공공서비스를 공급하는 경제 주체는 정부가 된다. 따라서 A는 기업, B는 정부, C는 가계이다.
ㄴ. 기업은 생산물 시장에서 공급자이고, 가계는 생산 요소 시장에서 노동 등의 공급을 통해 수입을 얻는다.
ㄷ. 기업과 가계는 정부에 조세를 납부함으로써 정부는 경제활동에 필요한 재원을 공급받는다. 이를 통해 정부는 공공재와 공공서비스를 제공한다.

오답피하기
ㄱ. 생산물 시장에서 기업은 공급자로서 재화와 서비스를 제공하고, 가계는 수요자의 역할을 한다.
ㄹ. 민간 경제의 주체는 가계와 기업이고, 국민 경제의 주체는 가계와 기업, 정부가 포함된다.

정답 ③

03 빈칸 ㉠~㉣에 대한 옳은 설명을 〈보기〉에서 고른 것은? 2017 지방직 추가 유사

경제 주체	(㉠)	기업	(㉡)
목적	효용 극대화	(㉢)	사회적 후생 극대화
특징	(㉣)	생산물 시장의 공급자	재정 활동의 주체

보기

ㄱ. ㉠은 생산물 시장에서 수요자이다.
ㄴ. ㉡은 ㉠의 경제 활동을 규제할 수 있다.
ㄷ. ㉢에서 총비용은 고려되지 않는다.
ㄹ. '생산 활동의 주체로서 부가가치를 창출한다.'는 ㉣에 들어갈 수 있다

① ㄱ, ㄴ ② ㄱ, ㄷ
③ ㄴ, ㄷ ④ ㄷ, ㄹ

해설 제시된 표에서 ㉠은 효용 극대화를 목적으로 하고 있으므로 가계에 해당한다. ㉡은 사회적 후생 극대화를 목적으로 하고, 재정 활동의 주체인 것으로 보아 정부에 해당한다. ㉢은 기업의 목적이므로 이윤 극대화가 적절하다.
ㄱ. 가계는 생산물 시장에서 거래되는 재화와 서비스에 대한 수요자이다.
ㄴ. 정부는 사회적 후생의 증진을 위해 가계와 기업의 경제 활동을 규제 혹은 조정할 수 있다.

오답피하기
ㄷ. ㉢은 이윤 극대화이다. 이윤은 총수입에서 총비용을 뺀 것이다.
ㄹ. 생산 활동의 주체로서 부가 가치를 창출하는 경제 주체는 기업이다.

정답 ①

04 그림은 민간 부문의 경제 흐름을 보여 주고 있다. 이에 대한 설명으로 옳은 것은 ? (단, 갑과 을은 경제 주체이고, A와 B는 시장이다.) 2014 사회복지직

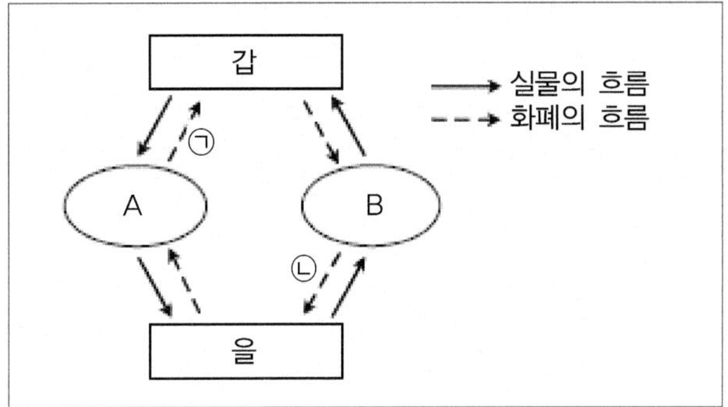

① 갑이 기업이면, B는 생산물 시장이다.
② 갑이 기업이면, ㉡은 가계의 소득이 된다.
③ ㉠의 크기와 ㉡의 크기는 부(−)의 관계이다.
④ 을이 가계이면, 노동의 거래는 A에서 이루어진다.

해설 갑과 을은 정해진 것이 없으므로 가계와 기업이 둘 다 가능한 사안이다. 만약 갑이 가계라고 한다면 을은 기업이 되고 A시장은 생산 요소 시장, B시장은 생산물 시장이 된다. 반면 갑이 기업이라고 한다면 을은 가계가 되고 A시장은 생산물 시장, B시장은 생산 요소 시장이 된다고 볼 수 있다.
② 갑이 기업이면 B는 생산 요소 시장이 되고 ㉡은 생산 요소 시장에서 가계로 화폐가 흘러 들어가는 것이므로 가계의 소득에 해당한다.

오답피하기
① 갑이 기업이면 A가 생산물 시장이고, B는 기업에 실물을 제공하게 되므로 생산 요소 시장이 된다.
③ ㉡의 크기와 ㉠의 크기는 소득이 많아지면 지출이 많아지므로 정(+)의 관계에 있다고 할 수 있다.
④ 을이 가계이면 A시장은 가계에 실물을 제공하는 생산물 시장이다. 노동의 거래는 생산 요소 시장인 B에서 이루어진다.

정답 ②

05 그림은 민간 경제의 흐름을 나타낸 것이다. 이에 대한 옳은 설명을 〈보기〉에서 고른 것은? 예상 문제

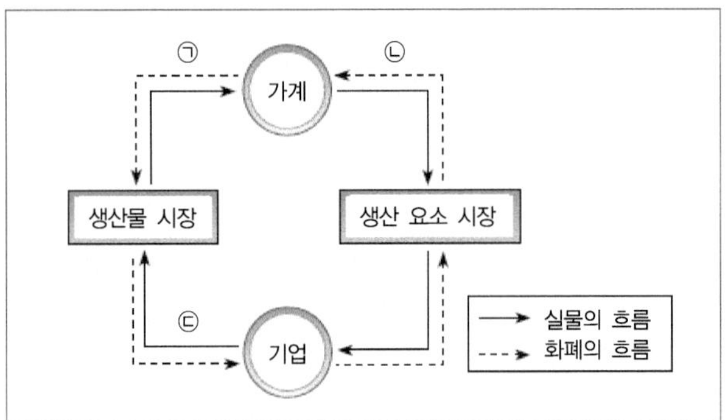

보기

ㄱ. ㉠은 만족감을 얻기 위한 지출이다.
ㄴ. 세금은 ㉡에 포함된다.
ㄷ. ㉢에는 재화뿐만 아니라 재화의 저장, 운송, 판매 등의 활동도 포함된다.
ㄹ. ㉠은 요소 소득이고, ㉡은 소비 지출이다

① ㄱ, ㄴ
② ㄱ, ㄷ
③ ㄴ, ㄷ
④ ㄷ, ㄹ

해설 ㉠은 가계가 만족감을 얻기 위해 생산물 시장에서 재화나 서비스를 구입하는 소비 지출을 나타낸 것이다. ㉡은 가계가 생산 요소 시장에 노동, 토지, 자본 등과 같은 생산 요소를 제공한 대가로 임금, 지대, 이자 등의 요소 소득을 분배받는 것을 나타낸 것이다. ㉢은 기업이 가계에 공급하는 재화와 서비스이다.
ㄱ. ㉠은 소비 지출로, 가계가 재화와 서비스를 구입하고 지불하는 화폐의 흐름을 나타내고 있다.
ㄷ. ㉢은 재화와 서비스이다.

오답피하기
ㄴ. 세금은 요소 소득에 포함되지 않는다.
ㄹ. ㉠은 소비 지출이고, ㉡은 요소 소득이다.

정답 ②

06 다음은 가계와 기업의 경제 활동 관계를 도식으로 표시한 것이다. 이에 대한 설명으로 적절하지 않은 것은? 2014 경찰직 2차

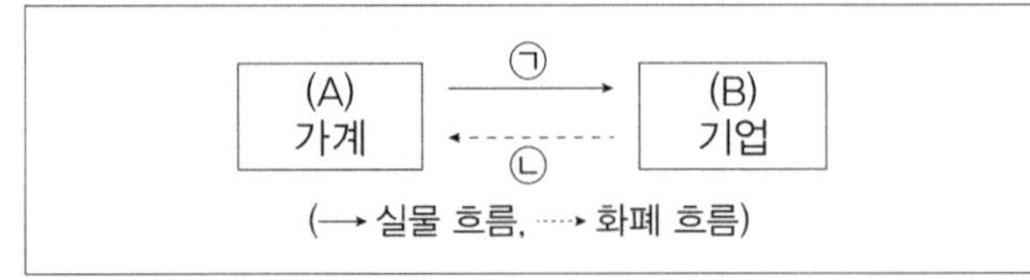

① (A)는 생산물 시장의 공급자이다.
② (B)는 생산 요소 시장의 수요자이다.
③ 노동은 ㉠에, 임금은 ㉡에 해당된다.
④ 자본은 ㉠에, 이자 또는 배당금은 ㉡에 해당된다.

해설 실물 흐름에서 가계가 공급자인 것은 생산요소 시장에서이다. 따라서 ㉠은 노동, 자본, 토지 등의 생산 요소가 들어갈 수 있고, ㉡은 임금, 이자, 지대 등이 들어갈 수 있다.
① 가계는 생산 요소 시장의 공급자이다.

오답피하기
② 기업은 가계가 제공하는 생산요소를 이용하는 수요자이다.
③, ④ 노동과 자본은 생산 요소로써 ㉠에 들어갈 수 있고, 그 반대급부인 임금과 이자 또는 배당금은 ㉡에 해당한다.

정답 ①

07 다음 그림은 민간 부문의 경제 순환을 나타낸 것이다. 이에 대한 설명으로 가장 적절한 것은? (단, 甲과 乙은 경제 주체이다.) 2020 경찰직 2차

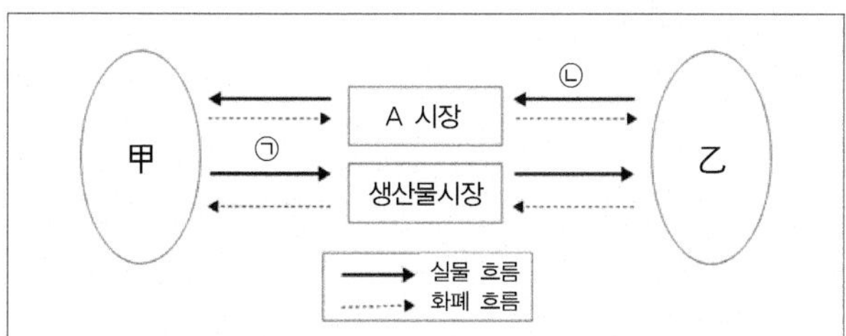

① 甲은 A 시장에서는 공급자이며, 생산물 시장에서는 수요자이다.
② 乙은 부가가치 창출을 통해 이윤 극대화를 목표로 경제 활동을 한다.
③ A 시장에서 임금과 이자가 결정된다.
④ ㉠은 토지와 자본 등에 해당하며, ㉡은 재화와 서비스에 해당한다.

해설 생산물 시장에서 甲은 실물의 공급자이므로 기업이고, 乙은 수요자이므로 가계이다. 그리고 A 시장은 생산 요소 시장이 된다.
③ A 시장은 생산 요소 시장이므로 생산에 필요한 생산 요소 제공의 대가인 임금과 이자가 결정된다.

오답피하기
① 甲은 기업이므로 생산요소 시장인 A 시장에서는 수요자이고, 생산물 시장에서는 공급자이다.
② 부가가치 창출을 통해 이윤 극대화를 목표로 경제 활동을 하는 것은 기업인 甲이다.
④ ㉠은 생산물 시장에서의 실물이므로 재화와 서비스가 되고, ㉡은 생산요소 시장의 실물의 공급이므로 토지와 자본 등이 여기에 해당한다.

정답 ③

08 표의 A~D에 해당하는 사례로 적절한 것은? 예상 문제

구분		경제 활동의 유형	
		소비	생산
경제 활동의 객체	재화	A	B
	서비스	C	D

① A – 갑이 PC방 아르바이트를 해서 월급을 받았다.
② B – 을은 외국 여행객에게 판매할 기념 T셔츠를 제작하였다.
③ C – 병은 집들이 준비를 위해 쇠고기를 구입하였다.
④ D – 정은 학원에서 공무원사회 온라인 강의를 듣고 있다.

해설 A는 재화를 소비하는 활동이고, B는 재화를 생산하는 활동이다. C는 서비스를 소비하는 활동이고, D는 서비스를 생산하는 활동이다.
② 외국 여행객에게 판매할 기념 T셔츠를 제작한 것은 재화를 생산한 것이다.

오답피하기
① 갑이 아르바이트로 월급을 받는 것은 분배 활동에 해당한다.
③ 집들이 준비로 쇠고기를 구입한 것은 재화를 구입한 소비 활동에 해당한다.
④ 온라인 사회 강의는 서비스이다. 정이 온라인 강의를 듣는 것은 서비스를 구입한 소비 활동에 해당한다.

정답 ②

09 다음은 경제 주체의 주요 활동과 목적을 나타낸 것이다. ㉠~㉣에 대한 설명으로 가장 옳은 것은? 2015 해양경찰

경제 주체	주요 활동	주요 목적
㉠	소비 활동의 주체	효용의 극대화
기업	㉡	㉢
㉣	경제 정책의 주체	사회적 후생의 극대화

① ㉠은 생산 요소 시장의 공급자이다.
② ㉡에는 '생산물 시장의 수요자'가 들어갈 수 있다.
③ ㉢에는 '복지 정책의 실현'이 들어갈 수 있다.
④ ㉣은 생산 활동과 소비 활동을 모두 수행하지 않는다.

해설 ㉠은 가계, ㉡은 생산 활동의 주체, ㉢은 이윤 추구의 극대화, ㉣은 정부가 들어간다.
① 가계는 생산 요소 시장의 공급자이다.

오답피하기
② 기업은 생산물 시장의 공급자이다.
③ 복지 정책의 실현은 정부에 의해 이루어지며, 기업은 이윤 추구를 극대화하는 것을 목적으로 한다.
④ 정부는 생산 활동과 소비 활동을 모두 수행한다.

정답 ①

10 다음 중 생산 활동으로 옳은 것은? 2021년 소방직

① 갑은 스마트폰 앱을 설치하여 사용하였다.
② 을은 한 달 동안 아르바이트를 하고 월급을 받았다.
③ 병은 여유 자금을 은행에 저축하여 이자를 받았다.
④ 정은 설날에 팔기 위해 햅쌀을 창고에 저장하였다.

출제 단원 및 영역 경제 1단원 경제 활동

해설 생산이란 생산 요소를 이용하여 재화나 서비스를 만들어 내거나 그 가치를 증대시키는 활동을 말하며, 생산에는 재화의 제조, 저장, 운송, 판매 등의 서비스 제공도 생산에 포함된다.
④ 판매를 위한 저장은 생산 활동에 해당한다.

오답피하기
① 소비는 재화나 서비스를 사용하여 만족감(효용)을 얻는 활동을 말하는데, 스마트폰 앱을 설치하여 사용하는 것은 소비 활동에 해당한다.
②, ③ 분배는 생산 요소의 제공을 통해 생산 과정에 참여한 후 그 대가를 받는 활동을 말한다. 제시문의 내용은 분배 활동에 해당한다.

정답 ④

11 **〈보기〉는 민간 경제의 흐름을 나타낸 것이다. 이에 대한 설명으로 가장 옳은 것은? (단, (가), (나)는 민간 경제 주체에 해당한다.)** 2019 서울시 공개 및 경력 1회

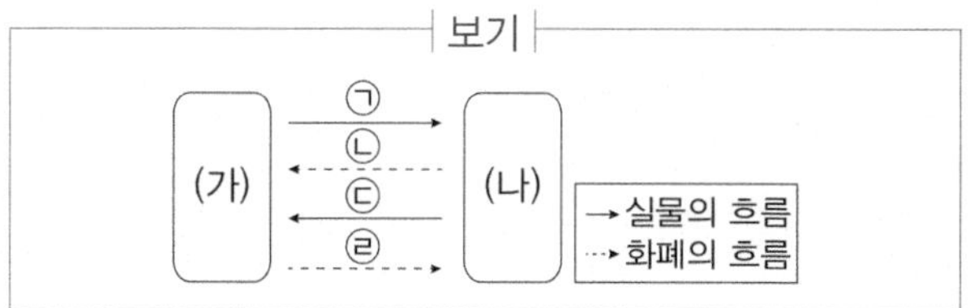

① (가)가 가계이면, ㉠은 재화이다.
② (나)가 기업이면, ㉡은 서비스의 대가이다.
③ ㉢이 생산요소이면, (가)는 이윤의 극대화를 추구한다.
④ ㉣이 생산요소의 대가이면, (나)는 생산물 시장의 공급자이다.

출제 단원 및 영역 경제 1단원 경제 활동의 주체

해설

③ ㉢이 생산요소이면, (가)는 기업이 되고, 기업은 이윤의 극대화를 추구하는 경제 주체이다.

오답피하기

① (가)가 가계이면 가계는 재화를 거래하는 생산물 시장의 수요자이므로 ㉢이 재화가 된다.
② (나)가 기업이면, 기업은 생산물 시장에서 생산물을 공급하고 이에 대한 대가를 받는다. 따라서 ㉣이 서비스의 대가가 된다.
④ ㉣이 생산요소의 대가이면, (나)는 생산요소를 제공하고 그 대가를 제공받는 가계가 되며, 가계는 생산물 시장의 수요자이다.

정답 ③

12 **민간 경제의 순환을 나타낸 다음 그림에 대한 설명으로 옳은 것은? (단, (가), (나)는 서로 다른 경제 주체를, 화살표는 실물 또는 화폐의 흐름을 표시한 것이다)** 2019 국가직

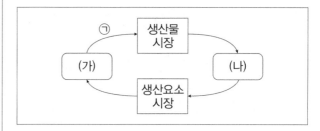

㉠
생산물 시장
(가)
(나)
생산요소 시장

① (가)가 소비활동의 주체라면 (나)의 경제 활동 목적은 효용의 극대화이다.
② (나)가 생산물 시장의 공급자라면 생산 요소에 대한 대가 지급은 ㉠에 해당한다.
③ 화살표가 실물의 흐름이라면 (나)는 생산 활동의 주체이다.
④ 화살표가 화폐의 흐름이라면 (가)는 생산물 시장의 수요자이다.

출제 단원 및 영역 경제 1단원 민간 경제의 흐름

해설 민간 경제의 순환이라고 하였으므로 (가)와 (나)에는 민간 경제의 주체인 가계나 기업이 들어갈 수 있다.
④ 화살표가 화폐의 흐름이라면 가계는 생산요소 시장에서 생산요소의 제공에 대한 분배를 받고, 생산물 시장에서 재화와 서비스를 제공받는 대가를 지급하므로 (가)는 가계이고, (나)는 기업이 된다. 가계는 생산물 시장의 수요자이다.

오답피하기

① (가)가 소비활동의 주체라면 (가)는 가계가 되고, (나)는 기업이 된다. 기업의 경제 활동의 목적은 이윤의 극대화이고, 경제 활동 목적이 효용의 극대화인 것은 가계이다.
② (나)가 생산물 시장의 공급자라면 (나)는 기업이 되고, 기업은 생산 요소 시장에서 가계로 생산 요소에 대한 대가 지급을 하므로 생산 요소에 대한 대가 지급은 ㉠이 아니다.
③ 화살표가 실물의 흐름이라면 (나)는 생산물 시장에서의 수요자이므로 가계가 된다. 생산 활동의 주체는 기업이고, 가계는 소비 활동의 주체이다.

정답 ④

13 다음 그림은 민간 경제의 흐름을 나타낸 것이다. ㉠과 ㉡에 대한 설명으로 가장 적절하지 않은 것은?

2018 경찰직 2차

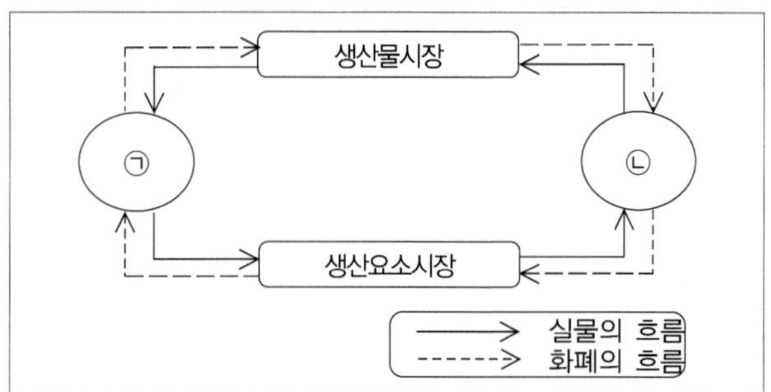

① ㉠은 소비의 주체이고, ㉡은 생산의 주체이다.
② ㉡은 ㉠이 필요로 하는 재화와 서비스를 생산한다(민간 경제 흐름에서는 소비재만을 가정함).
③ ㉠은 임금, 지대, 이자 등과 같은 생산요소를 생산 요소 시장에 공급한다.
④ ㉡은 ㉠이 생산 요소 시장에 공급하는 노동, 토지, 자본 등의 생산요소를 구매한다.

해설 가계는 생산물 시장의 수요자이자 생산요소 시장의 공급자이므로 ㉠은 가계이다. ㉡은 기업이 된다.
③ 가계는 노동, 토지, 자본 등의 생산 요소를 공급하고 이에 대한 대가인 임금과 지대, 이자 등을 얻는다. 즉 임금, 지대, 이자는 생산 요소가 아니라 생산 요소 제공의 대가이다.

오답피하기
① 가계는 소비의 주체이고, 기업은 생산의 주체이다.
② 기업은 가계가 필요로 하는 재화와 서비스를 생산한다.
④ 기업은 노동, 토지, 자본 등 생산 요소의 수요자이다.

정답 ③

14 다음 밑줄 친 ㉠~㉣에 대한 옳은 설명을 〈보기〉에서 있는 대로 고른 것은?

2015 경찰직 2차

㉠ 대리운전을 하는 ㉡ 甲은 ㉢ 대리운전 요금이 지나치게 높게 나왔다는 고객 ㉣ 乙과 실랑이를 하였다. 말다툼을 벌이던 중 乙이 화를 참지 못하고 甲이 착용하던 안경을 파손하였다. 결국 경찰서까지 가서야 甲과 乙은 대리운전 요금을 적정한 수준에서 합의하였고, 乙은 甲의 손해에 대해서 배상금을 지불하기로 하였다.

보기

(가) ㉠은 부가가치의 창출을 위해 사용되는 유형의 생산물이다.
(나) ㉡은 노동을 투입한 대가로 소득을 얻는 경제 활동의 주체이다.
(다) ㉢은 ㉡이 ㉣에게 생산 요소를 제공한 대가에 해당한다.
(라) ㉣은 ㉠을 소비하는 경제 활동의 주체이다.

① (가), (나)　② (나), (다)
③ (나), (라)　④ (다), (라)

해설 경제활동의 주체와 생산 요소 시장, 생산물 시장 등에 대한 정확한 이해가 필요하다.
(나) 개인은 노동을 투입한 대가로 소득을 얻는 경제 활동의 주체이다.
(라) 개인은 서비스(용역)를 소비하는 경제 활동의 주체가 맞다.

오답피하기
(가) 대리 운전은 무형의 생산물인 서비스(용역)에 해당한다.
(다) ㉢은 ㉡이 ㉣에게 생산 요소가 아닌 생산물(서비스(용역))을 제공한 대가에 해당한다.

정답 ③

15 두 사람의 대화에 대한 설명으로 적절한 것을 〈보기〉에서 모두 고른 것은? 2015 경찰직 3차

> 甲 옷장을 사고 싶은데 이 옷장은 얼마죠?
> 乙 30만 원에 판매합니다.
> 甲 너무 비싸요. 인터넷에서는 배송비까지 포함해도 20만 원이면 살 수 있어요.
> 乙 인터넷에서 판매하는 제품은 미 조립 상태로 배송됩니다. 여기서는 저희가 조립도 해드리고 제품에 이상이 있으면 애프터서비스도 해드립니다.

보기

㉠ 甲은 소비자이고 乙은 생산자이다.
㉡ 甲이 옷장을 인터넷에서 구매하면, 재화에 대한 비용만이 지불된다.
㉢ 乙이 판매하는 상품은 재화와 서비스가 결합되어 있다.
㉣ 乙이 자신의 노동만으로 영업하는 사업주라면 옷장 판매에 따른 소득은 임금에 해당한다.

① ㉠, ㉢　② ㉡, ㉣
③ ㉠, ㉡, ㉢　④ ㉡, ㉢, ㉣

해설 경제활동의 주체에는 가계, 기업, 정부, 외국이 있으며, 객체로는 재화와 서비스(용역)가 있다.
ㄱ. 생산물 시장에서 옷장을 구매하려고 하는 갑은 소비자가 되며, 옷장을 판매하는 을은 생산자이다.
ㄷ. 을은 옷장을 미 조립상태에서 판매하는 인터넷의 경우와 달리 옷장을 조립하고 애프터서비스까지 포함해서 판매하고 있으므로 재화와 서비스가 결합되어 있는 상품을 판매한다고 할 수 있다.

오답피하기
ㄴ. 갑이 인터넷에서 옷장을 구매하면 옷장 값 뿐만 아니라 배송비까지 포함되므로 재화와 용역을 함께 구매하는 것이라고 볼 수 있다.
ㄹ. 을이 사업주라면 옷장 판매에 따른 소득은 임금이 아니라 이윤에 해당한다.

정답 ①

16 그림은 민간 경제의 흐름을 나타낸 것이다. 이에 대한 설명으로 옳은 것은? 서울시 2013

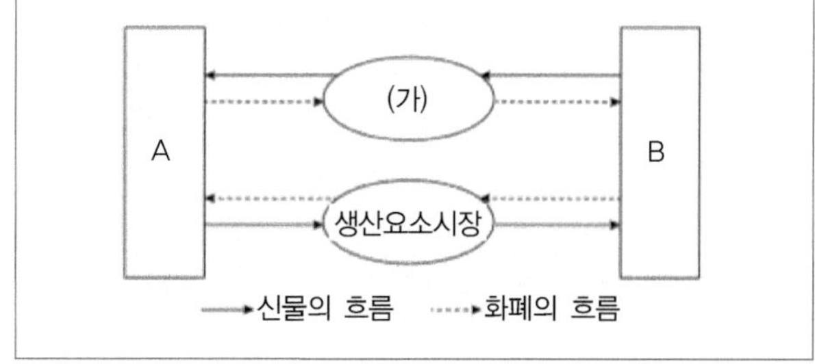

① (가)에서 기업은 공급자, 가계는 수요자이다.
② 임금은 (가)에서 결정된다.
③ A는 조세를 거둬들여 공공재를 생산한다.
④ B는 노동 시장에서 공급자이다.
⑤ B는 소비를 통해 만족의 극대화를 추구한다.

해설 주어진 자료는 생산 요소 시장만 나와 있다. 이를 통해 A와 B를 확인할 수 있는데, 생산 요소 시장에서 실물의 공급자는 가계이고, 수요자는 기업이다. 따라서 A는 가계이고, B는 기업이 된다.
① (가)는 생산물 시장이다. 생산물 시장에서 실물의 공급자는 기업이고, 수요자는 가계가 된다.

오답피하기
② 임금은 생산 요소인 노동에 대한 대가이므로 임금이 거래되는 곳은 생산 요소 시장이다.
③ 조세를 거둬들여 공공재를 생산하는 경제 주체는 정부이다.
④ 기업은 노동 시장에서 수요자이다.
⑤ 소비를 통해 만족의 극대화를 추구하는 경제 주체는 가계이고, B는 기업이므로 옳지 않은 지문이다.

정답 ①

17 〈보기〉는 국민 경제 주체의 상호 관계를 나타낸다. 이에 대한 설명으로 가장 옳은 것은? 2018 서울시

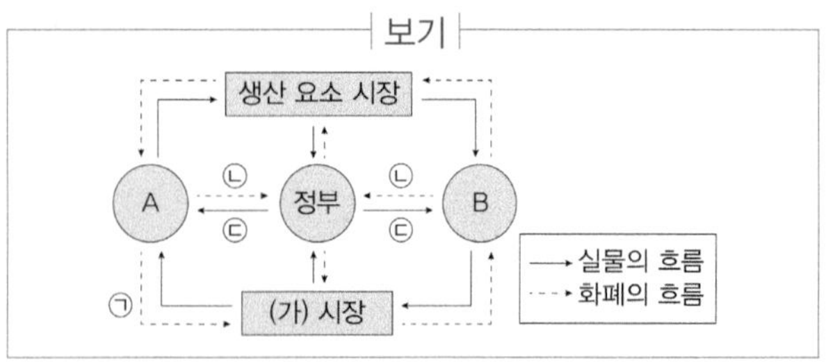

① ㉠의 예로는 임금, 이자, 지대 등이 있다.
② 경기가 불황일수록 ㉡의 크기가 커진다.
③ B는 (가) 시장의 공급자로 효용 극대화를 추구한다.
④ 정부의 흑자 재정 정책은 A의 소득을 감소시키는 요인이다.

✔해설 사안의 경우 경제 주체 간의 상호 작용과 그 상호 작용이 진행되는 시장을 시각적으로 인식하는데 유용한 자료인 경제 순환 모형을 나타낸 것이다.
A의 경우 생산 요소 시장에서 실물의 공급자 역할을 하므로 '가계'가 되고, B의 경우 생산 요소 시장의 수요자가 되므로 '기업'이 된다.
④ 정부의 흑자 재정 정책은 경기 과열시 정부가 채택하는 것으로 세율 인상과 정부 지출 감소 등을 들 수 있다. 이러한 정부의 흑자 재정 정책은 가계의 소득을 감소시키고 이는 소비와 지출의 감소로 이어져 경기가 진정되는 것이다.

오답피하기
① A는 가계이므로 가계는 생산물 시장에서 수요자가 된다. 따라서 B(기업)가 공급하는 생산물에 대한 대가를 지급해야 하고, 임금, 이자, 지대 등은 생산요소의 제공에 대한 대가는 기업이 부담한다.
② ㉡에 들어갈 말은 '조세'이다. 따라서 경기가 불황일수록 기업의 생산과 가계의 수입은 줄어들어 조세 수입 역시 줄어들게 된다.
③ B(기업)의 경우 (가) 시장(생산물 시장)에서 공급자인 것은 맞지만, 기업은 이윤의 극대화를 목적으로 한다. 효용(만족감)의 극대화를 목적으로 하는 경제 주체는 가계이다.

정답 ④

18 〈보기〉는 민간 경제주체 간 화폐의 흐름을 나타낸 것이다. 이에 대한 설명으로 가장 옳은 것은? (단, A와 B는 경제주체이다.) 2018 서울 경력직

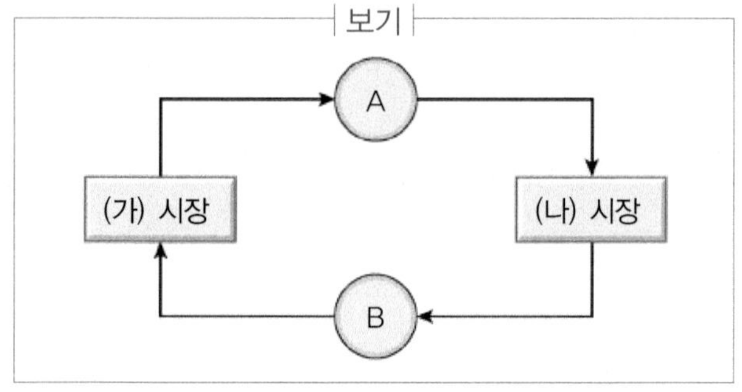

① A가 가계라면 임금은 (나) 시장에서 결정된다.
② B가 기업이라면 (가) 시장에서 재화와 서비스가 거래된다.
③ B가 효용 극대화를 추구하는 경제주체라면 (나) 시장에서 기업은 수요자 역할을 담당한다.
④ (나) 시장에서 생산물이 거래된다면 A는 이윤 극대화를 추구하는 경제주체이다.

✔해설 보기의 그림에서 실물의 흐름이 아니라 화폐의 흐름이라고 하였다는 것을 주의해야 한다. 헷갈리는 경우 실물의 흐름과 반대로 생각하여 문제를 풀면 어렵지 않게 해결할 수 있다.
③ 효용의 극대화를 추구하는 경제주체는 '가계'이므로 B가 가계라면 (나) 시장은 생산 요소 시장이 되고 생산 요소 시장에서 가계는 노동, 지본 등을 공급하는 공급자이고, 기업은 수요자가 된다.

오답피하기
① A가 가계라면 (나) 시장에서 재화와 서비스에 대한 대가를 지급하고 화폐는 가계에서 기업으로 흘러가므로 (나)는 생산물 시장이 된다. 임금은 생산 요소 시장에서 결정된다.
② B가 기업이라면 (가) 시장에서 기업이 화폐를 공급하고 있으므로 이는 생산 요소 시장이 된다. 재화와 서비스가 거래되는 곳은 생산물 시장이다.
④ (나) 시장에서 생산물이 거래된다면 (나) 시장은 생산물 시장이고, 생산물 시장에서는 재화와 서비스의 대가인 화폐를 공급하는 주체는 가계이다. 따라서 A는 가계가 되며, 가계는 효용의 극대화를 추구하는 경제 주체이다. 이윤 극대화를 추구하는 경제주체는 기업이다.

정답 ③

19 그림은 민간 경제 순환을 나타낸 것이다. 이에 대한 설명으로 옳은 것은? (단, A와 B는 각각 가계와 기업 중 하나이다.) 2020 소방직

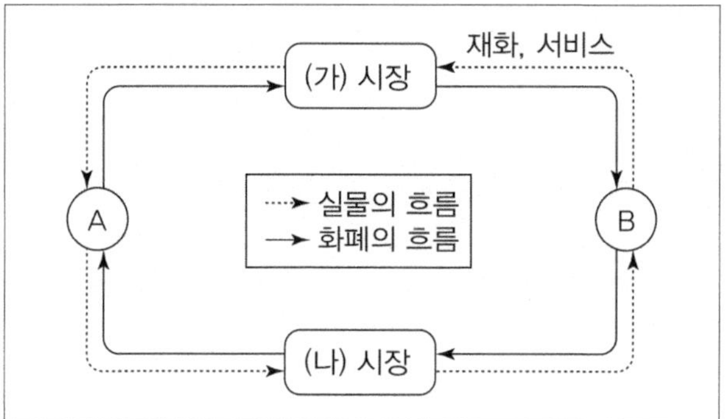

① A는 이윤 극대화를 추구한다.
② B는 생산물 시장의 소비자이다.
③ A는 (가) 시장에서의 공급자이다.
④ (나) 시장에서는 노동, 자본 등이 거래된다.

해설 재화와 서비스가 거래되는 (가) 시장은 생산물 시장이고 B는 생산물 시장의 공급자이므로 기업에 해당한다. 반면 A는 생산물 시장의 수요자로서 가계에 해당한다.
④ (나)는 생산 요소 시장이므로 노동, 자본 등이 거래된다.

오답피하기
① A는 가계이므로 효용의 극대화를 추구하는 경제 주체이다.
② B는 기업이므로 생산물 시장의 공급자이다.
③ A인 가계는 (가) 시장인 생산물 시장의 수요자이다.

정답 ④

재화의 종류

01 밑줄 친 ㉠~㉣에 대한 설명으로 옳은 것은? 2015 교육행정

> ○○시 ㉠ 아파트 시장이 이상 열기를 보이고 있다. 이번에 아파트를 공급한 ㉡ △△건설사 분양 현장에는 아파트를 사고자 하는 3만여 명의 ㉢ 방문자가 몰리기도 했다. 과도한 열기로 인한 부작용이 나타나자 일부 시민은 ㉣ 아파트 청약 자격에 대한 지역 제한을 해야 한다고 주장하고 있다.

① ㉠은 경합성은 있으나 배제성은 없는 재화이다.
② ㉡은 생산 요소 시장에서 공급자이다.
③ ㉢은 효용 극대화를 추구하는 경제 주체이다.
④ ㉣은 시장 원리에 충실한 대책이다.

해설
③ 방문자들은 경제 주체로서 가계에 해당하고, 가계는 재화와 서비스를 소비함으로써 효용의 극대화를 추구하는 경제 주체이다.

오답피하기
① 아파트는 사적 재화로써 경합성과 배제성이 있는 재화이다. 한 사람의 소비가 다른 사람의 소비를 제한하거나 소비를 못하게 하기 때문에 경합성이 있고, 재화를 소비하기 위해서는 비용을 지급해야 하므로 경합성도 있다.
② 건설사는 경제 주체로서 기업에 해당하고, 기업은 생산 요소 시장에서 수요자이다.
④ 정부가 시장에 개입하지 않고 경제 주체의 자율에 맡겨두는 것이 시장 원리에 충실한 대책이다.

정답 ③

02 그림의 A~D재에 대한 설명으로 옳지 않은 것은? 2009 3월 모의

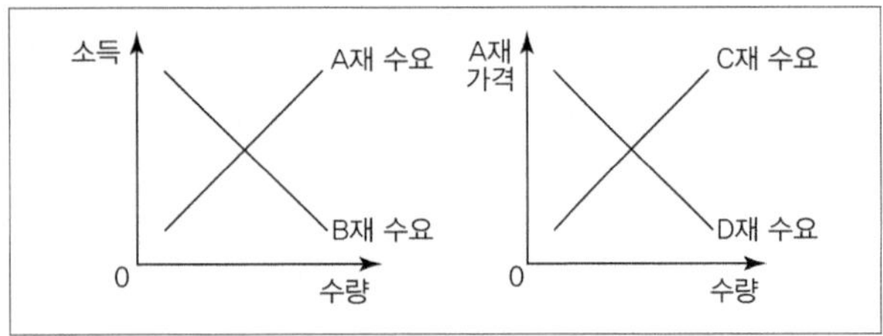

① B와 같은 재화를 열등재라고 한다.
② 동일한 재화가 A재 성격에서 B재 성격으로 변할 수도 있다.
③ A재와 C재의 관계에 해당하는 예로는 커피와 녹차가 있다.
④ A재와 D재의 수요는 같은 방향으로 움직인다.
⑤ C재와 D재는 대체 관계에 있다.

해설
⑤ C재 수요와 D재 수요 간에는 상관 관계가 없다.

오답피하기
① 소득이 증가함에 따라 수요가 감소하는 재화를 열등재라 한다.
② 재화의 성격은 시간과 공간이 달라짐에 따라 변할 수 있다.
③ A재와 C재는 대체 관계에 있다.
④ A재와 D재는 보완 관계에 있다.

정답 ⑤

03 그래프에서 (가)는 A재와 B재, (나)는 A재와 C재의 관계를 나타낸 것이다. 이에 대한 설명으로 옳은 것은? 2008 고2 10월 모의

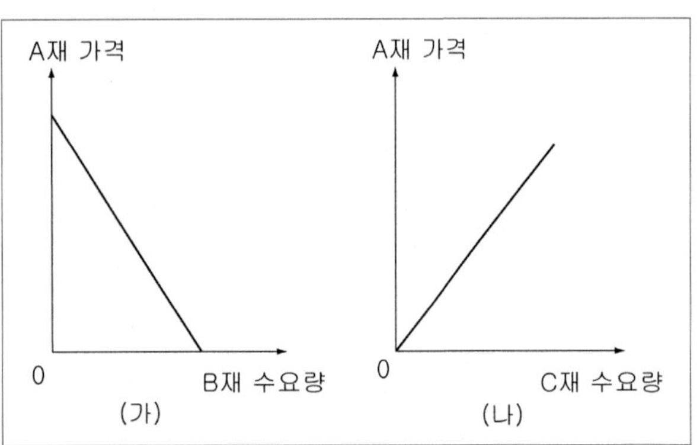

① A는 B의 대체재이다.
② A는 C의 보완재이다.
③ B는 A의 보완재이다.
④ C는 A의 보완재이다.
⑤ C는 B의 대체재이다.

해설
③ (가)에서 A재의 가격이 하락하면 B재의 수요량이 증가하므로 B재는 A재의 보완재이다 (나)에서 A재 가격이 상승하면 C재의 수요량이 증가하므로 C재는 A재의 대체재이다. 그러나 B재와 C재는 아무런 상관 관계가 없다.

정답 ③

04 실질소득이 증가할수록 해당 재화에 대한 수요가 감소하는 재화를 지칭하는 용어로 옳은 것은? 2019 소방직

① 대체재
② 보완재
③ 열등재
④ 정상재

해설
③ 실질소득이 증가할수록 해당 재화에 대한 수요가 감소하는 재화를 열등재라고 하며, 열등재에는 성냥, 삐삐, 검정 고무신, 연탄 등을 들 수 있다.

오답피하기
① 대체재란 서로 대체할 수 있는 재화로, 다른 재화의 가격이 상승할 때 수요가 증가한다.
② 보완재는 함께 소비하면 효용이 증가하는 재화로, 다른 재화의 가격이 상승할 때 수요는 감소한다.
④ 정상재는 실질소득이 증가할수록 해당 재화에 대한 수요가 증가하는 재화이다.

정답 ③

재화의 희소성

01 그림을 보고 옳게 발표한 학생을 〈보기〉에서 고른 것은? 2016 3월 학평

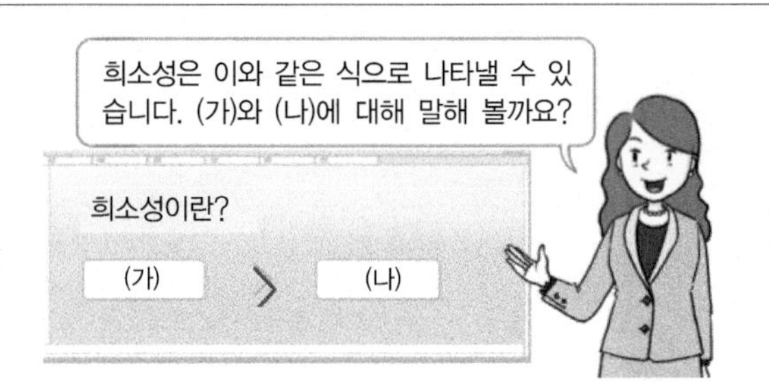

희소성은 이와 같은 식으로 나타낼 수 있습니다. (가)와 (나)에 대해 말해 볼까요?
희소성이란?
(가)
>
(나)

〈보기〉

갑 동일한 재화라도 (가)의 크기는 시·공간에 따라 달라질 수 있습니다.
을 재화가 희귀할수록 (나)는 커집니다.
병 경제재는 그림과 같이 (가)가 (나)보다 큽니다.
정 (가)에는 편익이, (나)에는 비용이 들어갑니다.

① 갑, 을 ② 갑, 병
③ 을, 병 ④ 을, 정
⑤ 병, 정

해설 희소성이란 인간의 욕구는 무한한 데 비해 이를 충족시켜 줄 수 있는 자원이 부족한 상태를 의미하며, 모든 경제 문제의 발생 원인으로 작용한다. 따라서 (가)에는 인간의 욕구(욕망)이, (나)에는 자원의 양이 들어간다.
갑: 동일한 재화라도 시·공간에 따라 그것을 갖고자 하는 인간의 욕망은 다른 수 있다.
병: 경제재는 무상재와 달리 희소성이 있는 재화이다.

오답피하기
을: 재화가 희귀할수록 자원의 양은 작아질 것이다.
정: (가)에는 인간의 욕구(욕망)이, (나)에는 자원의 양이 들어간다. 또한 희소성과 비용/편익의 개념과는 관련이 없다.

정답 ②

02 빈칸 ㉠, ㉡에 대한 옳은 설명만을 〈보기〉에서 있는 대로 고른 것은? 예상 문제

우리는 (㉠)과 (㉡)을 같은 것으로 알고 있는 경우가 많다. 그러나 (㉠)은 사람들의 욕구에 비해 자원의 존재량이 상대적으로 적음을 나타내고, (㉡)은 사람들의 욕구와 상관없이 절대적으로 자원의 양이 적은 것을 의미한다.

〈보기〉

ㄱ. 경제재의 ㉠이 커지면 시장 가격이 상승한다.
ㄴ. ㉡은 사람들의 선호도 차이에 의해 지역마다 다르게 나타난다.
ㄷ. 고려청자는 ㉠은 있는데 ㉡이 없는 경우에 해당한다.
ㄹ. 우리가 매 순간 마시는 공기는 ㉠과 ㉡이 모두 없는 경우에 해당한다.

① ㄱ, ㄷ ② ㄱ, ㄹ
③ ㄴ, ㄷ ④ ㄱ, ㄴ, ㄹ

해설 ㉠은 희소성이고, ㉡은 희귀성이다.
ㄱ. 시장에서 거래되는 경제재의 경우 희소성이 커지면 시장 가격은 상승한다.
ㄹ. 우리가 매 순간 마시는 공기는 무상재(자유재)이므로 인간의 욕구에 비해 상대적인 양이 부족한 것도 아니고, 절대적인 양이 적은 것도 아니다. 따라서 우리가 매 순간 마시는 공기와 같은 경우 희소성과 희귀성이 모두 없다고 볼 수 있다.

오답피하기
ㄴ. 희소성은 사람들의 선호도 차이에 의해 지역마다 다르게 나타난다.
ㄷ. 고려청자와 같은 재화는 희소성과 희귀성을 모두 가지는 재화이다.

정답 ②

03 A~D는 희소성과 희귀성에 따라 재화를 분류한 것이다. 이에 대한 옳은 설명만을 〈보기〉에서 있는 대로 고른 것은? 예상 문제

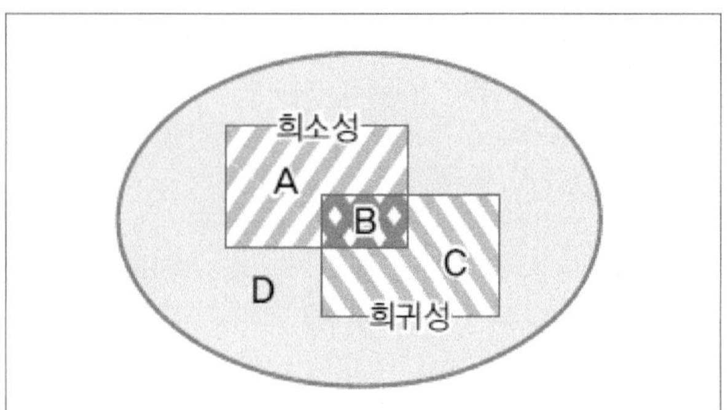

보기

ㄱ. A는 인간의 욕구에 비해 양이 상대적으로 부족한 재화이다.
ㄴ. '들판을 비추는 햇빛'은 B에 해당한다.
ㄷ. C는 B와 달리 경제적 가치가 없다.
ㄹ. C와 D에 속하는 재화는 모두 시장에서 거래되지 않는다.

① ㄱ, ㄴ ② ㄱ, ㄹ
③ ㄴ, ㄷ ④ ㄱ, ㄷ, ㄹ

해설 제시된 그림에서 A와 B는 희소성이 있는 경제재이며, C와 D는 희소성이 없는 무상재(자유재)이다. B는 희소성과 희귀성을 동시에 가지며, C는 희귀성만 가진다는 점에 유의해야 한다. 희소성은 인간의 욕구에 비해 자원이 상대적으로 적게 존재하는 상태를 말하며, 희귀성은 인간의 욕구와 무관하게 자원이 절대적으로 적게 존재하는 상태를 말한다.
ㄱ. A는 희소성만을 가지는 재화로 양이 절대적으로 부족하지는 않지만 인간의 욕구에 비해 상대적으로 양이 부족한 재화이다.
ㄷ. A와 B는 경제재이고, C와 D는 무상재이다.
ㄹ. 무상재는 시장에서 거래되지 않는다.

오답피하기
ㄴ. '들판을 비추는 햇빛'은 희소성과 희귀성을 모두 가지지 않는 무상재로 D에 해당한다.

정답 ④

04 (가), (나)에 대한 옳은 분석을 〈보기〉에서 고른 것은? 2016 7월 학평

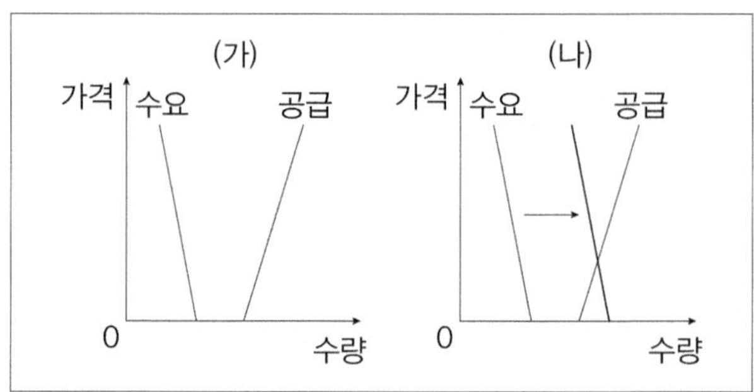

보기

ㄱ. (가)는 사용해도 만족을 느낄 수 없는 재화를 나타낸다.
ㄴ. (가)는 판매 가격이 너무 높아서 소비가 이루어지지 않는 경우를 나타낸다.
ㄷ. (나)는 희소성이 있는 재화로 변화된 것을 나타낸다.
ㄹ. (나)는 대가를 지불해야 소비할 수 있는 재화로 변화된 것을 나타낸다.

① ㄱ, ㄴ
② ㄱ, ㄷ
③ ㄴ, ㄷ
④ ㄴ, ㄹ
⑤ ㄷ, ㄹ

해설 (가)는 자유재이며 이는 인간의 욕구보다 많이 존재하기 때문에 대가의 지불없이 소비할 수 있는 재화이다. (나)는 이러한 자유재가 수요가 증가하여 경제재로 변화한 것을 나타낸다.
ㄷ. ㄹ 자유재는 희소성이 없는 재화이나 이것이 경제재로 변화되어 희소성이 있는 재화로 변화한 것이고, 경제재는 대가를 지불해야 소비할 수 있는 재화. 즉 경제적 가치가 있는 재화이다.

오답피하기
ㄱ. 자유재의 경우에도 이를 사용함으로써 만족감을 느낄 수 있다. 자유재의 경우에는 교환 가치는 없지만 사용가치는 있다.
ㄴ. 판매 가격이 너무 높아서 소비가 이루어지지 않는 경우는 우주 여행 등과 같이 소비자의 최대 지불 용의 가격이 공급자의 최소 공급 가격보다 낮은 경우를 나타낸다.

정답 ⑤

05 그림은 X, Y재의 수요와 공급을 나타낸 것이다. 이에 대한 설명으로 옳은 것은? 예상문제

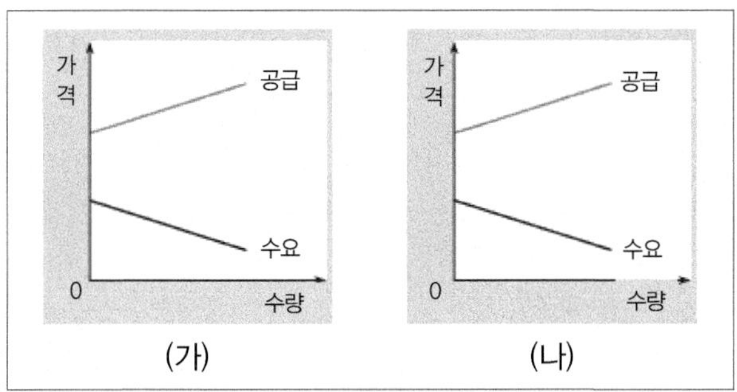

① X재는 현실 세계에 존재하지 않는다.
② X재의 공급이 증가할 경우 경제재로 변할 수 있다.
③ Y재는 사용 가치가 없는 재화에 해당한다.
④ Y재의 공급이 증가한 경우 시장에서 거래될 수 있다.
⑤ X재와 달리 Y재는 교환 가치가 없다.

해설 X재는 인간의 욕구보다 존재량이 훨씬 많아 무상으로 사용할 수 있는 자유재이고, Y재는 모든 수량에서 공급자가 받고자 하는 가격이 수요자가 지불하고자 하는 금액보다 높아 시장에서 거래가 이루어지지 않는 경우이다.
④ Y재의 경우 공급이 증가하면 수요 곡선과 공급 곡선이 만나 거래가 이루어질 수 있다.

오답피하기
① 자유재는 제한적이나마 그 사례로 공기, 햇빛 등이 있다.
② 자유재는 공급이 감소하거나 수요가 증가할 경우 경제재로 변할 수 있다.
③ Y재는 사용 가치는 존재하지만, 수요자가 지불하고자 하는 가격보다 공급자가 받고자 하는 가격이 너무 높은 경우에 해당한다. 아직은 거래가 쉽지 않은 우주여행이 그 사례이다.
⑤ X재는 교환 가치가 없고, Y재는 교환 가치가 있다.

정답 ④

06 그림은 X재의 수요와 공급 곡선을 나타낸 것이다. 수요와 공급 곡선 간의 조합에 대한 옳은 설명을 〈보기〉에서 고른 것은? 예상문제

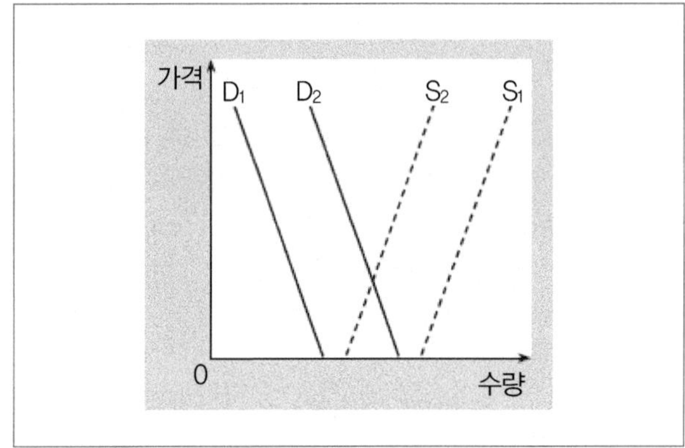

보기
ㄱ. D_1–S_1: X재는 희소성이 없는 재화이다.
ㄴ. D_1–S_2: X재는 경제적 가치를 가진다.
ㄷ. D_2–S_1: X재는 시장에서 거래되지 않는다.
ㄹ. D_2–S_2: X재는 경제적 가치를 가지지 않는다.

① ㄱ, ㄴ ② ㄱ, ㄷ
③ ㄴ, ㄷ ④ ㄴ, ㄹ

해설 제시된 그림에서 D_1과 S_1의 경우 X재는 무상재(자유재)이다. 이는 사람들이 원하는 재화의 양보다 훨씬 많은 양이 공급되어 경제적 가치가 없음을 나타낸다. D_1과 S_2의 상황도 마찬가지로, 공급 곡선이 S_1에서 S_2로 감소하였더라도 X재의 양은 여전히 사람들이 원하는 양보다 많이 공급되고 있음을 나타내고 있다. 수요 곡선이 D_1에서 D_2로 증가하고, 공급 곡선이 S_1에서 S_2로 감소하는 경우 수요 곡선과 공급 곡선이 만나게 되어 X재는 시장에서 거래되는 경제재가 된다. 이는 무상재였던 X재가 경제재로 바뀌었음을 의미한다.
ㄱ. D_1과 S_1의 경우 X재는 무상재(자유재)이므로 경제적 가치가 없다. 따라서 희소성도 없다.
ㄷ. D_2와 S_1의 경우 수요 곡선과 공급 곡선이 만나지 않으므로 시장에서 거래되지 않는다.

오답피하기
ㄴ. D_1과 S_2의 경우 수요 곡선과 공급 곡선이 교차하지 않는다. 이는 X재에 대한 사람들의 수요에 비해 공급이 더 많아 X재의 경제적 가치가 없는 경우라고 할 수 있다.
ㄹ. D_2와 S_2의 경우 수요 곡선과 공급 곡선이 만나서 균형 가격과 균형 거래량이 형성된다. 이는 X재가 경제적 가치를 가지는 경제재임을 나타내고 있다.

정답 ②

기본적인 경제 문제

01 경제의 기본 문제에 대한 사례들이다. 다음 중 잘못된 서술은? 예상 문제

(가) A시는 한정된 예산으로 도로 건설과 학교 신축 중에서 어느 쪽을 택해야 할지 고민 중이다.
(나) B사는 건물을 지을 때 노동력을 투입할지, 최첨단 장비를 투입할지 고민 중이다.
(다) C사는 지난해 순이익이 크게 늘어나자 배당을 늘릴지 임금을 올릴지 고민 중이다.

① (가)는 '누구를 위해 생산할 것인가'의 문제이다.
② (나)는 '어떻게 생산할 것인가'의 문제이다.
③ 효율성은 (가), (나) 모두의 선택 기준이 된다.
④ (다)는 효율성과 형평성을 모두 고려해야 한다.
⑤ 모두 자원의 희소성 때문에 생기는 문제들이다.

해설
① 무엇을 얼마나 생산할 것이냐의 문제와 관련된다.

정답 ①

02 그림은 교사의 판서 내용이다. 이를 보고 옳게 발표한 학생을 〈보기〉에서 고른 것은? 2014. 10월 학평

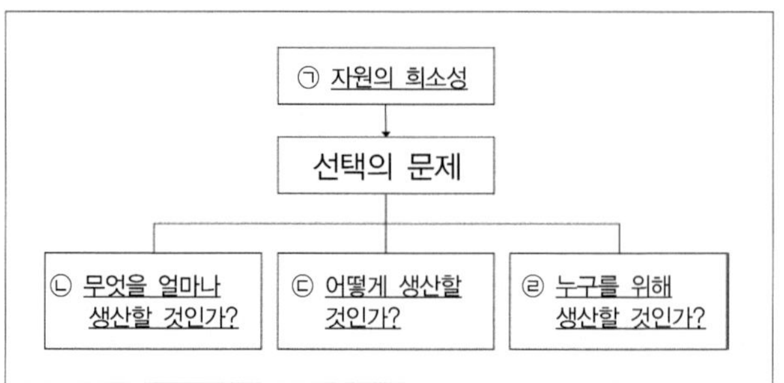

보기

갑 ㉠의 유무에 따라 경제재와 자유재로 구분할 수 있어요.
을 생산 공장을 해외로 이전할 것인지를 고민하는 것은 ㉢의 사례로 볼 수 있겠군요.
병 ㉢, ㉣과 달리 ㉡을 해결하기 위해서는 형평성을 고려해야 합니다.
정 ㉡~ ㉣을 합리적으로 해결하면 ㉠이 사라지겠군요.

① 갑, 을
② 갑, 병
③ 을, 병
④ 을, 정
⑤ 병, 정

해설
갑: 희소성 유무에 따라 경제재와 자유재로 구분할 수 있다. 희소성이 있는 재화를 경제재, 희소성이 없는 재화를 자유재라고 한다.
을: 생산 공장의 해외 이전 문제는 생산 방법의 결정 문제이므로 ㉢에 해당한다.

오답피하기
병: 기본적인 경제 문제의 해결 기준으로 효율성은 공통적으로 모두 고려되지만, 누구를 위해 생산할 것인가의 문제에서는 효율성 뿐만 아니라 형평성도 고려된다.
정: 경제 문제를 합리적으로 해결한다고 하더라도 희소성이 사라지는 것은 아니다. 우리가 경제 생활 속에서 항상 선택의 문제에 직면하는 것은 자원의 희소성이 존재하기 때문이다.

정답 ①

경제 정보 분석(수치화된 정보)

01 그림은 갑국의 연도별 수출액 증가율 추이를 나타낸다. 2008년 ~ 2013년 수출액에 대한 옳은 설명을 보기에서 고른 것은? 2014. 6월 학평

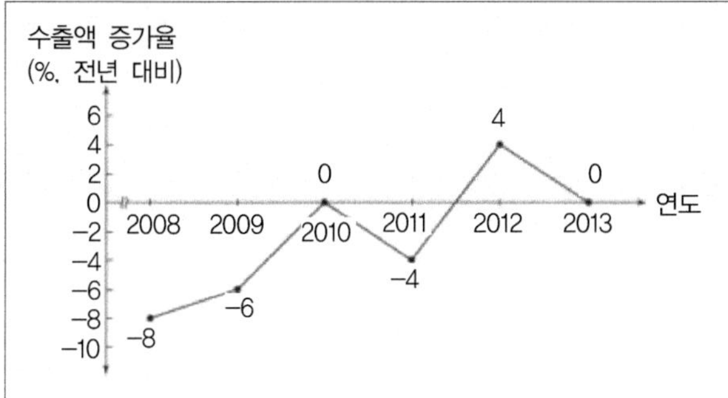

보기

ㄱ. 2008년의 수출액이 가장 크다.
ㄴ. 2011년의 수출액이 가장 작다.
ㄷ. 2010년과 2012년의 수출액은 같다.
ㄹ. 2013년의 수출액이 2009년보다 크다.

① ㄱ, ㄴ
② ㄱ, ㄷ
③ ㄴ, ㄷ
④ ㄴ, ㄹ
⑤ ㄷ, ㄹ

해설 사안의 경우 2009년의 수출액을 100달러라고 가정하고 문제를 풀거나 아니면 변화율의 비대칭성 등을 활용하여 굳이 계산을 하지 않더라도 문제를 해결할 수 있다.

ㄱ. 2008년의 수출액보다 6% 감소한 2009년의 수출액을 100달러하고 가정한다면 2008년의 수출액은 100달러 보다 크므로 2008년의 수출액이 가장 크다고 할 수 있다.

ㄴ. 2009년의 수출액을 100달러라고 가정하였으므로 2010년은 100달러, 2011년은 96달러, 2012년은 99.84달러, 2013년도 99.84달러가 된다. 따라서 2011년의 수출액이 96억 달러로 가장 작다.

오답피하기

ㄷ. 2010년의 수출액은 100달러, 2012년의 수출액은 99.84달러이므로 같지 않다. 굳이 계산하지 않더라도 변화율의 비대칭성에 의해 2010년의 수출액이 똑같은 수치로 감소했다가 증가한 2012년의 수출액보다 크다는 것을 알 수 있다.

ㄹ. 2013년의 수출액은 99.84억 달러로써 2009년의 수출액 100달러보다 작다. 이 역시 변화율의 비대칭성으로 인하여 2009년이 2010년과 같고, 2013년은 2012년의 수출액과 같으므로 2009년의 수출액이 2013년의 수출액보다 크다.

정답 ①

02 표는 A 기업의 전년 대비 이윤 증가율의 증감을 나타낸 것이다. 이에 대한 옳은 분석을 〈보기〉에서 고른 것은? 예상 문제

(단위: %p)

연도	2008	2009	2010	2011	2012
전년 대비 이윤 증가율의 증감	1	0	1	−3	−1

* 단, 2007년의 전년 대비 이윤 증가율은 3%였다.

보기

ㄱ. 이윤이 가장 많은 해는 2012년이다.
ㄴ. 이윤이 가장 많이 감소한 해는 2011년이다.
ㄷ. 이윤의 증가분은 2009년이 2008년보다 크다.
ㄹ. 2008년과 2010년의 전년 대비 이윤 증가율은 같다.

① ㄱ, ㄴ
② ㄱ, ㄷ
③ ㄴ, ㄷ
④ ㄴ, ㄹ

해설

ㄴ. 2010년의 이윤이 최대이고 2011년에 가장 많은 이윤 감소율이 나타났으므로 이윤이 가장 많이 감소한 해는 2011년이다.
ㄹ. 2008년과 2010년의 전년 대비 이윤 증가율은 1%로 같다.

오답피하기

ㄱ. 이윤이 가장 많은 해는 2010년이다.
ㄴ. 이윤의 증가분은 2009년이 2008년보다 작다.

정답 ④

03 그림에 대한 타당한 분석을 〈보기〉에서 모두 고른 것은? 예상 문제

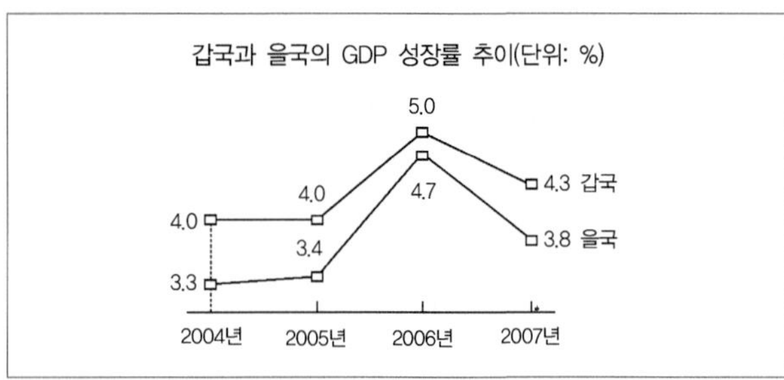

보기

ㄱ. 2007년의 경제규모가 가장 크다.
ㄴ. 갑국이 을국보다 GDP규모가 크다.
ㄷ. 2004년과 2005년 갑국의 GDP는 변화가 없었다.

① ㄱ
② ㄴ
③ ㄱ, ㄴ
④ ㄱ, ㄷ
⑤ ㄴ, ㄷ

해설
ㄱ. 계속 경제 성장률이 양(+)의 값으로 상승하므로 2007년의 경제규모가 가장 크다.

오답피하기
ㄴ. 양국의 GDP 규모를 알 수 없으므로 비교할 수 없다.
ㄷ. 2005년은 2004년의 GDP보다 4% 증가하였다.

정답 ①

기회비용과 합리적 선택

01 다음에 대한 적절한 분석을 〈보기〉에서 모두 고른 것은? 2015 경찰직 3차

연봉 5,000만 원을 받고 있는 회사원 甲은 치킨 집 개업을 위해 시장조사를 실시하였다. 치킨 집 사업에 대한 시장조사 결과 다음과 같은 자료를 얻었다.

연간 지출 내역

구분	인건비	재료비	임대료	대출이자	기타 경비
금액	6,000만 원	4,000만 원	3,000만 원	1,000만 원	1,000만 원

보기

㉠ 甲의 치킨 집 개업에 따른 회계비용은 1억 5,000만 원이다.
㉡ 치킨 집 운영의 연간 예상수입이 1억 8,000만 원이라면, 甲은 회사를 계속 다니는 것이 합리적인 선택이다.
㉢ 치킨 집의 연간 예상수입이 2억 원이라면, 甲의 경제적 이윤은 5,000만 원이다.

① ㉠, ㉡
② ㉠, ㉢
③ ㉡, ㉢
④ ㉠, ㉡, ㉢

해설 경제적 선택의 결과 포기되는 여러 대안 중에서 가장 큰 가치를 갖는 대안을 기회비용이라고 하며, 기회비용은 명시적 비용과 묵시적 비용으로 구성된다. 회계비용은 명시적 비용만을 의미하고, 경제적 비용은 명시적 비용과 암묵적 비용을 합한 값이다.
ㄱ. 회계비용이란 상품을 구입할 때 지불한 대금과 같이 대안을 선택함으로써 지출된 비용으로서 명시적 비용을 의미한다. 따라서 인건비와 재료비, 임대료, 대출이자, 기타 경비를 모두 합한 금액인 1억 5천만 원이 회계비용이 된다.
ㄴ. 치킨 집을 운영했을 때 나타나는 기회비용은 ㄱ에서의 명시적 비용. 즉 치킨 집을 하는데 드는 명시적 비용 1억 5천만 원과 갑이 회사에 다님으로서 받을 수 있는 묵시적 비용 연봉 5천만 원의 합이 된다. 따라서 갑이 치킨 집 운영을 위한 기회비용은 2억이 되므로 치킨 집 운영의 연간 예상 수입이 1억 8,000만 원이라면 갑은 회사를 계속 다니는 것이 합리적인 선택일 것이다.

오답피하기
ㄷ. 치킨 집의 예상 수입이 2억 원이라면 편익과 기회비용이 같아지게 되어 경제적 이윤은 0이 된다.

정답 ①

02 100만 원을 가진 갑은 다음 A, B프로젝트 중 B프로젝트에 투자하기로 하였다. 갑의 선택이 합리적이기 위한 B프로젝트 연간 예상수익률의 최저 수준으로 가장 적절한 것은? (단, 각 프로젝트 기간은 1년이다. 예상수익률 = 예상수익÷투자자금) 2018 경찰직 1차

- A프로젝트는 100만 원의 투자자금이 소요되고, 연 10%의 수익률이 예상된다.
- B프로젝트는 200만 원의 투자자금이 소요되고, 부족한 돈은 연 5%의 금리로 대출받을 수 있다.

① 5.6%
② 6.1%
③ 6.6%
④ 7.6%

해설 두 가지 선택의 기로에 있을 때 합리적인 선택이 되기 위해서는 기회비용 보다 큰 선택을 하는 것이다.

④ B프로젝트의 기회비용은 명시적 비용 5만 원(=100만 원 대출이자)과 암묵적 비용 10만 원 (=A프로젝트에 투자했을 때 얻을 수 있는 이익)으로 15만 원이다. 합리적인 선택은 편익이 기회비용보다 커야하므로 B프로젝트에 투자했을 때 최소 15만 원의 편익이 발생해야 하므로 200만 원에 대한 연간 예상 수익률은 최저 7.5% 보다 커야 합리적인 선택이 된다.

정답 ④

03 200만 원을 가진 갑은 다음 A, B 프로젝트 중 B프로젝트에 투자하기로 하였다. 갑의 선택이 합리적이기 위한 B 프로젝트에 투자하기로 하였다. 갑의 선택이 합리적이기 위한 B 프로젝트 연간 예상 수익률의 최저 수준으로 가장 적절한 것은? (단, 각 프로젝트의 기간은 1년이다.) 2014 국가직

- A 프로젝트는 200만 원의 투자 자금이 소요되고, 연 9.0%의 수익률이 예상된다.
- B 프로젝트는 400만 원의 투자 자금이 소요되고, 부족한 돈은 연 5.0%의 금리로 대출받을 수 있다.

① 8.1%
② 7.1%
③ 6.1%
④ 5.1%

해설

② A프로젝트 수익금이 18만 원이고 B프로젝트의 대출금에 대한 이자가 10만 원(200만 원×0.05)를 더하면 28만 원이 된다. 반면, B프로젝트에 투자하기로 한 결정이 합리적이기 위해서는 B프로젝트의 수익금(400만 원×B프로젝트의 예상 수익률이 더 커야 된다. 따라서 28만 원<400만 원×B프로젝트의 예상 수익률이 되기 위해서는 예상 수익률이 7%보다는 더 커야 한다. 연간 수익률 중의 최저 수준을 고를 것을 설문에서 요구하고 있으므로 7.1%를 선택해야 한다.

정답 ②

04 현명한 경제생활을 위해서는 합리적인 선택이 필수적이다. 다음 중 합리적 선택을 위해서 고려해야 하는 요소로서 관련성이 가장 적은 것은? 2015 경찰직 1차

① 비금전적 이익
② 기회비용
③ 암묵적 비용
④ 매몰비용

해설

④ 매몰 비용은 한번 지불하고 나면 회수할 수 없는 비용으로, 합리적 선택을 위해서는 매몰비용을 고려해서는 안 된다.

오답피하기

① 이익은 물질적으로나 정신적으로 보탬이 되는 것을 의미하므로 비금전적 이익 역시 합리적 경제생활을 위해 고려해야 하는 요소이다.
② 기회비용은 선택 가능한 대안 중 하나를 선택함으로써 포기하게 되는 대안들 중 가장 가치가 큰 것을 의미한다. 경제 문제는 희소성으로 인한 선택의 문제이며, 모든 선택의 문제에는 항상 기회비용이 발생한다. 따라서 합리적 선택을 위해서는 기회비용을 최소화하고 편익을 극대화하는 선택을 해야 한다.
③ 암묵적 비용은 명시적으로 지불한 비용은 아니지만 특정 대안을 선택함에 따라 가질 수도 있었던 가치를 포기함으로써 발생하는 비용이다. 기회비용은 명시적 비용과 암묵적 비용으로 이루어지기 때문에 암묵적 비용 역시 합리적 선택을 위해 고려해야 한다.

정답 ④

05 다음 자료에 대한 설명으로 옳은 것은? 2017 지방직

> 갑은 ㉠ 연봉 6천만 원을 받으며 회사에 근무하고 있다. 그런데 갑은 평소 한식 요리에 관심이 있어 요리학원에 ㉡ 수강료 1백만 원을 내고 요리를 배워서 한식 조리사 자격증을 취득하였다. 이에 갑은 회사를 사직하고 한식 전문 요리점을 차리려고 한다. 갑이 알아본 결과 1년 간 한식 전문 요리점을 운영할 경우, 매출 1억 5천만 원, 인건비 3천만 원, 시설 보수비 1천만 원, 재료비 7천만 원이 발생한다.

① ㉠은 갑이 한식 전문 요리점을 운영하는 데 들어가는 명시적 비용이다.
② ㉡은 갑이 경제적으로 합리적 선택을 하기 위해 고려해야 하는 매몰비용이다.
③ 갑이 한식 전문 요리점을 운영하는 것에 대한 기회비용은 1억 1천만 원이다.
④ 갑이 한식 전문 요리점을 운영하지 않는 것이 경제적으로 합리적인 선택이다.

해설 위의 문제에서 갑이 한식 전문 요리점을 선택하게 될 때 발생하는 비용과 수입 등을 정리하면 다음과 같다.
㉠ 명시적 비용: 인건비 3천만 원 + 시설 보수비 1천만 원 + 재료비 7천만 원 = 1억 1천만 원
㉡ 암묵적 비용: 연봉 6천만 원
㉢ 매몰 비용: 수강료 1백만 원
㉣ 기회비용 = 명시적 비용 + 암묵적 비용 = 1억 7천만 원
㉤ 얻게될 수입(편익): 1억 5천만 원이다.
④ 합리적인 선택이 되기 위해서는 얻게될 수입이 기회비용보다 큰 선택이 되어야 하는데, 사안의 경우 얻게될 수입은 1억 5천만 원인데 비해, 기회비용은 1억 7천만 원이므로 이는 합리적인 선택이 되지 못한다. 따라서 갑의 경우 한식 전문 요리전을 하지 않는게 옳은 선택이다.

오답피하기

① 연봉 6천만 원은 요리집을 운영할 때 실제로 지출하는 비용이 아니므로 명시적 비용이 아니다. 이는 갑이 힌식 전문 요리점을 운영하지 않았다면 얻을 수 있었던 암묵적 비용에 해당한다.
② 수강료 1백만 원의 경우 이미 지출하여 회수할 수 없는 매몰비용이다. 매몰비용은 합리적 선택 시 고려해야 할 대상이 아니다.
③ 갑이 한식 전문 요리점을 운영함에 따라 발생하는 기회비용은 명시적 비용과 암묵적 비용의 합이므로 1억 7천만 원이 된다.

정답 ④

06 사례의 기회비용에 대한 설명으로 옳은 것은?

2015 해양경찰

갑은 다음과 같은 예상 판매 수입을 바탕으로 올해 밭농사 작물 하나만 선택하려고 한다.
(단, 생산비용은 동일하다고 전제한다.)

작물	예상 판매 수입
배추	1,000만 원
무	1,100만 원
고추	1,200만 원

① 생산 이윤이 가장 높은 작물은 배추이다.
② 고추를 선택하였을 때의 기회비용은 1,000만 원이다.
③ 배추나 무를 선택하였을 때의 기회비용은 1,200만 원이다.
④ 무를 선택하였을 때 기회비용은 배추나 고추의 예상 판매 수입니다.

해설

작물	예상 판매 수입	기회비용
배추	1,000만 원	1,200만 원
무	1,100만 원	1,200만 원
고추	1,200만 원	1,100만 원

기회비용은 어떠한 경제적 선택을 하였을 때 그 결과 포기하게 되는 이익 중 가장 가치가 큰 것을 말한다. 따라서 작물을 선택했을 때의 기회비용은 위의 표와 같다.
③ 배추나 무를 선택할 경우 그 기회비용은 모두 1,200만 원으로 동일하다.

오답피하기
① 모든 작물의 생산 비용은 동일하므로 예상 판매 수입이 가장 큰 고추가 생산 이윤이 가장 높은 작물이다.
② 위의 표와 같이 고추를 선택한 경우 기회비용은 1,100만 원이다.
④ 무를 선택하였을 때의 기회비용은 포기하게 되는 가치 중 가장 큰 값을 의미하므로 고추의 예상 판매 수입인 1,200만 원이 된다.

정답 ③

07 아래 밑줄 친 ㉠, ㉡에 대한 설명으로 가장 옳은 것은?

2014 해양경찰

갑은 대학을 졸업한 후 대학원 진학과 취업 중 어떤 선택을 할지 고민 중이다. 그런데 대학 재학 중 취업에 필요한 ㉠ <u>자격증을 취득하기 위해 100만 원을 지출하였다.</u>
㉡ <u>대학원을 진학</u>하면 1년에 1,000만 원의 등록금과 교재비 100만 원이 필요하고, 취업을 한다면 월 200만 원을 벌 수 있다.

① ㉠은 합리적인 선택을 위해 고려해야 한다.
② ㉡을 선택할 경우 1년간 명시적 비용은 1,000만 원이다.
③ ㉡을 선택할 경우 1년간 암묵적 비용은 2,400만 원이다.
④ ㉡이 합리적 선택이 되려면 1년간 3,400만 원 이상의 편익이 있어야 한다.

해설
③ 대학원을 진학하게 되면 매달 200만 원씩 벌 수 있는 소득을 포기해야 되는데, 이처럼 다른 선택을 함으로써 포기해야 하는 이익을 암묵적 비용이라 한다. 사안의 경우 한 달에 200만 원이면 1년은 12개월이므로 갑이 대학원 진학을 선택할 경우 1년간 암묵적 비용은 2,400만 원이 된다.

오답피하기
① 이미 지출하여 회수할 수 없는 비용을 매몰비용이라고 하며, 합리적인 선택 시 매몰비용은 고려의 대상이 아니다.
② 대학원 진학으로 인해 직접 지출해야하는 비용을 명시적 비용이라고 하는데, 갑은 등록금 1,000만 원과 교재비 100만 원을 합친 1,100만 원을 명시적 비용으로 지불하게 된다.
④ 암묵적 비용과 명시적 비용을 합한 것을 기회비용이라고 하므로 사안의 경우 기회비용은 1,100만 원(명시적 비용)+2,400 만 원(암묵적 비용)=3,500만 원이 된다. 따라서, 합리적 선택이 되기 위해서는 편익이 비용보다 커야하므로 대학원 진학으로 얻는 편익이 최소한 기회비용 이상이 되어야 한다. 따라서 최소한 3,500만 원 이상의 편익이 있어야 합리적인 선택이 된다.

정답 ③

08 다음 자료에 대한 분석으로 옳은 것은? 2016 서울시

- A와 B의 가처분 소득은 각각 40만 원씩이다.
- A와 B는 가처분 소득 전부를 고급 레스토랑 외식 또는 뮤지컬 관람에 소비한다.
- 고급 레스토랑 외식은 1회에 10만 원, 뮤지컬 관람은 1회에 20만 원이다.

〈소비량에 따른 총 만족감의 크기〉

구분		고급 레스토랑 외식				뮤지컬 관람	
		1회	2회	3회	4회	1회	2회
총 만족감	A	8	16	23	29	25	45
	B	10	19	27	33	18	31

① B의 경우 가처분 소득 전부로 고급 레스토랑 외식만 하는 것이 총 만족감이 가장 크다.
② 뮤지컬 관람 횟수를 1회에서 2회로 늘릴 때 총 만족감의 증가는 B가 A보다 크다.
③ 고급 레스토랑에서 1회 외식할 때의 비용이 증가하면 뮤지컬을 1회 관람할 때의 기회비용도 증가한다.
④ A의 합리적 선택은 뮤지컬 관람만 하는 것이다.

해설

④ A와 B가 가처분 소득 40만 원으로 가능한 고급 레스토랑 외식과 뮤지컬 관람의 소비와 총 만족감의 크기를 우선 비교하고, 이를 정리한다.

구분	A의 총 만족감	B의 총 만족감
뮤지컬 관람 0회, 고급 레스토랑 외식 4회	29(=0+29)	33(=0+33)
뮤지컬 관람 1회, 고급 레스토랑 외식 2회	41(=25+16)	37(=18+19)
뮤지컬 관람 2회, 고급 레스토랑 외식 0회	45(=0+45)	31(=0+31)

따라서 A의 경우 만족감이 가장 큰 경우는 뮤지컬만 2회 관람하고 외식은 하지 않는 경우이다. 즉, 이러한 선택이 합리적 선택이 된다.

오답피하기

① B의 경우 총 만족감이 가장 큰 것은 뮤지컬 관람 1회, 고급 레스토랑 외식 2회를 한 경우이다.
② 뮤지컬 관람 횟수를 1회에서 2회로 늘릴 때 총 만족감의 증가는 A는 4(=45-41)이고, B는 -6(=31-37)이다.이다. 따라서 뮤지컬 관람 횟수를 1회에서 2회로 늘릴 때 총 만족감의 증가는 A가 B보다 더 크다.
③ 고급 레스토랑의 외식은 1회에 10만 원이고, 뮤지컬 관람은 1회에 20만 원이므로 뮤지컬을 1회 관람하기 위해서는 고급 레스토랑의 외식을 2회 포기해야 한다. 만약 고급 레스토랑에서 1회 외식할 때의 비용이 10만 원에서 20만 원으로 증가한다면 뮤지컬을 1회 관람하기 위해서 고급 레스토랑의 외식을 1회 포기해야 한다. 따라서 고급 레스토랑에서 1회 외식할 때의 비용이 증가하면 뮤지컬을 1회 관람할 때의 기회 비용은 감소한다고 말할 수 있다.

정답 ④

09 밑줄 친 ㉠ ~ ㉥에 대한 설명으로 옳은 것은?

2016 3월 학평

갑은 ㉠ ○○ 음악회 입장권을 10만 원에 구입하여 공연장에 입장하였다. 그런데 ㉡ 음악회 연주는 기대와 달리 매우 실망스러웠다. 갑은 ㉢ 연주를 마저 듣는 것보다 그 시간 동안 집에 가서 ㉣ TV를 보는 것이 더 낫다고 생각하면서도 ㉤ 들인 돈이 아까워 ㉥ 그대로 앉아 연주를 들었다.

① ㉠은 재화를 소비하기 위한 활동이다.
② ㉡은 부가가치를 창출하는 활동이 아니다.
③ ㉢의 기회비용에는 ㉣에서 얻는 만족감이 포함된다.
④ ㉤은 매몰 비용으로 볼 수 없다.
⑤ ㉥은 합리적 선택이다.

해설

③ 연주를 듣는 시간에 TV를 봄으로써 얻게되는 만족감을 포기하므로 이는 기회비용에 포함된다.

오답피하기

①, ② 음악회 연주는 부가가치를 창출하기 위한 서비스의 생산 활동에 해당하고, 음악회 입장권을 구매한 것은 이를 소비하기 위한 것이다. 따라서 ㉠은 서비스를 소비하기 위한 활동이다.
④ 음악회의 입장권을 구매한 것은 환불받을 수 없는 것이므로 매몰 비용에 해당한다.
⑤ 음악회 연주를 계속 듣는 것보다 TV를 보는 것이 더 낫다고 생각하였음에도 불구하고 들인 돈이 아까워 음악회 연주를 계속 듣는 것은 매몰 비용을 고려한 비합리적인 선택이다.

정답 ③

10 다음 자료에 대한 설명으로 가장 적절하지 않은 것은? 2020 경찰직 1차

연봉 4,000만 원인 직장인 A는 커피숍 개업을 위해 1,000만 원을 들여 커피숍 사업에 대한 시장 조사를 하였다. 시장 조사에 따른 연간 지출 내역은 아래와 같다. (단, 연간 예상 수입은 2억 5,000만 원으로 가정한다.

(단위: 만 원)

구분	인건비	재료비	임차료	대출 이자	기타 경비
금액	10,000	5,000	3,000	1,000	1,000

① 커피숍 개업에 따른 경제적 이윤은 0원이다.
② 커피숍 개업에 따른 명시적 비용은 2억 원이다.
③ 시장 조사 비용 1,000만 원은 매몰비용에 해당한다.
④ 커피숍 개업에 따른 암묵적 비용은 4,000만 원이다.

출제 단원 및 영역 경제 1단원 기회 비용

해설 기회 비용과 관련한 문제이다. 우선 A가 커피숍 개업에 따른 명시적 비용과 암묵적 비용 등을 살펴보면 다음과 같다.

명시적 비용(=회계적 비용)	2억 원
암묵적 비용	4천만 원
기회 비용(=경제학적 비용)	2억 4천만 원

① 경제적 이윤이란 총 수입에서 기회 비용을 뺀 값이다. 따라서 A의 커피숍 개업에 따른 경제적 이윤은 2억 5천만 원−2억 4천만 원=1천만 원이다.

오답피하기

② A의 명시적 비용은 커피숍 사업을 할 때 실제 지출하게 될 비용을 의미하므로 위의 표에 나타난 10,000+5,000+3,000+1,000+1,000=2억 원이다.
③ 매몰비용이란 이미 지출되어 회수가 불가능한 비용을 말하는데, 시장 조사 비용은 매몰비용에 해당한다.
④ 암묵적 비용이란 명시적으로 지불한 비용은 아니지만 다른 대안을 선택함에 따라 얻을 수 있었던 경제적 이익을 말하므로 커피숍 개업을 선택함으로서 포기해야 되는 연봉 4천만 원이 암묵적 비용이 된다.

정답 ①

11 다음 그래프는 X재와 Y재에 대한 생산가능곡선이다. 이에 대한 설명으로 옳은 것만을 보기에서 고른 것은? 2015 지방직

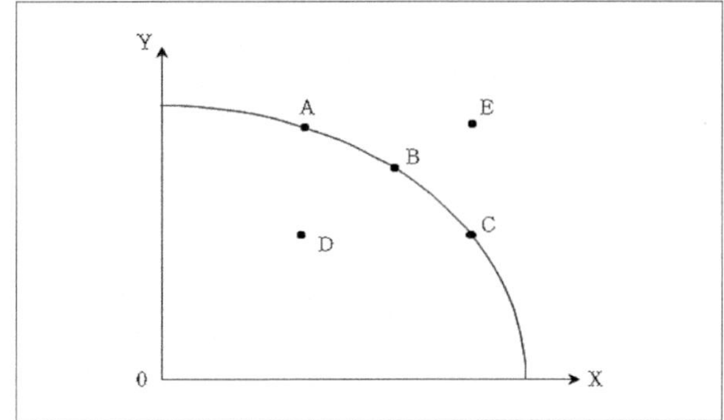

보기

ㄱ. 생산요소 투입량을 늘리거나 연구개발을 통해 신기술을 개발한다면 생산가능곡선은 원점에서 바깥쪽으로 팽창할 수 있다.
ㄴ. 생산가능곡선 내부에 위치한 D는 생산이 가장 효율적으로 이루어지는 점이다.
ㄷ. A에서 C로의 이동은 Y재의 추가 생산에 따라 포기하게 되는 X재 생산량을 의미한다.
ㄹ. 생산가능곡선 외부에 위치한 E는 주어진 생산요소와 생산기술로 생산이 불가능한 점이다.

① ㄱ, ㄷ ② ㄱ, ㄹ
③ ㄴ, ㄷ ④ ㄴ, ㄹ

해설 생산 가능 곡선 위에서 생산이 이루어지면 최적의 생산이 이루어지는 것이며, 생산 가능 곡선 안쪽에서 생산이 이루어지면 보다 효율적인 생산이 가능함에도 그러지 못하고 있는 상황이므로 비효율적인 생산을 하고 있음을 의미한다. 반면, 생산 가능 곡선 바깥은 현재의 기술 수준 등의 생산 요소만으로는 생산이 불가능한 영역을 나타낸다.
ㄱ. 생산요소 투입량을 늘리거나 연구개발을 통해 신기술을 개발한다면 X재나 Y재의 최대 생산량이 증가할 것이므로 생산가능곡선은 원점에서 바깥쪽으로 팽창할 수 있다.
ㄹ. 생산가능곡선까지 현재의 최대 생산할 수 있는 한계이므로 외부에 위치한 E는 주어진 생산요소와 생산기술로 생산이 불가능한 점이다.

오답피하기

ㄴ. 생산가능곡선 내부에 위치한 D는 생산 가능 곡선까지 최적의 생산이 가능하므로 아직 최대의 생산을 하지 않았으므로 생산이 비효율적으로 이루어지는 점이다.
ㄷ. A에서 C로의 이동은 Y재의 추가 생산에 따라 포기하게 되는 X재 생산량을 의미하는 것이 아니라 X재의 추가 생산에 따라 포기하게 되는 Y재의 생산량을 의미하는 것이다.

정답 ②

12 표는 갑국에서 주어진 자원과 기술을 모두 사용하여 최대로 생산 가능한 사과와 배의 조합을 나타낸 것이다. 이에 대한 옳은 분석을 〈보기〉에서 고른 것은? 예상문제

(단위: 개)

구분	A	B	C	D	E	F	G
사과 생산량	6	5	4	3	2	1	0
배 생산량	0	1	2	3	4	5	6

보기

ㄱ. 사과 1개는 배 2개와 교환 가능하다.
ㄴ. 사과로 표시한 배 1개 생산의 기회비용은 C점과 E점이 같다.
ㄷ. 현재 자원과 기술로 사과 4개와 배 3개의 동시 생산이 가능하다.
ㄹ. 사과의 생산비가 절감되면 사과로 표시한 배 1개 추가 생산의 기회비용은 증가한다.

① ㄱ, ㄴ　　② ㄱ, ㄷ
③ ㄴ, ㄷ　　④ ㄴ, ㄹ

해설 생산 가능 곡선은 주어진 자원과 기술을 모두 사용하여 가장 효율적으로 생산할 수 있는 두 재화의 생산 조합점을 연결한 것이다. 제시된 표를 그림으로 나타내면 다음과 같다.

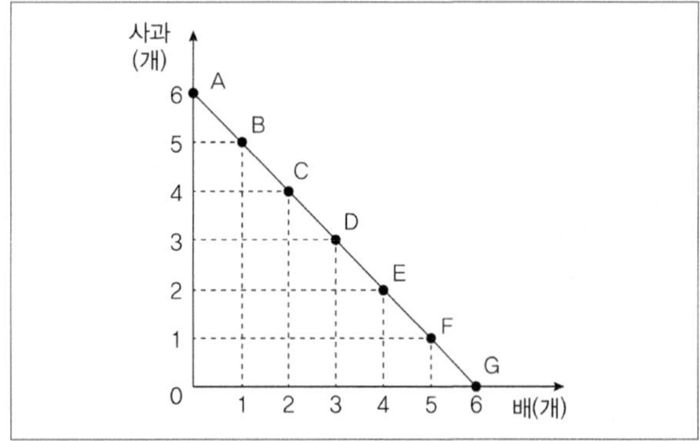

ㄴ. C점은 배 2개와 사과 4개의 생산 조합점이다. 여기서 배 2개 생산을 위해 포기한 사과는 2개이다. E점은 배 4개와 사과 2개의 생산 조합점이다. 여기서 배 4개를 생산하기 위해 포기한 사과는 4개이다. 따라서 사과로 표시한 배 1개 생산의 기회비용은 C점과 E점이 같다.
ㄹ. 사과의 생산비가 절감되면 현재보다 많은 사과 생산이 가능해진다. 따라서 사과로 표시한 배 1개 추가 생산의 기회비용은 증가한다.

오답피하기

ㄱ. 갑국에서 사과 1개는 배 1개와 교환된다.
ㄷ. 사과 4개와 배 3개의 조합점은 현재 갑국의 생산 가능 곡선 외부점이다. 따라서 현재 갑국의 자원과 기술로는 생산이 불가능하다.

정답 ④

13 밑줄 친 ㉠~㉣에 대한 설명으로 옳은 것은?

2017 교육행정

> ㉠ 합리적 선택을 위해서는 반드시 편익과 비용을 비교해야 한다. 여기서 ㉡ 편익이란 어떤 경제 행위를 통해서 얻게 되는 만족이나 이익을 의미하며, ㉢ 비용은 ㉣ 현금 지출이 필요한 요소 비용과 현금 지출이 필요하지 않은 요소 비용을 모두 포함하는 개념이다.

① 순편익이 0보다 작아야 ㉠이 이루어진다.
② 기업의 판매 수입은 ㉡에 해당되지 않는다.
③ ㉢은 기회비용을 의미한다.
④ ㉣은 매몰 비용을 의미한다.

해설

③ 합리적 선택에서 고려되는 비용은 기회비용을 의미한다.

오답피하기

① 합리적인 선택이 되려면 순편익(편익−기회비용)이 0보다 큰 경우이다.
② 합리적 선택에서 고려되는 편익이란 가계의 만족감과 기업의 이윤(이익)을 모두 포함한다.
④ 현금 지출이 필요한 요소 비용을 명시적 비용이라 한다. 반면, 현금 지출이 필요하지 않은 요소 비용을 묵시적 비용이라 한다. 매몰 비용은 합리적 선택 시 고려하지 않아야 하는 비용으로 회수할 수 없는 비용을 말한다.

정답 ③

14 다음 사례에서 야구 경기 관람의 기회비용은?

2013 해양경찰

> 주유소에서 아르바이트를 하면 시간당 5,000원을 벌고, 고기집에서 아르바이트를 하면 시간당 6,000원을 벌 수 있는 대학생이 아르바이트를 하는 대신에 4시간 동안 8,000원의 입장료를 내고 프로야구 경기를 관람하였다.

① 20,000원
② 24,000원
③ 28,000원
④ 32,000원

해설 기회비용은 어떤 경제적 선택의 결과로 포기되는 여러 활동의 가치 중에서 가장 큰 값으로 명시적 비용과 암묵적 비용의 합으로 계산한다.

④ 명시적 비용은 프로 야구 경기 입장료 8,000원이고, 암묵적 비용은 고기집에서 4시간 동안 아르바이트를 했다면 벌 수 있었던 24,000원(6,000원×4)이다. 따라서 야구 경기 관람의 기회비용은 32,000원(=8,000원+24,000원)이다.

정답 ④

15 다음 글에 대한 〈보기〉의 설명 중 옳은 것을 고른 것은? (단, 기회비용은 명시적 비용과 암묵적 비용의 합이다.)

2018 경찰직 1차

> 갑이 운영하는 분식점의 월세는 300만 원, 종업원의 월급은 300만 원, 재료비 등 기타비용은 월 400만 원이다. 갑이 다른 식당에 취업하였을 경우 ⓐ 월 300만 원의 임금을 받을 수 있다. 현재 갑의 분식점 월수입은 1,500만 원이다.

보기

㉠ ⓐ는 암묵적 비용에 해당한다.
㉡ 갑의 기회비용을 고려한 이윤은 100만 원이다.
㉢ 갑은 분식점을 계속 운영하는 것이 합리적이다.
㉣ 갑이 분식점을 운영하는 것의 기회비용은 1,300만 원이다.

① ㉠, ㉡, ㉢　② ㉠, ㉡, ㉣
③ ㉠, ㉢, ㉣　④ ㉡, ㉢, ㉣

해설 갑이 분식점 운영 경우 수입(편익), 명시적 비용, 암묵적 비용을 아래와 같이 정리한다.

구분	내용
수입(편익)	• 1,500만 원
명시적 비용	• 월세 300만 원 • 종업원 월급 300만 원 • 재료비등 기타 비용 400만 원
암묵적 비용	• 다른 식당 취업에 따른 월급 300만 원

㉠ 암묵적 비용이란 다른 대안을 선택함에 따라 얻을 수 있었던 경제적 이익으로 분식점 운영의 암묵적 비용은 다른 식당에 취업하였을 경우 받을 수 있는 월급 300만 원이 여기에 해당한다.
㉢, ㉣ 갑이 분식점을 운영할 경우 순편익이 200만 원으로 0보다 크다. 따라서 갑은 분식점을 계속 운영하는 것이 합리적이다. 기회비용은 1,300만 원이다.

오답피하기

㉡ 기회비용은 명시적 비용과 암묵적 비용을 더한 1,300만 원(=1,000만 원+300만 원)이다. 경제적 이윤은 편익(수입)에서 기회비용을 뺀 200만 원(=1,500만 원−1,300만 원)이다.

정답 ③

16 다음은 원자력 발전소 건설을 둘러싼 갑, 을의 논쟁이다. ㉠~㉤에 대한 옳은 설명을 〈보기〉에서 고른 것은? 2014 04월 학평

> 갑 이미 연구비, 인건비 등 ㉠ 500억 원의 비용이 소요되었고, 앞으로 ㉡ 1조 원의 추가 비용이 들지만, 원자력 발전소로 얻을 수 있는 ㉢ 경제적 가치는 그 이상이므로 지금 중단하는 것은 비합리적입니다.
> 을 1조 원으로 시행할 수 있는 다른 정책의 ㉣ 경제적 가치와 원자력 발전소로 인해 발생할 수 있는 여러 가지 부작용도 ㉤ 비용으로 고려하여야 합니다.

보기

ㄱ. ㉠은 암묵적 비용, ㉡은 명시적 비용에 해당한다.
ㄴ. ㉢이 ㉠과 ㉡의 합보다 크다면 원자력 발전소를 건설하는 것이 합리적이다.
ㄷ. ㉣이 ㉢보다 크다면 원자력 발전소 건설을 중지하는 것이 합리적이다.
ㄹ. ㉤에는 외부 효과로 인한 사회적 비용이 해당될 수 있다.

① ㄱ, ㄴ ② ㄱ, ㄷ
③ ㄴ, ㄷ ④ ㄴ, ㄹ
⑤ ㄷ, ㄹ

해설

ㄷ. ㉣(암묵적 비용)이 ㉢(편익)보다 더 크다면 원자력 발전소 건설을 중지하는 것이 합리적이다.
ㄹ. 원자력 발전소 건설로 인해 나타날 환경오염과 같은 외부 효과의 외부 불경제 현상을 해결하기 위해 들어가는 사회적 비용도 ㉤의 비용에 해당될 수 있다.

오답피하기

ㄱ. ㉠의 500억 원의 비용은 이미 지출되어 회수할 수 없는 매몰비용에 해당한다. 반면, ㉡은 명시적 비용에 해당한다.
ㄴ. ㉢의 경제적 가치는 원자력 건설로 얻을 수 있는 편익을 말하므로 ㉢이 ㉡(명시적 비용), ㉣(암묵적 비용), ㉤(사회적 비용)의 합보다 크다면 원자력 발전소를 건설하는 것이 합리적이다.

정답 ⑤

17 다음 글에 대한 설명으로 가장 옳지 않은 것은? (단, 기회비용은 명시적 비용과 암묵적 비용의 합이다.) 2019 해경 1차

> 갑이 운영하는 분식점의 월세는 400만 원, 종업원 월급은 300만 원, 재료비 등 기타 비용이 한 달에 600만 원이다. 갑이 한식당에 취업하였을 경우 ㉠ 월 200만 원의 임금을 받을 수 있다. 현재 분식점에서 얻는 갑의 월수입은 1,600만 원이다. 갑은 분식점 운영을 계속할지 한식당에 취업할지 고민 중이다.

① ㉠은 분식점 운영 선택에 대한 암묵적 비용에 해당한다.
② 갑이 분식점을 계속 운영하는 것은 합리적 선택이다.
③ 갑이 분식점을 운영하는 것의 기회비용은 1,300만 원이다.
④ 갑의 분식점 운영 선택에 대한 기회비용을 고려한 이윤은 100만 원이다.

해설

명시적 비용	1,300만 원 (400+300+600)
암묵적 비용	200만 원
기회 비용	1,500만 원
판매 수입	1,600만 원

③ 기회비용은 명시적 비용과 암묵적 비용을 더한 것이므로 갑이 분식점을 운영하는 것의 기회비용은 1,500만 원이다.

오답피하기

① 밑줄 친 내용은 암묵적 비용에 해당한다. 갑이 명시적으로 지불한 비용은 아니지만 다른 대안을 선택함에 따라 얻을 수 있었던 경제적 이익이 암묵적 비용이기 때문이다.
② 갑은 판매 수입이 기회비용보다 크므로 분식점을 계속 운영하는 것이 합리적이다.
④ 갑의 기회비용을 고려한 이윤은 100만 원이다. (1,600만 원 −1,500만 원)

정답 ③

18 다음 〈사례〉에 대한 설명으로 〈보기〉 중 옳은 것은? (단, 기회비용은 명시적 비용과 암묵적 비용의 합이다.)

2021 해경 2차

사례

갑이 운영하는 음식점의 월세는 200만 원, 종업원의 월급은 200만 원, 재료비 등 기타 비용은 월 300만 원이다. 갑이 다른 음식점에 취업하였을 경우 월 400만 원의 임금을 받을 수 있다. 현재 갑의 가게 월수입은 1,500만 원이다.

보기

㉠ 밑줄 친 내용은 매몰비용에 해당한다.
㉡ 갑의 기회비용을 고려한 이윤은 200만 원이다.
㉢ 갑은 음식점을 계속 운영하는 것이 합리적이다.
㉣ 갑이 음식점을 운영하는 것의 기회비용은 1,100만 원이다.

① ㉠, ㉡ ② ㉠, ㉢
③ ㉡, ㉢ ④ ㉢, ㉣

출제 단원 및 영역 경제 1단원 기회비용

해설

명시적 비용	700만 원
암묵적 비용	400만 원
기회 비용	1,100만 원
판매 수입	1,500만 원

㉢ 갑은 판매 수입이 기회 비용보다 크므로 음식점을 계속 운영하는 것이 합리적이다.
㉣ 기회비용은 명시적 비용과 암묵적 비용을 더한 것이므로 갑이 음식점을 운영하는 것의 기회비용은 1,100만 원이다.

오답피하기

㉠ 밑줄 친 내용은 암묵적 비용에 해당한다. 갑이 명시적으로 지불한 비용은 아니지만 다른 대안을 선택함에 따라 얻을 수 있었던 경제적 이익이 암묵적 비용이기 때문이다.
㉡ 갑의 기회비용을 고려한 이윤은 400만 원이다. (1,500만 원 −1,100만 원)

정답 ④

19 (가), (나), (다)에 들어갈 용어를 옳게 묶은 것은?

2021년 소방직

여러 가지 대안 중 어떤 대안을 선택하게 되면 다른 대안들을 포기해야 하는데, 포기한 대안들 중에서 가장 가치가 큰 것을 그 선택에 대한 (가)이라고 한다. (가)에는 해당 선택에 따른 금전적인 비용인 (나)뿐만 아니라 그것 때문에 포기한 대안을 통해 얻을 수 있었던 (다)까지 포함된다.

	(가)	(나)	(다)
①	기회비용	명시적 비용	암묵적 비용
②	명시적 비용	암묵적 비용	기회비용
③	암묵적 비용	기회비용	명시적 비용
④	기회비용	암묵적 비용	명시적 비용

출제 단원 및 영역 경제 1단원 기회비용

해설

① 기회비용이란 선택 가능한 여러 대안들 중에서 하나의 대안을 선택함으로써 포기하게 되는 대안들 중 가장 가치가 큰 것을 말한다. 명시적 비용이란 대안을 선택함으로써 실제로 지출된 비용을 말하고, 암묵적 비용이란 명시적으로 지불한 비용은 아니지만 다른 대안을 선택함에 따라 얻을 수 있었던 경제적 이익을 말한다.

정답 ①

20 다음 표를 보고 합리적 선택에 따른 기회비용을 고르시오. (A~D 제품 중 하나만 선택할 수 있다.)

구분	A 제품	B 제품	C 제품	D 제품
사용기간	2	4	1	3
유지비용	1	3	4	3
디자인	4	1	2	3
광고효과	4	2	1	3
A/S	4	2	3	1

※ 만족도가 높을수록 수치가 큼

① A 제품
② B 제품
③ C 제품
④ D 제품

해설

④ 가장 만족도가 높은 상품은 A제품이므로 A 제품을 선택하는 것이 합리적인 선택이 되고, 이 때 A를 선택함으로써 선택 가능한 여러 대안 상품 중 포기하게 되는 대안들 중 가장 가치가 큰 것은 D이다. 따라서, 기회비용은 D가 된다.

정답 ④

경제적 유인

01 〈보기〉에 해당하는 경제적 유인과 성격이 가장 유사한 것은? 2019 서울시 공개 및 경력 1회

보기

19세기 영국에서는 무거운 죄를 지은 사람들을 호주로 유배를 보내는 것이 관례였는데, 호송 도중 죄수들이 사망하는 문제가 자주 발생했다. 영국 정부는 이 문제를 해결하기 위해 이송 범죄자의 수에 비례하여 비용을 지급하는 방식에서 이송이 끝났을 때까지 살아남은 죄수들의 수에 비례하여 비용을 지급하는 방식으로 바꾸었다. 이후 호송 도중 죄수들이 사망하는 문제는 크게 줄어들었다.

① 특허권
② 환경 오염세
③ 쓰레기 종량제
④ 전력 요금 누진제

출제 단원 및 영역 경제 1단원 경제적 유인

해설 경제적 유인이란 사람들이 특정한 방식으로 행동하도록 동기를 부여하는 경제적 보상 또는 손해를 의미하고, 이는 합리적인 사람들의 선택에 영향을 주게 된다.
〈보기〉의 경우 호송 도중 죄수들이 사망하는 문제가 자주 발생하여, 호송을 무사히 마쳐 이송이 끝났을 때까지 살아남은 죄수들의 수에 비례하여 비용을 지급하는 방식으로 바꾸었다고 하였는데, 이는 경제적 유인 중 긍정적 유인에 해당한다.
경제적 유인에는 긍정적 유인과 부정적 유인이 있다.

구분	내용	사례
긍정적 유인	행위자에게 이익으로 작용 → 해당 행동이 강화됨	금전적 이득(보상), 상금, 장학금, 보조금, 특허권 등
부정적 유인	행위자에게 손해(비용)으로 작용 → 해당 행동이 약화됨	경제적 손실, 벌금, 과태료, 쓰레기 종량제 등

① 특허권을 부여하는 것은 기술적 사상의 창작물(발명)을 일정기간 독점적·배타적으로 소유 또는 이용할 수 있는 권리를 부여하는 것으로써 기술적 창작물(발명)을 장려하는 것으로서 이는 긍정적 유인이 된다.

오답피하기

②, ③, ④ 환경 오염세, 쓰레기 종량제, 전력 요금 누진제를 부가함으로써 환경 오염 물질과 쓰레기의 양을 줄이고, 전력의 사용량을 줄이려는 의도에서 시행하는 것으로 부정적 유인이 된다.

정답 ①

02 표는 경제적 유인의 유형을 나타낸다. 이에 대한 옳은 설명만을 〈보기〉에서 있는 대로 고른 것은? 2019 서울시 공개 및 경력 1회 유사

구분	(가)	(나)
의미	경제적 유인의 대상자에게 이익으로 작용	경제적 유인의 대상자에게 손해(비용)로 작용
사례	㉠	㉡

보기

ㄱ. (가)는 경제적 행동이 강화되도록 유도한다.
ㄴ. 시장 가격 상승은 수요자에게 (나)로 작용한다.
ㄷ. ㉠에는 '전력 요금 누진제'가 들어갈 수 있다.
ㄹ. ㉡에는 '쓰레기 종량제 위반에 대한 과태료 부과'가 들어갈 수 있다.

① ㄱ, ㄴ ② ㄱ, ㄷ
③ ㄷ, ㄹ ④ ㄱ, ㄴ, ㄹ

해설 (가)는 긍정적 유인, (나)는 부정적 유인이다.
ㄱ. 긍정적 유인은 경제적 행동이 강화되도록 유도한다.
ㄴ. 시장 가격 상승은 수요량이 감소하므로 수요자에게 부정적 유인으로 작용한다.
ㄹ. 쓰레기 종량제 위반에 대한 과태료 부과는 부정적 유인이다.

오답피하기

ㄷ. '전력 요금 누진제'는 부정적 유인의 사례이다.

정답 ④

03 다음은 경제적 유인에 대한 사례이다. 밑줄 친 ㉠, ㉡에 대한 설명으로 옳은 것은? 2021년 소방직

> ㅇㅇ소방본부는 119에 화재나 구조 관련 상황을 거짓으로 신고했을 경우 최대 ㉠ 500만 원의 과태료가 부과된다고 밝혔다. 또 ㅁㅁ소방서는 주택용 소방시설 설치 캠페인에 참여하는 청소년에게 ㉡ 1건당 2시간의 자원 봉사 시간을 인정하는 인센티브를 주기로 하였다.

① ㉠은 해당 행동을 덜 하도록 유도한다.
② ㉡은 부정적인 경제적 유인에 해당한다.
③ ㉡은 ㉠과 달리 경제 주체가 합리적 결정을 하도록 유도한다.
④ ㉠과 ㉡ 모두 행위자의 편익을 증가시킨다.

출제 단원 및 영역 경제 1단원 경제적 유인

해설 경제적 유인이란 사람들이 특정한 방식으로 행동하도록 동기를 부여하는 금전적인 보상 또는 손해를 말하며, 경제적 유인은 합리적인 사람들의 선택에 영향을 준다.
㉠은 행위자에게 손해(비용)으로 작용하는 부정적 유인이고, ㉡은 행위자에게 이익으로 작용하는 긍정적 유인이다.
① 부정적 유인은 특정한 행동을 하면 행위자에게 손해가 발생하기 때문에 해당 행동이 약화되거나 덜 하도록 유도한다.

오답피하기
② ㉡은 긍정적인 경제적 유인에 해당한다.
③ 긍정적 유인과 부정적 유인은 모두 경제 주체가 합리적 결정을 하도록 유도한다.
④ 행위자의 편익을 증가시키는 것은 긍정적 유인이고, 부정적 유인은 행위자에게 비용이나 손해를 증가시킨다.

정답 ①

경제 체제

01 다음은 전형적인 경제체제인 A와 B를 비교한 것이다. 이에 대한 설명으로 적절한 것을 〈보기〉에서 모두 고른 것은? 2015 경찰직 3차

질문	답	
	A	B
(가)	아니오	예
원칙적으로 시장의 자율에 의해 자원이 배분되는가?	예	아니오

보기

㉠ 우리나라의 경제체제는 A를 근간으로 한다.
㉡ A에서 정부는 생산 활동을 하지 않는다.
㉢ A에서 생산물의 수량과 종류는 생산자의 독립적인 판단에 의해 이루어진다.
㉣ 경제활동의 목표로 '분배의 형평성이 상대적으로 더 강조되는가?'는 (가)에 들어갈 질문으로 적절하다.

① ㉠, ㉢ ② ㉠, ㉣
③ ㉡, ㉢ ④ ㉡, ㉣

해설 설문에서 A는 원칙적으로 시장의 자율에 의해 자원이 배분된다고 했으므로 시장경제체제이며, B는 그렇지 않다라고 했으므로 계획경제체제라고 볼 수 있다.
ㄱ. 우리나라의 경제체제는 시장경제체제를 기본으로 하면서 정부가 공공부문의 생산이나 시장의 한계를 보완하는 혼합경제체제를 채택하고 있다.
ㄹ. 분배의 형평성이 더 강조되는 곳은 계획경제체제이고, 시장경제체제는 형평성보다는 효율성을 더 추구하므로 옳은 지문이 된다.

오답피하기
ㄴ. 시장경제체제에서도 공공부문의 생산이나 시장의 한계를 보완하기 위해서는 정부가 생산 활동을 한다.
ㄷ. 시장경제체제에서는 생산물의 수량과 종류는 생산자의 독립적인 판단에 의해 이루어지는 것이 아니라 시장의 보이지 않는 손에 의해 결정된다.

정답 ②

02 다음 (가), (나)는 기본적인 경제문제를 해결하는 방식에 따른 경제 체제이다. 이에 대한 설명으로 가장 옳은 것은? 2014 해양경찰

구분	(가)	(나)
경제활동동기	개인의 이익 추구	공동의 목표 추구
생산수단의 소유	사유 인정	국·공유화
경제문제 해결 수단	가격 기구	중앙정부

① (가)보다는 (나)에서 효율성이 중시된다.
② (가)보다는 (나)에서 빈부 격차가 심화된다.
③ (나)보다는 (가)에서 경제적 유인이 더 많이 제공된다.
④ (나)보다는 (가)에서 개인의 경제활동에 대한 규제가 크다.

해설 (가)는 생산수단의 사유를 인정하고 가격 기구로 경제문제를 해결한다고 하였으므로 시장 경제 체제에 해당한다. 반면, 생산수단을 국·공유화하고, 중앙정부에 의해 경제문제를 해결한다고 한 (나)는 계획경제체제이다.
③ 시장경제체제에서는 사유 재산을 인정하고 능력과 성과에 따라 배분이 되므로 경제적 유인이 더 많이 제공된다.

오답피하기
① (가)는 효율성, (나)는 형평성이 중시하는 경제 체제이다.
② 빈부 격차의 심화는 (가)에서 더 나타난다.
④ 개인의 경제활동에 대한 규제는 (나)에서 강하게 나타난다.

정답 ③

03 〈보기〉는 질문 (가), (나)에 따라 경제 체제를 분류한 것이다. 이에 대한 설명으로 가장 옳은 것은? (단, A와 B는 각각 시장 경제 체제와 계획 경제 체제 중 하나이다.) 2019 서울시

보기

	A	B
(가)	예	아니오
(나)	아니오	예

① A가 계획 경제 체제라면, (나)는 '기본적인 경제 문제가 발생하는가?'가 될 수 있다.
② A가 시장 경제 체제라면, (가)는 '정부의 계획에 의한 자원 배분을 강조하는가?'가 될 수 있다.
③ B가 시장 경제 체제라면, (가)는 '경쟁보다 형평성을 중시하는가?'가 될 수 있다.
④ (나)가 '시장 가격의 자원 배분 기능을 중시하는가?'이면, A는 B보다 경제적 유인체계를 강조한다.

출제 단원 및 영역 경제 1단원 경제체제

해설
③ B가 시장 경제 체제라면 A는 계획 경제 체제가 되고, 경쟁보다 형평성을 중시하는 질문에 대하여 A에서는 예라고 대답할 수 있다.

오답피하기
① 기본적인 경제 문제는 시장 경제 체제와 계획 경제 체제 모두에 발생하는 것이므로 적절한 질문이 될 수 없다.
② 정부의 계획에 의한 자원 배분을 강조하는 것은 계획 경제 체제이다.
④ 시장 가격의 자원 배분 기능을 중시하는 것은 시장 경제 체제이고, 시장 경제 체제가 계획 경제 체제보다 경제적 유인체계를 강조한다.

정답 ③

04 그림은 경제 체제의 특성에 따라 국가를 분류한 것이다. A국과 B국의 특징에 대한 옳은 설명을 〈보기〉에서 고른 것은? (단, A국과 B국은 각각 시장 경제 체제와 계획 경제 체제 중 하나를 채택하고 있다.) 예상문제

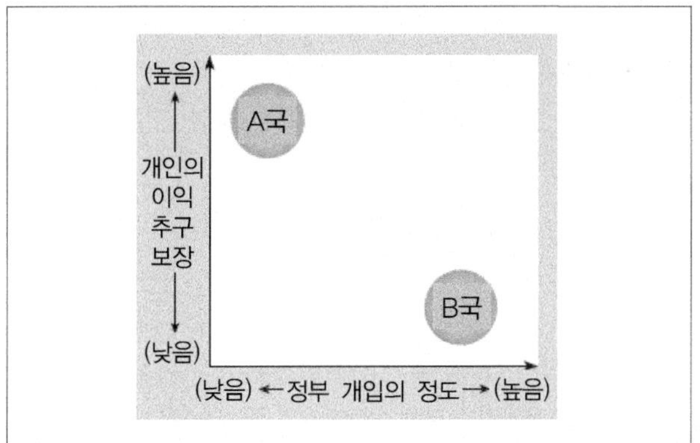

보기

ㄱ. 전통이나 관습, 종교 등에 의해 경제가 운영된다.
ㄴ. 기본적인 경제 문제를 시장 가격 기구로 해결한다.
ㄷ. 원칙적으로 공장 등 생산 수단의 사적 소유를 인정한다.
ㄹ. 사유 재산권이 원칙적으로 제한되며, 정부의 계획 및 명령에 의해 자원 배분이 이루어진다.

	A국	B국
①	ㄱ	ㄷ
②	ㄱ	ㄹ
③	ㄴ	ㄷ
④	ㄴ	ㄹ

해설 제시된 그림의 세로축은 개인의 이익 추구 보장이 높은지 낮은지를 나타내고 있으며, 가로축은 정부 개입의 정도가 높은지 낮은지를 나타내고 있다. 이를 토대로 A국은 시장 경제 체제, B국은 계획 경제 체제임을 알 수 있다.

ㄴ. 기본적인 경제 문제를 시장 가격 기구로 해결하는 경제 체제는 시장 경제 체제이다. 따라서 A국에 해당한다.
ㄹ. 원칙적으로 사유 재산권이 제한되고, 정부의 계획과 명령에 의해 자원 배분이 이루어지는 경제 체제는 계획 경제 체제이다. 따라서 B국에 해당한다.

오답피하기

ㄱ. 전통이나 관습, 종교 등에 의해 경제가 운영되는 것은 전통 경제체제이므로 A국과 B국 어디에도 해당되지 않는다.
ㄷ. 원칙적으로 생산 수단의 사적 소유를 인정하는 것은 시장 경제 체제이다. 따라서 A국에 해당한다.

정답 ④

05 밑줄 친 '정책'으로 인해 갑국 경제에 나타날 변화에 대한 추론으로 가장 적절한 것은? 2018학년도 수능

> 갑국은 정부의 계획과 명령에 의해서 경제 문제를 해결하는 경제 체제를 채택하고 있었다. 경제의 활력과 생산성이 갈수록 떨어지자 갑국은 시장 경제 체제의 요소를 도입하여 다음과 같은 <u>정책</u>을 실시하였다.
> • 국영 기업 대부분을 민영화하였다.
> • 사유 재산의 허용 범위를 확대하였다.

① 기업 간 경쟁이 줄어들 것이다.
② 개인의 경제적 자율성이 약화될 것이다.
③ '보이지 않는 손'의 기능이 강화될 것이다.
④ 자원의 희소성으로 인한 문제가 사라질 것이다.
⑤ 민간 경제 주체의 사익 추구가 불가능해질 것이다.

해설 갑국은 계획 경제 체제를 채택하고 있었으나 생산성의 향상을 위해 시장 경제 체제의 요소를 도입하였다.
③ 시장 경제 체제 요소를 도입함으로써 '보이지 않는 손'의 기능이 강화될 것이다.

오답피하기

① 시장 경제 체제 요소를 도입하였으므로 기업 간의 경쟁은 심화될 것이다.
② 사유 재산의 허용 범위를 확대하였으므로 개인의 경제적 자율성은 강화될 것이다.
④ <u>자원의 희소성 문제는 경제 체제의 유형과 상관없이 어떤 경제 체제이든 항상 존재하는 문제이다.</u>
⑤ 사유 재산의 허용 범위를 확대하였으므로 민간 경제 주체의 사익 추구는 활발해질 것이다.

정답 ③

06 경제 체제 A, B에 대한 설명으로 옳은 것은? (단, A, B는 각각 시장 경제 체제, 계획 경제 체제 중 하나이다.) 2021 국회직

> A는 사회 구성원들의 자유로운 경제 활동을 중심으로 경제 문제를 해결하는 경제 체제이다. 한편 B는 중앙 정부의 결정에 따라 국가의 경제 문제를 해결하는 경제 체제이다. B는 A에 비해 [(가)](이)라는 특징을 가진다.

① A는 자원 배분의 형평성 실현을 강조한다.
② B는 자원 배분의 효율성 극대화를 중시한다.
③ A는 계획 경제 체제, B는 시장 경제 체제이다.
④ (가)에 '사회 구성원들의 다양한 욕구 반영에 적합하다.'가 들어갈 수 있다.
⑤ 현대 국가는 대부분 A, B가 혼합된 경제 체제를 채택하고 있다.

출제 단원 및 영역 경제 1단원 경제 체제

해설 A는 시장 경제 체제, B는 계획 경제 체제이다.
⑤ 혼합 경제 체제란 시장 경제적 요소와 계획 경제적 요소를 함께 혼용한 것을 말하는데, 현대 대부분의 국가가 채택하고 있으며, 국가가 추구하는 목표에 따라 혼합의 정도는 다르다.

오답피하기
① A는 자원 배분의 효율성 극대화를 중시한다.
② B는 자원 배분의 형평성 실현을 강조시한다.
③ A는 시장 경제 체제, B는 계획 경제 체제이다.
④ 사회 구성원들의 다양한 욕구 반영에 적합한 것은 시장 경제 체제이므로 (가)에 들어가기에 적합하지 않다.

정답 ⑤

07 밑줄 친 ㉠, ㉡에 대한 옳은 설명을 〈보기〉에서 고른 것은? 2019 소방직

> 경제 체제는 경제 문제를 해결하는 방식에 따라 두 가지로 나눌 수 있는데, 하나는 ㉠ 시장 원리에 따라 경제를 운영하는 체제이고 또 하나는 ㉡ 정부의 계획과 명령에 의해 경제를 운영하는 체제이다.

보기

ㄱ. ㉠이 ㉡보다 경제적 유인이 더 많이 제공된다.
ㄴ. ㉠이 ㉡보다 경기 변동에 의한 불안정성 발생 가능성이 더 크다.
ㄷ. ㉡이 ㉠보다 상대적 빈곤의 문제가 더 많이 발생한다.
ㄹ. ㉠과 달리 ㉡에서는 자원의 희소성 문제가 발생하지 않는다.

① ㄱ, ㄴ　② ㄱ, ㄷ
③ ㄴ, ㄹ　④ ㄷ, ㄹ

해설 ㉠은 시장 경제 체제, ㉡은 계획 경제 체제이다.
ㄱ. 시장 경제 체제는 사유 재산을 인정하고 경쟁의 원리를 중시하므로 ㉠이 ㉡보다 경제적 유인이 더 많이 제공된다.
ㄴ. 계획 경제 체제는 정부의 계획과 명령에 의해 생산과 분배가 이루어지므로 경기 변동에 의한 불안정성이 발생할 가능성이 낮은 반면, 시장 경제 체제는 시장 원리에 따라 각 경제 주체가 스스로 예측을 해야 하므로 ㉠이 ㉡보다 경기 변동에 의한 불안정성 발생 가능성이 더 크다

오답피하기
ㄷ. 계획 경제 체제는 형평성을 강조하므로 상대적 빈곤의 문제는 시장 경제 체제에서 더 많이 발생한다.
ㄹ. 어떠한 경제 체제이든지 자원의 희소성 문제는 발생한다. 자원의 희소성이란 자원의 양보다 욕구가 큰 것으로 경제 문제 발생의 원인이 된다.

정답 ①

자본주의 시장 경제 체제의 변화

01 다음 지문은 경제 정책에 대한 상반된 주장이다. 이에 대한 분석으로 가장 적절한 것을 〈보기〉에서 고른 것은? 2015 경찰직 1차

> 사회자 경기 침체를 벗어나려면 어떻게 해야 할까요?
> 甲 그야 당연히 가계가 저축을 줄이고 소비를 늘려야죠. 만일 그게 안 되면 정부가 빚을 얻어서라도 적극적으로 돈을 풀어야 합니다.
> 乙 그런 정책은 당장은 효과가 있을지 모르지만, 장기적으로는 물가만 인상시킬 뿐 효과가 없습니다. 정부마저 빚을 얻어 지출을 늘리다간 나중에 더 큰 문제가 생깁니다. 정부는 개입을 자제하고 시장이 알아서 문제를 해결하도록 놓아두어야 합니다.

보기

㉠ 乙이 甲보다 수정자본주의에 부합한다.
㉡ 甲이 乙보다 경제적 약자를 배려한다.
㉢ 乙이 甲보다 시장의 조절 기능을 더 신뢰한다.
㉣ 甲이 乙보다 사람들의 성취 의욕과 기술개발을 자극한다.

① ㉠, ㉡　　② ㉠, ㉣
③ ㉡, ㉢　　④ ㉢, ㉣

02 다음은 자본주의 경제 체제의 변천 과정을 도식화 한 것이다. 이에 대한 설명으로 가장 적절한 것은? 2016 해양경찰

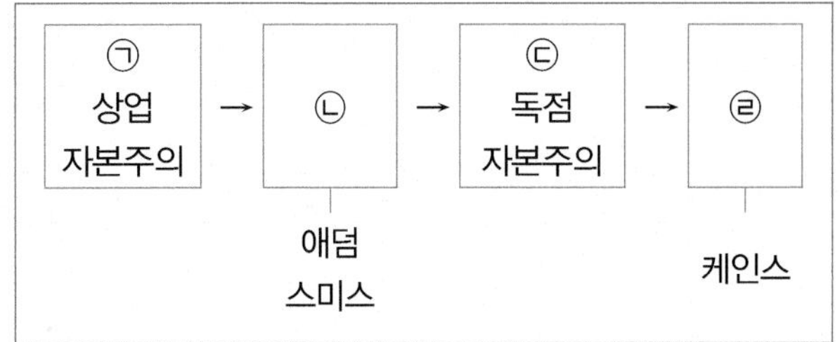

① ㉠ 시기에는 개인의 합리적 행위가 사회 전체의 경제적 합리성을 보장한다는 사상이 지배적이었다.
② ㉡ 시기에는 시장에 대한 정부 개입을 최소화하고자 하였다.
③ 세계 대공황은 ㉢이 등장하게 된 배경으로 작용하였다.
④ ㉣ 시기에는 경제 성장의 요인으로 수요보다 공급을 더 중요하게 보았다.

해설 정부의 시장 개입이 긍정적인 영향을 준다고 보므로 정부개입주의, 큰 정부를 지향한다고 볼 수 있고, 을은 정부의 시장 개입이 부정적인 영향을 준다고 보므로 정부의 비개입주의, 작은 정부를 지향한다고 볼 수 있다.
㉡ 갑은 정부의 적극적 개입을 강조하므로 이로 인해 경제적 약자를 보호하고 배려하는 정책을 옹호할 것이다.
㉢ 을은 정부의 비개입을 강조하므로 이는 시장의 조절 기능을 신뢰하는 것이다. 따라서 을은 갑보다 시장의 자기 조절 기능을 더 신뢰한다고 할 수 있다.

오답피하기
㉠ 수정 자본주의는 정부의 개입을 옹호해 큰 정부를 지향하므로 갑이 을보다 수정 자본주의에 부합한다.
㉣ 사람들의 성취 의욕과 기술 개발을 자극하는 것은 작은 정부를 지향하는 을의 입장이다.

정답 ③

해설 제시된 그림에서 ㉡은 산업 자본주의, ㉣은 수정 자본주의에 해당한다.
② 산업 자본주의 시대에는 자유방임주의 경제관이 지배적이었다. 따라서 시장에 대한 정부 개입을 최소화하고자 하였다는 것은 맞는 지문이다.

오답피하기
① 개인의 합리적 행위가 사회 전체의 경제적 합리성을 보장한다는 사상은 자유 방임주의에 해당하고 자유 방임주의는 산업 자본주의인 ㉡ 시기의 지배적 사상에 해당한다.
③ 세계 대공황은 자본주의 경제 체제가 수정되는 계기가 되었으며 이는 ㉣의 수정 자본주의의 등장 배경이 되었다.
④ ㉣ 시기인 수정 자본주의 시기에는 케인스의 정부 개입주의 경제관이 지배적이었으며 수정자본주의에서는 경제 성장의 요인 중 소비, 투자 등의 총수요의 구성요인들을 경제 성장의 요인으로 보았으며, 총수요를 총공급보다 중시하였다.

정답 ②

CHAPTER 02

경제 주체의 역할과 의사 결정

가계의 경제 활동 (합리적인 소비)

01 다음 갑과 을의 비합리적 소비에 대한 설명으로 옳은 것은? 2013 경기도 경력경쟁

> 갑 요즘 다들 배드민턴을 치는데 나도 배드민턴 라켓을 하나 구입해야겠어.
> 을 요즘 동네 놀이터에 보면 너도 나도 배드민턴을 치고 있는데, 나는 테니스 라켓이나 하나 구입해야겠어.

① 갑의 소비는 자신의 재산을 과시하기 위한 소비에서 나타난다.
② 을의 소비는 유행하는 상품의 소비에서 나타난다.
③ 갑과 을의 소비는 모두 소비 지출이 소득보다 많을 경우 발생한다.
④ 갑과 을의 소비는 모두 다른 사람들의 소비에 영향을 받는다.

해설
④ 갑은 모방소비(밴드왜건 효과)이고, 을은 속물 효과(스놉 효과)이다. 갑과 을의 소비는 모두 다른 사람들의 소비에 영향을 받은 것이다.

해설
① 자산의 재산을 과시하기 위한 소비는 과시 소비(베블런 효과)이고 갑의 경우 모방 소비이다.
② 유행하는 상품의 소비는 모방 소비(밴드왜건 효과)이며, 을은 속물 효과(스놉 효과)에 해당한다.
③ 소비 지출이 소득보다 많은 경우를 과소비라고 하는데, 주어진 자료만으로는 과소비 여부를 알 수 없다.

정답 ④

02 다음 자료에 대한 옳은 분석을 〈보기〉에서 고른 것은? 모의고사 변형

갑은 용돈 5,000원을 모두 사용하여 X재와 Y재를 구입하려고 한다. 현재 X, Y재의 가격은 각각 1,000원이다. 갑의 X재와 Y재 소비량에 따른 총만족도는 아래 표와 같다.

소비량(개)	1	2	3	4	5
X재	16	27	33	36	38
Y재	12	22	30	36	40

보기
ㄱ. X재 2개와 Y재 3개를 구입할 때 만족도가 최대가 된다.
ㄴ. 두 재화 모두 소비량이 늘어날수록 만족도의 증가분은 감소한다.
ㄷ. Y재의 가격만 두 배가 될 경우에는 X재만 구입하는 것이 합리적이다.
ㄹ. 용돈이 5,000원에서 3,000원으로 줄어들 경우에는 X재와 Y재의 구입량을 각각 1개씩 줄여야 합리적이다.

① ㄱ, ㄴ　② ㄱ, ㄷ
③ ㄴ, ㄹ　④ ㄷ, ㄹ

해설
ㄱ. 5,000원으로 구입할 수 있는 X재와 Y재의 소비량 조합을 하나씩 검토해보면 X재 2개와 Y재 3개를 구입할 때 만족도가 57로 최대가 된다.
ㄴ. X재와 Y재 모두 소비량을 늘려나갈 때 총만족도는 증가한다. 그러나 두 재화 모두 1개 소비에 따른 만족도는 첫 번째 재화를 소비 이후 두 번째 이후의 재화 소비부터는 재화 1개 추가 소비에 따라 늘어나는 만족도의 증가분은 점차 감소함을 알 수 있다.

오답피하기
ㄷ. Y재 가격만 두 배가 될 경우 X재만 5개 구입하면 만족도가 38이지만, X재 3개와 Y재 1개를 구입하면 만족도가 45가 되므로 X재만 구입하는 것은 합리적인 선택이라고 볼 수 없다.
ㄹ. 용돈이 3,000원으로 줄어들 경우에는 X재 2개와 Y재 1개를 소비할 때 만족도가 39로 최대가 된다. 따라서 용돈이 5,000원일 때의 합리적 소비량인 X재 2개, Y재 3개와 비교하면, 용돈이 3,000원으로 줄어들 경우에는 Y재의 소비량만 2개 줄여야 한다.

정답 ①

03 다음 자료에 대한 분석 및 추론으로 옳은 것은?

예상문제

갑은 용돈 6,000원을 모두 아이스크림이나 초콜릿을 구입하는 데 사용하려고 한다. 아이스크림 1개의 가격은 2,000원, 초콜릿 1개의 가격은 1,000원이며 갑의 아이스크림과 초콜릿 소비량에 따른 총편익은 아래 표와 같다.

소비량(개)	1	2	3	4	5	6
아이스크림	22	42	59	73	86	96
초콜릿	12	22	30	36	40	42

① 아이스크림과 초콜릿 모두 소비량이 1개씩 증가할 때마다 추가적으로 얻는 편익은 증가한다.
② 아이스크림 1개와 초콜릿 4개를 구입하는 것이 합리적이다.
③ 용돈이 4,000원으로 감소할 경우 아이스크림 1개와 초콜릿 2개를 구입하는 것이 합리적이다.
④ 초콜릿 가격이 두 배가 될 경우 아이스크림 2개와 초콜릿 1개를 구입하는 것이 합리적이다.
⑤ 아이스크림과 초콜릿 가격이 모두 두 배가 될 경우 초콜릿만 구입하는 것이 합리적이다.

해설 갑이 용돈 6,000원을 모두 사용하여 구입할 수 있는 아이스크림과 초콜릿 개수의 조합(아이스크림, 초콜릿)은 (0, 6), (1, 4), (2, 2), (3, 0)이다. (0, 6)의 총편익은 42, (1, 4)의 총편익은 58, (2, 2)의 총편익은 64, (3, 0)의 총편익은 59이므로 아이스크림 2개와 초콜릿 2개를 구입하는 것이 합리적이다.
③ 용돈이 4,000원으로 감소할 경우 갑이 구입할 수 있는 아이스크림과 초콜릿 개수의 조합은 (0, 4), (1, 2), (2, 0)이다. (0, 4)의 총편익은 36, (1, 2)의 총편익은 44, (2, 0)의 총편익은 42이므로 아이스크림 1개와 초콜릿 2개를 구입하는 것이 합리적이다.

오답피하기
① 아이스크림과 초콜릿 모두 소비량이 1개씩 증가할 때마다 추가적으로 얻는 편익은 감소한다.
④ 초콜릿 가격이 두 배가 될 경우 갑이 구입할 수 있는 아이스크림과 초콜릿 개수의 조합은 (0, 3), (1, 2), (2, 1), (3, 0)이다. (0, 3)의 총편익은 30, (1, 2)의 총편익은 44, (2, 1)의 총편익은 54, (3, 0)의 총편익은 59이므로 아이스크림만 3개 구입하는 것이 합리적이다.
⑤ 아이스크림과 초콜릿의 가격이 모두 두 배가 될 경우 갑이 구입할 수 있는 아이스크림과 초콜릿 개수의 조합은 (0, 3), (1, 1)이다. (0, 3)의 총편익은 30, (1, 1)의 총편익은 34이므로 아이스크림1개와 초콜릿 1개를 구입하는 것이 합리적이다.

정답 ③

04 아래 그래프는 갑이 용돈 5만 원을 모두 지출하여 구입할 수 있는 X재와 Y재의 소비가능 곡선이다. 이에 대한 설명으로 가장 옳은 것은?

2014 해양경찰

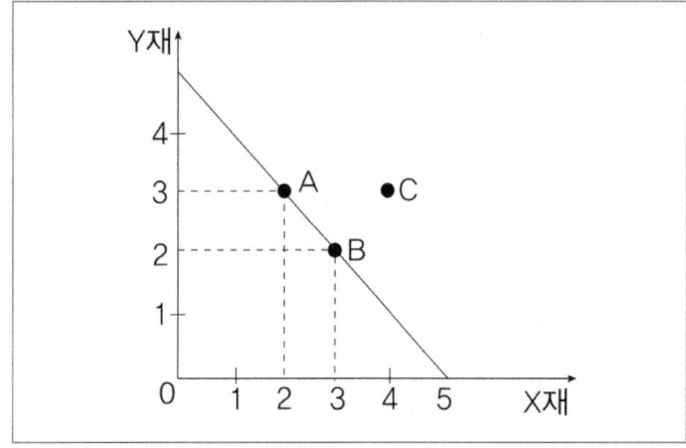

① X재 가격은 Y재 가격의 1/2이다.
② X재 1개 추가 구입의 기회비용은 점차 증가한다.
③ C는 갑의 용돈으로 구입할 수 있는 상품의 조합이다.
④ A에서 B로 이동할 때, X재 1개 추가 구입의 기회비용은 Y재 2개이다.

해설 위의 그래프에서 5만 원으로 X재만을 구매할 경우 5개까지 구매할 수 있으므로 X재 1개 가격은 1만 원이고, Y재는 5만 원으로 10개까지 구매할 수 있으므로 Y재 1개 가격은 5천원이다. 생산가능곡선과 마찬가지로 소비가능곡선이 직선으로 나타나면 한 단위 소비에 따른 기회비용은 어느 곳이나 일정하다.
④ 위 그래프에서 X재를 1개 추가 구입하기 위해서는 Y재 2개를 포기해야 하고 위의 소비가능 곡선은 직선이므로 모든 점에서 X재 1개 소비에 따른 기회비용은 Y재 2개로 동일하다.

오답피하기
① X재 1개의 가격은 1만 원이고, Y재 1개의 가격은 5천원이므로 X재 가격은 Y재 가격의 2배이다.
② 소비가능곡선이 직선이므로 X재 1개 추가 구입의 기회비용은 일정하다.
③ 소비가능곡선 밖의 점인 C는 현재 가진 돈인 5만 원으로는 구입할 수 없는 조합이다.

정답 ④

05 다음 자료에 대한 옳은 분석을 <보기>에서 고른 것은? 2014 해양경찰 유사

그림에서 우하향하는 곡선은 갑이 용돈 1만 원으로 최대한 구입할 수 있는 과자와 아이스바 소비량의 조합을 나타낸 것이다.

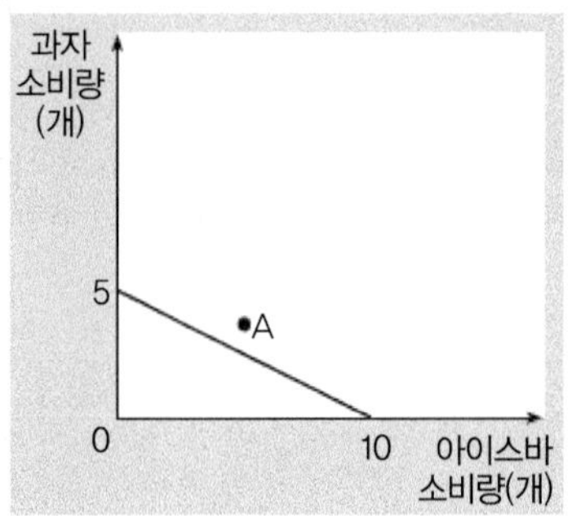

보기

ㄱ. 과자 1개의 가격은 아이스바의 절반이다.
ㄴ. 과자 1개 소비의 기회비용은 아이스바 2개이다.
ㄷ. 갑의 용돈이 늘어나면 A점에서 소비가 가능할 수 있다.
ㄹ. 과자 가격만 상승 시 아이스바로 표시한 과자 1개 소비의 기회비용은 감소한다.

① ㄱ, ㄴ ② ㄱ, ㄷ
③ ㄴ, ㄷ ④ ㄷ, ㄹ

해설 제시된 그림에서 갑이 용돈 1만 원으로 과자만 소비할 경우에는 5개를, 아이스바만 소비할 경우에는 10개를 구입할 수 있다. 따라서 과자의 가격은 개당 2천 원이고, 아이스바는 개당 1천 원이다.

ㄴ. 갑이 용돈 1만 원으로 과자 5개를 구입하는 경우 포기해야 하는 아이스바는 10개이다. 따라서 과자 1개 소비의 기회비용은 아이스바 2개이다.

ㄷ. 갑의 용돈이 늘어나면 구입할 수 있는 과자와 아이스바의 양이 증가하므로 A점에서의 소비가 가능할 수 있다.

오답피하기

ㄱ. 아이스바 1개의 가격이 과자 1개 가격의 절반이다.

ㄹ. 과자 가격만 상승하면 갑이 용돈 1만 원으로 과자만 구입할 경우 5개 미만으로 구입하게 된다. 따라서 과자 1개 소비에 대해 포기해야 하는 아이스바의 양은 증가한다.

정답 ③

06 다음 표는 어떤 재화의 비용과 편익을 분석한 것이다. 이에 대한 분석으로 가장 옳은 것은? 2015 해양경찰

구분	재화의 소비량(개)				
	1	2	3	4	5
A	3	6	9	12	15
B	10	8	6	4	2

* A는 소비량에 따른 총비용이고, B는 재화를 소비할 때마다 추가적으로 얻게 되는 편익이다.
** A의 단위와 B의 단위는 동일하다.

① 소비량이 증가할수록 총편익이 감소한다.
② 소비량이 증가할수록 평균비용이 증가한다.
③ 2개까지 소비하는 것이 합리적인 선택이다.
④ 합리적 선택의 경우 순편익은 16이다.

해설 B를 통해 총편익을 구할 수 있으므로 재화의 소비량에 따른 총편익과 총비용, 그리고 순편익을 구할 수 있다.

구분	재화의 소비량(개)				
	1	2	3	4	5
총편익	10	18	24	28	30
총비용	3	6	9	12	15
순편익	7	12	15	16	15

④ 재화를 4개 소피할 때 순편익이 가장 크므로 합리적인 소비가 된다. 따라서 이 때의 순편익은 16이다.

오답피하기

① 소비량이 증가할수록 총편익은 증가한다.
② 평균비용이란 총비용에서 재화의 소비량을 나눈 것이므로 모든 재화의 소비량에서 평균 비용은 3으로 동일하다.
③ 순편익이 가장 큰 4개까지 소비하는 것이 합리적인 선택이 된다.

정답 ④

07 다음에 나타난 갑의 경제 활동에 대한 설명으로 가장 적절한 것은? 예상 문제

> 갑은 이번 달 용돈을 어디에 쓸지 고민하였다. 간단한 스낵 을 구입하는 데 수시로 지출할 수도 있지만, 운동용으로 사용하는 조깅화가 낡아져서 새 조깅화를 구입할 필요도 있기 때문이다. 결국 갑은 새 조깅화를 구입하는 것이 더 합리적이라고 판단하여 조깅화 구입에 용돈을 모두 지출하였다.

① 부가 가치를 창출하였다.
② 효용을 극대화하고자 하였다.
③ 생산물 시장에서 공급자의 역할을 수행하였다.
④ 생산 요소를 구입하기 위한 비용을 지출하였다.
⑤ 최소의 비용으로 최대의 이윤을 얻고자 하였다.

해설 갑이 용돈을 스낵 구입에 지출할 것인지, 새 조깅화 구입에 지출할 것인지 고민하는 것은 효용 극대화를 목적으로 한다.
② 새 조깅화 구입을 위해 용돈을 지출한 것은 새 조깅화 구입에 따른 효용이 스낵 구입에 따른 효용보다 크다고 판단했기 때문이다.

해설
① 갑의 경제 활동은 소비 활동으로서 부가 가치 창출을 목적으로 한 것이 아니다.
③ 갑은 생산물 시장에서 수요자의 역할을 수행하였다.
④ 스낵, 조깅화 모두 생산 요소가 아니라 생산물에 해당한다.
⑤ 갑의 경제 활동은 기업이 아닌 가계의 활동에 해당한다.

정답 ②

08 다음 자료에 대한 분석으로 옳지 않은 것은? 평가원 기출

> 어느 마을에 20가구가 살고 있으며, 가로등 총 설치 비용과 마을 전체 가구가 누리는 총 만족감을 돈으로 환산한 값은 표와 같다. (단, 가로등으로부터 각 가구가 누리는 만족감의 크기는 동일하며, 설치 비용은 모든 가구가 똑같이 부담한다.)

가로등 수(개)	총 설치 비용(만 원)	총 만족감(만 원)
1	50	100
2	100	180
3	150	240
4	200	280
5	250	300

① 가로등이 2개 설치되었을 때는 더 늘리는 것이 합리적이다.
② 가로등 1개를 더 설치할 때마다 추가되는 비용은 일정하다.
③ 가로등을 4개 설치할 경우 각 가구가 부담해야 할 설치 비용은 10만 원이다.
④ 가로등이 최적으로 설치되었을 때 마을 전체 가구가 누리는 총 만족감은 300만 원이다.
⑤ 가로등을 추가 설치함에 따라 마을 전체 가구가 누리는 총 만족감의 증가분은 감소한다.

해설 가로등을 설치할 때마다 추가되는 비용은 50만 원으로 일정하지만, 총 만족감이 증가하는 정도는 다르게 나타난다. 따라서 가로등 설치 비용 대비 편익이 큰 선까지 가로등을 설치하는 것이 합리적인 선택이다. 제시된 자료를 분석하여 표로 나타내면 아래 표와 같다.

가로등 수	총 설치비용	총 만족감	비용의 증가 폭	만족감의 증가 폭	총효용(총 만족감–총 설치 비용)
1	50	100	0	0	50
2	100	180	50	80	80
3	150	240	50	60	90
4	200	280	50	40	80
5	250	300	50	20	50

④ 만족감의 증가폭이 비용의 증가폭보다 큰 3개에서 멈추는 것이 가장 합리적이다. 즉, 가로등의 최적 설치량은 3개이며, 이때 마을 전체 가구가 누리는 총 만족감은 240만 원이다.

오답피하기
① 가로등을 2개에서 하나 더 설치한다면 50만 원의 비용이 추가 지불되지만, 총 만족감은 60만 원 증가한다. 비용 증가 폭보다 그로 인한 만족감의 증가 폭이 더 크므로 가로등 수를 늘리는 것이 합리적이다.
② 가로등 1개를 더 설치할 때마다 총 설치 비용은 50만 원씩 일정하게 증가한다.
③ 가로등을 4개 설치할 때 총 설치 비용은 200만 원이고, 모든 가구가 똑같이 부담한다고 하였으므로 마을에 사는 20가구는 똑같이 10만 원씩 부담하면 된다.
⑤ 가로등을 1개에서 2개로 늘릴 때 총 만족감의 증가분은 80만 원이고, 2개에서 3개로 증가할 때는 60만 원, 그 다음 40만 원, 그다음 20만 원으로 점점 감소한다.

정답 ④

09 다음 자료에 대한 해석 중에서 가장 적절한 것은? (단, 소비자는 순편익이 가장 큰 조합을 선택하려고 한다.)

2017 경찰직 1차

〈표1〉 1단위 추가 소비할 때 편익의 증가분

구분	1단위	2단위	3단위
사과	2,500원	2,300원	2,100원
배	3,000원	2,500원	2,000원

〈표2〉 3,000원으로 소비할 수 있는 사과와 배의 조합

구분	A	B	C	D
사과	3개	2개	1개	0개
배	0개	1개	2개	3개

① 순편익이 가장 큰 조합은 B이다.
② B조합의 편익이 D조합의 편익보다 작다.
③ A, B, C, D의 지출액은 서로 다르다.
④ B조합을 선택할 경우의 기회비용은 D조합을 선택할 경우와 같다.

해설

④ 기회비용은 여러 가지 대안 중 가장 큰 것을 말하므로 사안의 경우 C 조합의 순편익 가장 크므로 B조합을 선택하거나 D조합을 선택하더라도 그 기회비용은 모두 C조합의 순편익이 된다. 따라서 기회비용은 같다.

오답피하기

① 순편익이 가장 큰 조합을 소비하기 위해서는 사과나 배를 1단위 추가적으로 소비할 때 편익(=효용)의 증가분(=한계 편익)이 큰 순서대로 소비해야 한다. 따라서 소비자의 경우 배 1단위 → 배 1단위(㉠) → 사과 1단위(㉡)의 순서대로 소비하려고 할 것이며, 다만, ㉠과 ㉡의 순서는 바뀌어도 무방하다.
② B조합과 D조합의 편익을 각각 구하면 아래와 같다.

B조합의 편익	사과 2단위 소비의 편익 ⇒ 4,800원 (=2,500+2,300) 배 1단위 소비의 편익 ⇒ 3,000원 ⇒ B조합의 편익: 7,800원 (=4,800원+3,000원)
D조합의 편익	배 3단위 소비의 편익 ⇒ 7,500원 (=3,000+2,500+2,000) ⇒ D조합의 편익: 7,500원

따라서 B조합의 편익이 D조합의 편익보다 크다.
③ A, B, C, D의 지출액은 3,000원으로 서로 동일하다.

정답 ④

10 다음 자료에 대한 분석 및 추론으로 옳은 것은?

2021 지방직

갑은 X재와 Y재만을 합리적으로 소비한다. 표는 각 재화 1개 추가 소비에 따른 편익 증가분을 화폐 단위로 나타냈다. 각 재화의 가격은 각각 5달러이고, 갑의 현재 용돈은 25달러이다. 단, 갑은 용돈을 모두 사용한다.

(단위:달러)

구분	1개째	2개째	3개째	4개째	5개째
X재	10	9	7	4	0
Y재	12	10	6	0	−8

① X재 2개, Y재 3개 소비 시 총편익이 가장 크다.
② X재 소비 증가에 따른 총편익은 지속적으로 감소한다.
③ Y재만을 소비하는 경우 총편익은 음(−)의 값을 가진다.
④ 용돈이 5달러 증가하면 현재보다 Y재 1개를 추가로 소비하게 될 것이다.

출제 단원 및 영역 경제 2단원 합리적인 소비

해설 X재와 Y재의 소비에 따른 편익은 다음과 같다.

구분	1개	2개	3개	4개	5개
X재	10	19	26	30	30
Y재	12	22	28	28	20

각 재화의 가격은 각각 5달러이고, 갑의 현재 용돈은 25달러이므로 갑이 용돈을 모두 사용할 경우 X재와 Y재를 소비할 수 있는 조합은 다음과 같다.

(X, Y)	총편익
(0, 5)	20
(1, 4)	38
(2, 3)	47
(3, 2)	48
(4, 1)	42
(5, 0)	30

④ 25달러일 경우 합리적인 소비는 X재 3개, Y재 2개인데, 용돈이 5달러 증가하면 X재나 Y재를 1개 추가시킬 수 있다. 이 때 X재가 4개가 될 때 편익은 4가 증가하지만, Y재가 3개가 될 때 편익은 6이 증가한다. 따라서 현재보다 Y재 1개를 추가로 소비하게 될 것이다.

오답피하기

① X재 3개, Y재 2개 소비 시 총편익이 가장 크다.
② X재 소비 증가에 따른 총편익은 지속적으로 증가한다.
③ Y재만을 소비하는 경우 총편익은 20으로 양(+)의 값을 가진다.

정답 ④

11 **표는 ○○소방서에서 예산 100만 원을 모두 지출하여 구입할 수 있는 방화복과 방화헬멧 구입량의 조합이다. 이에 대한 분석으로 옳은 것은?** 2019 소방직

구분	A	B	C	D	E	F
방화복(벌)	5	4	3	2	1	0
방화헬멧(개)	0	2	4	6	8	10

① A~F에서 방화복 1벌의 기회비용은 모두 동일하다.
② 방화헬멧 1개의 기회비용은 방화복 2벌이다.
③ 방화복 1벌의 가격이 방화헬멧 1개의 가격보다 싸다.
④ 방화복의 가격이 오르면 방화헬멧 4개와 방화복 3벌을 동시에 구입할 수 있다.

해설
① A~F에서 방화복 1벌을 구매하기 위해서는 방화헬멧 2개를 포기해야 한다. 따라서 A~F에서 방화복 1벌을 구매하기 위한 기회비용은 모두 동일하다.

오답피하기
② 방화헬멧 2개를 사기 위해 방화복 1개를 포기해야 하므로 방화헬멧 1개의 기회비용은 방화복 1/2벌이다.
③ 100만 원으로 방화복을 최대 5개까지 살 수 있으므로 방화복의 가격은 20만 원이고, 방화헬멧은 최대 10개까지 살 수 있으므로 방화헬멧의 가격은 10만 원이다. 따라서 방화복 1벌의 가격이 방화헬멧 1개의 가격보다 비싸다.
④ 현재 100만 원의 예산으로는 최대한으로 방화헬멧 4개와 방화복 3벌을 동시에 구입할 수 있다.따라서 방화복의 가격이 오르면 방화헬멧 4개와 방화복 3벌을 동시에 구입할 수 없게 된다.

정답 ①

소득과 소비

01 **표는 어떤 가족의 소득 구성 변화를 나타낸다. 이에 대한 옳은 설명을 〈보기〉에서 고른 것은?** 2016 10월 학평

(단위: 만 원)

구분	2016년 8월	2016년 9월
회사 급여	250	300
가게 운영 수익	200	100
국민연금	50	50
사고 보상 보험금	0	100
합계	500	550

보기
ㄱ. 근로 소득은 감소했다.
ㄴ. 사업 소득은 감소했다.
ㄷ. 이전 소득은 증가했다.
ㄹ. 8월과 달리 9월에 비경상 소득이 발생했다.

① ㄱ, ㄴ　② ㄱ, ㄷ
③ ㄴ, ㄷ　④ ㄴ, ㄹ
⑤ ㄷ, ㄹ

해설 위의 표에서 회사 급여는 근로 소득, 가게 운영 수익은 사업 소득, 국민 연금은 이전 소득으로써 경상 소득에 해당하고, 사고 보상 보험은 비경상 소득에 해당한다.
ㄴ. 사업 소득은 가게 운영 수익으로 200에서 100으로 감소하였다.
ㄹ. 비경상 소득인 사고 보상 보험금은 2016년 8월에는 발생하지 않았고 9월에는 100만 원으로 발생하였다.

오답피하기
ㄱ. 회사 급여는 근로 소득에 해당하고 이는 250에서 300으로 증가하였다.
ㄷ. 국민 연금은 이전 소득으로 50에서 50으로 일정하다.

정답 ④

02 가계의 소득과 소비에 대한 설명으로 옳은 것을 〈보기〉에서 고르면? 예상 문제

보기
ㄱ. 소득수준이 높을수록 엥겔계수가 낮아지는 경향이 있다.
ㄴ. 소득 재분배를 위해서는 상속세, 재산세의 비율을 대폭 낮출 필요가 있다.
ㄷ. 처분 가능 소득이란 소득에서 소비지출을 뺀 값이다.
ㄹ. 소득 수준이 높을수록 근로소득보다 사업이나 재산소득의 비중이 높은 경향이 있다.

① ㄱ, ㄴ
② ㄱ, ㄹ
③ ㄴ, ㄷ
④ ㄴ, ㄹ
⑤ ㄷ, ㄹ

해설

$$엥겔계수 = \frac{식료품의 지출액}{가계총소비의 지출액} \times 100(\%)$$

ㄱ. 엥겔지수는 가계가 지출한 총액에서 식료품비로 지출한 금액이 차지하는 비율을 말하는 것으로 소득이 낮은 계층일수록 엥겔계수가 높고 소득이 높은 계층일수록 엥겔 계수는 낮아지는 경향이 있다.
ㄹ. 소득 수준이 높을수록 사업이나 재산 등을 통한 수입의 비중이 큰 경향이 있으므로 근로소득보다 사업이나 재산소득의 비중이 높은 경향이 있다.

오답피하기
ㄴ. 상속세와 재산세는 직접세로서 누진세율을 적용한다. 따라서 소득 재분배를 위해서는 상속세, 재산세의 비율을 낮출 것이 아니라 높여야 한다.
ㄷ. 처분 가능 소득이란 소득에서 비소비지출을 뺀 값이다.

정답 ②

03 다음 표에 대한 설명으로 옳은 것만을 〈보기〉에서 있는 대로 고른 것은? 예상 문제

구분	2003년		2011년	
	금액(천원)	비율(%)	금액(천원)	비율(%)
경상소득	2,534	96.3	3,705	96.5
㉠	1,662	63.2	2,496	65.0
사업소득	681	25.9	841	21.9
재산소득	17	0.6	16	0.4
이전소득	174	6.6	352	9.2
㉡	96	3.7	136	3.5
합계	2,630	100.0	3,841	100.0

보기
ㄱ. 공무원인 갑이 받는 소득은 ㉠에 포함된다.
ㄴ. 정부로부터 매달 받는 국민연금은 ㉡에 속한다.
ㄷ. 비정기적이고 일시적으로 얻는 소득은 2003년에 비해 2011년에 감소하였다.
ㄹ. 2003년에 비하여 2011년에 ㉠에 해당하는 소득이 가장 많이 증가하였다.

① ㄱ, ㄴ
② ㄱ, ㄹ
③ ㄴ, ㄷ
④ ㄴ, ㄹ
⑤ ㄷ, ㄹ

해설 ㉠은 근로소득, ㉡은 비경상소득이 들어간다.
ㄱ. 공무원이 받는 소득은 근로 소득이므로 ㉠에 해당한다.
ㄹ. 근로소득이 2003년에 비하여 2011년에는 834(천원)가 증가하여 가장 많이 증가한 소득이라고 할 수 있다. 이전소득은 비율의 증가가 가장 크지만 소득의 증가를 물어봤기 때문에 소득액을 비교해서 가장 많이 증가한 근로소득이 이에 해당한다는 것을 유의해야 한다.

오답피하기
ㄴ. 정부로부터 매달 받는 국민연금은 비정기적이고 일시적인 소득인 비경상소득이 아니라 생산활동에 직접 참여하지 않고 무상으로 정기적으로 받는 소득이므로 이전소득에 해당한다.
ㄷ. 비정기적이고 일시적으로 얻는 소득은 비경상소득을 말하고 2003년에 비하여 2011년에는 증가하였다. (96→136)

정답 ②

04 그림은 생애 주기 이론을 나타낸다. 이에 대한 설명으로 옳은 것은? 예상 문제

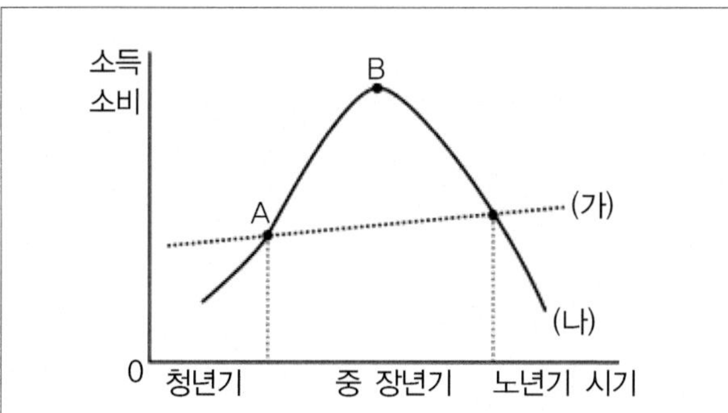

* 단, (가)와 (나)는 생애 동안의 소득 또는 소비 중 하나를 나타낸다.

① A 이후에는 정(+)의 저축이 이루어진다.
② B에서 생애 동안 축적된 재산이 가장 많다.
③ 소득은 생애 동안 꾸준히 증가하고 있다.
④ 시기에 관계없이 소득에서 소비가 차지하는 비율이 일정하게 증가하고 있다.
⑤ 중·장년기에 소득세를 더 부과하고 다른 시기에 보조금을 지급하면 (가)와 (나)의 간격이 줄어든다.

해설 (가)는 전 생애동안 일정하게 나타나고 있으므로 소비이며, (나)는 변동의 폭이 크므로 소득을 나타낸다.
⑤ 중·장년기에 소득세를 더 부과하고 다른 시기에 보조금을 지급하면 소득과 소비의 폭을 더 줄여 그 간격이 줄어든다.

오답피하기
① A 이후에는 정(+)의 저축이 이루어지지만 노년기 시기에 다시 부(−)의 저축이 이루어진다.
② B 시기에 가장 많은 저축이 이루어지는 시기이지만 축적된 재산이 가장 많은 시기는 B를 지나 (가)와 (나)가 만나는 지점이다.
③ 소득은 일정한 기간에만 이루어지고 그 변동의 폭이 소비에 비하여 크며, 소득은 증가하다가 다시 감소한다.
④ 소득에서 소비가 차지하는 비율은 청년기가 높고 중·장년기에는 낮아졌다가 다시 노년기에 와서 높아진다.

정답 ⑤

05 다음 자료에 대한 설명으로 가장 옳은 것은? 예상 문제

그림은 갑이 생애주기곡선을 학습한 후, 자신의 생애 주기에 따른 소비와 소득의 변화를 예측하여 나타낸 것이다. 갑은 자신의 소비가 지속적으로 상승할 것으로 예측하고 있다.

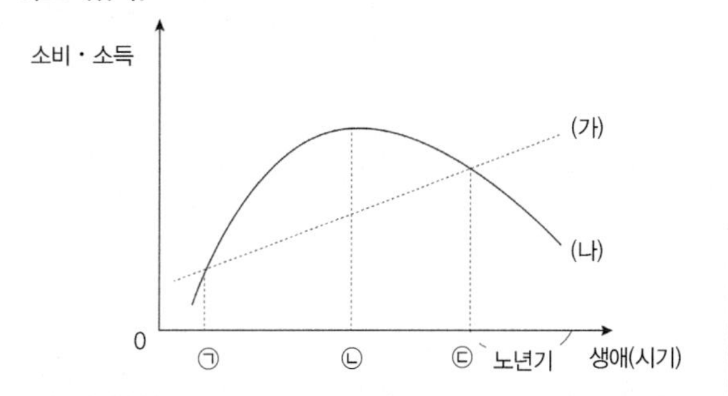

① ㉠ 지점 전까지는 소득만으로 소비를 충당할 수 없다.
② ㉡ 지점에서 생애동안 누적된 저축액이 가장 크다.
③ ㉢ 시기 이후부터 실질적인 자산 증식이 가능하다.
④ (가)는 소득, (나)는 소비를 나타낸다.

해설 생애동안 소득은 벌 수 있는 시기가 한정되므로 변동성이 크다. 반면에 소비는 생애동안 꾸준하므로 변동성이 작다. 갑의 소비가 지속적으로 증가한다고 하였고, 소득은 변동성이 크므로 (가)는 소비, (나)는 소득이 된다. 또한 청년기까지는 소비가 소득보다 많지만 중·장년기에는 소득이 소비보다 많아 저축이 나타나는 구간이다.
① ㉠ 지점 전까지는 소비가 소득보다 많으므로 소득만으로 소비를 충당할 수 없다.

오답피하기
② ㉡ 지점은 저축이 가장 많이 발생하지만, 누적된 저축액이 가장 많은 것은 ㉢이다.
③ ㉢ 시기 이후부터는 소득보다 소비가 많으므로 실질적인 자산 증식이 어려운 구간이다.
④ (가)는 소비, (나)는 소득에 해당한다.

정답 ①

06 다음 생애주기 곡선에 대한 옳은 설명을 〈보기〉에서 모두 고른 것은? 예상 문제

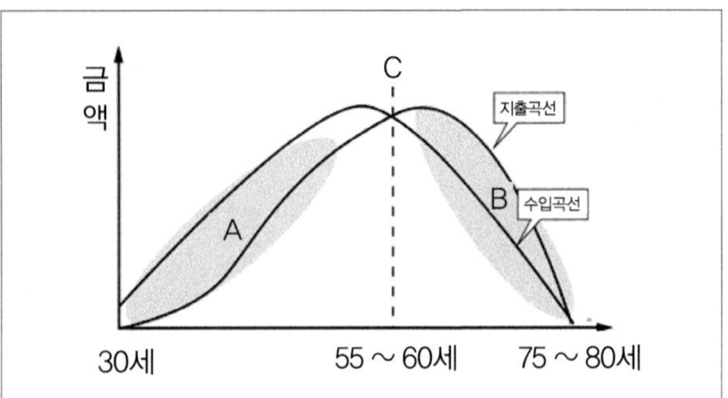

보기

ㄱ. A시기에는 소비가 소득보다 더 크다.
ㄴ. 노후 준비를 위해서 A영역이 B영역보다 큰 게 좋다.
ㄷ. A시기에는 자산이 없으므로 B시기보다 분산투자에 더 신경을 써야 한다.
ㄹ. B시기 대비 재무 계획 시 C와 관련된 계획을 함께 세워야 한다.

① ㄱ
② ㄱ, ㄷ
③ ㄴ, ㄹ
④ ㄷ, ㄹ
⑤ ㄱ, ㄷ, ㄹ

해설

ㄴ. 노년기에는 수입보다 지출이 더 많으므로 노후 준비를 위해서는 수입이 지출보다 많은 A 영역이 B영역 보다 큰 게 좋다.
ㄹ. 수입은 줄어들고 지출이 수입보다 많은 B 시기를 대비하기 위해서 수입이 지출보다 적어지는 C 지점과 관련하여 이에 대한 계획을 세워야 한다.

오답피하기

ㄱ. A 시기는 수입이 지출보다 많은 구간으로 소득이 소비보다 더 크다.
ㄷ. A 시기는 자산이 있으며, 수입이 줄어드는 B 시기에 분산 투자에 더 신경을 써야 한다.

정답 ③

07 그림에 대한 설명으로 옳은 것만을 〈보기〉에서 있는 대로 고른 것은? 예상 문제

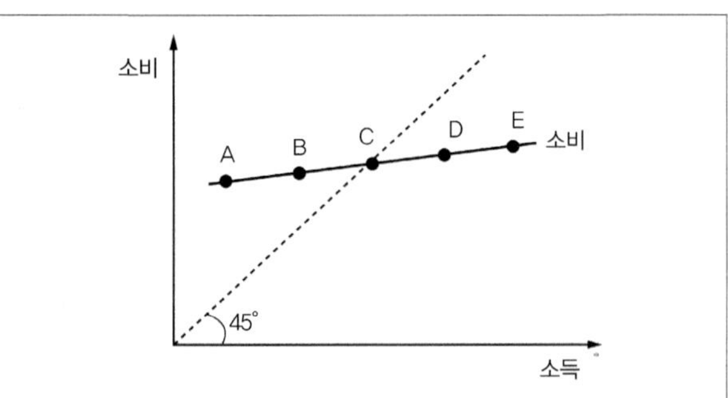

* 소득 = 소비 + 저축
** 평균소비성향 = 소비/소득
*** 평균저축성향 = 저축/소득

보기

ㄱ. A와 E 사이에 평균저축성향이 가장 큰 점은 E이다.
ㄴ. B점에서는 평균저축성향이 평균소비성향보다 크다.
ㄷ. C점에서는 평균소비성향이 0이다.
ㄹ. D점에서는 평균소비성향이 1보다 작다.
ㅁ. 가장 합리적 소비는 C점이다.

① ㄱ, ㄴ
② ㄱ, ㄹ
③ ㄱ, ㄷ, ㄹ
④ ㄱ, ㄴ, ㅁ
⑤ ㄷ, ㄹ, ㅁ

해설

ㄱ. 평균저축성향이란 처분 가능 소득에서 저축액이 차지하는 비중을 나타내는 것이므로 소득이 일정하다면 소비가 작을수록 저축의 성향은 커진다. 따라서 E가 평균저축성향이 가장 크다.
ㄹ. D점은 소득에 비하여 소비가 작으므로 평균소비성향은 1보다 작다.

오답피하기

ㄴ. B점은 소득보다 소비가 더 많은 것을 나타내므로 평균저축성향보다 평균소비성향이 더 크다.
ㄷ. C점은 소득과 소비가 같으므로 평균소비성향은 1이 된다.
ㅁ. C점은 소득과 소비가 같은 점을 나타낸다. 반면 E점은 소득에 비하여 소비가 작고 그 나머지를 저축할 수 있기 때문에 E점이 가장 합리적인 소비가 된다.

정답 ②

08 표는 어느 가계의 소득별 구성비 변화를 나타낸 것이다. 2019년 대비 2020년에 나타난 변화에 대한 설명으로 옳은 것은? 2021년 소방직

(단위: %)

구분	근로소득	재산소득	이전소득	사업소득	비경상소득
2019년	60	20	5	10	5
2020년	40	30	0	20	10

① 연금과 같은 유형의 소득은 증가하였다.
② 경영의 대가로 얻은 소득 비중은 감소하였다.
③ 노동력을 제공하여 얻은 소득 비중은 감소하였다.
④ 전체 소득에서 정기적으로 발생하는 소득 비중은 증가하였다.

출제 단원 및 영역 경제 2단원 가계의 경제 활동

해설
③ 노동력을 제공하여 얻은 소득은 근로 소득으로 분류를 하는데, 근로 소득은 60%에서 40%로 감소하였다.

오답피하기
① 연금의 경우 일시불로 받는다면 비경상 소득으로, 매달 일정금액을 받는다면 이전 소득으로 분류된다. 위의 표에 나타난 것처럼 소득의 비중만으로는 금액을 알 수 없기 때문에 연금이 비경상 소득이든 이전 소득이든 증가 여부를 알 수는 없다. 또한 이전소득으로 보더라도 비중이 0%인 만큼 연금소득은 0이 된다.
② 경영의 대가로 얻은 소득은 사업 소득에 해당하는데, 사업 소득은 10%에서 20%로 비중이 증가하였다.
④ 정기적으로 발생하는 소득은 경상 소득을 말하고, 경상 소득은 95%에서 90%로 비중이 감소하였다.

정답 ③

09 〈보기〉의 (가), (나)에 대한 설명으로 가장 옳은 것은? 2021 서울시(경력직)

보기

소득은 규칙적이고 반복적으로 발생하는 (가) 와 불규칙적으로 발생하는 (나) 로 구성된다.

① (가) 중 이전 소득에는 공적 연금이 해당한다.
② (가) 중 사업 소득에는 배당금이 해당한다.
③ 연금 일시금은 (가)에 해당한다.
④ 예산 수립 시에는 (나)를 바탕으로 하는 것이 바람직하다.

출제 단원 및 영역 경제 2단원 소득의 종류

해설 (가)는 경상 소득, (나)는 비경상 소득에 해당한다.
① 국민 연금과 같은 공적 연금은 연금 수령 나이가 되어 정기적으로 받게 되면 이전 소득으로 분류된다.

오답피하기
② 배당금은 재산(자본, 주식, 토지, 건물, 주택)으로부터 얻는 소득인 재산 소득에 해당한다.
③ 연금을 일시금으로 수령하는 경우에는 비경상 소득에 해당한다.
④ 비경상 소득은 예상치 못한 것으로 비정기적이고 일시적 요인에 의해 발생하는 소득이므로 예산 수립 시 이를 바탕으로 하기 힘들다. 따라서 예산 수립 시에는 경상 소득을 바탕으로 하는 것이 바람직하다.

정답 ①

10 **그림은 저축이 국민 경제에 미치는 효과의 두 가지 유형을 나타낸 것이다. 이에 대한 설명으로 가장 적절한 것은?** 예상 문제

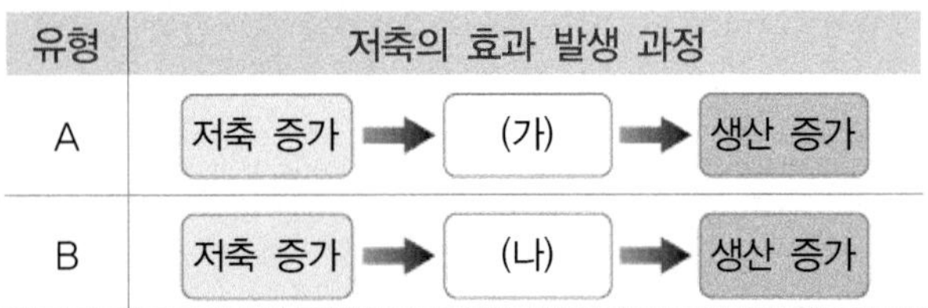

유형	저축의 효과 발생 과정
A	저축 증가 ➡ (가) ➡ 생산 증가
B	저축 증가 ➡ (나) ➡ 생산 증가

① (가)는 물가 하락 요인으로 작용한다.
② (나)에는 '투자 증가'가 들어갈 수 있다.
③ A 유형에서는 저축이 증가할 경우 실업률이 증가한다.
④ B 유형은 생산 능력에 비해 소비가 부족한 국가에서 주로 나타난다.
⑤ A 유형과 달리 B 유형에서는 저축 증가가 경제 성장에 도움이 된다.

해설
④ B 유형은 저축 증가로 소비가 감소할 경우 재고 증가와 생산 감소로 이어지는 유형이다. 이 유형은 생산 능력에 비해 소비가 부족한 국가에서 주로 나타난다.

해설
① (가)에 들어갈 경제 현상은 '투자 증가'이다. 투자가 증가할 경우 수요 증가로 인해 물가는 상승한다. (가)를 소비 감소로 이해한다면 소비 감소로 인해 생산이 증가한다는 의미가 되어 논리에 어긋나게 된다.
② (나)에서는 저축으로 인해 생산 감소가 나타나는 요인이 들어가야 하기 때문에 '소비 감소'나 '판매 부진에 따른 재고 증가'가 들어갈 수 있다.
③ A 유형은 가계의 저축이 기업의 투자로 이어져 생산 증가를 가져오는 유형이다. 투자와 생산이 증가하는 과정에서 일자리가 늘어나기 때문에 A 유형에서는 저축이 증가할 경우 일반적으로 실업률은 감소한다.
⑤ A 유형에서는 저축 증가가 생산을 증가시켜 경제 성장에 도움이 되지만, B 유형에서는 저축 증가가 생산을 감소시켜 경제 성장에 도움이 되지 않는다.

정답 ④

기업의 경제 활동 (합리적인 생산)

01 **다음 자료에 대한 설명으로 옳은 것은?** 2015 서울시

A~E는 갑국이 보유한 자원으로 생산할 수 있는 X재와 Y재의 최대 생산량의 조합을 나타낸다.(단, 갑국은 X재와 Y재, 두 재화만 생산한다.)

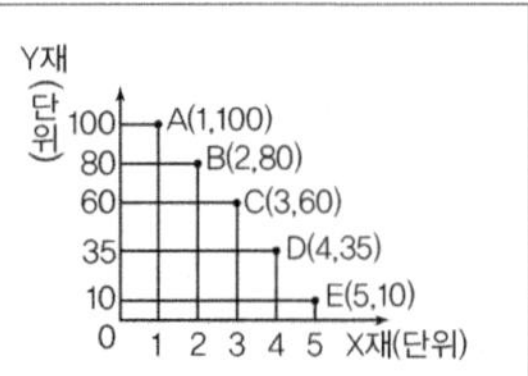

① X재와 Y재 생산에 자원이 고르게 배분된 C가 A보다 효율적이다.
② X재 추가 생산에 따른 기회비용은 B에서 C로 이동할 때가 A에서 B로 이동할 때보다 크다.
③ B에서 A로 이동할 때, Y재 1단위 추가 생산에 따른 기회 비용은 X재 1단위이다.
④ Y재 추가 생산에 따른 기회비용은 C에서 B로 이동할 때가 D에서 C로 이동할 때보다 더 크다.

해설 비교 우위란 다른 나라에 비해 더 적은 기회비용으로 재화를 생산할 수 있는 능력을 말하며, 한 나라에서 어떤 재화를 생산하기 위해 포기하는 재화의 양이 다른 나라보다 적다면 비교 우위가 있는 것이다.
④ D(4,35)에서 C(3,60)로 이동할 때 Y재 25단위를 생산할 때 X재 1단위를 포기하게 되므로 Y재 추가 생산에 따른 기회비용은 X재 1/25단위이다. 반면, C(3,60) → B(2,80)으로 이동하게 되면 Y재 20단위를 더 생산할 수 있지만 X재 1단위를 포기하게 되므로 Y재 추가 생산에 따른 기회비용은 X재 1/20단위이다. 따라서 Y재 추가 생산에 따른 기회비용은 C에서 B로 이동할 때가 D에서 C로 이동할 때보다 더 크다.

오답피하기
① 생산 가능 곡선 상의 모든 생산 수량 조합은 한 나라의 생산 가능한 모든 자원을 활용하여 생산 가능한 두 재화의 수량을 조합한 것이므로 모두 효율적인 생산 조합이 된다. 따라서 C가 A보다 효율적이라고 단정할 수는 없다.
② A(1,100) → B(2,80)으로 이동하면 X재 1단위를 더 생산할 수 있지만 Y재 20단위를 포기하게 되므로 X재 추가 생산에 따른 기회비용은 Y재 20단위이다. 반면, B(2,80) → C(3,60)으로 이동하게 되면 X재 1단위를 더 생산할 수 있지만 Y재 20단위를 포기하게 되므로 X재 추가 생산에 따른 기회비용은 Y재 20단위이다. 따라서 X재 추가 생산에 따른 기회비용은 B에서 C로 이동할 때와 A에서 B로 이동할 때는 동일하다.
③ B(2,80)에서 A(1,100)로 이동할 때 Y재 20단위를 더 생산하고 X재 1단위를 포기하였으므로 B에서 A로 이동할 때, Y재 1단위 추가 생산에 따른 기회비용은 X재 1/20단위이다.

정답 ④

02 그림은 X재와 Y재만을 생산하는 어떤 기업의 생산 가능 곡선의 변화를 나타낸 것이다. 이에 대한 설명으로 옳은 것은? 예상문제

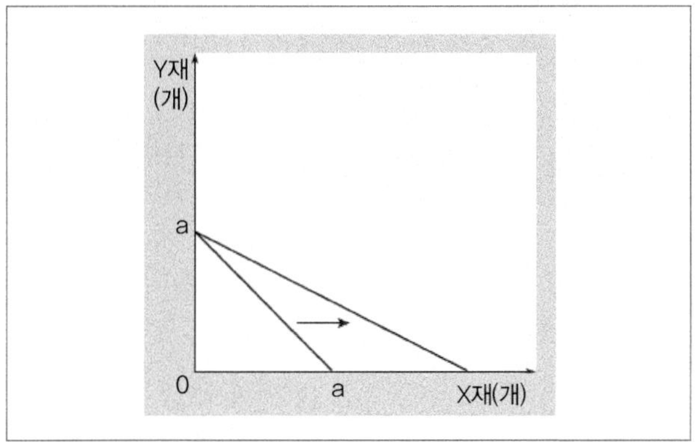

① 변화 이전에 X재 a개와 Y재 a개를 동시에 생산할 수 있었다.
② 변화 이전에 X재 1개 추가 생산에 따른 기회비용은 Y재 1개였다.
③ X재 1개 추가 생산에 따른 기회비용은 변화 이전보다 변화 이후가 크다.
④ X재의 생산 요소 비용 증가는 이러한 변화의 요인으로 제시될 수 있다.

해설 그림에서 생산 가능 곡선의 변화 이전에는 최대로 생산 가능한 양이 X재 a개이거나 Y재 a개였고, 변화 이후에는 최대로 생산 가능한 양이 Y재는 a개로 변함없지만 X재는 a개보다 많아졌음을 알 수 있다.
② 변화 이전에 최대로 생산 가능한 양은 X재 a개이거나 Y재 a개였다. 즉, X재 1개를 추가 생산하려면 Y재 1개를 포기해야 했다.

오답피하기
① 변화 이전에 X재 a개와 Y재 a개를 동시에 생산할 수는 없었다. 두 재화 중 어느 하나만을 a개 생산할 수 있었다.
③ X재 1개 추가 생산에 따른 기회비용은 변화 이전의 경우 Y재 1개였으나, 변화 이후의 경우 Y재 1개보다 작아진다.
④ X재의 생산 요소 비용이 증가하면 최대로 생산할 수 있는 X재의 양이 a개보다 적어진다.

정답 ②

03 기업의 경제활동에 관한 다음 설명 중 틀린 것은? 예상 문제

① 생산에 기여한 대가를 가계에 지급한다.
② 이윤을 극대화하기 위해 다른 기업과 경쟁하기도 한다.
③ 가계에 생산물을 공급하여 판매 수입을 얻는다.
④ 공공재를 받은 대가로 정부에 조세를 납부한다.
⑤ 생산에 필요한 자원을 다른 기업과 거래하기도 한다.

해설
④ 기업이 정부에 조세를 납부하는 것은 법에 따라 강제적으로 이루어지는 것이지, 공공재를 받은 대가로 볼 수 없다.

오답피하기
① 기업은 가계가 생산 요소를 제공하여 생산에 기여한 대가인 요소 소득을 가계에 지급한다.
② 기업은 다른 기업과의 경쟁을 통해 시장 경쟁력을 갖출 수 있도록 노력하는데, 이를 통해 이윤 극대화에 이를 수 있다.
③ 생산물 시장에서 기업은 가계에 생산물을 공급하고 판매 수입을 얻는다.
⑤ 효율적인 생산 활동을 위해 생산에 필요한 자원을 기업 간에 거래하기도 한다.

정답 ④

04 그림은 어떤 기업의 생산 가능 곡선이 변화한 모습을 나타 낸다. 이에 대한 설명으로 옳은 것은? (단, 2010년과 2015년에 투입되는 생산 요소의 양은 동일하다.)

2016 6월 모평

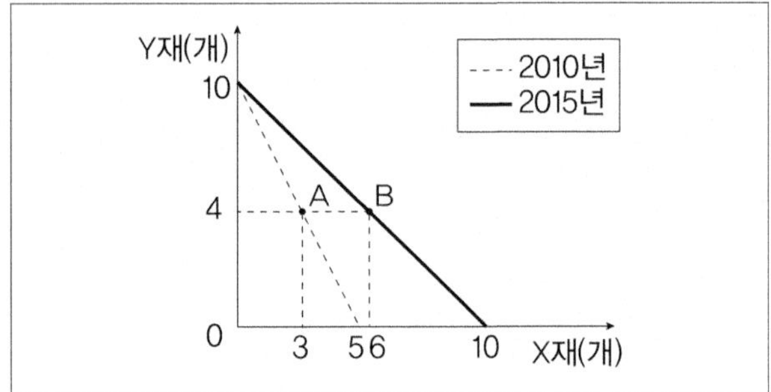

① A점은 2010년에 생산이 불가능하다.
② B점은 2015년에 비효율적인 생산점이다.
③ 2015년에 X재 10개와 Y재 4개를 생산할 수 있다.
④ A점에서 B점으로의 생산점 변화는 X재 생산 기술의 발전으로 나타날 수 있다.
⑤ Y재로 표시한 X재 1개 생산의 기회비용은 2010년보다 2015년에 크다.

해설
④ X재의 생산 기술의 변동이 X재의 생산 가능량을 늘리게 되므로 그림과 같이 생산 가능 곡선이 변동하게 된다.

해설
①, ② 모두 각 해의 생산 가능 곡선상의 점으로 생산이 가능하다.
③ 2015년 X재를 10개를 생산하면 Y재를 생산할 여력은 없다.
⑤ X재의 기회비용은 Y재 2단위에서 1단위로 감소하였다.

정답 ④

05 표는 X재 시장에서 시장 지배력이 있는 A 기업의 생산량에 따른 평균 수입과 총비용을 나타낸다. 이에 대한 분석으로 옳은 것은? (단, 생산된 X재는 모두 판매된다.)

2016 수능

생산량(개)	1	2	3	4	5
평균 수입(만 원)	10	9	8	7	6
총비용(만 원)	13	16	18	23	31

※ 평균수입 $= \frac{\text{총수입}}{\text{생산량}}$

① 생산량이 4단위일 때 이윤은 최대가 된다.
② 생산량이 5단위일 때 X재 1단위당 생산 비용은 최대가 된다.
③ 생산량이 증가하더라도 X재의 판매 가격은 일정하다.
④ 생산량이 1단위 증가할 때마다 추가적으로 얻는 수입은 감소한다.
⑤ 생산량이 1단위 증가할 때마다 추가적으로 발생하는 비용은 증가한다.

해설 위의 주어진 표를 바탕으로 총수입과 총이윤 등을 살펴보면 아래와 같이 정리할 수 있다.

생산량(개)	1	2	3	4	5
평균 수입(만 원)	10	9	8	7	6
총수입(만 원)	10	18	24	28	30
총비용(만 원)	13	16	18	23	31
한계 수입(만 원)	10	8	6	4	2
한계 비용(만 원)	13	3	2	5	8
총이윤(만 원)	−3	2	6	5	−1

④ 생산량이 1단위 증가할 때마다 추가적으로 얻는 수입은 10→8→6→4→2로써 감소함을 알 수 있다.

오답피하기
① 생산량이 3단위일 때 총이윤이 극대화된다. 따라서 3단위일 때 이윤은 최대가 된다.
② X재 1단위당 생산 비용이 최대가 되는 경우는 생산량이 1단위인 경우이다.
③ 평균수입이 생산량에 따라 달라지고 있는데, 이는 판매 가격이 일정하지 않음을 나타낸다.
⑤ 생산량이 1단위 증가할 때마다 추가적으로 발생하는 비용은 감소하다가 증가한다.

정답 ④

06 표는 A 기업의 X재 생산량에 따른 총수입과 총비용을 나타낸다. 이에 대한 분석으로 옳은 것은? (단, 생산된 X재는 모두 판매된다.) 예상 문제

생산량(개)	1	2	3	4	5	6	7
총수입(만 원)	6	12	18	24	30	36	42
총비용(만 원)	4	6	10	16	24	34	46

① 생산량이 4개일 때 X재 1개당 생산 비용이 가장 작다.
② 생산량이 5개일 때 이윤이 극대화된다.
③ 생산량이 1개씩 증가할 때마다 추가되는 생산 비용은 감소한다.
④ 생산량이 1개씩 증가할 때마다 추가되는 판매 수입은 일정하다.

해설 A 기업의 X재 생산량에 따른 이윤과 X재 1개당 생산 비용인 평균 비용은 아래 표와 같다.

생산량(개)	1	2	3	4	5	6	7
이윤(만 원)	2	6	8	8	6	2	−4
평균 비용(만 원)	4	3	약 3.3	4	4.8	약 5.7	약 6.6

④ 생산량이 1개씩 증가할 때마다 추가되는 판매 수입은 6만 원으로 일정하다.

오답피하기

① 생산량이 2일 때 X재 1개당 생산 비용이 가장 작다.
② 생산량이 3개 또는 4개일 때 이윤이 극대화된다.
③ 생산량이 1개일 때를 제외하고, 생산량이 1개씩 증가할 때마다 추가되는 생산 비용은 증가한다.

정답 ④

07 다음 표는 甲 기업의 X재 생산에 따른 평균 비용과 이윤을 나타낸다. 이에 대한 분석으로 가장 적절한 것은? (단, 생산된 X재는 모두 판매되며, 평균 수입은 생산량과 관계없이 일정하다.) 2020 경찰직 2차

생산량(개)	1	2	3	4	5
평균 비용(만 원)	12	11	10	9	10
이윤(만 원)	0	2	(가)	(나)	(다)

※ 평균수입 $= \frac{\text{총수입}}{\text{생산량}}$, 평균비용 $= \frac{\text{총비용}}{\text{생산량}}$

① 생산량이 증가할수록 X재의 시장 가격은 상승한다.
② 4개를 생산하는 것보다 3개를 생산하는 것이 합리적이다.
③ 생산량을 1개씩 늘릴 때마다 추가적으로 발생하는 비용은 감소한다.
④ (다)의 값은 (가)의 값보다 크다.

해설 평균수입은 생산량과 관계없이 일정하다고 하였고, 위의 자료를 바탕으로 총수입과 총비용을 구할 수 있다. 이를 통해 X재 1개의 가격은 12만 원임을 알 수 있다.

생산량(개)	1	2	3	4	5
평균 비용(만 원)	12	11	10	9	10
이윤(만 원)	0	2	**(가) 6**	**(나) 12**	**(다) 10**
총 비용(만 원)	12	22	30	36	50
총 수입(만 원)	12	24	36	48	60

④ 위의 표를 보면 (다)의 값이 (가)의 값보다 더 큼을 알 수 있다.

오답피하기

① 평균 수입은 생산량에 관계없이 일정하다고 하였으므로 생산량이 증가하더라도 X재의 시장 가격은 일정하다.
② 이윤이 극대화되는 지점은 4개를 생산할 때이므로 4개를 생산하는 것이 3개를 생산하는 것보다 합리적이다.
③ 생산량을 1개씩 늘릴 때마아 추가적으로 발생하는 비용은 (12→10→8→6→14) 감소하다가 5개를 생산할 때 다시 증가한다.

정답 ④

08 표는 A 기업의 X재 판매량에 따른 평균 수입과 총비용을 나타낸다. 이에 대한 분석으로 옳은 것은?

2016 교육행정

판매량(개)	1	2	3	4	5
평균 수입(만 원)	100	100	100	100	100
총비용(만 원)	200	260	300	360	470

* 평균 수입 = 총수입 / 판매량

① X재 판매량이 4개일 때 A 기업의 이윤은 극대화된다.
② X재 판매량이 증가하여도 A 기업의 총수입은 일정하다.
③ A 기업의 이윤은 모든 판매량에서 항상 양(+)의 값을 가진다.
④ X재 판매량이 1개씩 증가할 때마다 추가적으로 발생하는 비용이 증가한다.

해설 위의 표를 바탕으로 총수입과 총이윤, 한계비용을 계산할 수 있다.

판매량(개)	1	2	3	4	5
평균 수입(만 원)	100	100	100	100	100
총수입(만 원)	100	200	300	400	500
총비용(만 원)	200	260	300	360	470
총이윤(만 원)	−100	−60	0	40	30
한계비용(만 원)	200	60	40	60	110

① 위의 표에서 나타난 것처럼 판매량이 4개일 때 A기업의 이윤이 최대가 된다.

오답피하기

② X재의 판매량이 증가할수록 총수입도 일정하게 증가한다.
③ A 기업의 이윤은 모든 판매량에서 항상 양(+)의 값을 가지는 것이 아니라 판매량이 4개와 5개일때에만 양(+)의 값을 가진다.
④ X재 판매량이 1개씩 증가할 때마다 추가적으로 발생하는 비용이 증가하는 것이 아니라 위의 한계비용을 살펴보면 200→60→40→60→110만 원으로 감소하였다가 증가한다.

정답 ①

09 다음 표는 한 기업의 X재 판매량에 따른 평균 수입과 총비용을 나타낸다. 이에 대한 분석으로 가장 적절한 것은?

2018 경찰직 1차

판매량(개)	1	2	3	4	5
평균 수입(원)	100	100	100	100	100
총비용(원)	200	300	350	400	420

① 총이윤(손실)은 판매량이 2개일 경우와 3개일 경우에 같다.
② 판매량이 증가하여도 기업의 총수입은 일정하다.
③ 판매량이 1개씩 증가할 때마다 추가적으로 발생하는 비용은 증가한다.
④ 판매량이 5개일 경우 총이윤은 80원이다.

해설 주어진 표에 따라 총수입과 이윤 등을 계산하면 다음과 같다.

판매량(개)	1	2	3	4	5
평균 수입(원)	100	100	100	100	100
총수입(원)	100	200	300	400	500
총비용(원)	200	300	350	400	420
추가 비용	200	100	50	50	20
이윤(원)	−100	−100	−50	0	80

④ 판매량이 5개일 경우 총이윤은 80원(=500−420)이다.

오답피하기

① 총이윤은 판매량이 2개일 경우 −100, 3개일 경우 −50으로 판매량이 2개일 경우와 3개일 경우에 서로 다르다.
② 판매량이 증가하면 기업의 총수입도 일정하게 증가한다.
③ 판매량이 1개씩 증가할 때마다 추가적으로 발생하는 비용은 감소→일정→감소한다.(위의 표 참조)

정답 ④

10 표는 제품 A의 생산량에 따른 평균 수입과 총비용을 나타낸 것이다. 이에 대한 설명으로 옳은 것은? (단, 생산된 A는 모두 판매된다.) 2021 국가직

(단위: 원)

구분	생산량						
	1개	2개	3개	4개	5개	6개	7개
평균 수입	1,000	1,000	1,000	1,000	1,000	1,000	1,000
총비용	500	1,100	1,800	2,600	3,500	4,600	5,800

※평균 수입 $= \frac{\text{총수입}}{\text{생산량}}$

① 생산량이 1개씩 증가할 때 총수입의 증가분은 점차 커진다.
② 생산량이 1개씩 증가할 때 총비용의 증가분은 점차 작아진다.
③ 생산량이 3개일 때보다 5개일 때의 이윤이 더 크다.
④ 생산량이 6개일 때 이윤이 극대화된다.

출제 단원 및 영역 경제 2단원 합리적인 생산

해설 위의 표를 아래와 같이 정리하면 5개를 생산할 때 이윤이 극대화된다.

구분	생산량						
	1개	2개	3개	4개	5개	6개	7개
평균 수입	1,000	1,000	1,000	1,000	1,000	1,000	1,000
총수입	1,000	2,000	3,000	4,000	5,000	6,000	7,000
총비용	500	1,100	1,800	2,600	3,500	4,600	5,800
한계 비용	500	600	700	800	900	1,000	1,200
이윤	500	900	1,200	1,400	1,500	1,400	1,200

③ 생산량이 3개일 때는 이윤이 1,200원이고, 5개일 때는 이윤이 1,500원이므로 5개일 때의 이윤이 더 크다.

오답피하기
① 생산량이 1개씩 증가할 때 총수입의 증가분은 계속 1,000원 씩 증가하므로 점차 커지는 것이 아니라 일정하다.
② 생산량이 1개씩 증가할 때 총비용의 증가분은 한계 비용으로서 계속 커지고 있다.
④ 생산량이 5개일 때 이윤이 극대화된다.

정답 ③

11 표는 갑이 살고 있는 동네 극장의 영화 관람료와 예상 관객 수를 나타낸 것이다. 극장의 수익성에 대한 분석으로 옳은 것은? (단, 현재 극장은 평일과 주말 모두 영화 관람료 8,000원을 받고 있다.) 2019 소방직

영화 관람료(원)	평일 관객 수(명)	주말 관객 수(명)
7,000	800	1,100
8,000	750	1,000
9,000	700	900

① 평일에는 인상, 주말에는 인하하는 것이 좋다.
② 평일에는 인하, 주말에는 인상하는 것이 좋다.
③ 평일과 주말 모두 관람료를 인상하는 것이 좋다.
④ 평일과 주말 모두 관람료를 인하하는 것이 좋다.

해설 영화 관람료에 따라 극장의 판매 수입은 달라지므로 이를 정리하면 다음과 같다.

영화 관람료(원)	평일 수입(만 원)	주말 수입(만 원)
7,000	560	770
8,000	600	800
9,000	630	810

③ 현재 8,000원인 관람료를 평일과 주말 모두 9,000원으로 인상할 경우 극장의 수익성(판매 수입)이 더 높아진다. 따라서 평일과 주말 모두 관람료를 인상하는 것이 좋다.

정답 ③

정부의 경제 활동/ 조세의 분류

01 (가)와 (나)는 세금과 관련한 대화 내용이다. 설명으로 옳은 것은? 2014 서울시

(가) A: 세금이 많이 나온 것을 보니 소득이 많은가 봐요?
B: 네? 얼마나 나왔죠?
(나) A: 물건 값에도 세금이 포함되어 있나요?
B: 그럼 물론이죠.

① (가)는 담세 능력에 따라 세율 구조가 누진적이다.
② (가)는 저소득층이 상대적으로 많은 세금을 낸다.
③ (나)의 고가 상품에 부과되는 개별소비세는 소득 분배 상황을 악화시킨다.
④ (나)는 조세 저항이 커서 징수하기가 어렵다.
⑤ (나)는 조세 전가가 발생하지 않는다.

해설 (가)는 소득에 대해 직접 세금을 부과하는 소득세로 직접세에 해당하고, (나)는 물건 값에 대해 매겨지는 소비세로 간접세에 해당한다. 직접세가 납세자와 담세자가 일치하는 세금이라면 간접세는 일치하지 않는 특징이 있다. 또한 전자의 경우 주로 누진세가 적용되지만 후자는 주로 비례세가 적용된다.
① 직접세는 주로 담세 능력에 따라 세율 구조가 누진세가 적용된다는 점에서 타당하다.

오답피하기
② 직접세의 경우 누진세를 적용하므로 저소득층은 상대적으로 적은 세금을 낸다.
③ 개별 소비세는 고가 상품이나 사치품 등에 부과되는 세금인데 이것을 통해 고소득층의 세금 부담이 늘어나므로 간접세인 개별소비세는 소득 분배 상황을 개선시킨다.
④ 간접세의 경우 조세 저항이 적고 징수하기가 편하다. 반면 직접세의 경우 조세 저항이 커서 징수하기가 어렵다.
⑤ 간접세인 부가가치세는 기업이 부담하는 세금이지만 그 가격을 상품 가격에 포함하는 등으로 가격 인상을 통하여 소비자에게 그 부담의 전부 또는 일부를 전가할 수 있다. 즉, 조세 전가는 담세자와 납세자가 다른 간접세에서만 인정된다.

정답 ①

02 우리나라 조세에 관한 내용으로 가장 적절하지 않은 것은? 2019 경찰직 1차

① 세율에 따른 분류에서 부가가치세와 주세는 비례세로 구분된다.
② 과세하는 장소에 따른 분류에서 법인세는 내국세로 구분된다.
③ 과세주체에 따른 분류에서 재산세와 취득세는 지방세로 구분된다.
④ 조세목적에 따른 분류에서 지방교육세는 보통세로 구분된다.

출제 단원 및 영역 경제 2단원 정부의 경제 활동(조세)

해설
④ 지방 교육세는 보통세가 아니라 목적세에 해당한다.

오답피하기
① 부가가치세와 주세는 간접세로 세율이 일정한 비례세에 해당한다.

국세	직접세	법인세, 소득세, 부당이득세, 상속세, 증여세, 종합부동산세
	간접세	부가가치세, 인지세, 개별(특별)소비세, 주세, 증권거래세
	목적세	교육세, 교통 에너지 환경세(목적세이면서 간접세), 농어촌 특별세
	관세	관세
지방세	보통세	취득세, 등록세, 면허세, 레저세, 주민세, 재산세, 자동차세, 농업소득세, 도축세, 담배소비세, 주행세
	목적세	공동시설세, 지역개발세, 지방교육세, 도시계획세, 사업소세

②, ③ 옳은 내용이다.

정답 ④

03 다음은 조세의 종류를 분류한 것이다. (가), (나)에 대한 설명으로 옳은 것은? 2015 해양경찰

구분	특징
(가)	• 납세자와 담세자가 동일한 조세 • 주로 소득이나 재산에 부과됨
(나)	• 납세자와 담세자가 다른 조세 • 주로 소비, 지출에 부과됨

① (가)는 저소득층에 불리하며, 조세 부담의 역진성이 나타날 수 있다.
② (나)는 담세 능력에 따른 과세가 이루어져 조세의 형평성이 낮다.
③ (가)보다 (나)는 조세 저항이 강하다.
④ (나)보다 (가)는 소득 재분배 효과가 크다.

출제 단원 및 영역 경제 2단원 정부의 경제 활동(조세)

해설 (가)는 직접세, (나)는 간접세에 대한 설명이다..
④ 간접세는 소득에 관계없이 동일한 세율이 적용되는데 비하여, 직접세는 소득이 많을수록 높은 세율이 적용되는 누진세율이 적용되므로 소득재분배의 효과가 크다.

오답피하기
① 저소득층에 불리하고, 조세부담의 역진성이 나타나는 것은 간접세이다.
② 간접세는 담세 능력에 관계없이 동일한 세율이 적용되므로 조세의 형평성이 낮다.
③ 조세 저항이 큰 것은 직접세이다. 반면, 간접세는 조세 저항이 작아 조세 징수가 용이하다.

정답 ④

04 다음 조세 중 세금을 부담하는 사람과 납부하는 사람이 일치하는 조세는? 2015 경찰직 1차

① 법인세
② 부가가치세
③ 증권거래세
④ 주세

해설
① 세금을 부담하는 사람과 납부하는 사람이 일치하는 조세는 직접세이다. 직접세의 종류에는 개인소득세, 법인세, 재산세, 종합부동산세, 상속세, 증여세 등이 있고, 간접세의 종류로는 부가가치세, 개별소비세, 주세, 증권거래세 등이 있다. 법인세는 직접세에 해당한다.

정답 ①

05 다음 우리나라 조세 중에서 보유세 성격을 가지고 있는 것은?

2017 경찰직 2차

① 법인세
② 상속세
③ 재산세
④ 개별소비세

해설 보유세란 납세 의무자가 보유하고 있는 부동산에 부과하는 조세로서 재산세와 종합부동산세는 대표적인 보유세이다.

정답 ③

06 다음 그래프에 대한 분석으로 옳은 것은?

2013 서울시

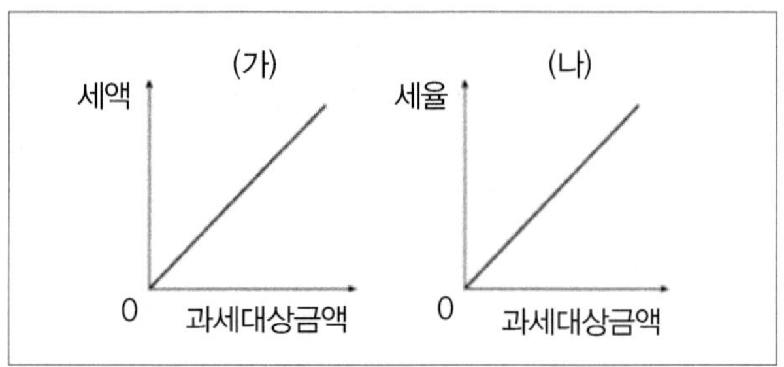

① 재산세 및 소득세는 주로 (가)의 형태를 띤다.
② (나)는 부가가치세 등에서 나타나는 세율 구조이다.
③ (나)의 조세 제도를 실시하면 과세 전에 비해 과세 후의 소득 격차가 커진다.
④ 조세 제도가 (가)에서 (나)로 변화하면 소득 재분배 효과가 커진다.
⑤ 조세 제도가 (나)에서 (가)로 변화하면 조세 부담의 역진성이 작아진다.

해설 (가)는 과세대상 금액이 증가함에 따라 세액이 일정하게 증가하므로 비례세이고, (나)는 과세대상 금액이 증가함에 따라 세율이 일정하게 증가하므로 누진세이다.
④ 누진세는 소득이나 재산이 많을수록 높은 세율을 적용하므로 소득 재분배의 효과가 크다.

오답피하기
① 재산세 및 소득세는 직접세로서 주로 누진세의 형태를 띤다.
② 부가가치세는 간접세로서 소득과 관계없이 즉 과세표준의 크기에 관계없이 일정한 세율을 적용한다.
③ 누진세를 적용하면 소득이 많을수록 더 많은 세금을 내야하므로 과세 후의 소득 격차는 줄어든다.
⑤ 비례세를 적용하면 조세 부담의 역진성이 나타날 수 있다. 따라서 조세 제도가 누진세에서 비례세로 변화하면 조세 부담의 역진성이 커진다.

정답 ④

07 아래 그림은 조세를 세율 적용 방식에 따라 분류한 것이다. 이에 대한 설명으로 가장 옳지 않은 것은?

2014 해양경찰

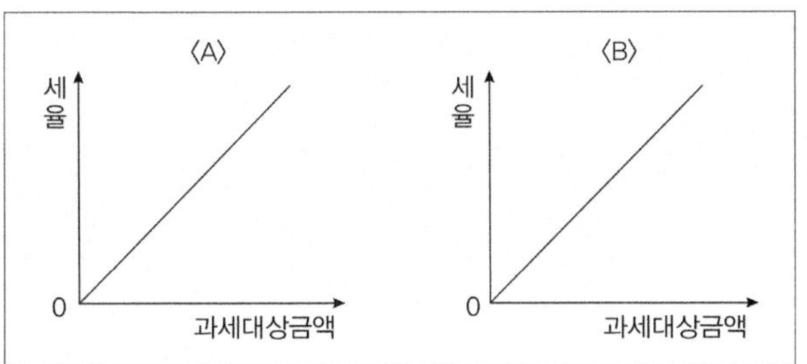

① (A)는 주로 간접세에서 나타난다.
② (B)의 대표적인 예로는 부가가치세가 있다.
③ (가)는 (나)보다 소득 재분배 효과가 크다.
④ (나)는 (가)와 달리 조세 부담의 역진성이 나타난다.

해설 (A)는 누진세율, (B)는 비례세율을 나타낸다.
① (A)는 주로 직접세에서 나타나고, 간접세에서 주로 나타나는 것은 비례세이다.

오답피하기
② 부가가치세는 대표적인 간접세로써 비례세율이 적용된다.
③, ④ 직접세가 소득 재분배의 효과가 더 크고, 반면 간접세는 조세 부담의 역진성이 나타난다.

정답 ①

08 〈보기〉는 서로 다른 과세 제도를 나타낸다. 이에 대한 설명으로 가장 옳지 않은 것은?

2019 서울시

보기

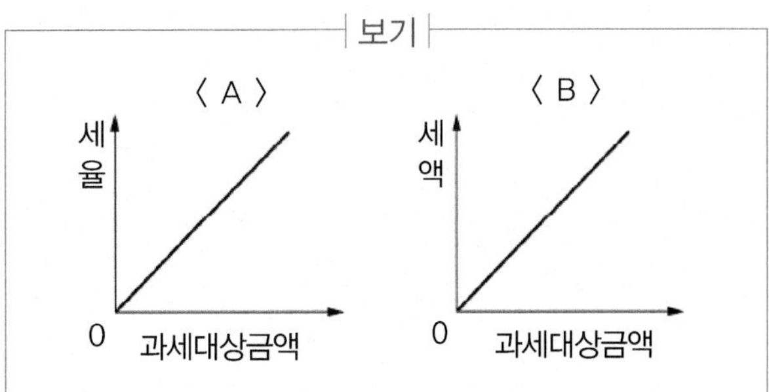

일반적으로 A는 조세 중 납세자와 담세자가 ㉠일치하는 조세에, B는 ㉡일치하지 않는 조세에 적용된다.

① B는 조세부담의 역진성이 나타나 저소득층에게 불리하다.
② A는 경기 자동 안정화 장치로서의 기능을 한다.
③ ㉠은 ㉡에 비해 조세 징수 비용이 크다.
④ ㉡은 ㉠에 비해 소득 재분배 효과가 크다.

출제 단원 및 영역 경제 2단원 누진세, 비례세

해설 (가)는 누진세, (나)는 비례세이다. ㉠은 직접세, ㉡은 간접세이다.
④ 직접세가 간접세보다 소득 재분배의 효과가 더 크다.

오답피하기
① 조세부담의 역진성이 나타나 저소득층에게 불리한 것은 비례세이다. 조세 부담의 역진성이란 소득이 작은 사람이 소득이 많은 사람보다 더 높은 세율을 적용받는 현상을 의미한다. 일반적으로 간접세의 경우 비례세가 적용되어 동일한 세율이 적용되는데, 그 결과 동일한 상품을 구매한 사람은 동일한 세액을 부담하게 되는데, 세액이 소득액에서 차지하는 비율을 고려하면 소득이 작은 사람이 소득이 높은 사람보다 오히려 더 높은 세율을 부과받는 결과가 나타나는 것이다.
② 누진세는 경기 변동이 발생하면 자동적으로 정부 지출 또는 조세 수입이 변화하여 경기의 진폭을 완화시키는 자동안정화장치의 수단이 된다.
③ 직접세는 간접세에 비하여 조세 징수 절차가 복잡하고 조세 징수 비용이 크다.

정답 ④

09 그림은 조세 제도 A, B를 비교한 것이다. 이에 대한 옳은 설명을 〈보기〉에서 고른 것은? 2019 서울시 유사

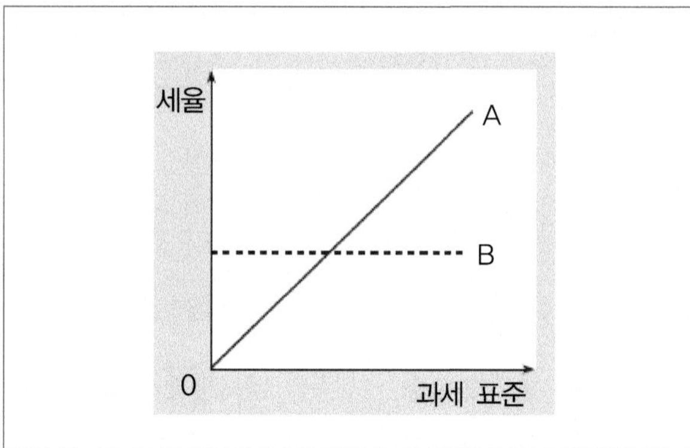

보기

ㄱ. A는 주로 소비세에 적용된다.
ㄴ. B는 주로 간접세에 적용된다.
ㄷ. A와 달리 B는 과세 표준이 커지더라도 세액이 일정하다.
ㄹ. B에 비해 A는 소득 분배의 형평성을 높이는 데 효과적이다.

① ㄱ, ㄴ ② ㄱ, ㄷ
③ ㄴ, ㄷ ④ ㄴ, ㄹ

해설 A는 누진세, B는 비례세이다. 누진세는 과세 표준이 커질수록 세율이 상승하고, 비례세는 과세 표준이 커지더라도 세율이 일정하다.
ㄴ. 비례세는 주로 간접세에 적용된다.
ㄹ. 누진세와 달리 비례세는 과세 표준에 무관하게 일정한 세율이 적용된다. 따라서 소득 분배의 형평성을 높이는 데 효과적인 조세 제도는 누진세이다.

오답피하기
ㄱ. 누진세는 주로 소득세에 적용되고, 비례세는 주로 소비세에 적용된다.
ㄷ. 누진세와 비례세 모두 과세 표준이 커질수록 세액이 증가한다. 단, 비례세와 달리 누진세는 과세 표준이 커질수록 세액의 증가폭이 더욱 커진다.

정답 ④

10 그림과 같은 조세제도에 대한 설명으로 옳은 것은? 2018 국가직

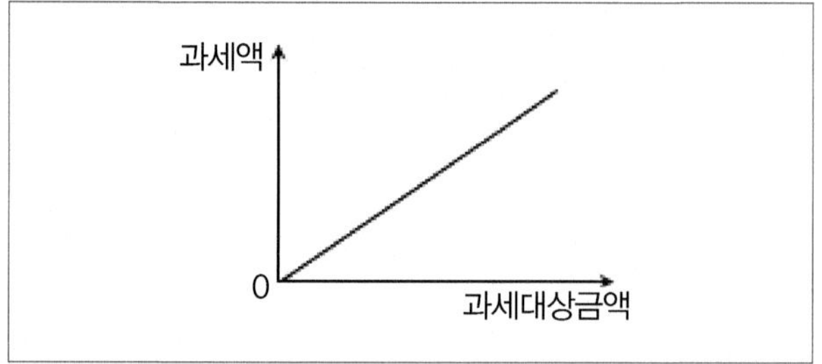

① 과세대상 금액에 관계없이 세율은 일정하다.
② 누진세 방식이다.
③ 우리나라의 소득세에 적용되는 과세방식이다.
④ 저소득 계층에 유리하게 작용한다.

해설 위의 그림은 과세 대상금액이 증가할수록 과세액이 일정하게 증가한다. 이는 과세 대상금액이 증가할수록 세율이 일정한 경우이므로 '비례세'에 해당한다.
① 비례세는 과세대상 금액에 관계없이 세율이 일정하다. 비례세는 과세 표준에 상관없이 동일한 세율을 적용하고 주로 간접세에 적용된다. 다만, 조세 부담의 역진성이 나타나기도 한다.

오답피하기
② 누진세가 아니라 비례세 방식이다.
③ 우리나라의 소득세에 적용되는 과세방식은 누진세이다.
④ 저소득 계층에 유리하게 작용하는 과세 방식은 누진세이다. 비례세의 경우에는 동일한 상품을 구매한 사람은 동일한 세액을 부담하는데, 세액이 소득액에서 차지하는 비율을 고려하면 소득이 작은 사람이 소득이 높은 사람보다 오히려 더 높은 세율을 부과받는 결과가 나타나는 역진성의 문제가 나타난다.

정답 ①

11 다음 조세 제도 (가), (나)에 대한 설명으로 옳은 것은? 2018 소방직

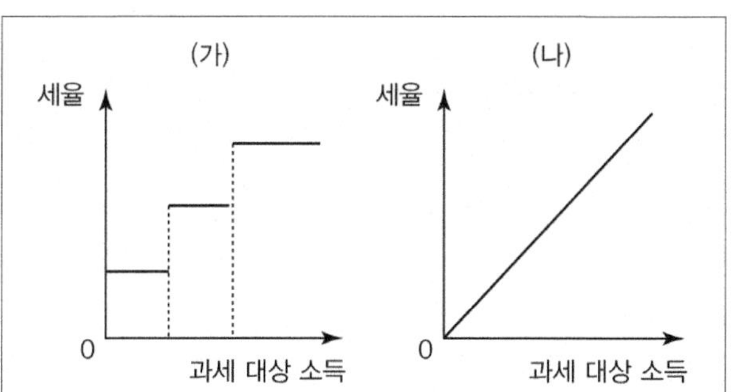

① (가)가 적용되는 예로 우리나라의 부가가치세를 들 수 있다.
② (나)는 과세 대상 소득에 관계없이 세율이 일정하다.
③ (가)는 (나)와 달리 조세 부담의 역진성이 나타난다.
④ (나)는 (가)에 비해 소득 재분배 효과가 크다.

해설 (가)는 과세 대상 소득이 증가할수록 세율도 증가하므로 누진세이고, (나)는 과세 대상 소득이 증가할수록 세액이 비례하므로 세율은 일정한 비례세이다.
② 비례세는 과세 대상 소득에 관계없이 세율이 일정하고 이에 따라 과세 대상 소득이 증가하면 세액이 비례하여 증가한다.

오답피하기
① 우리나라의 부가가치세는 금액에 관계없이 동일한 10%의 세율이 적용되므로 비례세이다.
③ 조세 부담의 역진성이 나타나는 것은 비례세이다. 따라서 저소득층에게는 비례세가 더 불리하다.

> **조세 부담의 역진성:** 소득이 작은 사람이 소득이 많은 사람보다 더 높은 세율을 적용받는 현상을 의미. 일반적으로 간접세의 경우 비례세가 적용되어 동일한 세율이 적용되는데, 그 결과 동일한 상품을 구매한 사람은 동일한 세액을 부담하게 됨. 세액이 소득액에서 차지하는 비율을 고려하면 소득이 작은 사람이 소득이 높은 사람보다 오히려 더 높은 세율을 부과받는 결과가 나타남

④ 소득 재분배 효과가 더 큰 것은 누진세이다.

정답 ②

12 조세는 세율 적용의 방식에 따라 비례세와 누진세로 구분할 수 있다. 이에 대한 설명으로 가장 적절하지 <u>않은</u> 것은? 2020 경찰직 1차

① 비례세는 저소득층에 불리한 반면, 누진세는 고소득층에 불리하다.
② 부가가치세, 주세 등이 비례세에 해당하고, 상속세, 증여세 등이 누진세에 해당한다.
③ 비례세는 과세 대상 금액이 높을수록 높은 세율이 적용되는 반면, 누진세는 과세 대상 금액에 상관없이 동일한 세율이 적용된다.
④ 비례세는 납세자와 담세자가 일치하지 않는 조세에 적용되는 반면, 누진세는 납세자와 담세자가 일치하는 조세에 적용된다.

출제 단원 및 영역 경제 2단원 조세

해설
③ 비례세와 누진세의 설명이 바뀌었다. 즉, 누진세는 과세 대상 금액이 높을수록 높은 세율이 적용되는 반면, 비례세는 과세 대상 금액에 상관없이 동일한 세율이 적용된다.

오답피하기
① 비례세는 동일한 세율을 적용하므로 조세 부담의 역진성이 나타나 저소득층에 불리한 반면, 누진세는 소득이 많을수록 높을 세율을 적용하므로 고소득층에 불리하다.
② 부가가치세와 주세는 과세 대상 금액에 관계없이 동일한 세율이 적용되는 비례세에 해당하고, 상속세와 증여세는 과세 대상 금액이 클수록 세율이 높아지는 누진세에 해당한다.
④ 옳은 내용이다. 비례세는 납세자와 담세자가 일치하지 않는 간접세에 주로 적용되는 반면, 누진세는 납세자와 담세자가 일치하는 직접세에 주로 적용된다.

정답 ③

13 그림은 조세를 세율의 적용 방식에 따라 두 가지 유형 A와 B로 구분하여 나타낸 것이다. 이에 대한 설명으로 가장 적절한 것은? 2020 국가직

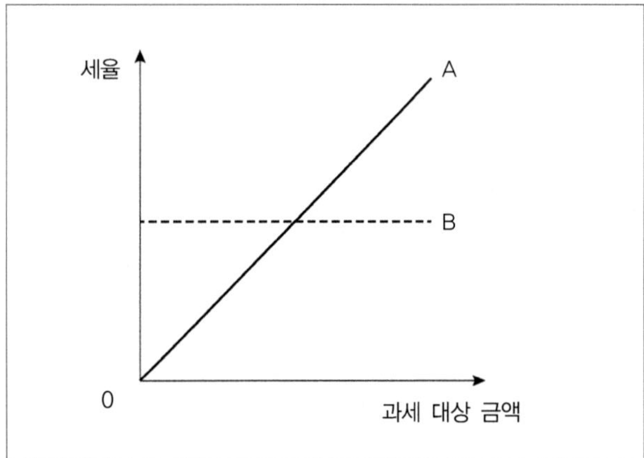

① 부가 가치세에는 주로 A가 적용된다.
② 법인세와 개인소득세에는 주로 B가 적용된다.
③ 직접세는 일반적으로 A보다는 B를 적용한다.
④ 소득 재분배 효과는 B에서보다 A에서 크게 나타난다.

출제 단원 및 영역 경제 2단원 정부의 재정 정책(조세)

해설 A는 과세 대상금액이 증가할수록 세율도 증가하므로 누진세이고, B는 과세 대상금액이 증가하더라도 세율이 일정하므로 비례세이다.
④ 소득 재분배의 효과는 누진세율을 적용할 때가 비례세율을 적용할 때보다 더 크게 나타난다.

오답피하기
① 부가 가치세에는 간접세로서 비례세율이 적용된다.
② 법인세와 개인소득세는 직접세이므로 주로 누진세율이 적용된다.
③ 직접세는 일반적으로 누진세율을, 간접세는 일반적으로 비례세율을 적용한다.

정답 ④

14 다음 조건에 해당하는 세금의 종류로 알맞은 것을 〈보기〉에서 모두 고르시오. 예상 문제

• 세금을 납부하는 사람과 부담하는 사람이 같은 세금
• 빈부격차를 줄이는 효과를 얻을 수 있는 세율 적용

보기

가. 법인세 나. 부가가치세
다. 상속세 라. 주세
마. 재산세 바. 증권거래세

① 가, 나, 마
② 가, 다, 마
③ 나, 다, 마
④ 다, 마, 바

해설 위의 조건에 부합하는 세금은 직접세이다. 직접세는 일반적으로 누진세율을 적용하므로 빈부의 격차를 줄이는 효과를 가져온다.

직접세	간접세
• 소득: 개인소득세, 법인세 • 재산: 재산세, 종합부동산세 • 재산의 상속 · 거래: 상속세, 증여세 등	• 부가가치세 • 개별소비세 • 주세, 증권거래세 등

정답 ②

15 다음의 표에 대한 설명으로 옳게 짝지어진 것을 〈보기〉에서 고르시오. 예상 문제

경제 주체	목적	수입	예산
기업	A	판매수입	지출에 맞춰 수입 결정
B	사회적 후생 증대	C	
가계	D	E	수입에 맞춰 지출 결정

보기

ㄱ. A의 빈칸에 효용의 극대화가 알맞다.
ㄴ. B는 C로 자원의 배분 방향을 조정할 수 있다.
ㄷ. E는 생산요소의 대가로 얻는 것이다.
ㄹ. D의 빈칸에 이윤 추구의 극대화가 알맞다.

① ㄱ, ㄴ ② ㄴ, ㄷ
③ ㄴ, ㄹ ④ ㄷ, ㄹ

해설 A는 이윤의 극대화, B는 정부, C는 조세 수입, D는 효용의 극대화, E는 생산요소 소득이 들어간다.

ㄴ. 정부는 조세 부과 등을 통하여 자원 배분을 조절한다. 즉, 오염을 유발하는 제품이나 사치품에 대해서는 고율의 세금을 부가하여 관련 제품 생산에 투입되는 자원을 감소시키고 국가의 주요 산업이나 기초 과학 연구에는 지원금을 제공하여 관련 산업에 투입되는 자원을 증가시킨다.
ㄷ. 가계는 노동, 자본, 토지 등의 생산 요소를 제공함으로써 임금, 이자, 지대 등의 생산요소의 대가를 얻는다.

오답피하기

ㄱ. ㄹ 효용의 극대화는 가계의 경제 활동의 목적이고, 기업은 이윤 추구의 극대화를 목적으로 한다.

정답 ②

16 다음 그림에 나타난 세율 적용 방식 A~C에 대한 옳은 설명을 〈보기〉에서 고른 것은? 2014 경찰직 1차

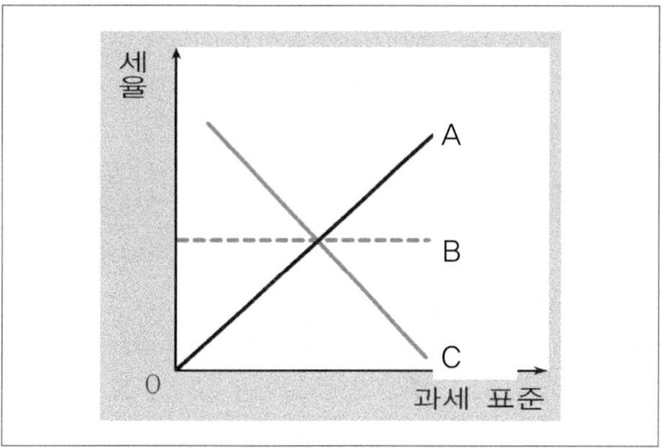

보기

㉠ A는 일반적으로 납세자와 담세자가 일치하는 조세에 적용된다.
㉡ B는 과세 표준이 높아짐에 따라 일정한 비율로 세액이 증가한다.
㉢ C를 적용하더라도 높은 과세 표준에 부과된 세액이 낮은 과세 표준에 부과된 세액보다 많다.
㉣ B, C에 비해 A가 조세의 역진성이 높다.

① ㉠, ㉡ ② ㉠, ㉣
③ ㉡, ㉢ ④ ㉢, ㉣

해설 A는 과세표준이 증가함에 따라 세율 자체가 올라가는 누진세이고, B는 과세표준이 증가해도 세율이 동일한 비례세이며, C는 과세표준이 증가함에 따라 세율자체가 감소하는 역진세에 해당한다.

ㄱ. 누진세를 대상 금액이 많을수록 높은 세율을 적용하는데, 주로 직접세인 경우에 해당하며, 납세자와 담세자가 일치하는 조세에 적용된다.
ㄴ. 비례세의 경우 과세표준이 증가함에 따라 세액은 일정한 비율로 증가한다.

오답피하기

ㄷ. 역진세는 과세표준이 증가함에 따라 세율이 감소하므로 결국 최종적으로는 세액 자체가 0이 된다.
ㄹ. 비례세의 경우 오히려 저소득 계층에 불리하고 조세의 역진성이 높은 것은 C이다.

정답 ①

17 다음 甲, 乙, 丙, 丁의 대화 내용에 대한 설명으로 가장 적절한 것은? (단, 발언은 甲, 乙, 丙, 丁의 순서로 이루어졌다.) 2015 경찰직 2차

甲 증세 없이 복지를 확충해야 한다고 생각해.
乙 내 생각은 달라. 우리나라의 조세 부담률은 선진국에 비해서 낮은 편이기 때문에 증세가 반드시 필요하다고 생각해.
丙 맞아. 복지 재정 확충을 위해서는 부가 가치세율과 개별 소비세율을 높여야 해.
丁 내 생각에는 부가 가치세율과 개별 소비세율보다는 소득세율과 법인세율을 먼저 높여야 한다고 봐.

① 甲은 복지가 경제 성장을 저해한다고 보고 있다.
② 乙은 조세 부담의 증가를 우려하고 있다.
③ 丙은 소득 재분배 효과가 큰 조세 정책이 필요하다고 보고 있다.
④ 丁은 소득 양극화를 완화할 수 있는 조세 정책이 필요하다고 보고 있다.

해설 네 사람의 대화 내용을 살펴보면 甲은 증세없이 복지를 확충해야 한다고 했으므로 복지는 필요하나 세금을 높이는 것에는 반대한다. 반면 乙과 丙, 丁은 복지 재정을 확충하기 위해 증세에는 찬성하나 丙은 부가가치세율과 개별 소비세율과 같은 간접세를 높이는 방안을 제시하고 丁은 소득세율과 법인세율과 같은 직접세를 높이는 방안을 제시하고 있다.
④ 丁이 주장한 소득세율과 법인세율은 직접세에 해당하고 직접세의 경우 조세의 형평을 이룰 수 있고, 소득 재분배의 효과를 높일 수 있으므로 양극화를 완화할 수 있는 정책이다.

오답피하기
① 甲은 복지를 부정적으로 보지는 않는다. 다만 증세를 통한 복지에 반대할 뿐이다.
② 乙은 다른 선진국에 비해 우리나라의 조세 부담률이 낮으므로 증세가 반드시 필요하다고 본다. 따라서 조세 부담의 증가를 우려하는 입장이 아니다.
③ 丙이 주장한 부가가치세율과 개별 소비세율은 간접세이므로 간접세의 인상은 오히려 경제적 약자에게 불리한 역진성의 문제가 발생하고 소득 재분배의 효과는 악화된다.

정답 ④

18 그림 A, B는 서로 다른 유형의 소득세 제도이다. 이에 대한 설명으로 옳은 것을 <보기>에서 고른 것은? 예상 문제

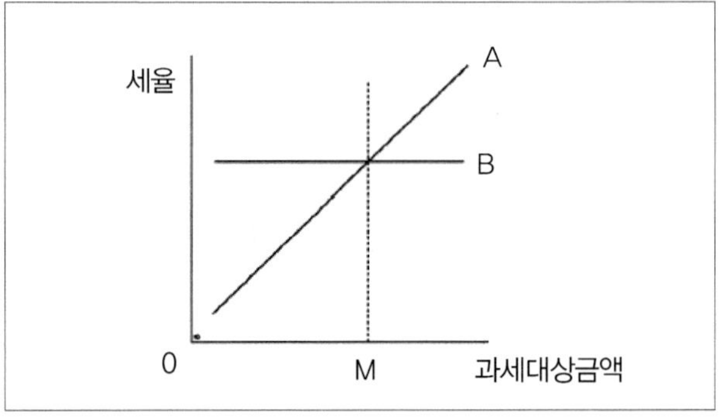

보기
㉠ 소득재분배 효과가 큰 제도는 B이다.
㉡ B를 적용할 경우 소득이 증가하여도 과세 금액은 같다.
㉢ 과세대상 금액이 M인 지점에서의 과세 금액은 A와 B가 같다.
㉣ 조세 부담률을 높이려고 한다면 과세대상 금액이 M미만인 구간은 B를 M 이상인 구간은 A를 적용하는 것이 유리하다.

① ㄱ, ㄴ ② ㄱ, ㄷ
③ ㄴ, ㄷ ④ ㄷ, ㄹ

해설 A는 과세 대상 금액이 증가할수록 세율로 일정하게 증가하므로 누진세이고, B는 과세 대상 금액이 증가하더라도 세율은 일정하므로 비례세이다.
ㄷ. 과세 대상 금액이 동일하고, 세율도 동일한 지점이므로 M인 지점에서의 과세 금액은 누진세를 적용하든, 비례세를 적용하든 동일하다.
ㄹ. 조세 부담률을 높이기 위해서는 동일한 과세 대상 금액에 대하여 높은 세율을 부과하여야 한다. 따라서 M 미만인 구간에서는 비례세의 세율이 더 높으므로 비례세를 적용하고, M 이상인 구간에서는 누진세의 세율이 더 높으므로 누진세를 적용해야 한다.

오답피하기
ㄱ. 소득재분배의 효과가 큰 제도는 누진세이다.
ㄴ. 비례세를 적용할 경우 소득이 증가하더라도 세율이 일정할 뿐이지, 과세 금액은 소득에 따라 비례하여 증가한다. 즉, 100만 원의 소득에 대해서는 10%를 적용하여 10만 원의 세금이, 200만 원의 소득에 대해서는 10%를 적용하여 20만 원의 세금이 부과된다.

정답 ④

19 우리나라 세금에 대한 설명으로 가장 적절한 것은?

2016 경찰직 2차

① 주세와 도축세는 국세로 분류된다.
② 소득세는 누진세, 부가가치세는 역진세 성격을 갖는다.
③ 지방소득세와 지방교육세는 시군세로 분류된다.
④ 법인세와 증권거래세는 납세의무자와 담세자가 일치한다.

해설
② 소득세는 누진세의 성격을 띠지만, 부가가치세는 역진세의 성격을 갖는다고 볼 것이다. 부가가치세는 간접세로서 재산에 관계없이 동일한 세율의 세금을 내므로 세액이 소득에서 차지하는 비율을 고려하면 소득이 작은 사람이 소득이 높은 사람보다 오히려 더 높은 세율을 부과받는 결과가 나타난다.

오답피하기
① 주세(간접세)는 국세이지만 도축세(2010년까지만 운영됨)는 지방세로 분류된다.
③ 지방소득세는 시군세가 맞지만, 지방교육세는 특별시세, 광역시세, 도세에만 해당된다.
④ 법인세는 직접세로서 납세의무자와 담세자가 일치하지만 증권거래세는 간접세로서 담세자는 증권거래 이용자이고 납세의무자는 증권회사이다.

정답 ②

20 우리나라 조세의 종류에 대한 설명으로 가장 적절하지 않은 것은?

2017 경찰직 1차

① 과세 주체에 따른 분류에서 취득세와 등록세는 지방세로 구분된다.
② 납세자와 담세자의 일치 여부에 따른 분류에서 부가가치세는 간접세로 구분된다.
③ 과세 목적에 따른 분류에서 소득세는 목적세로 구분된다.
④ 과세하는 장소에 따른 분류에서 법인세는 내국세로 구분된다.

해설
③ 소득세는 일반세로 구분된다. 목적세에는 교육세, 농어촌특별세, 공동시설세 등이 있다.

정답 ③

21 그림은 소득세제 (가)~(다)에서의 과세 대상 금액과 세액 간 관계를 나타낸다. 이에 대한 분석으로 옳은 것은?

2016 수능

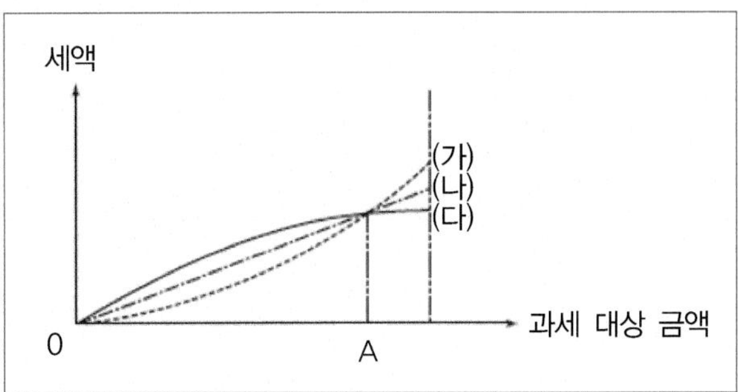

① (가)는 (나)보다 조세의 소득 재분배 효과가 작다.
② (나)는 (다)보다 조세 부담의 역진성이 크게 나타난다.
③ 과세 대상 금액이 A인 사람은 (다)가 (가)보다 유리하다.
④ (가)와 달리 (다)는 모든 과세 대상 금액에 동일한 세율이 적용된다.
⑤ (나)와 달리 (가)는 과세 대상 금액이 커질수록 과세 대상 금액에 대한 세액의 비중이 커진다.

해설 그래프의 세로축이 세액을 나타내고 있다. (가)는 과세 대상금액이 증가할수록 세액의 증가 속도가 더 빨라지고 있으므로 누진세에 해당하고, (나)는 세액이 일정한 비율로 증가하므로 비례세, (다)는 세액의 증가 속도가 느려지고 있으므로 역진세를 나타내고 있다.
⑤ 과세 대상 금액에 대한 세액의 비중이라는 것은 세율을 말하고, 누진세는 과세 대상금액이 커질수록 과세 대상 금액에 대한 세율이 커진다.

오답피하기
① 소득 재분배의 효과가 더 큰 것은 누진세이다.
② 조세 부담의 역진성이 더 큰 것은 역진세이다.
③ 과세 대상 금액이 A일 때 (가)와 (다)에서 나타나는 세액이 동일하므로 어느 것이 더 유리하다고 할 수 없다.
④ 모든 과세 대상 금액에 동일한 세율이 적용되는 것은 비례세이다.

정답 ⑤

22 **시장경제에서 정부의 경제적 역할에 대한 설명으로 가장 적절하지 않은 것은?** 2018 경찰직 2차

① 정부는 효율적 시장 운영을 위해 기업과 가계의 자유로운 경제활동을 보장하려고 노력한다.
② 정부는 시장을 통해서는 충분히 공급되지 않는 공공재를 직접 생산한다.
③ 정부는 경제적 불평등을 완화시키기 위해 다양한 방식으로 소득을 재분배한다.
④ 정부는 경기 침체 시 세입을 증대시키고 정부 지출을 줄여(긴축재정) 물가 안정을 유도한다.

해설
④ 정부는 경기 침체 시 세입을 감소시키고 정부 지출을 늘여서 경기 부양을 유도한다.

오답피하기
① 자유주의 시장 경제를 근간으로 하는 우리나라 정부의 기본적인 역할은 효율적 시장 운영을 위해 기업과 가계의 자유로운 경제활동을 보장하려고 노력하는 것이다.
②, ③ 시장을 통해서는 충분히 공급되지 않는 공공재 생산과 경제적 불평등을 완화시키기 위한 소득 재분배 정책은 정부의 경제적 역할에 해당한다.

정답 ④

23 **〈보기〉는 세율을 적용하는 방법에 따른 세금 부과 방식 변화를 나타낸다. 〈보기〉에 해당하는 사례로 가장 옳은 것은?** 2018 서울 경력직

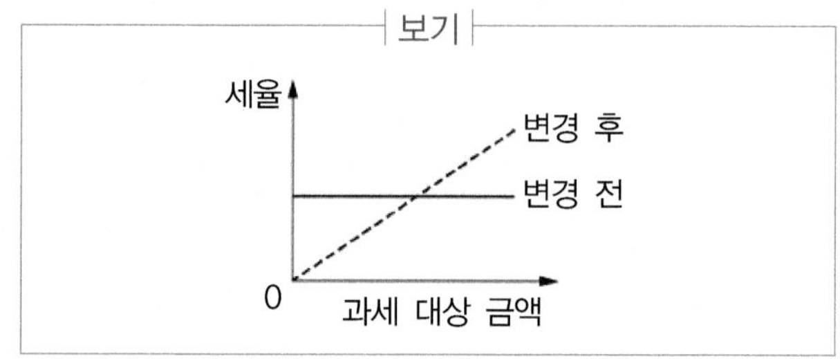

① 모든 상품에 동일한 세율을 적용하는 부가가치세율을 인상한다.
② 모든 차량 소유주에게 동일한 세액을 부과하던 자동차세를 차량가격에 비례해 부과하는 방식으로 변경한다.
③ 소득의 크기에 따라 세율을 차등 적용하던 소득세를 동일한 세율을 적용하는 방식으로 변경한다.
④ 재산의 증가율과 세액의 증가율이 동일하던 재산세를 재산의 증가율보다 세액의 증가율이 더 큰 방식으로 변경한다.

해설 변경 전은 과세 대상 금액에 관계없이 세율이 일정하므로 비례세에 해당한다. 그러나 과세 대상 금액이 커질수록 세율도 높아지는 누진세로 변경되었다.
④ 누진세에 대한 옳은 설명이다. 재산의 증가율과 세액의 증가율이 동일하던 재산세인 비례세를 재산의 증가율보다 세액의 증가율이 더 큰 방식인 누진세로 변경하였다.

오답피하기
① 모든 상품에 동일한 세율을 적용하는 부가가치세율은 비례세에 해당한다.
② 위의 보기는 동일한 세액을 부과하던 방식에서 비례세로 변경된 것이 아니라 동일한 세율을 적용하던 방식에서 차량 가격에 비례하여 세율을 적용하는 방식(누진세)으로 변경된 것이다.
③ 순서가 바뀌었다. 위의 보기는 소득세를 동일한 세율을 적용하는 방식에서 소득의 크기에 따라 세율을 차등 적용하는 방식으로 변경하였다.

정답 ④

24 다음 표는 한 국가의 구간별 소득세율을 보여준다. 이에 대한 설명 중 옳은 것은? (단, 소득공제는 없다)

2019 지방직

소득 구간 \ 연도	2017년	2018년
2,000만 원 이하	5%	10%
2,000만 원 초과~5,000만 원 이하	25%	20%
5,000만 원 초과	35%	30%

※ 소득세 부과 방식: 연간 소득이 5,500만 원인 경우 2,000만 원까지는 '2,000만 원 이하' 소득 구간의 세율을, 3,000만 원에 대해서는 '2,000만 원 초과~5,000만 원 이하' 소득 구간의 세율을, 나머지 500만 원에 대해서는 '5,000만 원 초과' 소득 구간의 세율을 각각 적용한다.

① 소득세 부과방식이 2017년의 누진세제에서 2018년에는 비례세제로 바뀌었다.
② 연간 소득이 2,000만 원인 사람의 2018년 소득세액은 2017년의 소득세액에 비해 5% 증가하였다.
③ 연간 소득이 3,000만 원인 사람의 2018년 소득세액은 2017년의 소득세액에 비해 증가하였다.
④ 연간 소득이 6,000만 원인 사람의 2018년 소득세액은 연간 소득이 2,000만 원인 사람의 2018년 소득세액의 3배이다.

출제 단원 및 영역 경제 3단원 누진세 적용 사례

해설

③ 연간 소득이 3,000만 원인 사람의 경우
2017년의 소득세액은
2000×0.05+1000×0.25=100+250=350이며,
2018년의 소득세액은
2000×0.1+1000×0.2=200+200=400이다.
따라서 2018년 소득세액은 2017년의 소득세액에 비해 증가하였다.

오답피하기

① 2017년과 2018년 모두 과세 표준이 커질수록 높은 세율을 적용하므로 모두 누진세를 적용하고 있다.
② 연간 소득이 2,000만 원인 사람의 2018년 소득세액은 2000만 원×0.1=200만 원이고, 2017년의 소득세액은 2000만 원×0.05=100만 원이다. 따라서 연간 소득이 2,000만 원인 사람의 2018년 소득세액은 2017년의 소득세액에 비해 100% 증가하였다.
④ 연간 소득이 6,000만 원인 사람의 2018년 소득세액은 2000×0.1+3000×0.2+1000×0.3=200+600+300=1100만 원이고, 연간 소득이 2,000만 원인 사람의 2018년 소득세액은 2000×0.1=200만 원이다. 연간 소득이 6,000만 원인 사람의 2018년 소득세액은 연간 소득이 2,000만 원인 사람의 2018년 소득세액의 5.5배이다.

정답 ③

25 다음 세금에 대한 설명으로 옳은 것은?

2019 소방직

> 우리나라 세금으로 재화와 서비스의 생산이나 유통 과정에서 부가되는 가치에 대한 세금이다.

① 누진세율이 적용된다.
② 납세자와 담세자가 일치한다.
③ 조세 부담의 역진성이 나타난다.
④ 소득세에 비해 조세 저항이 강하다.

해설 제시문은 간접세인 부가가치세에 대한 설명이다.
③ 부가가치세는 비례세율이 적용되어 소득에 관계없이 동일한 세율이 적용된다. 그 결과 소득이 적은 사람이 더 높은 세율을 부담하게 되는 조세 부담의 역진성이 나타난다.

오답피하기

① 비례세율이 적용된다.
② 부가가치세는 간접세로서 납세자와 담세자가 일치하지 않는다.
④ 부가가치세는 물건 값에 세금을 포함시켜 직접세인 소득세에 비해 조세 저항이 약하다.

정답 ③

CHAPTER 03

시장과 경제 활동

수요와 공급/시장의 균형

01 그림은 X재의 수요량 또는 수요의 변동을 나타낸다. (가) 또는 (나)가 나타날 수 있는 요인에 대한 설명으로 옳은 것은? 2015. 6월 모평

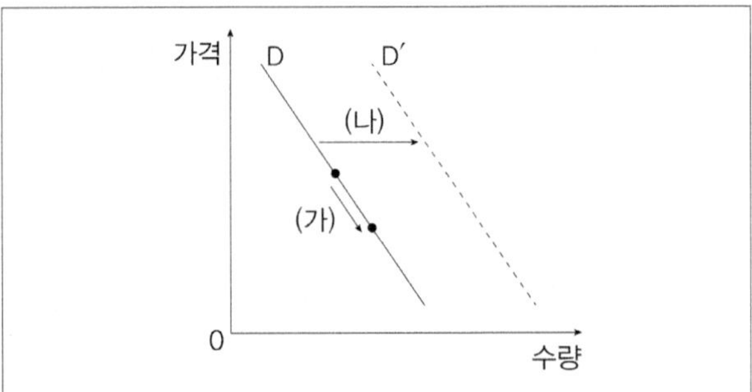

① X재 생산비의 상승은 (가)의 요인이 된다.
② X재의 보완재인 Y재 가격의 하락은 (가)의 요인이 된다.
③ X재 생산에 부과되는 세금의 증가는 (가)의 요인이 된다.
④ X재의 대체재인 Z재 가격의 상승은 (나)의 요인이 된다.
⑤ X재가 정상재이면 소비자들의 소득 감소는 (나)의 요인이 된다.

해설 수요량의 변동은 가격 이외의 요인이 일정할 경우 가격이 변할 경우에 발생하며 수요곡선 위의 한 점의 이동으로 나타난다. 수요의 변동은 가격이 일정할 경우 가격 이외의 요인이 변할 경우에 발생하며 수요곡선 자체의 좌, 우 이동으로 나타난다. (가)는 수요량의 증가를, (나)는 수요의 증가를 의미한다.
④ X재의 대체재 가격이 상승하면 수요가 증가한다.

오답피하기
①, ③ 공급 감소로 가격이 상승하므로 수요량은 감소한다.
② (나)의 요인이다.
⑤ 정상재일 경우 소득의 감소는 수요 감소 요인이다.

정답 ④

02 X재와 Y재의 관계가 (A)와 같을 때, (B)의 밑줄 친 ㉠에 대한 옳은 설명을 〈보기〉에서 고른 것은? 2013 서울시

> (A) X재의 가격 변화와 Y재의 수요 변화는 정(+)의 관계에 있다.
> (B) X재의 생산에 필요한 원자재 가격이 하락하였다. 이것은 X재의 연관재인 ㉠ Y재 시장에 변화를 가져왔다.

보기
가. Y재의 수요가 증가하였다.
나. Y재의 가격이 상승하였다.
다. Y재의 거래량이 감소하였다.
라. Y재의 판매수입이 감소하였다.

① 가, 나 ② 가, 다
③ 나, 다 ④ 나, 라
⑤ 다, 라

해설 X재 가격 변화와 Y재의 수요 변화는 정(+)의 관계에 있다고 하였으므로 X재와 Y재는 대체재의 관계에 있는 재화라고 할 수 있다. X재의 원자재 가격의 하락은 공급 곡선을 오른쪽으로 이동시키는 요인이므로 X재의 가격은 하락하고 이에 따라 Y재의 수요는 감소하고, 가격은 하락하게 된다.
다, 라. Y재 수요의 감소로 Y재의 거래량은 감소하고 이에 Y재의 판매 수입이 감소한다.

해설
가. Y재의 수요는 감소한다.
나. Y재의 가격은 하락한다.

정답 ⑤

03 〈보기〉에서 (가)와 (나)는 X재 수요의 변동이다. (가)와 (나)의 변화 요인을 가장 옳게 연결한 것은?

2018 서울시

보기

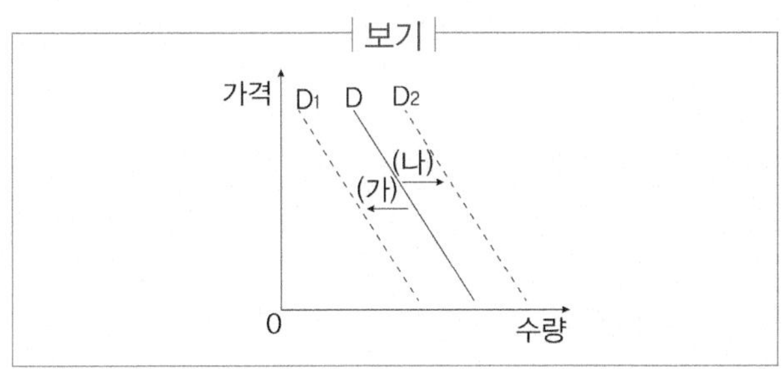

	(가)	(나)
①	소득 감소	대체재 가격 상승
②	기호 감소	대체재 가격 하락
③	인구 감소	보완재 가격 상승
④	가격 하락	보완재 가격 하락

해설 (가)는 수요의 감소를 나타내고, (나)는 수요의 증가를 나타낸다.

① (가) 문제에서 정상재라는 말은 없지만 일반적으로 정상재를 나타내므로 소득이 감소하면 수요는 감소한다.
(나) 대체재의 가격이 상승하면 X재의 수요가 증가된다.

오답피하기

② (가) 기호가 감소하면 그만큼 수요가 감소한다.
(나) 대체제의 가격이 하락하면 X재의 수요는 감소하게 된다.

③ (가) 인구가 감소하면 소비자가 감소하고 이는 소비의 감소로 이어질 수 있다.
(나) 보완재의 가격이 상승하면 X재의 수요는 감소한다.

④ (가) 가격이 하락하면 수요량이 증가한다. 가격의 변동은 수요가 아닌 수요량의 변동임을 주의한다.
(나) 보완재의 가격이 하락하면 X재의 수요는 증가하게 된다.

정답 ①

04 그림은 X재 시장 균형점 E의 변화를 나타낸다. 균형점 E를 (가), (나) 방향으로 변화시키는 요인으로 옳은 것은? (단, X재는 정상재이며 수요 법칙을 따른다.)

2018 서울시 유사

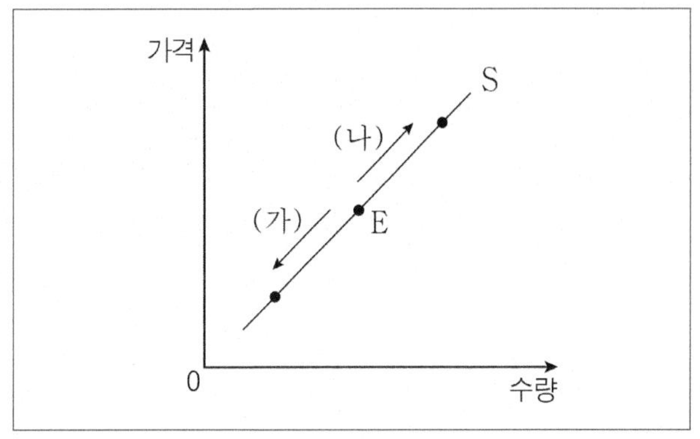

	(가)	(나)
①	생산비 감소	소득 증가
②	생산비 증가	생산 기술 발전
③	보완재 가격 하락	소득 감소
④	보완재 가격 상승	대체재 가격 상승

해설 수요가 감소하면 (가) 방향으로, 수요가 증가하면 (나) 방향으로 균형점이 이동한다.

④ 보완재 가격 상승은 수요 감소 요인, 대체재 가격 상승은 수요 증가 요인이다.

오답피하기

① 생산비 감소는 공급 증가 요인, 소득 증가는 수요 증가 요인이다.

② 생산비 증가는 공급 감소 요인, 생산 기술 발전은 공급 증가 요인이다.

③ 보완재 가격 하락은 수요 증가 요인, 소득 감소는 수요 감소 요인이다.

정답 ④

05 다음의 설명 중 적절하지 않은 것은? (단, 쌀은 정상재로 가정한다.) 2016 경찰직 1차

① 소득이 감소하는 경우 수요 곡선은 좌측으로 이동하고, 기술이 발전하는 경우 공급 곡선은 우측으로 이동한다.
② 쌀 가격이 상승하면 쌀의 수요는 감소한다.
③ 쌀의 공급곡선이 우상향하면 공급의 법칙이 성립한다.
④ 개인의 쌀 수요 곡선을 수평으로 합친 것을 쌀에 대한 시장 수요 곡선이라 한다.

해설
② 쌀의 가격이 상승하는 경우 쌀의 수요가 아닌 수요량이 감소한다. 수요 곡선의 이동은 가격 이외의 요인에 의한 변동이다. 수요량의 감소는 수요곡선 위의 점의 이동으로 나타난다.

오답피하기
① 쌀은 정상재라고 가정했으므로 소득이 감소하면 수요 곡선은 좌측으로 이동한다. 또한 기술의 발전은 공급의 증가 요인이 되어 공급 곡선은 우측으로 이동한다.
③ 공급의 법칙이란 가격이 상승하면 공급량이 증가하는 것을 의미하므로 공급곡선이 우상향한다.
④ 시장 수요곡선의 의미에 대한 옳은 설명이다.

정답 ②

06 균형 상태에 있는 햄버거시장에 (가)와 (나)의 상황이 발생할 경우, 이 시장에서 예상되는 변화로 옳은 것은? (단, 각 재화는 정상재로서 수요와 공급 법칙을 충족하며 다른 조건은 일정하다) 2015 국가직

(가) 햄버거의 대체재인 라면 가격의 상승
(나) 햄버거 생산 공장의 부지 임대 가격상승

① 시장 균형가격은 반드시 상승한다.
② 시장 균형가격은 반드시 하락한다.
③ 시장 균형거래량은 반드시 증가한다.
④ 시장 균형거래량은 반드시 감소한다.

해설
① (가)는 대체재의 가격 상승은 햄버거 수요의 증가 요인, (나)는 생산 비용의 인상은 햄버거 공급의 감소 요인이다. 가격은 상승하고 거래량은 알 수 없다.

정답 ①

07 그림은 수박 시장 균형점 e의 변화를 나타낸다. 이에 대한 옳은 추론을 〈보기〉에서 고른 것은? (단, 수박은 수요와 공 급의 법칙을 따른다.) 2015 9 모의

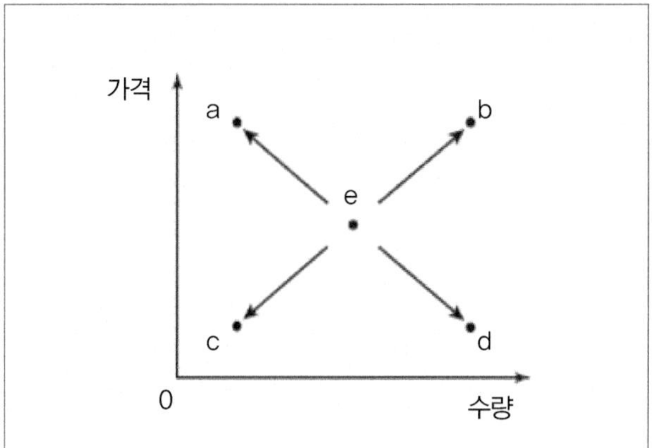

보기

ㄱ. 병충해로 수박의 생산량이 감소하는 경우 a로 이동할 수 있다.
ㄴ. 수박에 대한 선호도가 낮아지는 경우 b로 이동할 수 있다.
ㄷ. 대체재인 참외의 가격이 하락하는 경우 c로 이동할 수 있다.
ㄹ. 수박의 생산 비용이 증가하는 경우 d로 이동할 수 있다.

① ㄱ, ㄴ ② ㄱ, ㄷ
③ ㄴ, ㄷ ④ ㄴ, ㄹ
⑤ ㄷ, ㄹ

해설

ㄱ. 생산량의 감소는 공급 감소를 의미하므로 a로 이동할 수 있다.
ㄷ. 대체재의 가격이 하락하면 수요가 감소하므로 c로 이동할 수 있다.

오답피하기

ㄴ. 선호도가 낮아지면 수요가 감소하므로 c로 이동할 수 있다.
ㄹ. 생산 비용 증가로 공급이 감소하므로 a로 이동할 수 있다.

정답 ②

08 다음 자료를 바탕으로 A재~C재 간의 연관재 관계에 대한 옳은 설명을 〈보기〉에서 모두 고른 것은? 2018 소방직

- A재와 B재는 서로 보완 관계에 있다.
- B재와 C재는 서로 대체 관계에 있다.

보기

ㄱ. A재의 가격이 상승하면 B재의 수요는 감소한다.
ㄴ. A재의 가격이 하락하면 C재의 수요는 감소한다.
ㄷ. A재의 공급이 감소하면 B재의 가격이 상승한다.
ㄹ. B재의 공급이 증가하면 C재의 가격이 하락한다.

① ㄱ, ㄷ ② ㄱ, ㄹ
③ ㄴ, ㄷ ④ ㄴ, ㄹ

해설

ㄱ. A재의 가격이 상승하면 A재의 수요량은 감소하고 이와 보완 관계에 있는 B재의 수요는 감소한다.
ㄹ. B재의 공급이 증가하면 B재의 가격이 하락하고 B재의 수요량은 증가한다. B재와 대체 관계에 있는 C재의 수요는 감소하고 이에 따라 C재의 가격은 하락한다.

오답피하기

ㄴ. A재와 B재는 보완재 관계, B재와 C재는 대체재 관계에 있더라도 A재와 C재는 아무런 연관 관계가 없다. 따라서 A재의 가격이 하락하더라도 C재의 수요 변화를 알 수 없다.
ㄷ. A재의 공급이 감소하면 A재의 가격이 상승하고 A재의 수요량은 감소한다. 이와 보완재 관계에 있는 B재의 수요는 감소하므로 B재의 가격은 하락한다.

정답 ②

09 다음은 X재의 수요 및 공급표이다. 이에 대한 분석으로 옳은 것은? (단, X재의 수요 곡선 및 공급 곡선은 연속이다.) 2014 국가직

가격(원)	600	800	1,000	1,200	1,400	1,600
수요량(개)	200	190	180	170	160	150
공급량(개)	140	160	180	200	220	240

① 균형 가격은 1,000원이고 균형 거래량은 360개이다.
② 공급자가 240개를 모두 팔기 위한 균형 가격은 1,600원이다.
③ 수요의 법칙에 따르는 Y재가 X재의 대체재인 경우, Y재의 가격이 하락하면 균형 가격은 1,000원 이상이 된다.
④ 정부가 X재 공급자에게 개당 600원의 세금(물품세)을 부과하면 균형 거래량은 세금 부과 전보다 20개 줄어 든다.

해설 주어진 표에서 수요량과 거래량이 일치하는 가격 1000이 균형 가격이고, 균형 거래량은 180개이다.
④ 공급자에게 세금을 600원 부과하게 되면 공급곡선을 600원 만큼 상향이동 시켜야 하므로 공급량이 140, 가격이 1200원으로 되고, 공급량 160이 가격 1400원으로, 공급량 180이 1600원으로 이동하게 된다. 결국 1400원일 때 수요량과 공급량이 160으로 일치하게 되어 균형가격은 1400원, 균형거래량은 160이 된다. 따라서 세금 부과 전의 균형 거래량 180개 보다 20개가 줄어든 160개가 새로운 균형 거래량이 된다.

가격(원)	600	800	1,000	1,200	1,400	1,600
수요량(개)	200	190	180	170	**160**	150
세전 공급량(개)	140	160	180	200	220	240
세후 공급량(개)				140	**160**	180

오답피하기
① 균형 가격은 1,000원이 맞으나, 균형 거래량은 180개이다.
② 표를 분석했을 때, 공급자가 240개를 모두 팔기 위한 균형 가격은 수요 법칙에 따라 600원 이하에서 수요량이 240개가 될 것으로 추측되므로, 600원이하라고 할 수 있다. 또한 거래 가격이 1,600원일 때에는 공급량이 240개인데 반하여 수요량은 150개에 불과해 거래되는 양은 150개라고 할 수 있다.
③ 대체재인 Y재의 가격이 하락하면 X재의 수요의 감소를 유발하게 되므로 X재의 경우 오히려 균형 가격은 1,000원 이하로 떨어지게 될 것이다.

정답 ④

10 다음 자료에 대한 옳은 분석을 〈보기〉에서 고른 것은? 2014 국가직 유사

표는 X재 시장의 가격 수준에 따른 수요량과 공급량을 나타낸다. 단, X재는 수요와 공급 법칙을 따른다.

가격(원)	수요량(개)	공급량(개)
100	300	70
200	250	110
300	200	150
400	150	190
500	100	230

보기
ㄱ. 가격이 200원 이하일 때는 거래가 발생하지 않는다.
ㄴ. 가격이 300원일 때의 소비 지출액은 400원일 때와 동일하다.
ㄷ. 균형 가격은 300원보다 높고 400원보다 낮은 수준에서 결정된다.
ㄹ. 모든 가격 수준에서 수요량이 50개씩 감소한다면 균형 가격은 300원이 된다.

① ㄱ, ㄴ ② ㄱ, ㄷ
③ ㄴ, ㄷ ④ ㄷ, ㄹ

해설
ㄷ. 수요량과 공급량이 일치하는 지점은 300원과 400원 사이이므로 균형 가격은 300원보다 높고 400원보다 낮은 수준에서 결정된다.
ㄹ. 모든 가격 수준에서 수요량이 50개씩 감소한다면 400원일 때 수요량이 150개가 아니라 350원일 때 150개가 되므로 균형 가격은 300원이 된다.

오답피하기
ㄱ. X재의 가격이 200원 이하일 때는 수요량보다 공급량이 적으므로 X재의 공급량만큼 거래된다.
ㄴ. X재의 가격이 300원일 때의 소비 지출액은 45,000원, 400원일 때의 소비 지출액은 60,000원이다.

정답 ④

11 **다음 자료에 대한 설명으로 가장 적절하지 않은 것은? (단, 아래 내용 외에 다른 요인의 영향은 없다고 가정한다.)** 2017 경찰직 2차

> X재(정상재)에 대한 소비자의 기호(선호)가 감소하였다. X재의 생산 요소 가격이 상승하였다.

① 소비자의 X재 수요는 감소할 것이다.
② 생산자의 X재 공급은 줄어들 것이다.
③ X재의 대체재 수요는 감소할 것이다.
④ 향후 X재의 시장 가격은 예측할 수 없다.

해설 지문은 수요와 감소와 공급의 감소에 대한 설명이다. 그 결과 균형가격 변화는 알 수 없고 거래량은 감소한다.
③ X재에 대한 수요가 감소하면 대체재에 대한 수요는 증가한다.

정답 ③

12 **다음 글에 나타난 변화를 통해 예측할 수 있는 상황으로 가장 적절한 것은? (단, X재와 Y재 시장은 수요와 공급의 법칙을 따른다.)** 2014 경찰직 1차

> X재와 Y재는 서로 대체재이다. 최근 X재 생산에 필요한 원자재 가격이 상승하여 X재를 생산하는 기업들의 고민이 깊어지고 있다.

① X재의 가격이 하락할 것이다.
② X재의 거래량이 증가할 것이다.
③ Y재의 가격이 하락할 것이다.
④ Y재의 판매 수입이 증가할 것이다.

해설 한 재화의 수요량이 증가하면 다른 재화의 수요 감소를 가져오게 되는 재화를 대체재라고 하고, 양자는 경쟁 관계에 있어 X재 가격이 상승하면 Y재의 수요는 증가하게 된다.
④ X재의 생산량이 감소함에 따라 Y재의 수요는 증가할 것이고 그 결과 Y재의 판매 수입은 증가할 것이다.

오답피하기
① X재의 원자재 가격의 상승으로 X재의 생산은 줄어들 것이고 이에 따라 가격은 상승할 것이다.
② X재의 가격이 상승했으므로 거래량은 줄어들 것이다.
③ Y재의 수요가 상대적으로 많아지게 되므로 가격은 상승하게 될 것이다.

정답 ④

13 **다음을 통하여 예상할 수 있는 현상으로 가장 적절하지 않은 것은? (단, 아래 내용 외에 다른 요인의 영향은 없다고 가정한다.)** 2017 경찰직 1차

> 정부는 지난 12월에 남부지방의 축산농장에서 발생한 구제역의 전국적인 확산을 막기 위해 해당 농장에서 기르던 소를 모두 살처분하였다. 올해 1월에 중부지방에서도 구제역이 추가적으로 발생하여 발생 농장과 인근 지역에서 기르던 소를 모두 살처분하기로 결정해서 지금까지 살처분된 수는 전체 사육두수의 20%에 이를 것으로 추산되고 있다.

① 국내산 소고기 가격은 상승할 것이다.
② 수입산 소고기 소비량은 증가할 것이다.
③ 국내산 돼지고기 가격은 상승할 것이다.
④ 국내산 닭고기 소비량은 감소할 것이다.

해설
④ 사안의 경우 소를 살처분하였다고 하였으므로 쇠고기의 공급이 줄어들 것이다. 그 결과 소고기의 가격은 상승할 것이고, 이에 따라 국내산 소고기의 수요량은 감소할 것이다. 반면 대체제의 관계에 있는 수입산 소고기와 국내산 돼지고기, 국내산 닭고기의 소비는 증가하고 가격은 상승할 것이다.

오답피하기
① 국내산 소고기는 공급 부족으로 가격이 상승할 것이다.
② 국내산 소고기와 대체재 관계에 있는 수입산 소고기는 수요가 증가할 것이다.
③ 국내산 소고기와 대체재 관계에 있는 국내산 돼지고기의 수요가 증가하고 수요 곡선이 오른쪽으로 이동한다. 이에 따라 국내산 돼지고기의 가격은 상승한다.

정답 ④

14 **다음은 X재와 Y재 시장에서 각 재화의 가격에 대한 수요량과 공급량을 나타낸 것이다. 두 재화의 주어진 가격 하에서 X재와 Y재의 수요량이 각각 200개 증가할 때, 각 재화 시장에 일어나는 균형 변화에 대한 설명으로 옳은 것은?** 2018 지방직

재화(개) \ 가격(원)		80	90	100	110	120
X재	수요량	800	700	600	500	400
	공급량	400	500	600	700	800
Y재	수요량	800	700	600	500	400
	공급량	600	600	600	600	600

① Y재의 균형 가격이 X재의 균형 가격보다 높아진다.
② X재와 달리 Y재의 균형 거래량은 증가한다.
③ Y재의 판매 수입이 X재의 판매 수입보다 많아진다.
④ 각 재화의 균형 가격 상승률과 판매 수입 증가율은 동일하다.

해설 X재와 Y재의 수요량이 각각 200개 증가한다고 하였으므로 이를 반영하여 나타내면 다음과 같다.

재화(개) \ 가격(원)			80	90	100	110	120
X재	수요량	변화 전	800	700	600	500	400
		변화 후	1,000	900	800	700	600
	공급량		400	500	600	700	800
Y재	수요량	변화 전	800	700	600	500	400
		변화 후	1,000	900	800	700	600
	공급량		600	600	600	600	600

① 기존의 수요량과 공급량이 일치하던 지점은 X재는 100원, Y재도 100원이었다. 그러나 수요량이 각각 200개씩 증가한 후에는 X재는 110원, Y재는 120원에서 균형 가격이 형성된다. 따라서 Y재의 균형가격이 X재의 균형 가격보다 높아진다.

오답피하기

② 기존의 거래량은 X재와 Y재 모두 600개였다. 그러나 수요량이 각각 200개씩 증가한 후에는 X재는 700개로 증가하지만, Y재는 600개로 변화가 없다.
③ 판매수입은 거래량×가격이므로 X재의 판매수입은 77,000원(700×110)이고, Y재의 판매수입은 72,000원(600×120)이다. 따라서 X재의 판매수입이 더 많아진다.
④ 이런 문제는 직접 수요량 증가 전의 가격과 판매 수입을 살펴보고, 수요량 증가 후의 가격과 판매 수입을 살펴본 뒤 그 증가율을 계산하는 것보다는 판매수입=거래량×가격이라는 것에 주안을 두고 추론하는 것이 훨씬 더 간단하다. 우선 Y재의 경우 거래량의 변동이 없으므로 가격이 상승한 만큼 판매수입도 증가한다. 즉 균형 가격의 상승률과 판매 수입의 증가율은 동일하다. 반면, X재의 경우 거래량이 600개에서 700개로 증가하였으므로 판매수입의 증가율과 가격의 증가율이 같지 않다.

정답 ①

15 **균형 상태에 있는 햄버거 시장에 (가)와 (나)의 상황이 발생할 경우, 이 시장에서 예상되는 변화로 옳은 것은? (단, 각 재화는 정상재로서 수요와 공급 법칙을 충족하며 다른 조건은 일정하다)** 2015 국가직

(가) 햄버거의 대체재인 라면 가격의 상승
(나) 햄버거 생산 공장의 부지 임대가격 상승

① 시장 균형가격은 반드시 상승한다.
② 시장 균형가격은 반드시 하락한다.
③ 시장 균형거래량은 반드시 증가한다.
④ 시장 균형거래량은 반드시 감소한다.

해설 재화 중에서 동일한 효용을 얻을 수 있는 재화를 대체재라고 하며, 대체재의 가격이 상승하면 대체재의 관계에 있는 재화의 수요는 증가한다.

① 대체재 관계에 있는 라면의 가격이 상승하는 경우 햄버거의 수요가 증가한다. 또한 햄버거 생산 공장의 부지 임대 가격이 상승하면 생산요소의 가격 상승으로 햄버거의 공급이 감소되는 요인이 된다. 수요가 증가하는 반면에 공급이 감소하면 가격은 반드시 상승하게 된다. 그러나 거래량은 정확하게 알 수는 없다. 왜냐하면 수요의 증가 폭과 공급의 감소 폭이 제시되지 않아 거래량의 변동은 알 수 없기 때문이다.

정답 ①

16 **돼지고기와 닭고기가 서로 대체재이고 수요의 법칙과 공급의 법칙이 지켜진다고 할 때, ㉠~㉢에 들어갈 말로 옳게 짝지어진 것은?** 2015 사회복지직

닭고기 가격 상승 → 닭고기 (㉠) 감소 → 돼지고기 (㉡) 증가 → 돼지고기 가격 (㉢)

	㉠	㉡	㉢
①	수요	수요량	하락
②	수요량	수요	하락
③	수요	수요량	상승
④	수요량	수요	상승

해설 용도가 비슷하여 서로 대체하여 사용이 가능한 두 재화 A와 B가 있을 때, A재화의 가격이 상승함에 따라 A재의 수요량이 감소하는 반면에 B재의 수요가 증가하는 경우 두 재화는 대체재의 관계에 있다고 한다.

④ 닭고기의 가격이 상승하면 닭고기의 **수요량**은 감소하게 되고, 이 때 대체재 관계에 있는 돼지고기는 **수요**가 증가하게 되며, 돼지고기의 거래량과 가격이 **상승**하게 된다.

정답 ④

17 X재의 수요와 공급이 균형을 이루고 있다. 다음에서 X재의 균형가격을 높이는 동시에 균형거래량을 줄이는 요인으로 옳은 것은? (단, 이 상품은 정상재이며, 수요와 공급의 법칙에 따른다.) 2018 국가직

① X재와 대체관계에 있는 상품의 가격 하락
② 소비자들의 소득수준 향상
③ X재 생산에 사용되는 원자재 가격의 상승
④ 해외로부터 X재 수입의 증가

18 아래 그림은 X재 시장 균형점(E)의 변화 방향을 나타낸 것이다. 다음 설명 중 옳은 것은? (단, X재는 수요와 공급의 법칙에 따르는 정상재이며, 다른 조건은 일정하다고 가정한다.) 2013 지방직

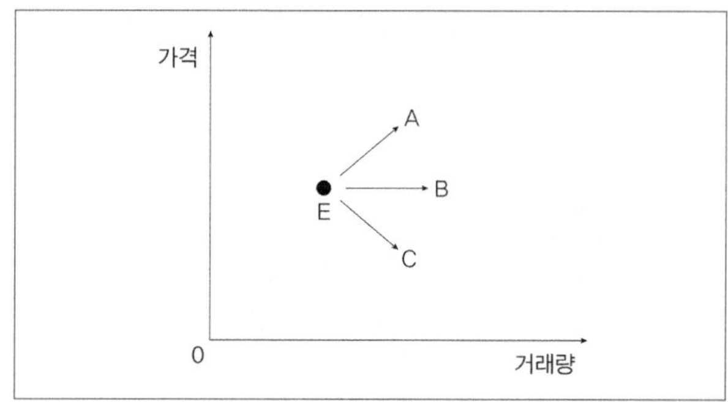

① X재 생산에 필수적인 원자재의 가격 상승은 E → A로의 변화를 초래한다.
② 소비자의 소득 수준 감소는 E → B로의 변화를 초래한다.
③ X재의 생산 기술 향상은 E → C로의 변화를 초래한다.
④ E → A로의 변화는 X재의 수요 증가를 수반하지만, E → B로의 변화는 X재의 수요 증가를 수반하지 않는다.

해설 X재의 균형 가격을 높이는 동시에 균형 거래량을 줄이는 요인은 X재의 공급 감소이다. 그 결과 공급 곡선이 좌측으로 이동하게 되고, 균형 가격은 상승하는 대신 균형 거래량은 감소하게 된다.

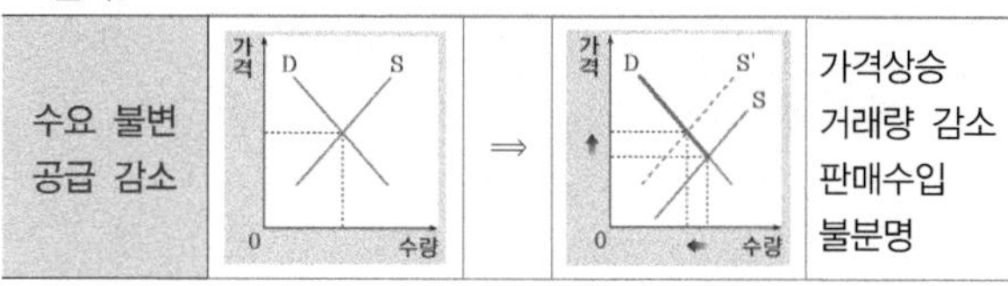

③ X재의 원자재 가격이 상승하면 생산 비용의 증가로 공급이 감소한다.

오답피하기
① X재와 대체관계에 있는 상품의 가격이 하락하면 그 상품의 수요량은 증가하고 X재의 수요는 감소한다.
② 소비자들의 소득 수준이 향상되는 것은 수요 증가의 요인이다.
④ 해외로부터 X재 수입이 증가하면 X재의 공급이 증가하게 된다.

정답 ③

해설 A는 거래량과 가격이 모두 증가했으므로 수요의 증가에 의해 나타나거나 수요와 공급이 모두 증가할 때 수요의 증가 폭이 공급의 증가폭보다 큰 경우 나타난다. B는 가격은 그대로 유지되고 거래량은 증가했으므로 수요와 공급의 증가 폭이 같은 경우에 나타난다. C는 가격은 하락했으나 거래량은 증가하는 것으로 공급이 증가하거나 수요와 공급이 모두 증가하지만 공급의 증가폭이 수요의 증가 폭보다 더 큰 경우에 나타난다.
③ X재의 생산 기술 향상은 공급을 증가 요인이 되어 가격은 하락하고 거래량은 증가하는 E→C로의 변화를 초래한다.

오답피하기
① X재 생산에 필수적인 원자재의 가격 상승은 공급의 감소 요인이 되어 가격이 상승하고 판매량이 감소하게 된다. 따라서 E→A로의 변화를 초래할 수는 없다.
② 소비자의 소득 수준의 감소는 수요를 감소시켜 가격이 하락하고 판매량은 감소하므로 E→B로의 변화를 초래할 수 없다.
④ E→A로의 변화는 X재의 수요 증가나 수요와 공급이 모두 증가할 때 수요의 증가 폭이 공급의 폭보다 큰 경우에 나타나고, E→B로의 변화는 X재의 수요와 공급의 증가를 수반한다. 즉 모두 수요 증가를 수반한다.

정답 ③

19 다음 그림은 정상재인 X재의 시장 균형 상태를 나타낸 것이다. X재 수요와 공급의 변화로 균형 가격은 변하지 않고 균형 거래량만 증가했다면, 이러한 결과를 초래할 수 있는 변화 요인으로 적절한 것은? 2017 국가직

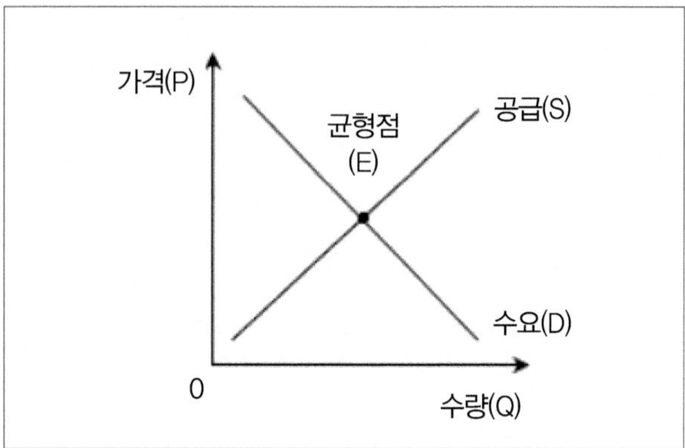

① 대체재의 가격 상승과 생산 요소 가격의 상승
② 보완재의 가격 하락과 생산 기술의 발전
③ 소득의 감소와 공급자 수의 감소
④ X재에 대한 선호 감소와 노동자의 임금 상승

해설 X재의 균형 가격은 반하지 않고 균형 거래량만 증가하기 위해서는 수요와 공급이 동일한 폭으로 증가한 경우이다.

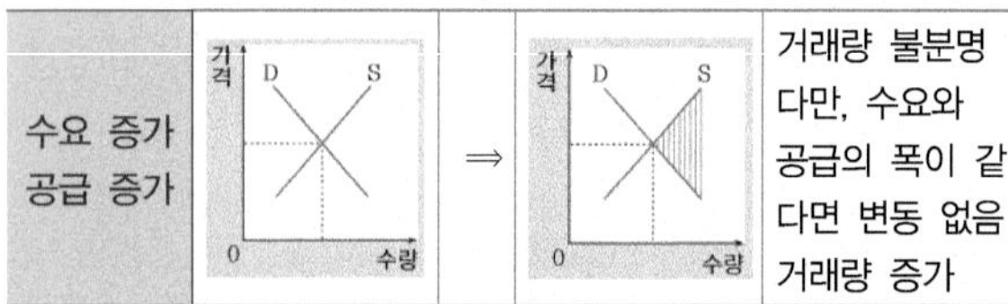

수요 증가 공급 증가	(그래프)	⇒	(그래프)	거래량 불분명 다만, 수요와 공급의 폭이 같다면 변동 없음 거래량 증가

② 보완재의 가격이 하락하면 보완재의 수요량은 증가하고 X재의 수요도 증가한다. 또한 생산 기술이 발전한다면 생산성의 향상으로 X재의 공급이 증가한다. 이렇게 X재의 수요와 공급이 모두 증가하고 특히 수요와 공급의 증가 폭이 같다면 균형 가격은 변하지 않고, 균형 거래량은 증가한다.

오답피하기
① 대체재의 가격이 상승하면 대체재의 수요량은 감소하고 X재의 수요는 증가한다. 그러나 생산 요소의 가격이 상승하면 생산비의 증가로 X재의 공급이 감소하게 된다.
③ 소득이 감소하면 그에 따라 정상재인 X의 수요도 감소하고, 공급자 수가 감소한 경우에는 X재의 공급이 감소하게 된다.
④ X재에 대한 선호 감소는 X재의 수요 감소 요인이고, 노동자의 임금 상승은 생산비의 증가로 인한 X재의 공급 감소 요인이다.

정답 ②

20 그림은 X재 시장의 균형점 E의 이동 방향을 나타낸 것이다. 이에 대한 설명으로 옳은 것은? 2020 국가직

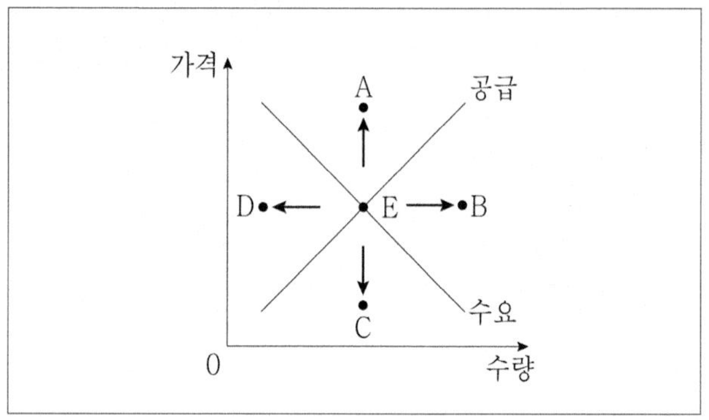

① X재의 생산 기술이 발전하고 X재에 대한 수요자의 선호가 감소하면, E는 A로 이동할 수 있다.
② X재의 생산 기술이 발전하고 X재 수요자의 소득이 증가하면, E는 B로 이동할 수 있다.
③ X재의 원자재 가격이 하락하고 X재의 대체재 가격이 상승하면, E는 C로 이동할 수 있다.
④ X재의 원자재 가격이 상승하고 X재의 보완재 가격이 하락하면, E는 D로 이동할 수 있다.

출제 단원 및 영역 경제 3단원 수요와 공급의 변동

해설 수요와 공급의 변동 요인을 고려하여 균형점을 살펴보면 다음과 같다. 따라서 옳은 것은 ②번이다.

① X재의 생산 기술이 발전하고 X재에 대한 수요자의 선호가 감소하면, E는 A로 이동할 수 있다.
⇒ 공급 증가 / 수요 감소 ⇒ C로 이동
② X재의 생산 기술이 발전하고 X재 수요자의 소득이 증가하면, E는 B로 이동할 수 있다.(편저 주:정상재임을 전제로 해야하는데, 이러한 말이 없어 아쉬움!!)
⇒ 공급 증가 / 수요 증가 ⇒ B로 이동
③ X재의 원자재 가격이 하락하고 X재의 대체재 가격이 상승하면, E는 C로 이동할 수 있다.
⇒ 공급 증가 / 수요 증가 ⇒ B로 이동
④ X재의 원자재 가격이 상승하고 X재의 보완재 가격이 하락하면, E는 D로 이동할 수 있다.
⇒ 공급 감소 / 수요 증가 ⇒ A로 이동

정답 ②

21 그림은 경제 수업 장면이다. 교사의 질문에 대한 학생의 답변으로 옳은 것은? 2016 교육행정

① 갑: (가)는 빵에 대한 공급 증가 요인입니다.
② 을: (가)는 감자에 대한 수요 증가 요인입니다.
③ 병: (나)는 감자 가격의 상승 요인입니다.
④ 정: (나)는 빵의 거래량 증가 요인입니다.

해설
② 빵의 원재료인 밀의 가격이 상승하면 밀의 공급이 감소하고 이로 인해 빵의 공급도 감소하여 빵의 거래량(수요량)도 감소한다. 그러나 빵과 감자는 대체 관계에 있다고 하였으므로 빵의 소비의 감소로 인하여 감자의 수요는 증가하게 된다.

오답피하기
① 빵의 원재료인 밀의 가격이 상승하였다고 하였으므로 이는 빵의 생산비 증가 요인으로 빵에 대한 공급 감소 요인이 된다.
③ 감자의 재배 기술이 발전하면 감자의 공급이 증가하고 이는 감자의 가격 하락 요인이 된다.
④ 감자의 공급의 증가로 가격은 하락하고 감자의 거래량(수요량)은 증가하게 된다. 그 결과 감자와 대체 관계에 있는 빵의 거래량(수요량)은 감소하게 될 것이다.

정답 ②

22 그림은 X재 수요의 변동과 수요량의 변동을 나타낸 것이다. 이에 대한 설명으로 옳은 것은? 2020 소방직

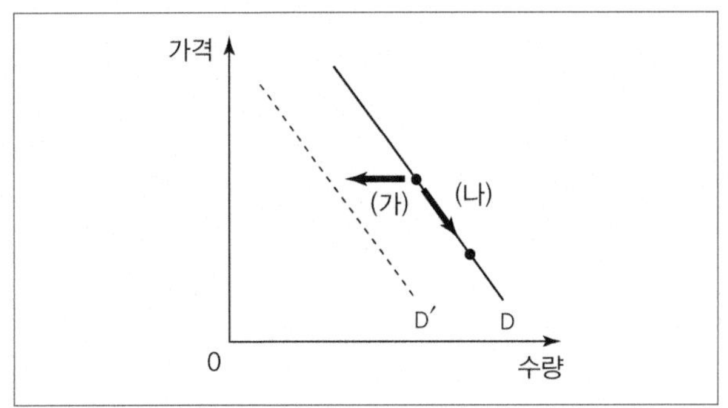

① X재의 가격이 상승하면 (가)와 같이 이동한다.
② X재의 대체재 가격이 하락하면 (가)와 같이 이동한다.
③ X재가 열등재인 경우에 소득이 증가하면 (나)와 같이 이동한다.
④ (가)는 수요량의 감소, (나)는 수요의 증가를 나타낸다.

해설 (가)는 수요의 감소이고, (나)는 수요량의 증가이다.
② 대체재 가격의 하락은 수요 감소 요인이다. 따라서 (가)와 같이 이동한다.

오답피하기
① 가격의 변화에 따라 수요량이 변동한다. 따라서 X재의 가격이 상승하면 (가)와 같이 이동하는 것이 아니라 곡선상의 점이 이동하게 되고, 이는 (나)와 반대 방향으로 이동한다.
③ 열등재는 소득이 증가하면 수요가 감소하는 재화이다. 따라서 X재가 열등재인 경우에 소득이 증가하면 수요가 감소하고 이는 수요 곡선 자체가 좌측으로 이동하므로 (가)와 같이 이동한다.
④ 수요량의 변동은 수요 곡선 상의 점의 이동이고, 수요가 변동하면 수요 곡선 자체가 이동하게 된다. 따라서 (가)는 수요의 감소, (나)는 수요량의 증가를 나타낸다.

정답 ②

23 그림은 정상재인 X재의 시장 변화를 나타낸다. 이러한 변화(D → D′)의 요인으로 옳은 것은? 2019 소방직

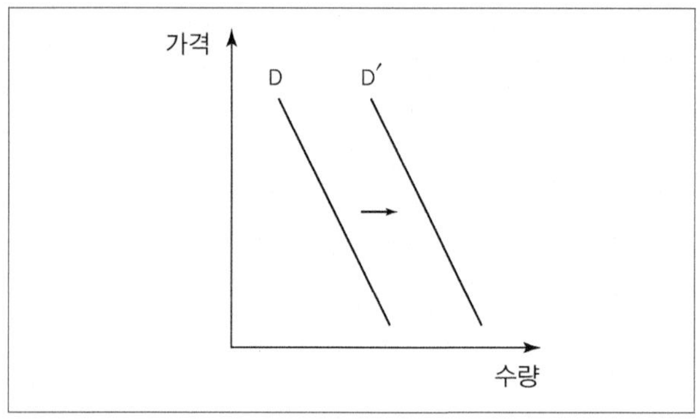

① X재 생산비용의 증가
② X재 소비자의 소득 증가
③ X재 보완재의 가격 상승
④ X재 대체재의 가격 하락

해설 위의 그림은 수요가 증가한 경우일 때 나타나는 변화이다.
③ X재는 정상재라고 하였으므로 X재 소비자의 소득이 증가하면 X재의 수요는 증가한다.

오답피하기
① X재 생산비용의 증가는 X재 공급 감소 요인이다.
②, ④ X재의 수요 감소 요인이다.

정답 ③

24 다음은 X재의 수요곡선과 공급곡선을 함수로 나타낸 것이다. 이에 대한 설명으로 옳은 것은? (단, P는 가격, Q_D는 수요량, Q_S는 공급량을 나타낸다.) 2021 국가직

> 수요함수: Q_D = 100−3P
> 공급함수: Q_S = −20+P

① 시장 가격이 25일 경우, 초과 공급량은 20이다.
② 가격 상승에 따라 수요량이 증가하는 수요 함수이다.
③ X재의 시장 균형 가격은 30, 시장 균형 거래량은 10이다.
④ 최고 가격을 32 이상으로 설정해야 가격 상한제 정책의 목적을 달성할 수 있다.

출제 단원 및 영역 경제 3단원 수요와 공급의 변동

해설
③ 시장 균형 가격은 수요량과 공급량이 일치하는 지점이므로 Q_D = Q_S ⇒ 100−3P=−20+P를 통해 시장 균형 가격과 시장 균형 거래량을 찾을 수 있다. 이 때 P=30이 되고 이를 수요 함수나 공급 함수에 대입하면 거래량은 10이 나온다. 따라서 X재의 시장 균형 가격은 30, 시장 균형 거래량은 10이다.

오답피하기
① 시장 가격이 25일 경우, 수요량은 100−(3×25)=25이고, 공급량은 −20+25=5이다. 따라서 초과 수요량은 20이다.
② 수요함수를 통해 가격이 상승하면 수요량은 감소하는 함수임을 알 수 있다. 즉 수요 법칙이 적용되고 있음을 알 수 있다.
④ 최고 가격은 시장 가격보다 낮은 수준에서 설정해야 실효성이 생기는데, 시장 균형 가격이 30이므로 30 미만으로 설정해야 가격 상한제 정책의 목적을 달성할 수 있다.

정답 ③

가격 탄력성

01 다음 수요 곡선들의 각 점에 해당하는 재화의 이름을 바르게 연결한 것은?

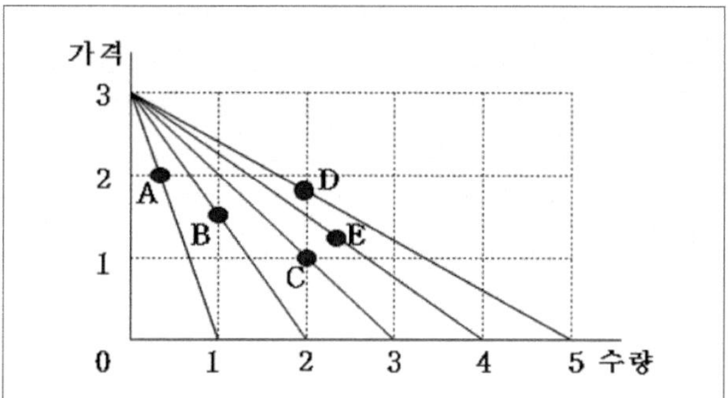

① A – 쇠고기
② B – 골프채
③ C – 쌀
④ D – 명품 밍크 코트
⑤ E – 김치

해설 A와 B는 비탄력적인 재화이고, C는 단위 탄력적, D와 F는 탄력적인 재화이다. 비탄력적인 재화는 생활 필수품, 탄력적인 재화는 사치품을 예로 들 수 있다.
④ 명품 밍크 코트는 사치품으로 탄력적인 재화이다.

오답피하기
①, ② 쇠고기와 골프채는 탄력적인 재화이다.
③ 쌀을 생활 필수품으로 단위 탄력적이라고 보기 어렵고, 비탄력적인 재화이다.
⑤ 김치는 비탄력적인 재화라고 보아야 한다.

정답 ④

02 씨앗호떡의 가격을 1,000원에서 850원으로 내렸을 때 수요량은 300개에서 318개로 증가하였다. 이때 씨앗호떡에 대한 수요의 가격 탄력성은? (단, 수요의 가격 탄력성은 절댓값으로 표기한다.) 2014 지방직

① 0.4 ② 0.8
③ 1.2 ④ 2.5

해설 수요의 가격 탄력성의 계산법을 이해하고 적용할 수 있어야 한다.
① 수요의 가격탄력성

$$= \frac{\text{수요량의 변화율}(\%)}{\text{가격의 변화율}(\%)} = \frac{\frac{\text{수요량의 변동분}}{\text{원래 수요량}}}{\frac{\text{가격의 변동분}}{\text{원래 가격}}} = \frac{18/300}{150/1000} = \frac{2}{5} = 0.4$$

정답 ①

03 다음 사례에 대한 분석으로 가장 적절하지 않은 것은? 2014 경찰직 2차

> ○○ 농부는 이번 연도에 양파 농사를 열심히 지어서 대풍년을 맞았는데, 가격이 폭락해서 흉년이었던 작년 경우보다도 판매 수입이 감소하는 일이 벌어졌다.

① 재화의 대체제가 적은 편에 속한다.
② 재화의 가격이 가계 소비에서 차지하는 비중이 크다.
③ 재화의 가격이 하락한 경우에도 거래량의 변동은 크지 않다.
④ 재화의 가격이 공급량에 따라 급등락 할 가능성이 있다.

해설 대풍년을 맞았으나 가격이 폭락해서 흉년이었던 작년보다 판매 수입이 더 떨어졌다고 했으므로 이는 농산물의 수요의 가격에 대한 비탄력성을 설명하고 있다. 일반적으로 필수품의 수요는 비탄력적이고, 사치품의 수요는 탄력적이다. 우리 생활에 긴요하게 쓰이는 필수품은 가격이 상승해도 그 소비를 줄이기가 어렵기 때문이다.
② 재화의 가격이 가계 소비에서 차지하는 비중이 클 경우, 수요가 가격에 대하여 탄력적이게 되므로 옳지 않은 지문이다.

오답피하기
① 재화의 대체재가 적으면 수요가 가격에 대하여 비탄력적이게 되므로 맞는 지문이다.
③ 수요가 가격에 대해 비탄력적인 경우 재화의 가격이 하락해도 거래량의 변동이 크지 않다.
④ 수요가 가격에 대해 비탄력적인 경우에는 수요량이 일정하기 때문에 공급량이 늘어나거나 줄어듦에 따라 가격의 등락폭이 커지게 된다.

정답 ②

04 A제품은 수요의 가격 탄력성이 1보다 작고, B제품은 수요의 가격 탄력성이 1보다 크다. 다음과 같은 상황이 발생할 때 총판매 수입의 변화에 대한 예상으로 가장 적절한 것은? 2017 경찰직 2차

> A제품의 생산에 필수적인 원재료 가격이 하락하였다. B제품을 생산하는 기업에 지급되던 정부보조금이 삭감되었다.

① A제품의 총판매 수입 증가, B제품의 총판매 수입 감소
② A제품의 총판매 수입 감소, B제품의 총판매 수입 감소
③ A제품의 총판매 수입 증가, B제품의 총판매 수입 증가
④ A제품의 총판매 수입 감소, B제품의 총판매 수입 증가

해설

② 제품의 원재료 가격이 하락하였다면 공급은 증가하고 이에 따라 가격은 하락하고 거래량은 증가한다. A제품의 수요의 가격 탄력성이 1보다 작다고 하였으므로 비탄력적인 재화이다. 따라서 가격하락 시 총 판매 수입은 감소한다.
또한 B 제품의 정부보조금이 삭감되었다고 하므로 공급은 감소하고 이에 따라 가격은 상승하고 거래량은 감소하게 된다. B 제품의 수요의 가격 탄력성이 1보다 크다고 하였으므로 탄력적인 재화이다. 따라서 가격 상승 시 판매 수입은 감소한다.

정답 ②

05 다음 밑줄 친 '원인'에 대한 옳은 추론을 〈보기〉에서 고른 것은? 2018 소방직

> 방학 기간에 고등학생 A는 엄마 B와 함께 백화점에 쇼핑하러 갔다. A와 B는 3층 의류 판매 매장에서 정가의 70%까지 가격 할인을 받아 옷을 구입한 후, 쌀을 구입하기 위해 지하 1층 식품 매장에 갔으나 쌀은 할인 판매를 하지 않았다. A는 이윤 극대화를 추구하는 백화점에서 왜 옷은 할인하고 쌀은 할인하지 않는지 궁금해졌다. A는 개학하면 이러한 현상의 원인을 사회 선생님께 여쭤 보기로 하였다.

보기

ㄱ. 의류는 쌀보다 대체재가 한정되어 있기 때문이다.
ㄴ. 쌀은 수요의 가격 탄력성이 1보다 작기 때문이다.
ㄷ. 쌀은 사치적 성격을 가진 비탄력적인 상품이기 때문이다.
ㄹ. 의류는 수요량 변동률이 가격 변동률보다 더 크기 때문이다.

① ㄱ, ㄴ　② ㄱ, ㄷ
③ ㄴ, ㄹ　④ ㄷ, ㄹ

해설 탄력적인 재화는 가격이 상승할 경우 수요량이 더 큰 비율로 감소하기 때문에 판매수입은 감소한다. 반면 비탄력적인 재화는 가격이 상승할 경우 수요량이 더 적은 비율이 감소하기 때문에 판매수입은 증가한다. 따라서 판매수입을 증가시키기 위해 탄력적인 재화는 가격을 할인하는 것이 유리하다. 반면 비탄력적인 재화는 가격을 상승시키는 것이 판매수입을 증가시키는 전략이 된다. 따라서 옷은 탄력적인 재화이기 때문에 가격을 할인한 것이 되고, 쌀은 비탄력적인 재화이기 때문에 가격을 할인하지 않은 것이다.
ㄴ. 쌀은 비탄력적인 재화이므로 수요의 가격 탄력성이 1보다 작다.
ㄹ. 의류는 탄력적인 재화이므로 수요량 변동률이 가격 변동률보다 더 크다.

오답피하기

ㄱ. 대체재가 많으면 많을수록 탄력적이다. 따라서 의류는 쌀보다 대체제가 한정되어 있는 것이 아니라 많다고 볼 수 있다.
ㄷ. 쌀은 필수재 성격을 가진 비탄력적인 상품이고, 의류는 사치적 성격을 지닌 탄력적인 재화이다.

정답 ③

06 수요의 가격 탄력성과 기업의 판매 수입 비교에 대한 설명으로 가장 적절하지 않은 것은? 2020 경찰직 1차

① 수요의 가격 탄력성이 단위 탄력적인 경우 상품 가격의 변동과 관계없이 기업의 판매 수입이 일정하다.
② 수요의 가격 탄력성이 완전 비탄력적인 경우 상품 가격을 인상하면 인상한 비율만큼 기업의 판매 수입이 감소한다.
③ 수요의 가격 탄력성이 탄력적인 경우 상품 가격을 인상하면 수요량이 많이 줄어들어 기업의 판매 수입이 감소한다.
④ 수요의 가격 탄력성이 비탄력적인 경우 상품 가격을 인하하면 수요량이 적게 늘어나 기업의 판매 수입이 감소한다.

출제 단원 및 영역 경제 3단원 가격 탄력성

해설

② 수요의 가격 탄력성이 완전 비탄력적인 경우 상품 가격에 관계없이 수요량은 일정하므로 상품 가격을 인상하면 인상한 비율만큼 기업의 판매 수입이 증가한다.

오답피하기

① 수요의 가격 탄력성이 단위 탄력적인 경우 상품 가격이 인상하면 그 비율만큼 수요량이 감소하고, 상품 가격이 인하되면 그 비율 만큼 수요량이 증가하므로 단위 탄력적인 상품의 경우 상품 가격의 변동과 관계없이 기업의 판매 수입이 일정하다.
③ 수요의 가격 탄력성이 탄력적인 경우 상품 가격을 인상하면 수요량이 가격 상승률보다 더 많이 줄어들어 기업의 판매 수입이 감소한다.
④ 수요의 가격 탄력성이 비탄력적인 경우 상품 가격을 인하하면 수요량이 가격 인하률 보다 더 적게 늘어나 기업의 판매 수입은 감소한다.

구분	Ed = ∞ (완전 탄력적)	Ed > 1 (탄력적)	Ed = 1 (단위 탄력적)	0 < Ed < 1 (비탄력적)	Ed = 0 (완전 비탄력적)
가격 상승	판매 수입 없음 (가격 상승 시 거래량 0)	판매 수입 감소 (가격 상승률이 판매량 감소율 보다 작음)	판매 수입 변동 없음	판매 수입 증가 (가격 상승률이 판매량 감소율 보다 큼)	판매 수입 증가 (가격 상승률과 판매 수입 증가율이 같음)
가격 하락	판매 수입 무한대로 증가(가격 하락시 거래량 무한대)	판매 수입 증가 (가격 하락률이 판매량 증가율 보다 작음)	판매 수입 변동 없음	판매 수입 감소 (가격 하락률이 판매량 증가율 보다 큼)	판매 수입 감소 (가격 하락률과 판매 수입 감소율이 같음)

정답 ②

07 그림은 수요의 가격 탄력성이 서로 다른 A~C재의 가격 변화율과 판매 수입 변화율을 나타낸 것이다. 각 재화의 수요의 가격 탄력성으로 옳은 것은? 2016 10월 학평

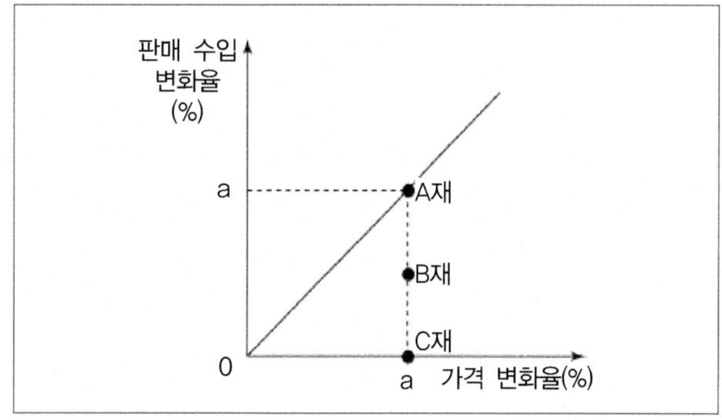

	A재	B재	C재
①	비탄력적	탄력적	단위 탄력적
②	단위 탄력적	비탄력적	탄력적
③	단위 탄력적	비탄력적	완전 비탄력적
④	완전 비탄력적	탄력적	비탄력적
⑤	완전 비탄력적	비탄력적	단위 탄력적

해설 A재는 가격이 오른 정도와 동일하게 판매 수입도 증가하였으므로 수요의 가격 탄력성은 완전 비탄력적이다. C재는 가격이 변화하였으나 판매 수입에 변화가 없으므로 단위 탄력적인 재화이다.

정답 ⑤

08 다음 X재, Y재에 대한 설명으로 옳은 것은?

2019 국가직

• X재는 수요 법칙이 적용되며, 공급의 가격 탄력성은 무한대의 값을 갖는다.
• Y재는 수요 법칙이 적용되며, 공급의 가격 탄력성은 0의 값을 갖는다.

① X재의 공급은 가격에 대해 완전 비탄력적이다.
② X재의 수요가 증가해도 X재 균형 거래량은 변함이 없다.
③ Y재의 공급이 증가하면 Y재 균형 거래량은 증가한다.
④ X재와 Y재 모두 수요가 증가하면 균형 가격이 상승한다.

출제 단원 및 영역 경제 3단원 가격 탄력성

해설 X재의 공급의 가격 탄력성은 무한대의 값을 갖는다고 했으므로 공급에 있어서 완전 탄력적(Es=∞)이고, Y재의 공급의 가격 탄력성은 0의 값을 갖는다고 하였으므로 공급에 있어서 완전 비탄력적인 재화(Es=0)이다.

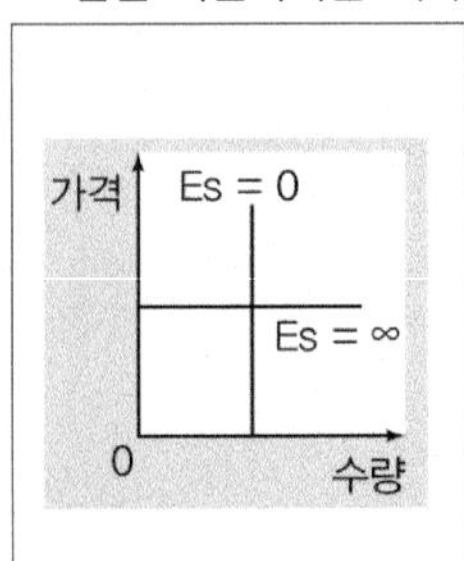

• 완전 비탄력적(Es = 0): 공급 곡선이 수직선 형태를 띰.
⇒ 가격과 상관없이 동일한 양을 판매하고자 함.
• 완전 탄력적(Es = ∞): 공급 곡선이 수평선 형태를 띰.
⇒ 받고자 하는 가격이 일정한 수준에만 위치하므로 가격 변동률이 0에 가까워도 공급량이 변동함.

③ Y재의 경우 공급 탄력성이 0이므로 수직선이다. Y재의 공급이 증가하여 수직선이 우측으로 이동하면 균형 가격은 하락하고 균형 거래량은 증가한다.

오답피하기
① X재의 공급은 가격에 대해 완전 탄력적이다.
② X재는 공급의 가격 탄력성이 무한대이므로 공급 곡선은 수평선이 된다. 이 때 X재의 수요가 증가하면 수요 곡선이 우측으로 이동하고 이 때 균형 가격은 변함이 없지만, 균형 거래량은 증가한다.
④ X재의 경우 공급 곡선은 수평선이고 X재의 수요가 증가하더라도 가격은 일정하다. 반면, Y재의 경우 공급 곡선은 수직선이고, Y재의 수요가 증가하면 가격은 상승한다.

정답 ③

09 그림은 X재 시장 균형점(E)의 변동을 나타낸다. 이에 대한 옳은 추론을 〈보기〉에서 고른 것은?

2019 국가직 유사

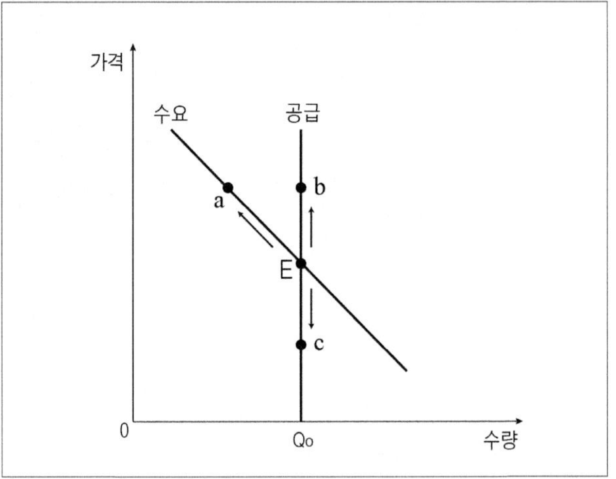

보기

ㄱ. X재의 가격이 하락하면 a로 이동할 수 있다.
ㄴ. X재의 대체재 가격이 상승하면 b로 이동할 수 있다.
ㄷ. X재에 대한 선호도가 증가하면 c로 이동할 수 있다.
ㄹ. X재의 보완재 가격이 상승하면 c로 이동할 수 있다.

① ㄱ, ㄴ ② ㄱ, ㄷ
③ ㄴ, ㄷ ④ ㄴ, ㄹ

해설 공급곡선은 완전비탄력적인 그래프이다. 이 경우도 일반 수요와 공급의 원칙에 따라 생각하면 된다.
ㄴ. X재의 대체재 가격이 상승하면 X재의 수요가 증가하므로 수요 곡선이 우측으로 이동하고 b로 이동할 수 있다.
ㄹ. X재 보완재 가격이 상승하면 X재의 수요가 감소하므로 수요 곡선이 좌측으로 이동하므로 c로 이동할 수 있다.

오답피하기
ㄱ. X재 가격의 하락은 수요량과 공급량의 변동 요인이다.
ㄷ. X재에 대한 선호도가 증가하면 수요가 증가하여 균형점이 b로 이동할 수 있다.

정답 ④

10 그림은 X재와 Y재 시장을 나타낸다. 이에 대한 옳은 분석을 〈보기〉에서 고른 것은? (단, 두 재화의 수요와 공급 곡선은 좌우 평행 이동만 가능하다.) 2019 국가직 유사

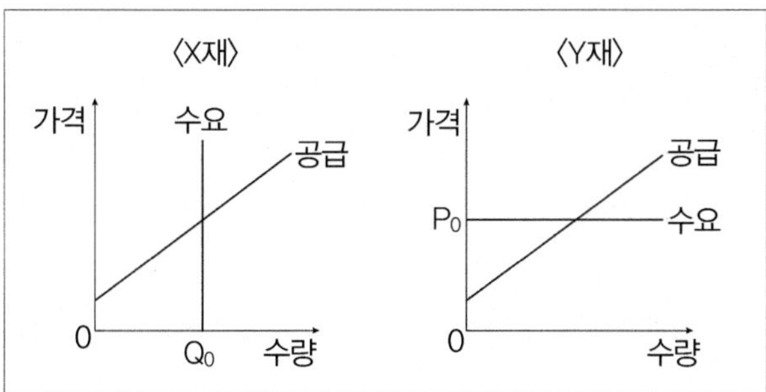

보기

ㄱ. X재의 수요가 감소하면 X재 생산자 잉여는 감소한다.
ㄴ. X재의 공급이 감소해도 X재 생산자 잉여는 변함이 없다.
ㄷ. Y재의 공급이 감소하면 Y재 생산자 잉여는 증가한다.
ㄹ. Y재의 공급이 증가하면 Y재 소비자 잉여는 감소한다.

① ㄱ, ㄴ　　② ㄱ, ㄷ
③ ㄴ, ㄷ　　④ ㄴ, ㄹ

해설 X재는 수요곡선이 완전비탄력적인 그래프이고 Y재는 수요곡선이 완전탄력적인 그래프이다. 이 경우도 일반 수요와 공급의 원칙에 따라 생각하면 된다.

ㄱ. X재의 수요가 감소하면 수요 곡선이 좌측으로 이동되고 이로 인하여 생산자 잉여는 감소한다.
ㄴ. X재의 공급이 감소해도 생산자 잉여는 변함이 없다. 그래프를 좌측으로 이동해서 생산자 잉여를 확인하면 변함이 없음을 알 수 있다.

오답피하기

ㄷ. Y재의 공급이 감소하면 Y재 생산자 잉여는 감소한다.
ㄹ. Y재의 수요 곡선이 수평이기 때문에 Y재 소비자 잉여는 이전과 마찬가지로 0이다.

정답 ①

11 그림은 가격이 2% 상승했을 때 각 재화의 수요량 변화율을 나타낸 것이다. 이에 대한 분석으로 옳은 것은? 2020 국가직

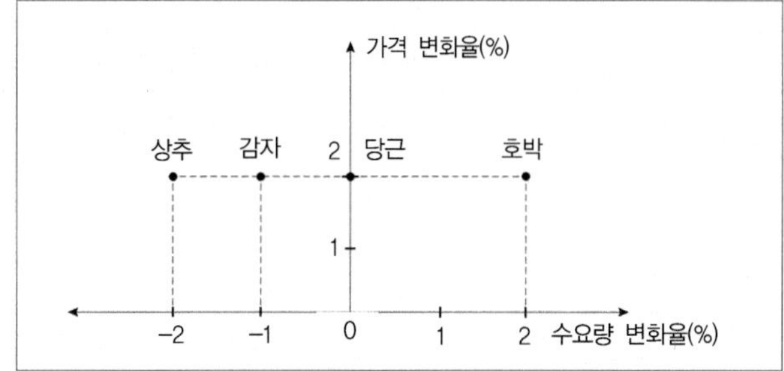

① 감자와 호박의 판매수입은 각각 증가하였다.
② 당근의 수요는 가격에 대해 완전 탄력적이다.
③ 상추 판매수입은 감소하고, 당근 판매량은 감소하였다.
④ 상추의 수요는 가격에 대해 탄력적이다.

출제 단원 및 영역 경제 3단원 가격 탄력성

해설 가격이 2% 상승했을 때 각 재화의 수요량의 변화율을 통해 다음과 같이 정리할 수 있다.

상추	감자	당근	호박
단위 탄력적	비탄력적	완전비탄력적	수요법칙의 예외

① 판매수입은 가격×판매량(수요량)이다. 감자의 경우 비탄력적인 재화이므로 가격이 상승한 것보다 더 작은 비율로 수요량이 감소하므로 판매수입은 증가한다. 또한 호박은 가격이 2% 상승했음에도 수요량도 2% 증가하였으므로 판매수입은 증가한다.

오답피하기

② 당근의 수요는 가격에 대해 완전 비탄력적이다.
③ 상추는 단위 탄력적이므로 가격이 상승했음에도 판매수입은 일정하고, 당근은 완전비탄력적이므로 판매량은 일정하다.
④ 상추의 수요는 가격에 대해 단위 탄력적이다.

정답 ①

12 〈보기〉는 각 상품의 수요 함수를 수식으로 나타내고 있다. 현행 수준에서 가격(P)은 15이고, 수요량(Q)은 30이라고 한다. 이 중에서 수요의 가격탄력성이 비탄력적인 상품의 개수는? (단, 수요의 가격탄력성이 1보다 작을 때, 수요의 가격탄력성은 비탄력적이라고 한다.)

2016 경찰직 1차

보기

㉠ A상품 수요 함수: $Q=60-2P$

㉡ B상품 수요 함수: $Q=\frac{450}{P}$

㉢ C상품 수요 함수: $Q=30$

㉣ D상품 수요 함수: $Q=40-\frac{2}{3}P$

① 1개 ② 2개
③ 3개 ④ 4개

해설 비탄력적인 재화는 ㉡과 ㉣ 2개이다.

$$\text{수요의 가격탄력성} = \frac{\text{수요량의 변동률}(\%)}{\text{가격 변동률}(\%)} = \frac{\frac{|\text{변동 이후 수요량} - \text{변동 이전 수요량}|}{\text{변동 이전 수요량}} \times 100}{\frac{|\text{변동 이후 가격} - \text{변동 이전 가격}|}{\text{변동 이전 가격}} \times 100}$$

이다.

현재 가격이 15이고 수요량은 30이라고 했으므로 가격이 20으로 증가했다고 가정을 해 보면 각각의 변동된 수요량은 다를 것이다. 이를 각각의 식에 대입해본다.

㉠ $Q=60-2P$의 그래프는 기울기가 −2인 일차함수 그래프로써 $\frac{\frac{|20-30|}{30}\times 100}{\frac{|20-15|}{15}\times 100}=\frac{\frac{1}{3}}{\frac{1}{3}}=1$이므로 단위탄력적이다.

㉡ $Q=\frac{450}{P}$의 그래프는 곡선을 띄는 모양으로 $\frac{\frac{|\frac{45}{2}-30|}{30}\times 100}{\frac{|20-15|}{15}\times 100}=\frac{\frac{1}{4}}{\frac{1}{3}}=\frac{3}{4}$ 이므로 비탄력적이다.

㉢ $Q=30$의 그래프는 X축에 평행한 직선이므로 가격의 변동에도 수요량의 변동은 없으므로 완전 비탄력적이다.

㉣ $Q=40-\frac{2}{3}P$의 경우 $\frac{\frac{|\frac{80}{3}-30|}{30}\times 100}{\frac{|20-15|}{15}\times 100}=\frac{\frac{1}{9}}{\frac{1}{3}}=\frac{1}{3}$이 되어 비탄력적이다.

정답 ②

13 다음은 A재 가격 하락으로 인해 변화된 B재와 C재 시장의 모습이다. 이에 대한 설명으로 옳은 것만을 〈보기〉에서 모두 고른 것은? (단, 모든 재화는 정상재이다)

2013 국가직

구 분	B재	C재
가 격	상승	하락
수요(량)	증가	감소

보기

ㄱ. A재와 B재의 관계는 승용차와 휘발유의 관계와 같다.
ㄴ. A재와 C재의 관계는 '꿩 대신 닭'이라고 표현할 수 있다.
ㄷ. A재와 C재의 교차탄력성은 음(−)의 값을 갖는다.

※ 교차탄력성: 한 재화의 수요(량)변화율을 다른 재화의 가격변화율로 나눈 값

① ㄱ, ㄴ ② ㄱ, ㄷ
③ ㄴ, ㄷ ④ ㄱ, ㄴ, ㄷ

해설 A재의 가격이 하락할 때, B재는 가격은 상승하고 수요가 증가했다면 A재와 B재는 보완재의 관계에 있고, A재의 가격이 하락할 때, C재의 가격은 하락하고 수요는 감소했으므로 A재와 C재는 대체재의 관계에 있다.

보완재	• 함께 사용하면 편익이나 만족감이 증대될 수 있는 A, B의 두 재화가 있을 때, A재의 가격이상승함에 따라 A재의 수요량이 감소하고 B재의 수요도 감소하는 경우 ex) 자동차와 휘발유, 커피와 설탕 등
대체재	• 용도와 편익이 비슷하여 서로 대체하여 사용이 가능한 A, B의 두 재화가 있을 때, A재의 가격이 상승함에 따라 A재의 수요량이 감소하는 반면 B재의 수요가 증가하는 경우 ex) 쇠고기와 돼지고기, 버스 이용과 지하철 이용, 꿩 대신 닭이라는 표현 등

교차탄력성: $\frac{Y\text{재 수요량 변동률}}{X\text{재 가격 변동률}}$ ⇒ 교차 탄력성이 양수(+)이면 X재와 Y재는 대체재 관계이며, 교차 탄력성이 음수(−)이면 X재와 Y재는 보완재의 관계에 있다.

ㄱ. 승용차와 휘발유는 보완재의 관계에 있다.
ㄴ. '꿩 대신 닭'이라는 표현은 대체재 관계를 나타내는 말이다.

오답피하기

ㄷ. 교차 탄력성이 음(−)의 값을 가지면 이는 보완재의 관계에 있는데, A와 C는 대체재의 관계에 있으므로 옳지 않다.

정답 ①

14 다음 자료에서 A재 시장과 B재 시장에서 나타나는 변화에 대한 옳은 설명을 〈보기〉에서 고른 것은? (단, A재와 B재의 수요 곡선은 우하향하며 공급 곡선은 우상향한다.) 2015 경찰직 2차

- 최근 A재를 생산하는 기업의 수가 늘어났다. 단, A재 수요의 가격 탄력성은 1보다 크다.
- 최근 B재에 대한 소비자의 선호가 낮아졌다. 단, B재 수요의 가격 탄력성은 1보다 작다.

보기

㉠ 균형 가격은 상승하고, 판매 수입은 증가한다.
㉡ 균형 가격은 상승하고, 판매 수입은 감소한다.
㉢ 균형 가격은 하락하고, 판매 수입은 증가한다.
㉣ 균형 가격은 하락하고, 판매 수입은 감소한다.

	A재 시장	B재 시장
①	㉠	㉡
②	㉡	㉢
③	㉢	㉣
④	㉣	㉢

해설 A재 시장의 경우 A재를 생산하는 기업의 수가 늘어났으므로 공급이 증가하고 이로 인하여 가격은 하락한다. 단 A재 수요의 가격 탄력성은 1보다 크다고 했으므로 탄력적이다.

B재 시장의 경우 B재 소비자의 선호가 낮아졌으므로 수요가 떨어지고 그로 인하여 가격은 하락한다. 단, 가격 탄력성이 1보다 작으므로 비탄력적이다.

탄력적인 재화	가격 하락 시 판매 수입 증가 가격 상승 시 판매 수입 감소
비탄력적인 재화	가격 하락 시 판매 수입 감소 가격 상승 시 판매 수입 증가

③ A재 시장은 공급의 증가로 가격이 하락하고, A재는 탄력적이므로 판매수입은 증가한다. 반면 B재 시장은 수요의 감소로 가격이 하락하고, B재는 비탄력적이므로 판매수입은 감소한다.

정답 ③

15 다음 자료에 대한 분석으로 옳은 것은? 2015 서울시

- A재와 B재는 대체 관계에 있는 재화이며, A재와 C재는 보완 관계에 있는 재화이다.
- 최근 A재의 부품 가격이 급격히 하락하였다.
- A재의 수요의 가격탄력성은 1보다 작고, B재와 C재의 수요의 가격탄력성은 1보다 크다.

① B재의 거래량은 증가한다.
② C재의 가격은 하락한다.
③ A재와 B재의 가격은 모두 상승한다.
④ A재의 판매수입은 감소한다.

해설 A재의 부품 가격이 하락하면 A재 시장의 공급이 증가하게 되고 A재의 균형 가격은 하락하고 균형 거래량은 증가하게 된다. 다만, A재는 수요의 가격 탄력성이 1보다 작다고 했으므로 가격 하락률에 비해 수요량의 증가율 작아서 가격 하락으로 인해 감소하는 매출액이 수요량이 증가로 인해 증가하는 매출액에 비해 더 크게 되어서 A재의 판매수입은 오히려 감소한다.

④ 위의 해설대로 A의 판매 수입은 오히려 감소하게 된다.

오답피하기

① B재는 A재와 대체 관계에 있다고 했으므로 A재의 공급이 증가하게 되어 가격이 하락하면 B재의 수요는 감소한다. 그 결과 B재는 수요의 가격 탄력성과는 무관하게 균형 가격과 거래량 보두 하락하여 B재의 판매 수입은 감소한다.
② C재는 A재와 보완 관계에 있다고 했으므로 A재의 공급이 증가하게 되어 가격이 하락하면 C재의 수요는 증가한다. 그 결과 C재는 수요의 가격 탄력성과는 무관하게 균형 가격과 거래량 보두 증가하여 C재의 판매 수입은 증가한다.
③ A재와 B재 가격이 모두 하락하게 된다.

정답 ④

16 가격탄력성에 대한 설명으로 옳지 않은 것은?

2019 지방직

① 수요의 가격탄력성이 0이면 가격이 변화해도 수요량은 변화하지 않는다.
② 수평축은 수요량을, 수직축은 가격을 각각 나타낸다고 할 때 수요의 가격탄력성이 무한대(∞)이면 수요곡선은 수직이 된다.
③ 공급의 가격탄력성은 공급량의 변화율을 가격의 변화율로 나눈 값이다.
④ 공급의 가격탄력성이 탄력적이면 가격이 1% 상승할 때 공급량은 1%보다 더 크게 상승한다.

출제 단원 및 영역 경제 3단원 수요의 가격탄력성

해설

② 수요의 가격탄력성이 무한대(∞)이면 수요곡선은 수평선이 된다. 가격탄력성이 0이면 수요곡선은 수직선이 된다.

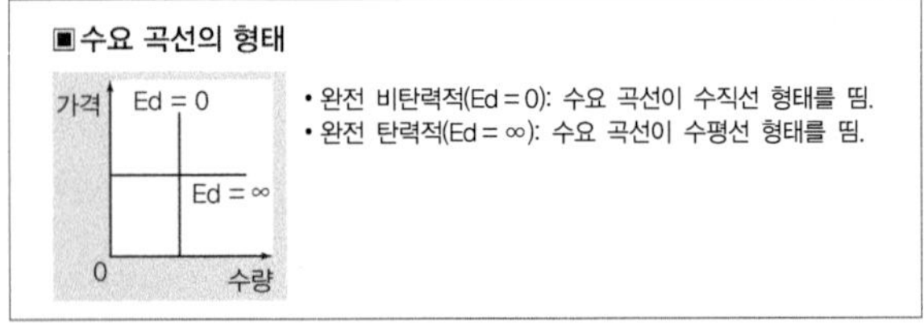

■수요 곡선의 형태
가격
Ed = 0
Ed = ∞
0
수량
• 완전 비탄력적(Ed = 0): 수요 곡선이 수직선 형태를 띰.
• 완전 탄력적(Ed = ∞): 수요 곡선이 수평선 형태를 띰.

오답피하기

① 수요의 가격탄력성이 0이면 완전 비탄력적이므로 가격이 변화해도 수요량은 변화하지 않는다.
③ 옳은 내용이다.

$$\text{공급의 가격탄력성} = \left|\frac{\text{공급량의 변동률}(\%)}{\text{가격 변동률}(\%)}\right| = \frac{\dfrac{|\text{변동 이후 공급량} - \text{변동 이전 공급량}|}{\text{변동 이전 공급량}} \times 100}{\dfrac{|\text{변동 이후 가격} - \text{변동 이전 가격}|}{\text{변동 이전 가격}} \times 100}$$

④ 공급의 가격탄력성이 탄력적이면 가격의 변화율보다 공급량의 변화율이 더 큰 경우이므로 가격이 1% 상승할 때 공급량은 1%보다 더 크게 상승한다.

정답 ②

17 〈보기〉에 대한 분석으로 가장 옳은 것은?

2019 서울시

보기

보일러를 독점 생산하는 K기업은 보일러 가격 10% 인상을 고려하고 있다. 아래의 표는 K기업의 사원 A~D가 예상한 보일러의 가격 인상에 따른 판매수입 변화율을 나타낸다.

구분	A	B	C	D
판매수입 변화율(%)	10	−10	5	0

① A는 보일러의 수요가 가격에 대해 완전 비탄력적이라고 본다.
② B는 가격 인상 후 보일러의 수요량에 변화가 없을 것이라고 본다.
③ C는 가격상승률이 수요량 감소율보다 작다고 본다.
④ D는 보일러의 수요가 가격에 대해 탄력적이라고 본다.

출제 단원 및 영역 경제 3단원 수요의 가격 탄력성

해설 가격이 10% 상승하였을 때 판매수입이 가격 상승분과 동일하게 증가한 A는 완전 비탄력적이고, 가격이 상승했음에도 판매수입이 하락한 B는 탄력적이다. 또한 판매수입이 증가한 C는 비탄력적, 판매수입의 변화가 없는 D는 단위 탄력적이다.
① A는 가격 상승분만큼 판매 수입이 증가하였으므로 완전 비탄력적이다.

오답피하기

② B는 탄력적인 재화로 가격이 상승할 경우 가격의 변화율보다 수요량의 변화율이 더 크게 나타난다.
③ C는 비탄력적인 재화이므로 가격상승률이 수요량 감소율보다 크게 나타난다.
④ D는 단위 탄력적이다. 가격이 10% 상승하였음에도 판매 수입의 변화가 없다는 것은 가격이 10% 상승하였을 때 수요량도 10% 감소하였음을 의미한다.

정답 ①

18 다음 자료의 A ~ C재 수요의 가격 탄력성으로 옳은 것은? 2019 서울시 유사

갑 기업은 총판매 수입을 증가시키기 위해 A~C재 가격을 변경하였다. 표는 재화별 가격 변경에 따른 각각의 판매 수입 변화를 나타낸다.

구분	가격	판매 수입
A재	5% 인상	3% 증가
B재	5% 인하	3% 증가
C재	3% 인상	3% 증가

	A재	B재	C재
①	탄력적	비탄력적	단위 탄력적
②	탄력적	완전 비탄력적	단위 탄력적
③	비탄력적	탄력적	단위 탄력적
④	비탄력적	탄력적	완전 비탄력적

해설

④ A재는 가격 인상으로 판매 수입이 증가했기 때문에 비탄력적 재화이다. B재는 가격 인하로 판매 수입이 증가했기 때문에 탄력적 재화이다. C재는 가격 상승률과 판매 수입 증가율이 같으므로 완전 비탄력적 재화이다.

정답 ④

19 〈보기〉에 대한 분석으로 가장 옳은 것은? (단, 갑(甲), 을(乙)국의 수요의 가격탄력성은 탄력적, 비탄력적 중 하나이다.) 2019 서울시 공개 및 경력 1회

보기

A제품에 대한 국가별 시장 조사 결과

구분	갑(甲)국	을(乙)국
현재 판매량	1,000개	500개
원화로 환산한 현재 가격	1만 원	1만 원
필수재로 인식하는 소비자의 비율	높다	낮다
가계의 소비 예산에서 차지하는 비중	작다	크다

① A제품을 판매하는 기업은 갑(甲)국에서는 가격을 내리는 전략을 통해 기업의 판매 수입을 극대화할 것이다.

② 을(乙)국에서 A제품의 수요의 가격탄력성은 0보다 크고 1보단 작을 것이다.

③ A제품의 가격이 변화할 때 갑(甲)국의 수요량은 을(乙)국의 수요량보다 덜 민감하게 나타난다.

④ A제품은 을(乙)국보다 갑(甲)국에서 대체재가 더 많을 것이다.

출제 단원 및 영역 경제 3단원 가격 탄력성

해설 필수재일수록, 가계의 소비 예산에서 차지하는 비중이 작을수록 비탄력적인 재화이므로 A제품은 갑(甲)국에서는 비탄력적인 재화이고, 을(乙)국에서는 탄력적인 재화가 된다.

수요의 가격 탄력성에 미치는 영향

탄력적	비탄력적
사치품	생활 필수품
대체제가 있는 상품	대체제가 없는 상품
가격 변동에 대하여 소비자의 대응 기간이 긴 경우	가격 변동에 대하여 소비자의 대응 기간이 짧은 경우
가게 소비에서 차지하는 비중이 큰 경우	가게 소비에서 차지하는 비중이 작은 경우

③ A제품에 대한 수요의 가격 탄력성이 을(乙)국에 비하여 갑(甲)에서는 비탄력적으로 나타나므로 A제품의 가격이 변화할 때 갑(甲)국의 수요량은 을(乙)국의 수요량보다 덜 민감하게 나타난다. 비탄력적이라는 것은 가격에 대하여 수요량이 덜 민감하게 나타낸다는 것을 의미하기 때문이다.

오답피하기

① A제품에 대한 수요의 가격 탄력성이 갑(甲)국에서는 비탄력적이므로 가격을 올리는 전략이 판매 수입을 극대화할 수 있는 방안이 된다. 비탄력적인 재화의 경우 가격이 상승하더라도 수요량은 가격 상승분보다 적게 감소하기 때문이다.

② 을(乙)국에서는 A제품에 대하여 탄력적이므로 을(乙)국의 수요의 가격탄력성은 1보다 클 것이다.

④ 대체제가 많을수록 탄력적이고 대체제가 적을수록 비탄력적이므로 A제품은 을(乙)국보다 갑(甲)국에서 대체재가 더 적을 것이다.

정답 ③

20 다음 표는 A~D재의 가격이 현재 수준에서 10% 인상되는 경우 수요량의 변화율을 나타낸다. 이에 대한 분석으로 가장 적절한 것은? 2019 경찰직 1차

재화	A재	B재	C재	D재
수요량 변화율(%)	−5	0	−10	20

① A재의 수요는 가격에 대해 비탄력적이다.
② B재의 판매량은 가격 상승으로 인해 감소될 것이다.
③ C재의 수요는 가격에 대해 완전 탄력적이다.
④ D재의 판매량은 가격 상승으로 인해 급격히 감소될 것이다.

출제 단원 및 영역 경제 3단원 수요의 가격 탄력성

해설 가격이 현재 수준에서 10% 인상되는 경우 수요량의 변화율을 통해 A재는 비탄력적, B재는 완전 비탄력적, C재는 단위탄력적, D재는 수요법칙의 예외에 해당함을 알 수 있다.
① 가격이 10% 인상하였음에도 수요량이 5% 감소하였으므로 이는 가격의 변동률 보다 수요량의 변동률이 작은 경우로 A재의 수요는 가격에 대해 비탄력적이다.

오답피하기
② B재는 완전 비탄력적인 재화이므로 B재의 판매량은 가격이 상승하더라도 일정하다.
③ C재는 가격이 10% 인상되는 경우 수요량도 10% 감소하므로 가격의 인상률과 수요량의 변화율이 같은 단위탄력적인 재화이다.
④ D재는 가격이 10% 인상할 경우 수요량이 20% 증가하는 경우로 이는 수요법칙에 따르지 않는 재화이다. 이를 통해 D재의 판매량은 가격 상승으로 인해 증가할 것이라는 것을 알 수 있다.

정답 ①

21 다음 그림은 가격 변화에 따른 A재와 B재의 판매수입을 나타낸 것이다. 이에 대한 설명으로 옳은 것은? (단, A재와 B재는 수요의 법칙을 따른다.) 2017 국가직

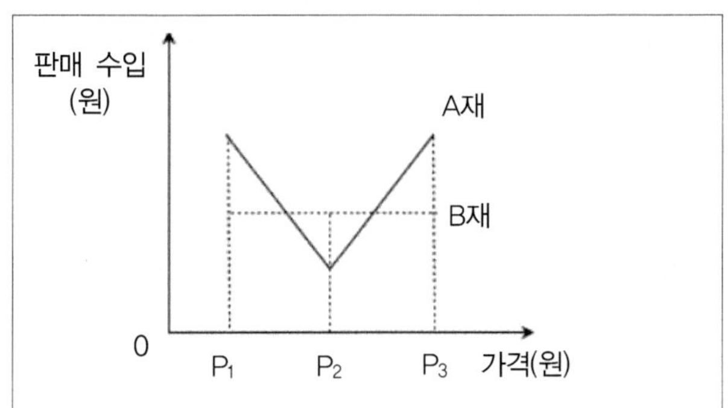

① B재 수요의 가격 탄력성은 0이다.
② 가격이 P_2일 때의 판매량은 A재가 B재보다 많다.
③ 가격이 P_2에서 P_3으로 상승할 때 A재의 판매량은 증가한다.
④ 가격이 P_2에서 P_1으로 하락할 때 가격 변화에 대해 A재의 수요는 탄력적이다.

해설
④ 가격이 P_2에서 P_1으로 하락할 경우 A재는 판매수입이 증가한다. 가격이 하락할 경우 수요량은 증가하는데 그 가격의 하락률보다 수요량의 증가율이 클 때 판매 수입은 증가하게 된다. 따라서 A재는 가격의 변화율보다 수요량의 변화율이 큰 것으로 탄력적인 재화이다.

오답피하기
① B재의 경우 가격의 변화에도 불구하고 판매수입은 일정하다. 이것은 가격이 변화하는 만큼 수요량(판매량)도 같은 비율로 변한다는 것을 의미한다. 즉, 가격의 상승하면 그만큼 수요량도 감소하기 때문에 판매수입이 일정한 것이다. 이는 가격 탄력성이 1인 단위 탄력적인 재화이다.
② 그래프에서 가격이 P_2로 동일할 때 B재의 판매수입이 더 크다. 이것은 B재의 판매량이 더 많기 때문이다. 왜냐하면 판매수입=가격×판매량인데, 가격이 동일한 경우에는 판매량에 따라 판매수입의 대소가 결정되기 때문이다.
③ 문제의 단서에서 A재와 B재는 수요의 법칙을 따른다고 하였으므로 A재와 B재 모두 가격이 상승하면 수요량(판매량)은 감소하게 된다. 따라서 가격이 P_2에서 P_3으로 상승하면 A재의 판매량은 감소한다.

정답 ④

22 **다음 표는 A~D재의 가격이 현재 수준에서 1% 인상될 경우 수요량의 변화율을 나타낸다. 이에 대한 분석으로 옳은 것은?** 2015 서울시

재화	A재	B재	C재	D재
수요량 변화율(%)	−0.5	0	−1	1

① A재의 수요는 가격에 대해 탄력적이다.
② B재의 판매량이 변하지 않는다.
③ C재의 수요는 가격에 대해 완전 탄력적이다.
④ D재는 판매수입이 변하지 않는다.

해설 A는 가격이 1% 상승 했음에도 수요량은 0.5% 하락에 그쳤으므로 비탄력적, B는 가격이 상승했음에도 수요량은 변화없이 일정하므로 완전 비탄력적, C는 1% 가격이 오르자 수요량도 1% 하락했으므로 가격 변화율과 수요량의 변화율이 일치한 단위 탄력적, D는 가격이 상승했음에도 불구하고 오히려 수요가 증가했으므로 수요 법칙의 예외가 나타난 경우라고 할 수 있다.
② B재는 가격의 변화에도 불구하고 수요량이 일정하므로 완전 비탄력적이다. 따라서 가격의 변화에도 불구하고 판매량은 변함이 없다.

오답피하기
① A재는 가격 변화율보다 수요량의 변화율이 작으므로 비탄력적이다.
③ C재는 가격 변화율과 수요량의 변화율이 동일하므로 단위 탄력적이다.
④ D재는 가격이 올랐음에도 수요량이 증가한 경우이므로 판매수입은 증가하게 된다.

정답 ②

23 **표는 A~C재의 가격 변화에 따른 판매 수입의 변화를 나타낸다. 이에 대한 분석으로 옳은 것은?** 예상 문제

구분	A재	B재	C재
가격 변화율(%)	5	10	−5
판매 수입 변화율(%)	0	5	10

① A재의 판매량에는 변화가 없다.
② B재의 수요는 가격에 대해 탄력적이다.
③ A재 수요의 가격 탄력성은 B재보다 크다.
④ B재 수요의 가격 탄력성은 C재와 동일하다.
⑤ A재와 달리 B, C재의 판매량은 증가한다.

해설 수요의 가격 탄력성이 A재는 단위 탄력적, B재는 비탄력적, C재는 탄력적이다.
③ A재는 단위 탄력적이므로 비탄력적인 B재보다 수요의 가격 탄력성이 더 크다.

오답피하기
① A재의 판매량은 감소한다.
② B재는 비탄력적이다.
④ B재는 비탄력적, C재는 탄력적이다.
⑤ A, B재의 판매량은 감소하고 C재의 판매량은 증가한다.

정답 ③

24 컴퓨터에 대한 수요의 가격탄력성이 1.0이고, 수요의 소득탄력성은 1.5이다. 소득수준이 10% 하락할 경우, 이전과 동일한 컴퓨터 소비수준을 유지시키기 위해서는 컴퓨터의 가격을 얼마나 인하하여야 하는가? (단, 컴퓨터는 정상재이며, 다른 조건은 일정하다고 가정한다)

2015 지방직

① 15%
② 20%
③ 25%
④ 30%

해설 수요의 가격 탄력성 $= \frac{\text{수요량의 변화율}}{\text{가격의 변화율}}$,

수요의 소득 탄력성 $= \frac{\text{수요량의 변화율}}{\text{소득의 변화율}}$

① 컴퓨터는 정상재이고, 다른 조건은 일정하다고 했을 때, 수요의 소득 탄력성이 1.5이고, 소득의 수준이 10% 하락 했다고 했으므로 $1.5 = \frac{\text{수요량의 변화율}}{-10\%}$에서 수요량의 변화율은 −15%이다. 따라서 소득이 10% 하락했을 때, 컴퓨터 수요량의 변화율은 15%가 하락한다.

한편 수요의 가격 탄력성이 1이므로 $1 = \frac{\text{수요량의 변화율}}{\text{가격의 변화율}}$에서 가격이 15% 하락하면 수요량은 15% 증가한다는 것을 알 수 있다. 따라서 이전과 동일한 컴퓨터의 소비수준을 유지하기 위해서는 컴퓨터의 수요량을 15% 증가시켜야 하므로 컴퓨터의 가격을 15% 인하시켜야 한다.

정답 ①

25 다음 표는 재화 A~D의 가격이 현재 수준에서 10% 인상된 경우 판매 수입의 변화율을 나타낸 것이다. 이에 대한 설명으로 옳은 것을 〈보기〉에서 고른 것은?

2017 지방직

(단위:%)

구분	A	B	C	D
판매수입 변화율	−10	0	6	10

보기

ㄱ. 수요의 가격 탄력성이 가장 큰 재화는 A이다.
ㄴ. D는 수요의 법칙을 따르지 않는 재화이다.
ㄷ. A와 D의 수요량 변동률은 동일하다.
ㄹ. B는 C보다 수요의 가격 탄력성이 작다.

① ㄱ, ㄴ
② ㄱ, ㄹ
③ ㄴ, ㄷ
④ ㄷ, ㄹ

해설 A재는 가격이 10% 인상하였음에도 불구하고 판매수입이 10% 감소하였다. 이는 가격 상승률보다 수요량(판매량)이 더 크게 감소한 경우이다. 따라서 A는 탄력적인 재화이다.(Ed>1)

B재는 가격이 10% 인상하였음에도 불구하고 판매수입이 변화가 없다. 이는 가격이 상승한 만큼 수요량(판매량)이 같은 비율(10%)만큼 하락하였기 때문이다. 따라서 B는 단위 탄력적인 재화이다.(Ed=1)

C재는 가격이 10% 인상하였음에도 불구하고 판매수입이 6% 증가하였다. 이는 가격이 상승한 것 보다 수요량(판매량)이 작은 비율만큼 하락하였기 때문이다. 따라서 C는 비탄력적인 재화이다.(0<Ed<1)

D재는 가격이 10% 인상하였을때 판매수입도 동일하게 10% 증가하였다. 이는 가격이 상승한 만큼 판매수입이 증가한 것으로 수요량(판매량)은 변동이 없다는 것을 나타낸다. 따라서 D는 완전 비탄력적인 재화이다.(Ed=0)

ㄱ. 위에서 살펴본 바와 같이 수요의 가격 탄력성이 가장 큰 재화는 A이다.
ㄴ. 수요의 법칙이란 가격이 상승할 때 수요량이 감소하는 것을 말한다. 그러나 D 재화의 경우에는 가격이 10% 상승했음에도 불구하고 수요량에는 변화가 없다. 따라서 D 재화는 수요의 법칙을 따르지 않는 재화라고 말할 수 있다.

오답피하기

ㄷ. A재는 가격이 상승했을 때 수요량이 가격의 변화율보다 더 크게 감소한 경우이고, D 재화는 수요량의 변동이 없는 경우이다. 따라서 A와 D의 수요량의 변동률이 동일하다고 할 수 없다.
ㄹ. B는 단위탄력적인 재화(Ed=1)이고 C는 비탄력적인 재화(0〈Ed<1)이다. 따라서 C가 B보다 수요의 가격 탄력성이 작다.

정답 ①

26 다음 표는 A ~ D재 가격이 각각 10% 인상되었을 때의 판매 수입 변화를 나타낸 것이다. 이에 대한 분석으로 가장 옳은 것은? 2021 해경 2차

구분	A재	B재	C재	D재
판매 수입 변화율(%)	−10	0	5	10

① A재 수요는 가격에 대해 완전 탄력적이다.
② B재의 수요는 가격에 대해 탄력적이다.
③ C재 가격상승률이 수요량 감소율보다 작다고 본다.
④ D재의 수요는 가격에 대해 완전 비탄력적이다.

출제 단원 및 영역 경제 3단원 수요의 가격 탄력성

해설 가격이 10% 상승했을 때 판매 수입의 변화율을 통해 다음과 같이 정리할 수 있다.

구분	A재	B재	C재	D재
판매 수입 변화율(%)	−10	0	5	10
가격 탄력성	탄력적	단위 탄력적	비탄력적	완전 비탄력적

④ D재는 가격이 상승한 만큼 판매수입이 동일하게 증가하였으므로 가격이 상승하더라도 수요량은 변화가 없다. 따라서 D재는 가격에 대해 완전 비탄력적이다.

오답피하기
① A재는 가격이 상승하였으나 판매 수입이 감소하였다. 따라서 가격 상승률보다 수요량 감소율이 더 크기 때문에 가격에 대해 탄력적이다. 완전 탄력적일 경우 가격이 조금만 올라도 수요량은 없어지게 되어 판매수입은 0이 된다.
② B재는 가격이 상승하였지만 판매수입의 변화가 없으므로 가격의 상승률 만큼 수요량은 동일한 비율로 감소한 경우로서 단위 탄력적이다.
③ C재는 가격이 상승한 뒤 판매 수입이 증가한 경우로서 비탄력적인 재화이다. 따라서 가격상승률이 수요량 감소율보다 크다고 본다.

정답 ④

27 수요의 가격 탄력도를 결정하는 요인에 대한 설명으로 옳지 <u>않은</u> 것은? (단, 주어진 내용 이외의 조건은 고려하지 않는다.) 2021 지방직

① 사치품에 비해 생활 필수품에 대한 수요의 가격 탄력도가 크다.
② 대체재가 없는 상품보다 대체재가 있는 상품에 대한 수요의 가격 탄력도가 크다.
③ 상품의 가격아 가격 소득에서 차지하는 비중이 클수록 수요의 가격 탄력도가 커지는 경향이 있다.
④ 상품의 가격 변동에 대해 소비자가 적응할 수 있는 기간이 길수록 수요의 가격 탄력도가 커지는 경향이 있다.

출제 단원 및 영역 경제 3단원 수요의 가격 탄력성

해설
① 사치품은 탄력적이고, 생활 필수품은 비탄력적이므로 사치품에 비해 생활 필수품에 대한 수요의 가격 탄력도가 작다.

오답피하기
② 대체재가 없는 상품보다 대체재가 있는 상품에 대한 수요의 가격 탄력도가 크다. 대체재가 있으면 가격이 상승하면 대체재를 구매하면 되기 때문이다.
③ 상품의 가격아 가격 소득에서 차지하는 비중이 클수록 가격이 상승했을 때 구매에 대한 부담이 커서 소비를 꺼리게 된다. 따라서 수요의 가격 탄력도가 커지는 경향이 있다.
④ 상품의 가격 변동에 대해 소비자가 적응할 수 있는 기간이 길수록 가격 상승 시 굳이 급하게 그 상품을 구매하지 않아도 되므로 수요의 가격 탄력도가 커지는 경향이 있다.

정답 ①

28 갑국의 쌀 가격에 따른 시장 수요량과 공급량의 변화가 다음과 같을 때, 옳지 않은 것은? 2021 국회직

쌀 가격 (가마니 당 만 원)	수요량(가마니)	공급량(가마니)
80	120	80
90	110	90
100	100	100
110	90	110
120	80	120

① 균형 가격은 100만 원이고 균형 거래량은 100 가마니이다.
② 정부가 쌀의 최고 가격을 90만 원으로 결정하면 20 가마니의 초과 수요가 발생한다.
③ 쌀 가격이 90만 원에서 100만 원으로 변할 때 수요의 가격 탄력성은 단위 탄력적이다.
④ 쌀 가격이 90만 원에서 100만 원으로 변할 때 공급의 가격 탄력성은 단위 탄력적이다.
⑤ 정부가 쌀 가격을 120만 원으로 유지하려면 쌀 40 가마니를 수매해야 한다.

출제 단원 및 영역 경제 3단원 수요와 공급

해설 시장 균형 가격과 거래량은 공급량과 수요량이 일치하는 지점에서 결정되므로 갑국의 쌀은 가마니 당 100만 원에 100가마니가 거래된다.
③ 쌀 가격이 90만 원에서 100만 원으로 변할 때 수요량은 110가마니에서 100가마니로 감소한다. 수요의 가격 탄력성은 가격의 변화율에 따른 수요량의 변화율에 100을 곱한 값이다. 따라서 $\frac{\left|\frac{110-100}{110}\right|}{\left|\frac{100-90}{90}\right|}\times 100 = 0.8181$이므로 비탄력적이다.

오답피하기
① 위에서 설명한 것처럼 균형 가격은 100만 원이고 균형 거래량은 100가마니이다.
② 정부가 쌀의 최고 가격을 90만 원으로 결정하면 수요량은 110가마니, 공급량은 90가마니이므로 20가마니의 초과 수요가 발생한다.
④ 쌀 가격이 90만 원에서 100만 원으로 변할 때 공급의 가격 탄력성은 $\frac{\left|\frac{100-90}{90}\right|}{\left|\frac{100-90}{90}\right|}\times 100 = 1$이 되므로 단위 탄력적이다.
⑤ 정부가 쌀 가격을 120만 원으로 유지하려면 초과 공급되는 쌀 40가마니를 직접 수매해야 한다.

정답 ③

29 〈보기 1〉의 밑줄 친 글에 대한 옳은 분석 및 추론만을 〈보기 2〉에서 모두 고른 것은? 2021 서울시(경력직)

보기1

『허생전(許生傳)』에서 허생은 물건을 사들여 쌓아 두었다가 시장에 공급이 부족해져 시장 가격이 오르면 내다 파는 형식으로 많은 돈을 번다. 허생이 사들인 물건은 과일과 말총이었는데, 과일은 제사나 잔치에 꼭 필요한 물건이었고, 말총은 양반의 필수품인 갓을 만드는 재료였다. 따라서 <u>과일과 말총은 아무리 가격이 비싸더라도 소비자 입장에서는 구매할 수밖에 없었던 것이다.</u>

보기2

ㄱ. 가격의 변동에 따라 수요량이 민감하게 반응하고 있다.
ㄴ. 일반적으로 대체재가 적은 상품에서 나타나는 모습이다.
ㄷ. 과일과 말총의 수요의 가격 탄력성은 1보다는 작다.
ㄹ. 생산 기간이 길거나 저장의 어려움이 따르는 경우에 나타나는 모습이다.

① ㄱ, ㄴ ② ㄴ, ㄷ
③ ㄷ, ㄹ ④ ㄱ, ㄴ, ㄷ

출제 단원 및 영역 경제 3단원 수요의 가격 탄력성

해설 아무리 가격이 비싸더라도 소비자의 입장에서 구매할 수 없는 재화는 수요에서의 비탄력적인 재화이다.
ㄴ. 대체재가 적은 상품에서는 가격이 비싸더라도 구매를 할 수 밖에 없으므로 대체재가 적을 상품일수록 비탄력적이다.
ㄷ. 비탄력적인 재화는 수요의 가격 탄력성이 1보다 작다.

오답피하기
ㄱ. 가격의 변동에 따라 수요량이 민감하게 반응하는 것을 탄력적이라고 한다. 비탄력적인 재화는 가격의 변동에 따라 수요량이 둔감하게 반응한다.
ㄹ. 생산 기간이 길거나 저장의 어려움이 따르는 경우에 나타나는 모습은 공급에서의 비탄력적인 재화를 나타낸다.

정답 ②

사회적 잉여

01 표에 대한 분석을 〈보기〉에서 고른 것은? 예상 문제

소비자	갑	을	병	정	무
지불하고자 하는 최대 금액(만 원)	10	20	30	40	50
생산자	A	B	C	D	E
받고자 하는 최소 금액(만 원)	70	60	50	40	30

※ X재 시장 참여자는 제시된 소비자와 생산자가 전부이며, 모든 소비자와 생산자는 각각 1개씩만 거래하고자 한다.

보기

ㄱ. 시장가격은 30만 원이다.
ㄴ. 생산자 잉여는 10만 원이다.
ㄷ. 사회적 잉여는 20만 원이다.
ㄹ. 소비자 정, 무와 생산자 D, E에게 잉여가 발생한다.

① ㄱ, ㄴ ② ㄱ, ㄷ
③ ㄴ, ㄷ ④ ㄴ, ㄹ
⑤ ㄷ, ㄹ

02 정부의 조세 부과가 사회적 후생에 어떤 영향을 미치는지 알아보기 위한 그래프이다. 〈보기〉에서 옳은 설명만을 고른 것은? 2014 서울시

보기

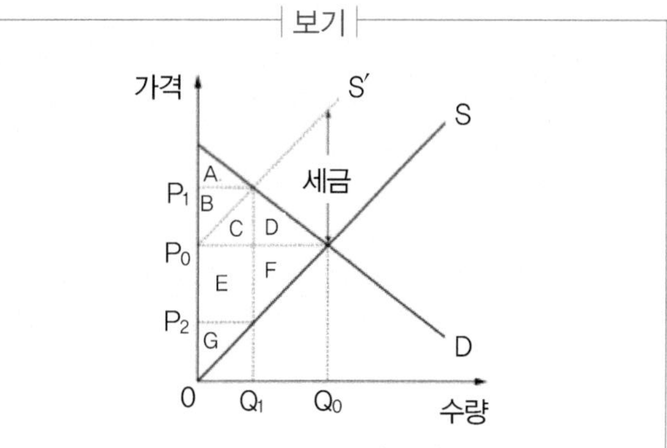

㉠ 조세 부과 전 생산자 잉여는 'E+F'이다.
㉡ 조세 부과 전 소비자 잉여는 'A+B+C+D'이다.
㉢ 조세 부과는 사회적 후생에 영향을 미치지 않는다.
㉣ 조세 부과 후 생산자 잉여는 G이다.
㉤ 조세 부과 후 사회적 순 손실은 'D+F'이다.

① ㉠, ㉡, ㉢
② ㉠, ㉡, ㉣
③ ㉡, ㉢, ㉤
④ ㉡, ㉣, ㉤
⑤ ㉢, ㉣, ㉤

해설 문제를 해결하기 위해서는 주어진 정보를 바탕으로 가격별 수요량과 공급량을 구하여 시장 균형 가격을 파악해야 한다. 가격별 수요량과 공급량은 다음과 같다.

가격(만 원)	10	20	30	40	50	60	70
수요량(개)	5	4	3	2	1	0	0
공급량(개)	0	0	1	2	3	4	5

ㄴ. 시장 균형 가격은 수요량과 공급량이 일치하는 지점에서 결정되므로 40만 원이다. 40만 원에 거래되면 생산자 중 D와 E가 X재를 판매하는데, E에게 10만 원의 생산자 잉여가 발생한다.
ㄷ. 40만 원에 거래될 때 소비자 정과 무가 X재를 구입하는데, 무에게 소비자 잉여 10만 원이 발생한다. 생산자 잉여가 10만 원이었으므로 사회적 잉여는 두 개의 합으로 20만 원이다.

오답피하기
ㄱ. 수요량과 공급량이 2개로 일치하는 지점의 가격, 즉 40만 원이 시장 균형 가격이 된다.
ㄹ. 소비자 무와 생산자 E에게 잉여가 발생한다. 소비자 정과 생산자 D도 거래에 참여하지만 잉여는 없다.

정답 ③

해설 그래프를 보면 정부가 공급자에게 세금을 부과하여 공급곡선의 변화를 가져 왔다. 공급이 수직으로 상승 이동을 하면 공급이 감소하는 효과가 발생하게 되어서 가격이 상승하고, 판매량이 감소한다.
㉡ 조세 부과 전 소비자 잉여는 소비자가 제시한 가격에서 균형 가격을 뺀 값의 합이므로 A+B+C+D이다.
㉣ 조세 부과 후 생산자 잉여는 B이며 G와 같은 크기이다.
㉤ 또한 사회적 순 손실은 D+F이다.

오답피하기
㉠ 조세 부과 전 생산자 잉여는 시장 가격에서 공급자가 제시한 가격을 뺀 값이므로 E+F+G이다.
㉢ 조세 부과는 D+F 만큼 사회적 후생을 감소시키므로 사회적 후생에 영향을 미치지 않는 것은 아니다.

정답 ④

03 다음은 X재의 수요량 및 공급량이다. 이에 대한 분석으로 가장 적절한 것은? (단, X재의 수요곡선 및 공급곡선은 연속이다.) 2019 경찰직 1차

가격(원)	600	800	1,000	1,200	1,400	1,600
수요량(개)	120	110	100	90	80	70
공급량(개)	60	80	100	120	140	160

① 공급자가 160개를 모두 팔기 위한 균형 가격은 1,600원이다.

② 수요의 법칙에 따르면, X재의 대체재인 Y재가 존재하는 경우 대체재 가격이 상승하면 X재의 균형 가격은 1,000원 이하로 하락한다.

③ 정부가 X재 공급자에게 개당 600원의 세금을 부과하면 균형 거래량은 세금 부과 전보다 20개 줄어든다.

④ 정부가 공급자에게 세금을 부과하면 수요자 잉여는 감소되지만 사회 전체의 후생은 증가된다.

출제 단원 및 영역 경제 3단원 시장의 균형

해설 수요량과 공급량이 일치하는 1,000원에서 균형 가격이 형성되고, 이 때의 균형 거래량은 100개이다. 그러나 정부가 X재 공급자에게 개당 600원을 세금을 부과하면 1,400원의 가격에서 80개가 거래된다.

가격(원)	600	800	1,000	1,200	1,400	1,600
수요량(개)	120	110	100	90	80	70
세금 부과 전 공급량(개)	60	80	100	120	140	160
세금 부과 후 공급량(개)				60	80	100

③ 세금 부과하기 전의 거래량은 100개 였으나, 정부가 X재 공급자에게 개당 600원의 세금을 부과하면 균형 거래량은 80개가 되어 세금 부과 전보다 20개 줄어든다.

오답피하기

① 공급자가 160개를 모두 팔기 위해서는 600원 보다 아래의 가격이어야 하고, 균형 가격이 1,600원일 경우에는 수요량이 70개이므로 70개만 거래된다.

② 수요의 법칙에 따르면, X재의 대체재인 Y재가 존재하는 경우 대체재 가격이 상승하면 대체제의 수요량은 감소하고 대체제 관계에 있는 X재의 수요는 증가한다. 공급이 일정하고 수요가 증가하므로 균형 가격은 1,000원 이상으로 상승한다.

④ 정부가 공급자에게 세금을 부과하면 수요자 잉여는 감소되며 사회 전체의 후생도 감소한다.

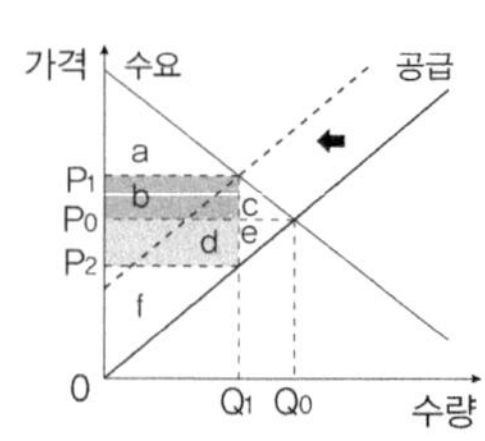

• 공급자에 대한 조세 부과의 효과

정부가 X재 공급자에 대하여 단위당 P1P2만큼의 조세를 부과하면 공급이 감소하여 시장 가격은 P1, 시장 거래량은 Q1이 된다. 이 때 소비자는 조세만큼 오른 가격인 P1에 구입하게 되지만, 생산자는 P1에서 조세만큼 오른 가격인 P2에 판매하는 셈이 된다. 이렇게 소비자 가격과 생산자 가격이 일치하지 않음으로써 공급자에게 조세를 부과하면 다음과 같은 사회적 잉여의 변동이 나타난다.

구분	조세 부과 전	조세 부과 후
소비자 잉여	a+b+c	a
생산자 잉여	d+e+f	f(P1을 통과하는 수평선 아래 삼각형 면적과 같음)
사회적 잉여	a+b+c+d+e+f	a+f
정부 조세 수입	0	b+d

한편, 조세 부과 전에 존재했던 사회적 잉여인 'c+e'가 조세 부과로 인하여 사라지게 되는데, 이는 정부의 개입이 자칫 시장의 효율적인 자원 배분을 저해할 수도 있음을 보여준다.

정답 ③

04 다음 그림은 X재 시장에서 X재 1개당 100원의 정액세가 부과되었을 때, 시장 균형의 변화를 나타낸 것이다. 이에 대한 설명으로 옳지 않은 것은? (단, 세금 부과 이전의 시장 공급 곡선은 S_0이고, 세금 부과 이후의 시장 공급 곡선은 S_1이다.) 2014 지방직

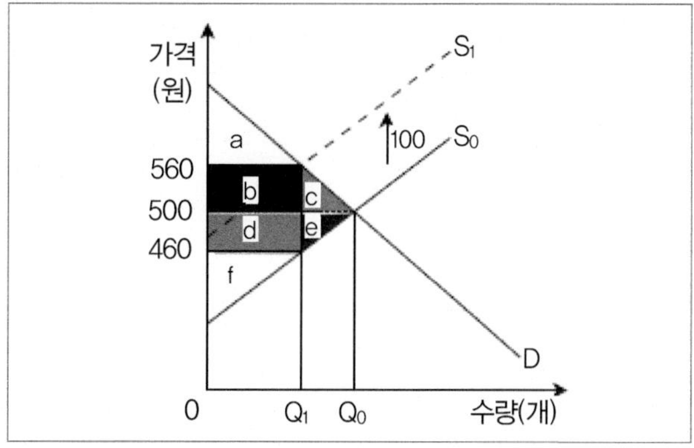

① 정부의 조세 수입은 b+d가 된다.
② 소비자 잉여는 감소하지만, 생산자 잉여는 변함이 없다.
③ 사회 전체적으로 c+e 만큼의 후생 손실이 생긴다.
④ 생산자가 소비자보다 궁극적으로 세금을 더 적게 부담한다.

해설 정부가 X재 1개당 원에 100원의 정액세를 부과한 결과 공급자 역시 자기가 제공하던 X재에 100원씩 올리면서 공급하면서 공급은 감소하게 되었다. 그 결과 가격이 500원에서 560으로 오르게 되고 판매량은 Q_0에서 Q_1으로 감소하게 되었다.
② 소비자의 잉여는 b와 c만큼 감소하게 되며, 생산자의 잉여 역시 d와 e 만큼 감소한 것을 확인할 수 있다. 즉 공급자에게 세금을 부과하게 되면 공급이 감소하면서 생산자 잉여와 소비자 잉여가 모두 감소함을 알 수 있다.

오답피하기
① 정부의 조세 수입은 Q_1×100의 면적인 b+d가 된다.
③ 사회적 후생은 원래 a+b+c+d+e+f 였으나 조세 부과 이후에는 a+b+d+f가 되어 c+e 만큼 후생 손실이 생겼다.
④ 생산자는 40×Q1, 즉 d만큼 세금을 부담하게 되나 소비자는 60×Q1, 즉 b만큼 세금을 부담하게 된다. 따라서 생산자가 소비자보다는 궁극적으로 세금을 더 적게 부담한다.

정답 ②

05 닭고기의 수요곡선과 공급곡선이 다음과 같을 때, 이에 대한 설명으로 옳은 것은? (단, Q_D는 수요량, Q_S는 공급량, P는 가격을 의미한다) 2015 국가직

- 수요곡선: $Q_D = 7 - 2P$
- 공급곡선: $Q_S = 1 + P$

① 시장균형일 때 가격은 2이다.
② 시장균형일 때 사회적 잉여의 크기는 6이다.
③ 시장균형일 때 거래량은 1이다.
④ 시장균형일 때 생산자 잉여의 크기는 3이다.

해설 재화 또는 용역의 수요량과 공급량이 일치할 때 성립되는 가격을 균형 가격이라고 한다.
① 수요량과 공급량이 일치하는 곳에서 균형가격과 균형 거래량이 형성되므로 $Q_D = 7 - 2P$와 $Q_S = 1 + P$를 연립하여 계산하면 $7 - 2P = 1 + P$에서 P=2가 되므로 시장균형일 때의 가격은 2가 된다.

오답피하기
② 사회적 잉여의 크기는 소비자 잉여와 생산자 잉여의 합으로 구하므로 우선 소비자 잉여는 위의 수요 곡선과 공급 곡선 그래프를 그린 후 균형가격 이상의 수요곡선 아래 부분의 넓이의 합으로 구할 수 있다. 그 결과 3×1.5×1/2=2.25이다. 생산자 잉여는 4이므로 사회적 잉여는 2.25+4=6.25이다.
③ 시장 균형일 때 가격은 2가 되므로 이를 $Q_D = 7 - 2P$나 $Q_S = 1 + P$에 대입하면 균형 가격일 때 거래량은 3이 된다.
④ 생산자 잉여의 크기는 위의 수요 곡선과 공급 곡선에서 균형 가격아래를 기준으로 공급보다는 위쪽인 곳의 넓이를 구하면 된다. 그 결과 균형가격과 거래량에 의해 생기는 직사각형 넓이(2×3=6)에서 공급 곡선의 X축과 접인 1과 균형 거래량인 3사이의 거리인 2와 균형 가격 2로 이루어지는 삼각형의 넓이(2×2×1/2=2)를 빼면 6−2=4가 된다.

정답 ①

06 표는 X재 1개에 대한 소비자와 생산자 각각의 최대 지불 용의 금액과 최소 요구 금액을 나타낸 것이다. 이 상황에서 정부가 X재 1개당 2,000원의 소비세를 부과하자 소비자들이 지불하는 가격이 9,000원으로 상승하고 생산자들이 받는 가격은 7,000원으로 하락하였다. 이에 대한 분석으로 옳지 않은 것은? (단, 소비자와 생산자는 X재를 각각 1개씩만 소비하고 생산하며, 조세의 행정 비용은 없다.) 2018 교육행정

소비자	최대 지불 용의 금액	생산자	최소 요구 금액
갑	10,000원	가	6,000원
을	9,000원	나	7,000원
병	8,000	다	8,000원

① 소비세 부과 전 X재의 거래량은 3개이다.
② 소비세 부과 전 총 생산자 잉여는 3,000원이다.
③ 소비세 부과에 따른 총 소비자 잉여 감소액은 1,000원이다.
④ 소비세 부과로 얻는 정부의 조세 수입은 4,000원이다.

해설 ③ 소비세 부과 전과 소비세 부과 후의 소비자 잉여분을 비교하기 위해서 우선 각각의 소비자 잉여를 살펴보면 다음과 같다.

소비자	최대 지불 용의 금액	소비세 부과 전 소비자 잉여 (실제 지출 금액 8,000원)	소비세 부과 후 소비자 잉여 (실제 지출 금액 9,000원)
갑	10,000원	10,000원-8,000원 =2,000원	10,000원-9,000원 =1,000원
을	9,000원	9,000원-8,000원 =1,000원	9,000원-9,000원 =0원
병	8,000	8,000원-8,000원 =0원	최대 지출 용의 금액을 초과하기 때문에 소비하지 않음

따라서 소비세 부과 전의 소비자 잉여는 3,000원이고, 소비세 부과 후의 소비자 잉여는 1,000원이므로 소비세 부과에 따른 총 소비자 잉여 감소액은 2,000원이다.

오답피하기
① 소비세 부과 전의 경우 소비자 갑, 을, 병은 모두 8,000원 이상을 지불할 용의가 있으며, 생산자 가, 나, 다는 모두 8,000원 이하를 요구하고 있으므로 거래대금은 8,000원에서 결정되고, 생산자와 소비자 모두 거래 계약이 체결되므로 X재의 거래량은 3개이다.
② 소비세를 부과하기 전의 생산자 잉여를 살펴보면 다음과 같다.

생산자	최소 요구 금액	생산자 잉여
가	6,000원	(실제 받은 금액 8,000-6,000원) 2,000원
나	7,000원	(실제 받은 금액 8,000-7,000원) 1,000원
다	8,000원	(실제 받은 금액 8,000-8,000원) 0원

따라서 총 생산자 잉여는 3,000원(2,000원+1,000원+0원)이다.
④ 소비세를 부과할 경우에는 가격이 9,000원이 되어 소비자 갑과 을만이 거래에 참여하게 되고, 생산자는 가와 나만이 거래에 참여하게 된다. 이 때 조세는 2,000원이고 거래량은 2개이므로 정부가 조세 부과로 얻는 수입은 2,000원×2=4,000원이 된다.

정답 ③

가격 규제 정책

01 정부의 규제 가격 W_1, R_1이 노동 시장(A)과 금융 시장(B)에서 각각 효과적으로 작동할 때, 이에 대한 분석으로 옳은 것은? 예상 문제

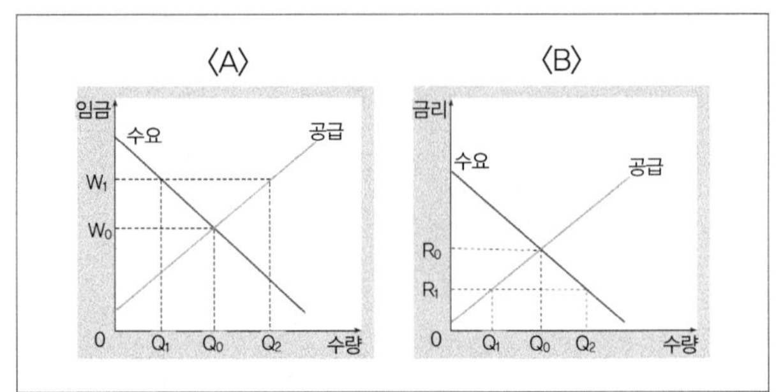

① A 시장에서 임금은 W_0에서 결정된다.
② A 시장에서는 초과 수요가 Q_1Q_2만큼 존재한다.
③ B 시장에서 시장 금리는 R_1에서 결정된다.
④ B 시장에서 정부의 가격 규제로 인해 자금 거래량은 증가한다.
⑤ A 시장과 달리 B 시장에서는 자원 배분이 효율적으로 이루어진다.

해설
③ B 시장에서는 최고 금리인 R_1이 효과적으로 작동하고 있으므로 시장 금리는 최고 금리인 R_1에서 결정된다.

오답피하기
① A 시장에서는 최저 가격인 W_1이 효과적으로 작동하고 있으므로 임금은 W_1에서 결정된다.
② A 시장에서는 초과 공급이 Q_1Q_2만큼 존재한다.
④ 정부 규제 전 B 시장에서 자금 거래량은 Q_0였으나 규제 후에는 Q_1으로 감소한다.
⑤ 시장 균형 상태에서 자원 배분이 효율적으로 이루어진다. 따라서 A 시장과 B 시장 모두 자원이 효율적으로 배분되지 않는다.

정답 ③

02 그림은 X재 시장에 대한 정부의 가격 규제 정책을 나타낸 것이다. 이에 대한 분석으로 옳은 것은?

예상 문제

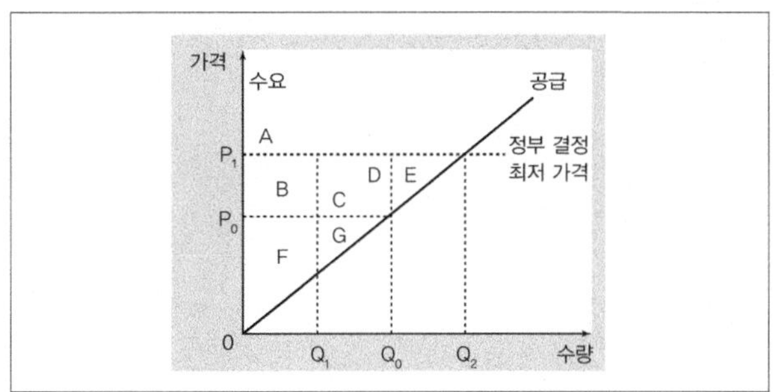

① 가격 규제는 수요자 보호를 목적으로 한다.
② 가격 규제 이후 사회적 잉여는 A+B+F가 된다.
③ 가격 규제로 인해 소비자 잉여는 C만큼 감소한다.
④ 가격 규제로 인해 Q_0Q_2만큼 초과 공급이 발생한다.
⑤ 가격 규제 이후 생산자 잉여는 B+C+D+E+F+G가 된다.

해설
② 최저 가격제 시행으로 인하여 가격은 P_1, 거래량은 Q_1이 된다. 따라서 소비자 잉여는 A의 면적, 생산자 잉여는 B+F의 면적이 되고, 사회적 잉여는 이 두 잉여의 합으로 나타난다.

오답피하기
① 최저 가격제는 공급자를 보호하는 것을 목적으로 한다.
③ 가격 규제 이전의 소비자 잉여는 A+B+C이다. 가격 규제 이후 소비자 잉여는 A이므로 B+C만큼 소비자 잉여가 감소된다.
④ 가격 규제로 인해 Q_1Q_2만큼 초과 공급이 나타난다.
⑤ 가격 규제 이후 생산자 잉여는 B+F가 된다. C+G는 가격 규제로 인해 감소한 사회적 잉여에 해당하고, D+E는 거래가 이루어지지 않는 영역이므로 잉여와 관련이 없다.

정답 ②

03 밑줄 친 정책의 실시로 인해 나타날 변화에 대한 설명으로 옳은 것은?

2014 03

갑국의 노동 시장은 현재 E 점에서 균형을 이루고 있는데, 정부는 최저 임금을 W_1 수준에서 설정하고자 한다.

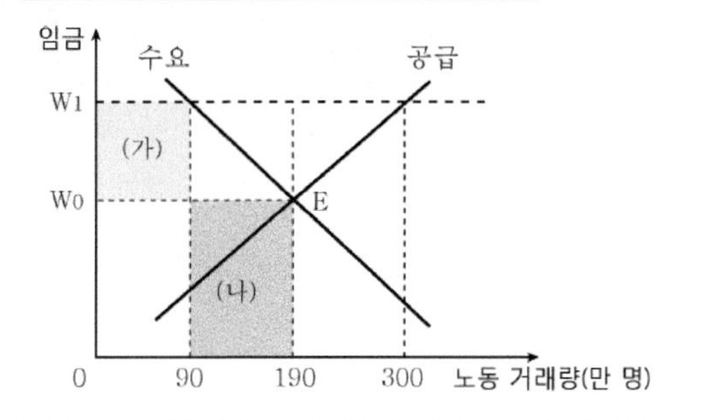

① 실업자가 110만 명 증가한다.
② 노동 시장에서 초과 수요가 발생한다.
③ (가)가 (나)보다 작으면, 기업의 인건비 지출은 증가한다.
④ 새롭게 노동 시장에 진입하여 실업자가 되는 사람이 있다.
⑤ 정책 시행 전의 취업자들은 모두 임금 상승의 혜택을 본다.

해설 정부의 최저임금제(W_1) 실시로 인하여 임금은 상승하였으나, 초과 공급(실업자)자가 210만 명(300만 명−90만 명)이 발생한다. 이 중 100만 명은 임금 상승에 따른 수요의 감소로 인한 비자발적 실업(해고)에 해당하고, 110만 명은 임금 상승에 따라 노동 시장에 새롭게 진입한 자들이다.
④ 최저 임금제(W_1)의 실시로 인하여 임금이 상승하면 기존의 190만 명에서 300만 명으로 노동의 공급량이 증가하는데 비해, 수요량은 90만 명에 불과하여 210만 명의 실업자가 생긴다.

오답피하기
① 실업자는 210만 명 증가한다. (비자발적 실업자 100만 명 + 새롭게 진입한 사람 110만 명)
② 노동 시장에서는 210만 명의 초과 공급이 발생한다.
③ 기업의 인건비 지출은 최저 임금제 시행 전에는 W_0×190만 명이었고, 시행 후에는 W_1×90만 명이다. 왼쪽 아래 흰색 그림은 양쪽 모두 공통된 구간이므로 비교 시 고려할 필요가 없고, (가)가 (나)보다 작으면, 기업의 인건비 지출은 감소한다.
⑤ 정책 시행 전의 취업자들 모두가 임금 상승의 혜택을 보는 것은 아니고, 190만 명 중 90만 명만 임금 상승의 혜택을 보고, 나머지 100만 명은 해고가 되기 때문에 오히려 실업 상태가 된다.

정답 ④

04 교사의 질문에 대해 옳은 답변을 한 학생을 〈보기〉에서 고른 것은? (단, 수요 곡선은 직선이다.) 2014 6

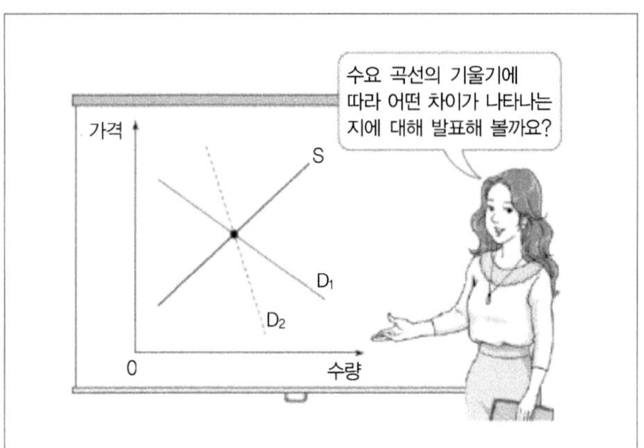

보기

갑 수요는 D_1보다 D_2일 때 가격 변동에 더 민감해요.
을 균형에서 소비자 잉여는 D_1보다 D_2일 때 더 커요.
병 사치품에 대한 수요는 D_1보다 D_2에 가까워요.
정 공급이 증가하면 판매 수입은 D_1보다 D_2일 때 더 작아요

① 갑, 을 ② 갑, 병
③ 을, 병 ④ 을, 정
⑤ 병, 정

해설 수요 곡선의 기울기가 완만하면 탄력적이고, 수요 곡선의 기울기가 급하면 비탄력적인 재화이다. 따라서 D_1이 D_2보다 상대적으로 더 탄력적인 재화라고 할 수 있다.

을: 소비자 잉여는 비탄력적인 재화일 때 더 크다. 아래 그래프를 통해 확인할 수 있다.

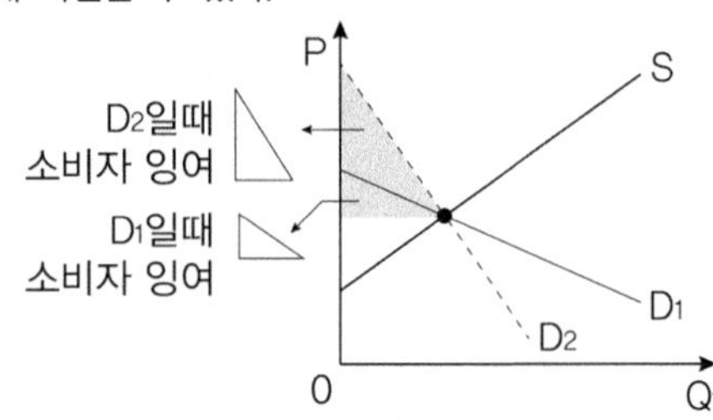

정: 공급이 증가하면 가격은 하락한다. 공급이 증가하기 전에는 아래 그래프에서처럼 판매 수입은 동일하였지만 공급이 증가해서 가격이 하락한 경우 아래 그래프의 이동처럼 상대적으로 더 탄력적인 D_1의 판매 수입이 D_2 보다 더 커진다는 것을 확인할 수 있다.

오답피하기

갑: 수요 곡선의 기울기가 완만할수록 더 탄력적이므로 D_1이 더 민감하다.

병: 사치품에 대한 수요는 일반적으로 가격에 더 민감하므로 탄력적인 재화이다. 따라서 D_1에 더 가깝다.

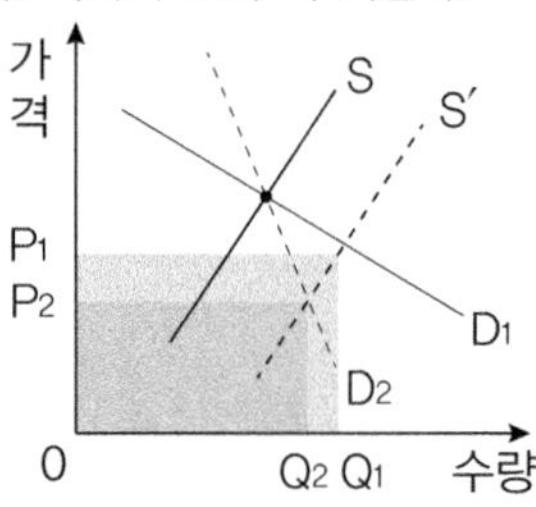

정답 ④

05 밑줄 친 ㉠~㉢에 대한 설명으로 옳은 것은?

2017 교육행정

㉠ 이것은 가격이 오르고 내리는 정도에 따라 수요량이 얼마나 민감하게 변화하는지를 나타내는 지표로서 미숙련 노동 시장에 대한 최저 임금제 도입의 실효성을 가늠하는 유용한 기준이 되기도 한다. 노동에 대한 수요 곡선의 기울기가 달라지면 최저 임금제 도입의 결과로 나타날 ㉡ 초과 공급 및 ㉢ 전체 미숙련 노동자의 임금 소득이 달라질 수 있기 때문이다.

① 대체재가 많을수록 ㉠은 작아진다.
② 수요 곡선의 기울기가 완만할수록 ㉠은 작아진다.
③ ㉠이 클수록 ㉡은 커진다.
④ ㉠이 클수록 ㉢은 커진다.

해설

③ 수요의 가격 탄력성이 큰 상품일수록 수요 곡선의 기울기는 완만해지고 수요의 가격 탄력성이 큰 상품일수록 수요 곡선의 기울기는 급하다. 최저 임금제가 도입되면 노동에 대한 가격이 시장의 균형가격보다 높은 곳에 형성되고 그 이하로는 거래될 수 없기 때문에 초과 공급이 발생한다. 다만 이때 기울기가 완만할수록 초과 공급은 더 커진다.

오답피하기

① ㉠은 수요의 가격 탄력성에 해당한다. 대체재가 많을수록 가격이 상승하면 해당 재화를 소비하지 않고 대체재를 소비할 수 있기 때문에 해당 재화의 수요는 크게 감소한다. 따라서 대체재가 많을 수록 수요의 가격 탄력성은 커진다.
② 수요의 가격 탄력성이 큰 상품일수록 수요 곡선의 기울기가 완만하다. 따라서 수요 곡선의 기울기가 완만할수록 ㉠(수요의 가격 탄력성)은 크다고 하여야 한다.
④ 노동 시장에서 미숙련 노동자의 임금 소득은 수량×임금으로 나타나므로 노동에 대한 수요의 탄력성이 다른 두 가지 상황에서 수요의 가격 탄력성이 클수록 노동 시장에서 전체 미숙련 노동자의 임금 소득은 작아진다.

정답 ③

06 〈보기〉의 X재 시장 상황에 대한 설명으로 가장 옳은 것은? 2018 서울 경력직

보기

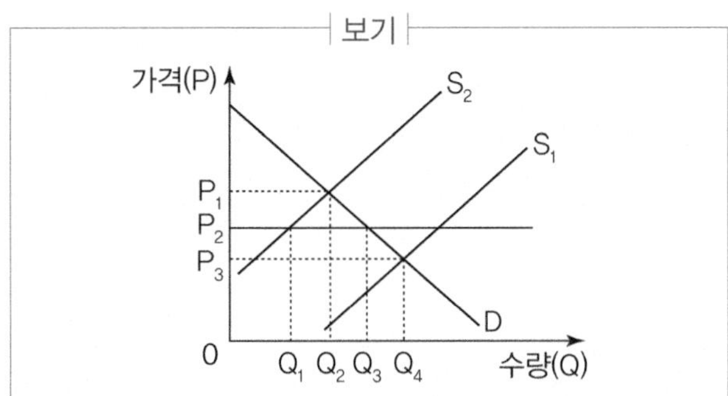

그림은 P_2 수준에서 최저 가격이 설정된 X재의 공급 변동을 나타낸 것이다. (단, t기의 X재 공급 곡선은 S_1이고, t+1기의 X재 공급 곡선은 S_2이다.)

① t기에 소비자의 총지출액은 $P_3 \times Q_4$이다.
② t+1기에는 Q_1Q_3만큼의 초과 수요가 발생한다.
③ t+1기에 거래량은 t기에 비해 Q_2Q_3만큼 감소한다.
④ t기와 달리 t+1기에는 최저가격제가 실효성을 갖는다.

해설 최저 가격제는 시장 균형 가격보다 높은 수준에서 가격 하한선을 정하고, 이보다 낮은 가격 수준에서 거래하지 못하도록 규제하는 정책이다. 이를 통해 생산자(공급자)를 보호할 수 있다.

③ t+1기의 X재의 공급 곡선은 S_2라고 하였으므로 균형 가격은 P_1이 된다. 이 경우에는 시장의 균형 가격이 최저 가격인 P_2 수준보다 상회하므로 최저 가격을 고려할 필요가 없다. 왜냐하면 최저 가격제라는 것은 시장의 균형 가격보다 높은 수준에서 가격의 하한선을 정하고 공급자를 보호하기 위한 것이기 때문이다. 따라서 t+1기에 거래량은 Q_2, 시장가격은 P_1이 되고, t기에는 최저 가격제의 시행으로 거래량은 Q_3, 시장 가격은 P_2가 된다. 따라서 t+1기에 거래량은 t기에 비해 Q_2Q_3만큼 감소한다.

오답피하기

① t 시기의 X재 공급 곡선은 S_1이라고 하였는데, 이 때 균형 가격은 P_3가 된다. 다만 최저 가격이 설정되어 균형 가격보다 높은 수준에서의 가격이 형성되는데, 그 때의 가격은 P_2가 되므로 이 때의 거래량은 Q_3가 된다. 따라서 소비자의 총지출액은 $P_2 \times Q_3$가 된다.
② t+1기에는 최저 가격보다 높은 곳에서 가격이 형성되므로 X재의 공급 곡선 S2와 수요 곡선이 만나는 곳에서 거래가 이루어지고, 초과 수요는 발생하지 않는다.
④ 반대로 서술되어 있다. t+1기에는 균형 가격이 최저 가격보다 높이 설정되어 있으므로 최저가격제가 실효성을 갖지 못한다. 반면 t기에는 실효성을 갖는다.

정답 ③

07 다음 그림은 정부의 실효성 있는 가격 규제 정책을 나타낸다. 이에 대한 분석으로 옳지 않은 것은? (단, 수요와 공급 곡선은 현재 시장 상황을 나타낸다.) 2014 경찰직 1차

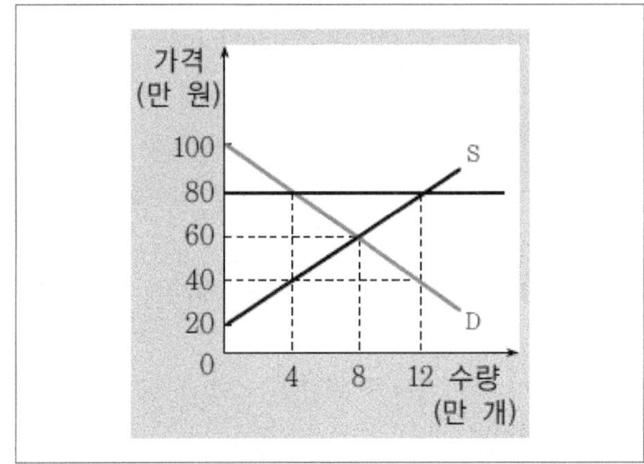

① 초과 공급이 발생한다.
② 정부가 최저 가격을 제한하고 있다.
③ 규제 이전에 비해 시장 거래량이 8만 개 감소하였다.
④ 모든 가격 수준에서 수요량이 8만 개씩 증가할 경우 규제의 실효성이 사라진다.

해설 정부가 최저가격규제를 통해 시장에 개입하는 그래프이다.

③ 정부의 규제정책 이전의 균형거래량은 8만개였다. 그러나 정부의 규제가 진행되면서 수요량이 4만개로 감소하게 되었다. 그러므로 규제 이전에 비해 시장 거래량이 8만 − 4만= 4만개가 감소되었다.

오답피하기

① 그래프에서 8만개의 초과 공급이 발생했음을 알 수 있다.
② 정부가 최저 가격 제한을 하고 있는 모습이다.
④ 수요가 각각의 가격대에서 8만개 늘어나도록 수요곡선을 오른쪽으로 옮기면 최저가격의 규제가 없는 균형가격이 된다.

정답 ③

08 **다음 자료에 대한 설명으로 가장 적절하지 않은 것은? (단, 아래 내용 외에 다른 요인의 영향은 없다고 가정한다.)** 2017 경찰직 2차

최저임금위원회는 2018년 최저임금을 시간당 7,530원으로 결정하였다. 최저임금은 2017년보다 약 16.4% 정도 인상되었다.

① 인건비 부담의 증가로 기업 경영에 어려움이 증가할 것이다.
② 저소득층의 구매력 증가로 경기 회복에 긍정적인 효과가 있다.
③ 주유소나 마트에서 무인결제시스템의 도입이 가속화될 것이다.
④ 노동시장에서 초과 수요가 발생하여 실업률이 감소할 것이다.

해설
④ 노동시장에서는 초과공급으로 오히려 실업이 증가할 수 있다.

오답피하기
① 최저임금 인상으로 인건비가 증가하면 생산비 증가로 기업 경영에 어려움이 증가할 수 있다.
② 최저임금 인상으로 저소득층의 분배가 개선되고 이는 저소득층의 구매력 증가로 경기 회복에 긍정적인 효과가 될 수 있다.
③ 기업은 생산비 부담으로 무인결제시스템과 같은 기계를 도입할 수 있다.

정답 ④

09 **다음 자료에 나타난 X재 시장 상황의 변화에 대한 설명으로 옳은 것은?** 예상 문제

정부는 X재 가격이 폭락하자 생산자들을 보호하기 위하여 가격 하한제를 실시하기로 하고 가격을 80원으로 규제하였다.

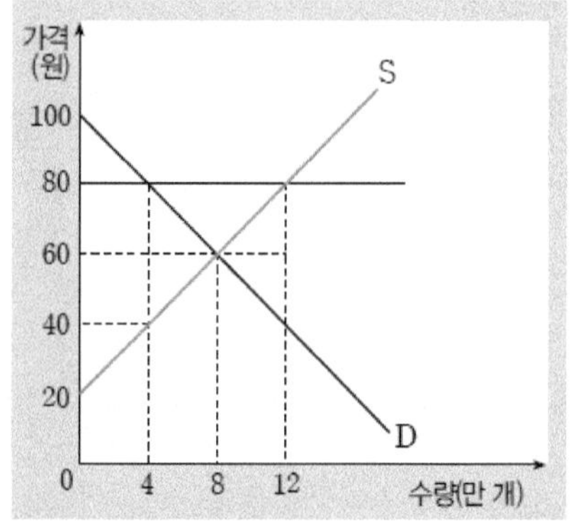

① 시장 가격의 변화는 없다.
② 초과 수요가 8만 개 발생한다.
③ 생산자 잉여는 80만 원 증가한다.
④ 소비자 잉여는 120만 원 감소한다.
⑤ 소비자의 총지출액은 160만 원 증가한다.

해설
④ 가격 규제 전 소비자 잉여는 160만 원이었으며, 가격 규제 후에는 40만 원으로 120만 원 감소한다.

오답피하기
① 최저 가격이 80원으로 설정되어 시장 가격은 80원으로 상승한다.
② 최저 가격 수준에서 수요량은 4만 개, 공급량은 12만 개로 8만 개의 초과 공급이 발생한다.
③ 가격 규제 전 생산자 잉여는 160만 원이었으며, 가격 규제 후에는 200만 원으로 40만 원 증가한다.
⑤ 가격 규제 전 소비자의 총지출액은 480만 원(=8만 개×60원)이었으며, 가격 규제 후에는 320만 원(=4만 개×80원)으로 160만 원 감소한다.

정답 ④

10 **정부가 시장에 대해 두 가지 가격규제 정책 (가)와 (나)를 시행할 때 나타나는 변화에 대한 설명으로 옳은 것은?** 2020 지방직·서울시

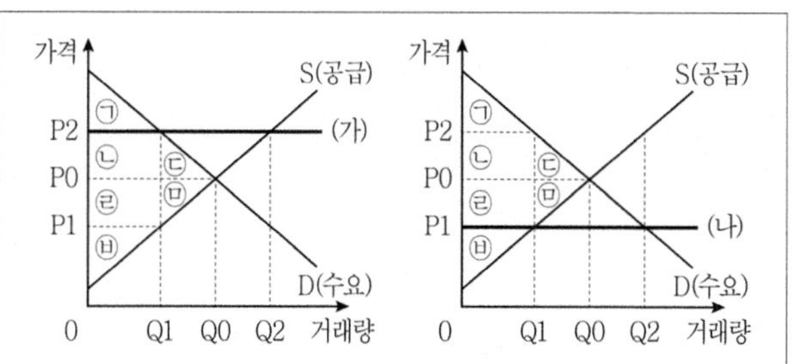

① (가)를 시행하면 Q_1~Q_2만큼 초과수요가 발생하고, 사회적 잉여 ㉢+㉤이 감소한다.

② (나)를 시행하면 생산자 잉여였던 ㉣+㉤은 소비자 잉여로 바뀐다.

③ (가)와 (나), 두 경우 모두 사회적 잉여 ㉢+㉤이 감소한다.

④ (가)를 시행하면 소비자 잉여가 증가하고, (나)를 시행하면 생산자 잉여가 증가한다.

해설 (가)는 가격 하한제이고, (나)는 가격 상한제이다.

③ (가)와 (나), 두 경우 모두 사회적 잉여 ㉢+㉤이 감소한다. (아래 내용 참조.)

오답피하기

① (가)를 시행하면 Q_1~Q_2만큼 초과공급이 발생하고, 사회적 잉여 ㉢+㉤이 감소한다.

(가)의 가격 규제에 따른 잉여의 변화
(1) 소비자 잉여
㉠, ㉡, ㉢ ⇒ ㉠
(2) 생산자 잉여
㉣, ㉤, ㉥ ⇒ ㉡, ㉣, ㉥
(3) 사회적 잉여
㉠, ㉡, ㉢, ㉣, ㉤, ㉥ ⇒ ㉠, ㉡, ㉣, ㉥
⇒ 사회적 손실 (㉢, ㉤)

② (나)를 시행하면 생산자 잉여였던 ㉣+㉤이 모두 소비자 잉여로 바뀌는 것이 아니라 ㉣은 소비자 잉여가 되지만, ㉤은 사회적 손실이 된다.

(나)의 가격 규제에 따른 잉여의 변화
(1) 소비자 잉여
㉠, ㉡, ㉢ ⇒ ㉠, ㉡, ㉣
(2) 생산자 잉여
㉣, ㉤, ㉥ ⇒ ㉥
(3) 사회적 잉여
㉠, ㉡, ㉢, ㉣, ㉤, ㉥ ⇒ ㉠, ㉡, ㉣, ㉥
⇒ 사회적 손실 (㉢, ㉤)

④ (가)를 시행하면 소비자 잉여는 반드시 감소하지만, 생산자 잉여는 증가하는지 알 수 없다. 반면 (나)를 시행하면 생산자 잉여는 반드시 감소하고, 소비자 잉여는 증가하는지 알 수 없다.

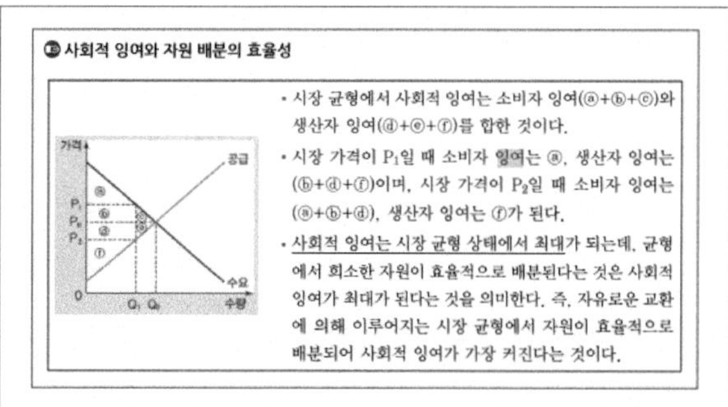

사회적 잉여와 자원 배분의 효율성

- 시장 균형에서 사회적 잉여는 소비자 잉여(ⓐ+ⓑ+ⓒ)와 생산자 잉여(ⓓ+ⓔ+ⓕ)를 합한 것이다.
- 시장 가격이 P_1일 때 소비자 잉여는 ⓐ, 생산자 잉여는 (ⓑ+ⓓ+ⓕ)이며, 시장 가격이 P_2일 때 소비자 잉여는 (ⓐ+ⓑ+ⓓ), 생산자 잉여는 ⓕ가 된다.
- 사회적 잉여는 시장 균형 상태에서 최대가 되는데, 균형에서 희소한 자원이 효율적으로 배분된다는 것은 사회적 잉여가 최대가 된다는 것을 의미한다. 즉, 자유로운 교환에 의해 이루어지는 시장 균형에서 자원이 효율적으로 배분되어 사회적 잉여가 가장 커진다는 것이다.

정답 ③

11 **그림은 X재의 시장 상황을 나타내고 있다. 정부는 X재의 가격을 균형가격인 P_1보다 낮은 P_2 이하로 규제 하는 정책을 실시하고자 한다. 이 정책이 효과적으로 작동할 때, 이에 대한 분석으로 옳은 것은?** 2018 교육행정

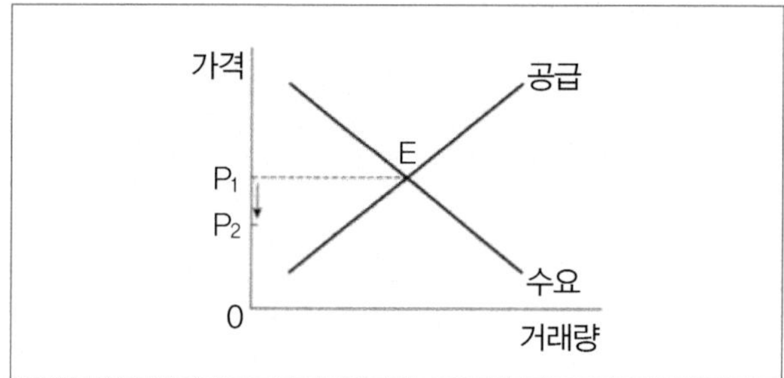

① 정부가 실시하고자 하는 정책은 가격하한제이다.

② X재 생산자의 편익을 증가시키기 위한 정책이다.

③ X재의 초과 공급이 발생할 것이다.

④ X재 시장의 자원 배분 효율성이 낮아질 것이다.

해설 시장 균형 가격보다 낮은 가격에서 규제하는 것은 최고 가격제에 해당한다. 최고 가격제는 정부가 시장 가격이 너무 높다고 판단하여 시장 균형 가격보다 낮은 수준에서 가격 상한선을 정하고, 이를 초과하는 가격 수준에서 거래하지 못하도록 규제하는 정책으로 소비자(수요자) 보호하기 위한 것이다.

④ 자원 배분의 효율성은 시잔 균형 가격에서 가장 높아지므로 최고 가격제를 실시하면 X재 시장의 자원 배분의 효율성은 낮아진다. 즉 시장의 균형 수준에서 사회적 잉여는 최대가 되고 시장 균형에서 자원이 가장 효율적으로 배분된다.

오답피하기

① 정부가 실시하고자 하는 것은 시장 가격인 P1보다 낮은 수준에서 가격을 설정하고 이를 초과하는 사격 수준에서 거래하지 못하도록 규제하는 것이므로 가격 상한제이다.

② 가격 상한제의 경우 규제 가격보다 높은 가격으로는 거래하지 못하므로 이는 수요자를 보호하여 수요자의 편익을 증가될 수 있지만, 생산자의 편익은 오히려 감소한다. 생산자의 편익을 증가시키기 위한 것은 최저 가격제이다.

③ 가격 상한제로 인하여 초과 수요가 발생한다.

정답 ④

12 다음의 설명 중 적절하지 않은 것은? (단, 노동, 쌀, 휴대폰의 수요곡선과 공급곡선은 직선 형태로 수평선이나 수직선과 같은 극단적인 형태는 아니다. 또한 수요곡선은 우하향하고 공급곡선은 우상향한다고 가정한다.)

2016 경찰직 1차

① 정부가 노동자의 임금이 낮다고 생각하여 현행 균형 임금보다 높은 수준에서 가격 하한제를 적용할 경우, 소비자 잉여는 축소된다.
② 정부가 쌀 가격이 높다고 생각하여 현행 균형 가격보다 낮은 수준에서 가격 상한제를 적용할 경우, 쌀의 초과수요 해소를 위한 암시장이 생길 가능성이 크다.
③ 정부가 휴대폰 제조업자의 이윤이 크다고 생각하여 휴대폰 제조업자가 생산하고 있는 휴대폰에 대당 물품세 1만 원을 부과할 경우, 1만 원의 물품세는 모두 소비자에게 전가되기 때문에 제조업자의 이윤에는 영향을 미치지 않는다.
④ 위의 모든 경우에서, 소비자 잉여와 생산자 잉여의 합인 사회적 잉여는 정부 개입 전보다 축소된다.

해설
③ 정부가 휴대폰에 대당 1만 원의 물품세를 부과할 경우 물품세는 소비자가 전적으로 부담하는 것이 아니라 생산자도 함께 부담한다. (소비자가 전적으로 부담하는 경우는 완전 비탄력적인 재화인 경우에 한한다.) 따라서, 제조업자 역시 조세를 부담하게 되며, 그로 인하여 제조업자의 이윤은 줄어들게 된다.

오답피하기
① 최저 임금제의 시행으로 임금이 높아질 경우 소비자의 잉여는 축소한다.
② 가격 상한제를 실시할 경우 초과 수요가 발생하고 암시장이 생길 가능성이 높다.
④ 사회적 잉여는 시장의 균형 가격에서 가장 크며, 위의 모든 경우 사회적 잉여는 축소된다.

정답 ③

13 다음 글은 가격하한제에 대한 설명이다. 수요의 법칙과 공급의 법칙이 지켜진다고 할 때, ㉠~㉢에 들어갈 말로 옳게 짝지어진 것은?

2015 사회복지직

가격하한제는 시장에서 형성되는 균형가격 수준이 너무 (㉠)고 판단하여 (㉡)를 보호할 목적으로 실시하는 제도이다. 이 제도가 실시될 때 하한가격이 유효(binding)하다면 시장에서 (㉢)이/가 발생한다.

	㉠	㉡	㉢
①	낮다	공급자	초과공급
②	높다	공급자	초과수요
③	낮다	소비자	초과수요
④	높다	소비자	초과공급

해설 가격 하한제(최저 가격제)란 시장 균형 가격보다 높은 수준에서 가격 하한선을 정하고, 이보다 낮은 가격 수준에서 거래하지 못하도록 규제하는 정책으로 이는 생산자(공급자)를 보호하기 위한 것이다. 대표적인 사례가 최저 임금제나 농산물 가격 지지제 등이 있으며, 이로 인하여 초과 공급이 발생하여 오히려 실업이 증가할 수 있으며 그 결과 암시장 발생할 수 있다.
① 가격하한제는 시장에서 형성되는 균형가격 수준이 너무(㉠낮다)고 판단하여 (㉡공급자)를 보호할 목적으로 실시하는 제도이다. 이 제도가 실시될 때 하한가격이 유효(binding)하다면 시장에서는 (㉢초과 공급)이/가 발생한다.

정답 ①

14 〈보기〉의 X재 시장 상황에 대한 설명으로 가장 옳은 것은?

2018 서울 경력직

보기

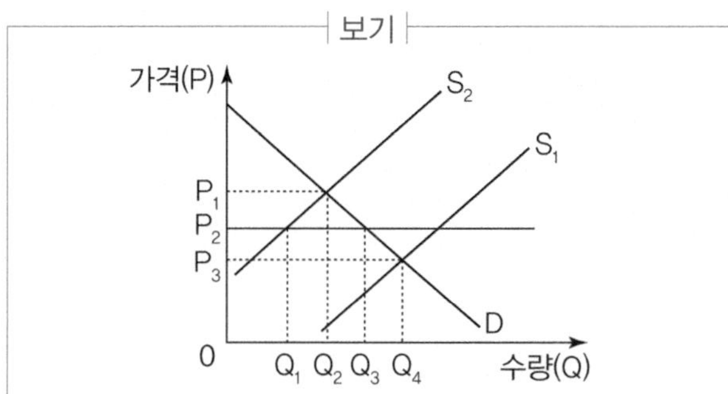

그림은 P_2 수준에서 최저 가격이 설정된 X재의 공급 변동을 나타낸 것이다. (단, t기의 X재 공급 곡선은 S_1이고, t+1기의 X재 공급 곡선은 S_2이다.)

① t기에 소비자의 총지출액은 $P_3 \times Q_4$이다.
② t+1기에는 Q_1Q_3만큼의 초과 수요가 발생한다.
③ t+1기에 거래량은 t기에 비해 Q_2Q_3만큼 감소한다.
④ t기와 달리 t+1기에는 최저가격제가 실효성을 갖는다.

해설 최저 가격제는 시장 균형 가격보다 높은 수준에서 가격 하한선을 정하고, 이보다 낮은 가격 수준에서 거래하지 못하도록 규제하는 정책이다. 이를 통해 생산자(공급자)를 보호할 수 있다.

③ t+1기의 X재의 공급 곡선은 S_2라고 하였으므로 균형 가격은 P_1이 된다. 이 경우에는 시장의 균형 가격이 최저 가격인 P_2 수준보다 상회하므로 최저 가격을 고려할 필요가 없다. 왜냐하면 최저 가격제라는 것은 시장의 균형 가격보다 높은 수준에서 가격의 하한선을 정하고 공급자를 보호하기 위한 것이기 때문이다. 따라서 t+1기에 거래량은 Q_2, 시장가격은 P_1이 되고, t기에는 최저 가격제의 시행으로 거래량은 Q_3, 시장 가격은 P_2가 된다. 따라서 t+1기에 거래량은 t기에 비해 Q_2Q_3만큼 감소한다.

오답피하기

① t 시기의 X재 공급 곡선은 S_1이라고 하였는데, 이 때 균형 가격은 P_3가 된다. 다만 최저 가격이 설정되어 균형 가격보다 높은 수준에서의 가격이 형성되는데, 그 때의 가격은 P_2가 되므로 이 때의 거래량은 Q_3가 된다. 따라서 소비자의 총지출액은 $P_2 \times Q_3$가 된다.
② t+1기에는 최저 가격보다 높은 곳에서 가격이 형성되므로 X재의 공급 곡선 S_2와 수요 곡선이 만나는 곳에서 거래가 이루어지고, 초과 수요는 발생하지 않는다.
④ 반대로 서술되어 있다. t+1기에는 균형 가격이 최저 가격보다 높이 설정되어 있으므로 최저가격제가 실효성을 갖지 못한다. 반면 t기에는 실효성을 갖는다.

정답 ③

15 다음 자료에 대한 분석으로 옳은 것은?

2018 서울 경력직 유사

그림은 갑국의 X재 시장을 나타낸다. X재의 공급 곡선이 S_1인 상황에서 갑국 정부는 향후 X재의 원자재 가격이 상승할 것을 예상하여 ㉠ P_1 수준에서 X재에 대한 최고 가격제를 시행하였다. 이후 갑국 정부의 예상대로 X재의 원자재 가격이 상승하여 공급 곡선이 S_2로 이동하였다.

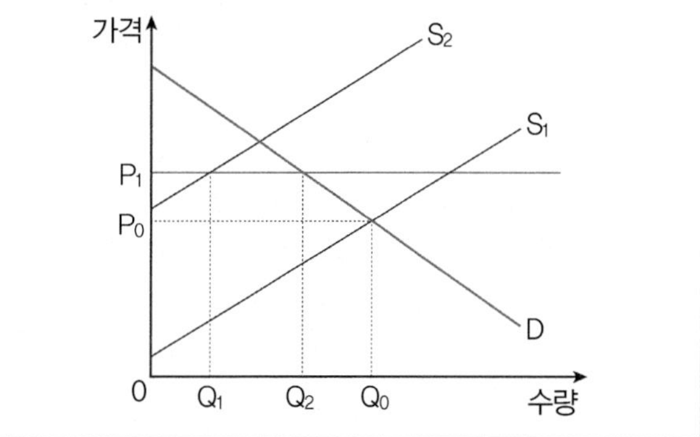

① 공급 곡선이 S_1일 때 시장 가격은 P_1, 시장 거래량은 Q_2이다.
② 공급 곡선이 S_1일 때 ㉠으로 인해 암시장이 형성될 수 있다.
③ 공급 곡선이 S_2일 때 Q_1Q_2만큼의 초과 수요가 발생한다.
④ 공급 곡선이 S_1일 때의 소비자 잉여는 S_2일 때보다 작다.
⑤ 공급 곡선이 S_1일 때와 S_2일 때 모두 ㉠은 실효성을 가진다.

해설

③ 공급 곡선이 S_1일 때 시장 균형 가격이 최고 가격보다 낮아 정부의 가격 규제 정책은 실효성이 없다. 이 때 시장 가격은 균형 가격인 P_0, 시장 거래량은 균형 거래량인 Q_0이다. 공급 곡선이 S_2일 때 시장 균형 가격이 최고 가격보다 높아 정부의 가격 규제 정책은 실효성을 가진다. 이때 X재 시장에서는 Q_1Q_2만큼 초과 수요가 발생한다.

오답피하기

① 공급 곡선이 S_1일 때 최고 가격제보다 가격이 낮으므로 최고 가격제는 실효성이 없어 시장 가격은 P_0, 시장 거래량은 Q_0다.
② 공급 곡선이 S_1일 때 수요량과 공급량이 일치하므로 암시장은 형성되지 않는다.
④ 공급 곡선이 S_2일 때 최고 가격제가 실효성을 가지므로, 시장 가격은 P_1로 상승하고 시장 거래량은 Q_1로 감소한다. 따라서 공급 곡선이 S_1일 때의 소비자 잉여는 S_2일 때보다 크다.
⑤ 공급 곡선이 S_1일 때는 실효성이 없고 S_2일 때에는 ㉠이 실효성을 가진다.

정답 ③

16 정부가 각각 A와 B로 가격을 정한 X재 시장과 Y재 시장에 대한 설명으로 가장 옳은 것은?

2021 서울시(경력직)

보기

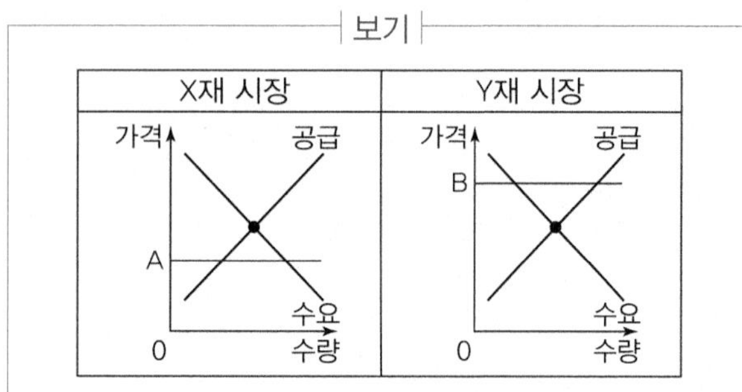

① A의 사례로 최저임금제를 들 수 있다.
② X재 시장에서는 생산자 잉여가 소비자 잉여보다 크다.
③ Y재 시장에서는 초과 수요가 발생한다.
④ B는 정부가 생산자(공급자) 보호를 위해 가격 하한선을 정한 것이다.

출제 단원 및 영역 경제 3단원 가격 규제 정책

해설 A는 가격 상한제, B는 가격 하한제를 나타낸다.
④ 가격 하한제는 시장 균형 가격보다 높은 수준에서 가격 하한선을 정하고, 이보다 낮은 가격 수준에서 거래하지 못하도록 규제하는 정책으로 정부가 생산자(공급자) 보호를 위한 것이다.

오답피하기
① 최저임금제는 B의 사례이다.
② X재 시장은 소비자를 보호하기 위해서 가격 상한선을 정한 것으로 기존의 시장 가격보다 낮게 거래되므로 생산자 잉여가 소비자 잉여보다 작다.
③ Y재 시장에서는 초과 공급이 발생한다.

정답 ④

17 그림은 갑국 정부의 가격 규제 정책이다. 이에 대한 설명으로 옳은 것은?

2021년 소방직

갑국 정부는 X재 시장에서 P_1 가격 수준으로 실효성 있는 가격 규제 정책을 시행하였다. (단, a~g는 해당 부분의 면적이다.)

〈X재 시장〉

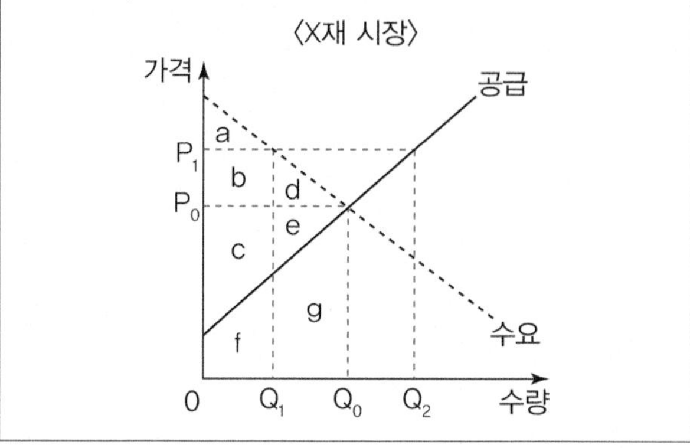

① 수요자를 보호하기 위한 정책이다.
② Q_1Q_0만큼의 초과 수요가 발생한다.
③ 소비자 잉여의 크기는 b+d만큼 감소한다.
④ 생산자 잉여의 크기는 c+e에서 b+c+d+e로 변화한다.

출제 단원 및 영역 경제 3단원 가격 규제 정책

해설 갑국 정부가 P_1 수준으로 실효성 있는 가격 규제 정책을 시행하였다고 하였으므로 이는 시장 가격보다 높은 가격을 설정하고 그 이하로 거래하지 못하도록 하는 최저 가격제이다.
③ 기존의 소비자 잉여는 a+b+d이지만 최저 가격제 이후 가격이 P_0에서 P_1으로 상승하여 소비자 잉여는 a가 된다. 따라서 소비자 잉여의 크기는 b+d만큼 감소한다.

오답피하기
① 최저 가격제는 생산자를 보호하기 위한 제도이다.
② P_1에서 공급량은 Q_2이고 수요량은 Q_1이 되어 Q_1Q_2만큼의 초과 수요가 발생한다.
④ 위의 최저 가격제 시행으로 거래량은 Q_1이 되므로 생산자 잉여의 크기는 c+e에서 b+c로 변화한다.

정답 ③

경쟁 형태에 따른 시장 분류

01 다음 그림은 A~C 시장의 상태를 표현하고 있다. 이에 대한 옳은 설명을 〈보기〉에서 고른 것은? 예상 문제

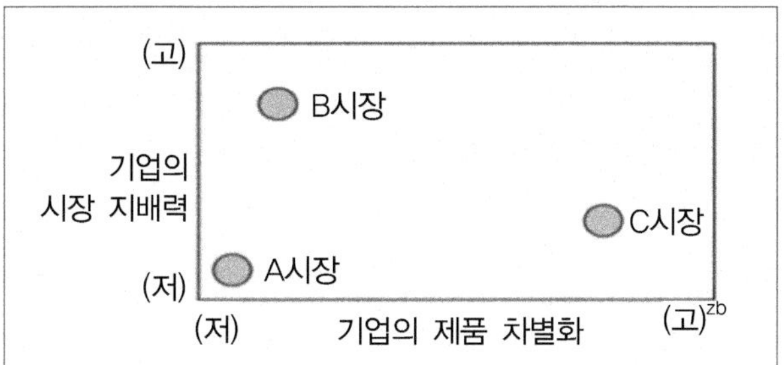

보기

㉠ A에서는 공급자가 가격 결정자 역할을 한다.
㉡ B 시장 보다 A 시장에서 담합이 발생하기 쉽다.
㉢ B 시장 진입 장벽이 A, C 시장의 진입 장벽보다 상대적으로 높다.
㉣ C 시장에서 기업은 제품 차별화를 통해 일시적으로 시장 지배력을 유지한다.

① ㉠, ㉡　② ㉠, ㉢
③ ㉡, ㉢　④ ㉡, ㉣
⑤ ㉢, ㉣

해설 A는 완전 경쟁 시장, B는 독점 시장 만큼 시장의 지배력이 없고 제품의 차별화도 다소 있기 때문에 과점 시장, C는 기업의 제품 차별화는 크고, 시장 지배력은 약하기 때문에 독점적 경쟁 시장이라고 할 수 있다.

㉢ 과점 시장은 완전 경쟁 시장과 독점적 경쟁 시장보다 시장의 진입 장벽이 높다. 장치 산업(규모의 경제)으로 초기 자본이 많이 들기 때문에 진입이 어렵기 때문이다.
㉣ 독점적 경쟁 시장에서는 제품의 차별화를 통해 일시적으로 시장 지배력을 유지할 수 있다.

오답피하기

㉠ 공급자가 가격 결정자 역할을 하는 것은 독점 시장이다.
㉡ 담합이 발생하기 쉬운 곳은 과점 시장이다.

정답 ⑤

02 다음 그림은 공급자의 수와 상품의 동질성 여부에 따라 시장을 구분한 것이다. A~D시장에 대한 설명으로 가장 옳은 것은? 2014 국가직

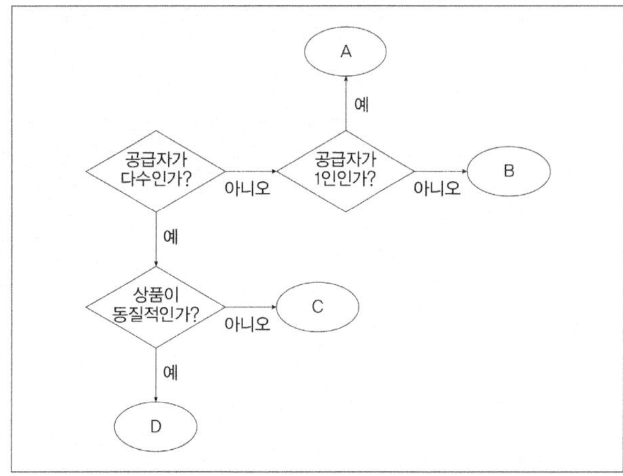

① A시장에서는 담합이나 카르텔이 형성된다.
② B시장에서는 대체제가 존재하지 않는다.
③ C시장보다 D시장에서의 자원 배분이 더 효율적이다.
④ D시장에서는 개별 공급자가 가격에 영향을 미친다.

해설 A는 공급자가 1인인 독점 시장이고, B는 공급자가 다수는 아니지만 1인도 아닌 과점시장, C는 공급자가 다수이면서 상품이 동질적이지 않은(이질적인) 독점적 경쟁 시장, D는 공급자가 다수이면서 상품이 동질적인 완전 경쟁 시장에 해당한다.

③ 자원은 독점적 요소보다는 경쟁적인 요소가 강할 때 효율적으로 배분되므로 완전 쟁쟁 시장에서 가장 효율적이라고 볼 수 있다. 따라서 독점적 경쟁 시장 보다는 완전 경쟁 시장에서 자원 배분이 더 효율적이라고 할 수 있다.

오답피하기

① 담합이나 카르텔이 형성되는 것은 과점시장에서이다.
② 독점시장에서는 대체제가 존재하지 않으며, 과점시장에서는 대체제가 존재할 수 있다.
④ 완전 경쟁 시장은 독점적 요소가 없기 때문에 개별 공급자는 가격 수용자에 해당한다. 개별 공급자가 가격에 영향을 미치는 시장은 독점적 요소가 존재하는 시장이다.

정답 ③

03 **그림은 동질의 상품을 생산하는 기업의 진입 가능성 여부에 따라 시장을 구분한 것이다. A와 B시장에 대한 설명으로 옳은 것만을 〈보기〉에서 모두 고른 것은?**

2016 국가직

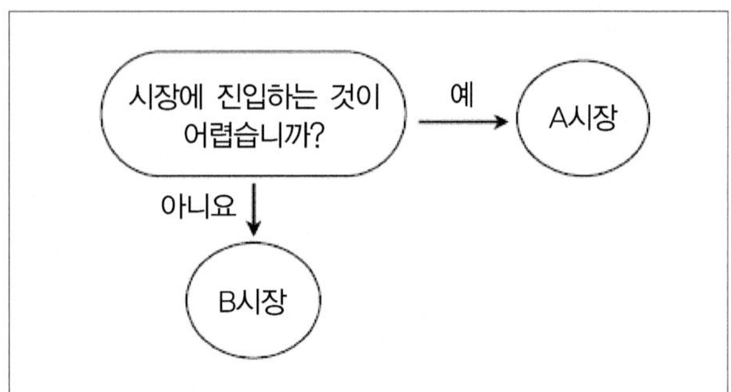

보기

ㄱ. 자원배분의 비효율성은 B시장보다 A시장이 높다.
ㄴ. 기업의 시장지배력은 B시장보다 A시장이 낮다.
ㄷ. 기업 간 담합 발생 가능성은 A시장보다 B시장이 높다.
ㄹ. 시장 참여자가 가격수용자가 될 가능성은 A시장보다 B시장이 높다.

① ㄱ, ㄴ
② ㄱ, ㄹ
③ ㄴ, ㄷ
④ ㄷ, ㄹ

해설 동질의 상품을 생산하는 시장은 완전 경쟁 시장과 독점시장이다. 이를 진입 가능성 여부에 따라 구분하면 진입 장벽이 자유로운 완전 경쟁 시장(B시장)과 진입 장벽이 매우 높은 독점시장(A시장)으로 나눌 수 있다.

ㄱ. 완전 경쟁 시장은 경제학에서 가정하는 가장 이상적인 시장으로 사회의 희소한 자원이 가장 효율적으로 배분되나 독점 시장은 생산자 간에 경쟁이 전혀 없기 때문에 자원이 비효율적으로 배분된다. 따라서 자원 배분의 비효율성은 완전 경쟁 시장(B)보다 독점 시장(A)이 높다.

ㄹ. 시장 참여자가 가격 수용자가 될 가능성이 높은 시장은 완전 경쟁 시장(B)이다. 완전 경쟁 시장은 정보의 완전성으로 인해 시장 지배력이 없기 때문에 개별 공급자는 가격 순응자가 된다.

오답피하기

ㄴ. 기업의 시장 지배력이 높은 시장은 독점 시장(A)이다. 독점 시장(A)은 하나의 공급자가 동질의 상품을 생산하므로 독점적 지위로 인해 시장 지배력이 높고, 완전 경쟁 시장은 정보의 완전성으로 인해 시장 지배력이 없다.

ㄷ. 기업 간 담합 발생 가능성이 큰 시장은 기업 간 영향력(의존도)이 커서 가격 경쟁을 할 경우 출혈이 심한 과점 시장이다. 독점시장은 담합을 할 다른 기업이 없고, 완전 경쟁 시장은 담합이 불가능하다.

정답 ②

04 **〈보기〉의 (가), (나) 시장에 대한 설명으로 가장 옳은 것은?**

2018 서울 경력직

보기

(가) 판매되는 상품의 질이 동질적이며 수요자와 공급자가 무수히 많고, 그들의 시장의 진입과 탈퇴가 자유로우며 시장에 대한 완전한 정보를 공유하고 있어 누구도 시장에 대한 지배력을 행사할 수 없다.
(나) 하나의 기업만이 존재하고, 이 기업은 시장에서 거래되는 재화의 생산에 대해 독점적 지배력을 행사한다.

① (가)에서 기업은 시장가격을 주어진 것으로 받아들인다.
② (가)에서 사회적 잉여가 최소화된다.
③ (나)에서 재화는 사회에서 필요한 양보다 과다 생산된다.
④ (가)와 (나) 모두 시장실패의 사례이다.

해설 (가)는 완전 경쟁 시장에 해당하고, (나)는 독점시장에 해당한다.

① 완전 경쟁 시장의 경우 정보의 완전성으로 인해 시장 지배력이 없기 때문에 개별 공급자는 가격 순응자로서 기업은 시장가격을 주어진 것으로 받아들인다.

오답피하기

② 완전 경잰 시장은 경제학에서 가정하는 가장 이상적인 시장으로서 사회의 희소한 자원이 가장 효율적으로 배분되는 이상적인 시장이므로 사회적 잉여가 최대화된다.
③ 독점 시장에서 독점기업의 가격결정은 독점기업의 최대이윤을 보장해 주지만, 수요자에게는 최저가격으로 생산품을 공급하지 않기 때문에 바람직하지 못한 시장형태이다. 즉, 독점 시장에서는 독점기업이 이윤을 높이기 위해 공급량을 줄여 재화는 사회에서 필요한 양보다 과소 생산된다.
④ 시장 실패란 시장에서의 자원 배분이 효율적이지 못한 상태를 말한다. 대표적인 시장 실패 사례로서는 독점 시장과 과점 시장과 같은 불완전 경쟁시장, 외부 효과, 공공재 생산 부족 등이 있다. 따라서 독점 시장은 시장 실패가 맞지만, 완전 경쟁 시장은 시장 실패가 아니다.

정답 ①

05 다음과 같은 특성을 갖는 A, B, C, D 시장에 대한 설명 중 옳은 것은? 2013 지방직

구	A	B	C	D
진입 장벽	없음	거의 없음	높은	매우 높음
경쟁 정도	← 경쟁이 심해짐		경쟁이 약해짐 →	

① A: 기업이 상품 가격을 결정하는 시장이다.
② B: 상품 차별화가 이루어지는 시장이다.
③ C: 자원 배분의 효율성이 가장 높은 시장이다.
④ D: 소비자 잉여가 가장 큰 시장이다.

해설 시장의 경쟁형태의 따른 분류로서 A는 완전 경쟁시장, B는 독점적 경쟁시장, C는 과점시장, D는 독점시장에 해당한다.
② 독점적 경쟁시장은 상품의 차별화를 통해 시장의 독점적 지배력을 형성하고 단골손님의 확보를 중시한다.

오답피하기
① 기업이 상품 가격을 결정하는 시장은 독점 시장이며, 완전 경쟁시장에서 기업과 소비자는 가격에 대하여 순응하는 자들이다.
③ 자원 배분의 효율성이 가장 높은 시장은 완전 경쟁시장이다.
④ 소비자 잉여가 가장 큰 시장은 소비자가 지불하는 가격에서 시장의 가격을 뺀 값으로 가격이 가장 싸고 많이 팔리는 시장이 소비자 잉여가 큰 시장이다. 완전 경쟁시장이 소비자 잉여가 가장 크다고 볼 수 있다. 독점 시장은 가격이 가장 비싸고 가장 적은 양이 거래되므로 소비자 잉여는 가장 작은 시장이라고 할 수 있다.

정답 ②

06 다음은 시장의 경쟁 정도에 따른 분류이다. (가) ~ (라)에 대한 설명으로 옳지 않은 것은? 2018 지방직

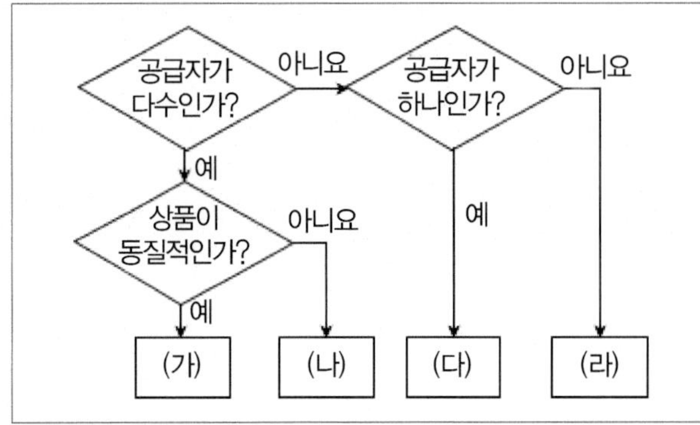

① (가)는 진입 장벽이 존재하지 않는다.
② (나)에서 개별 기업은 시장 가격에 전혀 영향을 미칠 수 없다.
③ (다)에서 개별 재화에 좋은 대체재가 될 수 있는 재화가 존재하지 않는다.
④ (라)에서는 기업들 간의 담합이 일어나기에 알맞은 상황이 조성되어 있다.

해설 (가)는 완전 경쟁시장, (나)는 독점적 경쟁시장, (다)는 독점 시장, (라)는 과점 시장이다.
② 독점적 경쟁시장에서는 상품의 차별화를 통하여 독점적인 지배요소를 가지고 있다. 그 결과 가격에 대해서도 어느 정도 영향력을 미칠 수 있다. 다만, 진입 장벽이 없고 공급자가 다수이므로 시장 가격에 미칠 수 있는 영향은 제한적이다.

오답피하기
① 완전 경쟁시장은 진입 장벽이 존재하지 않으므로 누구나 진입할 수 있다.
③ 독점 시장에서 그 재화를 공급하는 독점 기업은 한 개의 상품만을 독점적으로 공급하기 때문에 대체재가 될 수 있는 재화는 존재하지 않는다.
④ 담합은 과점 시장에서 주로 나타난다.

정답 ②

07 **다음은 경쟁의 정도에 따라 시장을 구분한 것이다. 빈칸 ㉠, ㉡시장의 특징과 관련성이 가장 적은 것은?** 2015 경찰직 1차

① ㉠시장은 시장에서 결정된 가격으로 소비와 생산을 결정하는 시장이다.
② ㉠시장은 시장참여자가 많아 개별 경제주체가 시장가격에 영향을 미칠 수 없다.
③ ㉡시장은 진입장벽이 높은 시장이다.
④ ㉡시장은 다양한 차별화 전략으로 독점적인 지위를 가질 수 있다.

해설 ㉠은 완전 경쟁 시장, ㉡은 독점적 경쟁 시장에 해당한다.
③ 독점적 경쟁 시장은 다수의 수요자와 공급자가 존재하고, 시장의 진출입이 용이하다.

오답피하기
① 완전 경쟁 시장에서의 시장 참여자들은 가격 수용자에 해당할 뿐이므로 시장에서 결정된 가격으로 소비와 생산이 결정된다.
② 완전 경쟁 시장에서는 거래 참여자가 다수이고 동질의 상품이므로 개별 경제주체가 시장 가격에 영향을 미칠 수 없고, 시장 가격에 순응할 뿐이다.
④ 독점적 경쟁 시장에서는 차별화(비가격경쟁) 전략을 특징으로 한다.

정답 ③

08 **다음은 경쟁 형태에 따라 시장을 구분한 것이다. A~D 시장의 특징에 대한 설명으로 가장 적절하지 않은 것은?** 2020 경찰직 1차

시장 구분		공급자의 수
A		다수
불완전 경쟁시장	B	다수
	C	소수
	D	하나

① A시장은 기업의 시장에 대한 자유로운 진입과 탈퇴가 허용된다.
② B시장은 상품의 성격이 다소 다르기 때문에 상품 차별화가 존재하여 어느 정도의 독점력이 존재한다.
③ C시장의 기업들은 경우에 따라 담합 등을 통해 경쟁을 제한할 수 있다.
④ D시장은 다른 시장에 비해 개별 기업의 생산 규모가 크게 나타나기 때문에 규모의 비경제 실현에 유리하다.

출제 단원 및 영역 경제 1단원 경쟁형태에 따른 시장 구분

해설 A는 완전경쟁시장, B는 독점적 경쟁시장, C는 과점시장, D는 독점시장이다.
④ 독점 시장은 다른 시장에 비해 개별 기업의 생산 규모가 크게 나타나기 때문에 규모의 경제 실현에 유리하다.

오답피하기
① 완전 경쟁시장은 다수의 수요자와 다수의 공급자가 동질의 상품을 거래하는 시장으로 시장 참여와 탈퇴가 자유롭다.
② 독점적 경쟁시장은 공급자마다 어느 정도 특징적인 상품을 시장에 공급한다. 즉, 재화의 경우에는 같은 상품이라도 상표, 디자인, 사후관리, 품질상의 차이가 있고, 용역의 경우에는 소비자에게 제공하는 서비스의 질이나 편의의 차이가 있기 때문에 상품 차별화가 존재하고 이로 인해 단골손님이 발생하기도 한다.
③ 과점시장에서는 기업 간 영향력(의존도)이 커서 가격 경쟁을 할 경우 출혈이 심하기 때문에 이윤 증대를 위해 담합(카르텔)하여 상호 간 경쟁을 제한하는 경우가 나타난다.

정답 ④

시장 실패

01 그림은 현재 시장 상황에서 A~C재를 사회적 비용과 사적 비용의 크기에 따라 구분한 것이다. 이에 대한 설명으로 옳은 것은? (단, A~C재는 각 재화별로 사회적 편익과 사적 편익이 동일하다.) 2016 9월 모평

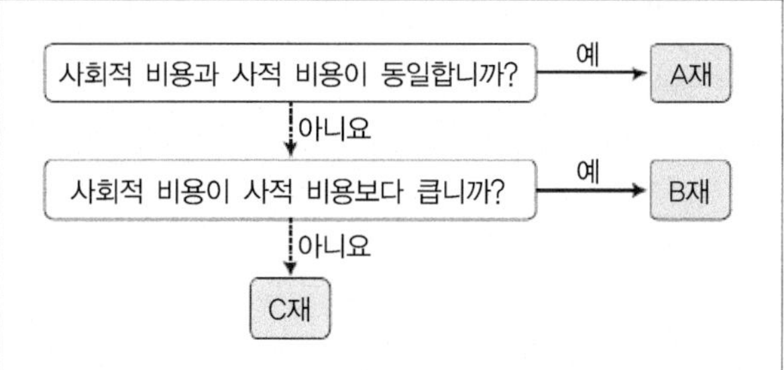

① A재의 사적 생산량은 사회적 최적 생산량보다 많다.
② B재의 사적 생산량은 사회적 최적 생산량보다 적다.
③ 생산자에 대한 보조금 지급은 C재 시장에서 나타나는 문제점의 해결 방안 가운데 하나이다.
④ B재는 외부 경제의 사례, C재는 공공재의 사례에 해당한다.
⑤ C재는 A재와 달리 시장에 맡겨 두면 자원이 효율적으로 배분된다.

해설 A재는 사회적 최적 수준의 생산이 이루어지고 있으며 외부 효과가 발생하지 않은 경우이다. B재는 외부 불경제, C재는 외부 경제가 발생한 경우이다.
③ C재 시장에서는 외부 경제가 나타나는데 생산자에 대한 보조금 지급은 이러한 외부 경제를 해결할 수 있는 방안이다.

오답피하기
① A재 시장에서는 외부 효과가 나타나지 않으며 사적 생산량과 사회적 최적 생산량은 일치한다.
② B재 시장에서는 외부 불경제가 나타나며, 사적 생산량은 사회적 최적 생산량보다 많다.
④ B재는 외부 불경제의 사례, C재는 외부 경제의 사례이다. 공공재는 사회적 비용과 사적 비용의 관계로 설명할 수 없다.
⑤ C재는 외부 경제의 사례로 시장에 맡겨 두면 자원이 효율적으로 배분되지 않는다. 반면 A재의 생산을 시장에 맡겨 두면 자원이 효율적으로 배분된다.

정답 ③

02 외부 효과의 사례 (가), (나)에 대한 옳은 설명을 〈보기〉에서 고른 것은? 2016 6월 학평

(가) 사람들이 독감 예방 접종을 하여 독감이 확산될 가능성이 낮아졌다.
(나) 일부 축산 농가들이 가축 분뇨를 정화하지 않고 배출함에 따라 하천 오염이 심각해졌다.

보기
ㄱ. (가) – 외부 경제의 사례이다.
ㄴ. (가) – 시장 거래량이 사회적 최적 거래량보다 적다.
ㄷ. (나) – 사회적 비용이 사적 비용보다 작다.
ㄹ. (나) – 축산 농가의 가축 사육에 보조금을 지급하면 사회적 최적 거래량이 달성된다.

① ㄱ, ㄴ
② ㄱ, ㄷ
③ ㄴ, ㄷ
④ ㄴ, ㄹ
⑤ ㄷ, ㄹ

해설
ㄱ. ㄴ (가)는 소비로 인한 외부 경제로 인해 시장 거래량이 사회적 최적 거래량보다 적다.

오답피하기
ㄷ. (나)는 생산으로 인한 외부 불경제가 발생하여 사회적 비용이 사적 비용보다 크다.
ㄹ. 가축 농가에게 세금 부과를 통해 최적 생산에 도달하게 된다.

정답 ①

03 다음은 외부 효과가 존재하는 경우에 대한 설명이다. 각 빈칸에 적절한 내용으로 옳은 것은? (단, 우하향하는 수요곡선, 우상향하는 공급곡선을 가정한다)

2020 지방직 · 서울시

구분	생산 측면의 (가)	소비 측면의 (나)
영향	사회적 최적 가격보다 시장 균형 가격이 낮다. 사회적 최적 거래량에서 사회적 비용이 사적 비용보다 (㉠)	사회적 최적 가격보다 시장 균형 가격이 낮다. 사회적 최적 거래량에서 사회적 편익이 사적 편익보다 (㉡)
문제점	사회적 최적 수준보다 (㉢)	사회적 최적 수준보다 (㉣)
개선책	(㉤)	(㉥)

① (가)는 '외부 경제', (나)는 '외부 불경제'이다.
② ㉠과 ㉡ 모두 '작다'이다.
③ ㉢은 '과다 생산', ㉣은 '과소 소비'이다.
④ ㉤은 '소비자에게 보조금 지급', ㉥은 '소비자에게 세금 부과'이다.

해설 생산 측면에서 사회적 최적 가격보다 시장 균형 가격이 낮다고 하였으므로 (가)는 외부 불경제에 해당하고, 편익 측면에서 사회적 최적 가격보다 시장 균형 가격이 낮다고 하였으므로 외부 경제에 해당한다.
③ 생산 측면의 외부 불경제는 과다 생산이 문제되고, 소비 측면의 외부 경제는 과소 소비가 문제된다.

오답피하기
① (가)는 '외부 불경제' (나)는 '외부 경제'가 들어간다.
② 생산 측면의 외부 불경제는 사회적 최적 거래량에서 사회적 비용이 사적 비용보다 '크다'가 들어가고, 소비 측면의 외부 경제에서는 사회적 최적 거래량에서 사회적 편익이 사적 편익보다 '크다.'가 들어간다. 즉 ㉠과 ㉡ 모두 '크다'이다.
④ ㉤은 생산을 억제해야 하기 때문에 '소비자에게 세금 부과'가 들어가고, ㉥은 소비를 늘려야 하기 때문에 '소비자에게 보조금 지급'이 들어간다.

정답 ③

04 다음은 배제성과 경합성을 기준으로 재화를 네 가지 유형으로 구분한 것이다. ㉣재화에 대한 설명으로 관련성이 가장 적은 것은?

2015 경찰직 1차

구분	배제성	
	있다	없다
경합성 있다	있다	㉠
없다	㉢	㉣

① 기업이 ㉣재화를 생산하여 이윤을 얻을 수 없다.
② ㉣재화는 무임승차현상이 발생하지 않는다.
③ 일반적으로 정부가 세금으로 직접 ㉣재화를 공급한다.
④ 정부의 재원이 부족한 경우 민간사업자가 참여하여 ㉣재화를 공급하기도 한다.

해설 ㉣은 비배제성과 비경합성을 특징으로 하는 공공재에 해당한다.
② 공공재는 비배제성으로 인해 무임승차의 문제가 발생한다.

오답피하기
① 공공재는 비배제성이라는 특성 때문에 대가를 지불하지 않고 혜택을 누리는 사람이 발생한다. 따라서 수지가 맞지 않아 기업이 생산하지 않거나 생산하더라도 충분하지 않은 수준으로 생산량 부족 현상이 문제가 되기도 한다.
③ 공공재가 민간 기업에서 생산하지 않거나 생산하더라도 불충분한 수준으로 생산하기 때문에 정부가 세금으로 직접 공급한다.
④ 공공재는 정부가 주도해서 생산과 분배를 담당하지만 정부의 재원이 부족한 경우 민간 사업자가 참여하여 공급하기도 한다.

정답 ②

05 재화 및 서비스를 소비과정에서의 배제성과 경합성을 기준으로 크게 A, B, C, D 네 가지로 분류할 수 있다. 다음 중 적절하지 않은 것은? 2016 경찰직 2차

	경합성	비경합성
배제성	A	B
비배제성	C	D

① 가정용 냉장고는 A의 영역에 포함될 것이다.
② 케이블 방송은 B에 속할 것이다.
③ C에서는 한 사람의 소비가 다른 사람의 소비 감소를 가져오지 않을 것이다.
④ D에서는 시장이 실패할 가능성이 높을 것이다.

해설
③ C의 경우 경합성을 가지므로 한 사람의 소비는 다른 사람의 소비 감소를 가져온다.

오답피하기
① 가정용 냉장고는 사적재화로써 A에 해당한다.
② 케이블 방송은 가격을 지불해야 하는 재화이므로 배제성은 있지만 다른 사람의 시청을 방해하지 않으므로 비경합성의 성격을 갖는다. 따라서 B에 해당한다.
④ D는 비경합성, 비배제성을 가지는 공공재에 해당하고, 배제성이 없으므로 시장 실패의 가능성이 높은 재화이다.

정답 ③

06 다음은 배제성과 결합성의 유무에 따라 재화를 분류한 것이다. (가)~(라)의 사례가 바르게 연결된 것을 〈보기〉에서 고른 것은? 예상 문제

구분	(가)	(나)	(다)	(라)
많은 사람이 동일한 상품을 동시에 소비할 수 없고, 한 사람의 소비가 타인의 소비를 제한함	+	+	–	–
대가를 지불하지 않는 사람의 소비를 배제할 수 있음	+	–	+	–

보기
ㄱ. (가) – 막히는 유료 도로
ㄴ. (나) – 주인 없는 야생 산딸기
ㄷ. (다) – 바다 속 물고기
ㄹ. (라) – 케이블 TV

① ㄱ, ㄴ
② ㄱ, ㄷ
③ ㄴ, ㄷ
④ ㄴ, ㄹ
⑤ ㄷ, ㄹ

해설 위의 표에서 나타내는 것은 경합성과 배제성이다. 위의 표를 다음과 같이 바꿀 수 있다.

구분	(가)	(나)	(다)	(라)
경합성	+	+	–	–
배제성	+	–	+	–

ㄱ. 막히는 유료 도로는 경합성이 있고, 배제성이 있다.
ㄴ. 주인 없는 야생 산딸기는 경합성은 있으나, 배제성은 없다. 이는 무상으로 소비할 수 있지만, 한 사람의 소비가 타인의 소비를 제한하는 것이다.

오답피하기
ㄷ. 바다 속 물고기는 주인 없는 야생 산딸기처럼 경합성은 있으나, 배제성은 없다.
ㄹ. 케이블 TV는 한 사람의 소비가 다른 사람의 소비를 제한하지는 않으므로 경합성은 없으나, 대가를 지불해야 이용할 수 있으므로 배제성이 있다.

정답 ①

07 다음 (가), (나)의 사례에 대해 정부가 아래 정책을 시행할 때 예상되는 결과를 〈보기〉에서 골라 바르게 연결한 것은? 2013 국가직

> (가) 흡연은 본인의 건강뿐만 아니라 주위 비흡연자들의 건강에도 나쁜 영향을 미친다.
> (나) 기초과학연구는 각종 산업에 필요한 지식을 제공하여 경제성장에 기여한다.

> 정부는 긍정적 외부효과(외부경제)를 발생시키는 경제 주체에 대해서 세금을 감면하거나 보조금을 지급하고, 부정적 외부효과(외부불경제)를 발생시키는 경제 주체에 대해서는 세금이나 별도의 부담금을 부과하는 정책을 시행한다.

보기

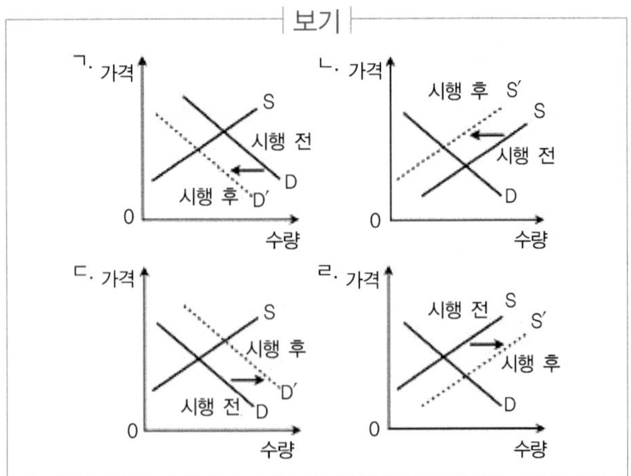

	(가)	(나)
①	ㄱ	ㄴ
②	ㄱ	ㄹ
③	ㄴ	ㄷ
④	ㄴ	ㄹ

해설 외부 경제와 외부 불경제

외부 경제	• 자신의 이익 추구 과정에서 의도하지 않게 다른 사람에게 이익을 주는 경우 • 수요자나 공급자에게 보조금을 지급하여 최적의 생산에 도달하게 할 수 있음
외부 불경제	• 자신의 이익 추구 과정에서 의도하지 않게 다른 사람에게 불이익을 주는 경우 • 수요자나 공급자에게 세금이나 벌금을 부과하여 최적의 생산에 도달하게 할 수 있음

② (가)의 경우 담배를 피는 자가 외부불경제를 일으키므로 세금이나 별도의 부담금을 부과하여 최적의 생산에 도달하게 해야 하는데, 이 경우 수요가 감소하게 될 것이다. (나)의 경우 기초 과학 연구를 통해 외부 경제를 일으키게 되는데, 이 때에는 공급자에게 보조금을 지급하여 최적의 생산량에 도달할 수 있도록 해야 한다. 따라서 (가)는 수요의 감소, (나)는 공급의 증가 그래프를 찾으면 된다.

ㄱ. 소비의 외부불경제가 발생했을 때 세금이나 특별 부담금의 부과로 수요를 감소시켜 최적의 소비가 되도록 하는 그래프

ㄹ. 생산의 외부경제가 발생했을 때 보조금의 지급을 통해 최적의 생산이 되도록 하는 그래프

오답피하기

ㄴ. 생산의 외부불경제가 발생했을 때 벌금의 부과를 통해 최적의 생산이 될 수 있도록 하는 그래프

ㄷ. 소비의 외부경제가 발생했을 때 보조금의 지급을 통해 최적의 소비가 될 수 있도록 하는 그래프

정답 ②

08 〈보기〉는 생산측면에서 외부효과가 발생한 A재의 시장 상황을 보여준다. 이에 대한 분석 및 추론으로 가장 옳은 것은? 2019 서울시 공개 및 경력 1회

보기

(단위: 개, 원)

		〈현재 시장 균형〉	
사회적 최적 생산량	80	시장 균형 생산량	50
최적 가격	100	시장 균형 가격	㉠

① ㉠은 100보다 작다.
② 외부 불경제가 일어나고 있는 상황이다.
③ 사적 비용이 사회적 비용보다 작을 때 이런 현상이 발생한다.
④ 정부가 생산자에게 보조금을 지급하여 상황을 개선할 수 있다.

출제 단원 및 영역 경제 3단원 외부 효과

해설 위의 〈보기〉에서 사회적 최적 생산량보다 시장에서 과소 생산되고 있으므로 이는 외부 경제의 생산 측면에 해당한다.

④ 외부 경제의 생산의 경우 사적 비용이 사회적 비용보다 많이 들어 사회적 최적 수준보다 적은 수준에서 생산되고 있으므로 정부가 생산자에게 보조금을 지급하여 상황을 개선할 수 있다.

오답피하기

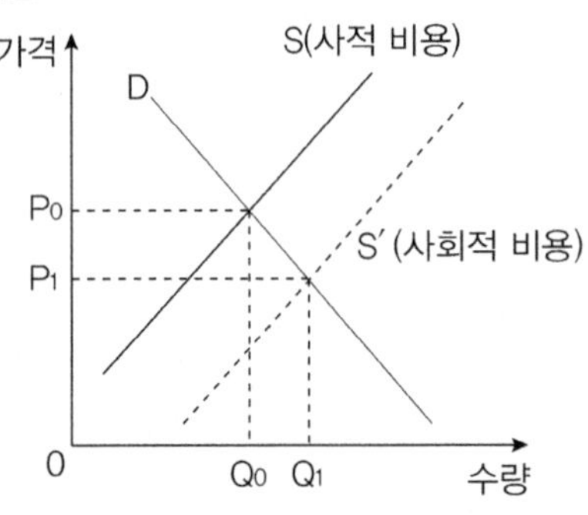

〈외부 경제의 생산 측면〉

① 외부 경제의 생산 측면에서는 위의 그래프와 같이 시장의 균형 가격은 사회적 최적 가격보다 높다. 따라서 ㉠은 100보다 크다.

②, ③ 과소 생산을 나타내고 있으므로 이는 외부 경제의 생산 특면에 해당하고, 이는 사적 비용이 사회적 비용보다 클 때 발생한다.

정답 ④

09 다음 자료의 (가)와 (나)의 사례에 대해 밑줄 친 정책을 시행하였다. 그 결과를 옳게 나타낸 그림을 〈보기〉에서 고른 것은? 2013 국가직 유사

> 정부는 (가)와 (나) 사례에서 외부효과를 발생시키는 <u>경제 주체에게 조세를 부과하거나 장려금을 지급하는 정책을 시행</u>하여 시장 실패의 문제를 해결하고자 한다.
> (가) 기업들이 생산과정에서 공해 물질을 배출하여 환경을 오염시키고 있다.
> (나) 예쁜 꽃을 피우는 넝쿨 장미 대규모 화훼 단지는 그 가정뿐만 아니라 많은 이웃과 행인들에게 즐거움을 준다.

보기

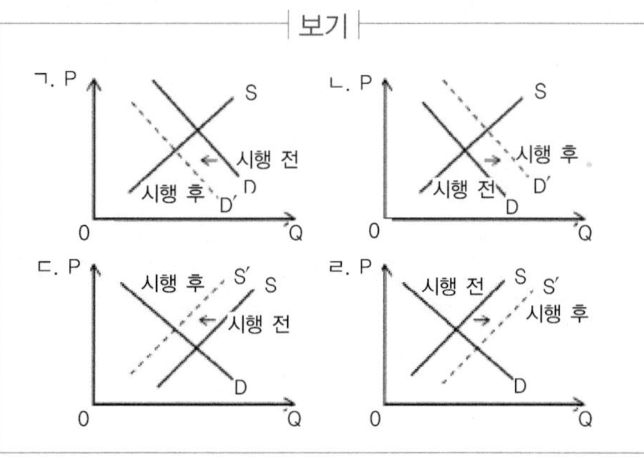

① (가) − ㄱ, (나) − ㄴ
② (가) − ㄱ, (나) − ㄷ
③ (가) − ㄴ, (나) − ㄷ
④ (가) − ㄷ, (나) − ㄹ

✔ 해설
④ (가)는 생산측면의 외부 불경제이고, (나)는 생산측면의 외부경제이다. 이를 위해 (가)는 공급 감소, (나)는 공급 증가가 필요하다.

정답 ④

10 그림은 경제 수업 시간에 배부된 학습 자료의 일부이다. 이에 대한 설명으로 옳지 <u>않은</u> 것은? 예상 문제

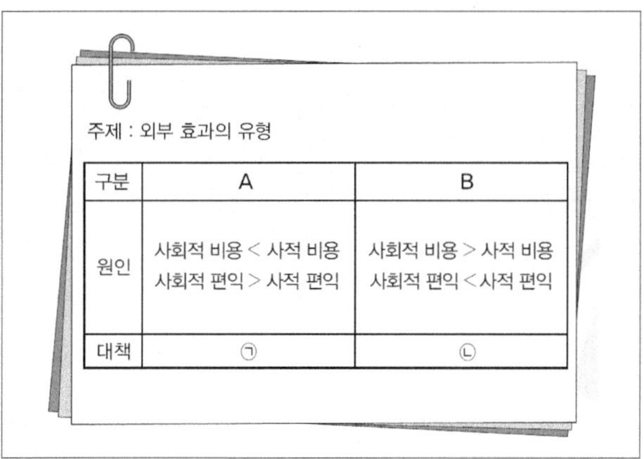
주제 : 외부 효과의 유형

구분	A	B
원인	사회적 비용 < 사적 비용 사회적 편익 > 사적 편익	사회적 비용 > 사적 비용 사회적 편익 < 사적 편익
대책	㉠	㉡

① 생산 측면에서의 A는 과소 생산 문제를 초래한다.
② 소비 측면에서의 B는 과다 소비 문제를 초래한다.
③ 간접 흡연으로 인한 문제는 B를 통해 설명할 수 있다.
④ B와 달리 A는 시장 실패의 사례에 해당하지 않는다.

✔ 해설 A는 외부 경제, B는 외부 불경제에 관한 내용이다.
④ 외부 경제와 외부 불경제는 모두 사회적 최적 수준에 비해 높거나 낮은 수준의 생산 및 소비가 이루어지는 상태로 시장 실패에 해당한다.

오답피하기
① 생산 측면에서의 외부 경제는 사회적 비용에 비해 사적 비용이 크므로 과소 생산 문제를 초래한다.
② 소비 측면에서의 외부 불경제는 사회적 편익에 비해 사적 편익이 크므로 과다 소비 문제를 초래한다.
③ 간접 흡연으로 인한 부작용은 소비에 있어서의 외부 불경제를 통해 설명할 수 있다.

정답 ④

11 (가), (나)에 대한 설명으로 옳은 것은? 예상 문제

(가) 사람들이 많이 있는 길거리에서 누군가가 담배를 피우면 담배 연기 때문에 주변 사람들은 불쾌감을 느낀다.
(나) 기업이 생산 과정에서 발생한 폐수를 하천에 흘려보내면 식수가 오염되어 사람들이 건강상 피해를 입는다.

① (가)는 긍정적 외부 효과의 사례이다.
② (가)는 사적 편익이 사회적 편익보다 큰 사례이다.
③ (나)는 사회적 최적 생산량이 시장 균형 생산량보다 많은 사례이다.
④ (가)와 (나)에서 발생한 문제는 모두 사적 비용을 감소시켜 해결할 수 있다.

해설 (가)는 소비 활동에서 외부 불경제가 발생하는 사례이며, (나)는 생산 활동에서 외부 불경제가 발생하는 사례이다.
② (가)처럼 소비 활동에서 외부 불경제가 발생하는 경우 사적 편익은 사회적 편익보다 크다.

오답피하기
① (가)는 소비 활동에서 부정적 외부 효과가 발생하는 사례이다.
③ (나)의 경우 시장 균형 생산량은 사회적 최적 수준보다 많은 사례이다.
④ (가)와 (나)에서는 공통적으로 외부 불경제가 발생하는데 이 경우 정부는 외부 불경제를 발생시킨 경제 주체에 대해 세금이나 벌금을 부과함으로써 생산이나 소비를 감소시켜 외부 불경제가 줄어들도록 유도한다. 사적 비용을 감소시키면 오히려 더 많은 생산이 이루어지므로 적절한 대책이 될 수없다.

정답 ②

12 〈보기〉에 대한 설명으로 가장 적절한 것은?

2016 경찰직 1차

보기

정부는 하천에 대해 산업용으로 사용할 경우, 누구나 사용할 수 있도록 허용하고 있다. 먼저 근처 하천에서 깨끗한 물을 활용하여 유기농 딸기를 생산하고 있는 농가가 있다. 이 농가는 수 년 동안 품질 좋은 유기농 딸기를 소비자에게 제공함으로써 이윤을 창출하고 있다. 어느 날 하천 상류에 폐타이어를 가공하는 공장이 건설되었다. 그런데 이 공장은 폐타이어를 가공하는 과정에서 다량의 폐수가 발생하지만 이를 정화할 경우 시설비용이 추가로 들기 때문에 정화 과정 없이 폐수를 하천에 내려 보내고 있다. 이로 인해 농가는 더 이상 유기농 딸기를 생산할 수 없게 되었다.

① 시장 실패 중 하나인 외부 경제가 발생한 것이므로 정부가 개입해야 한다.
② 폐타이어 가공 공장은 폐수 처리 비용을 자신의 사적비용으로 고려하지 않기 때문에, 폐타이어는 사회적으로 요구되는 양보다 과다 생산된다.
③ '보이지 않는 손'에 의해 자원배분의 효율성을 극대화할 수 있으므로 정부는 개입하지 말아야 한다.
④ 전형적인 '공유지의 비극'문제로, 정부는 이 문제를 해결하기 위해 농가와 폐타이어 가공업자가 하천을 현행 수준보다 더 많이 사용하도록 정책 방향을 설정해야 한다.

해설
② 폐타이어 공장의 폐수로 인한 딸기업체의 손실은 생산 측면의 외부 불경제에 해당한다. 이 경우 폐타이어 공장은 사적 비용이 사회적 비용보다 적어 사회적으로 요구되는 양보다 과다 생산된다.

오답피하기
① 〈보기〉는 외부 경제가 아니라 외부 불경제가 발생한 경우이다.
③ 외부 불경제는 시장 실패의 현상으로 정부 개입을 통해 이를 해결할 수 있다.
④ 공유지의 비극은 공유 자원이 쉽게 고갈되는 현상으로 이는 〈보기〉의 내용과 관계 없다.

정답 ②

13 공공재에 대한 설명으로 옳지 않은 것은?

2014 사회복지직

① 공공재는 소비의 비경합성과 비재제성의 특성을 갖는다.
② 공공재는 시장 실패의 주요 요인 중 하나이다.
③ 공공재에는 정부가 제공하는 국방 서비스가 포함된다.
④ 공공재는 무임승차자의 문제가 발생하지 않는다.

해설

- 공공재란 국방이나 도로 등과 같이 모든 사람들이 공동으로 이용할 수 있는 재화나 서비스로서 그 재화와 서비스에 대하여 대가를 치르지 않더라도 소비 혜택에서 배제할 수 없는 성격을 가진다. 즉 공공재란 소비의 비경합성과 비배제성의 특징을 갖는다.
- 배제성이란 소비를 하지 못하도록 막을 수 있는지의 여부를 말하는데, 즉 돈을 지불한 사람에게만 소비를 허용할 수 있다면 배제성을 갖춘 것이 된다. 배제성을 갖추진 못하게 되면 무임승차의 문제가 발생한다.
- 경합성이란 소비가 다른 사람의 소비에 영향을 미치는지 여부를 의미하며, 여러 사람이 동시에 사용할 수 있다면 배제성을 갖추지 못한 것이 된다. 여러 사람이 함께 볼 수 있는 영화는 경합성이 없는 경우라고 할 수 있다.

④ 공공재는 비배제성으로 인하여 무임승차의 문제가 발생할 수도 있다.

오답피하기

① 공공재의 특징으로 비배제성, 비경합성을 들 수 있다.
② 공공재는 무임 승차 등이 발생하여 생산을 꺼리게 되어 시장에서는 과소 생산의 문제를 일으켜 시장 실패의 원인이 된다.
③ 국방은 공공재이므로 옳은 지문이다.

정답 ④

14 다음 A~D재로 인한 경제 문제를 해결하는 데 적절한 정부 정책을 〈보기〉에서 고른 것은?

예상 문제

- A재: 배제성과 경합성이 없어 시장에서 공급되지 않고 있음
- B재: 거래 당사자 외의 제3자에게 이로운 효과를 미치나, 사회적 최적 수준보다 시장 생산량이 부족함
- C재: 거래 당사자 외의 제3자에게 해로운 효과를 미치나, 사회적 최적 수준보다 시장 소비량이 과도함
- D재: 하나의 기업이 독점 생산하고 있어, 가격이 과도하게 높을 뿐만 아니라 공급량이 적정한 수준에 턱없이 못 미침

보기

ㄱ. A재 – 시장 참여자 간 정보 불균형을 해소하여 거래 비용을 낮춘다.
ㄴ. B재 – 생산 보조금을 지급하여 공급이 증가하도록 한다.
ㄷ. C재 – 소비세를 인하하여 소비가 늘어나도록 한다.
ㄹ. D재 – 새로운 기업의 시장 진입이 가능하도록 제도를 개선한다.

① ㄱ, ㄴ　② ㄱ, ㄷ
③ ㄴ, ㄷ　④ ㄴ, ㄹ

해설 A재에서는 공공재 공급 부족의 문제가, B재에서는 생산 측면에서 긍정적 외부 효과의 문제가, C재에서는 소비 측면에서 부정적 외부 효과의 문제가, D재에서는 독점으로 인한 문제가 나타난다.

ㄴ. 생산 측면에서 긍정적 외부 효과의 문제가 나타날 때에는 생산 보조금을 지급하여 공급이 증가하도록 하면, 시장 생산량이 사회적 최적 수준을 충족하는 수준에 이르게 될 수 있다.
ㄹ. 독점 기업으로 인한 문제가 나타날 때에는 새로운 기업의 시장 진입이 가능하도록 제도를 개선함으로써 공급자 간 경쟁이 활발해지고 상품의 거래량과 가격이 적정한 수준에 이르게 될 수 있다.

오답피하기

ㄱ. 일반적으로 공공재 공급 부족의 문제가 나타날 때에는 정부나 공기업이 직접 생산함으로써 시장의 수요를 충족시킨다. 시장 참여자 간 정보 불균형을 해소하고 거래 비용을 낮춘다고 하더라도 배제성과 경합성이 없는 재화가 시장에서 거래되기는 어렵다.
ㄷ. 일반적으로 소비 측면에서 부정적 외부 효과의 문제가 나타날 때에는 소비세를 부과하여 수요가 감소하도록 유도한다. 소비세를 인하하게 되면, 수요가 늘어나게 되어 소비 측면의 부정적 외부 효과가 오히려 강화될 수 있다.

정답 ④

15 다음 표는 재화를 두 가지 속성에 따라 구분한 것이다. (가)~(라)에 대한 설명으로 가장 옳지 않은 것은?

예상 문제

구분		배제성	
		있음	없음
경합성	있음	(가)	(나)
	없음	(다)	(라)

① (나)는 공유지의 비극 현상이 나타날 수 있는 재화이다.
② (다)에 해당하는 재화로는 공해상의 물고기를 들 수 있다.
③ (가)와 달리 (라)는 시장에서 최적 수준에 비해 최소 생산된다.
④ (다)와 달리 (라)는 소비 과정에서 무임승차 현상이 발생할 수 있는 재화이다.

해설 (가)의 경우 사적 재화, (나)의 경우 공유 자원, (다) 요금제 상품, (라)는 공공재에 해당한다.
② 공해상의 물고기는 비용을 지불하지 않아도 이용할 수 있으므로 배제성이 없지만, 다른 사람의 소비는 타인의 소비에도 영향을 미치므로 경합성은 있다. 따라서 이는 (나)에 해당한다고 해야한다.

오답피하기
① 공유지의 비극은 배제성이 없으나 경합성이 있는 (나)에서 나타날 수 있다.
③ (가)는 사적 재화로써 사회적 최적 수준까지 생산되지만, (라)는 공공재로써 배제성이 없기 때문에 시장에 맡겨둘 경우 사회적 최적 수준에 비해 과소 생산된다. 그래서 정부가 공공재를 직접 생산하는 경우가 많다.
④ 무임승차의 문제는 배제성이 없는 (나)와 (라)에 모두 나타난다.

정답 ②

16 재화 및 서비스는 배제성과 경합성을 기준으로 A, B, C, D 네 가지로 분류할 수 있다. 이에 대한 설명으로 적절한 것만을 〈보기〉에서 모두 고른 것은?

2020 경찰직 2차

구분		경합성	
		있다	없다
배제성	있다	A	B
	없다	C	D

보기
㉠ 무임승차 문제는 C보다 B에 해당하는 재화에서 더 많이 나타난다.
㉡ D에 비해 C에 해당하는 재화에서 자원의 무분별한 사용에 의한 고갈 위험이 높다.
㉢ 무료 공영주차장과 인터넷에서 구입하는 영화파일은 C에 해당하는 사례이다.
㉣ 정부의 재원이 부족한 경우 민간 사업자가 참여하여 D에 해당하는 재화를 공급하기로 한다.
㉤ D에 해당하는 재화의 특성은 시장 실패의 원인이 된다.

① ㉠, ㉡, ㉢　② ㉠, ㉡, ㉣
③ ㉡, ㉣, ㉤　④ ㉢, ㉣, ㉤

해설
㉡ 자원의 무분별한 사용에 의한 고갈 위험은 배제성은 없으나 경합성이 있는 재화에서 특히 많이 나타난다. 내가 소비하지 않으면 다른 사람의 소비로 자신의 소비를 제한받기 때문에 경쟁적으로 무분별하게 소비할 가능성이 높기 때문이다. 따라서 D에 비해 C에 해당하는 재화에서 자원의 무분별한 사용에 의한 고갈 위험이 높다고 할 수 있다.
㉣ 공공재의 경우 배제성과 경합성이 없어서 수지가 맞지 않아 사기업이 생산하지 않거나 생산하더라도 충분하지 않아 정부가 공공재를 주로 생산하는데, 정부의 재원이 부족한 경우 민간 사업자가 참여하여 D에 해당하는 공공재를 공급하기로 한다.
㉤ D는 배제성과 경합성이 없는 재화로 공공재에 해당하고 과소생산이 나타나는데, 이는 시장 실패의 원인이 된다.

오답피하기
㉠ 무임승차 문제는 대가를 지불하지도 않고 재화를 사용·소비할 수 있는 것에서 나타나므로 배제성이 없는 경우에 더 많이 나타난다. 따라서 배제성이 없는 C가 경합성이 없지만 배제성이 있는 B보다 무임승차의 문제가 더 많이 나타난다.
㉢ 무료 공영주차장은 배제성이 없지만 경합성이 있으므로 C에 해당한다. 반면, 인터넷에서 구입하는 영화파일은 배제성이 있지만 경합성이 없으므로 B에 해당하는 사례이다.

정답 ③

17 다음 자료에 대한 설명으로 가장 적절한 것은? (단, 아래 내용 외에 다른 요인의 영향은 없다고 가정한다.)

2017 경찰직 1차

> 갑국은 정부 주도의 경제성장을 추진하고 있다. 철강 산업은 대규모 설비투자가 필요하기 때문에 갑국에는 철강재를 공급하는 기업이 없었다. 철강재의 생산을 위하여 갑국 정부는 국영기업 A를 설립하여 철강제품을 시장에 공급하였다. A기업은 정부의 전폭적인 자금지원 및 기술개발로 시장에서 막대한 수익을 올리는 기업으로 성장하였다. 그러나 최근에는 급변하는 시장 환경에 적응하는 데 실패하여 A기업의 경쟁력이 크게 하락하고 매년 적자가 누적되는 경영부실이 계속되면서 민영화 추진이 결정되었다.

① A기업은 갑국에서 공공재를 생산한다.
② 갑국은 철강재 독점을 해소하기 위해 A기업을 설립하였다.
③ A기업의 설립으로 갑국에서 철강재의 수요와 공급 간의 불균형이 초래되었다.
④ A기업의 민영화는 생산 활동으로 인해 발생한 정부 실패를 보완하기 위한 방안이다.

해설

④ 주어진 자료에 의하면 갑국 정부는 철강재의 과소 공급이라는 시장 실패를 해결하기 위해 국영 기업 A를 설립하였다고 하였으나 급변하는 시장 환경의 적응에 실패하여 적자 누적 등의 경영 부실이 발생하였다. 이는 시장 실패를 개선하기 위해 정부가 개입하였으나 오히려 효율적인 자원 배분을 악화시키는 결과를 가져온 정부 실패에 해당한다. 따라서 A기업의 민영화는 정부 실패를 보완하기 위한 방안이라 할 수 있다.

오답피하기

① A기업이 생산하는 철강재는 한 사람의 소비가 다른 사람의 소비를 제한하므로 경합성이 있고, 대가를 지불하지 않은 사람은 소비할 수 없기 때문에 배제성도 있다. 공공재는 경합성과 배제성이 없는 재화를 말하므로 A기업이 생산하는 철강재는 공공재가 아니고 사적 재화에 해당한다.
② 주어진 자료에 의하면 갑국은 철강재 독점을 해소하기 위해 A기업을 설립한 것이 아니라 철강재를 공급하는 기업이 갑국 내에는 없기 때문에 A기업을 설립하였다고 나타나 있다.
③ 주어진 자료만으로는 A기업의 설립으로 갑국에서 철강재의 수요와 공급의 불균형이 나타났는지 알 수 없다.

정답 ④

18 다음 사례에 대한 설명으로 옳지 <u>않은</u> 것은?

2014 서울시

> ○○ 일보 2012. 9.27
>
> ㉠ <u>공원의 과일</u>은 익기 전에 다 없어진다. 휴가철에는 다수의 사람이 바닷가로 가 더위를 잊고 아름다운 바다 경치를 만끽한다. 하지만 이들이 ㉡ <u>바닷가에 버린 음식물 찌꺼기나 쓰레기</u>가 아무렇게나 나뒹굴고 있는 모습을 쉽게 발견한다. ㉢ <u>대중 목욕탕</u>에서 물이 넘치는데도 수도꼭지를 잠그지 않고 목욕하는 행동이나 ㉣ <u>공중 화장실 휴지</u>가 가정 휴지보다 훨씬 빨리 소보되는 것도 이와 같은 사례다.

① '공유지의 비극'의 사례들이다.
② ㉠은 공유 자원에 해당한다.
③ ㉡은 외부 효과 중 외부 불경제에 해당한다.
④ ㉢은 비경합성과 비배제성을 가진다.
⑤ ㉣은 무임승차의 문제가 발생할 수 있다.

해설

④ 대중목욕탕은 요금을 지불하고 사용을 하는 것으로 배제성이 있다. 또한 한 사람이 목욕탕 이용은 다른 사람의 목욕탕의 이용에 제한을 가하거나 사용할 수 없게 하므로 경합성도 있다.

오답피하기

① 공원의 과일은 누구나 먹을 수는 있지만 먼저 먹어버리면 다른 사람이 먹지 못하게 된다. 따라서 배제성은 없지만 경합성은 있다. 그 결과 공공자원을 사회 구성원의 자율에 맡길 경우 자원이 고갈될 위험에 처할 수 있는 공유지의 비극 사례에 해당한다. 그 외 바닷가에 음식물 찌꺼기를 버리거나 대중 목욕탕에서 물이 넘치는데도 수도꼭지를 잠그지 않고 목욕하는 행동이나 공중 화장실 휴지가 빨리 소모되는 것도 공유지의 비극의 사례로 볼 수 있다.
② 공원의 과일의 경우 누구나 먹을 수는 있지만 누군가 먼저 따 먹으면 다른 사람들이 먹지 못하기 때문에 경합성은 있다. 그러나 공원의 과일은 비용을 지불하지 않아도 먹을 수 있으므로 배제성은 없다. 배제성은 없으나, 경합성이 있는 것은 공유 자원에 해당한다.
③ 외부 효과 중 외부 불경제란 경제 주체의 행동이 제3자에게 손해를 주고도 그에 대한 대가를 지불하지 않는 상황을 의미하는데, 음식물 쓰레기 등은 다른 사람에게 부정적인 외부효과를 일으키는 것으로 외부 불경제에 해당한다.
⑤ 공중화장실의 휴지는 공공재이지만 누구나 쓸 수 있는 재화로서 배제성이 없으며, 다만 경합성은 존재한다. 배제성이 없으므로 무임승차의 문제가 발생한다. 왜냐하면 무임승차의 문제는 배제성이 없는 재화에서 나타나기 때문이다.

정답 ④

19 다음 글에 나타난 재화에 대한 설명으로 옳은 것은? 2014 경찰직 1차

> 이 재화는 한 사람이 소비해도 다른 사람들이 충분히 소비할 수 있는 특징을 지닌다. 또한 가격을 지불하지 않은 사람도 아무런 제한 없이 이 재화를 소비할 수 있다.

① 이 재화는 대부분 소규모 기업에 의해 생산된다.
② 이 재화는 공유지의 비극을 초래하는 대표적인 사례이다.
③ 이 재화의 생산을 민간 기업에 맡겨 두면 사회적으로 최적인 수준보다 적게 생산된다.
④ 한 사람이 이 재화를 소비하여 얻을 수 있는 효용은 사회 구성원 전체의 효용과 크기가 같다.

해설 사안의 경우 배제성과 경합성이 없으므로 공공재에 해당한다. 공공재에 대한 특성을 찾으면 된다.
③ 공공재의 경우 배제성이 없어 무임승차의 문제가 발생한다. 그 결과 생산을 민간 기업에 맡겨 두면 사회적으로 최적인 수준보다 적게 생산될 것이다.

오답피하기
① 공공재의 경우 정부가 공급한다.
② 공유재는 배제성은 없으나 경합성이 있다. 따라서 공유지의 비극 문제는 공유재에서 나타난다.
④ 한 사람이 이 재화를 소비하여 얻을 수 있는 효용은 사회 구성원 전체의 효용과 크기가 같은 것은 아니다.

정답 ③

20 다음은 독점시장에 대한 그래프이다. 이 그래프를 보고 독점에 의해 손실되는 사회적 잉여를 선택한 것으로 가장 옳은 것은? 2015 경찰직 1차

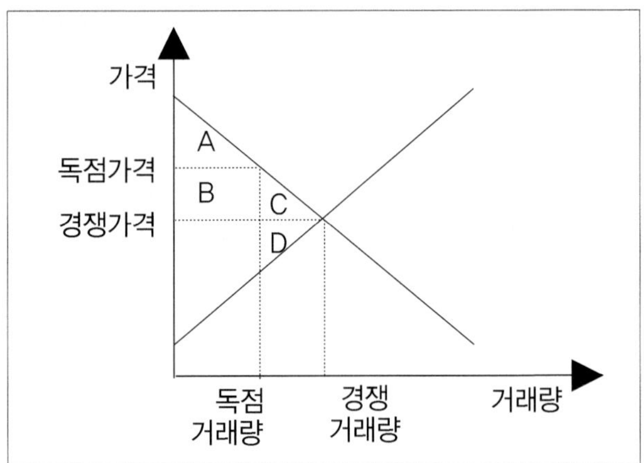

① A, B, C
② A, B
③ C, D
④ A, B, C, D

해설 독점 시장에서는 독점 가격 설정으로 인해 경쟁 시장에서보다 사회적 잉여가 감소하게 된다.
③ 독점 시장에서는 가격 상승으로 사회적 잉여가 감소하며 이 때 사회적 잉여의 감소분은 C+D이다.

구분	내용
소비자 잉여	• 소비자가 어떤 상품을 구입하기 위해 최대로 지불할 의사가 있는 금액에서 실제로 지불한 금액을 뺀 것 • 시장 가격이 낮아질수록 소비자 잉여가 커짐.
생산자 잉여	• 생산자가 어떤 상품을 공급하면서 실제로 받은 금액에서 그 물건을 제공하여 최소한 받고자 하는 금액을 뺀 것 • 시장 가격이 높아질수록 생산자 잉여가 커짐.
사회적 잉여	• 시장에서 수요자와 공급자가 얻게 되는 소비자 잉여와 생산자 잉여를 합한 것 • 시장 균형에서 사회적 잉여가 극대화됨.

정답 ③

21 외부 효과 (가), (나)에 대한 설명으로 옳은 것은?

2016 교육행정

유형	해당 사례
(가)	기업의 생산 과정에서 배출되는 오염 물질은 인근 주민의 건강을 악화시키거나 농작물에 피해를 준다.
(나)	어떤 산업에서 기술이 개발되면, 제품이 생산되고 소비되는 과정에서 다른 산업에 기술이 파급되어 사회 전체의 기술이 진보한다.

① (가)의 문제는 소비자에게 보조금을 지급하여 해결할 수 있다.
② (나)의 문제는 생산자에게 보조금을 지급하여 해결할 수 있다.
③ (가)는 (나)와 달리 시장 실패의 원인이 된다.
④ (가)와 (나)로 인해 생산량이 사회적 최적 수준보다 많아진다.

해설 (가)는 생산 측면에서의 외부 불경제이고, (나)는 생산 측면에서의 외부 경제이다.
② 생산 측면에서의 외부 경제는 사적 비용이 사회적 비용보다 커서 사회적 최적 수준보다 적은 양이 생산되는 문제가 있다. 따라서 사적 비용을 줄이기 위해 생산자에게 보조금을 지급하여 해결할 수 있다.

오답피하기
① 생산 측면에서의 외부 불경제는 사적 비용이 사회적 비용보다 작아 사회적 최적 수준보다 많은 양이 생산되는 문제가 있다. 따라서 이를 위해서는 생산자에게 과태료나 벌금 등을 부과함으로써 사적 비용을 증가시킬 필요가 있다. 소비자에게 보조금을 지급하는 것은 오히려 수요가 증가하여 공급을 증가시킬 우려가 있기 때문에 적절한 대책이 될 수 없다.
③ 둘 다 시장 실패의 원인이다. 왜냐하면 시장에서 필요로 하는 최적 수준만큼 공급되지 않고, 과다 생산, 과소 생산이 발생하기 때문이다.
④ (가)에 의해서는 생산량이 사회적 최적 수준보다 많은 과다 생산이 발생하고, (나)에 의해서는 생산량이 사회적 최적 수준보다 적은 과소 생산이 발생한다.

정답 ②

22 시장 실패의 사례인 (가)~(다)에 관한 설명으로 옳은 것은?

2021 국회직

(가) 교통 사고가 일어나면 심각한 교통 체증이 발생하여 수많은 사람이 불편을 겪지만 사고를 일으킨 운전자는 이에 대한 대가를 지불하지 않는다.
(나) 세금을 내지 않은 사람들도 정부가 제공하는 치안 서비스를 누린다.
(다) 중고차 시장에서 구매자는 판매자보다 사려는 차의 상태를 자세히 알 수 없다.

① (가)는 외부 경제에 해당한다.
② (나)에서 비경합성은 나타나지만 비배제성은 나타나지 않는다.
③ (가)와 (다)에서 정보의 비대칭성 문제가 나타난다.
④ (나)의 사례는 '공유지의 비극'과 관련이 깊다.
⑤ (다)의 문제로 인해 역선택 현상이 나타난다.

출제 단원 및 영역 경제 3단원 시장 실패

해설 (가)는 외부 불경제, (나)는 공공재(공공 서비스), (다)는 정보의 비대칭성이다.
⑤ 정보의 비대칭성으로 역선택과 도덕적 해이의 문제가 나타난다. 역선택이란 정보 부족 등의 이유로 불리한 조건의 거래에 처한 당사자가 거래를 기피하는 등 비효율이 발생하는 상황을 나타낸다.

오답피하기
① (가)는 외부 불경제에 해당한다.
② (나)에서 비경합성과 비배제성이 모두 나타난다.
③ 정보의 비대칭성 문제가 나타나는 것은 (다)이다. (가)에서는 나타나지 않는다.
④ (나)의 사례는 '공유지의 비극'이 아닌 공공재와 관련이 깊다. 공유지의 비극은 경합성이 있지만, 공공재는 경합성이 없다.

정답 ⑤

23 다음 (가), (나)는 정보의 비대칭으로 발생할 수 있는 시장 실패의 사례이다. 여기서 나타나는 시장 실패의 종류와 유사한 사례를 〈보기〉에서 골라 바르게 연결한 것은? 2021 경찰직 2차

(가) 자동차 보험에 가입한 사람이 가입 전보다 자동차 운전 중 사고 예방에 소홀히 한 경우
(나) 건강한 사람들보다 평소 건강이 좋지 않은 사람들이 생명보험에 주로 가입하여 보험회사가 어려움에 처한 경우

보기

㉠ 대출 신청자에 대한 정보가 불충분한 은행이 위험한 사업을 하는 사업자에게 대출을 해준 경우
㉡ 은행에서 대출을 받은 사업가가 대출 신청에 제시한 계획보다 위험하게 사업을 운영한 경우
㉢ 기업정상화를 위해 국책은행으로부터 정책 자금을 조달 받은 OO 건설사가 매출액이 감소했음에도 불구하고 직원들에게 월급의 100% 성과급을 지급한 경우
㉣ 판매 차량에 대한 정보가 미흡한 중고차 시장에서 구매자가 기대했던 것보다 품질이 낮은 차를 구매하게 되는 경우

① (가)-㉠, ㉢ (나)-㉡, ㉣
② (가)-㉠, ㉣ (나)-㉡, ㉢
③ (가)-㉡, ㉢ (나)-㉠, ㉣
④ (가)-㉡, ㉣ (나)-㉠, ㉢

출제 단원 및 영역 경제 3단원 시장 실패(정보의 비대칭성)

해설 정보의 비대칭성으로 인하여 나타나는 문제로 대표적인 것은 '역선택'과 '도덕적 해이'이다. 역선택이란 정보의 부족으로 인하여 바람직하지 못한 상대방과 거래하게 될 가능성이 높아지는 현상을 말하고, 도덕적 해이란 자신이 아는 정보를 이해관계자인 상대방은 모르는 정보비대칭 상황을 이용해 부당하게 자신의 사적 이익을 추구하는 행위이다. 따라서 (가)는 도덕적 해이, (나)는 역선택에 해당한다.
㉠, ㉣ 역선택에 관한 사례이다.
㉡, ㉢ 도덕적 해이에 관한 사례이다.

정답 ③

24 표는 두 가지 속성을 기준으로 재화를 구분한 것이다. 이에 대한 분석으로 옳은 것은? 2020 소방직

구분		배제성	
		유	무
경합성	유	(가)	(나)
	무	(다)	(라)

① 유료 케이블 방송은 (가)의 예로 들 수 있다.
② 공해(公海)상의 물고기는 (다)의 예로 들 수 있다.
③ (라)는 시장에 맡길 경우 사회적 최적 수준보다 적게 생산된다.
④ (나)와 (라)는 모두 한 사람의 소비가 다른 사람의 소비를 감소시키는 재화이다.

해설 (가)는 사적 재화, (나)는 공유 자원, (다)는 요금제 상품, (라)는 공공재에 해당한다.
③ 공공재의 경우 배제성이 없어 기업이 생산할 경우 이윤을 얻기 힘들어 시장에 맡길 경우 사회적 최적 수준보다 적게 생산된다.

오답피하기
① 유료 케이블 방송은 배제성은 있으나 경합성이 없기 때문에 (다)의 예로 들 수 있다.
② 공해(公海)상의 물고기는 배제성은 없으나 경합성이 있으므로 (나)의 예로 들 수 있다.
④ (나)와 (라)는 모두 배제성이 없는 재화이다. 한 사람의 소비가 다른 사람의 소비를 감소시키는 재화는 경합성이 있는 재화를 말하는데, (나)는 경합성이 있으나 (라)는 경합성이 없는 재화이다.

정답 ③

25 **표는 재화 A ~ D를 소비와 관련된 특징에 따라 구분한 것이다. 이에 대한 설명으로 옳은 것은?** 2021 지방직

구분	배제성	비배제성
경합성	A	C
비경합성	B	D

① A는 공공재이다.
② B는 A와 달리 무임승차자의 문제가 발생한다.
③ C의 사례로 고갈되기 쉬운 공해상의 어족이 있다.
④ D는 재화의 속성상 시장에서 사회적 최적 수준만큼 충분히 거래된다.

출제 단원 및 영역 경제 3단원 공공재

해설
③ C는 공유자원이다. 공유자원은 경합성은 있으나 배제성이 없어서 서로 경쟁하여 자원을 소비하여 고갈되기 쉽다. 공해상의 어족은 대가를 지급하지 않으므로 배제성이 없고, 한사람이 어획을 하면 다른 사람이 어획하지 못하므로 경합성은 있다. 따라서 공해상의 어족은 C에 해당한다.

오답피하기
① 공공재는 비경합성, 비배제성을 가지므로 D이다.
② 무임승차자의 문제는 대가를 지급하지 않고도 재화를 소비할 수 있는 비배제성의 재화에서 나온다. 따라서 A와 B는 모두 배제성이 있으므로 무임승차자의 문제는 발생하지 않는다.
④ D는 공공재로서 배제성이 없기 때문에 시장에 맡겨두면 기업이 이윤을 얻기 어려워 사회적 최적 수준보다 과소생산된다.

정답 ③

CHAPTER 04

국민 경제의 이해

국내 총생산(GDP)

01 다음은 2013년에 발생한 모든 경제 활동이다. 2013년 A국의 국내 총생산으로 옳은 것은? 2014 서울시

- A국의 야구 선수가 B국의 프로팀에 스카우트 되어 연봉 500만 달러를 받았다.
- B국에서 개최된 프로 골프 대회에서 A국 선수가 100만 달러 상금을 받았다.
- C국의 근로자가 A국에 취업해서 200만 달러의 소득을 받았다.
- C국의 항공기 업체가 A국에 공장을 세워 생산한 제품을 B국에 수출하여 1,000만 달러를 벌었다.

① 600만 달러　② 1,000만 달러
③ 1,200만 달러　④ 1,600만 달러
⑤ 1,800만 달러

해설
- 국내총생산(GDP)은 한 나라의 국경 안에서 일정한 기간 내에 걸쳐 새롭게 생산한 재화와 용역의 부가가치 또는 모든 최종재의 값을 화폐단위로 합산한 것을 의미한다.
- A국의 야구 선수가 B국의 프로팀에 스카우트 되어 연봉 500만 달러를 받은 경우 A국의 GNP에 포함되고 B국의 GDP에 포함된다.
- B국에서 개최된 프로 골프 대회에서 A국 선수가 100만 달러의 상금을 받았다면 A국의 GNP에 포함되고, B국의 GDP에 포함된다.
- C국의 근로자가 A국에 취업해서 200만 달러의 소득을 받았다면 A국의 GDP에 포함되고, C국의 GNP에 포함된다.
- C국의 항공기 업체가 A국에 공장을 세워 생산한 제품을 B국에 수출하여 1,000만 달러를 벌었다면 A국의 GDP에 포함된다.

③ 위의 내용을 종합하여 보면 A국의 국내 총생산은 200만+1000만= 1,200만 달러가 된다.

정답 ③

02 〈보기〉의 ㉠~㉣ 중 국내 총생산(GDP: Gross Domestic Product)과 국민 총생산(GNP: Gross National Product)에 대한 설명으로 옳은 것은? 2016 경찰직 1차

보기

㉠ 자국 국민이 해외에서 벌어들인 임금은 GNP에 포함된다.
㉡ 외국인의 국내 투자가 증가하면 GDP는 증가하지만, GNP는 감소한다.
㉢ 외국과의 교역이 한 번도 이루어진 적이 없는 폐쇄 경제에서는 GDP와 GNP가 같다.
㉣ GDP와 달리 GNP는 자국의 고용, 물가 등 경기 상황에 영향을 주지 않는다.

① ㉠, ㉢　② ㉠, ㉣
③ ㉡, ㉢　④ ㉡, ㉣

해설
㉠ 자국 국민이 해외에서 벌어들인 임금은 GNP에 포함되지만 GDP에는 포함되지 않는다.
㉢ 폐쇄 경제의 경우 자국민의 국내소득만 존재하므로 GDP와 GNP는 같다.

오답피하기
㉡ 외국인의 국내 투자가 증가하면 GDP가 증가하고, 국내인의 고용 등으로 국민들의 소득도 증가하여 GNP도 증가한다.
㉣ GDP와 GNP는 모두 자국의 고용, 물가 등 경기 상황에 영향을 준다.

정답 ①

03 다음 신문기사에 나타난 야구 선수의 소득이 속하는 곳을 양 국의 영역에서 가장 바르게 나타낸 것은? (GDP, GNP) 2016 해양경찰

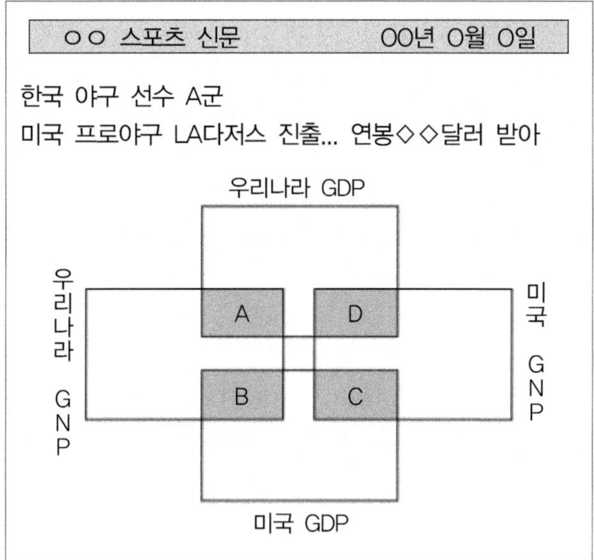

① A ② B
③ C ④ D

해설 GDP란 한 나라 안에서 일정 기간 동안(보통 1년) 새롭게 생산되어 시장에서 거래된 모든 최종 생산물의 시장 가치의 합을 말한다. 반면, GNP는 한 나라의 국민이 국내 또는 외국에서 일정 기간 동안 새롭게 생산한 최종 생산물의 시장 가치의 합을 의미한다.

사안의 경우 한국 선수 A군이 미국에서 받은 연봉은 미국의 GDP에 속하고, 우리나라 GNP에 속한다. GDP는 영토를 기준으로 하고, GNP는 국적을 기준으로 하기 때문이다. 따라서 B에 해당한다.

정답 ②

04 다음 국내총생산(GDP)의 한계점에 대한 설명 중 가장 적절하지 않은 것은? 2017 경찰직 2차

① 국내총생산은 여가의 가치를 반영하지 못한다.
② 국내총생산은 심리적인 편익들을 고려하지 않는다.
③ 국내총생산으로 소득 분배의 상태를 알 수 없다.
④ 국내총생산은 시장에서 거래되지 않는 재화도 포함한다.

해설
④ 시장에서 거래되지 않는 재화는 포함되지 않는다. 예를 들어 주부의 가사노동, 봉사활동, 암시장 등은 계산에 반영하지 않는다.

정답 ④

05 〈보기〉의 밑줄 친 내용으로 가장 적절하지 않은 것은?

2019 서울시

보기

국내 총생산(GDP)은 한 나라의 경제 활동 수준을 측정하는 데 매우 유용하지만, 국민의 삶의 질이나 생활 수준을 측정하는 데는 한계가 있다.

① 지하 경제에서 거래되는 부분은 국내 총생산에 포함되지 않는다.
② 국내 총생산은 생산활동으로 창출된 재화의 가치만 포함하며 서비스의 가치는 포함하지 못한다.
③ 국내 총생산은 총량의 개념이므로 소득 분배 상태를 정확하게 측정하지 못한다.
④ 국내 총생산의 증가가 반드시 국민의 복지 후생 수준의 향상을 의미하지는 않는다.

출제 단원 및 영역 경제 4단원 국내총생산(GDP)의 한계

해설 국내 총생산은 한 나라 안에서 일정 기간 동안(보통 1년) 새롭게 생산되어 시장에서 거래된 모든 최종 생산물의 시장 가치의 합을 의미한다.
② 생산물에는 재화와 서비스가 포험된다. 따라서 재화 뿐만 아니라 서비스의 가치도 국내 총생산에 포함된다. 단 소비활동의 여가 가치는 국내 총생산에 포함되지 않는다.

오답피하기
① 지하 경제에서 거래되는 부분은 시장에서 거래되는 것이 아니므로 국내 총생산에 포함되지 않는다.
③, ④ 국내 총생산은 총량의 개념이므로 각국의 경제 규모를 파악할 수는 있지만 분배의 형평성에 대한 지표가 되지 못하여 소득 분배 상태나 복지 후생 수준을 정확하게 측정하지 못한다. 그 결과 소득 분배 상태를 파악하기 위해서 로렌츠 곡선, 지니계수, 10분위 분배율, 5분위 배율 등의 분배 지표가 필요하다.

정답 ②

06 국내 총생산(GDP)과 국민 총생산(GNP)에 대한 설명으로 가장 적절하지 않은 것은?

2020 경찰직 2차

① GNP에 비해 GDP는 국내 경제의 전반적인 생산 수준을 파악하기에 유용하다.
② 국내에서 활동하는 외국인 가수의 국내 TV 출연료는 GDP에는 포함되나 GNP에는 포함되지 않는다.
③ 작년에 생산된 자동차를 올해 중고차로 구입했다면 이는 올해 GDP에 포함되지 않는다.
④ A국의 1인당 GDP가 B국의 1인당 GDP보다 크다면, A국이 B국보다 소득 분배가 더 평등하다는 것을 의미한다.

해설
④ 1인당 GDP 크기로 그 나라의 소득 분배 수준을 알 수는 없다. 가령 1인당 GDP가 더 큰 국가라도 소득은 불평등하게 분배될 수도 있기 때문이다.

오답피하기
① GNP가 국적을 기준으로 하는 것이지만, GDP는 영토를 기준으로 하는 것이므로 GDP가 국내 경제의 전반적인 생산 수준을 파악하기에 유용하다.
② 국내에서 활동하는 외국인 가수의 국내 TV 출연료는 국내에서 생산된 것이므로 GDP에는 포함되나 우리나라 국민이 아니므로 GNP에는 포함되지 않는다.
③ GDP는 당해 연도에 새롭게 생성된 것만을 포함시키므로 작년에 생산된 자동차를 올해 중고차로 구입했다면 이는 작년 GDP에 포함되고 올해 GDP에는 포함되지 않는다.

정답 ④

07 다음에 나타난 경제 행위가 A국의 2013년 국내 총생산에 직접적으로 미치는 영향으로 옳은 것은?

2014 경찰직 1차

> A국에 거주하는 국민 갑은 2013년 12월 말에 직거래를 통해 자녀가 입을 의류를 B국으로부터 수입하였다.

① 소비가 감소했다.
② 투자가 감소했다.
③ 순수출이 증가했다.
④ 국내 총생산은 변하지 않았다.

08 그림은 갑국의 GDP와 GNP를 나타낸 것이다. 이에 관한 설명으로 옳지 않은 것은?

2011학년도 수능

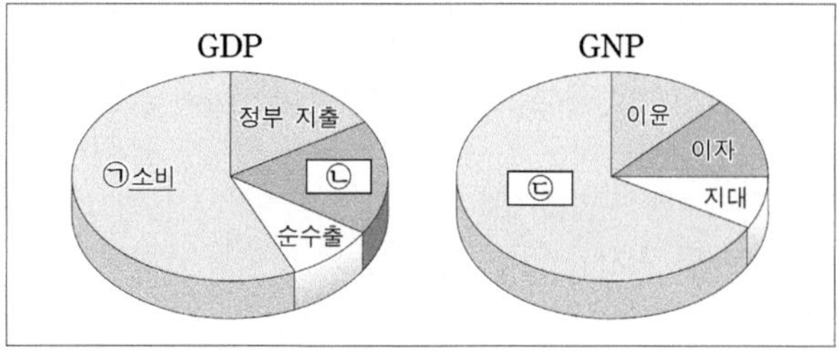

① 수입 재화에 대한 국내 소비는 ㉠에 포함되지 않는다.
② 가계가 금을 구입하는 행위는 ㉡에 포함되지 않는다.
③ 해외에서 일하는 갑국 국민에게 지급된 임금은 ㉢에 포함된다.
④ 이론적으로 세계 모든 나라의 GDP의 합과 GNP의 합은 일치한다.
⑤ 갑국에서 활동하는 외국 기업의 생산 증가는 갑국의 GDP를 증가시킨다.

해설 국내총생산이란 한 나라의 국경 안에서 일정 기간(보통 1년) 동안 생산된 최종 생산물의 시장 가치를 합산한 것인데 자국민의 국내 생산과 외국인의 국내 생산을 합한 것을 의미한다. 지출 국민소득은 가계 소비 + 기업 투자 + 정부 지출 + 순수출(수출−수입)로 나타낼 수 있다.

④ 외국에서 생산된 재화의 경우 국내총생산에 포함되지 않으므로 국내 총생산은 변하지 않았다. 왜냐하면 수입이 증가한만큼 소비도 증가하여 지출 국민 소득에는 변화가 없기 때문이다.

오답피하기

① 갑이 외국으로부터 수입품을 구매한 것이므로 소비가 증가했다.
② 갑은 의류를 소비한 것이지 투자와는 관계 없다.
③ 순수출은 수출−수입이므로 수입이 증가하여 순수출은 감소했다.

정답 ④

해설

① 순수출은 '수출−수입'이다. 따라서 수입 재화에 대한 지출은 순수출에서 빠진다. 그러나 소비는 국내에서 발생하는 모든 소비를 의미하므로 수입 재화에 대한 국내 소비는 ㉠에 포함되어야 한다.

오답피하기

② ㉡에는 기업 투자가 들어가야 한다. 투자란 공장이나 기계 그밖에 고정 자본재나 원재료와 같은 유동 자본재가 증가하는 기업의 투자 행위를 말하는 것이고, 가계에서 금을 구입하는 행위는 소비에 해당한다.
③ ㉢에는 임금이 들어간다. 해외에서 일하는 갑국 국민에게 지급된 임금은 GNP 분배 국민 소득으로 노동의 대가로서 ㉢에 포함된다.
④ GDP=GNP−해외 수취 요소 소득+해외 지불 요소 소득이다. 모든 나라에서 해외 수취 요소 소득과 해외 지불 요소 소득의 총액은 같기 때문에 이론적으로 세계 모든 나라의 GDP의 합과 GNP의 합은 일치한다고 할 수 있다.
⑤ GDP는 영토를 기준으로 하기 때문에 갑국에서 활동하는 외국 기업의 생산은 갑국의 GDP를 증가시킨다.

정답 ①

09 다음 ㉠~㉢에서 연간 GDP 계산에 포함되는 금액으로 옳은 것은? 2015 경찰직 3차

㉠ 수입회사 사장인 甲은 연간 30억 원 어치의 커피 원두를 수입한 후 가공해 35억 원에 커피 체인점에 공급했다.
㉡ 국수가게를 하는 乙은 올해 생산된 700만 원 상당의 밀가루를 구입해 10%는 가족 식생활에 사용하고, 나머지를 가지고 연 4,330만 원의 매출을 올렸다.
㉢ 이발소를 운영하는 丙은 매년 3,000원짜리 샴푸를 100통, 1,000원짜리 비누를 100개 구입하여 사용하는데, 손님이 연평균 3,600명이다. 이발요금은 1만 원이다.

① 35억 9,340만 원
② 35억 740만 원
③ 5억 8,000만 원
④ 5억 7,860만 원

✔해설 GDP란 한 나라의 국경 안에서 일정 기간(보통 1년) 동안 생산된 최종 생산물의 시장 가치를 합산한 것으로, 자국민의 국내 생산과 외국인의 국내 생산을 합한 것을 의미한다. GDP를 계산할 때에는 최종 생산물의 가치와 서비스의 부가가치 등을 합산한다.

ㄱ. 갑의 경우 최종 생산물의 가치는 35억이지만 그 중 30억이 수입 원두의 가격이므로 갑의 GDP 생산은 5억이다.
ㄴ. 을은 국내에서 생산된 밀가루를 이용해서 4,330만 원의 매출을 올렸으므로 을의 GDP 생산은 4,330만 원이다. 뿐만 아니라 700만 원의 10%를 가족 식생활에 사용했기 때문에 70만 원어치의 밀가루 역시 최종 생산물에 해당하므로 4,400만 원의 GDP가 발생하였다.
ㄷ. 병은 3,000원 짜리 샴푸와 비누를 사용하여 3,600만 원의 매출을 올렸으므로 병은 3,600만 원의 GDP를 생산했다.
따라서 5억+4천 4백만 원+3천 6백만 원을 모두 더한 5억 8천만 원의 GDP가 생산되었다.

정답 ③

10 다음 사례의 경우 국내 총생산(GDP)의 합은 얼마인가? 2014 해양경찰

보기

어부가 미끼와 그물 등의 원료구입비 10만 원을 들여 참치를 잡았다. 이를 중간 도매상에게 100만 원을 받고 팔았다. 중간 도매상은 참치의 일부를 횟집에 80만 원에 팔았고, 나머지는 통조림 공장에 90만 원에 팔았다. 횟집은 참치를 회로 150만 원에 판매하였고, 통조림 공장은 130만 원어치의 참치 통조림을 생산하여 일본으로 수출하였다.

① 250만 원
② 280만 원
③ 380만 원
④ 560만 원

✔해설 GDP는 최종생산물의 가치의 총합으로 구할 수 있다. 또한 각 부가가치의 총합이나 총 생산물의 가치의 합과 중간 생산물의 가치의 합의 차이로 나타낼 수도 있다.

② 위의 사례에서 최종생산물은 횟집에서 회로 판매한 것과 통조림 공장에서 생산한 참치통조림이다. 따라서 횟집에서 판매한 150만 원과 통조림 공장에서 일본으로 수출한 참치 통조림 130만 원을 더하면 280만 원이 된다.

정답 ②

11 다음 〈보기〉의 국내 총생산(GDP) 계산 중 적절한 것을 모두 고른 것은? 2016 경찰직 2차

보기

㉠ 집값이 3억 원에서 3억 5천만 원으로 상승하면 GDP도 5천만 원이 증가한다.
㉡ 중간재 10억 원 어치가 수출되는 경우 GDP도 10억 원 증가한다.
㉢ 올해 6천만 원짜리 자동차가 생산되었으나 판매되지 않았다면 올해 GDP는 작년과 비교해 변함이 없다.
㉣ 공무원의 임금이 상승하면 그만큼 GDP도 증가한다.

① ㉠, ㉡ ② ㉡, ㉢
③ ㉡, ㉣ ④ ㉢, ㉣

해설
㉡ 수출의 증가는 GDP의 증가로 이어진다.
㉣ 생산 국민소득 = 지출 국민소득 = 분배 국민소득(3면 등가의 법칙)이므로 공무원의 임금은 분배 국민소득이 증가하므로 GDP 역시 증가한다.

오답피하기
㉠ 집값의 상승은 자산의 재평가에 불과할 뿐 생산과 관계없다.
㉢ 재고의 경우 투자의 증가로 이어진다. 따라서, 당해 생산된 경우 판매 여부와 관계 없이 생산된 해에 6천만 원의 GDP가 증가한다.

정답 ③

12 다음 (가), (나)는 한 국가의 국민 소득을 나타내는 지표이다. 이에 대한 옳은 내용을 〈보기〉에서 있는 대로 고른 것은? 2015 경찰직 2차

(가)	(나)
한 국가의 국경 안에서 모든 경제 주체가 일정 기간 동안 생산한 재화와 용역의 가치를 모두 합친 것	한 국가의 국민들이 일정 기간 동안 생산 활동을 통해 획득한 소득을 모두 합친 것

보기

㉠ 작년에 국내에서 생산된 자동차를 올해 중고차로 구입했다면 이는 올해 (가)에 포함된다.
㉡ 미국 메이저 리그에서 활약하는 우리나라 야구 선수의 올해 수입은 올해 (나)에 포함된다.
㉢ 국내에 거주하는 주부의 가사 노동 가치는 (가)에 포함되지 않는다.
㉣ 수출품 1단위와 교환되는 수입품의 단위수가 작아지면 (가)보다 (나)가 더 커진다.

① ㉠, ㉣ ② ㉡, ㉢
③ ㉡, ㉣ ④ ㉢, ㉣

해설 (가)는 국내총생산(GDP)이고, (나)는 국민총생산(GNP)에 해당한다.
ㄴ. 미국에서 활약하는 우리나라 야구 선수의 수입은 GNP에 포함된다.
ㄷ. 국내에 거주하지만 주부의 가사 노동은 시장에서 거래가 되지 않으므로 GDP에 포함되지 않는다.

오답피하기
ㄱ. 중고차의 거래는 GDP에 포함되지 않는다. 이미 작년에 생산되었을 때 작년 GDP에 포함되었기 때문이다.
ㄹ. 수출품 1단위와 교환되는 수입품의 단위수가 작아지면 수출하는 국가의 교역 조건은 나빠졌음을 의미한다. 이러한 교역 조건은 GDP와 GNP에 포함되는 것이 아니므로 틀린 지문이다.

정답 ②

13 교사의 질문에 대한 학생의 답변으로 옳지 않은 것은? 2018 수능

> (가) 은/는 한 나라의 경제 규모를 측정하는 대표적인 지표로서, 일정 기간 동안 그 나라 안에서 창출된 부가 가치의 합입니다. (가) 에 대해 설명해 볼까요?
>
> 〈학습 주제〉
> 국민 경제 지표 (가) 의 이해

① 중간 생산물과 최종 생산물의 시장 가치의 합입니다.
② 지출 측면이나 분배 측면에서 측정하더라도 동일합니다.
③ 한 나라의 계층 간 소득 불평등 정도를 반영하지 못합니다.
④ 국내에서 생산하여 해외로 수출한 자동차는 (가)의 계산에 포함됩니다.
⑤ 금전적 대가를 받지 않는 봉사 활동은 (가)의 계산에 포함되지 않습니다.

해설 (가)에 들어갈 말은 국내 총생산(GDP)이다.
① 중간 생산물은 이미 최종 생산물에 포함되어 있으므로 국내 총생산을 계산할 때에는 제외해야 한다.

오답피하기
② 국내 총생산은 생산, 분배, 지출 측면 어디에서 측정하더라도 동일하다. (3면 등가의 법칙)
③ 한 나라의 계층 간 소득 불평등 정도를 반영하지 못하는 것은 국내 총생산의 한계이다.
④ 국내에서 생산하여 해외로 수출한 자동차는 국내에서 생산된 최종 생산물이므로 국내 총생산에 포함된다.
⑤ 금전적 대가를 받지 않는 봉사 활동은 시장에서 거래되지 않은 경제 활동이므로 국내 총생산에 포함되지 않는다.

정답 ①

명목GDP와 실질 GDP / GDP 디플레이터

01 다음은 갑국에서 생산되는 기계의 가격과 생산량이다. (가) 2011년의 실질 GDP(원)와, (나) 2011년의 경제 성장률(%)은? (기준 연도는 2010년이다.) 예상 문제

구분(년)	기계 가격(원)	생산량(대)
2010	1,000	100
2011	1,100	120

① (가) – 100,000 (나) – 0
② (가) – 120,000 (나) – 20
③ (가) – 120,000 (나) – 32
④ (가) – 132,000 (나) – 20
⑤ (가) – 132,000 (나) – 32

해설 실질 GDP = 기준연도 가격 × 생산량 = 1,000 × 120 = 120,000원이고, 경제 성장률은 실질 GDP의 증가률을 의미하므로

$$경제성장률(\%) = \frac{금년도의\ 실질\ GDP - 전년도의\ 실질\ GDP}{전년도의\ 실질\ GDP} \times 100$$

$$= \frac{120,000 - 100,000}{100,000} \times 100 = 20$$

정답 ②

02 다음 표는 A국의 명목 GDP와 실질 GDP의 추이를 나타낸 것이다. 이에 대한 설명으로 옳은 것은? (단, 물가 지수는 GDP디플레이터로 측정한다.) 2015 서울시

구분	2011년	2012년	2013년
명목 GDP	400억 달러	400억 달러	400억 달러
실질 GDP	300억 달러	400억 달러	500억 달러

* GDP디플레이터=(명목 GDP/실질 GDP)×100

① 2011년의 물가 지수는 75이다.
② 2012년의 물가는 전년도와 같다.
③ 2013년의 물가는 전년도에 비해 하락했다.
④ 2012년과 2013년의 물가상승률은 같다.

해설 $\text{물가상승률} = \frac{\text{물가상승폭(금년도 물가지수} - \text{전년도 물가지수)}}{\text{전년도 물가지수}} \times 100$

$$GDP\text{ 디플레이터(물가지수)} = \frac{\text{명목 } GDP}{\text{실질 } GDP} \times 100$$

구분	2011년	2012년	2013년
명목 GDP	400억 달러	400억 달러	400억 달러
실질 GDP	300억 달러	400억 달러	500억 달러
물가지수	133.3	100	80
물가 상승률	알 수 없음	-24.8	-20

③ 위에서 계산한 것을 보면 2013년의 물가 지수는 80이며, 전년도(2012년)의 물가 지수는 100이므로 2013년의 물가는 전년도에 비해 하락했다.

오답피하기

① 2011년의 물가 지수는 대략 133.3이다.
② 2012년의 물가 지수는 100이고, 전년도(2011년)의 물가 지수는 133.3이므로 2012년도의 물가 지수는 전년도에 비해 하락했다.
④ 2012년의 물가 상승률은 -24.8이며, 2013년의 물가 상승률은 -20이다. 따라서 2012년과 2013년의 물가 상승률은 같지 않다.

정답 ③

03 표에 대한 옳은 분석을 〈보기〉에서 고른 것은? (단, 기준연도는 2014년이다.) 예상 문제

구분	갑국		을국	
	2014년	2015년	2014년	2015년
경제 성장률(%)	5	5	5	0
명목 GDP(억 달러)	100	120	100	150

보기

ㄱ. 2014년 실질 GDP는 갑국과 을국이 같다.
ㄴ. 2014년 1인당 실질 GDP는 을국이 갑국보다 크다.
ㄷ. 2015년의 실질 GDP는 갑국이 을국보다 5억 달러 많다.
ㄹ. 갑국과 달리 을국의 2015년 실질 GDP는 전년보다 감소하였다.

① ㄱ, ㄴ　② ㄱ, ㄷ
③ ㄴ, ㄷ　④ ㄴ, ㄹ

출제 단원 및 영역 경제 4단원 GDP 디플레이터

해설

ㄱ. 기준연도에는 명목 GDP와 실질 GDP가 같으므로 갑국과 을국의 명목 GDP가 모두 100억 달러로 같으므로 2014년 실질 GDP는 갑국과 을국이 같다.
ㄷ. 2015년 갑국의 실질 GDP는 5% 증가하였으므로 105가 되고, 을국의 실질 GDP는 0% 증가율을 보이므로 100이 된다. 따라서 2015년의 실질 GDP는 갑국이 을국보다 5억 달러 많다.

오답피하기

ㄴ. 인구수가 주어져 있지 않기 때문에 갑국과 을국의 1인당 실질 GDP는 알 수 없다.
ㄹ. 2015년 을국의 경제성장률은 0%이므로, 실질 GDP는 전년도와 같은 100억 달러이다.

정답 ②

04 일국의 경제지표 변화를 나타낸 것이다. 이에 대한 설명으로 가장 적절한 것은? (단, 물가상승률은 GDP 디플레이터로 계산한다.) 2019 경찰직 1차

구분	2016년	2017년	2018년
GDP 디플레이터	95	105	115

① 전년 대비 2016년 물가는 하락하였다.
② 2017년에는 경제성장률이 물가상승률보다 높다.
③ 2018년에는 명목 GDP가 실질 GDP보다 작다.
④ 전년 대비 물가상승률은 2018년이 2017년보다 낮다.

출제 단원 및 영역 경제 4단원 GDP 디플레이터

해설
④ GDP 디플레이터는 물가지수를 나타내고 물가상승률은 GDP 디플레이터의 변화율로 나타낼 수 있다. 2018년의 전년 대비 물가상승률은 $\frac{115-105}{105}\times 100$이고 2017년의 전년 대비 물가상승률은 $\frac{105-95}{95}\times 100$이다. 양자 모두 분자가 10으로 같은 상황에서 분모가 큰 2018년의 물가상승률이 2017년의 물가상승률보다 낮다.

오답피하기
① 기준연도가 나와 있지 않고, 2015년의 GDP 디플레이터를 알 수 없으므로 전년 대비 2016년의 물가가 하락하였는지는 알 수 없다.
② 2017년의 GDP 디플레이터는 105로 2016년보다 상승하였지만 이것이 실질 GDP의 상승률인 경제성장률이 물가상승률보다 높다고 단정할 수 없다.
③ GDP 디플레이터는 $\frac{명목\ GDP}{실질\ GDP}\times 100$이다. 2018년의 GDP 디플레이터 100보다 큰 115이므로 명목 GDP가 실질 GDP보다 크다.

정답 ④

05 다음 표는 하나의 재화만 생산하는 국가의 실질 GDP와 명목GDP를 나타낸 것이다. 이에 대한 분석으로 옳은 것은? (단, 기준 연도는 2016년이다) 2019 지방직

(단위: 억 원)

구분	2016년	2017년	2018년
실질GDP	100	110	100
명목GDP	100	110	110

① 2017년의 물가는 2016년에 비해 상승하였다.
② 2017년의 생산량은 2016년에 비해 증가하였다.
③ 2018년의 물가는 2016년에 비해 하락하였다.
④ 2018년의 생산량은 2017년에 비해 증가하였다.

출제 단원 및 영역 경제 4단원 명목 GDP, 실질 GDP, GDP 디플레이터

해설 주어진 자료에는 실질 GDP와 명목 GDP가 나와 있으므로 GDP 디플레이터를 구해 물가지수를 알 수 있다. 각국의 경제규모는 실질 GDP를 통해 파악할 수 있다.

(단위: 억 원)

구분	2016년	2017년	2018년
명목GDP	100	110	110
실질GDP	100	110	100
GDP 디플레이터	100	100	110

② 생산량은 실질 GDP를 통해 파악하므로 2017년의 생산량(=110)은 2016년의 생산량(=100)에 비해 증가하였다.

오답피하기
① 2017년과 2016년의 물가지수는 100으로 동일하다.
③ 2018년의 물가(=110)는 2016년의 물가(=100)보다 상승하였다.
④ 2018년의 생산량(=100)은 2017년의 생산량(=110)보다 감소하였다.

정답 ②

06 **표는 갑국의 물가 지수와 실질 GDP를 나타낸다. 이에 대한 분석으로 옳은 것은? (단, 기준 연도는 2012년이며, 물가 지수는 GDP 디플레이터로 측정한다.)** 예상 문제

구분	2013년	2014년	2015년
물가 지수	100	110	105
실질 GDP(억 달러)	500	600	700

① 2013년의 명목 GDP는 실질 GDP보다 크다.
② 2014년의 명목 GDP는 전년에 비해 감소하였다.
③ 2015년의 물가 상승률은 음(−)의 값으로 나타난다.
④ 2012년과 2013년의 실질 GDP는 같다.
⑤ 2014년과 2015년의 경제 성장률은 같다.

해설 GDP 디플레이터가 100이면 명목 GDP와 실질 GDP가 같고, GDP 디플레이터가 100보다 작으면 명목 GDP보다 실질 GDP가 크며, GDP 디플레이터가 100보다 크면 실질 GDP보다 명목 GDP가 크다.
③ 2014년보다 2015년의 물가 지수는 하락하였으므로 2015년의 물가 상승률은 음(−)의 값으로 나타난다.

오답피하기
① 2013년의 물가지수가 100이므로 명목 GDP와 실질 GDP는 같다.
② 2014년은 전년에 비해 물가가 상승하고 실질 GDP가 증가하였으므로 명목GDP는 증가하였다.
④ 2012년의 실질 GDP는 알 수 없다.
⑤ 경제 성장률은 전년 대비 실질 GDP 증가율로 측정하므로 2014년의 경제 성장률이 2015년보다 크다.

정답 ③

07 **〈보기〉는 갑(甲)국과 을(乙)국의 연도별 경제성장률 및 물가상승률을 나타낸 것이다. 〈보기〉에 대한 설명으로 가장 옳은 것은? (단, 기준연도는 2014년이며, 물가수준은 GDP디플레이터로 측정한다.)** 2018 서울시

보기

(단위: %)

연도	갑국			을국		
	2015년	2016년	2017년	2015년	2016년	2017년
경제성장률	−5	10	15	3	−2	4
물가상승률	−10	10	20	2.5	−4	6

* GDP디플레이터=(명목GDP/실질GDP)×100

① 2014년에 비해 2015년 갑(甲)국의 실질GDP는 증가하였다.
② 2015년 을(乙)국은 전년대비 명목GDP 증가율이 실질 GDP 증가율보다 낮다.
③ 2016년에 갑(甲)국은 전년보다 총수요가 증가하였을 것이다.
④ 2017년에 갑(甲)과 을(乙)국 모두 총수요가 감소하였을 것이다.

해설
③ 총수요가 증가할 경우 실질 GDP와 물가는 모두 증가하게 된다. 2016년의 경제 성장률과 물가상승률이 모두 양의 값을 가지므로 총수요는 증가하였을 것이다.

오답피하기
① 경제 성장률이 −5로써 음의 값을 나타내고 있으므로 2014년 대비 2015년의 실질 GDP는 감소하였다.
② 실질 GDP = 명목 GDP − 물가상승률이다. 따라서, 을국의 2015년 물가 상승률이 2.5라는 양의 값을 가지므로 명목 GDP의 증가율이 실질 GDP 증가율 보다 크다고 해야 한다.
④ 총수요가 감소하면 실질 GDP와 물가가 모두 감소하는데, 2017년 갑국과 을국의 경제 성장률과 물가 상승률은 모두 양의 값을 가지므로 총수요는 증가하였을 것이다.

정답 ③

08 그림은 갑국의 실질 GDP와 명목 GDP 변화를 나타낸다. 이에 대한 분석으로 옳은 것은? (단, 물가 수준은 GDP 디플레이터로 측정한다.) 2016 3월 학평

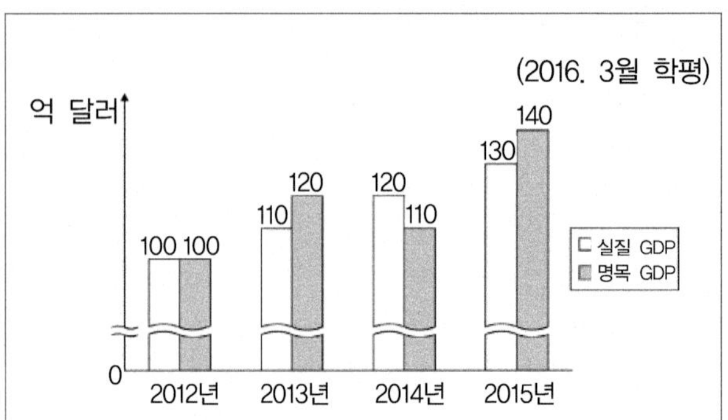

① 물가 수준은 2012년이 가장 낮다.
② 물가 수준은 2013년이 2014년보다 낮다.
③ 물가 상승률은 2014년이 2015년보다 높다.
④ 경제 규모는 2012년이 2013년보다 크다.
⑤ 경제 성장률은 2013년이 2014년보다 높다.

해설 GDP 디플레이터(물가지수) $= \frac{\text{명목 } GDP}{\text{실질 } GDP} \times 100$를 활용하면 다음과 같은 값을 얻을 수 있다.

연도	2012	2013	2014	2015
GDP 디플레이터	100	109	92	108

⑤ 경제 성장률은 실질 GDP의 증가율을 의미한다.

$$\text{경제성장률}(\%) = \frac{\text{금년도의 실질 } GDP - \text{전년도의 실질 } GDP}{\text{전년도의 실질 } GDP} \times 100$$

이를 활용하면 2013년은 10%, 2014년은 9%이므로 2013년이 더 높다.

오답피하기
① 물가 수준은 GDP 디플레이터로 판단할 수 있으므로 GDP 디플레이터가 가장 작은 2014년이 가장 낮다.
② 물가 수준은 2013년이 2014년보다 높다.
③ 물가 상승률은 GDP 디플레이터 상승률로 구할 수 있다.

$$\text{전년(월) 대비 물가상승률}(GDP\text{ 디플레이터의 상승률})(\%) = \frac{\text{금년(월) 물가지수} - \text{전년(월) 물가지수}}{\text{전년(월) 물가지수}} \times 100$$

2014년에는 음(−)이고, 2015년에는 양(+)이므로 2014년이 더 낮다.
④ 경제 규모는 실질 GDP의 크기로 파악하는데, 2012년에는 100이고, 2013년에는 110이므로 2012년이 더 작다.

정답 ⑤

09 다음 그림에 대한 설명으로 옳은 것은? (단, 물가상승률은 GDP디플레이터에 기초해서 구한다) 2013 국가직

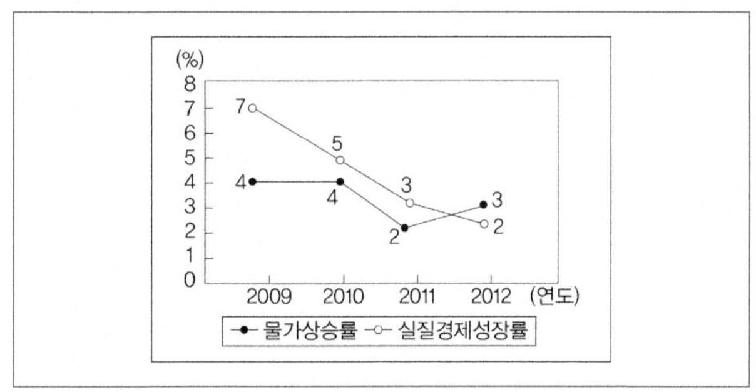

① 경제 규모가 지속적으로 작아지고 있다.
② 2010년은 2009년에 비해 물가의 변동이 없다.
③ 2012년은 2011년에 비해 국내총생산이 증가하였다.
④ 2012년의 명목경제성장률은 마이너스(−)이다.

해설 위의 그림을 분석해보면 물가상승률은 4% → 4% → 2% → 3%로 변화하고 있어서 증가 추세에 있다거나 감소 추세에 있다고 단정할 수는 없지만 계속 양(+)수가 유지되고 있으므로 물가는 계속해서 상승한다고 할 수 있다.
실질 경제 성장률은 7% → 5% → 3% → 2%로 하락되고 있으나 여전히 양(+)수는 유지되고 있다. 따라서 경제 성장률은 실질 GDP의 증가율을 나타내므로 실질 GDP는 증가하고 있다.
• GDP 디플레이터 = (명목 GDP/실질 GDP) × 100
• 실질 경제 성장률 = 명목 경제 성장률 − 물가 상승률
③ 2012년의 실질 경제 성장률이 2% 증가했으므로 2011년에 비해 국내 총생산은 증가하였다.

오답피하기
① 실질 경제 성장률은 비록 감소하고 있으나 계속해서 양(+)수를 유지하고 있으므로 실질 국내 총생산이 지속적으로 증가하고 있으므로 경제 규모는 지속적으로 커지고 있다.
② 2010년은 2009년에 비해 물가가 전년 대비 4% 상승하였으므로 물가의 변동이 없다는 것은 틀린 지문이다.
④ 2012년은 2011년에 비해 실질 경제 성장률은 2%, 물가 상승률은 3% 증가했으므로 명목 경제 성장률은 실질 경제 성장률과 물가 상승률의 합이므로 5% 증가했다.

정답 ③

10 다음 표는 빵만 생산하는 경제의 생산량과 가격을 나타낸다. 이를 이용하여 2011년 실질 GDP와 2011년 GDP 디플레이터를 순서대로 구한 것은? (단, 기준년도는 2010년이다) 2015 지방직

연 도	생산량(개)	가격(원)
2010	1,000	2
2011	1,500	3

① 3,000원, 120 ② 3,000원, 150
③ 4,500원, 120 ④ 4,500원, 150

해설 명목 GDP란 물가의 변화를 고려하지 않고 당해 연도의 가격으로 계산한 GDP이고, 실질 GDP란 물가의 변화를 고려하여 기준 연도의 가격으로 계산한 GDP를 말한다. GDP 디플레이터(물가지수)는 한 나라 안에서 생산되는 모든 상품의 가격을 대상으로 삼아서 산출한 물가지수를 말한다.

$$GDP\text{디플레이터(물가지수)} = \frac{\text{명목}\ GDP}{\text{실질}\ GDP} \times 100$$

② 2011년의 실질 GDP는 기준연도인 2010의 가격과 2011년의 생산량을 곱해서 2×1500=3000원이 된다. 또한 2011년의 명목 GDP는 2011년의 가격과 2011년의 생산량을 곱하여 구하므로 3×1500=4500원이 된다.

따라서 2011년의 GDP 디플레이터는 $\frac{4,500}{3,000} \times 100 = 150$이 된다.

정답 ②

11 다음 표에서 기준연도인 T년 대비 (T + 1)년의 GDP 디플레이터 변화에 대한 설명으로 옳은 것은? (단, A국은 X와 Y 두 상품만 생산한다.) 2017 국가직

상품	T년		(T + 1)년	
	생산량(개)	시장가격(원)	생산량(개)	시장가격(원)
X	50	200	60	250
Y	70	100	80	90

① 11.0% 상승 ② 11.0% 하락
③ 9.9% 상승 ④ 9.9% 하락

해설 명목 GDP란 물가의 변화를 고려하지 않고 당해 연도의 가격으로 계산한 GDP이고, 실질 GDP란 물가의 변화를 고려하여 당해 연도의 가격으로 계산한 GDP를 말한다. GDP 디플레이터(물가지수)는 한 나라 안에서 생산되는 모든 상품의 가격을 대상으로 삼아서 산출한 물가지수를 말한다.

$$GDP\text{디플레이터(물가지수)} = \frac{\text{명목}\ GDP}{\text{실질}\ GDP} \times 100$$

이에 따라 T년과 T+1년의 명목 GDP와 실질 GDP를 구해보면 다음과 같다.

T년	명목 GDP	X재 (50× 200) + Y재 (70×100) = 17,000
	실질 GDP	X재 (50× 200) + Y재 (70×100) = 17,000
(T + 1)년	명목 GDP	X재 (60× 250) + Y재 (80×90) = 22,200
	실질 GDP	X재 (60× 200) + Y재 (80×100) = 20,000

그리고 물가지수(GDP 디플레이터)를 구해보면

$$T\text{년} = \frac{\text{명목}\ GDP}{\text{실질}\ GDP} \times 100 = \frac{17,000}{17,000} \times 100 = 100$$ 이 된다.

$$T+1\text{년} = \frac{\text{명목}\ GDP}{\text{실질}\ GDP} \times 100 = \frac{22,200}{20,000} \times 100 = 111$$

이를 통해 GDP 디플레이터의 변화율을 구해보면

$$GDP\text{디플레이터의 변동율} = \frac{T+1\text{년의}\ GDP\text{디플레이터} - T\text{년의}\ GDP\text{디플레이터}}{T\text{년의}\ GDP\text{디플레이터}} \times 100 = \frac{111-100}{100} \times 100 = 11\%$$

이다.

정답 ①

12 그림은 어느 나라의 실질 GDP와 명목 GDP의 변화를 나타낸 것이다. 이 그림에 나타난 자료만으로 명백히 추론할 수 있는 것은? (단, 화폐가치와 물가수준은 GDP 디플레이터로 추론한다) 2015 사회복지직

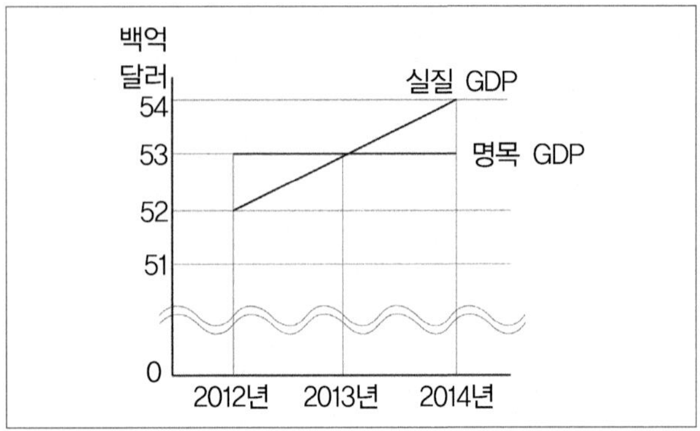

① 2012년 이후 이 나라의 화폐가치는 낮아지고 있다.
② 2013년과 2014년의 경제성장률은 같다.
③ 2013년의 물가수준은 2014년의 물가수준보다 높다.
④ 2013년의 1인당 실질 GDP는 2012년의 1인당 실질 GDP보다 크다.

해설 GDP디플레이터(물가지수)$=\frac{명목\ GDP}{실질\ GDP}\times 100$이므로 2012년부터 2014년까지 명목 GDP는 일정한데 반하여, 실질 GDP는 상승되고 있으므로 물가지수는 하락하고 있음을 알 수 있다.
③ 위의 해설처럼 2012년부터 2014년까지 명목 GDP는 일정한데 반하여, 실질 GDP는 상승하고 있으므로 물가지수는 하락하고 있음을 알 수 있다.

오답피하기
① 2012년 이후 물가지수는 하락하고 있으므로, 화폐가치는 상승하고 있다고 해야 한다.
② 실질 GDP의 증가율=경제 성장률이므로 실질 GDP의 증가율을 살펴보면 2013년은 52억 달러에서 53억 달러로 증가하였고, 2014년은 53억 달러에서 54억 달러로 증가하였다. 양자를 비교해보면 2013년의 경제 성장률은 $\frac{1}{52}$이고, 2014년의 경제 성장률은 $\frac{1}{53}$이므로 2013년의 경제 성장률이 더 크다.
④ 1인당실질 $GDP=\frac{실질\ GDP}{인구수}$이므로 실질 GDP는 알 수 있으나, 주어진 자료만으로는 인구수를 알 수 없기 때문에 1인당 실질 GDP를 알 수 없다.

정답 ③

13 다음 그림은 A, B, C 3국의 경제 성장률을 나타낸 것이다. 이에 대한 설명으로 옳은 것만을 〈보기〉에서 모두 고른 것은? (단, 경제 성장률은 전년 대비 실질 GDP의 증가율을 의미한다.) 2017 국가직

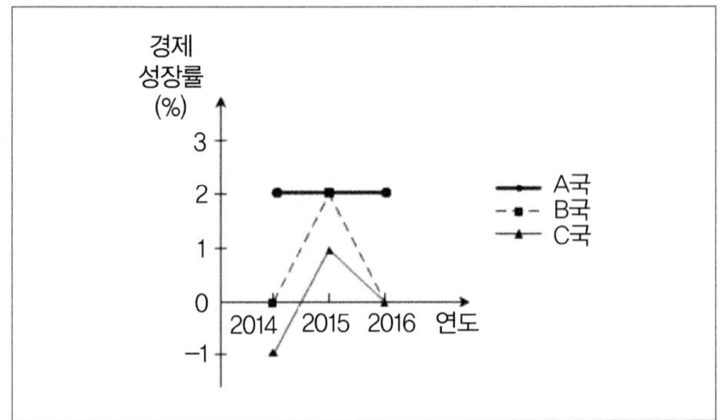

보기
ㄱ. A국의 실질 GDP는 2015년과 2016년이 같다.
ㄴ. B국의 실질 GDP는 2013년이 2016년보다 많다.
ㄷ. B국의 실질 GDP는 2015년과 2016년이 같다.
ㄹ. C국의 실질 GDP는 2013년이 2015년보다 많다.

① ㄱ, ㄴ ② ㄱ, ㄷ
③ ㄴ, ㄹ ④ ㄷ, ㄹ

해설
ㄷ. B국의 2016년의 경제 성장률은 0%이므로 2015년의 실질 GDP와 2016년의 실질 GDP가 같다.
ㄹ. C국의 경제 성장률은 2014년에 −1%이었다가 2015년에 1%이다. 2013년의 실질 GDP에서 1% 감소했다가 다시 1% 증가한 실질 GDP가 2015년인데, 이러한 경우 변화율의 비대칭성으로 인하여 2013년의 실질 GDP가 2015년보다 많다.

오답피하기
ㄱ. A국의 2016년 경제 성장률은 2%이다. 이는 2016년의 실질 GDP가 2015년의 실질 GDP보다 2% 증가함을 나타내는 것이므로 2016년의 실질 GDP가 2015년의 실질 GDP보다 많다.
ㄴ. B국의 경제성장률의 경우 2014년 0%, 2015년 2%, 2016년 0%이다. 그렇다면 2013년의 실질 GDP와 2014년의 실질 GDP는 같고 2015년은 2014년의 실질 GDP보다 많아졌고, 2016년의 실질 GDP는 2015년의 실질 GDP와 같다는 것을 의미한다. 따라서 2016년의 실질 GDP가 2013년의 실질 GDP보다 많다.

정답 ④

14 다음 표는 A국의 경제지표 변화를 나타낸 것이다. 2013년 대비 2014년의 경제지표 변화에 대한 설명으로 가장 적절한 것은? 2015 지방직

(단위: %)

구 분	2013년	2014년
경제성장률	3.6	3.1
물가상승률	6.9	3.3
실업률	5.2	5.8
인구증가율	4.5	2.7

① 총수요가 감소했다.
② 화폐 가치가 높아졌다.
③ 실업자 수가 증가했다.
④ 1인당 실질 GDP가 증가했다.

해설 경제 성장률, 물가 상승률, 실업률, 인구 증가율와 같은 경제 지표를 통하여 A국의 경제 상황을 알 수 있다. 경제 성장률은 실질 GDP의 증가율과 동일하다.

④ $1인당\ 실질\ GDP = \frac{실질\ GDP}{인구}$ 이므로, 1인당 실질 GDP를 알기 위해서는 인구와 실질 GDP의 값을 살펴보아야 한다. 경제 성장률은 실질 GDP의 증가율과 동일하므로 2014년의 경제 성장률과 인구 성장률은 3.1%와 2.7%로 모두 증가했음을 보여주고 있다. 다만, 그 증가의 폭이 경제 성장률의 증가폭이 더 크다는 것을 알 수 있다. 따라서 분자인 실질 GDP가 분모인 인구의 증가보다 크므로 1인당 실질 GDP는 증가했다고 할 수 있다.

오답피하기

① 2014년의 경제 성장률과 물가 상승률은 3.1%, 3.3%로 모두 증가했다. 경제 성장률이 증가하기 위해서는 총수요가 증가하거나 총공급이 증가해야 한다. 그러나 물가 역시 상승 했으므로 총공급이 증가했다는 것은 타당하지 않다. 따라서 총수요가 증가하여 실질 GDP와 물가 상승률이 함께 상승했다고 할 수 있다.
② 2014년의 물가 상승률이 3.3%로 증가했다. 물가가 상승하면 화폐의 가치는 낮아진다. 왜냐하면 물가 상승으로 이전과 동일한 화폐로는 같은 물건을 살 수 없고, 동일한 물건을 사기 위해서는 더 많은 화폐가 필요하기 때문이다.
③ 2014년의 실업률은 5.8% 증가했다. $실업률 = \frac{실업자\ 수}{경제활동인구}$ 이므로 실업률이 증가했다고 하더라도 주어진 표처럼 경제활동인구가 나와있지 않은 상태에서는 실업자 수가 증가했다고 단정 지을 수는 없다.

정답 ④

15 다음 표는 A국, B국, C국의 2013년 주요 경제 지표를 나타낸 것이다. 이에 대한 분석으로 가장 옳은 것은? (단, 경제 성장률과 물가 상승률은 각각 실질 GDP와 GDP 디플레이터 기준이다.) 2014 국가직

구 분	A국	B국	C국
경제 성장률(%, 전년 대비)	4.5	6.2	−2.3
인구 증가율(%, 전년 대비)	5.2	4.5	3.3
물가 상승률(%, 전년 대비)	5.0	5.2	10.4
실업률(%)	3.6	4.3	7.6

① 실업자 수는 A국이 가장 적다.
② 명목 GDP의 증가율은 C국이 가장 높다.
③ 실질 GDP의 증가액은 B국이 가장 크다.
④ 1인당 실질 GDP의 증가율은 B국이 가장 높다.

해설 명목 GDP 증가율이란 경제 성장률과 물가 상승률의 합을 의미한다.

④ A국과 C국은 인구 증가율이 경제 성장률보다 더 크다. 따라서 1인당 실질 GDP는 감소했다고 할 수 있다. 반면, B국의 경우에는 인구 증가율보다 경제 성장률이 더 크기 때문에 1인당 실질 GDP는 증가했다고 할 수 있다. 따라서 1인당 실질 GDP의 증가율은 B국이 가장 높다고 할 수 있다.

오답피하기

① 인구수를 고려해야 하므로 실업률만을 가지고서는 실업자 수를 알 수 없다.
② 명목 GDP 증가율이란 경제 성장률과 물가 상승률의 합을 의미하므로 A국은 9.5%, B국은 11.4%, C국은 8.1%로가 된다. 따라서 명목 GDP의 증가율은 B국이 가장 크다.
③ 실질 GDP 증가율은 경제 성장률을 의미하는데, 경제 성장률만을 가지고는 실질 GDP 증가액을 알 수는 없다.

정답 ④

16 표는 A국의 경제 상황을 나타낸 것이다. 2012년 대비 2014년의 실질 GDP 증가율은? (GDP 디플레이터는 명목 GDP를 실질 GDP로 나누어 100을 곱한 값이며, 기준 연도는 2010년이다.) 2018 교육행정

연도	명목 GDP(조원)	GDP 디플레이터
2012	1,260	105
2014	1,650	110

① 10% ② 15%
③ 20% ④ 25%

해설 위의 제시문에서 나온 것처럼 GDP 디플레이터는 명목 GDP를 실질 GDP로 나누어 100을 곱한 값이다. 명목 GDP는 당해 연도의 가격으로 계산한 GDP이고, 실질 GDP는 기준 연도의 가격으로 계산한 GDP이다.

$$GDP\text{디플레이터(물가지수)} = \frac{\text{명목}\,GDP}{\text{실질}\,GDP} \times 100,$$
$$\text{실질}\,GDP = \frac{\text{명목}\,GDP}{GDP\text{디플레이터}} \times 100$$

2012년 대비 2014년의 실질 GDP 증가율의 값을 구하기 위해서는 2012년의 실질 GDP와 2014년의 실질 GDP를 우선 구해야 한다.

2012년의 실질 GDP = $\frac{1,260}{105} \times 100 = 1,200$이고

2014년의 실질 GDP = $\frac{1,650}{110} \times 100 = 1,500$이다.

따라서 2012년 대비 2014년의 실질 GDP 증가율의 값은

$\frac{\text{2014년 실질}\,GDP - \text{2012년 실질}\,GDP}{\text{2012년 실질}\,GDP} \times 100$이다.

$= \frac{1,500-1,200}{1,200} \times 100 = 25\%$

정답 ④

17 표에 대한 옳은 분석을 〈보기〉에서 고른 것은? (단, 기준 연도는 2013년이고 물가 수준은 GDP 디플레이터로 측정한다.) 2018 수능

(전년 대비, 단위 %)

구분	2014년	2015년	2016년
실질 GDP 증가율	0	3	−3
물가 상승률	2	0	1

보기

ㄱ. 2014년의 명목 GDP 증가율은 2%이다.
ㄴ. 2015년의 명목 GDP와 실질 GDP는 같다.
ㄷ. GDP 디플레이터는 2016년에 가장 높다.
ㄹ. 2014년과 2016년의 경제 규모는 같다.

① ㄱ, ㄴ ② ㄱ, ㄷ
③ ㄴ, ㄷ ④ ㄴ, ㄹ
⑤ ㄷ, ㄹ

해설 실질 GDP 증가율 = 명목 GDP 증가율 − 물가 상승률이고, 명목 GDP 증가율 = 실질 GDP 증가율 + 물가 상승률이다.

구분	2014년	2015년	2016년
실질 GDP 증가율	0	3	−3
물가 상승률	2	0	1
명목 GDP 증가율	2	3	−2

ㄱ. 2014년의 실질 GDP 증가율은 0%, 물가 상승률은 2%이므로 명목 GDP의 증가율은 0+2=2%이다.
ㄷ. GDP 디플레이터는 물가 지수를 나타낸다. 물가 상승률이 2014년에 2$, 2015년에 0%, 2016년에 1%이므로 물가가 하락은 하지 않고 계속 동일하거나 증가하고 있음을 알 수 있다. 따라서 GDP 디플레이터는 2016년에 가장 높다.

오답피하기

ㄴ. 2013년이 기준 연도이므로 이 때는 명목 GDP와 실질 GDP가 같다. 2014년의 실질 GDP 증가율이 0%인데, 명목 GDP 증가율은 2%이므로 실질 GDP가 명목 GDP보다 작다. 그리고 2015년에는 실질 GDP와 명목 GDP가 모두 3%씩 증가하였으므로 2015년의 명목 GDP가 실질 GDP보다 커다는 것을 추론할 수 있다.
ㄹ. 경제 규모는 실질 GDP로 측정하는데, 주어진 자료에서는 실질 GDP의 증가율이 나와 있으므로 이를 활용할 수 있다. 실질 GDP 증가율은 2015년에 3% 증가했다가 2016년에 3%가 하락했다. 변화율의 비대칭성으로 인하여 이 경우 2014년의 실질 GDP가 2016년의 실질 GDP보다 더 크다.

정답 ②

18 〈보기〉의 자료에 대한 분석 및 추론으로 옳은 것은?

2021 서울시(경력직)

보기

표의 (가), (나)는 각각 갑(甲)국의 명목 GDP와 실질 GDP 중 하나를 나타낸다. 단, 기준 연도는 2017년이며, 물가 수준은 GDP 디플레이터로 측정한다.

(단위: 억달러)

구분	연도		
	2018년	2019년	2020년
(가)	80	100	120
(나)	120	100	80

① 2019년의 물가 수준은 2017년보다 낮다.
② (가)가 실질 GDP라면 2018년의 GDP 디플레이터는 2017년보다 높다.
③ (가)가 명목 GDP라면 2019년의 경제 성장률은 양(+)의 값을 가진다.
④ (나)가 실질 GDP라면 2020년의 물가 상승률은 음(−)의 값을 가진다.

출제 단원 및 영역 경제 4단원 국내 총생산

해설 GDP 디플레이터는 명목 GDP를 실질 GDP로 나눈 값에 100을 곱한 것으로 물가 수준을 나타낸다. 또한 기준 연도의 GDP 디플레이터는 항상 100이다.
경제 성장률은 실질 GDP의 증가율로 나타낸다.
② (가)가 실질 GDP라면 2018년의 GDP 디플레이터는 150이고, 2017년은 기준연도라고 하였으므로 GDP 디플레이터는 100이다. 따라서 2018년의 GDP 디플레이터는 2017년보다 높다.

오답피하기
① 2019년의 GDP 디플레이터는 100이므로 기준연도인 2017년의 물가 수준과 동일하다.
③ (가)가 명목 GDP라면 2019년의 경제 성장률은 전년도 120억 달러에서 2019년에는 100억 달러로 감소하였으므로 음(−)의 값을 가진다.
④ (나)가 실질 GDP라면 2019년의 GDP 디플레이터는100이고 2020년의 GDP 디플레이터는 150이므로 2020년의 물가 상승률은 50%로 상승하였으므로 양(+)의 값을 가진다.

정답 ②

소득 분배 지표 [참고용]

01 다음 소득 분배 지표에 대한 설명으로 가장 적절한 것은?

2017 경찰직 2차

① 지니 계수는 클수록 소득 분배가 평등한 상태를 의미한다.
② 10분위 분배율은 1에서 10의 값을 가지고 클수록 평등한 상태를 의미한다.
③ 소득 5분위 배율은 상위 20% 소득점유율을 하위 20% 소득점유율로 나누어 계산한다.
④ 상대적 빈곤율은 소득이 중위 소득 미만인 계층이 전체 인구에서 차지하는 비율이다.

해설

$$\text{소득5분위 배율} = \frac{\text{상위 20\%의 소득 점유율}}{\text{하위 20\%의 소득 점유율}}$$

③ 위의 표에서처럼 소득 5분위 배율은 상위 20% 소득점유율을 하위 20% 소득점유율로 나누어 계산하는 것이므로 옳은 지문이다.

오답피하기
① 지니계수는 0~1의 값을 나타내고 작을수록 평등한 상태를 의미한다.
② 10분위분배율은 최하위 40% 소득점유율/ 최상위 20% 소득점유율로 0~2의 값을 가지며 클수록 평등한 상태를 의미한다.
④ 상대적 빈곤률은 중위소득의 1/2(50%)미만인 계층의 가구비율을 의미한다.

정답 ③

02 다음 로렌츠 곡선에 대한 설명으로 옳은 것은?

2015 국가직

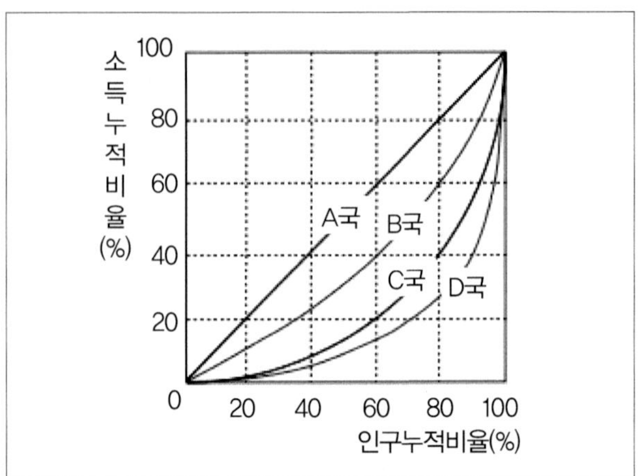

① 4개 국가 중 A국의 소득분배가 가장 불균등하다.
② B국은 하위소득 인구의 40%가 약 60%의 소득누적 비율을 차지한다.
③ C국은 상위소득 인구의 40%가 약 80%의 소득점유율을 보인다.
④ 4개 국가 중 D국의 지니계수 값이 가장 작다.

해설 로렌츠 곡선이란 가로축에는 누적 인구의 비율을, 세로축에는 전체 소득 중의 점유 비율을 제시한 그래프로서 대각선에 가까울수록 평등한 분배를 나타낸다. 인구 누적의 경우 가장 소득이 낮은 사람부터 누적을 시작해서 점점 소득이 높은 순으로 누적해 간다. 이것은 소득 불평등의 정도를 나타내는 지수 중의 하나이다.

지니 계수란 로렌츠 곡선 상에서 삼각형 면적에 대한 불평등의 면적의 비율을 수치화 한 것을 의미한다. 지니 계수는 작을수록 평등한 분배를 나타낸다.

③ C국의 경우 하위 소득 60%인 자들이 20%의 소득 점유율을 보이므로 상위 소득 인구의 40%는 약 80%의 소득 점유율을 보인다.

오답피하기

① 로렌츠 곡선은 대각선으로 가까이 갈수록 평등한 분배를 나타낸다. 따라서 A국이 가장 소득 분배가 평등하다.
② B국의 하위 소득 인구의 40%의 소득 누적 비율은 약 20%이다.
④ 지니 계수는 완전 균등선과 로렌츠 곡선 사이의 면적이 차지하는 비중을 수치화한 것인데, 지니 계수가 작을수록 평등한 분배를 나타내므로 A국의 지니 계수가 가장 작고, D국의 지니 계수가 가장 크다.

정답 ③

실업

01 다음 유형의 실업에 대한 대책으로 가장 적절한 것은?

2017 경찰직 1차

> 산업구조가 고도화되고 정보기술의 혁신이 급속하게 진행됨에 따라 산업 전반에 걸쳐 자동화가 광범위하게 진행되고 있다. 이에 따라 기술 수준이 낮은 기능 인력에 대한 수요가 감소하고 관련된 일자리가 크게 줄어들고 있다.

① 공공사업을 시행하고 경기 부양책을 확대하여 실시한다.
② 새로운 기술에 대해 교육받을 수 있는 기회를 확대한다.
③ 구직자에 대한 취업정보를 효율적으로 제공한다.
④ 사회 보장 제도를 강화하여 실업급여를 지급한다.

해설 사안의 경우 산업 구조가 자동화되어 감에 따라 기술 수준이 낮은 인력의 일자리가 줄어들고 있다고 하였으므로 이는 구조적 실업에 관한 것이다.

② 기술 수준이 낮은 인력에 대하여 새로운 기술에 대해 교육받을 수 있는 기회를 확대하는 것은 구조적 실업에 대한 대책이다.

오답피하기

① 공공사업을 시행하고 경기 부양책을 확대하여 실시하는 것은 총수요 증가 정책으로 경기적 실업에 대한 대책이 될 수 있다.
③ 구직자에 대한 취업정보를 효율적으로 제공하는 것은 마찰적 실업에 대한 대책이다.
④ 사회 보장 제도를 강화하여 실업급여를 지급하는 것은 실업에 대한 실질적인 대책이 되지 않는다. 왜냐하면 실업급여를 지급받기 위해서는 구직 활동을 펼쳐야 하는데, 이로 인해 형식적인 구직 활동을 펼쳐 오히려 통계상의 실업자의 수를 증가시키는 원인이 되기 때문이다.

정답 ②

02 다음 유형의 실업에 대한 설명으로 가장 적절한 것은? 2018 경찰직 3차

경기가 좋지 않아서 발생하는 실업이다. 시장 경제 체제에서 주기적으로 나타나는 실업이다. 실업 중에서 사회적으로 가장 큰 문제가 되고 있다.

① 비자발적 실업에 해당된다.
② 산업 구조의 변화로 인해 특정 산업이 사양화되어 나타나는 실업이다.
③ 계절의 변화 때문에 특정 시기에 걸쳐 반복적으로 일어나는 실업이다.
④ 더 나은 일자리를 찾거나 직장을 옮기는 직업 탐색 과정에서 발생하는 실업을 말한다.

출제 단원 및 영역 경제 4단원 실업의 유형

해설 경기가 좋이 않아서 발생하는 실업은 경기적 실업이다.
① 경기적 실업은 비자발적 실업에 해당한다.

오답피하기
② 구조적 실업에 대한 설명이다.
③ 계절적 실업에 대한 설명이다.
④ 마찰적 실업에 대한 설명이다.

정답 ①

고용 지표

01 다음 표는 A국의 고용 상황 변화를 나타낸 것이다. 전년 대비 2013년의 고용 상황에 대한 분석으로 옳은 것만을 〈보기〉에서 고른 것은? (단, 15세 이상 인구는 변함이 없다.) 2014 지방직

구 분 \ 연 도	2012년	2013년
고용률(%)	65.7	62.3
실업률(%)	5.2	5.2

* 고용률(%)=(취업자 수/15세 이상 인구)×100

보기
ㄱ. 취업자 수는 감소했다.
ㄴ. 실업자 수는 변함이 없다.
ㄷ. 경제 활동 참가율은 낮아졌다.
ㄹ. 비경제 활동 인구는 감소했다.

① ㄱ, ㄴ ② ㄱ, ㄷ
③ ㄴ, ㄹ ④ ㄷ, ㄹ

해설 A국의 경우 2012년에서 2013년 고용률은 감소했지만 실업률은 변함이 없다는 점에서 취업자 수가 감소하면서 실업자 수도 함께 같은 비율로 감소했다는 것을 알 수 있다. 이러한 경우 취업자와 실업자가 모두 비경제 활동 인구로 이동한 경우에 해당한다.
ㄱ. 2012년에서 2013년 고용률은 감소했지만 실업률은 변함이 없다는 점에서 취업자 수가 감소했다고 볼 수 있다.
ㄷ. 15세 이상 인구가 변함없는 상태에서 취업자 수와 실업자 수가 동시에 줄어들었으므로 경제 활동 참가율은 낮아졌다고 볼 수 있다.

오답피하기
ㄴ. 실업자 수도 감소하였다.
ㄹ. 취업자와 실업자가 모두 비경제 활동 인구로 이동한 경우에 해당하므로 비경제 활동 인구는 증가했다고 볼 수 있다.

정답 ②

02 표는 갑국의 연도별 경제 활동 참가율과 취업률을 나타낸다. 전년 대비 2015년의 고용 지표 변화에 대한 옳은 분석을 〈보기〉에서 고른 것은? (단, 갑국의 15세 이상 인구는 일정하다.) 2014 지방직 유사

구분	2014년	2015년
경제 활동 참가율(%)	90	80
취업률(%)	90	90

* 취업률(%)=(취업자 수/경제 활동 인구)×100

보기

ㄱ. 실업률은 변함없다.
ㄴ. 고용률은 증가하였다.
ㄷ. 취업자 수는 변함없다.
ㄹ. 비경제 활동 인구는 증가하였다.

① ㄱ, ㄴ ② ㄱ, ㄷ
③ ㄴ, ㄷ ④ ㄴ, ㄹ

해설

ㄱ. 실업률+취업률은 항상 100%이므로 취업률이 변함이 없으면 실업률도 변함이 없다.
ㄴ. 15세 이상 인구는 일정하고 경제 활동 참가율이 증가하였으므로 경제 활동 인구는 증가하였다. 경제 활동 인구가 증가하였음에도 취업률이 동일하다는 것은 취업자 수가 증가하였다고 볼 수 있다. 따라서 15세 이상 인구가 일정하므로 갑국의 고용률은 증가하였다.

오답피하기

ㄷ. 경제 활동 인구는 증가하고 취업률은 일정하므로 취업자 수는 증가하였다.
ㄹ. 비경제 활동 인구는 감소하였다.

정답 ①

03 다음은 고용통계를 위하여 만 15세 이상 인구를 분류한 것이다. 이에 대한 설명으로 가장 옳은 것을 〈보기〉에서 고른 것은? 2014 해양경찰

<table>
<tr><td rowspan="2">A
(비경제 활동 인구)</td><td>B</td><td>C(취업자)</td></tr>
<tr><td colspan="2">D</td></tr>
<tr><td colspan="3">E(노동 가능 인구)</td></tr>
</table>

보기

ㄱ. 고용률을 구하는 공식은 C/E×100(%)이다.
ㄴ. 취업률을 구하는 공식은 C/D×100(%)이다.
ㄷ. B와 C의 구분 기준은 구직 활동을 하고 있는지의 여부이다.
ㄹ. A의 인구가 B로만 이동했다면, 경제활동 참가율은 변함없이 일정하다.

① ㄱ, ㄴ ② ㄱ, ㄷ
③ ㄴ, ㄹ ④ ㄷ, ㄹ

해설 B는 실업자, D는 경제활동 인구가 들어간다. 노동 가능 인구는 만 15세 이상 인구와 같은 의미이다.

구분	계산 방법
실업률(%)	$\frac{\text{실업자수}}{\text{경제활동인구}} \times 100$
취업률(%)	$\frac{\text{취업자수}}{\text{경제활동인구}} \times 100$
경제 활동 참가율(%)	$\frac{\text{경제활동인구}}{\text{15세이상인구}} \times 100$
고용률(%)	$\frac{\text{취업자수}}{\text{15세이상인구}} \times 100$

ㄱ, ㄴ 위의 표를 통하여 고용률과 취업률을 구하는 계산 방법을 확인할 수 있다. 고용률은 취업자 수에서 15세 이상 인구를 나눈 수에 100을 곱한 것이고, 취업률은 취업자 수에서 경제 활동 인구를 나눈 값에 100을 곱한 값이다.

오답피하기

ㄷ. 취업자와 실업자를 나누는 기준은 취업 상태에 있는가를 기준으로 한다. 여기서 취업 상태라 함은 1주일에 1시간 이상 임금을 목적으로 노동을 제공하였느냐이다.
ㄹ. 비경제 활동 인구에서 경제 활동 인구로 이동한다면 노동 가능 인구는 일정하지만 경제 활동 인구가 증가하므로 경제 활동 참가율은 증가한다.

정답 ①

04 다음 표는 각국의 고용 상황과 관련한 통계이다. 이에 대한 분석으로 가장 옳은 것은? (단, 2005년과 2015년의 만 15세 이상의 인구는 변함이 없다.) 2015 해양경찰

구분	2005년	2015년
경제활동 참가율(%)	50	40
실업률(%)	5	4

* 고용률 = (취업자/만 15세 이상 인구) ×100

① 2005년에 비해 2015년의 고용률은 감소하였다.
② 2005년에 비해 2015년의 실업자 수는 증가하였다.
③ 2015년은 취업자보다 실업자의 수가 더 크게 감소하였다.
④ 2005년에 비해 2015년에는 구직 단념자의 수가 증가했다.

해설 2005년과 2015년의 만 15세 이상의 인구는 변함이 없으므로 2005년과 2015년의 만 15세 이상의 인구를 1,000명으로 가정해서 고용 상황과 관련된 표를 완성하면 다음과 같다.

구분	2005년	2015년
만 15세 이상의 인구	1,000	1,000
경제활동 인구	500	400
비경제활동 인구	500	600
취업자 수	475	384
실업자 수	25	16
고용률	47.5	38.4

① 만 15세 이상의 인구는 2005년과 2015년에 동일하고, 2015년의 취업자 수가 감소하였다. 따라서 2015년의 고용률은 2005년에 비해 감소하였다.(47.5%→38.4%)

오답피하기
② 2005년에 비해 2015년의 실업자 수는 감소하였다.
③ 2015년에 취업자는 91명이 감소하였지만, 실업자는 9명이 감소하였다. 따라서 2015년에는 실업자보다 취업자의 수가 더 크게 감소하였다.
④ 2005년의 경우 비경제활동인구는 500명, 2015녕의 비경제활동인구는 600명으로 2015년의 비경제활동인구는 증가하였다. 그러나 비경제활동인구에는 구직단념자뿐만 아니라 주부나 수험생, 학생 등도 포함되므로 주어진 자료만으로 구직단념자의 수를 정확하게 파악할 수는 없다.

정답 ①

05 〈보기〉의 (가), (나)의 상황 및 그로 인해 나타날 수 있는 변화에 대한 설명으로 가장 옳지 않은 것은? (단, 노동 가능 인구수의 변화는 없다.) 2019 서울시

보기

(가) 직장의 사정으로 인해 일자리가 없어진 갑(甲)은 일자리를 구하고 있는 중이다.
(나) 직장을 다니던 을(乙)이 학업을 위해 대학원에 진학하게 되면서 직장을 그만두게 되었다.

<table>
<tr><td colspan="4">①전체 인구</td></tr>
<tr><td rowspan="3">③만 15세 미만 인구</td><td colspan="3">②노동 가능 인구(만 15세 이상 인구)</td></tr>
<tr><td rowspan="2">④비경제활동 인구</td><td colspan="2">⑤경제활동 인구</td></tr>
<tr><td>⑥취업자</td><td>⑦실업자</td></tr>
</table>

※ 실업률 ⑦÷⑤×100
※ 취업률 ⑥÷⑤×100
※ 고용률 ⑥÷②×100
※ 경제활동참가율 ⑤÷②×100

① (가)의 경우 이전보다 실업률은 상승하고 고용률은 하락한다.
② (나)의 경우 실업률은 이전과 동일하고, 고용률은 이전보다 하락한다.
③ 갑은 취업자에서 실업자, 을은 취업자에서 비경제활동 인구가 되었다.
④ 경제활동참가율은 (가)의 경우 이전과 동일하지만, (나)의 경우 이전보다 하락한다.

출제 단원 및 영역 경제 4단원 고용지표

해설
② 직장을 다니던 을(乙)이 학업을 위해 대학원에 진학하게 되면서 직장을 그만두게 되는 경우 을(乙)은 취업자에서 비경제활동인구로 이동하게 된다. 그 결과 실업률은 상승하게 되고, 고용률은 하락하게 된다. 경제활동인구와 취업자 수가 동일하게 감소하면 취업률은 하락하며, 취업자 수는 감소하였지만 15세 이상 인구는 변함이 없으므로 고용률은 하락한다.

오답피하기
① 직장의 사정으로 인해 일자리가 없어진 갑(甲)은 일자리를 구하고 있는 중이라고 하였으므로 갑(甲)은 취업자에서 실업자로 분류된다. 이 때 경제활동인구와 15세 이상 인구는 변함이 없으므로 실업률은 상승하고, 고용률은 하락한다.
③ 갑은 취업자에서 구직의사가 있는 실업자, 을은 취업자에서 구직의사가 없는 비경제활동 인구가 되었다.
④ (가)의 경우 취업자에서 실업자로 이전되더라도 경제활동인구의 변동이 없어 경제활동참가율은 동일하지만, (나)의 경우 경제활동인구가 비경제활동인구로 이전하였으므로 경제활동참가율은 하락한다.

정답 ②

06 표는 갑국의 경제 활동 인구에 관한 통계이다. 이에 대한 분석으로 옳은 것은? 2015 서울시

구분	15세 이상 인구	경제활동 인구	실업자 수
2009년	30,000명	20,000명	1,000명
2014년	35,000명	21,000명	3,000명

* 경제 활동 참가율=(경제활동 인구/15세 이상 인구)×100
** 고용률=(취업자수/15세 이상 인구)×100

① 2009년보다 2014년에 실업률이 더 낮다.
② 2009년보다 2014년에 취업자가 더 많다.
③ 2009년보다 2014년에 고용률이 더 낮다.
④ 2009년 대비 2014년 실업자 증가율이 취업자 증가율 보다 낮다.

해설 전체 인구 중 15세 이상의 인구를 노동 가능 인구라고 하고 노동 가능 인구는 비경제 활동 인구와 경제 활동 인구로 구분할 수 있다. 또한 경제활동 인구는 취업자와 실업자를 포함한다.

③ $\text{고용률} = \frac{\text{취업자수}}{\text{경제활동인구}} \times 100$이므로 2009년 고용률은 19,000 / 30,000 × 100= 약 63.3%이고, 2014년 고용률은 18,000 / 35000 × 100= 약 51.4%이므로 2009년보다 2014년에 고용률이 더 낮다.

오답피하기

① $\text{실업률} = \frac{\text{실업자수}}{\text{경제활동인구}} \times 100$이므로 2009년 실업률은 1,000 / 20,000 × 100 = 5%이고, 2014년 실업률은 3,00 / 21,000 × 100 = 약 14.3%이다. 따라서 2009년보다 2014년의 실업률이 더 높다.
② 취업자 수는 경제 활동 인구에서 실업자 수를 뺀 값으로 2009년의 취업자 수는 19,000명이고, 2014년의 취업자 수는 18,000명이므로 2009년보다 2014년의 취업자 수가 더 적다.
④ 2009년 대비 2014년의 실업자 증가율은 $\frac{3,000-1,000}{1,000} \times 100 = 200\%$, 취업자 증가율은 $\frac{18,000-19,000}{19,000} \times 100 = -5.3\%$이므로 실업자 증가율이 취업자 증가율보다 더 높게 나타났다.

정답 ③

07 다음은 갑국의 고용 관련 상황이다. 갑국 정부의 정책시행 결과 고용 지표 관련 인구 중 감소한 것은? 2017 지방직

> 갑국의 실업률은 매우 양호하지만, 고용률은 상대적으로 좋지 않았다. 갑국 정부는 고용률을 높이기 위한 여러 정책을 강도 높게 추진하였다. 그 결과 고용률은 상승했지만, 취업률은 오히려 하락한 상황이 되었다. 다만, 15세 이상 인구는 변동이 없었다.

① 취업자 수
② 실업자 수
③ 경제활동인구
④ 비경제활동인구

해설
이런 문제는 각종 고용지표의 식을 써 놓고 증가와 감소, 일정 등을 대입해 판단하면 어렵지 않게 해결할 수 있다.

구분	계산 방법
실업률(%)	$\frac{\text{실업자수}}{\text{경제활동인구}} \times 100$
취업률(%)	$\frac{\text{취업자수}}{\text{경제활동인구}} \times 100$
경제 활동 참가율(%)	$\frac{\text{경제활동인구}}{\text{15세이상인구}} \times 100$
고용률(%)	$\frac{\text{취업자수}}{\text{15세이상인구}} \times 100$

④ 15세 이상 인구는 변동이 없다고 하였으므로 비경제활동인구가 감소하기 위해서는 경제활동인구가 증가해야 한다. 아래 ③번에서 경제활동인구가 증가하였다고 하였으므로 비경제활동인구는 감소하였다.

오답피하기

① 위의 고용률 지표를 통해 고용률이 상승했다고 하였고, 15세 이상 인구는 변함이 없다고 하였다면 취업자 수가 증가한 것이다.
② 취업률은 오히려 하락하였다고 하였고 ①번에서 취업자 수가 증가하였다고 하였으므로 경제활동인구가 취업자 수의 증가율보다 더 큰 폭으로 증가해야 그러한 결과가 나올 수 있다. 또한 취업률과 실업률의 합은 100%이므로 취업률이 하락했다면 실업률은 증가했을 것이다. 실업률이 증가했고, 경제활동인구가 증가한 경우라면 실업자 수도 반드시 증가해야 한다.
③ ②번에서처럼 경제활동인구는 증가했다.

정답 ④

08 경제활동참가율은 80%이고 고용률이 60%인 국가의 실업률은?

2019 지방직

① 10% ② 15%
③ 20% ④ 25%

출제 단원 및 영역 경제 4단원 고용지표

해설 아래 표를 이용하여 위의 문제를 쉽게 접근할 수 있다.

전체인구			
15세 이상 인구			15세 미만 인구
경제 활동 인구		비경제 활동 인구	
취업자	실업자		

구분	계산 방법
실업률(%)	$\frac{\text{실업자수}}{\text{경제활동인구}} \times 100$
취업률(%)	$\frac{\text{취업자수}}{\text{경제활동인구}} \times 100$
경제 활동 참가율(%)	$\frac{\text{경제활동인구}}{\text{15세이상인구}} \times 100$
고용률(%)	$\frac{\text{취업자수}}{\text{15세이상인구}} \times 100$

④ 경제활동 참가율이 80%이라고 하였으므로 15세 이상 인구를 100으로 두면 경제활동 인구는 80이 된다. 또한 고용률이 60%라고 하였으므로 15세 이상 인구가 100이면 취업자 수는 60이 된다. 경제활동인구는 취업자와 실업자 수의 합이므로 취업자 수가 60이면 실업자는 20이 된다. 따라서 실업률은 실업자 수 20에서 경제활동 인구 80으로 나누고 100을 곱한 값이므로 25%가 된다.

정답 ④

09 다음 그림은 갑국의 고용률과 실업률을 나타낸 것이다. t시기에서 t+1시기로의 변화에 대한 분석으로 옳은 것은? (단, 갑국의 15세 이상 인구는 변함이 없다.)

2018 소방직

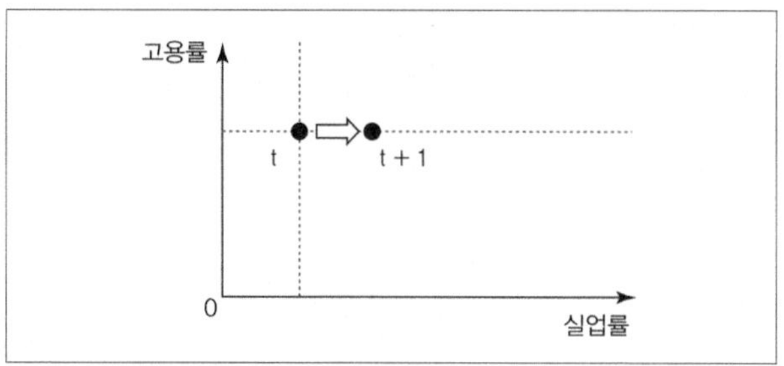

① 취업자 수가 늘어났다.
② 실업자 수는 변함이 없다.
③ 경제활동인구가 줄어들었다.
④ 비경제활동인구가 줄어들었다.

해설 t 시기에서 t+1 시기로 변화되었을 때 고용률은 변화가 없으나 실업률은 상승하였다. 갑국의 15세 이상의 인구는 변함이 없다고 하였으므로 취업자 역시 변함이 없으며, 실업자가 증가하여 실업률을 상승시켰음을 알 수 있다.

④ 경제활동인구는 취업자 수와 실업자 수와 합인데, 취업자 수는 변화가 없고 실업자 수가 증가하였으므로 경제활동 인구가 증가하였다. 15세 이상 인구는 변함이 없으므로 비경제 활동 인구는 줄어들었다.

오답피하기

① 고용률이 일정하고 15세 이상 인구가 일정하므로 취업자 수도 변함이 없다.
② 실업자 수는 증가하였다.
③ 경제활동인구는 실업자 수가 증가한 만큼 증가하였다.

정답 ④

10 밑줄 친 부분에 해당하는 사람들이 통계상 실업자로 분류된다면 고용 관련 지표에 나타날 변화로 옳은 것은?

2014 경찰직 1차

> 어떤 사람들은 구직 활동에 적극적이지 않다는 이유로 경제 활동 인구에서 제외된다고 한다. 이들 중에는 <u>구직 활동을 포기하기는 하였으나 실제로는 일을 하고 싶어 하는 사람들</u>이 포함되어 있다.
>
> $* \text{고용률}(\%) = \frac{\text{취업자 수}}{\text{15세 이상 인구}} \times 100$

① 실업률이 상승할 것이다.
② 고용률이 하락할 것이다.
③ 비경제 활동 인구가 증가할 것이다.
④ 경제 활동 인구는 변하지 않을 것이다.

해설 사안의 경우 <u>실망실업자</u>에 해당한다. 실망실업자의 경우 고용통계 조사기간에 구직활동을 하지 않은 사람으로, 취업 의사와 능력은 있으나 현실적인 고용 실태가 불투명하는 등 상황이 불안정해 일자리를 찾는 데 실패, 실망감으로 구직 활동을 포기한 사람을 이르는 말이다. 실망실업자는 <u>실제로는 경제활동인구에 포함되지만, 적극적으로 구직활동을 해야 하는 조건에 맞지 않아 고용통계상 비경제활동인구로 분류되기 때문에 실업자 통계에서는 포함되지 않는다.</u> 따라서 실망실업자는 사실상 실업자나 다름없지만 공식 통계에서의 실업률은 하락한 것으로 조사된다. 그런데 이를 실업자로 분류하게 된다면 비경제활동 인구는 감소하고 경제활동 인구의 수는 증가하게 되어 실업률은 오히려 증가하게 된다.

① 실망실업자를 실업자로 분류한다면 경제활동인구수도 늘고 실업자 수도 늘게 되는게 이 경우 실업률은 늘어난다.

실업률(%)= $\frac{\text{실업자수}}{\text{경제활동인구}} \times 100$ 이기 때문이다.

오답피하기

② 고용율에는 변화가 없다고 보아야 한다. 왜냐하면 여전히 취업자 수와 15세 이상의 인구 수에는 변화가 없기 때문이다.
③, ④ 실업자로 분류한다면 경제활동인구수가 늘어나게 되고 비경제활동인구수는 줄어들게 된다.

정답 ①

11 다음 그림은 A국의 성별 경제활동참가율과 실업률의 지난 1년간 변화를 나타낸 것이다. 이에 대한 설명으로 옳은 것은? (단, 이 기간 동안 남성과 여성 각각의 노동가능 인구는 일정하다) 2015 국가직

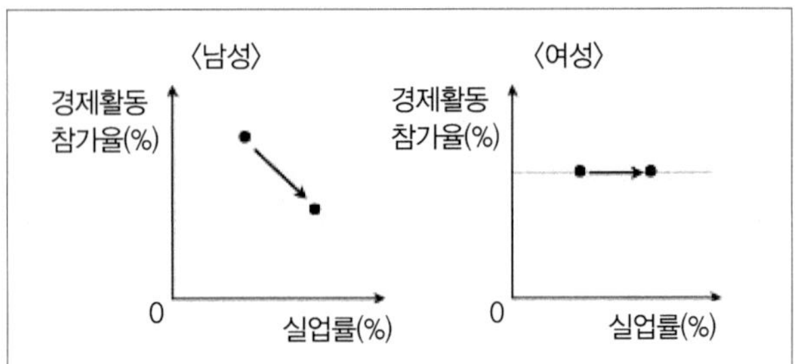

① 남성 취업자 수는 증가했다.
② 여성 실업자 수는 변함이 없다.
③ A국의 비경제활동인구는 감소했다.
④ A국의 경제활동인구 중 여성의 비중은 높아졌다.

해설 실업률과 관련된 지표를 정확하게 숙지해야 한다.

$실업률 = \frac{실업자수}{경제활동 인구} \times 100$, $취업률 = \frac{취업자수}{경제활동인구} \times 100$

$경제활동 참가율 = \frac{경제활동인구}{노동가능인구} \times 100$

위의 그림을 보면 남성의 경우 노동가능 인구가 일정한 가운데 경제 활동 참가율이 감소하고 있으므로 이는 경제 활동 인구가 감소하고 있다는 것을 의미하며, 또한 실업률이 증가하고 있으므로 취업률은 감소하고 있음을 알 수 있다. 반면에 여성의 경우 노동 가능 인구가 일정한 가운데 경제 활동 참가율이 일정함으로 경제 활동 인구는 일정하다는 것을 알 수 있다. 다만 여성의 실업률은 증가하고 있다.

④ A국의 경우 남성의 경제 활동 인구는 감소하고 여성의 경제 활동 인구는 변화가 없으므로 경제활동 인구 중 여성의 비중은 높아졌다고 할 수 있다.

오답피하기

① 남성의 경우 노동가능 인구가 일정한 가운데 경제 활동 참가율이 감소하고 있으므로 이는 경제 활동 인구가 감소하고 있다는 것을 의미하며, 또한 실업률이 증가하고 있으므로 취업률은 감소하고 있음을 알 수 있다. $취업률 = \frac{취업자수}{경제활동인구} \times 100$이므로 취업률은 감소했다고 살펴보았고 분모인 경제활동 인구 수는 감소하고 있고 분자인 취업자 수는 분모인 경제활동 인구의 하락 폭 보다 더 큰 폭으로 하락해야 취업률이 감소할 수 있기 때문에 취업자 수는 감소한 것이어야 한다.

② 여성의 경우 노동 가능 인구가 일정한 가운데 경제 활동 참가율이 일정함으로 경제 활동 인구는 일정하다는 것을 알 수 있다. 다만 여성의 실업률은 증가하고 있으므로 $실업률 = \frac{실업자수}{경제활동 인구} \times 100$이므로 경제활동 인구는 일정하고 실업률은 증가하기 위해서는 분자인 실업자 수가 증가해야 한다.

③ 위의 그림에서 A국의 남성의 경우 경제 활동 인구가 감소했으나 여성의 경우 경제 활동 인구는 일정하다. 노동 가능인구는 경제 활동 인구와 비경제 활동 인구의 합으로 이루어지는데, 설문에서 남성과 여성 각각의 노동가능인구는 일정하다고 했으므로 A국 남성의 비경제 활동 인구는 증가했고, 여성의 비경제 활동 인구는 일정하다. 따라서 A국의 비경제 활동 인구는 증가했다고 할 수 있다.

정답 ④

12 다음 ㉠~㉣에 들어갈 숫자 중 옳은 것 만으로만 묶은 것은? 2018 국가직

> A국 생산 가능 인구(노동 인구) 10,000명 중 비경제 활동 인구가 40%일 때, 실업자가 (㉠)명이면 고용률은 (㉡)%이다.
> B국 실업률이 2%이고 실업자가 300명일 때, 생산 가능인구가 (㉢)명이면 경제활동참가율은 (㉣)%가 된다.

	㉠	㉡	㉢	㉣
①	200	58	30,000	55
②	300	57	25,000	60
③	300	63	25,000	60
④	200	62	30,000	55

해설 A국의 생산 가능 인구 10,000명 중 비경제 활동 인구가 40%라고 하였으므로 비경제 활동 인구는 4,000명이고, 경제 활동 인구는 6,000명이 된다. 경제 활동 인구가 6,000명인 경우 실업자가 200명이면 취업자 수는 5,800명이 되고, 실업자 수가 300명이면 취업자 수는 5,700명이 된다. 고용률은 $\frac{취업자수}{15세 이상 인구} \times 100$이므로 실업자가 200명인 경우의 고용률은 $\frac{5,800}{10,000} \times 100 = 58\%$가 되고, 실업자가 300명인 경우의 고용률은 $\frac{5,700}{10,000} \times 100 = 57\%$가 된다.

• 실업률은 $\frac{실업자수}{경제활동인구} \times 100$이다. B국의 경우 실업률이 2%이고 실업자가 300명이라고 하였으므로 $2 = \frac{300}{경제활동인구} \times 100$에서 B국의 경제 활동 인구는 15,000명이 된다. 경제활동 참가율은 $\frac{경제활동인구}{15세 이상 인구} \times 100$이다. 따라서 생산 가능인구가 30,000명인 경우에는 경제 활동 참가율은 50%($= \frac{15,000}{30,000} \times 100 = 50\%$)가 되고, 생산 가능인구가 25,000명이면 경제활동참가율은 60%($= \frac{15,000}{25,000} \times 100 = 60\%$)가 된다.

정답 ②

13 표는 甲국의 고용 상황과 관련된 통계이다. 이에 대한 분석으로 옳은 것은? (단, 2004년과 2014년의 15세 이상 인구는 변함이 없다.) 2015 경찰직 3차

(단위: %)

구분	경제 활동 참가율	실업률
2004년	45	4
2014년	55	5

※ 고용률(%) = (취업자/15세 이상 인구) × 100

① 2004년에 비해 2014년의 고용률은 증가하였다.
② 2004년에 비해 2014년의 실업자 수는 감소하였다.
③ 2004년에 비해 2014년에는 취업준비자의 수가 증가하였다.
④ 2004년에 비해 2014년의 비경제활동 인구 수는 증가하였다.

14 〈보기〉는 갑(甲)국의 고용지표 변화이다. 이에 대한 분석으로 가장 옳은 것은? (단, 갑(甲)국의 15세 이상 인구는 변하지 않았다.) 2018 서울시

보기

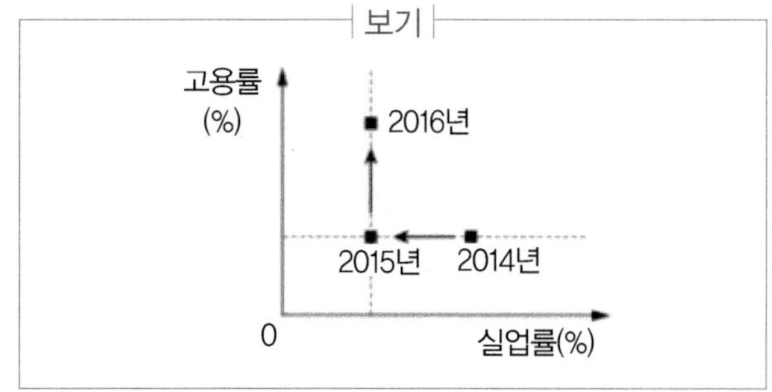

① 2015년 취업자 수가 2014년보다 더 적다.
② 2015년 비경제활동인구 수가 2014년보다 더 적다.
③ 2016년 실업자 수가 2015년보다 더 많다.
④ 2016년 경제활동인구 수는 2015년과 동일하다.

해설 실업률과 관련된 지표를 정확하게 숙지해야 한다.

$$실업률 = \frac{실업자수}{경제활동인구} \times 100,\ 취업률 = \frac{취업자수}{경제활동인구} \times 100$$

$$경제활동 참가율 = \frac{경제활동인구}{노동가능인구} \times 100$$

① 갑국의 통계를 살펴보면 15세 이상의 인구는 변함이 없으나 2004년에 비하여 경제활동 참가율은 10% 증가하였는데 비해 실업률이 1% 증가하였다는 것은 취업자 수가 증가하였음을 알 수 있다. 따라서 취업자 수가 증가 하였으므로 고용률은 증가하였다.

오답피하기
② 15세 이상 인구는 변함이 없으나 경제 활동 참가율이 증가하였다는 것은 경제 활동 인구가 증가하였다는 것을 의미하고 고용률에서 분모인 경제활동 인구가 증가하였는데 실업률이 1% 증가하였다는 것은 분자도 그만큼 더 증가했다는 것을 의미하므로 실업자 수는 증가하였다라고 해야 한다.
③, 적극적인 취업 준비자는 경제활동 인구에 포함되나 단순 취업 준비자는 비경제활동 인구에 포함된다. ④에서처럼 비경제활동 인구가 경제활동 인구로 이동하였다고 한다면 취업 준비자의 수가 증가했다고 단정 지을 수 없다.
④ 15세 이상의 인구에 변함이 없다고 했음에도 경제활동 인구가 증가했다는 것은 비경제활동 인구가 경제활동 인구로 이동하였음을 의미한다.

정답 ①

해설
③ 2015년보다 2016년의 고용률이 증가하였지만, 실업률은 변함이 없다. 따라서, 이 경우에는 취업률도 변함이 없을 것이다. 취업률의 분자인 취업자 수가 증가한 상황에서 취업률이 동일하기 위해서는 분모인 경제활동 인구 증가된 경우여야 한다. 따라서, 2015년 대비 2016년의 경제활동 인구가 증가한 가운데 실업률이 동일하게 유지되기 되기 위해서는 실업률의 분자인 실업자 수는 증가해야만 한다.

오답피하기
① 문제 단서에서 15세 이상의 인구는 변하지 않았다고 하였는데 2014년의 고용률과 2015년의 고용률이 동일하게 나타났다면 취업자 수도 동일함을 의미한다.
② 2014년보다 2015년의 실업률은 감소하였으므로 2015년의 취업률은 증가했다고 할 수 있다. 취업자 수가 동일한 가운데 취업률이 증가하려면 취업률의 계산에서 분모인 경제활동 인구가 감소한 경우여야 한다. 따라서 경제활동 인구가 감소하였다면 비경제활동인구는 증가하였다고 말할 수 있다.
④ 2016년 경제활동 인구는 2015년 대비 증가했다고 할 수 있다. ③번 설명에서도 살펴본 것처럼 취업률의 분자인 취업자 수가 증가한 상황에서 취업률이 동일하기 위해서는 분모인 경제활동 인구가 증가해야만 하기 때문이다.

정답 ③

15 그림에서 2015년 대비 2016년에 나타난 변화에 대한 분석으로 옳은 것은? (단, 갑국의 15세 이상 인구는 일정하다.) 2017 교육행정

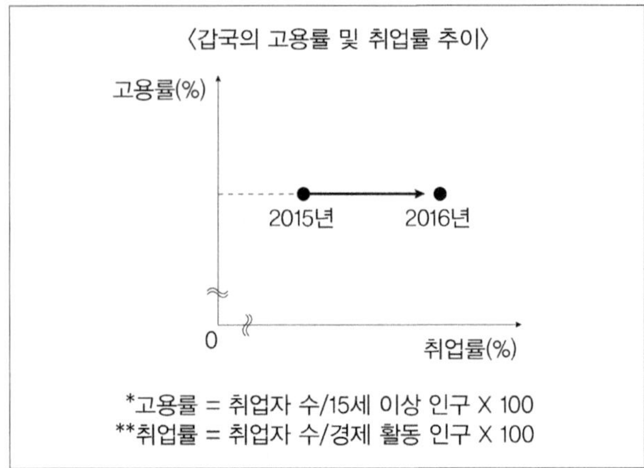

① 실업률이 증가하였다.
② 취업자 수가 증가하였다.
③ 경제 활동 참가율이 증가하였다.
④ 비경세 활동 인구가 증가하였다.

해설 그림에서 2015년 대비 2016년의 변화를 살펴보면 고용률은 변화가 없지만 취업률은 증가하였음을 알 수 있다. 또한 각종 지표를 살펴보면 다음과 같다.

구분	계산 방법
실업률(%)	$\frac{\text{실업자수}}{\text{경제활동인구}} \times 100$
취업률(%)	$\frac{\text{취업자수}}{\text{경제활동인구}} \times 100$
경제 활동 참가율(%)	$\frac{\text{경제활동인구}}{\text{15세이상인구}} \times 100$

④ 15세 이상 인구는 경제 활동 인구와 비경제 활동 인구의 합인데, ③번에서 경제 활동 인구 수가 줄어들었다는 것을 확인하였으므로 비경제 활동 인구가 증가하였다.

오답피하기

① 취업률과 실업률의 합은 100%로 일정하다. 취업률이 상승하면 실업률은 하락하고, 취업률이 하락하면 실업률은 상승한다. 따라서 취업률이 증가하였으므로 실업률은 감소하였다고 할 수 있다.

② 고용률은 $\frac{\text{취업자수}}{\text{15세이상인구}} \times 100$이다. 사안의 경우 15세 이상의 인구는 일정하다고 하였으므로 고용률과 15세 이상의 인구가 일정하다면 취업자 수도 변함이 없어야 한다.

③ 취업률은 $\frac{\text{취업자수}}{\text{경제활동인구}} \times 100$이다. ②번을 통해서 취업자 수도 변함이 없다는 것을 확인했고, 취업률은 그림을 통하여 증가하였다고 했으므로 취업자 수는 일정한데 취업률이 증가하기 위해서는 분모인 경제 활동 인구 수가 줄어들어야 한다. 또한 경제 활동 참가율은 $\frac{\text{경제활동인구}}{\text{15세이상인구}} \times 100$이므로 15세 이상 인구는 일정한 반면 경제 활동 인구 수는 줄어들었으므로 경제 활동 참가율은 줄어든다.

정답 ④

16 다음은 A국, B국, C국의 고용에 관한 통계이다. 이에 대한 분석으로 옳은 것은? 2016 국가직

구분	노동(생산)가능 인구(명)	경제활동 참가율(%)	실업률(%)
A국	10,000	75	6
B국	12,000	60	7
C국	9,000	80	8

① 비경제활동인구 수는 A국이 가장 많다.
② 경제활동인구 수는 B국이 가장 많다.
③ 취업자 수는 B국이 가장 많다.
④ 실업자 수는 C국이 가장 많다.

해설 주어진 고용에 관한 통계를 통해 고용 지표 관련 인구를 구하면 다음과 같다.

구분 (단위:명)	노동 가능 인구	경제 활동 인구	비경제 활동 인구	취업자	실업자
A국	10,000	7,500	2,500	7,050	450
B국	12,000	7,200	4,800	6,696	504
C국	9,000	7,200	1,800	6,624	576

④ 실업자 수는 A국 450명, B국 504명, C국 576명으로 C국이 가장 많다.

오답피하기

① 노동 가능 인구는 경제 활동 인구와 비경제 활동 인구로 구성된다. 따라서 비경제 활동 인구는 노동 가능 인구에서 경제 활동 인구를 뺀 값이다. 비경제 활동 인구수는 A국 2,500명, B국 4,800명, C국 1,800명으로 B국이 가장 많다.

② 경제 활동 인구수는 A국 7,500명, B국 7,200명, C국 7,200명으로 A국이 가장 많다.

③ 경제 활동 인구는 취업자와 실업자로 구성된다. 따라서 취업자 수는 경제 활동 인구에서 실업자 수를 뺀 값이다. 취업자 수는 A국 7,050명, B국 6,696명, C국 6,624명으로 A국이 가장 많다.

정답 ④

17 그림은 우리나라의 고용 지표와 관련된 인구 구성을 나타낸다. 이에 대한 설명으로 옳은 것은? 2018 수능

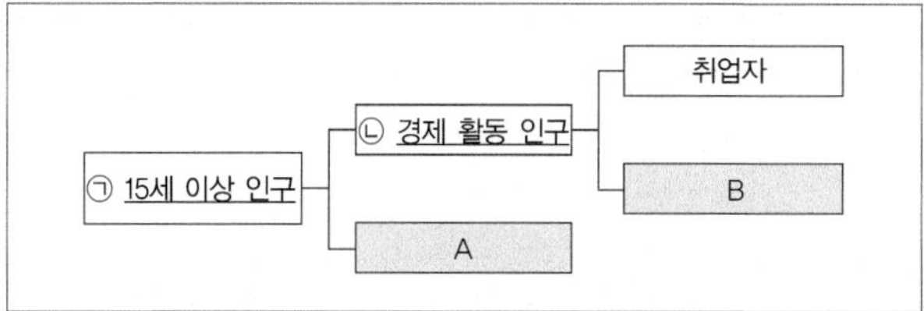

① ㉠이 일정할 때 A가 감소하면 경제 활동 참가율은 하락한다.
② ㉡이 일정할 때 B가 증가하면 실업률은 상승한다.
③ 직장에 다니면서 야간 대학원에 다니는 경우 A에 해당한다.
④ 군 제대 후 대학에 복학하는 경우 A에서 B로 바뀐다.
⑤ 기업에서 해고된 직후 구직 활동을 하는 경우 B에서 A로 바뀐다.

해설 A는 비경제 활동인구, B는 실업자가 된다.

② 실업률은 $\frac{\text{실업자수}}{\text{경제활동인구}} \times 100$이므로 경제 활동 인구가 일정하다면 실업자 수가 증가하면 실업률은 상승한다.

오답피하기

① 15세 이상 인구가 일정할 때 비경제 활동 인구가 감소하면 경제 활동 인구가 증가하고 경제활동 참가율은 $\frac{\text{경제활동인구}}{\text{15세이상인구}} \times 100$이므로 경제활동 인구가 증가하면 경제활동 참가율은 상승한다.
③ 직장에 다니면서 야간 대학원에 다니는 경우는 취업자에 해당한다.
④ 군 제대 후 대학에 복학하는 경우는 여전히 비경제 활동 인구에 해당한다.
⑤ 기업에서 해고된 직후 구직 활동을 하는 경우에는 취업자에서 실업자로 바뀐다.

정답 ②

18 다음 ㉠ ~ ㉢에 들어갈 숫자 중 옳은 것으로만 묶은 것은? 2021 해경 2차

- 경제 활동 참가율은 80%이고 고용률이 60%인 국가의 실업률은 (㉠)% 이다.
- 실업률이 2%이고 실업자가 300명일 때, 생산 가능 인구가 (㉡)명이면, 경제 활동 참가율은 (㉢)%가 된다.

	㉠	㉡	㉢
①	20	30,000	55
②	20	25,000	60
③	25	30,000	55
④	25	25,000	60

출제 단원 및 영역 경제 4단원 고용지표

해설

㉠ 경제 활동 참가율이 80%이고 고용률이 60%인 경우 15세 이상 인구를 100, 경제 활동 인구를 80, 취업자를 60으로 할 수 있다. 경제 활동 인구는 취업자와 실업자를 합한 수이므로 실업자는 20이 된다. 따라서 이 국가의 실업률은 (20/80)×100=25% 이다.

㉡, ㉢ 실업률이 2%이고 실업자가 300명일 때, 경제 활동 인구는 15,000명이다. 따라서 생산 가능 인구가 25,000명이면, 경제 활동 참가율은 (15,000/25,000)×100=60%가 되고, 생산 가능 인구가 30,000명이면, 경제 활동 참가율은 (15,000/30,000)×100=50%가 된다.

정답 ④

19 〈보기〉의 ㉠~㉢에 들어갈 내용을 옳게 짝지은 것은? 2021 서울시(경력직)

보기

15세 이상 인구가 일정한 상태에서 인구 구성의 변화가 발생하였을 때 고용 지표의 변화를 정리하면 다음과 같다.

구분	실업률	고용률	경제 활동 참가
취업자 → ㉠	상승	하락	불변
㉡ → 비경제 활동 인구	하락	불변	하락
비경제 활동 인구 → 실업자	상승	㉢	상승

	㉠	㉡	㉢
①	실업자	취업자	상승
②	실업자	실업자	불변
③	비경제 활동 인구	실업자	불변
④	비경제 활동 인구	취업자	하락

출제 단원 및 영역 경제 4단원 고용지표

해설

㉠ 경제 활동 참가율은 불변이면서 고용률은 하락하였으므로 취업자가 실업자로 이동한 경우이다.

㉡ 경제 활동 참가율이 하락하였으나 고용률이 불편이라고 하였으므로 실업자가 비경제 활동 인구로 이동한 경우이다.

㉢ 비경제 활동 인구가 실업자로 이동하더라도 취업자는 변하지 않으므로 15세 이상의 인구가 일정한 상태에서 고용률은 불변이다.

정답 ②

인플레이션

01 다음은 인플레이션의 두 가지 유형에 관한 표이다. ㉠~㉣에 들어갈 용어로 적절한 것은? 2014 경찰직 2차

유형	요인	현 상	정 책
수요 견인 인플레이션	통화량 증가	총수요 곡선이 (㉠)하여 물가 상승	• (㉡) • 흑자 재정 정책
비용 인상 인플레이션	생산비 증가	총공급 곡선이 (㉢)하여 물가 상승	• (㉣) • 부동산 가격 상승 억제 정책

① ㉠ - 좌측 이동

② ㉡ - 긴축 통화 정책

③ ㉢ - 우측 이동

④ ㉣ - 임금 인상 정책

해설 인플레이션의 종류에는 수요 견인 인플레이션과 비용 인상 인플레이션이 있다. 전자의 경우 총수요가 총공급을 초과할 때 발생하며, 후자의 경우에는 임금이나 금리, 원자재 등의 가격이 상승할 때 나타난다.

수요 견인 인플레이션과 비용 인상 인플레이션의 내용을 비교 정리하여 숙지하고 있어야 한다.

② 수요 견인 인플레이션의 경우 총수요 억제 정책이 해결책이 된다. 이를 위해 긴축 재정과 긴축 금융 등을 할 수 있다.

오답피하기

① 수요 견인 인플레이션의 경우 총수요 곡선이 우측으로 이동한다.

③ 비용 인상 인플레이션의 경우 총공급 곡선이 좌측으로 이동한다.

④ 비용 인상 인플레이션의 경우 생산 비용이 증가했으므로 이를 해결하기 위해 기업 생산량 향상 지원이나 연동 임금제 등을 실시할 수 있다. 임금 인상 정책은 오히려 인플레이션을 더욱 부추기게 된다.

정답 ②

02 인플레이션에 대한 일반적인 설명으로 가장 적절한 것은? 2018 경찰직 1차

① 비용 인상 인플레이션은 총수요의 증가로 인하여 물가가 올라가는 현상이다.
② 인플레이션은 총수요의 감소와 과도한 통화 긴축으로 물가가 지속적으로 하락하는 현상이다.
③ 비용 인상 인플레이션이 발생되면 실질 GDP가 감소한다.
④ 인플레이션은 경기 침체(불황)에도 불구하고 물가가 오히려 오르는 현상이다.

해설
③ 비용 인상 인플레이션이 발생되면 물가도 오르면서 실질 GDP도 감소한다.

오답피하기
① 비용 인상 인플레이션은 총공급의 감소로 인하여 물가가 올라가는 현상이다.

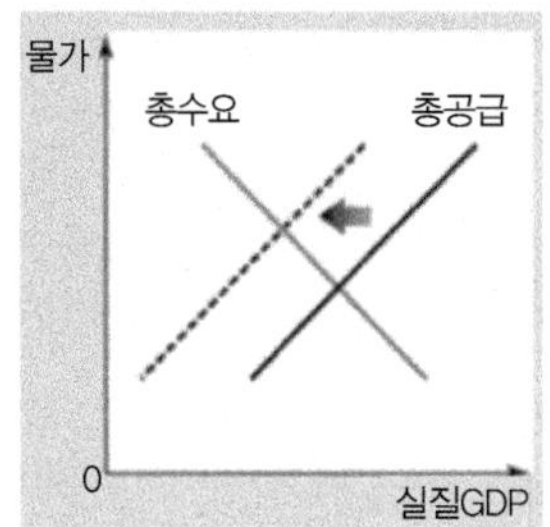

② 인플레이션은 총수요의 증가나 통화 확대로 인해 물가가 지속적으로 상승하는 현상이고, 총수요의 감소와 과도한 통화 긴축으로 물가가 지속적으로 하락하는 현상은 디플레이션이다.
④ 일반적인 인플레이션 즉 수요 견인 인플레이션은 경기 확장과 더불어 물가가 상승하는 현상을 말한다. 경기 침체(불황)에도 불구하고 물가가 오히려 오르는 현상은 비용 인상 인플레이션을 의미한다.

정답 ③

03 물가가 지속적으로 상승하는 현상이 발생할 경우, 일반적으로 나타날 수 있는 경제 상황에 대한 추론으로 옳은 것만을 모두 고르면? 2020 국가직

ㄱ. 채권자는 유리해지고 채무자는 불리해진다.
ㄴ. 환율의 변화가 없는 경우, 경상수지가 악화된다.
ㄷ. 고정된 임금을 받는 가계의 실질소득이 감소하게 된다.
ㄹ. 실물 자산을 보유한 사람이 화폐 자산을 보유한 사람에 비해 불리해진다.

① ㄱ, ㄴ
② ㄱ, ㄹ
③ ㄴ, ㄷ
④ ㄷ, ㄹ

출제 단원 및 영역 경제 4단원 인플레이션의 효과

해설 물가가 지속적으로 상승하는 현상은 인플레이션이다.

인플레이션의 효과
㉠ 불리한 경제 주체: 화폐 자산 소유자, 채권자, 봉급·연금 생활자, 수출업자 등
㉡ 유리한 경제 주체: 실물 자산 소유자, 채무자, 자영업자, 수입업자 등

ㄴ. 국내 물가가 상승하면 수출은 감소하고 수입은 증가하므로 경상수지는 악화된다.
ㄷ. 인플레이션으로 물가가 상승하므로 화폐의 가치는 떨어진다. 즉, 고정된 임금을 받는 가계는 소득은 그대로인데 물가는 상승하였기 때문에 실질소득이 감소하게 된다.

오답피하기
ㄱ. 인플레이션으로 채권자는 불리해지고, 채무자는 유리해진다.
ㄹ. 인플레이션으로 물가가 상승하여 실물 자산을 보유한 사람은 유리해지고, 화폐의 가치는 떨어지므로 화폐 자산을 보유한 사람은 불리해진다.

정답 ③

04 그림 (가)와 (나)의 인플레이션 유형에 대한 설명으로 옳지 않은 것은? (단, 우하향하는 총수요곡선, 우상향하는 총공급곡선을 가정한다) 2020 지방직 · 서울시

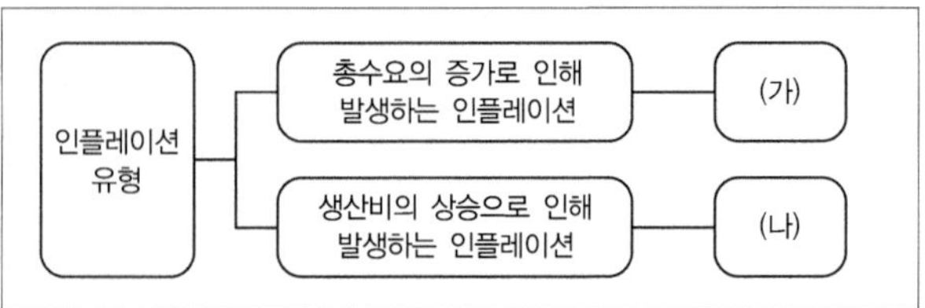

① (가)는 물가 상승과 경기 침체가 함께 발생하는 스태그플레이션(stagflation)을 발생시킬 수 있다.
② (나)의 원인은 임금 상승, 임대료 상승, 원자재 가격 상승 등이다.
③ (가)는 실질 GDP의 증가, (나)는 실질 GDP의 감소를 가져온다.
④ (가)는 총수요곡선의 우측 이동, (나)는 총공급곡선의 좌측 이동으로 나타난다.

해설 (가)는 수요 견인 인플레이션이고, (나)는 비용 인상 인플레이션이다.

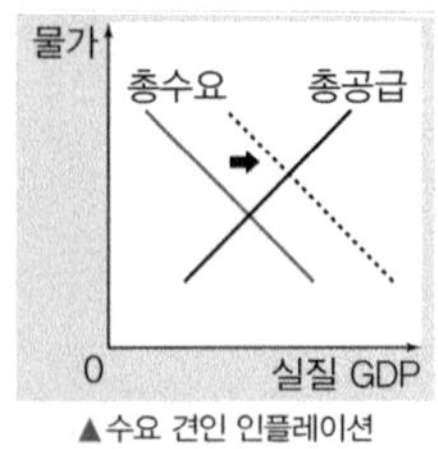

▲수요 견인 인플레이션

▲비용 인상 인플레이션

① 물가 상승과 경기 침체가 함께 발생하는 스태그플레이션(stagflation)을 발생시킬 수 있는 것은 (나)이다. (가)는 경기가 호황일 때 나타나는 것으로 물가 상승과 더불어 실질 GDP도 증가하여 실업률은 낮아진다.

오답피하기

② 비용 인상 인플레이션은 생산비(원자재 가격, 원유 가격 등)의 상승으로 인해 발생하는 인플레이션이다.
③, ④ 수요 견인 인플레이션은 총수요의 증가(총수요 곡선 우측 이동)로 인하여 실질 GDP는 증가하지만, 비용 인상 인플레이션은 총공급의 감소(총공급 곡선 좌측 이동)로 인하여 실질 GDP는 감소한다. (위의 그림 참조)

정답 ①

05 다음 A 또는 B로 인해 인플레이션이 우려될 때, 이에 대한 설명으로 옳지 않은 것은? (단, 총수요 곡선은 우하향하고, 총공급 곡선은 우상향하며, 다른 조건은 불변이다) 2013 국가직

A 원자재 가격의 급등 B 소비 및 투자 증가로 인한 경기 과열

① A로 인해 생산과 고용이 감소한다.
② A의 경우 총 공급곡선이 좌측으로 이동한다.
③ B로 인해 생산과 고용이 증가한다.
④ B에 대한 대책으로 재할인율 인하를 들 수 있다.

해설 A는 원자재 가격이 급등했으므로 생산 비용이 증가하여 공급이 감소하게 된다. 이는 '비용 인상 인플레이션'이다.
B는 소비 및 투자 증가로 인한 것이므로 '수요 견인 인플레이션'이다.

비용 인상 인플레이션	• 원인: 임금이나 원자재 가격 등의 상승 • 해결책: 기업 생산성 향상을 위한 지원, 총 공급 향상 시킬 수 있는 정책 마련
수요 견인 인플레이션	• 원인: 총수요의 증가로 인한 초과 수요 발생 • 해결책: 총수요 억제 정책 (긴축 재정 등)

④ 수요 견인 인플레이션의 경우 초과 수요가 발생하는 것인데, 재할인율을 인하한다면 통화량이 증가하여 오히려 총수요가 더 증가할 수 있어 수요 견인 인플레이션을 더욱 확대 시킬 수 있다.

오답피하기

①, ② 비용 인상 인플레이션의 경우 비용이 증가하여 공급은 감소하게 되는데, 그로 인하여 생산 뿐만 아니라 고용도 감소하고, 총 공급 곡선은 좌측으로 이동한다.
③ 수요 견인 인플레이션의 경우 총수요와 투자가 증가하고 이로 인하여 생산과 고용 역시 증가한다.

정답 ④

06 인플레이션의 유형 A, B에 대한 설명으로 옳은 것은? 2021 국회직

인플레이션은 물가 수준이 지속적으로 상승하는 현상을 말하는데, 요인에 따라 A와 B로 유형이 구분된다. A는 총수요 증가가 원인이며, B는 총공급 감소가 원인이다.

① A는 실질 GDP가 증가하게 된다.
② A는 스태그플레이션 현상이 발생할 수 있다.
③ B는 주로 경기 호황기에 나타난다.
④ B에 대한 대책으로 긴축재정정책, 긴축통화정책을 들 수 있다.
⑤ A는 B와 달리 물가 상승과 함께 경기 침체가 나타난다.

출제 단원 및 영역 경제 4단원 인플레이션

해설 A는 수요 견인 인플레이션, B는 비용 인상 인플레이션이다.

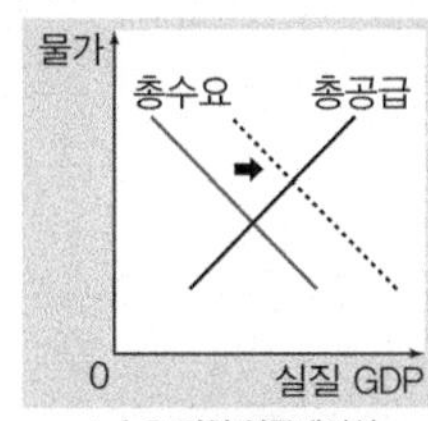

▲수요 견인 인플레이션

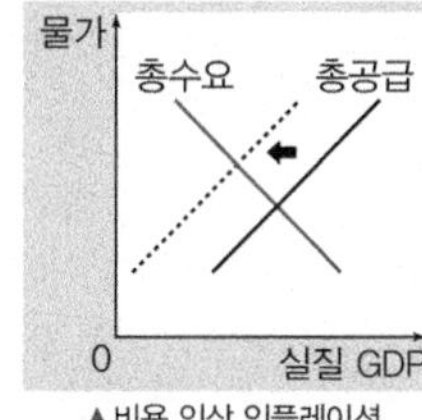

▲비용 인상 인플레이션

① 수요 견인 인플레이션의 경우 총수요의 증가로 인하여 물가가 상승하고 실질 GDP가 증가하게 된다.

오답피하기
② 스태그플레이션 현상은 B에서 발생할 수 있다.
③ 주로 경기 호황기에 나타나는 것은 A이다.
④ 긴축재정정책, 긴축통화정책이 효과를 가져올 수 있는 것은 A이다.
⑤ B는 A와 달리 물가 상승과 함께 경기 침체가 나타나는 스태그플레이션이 나타날 수 있다.

정답 ①

07 다음 글에 대한 설명으로 옳은 것은? 2021년 소방직

최근 코로나19 위기 극복을 위해 전 세계 주요국들은 통화량을 증가했고 이로 인해 인플레이션이 발생할 우려가 제기되고 있다.

① 실질 임금이 하락할 것이다.
② 채권자는 이익을 볼 것이다.
③ 채무자는 손해를 볼 것이다.
④ 화폐의 실질 가치가 상승할 것이다.

출제 단원 및 영역 경제 4단원 인플레이션

해설 인플레이션이란 물가가 지속적으로 상승하는 현상을 말한다.

인플레이션의 영향
㉠ 불리한 경제 주체: 화폐 자산 소유자, 채권자, 봉급·연금 생활자 등
㉡ 유리한 경제 주체: 실물 자산 소유자, 채무자, 자영업자 등

① 실질 임금이란 명목 임금에서 물가 상승률을 뺀 값이다. 따라서 인플레이션으로 물가가 상승하면 실질 임금은 하락하게 된다.

오답피하기
② 인플레이션이 발생하면 통화의 가치가 하락하여 동일한 금액의 채권은 가치가 하락하게 되어 채권자는 손해를 볼 것이다.
③ 채무자는 통화의 가치가 하락하여 동일한 금액을 변제하는 것에 부담이 줄어들게 되어 이익을 볼 것이다.
④ 인플레이션으로 화폐의 실질 가치는 하락할 것이다.

정답 ①

08 인플레이션에 대한 설명으로 가장 적절하지 않은 것은? 2018 경찰직 3차

① 물가 상승이 지속되면 화폐 자산 소유자들이 실물 자산 소유자들에 비해 불리해진다.
② 비용 인상 인플레이션은 전체적 비용 인상 또는 공급 감소에 따른 물가 상승으로 주로 경기 침체와 함께 나타난다.
③ 전체적인 수요 증가에 따라 나타나는 수요 견인 인플레이션이 발생하면 물가를 안정시키기 위한 긴축 정책을 편다.
④ 환율은 그대로인데 인플레이션이 발생하면 수출품 가격이 하락하게 되어 수출이 증가하는 반면, 수입품 가격은 상대적으로 비싸져 수입이 감소한다.

출제 단원 및 영역 경제 4단원 인플레이션

해설
④ 환율은 그대로인데 인플레이션이 발생하면 국내 물가가 상승하여 수출품 가격이 상승하게 되어 수출이 감소하는 반면, 수입품 가격은 상대적으로 싸져 수입은 증가한다. (국내 계란 값이 올랐을 때 외국으로부터 계란을 수입하던 것을 생각하면 된다.)

오답피하기
① 물가 상승이 지속되면 화폐의 가치는 떨어지고 실물 자산의 가격은 상승하므로 화폐 자산 소유자들이 실물 자산 소유자들에 비해 불리해진다.
② 비용 인상 인플레이션은 전체적 비용 인상 또는 공급 감소에 따른 물가 상승으로 주로 경기 침체와 함께 나타나서 스태그플레이션이 나타나기도 한다.
③ 전체적인 수요 증가에 따라 나타나는 수요 견인 인플레이션이 발생하면 물가를 안정시키기 위한 정부와 중앙은행은 통화량을 줄이기 위해 긴축 정책을 편다.

정답 ④

경기 변동(총수요와 총공급의 변동)

01 다음과 같은 경제상황의 변화가 발생했을 때, 총수요-총공급 모형을 이용하여 물가수준과 국내총생산의 변화를 예측한 것으로 옳은 것은? 2015 지방직

(가) 소비와 투자의 위축
(나) 기술수준 향상과 생산비용 절감
(다) (가)의 변화가 (나)의 변화보다 훨씬 큼

① 물가수준 하락, 국내총생산 증가
② 물가수준 하락, 국내총생산 감소
③ 물가수준 상승, 국내총생산 증가
④ 물가수준 상승, 국내총생산 감소

해설 (가)처럼 소비와 투자가 위축되면 총수요는 감소하고 총수요의 곡선은 왼쪽으로 이동하게 된다. (나)처럼 기술수준이 향상되고 생산비용이 절감되면 생산성 향상에 따라 총공급이 증가하게 된다. 그 결과 총공급 곡선은 오른쪽으로 이동하게 된다. (다)에서처럼 (가)의 변화가 (나)의 변화보다 훨씬 크다면 총수요가 감소하는 폭이 총공급이 증가하는 폭보다 더 크게 나타나게 된다. 이처럼 총수요가 감소하는 폭이 총공급이 증가하는 폭보다 더 크게 나타나게 되면 총수요의 곡선의 이동폭이 총공급의 곡선의 이동폭보다 크게 나타나게 되어 물가 수준은 하락하고 국내총생산 역시 감소하게 된다.
② 총수요의 감소는 물가를 하락시키고, 총공급의 증가 역시 물가를 하락시키므로 물가는 반드시 하락하게 될 것이다. 또한 총수요의 감소는 국내총생산을 감소시키는 요인이고, 총공급의 증가는 국내총생산을 증가시키는 요인이 되기는 하지만 총수요의 감소의 폭이 총공급의 증가의 폭보다 더 크다고 했으므로 국내총생산량은 감소하게 된다.

정답 ②

02 **표의 A ~ D는 총수요와 총공급의 변동 상황을 나타낸다. 이에 대한 분석으로 옳은 것은?** 2015 지방직 유사

총공급 \ 총수요	증가	감소
증가	A	B
감소	C	D

① A에서 실질 GDP는 증가한다.
② B에서 물가 수준은 높아진다.
③ 정부 지출 감소와 생산 비용 증가는 C의 요인이다.
④ 소비 지출 증가와 생산성 향상은 D의 요인이다.

해설
① 총수요와 총공급이 증가하면 실질 GDP는 증가하지만 물가 수준은 알 수 없다.

오답피하기
② 총수요가 감소하고 총공급이 증가하면 물가 수준은 낮아진다.
③ 정부 지출 감소는 총수요 감소, 생산 비용 증가는 총공급 감소의 요인이다.
④ 소비 지출 증가는 총수요 증가, 생산성 향상은 총공급 증가의 요인이다.

정답 ①

03 **다음 〈보기〉에서 물가 상승 요인에 해당되는 것을 모두 고른 것은?** 2018 소방직

보기

ㄱ. 순수출의 감소
ㄴ. 정부 지출 확대
ㄷ. 기업의 투자 축소
ㄹ. 중앙은행의 국공채 매입
ㅁ. 중앙은행의 지급 준비율 인하

① ㄱ, ㄴ, ㄷ　② ㄱ, ㄷ, ㄹ
③ ㄴ, ㄹ, ㅁ　④ ㄷ, ㄹ, ㅁ

해설 물가가 상승하기 위해서는 총수요가 증가하거나 총공급이 감소해야 한다.
총수요는 가계 소비 + 기업 투자 + 정부 지출 + 순수출(수출-수입)로 이루어진다. 반면 총공급은 국내 총생산을 의미한다.
ㄴ. 정부 지출 확대는 총수요를 증가시켜 물가 상승 요인이다.
ㄹ. 중앙은행의 국공채 매입은 시장에 통화량이 증가하여 물가가 상승하는 요인이다. 통화량이 증가한다는 것은 이자율을 하락시켜 가계의 소비와 기업의 투자 등을 증가시키고 이는 총수요 증가 요인이 된다.
ㅁ. 중앙은행의 지급 준비율 인하는 시장에 통화량을 증가시켜 물가가 상승하는 요인이 된다.

오답피하기
ㄱ. 순수출의 감소는 총수요를 감소시켜 물가 하락 요인이다.
ㄷ. 기업의 투자 축소는 총수요를 감소시켜 물가 하락 요인이다.

정답 ③

04 **밑줄 친 ㉠, ㉡에 대한 설명으로 옳은 것은?** 2019 국가직

> 경기 변동은 ㉠ 총수요의 변동으로 인해 발생하기도 하고, ㉡ 총공급의 변동으로 인해 발생하기도 한다.

① ㉠이 감소할 경우 스태그플레이션이 나타난다.
② ㉡이 변동할 경우 물가와 실질 GDP는 서로 반대 방향으로 움직인다.
③ ㉡ 곡선이 오른쪽으로 이동하는 요인으로 원자재 가격의 상승을 들 수 있다.
④ ㉠과 ㉡ 모두 증가할 경우 실질 GDP의 증감 여부는 알 수 없다.

출제 단원 및 영역 경제 4단원 국민 경제의 균형과 변동

해설
② 총수요가 일정할 때 총공급이 증가하면 물가는 하락하고, 실질 GDP는 증가한다. 반면, 총공급이 감소하면 물가는 상승하고, 실질 GDP는 감소한다.

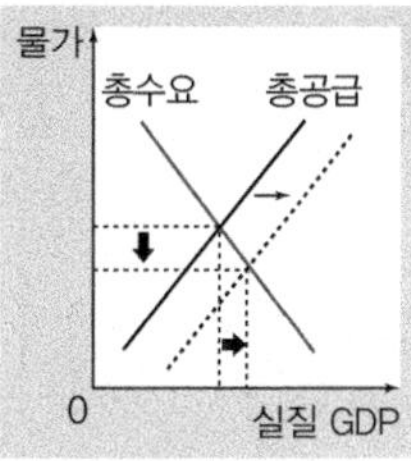

▲총공급 증가

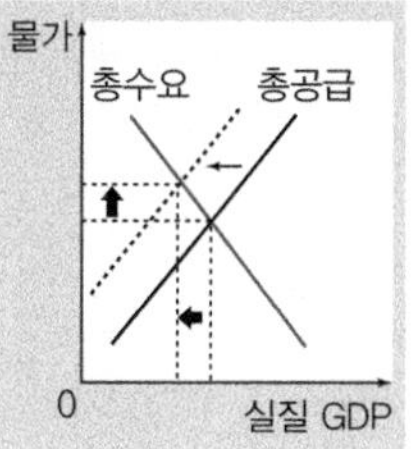

▲총공급 감소

오답피하기
① 스태그플레이션은 비용 인상 인플레이션의 경우 나타나는 것으로 총공급이 감소할 경우 나타난다.
③ 원자재 가격의 상승은 총공급이 감소하는 것으로 총공급 곡선이 좌측으로 이동하는 요인이 된다.
④ 총수요와 총공급이 모두 증가하면 총수요 곡선과 총공급 곡선이 우측으로 이동하여 물가의 상승 여부는 알 수 없지만 실질 GDP는 증가한다.

정답 ②

05 **표는 총수요나 총공급의 변동이 국민 경제 균형에 미치는 영향을 나타낸다. 이에 대한 설명으로 옳은 것은? (단, 총수요 곡선은 우하향하며 총공급 곡선은 우상향한다. 또한 A, B는 총수요, 총공급 중 하나이다)** 2020 국가직

구분	균형 물가 수준	균형 실질 GDP
A만 증가	상승	㉠
B만 감소	상승	㉡
(가)	하락	증가

① A는 총공급, B는 총수요이다.
② ㉠과 ㉡은 모두 '증가'이다.
③ (가)에는 'B만 증가'가 들어갈 수 있다.
④ 정부 지출의 증가는 (가)의 원인이다.

출제 단원 및 영역 경제 4단원 총수요와 총금급의 변동

해설 인플레이션을 생각해보면 균형 물가 수준이 상승하는 경우는 총수요가 증가하거나 총공급이 감소하는 경우이다. 따라서 A는 총수요, B는 총공급이다.

③ 균형 물가 수준은 하락하고, 균형 실질 GDP는 증가하기 위해서는 총공급만 증가한다가 들어갈 수 있다.

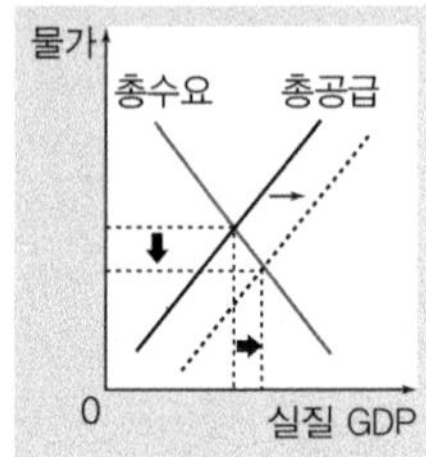

▲총공급 증가

오답피하기

① A는 총수요, B는 총공급이다.
② 총수요만 증가할 경우 균형 물가는 상승하고 균형 실질 GDP는 증가한다. 반면 총공급만 감소할 경우 균형 물가는 상승하지만, 균형 실질 GDP는 감소한다.

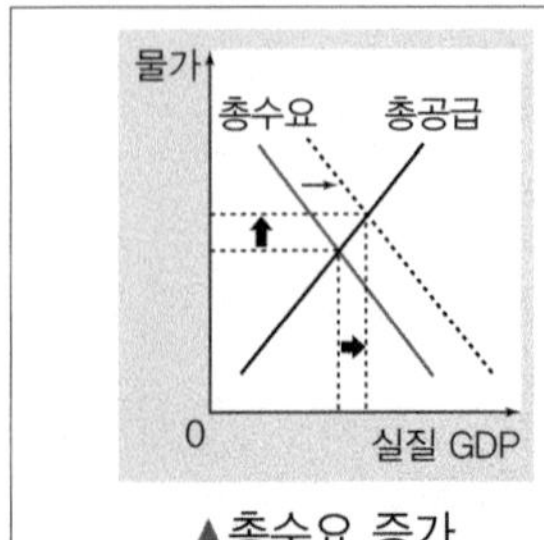

▲총수요 증가

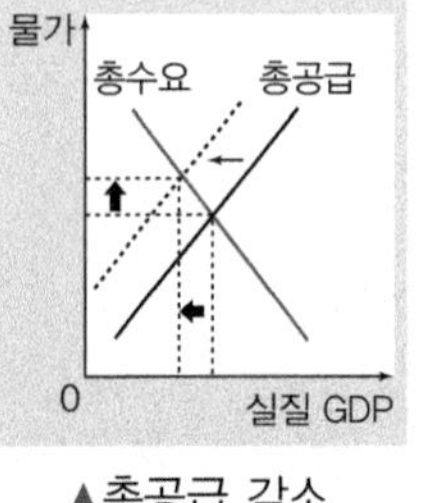

▲총공급 감소

④ 총수요=가계소비+기업투자+정부지출+순수출로 이루어지므로 정부 지출의 증가는 총수요 증가의 요인이 된다. ③번에서 살펴본 것처럼 총공급만 증가할 경우 나타날 수 있는 것이므로 정부 지출의 증가가 (가)의 원인이라고 할 수 없다.

정답 ③

06 **스태그플레이션(stagflation)에 대한 설명으로 옳은 것만을 모두 고른 것은?** 2018 국가직

ㄱ. 1930년대 미국의 대공황은 대표적인 스태그플레이션의 사례이다.
ㄴ. 생산요소 가격상승에 따른 비용인상 인플레이션을 초래한다.
ㄷ. 물가상승과 경기침체가 동시에 일어나는 불황 속의 인플레이션을 말한다.

① ㄱ, ㄴ
② ㄱ, ㄷ
③ ㄴ, ㄷ
④ ㄱ, ㄴ, ㄷ

해설

ㄴ. ㄷ 생산비용의 증가로 인하여 총공급이 감소하고 이로 인하여 물가가 지속적으로 상승하는 경우를 비용 인상 인플레이션이라고 하며, 이로 인하여 물가 상승과 경기 침체가 동시에 일어나는 불황 속의 인플레이션인 스태그플레이션이 나타난다.

오답피하기

ㄱ. 대표적인 스태그플레이션은 1973년과 1978년 두 차례 나타났던 석유 파동이다.

정답 ③

07 다음 그림은 경기순환곡선을 나타낸 것이다. 각 시기의 일반적 특징에 대한 설명으로 가장 적절하지 않은 것은? 2018 경찰직 2차

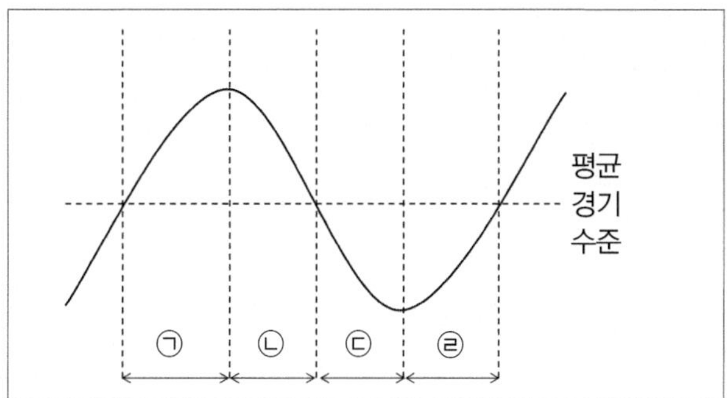

① ㉠은 경제활동이 가장 활발해지는 시기로서 소비와 생산이 증가되지만, 물가 상승률이 높아 물가 안정 문제가 대두될 수 있는 시기이다.
② ㉡은 경제활동 수준이 위축되고 둔화되는 시기로서 소비와 투자, 재고가 감소되며, 물가 상승률이 높아진다.
③ ㉢은 경제 활동이 최저 수준으로 낮아지는 경기 침체 시기로서 투자, 소비, 생산과 고용 등이 가장 낮은 수준이다.
④ ㉣은 경제활동 수준이 회복되고 증가되는 시기로서 고용, 투자, 소비 등이 증가하고, 물가는 서서히 상승한다.

해설 ㉠은 확장기, ㉡은 후퇴기, ㉢은 수축기, ㉣은 회복기에 해당한다. ㉡은 후퇴기에 대한 설명으로 전단의 설명은 맞지만, 후단의 설명과 관련하여 소비와 투자는 감소되고, 재고가 증가하며, 물가 상승률이 낮아진다.

정답 ②

08 다음에서 〈보기 1〉은 1960년대 이전 C국에서의 물가 상승률과 실업률간의 관계를 나타낸 것이고, 〈보기 2〉는 1980년 C국의 경제 상황을 설명한 것이다. 〈보기 1〉과 〈보기 2〉에 대한 분석으로 옳은 것은? 2014 지방직

보기1

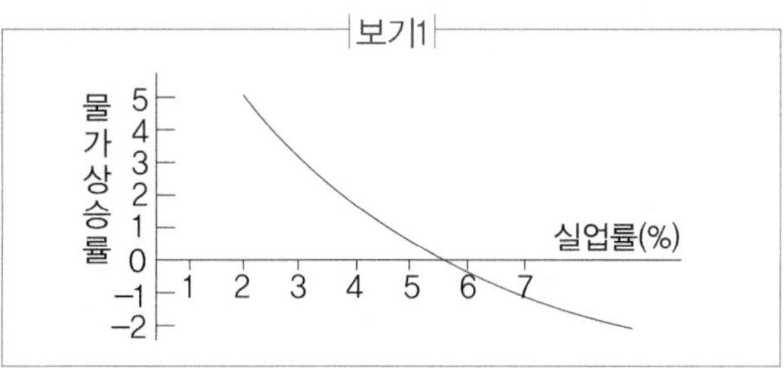

보기2

1970년대의 오일 쇼크로 세계 경제가 수년간 저성장과 고물가 상황에 처했었다. C국도 이 여파로 1980년에 스테그플레이션(stagflation) 현상을 경험하였다.

① 〈보기 1〉에서 C국이 긴축 정책을 시행하면 물가는 안정되고 실업률은 낮아진다.
② 〈보기 2〉는 C국의 물가상승률과 실업률 간의 음(−)의 상관관계를 나타내고 있다.
③ 〈보기 2〉의 경제 상황을 〈보기 1〉의 물가 상승률과 실업률간의 관계로 설명하기에는 어려움이 따른다.
④ C국의 중앙은행이 금리를 낮추면, 〈보기 1〉과 〈보기 2〉의 경우에 물가 상승률이 낮아진다.

해설 〈보기1〉은 물가 상승률과 실업률이 단기적으로 반비례되고 있는 필립스 곡선을 나타내고 있다. 필립스 곡선에서는 총수요가 증가하면 물가 상승률이 높아지고 실업률은 낮아지며, 총수요가 감소하면 물가 상승률이 낮아지고 실업률이 높아짐을 보여준다.
〈보기2〉는 석유파동으로 인해 석유의 공급이 감소하고 그 결과 물가 상승률과 실업률이 모두 높아졌다는 것을 보여 준다.
③ 〈보기2〉의 석유파동으로 인해 석유의 공급이 감소하고 그 결과 물가 상승률과 실업률이 모두 높아졌다는 것은 〈보기1〉의 필립스 곡선으로는 설명하기 어렵다. 〈보기1〉은 물가 상승률과 실업률이 반비례의 관계에 있지만 〈보기2〉는 물가 상승률과 실업률이 모두 증가하고 있기 때문이다.

오답피하기
① 긴축 정책을 시행하면 총수요가 감소하므로 물가는 안정되고 실업률은 높아진다.
② 〈보기2〉의 오일쇼크에 의한 스태그플레이션 상황에서는 총공급이 감소하여 물가 상승률과 실업률이 모두 높아지게 되므로, 반비례가 관계가 아니다.
④ 중앙은행이 금리를 낮추면 총수요가 증가하여 물가가 올라가게 되어 스태그플레이션 상태에서 하이퍼인플레이션을 겪게 된다.

정답 ③

09 경제 현상과 개념에 대한 설명으로 가장 옳은 것은?

2016 해양경찰

① 국내 총생산은 소비 지출 + 투자 지출 + 정부 지출 + 수출로 계산할 수 있다.

② 명목 GDP는 생산량이 증가하는 경우뿐만 아니라 가격이 상승하는 경우에도 증가한다.

③ 더 나은 일자리를 찾거나 직장을 옮기는 직업 탐색 과정에서 발생하는 실업을 마찰적 실업이라고 하며 비자발적 실업에 속한다.

④ 경기 침체와 통화의 가치가 지속적으로 떨어지는 현상이 동시에 나타나는 것을 디플레이션이라고 한다.

해설

② 명목 GDP는 당해 연도의 가격과 생산량의 곱으로 계산하므로 생산량이 증가하는 경우뿐만 아니라 가격이 상승하는 경우에도 증가한다. 이렇듯 가격 상승으로 GDP가 증가하여 정확한 GDP의 계산이 정확하지 않은 것 때문에 물가 상승률을 배제한, 즉 기준연도의 가격과 당해 연도의 생산량의 곱으로 GDP를 계산하는 실질 GDP가 경제 성장률을 계산할 때 사용한다.

오답피하기

① 삼면등가의 원칙에 따라 국내 총생산 = 지출 국민 소득 = 분배 국민 소득으로 나타낼 수 있다. 지출 국민 소득은 소비 지출 + 투자 지출 + 정부 지출 + 순수출(수출–수입)으로 나타낸다.

③ 전단의 설명은 맞다. 그러나 마찰적 실업은 자발적 실업에 해당한다.

④ 경기 침체와 통화의 가치가 지속적으로 떨어지는 현상이 동시에 나타나는 것은 스테그플레이션이라고 한다. 이는 비용인상 인플레이션일 때 나타난다. 반면 물가가 지속적으로 하락하는 현상인 디플레이션의 경우 물가가 낮아지므로 통화의 가치는 오히려 상승한다.

정답 ②

10 경제 현상과 개념에 대한 설명으로 옳은 것을 모두 고른 것은?

2013 서울시

가 국내 총생산은 소비지출+투자지출+정부지출+수출로 계산할 수 있다.
나 명목GDP는 생산량이 증가하는 경우뿐만 아니라 가격이 상승하는 경우에도 증가한다.
다 더 나은 일자리를 찾거나 직장을 옮기는 직업 탐색 과정에서 발생하는 실업을 마찰적 실업이라고 하며 비자발적 실업에 속한다.
라 명목 국내 총생산을 실질 국내 총생산으로 나눈 값에 100을 곱한 것을 GDP디플레이터라고 한다.
마 경기침체와 통화의 가치가 지속적으로 떨어지는 현상이 동시에 나타나는 것을 디플레이션이라고 한다.

① 가, 라
② 나, 라
③ 가, 다, 라
④ 나, 다, 라
⑤ 다, 라, 마

해설

나. GDP는 최종 생산물의 가치의 합이므로 생산량×가격의 총합으로 구할 수 있다. 따라서 명목 GDP는 생산량이 증가하는 경우뿐만 아니라 가격이 상승하는 경우에도 증가한다.

라. 명목 국내 총생산을 실질 국내 총생산으로 나눈 값에 100을 곱한 것을 GDP 디플레이터라고 한다.

$$GDP\text{디플레이터(물가지수)} = \frac{\text{명목 } GDP}{\text{실질 } GDP} \times 100$$

오답피하기

가. 국내 총생산은 소비 지출+투자 지출+정부 지출+순수출(수출–수입)이다.

다. 더 나은 일자리를 찾거나 직장을 옮기는 직업 탐색 과정에서 발생하는 실업을 마찰적 실업이라고 하며, 마찰적 실업은 자발적 실업에 속한다.

마. 경기 침체와 통화의 가치가 지속적으로 떨어지는 현상(물가 상승)을 스태그플레이션이라고 한다.

정답 ②

11 그림은 총공급의 변동을 나타낸다. 이에 대한 설명으로 옳은 것은? 2021년 소방직

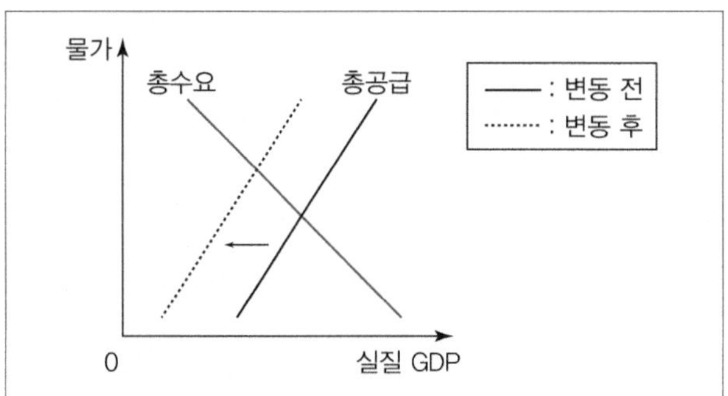

① 기업의 투자 증가가 변동 요인이다.
② 생산 요소의 가격 상승이 변동 요인이다.
③ 총공급 변동으로 실질 GDP가 증가한다.
④ 총공급 변동으로 디플레이션 현상이 발생한다.

출제 단원 및 영역 경제 4단원 총수요와 총공급

해설 총공급의 감소로 물가는 상승하고 실질 GDP는 감소하게 되는 모습이 나타난다. 이는 스테그플레이션의 모습이기도 하다.
② 생산 요소의 가격 상승은 총공급의 감소 요인이 된다.

오답피하기
① 기업의 투자 증가는 총공급 증가 요인이 된다.
③ 총공급 감소로 실질 GDP가 감소한다.
④ 총공급 감소로 스테그플레이션 현상이 발생한다. 디플레이션 현상은 물가가 지속적으로 하락하는 현상을 말하는데, 위의 그래프는 물가가 상승하고 있다.

정답 ②

경제 안정화 정책

01 경기변동에 따른 경제 안정화 정책에 대한 설명 중 가장 적절하지 않은 것은? 2017 경찰직 2차

① 경기 과열 시 세율을 인상하여 총수요를 감소시킨다.
② 경기 과열 시 지급 준비율을 인상하여 총수요를 감소시킨다.
③ 경기 침체 시 국공채를 매입하여 총수요를 증가시킨다.
④ 경기 침체 시 정부지출을 줄여 총수요를 증가시킨다.

해설
④ 경기 침체 시에는 정부지출을 늘리는 확장재정을 통해 총수요를 증가시켜야한다.

오답피하기
① 경기과열 시 긴축재정정책을 실시한다.
② 경기과열 시 긴축통화정책을 실시한다.
③ 경기침체 시 확장통화정책을 실시한다.

정답 ④

02 다음 밑줄 친 '경기대책'으로 가장 적절한 것은? 2014 해양경찰

> 갑국의 정부와 중앙은행은 1월의 경제성장률을 3%, 물가상승률은 2.5%로 전망하였다. 그러나 7월에는 경제성장률이 1%, 물가상승률은 1.2% 정도가 될 것으로 전망하고 있다. 이러한 전망치의 변화에 따라 적절한 경기대책을 검토하고 있다.

① 기준금리 인상
② 소득세 세율 인상
③ 공공근로사업 축소
④ 중앙은행의 국공채 매입

해설 경제성장률과 물가상승률이 모두 하락하고 있으므로 이에 대해서는 경기부양정책이 필요하다.
④ 중앙은행의 국공채 매입은 시중에 통화가 증가하고 이러한 통화는 기업의 투자와 가계의 소비로 이어져 경기를 활성화시킬 수 있다.

오답피하기
①, ②, ③ 모두 경기가 과열되었을 때 경기를 안정화시키기 위한 정책들이다.

정답 ④

03 경기변동에 따른 경제안정화 정책에 대한 설명으로 옳은 것은? 2016 국가직

① 경기과열 시 지급준비율을 인상하여 총수요를 감소시킨다.
② 경기과열 시 세율을 인하하여 총수요를 감소시킨다.
③ 경기침체 시 국공채를 매각하여 총수요를 증가시킨다.
④ 경기침체 시 정부지출을 축소하여 총수요를 증가시킨다.

해설
① 경기 과열 시 금융 긴축 정책을 통해 통화량 감축을 유도해야 한다. 지급 준비율과 재할인율을 인상하고, 국공채를 매각하여 총수요를 감소시켜야 한다. 따라서 해당 정책은 적절한 대책이다.

오답피하기
② 경기 과열 시 긴축 재정(흑자 재정)을 운영하여 경기 안정을 유도해야 한다. 세율 인상, 정부 지출 감소를 통해 총수요를 감소시켜야 한다. 세율 인하는 경기 침체 시 확대 재정 정책에 해당한다.
③ 경기 침체 시 금융 완화 정책(확대 금융)을 통해 통화량 증대를 유도해야 한다. 지급 준비율과 재할인율을 인하하고, 국공채를 매입하여 총수요를 증가시켜야 한다. 국공채 매각은 경기 과열 시 금융 긴축 정책에 해당한다.
④ 경기 침체 시 적자 재정(확대 재정)을 운영하여 경기 활성화를 유도해야 한다. 세율 인하, 정부 지출 증가를 통해 총수요를 증가시켜야 한다. 정부 지출 축소는 흑자 재정에 해당한다.

정답 ①

04 경기과열 시 총수요를 줄이기 위한 통화정책으로 바르게 묶은 것은? 2019 국가직

	국·공채	재할인율	지급준비율
①	매입	인하	인하
②	매입	인하	인상
③	매각	인상	인하
④	매각	인상	인상

출제 단원 및 영역 경제 4단원 경제 안정화 정책

해설 경제 과열 시 총수요를 줄이기 위해서는 긴축 통화 정책을 시행해야 한다.
④ 경기과열 시 시중에 통화량이 많은 상태이므로 이를 줄이기 위해서는 국·공채를 매각하거나, 재할인율과 지급준비율을 인상하는 것이 필요하다.

■ 재정 정책과 통화 정책의 조화

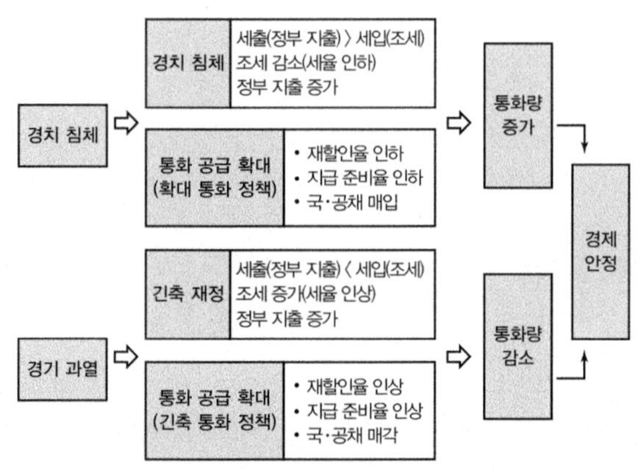

정답 ④

05 경제 안정화 정책에 대한 설명으로 가장 적절하지 않은 것은? 2020 경찰직 2차

① 국내 총생산이 감소하고 물가가 상승할 경우, 한국은행은 물가 상승률을 낮추기 위해 재할인율을 인하할 수 있다.
② 총수요가 총공급을 초과하는 현상이 나타날 경우, 정부는 이러한 경제 문제를 해결하기 위해 정부 지출을 줄이거나 세율을 인상할 수 있다.
③ 코로나19(COVID-19)로 인해 실업률이 증가하고 소비가 감소하는 현상이 나타날 경우, 정부는 경기를 부양하기 위해 적자 재정 정책을 시행할 수 있다. 한국은행도 정부의 재정 정책에 발맞추어 지급 준비율 인하를 실시할 수 있다.
④ 기업의 투자를 증대시키고 경제 성장을 견인하려 할 경우, 한국은행은 국공채를 매입할 수 있다.

해설
① 국내 총생산이 감소하고 물가가 상승하는 등 스테그플레이션의 상황이 나타날 경우 한국은행이 물가 상승률을 낮추기 위해서는 재할인율을 인상하여야 한다.

오답피하기
② 총수요가 총공급을 초과하는 현상이 나타날 경우 물가가 상승한다. 정부는 이러한 경제 문제를 해결하기 위해 정부 지출을 줄이거나 세율을 인상하는 등 긴축 재정 정책을 할 수 있다.
③ 코로나19(COVID-19)로 인해 실업률이 증가하고 소비가 감소하는 현상이 나타나는 등 경기가 침체될 경우 정부는 적자 재정 정책을 시행하고, 한국은행도 확대 통화 정책의 일환으로 지급 준비율 인하를 실시할 수 있다.
④ 경기가 침체될 경우 기업의 투자를 증대시키고 경제 성장을 견인하려한다면 한국은행이 국공채를 매입하여 경기를 부양할 수 있다. 국공채 매입으로 시중에 통화량이 증가하여 이자율은 낮아지고 가계 소비와 기업의 투자는 증가할 수 있기 때문이다.

정답 ①

06 A국에서 실업이 증가하고 소비와 투자가 감소하는 현상이 나타났다. 이러한 문제를 해결하기 위해 A국 정부와 중앙은행이 실시해야 하는 정책으로 가장 적절하지 않은 것은? 2019 경찰직 1차

① 정부의 국채 매입 확대
② 중앙은행의 재할인율 인상
③ 기준 금리 인하
④ 지급 준비율 인하

출제 단원 및 영역 경제 4단원 경제 안정화 정책

해설 A국에서 실업이 증가하고 소비와 투자가 감소하는 현상이 발생한 것은 경기가 침체되었음을 보여준다. 이를 위해서 정부와 중앙은행은 경기 부양 정책을 실시하여야 한다.
② 중앙은행의 재할인율 인상은 경기 과열시 실시하는 통화정책이다.

정답 ②

07 〈보기 1〉의 밑줄 친 ㉠, ㉡ 기관이 추진할 정책에 대한 내용을 가장 옳게 추론한 것을 〈보기 2〉에서 모두 고른 것은?

2019 서울시 공개 및 경력 1회

보기1

정부가 올해 하반기 우리 경제 상황을 부정적으로 평가하였다. 소비가 더디게 회복되고 고용 증가세도 악화되고 있기 때문이다. 이에 ㉠ 정부와 ㉡ 중앙은행은 여러 대책을 고민하고 있다.

보기2

ㄱ. ㉠은 세율을 인하하여 가계의 처분가능 소득을 감소시킬 것이다.
ㄴ. ㉡은 채권시장에서 국·공채를 매입할 것이다.
ㄷ. ㉠과 ㉡은 총수요를 증가시키는 방향으로 정책을 추진할 것이다.
ㄹ. ㉠은 통화 정책, ㉡은 재정 정책으로 경기 안정화에 나설 것이다.

① ㄱ, ㄴ　② ㄱ, ㄹ
③ ㄴ, ㄷ　④ ㄷ, ㄹ

출제 단원 및 영역　경제 4단원 경제 안정화 정책

해설　경제 안정화 정책이란 정부나 중앙은행이 물가와 실업 문제를 해결하기 위해 정책 수단을 사용하는 것으로 종유로는 아래와 같다.

구분	주체	수단	종류
재정 정책	정부	정부 지출과 조세	확대 재정, 긴축 재정
금융 정책	중앙은행	통화량이나 이자율 조절	확대 금융, 긴축 금융

〈보기 1〉에서 소비가 더디게 회복되고 고용 증가세도 악화되고 있다고 하였으므로 이 때 정부는 확대 재정 정책을, 중앙은행은 확대 금융 정책을 실시해야 한다.
ㄴ. 중앙은행이 국·공채를 매입하는 것은 시중에 통화량을 늘려 경기 부양을 하는 것으로 적절한 정책이 될 수 있다.
ㄷ. 사안의 경우 경기 침체에 해당하므로 정부와 중앙은행은 확대 정책을 통해 총수요를 증가시키는 방향으로 정책을 추진할 것이다.

오답피하기
ㄱ. 경기 침체 시 정부가 세율을 인하하는 것은 적절한 정책에 해당하지만, 세율을 인하하면 가계의 처분 가능 소득은 증가하게 된다. 처분 가능 소득이란 소득에서 비소비 지출(ex. 세금)을 뺀 값이기 때문이다.
ㄹ. 순서가 뒤바뀌었다. 정부는 재정 정책을, 중앙은행은 통화 정책을 통하여 경기 안정화 정책을 시행한다.

정답 ③

08 밑줄 친 정책에 대한 설명으로 옳지 않은 것은?

2015 사회복지직

2007~2009년의 금융위기 이후 미국은 불황에 빠졌으며, 경기 부양책에도 불구하고 다시 경기가 침체에 빠지는 더블딥(double-dip) 가능성이 제기되었다. 그렇다고 경기 부양을 위해 추가적으로 재정지출을 하는 것은 부담스러운 상황이었다. 이미 막대한 재정적자가 누적되어 있었기 때문이다. 이에 따라 미국 연방준비제도(Federal Reserve System)는 <u>양적 완화(quantitative easing) 정책</u>을 펴왔다.

① 이는 재할인율 인하와 같은 취지의 정책이다.
② 미국 연방준비제도의 대규모 국채 매입은 이 정책에 포함된다.
③ 이 정책의 효과가 지나치면 실질 이자율이 증가한다.
④ 이 정책으로 환율의 변화가 일어난다면 미국 달러의 구매력이 낮아진다.

해설
③ 양적 완화 정책으로 중앙 은행이 국채 등을 매입하면 자국의 통화량은 증가하여 물가는 상승하고 실질 이자율은 감소한다.

오답피하기
① 재할인율이란 민간은행이 중앙은행(한국은행)으로부터 자금을 빌릴 때 적용되는 이자를 말하는데, 경기가 침체되면 물가는 하락하고 화폐가치가 상승되며 시중의 통화량이 적어진다. 이 때 재할인율을 인하하면 시중의 통화량은 증가하고 화폐가치는 하락하고 경기를 회복할 수 있는 부양책으로 작용한다. 즉 재할인율을 인하하면 은행 금리는 하락하여 대출이 증가하여 통화량은 증가한다. 양적완화 역시 경기 부양책으로 시중의 통화량을 증가시키는 정책이다.
② 미국 연방준비제도의 대규모 국채 매입은 양적 완화 정책의 대표적인 예가 된다.
④ 양적완화 정책을 실시하면 통화량이 증가하여 화폐가치는 하락하고 그 결과 미국 달러의 구매력은 낮아진다.

정답 ③

09 다음과 같은 경제 조치로 발생할 경제현상에 대한 적절한 설명을 〈보기〉에서 고른 것은? 2014 경찰직 2차

> 최근 정부와 한국은행은 기업의 투자를 증대시키고 경제 성장을 견인하기 위해 한국은행의 기준 금리를 인하하기로 결정하였다.

보기

㉠ 통화량이 감소하여 물가가 상승할 것이다.
㉡ 가계의 아파트 담보 대출은 감소할 것이다.
㉢ 은행의 예금 가입보다 채권 투자가 증가할 것이다.
㉣ 은행은 대출 금리보다 예금 금리를 더 인하할 것이다.

① ㉠, ㉡
② ㉠, ㉢
③ ㉡, ㉣
④ ㉢, ㉣

해설 사안의 경우 정부와 한국은행이 기준 금리를 인하하였으므로 은행의 대출은 증가할 것이며 그 결과 통화량이 증가할 것이다. 즉, 통화 확장정책으로 통화량이 증가할 것이다.
㉢ 금리를 인하하였으므로 예금이자는 낮아지고 이로 인하여 확정 금리인 채권으로 관심이 더욱 많아질 것이다.
㉣ 금리를 인하하였으므로 대출 금리와 예금금리 모두 낮아지게 되고, 특히 은행은 대출 금리보다 예금 금리를 더 인하할 것이다.

오답피하기
㉠ 통화량은 더욱 증가하고 물가는 더욱 상승한다.
㉡ 금리가 낮아지므로 아파트 담보 대출은 더욱 증가할 것이다.

정답 ④

10 세계 경기 침체의 영향에 따른 한국 경제의 저성장 문제를 해결하기 위해 한국은행은 금리 인하를 단행했다. 이처럼 정부가 금리 인하를 단행할 때, 다음 중 예상할 수 있는 내용으로 적절하지 않은 것은? (단, 금리 인하로 한국 경제에 대한 시각은 낙관적으로 전환되었고, 경제 주체는 합리적인 의사결정을 한다고 가정한다.) 2016 경찰직 1차

① 환율이 상승하고, 수출이 증가한다.
② 국내 물가 상승 압력은 줄어든다.
③ 가계는 저축을 줄이고, 기업은 투자를 늘린다.
④ 민간 소비와 투자 증가로 총수요가 증가하기 때문에 국내 경제 활동이 활발해진다.

해설
② 금리 인하를 통한 확장 금융정책을 실시한 경우 시중에 통화량이 증가하고 화폐의 가치는 하락하며, 충수요의 증가로 인플레이션이 나타날 수 있다. 또한 총수요의 증가로 GDP는 증가하고 물가는 상승할 것이다.

오답피하기
① 금리 인하로 원화의 가치는 하락하면 환율은 상승하고 수입은 감소하고 수출은 증가한다.
③, ④ 금리 인하로 은행 저축 이자는 줄어들게 되어 가계는 저축을 줄이고, 대출 이자의 하락으로 기업은 투자를 늘린다. 따라서 민간 소비와 투자 증가로 총수요가 증가하기 때문에 국내 경제 활동이 활발해진다.

정답 ②

11 다른 조건이 일정한 상황에서 한국은행이 기준금리를 올렸을 때, 예상되는 경제 현상으로 적절하지 않은 것은? 2016 경찰직 2차

① 저축이 늘어난다.
② 소비와 투자가 줄어든다.
③ 수출이 줄어든다.
④ 외국 자본의 유출이 늘어난다.

해설
④ 기준금리 인상에 따른 이자 수입의 효과를 누리기 위해서 외국 자본의 유입이 증가한다.

오답피하기
①, ② 한국은행이 기준금리를 올리면 더 높은 이자 수입을 얻기 위해 저축은 증가하고 소비는 줄어든다. 금리 인상으로 기업이나 가계의 경우 대출 이자의 부담으로 투자는 줄어든다.
③ 기준금리 변경은 환율에도 영향을 미치게 된다. 예를 들어 여타국의 금리가 변하지 않은 상태에서 우리나라의 금리가 상승할 경우 국내 원화표시 자산의 수익률이 상대적으로 높아져 해외 자본이 유입될 것이다. 이로 인해 환율은 하락하고 원화 가치는 상승한다. 원화 가치 상승은 원화표시 수출품 가격을 상승시켜 수출의 감소를 가져 온다.

정답 ④

12 밑줄 친 정책으로 적절한 것을 〈보기〉에서 고른 것은? 서울시 2013

> A국은 실업이 증가하고 소비와 투자가 감소하는 현상이 나타났다. A국 정부와 중앙은행은 이러한 경제 문제를 해결하기 위한 정책을 실시하였다.

보기
가. 국·공채 매입
나. 기준 금리 인상
다. 지급준비율 인하
라. 흑자 재정 정책 실시

① 가, 나 ② 가, 다
③ 나, 다 ④ 나, 라
⑤ 다, 라

해설 A국은 실업이 증가하고 소비와 투자가 감소하고 있으므로 불황인 경제 상황이다. 경기 불황일 때 경기 부양을 위한 정책을 펼쳐야 하는데, 정부의 확대 정책과 중앙 은행의 확대 정책이 적절한 정책이 될 수 있다.
가. 다. 중앙은행이 국공채를 매입하거나 지급준비율을 인하하면 시중에 통화량이 증가하여 총수요와 투자가 증가한다. 이는 불황에 대한 대책으로 적절하다.

오답피하기
나. 중앙은행이 기준 금리를 인상하면 기업은 투자지출을 줄일 수밖에 없다. 기업의 투자지출이 감소하면 총수요가 감소하여 물가가 하락하게 되는데 이는 경기 과열 시에 나타나는 대책이다.
라. 정부가 흑자 재정을 실시한다는 것은 세입을 늘리고 세출을 줄인다는 것으로 경기 과열 시에 나타나는 대책이다.

정답 ②

13 다음 〈보기〉에 대한 현상이 심화되었을 때 이에 대한 정부의 적절한 대처로 올바른 것은? 2014 서울시

보기
- 총수요가 총공급을 초과
- 재고 감소와 활발한 생산 활동

① 정부는 적자 예산을 편성하여 물가를 내리도록 한다.
② 정부는 지급 준비율을 인상하여 대출이 쉽게 되도록 유도한다.
③ 정부는 흑자 예산을 편성하여 신규 투자를 유도한다.
④ 정부는 이전 지출을 늘려서 저소득층에 대한 지원을 강화한다.
⑤ 정부는 긴축 재정을 운용하여 총수요를 억제한다.

해설 총수요가 총공급을 초과하고 재고감소 및 활발한 생산활동이 일어나는 경우라면 경기가 과열되고 호황일 때이다. 이러한 호황기에 대해서는 정부는 경제안정화 정책으로 긴축 재정과 흑자 재정을 운영해야 한다.
⑤ 정부의 긴축재정을 운용하여 총수요를 억제하는 것은 경기가 과열될 때 정부의 적절한 대처가 된다.

오답피하기
① 정부가 적자 예산을 편성할 경우 오히려 세출의 증가로 총수요가 더욱 증가하여 물가가 오르게 된다. 따라서 정부는 흑자편성을 해야 한다.
② 지급 준비율을 인상하게 되면 통화량이 감소하여 이자율은 상승하게 되고 그 결과 대출은 어렵게 된다. 또한 지급 준비율의 인상은 중앙은행의 권한이며, 정부의 권한은 아니다.
③ 정부가 흑자 예산을 편성하게 되면 세입이 증가하게 되고 그에 반해 세출은 줄어들게 되어 신규 투자는 더 어렵게 된다. 또한 경기 과열 시 신규 투자를 억제하는 것이 바람직한 대응이다.
④ 정부가 이전 지출을 늘리게 되면 오히려 총수요가 증가하게 되어 물가는 오르게 된다.

정답 ⑤

14 다음은 A국이 직면하고 있는 경제 상황을 타개하기 위해 A국 정부가 제시한 정책들이다. A국의 당면 과제로 가장 적절한 것은? 2013 지방직

- 정부의 국채 매입 확대
- 기존 금리 인하
- 기업의 투자 촉진을 위한 인센티브 확대
- 사회 간접 자본 확충을 위한 정부 지출의 조기 집행

① 경기 활성화
② 인플레이션 억제
③ 기술 개발 여건 조성
④ 국제 수지의 단기적 개선

해설 정부의 국채 매입 확대와 기준 금리 인하는 통화량을 증대시켜 소비와 투자가 살아나서 총수요가 증가하게 된다. 기업의 투자 촉진을 위한 인센티브 확대 와 사회 간접 자본 확충을 위한 정부 지출의 조기 집행도 총수요를 확대시키는 정책이다.
① 위의 수단들은 모두 총수요를 확대시켜 경기를 활성화시키고자 하는 정부의 정책이라고 할 수 있다.

오답피하기
② 인플레이션을 억제하기 위해서는 오히려 총수요를 억제시키는 정책이 필요하며, 또한 총수요가 확대되면 물가가 상승하여 인플레이션을 유발할 수 있다.
③ 기술 개발의 여건을 조성하는 것으로 정부의 보조금 지급이나 기술개발투자 비용에 대해서 세금 감면을 해 주는 정책이 있다. 이는 생산(공급)을 증가시키는 정책으로 제시된 정책과 관계가 없다.
④ 국제 수지의 단기적 개선을 위해서는 환율을 인상시키거나 관세를 인상시키는 방법 등이 있다. 이것은 제시된 정책과 관계가 없다.

정답 ①

15 〈보기〉의 그래프는 경기변동 추이를 나타낸 것이다. A시기에 요구되는 경제 안정화 정책으로 가장 옳은 것은? 2018 서울시

보기

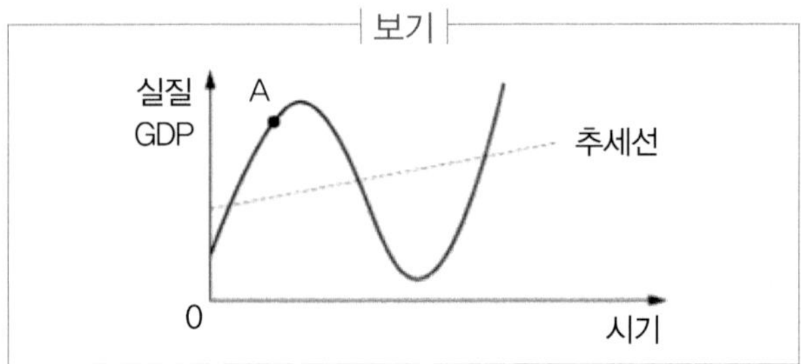

① 세율 인하 ② 정부지출 증가
③ 재할인율 인상 ④ 국공채 매입

해설 사안의 A시기는 경기가 확장되고 있는 '확장기'를 의미한다. 이러한 확장기의 경우 생산과 소비 및 투자가 가장 활발히 이루어지고 있으므로 이에 대한 대책으로는 '긴축 정책'을 통한 물가 안정이 효과적이다.

국면	특징
확장기	• 생산, 소비, 투자 등 경제 활동이 가장 활발한 시기 • 소비 증가, 생산 증가 → 국민 소득 증가, 고용 증대
후퇴기	• 경제 활동 수준이 위축되고 둔화되는 시기 • 소비·투자 감소, 재고 증가, 물가 상승률 하락
수축기	• 경제 활동이 최저 수준인 경기 침체 시기 • 소득과 소비, 생산과 고용, 물가 등이 가장 낮은 수준임
회복기	• 경제 활동 수준이 회복되고 증가되는 시기 • 고용, 소득과 소비 등이 증가하고, 물가는 서서히 상승함

③ 은행이 중앙은행으로부터 돈을 빌릴 때 적용되는 이자율을 재할인율이라고 하는데, 재할인율을 인상한다면 은행의 대출액이 감소되고 이로 인하여 시중의 통화량도 감소되어 물가가 안정될 수 있다.

정책 수단	효과
재할인율 인상	은행의 대출액 감소 → 통화량 감소, 이자율 상승 → 물가 안정
재할인율 인하	은행의 대출액 증가 → 통화량 증가, 이자율 하락 → 경기 부양

오답피하기

① 세율 인하는 경기가 침체 시 소비와 투자를 활성화 시키기 위한 정책으로 이는 '확대 재정 정책'에 해당한다.

구분	내 용
경기 과열시	• 인플레이션이 발생함: 물가 안정을 위한 정책이 필요 • 세율 인상, 정부 지출 축소로 물가 안정 유도
경기 침체시	• 실업이 증가함: 소비와 투자 활성화를 위한 정책 필요 • 세율 인하, 정부 지출 증가로 소비와 투자 유도 → 고용 증진 촉진

② 정부의 지출 증가 역시 소비와 투자를 유도하기 위한 '확대 재정 정책'에 해당한다.

④ 국공채 매입으로 인해 시중에 자금을 방출시켜 통화량 증가로 이어지고 이는 '확대 금융 정책'에 해당한다.

정책 수단	효과
국·공채 매각	시중 자금의 흡수 → 통화량 감소, 이자율 상승 → 물가 안정
국·공채 매입	시중에 자금 방출 → 통화량 증가, 이자율 하락 → 경기 부양

정답 ③

16 (가), (나)의 상황에서 각각 채택될 정책 수단으로 적절한 것은? 2017 교육행정

(가) 최근 갑국 정부와 의회는 재정 건전성 확보를 위해 흑자 재정 정책으로의 전환에 합의하였다.
(나) 갑국의 중앙은행은 이와 같은 흑자 재정 정책이 총수요에 미칠 부정적 영향을 상쇄시키기 위한 통화 정책을 시행할 예정이다.

	(가)	(나)
①	법인세 인상	국·공채 매각
②	정부 지출 확대	국·공채 매입
③	소득세 인하	지급 준비율 인상
④	정부 지출 축소	재할인율 인하

해설

■ 재정 정책과 통화 정책의 조화

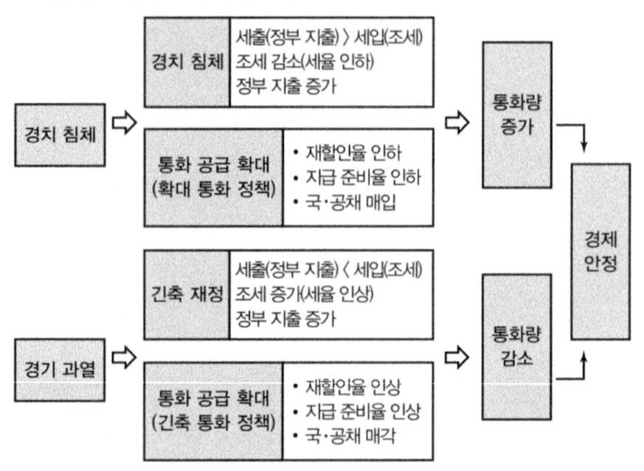

(가)는 흑자(긴축) 재정 정책을 의미하고, (나)는 확대 통화 정책을 의미한다.

④ 흑자(긴축) 재정 정책으로는 세율을 인상하고 정부 지출을 줄이는 방법이 있다. 중앙은행이 흑자 정책이 총수요에 미칠 부정적 영향을 상쇄시키기 위한 통화 정책을 시행한다고 하였는데 이는 확대 통화 정책에 해당한다. 확대 통화 정책에는 재할인율 인하와 지급 준비율 인하, 국·공채 매입이 있으며, 이러한 정책으로 통화량이 증가하여 경기 부양을 통한 경제 안정을 도모할 수 있다.

오답피하기

① 법인세 인상은 긴축 재정 정책이고, 국·공채 매각은 긴축 통화 정책이다.

② 정부 지출 확대는 확대 재정 정책이고, 국·공채 매입은 확대 통화 정책이다.

③ 소득세 인하는 확대 재정 정책이고, 지급 준비율 인상 긴축 통화 정책이다.

정답 ④

17 **다음은 중앙은행이 이자율을 인하하는 경우, 총수요에 영향을 미치는 여러 경로를 나타낸 것이다. ㉠ ~ ㉢의 변화로 옳은 것은? (단, 유동성함정이 존재하지 않고, 각 경제주체는 경제를 낙관적으로 예상한다.)** 2018 지방직

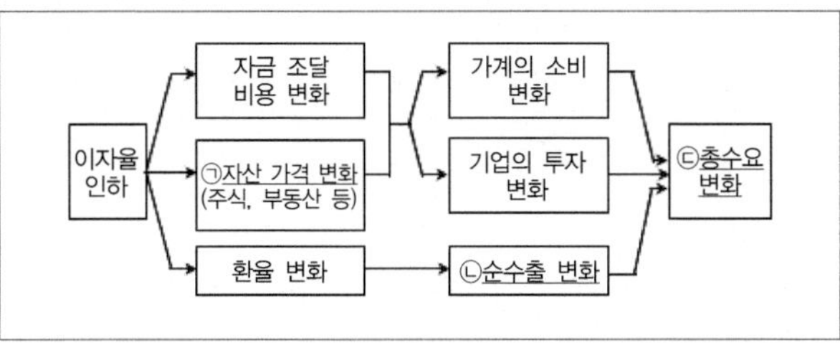

	㉠	㉡	㉢
①	상승	증가	증가
②	상승	감소	증가
③	하락	감소	감소
④	하락	증가	감소

해설 유동성 함정이란 경제주체들이 돈을 움켜쥐고 시장에 내놓지 않는 상황. 즉 시장에 현금이 흘러 넘쳐 구하기 쉬운데도 기업의 생산, 투자와 가계의 소비가 늘지 않아 경기가 나아지지 않고 마치 경제가 함정(trap)에 빠진 것처럼 보이는 상태를 말한다. 문제의 단서에서 유동성의 함정이 존재하지 않는다고 하였으므로 이러한 예외적인 상황은 고려할 필요가 없다.

㉠ 이자율이 인하되면 금융 기관에 저축함으로써 얻는 이익이 줄어 들게 되므로 주식이나 부동산과 같은 자산에 투자를 늘리려고 할 것이다. 이러한 자산에 대한 수요의 증가로 자산 가격은 상승한다.

㉡ 이자율이 인하되면 해외 금융 상품으로 눈을 돌리게 될 것이고 그 결과 국내의 통화가 해외로 유출될 것이다. 이로 인하여 해외 투자 자본의 유출로 외화의 수요가 증가하여 환율 상승 요인이 된다. 환율이 상승하면 수출은 증가하고, 수입은 감소하게 되어 순수출은 증가하게 된다.

㉢ 이자율이 인하되면 기업의 입장에서 자금 조달이 쉬워져서 투자를 확대할 것이고 가계 입장에서는 저축 보다는 대출이 증가하여 소비가 증가할 것이므로 총수요는 증가하게 된다.

정답 ①

18 **갑과 을은 현재의 경기 상황에 대해 각자 다른 의견을 제시하고 있다. 갑과 을의 의견에 대한 분석 및 추론으로 가장 적절한 것은? (단, 다른 조건은 일정하다.)** 2018 교육행정

> 갑 무역흑자의 누적과 소비 지출의 증가로 인해 물가가 빠르게 상승하고 있어 이에 대한 대책이 필요한 상황입니다.
> 을 물가의 상승은 국제 유가의 급등에 의한 일시적인 것이므로 기업의 투자를 활성화시켜 지속적인 경기회복세를 유지해야 합니다.

① 갑은 소득세율 인하 정책을 지지할 것이다.
② 갑은 재할인율 인상 정책을 지지할 것이다.
③ 을은 법인세율 인상 정책을 지지할 것이다.
④ 을은 국채 매각 정책을 지지할 것이다.

해설 갑은 물가 상승에 대한 대책을 촉구하고 있으므로 긴축 정책을 요구하고 있다. 반면 투자를 활성화시켜 경기를 회복해야 한다고 하고 있으므로 확대 정책을 요구하고 있다.

② 재할인율 인상 정책은 긴축 재정 정책에 해당하므로 갑의 대책으로 적절하다.

> 재할인율 인상 → 은행의 대출액 감소 → 통화량 감소, 이자율 상승 → 물가 안정

오답피하기

①, ③ 소득세율 인하 정책은 확대 재정 정책에 해당하므로 갑이 요구하는 정책으로 맞지 않다. 또한 법인세율 인상 정책은 긴축 재정 정책에 해당하므로 을이 요구하는 정책으로 맞지 않다.

조세	세율 인상	• 가계: 처분 가능 소득 감소 → 소비 지출 감소 → 경기 진정 • 기업: 투자 수익 감소 → 투자 감소 → 경기 진정
	세율 인하	• 가계: 처분 가능 소득 증가 → 소비 지출 증가 → 경기 부양 • 기업: 투자 수익 증가 → 투자 증가 → 경기 부양

④ 국채 매각 정책은 긴축 통화 정책에 해당하므로 을이 요구하는 정책으로 맞지 않다.

정책 수단	효과
국·공채 매각	시중 자금의 흡수 → 통화량 감소, 이자율 상승 → 물가 안정
국·공채 매입 (양적완화)	시중에 자금 방출 → 통화량 증가, 이자율 하락 → 경기 부양

정답 ②

19 〈보기 1〉의 밑줄 친 '정책'으로 적절한 것을 〈보기 2〉에서 모두 고른 것은?

2018 서울 경력직

보기1

현재 갑(甲)국은 소비와 투자의 감소로 경기침체가 심화되고 있다. 이에 정부와 중앙은행은 경기 활성화를 위한 정책을 시행하기로 하였다.

보기2

ㄱ. 소득세율 인하
ㄴ. 기준금리 인하
ㄷ. 지급준비율 인상
ㄹ. 국·공채 매각

① ㄱ, ㄴ
② ㄴ, ㄷ
③ ㄷ, ㄹ
④ ㄱ, ㄴ, ㄹ

해설 소비와 투자의 감소로 경기침체가 심화되고 있을 때, 정부는 확대 재정 정책을 시행할 것이고, 중앙은행은 확대 금융 정책을 시행할 것이다.

ㄱ, ㄴ. 정부가 소득세율을 인하하고 기준금리를 인하하면 민간 부분(가계와 기업)의 소비와 투자가 증가하게 된다. 이로 인하여 시중에 통화가 증가하게 되고, 결국 총수요의 확대로 경기 회복의 효과가 나타난다.

오답피하기

ㄷ. 지급준비율을 인상하면 은행의 대출 자금 감소되고 이로 인하여 시중의 통화량은 감소되어 물가가 안정된다. 즉, 지급준비율 인상은 경기가 과열되었을 때 중앙은행 시행하는 긴축 금융 정책이다.

ㄹ. 국·공채를 매각하면 시중의 자금이 흡수되고 통화량이 감소되어 물가가 안정된다. 즉, 국·공채 매각은 경기가 과열되었을 때 중앙은행이 시행하는 긴축 금융 정책이다.

정답 ①

20 경제 안정화 정책에 대한 설명으로 가장 적절하지 않은 것은?

2020 경찰직 1차

① 재할인율을 인상하면 통화량이 증가할 것이므로 이자율이 하락하여 가계의 소비와 기업의 투자가 증가한다.
② 지급준비율을 인하하면 통화량이 증가할 것이므로 이자율이 하락하여 가계의 소비와 기업의 투자가 증가한다.
③ 세율을 인하하면 가계의 가처분소득이 증가하고, 기업의 투자 수익이 증가하여 가계의 소비와 기업의 투자가 증가한다.
④ 중앙은행이 공개시장에서 국공채를 매입하면 통화량이 증가하여 이자율이 낮아지며, 가계의 소비와 기업의 투자가 증가한다.

출제 단원 및 영역 경제 4단원 경제 안정화 정책

해설

① 재할인율이란 은행이 중앙은행으로부터 돈을 빌릴 때 적용되는 이자율을 말하는데, 재할인율을 인상하면 통화량은 감소하고 이로 인하여 이자율은 상승하여 소비와 기업의 투자는 감소한다.

오답피하기

② 지급준비율이란 은행이 고객으로부터 받은 예금 중에서 중앙은행에 의무적으로 적립해야 하는 비율을 말하는데, 지급준비율을 인하하면 통화량이 증가할 것이므로 그 결과 이자율이 하락하여 가계의 소비와 기업의 투자가 증가한다.
③ 세율을 인하하면 조세가 감소하므로 가계의 가처분 소득은 증가하며, 기업 역시 조세가 감소하므로 투자 수익이 증가한다. 그 결과 가계의 소비와 투자는 증가하게 된다.
④ 경기가 침체되었을 때 한국 은행은 국·공채 매입을 통해 통화량을 조절하는데, 국·공채 매입 → 시중에 자금 방출 → 통화량 증가, 이자율 하락 → 경기 부양의 효과를 볼 수 있다.

정답 ①

21 **다음은 A국과 B국의 경제 안정화 정책이다. 이에 대한 설명으로 〈보기〉 중 옳지 않은 것은 모두 몇 개인가?**

2021 해경 2차

A국 국공채를 매입하고, 지급 준비율을 인하하였다.
B국 종합 소득세를 인하하고, 정부 지출을 늘렸다.

보기

㉠ A국은 긴축 통화 정책을 시행하였다.
㉡ B국은 긴축 재정 정책을 시행하였다.
㉢ A국과 B국은 모두 경기 활성화를 위한 정책을 시행하였다.
㉣ A국과 B국은 모두 물가상승을 억제하기 위한 정책을 시행하였다.

① 1개　② 2개
③ 3개　④ 4개

출제 단원 및 영역 경제 4단원 경제 안정화 정책

해설 옳지 않은 것은 ㉠, ㉡, ㉣ 모두 3개이다.
- A국은 확대 금융(통화) 정책, B국은 확대 재정 정책을 시행하였다. 확대 정책은 모두 경기 침체를 해소하기 위한 경기 활성화 정책이다.
- 확대 재정 정책이란 경기 침체 시 세율 인하와 정부 지출 증가를 통하여 경기를 부양하는 정책이다.
- 확대 금융(통화) 정책이란 경기 침체 시 통화량 증가 또는 이자율을 인하하는 정책이다.

㉠ A국은 확대 통화 정책을 시행하였다.
㉡ B국은 확대 재정 정책을 시행하였다.
㉣ 물가상승을 억제하기 위한 정책은 긴축 정책이다.

오답피하기
㉢ A국과 B국은 모두 경기 활성화를 위한 정책을 시행하였다.

정답 ③

22 **다음 A국의 경제정책에 관한 설명으로 가장 적절한 것은?**

2021 경찰직 2차

A국은 불황을 타개하고 경제성장을 추진하기 위해 추가경정예산을 편성하였으며, 'A-뉴딜정책'을 통해 지식기반 사회, 친환경 에너지, 인공지능, 핀테크 등 미래 먹거리 개발에 정부 지출을 확대하고 있다.

① 재정지출의 확대로 실업률은 감소하고 물가는 하락할 수 있다.
② 재정지출에 따른 조세수입의 증가로 흑자 재정이 확대될 것이다.
③ 재정지출을 채권 발행으로 충당할 경우 이자율 상승으로 재정 정책의 효과가 감소될 수 있다.
④ 재정지출을 조세만으로 충당할 경우 정부가 가계에 돈을 주는 만큼 돈을 거두기 때문에 소득과 고용에는 효과가 없을 것이다.

출제 단원 및 영역 경제 4단원 경제 안정화 정책

해설 A국은 확대 재정 정책을 확대하고 있다.
③ 정부가 지출을 늘리려면 예산보다 돈이 더 필요해진다. 정부는 부족한 돈을 자금시장에서 빌리게 되며, 이것은 자금의 수요가 증가하는 효과를 가져 오기 때문에 이자율이 올라간다. 정부가 지출을 위해 필요한 돈을 국채를 발행해서 조달하면, 채권공급이 늘어나면서 채권가격이 떨어지고, 이자율은 올라가는 것이다. 이자율이 올라가면 돈을 빌리는 비용이 커지기 때문에 기업은 투자를 줄인다. 이처럼 정부지출이 늘어나면 총수요가 늘어나지만 이자율이 올라가기 때문에 기업 투자가 위축되어 총수요는 다시 감소하는 것을 구축효과(crowding-out effect)라고 한다. (이 지문은 참조만 해도 될 듯 하다.!!)

오답피하기
① 재정지출의 확대로 실업률은 감소하지만 시중에 통화량이 증가하여 일반적으로 물가는 상승할 수 있다.
② 재정지출의 확대에 따라 적자 재정이 확대될 것이다.
④ 재정지출을 조세만으로 충당하더라도 관련 산업의 투자가 활발해져서 가계 소득과 고용 증진에 효과가 나타난다.

정답 ③

23 (가)와 같은 경기 변동 국면이 지속될 것으로 예측될 경우, 경기 안정화를 위해 정부가 실시할 수 있는 정책으로 옳은 것은? 2020 소방직

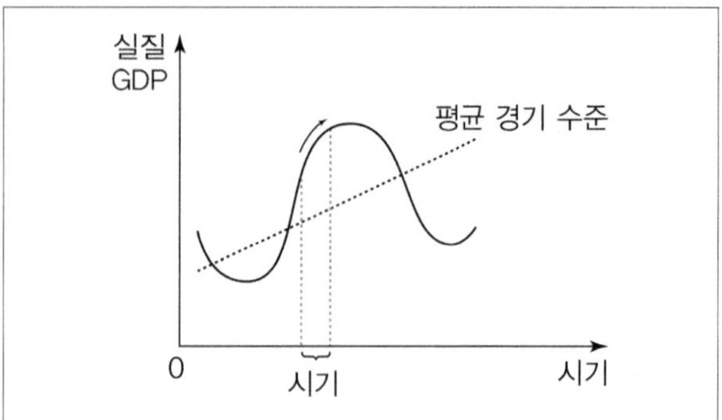

① 지급 준비율을 인하한다.
② 세율을 인상하고 재정 지출을 줄인다.
③ 공공 투자를 늘리고 일자리를 창출한다.
④ 국·공채를 매각하여 통화량을 감소시킨다.

해설 (가)는 평균 경기 수준보다 실질 GDP가 높은 경기 과열 구간이다. 따라서 정부는 경기 과열에 따른 물가 상승에 대해 이를 안정화 시킬 필요가 있다.
② 정부는 세율을 인상하고 재정 지출을 줄이는 등의 긴축 정책을 통해 물가 상승을 억제할 수 있다.

오답피하기
① 지급 준비율을 인하하는 것은 경기가 침체되었을 때 중앙은행이 하는 경제 안정화 정책이다.
③ 경기가 침체되었을 때 실업률을 줄이기 위해 정부는 공공 투자를 늘리고 일자리를 창출한다.
④ 국·공채를 매각하여 통화량을 감소하는 것은 경기가 과열되었을 때 하는 중앙은행의 경제 안정화 정책이다. 설문에서 정부가 실시하고 있는 정책을 물었으므로 이는 적절하지 않다.

정답 ②

24 다음 자료에 대한 설명으로 옳지 않은 것은? 2021 국가직

> 갑국은 가계 소비와 기업 투자의 감소로 인하여 전년도에 비해 실질 GDP가 감소하였다. 이에 경기 회복을 위해 정부는 ㉠ 확대 재정 정책, 중앙은행은 ㉡ 확대 통화 정책을 시행하고자 한다. (단, 총수요 곡선은 우하향, 총공급 곡선은 우상향하며, 총공급의 변동은 없다.)

① 갑국의 물가는 하락하였다.
② 갑국의 총수요는 감소하였다.
③ 정부의 소득세율 인하는 ㉠의 사례이다.
④ 중앙은행의 국·공채 매각은 ㉡의 사례이다.

출제 단원 및 영역 경제 4단원 국민 경제의 변동, 경제 안정화 정책

해설 갑국은 경기가 침체된 경우이다. 이로 인하여 물가는 하락하였고, 실질 GDP는 감소하였다.
④ 중앙은행의 국·공채 매입이 ㉡의 사례가 되고, 국·공채 매각은 물가 상승시에 하는 긴축 통화 정책이다.

오답피하기
①, ② 갑국은 가계 소비와 기업 투자가 감소하였다고 하였으므로 총수요가 감소하고 이로 인해 물가는 하락하고 실질 GDP는 감소하였다.
③ 정부의 소득세율 인하는 경기 침체 시 경기 부양을 위해 시장에 통화량을 늘리는 확대 재정 정책이다. 이를 통해 총수요가 증가하여 경기가 부양된다.

정답 ④

세계 시장과 한국 경제

비교 우위

01 다음은 A와 B가 신발과 의류를 생산하는 데 필요한 시간을 나타내는 표이다. 자료에 대한 설명으로 옳은 것을 〈보기〉에서 고르면? 수능 모의고사 변형

구분	A	B
신발	20시간	60시간
의류	10시간	15시간

보기

ㄱ. A의 신발 1단위 생산의 기회비용은 의류 2단위, 의류 1단위 생산의 기회비용은 신발 1/2단위이다.
ㄴ. B의 신발 1단위 생산의 기회비용은 의류 4단위, 의류 1단위 생산의 기회비용은 신발 1/4단위이다.
ㄷ. A는 의류 생산에 비교 우위가 있고, B는 신발 생산에 비교 우위가 있다.

① ㄱ
② ㄴ
③ ㄷ
④ ㄱ, ㄴ
⑤ ㄱ, ㄴ, ㄷ

해설 A국과 B국의 기회비용을 계산해보면

구분	A	B
신발	20시간 의류 20/10 (2)	60시간 의류 60/15 (4)
의류	10시간 신발 10/20 (1/2)	15시간 신발 15/60 (1/4)

우선, 신발에 대해서는 A에게 절대 우위가 있고, 의류 생산에 대해서도 B에게 절대 우위가 있다. 반면 비교 우위를 살펴보면, 신발에 대해서는 A가 비교 우위가 있고, 의류에 대해서는 B가 비교 우위에 있으므로 A는 신발에 대하여 특화를 하고, B는 의류에 대하여 특화를 하면 된다.

ㄱ, ㄴ. 위의 표를 살펴보면 A의 신발 1단위 생산의 기회비용은 의류 2단위, 의류 1단위 생산의 기회비용은 신발 1/2단위이고 B의 신발 1단위 생산의 기회비용은 의류 4단위, 의류 1단위 생산의 기회비용은 신발 1/4단위이므로 옳은 지문이다.

오답피하기

ㄷ. 신발 생산의 기회비용은 A가 B보다 작으므로 A는 신발 생산에 비교 우위가 있으며, 의류 생산의 기회비용은 B가 A보다 작으므로 B가 의류 생산에 비교 우위가 있다.

정답 ④

02 그림은 쌀과 밀만을 생산하는 A국과 B국의 교역 전 최대 생산 가능량을 나타낸 것이다. 이에 대한 설명으로 옳은 것은? (단, 두 나라의 생산요소는 노동뿐이고 총 노동량은 동일하며, 생산물 단위는 톤이다.) 2014 사회복지직

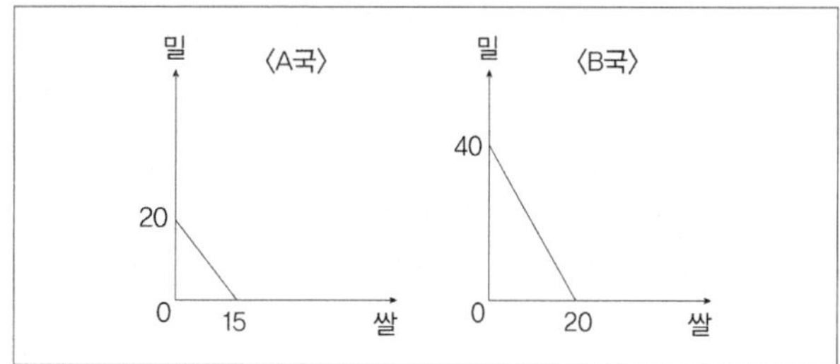

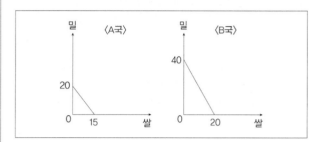

① A국은 밀 생산에, B국은 쌀 생산에 비교 우위가 있다.
② B국의 밀 1톤 생산에 대한 기회비용은 쌀 2톤이다.
③ 쌀과 밀 생산에 있어 A국은 기술 수준이 더 높다.
④ B국은 A국에 비해 쌀과 밀 생산 모두에게 절대 우위가 있다.

해설 A국과 B국의 쌀과 밀에 대한 기회 비용을 표로 나타내면 쌀에 대한 기회비용이 작은 나라는 A국이므로 A국이 비교 우위에 있고, 밀에 대한 기회비용이 작은 나라는 B국이므로 B국이 비교 우위에 있다.

	A국	B국
쌀	밀 4/3톤	밀 2톤
밀	쌀 3/4톤	쌀 1/2톤

④ 쌀과 밀 모두 B국이 생산량이 더 많으므로 절대 우위에 있다.

오답피하기

① A국은 쌀 생산에, B국은 밀 생산에 비교 우위가 있다.
② B국의 밀 1톤의 생산에 대한 기회비용은 쌀 1/2톤이다.
③ 쌀과 밀 모두 B국이 생산량이 많으므로 절대 우위에 있으므로 B국의 기술 수준이 더 높다고 볼 수 있다.

정답 ④

03 다음 표는 甲기업과 乙기업이 동일한 생산요소로 최대한 생산할 수 있는 각 재화의 양을 나타낸다. 이에 대한 분석으로 가장 적절한 것은? (단, 甲기업과 乙기업이 생산하는 제품은 동질적이며 시장에서 상품 1단위를 판매하기 위해서는 스마트폰 1대에 스마트폰 전용 이어폰 1개가 함께 포장되어야 한다.) 2015 경찰직 2차

(단위: 개)

구분	스마트폰	스마트폰 전용 이어폰
甲기업	100	300
乙기업	10	100

① 스마트폰과 스마트폰 전용 이어폰 모두 甲기업이 비교 우위를 갖는다.
② 乙기업이 독자적으로 생산하여 시장에서 판매할 수 있는 상품은 최대 10단위이다.
③ 특화 후 교환한다면, 甲기업이 제시하는 거래조건은 스마트폰 1개에 스마트폰 전용 이어폰 3개 이상이다.
④ 특화 후 스마트폰 10개를 스마트폰 전용 이어폰 90개와 교환한다면, 乙기업은 교환의 이익을 누릴 수 없다.

해설 표를 보면 甲기업이 스마트폰과 스마트폰 전용 이어폰 생산에서 모두 절대 우위를 갖고 있다. 그러나 甲기업은 스마트폰에 비교 우위가 있고, 乙기업은 스마트폰 전용 이어폰에 비교 우위가 있다.
③ 甲기업은 동일한 생산요소로 스마트폰 전용 이어폰은 스마트폰의 3배를 더 생산할 수 있다. 따라서 甲기업은 乙기업과 거래를 하지 않더라도 스마트폰 1개는 스마트 전용 이어폰 3개의 가치를 가지고 있으므로 특화 후 교환한다면, 甲기업이 제시하는 거래조건은 스마트폰 1개에 스마트폰 전용 이어폰 3개 이상이 되어야 이득이 되므로 맞는 지문이다.

오답피하기
① 甲기업이 스마트폰과 스마트폰 전용 이어폰 생산에서 모두 절대 우위를 갖고 있다.
② 乙기업의 경우 스마트폰은 최대 10개까지 생산이 가능하고 乙기업이 독자적으로 생산하여 시장에서 판매할 수 있으려면 시장에서 상품 1단위를 판매하기 위해서는 스마트폰 1대에 스마트폰 전용 이어폰 1개가 함께 포장되어 있어야한다고 했으므로 스마트폰과 스마트 전용 이어폰을 모두 생산해야 한다. 이 때 乙기업이 선택할 수 있는 경우의 수는 (스마트폰, 스마트폰 전용 이어폰)의 순서쌍으로 이해해보면 (0, 100), (1, 90), (2, 80), (3, 70), (4, 60), (5, 50), (6, 40), 7, 30), (8, 20), (9, 10), (10, 0) 중에서 (0, 100), (10, 0)을 제외하면 최대 9단위까지 판매할 수 있다.
④ 乙기업의 경우 스마트폰 10개와 스마트폰 전용 이어폰 100가 동일한 가치이다. 그렇다면 스마트폰 10개를 스마트폰 전용 이어폰 90개와 교환한다면 乙기업 입장에서는 스마트폰 1개의 이익을 볼 수 있으므로 乙기업은 교환의 이익을 누릴 수 있다.

정답 ③

04 다음 표는 갑국과 을국이 노동 1단위를 투입하여 생산할 수 있는 X재와 Y재의 수량을 나타낸 것이다. 이에 대한 분석으로 옳은 것은? (단, 필요 생산요소는 노동뿐이고, 양국이 보유한 노동의 양은 같다.) 2015 서울시

국가 \ 재화	X재	Y재
갑국	5개	5개
을국	4개	2개

① 갑국은 X재 생산에, 을국은 Y재 생산에 비교 우위가 있다.
② 을국에서 X재 1개 생산의 기회비용은 Y재 2개이다.
③ Y재 1개를 더 생산할 때 포기해야 하는 X재는 갑국이 을국보다 크다.
④ 양국이 비교 우위 재화를 특화하여 무역을 할 때, 양국의 특화 상품 1개 소비의 기회비용은 무역 이전보다 커진다.

해설 갑국: X재 5개의 생산의 기회비용은 Y재 5개이므로 X재 1단위 생산의 기회비용은 Y재 1개가 된다. 또한 Y재 5개의 생산의 기회비용은 X재 5개이므로 Y재 1단위 생산의 기회비용은 X재 1개가 된다.
을국: X재 4개의 생산의 기회비용은 Y재 2개이므로 X재 1단위 생산의 기회비용은 Y재 1/2개가 된다. 또한 Y재 2개의 생산의 기회비용은 X재 4개이므로 Y재 1단위 생산의 기회비용은 X재 2개가 된다.

	X재 1단위 생산의 기회비용	Y재 1단위 생산의 기회비용
갑국	Y재 1개	X재 1개
을국	Y재 1/2개	X재 2개

따라서 갑국은 X재와 Y재 모두에 절대 우위에 있고, 갑국은 Y재에 비교 우위에 있고 을국은 X재에 비교 우위에 있다.
④ 양국이 무역을 통해 서로 이익을 얻기 위해서는 특화된 상품에 비해 기회비용이 더 작아야 한다. 결국 갑국은 Y재 1개가 X재 1개 보다 더 큰 교역 조건을 제시할 것이고, 을국은 X재 1개가 Y재 1/2보다 큰 교역 조건을 제시할 것이다. 결국 두 국가는 무역을 한다면 X재 1개 〈 Y재 1개 〈 X재 2개를 제시하거나 Y재 1/2개 〈 X재 1개 〈 Y재 1개로 제시하여 무역을 할 것이다. 이렇게 된 다면 양국의 소비자가 선택할 수 있는 재화의 범위가 넓어지므로 소비가능선이 확장되고, 이는 무역을 통하여 이전보다 특화 상품 1개의 기회 비용이 더 커진다는 것을 의미한다.

오답피하기
① 갑국은 Y재 생산에 비교 우위가 있고 을국은 X재 생산에 비교 우위가 있다.
② 을국에서 X재 1개 생산의 기회 비용은 Y재 1/2개이다.
③ Y재 1개를 더 생산할 때 포기해야 하는 X재는 갑국은 1개, 을국은 2개이므로 갑국이 더 작다.

정답 ④

05 다음은 A국과 B국이 각각 신발과 전화기를 1단위씩 생산하는데 투입한 노동량을 비교한 것이다. 이에 대한 설명으로 옳은 것만을 〈보기〉에서 모두 고른 것은? (단, 두 나라 간에 생산요소 이동은 없고, 생산비에는 노동량만 포함된다고 가정한다.) 2018 국가직

구분	A국	B국
신발(1단위)	7명	6명
전화기(1단위)	9명	5명

보기

ㄱ. 절대우위론에 따르면 두 국가 간의 무역은 이루어지지 않는다.
ㄴ. 신발 생산에 대한 절대 우위와 비교우위는 B국에 있다.
ㄷ. B국은 신발 생산에 절대 우위가, 전화기 생산에 절대 우위와 비교우위가 있다.

① ㄱ ② ㄴ
③ ㄱ, ㄴ ④ ㄱ, ㄷ

해설 자료를 통해 신발 1단위 생산을 위해 A국은 7명, B국은 6명이 필요하므로 B국이 절대 우위에 있고, 전화기 1단위 생산을 위해 A국은 9명, B국은 5명이 필요하므로 B국이 절대 우위에 있어서, 두 재화 모두 B국에 절대 우위가 있다.
B국에서 각 재화 1단위 생산에 대한 기회 비용을 살펴보면 다음과 같이 나타낼 수 있다.

구분	A국	B국
신발(1단위)	7명 전화기 7/9단위	6명 전화기 6/5단위
전화기(1단위)	9명 신발 9/7단위	5명 신발 5/6단위

비교 우위는 양국을 비교하여 기회비용이 작은 것을 선택하므로 신발에 대한 비교 우위는 A국에 있고, 전화기에 대한 비교 우위는 B국에 있다.
ㄱ. 두 재화 모두 B국에 절대 우위가 있으므로 절대우위론에 따르면 B국이 모두 신발과 전화기를 생산하는 것이 유리하므로 교역을 하지 않을 것이다. 따라서 절대우위론에 따르면 두 국가 간의 무역은 이루어지지 않는다.
ㄷ. B국은 신발과 전화기 생산에 절대 우위가 모두 있으며, 전화기 생산에 비교우위가 있다.

오답피하기
ㄴ. 신발 생산에 대한 절대 우위는 B국에 있고, 비교 우위는 A국에 있다.

정답 ④

06 〈보기〉는 갑(甲)국과 을(乙)국의 생산가능 곡선이다. 이에 대한 분석으로 가장 옳은 것은? (단, 양국의 생산요소 투입량은 동일하며, 교역 시 양국은 비교 우위에 있는 재화에 특화한다.) 2018 서울시

보기

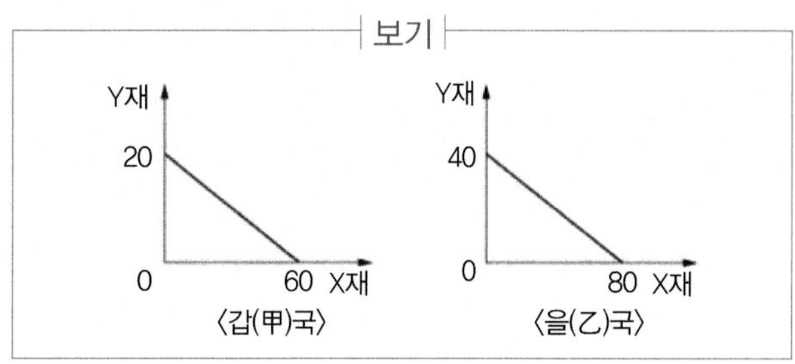

① 갑(甲)국은 X재 50개와 Y재 15개 생산이 가능하다.
② X재 교환비율은 Y재 1/3에서 Y재 1/2 사이에서 결정된다.
③ Y재 1개 생산의 기회비용은 을(乙)국이 갑(甲)국보다 크다.
④ 무역 발생 시 갑(甲)국은 X재를 수입하고, Y재를 수출한다.

해설 기회 비용 문제는 각국의 최대 생산량과 기회 비용에 관한 내용을 표로 정리하여 풀면 간단하다.

최대 생산량	X재	Y재
갑(甲)국	60	20
을(乙)국	80	40

각국의 기회비용	X재 1개 생산의 기회비용	Y재 1개 생산의 기회비용
갑(甲)국	Y재 1/3개	X재 3개
을(乙)국	Y재 1/2개	X재 2개

② 갑국에서 비교 우위에 있는 X재를 생산하므로 적어도 Y재 1/3개 이상의 가격을 받으면 수출하고자 할 것이다. 이처럼 X재 1개와 교환되는 Y재의 수량이 두 나라의 교역 조건이며, 'Y재 1/3개 < X재 1개 < Y재 1/2가 된다. 따라서 X재 교환 비율은 Y재 1/3개에서 Y재 1/2개 사이에서 결정될 것임을 알 수 있다.

오답피하기
① 갑(甲)국의 생산 곡선을 살펴보면 y=-1/3x+20으로 X재를 50개 생산할 경우 Y재는 10/3개 동시 생산이 가능하고, Y재를 15개 생산할 경우 X재는 45개까지 동시 생산이 가능하다.
③ 위의 표를 살펴보면 Y재 1개의 생산을 위한 기회비용은 을(乙)국이 갑(甲)국보다 더 작다.
④ X재 생산의 기회비용이 적게 드는 갑(甲)국에서 X재를 생산하므로 X재를 수출할 것이고, Y재를 수입할 것이다.

정답 ②

07 **그림은 X재와 Y재만 생산하는 갑국과 을국의 생산 가능 곡선을 나타낸 것이다. 이에 대한 옳은 분석을 〈보기〉에서 고른 것은?** 2018 서울시 유사

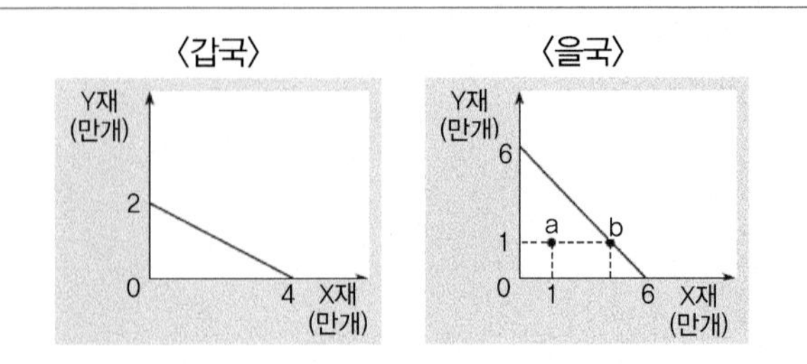

* 갑국과 을국의 생산 요소는 노동뿐이며, 노동의 양은 동일하고, 양국 간 노동의 이동은 없음

보기

ㄱ. 갑국은 X재와 Y재 생산 모두에 절대 우위를 가진다.
ㄴ. Y재 1개 생산의 기회비용은 갑국이 을국보다 크다.
ㄷ. 갑국과 을국 간 교환이 이루어지면 갑국은 X재에, 을국은 Y재에 특화할 것이다.
ㄹ. 갑국은 현재 을국의 a점과 b점 수준의 생산이 가능하지만, 경제적 비효율이 발생한다.

① ㄱ, ㄴ ② ㄱ, ㄷ
③ ㄴ, ㄷ ④ ㄷ, ㄹ

해설 제시된 그림에서 갑국과 을국의 X재와 Y재 1개 생산의 기회비용을 나타내면 다음과 같다.

구분	갑국	을국
X재 1개 생산의 기회비용	Y재 1/2개	Y재 1개
Y재 1개 생산의 기회비용	X재 2개	X재 1개

갑국은 X재 생산에 비교 우위를 가지며, 을국은 Y재 생산에 비교우위를 가진다.
ㄴ. Y재 1개 생산의 기회비용은 갑국의 경우 X재 2개이고, 을국의 경우 X재 1개이다. 따라서 갑국이 을국보다 크다.
ㄷ. X재 1개 생산의 기회비용은 갑국이 을국보다 작고, Y재 1개 생산의 기회비용은 을국이 갑국보다 작다. 따라서 갑국은 비교 우위가 있는 X재에, 을국은 비교 우위가 있는 Y재에 특화할 것이다.

오답피하기
ㄱ. 갑국과 을국은 보유한 자원이 동일하나 을국이 갑국보다 X재와 Y재 모두를 많이 생산하고 있다. 따라서 을국이 X재와 Y재 생산 모두에 절대 우위를 가진다.
ㄹ. 을국의 a점은 X재와 Y재를 동시에 1만 개씩 생산하는 점으로, 이는 현재 갑국도 생산이 가능한 수준이다. 하지만, a점의 생산 수준은 갑국의 생산 가능 곡선 내부에 위치한 수준의 생산 조합점이기 때문에 경제적 비효율이 발생한다. b점의 경우에는 X재 5만 개와 Y재 1만 개를 동시에 생산하는 수준으로, 이는 갑국의 생산 가능 곡선 외부에 위치한 수준의 생산 조합점이다. 따라서 현재 갑국의 자원과 기술로 b점 수준의 생산은 불가능하다.

정답 ③

08 **그림은 두 재화만 생산하는 갑국과 을국의 생산 가능 곡선을 나타낸다. 이에 대한 분석으로 옳은 것은? (단, 양국의 생산 요소의 양은 같다.)** 2015학년도 수능

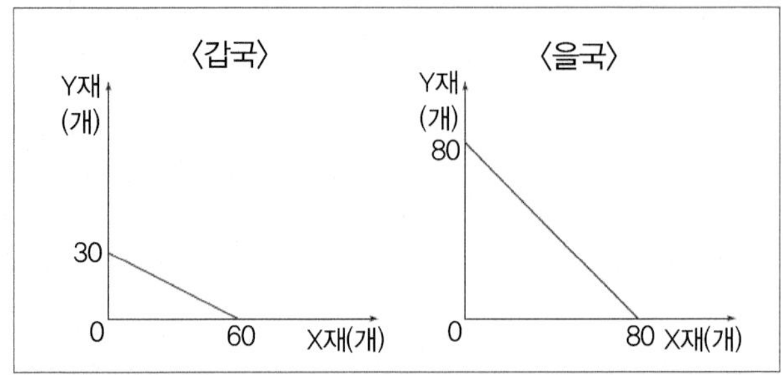

① 갑국은 Y재 생산에 비교 우위를 가진다.
② 을국의 X재 생산에 따른 기회 비용은 갑국보다 작다.
③ 을국에게는 효율적이지만 갑국에게는 비효율적인 생산점이 존재한다.
④ 양국이 비교 우위 재화에 특화한 후 1 : 1로 교역하면 갑국은 이득을 얻을 수 있다.
⑤ 을국은 X, Y재 생산 모두에 절대 우위를 가지기 때문에 교역을 통한 이득을 얻을 수 없다.

해설
④ 갑국은 최대 X재 60개, Y재 30개를 생산할 수 있고, 을국은 X재와 Y재를 각각 80개씩 생산 가능하다.즉, 갑국은 X재에, 을국은 Y재에 비교 우위가 있음을 알 수 있다.한편, 양국이 비교 우위에 있는 재화를 특화한 후 1:1로 교역했을 때 이득을 얻을 수 있으려면 각 재화 생산의 기회비용보다 더 많은 양을 얻을 수 있어야 한다. 즉, 갑국의 X재 1개 생산의 기회비용은 Y재 1/2개이므로, X재를 특화 생산해 을국과 1:1로 교환하면 갑국은 이득을 얻을 수 있다.

오답피하기
① 갑국은 X재 생산에, 을국은 Y재 생산에 비교 우위가 있다.
② 을국은 Y재 생산에 비교 우위가 있으므로, X재 생산에 비교 우위가 있는 갑국에 비해 X재 생산에 따른 기회비용이 더 크다.
③ 생산 가능 곡선의 아래쪽에 위치하는 점들은 생산은 가능하지만 비효율적인 생산점이고, 생산 가능 곡선 위쪽에 위치하는 점들은 생산이 불가능한 생산점이다. 즉, 을국에게 효율적인 생산점은 갑국에게는 생산 불가능한 생산점이다.
⑤ 을국은 X, Y재 생산 모두에 갑국에 비해 절대 우위를 가진다. 하지만 교역을 통한 이득은 비교 우위에 있는 재화에 특화 생산해서 얻을 수 있으므로, 을국에서는 비교 우위에 있는 Y재에 특화 생산해 교역하면 이득을 얻을 수 있다.

정답 ④

09 다음 표는 각 국이 보유한 생산요소를 X재나 Y재 중 한 재화에만 투입하였을 때 생산 가능한 최대 생산량을 나타낸 것이다. 이에 대한 설명으로 옳은 것은? (단, 생산요소의 양은 양국이 동일하다) 2019 지방직

구분	X재	Y재
갑국	100개	80개
을국	90개	60개

① X재 생산에 따른 기회비용은 을국이 갑국보다 크다.
② 갑국은 두 재화 생산에 모두 비교우위를 가지기 때문에 교역을 통해 이득을 얻을 수 없다.
③ 양국이 비교우위를 가진 재화에 특화할 경우 X재 1개당 Y재 $\frac{11}{15}$개의 교역이 가능하다.
④ 양국이 비교우위를 가진 재화에 특화할 경우 갑국은 X재를, 을국은 Y재를 각각 생산한다.

출제 단원 및 영역 경제 5단원 비교우위

해설 갑국과 을국의 X재와 Y재의 기회비용을 구해보면 다음과 같다.

구분	X재	Y재
갑국	100개 (y재 4/5)	80개 (x재 5/4)
을국	90개 (y재 2/3)	60개 (x재 3/2)

X재에 대해서는 기회비용이 작은 을국이, Y재에 대해서는 기회비용이 작은 갑국이 비교우위에 있다.

③ 을국은 비교 우위에 있는 X재를 특화하고 교역을 통하여 이익을 얻기 위해서는 X재 1단위 〉 Y재 2/3단위이어야 한다. 갑국은 비교 우위에 있는 Y재를 특화하고 교역을 통하여 이익을 얻기 위해서는 Y재 1단위 〉 X재 5/4단위보다 커야 한다. 따라서 양국이 비교우위를 가진 재화에 특화할 경우 Y재 2/3단위 〈 X재 1단위 〈 Y재 4/5단위 사이에서 교역할 때 양국 모두 무역의 이익을 얻게 된다. X재 1개당 교역하는 Y재 11/15는 Y재 10/15와 12/15 사이이므로 양국 모두 이익을 얻게 된다.

오답피하기

① X재 생산에 따른 기회비용은 을국이 갑국보다 더 작다.
② 갑국은 X재와 Y재에 대하여 모두 절대우위를 가질 뿐이고, X재에 대한 비교우위는 을국, Y재에 대한 비교우위는 갑국이 가진다.
④ 양국이 비교우위를 가진 재화에 특화한다면 갑국은 Y재를, 을국은 X재를 각각 생산한다.

정답 ③

10 다음 그림은 신발과 쌀만을 생산하는 A국과 B국의 생산 가능 곡선이다. 이를 분석하고 추론한 설명으로 옳은 것을 <보기>에서 모두 고른 것은? (단, 양국이 보유한 생산요소의 양은 동일하며, 양국은 이익이 발생하는 경우 비교우위 재화에 특화하여 무역한다.) 2020 경찰직 1차

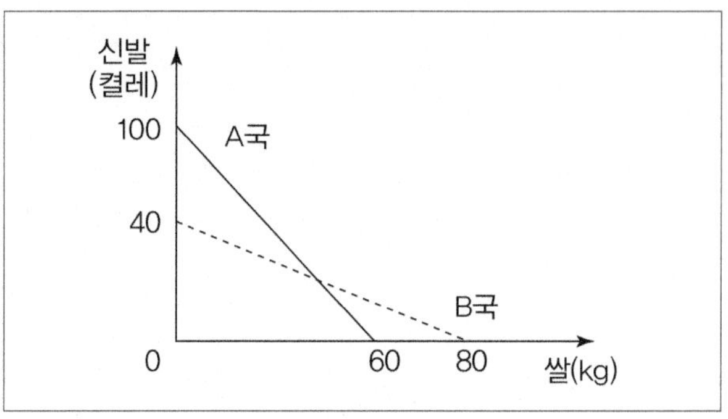

보기

㉠ 신발 1켤레 생산의 기회비용은 B국이 A국보다 크다.
㉡ 신발과 쌀의 교환 비율이 1 : 2이면, A국과 B국은 이득을 얻을 수 있다.
㉢ A국은 쌀 생산에, B국은 신발 생산에 절대 우위를 가진다.
㉣ A국과 B국은 절대 우위를 가지는 재화의 생산에 비교 우위도 동시에 가진다.

① ㉠, ㉡ ② ㉡, ㉢
③ ㉢, ㉣ ④ ㉠, ㉣

출제 단원 및 영역 경제 5단원 비교우위

해설 생산 가능곡선을 통하여 A국은 신발 생산에 절대 우위가 있고, B국은 쌀 생산에 절대 우위가 있음을 알 수 있다. 이렇게 절대 우위가 다르면 비교 우위 역시 같은 결과가 도출되지만 문제 풀이를 위해 A, B국가의 두 상품에 대한 기회비용을 나타내면 다음과 같다.

	A국	B국
쌀	60 (신발 5/3)	80 (신발 1/2)
신발	100 (쌀 3/5)	40 (쌀 2)

쌀에 대한 기회비용은 B국이 작으므로 B국이 쌀에 대한 비교 우위가 있어 특화를 할 것이고, 신발에 대한 기회비용은 A국이 작으므로 A국이 신발에 대한 비교 우위가 있어 특화할 것이다.

㉠ 신발 1켤레 생산의 기회비용은 A국이 쌀 3/5이고, B국이 쌀 2이므로 B국이 A국보다 크다.
㉣ 위의 설명에서도 나와 있지만 A국과 B국은 절대 우위를 가지는 재화의 생산에 비교 우위도 동시에 가진다.

오답피하기

㉡ 양국이 모두 교역을 통하여 이익을 얻기 위해서는 자국의 비교 우위 상품 1단위 〉 기회비용 이어야 한다.
A국이 이익을 얻을 조건: 신발 1단위 〉 쌀 3/5단위
B국이 이익을 얻을 조건: 쌀 1단위 〉 신발 1/2단위
따라서 신발과 쌀의 교환 비율이 1 : 2이면, A국은 이익을 얻을 수 있지만 B국은 이득을 얻을 수 없다. B국이 이익을 얻기 위해서는 쌀 2단위 〉 신발 1단위가 되어야 하므로 쌀을 2단위 주는 경우 신발 1단위 보다 더 많이 얻어야 하기 때문이다.
㉢ A국은 신발 생산에, B국은 쌀 생산에 절대 우위를 가진다.

정답 ④

11 **다음 표는 갑국과 을국이 노동 1단위를 투입하여 생산할 수 있는 의자와 책상의 수량을 나타낸 것이다. 이에 대한 분석으로 옳은 것은? (단, 필요 생산 요소는 노동뿐이고, 양국이 보유한 노동의 양은 같다.)** 2021 해경 2차

국가 \ 재화	의자	책상
갑국	5개	5개
을국	4개	2개

① 갑국은 의자 생산에, 을국은 책상 생산에 비교우위가 있다.
② 책상 1개를 더 생산할 때 포기해야 하는 의자는 갑국이 을국보다 크다.
③ 을국에서 의자 1개 생산의 기회비용은 책상 2개이다.
④ 양국이 비교 우위 재화를 특화하여 무역을 할 때, 양국의 특화 상품 1개 소비의 기회비용은 무역 이전보다 커진다.

출제 단원 및 영역 경제 5단원 비교우위

해설 위의 표를 바탕으로 기회비용을 구해보면 다음과 같으며 기회비용이 작은 것에 비교우위가 있으므로 갑국은 책상에, 을국은 의자에 비교우위가 있다.

국가 \ 재화	의자	책상
갑국	5개 (책상 1개)	5개 (의자 1개)
을국	4개 (책상 1/2개)	2개 (의자 2개)

④ 양국이 비교 우위 재화를 특화하여 무역을 할 때 자국에서 생산할 때의 기회비용보다 더 커야지만 이익을 얻을 수 있어 가능하다. 따라서, 양국의 특화 상품 1개 소비의 기회비용은 무역 이전보다 커진다. (편저 주 – 비교우위 상품을 교역하면 양국은 모두 이전보다 **기회비용이 커진다**는 것을 암기해두는 것이 좋다.)

오답피하기
① 갑국은 책상 생산에, 을국은 의자 생산에 비교우위가 있다.
② 책상 1개를 더 생산할 때 포기해야 하는 의자는 갑국(의자 1개)이 을국(의자 2개)보다 작다.
③ 을국에서 의자 1개 생산의 기회비용은 책상 1/2개이다.

정답 ④

12 **다음 자료에 대한 옳은 분석 및 추론만을 〈보기〉에서 모두 고르면?** 2021 국회직

그림은 X재와 Y재만을 생산하는 갑국과 을국의 생산 가능 곡선을 나타낸다. 양국은 비교 우위가 있는 재화의 생산에 특화하여 교역하였다.

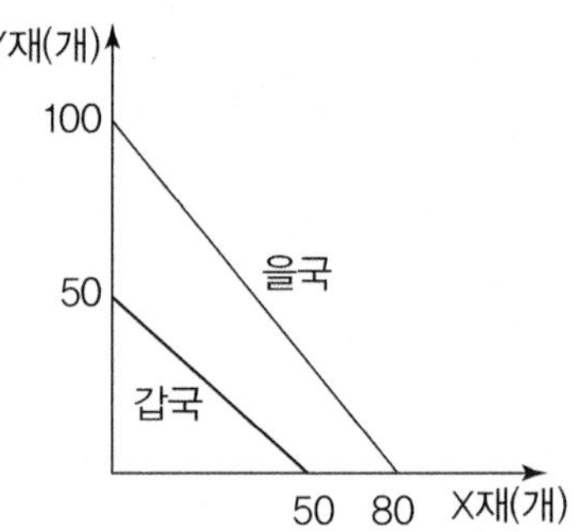

* 단, 교역은 거래 비용 없이 양국 간에만 이루어지며, 양국이 보유한 생산 요소의 양은 같다고 가정한다.

보기

ㄱ. 갑국은 Y재 생산에 특화하여 교역에 참여할 것이다.
ㄴ. 을국은 X재와 Y재 생산 모두에 절대 우위가 있다.
ㄷ. 을국은 갑국과 달리 특화 후 교역을 통해 이익을 얻을 수 없다.
ㄹ. X재 1개 생산의 기회비용은 갑국에서 Y재 1개, 을국에서 Y재 5/4개이다.

① ㄱ, ㄴ ② ㄱ, ㄷ
③ ㄱ, ㄹ ④ ㄴ, ㄷ
⑤ ㄴ, ㄹ

출제 단원 및 영역 경제 5단원 생산 가능곡선과 비교우위

해설 생산 가능곡선의 기울기가 기회비용이므로 갑국과 을국의 X재와 Y재에 대한 기회비용을 구해보면 다음과 같다.

	X재	Y재
갑국	Y재 1개	X재 1개
을국	Y재 5/4개	X재 4/5개

따라서 갑국은 X재에, 을국은 Y재에 비교우위가 있다.
ㄴ. 을국은 X재와 Y재 모두 최대 생산량이 갑국보다 크므로 절대우위가 있다.
ㄹ. 위의 표에서 살펴본 것처럼 X재 1개 생산의 기회비용은 갑국에서 Y재 1개, 을국에서 Y재 5/4개이다.

오답피하기
ㄱ. 갑국은 X재 생산에 특화하여 교역에 참여할 것이다.
ㄷ. 갑국과 을국은 자신의 비교우위 상품을 특화 후 교역을 통해 이익을 얻을 수 있다.

정답 ⑤

13 **다음은 A국과 B국의 총노동량과 두 재화에 관한 노동소요량을 나타낸다. 이에 대한 분석으로 가장 적절한 것은? (단, 양국의 재화 생산에서 노동만이 사용되며, 생산물의 가치는 노동 소요량에 비례한다고 가정한다.)**

2021 경찰직 2차

	A국	B국
총노동량	1,000	600
X재 1개 생산의 노동소요량	2	3
Y재 1개 생산의 노동소요량	4	2

① A국에서 Y재 1개 생산의 기회비용은 X재 $\frac{1}{2}$개다.
② B국에는 효율적이나 A국에는 비효율적인 생산점이 존재한다.
③ 무역 발생시 B국은 X재를 수출하고 Y재를 수입한다.
④ 세계시장에서 X재의 상대가격이 Y재의 $\frac{1}{3}$이면 A국은 Y재 대신 X재를 생산한다.

출제 단원 및 영역 경제 5단원 비교우위

해설 위의 표를 바탕으로 각 재화의 생산량을 나타내면 다음과 같다.

	A국	B국
X재	500	200
Y재	250	300

이를 바탕으로 각 재화에 대한 A국과 B국의 기회비용을 구해보면 다음과 같다.

	A국	B국
X재	500 (Y재 1/2)	200 (Y재 3/2)
Y재	250 (X재 2)	300 (X재 2/3)

따라서 A국은 X재에, B국은 Y재에 비교우위가 있다.
② A국과 B국의 X재와 Y재 최대 생산량은 서로 다르게 우위에 있으므로 B국에는 효율적이나 A국에는 비효율적인 생산점이 존재한다.

오답피하기
① A국에서 Y재 1개 생산의 기회비용은 X재 2개다.
③ 무역 발생시 B국은 비교우위에 있는 Y재를 수출하고 반면 X재를 수입한다.
④ 상대가격은 기회비용과 동일한 개념이다. 따라서 세계시장에서 X재의 상대가격이 Y재의 $\frac{1}{3}$이라는 것은 X재의 기회비용이 Y재 $\frac{1}{3}$이라는 것이다. 이 경우 기회비용은 다음과 같고 그 결과 여전히 A국은 예전처럼 여전히 X재를 생산한다.

	A국	B국
X재	(Y재 1/3)	(Y재 3/2)
Y재	(X재 3)	(X재 2/3)

정답 ②

14 **자료에 대한 분석으로 옳은 것은? (단, A국과 B국의 생산 가능 곡선은 직선이다.)**

2020 소방직

A국은 현재 X재와 Y재를 5단위씩 생산하고 있다. B국의 경우 X재는 A국과 동일하게, Y재는 5단위 더 생산하고 있다. B국이 Y재만을 생산한다면 최대 20단위까지 생산할 수 있는 반면, A국은 Y재만을 생산할 때 최대 생산량이 B국의 $\frac{1}{2}$에 불과하다.

① A국의 X재 1단위 생산의 기회비용은 Y재 2단위이다.
② A국은 X재 생산에, B국은 Y재 생산에 비교 우위가 있다.
③ B국의 Y재 1단위 생산의 기회비용은 X재 2단위이다.
④ Y재 1단위 생산의 기회비용은 B국이 A국의 2배이다.

해설 현재 A국과 B국에서 생산하고 있는 것은 다음과 같다.

	X재	Y재
A국	5	5
B국	5	10

B국이 Y재만을 생산한다면 최대 20단위까지 생산할 수 있다고 하였으므로 Y재를 10개 더 생산하고 X재는 5개를 포기하게 되므로 B국은 Y재 1개의 기회비용은 X재 1/2이다. 따라서 B국의 X재 1개의 기회비용은 Y재 2개가 된다. 반면, A국은 Y재만을 생산할 때 최대 생산량이 B국의 1/2이라고 하였으므로 A국은 Y재를 10개까지 최대 생산이 가능하다. 이는 Y재 5개 생산을 위해 X재 5개를 포기해야 하므로 A국의 Y재 1개 생산을 위한 기회비용은 X재 1개이다. 따라서 X재 1개 생산에 대한 기회비용은 Y재 1개가 된다. 따라서 기회비용을 정리하면 다음과 같다.

	X재 1개의 기회비용	Y재 1개의 기회비용
A국	1개	1개
B국	2개	1/2개

② 기회 비용이 작은 쪽이 비교 우위가 있으므로 위의 표를 통해 A국은 X재 생산에, B국은 Y재 생산에 비교 우위가 있다고 할 수 있다.

오답피하기
① A국의 X재 1단위 생산의 기회비용은 Y재 1단위이다.
③ B국의 Y재 1단위 생산의 기회비용은 X재 1/2단위이다.
④ Y재 1단위 생산의 기회비용은 B국이 A국의 1/2배이다.

정답 ②

15 **다음은 갑, 을이 노동만을 투입하여 하루 동안 생산할 수 있는 각 재화의 최대량을 정리한 것이다. 이에 대한 분석으로 옳은 것은?** 2021 지방직

구분	갑	을
물고기	10마리	5마리
나무열매	3개	4개

① 갑은 두 재화 모두에서 절대 우위가 있다.
② 나무열매 1개 생산에 따른 기회 비용은 을이 갑보다 크다.
③ 갑은 나무열매에, 을은 물고기에 특화하여 재화를 서로 교환하는 것이 합리적이다.
④ 특화 후 나무열매 1개당 물고기 3마리로 교환하면 두 사람 모두 이익을 얻을 수 있다.

출제 단원 및 영역 경제 5단원 비교우위

해설 갑국과 을국의 물고기와 나무열매에 대한 비교우위를 구해보면 다음과 같다.

구분	갑	을
물고기	10마리 (나무열매 3/10)	5마리 (나무열매 4/5)
나무열매	3개 (물고기 10/3)	4개 (물고기 5/4)

기회비용이 작은 것이 비교우위가 있으므로 갑은 물고기에, 을은 나무열매에 비교우위가 있다.
④ 갑이 이익을 얻기 위해서는 물고기 1마리 > 나무열매 3/10이고, 을이 이익을 얻기 위해서는 나무열매 1개 > 물고기 5/4이다. 갑과 을이 모두 이익을 얻기 위해서는 이를 정리하면 물고기5/4 < 나무열매 1개 < 물고기10/3이 되고, 특화 후 나무열매 1개당 물고기 3마리로 교환하면 이는 두 사람 모두 이익을 얻을 수 있는 범위에 포함되므로 옳은 지문이다.

오답피하기
① 위의 표는 최대 생산량을 나타내므로 클수록 절대우위가 있다. 따라서 갑은 물고기에, 을은 나무열매에 절대우위가 있다.
② 나무열매 1개 생산에 따른 기회 비용은 갑은 물고기 10/3이고 을은 5/4이므로 을이 갑보다 작다.
③ 갑은 물고기에, 을은 나무열매에 특화하여 재화를 서로 교환하는 것이 합리적이다.

정답 ④

자유 무역과 보호 무역

01 **다음 표의 빈 칸에 들어갈 기호를 바르게 나타낸 것은?** 모의고사 변형

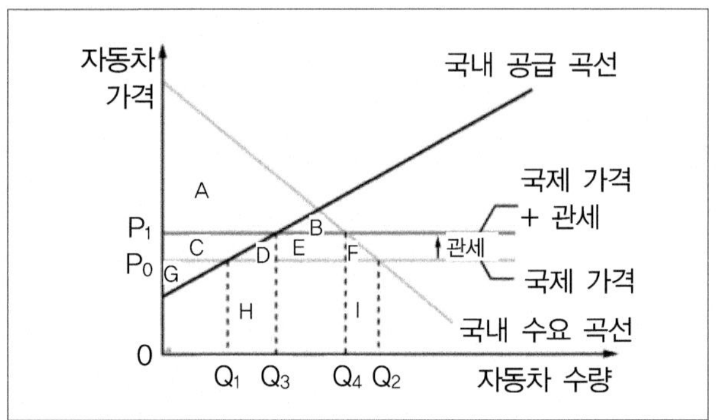

구분	관세부과 전	관세부과 후
소비자 잉여	㉠	㉡
생산자 잉여	㉢	㉣
정부 수입	0	㉤

① ㉠ A+B
② ㉡ A+B+C+D+E+F
③ ㉢ C+G
④ ㉣ G
⑤ ㉤ E

해설
⑤ 관세 부과 전 소비자 잉여는 A+B+C+D+E+F이고 관세 부과 후 소비자 잉여는 A+B로 바뀐다. 관세부과 전 생산자 잉여는 G, 관세부과 후 생산자 잉여는 C+G이다. 또한 정부의 관세 수입은 0에서 E로 증가한다.

오답피하기
① 관세 부과 전 소비자 잉여는 A+B+C+D+E+F 이다.
② 관세 부과 후 소비자 잉여는 A+B이다.
③ 관세 부과 전 생산자 잉여는 G이다.
④ 관세 부과 후 생산자 잉여는 C+G이다.

정답 ⑤

02 다음 중 자유무역의 특징을 고른 것은?

① 대외 의존도가 심화될 수 있다.
② 국내 기업의 독점화를 초래할 수 있다.
③ 관세 부과로 물가 상승 압력이 발생할 수 있다.
④ 국내 유치 산업을 보호할 수 있다.
⑤ 국내 경제 정책의 자율성과 독립성을 유지할 수 있다.

해설
① 자유무역은 국가가 간섭을 가하거나 개입하지 않는 무역을 말하므로 대외의존도가 심화될 수 있다.

오답피하기
②, ③, ④, ⑤는 모두 보호 무역의 특징에 관한 내용이다.

정답 ①

03 자유 무역의 장점이 아닌 것은? 2014 경찰직 2차

① 다양한 재화의 값싼 소비가 가능하다.
② 국가의 안전 보장에 유리하다.
③ 소비자 물가 안정에 유리하다.
④ 규모의 경제가 실현되는데 용이하다.

해설 자유무역주의: 국가 간의 자유로운 교역은 무역 당사국 모두에게 이익이 될 뿐만 아니라 그 이익이 다른 나라에도 파급되어 당사국 이외의 국가에도 이익이 되기 때문에 국가 간에 자유로운 무역이 이루어져야 한다는 입장
보호 무역주의: 자국의 산업을 보호하여 자국의 이익을 지키기 위해 국가가 무역을 통제해야 한다는 입장
② 경쟁력이 미약한 국내 산업을 보호하여 국민 경제의 자주성과 안정성을 보장할 수 있다는 것은 보호무역의 장점이다.

오답피하기
① 자유무역을 통해 소비자들은 다양한 재화를 저렴하게 소비할 기회를 얻는다.
③ 국내물가가 상승할 때 외국에서 상품을 수입하면 물가를 안정시킬 수 있다.
④ 무역을 통해 대량 생산을 가능하게 하여 단위당 생산 비용의 하락을 도모할 수 있어 규모의 경제를 실현할 수 있다.

정답 ②

04 다음 상황에서 관세 부과 후에 예상되는 갑국의 변화로 옳지 않은 것은? 2015 서울시

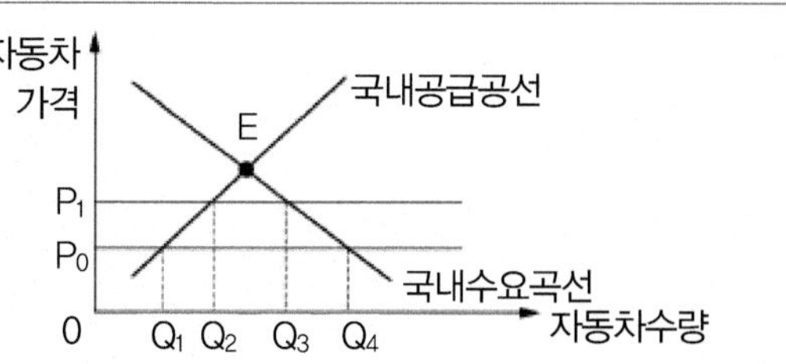

자동차를 자유무역으로 수입하고 있던 갑국에서 단위당 P_1-P_0만큼의 관세를 부과하였다. 관세 부과 전 자동차의 국제가격은 P_0였다.
이 나라는 국제 가격에 전혀 영향을 미칠 수 없고, 자동차는 국제 가격으로 이 나라에 얼마든지 공급할 수 있다.

① 자동차의 국내 생산량은 Q_2이다.
② 자동차의 국내 수요량은 Q_3이다.
③ 정부의 관세 수입은 $P_1 \times (Q_3-Q_2)$이다.
④ 자동차의 국내 생산량이 Q_2-Q_1만큼 증가한다.

해설
③ 정부의 관세 수입은 $P_1 \times (Q_3-Q_2)$이 아니라 $(P_1-P_0) \times (Q_3-Q_2)$이다. 왜냐하면 $P_1 \times (Q_3-Q_2)$ 중 $(P_1-P_0) \times (Q_3-Q_2)$는 정부가 벌어들인 관세 수입에 해당하고, 반면 $P_0 \times (Q_3-Q_2)$는 관세가 부가된 이후에 생기는 상품 수지의 적자를 의미하기 때문이다.

오답피하기
① 자동차의 국내 생산량은 Q_2이므로 옳다.
② 자동차의 국내 수요량은 Q_3이므로 옳다.
④ 갑국에서 단위당 P_1-P_0만큼의 관세를 부과하였으므로, 관세 부과 전 자동차의 국제가격은 P_0에서 P_1으로 상승한다. 이 때 국내 자동차 시장에서의 공급량은 Q_1에서 Q_2-Q_1만큼 증가하게 된다.

정답 ③

05 다음 그림은 관세 부과에 따른 甲국의 X재 시장 상황을 나타낸다. 甲국은 국제 가격에 개당 10달러의 관세를 부과하여 X재를 수입하고 있다. X재의 국제 가격은 일정하며, 이 가격에서 X재를 무제한 수입할 수 있다. 이에 대한 설명으로 가장 적절하지 않은 것은? (단, 언급되지 않은 다른 조건은 변함이 없다.) 2020 경찰직 2차

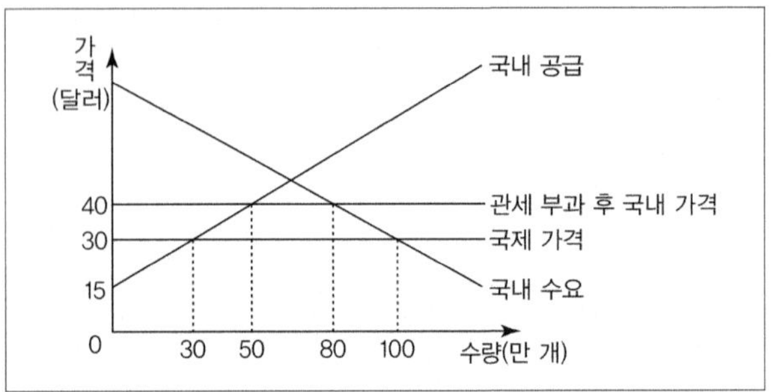

① 관세 부과 후 국내 생산량은 50만 개이다.
② 관세를 부과하면 경상 수지를 개선시키는 요인으로 작용할 수 있다.
③ 관세 부과 후 甲국 정부의 관세 수입은 300만 달러이다.
④ 관세 부과 전에 비해 관세 부과 후 생산자 잉여는 625만 달러만큼 증가하고 소비자 잉여는 900만 달러만큼 감소한다.

해설

④ 소비자 잉여의 크기는 관세 부과 전과 부과 후의 정확한 값을 알 수 없지만 감소분은 사다리꼴 모양의 크기 만큼이므로 이를 계산할 수 있다. 따라서 관세 부과 후 소비자 잉여는 (80+100)×10÷2=900만 달러만큼 감소하고, 생산자 잉여는 400만 달러(=625−225)만큼 증가한다.

	관세 부과 전	관세 부과 후
생산자 잉여	225 (=15×30÷2)	625 (=25×50÷2)

오답피하기

① 관세 부과 전 국내 생산량은 30만 개였으나 관세 부과 후 국내 생산량은 50만 개로 20만 개 증가하였다.
② 관세를 부과 전 수입 금액은 70만 개 × 30달러 였으나 관세를 부과한 후 수입 금액은 30만 개 × 30달러가 되므로 수입으로 인해 유출되는 달러는 감소하므로 관세를 부과하면 경상 수지를 개선시키는 요인으로 작용할 수 있다.
③ 관세 부과 후 甲국 정부의 관세 수입은 30만 개 × 10달러 = 300만 달러이다.

정답 ④

06 그림은 A국의 X재에 대한 국내수요와 국내공급을 나타낸 것으로 자유무역을 실시하기 전 E점에서 균형을 이루고 있다. A국이 시장을 전면 개방할 경우, 국내의 X재 시장에 미치는 영향에 대한 설명으로 옳지 않은 것은? (단, X재의 국제 시장가격은 P_1이고, A국은 이 가격을 주어진 것으로 받아들이며, 이 가격에서 X재를 얼마든지 수입할 수 있다) 2016 국가직

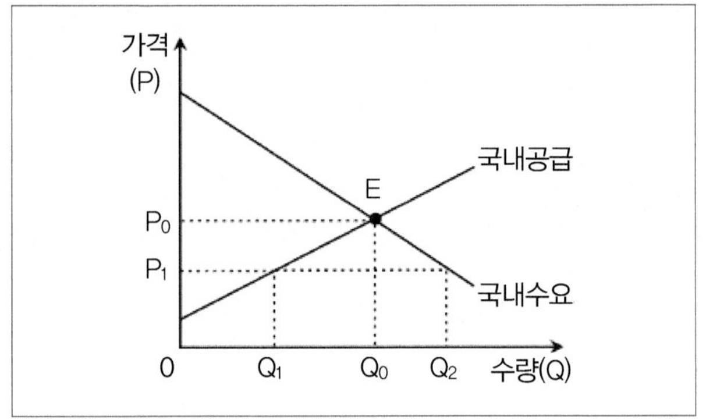

① 시장균형 가격은 하락한다.
② 소비자 잉여는 증가한다.
③ 사회적 잉여는 감소한다.
④ 국내 생산자의 국내 판매수입은 감소한다.

해설 자유 무역 실시 전과 실시 후의 소비자 잉여, 생산자 잉여, 사회적 잉여를 정리하면 다음과 같다.

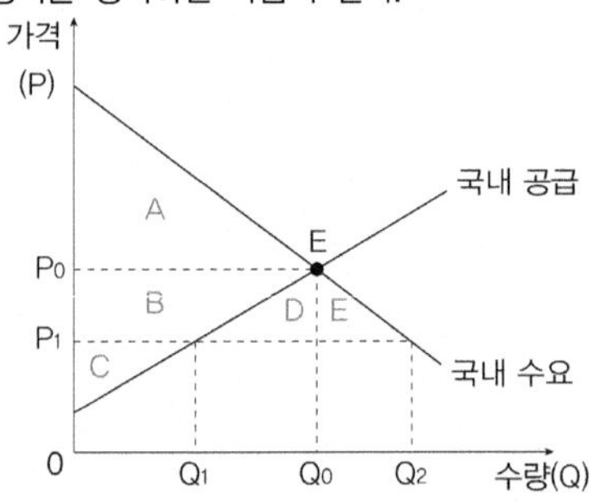

구분	자유 무역 실시 전	자유 무역 실시 후
소비자 잉여	A	A+B+D+E
생산자 잉여	B+C	C
사회적 잉여	A+B+C	A+B+C+D+E

③ A국이 시장을 전면 개방할 경우, 사회적 잉여는 A + B + C에서 A + B + C + D + E로 증가한다.

오답피하기

① A국이 시장을 전면 개방할 경우, 시장 균형 가격은 P_0에서 P_1으로 하락한다.
② A국이 시장을 전면 개방할 경우, 소비자 잉여는 A에서 A + B + D + E로 증가한다.
④ 자유 무역 실시 전에 국내 생산자는 X재를 P_0의 가격에서 Q_0만큼 판매(P_0 × Q_0)하였으나, 자유 무역 실시 후에 국내 생산자는 X재를 P_1의 가격에서 Q_1만큼 판매(P_1 × Q_1)한다. 따라서 A국이 시장을 전면 개방할 경우 국내 생산자의 국내 판매 수입은 감소한다.

정답 ③

07 그림은 T년과 T+1년 갑국의 X재 시장을 나타낸다. 갑국은 자유무역을 시행하고 있으며, T년과 T+1년의 국제가격은 각각 P_1과 P_2이다. 이에 대한 설명으로 옳은 것은? (단, 갑국은 국제가격을 주어진 것으로 받아들이며, 이 가격에서 X재의 공급량에는 제한이 없다.) 2021 국가직

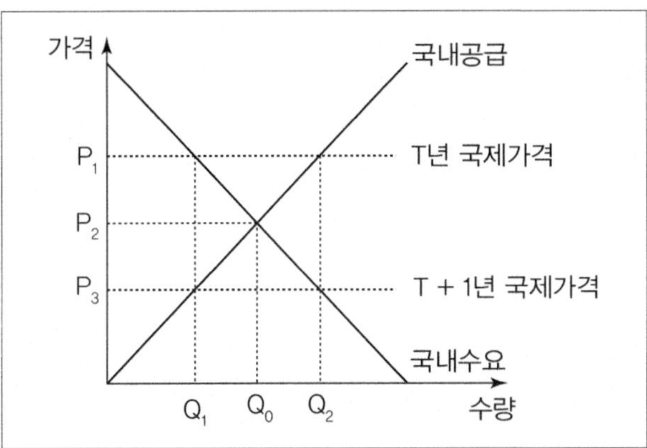

① T년 갑국은 X재를 수입한다.
② T+1년 갑국의 X재 교역량은 Q_0Q_2이다.
③ T년 갑국 소비자 잉여는 T+1년보다 크다.
④ T+1년 갑국 총잉여는 무역을 하지 않는 경우와 비교하여 $\frac{(P0P2 \times Q1Q2)}{2}$만큼 증가한다.

출제 단원 및 영역 경제 5단원 자유무역과 보호무역

해설

④ 교역을 하게 되면 T+1년의 국내 소비자들의 거래량은 Q_2가 되고 사회적 잉여는 균형점 아래의 삼각형 만큼 증가하게 된다. 따라서 T+1년 갑국 총잉여는 무역을 하지 않는 경우와 비교하여 $\frac{(P0P2 \times Q1Q2)}{2}$만큼 증가한다.

오답피하기

① T년의 경우 국제 가격이 국내 가격보다 더 비싸므로 갑국은 X재를 수출한다.
② T+1년 갑국은 X재를 Q_1Q_2 만큼 수입하므로 교역량은 Q_1Q_2이다.
③ T년의 경우 갑국은 수출국이 되고, T+1년의 경우 수입국이 된다. 수출국의 경우 소비자 가격이 상승하고, 수입국의 경우 소비자 가격이 하락하므로 갑국 소비자 잉여는 T+1년이 T년 보다 크다.

정답 ④

08 빈칸 (가)에 들어갈 적절한 내용을 〈보기〉에서 고른 것은? 예상 문제

> 갑 자유 무역이 확대되면 유치산업이 몰락하여 우리 경제에 부정적인 영향을 미치지 않을까?
> 을 그런 측면도 있지만, 자유 무역을 통해 우리 경제가 얻을 수 있는 이점도 많아.
> 예를 들면, [(가)]
>
> * 유치산업: 성장 잠재력은 있으나 아직 국제 경쟁력을 갖추지 못한 산업

보기

ㄱ. 규모의 경제를 활용하여 생산비를 낮출 수 있어.
ㄴ. 정부가 국내 산업을 보호하거나 지원하기가 쉬워져.
ㄷ. 다양한 제품을 더 낮은 가격에 소비할 기회가 증가해.
ㄹ. 외국의 경제 위기가 국내에 파급되는 것을 막을 수 있어

① ㄱ, ㄴ ② ㄱ, ㄷ
③ ㄴ, ㄷ ④ ㄴ, ㄹ

해설

자유 무역 확대에 대해 갑은 부정적인 영향을, 을은 긍정적인 영향을 제시한다.

오답피하기

ㄴ. 자유 무역이 확대되면 정부가 국내 산업을 보호하거나 지원하기 어려워진다.
ㄹ. 자유 무역이 확대되면 외국의 경제 위기가 국내에 쉽게 파급될 수 있다.

정답 ②

09 다음 자료에 대한 설명으로 옳지 않은 것은?

2018 수능

그림은 갑국의 X재 시장 상황을 나타낸다. 갑국은 국제 가격에 개당 20달러의 관세를 부과하여 X 재를 수입하고 있다. 단, X재의 국제 가격은 일정하며 이 가격에서 X재를 무제한 수입할 수 있다.

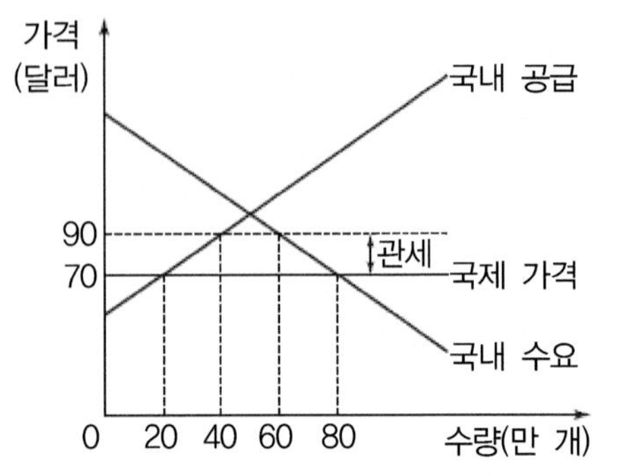

① 수입량은 20만 개이다.
② 관세 수입은 400만 달러이다.
③ 국내 생산자의 판매 수입은 3,600만 달러이다.
④ 관세를 폐지하면 수입량은 20만 개 증가할 것이다.
⑤ 관세를 폐지하면 국내 소비자 잉여 증가분은 국내 생산자 잉여 감소분보다 클 것이다.

해설 현재 X재의 국제 가격은 70달러이지만, 관세 부과로 인하여 90달러로 상승하였다.

④ 관세로 인하여 거래량은 40만 개이지만, 관세가 폐지되면 거래량은 80만개로 증가한다. (국내 공급자 20만 개 + 수입품 60만 개) 따라서 관세를 폐지하면 수입량은 40만 개 증가할 것이다.

오답피하기

① 관세 부과로 인하여 수입량은 기존의 60만 개(80만–20만)에서 20만 개(60만–40만)로 감소한다.
② 관세수입은 20만 개(60만–40만)× 관세(20달러) = 400만 달러이다.
③ 관세를 부과함으로써 X재의 가격은 90달러이고, 거래량은 40만 개가 되었으므로 국내 생산자의 판매 수입은 90달러×40만 개 = 3,600만 달러이다.
⑤ 관세를 부과 했을 때와 관세를 폐지했을 때의 국내 소비자 잉여와 국내 생산자 잉여는 다음과 같다.

	관세를 부과 했을 때	관세를 폐지 했을 때
소비자 잉여	ⓐ+ⓑ	ⓐ+ⓑ+ⓒ+ⓓ+ⓔ+ⓕ
생산자 잉여	ⓒ+ⓖ	ⓖ

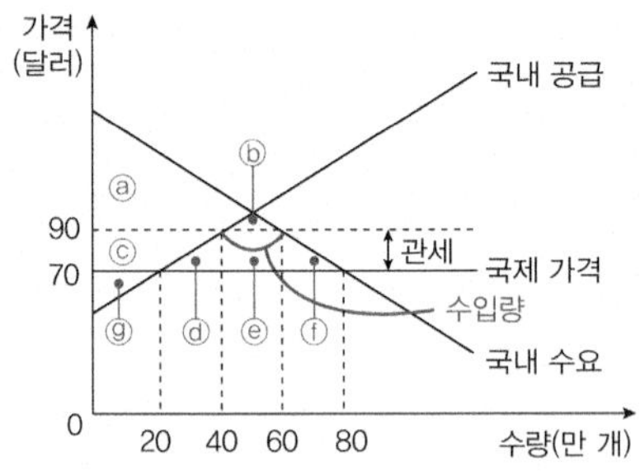

따라서 관세를 폐지하면 국내 소비자 잉여 증가분은 국내 생산자 잉여 감소분보다 크다.

정답 ④

10 그림은 X재 시장의 개방 이후 갑국과 을국의 상황을 나타낸다. 이에 대한 설명으로 옳지 않은 것은? (단, 시장 개방 이후 국제 시장에서 X재 가격은 P_2이며, 교역에 따른 거래 비용은 없다.)

2016 수능

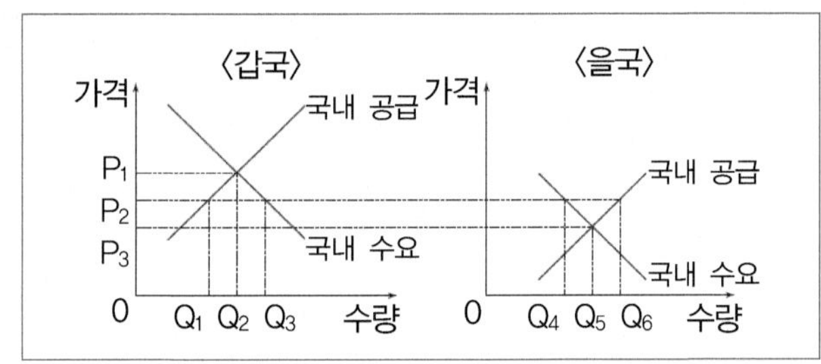

① 갑국 시장에서 X재는 Q_3만큼 거래된다.
② 갑국의 수입액은 $P_2 \times Q_1Q_3$이다.
③ 을국 기업은 Q_4만큼 생산한다.
④ 을국의 소비자 잉여는 교역 전보다 감소한다.
⑤ 갑국과 을국 모두 사회적 잉여는 교역 전보다 증가한다.

해설

③ 을국 기업은 P_2의 가격만큼 공급하므로 을국 기업은 Q_6만큼 생산한다.

오답피하기

①, ② 갑국 시장에서 X재는 Q_1Q_3만큼의 수입품이 공급되므로 Q_3만큼 거래되고 갑국의 수입액은 $P_2 \times Q_1Q_3$이다.
④, ⑤ 통상 수입을 하면 가격의 하락으로 소비자 잉여는 증가하고 생산자 잉여는 감소한다. 반면 수출국의 경우에는 소비자 잉여는 감소하고 생산자 잉여는 증가한다. 이 때 사회적 잉여는 증가분이 감소분보다 더 커서 사회적 잉여는 증가한다.

정답 ③

11 **다음 자료에 대한 분석으로 〈보기〉에서 옳은 것만을 모두 고르면? (단, a~j는 각 영역의 면적에 해당하며, 갑국은 X재만을 거래한다)** 2019 국가직

D와 S는 T기에 갑국의 X재 국내수요곡선과 국내공급곡선이다. 시장을 개방하지 않았던 갑국은 T+1기에 시장을 개방하여 자유 무역을 통해 국제 가격 수준에서 X재를 수입하였으나, T+2기에는 국내 X재 산업 보호를 위해 P_1P_2 만큼의 관세를 부과하였다.

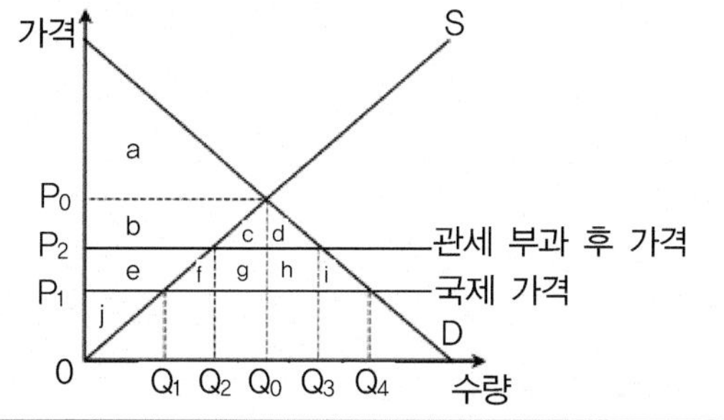

보기

ㄱ. T기에 비해 T+1기에 갑국의 사회적 잉여는 d+h+i 만큼 증가한다.
ㄴ. T+2기에 갑국 정부의 관세 수입은 g+h이다.
ㄷ. T+1기에 비해 T+2기에 갑국에서는 f+i 만큼의 사회 후생의 손실이 발생한다.
ㄹ. T+2기에 갑국의 생산자 잉여는 T+1기 보다 j+e 만큼 증가한다.

① ㄱ, ㄴ ② ㄱ, ㄹ
③ ㄴ, ㄷ ④ ㄷ, ㄹ

출제 단원 및 영역 경제 5단원 자유 무역과 보호 무역

해설 관세 부과 전과 후의 잉여 및 재정 수입의 변화를 살펴보면 다음과 같다.

구분	관세부과 전 (T+1기)	관세부과 후 (T+2기)	변화분
소비자 잉여	a+b+...+i	a+b+c+d	−(e+f+g+h+i)
생산자 잉여	j	e+j	+e
사회적 잉여	a+b+...+j	a+b+c+d+e+g+h+j	−(f+i)
정부 수입	0	g+h	+(g+h)

ㄴ. T+2기라는 것은 관세 부과 후를 의미하고, 관세 부과 후 정부의 관세 수입은 g+h가 된다. 정부의 관세 수입은 P_1P_2만큼의 관세와 수입 물품의 수량(Q_2Q_3)의 곱으로 나타나기 때문이다.
ㄷ. 위의 표를 통해 T+1기에 비해 T+2기에 갑국에서는 f+i 만큼의 사회 후생의 손실이 발생한다는 것을 알 수 있다.

오답피하기

ㄱ. T기에 비해 T+1기에 갑국의 사회적 잉여는 +(c+d+f+g+h+i) 만큼 증가한다.

구분	자유무역 전 (T기)	자유무역 후 (T+1기)	변화분
소비자 잉여	a	a+b+c+d+e+f+g+h+i	+(b+c+d+e+f+g+h+i)
생산자 잉여	b+e+j	j	−(b+e)
사회적 잉여	a+b+e+j	a+b+c+d+e+f+g+h+i+j	+(c+d+f+g+h+i)
정부 수입	0	0	0

ㄹ. 위의 표를 살펴보면 T+2기에 갑국의 생산자 잉여는 T+1기 보다 e 만큼 증가한다는 것을 알 수 있다.

정답 ③

환율

01 가~바의 사례를 외화의 수취와 지급에 바르게 연결한 것은? 2013 서울시

가 외국인이 국내 주식시장에서 주식을 구입하였다.
나 우리나라의 자동차 회사가 미국에 공장을 건설하였다.
다 한류 열풍으로 한국을 찾은 일본 관광객들이 많은 돈을 쓰고 갔다.
라 우리나라의 전자 회사가 미국에 반도체를 수출하고 수출 대금을 받았다.
마 우리나라의 정유 회사가 해외에서 원유를 수입하고 수입 대금을 지불하였다.
바 우리나라에 체류하는 외국인 근로자가 임금을 자기 나라로 송금하였다.

	외화 수취	외화 지급
①	가, 다, 마	나, 라, 바
②	가, 다, 라	나, 마, 바
③	가, 라, 바	나, 다, 마
④	나, 라, 바	가, 다, 마
⑤	나, 다, 마	가, 라, 바

해설 ② 가, 다, 라는 해외에서 자본이 유입되는 경우로써 외화의 공급 증가 요인이 되고, 나, 마, 바는 해외로 자본이 유출되는 경우로써 자본의 수요가 증가하는 경우이다.

정답 ②

02 〈보기〉는 우리나라의 외환 시장에 영향을 주는 요인들이다. (가)~(라)의 현상이 독립적으로 나타났을 때 갑(甲)국 국민의 생활 모습에 대한 추론으로 가장 옳지 않은 것은? (단, 제시된 것 외에 다른 경제적 요인에는 변화가 없으며, 모든 거래는 달러로 이루어진다고 가정한다.) 2019 서울시 공개 및 경력 1회

보기

(가) 국가 신용도 하락으로 외국인의 국내 투자가 지난해의 1/3 수준으로 감소하였다.
(나) 국내 조류 독감 파동으로 달걀과 달걀 가공품의 수입이 지난해보다 5배 증가하였다.
(다) 한류의 영향으로 문화 예술 저작권의 해외 판매액이 큰 폭으로 증가하였다.
(라) 국민 총소득의 감소로 해외 상품에 대한 1인당 지출이 감소하였다.

① (가), (나) 현상이 동시에 나타나면 우리나라의 경상수지는 일시적으로 개선된다.
② (나), (다) 현상이 동시에 나타나면 우리 정부의 외채 상환 부담을 증가시킨다.
③ (다), (라) 현상이 동시에 나타나면 미국으로 수출하는 재화의 가격 경쟁력은 낮아진다.
④ (가)와 (다)는 외환의 공급 측면에, (나)와 (라)는 외환의 수요 측면에 영향을 미친다.

출제 단원 및 영역 경제 5단원 자본 거래와 환율

해설

(가) 국가 신용도 하락으로 외국인의 국내 투자가 지난해의 1/3 수준으로 감소하였다.
→ 외화 수취 감소 (외화 공급 감소)
(나) 국내 조류 독감 파동으로 달걀과 달걀 가공품의 수입이 지난해보다 5배 증가하였다.
→ 외화 유출 증가 (외화 수요 증가)
(다) 한류의 영향으로 문화 예술 저작권의 해외 판매액이 큰 폭으로 증가하였다.
→ 외화 수취 증가 (외화 공급 증가)
(라) 국민 총소득의 감소로 해외 상품에 대한 1인당 지출이 감소하였다.
→ 외화 유출 감소 (외화 수요 감소)

② (나), (다) 현상이 동시에 나타난다는 것은 외화의 수요와 공급이 모두 증가하는 것으로써 거래량은 증가하겠지만, 환율의 상승 여부는 알 수 없다. 따라서 우리 정부의 외채 상환 부담을 증가시킨다고 단정할 수 없다.

오답피하기

① (가), (나) 현상이 동시에 나타나면 외화의 공급은 감소하고 수요는 증가하게 된다. 이로 인하여 환율은 상승하고 환율의 상승은 우리나라 통화의 가치를 하락시켜 수출은 증가하고 수입은 감소하여 경상수지를 개선할 수 있다. 그러나 환율 상승으로 인한 경상수지 개선은 외화의 유입이 증가시켜 다시 환율 하락을 일으키는 요인이 된다. 환율 하락은 수출의 감소와 수입의 증가를 가져와 경상수지를 약화시키므로 (가), (나) 현상이 동시에 나타나면 우리나라의 경상수지는 일시적으로 개선된다는 것은 옳은 지문이 된다.
③ (다), (라) 현상이 동시에 나타나면 외화의 공급이 증가하고, 수요는 감소하게 된다. 이는 환율의 하락 요인이 되어 우리나라 통화의 가치는 상승한다. 그 결과 우리나라에서 미국으로 수출하는 재화의 가격 경쟁력은 낮아져서 수출은 감소할 것이다.
④ 위의 표에서 정리한 것처럼 (가)와 (다)는 외환의 공급 측면에, (나)와 (라)는 외환의 수요 측면에 영향을 미치는 것이다.

정답 ②

03 다음과 같은 환율 변동의 영향으로 옳은 것은?

2014 서울시

> ○○ 경제 2013. 11. 25
> 원/달러 환율이 1,060원을 밑돌고 있다. 25일 오전 9시 30분 현재 원/달러 환율은 전일 대비 1.6원(0.15%) 내린 1,058.6원을 기록 중이다. 엔화 약세로 원/엔 환율이 100엔당 1,050원을 밑돌면서 원/달러 환율에 대한 추가 하락 압력이 지속되고 있다.

① 내국인의 해외여행이 감소한다.
② 수입품의 가격 상승으로 수입 물가가 상승한다.
③ 수출품의 외화 표시 가격이 상승하여 수출이 감소한다.
④ 원화 가치 하락으로 기업의 외채 상환 부담이 증가한다.
⑤ 총수요가 증가하여 국내 경기가 활성화되고 국민 소득이 증가한다.

해설 원/달러 환율이 하락하고 있는 상황으로 원화는 평가 절상되고, 달러화는 평가 절하된다. 원/엔 환율이 떨어지고 있는 것은 원화에 비해서 엔화의 가치가 떨어지고 엔화의 가치에 비해서 원화의 가치는 상승한 경우에 해당한다.
③ 환율이 하락하면 수출품의 외화 표시 가격이 상승하여 수출이 감소한다.

오답피하기
① 달러화와 엔화의 가치가 하락했으므로 내국인의 해와 경비는 싸져서 내국인의 해외여행은 증가할 것이다.
② 원화가치가 상승했으므로 수입품의 원화표시 가격이 하락하므로 수입 물가가 감소한다.
④ 원화가치가 상승했으므로 외채 상환 부담은 감소한다.
⑤ 환율이 하락하면 수출은 감소하고 수입은 증가하여 총수요가 감소한다.

정답 ③

04 다음 표는 일본 엔화와 미국 달러화에 대한 원화의 환율 변동을 나타낸 것이다. 이 추세가 지속된다고 예상할 때, 현 시점(4월)에서 할 수 있는 행동으로 가장 적절한 것은?

2019 경찰직 1차

(단위: 원)

구분	2월	3월	4월
원/100엔	1,000	1,050	1,100
원/달러	1,200	1,150	1,100

① 엔화 외화부채의 상환을 미룬다.
② 올 겨울에 가기로 한 일본 여행 일정을 앞당긴다.
③ 올해 초 수입한 달러화 수입품의 결제를 서두른다.
④ 현금자산 중 달러의 원화 환전을 늦춘다.

출제 단원 및 영역 경제 5단원 환율

해설 원/100엔 환율은 상승하고 있으나, 원/달러 환율은 하락하고 있다. 따라서 화폐의 가치는 엔화>원화>달러의 순서대로 높다.
② 원/100엔 환율은 계속 상승하고 있으므로 더 상승하기 전에 일본 여행을 다녀오는 것이 유리하다.

오답피하기
① 엔화의 가치가 상승하고 있으므로 엔화 외화부채의 상환을 서두르는 것이 유리하다.
③ 원/달러 환율은 하락하고 있으므로 원화의 가치는 상승하고 있다. 따라서 올해 초 수입한 달러화 수입품의 결제는 서두르기보다는 미루는 것이 더 유리할 것이다.
④ 달러화 대비 원화의 가치는 상승하고 있으므로 서둘러 달러를 원화로 환전하는 것이 더 유리하다.

정답 ②

05 〈보기〉의 밑줄 친 ㉠, ㉡에 대한 설명 중 가장 옳은 것은? 2019 서울시

보기

매달 A군은 1만엔을, B군은 100달러를 구입한다. ㉠원/엔 환율 변동과 ㉡원/달러 환율 변동으로 인해 A군과 B군이 각각 엔화와 달러화를 구입하기 위해 매달 지불해야 하는 원화의 양이 아래의 표와 같이 변하였다.

구분	변동 전	변동 후
A군	9만 원	10만 원
B군	11만 원	10만 원

① 엔화의 수요 감소는 ㉠의 요인이다.
② 달러화의 공급 감소는 ㉡의 요인이다.
③ ㉠은 우리나라 대일상품 수지를 개선시키는 요인이다.
④ ㉡은 우리나라 국민의 미국 유학 경비 부담을 증가시키는 요인이다.

출제 단원 및 영역 경제 5단원 환율

해설 주어진 자료에서는 원/엔 환율은 상승하였고, 원/달러 환율은 하락하였음을 보여준다. 그 결과 통화의 가치는 엔화>원화>달러화 순으로 높다.
③ 원/엔 환율이 상승하였으므로 일본으로의 수출 표시 가격이 하락하여 수출이 증가하고 수입은 감소하여 경상수지 개선의 효과가 나타난다.

오답피하기
① 엔화의 수요 감소가 나타나면 원/엔의 환율은 하락한다.
② 달러화의 공급 감소는 원/달러 환율의 상승 요인이다.
④ ㉡에서 원/달러 환율이 하락하였으므로 달러화에 비하여 원화의 가치가 상승하여 우리나라 국민의 미국 유학 경비 부담이 이전보다 감소한다.

정답 ③

06 다음 그림은 甲국의 환율 변동을 나타낸 것이다 이러한 추세가 지속될 것으로 예상될 때 이에 대한 추론으로 가장 옳은 것은? (단, 환율 변동 이외의 다른 조건은 고려하지 않는다.) 2016 해양경찰

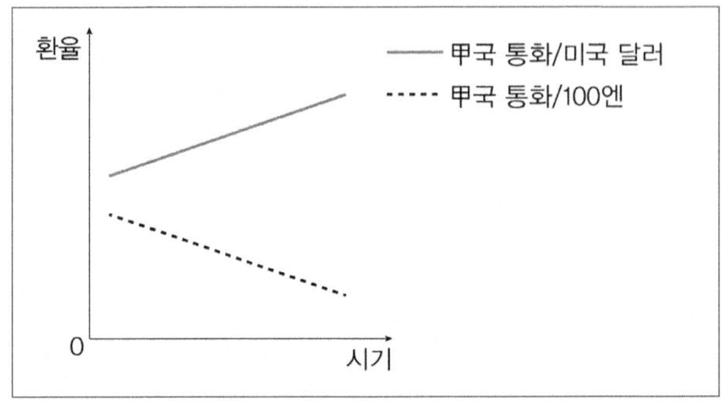

① 엔화 표시 외채 상환 부담은 증가할 것이다.
② 달러에 대한 엔화의 통화 가치는 상승할 것이다.
③ 대미 수출품의 달러 표시 가격은 상승할 것이다.
④ 甲국에서 미국산 부품의 수입 가격은 상승할 것이다.

출제 단원 및 영역 경제 5단원 환율

해설 甲국은 미국 달러에 대하여 환율이 상승하였고, 100엔 대하여 환율이 하락하였다. 따라서 통화의 가치는 미국 달러 > 甲국 통화 > 100엔으로 나타낼 수 있다.
④ 甲국 기준으로 미국 달러의 환율이 상승하고 있으므로 미국산 부품의 수입 가격은 상승한다. 가령 1$=1,000원에서 1$=1,500원으로 상승한 경우 1$ 짜리 미국산 부품은 우리나라에서 1,000원에서 1,500원으로 상승한다.

오답피하기
① 甲국에서 엔화에 대하여 환율이 하락하므로 甲국의 통화는 엔화에 대하여 가치가 상승한다. 따라서 엔화 표시 외채 상환 부담은 감소할 것이다.
② 위에서 설명한 것처럼 통화의 가치는 미국 달러 > 甲국 통화 > 100엔이므로 달러에 대한 엔화의 통화 가치는 하락할 것이다.
③ 甲국의 달러에 대한 환율의 상승으로 미국으로 수출하는 수출품의 달러 표시 가격은 하락하여 수출은 증가할 것이다. 가령 1$=1,000원에서 1$=2,000원으로 상승한 경우 1,000원으로 만들던 물건이 과거에는 1$로 표시되어 수출되었으나, 환율의 상승으로 이후에는 0.5$로 표시되어 수출된다.

정답 ④

07 원/달러 환율이 1달러당 1,100원에서 1,300원으로 상승하는 경우의 경제적인 효과에 대한 설명으로 가장 적절하지 않은 것은? 2020 경찰직 1차

① 국내 기업의 외채 상환 부담이 증가한다.
② 외국으로 갈 경우의 경비 부담이 증가하여 해외여행이나 외국으로의 유학이 감소한다.
③ 수입품의 원화 표시 가격이 하락하여 국산품의 상대 가격이 상승하고 수입이 감소한다.
④ 수출로 벌어들이는 외화가 수입으로 지출하는 외화에 비해 많아져 통화량이 증가하고 물가가 상승한다.

출제 단원 및 영역 사회문화 5단원 환율 변화의 효과

해설

③ 환율이 상승할 경우 수입품의 원화 표시 가격이 상승하여 국산품의 상대 가격이 하락하고 그 결과 수입은 감소한다. 위의 사안의 경우 1달러 짜리 수입품이 과거 우리나라에서는 1,000원으로 표시되어 판매되었다면 환율이 상승한 경우에는 1,300원으로 표시되어 판매되므로 이전보다 수입품의 가격 경쟁력은 떨어져 수입은 감소하게 된다.

오답피하기

① 1달러를 변제하기 위해서 과거 1,000원이면 되었지만 환율 상승 후에는 1,300원이 필요하므로 환율 상승 시 국내 기업의 외채 상환 부담은 증가한다.
② 환율이 상승할 경우 원화의 가치는 떨어지고 동일한 외화를 지급하기 위해서는 더 많은 원화가 필요하므로 외국으로 갈 경우의 경비 부담이 증가하여 해외여행이나 외국으로의 유학이 감소한다.
④ 환율 상승의 결과 수출은 증가하고 수입은 줄어든다. 이로 인해 수출로 벌어들이는 외화가 수입으로 지출하는 외화에 비해 많아져 통화량이 증가하고 물가가 상승한다.

정답 ③

08 〈보기〉의 ㉠~㉣ 중 설명이 적절하지 않은 것은? 2016 경찰직 1차

보기

㉠ 원/달러 환율이 상승한다는 것은 달러를 구입하기 위해 지불해야 하는 원화의 양이 적어진다는 것을 의미한다.
㉡ 원/달러 환율은 달러의 수요와 공급에 의해 결정되며, 미국으로의 해외여행 또는 유학 등이 증가하면 달러의 수요가 증가하여 원/달러환율이 상승한다.
㉢ 환율이 상승하면, 수출 상품의 가격 경쟁력이 높아지기 때문에 수출은 증가한다.
㉣ 환율이 하락하면, 국내 물가는 상승하지만 외채 상환 부담은 감소한다.

① ㉠, ㉢ ② ㉠, ㉣
③ ㉡, ㉢ ④ ㉡, ㉣

해설

㉠ 원/달러 환율이 상승한다는 것은 원화의 가치의 하락을 의미하므로 달러를 구입하기 위해 지불해야 하는 원화의 양이 늘어난다는 것을 의미한다.
㉣ 환율이 하락하면, 수출은 감소하고 수입은 증가하여 외화의 수요는 증가하고 공급은 감소하여 통화가 줄어들게 되어 국내 물가는 하락하게 된다. 또한 원화 가치의 상승으로 외채 상환 부담은 감소하는 것은 맞다.

오답피하기

㉡ 원/달러 환율은 달러의 수요와 공급에 의해 결정되며, 미국으로의 해외여행 또는 유학 등이 증가하면 달러의 유출이 증가하므로 이는 달러의 수요 증가로 연결되어 원/달러 환율은 상승한다.
㉢ 환율이 상승하면, 수출 상품의 외화 표시 가격이 하락하여 가격 경쟁력이 높아지기 때문에 수출은 증가한다.

정답 ②

09 다음 그림에서 A는 국내외 경제 요인들에 의한 원/달러 환율 변동을 의미한다. A로 인한 영향으로 옳은 것은? 2014 국가직

국내 임금 상승으로 수출 상품의 가격 상승	⇒	A
미국 경기 침체로 인한 대미 수출의 급격한 감소	⇒	

① 기업의 원자재 수입 부담이 감소한다.
② 달러화 외채 상환 부담이 감소한다.
③ 미국에 유학 중인 자녀에게 송금하는 부모는 불리해진다.
④ 국내 외국계 기업에서 달러화로 임금을 받는 사람은 불리해진다.

해설 사안에서 국내 임금 상승으로 수출 상품의 가격이 상승하고, 미국 경기 침체로 인한 대미 수출이 급격히 감소하면 달러의 공급을 감소시켜 원/달러 환율이 상승하게 된다. 이는 달러 가치의 상승을 가져온다.
③ 원/달러 환율이 상승하면 달러가치의 상승으로 미국에 유학 중인 자녀에게 예전과 같은 달러를 보내기 위해서는 더 많은 원화가 필요해지므로 부모의 부담은 더욱 가중된다.

오답피하기
① 원/달러 환율이 상승하면 원자재의 가격이 상승하게 되므로 기업의 원자재 수입 부담은 증가하게 된다.
② 달러화의 외채 상환 부담은 증가한다.
④ 달러화의 가치가 증가하므로 달러화로 임금을 받는 사람은 유리해진다.

정답 ③

10 다음 요인으로 인해 나타나는 원·달러 환율의 변화 방향이 다른 하나는? (단, 각각의 상황에서 다른 조건은 일정하다.) 2016 경찰직 2차

① 미 연방준비위원회가 기준금리를 전격적으로 인상하였다.
② 미국보다 우리나라의 물가가 더 빠르게 상승하였다.
③ 우리나라의 경상수지 흑자 폭은 커졌지만 수출보다 수입이 더 크게 줄어들었다.
④ 우리나라 정부가 경기 진작을 위해 통화량을 늘리는 정책을 시행하였다.

해설
③ 우리나라의 경상수지 흑자 폭은 커졌지만 수출보다 수입이 더 크게 줄어들었다는 것은 달러의 공급이 증가한 경우에 해당한다. 그 결과 환율은 하락하게 된다.

오답피하기
① 미 연방준비위원회가 기준금리를 전격적으로 인상하면 국내 통화의 외국 유출이 예상된다. 수요 증가 요인으로 인해 환율은 인상된다.
② 미국보다 우리나라의 물가가 더 빠르게 상승한다면 우리나라 상품에 대한 수요는 감소하고 수입이 증가하여 달러에 대한 수요가 증가하므로 환율은 인상된다.
④ 우리나라 정부가 경기 진작을 위해 통화량을 늘리는 정책을 시행하였다면 통화의 가치는 하락하고 국내 물가는 상승하여 수출은 감소하고 수입은 증가한다. 그 결과 외화의 유출은 증가하고 유입은 감소하여 환율은 상승한다.

정답 ③

11 그림은 미국 달러 대비 A국, B국, C국의 통화 가치 변동률이다. 이와 같은 상황이 장기간 지속될 경우, 예상되는 변화에 대한 설명으로 옳은 것은? (단, 다른 조건은 일정하다.) 2014 사회복지직

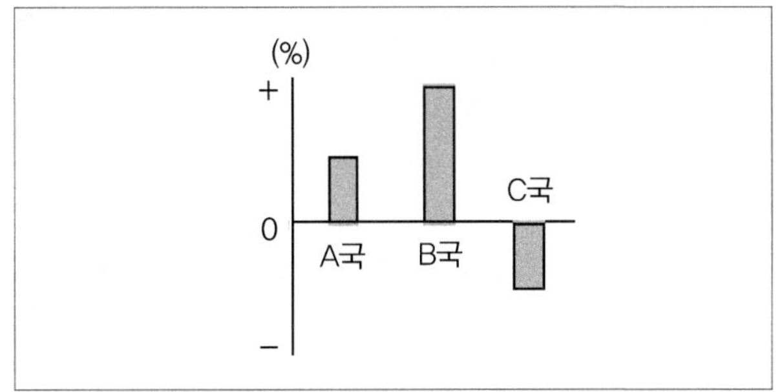

① B국에 대한 미국의 수출이 장기적으로 감소할 것이다.

② C국의 $\frac{\text{자국 통화}}{\text{미국 달러}}$ 표시 환율은 지속적으로 하락할 것이다.

③ B국으로 여행할 미국 사람은 B국 통화로 미리 환전해 두는 것이 유리하다.

④ B국의 부품을 미국 달러로 결재하여 수입하는 A국 제조 기업의 생산비는 인하될 것이다.

해설 그림을 보고 미국 달러 대비 세 국가의 통화 가치 변동률을 살펴보았을 때, 각 국가의 화폐 가치 변동률의 크기는 C국 통화 〈 미국 달러 〈 A국 통화 〈 B국 통화의 순서임을 알 수 있다.

③ B국의 통화 가치는 달러화에 비해 지속적으로 상승할 것으로 보이므로 B국으로 여행할 미국 사람은 B국의 통화가 더 오르기 전에 B국 통화로 미리 환전해 두면 유리할 것이다.

오답피하기

① B국에 대한 미국의 수출은 미국의 통화 가치가 B국에 비하여 떨어질 것이므로 가격 경쟁력이 있어서 장기적으로는 수출이 증가할 것이다.

② C국의 $\frac{\text{자국통화}}{\text{미국 달러}}$ 표시 환율은 C국의 화폐 가치에 비하여 달러 가치의 변동률이 크기 때문에 지속적으로 떨어지므로 환율은 상승할 것이다.

④ 달러 대비 B국의 통화 가치가 A국에 비해 더 크게 증가하므로 A국의 제조 기업의 부품비는 증가하고 이로 인하여 생산비는 증가할 것이다.

정답 ③

12 다음 표는 원/달러 환율과 엔/달러 환율을 가정하여 나타낸 것이다. 이와 같은 환율 변동에 따라 2013년에 나타날 수 있는 효과로 가장 적절한 것은? 2014 경찰직 1차

	원/달러	엔/달러
2010년	1,250	125
2013년	1,100	100

① 미국 시장에서 일본보다 우리나라 제품의 수출 가격 경쟁력이 높아졌다.

② 일본산 부품을 사용하는 우리나라 기업의 생산 비용이 감소하게 되었다.

③ 원화의 가치가 상승하여 우리나라의 달러 표시 외채 상환 부담이 증가하게 되었다.

④ 달러의 가치가 하락하여 미국이 한국과 일본에 수출하는 제품의 가격 경쟁력이 낮아졌다.

해설 2010년에 비하여 2013년 달러화에 비해 엔화와 원화가 모두 평가 절상되고 있다. 다만, 엔화의 평가 상승 비율이 더 높아졌다고 분석할 수 있다. 따라서 세 화폐의 가치 변동률의 크기는 달러화〈원화〈엔화의 순서가 된다.

미국시장에서의 수출경쟁력은 한국이 일본보다 유리할 것이다. 또한 미국의 달러화는 가치가 낮아지고 있어서 일본이나 한국시장에서의 가격경쟁력은 높아질 것이다.

① 달러 대비 원화와 엔화 모두 평가 절상 되었지만 엔화의 평가 상승 비율이 더 높아졌으므로 미국 시장에서 한국의 수출 경쟁력이 일본보다 더 높다.

오답피하기

② 엔화가 원화보다 더 평가 절상되고 있어서 일본산 부품을 사용하는 한국 기업의 생산 비용은 더 증가하게 되었다.

③ 원화의 가치가 상승하여 달러표시 외채의 상환부담은 감소하게 된다.

④ 달러의 가치가 하락하였으므로 미국이 한국과 일본으로 수출하는 상품의 가격 경쟁력은 높아진다.

정답 ①

13 다음 표와 같이 환율 변동이 발생했다면, 이에 따른 효과 중에서 옳은 내용을 〈보기〉에서 있는 대로 고른 것은? 2015 경찰직 2차

구분	원/달러	엔/달러
과거	1,050	100
현재	1,100	110

보기

㉠ 달러 표시 외채를 가진 한국 기업의 상환 부담이 감소하였다.
㉡ 부품을 한국에서 수입하는 일본 기업의 생산비가 상승하였다.
㉢ 한국에 수출하는 미국 제품의 가격 경쟁력이 하락하였다.
㉣ 미국에 수출하는 일본 제품의 달러 표시 가격이 상승하였다.

① ㉠, ㉡　② ㉡, ㉢
③ ㉡, ㉣　④ ㉢, ㉣

해설 원/달러 환율은 과거보다 현재 상승했고, 엔/달러 환율도 마찬가지로 과거보다 상승했다 다만 그 상승폭은 원/달러 환율은 5%정도 상승함에 그친데 반하여, 엔/달러 환율은 10% 상승했으므로 상승폭이 더 크다는 것을 알 수 있다.
ㄴ. 원화 가치의 하락보다 엔화 가치의 하락이 더욱 커졌으므로 부품을 한국에서 수입하는 일본 기업의 생산비는 상승한다.
ㄷ. 달러 가치가 상승하면서 한국에 수출하는 미국 제품의 경우 동일한 제품에서 더 큰 한국 금액을 표기해야 하므로 가격 경쟁력은 하락하였다.

오답피하기
ㄱ. 원/달러 환율이 상승했으므로 외채를 가진 한국 기업은 예전보다 더 많은 금액을 지불해야 하므로 상환 부담이 증가하였다.
ㄹ. 엔/달러 환율이 상승했으므로 미국에 수출하는 일본 제품의 경우 과거에는 1달러에 팔 수 있던 것을 현재에는 1달러보다 적은 금액으로 판매할 수 있게 되었다.

정답 ②

14 다음과 같은 환율의 변동 추세가 지속될 때 나타날 수 있는 영향으로 가장 적절한 것은? (단, 다른 조건은 일정하다고 가정한다.) 2013 지방직

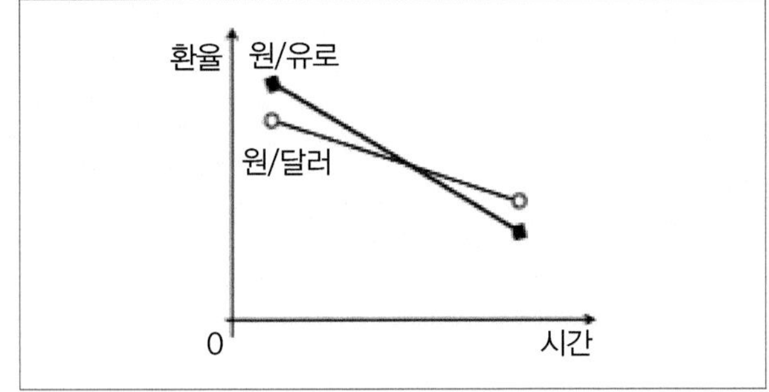

① 달러화 자금을 차입한 한국 기업의 상환 부담이 감소할 것이다.
② 유럽을 여행하는 우리나라 사람들의 여행비 부담은 증가할 것이다.
③ 국내 수입 자동차시장에서 유럽산 자동차보다 미국산 자동차의 가격 경쟁력이 더 높아질 것이다.
④ 국내 물가의 인상 압력이 높아질 것이다.

해설 위의 그래프에서 원/달러 환율이 하락하고 있고, 원/유로 역시 하락하고 있지만 원/유로의 낙폭은 원/달러보다 크다는 것을 알 수 있다. 원/달러의 환율이 하락하면 달러화보다 원화의 가치는 상승한다. 그 결과 원화의 가치가 가장 크고, 그 다음이 달러화이며 유로화의 가치가 가장 작음을 알 수 있다.
① 원/달러화의 환율이 하락하고 있으므로 원화의 가치가 커져서 달러화 자금을 차입한 한국 기업의 상환 부담은 감소할 것이다.

오답피하기
② 유로화의 가치하락으로 우리나라 사람들의 해외 여행의 부담은 줄어들게 된다.
③ 유로화의 가치가 달러보다 더 하락했으므로 유럽 자동차의 국내가격이 미국자동차의 가격하락보다 더 클 것이므로 유럽산 자동차의 가격 경쟁력이 더 높아질 것이다.
④ 원화의 가치 상승으로 수출은 감소하고 수입은 증가하게 되어 순수출이 감소하게 되어 총수요는 감소하여 물가는 하락하게 될 것이다.

정답 ①

15 **그림은 환율의 변화를 나타낸다. 이에 대한 옳은 설명을 〈보기〉에서 고른 것은? (단, 환율 이외의 다른 요인은 고려하지 않는다.)** 2013 지방직 유사

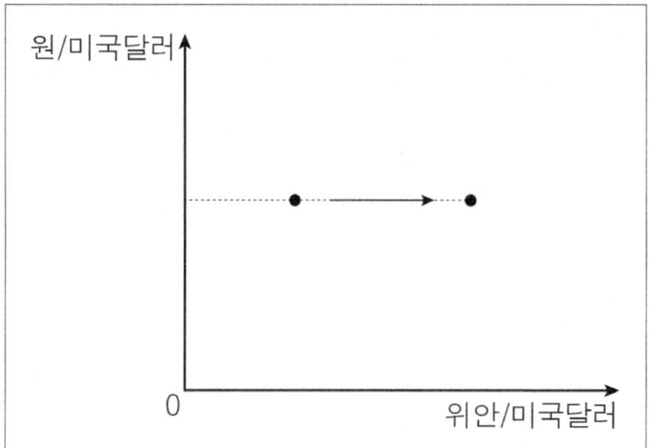

보기

ㄱ. 원화 대비 미국달러화의 가치는 상승한다.
ㄴ. 중국산 제품의 미국달러화 표시 가격은 하락한다.
ㄷ. 한국인의 중국 여행 경비 부담이 증가한다.
ㄹ. 미국 시장에서 중국산 제품과 경쟁하는 한국산 제품의 가격 경쟁력이 약화된다.

① ㄱ, ㄴ
② ㄱ, ㄷ
③ ㄴ, ㄷ
④ ㄴ, ㄹ

해설

ㄴ, ㄹ. 미국달러화 대비 위안화의 가치는 하락하였으므로 중국산 제품의 미국달러화 표시 가격은 하락하여 수출은 증가할 것이고, 미국 시장에서 중국산 제품과 경쟁하는 한국산 제품의 가격 경쟁력이 약화된다.

오답피하기

ㄱ, 미국달러화 대비 원화의 가치는 변함이 없다.
ㄷ. 위안화 대비 원화의 가치가 상승하였으므로 한국인의 중국 여행 경비 부담은 감소한다.

정답 ④

16 **환율변동의 요인, 환율변동의 방향, 환율변동의 영향을 논리적 순서에 따라 나열한 것으로 옳은 것은? (단, 환율은 원/달러 환율을 나타내며, 아래에 기술된 변화 이외에 다른 변화는 없다고 가정한다)** 2015 사회복지직

① 국내금리인상 → 환율상승 → 원자재 수입기업의 채산성 하락
② 국내금리인상 → 환율하락 → 달러화 차입기업의 이자부담 감소
③ 국내물가상승 → 환율상승 → 달러화 차입기업의 이자부담 감소
④ 국내물가상승 → 환율하락 → 원자재 수입기업의 채산성 하락

해설 국내 금리가 인상되면 해외 자본이 한국으로 많이 유입되고 국내에는 달러 공급이 많아지고 그 결과 환율이 하락한다. 원/달러 환율이 하락하면 달러로 돈을 빌린 기업의 경우 이자부담은 감소한다. 왜냐하면 가령 과거에 1달러 1,000원이었으나 1달러 500원으로 원/달러 환율이 하락하면 과거에는 1달러를 갚기 위해서 1,000원이 필요했으나 현재는 500원만으로 갚을 수 있기 때문이다.

국내 물가가 상승하면 수출은 감소하고 수입은 증가한다. 이로 인하여 달러의 공급이 감소하고 수요는 증가하여 원/달러 환율은 증가한다. 환율이 상승하면 가령 1달러 1,000원에서 1달러 1,500원으로 상승했다고 한다면 과거 1달러를 갚기 위해서 1,000원을 갚으면 되었으나 환율 상승으로 1,500원의 자금이 필요하므로 달러화로 차입한 기업의 이자 부담은 증가한다.

② 국내금리가 인상되면 환율은 하락하고 달러화 차입기업의 이자부담은 감소한다. (위의 해설 참조)

오답피하기

① 국내금리가 인상되면 환율은 하락한다.
③ 국내물가가 상승하면 환율이 상승하는 것은 맞지만 달러화 차입 기업의 이자 부담은 증가한다.
④ 국내물가가 상승하면 환율이 하락하는 것이 아니라 상승한다.

정답 ②

17 다음 그림은 한국의 외환시장에서 미국 달러의 공급곡선을 나타낸 것이다. 외환시장의 균형점을 E에서 A로 이동시키는 요인으로 옳은 것은? (단, 외환시장은 수요와 공급의 법칙을 따른다.) 2017 지방직

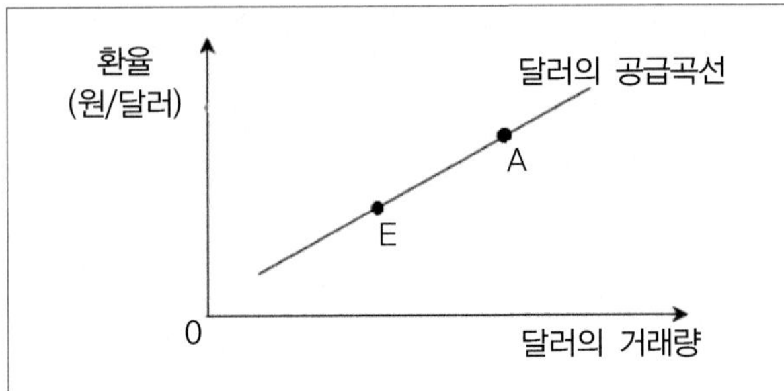

① 한국의 이자율 상승
② 미국 상품에 대한 한국의 수입 증가
③ 미국의 경기 침체로 미국 소비자의 소비 심리 위축
④ 한국 상품에 대한 미국 소비자의 선호도 증가

해설 외환 시장의 균형점을 E에서 A로 이동시키기 위해서는 수요 곡선이 우측으로 이동해야 한다. 이는 수요 증가 요인에 해당한다.

② 미국 상품에 대한 한국의 수입이 증가하면 그 대금을 지급하기 위해서 달러가 필요하고 이는 달러의 수요가 증가되는 요인이다.

오답피하기

① 한국의 이자율이 상승하면 외국인의 자본 유입이 증가할 것이다. 그 결과 달러의 공급이 증가하게 된다. 또한 외국 금융에 대한 투자가 감소하게 되어 달러에 대한 수요가 감소하게 될 것이다.

③ 미국의 경기 침체로 미국 소비자의 소비 심리가 위축된 경우 한국에서의 미국으로의 수출은 감소하게 되고 이는 달러의 공급 감소 요인이 된다.

④ 한국 상품에 대한 미국 소비자의 선호도가 증가하면 미국으로의 상품 수출이 증가하게 되고 그 결과 달러가 한국으로 많이 유입되게 된다. 즉, 이는 달러의 공급 증가 요인이 된다.

정답 ②

18 A국과 B국의 상황이 아래와 같을 때 나타날 수 있는 경제현상을 적절하게 추론한 사람을 <보기>에서 모두 고른 것은? (단, 미 달러화로 결제하며, 각 국의 환율은 달러 대비 자국화폐의 가격으로 표시한다.) 2015 경찰직 3차

A국의 상황	B국의 상황
A국으로 유학 오는 해외 유학생 수가 크게 증가하고 있으며, A국을 방문하는 외국인 관광객이 큰 폭으로 늘어나고 있다.	B국 기업들의 해외 투자가 큰 폭으로 증가하고 있으며, B국에 투자했던 외국인 투자자들이 투자 자금을 회수하고 있다.

보기

甲 A국의 환율이 하락할 거야.
乙 A국의 경상수지는 악화될 거야.
丙 B국 수출 상품의 가격경쟁력은 높아질 거야.
丁 B국으로 여행을 떠나려는 A국 국민들의 여행 경비 부담은 늘어날 거야.
戊 환율 변동 이전에 보유한 달러를 환전하지 않은 B국 국민들은 환율 변동에 따른 이익을 얻게 될 거야.

① 甲, 丙 ② 甲, 乙, 丁
③ 甲, 乙, 丙, 戊 ④ 乙, 丙, 丁, 戊

해설 A국으로 오는 해외 유학생과 외국인 방문객의 수가 큰 폭으로 늘어나고 있으므로 국내 시장에 외화의 유입이 증가하여 환율은 하락하게 될 것이다.

B국 기업들의 해외 투자가 증가하고 B국에 투자했던 외국 투자 자금이 회수되고 있는 상황이므로 외화의 유출이 증가하여 환율은 상승하게 될 것이다.

③ 甲, 乙: A국의 경우 외화의 유입이 증가하여 환율이 하락하게 된다. 그로 인하여 수출품의 표시 가격이 상승하여 수출은 불리해지고 수입품의 원화 표시 가격은 하락하여 수입은 증가되어 경상 수지는 악화될 것이다.

丙: B국은 외화의 유출로 환율은 상승하게 되고 그로 인하여 수출품의 외화표시 가격이 낮아져서 수출 상품의 가격 경쟁력은 높아지게 된다.

戊: B국은 환율이 상승하게 될 것이므로 환율 변동 이전에 보유한 달러로 환율 변동에 따른 이익을 얻을 수 있게 될 것이다.

오답피하기

丁: 환율이 하락한 A국의 국민 입장에서는 환율이 상승한 B국으로 여행을 상대적으로 저렴하게 할 수 있게 되므로, A국 국민은 여행 경비부담은 줄어들 것이다.

정답 ③

19 다음 그림과 같은 국내 외환 시장의 변화에 대한 설명으로 옳은 것은? (단, D와 S는 각각 달러에 대한 수요곡선과 공급곡선이다) 2013 국가직

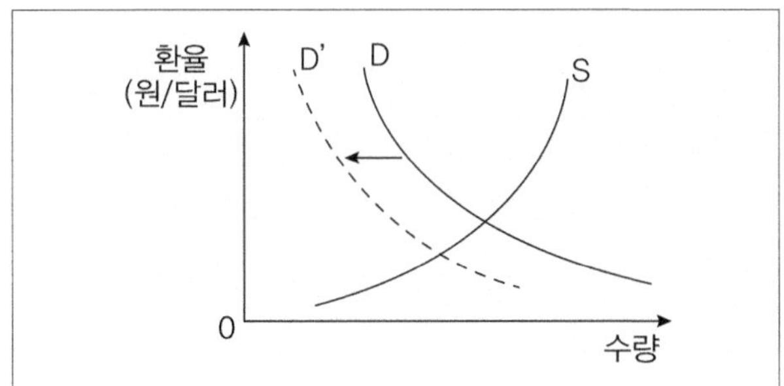

① 국내 물가의 상승 요인으로 작용한다.
② 대미수출이 증가할 때 나타날 수 있다.
③ 달러화에 대한 원화의 가치가 하락하게 된다.
④ 내국인의 미국 국채 매입 감소가 한 요인일 수 있다.

해설 위의 그림은 국내 외환 시장에서 수요가 감소하여 환율이 하락된 모습을 보여준다. 이는 외화의 유출 요인이 감소하고 있음을 보여 준다.
④ 내국인의 미국 국채 매입 감소는 외화의 해외 유출을 감소하게 하는 요인이므로 이는 수요의 감소의 요인이 될 수 있다.

오답피하기
① 외화에 대한 수요가 감소하면 환율이 하락하게 되고 그 결과 수출은 감소, 수입은 증가한다. 이로 인하여 물가는 하락하게 된다.
② 대미 수출이 증가하게 되면 외화의 공급이 증가된다.
③ 원/달러 환율이 하락하게 되므로 달러의 가치는 하락되지만 오히려 원화의 가치는 상승하게 된다.

정답 ④

20 〈보기〉에서 ㉠, ㉡에 들어갈 가장 적절한 말은? 2018 경찰직 1차

보기
다른 조건들의 변화가 없는 상황에서 엔화에 대한 원화의 환율이 상승하면 수입하는 일본 상품의 원화 표시 가격은 (㉠) 하고, 수출하는 한국 상품의 엔화 표시 가격은 (㉡) 한다.

① ㉠ 하락, ㉡ 하락
② ㉠ 하락, ㉡ 상승
③ ㉠ 상승, ㉡ 하락
④ ㉠ 상승, ㉡ 상승

해설 다른 조건들의 변화가 없는 상황에서 엔화에 대한 원화의 환율이 상승한다는 것은 원/엔 환율이 상승한다는 것으로 원화 가치의 하락과 엔화 가치의 상승을 의미한다.
• 원/엔 환율이 상승하면 국내로 수입되는 일본 상품의 원화 표시 가격은 상승하여 일본 상품의 국내 수입은 줄어든다. 예를 들어 일본에서 100엔인 일본 상품의 경우 엔화의 가치에 비해 원화의 가치가 낮아져 원/엔 환율이 100엔당 1,000원에서 2,000원으로 상승하면 국내 수입되는 일본 상품의 원화 표시 가격은 1,000에서 2,000원으로 상승한다.
• 원/엔 환율이 상승하면 일본으로 수출되는 한국 상품의 엔화 표시 가격은 하락하여 일본으로는 수출은 늘어난다. 예를 들어 우리나라에서 2,000원인 우리나라 상품의 경우 엔화의 가치에 비해 원화의 가치가 낮아져 원/엔 환율이 100엔당 1,000원에서 2,000원으로 상승하면 일본으로 수출되는 상품의 엔화 표시 가격은 200엔에서 100엔으로 하락한다.

정답 ③

21 ㉠~㉢에 들어갈 변동 방향으로 옳은 것은?

2017 교육행정

물가가 상승해도 화폐 가치는 하락하고 환율이 상승해도 화폐 가치는 하락한다. 그러나 물가 상승으로 인한 화폐 가치 하락은 자국 화폐 1단위와 교환 되는 상품 수량이 감소했음을 의미하지만, 환율 상승으로 인한 화폐 가치 하락은 외국 화폐 1단위와 교환되는 자국 화폐 단위 수가 (㉠)했음을 의미한다. 또한 다른 조건이 일정하다면 물가 상승은 순수출 (㉡) 요인으로 작용하지만 환율 상승은 순수출 (㉢) 요인으로 작용한다.

	㉠	㉡	㉢
①	증가	감소	증가
②	감소	감소	증가
③	증가	증가	감소
④	감소	증가	감소

해설

㉠ 환율 상승으로 인한 화폐 가치 하락은 외국 화폐 1단위와 교환되는 자국 화폐 단위 수가 (증가)했음을 의미한다. 1달러에 1,000원에서 1달러 1,200원으로 상승하였다면 달러화의 가치에 비하여 원화의 가치가 하락하여 1달러와 교환되는 원화의 수량이 증가하였음을 의미한다.

㉡ 다른 조건이 일정하다면 물가 상승은 순수출의 (감소) 요인으로 작용한다. 왜냐하면 물가가 상승하면 우리나라에서 수출하는 물품의 가격도 상승하므로 수출은 감소하고, 반면 상대적으로 저렴한 수입은 증가하게 된다. 따라서 순수출은 수출–수입이므로 수출은 감소하고 수입은 증가하였다면 순수출은 감소한다.

㉢ 다른 조건이 일정하다면 환율 상승은 순수출 (증가) 요인으로 작용한다. 왜냐하면 환율이 상승하면 자국 화폐의 가치는 하락하게 되고, 이 때 우리나라 수출품의 달러화 표시 가격이 낮아져 수출은 증가하고 미국으로부터 들여오는 수입품의 원화 표시 가격은 높아져 수입은 감소하게 된다. 따라서 순수출은 수출–수입이므로 수출은 증가하고 수입은 감소하였다면 순수출은 증가한다.

정답 ①

22 〈보기〉는 갑국의 환율 시세의 변동을 나타낸 것이다. 이에 대한 설명으로 가장 옳은 것은? (단, 환율 시세는 갑국 화폐로 표시한다.)

2018 서울 경력직

보기

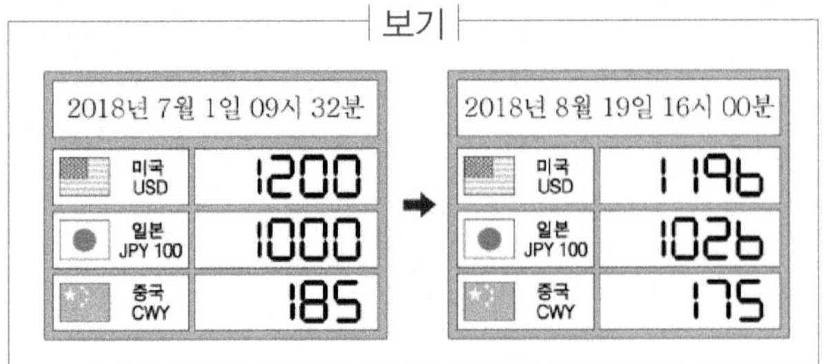

① 갑국 화폐 대비 미국 달러화의 가치가 상승하였다.
② 자녀가 일본 유학 중인 갑국 부모의 경제적 부담이 커졌다.
③ 갑국 화폐 대비 중국 화폐가치가 상승하였다.
④ 갑국 국민의 미국 여행 경비 부담이 증가하였다.

해설 환율 시세는 갑국 화폐로 표시하기로 한다고 하였으므로 갑을 우리나라라고 한다면 위의 사례는 우리나라 화폐로 표시된 경우이다. 그 결과 위의 보기에서 미국 달러는 하락하고, 일본 엔화는 상승하였고, 중국 위안은 하락하였다.

② 일본의 엔화는 상승하였으므로 일본에 유학 중인 갑국 부모의 경제적 부담이 커지게 된다. 가령, 7월 1일에는 1엔에 1000원이던 것이 8월 19일에는 1026원이 되므로 똑같은 1엔을 보내더라도 갑국 부모는 자국 화폐로 더 많은 부담을 안는다.

오답피하기

① 갑국 화폐 대비 미국 달러화는 1200원에서 1196원으로 하락하였고, 이는 미국 달러화의 가치가 하락한 것이다.
③ 갑국 화폐 대비 중국 화폐는 185원에서 175원으로 하락하였는데, 이는 가치가 하락한 것이다.
④ 갑국 화폐 대비 미국 달러화의 가치가 하락하였으므로 갑국 국민의 미국 여행 경비는 감소한다. 과거보다 더 적은 돈으로 같은 가치의 효과를 누릴 수 있기 때문이다.

정답 ②

23 〈보기〉는 미국 달러화 대비 각국 통화 가치의 변화율을 나타낸다. 이에 대한 설명으로 가장 옳은 것은? (단, 국제 거래는 미국 달러화로만 이루어진다.)

2021 서울시(경력직)

보기

국가	변화율
갑(甲)국	10%
을(乙)국	-5%
병(炳)국	-10%
정(丁)국	5%

① 미국에서 유학 중인 자녀에게 학비를 보내야 하는 갑(甲)국 학부모의 부담이 증가하였다.
② 병(丙)국 통화 대비 을(乙)국 통화의 가치는 하락하였다.
③ 미국에서 부품을 수입하는 병(丙)국 기업의 대금 지급 부담이 증가하였다.
④ 정(丁)국 기업이 상환해야 하는 미국 달러화 표시 채무 부담이 증가하였다.

출제 단원 및 영역 경제 5단원 환율

해설
③ 미국에서 부품을 수입하는 병국의 통화의 가치는 달러화 대비 하락하였으므로 기업의 대금 지급 부담이 증가하였다.

오답피하기
① 갑국의 통화는 미국 달러화 대비 가치가 상승하였으므로 미국에서 유학 중인 자녀에게 학비를 보내야 하는 경우 이전보다 학부모의 부담이 감소하였다.
② 을국의 통화보다 병국의 통화의 가치가 더 크게 하락하였기 때문에 상대적으로 병국의 통화 대비 을국의 통화의 가치가 상승하였다.
④ 정국의 통화는 미국 달러화 대비 가치가 상승하였으므로 기업이 상환해야 하는 미국 달러화 표시 채무 부담이 감소하였다.

정답 ③

24 다음은 원/유로 외환시장의 수요와 공급에 따른 균형환율과 거래량을 보여준다. 이에 관한 분석으로 가장 적절한 것은? (단, ① ~④ 각 선지에서 언급된 요인의 변화만 고려하며, 기업은 환율변화를 제품가격에 전부 반영한다고 가정한다.)

2021 경찰직 2차

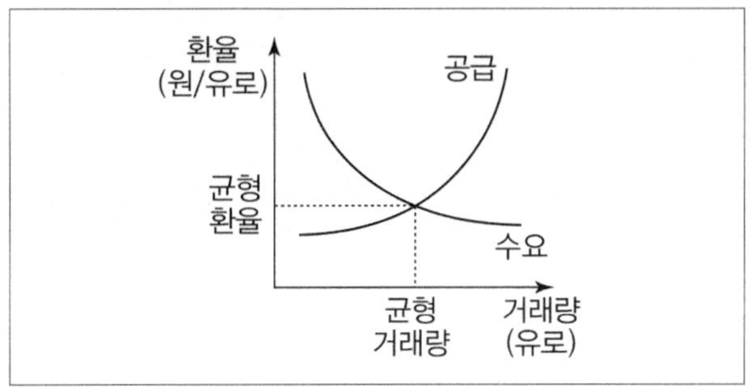

① 국내 기업의 프랑스 수출이 증가하면 환율은 상승하고 거래량은 증가한다.
② 국내 기업의 독일 국채 매입이 증가하면 환율은 상승하고 거래량은 증가한다.
③ 국내 이자율이 상승하면 환율은 상승하고 거래량은 감소한다.
④ 환율이 상승하면 국내에서 이탈리아 제품의 가격경쟁력은 상승한다.

출제 단원 및 영역 경제 5단원 환율

해설
② 국내 기업의 독일 국채 매입이 증가하면 외화의 유출이 늘어나 (외화의 수요 증가) 위의 수요 곡선은 우측으로 이동하게 되고 그 결과 환율은 상승하고 거래량은 증가한다.

오답피하기
① 국내 기업의 프랑스 수출이 증가하면 외화의 공급이 증가하여 환율은 하락하고 거래량은 증가한다.
③ 국내 이자율이 상승하면 외화의 유입은 증가하고 유출은 감소하여 외화의 공급은 증가하고 수요는 감소하여 환율은 하락하고 거래량은 알 수 없다.
④ 환율이 상승하면 국내 통화의 가치는 하락하게 되어 국내에서 이탈리아 제품의 가격경쟁력은 하락한다. 자국 통화의 가치가 하락했을 때 수입 제품의 원화 표시 가격은 상승하여 수입은 감소하기 때문이다.

정답 ②

25 표에 나타난 환율 변동 추이에 대한 설명으로 옳은 것은? 2019 소방직

시기	T	T+1	T+2
원/달러	1,113	1,124	1,334

① 달러화 대비 원화의 가치가 상승하였다.
② 미국산 제품의 원화 표시 가격의 하락 요인이다.
③ 한국에서 달러화 예금의 자산 가치 상승 요인이다.
④ 미국에서 한국산 제품의 가격 경쟁력 하락 요인이다.

해설
표에서는 원/달러 환율이 계속하여 상승하고 있음을 보여준다. 이 경우 원화의 가치는 하락하고, 달러화의 가치는 상승한다.
③ 원/달러 환율이 상승하면 원화의 가치는 하락하고 달러화의 가치는 상승하므로 한국에서 달러화 예금의 자산 가치는 상승한다.

오답피하기
① 원/달러 환율이 상승하였다는 것은 1달러와 교환되는 원화의 양이 증가한 것이므로 원화의 가치는 하락하게 된다. 환율이 상승하면 자국 화폐의 가치는 떨어진다고 생각하면 된다.
② 원/달러 환율이 상승하면 미국산 제품의 원화 표시 가격은 상승하게 된다. 가령 1$=1,113원이었던 것이 1$=1,334원으로 원화 표시 가격이 상승하게 되고, 이로 인해 한국에서의 수입은 감소한다.
④ 원/달러 환율이 상승하면 한국산 제품을 미국으로 수출할 때 표시되는 가격은 하락하게 되고, 이는 미국에서의 한국산 제품의 가격 경쟁력 상승으로 이어져 수출은 증가하게 된다.

정답 ③

26 그림은 우리나라 외환 시장의 변화를 나타낸 것이다. D에서 D′으로 이동하는 요인으로 적절한 것은? 2020 소방직]

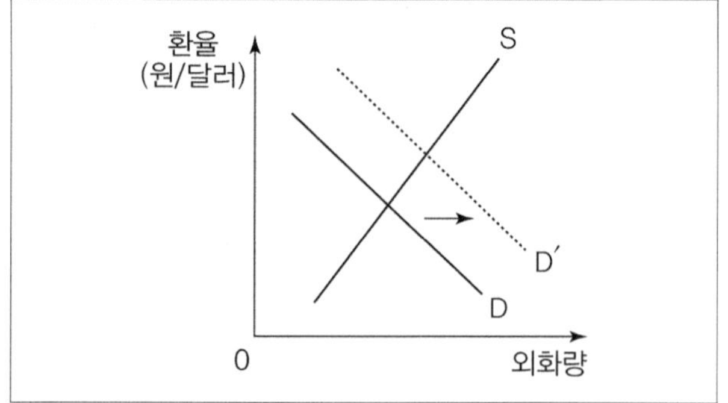

① 국내 물가의 하락
② 외국인의 국내 투자 증가
③ 외국 상품에 대한 수입 증가
④ 외국인 관광객의 국내 여행 증가

해설 외환 시장에서 D에서 D′으로 이동한다는 것은 외화의 수요가 증가한다는 것이고 외화 시장에서 수요의 증가는 외화의 유출이 증가했다는 것을 의미한다. 외환 시장에서 수요의 증가로 환율은 상승한다.
③ 외국 상품에 대한 수입이 증가하면 수입 대금을 지불하기 위해 외화의 유출이 증가한다. 이는 외환 시장에서의 수요 증가 요인이 된다.

오답피하기
① 국내 물가가 하락하면 수출이 증가하게 되고 수출을 통하여 외화의 공급이 증가한다.
② 외국인의 국내 투자 증가는 외화 공급 증가 요인이다.
④ 외국인 관광객의 국내 여행 증가는 외화 공급 증가 요인이다.

정답 ③

27 **표에 나타난 t년 대비 t+1년 환율 변동에 대한 설명으로 가장 적절한 것은?** 2021 지방직

구분	t년	t+1년
원/달러	1,075	1,138

① 달러화 대비 원화 가치 상승으로 우리나라의 물가 상승 요인으로 작용할 것이다.
② 원/달러 환율 하락으로 우리나라에서 달러화 예금 자산가치가 상승할 것이다.
③ 원/달러 환율 상승으로 우리나라 사람의 미국 여행 경비부담은 감소할 것이다.
④ 원화 대비 달러화 가치 상승으로 미국 시장에서 우리나라 수출품의 가격 경쟁력은 높아질 것이다.

출제 단원 및 영역 경제 5단원 환율

해설 t년에 비하여 t+1년에는 원 달러 환율이 상승하였다. 따라서 통화의 가치는 달러화>원화이다.
④ 원화 대비 달러화 가치 상승으로 미국 시장에서 우리나라 수출품의 표시 가격은 하락하여 수출품의 가격 경쟁력은 높아질 것이다.

오답피하기
① 원/달러 환율이 상승하였으므로 달러화 대비 원화 가치는 하락하였고, 이로 인해 수출은 증가하고, 수입은 감소하여 국내 통화량이 증가하여 우리나라의 물가 상승 요인으로 작용한다.
② 원/달러 환율 상승으로 우리나라에서 달러화 예금 자산가치가 상승할 것이다. 환율이 상승하면 달러화 가치가 높아지고, 원화의 가치는 떨어진다.
③ 원/달러 환율 상승으로 원화의 가치는 하락하여 우리나라 사람의 미국 여행 경비부담은 증가할 것이다.

정답 ④

국제수지

01 **다음 표는 우리나라의 국제 수지 중 경상 수지를 나타낸 것이다. ㉠~㉣에 해당하는 사례 중 옳지 않은 것은?** 2015 서울시

구분		외화 수취	외화 지급
경상 수지	상품 수지	㉠	
	서비스 수지	㉡	
	본원 소득 수지		㉢
	이전 소득 수지		㉣

① ㉠ – 국내 김 생산 업체가 일본에 김을 수출하고 대금을 받았다.
② ㉡ – 외국계 금융회사의 한국 금융시장 진출이 증가하고 있다.
③ ㉢ – 네팔에서 온 외국인 노동자들이 본국의 가족에게 자신이 받은 급료를 송금하였다.
④ ㉣ – 국내 한 고등학교 학생들이 아프리카 어린이들에게 후원금을 보냈다.

해설 경상수지에는 상품 수지, 서비스 수지, 본원 소득 수지, 이전 소득 수지가 있고, 자본・금융 계정에는 금융 계정과 자본 수지가 있다.
② 외국계 금융회사의 한국 금융시장 진출이 증가하는 것은 외국 자본이 우리나라 금융회사나 일반회사에 투자하거나 만드는 것을 의미하므로 이는 직접 투자에 해당하여 자본・금융 계정에 해당하여야 한다.

오답피하기
① 국내 김 생산 업체가 일본에 김을 수출하고 대금을 받는 것은 상품 수출로 인하여 외화를 수취한 것에 해당한다.
③ 네팔에서 온 외국인 노동자들이 본국의 가족에게 자신이 받은 급료를 송금하는 것은 본원 소득 수지에 해당하고 외국인 노동자들이 본국으로 송금했으므로 외화 지급 요인이 된다.
④ 국내 한 고등학교 학생들이 아프리카 어린이들에게 후원금을 보낸 것은 대가 없이 이루어진 것으로서 이전 소득 수지에 해당하고 외국으로 보낸 것이므로 외화 지급 요인이 된다.

정답 ②

02 (가)~(라)에 해당하는 적절한 사례를 〈보기〉에서 고른 것은? 2014학년도 수능

〈국제 수지표〉

계정 \ 수취 및 지급	외화 수취	외화 지급
경상 수지	(가)	(나)
자본·금융 계정	(다)	(라)

보기

ㄱ. (가) – 갑 기업이 휴대 전화를 해외로 수출하였다.
ㄴ. (나) – 을이 해외 주식 시장에서 외국 A 기업 주식을 구입하였다.
ㄷ. (다) – 국내에 있는 병 자동차 공장을 외국 B 기업이 인수하였다.
ㄹ. (라) – 정 여행사가 단체 관광객의 숙박을 위해 해외 C 호텔을 이용하였다.
*단, 갑~정은 국내 경제 주체이다.

① ㄱ, ㄴ ② ㄱ, ㄷ
③ ㄴ, ㄷ ④ ㄴ, ㄹ
⑤ ㄷ, ㄹ

해설

ㄱ. 휴대 전화는 상품이며, 이를 해외로 수출할 경우 외화의 수취에 해당하므로 휴대 전화의 수출은 경상 수지의 수취 내역인 (가)에 해당한다.
ㄷ. 국내에 있는 자동차 공장을 외국 기업이 인수하는 것은 금융 계정 중 직접 투자로 인한 외화의 수취에 해당하므로 자본·금융 계정의 외화 수취 내역인 (다)에 해당한다.

오답피하기

ㄴ. 해외 주식 시장에서 외국 기업의 주식을 구입하는 것은 금융 계정 중 증권 투자에 해당하는 것으로 자본·금융 계정의 외화의 지급 내역에 해당하므로 (라)에 해당한다.
ㄹ. 여행사가 단체 관광객의 숙박을 위해 해외 호텔을 이용하는 것은 경상 수지 중 서비스 수지의 지급 내역에 해당하므로 (나)에 해당한다.

정답 ②

03 표는 갑국의 2016년 경상 수지를 나타낸다. 이에 대한 분석으로 옳은 것은? 2018 수능

경상 수지 (단위: 억 달러)

상품 수지	서비스 수지	본원 소득 수지	이전 소득 수지
120	–20	10	–35

① 재화의 수출액은 전년 대비 120억 달러 증가하였다.
② 해외 투자에 따른 배당금을 기록하는 항목은 적자이다.
③ 서비스 거래에 따른 외화 유출액이 유입액보다 많았다.
④ 해외에 제공한 공적 개발 원조액을 기록하는 항목은 흑자이다.
⑤ 경상 수지는 달러화 대비 갑국 통화 환율의 상승 요인이다.

해설

③ 서비스 수지는 20억 달러 적자이므로 서비스 거래에 따른 외화 유출액이 유입액보다 많았다고 할 수 있다.

오답피하기

① 상품 수지는 수출액–수입액이므로 상품수지가 120억 흑자인 것은 수출액이 수입액보다 많았음을 의미한다. 즉 이는 수출액–수입액이 120억 흑자라는 것이지, 수출액이 120억 증가했다는 것을 의미하는 것이 아니다. 자주 출제되는 지문인 만큼 꼭 숙지해야 한다.!!!
② 해외 투자에 따른 배당금은 본원 소득 수지에 해당하고, 이는 10억 달러 흑자이다.
④ 해외에 제공한 공적 개발 원조액은 무상으로 제공한 이전 소득 수지에 해당한다. 따라서 35억 달러 적자이다.
⑤ 갑국의 2016년 경상 수지는 75억 달러 흑자(=120–20+10–35)이다. 흑자의 경우 외화의 공급 증가로 인하여 환율은 하락한다.

정답 ③

04 〈보기〉는 갑(甲)국의 경상수지 자료이다. 이에 대한 분석으로 가장 옳은 것은? (단, 국제 거래는 갑국과 을국 사이에서만 발생하고 제시된 자료 이외의 거래는 없다.)

2019 서울시 공개 및 경력 1회

보기

(단위: 억 달러)

	2017년	2018년
상품수지	30	20
서비스수지	−20	−30
본원소득수지	−15	10
이전소득수지	10	−5

① 2018년 갑(甲)국의 상품 수출액은 2017년에 비해 감소하였다.

② 2018년 경상수지는 을(乙)국 화폐 대비 갑(甲)국 화폐 가치가 상승하는 요인이다.

③ 2017년과 달리 2018년 갑(甲)국의 경상수지는 외환 보유액이 증가하는 요인이다.

④ 2018년 경상수지는 갑(甲)국에서는 물가 하락을, 을(乙)국에서는 물가 상승을 유발한다.

출제 단원 및 영역 경제 5단원 국제수지

해설 경상수지는 상품 수지+서비스 수지+본원 소득 수지+이전 소득 수지로 구성된다.

국제 거래는 갑국과 을국 사이에서만 발생한다고 하였으므로 갑(甲)의 2018년 경상수지는 적자이므로 2018년 을(乙)의 경상수지는 흑자일 것이다.

④ 2018년 경상수지는 갑(甲)국에서는 적자이므로 통화량의 감소로 인하여 물가 하락을, 을(乙)국에서는 흑자이므로 통화량 증가로 인하여 물가 상승을 유발한다.

오답피하기

① 자주 출제되는 오답 지문이다. 상품 수지는 단순히 수출액과 수입액의 차이를 나타내는 것이지, 상품 수지가 더 감소했다고 하더라도 수출입의 규모가 감소했다고 할 수는 없다. 따라서 2018년 갑(甲)국의 상품 수출액은 2017년에 비해 감소하였는지는 알 수 없다.

② 갑(甲)의 2018년 경상수지는 적자이므로 갑(甲)국의 경우에는 외화의 유입보다는 반출이 클 것이며, 이는 외화의 감소로 인한 환율 상승의 요인이 되고, 갑(甲)국의 화폐의 가치는 하락한다.

③ 갑(甲)국의 경우 2017년에는 경상수지가 5억 달러 흑자였으나, 2018년에는 5억 달러 적자이다. 2018년 갑(甲)국의 경상수지는 적자이므로 외환 보유액이 감소하는 요인이 된다.

정답 ④

05 국제 수지에 대한 설명으로 가장 적절한 것은?

2018 경찰직 1차

① 경상 수지는 주로 상품과 서비스의 거래를 나타내는데, 상품 수지와 서비스 수지, 본원 소득 수지, 이전 소득 수지의 합을 의미한다.

② 국제 수지표는 그 거래의 내용을 자산수지와 국제·금융 계정으로 구분하여 기록한다.

③ 이전 소득 수지는 임금이나 투자로 발생하는 소득과 관련된 외화의 수취와 지급의 차이를 보여 준다.

④ 본원 소득 수지는 아무런 대가 없이 주고받는 외화의 수취와 지급의 차이를 보여 준다.

해설 국제 수지란 일정 기간(보통 1년) 동안 한 나라가 국제 거래를 통해 수취한 외화와 지급한 외화의 차액으로 경상 수지와 자본·금융 계정으로 구성된다.

① 경상 수지는 거주자와 비거주자 간의 거래에서 재화와 서비스의 거래, 생산 요소의 거래 및 이전 거래로 인해 수취한 외화와 지급한 외화의 차액으로 상품 수지와 서비스 수지, 본원 소득 수지, 이전 소득 수지의 합을 의미한다.

오답피하기

② 국제 수지표는 경상 수지와 자본·금융 계정으로 구분하여 기록한다.

③, ④ 이전 소득 수지는 대가 없이 이루어지는 무상 원조, 해외 유학생 및 교포를 위한 송금 등으로 수취한 외화와 지급한 외화의 차이를 보여준다. 임금이나 투자로 발생하는 소득과 관련된 외화의 수취와 지급의 차이를 보여 주는 것은 본원 소득 수지이다.

정답 ①

06 다음은 국제 수지 중 서비스 수지와 이전 소득 수지에 대한 내역을 나타낸 것이다. ㄱ~ㄹ 중 올바르게 기록한 것을 모두 고른 것은? 2016 국가직

구분	외화 수취	외화 지급
서비스 수지	ㄱ. 외국인으로부터 벌어들인 관광 수입 10억 달러	ㄴ. 외국기업 주식 매입금액 9천만 달러
이전 소득 수지	ㄷ. 국내 투자자가 외국 기업 주식을 보유하고 받은 배당금 1억 달러	ㄹ. 정부가 해외 난민 보호를 위해 무상원조한 1억

① ㄱ, ㄴ
② ㄱ, ㄹ
③ ㄴ, ㄷ
④ ㄷ, ㄹ

✔해설
ㄱ. 외국인으로부터 벌어들인 관광 수입 10억 달러는 서비스 수지의 외화 수취 요인에 해당한다. 서비스 수지는 외국과의 서비스 거래 실적을 기록한다.
ㄹ. 정부가 해외 난민 보호를 위해 무상 원조한 1억 달러는 이전 소득 수지의 외화 지급 요인에 해당한다. 이전 소득 수지는 대가 없이 주고받는 이전 거래 내역을 기록한다.

오답피하기
ㄴ. 외국 기업 주식 매입 금액 9천만 달러는 금융 계정의 외화 지급 요인에 해당한다. 금융 계정은 투자 및 차관 거래, 준비 자산 증감 등의 거래 실적을 기록한다.
ㄷ. 국내 투자자가 외국 기업 주식을 보유하고 받은 배당금 1억 달러는 본원 소득 수지의 외화 수취 요인에 해당한다. 본원 소득 수지는 근로 소득 및 투자 소득의 대외 거래 실적을 기록한다.

정답 ②

07 다음 표는 한 국가의 국제 수지를 나타낸 것이다. 이에 대한 옳은 분석을 〈보기〉에서 있는 대로 고른 것은? 2015 경찰직 2차

(단위: 억 달러)

구 분	2012년	2013년	2014년
경상 수지	12	15	20
상품 수지	21	17	27
서비스 수지	−18	−10	−9
본원 소득 수지	5	6	7
이전 소득 수지	4	2	−5
자본·금융 계정	12	10	8
자본 수지	−4	−5	−7
금융 계정*	16	15	15

* 금융 계정에서 준비 자산은 제외됨.

보기
㉠ 경상 거래의 규모는 증가 추세이다.
㉡ 해외에서 벌어들인 외화와 해외에 지불된 외화의 차이는 매년 상승하였다.
㉢ 2012~2014년 국제 수지는 이 나라 화폐 가치 상승의 요인이다.
㉣ 상표권 거래가 포함된 항목은 매년 적자 폭이 상승하였다.

① ㉠, ㉡
② ㉡, ㉢
③ ㉡, ㉣
④ ㉢, ㉣

✔해설 국제 수지는 경상 수지와 자본·금융계정으로 구성된다. 경상 수지는 국가 간 상품 및 서비스의 수출입, 자본, 노동 등 생산 요소의 이동에 따른 대가의 수입과 지급을 종합적으로 나타낸 것을 말하고 금융 계정은 해외에서 발행한 증권·주식 등의 이자, 배당금 등의 수입과 대외에 지급한 이자나 배당등 등의 수지의 차를 의미한다. 또한 자본 계정(수지)은 한 나라의 일체의 대외 자본 거래를 기록한 국제 수지의 구성 항목을 말한다.
ㄴ. 해외에서 벌어들인 외화와 해외에 지불된 외화의 차이라는 것은 국제 수지를 의미한다. 따라서 국제 수지는 경상 수지와 자본·금융 계정의 합으로 매년 24 → 25 → 28로 상승하였다.
ㄹ. 상표권 거래가 포함된 항목은 자본 계정(수지)에 해당하므로 −4 → −5 → −7로 매년 적자 폭이 상승하였다.

오답피하기
ㄱ. 경상 수지가 12 → 15 → 20으로 매년 증가하고 있어서 경상 거래의 흑자 폭은 증가이지만 그 규모가 증가라고 단정할 수는 없다.
ㄷ. 국제 수지가 흑자가 되면 국내에 통화가 증가하여 국내 물가가 상승하고 화폐의 가치는 하락하게 된다.

정답 ③

08 다음 국제수지표에 대한 설명으로 옳은 것은? (단, 금융 계정은 준비자산을 제외한 수치이며, 오차 및 누락은 없다고 가정한다) 2015 국가직

(단위: 억 달러)

항목	2013년	2014년
상품 수지	80	50
서비스 수지	10	−10
본원 소득 수지	−10	10
이전 소득 수지	−5	5
금융 계정	20	10
자본 수지	−5	5

① 2014년의 자본수지에는 증권 투자가 포함된다.
② 2014년 말의 외환보유액은 전년 말에 비해 증가했다.
③ 2014년의 경상수지 적자 규모는 전년에 비해 증가했다.
④ 2014년의 자본·금융 계정 적자 규모는 전년에 비해 증가했다.

해설 상품수지, 서비스 수지, 본원 소득 수지, 이전 소득 수지는 경상 수지에 해당하고, 금융 계정과 자본 수지는 금융·자본 계정에 해당한다. 경상수지란 국가 간 상품 및 서비스의 수·출입, 자본, 노동 등 생산 요소의 이동에 따른 대가의 수입과 지급을 종합적으로 나타낸 것을 말하며, 자본 수지는 한 나라의 일체의 대외 자본 거래를 기록한 국제 수지의 구성항목이며, 금융계정은 해외에서 발행한 증권이나 주식 등의 이자, 배당금 등의 수입과 대외에 지급한 이자나 배당 등의 수지의 차이를 의미한다.
② 2014년의 경우 경상수지는 50억−10억+10억+5억=55억으로 55억 달러 흑자이며, 자본 금융 계정은 10억+5억=15억으로 15억 달러 흑자이다. 결국 국제 수지는 이 둘을 합친 70억 흑자이며, 이는 전년에 비하여 외환 보유액이 증가함을 의미한다.

오답피하기
① 증권 투자는 간접 투자로서 금융 계정에 해당한다.
③ 2013년의 경상수지는 80억+10억−10억−5억=75억 달러 흑자이고, 2014년의 경상수지는 50억−10억+10억+5억=55억 달러 흑자이다. 2013년과 2014년은 모두 경상수지에서 흑자를 보이고 있으므로 2014년의 경상수지 적자 규모가 전년에 비해 증가했다고 할 수는 없다.
④ 2014년의 자본·금융 계정은 10억+5억=15억 달러 흑자이므로 적자 규모가 전년에 비해 증가했다는 지문은 틀린 것이다.

정답 ②

09 2017년 A국의 경상 거래 전부가 다음과 같을 때, A국의 국제수지에 대한 설명으로 옳은 것은? (단, 2016년 A국의 경상 수지는 0여며, 모든 연도의 오차 및 누락은 0이다.) 2018 지방직

- A국 기업의 상품 수출 20억 달러
- A국 국민의 해외 직접 투자를 통한 배당 소득 50억 달러 수취
- A국 기업이 사용한 해외 저작권 사용료 50억 달러 지급
- B국 국민이 A국 여행에 150억 달러 지출
- C국의 지진 피해에 대한 응급 복구 비용 100억 달러 지원
- D국 기업으로부터 원자재 수입 30억 달러

① 서비스 수지는 음(−) 값을 갖는다.
② 본원 소득 수지와 이전 소득 수지의 합은 0이다.
③ 상품 수지는 2016년 대비 10억 달러 감소하였다.
④ 자본·금융 계정은 2016년 대비 40억 달러 감소하였다.

해설 A국의 경상 거래 내역을 통하여 경상 수지를 나타내면 다음과 같다.

- A국 기업의 상품 수출 20억 달러
  ⇒ 상품 수지 20억 달러 흑자
- A국 국민의 해외 직접 투자를 통한 배당 소득 50억 달러 수취
  ⇒ 본원 소득 수지 50억 달러 흑자
- A국 기업이 사용한 해외 저작권 사용료 50억 달러 지급
  ⇒ 서비스 수지 50억 달러 적자
- B국 국민이 A국 여행에 150억 달러 지출
  ⇒ 서비스 수지 150억 달러 흑자
- C국의 지진 피해에 대한 응급 복구 비용 100억 달러 지원
  ⇒ 이전 소득 수지 100억 달러 적자
- D국 기업으로부터 원자재 수입 30억 달러
  ⇒ 상품 수지 30억 달러 적자

⇒ A국의 경상 수지는 20억+50억−50억+150억−100억−30억 = 40억 달러 흑자

④ 단서에서 2016년의 경상 수지는 0이며 모든 연도의 오차 및 누락은 0이라고 하였으므로 경상 수지와 자본·금융 계정의 합은 0으로 나타나야 한다. 따라서 2017년의 경상 수지가 40억 달러 흑자이므로 2017년의 자본·금융 계정은 2016년 대비 40억 달러 감소하였다고 할 수 있다.

오답피하기
① 서비스 수지는 100억 달러 흑자이므로 음(−)의 값을 갖는 것이 아니다.
② 본원 소득 수지는 50억 달러 흑자이고, 이전 소득 수지는 100억 달러 적자이므로 이들의 합은 50억 달러 적자이다.
③ 자주 출제되는 매력적인 오답 지문이다. 위의 표에서 2017년의 상품 수지는 10억 달러 적자이다. 그러나 상품 수지가 10억 달러 적자라는 것은 상품의 수출액보다 수입액이 10억 달러 많다는 것을 의미하는 것이지 상품 수지가 2016년 대비 10억 달러 감소했다는 의미가 아니다. 따라서 주어진 자료만으로 상품 수지가 2016년 대비 10억 달러 감소했는지는 알 수 없다.

정답 ④

10 다음 표는 A국의 경상수지를 나타낸 것이다. 이에 대한 설명으로 가장 적절한 것은? 2017 지방직

(단위: 억 달러)

	2015년	2016년
상품 수지	100	110
서비스 수지	200	210
(가)	10	−20
이전 소득 수지	−20	10

① 2016년 A국의 상품 수출액 증가율이 상품 수입액 증가율보다 크다.
② A국은 상품의 수출입 규모보다 외국과의 서비스 거래 규모가 더 크다.
③ A국의 정부가 외국에서 채권을 발행하고 지급한 이자는 (가)에 포함된다.
④ A국은 외국의 원조를 받는 나라에서 외국에 원조를 해 주는 나라가 되었다.

해설 위의 표는 경상수지를 나타낸 것이라고 하였으므로 (가)에는 본원 소득 수지가 들어간다.
③ A국의 정부가 외국에서 채권을 발행하고 지급한 이자는 본원 소득 수지에 해당한다.

오답피하기
① 자주 출제되는 매력적인 오답 지문이니 유의해야 한다. 상품 수지가 증가한 것은 수출액의 증가폭이 수입액의 증가폭보다 크다는 것을 의미하는 것이지 상품 수출액 증가율이 상품 수입액 증가율보다 더 크다는 것을 의미하는 것은 아니다. 비록 상품의 수출액의 증가폭이 수입액의 증가폭보다 크다고 하더라도 상품의 수출액이 상품 수입액 증가율보다 더 작을수도 있다. 가령 상품의 수출액이 100억 달러에서 120억 달러로 증가했고, 수입액은 10억 달러에서 20억 달러로 증가했다면 상품수지는 100억 달러 흑자를 기록하지만 상품의 수출액의 증가율은 20%에 그치고, 수입액의 증가율은 100%가 된다. 따라서 2016년 A국의 상품 수출액 증가율이 상품 수입액 증가율보다 크다고 단정할 수 없다.
② 이 지문도 자주 출제되는 매력적인 오답 지문이다. 상품수지는 단순히 수출액과 수입액의 차이를 나타내는 것이지, 상품 수지가 더 증가했다고 하더라도 수출입의 규모가 증가했다고 할 수는 없다. 따라서 2016년 상품수지는 110억 달러이고 서비스 수지는 210억 달러라고 하더라도 상품의 수출입 규모보다 외국과의 서비스 거래 규모가 더 크다고 단정할 수는 없다. 가령 2016년 상품의 수출액은 1000억 달러, 수입액은 890억 달러라면 상품수지는 110억 달러 흑자가 되지만, 서비스의 수출액이 300억 달러, 수입액은 90억 달러라면 서비스 수지는 210억 달러 흑자가 된다. 이러한 경우 상품의 수출입 규모가 외국과의 서비스 거래 규모보다 더 크다.
④ 외국으로의 원조는 이전 소득 수지에 해당한다. 위의 표에서는 이전 소득 수지가 2015년 20억 달러 적자에서 2016년 10억 달러 흑자로 전환되었는데, 이것만으로 외국으로 원조해주는 나라로 전환되었다고 단정할 수는 없다. 왜냐하면 이전 소득 수지에는 거주자와 비거주자 사이에 대가 없이 이루어진 무상 원조·증여성 송금 등 이전 거래 내역을 계상한 것으로 단순히 무상 원조만을 포함하는 것이 아니라 학비 송금과 같은 증여성 송금 등도 포함되기 때문이다.

정답 ③

11 경상수지 적자에 의해 발생하는 현상을 바르게 선택한 것은? 2015 경찰직 1차

㉠ 국민 소득 증가	㉡ 국내 통화량 감소
㉢ 국내 물가 안정	㉣ 외국인 투자 증가

① ㉠, ㉡　② ㉡, ㉢
③ ㉡, ㉣　④ ㉢, ㉣

해설
㉡, ㉢ 경상 수지의 적자가 발생하면 국내 통화량은 감소하고 국내 물가는 안정된다.

오답피하기
㉠, ㉣ 경상 수지의 적자가 발생하면 국민 소득은 감소하고 국제 신인도 하락으로 외국인 투자는 감소한다.

정답 ②

12 경상 수지 흑자에 의해 발생하는 일반적인 현상으로 가장 적절한 것은? 2018 경찰직 1차

① 국민소득 증가　② 국내 실업 증가
③ 국내 통화량 감소　④ 외국인 투자 감소

해설
① 경상수지 흑자는 일반적으로 상품과 서비스의 수입에 비해 수출이 많다는 것을 의미하므로 순수출(=수출−수입)이 증가한다.. 순수출의 증가는 총수요의 증가를 유발하여 총수요 곡선을 우측으로 이동시키므로 변화된 국민 경제의 균형에서 국민 소득은 증가한다.

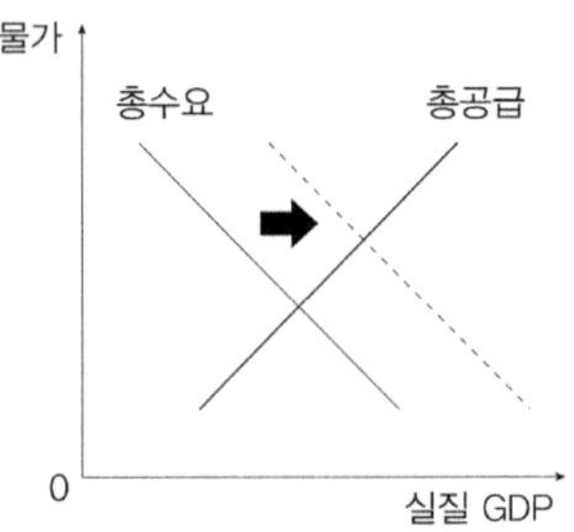

오답피하기
② 총수요의 증가는 국내 총생산의 증가를 가져와 국내 실업은 감소한다.
③ 상품과 서비스의 수입에 비해 수출이 많으면 유출되는 외화에 비해 유입되는 외화가 증가하므로 국내 통화량은 증가한다.
④ 상품과 서비스의 수입에 비해 수출이 많다는 것은 국제 시장에서 경쟁력을 가지고 있다는 의미이므로 국내 시장에 대한 외국인의 투자가 증가한다.

정답 ①

13 **우리나라에서 최근 몇 달간 발생한 국제 거래가 다음과 같다고 가정했을 때, 우리나라의 국제 수지에 대한 설명으로 옳은 것은?** 2014 지방직

- 독일로부터 차관 5억 달러를 도입하였다.
- 미국에 휴대폰 10억 달러어치를 수출하였다.
- 칠레로부터 과일 2억 달러어치를 수입하였다.
- 영국에 4억 달러를 투자하여 자동차 공장을 지었다.
- 외국인 관광객 수입이 3억 달러에 달하였다.

① 상품 수지는 8억 달러 적자이다.
② 금융 계정은 3억 달러 적자이다.
③ 경상 수지는 11억 달러 흑자이다.
④ 이전 소득 수지는 3억 달러 흑자이다.

해설

- 독일로부터 차관 5억 달러를 도입하였다.
  ⇒ 금융계정 +5억 달러
- 미국에 휴대폰 10억 달러어치를 수출하였다.
  ⇒ 상품수지 +10억 달러
- 칠레로부터 과일 2억 달러어치를 수입하였다.
  ⇒ 상품수지 −2억 달러
- 영국에 4억 달러를 투자하여 자동차 공장을 지었다.
  ⇒ 금융계정 −4억 달러
- 외국인 관광객 수입이 3억 달러에 달하였다.
  ⇒ 서비스 수지 +3억 달러

③ 상품수지와 서비스수지는 경상수지에 포함되므로 상품수지 8억 달러 흑자에 서비스 수지 3억 달러 흑자이므로 총 11억 달러의 흑자이다.

오답피하기

① 상품수지는 8억 달러의 흑자이다.
② 금융 계정은 1억 달러의 흑자이다.
④ 대가 없이 주고받는 수지를 이전 소득 수지라고 하는데, 이전 소득 수지는 항목에 없으므로 0이다.

정답 ③

14 **다음은 갑국의 경상 수지에 대한 뉴스 내용의 일부이다. 이에 대한 분석으로 옳은 것은?** 2015 경찰직 3차 유사

중앙은행이 지난 3분기 경상 수지가 흑자를 기록했다고 발표했습니다. 3분기 경상 수지 항목 중 서비스 수지는 2분기에 비해 적자 폭이 증가했으나, 2분기 적자였던 상품 수지는 흑자로 돌아섰습니다.

① 2분기에는 재화의 수입액보다 수출액이 많았다.
② 2분기의 서비스 수지는 갑국의 물가 상승 요인이다.
③ 3분기의 경상 수지는 갑국 외환 보유액의 감소 요인이다.
④ 3분기의 경상 수지는 외화 대비 갑국 화폐 가치의 상승 요인이다.
⑤ 3분기 서비스 거래의 외화 지급액은 2분기에 비해 증가하였다.

해설

④ 경상 수지가 흑자를 기록하였으므로 외화의 공급이 수요보다 증가하였다. 따라서 외화의 유입 증가로 환율은 하락하고 외화 대비 갑국 확폐의 가치는 상승하게 된다.

오답피하기

① 2분기 상품 수지는 적자이므로 재화의 수출액보다 수입액이 많았다.
② 2분기 서비스 수지는 적자이므로 물가 하락 요인이다.
③ 3분기 경상 수지는 흑자이므로 외환 보유액의 증가 요인이다.
⑤ 서비스 수지는 서비스 거래를 통한 외화 수취액과 외화 지급액의 차액이므로 외화 지급액의 증감 여부는 알 수 없다.

정답 ④

15 **다음 중 국제 수지에 대한 설명으로 가장 옳지 않은 것은?** 2021 해경 2차

① 경상 수지 적자는 대외 채무를 지속적으로 증가시켜 원금 및 이자 상환에 대한 부담을 가중시킨다.
② 환율의 하락은 수출을 증가시키고 수입은 감소시키며, 경상 수지를 개선하는 효과를 가지고 있다.
③ 우리나라가 태풍 피해를 입은 타국에 구호금 3,000만 달러를 원조한 것은 이전 소득 수지이다.
④ 본원 소득 수지는 임금이나 투자로 발생하는 소득과 관련된 외화의 수취와 지급의 차이를 보여준다.

출제 단원 및 영역 경제 5단원 환율, 국제수지

해설

② 수출을 증가시키고 수입은 감소시키며, 경상 수지를 개선하는 효과를 가져오는 것은 환율이 상승한 경우이다.

오답피하기

① 옳은 설명이다. 경상 수지 적자는 국민 경제의 위축, 대외 채무 증가, 대외 신용도 하락 등의 악영향을 미치며, 원금과 이자 상환에 대한 부담을 가중시킨다.
③ 이전 소득 수지란 거주자와 비거주자 사이에 대가 없이 이루어진 무상 원조·증여성 송금 등 이전 거래 내역을 계상한 것으로 우리나라가 태풍 피해를 입은 타국에 구호금을 원조한 것은 이전 소득 수지에 해당한다.
④ 본원 소득 수지란 거주자와 비거주자 간에 발생하는 배당·이자 등의 투자 소득과 근로 소득인 임금을 계상한 것으로 옳은 설명이다.

정답 ②

16 **자료는 A국의 일정 기간의 국제 거래 내역을 나타낸 것이다. A국의 경상 수지와 금융 계정으로 옳은 것은?** 2020 소방직

- A국 무역 회사가 독일로부터 전자 부품 15억 달러 어치를 수입하였다.
- 미국의 신발 회사가 A국에 50억 달러를 투자하여 공장을 건설하였다.
- A국 시민 단체가 산불 피해를 입은 호주에 10억 달러를 기부하였다.
- A국의 철강 회사가 특허권 사용료 30억 달러를 미국으로부터 받았다.

	경상 수지	금융 계정
①	5억 달러 흑자	50억 달러 흑자
②	15억 달러 흑자	40억 달러 흑자
③	15억 달러 적자	80억 달러 흑자
④	25억 달러 적자	80억 달러 흑자

해설

- A국 무역 회사가 독일로부터 전자 부품 15억 달러 어치를 수입하였다. → **상품 수지 15억 달러 적자 (경상 수지)**
- 미국의 신발 회사가 A국에 50억 달러를 투자하여 공장을 건설하였다. → **금융계정 50억 달러 흑자**
- A국 시민 단체가 산불 피해를 입은 호주에 10억 달러를 기부하였다. → **이전 소득 수지 10억 달러 적자 (경상 수지)**
- A국의 철강 회사가 특허권 사용료 30억 달러를 미국으로부터 받았다. → **서비스 수지 30억 달러 흑자 (경상 수지)**

① 경상수지는 15억 달러 적자 + 10억 달러 적자 + 30억 달러 흑자이므로 5억 달러 흑자이고, 금융 계정은 50억 달러 흑자이다.

정답 ①

CHAPTER 06

경제 생활과 금융

물가 변동과 이자율

01 갑국의 연도별 명목이자율과 실질이자율이 그림과 같이 나타났다. 이에 대한 설명으로 옳은 것은?

2021 국가직

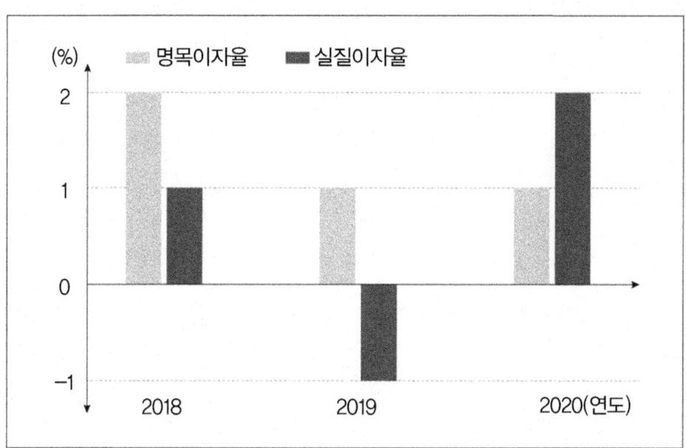

① 2019년 물가 상승률은 2018년보다 더 낮다.
② 2019년의 경우 예금보다 현금 보유가 수익성 측면에서 유리하다.
③ 2020년 물가 수준은 2019년보다 더 낮아졌다.
④ 2020년의 경우 2019년보다 화폐가치가 하락하였다.

02 그림은 A 국의 명목 이자율과 물가 상승률의 추이를 나타낸 것이다. 이에 대한 설명으로 옳은 것은?

2019 10월 모의

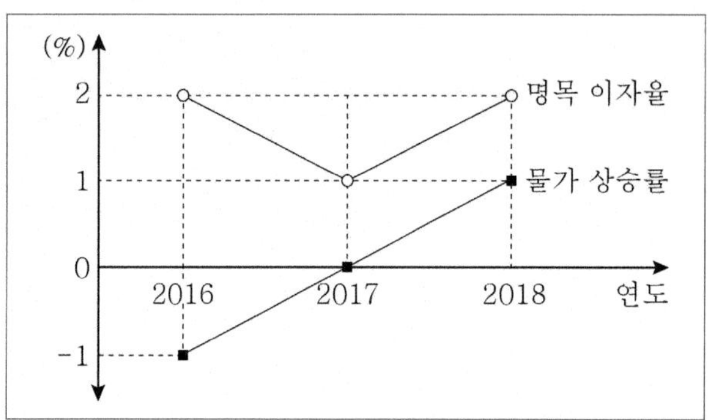

① 2016년에는 예금보다 현금 보유가 유리하다.
② 2017년에는 전년보다 예금에 대한 유인이 크다.
③ 물가 수준은 2017년이 2016년보다 높다.
④ 실질 이자율은 2016년이 2018년보다 높다.

해설 실질 이자율은 명목 이자율에서 물가 상승률을 뺀 값이다. 따라서 위의 그래프를 바탕으로 연도별 명목이자율과 실질이자율, 물가 상승률을 정리하면 다음과 같다.

구분(단위: %)	2018년	2019년	2020년
명목 이자율	2	1	1
실질 이자율	1	−1	2
물가 상승률	1	2	−1

③ 2020년의 경우 물가 상승률이 −1%이므로 2019년보다 물가가 1% 감소하였으므로 물가 수준이 2019년 보다 더 낮아졌다.

오답피하기

① 2019년의 물가 상승률은 2%로 2018년의 1% 보다 높다.
② 2019년의 경우 명목 이자율은 1%이므로 실제 이자를 지급한다. 또한 2019년의 실질 이자율은 −1%인데, 현금을 보유할 경우에는 실질 이자율이 −2%가 된다. 따라서 현금 보유보다는 예금하는 것이 더 유리하다.
④ 2020년의 경우 전년보다 물가가 1%로 하락하였으므로 화폐의 가치는 더 높아졌다. 화폐의 가치는 물가가 높을수록 낮아지고, 낮을수록 높아지기 때문이다.

정답 ③

해설 실질 이자율은 명목 이자율에서 물가 상승률을 뺀 값이다. 따라서 위의 그래프를 바탕으로 연도별 명목이자율과 실질이자율, 물가 상승률을 정리하면 다음과 같다.

구분(단위: %)	2016년	2017년	2018년
명목 이자율	2	1	2
실질 이자율	3	1	1
물가 상승률	−1	0	1

④ 실질 이자율은 2016년이 3%이고 2018년은 1%이므로 2016년이 2018년 보다 높다.

오답피하기

① 2016년의 경우 명목 이자율은 2%이므로 실제 이자를 지급한다. 또한 2016년의 실질 이자율은 3%이지만, 현금을 보유할 경우에는 실질 이자율이 1%가 된다. 따라서 현금 보유보다는 예금하는 것이 더 유리하다.
② 2017년의 실질 이자율은 전년도의 3%에서 1%로 감소하였으므로 전년보다 예금에 대한 유인이 작다.
③ 2017년의 물가 상승률이 0% 이므로 2017년의 물가 수준은 2016년과 같다.

정답 ④

03 **그림에서 A 구간에 비해 B 구간에서 나타날 수 있는 상황에 대한 분석 및 추론으로 가장 적절한 것은? (단, 다른 조건은 일정하다.)** 2018 교육행정

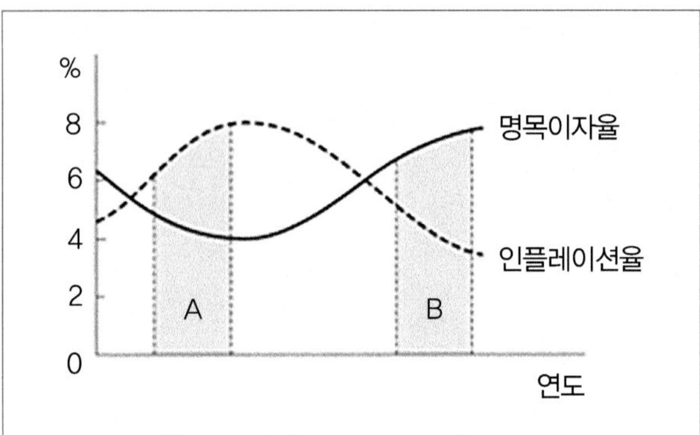

① 실질이자율이 낮아질 것이다.
② 주택담보대출 수요가 증가할 것이다.
③ 기업의 설비투자 규모가 증가할 것이다.
④ 가계의 예금 대비 현금 보유 비율이 감소할 것이다.

해설 인플레이션율은 물가 상승률이라고 할 수 있다. 주어진 자료를 통해 실질 이자율을 확인할 수 있다. 실질 이자율은 물가 변동을 고려한 이자율이고, 명목 이자율은 물가 변동을 고려하지 않은 이자율을 의미하고, 이들의 관계는 다음과 같다.

실질 이자율 = 명목 이자율 − 물가 상승률

A는 실질 이자율이 음(−)인 구간이고, B는 실질 이자율이 양(+)인 구간이므로 A 구간에 비해 B 구간에서는 실질 이자율이 높아진다.
④ B 구간은 실질 이자율이 양(+)인 구간이므로 예금을 하는 것이 유리하다. 따라서 현금을 보유하는 대신 예금을 하는 것이 이익이 되므로 가계의 예금 대비 현금 보유 비율이 감소할 것이다.

오답피하기
① 위에서 살펴본 것처럼 B 구간에서는 실질이자율이 높아질 것이다.
②, ③ 실질 이자율이 높아지는 만큼 대출을 하게 되면 이자의 부담이 증가한다. 따라서 주택담보대출 수요와 기업의 설비투자 규모는 감소할 것이다.

정답 ④

금융 시장

01 **(가)와 (나)는 금융 시장의 유형을 분류한 것이다. 이에 대한 설명으로 옳은 것은? (단, (가)와 (나)는 직접 금융 시장, 또는 간접 금융 시장 중 하나이다.)** 2018 지방직

(가)	• 금융 기관은 자금 수요자에게 정보 제공을 받아 자금 공급자에게 정보를 제공한다. • 자금 공급자는 자금 수요자에게 자금을 공급하고, 이에 대한 대가로 이자나 배당을 받는다.
(나)	• 금융 기관은 자금 공급자에게 예금을 받고 이에 대한 대가로 이자를 준다. 또한, 금융 기관은 자금 수요자에게 대출을 해주고 이에 대한 대가로 이자를 받는다. • 자금 공급자와 자금 수요자 간에는 직접적인 자금 거래는 없다.

① (가)에서 거래되는 대표적인 금융 상품으로 정기적금이 있다.
② (나)에서는 자금 공급자가 자금 거래로 인해 발생하는 위험을 전액 부담하다.
③ (가)에 비해 (나)에서 금융 상품이 일반적으로 안전성이 더 높다.
④ (가)에 비해 (나)에서 자금 공급자의 자금이 어느 기업으로 투자되었는지 알기 쉽다.

해설 (가)는 직접 금융 시장, (나)는 간접 금융 시장에 해당한다.
③ 간접 금융 시장에서는 금융 상품을 금융 기관이 자기의 책임 하에 거래함으로써 안전성이 더 높다. 반면, 수익성은 직접 금융 시장에서보다 떨어진다.

오답피하기
① 정기 적금과 같은 저축은 대표적인 간접 금융 시장의 상품이다.
② 간접 금융 시장에서는 금융 기관이 자기의 책임 하에 자금 거래로 인해 발생하는 위험을 부담한다. 반면 직접 금융 시장에서는 자금 공급자가 자금 거래로 인해 발생하는 위험을 전액 부담한다.
④ 간접 금융 시장의 경우 자금 공급자가 제공한 자금을 금융 기관의 독자적인 판단에 의해 자금을 투자하고 소비하기 때문에 자금이 어느 기업으로 투자되었는지 알기 어렵다. 반면 직접 금융 시장에서는 자금 공급자가 스스로 자금의 공급을 결정하기 때문에 자금이 어디로 투자되었는지 알 수 있다.

정답 ③

02 (가), (나)는 금융 시장의 유형을 나타낸 것이다. 이에 대한 옳은 설명을 〈보기〉에서 고른 것은?

2013년 10월 모의

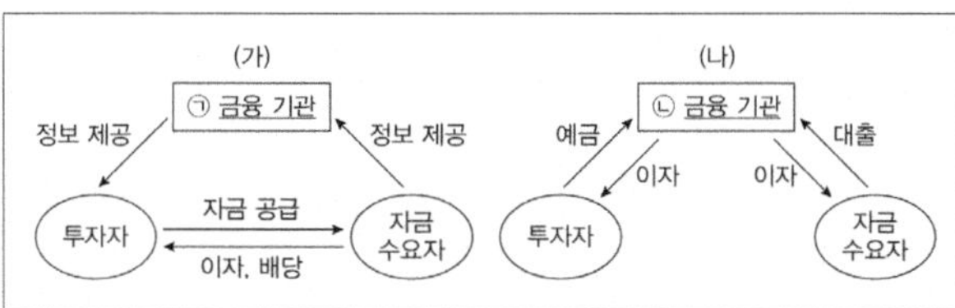

보기

ㄱ. 일반적으로 은행은 ㉠에, 증권 회사는 ㉡에 해당한다.
ㄴ. 주식 및 채권 투자는 (가)가 아닌 (나)에서 이루어진다.
ㄷ. (가)에 비해 (나)에서의 금융 상품이 일반적으로 안전성이 더 높다.
ㄹ. (나)에 비해 (가)에서는 투자자의 자금이 어느 기업으로 갔는지 알기 쉽다.

① ㄱ, ㄴ ② ㄱ, ㄷ
③ ㄴ, ㄷ ④ ㄴ, ㄹ
⑤ ㄷ, ㄹ

해설 (가)는 투자자와 자금 수요자가 금융 기관을 매개하지 않고 직접 거래하고 있으므로 직접 금융 시장이고, (나)는 투자자가 금융 기간에 예금하고 금융 기관이 스스로 자금 수요자에게 대출을 해주고 있으므로 간접 금융 시장에 해당한다.
ㄷ. 간접 금융 시장에서는 금융 기관이 자기 책임 하에 자본을 공급하므로 간접 금융 시장에서의 금융 상품은 수익률이 낮은 대신 안전성은 높다.
ㄹ. 간접 금융 시장에서는 여러 자본 공급자로부터 받은 돈을 금융 기관이 스스로 판단 하에 의해 융통을 함으로써 본인의 자금이 어느 기업으로 갔는지 알기 어렵지만, 직접 금융 시장에서는 투자자와 자금 수요자 사이에 직접 금융 거래가 이루어짐으로써 본인의 자금이 어느 기업으로 갔는지 알기 쉽다.

오답피하기
ㄱ. 일반적으로 증권회사는 직접 금융 시장, 은행은 간접 금융 시장에 해당한다.
ㄴ. 주식 및 채권 투자는 직접 금융 시장인 증권 시장에서 이루어진다. 즉, 직접 금융 시장의 대표적인 상품으로 주식, 채권을 들 수 있고, 간접 금융 시장의 대표적인 예로 예금과 대출을 들 수 있다.

정답 ⑤

가계 수입과 지출

01 다음 표는 甲의 2018년 6월 가계 수입 및 지출 내역 전부를 나타낸 것이다. 이에 대한 분석으로 가장 적절한 것은?

2018 경찰직 2차

수입		지출	
전월 남은 수입	50만 원	조세	20만 원
		연금	30만 원
급여	250만 원	은행 대출 이자	30만 원
		식료품비	50만 원
		통신·문화·교육비	70만 원

① 처분 가능 소득은 50만 원이다.
② 2018년 5월 가계 수지는 적자였다.
③ 비소비 지출보다 소비지출이 크다.
④ 근로 소득만으로는 소비 지출 충당이 불가능하다.

해설
③ 조세, 연금, 은행 대출이자는 비소비 지출에 해당하므로 80만 원이고, 식료품비와 통신·문화 교육비는 소비지출에 해당하므로 120만 원이다. 따라서 비소비 지출보다 소비지출이 크다.

오답피하기
① 처분 가능 소득은 수입−비소비지출이므로 300만 원에서 80만 원을 뺀 220만 원이다.
② 2018년 5월에 남은 수입이 50만 원이 있으므로 가계수지는 흑자였다.
④ 근로 소득 250만 원으로 소비 지출(120만 원)을 모두 충당할 수 있다.

정답 ③

02 그림은 갑이 ○월의 가계 수입과 가계 지출을 모두 정리한 것이다. 이에 대한 설명으로 옳은 것은?

2017년 4월 모의

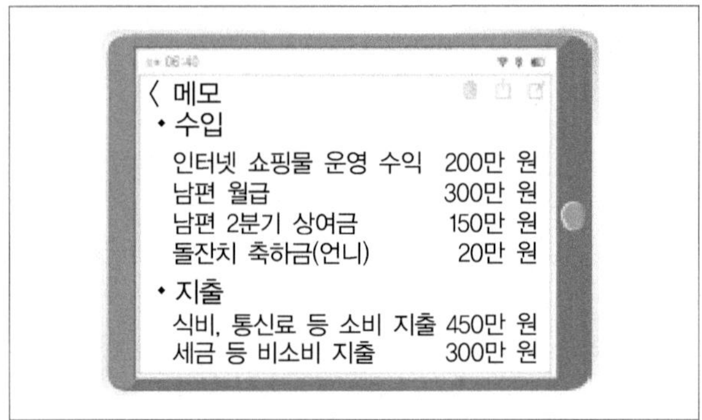

① 이전 소득은 30만 원이다.
② 근로 소득은 450만 원이다.
③ 비경상 소득은 발생하지 않았다.
④ 처분 가능 소득은 680만 원이다.
⑤ 저축은 발생하지 않았다.

해설 인터넷 쇼핑몰 운영 수익은 사업 소득, 월급과 상여금은 근로 소득, 돌잔치 축하금은 일시적인 소득이므로 비경상 소득에 해당한다.
② 월급과 상여금이 근로 소득에 해당하므로 근로 소득은 450만 원이다.

오답피하기
① 위의 자료에 나타난 수입 내역 중 이전 소득은 나타나 있지 않다. 따라서 이전 소득은 0원이다.
③ 돌잔치 축하금은 비경상 소득에 해당하므로 비경상 소득은 30만 원이다.
④ 처분 가능 소득이란 소득에서 비소비 지출을 뺀 값이므로 소득 680만 원에서 비소비 지출 130만 원을 빼면 550만 원이 된다.
⑤ 저축은 소득에서 지출을 뺀 값이므로 소득 680만 원에서 지출 580만 원을 빼면 100만 원이 된다.

정답 ②

03 표는 지난달 갑의 수입과 지출을 기록한 것이다. 이에 대한 분석으로 옳은 것은?

예상 문제

수입		지출	
월급	300만 원	세금	30만 원
예금 이자	20만 원	사회 보험료	50만 원
주식 배당금	10만 원	생활비	200만 원
		정기 적금	50만 원
계	330만 원	계	330만 원

※ 사회 보험료: 국민 연금 제도, 국민 건강 보험 제도 등에 따라 의무적으로 내야 하는 금액

① 비소비 지출은 30만 원이다.
② 처분 가능 소득은 280만 원이다.
③ 수입 중 근로 소득에 해당하는 항목은 없다.
④ 수입 중 재산 소득에 해당하는 항목이 있다.

해설
④ 예금 이자와 주식 배당금은 재산 소득이다. 따라서 수입 중 재산 소득에 해당하는 항목이 있다.

오답피하기
① 비소비 지출은 세금과 사회 보험료를 합한 80만 원이다. 정기 적금은 기타 지출에 해당한다.
② 처분 가능 소득은 소득에서 비소비 지출을 뺀 것이므로 250만 원이다.
③ 월급은 수입 중 근로 소득에 해당하는 항목이다.

정답 ④

04 표는 어느 가계의 2017년 5월 수입 및 지출 내역 전부를 나타낸다. 이에 대한 분석으로 옳지 않은 것은?

2017년 6월 모의

(단위: 만 원)

수입		지출	
항목	금액	항목	금액
급여	200	식료품비	50
상여금	50	세금	30
㉠ 주식 배당금	20	사회 보험료	40
㉡ 국민연금	30	대출 이자	20
		통신비	20

*처분 가능 소득 = 소득 − 비소비 지출

① ㉠은 재산 소득에 해당한다.
② ㉡은 이전 소득에 해당한다.
③ 소비 지출액은 70만 원이다.
④ 근로 소득은 가계 지출 총액보다 크다.
⑤ 처분 가능 소득은 160만 원이다.

해설 급여와 상여금은 근로 소득에 해당하고, 주식 배당금은 재산 소득에 해당하고, 국민 연금은 이전 소득에 해당한다. 반면 식료품비와 통신비는 소비 지출에 해당하고, 세금과 사회 보험료, 대출 이자는 비소비 지출에 해당한다.
⑤ 처분 가능 소득은 소득 300만 원에서 비소비 지출 90만 원(30+40+20)을 뺀 값이므로 210만 원이다.

오답피하기
① 주식 배당금은 재산으로부터 얻은 소득이므로 재산 소득에 해당한다.
② 국민연금은 이전소득에 해당한다. 사회보험에서는 당초 생산에 기여한 보수로 받는 소득에서 보험료를 거출해 보험사고 발생 시 급여를 받으므로 대가 없이 무상으로 받는 소득이라고는 할 수는 없지만 보험료 부분은 그 때마다 국민소득의 일부로 계산되기 때문에 사회보험급여가 이뤄질 때에 이중계산을 피하기 위해 대가가 없는 이전 소득으로 취급한다.
③ 소비 지출액은 식료품비와 통신비를 더한 값인 70만 원이다.
④ 근로 소득은 급여와 상여금을 더한 값인 250만 원이고, 가계 지출 총액은 160만 원이므로 근로 소득이 가계 지출 총액보다 더 크다.

정답 ⑤

05 다음은 갑의 재무 현황을 나타낸 자료이다. 이에 대한 설명으로 옳은 것은? (단, 순자산=자산−부채)

2015년 4월 모의

자산		부채	
㉠ 아파트	4억 원	은행 대출금	1억 원
자동차	2,000만 원	㉤ 자동차 할부금	500만 원
현금	500만 원		
㉡ 요구불 예금	200만 원		
㉢ 채권	300만 원		
㉣ 주식	500만 원		

① 실물 자산은 4억 원이다.
② ㉠은 ㉡보다 유동성이 높다.
③ ㉣은 ㉡보다 안전성이 높다.
④ 배당금은 ㉢에 대한 투자 수익이다.
⑤ 갑이 보유 현금으로 ㉤을 상환하여도 순자산은 변동이 없다.

해설 아파트와 자동차는 실물자산에 해당하고, 현금과 요구불 예금, 채권, 주식은 금융 자산에 해당한다.
⑤ 순자산이란 자산에서 부채를 차감한 값이라고 제시되어 있다. 따라서 갑이 보유한 현금으로 자동차 할부금을 상환할 경우 자산에서 500만 원이 차감되는 동시에 부채에서도 500만 원이 차감되므로 순자산에는 변동이 없다.

오답피하기
① 실물 자산은 4억 2천만 원이다.
② 아파트는 요구불 예금보다 유동성이 낮다. 즉 현금화하기 어렵다.
③ 주식은 요구불 예금보다 안전성은 낮은 대신 수익성은 높다.
④ 배당금은 채권이 아닌 주식에 대한 투자 수익이다. 채권의 경우 배당금 수익은 없으며, 약속된 이자 수익과 채권의 매매 차익이 인정된다.

정답 ⑤

06 그림은 일생 동안의 소득과 소비를 일치시키려는 사람이 작성한 재무 계획을 나타낸다. 이에 대한 설명으로 옳은 것은? 2013학년도 수능

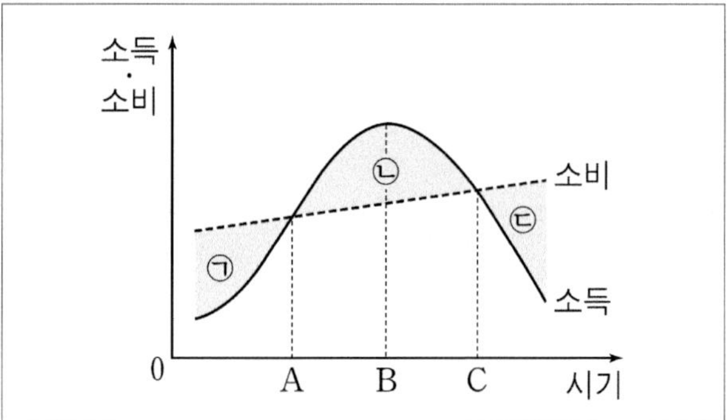

① 소비에 비해 소득의 안정적인 흐름을 계획하고 있다.
② ㉡이 '㉠+㉢'보다 크다.
③ C 시점에서 누적 저축액은 0이 된다.
④ A~B 시기에 부채는 감소한다.
⑤ B~C 시기에 소득 대비 소비 수준은 지속적으로 감소한다.

해설
④ A~B 시기에는 소득이 소비보다 많아 저축이 발생하므로 부채는 감소한다.

오답피하기
① 제시된 자료를 보면, 소비에 비해 소득의 변동 폭(높낮이)이 크게 나타나고 있으므로 소비에 비해 소득의 안정적인 흐름을 계획하고 있는 것은 아니다.
② '일생 동안의 소득과 소비를 일치시키려는 사람'이 작성한 재무계획이므로 저축과 부채의 크기는 같게 된다. 따라서 ㉡은 '㉠+㉢'과 같다.
③ A~C 시기는 저축이 발생하는 시기이므로 C 시점에서 누적 저축액은 가장 많게 된다. 또한 C 시점에서의 저축액을 가지고 ㉢의 격차를 충당하는 것이다.
⑤ B~C 시기에는 소득은 감소하는 반면 소비는 증가하고 있으므로 소득 대비 소비 수준(소비/소득)은 지속적으로 증가한다.

정답 ④

금융 상품의 유형

01 다음과 같은 특성을 가진 금융 상품 A, B, C에 대한 설명으로 옳은 것은? (단, A, B, C는 예금, 주식, 채권 중 하나를 의미한다.) 2013 지방직

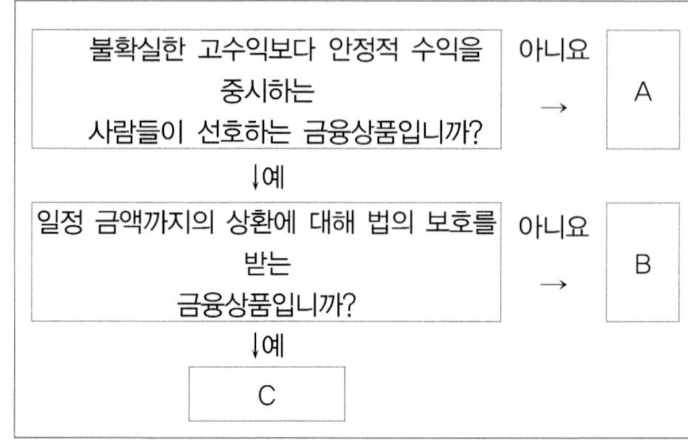

① A와 B는 상환 기간이 정해져 있는 금융 상품이다.
② C는 A보다 기대 수익률이 높은 금융 상품이다.
③ A는 정부, 특수 법인 등도 많이 발행하는 금융 상품이다.
④ B는 이자를 수취하는 금융 상품이다.

해설 A는 안정된 수익보다 불확실한 고수익을 선호한다고 했으므로 주식이다. B는 불확실한 고수익보다 안정된 수익을 중시하지만 일정 금액까지 상환에 대해 법의 보호를 받지 않는다고 했으므로 채권에 해당하고, C는 불확실한 고수익보다 안정된 수익을 중시하지만 일정 금액까지 상환에 대해 법의 보호를 받는다고 했으므로 예금에 해당한다. 예금은 예금자 보호법 등에 의해서 보호받는다.
④ 채권을 발행한 기관은 채권 만기일에 채권 금액과 이자를 함께 갚아야 하고, 채권 역시 예금과 마찬가지로 이자를 수익으로 하는 상품이다.

오답피하기
① 주식은 채권과 달리 상환 기간이 정해져 있지 않다.
② 예금은 주식에 비해 안전성이 높은 반면 수익성은 떨어진다.
③ 정부, 특수 법인 등이 발행하는 금융 상품은 채권이며, 주식은 주식회사가 발행한다.

정답 ④

02 다음 표는 대표적인 증권 상품 (가), (나)를 비교한 것이다. 이에 대한 설명으로 가장 적절한 것은? 2019 경찰직 1차

구분	(가)	(나)
자본 조달 방법	자기 자본	타인 자본
소유자 권리	의결권	이자 수입
수익의 형태	배당금	이자

① (나)보다 (가)의 위험이 더 크다.
② 기업만이 (나)를 발행할 수 있다.
③ (가)를 보유한 자에 대해 기업이 그 지위를 상실시킬 수 있다.
④ (가)는 만기가 있지만, (나)는 만기가 없다.

출제 단원 및 영역 경제 6단원 채권과 주식

해설 (가)는 주식이고, (나)는 채권이다.
① 주식은 채권보다 수익성이 높은 반면 안정성은 낮다. 따라서 (나)보다 (가)의 위험이 더 크다고 할 수 있다.

오답피하기
② 주식은 주식회사만이 발행할 수 있지만, 채권은 기업 뿐만 아니라 정부와 지방자치단체 등도 발행할 수 있다.
③ 주식을 보유한 자에 대하여 기업이 그 지위를 상실시킬 수는 없다.
④ 주식의 만기는 없으나 채권의 만기는 있다.

정답 ①

03 표는 대표적인 증권 상품 (가), (나)를 비교한 것이다. 이에 대한 설명으로 적절한 것을 〈보기〉에서 모두 고른 것은? 2015 경찰직 3차

구분	(가)	(나)
자본조달 방법	자기자본	타인자본
소유자 권리	의결권	확정 이자 수취
수익의 형태	배당금	이자

보기
㉠ (나)보다 (가)의 안정성이 낮다.
㉡ (나)는 회사만 발행할 수 있다.
㉢ (가)의 소유자는 자신의 의사에 반하여 주주의 지위를 상실할 수 없다.
㉣ (가)는 증권의 존속기간이 정해져 있지만, (나)는 존속기간이 정해져 있지 않다.

① ㉠, ㉢ ② ㉠, ㉣
③ ㉡, ㉢ ④ ㉢, ㉣

해설 (가)는 주식이고, (나)는 채권에 해당한다.
ㄱ. 채권은 주식에 비해 안정성이 높다.
ㄷ. 회사의 주식을 소유한 사람은 주주가 되어 기업의 운영 및 이익 배당 등에 주주로서의 권리를 행사할 수 있다. 이 때 주주의 의사에 반하여 주주의 지위를 상실하게 할 수는 없다.

오답피하기
ㄴ. 채권은 회사 뿐만 아니라 정부, 지방자치 단체 등에서도 발행할 수 있다.
ㄹ. 설명이 반대로 되어있다. 증권의 경우 존속 기간이 정해져 있지 않지만 채권은 존속 기간이 정해져 있다.

정답 ①

04 채권과 주식에 대한 설명으로 옳지 않은 것은? (단, 희석증권은 제외한다.) 2017 국가직

① 주식보유자는 이익배당청구권을 갖지만, 채권보유자는 이익배당청구권을 갖지 못한다.
② 채권보유자와 주식보유자는 원칙적으로 경영참가권을 가진다.
③ 정부와 지방자치단체는 주식을 발행할 수 없다.
④ 채권보유자는 이자소득을 받지만, 주식보유자는 이자소득을 받을 수 없다.

해설
② 주식보유자는 주주로서 경영 참가권을 가지지만, 채권보유자는 단순한 채권자에 불과하기 때문에 경영 참가권이 없다.

오답피하기
① 이익배당이라는 것은 회사의 경영 실적의 호조로 인한 이익을 배당해주는 것이라고 생각하면 된다. 따라서 주식 보유자는 주주로서 이익배당 청구권을 가진다. 반면 채권보유자에게는 이익배당 청구권이 없다.
③ 주식은 주식회사가 발행하는 것으로 정부와 지방자치단체는 주식을 발행할 수 없다. 다만 정부와 지방자치단체는 채권을 발행할 수는 있다.
④ 채권보유자는 이자소득을 받을 수 있지만, 주식보유자는 이자소득을 받을 수는 없고 배당금이나 주식의 양도로 인한 시세 차익을 얻을 수는 있다.

정답 ②

05 채권과 주식에 대한 설명 중 가장 적절하지 않은 것은? (단, 희석증권은 제외한다.) 2017 경찰직 2차

① 주식 보유자는 배당금을 받을 수 있고, 채권 보유자는 이자를 받을 수 있다.
② 채권 보유자와 주식 보유자는 원칙적으로 경영 참가권을 가진다.
③ 채권 보유자와 주식 보유자는 모두 시세 차익을 얻을 수 있다.
④ 정부와 지방자치단체는 주식을 발행할 수 없다.

해설
② 주식보유자는 주주로서 경영 참가권을 가지지만, 채권보유자는 단순한 채권자에 불과하기 때문에 경영 참가권이 없다.

오답피하기
① 주식 보유자는 주주로서 이익배당 청구권을 가지고 이자를 받을 수는 없지만 채권 보유자는 이익배당 청구권이 없고 이자를 받을 수는 있다.
③ 채권보유자는 만기 도래 전 채권을 양도할 때 자신이 구매한 금액보다 높은 가액을 얻는다면 시세 차익을 얻을 수 있고, 주식 보유자도 주식을 매매함으로써 시세 차익을 얻을 수 있다.
④ 주식은 주식회사가 발행하는 것으로 정부와 지방자치단체는 주식을 발행할 수 없다. 다만 정부와 지방자치단체는 채권을 발행할 수는 있다.

정답 ②

06 그림은 갑이 보유하고 있는 금융 자산의 구성을 나타낸다. A~D의 일반적 특성과 갑의 금융 투자 성향에 대한 설명으로 옳은 것은? 2018 수능

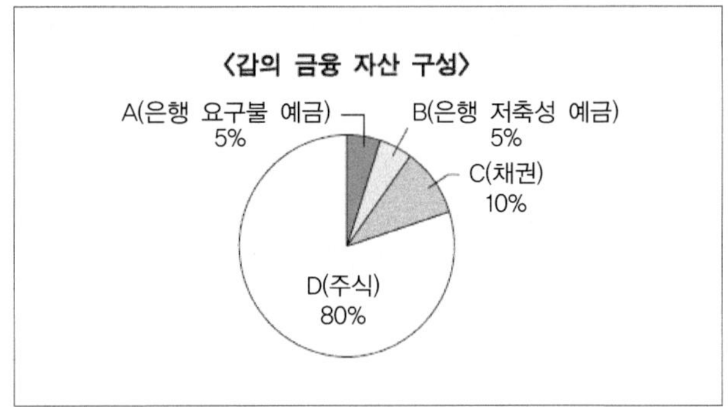

① A는 예금자 보호 제도의 대상이 아니다.
② B는 D에 비해 수익성이 높다.
③ C는 A에 비해 유동성이 높다.
④ D 보유자는 시세 차익과 배당금을 기대할 수 있다.
⑤ 갑은 수익성보다 안전성을 우선시하는 투자 성향을 보이고 있다.

해설
④ 주식보유자는 시세 차익과 배당금을 얻을 수 있다.

오답피하기
① 요구불 예금과 저축성 예금은 모두 예금자 보호법의 대상이 되고, 5천만 원까지 보호받을 수 있다.
② 저축성 예금은 주식에 비하여 수익성은 낮고 안전성은 높다.
③ 채권은 요구불 예금에 비해 유동성이 낮다. 요구불 예금은 언제든지 입출금이 가능한 예금이므로 유동성이 높은 반면 채권은 아무리 저렴하게 내놓더라도 매수자가 없다면 현금화하기 어렵기 때문이다.
⑤ 갑은 80%를 주식에 투자하고 있다. 이는 수익성을 안전성보다 우선시하는 성향을 갖고 있다고 보아야 한다.

정답 ④

07 〈보기〉는 질문 (가)를 통해 금융 상품 A, B를 구분한 것이다. 이에 대한 설명으로 가장 옳은 것은? (단, A, B는 각각 주식과 채권 중 하나이다.) 2018 서울 경력직

보기

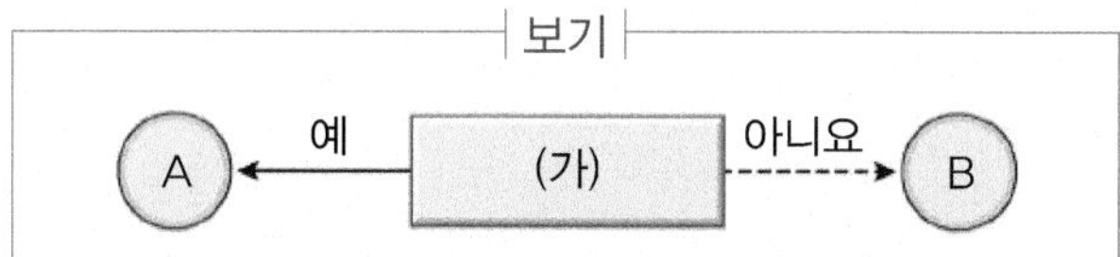

① A가 주식이라면 (가)는 '만기가 정해져 있는가?'가 될 수 있다.
② B가 채권이라면 (가)는 '발행 기업의 입장에서 부채에 해당하는가?'가 될 수 있다.
③ (가)가 '시세 차익을 기대할 수 있는가?'라면 A는 주식 B는 채권이다.
④ (가)가 '기업 소유 지분을 표시하는 증서인가?'라면 B의 소유자는 확정 이자를 기대할 수 있다.

해설 주식은 주주가 주식회사에 출자한 지분 또는 이를 나타낸 증권을 말하고, 채권은 자금을 필요로 하는 정부, 공공 기관, 기업 등이 만기일에 일정한 이자 지급을 약속하고 제공하는 채무 증서를 말한다.
④ (가)가 '기업 소유 지분을 표시하는 증서인가?'라는 질문에 B는 '아니요'라는 대답이 나왔으므로 B는 채권이 된다. 따라서 B의 소유자는 확정 이자를 기대할 수 있다.

오답피하기
① 주식은 만기가 따로 정해져 있지 않다. 따라서 A가 주식이라면 (가)는 '만기가 정해져 있는가?'가 될 수 없다.
② 채권은 발행 기업의 입장에서 타인 자본 즉 부채에 해당하므로 채권은 B가 아니라 A가 되어야 한다.
③ 시세 차익은 주식 뿐만 아니라 채권도 가능하다.

구분	주식	채권
발행자	주식회사	정부, 지방 자치 단체, 특수 법인, 주식회사
자본 조달 방법	자기 자본	타인 자본(부채)
증권 소유자의 지위	주주	채권자
증권의 존속 기간	만기 없음	만기 있음
권리	의결권, 배당금 수취	채권단에 참여, 확정 이자 수취
조달 원금 상환 의무	상환 의무 없음	만기 시 원금 상환
수익의 형태	배당금 수취, 시세 차익	이자 수입, 시세 차익
경영 참여권	의결권 행사로 가능	없음
안전성과 수익성	채권에 비해 안전성은 낮고 수익성은 높음.	주식에 비해 안전성은 높고, 수익성은 낮음.

정답 ④

08 금융 상품에 대한 설명으로 옳지 <u>않은</u> 것은? 2021 국회직

① 요구불 예금은 수시로 입출금이 가능해 유동성과 편리성이 높은 반면 이자 수익이 낮다.
② 은행에서 판매하는 대부분의 실적 배당 상품은 예금자 보호 제도에 의해 보호된다.
③ 주식은 기업의 이익에 따라 배당금을 받거나 주식의 가치 상승으로 시세 차익을 거둘 수 있다.
④ 펀드는 전문 금융 회사가 운용하더라도 손실이 발생할 수 있고, 그 책임은 개인이 부담해야 한다.
⑤ 국가가 운영하는 사회 보험으로 국민 건강 보험, 산업 재해 보상 보험, 노인 장기 요양 보험 등이 있다.

출제 단원 및 영역 경제 6단원 금융 상품

해설
② 예금자 보호 제도는 금융 회사가 영업 정지나 파산 등으로 고객 예금을 지급할 수 없는 상황이 발생했을 때 예금자를 보호하고 금융 제도의 안정성을 유지하기 위하여 금융 회사 예금 등을 예금 보험 공사가 일정한 범위 내에서 보장해 주는 제도를 말하는데, 보호 금액은 원금과 이자를 합하여 금융 기관당 그리고 1인당 5,000만 원이다. 그러나 은행에서 판매하는 대부분의 실적 배당 상품은 예금자 보호 제도에 의해 보호되지 않는다.

오답피하기
①, ③, ④, ⑤ 모두 옳은 설명이다.

정답 ②

공무원사회 단원별 최신기출문제집

초판발행 | 2022년 05월 25일
편 저 자 | 하종화
발 행 처 | 신아사
등록번호 | 1956년 1월 5일(제9-52호)
주　　소 | 서울특별시 은평구 녹번동 28-36 2F
전　　화 | (02)382-6411
팩　　스 | (02)382-6401

정　　가 | 32,000원
I S B N | 979-11-92428-21-5(13350)